續編

祭禮

重歸文獻——影印經學要籍善本叢刊

影印宋刊元明遞修本

儀禮經傳通解正續編

第三冊

（宋）朱熹 著 黃榦 編

北京大學出版社
PEKING UNIVERSITY PRESS

0013_0388-1　0013_0387-2

儀禮經傳通解續卷第十七

特牲饋食禮　祭禮一

鄭目錄云特牲饋食之禮謂諸侯之士祭祖禰非天子之士而於五禮屬吉禮。疏曰曲禮云大夫以索牛士以羊豕彼天子大夫士此儀禮特牲少牢故知是諸侯大夫士也且經直云適其皇祖某子不云考鄭云祖禰者祭法云適士二廟官師一廟官師謂中下之士祖禰共廟亦兼祭祖故經舉祖兼有禰者鄭達經意祖禰俱言也若祭無問一廟二廟皆先祭祖後祭禰是以文二年左傳云文武不先不窋子不先父是也若祭無問尊卑廟數多少皆同日而祭畢以此及少牢惟筮一日明不別日祭也

大三五　小三八六　儀祭禮一　一

經十五

特牲饋食之禮不諏日

諏子須反。祭祀自孰始曰饋食饋食者食道也諏謀也士賤職褻時至事暇可以祭則筮其日矣不如少牢大夫先與有司於廟門諏丁巳之日。疏曰饋食者食道也者食道是生人飲食之道孝子於親雖死事之若生故用生人食道饋之也云饋食者士大夫祭祀

0013_0389-1　0013_0388-2

自孰始也天子諸侯饋孰已前仍有灌鬯朝踐饋獻之事但饋食見進黍稷云饋孰見牲體而言天子諸侯堂上朝踐饋獻後迎尸於堂亦進黍稷牲體下諏日謂不如大夫已上預前十日與浮諏巳而筮之如少牢大夫先與有司於廟門諏丁巳之日也鄭云時至事暇可以祭者若祭時至有事不得暇則不可以私廢公以也若大夫已上尊時至唯有喪故不祭自餘有公事及病使人攝祭

及筮日主人冠端玄即位于門外西面

冠端玄玄冠玄端下言玄者玄冠有不玄端者門謂廟門。疏曰云冠端玄謂玄冠玄端也下言玄者玄冠有不玄端者不玄端則朝服下記云助祭者朝服謂緇布衣而素裳然則玄端一冠冠兩服也云門謂廟門見士冠禮

大三五　小三八九三　儀祭禮一　二

子姓兄弟如主人之服立于主人之南西面北上

所祭者之子孫言子姓者子之所生小宗祭而兄弟皆來與焉宗子祭則族人皆侍。與音預。疏曰鄭注大記云姓之言生也云子之所生則是也云小宗祭而兄弟皆來與焉者喪服小記云繼別為宗繼禰者為小宗鄭注云小宗有四或繼高祖或繼曾祖或繼祖或繼禰皆至五世則遷若然繼禰

0013_0389-2

[illegible]長[illegible][illegible]小宗繼禰等[illegible][illegible][illegible][illegible][illegible]續祖者從父昆弟皆來祭禰曾[illegible][illegible]
稱昆弟皆來祭繼高祖者族[illegible][illegible][illegible]來祭是皆據小宗而言也云宗[illegible][illegible]
族人皆侍者禮記別子為祖繼[illegible][illegible][illegible]宗繼禰為小宗若然大宗子[illegible][illegible][illegible]
内皆來助祭引之者證經子姓兄弟[illegible][illegible]小宗有服者若據大宗兼有絶服者[illegible]

有司羣執事如兄弟服東面北上[illegible]

也○疏曰云如兄弟服者如主[illegible][illegible][illegible]之左傳云士有隸子弟謂此言[illegible][illegible][illegible]

席于門中闑西閾外闑魚列反[illegible][illegible][illegible]反又况逼反[illegible][illegible]

0013_0390-1

筮人設之也古文闑作槷閾作蹙○[illegible][illegible][illegible]反下為神同○疏曰案士冠禮[illegible][illegible][illegible]
[illegible]席所卦者具饌于西塾乃言布[illegible][illegible][illegible]中筮人執筴抽上韇兼執之此[illegible][illegible]
[illegible]饌于西塾而經但言席于門中[illegible][illegible][illegible]西塾又不云抽上韇者皆是互見者

[illegible]之

筮人取筮于西塾執之東面受命于主人筮人官名也筮問也取其所用問神明者謂蓍也○疏曰[illegible][illegible]

[illegible][illegible]於鬼神謂卜用龜龜知生數[illegible][illegible]三四三之神筮用蓍蓍知成數七八
九六之神則此鄭云神明者也若然神[illegible][illegible][illegible][illegible]一神鄭云謂蓍者則蓍亦有

0013_0390-2

神易繫辭有蓍之德圓而神

宰自主人之左贊命命曰孝孫某筮來日某諏此某事適其皇祖某子尚饗宰羣吏之長自由也贊佐也涖也贊命由左者為神

求變也士祭日歲事此言某事又不言妃者容大祥之後禫月之吉祭皇君也
言君祖者尊之也某子者祖字也伯子仲子也尚庶幾也○長丁丈反下同妃
音配又芳非反○疏曰贊命之事非長不為故知羣吏之長也士冠禮宰自右
少退贊命鄭注云贊佐也命告也佐王人告所以筮也少儀曰贊幣自左詔辭

儀祭禮一 四

0013_0391-1

自右此祭祀故宰自左贊命為神求吉故變於常禮也云士祭曰歲事案不宿
賓云薦歲事據吉祭而言又少牢吉祭云以某妃配即與士虞記云中月而禫
是月也吉祭猶未配此與彼文同故知是禫月吉祭非常時吉祭所以不言歲
事而云某事也云言君祖者尊之也者天子諸侯名曾祖為皇考此士亦云皇
祖故云尊之也

筮者許諾還即席西面坐卦者在左卒筮寫卦筮者執以示主人還音[illegible]○

士之筮者坐蓍短由便卦者主畫地識爻[illegible][illegible]以方寫之○疏曰云士之筮[illegible][illegible]

0013_0391-2

坐著短由便者少牢云史釋韇立筮鄭注云卿大夫之蓍長五尺立筮由便與士不同知蓍有長短者案三正記云天子蓍長九尺諸侯七尺大夫五尺士三尺是也經云卒筮寫卦乃云筮者執以示主人則寫卦者非筮人故鄭云卦者主畫地識爻爻備以方寫之也

主人受視反之反還筮者還東面長占卒告于主人占曰吉長占以其年之長幼旅占之。疏曰經直云長占知非長者一人而云長幼旅占之者士冠禮云筮人還東面旅占明此亦是長幼旅占經直云長者見從長者爲始也

儀祭禮一　五

0013_0392-1

若不吉則筮遠日如初儀遠日旬之外日。疏曰案曲禮云吉事先近日喪事先遠日此尊卑禮同也又云旬之內曰近某日旬之外日遠某日此尊卑有異云旬之內日近某日據士禮而言若大夫已上假令孟月祭於前月下旬筮來月之上旬不吉又於孟月之上旬筮中旬中旬不吉又於中旬筮下旬下旬又不吉即止不祭今云遠日旬之外日者謂士禮上旬不吉更於上旬外筮中旬爲旬之外日非謂如大夫已上旬之外謂旬前爲旬外也

宗人告事畢

0013_0392-2

右筮日

前期三日之朝筮尸如求日之儀命筮曰孝孫某諏此某事適其皇祖某子筮某之某爲尸尚饗三日者容宿賓視濯也某之某者字尸父而名尸連言其親庶幾其馮依之也大夫士以孫之倫爲尸。馮音憑。疏曰前期二日宿賓一日視濯此經乃祭前三日筮尸故鄭云容宿賓視濯言容者爲筮尸之後祭日之前有二日容此二事也經直云某之某鄭知字尸父而名

儀祭禮一　六

0013_0393-1

尸者曲禮云爲人子者祭祀不爲尸[illegible]鄭尸卜筮無父者又云卒哭乃諱[illegible][illegible]不稱名故知尸父云某是字尸既[illegible][illegible]某某爲名云連言其親庶幾其馮依之[illegible]也者尸父前世與所祭之父同詩[illegible][illegible]相識知今又筮其子爲尸尸又與[illegible][illegible]之子相識父子皆同類故連言[illegible][illegible][illegible]其神馮依之也云大夫士以[illegible][illegible][illegible]爲尸者案祭統云夫祭之道孫[illegible][illegible][illegible]尸所使爲尸者於祭者子行[illegible][illegible][illegible]石事之所以明子事父之道也[illegible][illegible][illegible]所[illegible]孫孫皆取於同姓之[illegible][illegible][illegible]子[illegible]之祭[illegible][illegible][illegible][illegible]是以[illegible]

0013_0393-2

尊之[illegible]為尸[illegible][illegible]孫之倫[illegible]有[illegible]之孔鬼[illegible]尸之[illegible]曾子問云卿大夫將為尸[illegible][illegible]士祭尸皆取無爵者[illegible]皆得為之故曾子問孔子曰[illegible][illegible]音必有尸尸必以孫[illegible]幼則使人抱之是也

右筮尸

乃宿尸宿讀為肅肅進也進之者使知祭日當來凡宿或作速記作肅周禮亦作宿。疏曰凡宿或作速謂一部之內或作速者若公食大夫速賓是

大三八 小三七 儀祭禮一 七 畢

0013_0394-1

也記作肅者曲禮云主人肅客而入是也周禮亦作宿者大宗伯宿眡滌濯是也是以鄭汎云或也主人立于尸外門外子姓兄弟立于主人之後北面東上不東面者來不為賓客子姓立于主人之後上當其後。疏曰云不東面者為尸者父象主人有子道故主人北面不為賓客不敢當尊故不東面冠禮宿賓主人東面此北面不同也云上當其後者子姓兄弟北面陪主人後東頭為上者不得過主人故為主者當主人之後尸如主人服出門左西面不[illegible]

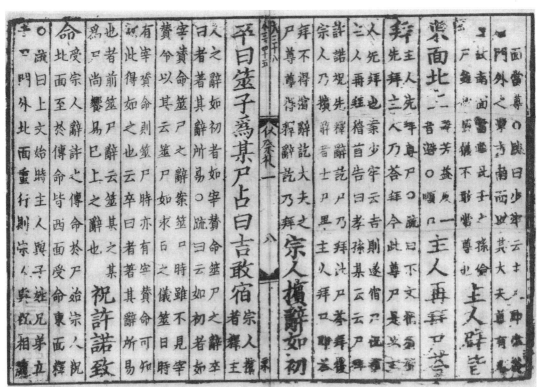

0013_0394-2

面當尊。疏曰少牢云士[illegible][illegible]門外之事[illegible]南面此其大夫尊有[illegible][illegible]故南面[illegible]此子上孫倫尸[illegible]儀不敢當尊也主人辟皆東面北上[illegible]芳益反一音避。○[illegible]主人再拜尸荅拜主人先拜尊尸。○疏曰下文祝[illegible]先拜三人乃荅拜今此尊尸是以主人先拜也案少牢云吉則遂宿尸祝擯三人再拜稽首告曰孝孫某云云尸拜許諾祝先釋辭訖尸乃拜許尸荅拜後宗人乃擯辭者士尸卑主人拜訖乃荅拜不得擯辭訖大夫之尸尊尊得擯辭訖乃拜宗人擯辭如初

大三十八 小[illegible] 儀祭禮一 八 乘

0013_0395-1

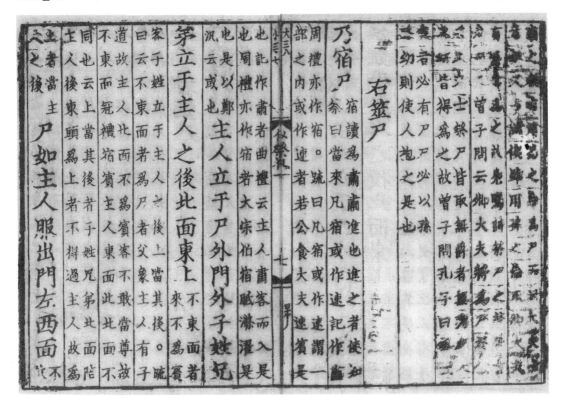

卒曰筮子為某尸占曰吉敢宿宗人擯者釋主人之辭如初者如宰贊命筮尸之辭卒曰者著其辭所易。○疏曰云如初者如宰贊命筮尸之辭案筮日時雖不見宰贊命以其云筮尸如求日之儀筮日時有宰贊命則筮尸時亦有宰贊命可知故此得如之也云卒曰者著其辭所易也者前筮尸辭云筮某之某為尸尚饗易已上之辭也祝許諾致命受宗人辭許之傳命於尸始宗人祝北面至於傳命皆西面受命東面釋。○疏曰上文始時主人與子姓兄弟立于門外北面重行則宗人與祝相隨

0013_0395-2

皆北面故□於宗人從北面至於□門左西面主人避之門西東面定□
訖宗人進主人之前西面鄉之受命受命訖尸既西面明宗人旋鄉東面釋之可知

尸許諾主人再拜稽首其許亦宗人受於祝而告

主人○疏曰祝受尸許諾辭旋西面告宗人宗人告主人尸許諾主人乃再拜稽首

尸入主人退相揖而云尸不拜送尸尊○疏曰知相揖而云

者約下篇少年云主人退尸送揖不拜也此尸不送者士卑故尸被宿之後不送也大夫尊尸雖受宿猶送大夫也

儀禮一　九

0013_0396-1

右宿尸

宿賓賓如主人服出門左西面再拜主人東面荅再拜宗人擯曰某薦歲事吾子將涖之敢宿涖音利又音類○[illegible]也涖臨也言吾子將涖[illegible]

□知賓在有司中今特書之者賓耳○[illegible]曰以上無此文今宿之云吾子將涖[illegible]

□明知賓在有司內可知[illegible]執事如兄弟服東面北上若云士之[illegible]

□案此云賓在有司內則[illegible]可知下記云公有司私臣[illegible]

0013_0396-2

獻次衆賓私臣門東北面西上獻次兄弟衆是士之屬吏內言私臣據已自辟除者言公有司者是士之屬吏命於其矣者言賓在有司中者諸士選以爲賓

以下若在門外特同在門西東面北上及其入爲賓及衆賓者適西階以俟行事公有司不選爲賓者門西北面私臣不選爲賓門東北面門外不列者以其

未有事入門而列者爲將行事公有司門西私臣門東二者皆無事故經不見記人乃辨之見其與於獻也今特書之尊賓耳者賓有司之內不嫌不助祭今

特宿之者將使爲賓也賓曰某敢不敬從主人再

儀禮一　十

0013_0397-1

拜賓荅拜主人退賓拜送

右宿賓

厥明夕陳鼎于門外北面北上有鼏亡狄反○厥其也宿賓之明日之門外北面當門也古文鼏爲密○疏曰經直云門外不言門之東西故知當門下篇少牢東鼎在門東此當門者士卑避大夫故也

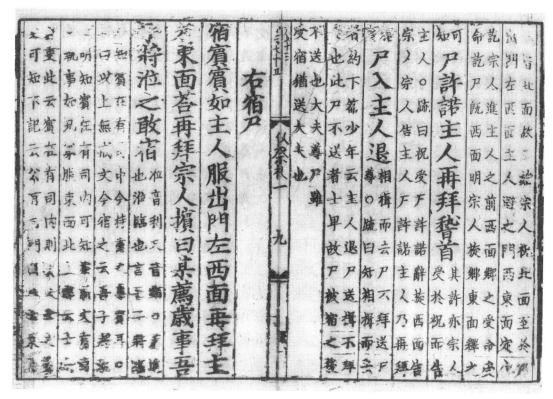

棜在其南南順實獸于其上東首棜於據反○順猶從也棜之制如今大木轝而上有四周下無足獸腊也○轝音預

○疏曰下篇少牢雍北首東上司馬刲
羊司士擊豕宗人告備乃退不言獸少
牢五鼎明有獸可知不言之者已有二
獸略其小者故不言也下文㸃在西北
首東足此實獸於上東首不與牲相統
故云參言云棜之制如今大木轝者鄭
義禮注以燒古諸禮禮記及儀禮言棜
者以無足解之云獸腊也者特牲三鼎
言豕魚腊兼周禮腊人鄭注云小物全
乾爲腊故知豕云魚水物云獸是腊
可知

牲在其西北首東足其西棜西也東足者尚右也牲

不[illegible][illegible]其生○疏曰豕不可牽之縛
其足陳於門外首北出棜東其足寢其

[illegible][illegible][illegible]人尚右將祭故也云牲不
[illegible][illegible]異生者對贈死用棜而言之

設洗于阼階東南壺禁在東序豆籩鉶在東房南上几席兩敦在西堂鉶音刑敦音對又都

[illegible]反[illegible]敦此○東房房中之東當夾北西
堂西夾室之前近南耳○夾古洽反劉
去協反後皆同○疏曰大夫士直有東
房西室若言房則東房矣故士冠禮陳
服于房中西墉下東領北上不言東又
昏禮側尊甒醴于房中亦不言東如此
之類皆不言東以其直有一房不嫌非
[illegible]房故不言東今此經特言東房明房

陳近東也故云東房也又與少牢籩豆
所陳相反少牢近於西方此經則房中
之東也夾室半以南爲之以壁外相望
則當夾北言當夾北者以其夾室在房
近南東故云房中之東當夾北也云西
堂西夾之前近南耳者案爾雅注夾室
前堂謂之相北在西堂在西

主人及子

相故云西夾之前近南也

姓兄弟即位于門東如初初筮位也

賓及衆賓即位于門西東面北上不象如初者以賓在而宗

人祝不在○疏曰上經主人及子姓兄
弟即位于門東如初筮位今賓及衆賓

者即是前者有司羣吏執事當言如初
不言者以筮前筮時在門東贊主人辭
今宰在門西同行又宗人祝離位賓西
北東面南上異於筮位時故不言如初
也

宗人祝立于賓西北東面南上事彌至位

彌異宗人祝於祭宜近廟○疏曰祭事
彌至位彌異者謂宗人祝近問廟本位
故云位彌異

主人再拜賓答再拜三拜衆賓

衆賓答再拜衆賓再拜者士賤旅之得備禮也○疏曰三拜拜賓

謂衆賓無問多少揔三拜之旅衆也衆
賓荅再拜者士賤衆賓得備禮荅有司

0013_0400-1　0013_0399-2

徹衆賓皆荅一拜注云人人從上至下告一一獨荅拜以御大夫尊賓賤純曰

故也主人揖入兄弟從賓及衆賓從即位于堂下如外位從如字又下甲反後以意求之。爲視濯也

宗人升自西階視壺濯及豆籩反降東北面告濯具濯溉也不言敦鉶者省文也東北面告緣賓意欲聞

也言濯具不言絜以有几席。疏曰上文初饌時云豆籩鉶在東房明敦及鉶亦視可知不言敦鉶者省文故也云東北面告緣賓意欲聞也者經云即位于

堂下如外位則主人在東階之下宗人降自西階宜東面告濯具以賓在西亦欲聞之故也云言濯具不言絜以有几席者凡洗濯當告絜不洗者告具而已凡席不在洗内故直告濯具不言絜嫌通几席亦在洗濯之限

賓出主人出皆復外位爲視牲也宗人視牲告充雍正作豕充猶肥也雍正官名也北面以告動作豕視聲氣。疏曰經云作是動作之言故知以豕動作。云視聲氣者祭祀之牲當充盛肥若聲氣不和即是疾病[illegible]聽宗人舉獸尾告備舉鼎鼏

0013_0401-1　0013_0400-2

告絜具請期曰羹飪而甚反。肉謂之羹飪孰也請期曰質明時而曰肉孰重豫勞賓宗人既得期西北面告賓有司。疏曰案少牢云宗人旦明行事此不云旦明行事而云羹飪者彼大夫尊有君道可以豫勞賓故云時節此士卑無君道故不云旦明而云羹飪是以鄭云重豫勞賓羹飪乃來也云宗人既得期西北面告賓有司者門外賓位在門西東面今既得期西北面告賓與有司使知祭日當來也

告事畢賓出主人拜送

右陳鼎拜賓視牲告期

○記設洗南北以堂深東西當東榮榮屋翼也水在洗東祖天地之右海篚在洗西南順實二爵二觚四觶一角一散順從也言南從統於堂也二爵者爲賓獻爵止主婦當致也二觚長兄弟酌衆賓長爲加爵二人班同迎接並也四觶一酌奠其三長兄弟酬賓卒受者與賓弟子兄弟弟子舉觶於其長禮殺事相接禮器曰貴者獻以爵

0013_0401-2

賤者獻以散尊者舉觶卑者舉角爲說云爵一升觚二升觶三升角四升散五升○疏曰云二爵者以一爵獻尸尸奠之未舉又一爵主婦當致者案經主婦致爵於人婦人不見就堂下洗當於内洗則主婦致爵於主人時不取堂下爵而云主婦當致者謂主婦當受致之時用此爵也云四觶一嗣子舉奠啐酒奠于鉶南餘有三在主人洗一觶酬賓奠於薦北賓舉奠於薦南此觶又未舉餘有二觶在又長兄弟洗觶爲加爵衆賓長爲加爵如初爵止此觶亦未舉餘有一觶

0013_0402-1

在乃羞之後賓始舉奠觶行旅酬辯卒受者以虛觶奠于下篚還有二觶至爲加爵者作止爵長兄弟亦坐舉其奠觶酬賓如賓酬兄弟之儀以辯卒受者未實觶于篚時賓弟子兄弟弟子洗觶各酌舉觶下其長即用其篚二觶是三觶並用也故注云卒受者與賓弟子兄弟弟子舉觶於其長也云禮器曰貴者獻以爵者謂賓長獻尸主人致爵於主婦是也賤者獻以散上利洗散是也尊者舉觶謂若酌奠之及長兄弟酬賓之等是也卑者舉角謂主人獻用角鄭云不用爵

0013_0402-2

者下大夫也則大夫尊用爵士卑用角是也

壺棜禁饌于東序南順覆兩壺焉蓋在南明日卒奠冪用綌即位而徹之加勺

覆壺者盝瀝水且爲其不宜塵冪用綌以其堅潔禁言棜者祭尚厭飫得與大夫同器不爲神戒也○疏曰案未奠不設冪卒奠乃設之故日卒奠冪用綌棜之與禁因物立名大夫尊以厭飫爲名士卑以禁戒爲稱復以有足無足立名故禮記注云無足有似於棜士曰禁由

0013_0403-1

有足以士虞禮云尊于室中兩甒醴酒無禁禁由足生名禮記云大夫用棜士用禁及鄉飲酒鄉射皆非祭禮是以雖大夫去足猶有禁名至祭則去足名爲棜禁不爲神戒也

夙興主人服如初立于門外東方南面視側殺

夙早也興起也主人服如初則其餘有不玄端者側殺殺一牲也○疏曰案下記云特牲饋食其服皆朝服玄冠緇帶緇韠注云於祭服此也皆者謂賓及兄弟筮日筮尸視濯亦玄端至祭而朝服朝服者諸侯之臣與其

0013_0403-2

君日視朔之服大夫以祭今賓兄弟緣孝子欲得嘉賓尊客以事其祖禰故服之緇韠者下大夫之臣夙興主人服如初則固玄端是也鄭云其餘有不玄端者明亦有著玄端者是以下記人辨之云唯尸祝佐食玄端玄裳黃裳雜裳可也皆爵韠鄭注云與主人同服是有同服者有著朝服者故鄭云其餘有不玄端者也云視側殺也者國語云禘郊之事天子必自射其牲諸侯降天子故宗廟亦親殺大夫士不敢與君同故視之而不親殺之側殺殺一牲者案冠禮云側尊一甒醴在服北鄭注云側猶特也無偶曰側以其無玄酒是以少牢云司

仪祭礼一　十七

0013_0404-1

馬刲羊司士擊豕以其二牲不云側也**主婦視饎爨于西堂下**饎尺志反○炊黍稷曰饎宗婦爲之爨竈也西堂下者堂之西下也近西壁南齊于坫古文饎作糦周禮作饎○疏曰主婦視饎爨明主婦自爲也云爨竈也者周公制禮之時謂之爨至孔子時則謂之竈云西堂下者堂之西下也者以其爲爨不可正在堂下當逼西壁爲之故云堂之西下近西壁又知南齊于坫可知主婦視饎爨猶主人視殺牲**亨于門外東方西面北上**亨普庚反○亨煑也煑豕魚腊以鑊各一爨詩云誰能亨

0013_0404-2

魚灖之釜鬵○鬵音尋○疏曰少牢云羹定雍人陳鼎五三鼎在羊鑊之西二鼎在豕鑊之西**羹飪實鼎陳于門外如初**初視濯也**尊于户東玄酒在西**户東室户東玄酒在西尚之凡尊酌者在左○疏曰若據房户東西則舉東房而言今直云户東故知室户東也云玄酒在西尚之凡尊酌者在左者左爲上尊今云玄酒在西故云尚之是以鄉飲酒鄉射皆玄酒在西事酒在東若燕禮大射唯君西尊不從此義也**實豆籩鉶陳于房中如初**如初者取而實之既而反之○

仪祭礼一　十八

0013_0405-1

疏曰經云實豆籩者取豆籩實之又言陳于房中如初者明既而反之可知也**執事之俎陳于階間二列北上**執事謂有司及兄弟二列者因其位在東西祝主人主婦之俎亦存焉不升鼎者異於神○疏曰鄭知經執事之俎祝主人主婦亦存焉者見士虞記祝俎陳於階間敦東彼虞不致爵故不見主人主婦俎明此占祭有致爵主人主婦陳於階間可知以主婦亦是執事之人也少牢主人主婦無俎者以三獻禮成爲儐尸正祭無致爵故主人主婦無俎儐尸行三獻致爵乃有俎下大夫不儐尸者亦於三獻尸

0013_0405-2

爵止行致爵乃有俎也云不升鼎者於神者前俎升鼎而入設於階前此

在門外不入而言陳於階間二列故知不升鼎盛兩敦陳于西堂藉用萑几席陳于西堂如初藉慈夜反萑音完○盛黍稷者宗婦也萑細葦古文用爲于○疏曰知盛黍稷是宗婦者以其黍稷是宗婦所主

尸盥匜水實于槃中簞巾在門內之右設盥水及巾尸尊不就洗又不揮門內之右象洗在東統于門東西上凡鄉內以入爲左右繼外以出爲左右○疏曰云不揮者揮振去

0013_0406-1

水使手乾令有污故不揮也是以僖二十三年左氏傳云公子重耳在秦秦伯納女五人懷嬴與焉奉匜沃盥既而揮之懷嬴怒是也云門內之右象洗在東者東謂門東據向內爲右故鄭云統於門東西上

祝筵几于室中東面爲神敷席也至此使祝接神○疏曰案上視濯時云宗人祝立于賓西北東面南上鄭注云事彌至位彌異宗人祝於祭宜近廟至入廟時宗人獨升視濯及出門外視牲告充未有使祝之文至此臨祭使祝敷神席故云至此使祝接神

主婦纚笄宵衣立于房中南面

0013_0406-2

纚買反又所綺反○主婦主人之妻雖存猶使之主祭祀纚笄首服宵綺屬也此衣染之以黑其繒本名曰宵詩有素衣朱宵記有玄宵衣凡婦人助祭者同服也內則曰舅沒則姑老冢婦所祭祀賓客每事必請於姑○疏曰云雖姑在猶使之主祭祀者謂姑老不堪祭祀故姑存猶使之主祭祀也云纚者謂若士冠禮廣終幅長六尺笄安髮之笄非冠冕之笄冠冕之笄男子有婦人無若安髮之笄男子婦人俱有婦人笄對男子冠故內則云男女未冠笄又喪服小記云男子冠而婦人笄是也云宵衣是綾綺之屬鄭注內司服云男子褖衣

0013_0407-1

黑士喪禮有褖衣與士冠玄端爲一玄端黑是男子褖衣亦黑則此婦人宵衣亦黑可知其玄則黑類也故鄭引王藻君子狐青裘玄宵衣以裼之證婦人玄宵衣亦黑也云其繒本名宵者此字據形聲爲綃但詩及禮記儀禮皆作宵字故鄭云其繒本名曰宵故引詩及禮記爲證引詩者直取字爲證引記謂禮記玉藻非直取證字爲宵亦以證婦人宵衣爲玄也云凡婦人助祭者同服也者經及記下見主婦及宗婦異服之文故知同服對男子助祭祀佐食等與主人那異也少牢云主婦贊者一人亦髮鬄衣移袂與主婦同其餘雖不移袂同亦

0013_0408-1　　0013_0407-2

宵衣可知內司服天子諸侯王▪以助祭皆不同者人君尊甲差等夫
畢服窮則同也主人及賓兄弟羣執事即位于
門外如初宗人告有司具具猶辦也主[illegible]
賓如初揖入即位如初初視濯也佐食北面
立于中庭佐食賓佐尸食者立于宗人之西○疏曰案下記云佐食
當事則戶外南面無事則中庭北面據此而言則此經謂無事時也云立于宗
人之西者特牲士禮主人行事面阼階宗人亦在阼階南擯主人佐食北面於
中庭明在宗人之西可知

大七四　小二十七　儀禮一　二十一

右祭日夙興主人主婦陳設拜賓
即位○記特牲饋食其服皆朝服
玄冠緇帶緇韠於祭服此也皆者謂賓及兄弟筮日
筮尸視濯亦玄端至祭而朝服朝服者諸侯之臣與其君日視朝之
服大夫以祭今賓兄弟緣孝子欲嘉賓尊客以事其祖禰故服之
緇韠者下大夫之臣夙興主[illegible]初則固玄端○疏曰上經[illegible]

0013_0409-1　　0013_0408-2

[illegible]服[illegible]羣執事如兄弟服[illegible]
如[illegible]之儀至於視濯不見異服故皆玄端至祭日夙興云
二人服如[illegible]明其餘不如初是知非[illegible]注云皆
者謂賓及兄弟[illegible]云朝服者諸侯之臣與其君日視朝之服大夫以
祭者案玉藻云諸侯朝服以日視朝下少牢云主人朝服是也緇韠
下大夫之臣者士冠禮云主人玄冠朝服緇帶素韠韠與裳同色大
夫之臣朝服素韠此緇韠故云下大夫之臣云夙興主人服如初則

大十六　小三十三　儀禮一　十六

固玄端引上經者直言皆朝服恐主人亦在其中故引證主人服玄
端與兄弟異也唯尸祝佐食玄裳黃裳雜
裳可也皆爵韠與主人同服周禮士之齊服有玄端
素端然則玄裳上士也黃裳中士雜裳下士○疏曰周禮司服士之
齊服有玄端素端引之者欲見士之齊服有一玄端而裳則異故鄭
云然見玄端一而裳有三也士冠亦有玄端三等裳而引司服者以
特牲祭祀時彼據齊時四命已上齊祭異冠大夫齊祭同冠故就此

0013_0409-2

0013_0410-1

祭祀引齊時冠服爲證也○牲爨在廟門外東南魚腊爨在其南皆西面饎爨在西壁饎炊也西壁堂之西牆下舊說云南北直屋梠稷在南○疏曰上經云主婦視饎爨于西堂下雖是西堂下逼西壁爲之故以舊說辯之也舊說者案爾雅釋宮曰檐謂之樀孫氏云謂屋梠周人謂之梠齊人謂之檐謂承檐行材○籩巾以綌也纁裏棗烝栗擇籩有巾者果實之物多皮核優尊者可烝棗之也烝擇互文舊說云纁裏者皆玄被○裏之音果○疏曰言多皮核者栗多皮棗多核○鉶芼用苦若薇皆有滑夏葵冬荁苦苦荼也荁菫屬乾之冬滑於葵詩云周原膴膴菫荼如飴○疏曰荁冬乾用之不用葵而用荁明知冬則滑於葵也詩言菫荼即荁之類也

主人及祝升祝先入主人從西面于户內祝先入接神宜在前○少牢饋食禮曰祝盥于洗升自西階主人盥升自

0013_0411-1

0013_0410-2

阼階祝先入南面○疏曰注引少牢者證主人户內西面其時祝北墉下南面以其未有祝行事之法直盥納祭而已下文乃云祝在左爲孝子釋辭乃有事也

主婦盥于房中薦兩豆葵菹蝸醢醢在北蝸力禾反○主婦盥盥於內洗昏禮婦洗在北堂堂直室東隅○直音值

宗人遣佐食及執事盥出命之盥出當助主人及賓舉鼎

主人降及賓盥出主人在右及佐食舉牲鼎賓長在右及執事舉魚腊鼎除鼏長丁丈反下注放此○及與也主人在右統於東主人與佐食者賓尊不載少牢饋食禮魚用鮒腊用麋士腊用兔○鮒音附○疏曰鼎在門外北上東爲右人西爲左人右人尊入時在鼎前左人卑入時在鼎後主人升乃以右爲主今在堂下主人在右故云統於東也賓尊不載者以賓主當相對爲左右以賓尊不載牲以故使佐食對主人使賓爲右人而使執事右左而載也

宗人執畢先入當阼階南面畢狀如叉蓋爲其似畢星取名焉主人親舉宗人則執畢導之既錯又以畢臨匕載備失脫也雜記

0013_0412-1

0013_0411-2

四枇用桑長三尺畢用桑三尺刊其本
與末枇畢同材明矣今此枇用棘心則
畢亦用棘心○疏曰云蓋爲其似畢星
取名焉者案詩云有捄天畢載施之行
與正文故云蓋以疑之也云主人親舉
宗人則執畢導之、經言宗人執畢先
入是導之也又知既錯又以畢臨匕載
備失脱也者以經云當阼階南面明鄉
主人執畢臨匕載備失脱可知也云今
此枇用棘心則畢亦用棘心者案下記
云棘心匕刻是也雜記喪祭匕畢同
用桑吉祭匕用棘心則畢亦棘心也鼎
西面錯右人抽扃委于鼎北右人謂主
人及賓既

儀祭礼一　廿五

□皆西
□俟也贊者錯俎加匕贊者執俎及匕
從鼎入者其錯
俎□東縮加匕東柄既則退而左人北面
□○疏曰云其錯俎東縮加匕東柄者
少牢云俎皆設于鼎西西肆又云匕皆
□于鼎東枋則此加匕於鼎東柄可知
云既則退而左之北面也者以其俎從
於鼎西其人當北面於其南載之便是
以昏禮亦云北面
載執而佐是也乃朼右人也尊者於左
事指使可也左
人載
之佐食升肵俎鼏之設于阼階西肵音
祈○所謂心舌之俎也郊特牲曰肵之
爲言敬也言主人之所以敬尸之俎古

0013_0413-1

0013_0412-2

文鼏皆作密○疏曰下記云肵俎心舌
皆去本末午割之實於牲鼎載心立舌
縮俎是也引郊特牲者
見敬有肵俎送于尸前卒載加匕于鼎
本已也已載畢亦加焉○疏曰主人匕
牲體宗人以畢助之主人匕事訖加之
於鼏則宗人既事
亦加於鼏可知主人升入復位俎入
設于豆東魚次腊特于俎北入設俎載
者腊特饌
要方也凡饌必方者明食味人之性所
以正○疏曰知載人設俎者以其經卒
載下即云入設不見別人明是載者設
可知云腊特饌要方也者案經豆在神

儀祭礼一　廿六

坐之前豕俎入設於豆東魚俎又次其
東若腊俎復在東則饌不得方故腊俎
特于俎北取
其方故也主婦設兩敦黍稷于俎南
西上及兩鉶芼設于豆南南陳芼亡報
反○宗
婦不贊敦鉶者以其少可親之芼菜也
○疏曰案少牢主婦設金敦宗婦贊三
敦以其多故使宗婦贊此士祭祀二
敦少故不使宗婦贊主婦可親也祝
洗酌奠奠于鉶南遂命佐食啓會佐食
啓會卻于敦南出立于西南面會古外
反○卻

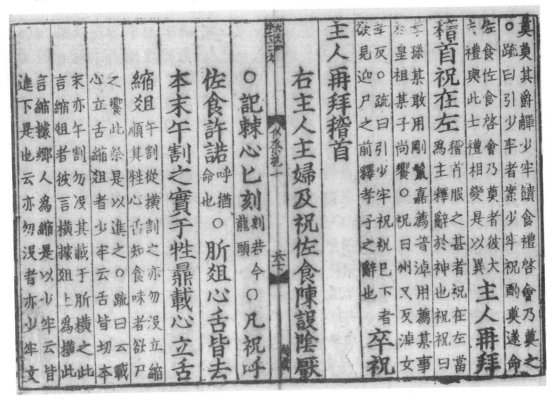

奠奠其爵觶少牢饋食禮啓會乃奠之
○疏曰引少牢者案少牢祝酌奠遂命
佐食佐食啓會乃奠者彼大
夫禮與此士禮相變是以異
主人再拜稽首祝在左
稽首服之甚者祝在左當
為主釋辭於神也祝祝曰
孝孫某敢用剛鬣嘉薦普淖用薦某事
于皇祖某子尚饗○祝曰州又反淖女
孝反○疏曰引少牢祝祝已下者
欲見迎尸之前釋孝子之辭也
卒祝
主人再拜稽首
右主人主婦及祝佐食陳設陰厭

○記棘心匕刻
刻若今
龍頭
○凡祝呼
佐食許諾
呼猶
命也
○肵俎心舌皆去
本末午割之實于牲鼎載心立舌
縮俎
午割從橫割之亦勿沒立縮
順其牲心舌知食味者欲尸
之饗此祭是以進之○疏曰云載
心立舌縮俎者少牢云舌皆切本
末亦午割勿沒其載于肵橫之此
言縮俎者彼言橫據俎上為據此
言縮據鄉人為縮是以少牢云皆
進下是也云亦勿沒者亦少牢文

謂四面皆鄉中央割之不
絕中央少許謂之勿沒也
祝迎尸于門外
尸自外來代主人接之
就其次而請不拜不敢
與尊者為禮周禮掌次凡祭祀張尸次
○疏曰云尸自外來代主人接之者下
注云主人不迎尸成尸尊故也云就其
次而請不拜不敢與尊者為禮者凡平
賓客皆在門西主人出門左西面拜今
此經直云迎尸于門外不言祝拜尸者
拜是祝出就次尸乃出次迎之而入門
是不敢與尊者為禮引周禮者證門外
張尸次
之事也
主人降立于阼階東
主人不迎
尸成尸尊

尸所祭者之孫也祖之尸則主人乃宗
子禰之尸則主人乃父道事神之禮廟
中而已出迎則為厭○厭一葉反○疏
曰祭統云君迎牲而不迎尸別嫌也尸
在廟門外則疑於臣在廟中則全於君
君在廟門外則疑於君入廟門則全於臣
全於子鄭云不迎尸者欲全其尊也尸
神象也子鬼神之尊在廟中人君之尊出
廟門則伸此士禮雖無君道亦尊尸主
人不迎迎之尊不成不迎之則成尸之
道尊也云尸所祭者之孫也者禮記云
孫為王父尸是也云祖之尸則主人乃
宗子者以其祭祖兄弟來助祭大宗五
宗皆然書傳云宗子將有事族人皆侍

0013_0415-2

偫也云禰之尸則主人乃父道者祭統云孫爲王父尸所使爲尸者於祭者子
行也父北面而事之所以明子事父之道也此父子之倫也注云祭祖則用孫
列昔取於同姓之適孫是其禰之尸則主人乃父道也云事神之禮廟中而已
出延則爲厭出廟門主人有君厭日之義故不迎也　尸入門左北
面盥宗人授巾　侍盥者執其器就之執簞者不授巾賤也宗人
授巾庭長尊少牢饋食禮曰祝先入門右尸入門左○疏曰引少牢者見上經
陳盥在門右今尸入門左尸尊不就盥槃匜巾等鄉門右就尸之義也　尸

儀祭禮一　廿九

0013_0416-1

至于階祝延尸尸升入祝先主人從　延進
在後詔侑曰延禮器所謂詔侑武方者也少牢饋食禮曰尸升自西階入祝從
王人升自阼階祝先入主人從○侑音又武音無○疏曰云在後詔侑曰延者
案士虞禮尸謖祝前鄉尸鄭注云前道也祝道尸必先鄉之爲之節彼祝居尸
前道之此則在尸後詔之故云延也云禮器所謂詔侑武方者彼注武無也祝
詔侑尸無常謂若檀弓子事父母左右就養無方也　尸即席坐主
人拜妥尸　妥他果反○妥安坐也　尸荅拜執奠祝

0013_0416-2

饗主人拜如初　饗勸彊之也其辭取于士虞記則宜云孝孫某
圭爲孝薦之饗舊說云明薦之○彊其丈反○疏曰喪祭稱哀吉祭稱孝故士
虞記卒哭饗尸辭曰哀子某圭爲哀薦之饗此既吉祭宜云孝孫某圭爲孝薦
之饗以其改哀云孝故曰宜云也引舊說者證圭爲絜明之義也　祝命
挼祭尸在執觶右取菹擩于醢祭于豆
間　挼依注音隋許恚反劉相恚反後隋祭挼祭皆放此○命詔尸也挼祭祭
神食也士虞禮古文曰祝命佐食墮祭周禮曰既祭則藏其墮墮與挼讀同耳

儀祭禮一　三十　鄧志昂

0013_0417-1

擩醢者染於醢○擩如悅反劉而玄反又而誰反後同○○疏曰鄉者設饌未迎
尸陰厭厭飫神令尸來升席而挼祭祭說當食神餘引周禮而云墮與挼讀同
則二字通用　佐食取黍稷肺祭授尸尸祭之
祭酒啐酒告旨主人拜尸奠觶荅拜　啐七
內反○肺祭刌肺也旨美也祭酒穀味之芬芳者齊敬共之唯恐不美告之美
達其心明神享之○刌寸本反齊側皆反共音恭○疏曰知肺祭是刌肺也者
下記刌肺三鄭注爲尸主人主婦此經云肺祭明是刌肺非舉肺也　祭鉶

0013_0417-2

嘗之皆旨主人拜尸答拜鉶肉味之有菜和者曲禮曰客絜羹主人辭不能亨○和戶臥反下同絜立[redacted]慮反○疏曰云鉶肉味之有菜和者此即公食大夫牛藿羊苦豕薇之等是也以其盛之鉶器因號羹爲鉶引曲禮者證鉶羹有五味調和絜者調和之義故告旨若大羹則不調以鹽菜無絜調之理也祝命爾敦佐食爾黍稷于席上爾近也近之便尸之食也設大羹湆于醢北湆去及反○大羹湆煑肉汁也不和貴其質設之所以敬尸也不祭不嚌大羹不爲神非

0013_0418-1

盛者也士虞禮曰大羹湆自門入今文湆皆爲汁○疏曰云醢北者爲薦左案于鉶南在右與生人同云不和貴其質者桓二年左氏傳云大羹不和以鹽菜公食大夫昏禮大羹湆皆在薦右此在左者神禮變於生人士虞禮大羹湆設是貴其質也云不爲神者陰厭時未設尸來始設爲尸故士虞記云無尸則禮及薦饌皆如初不授祭無大羹湆胾從獻有尸即有大羹湆然獻從有亦不祭不嚌足不爲神爲尸非盛者也引士虞禮曰大羹湆自門入者證迎尸後乃從獻來也舉肺脊以授尸尸受振祭嚌之左

0013_0418-2

執之肺氣之主也脊正體之貴者先食啗之所以導食通氣○先悉薦反又如字啗七敢反乃食食舉舉言食者明凡解體皆連肉○疏曰乃食謂食肺云食舉謂骨體正脊從俎舉鄉口因名體爲舉凡牲體或七或二十七皆據骨節而言今言食不可空食骨以體皆連肉也主人羞肵俎于腊北肵俎主於尸主人親羞敬也神俎不親設者貴得賓客以神事其先○疏曰云肵俎主於尸者以其入後乃設之故知主於尸主人親進者敬尸故也前神俎使載者設之者欲得尊賓嘉客以事其先故也尸三

0013_0419-1

飯告飽祝侑主人拜三飯告飽禮一成也侑勸也或曰又勸之使又食少牢饋食禮侑辭曰皇尸未實侑也佐食舉幹尸受振祭嚌之佐食受加于肵俎舉獸幹魚一亦如之幹長脅也獸腊其體數與牲同○疏曰幹長脅出下記云獸腊其體數與牲同者亦見下記云腊如牲骨是也尸實舉于菹豆爲將食庶羞舉謂肺脊佐食羞庶羞四豆設于左南上有醢庶衆也衆羞以豕肉所以爲異味四豆者膮炙

0013_0420-1

0013_0419-2

胾醢南上者以膮炙爲上以有醢不得
綼也○膮許堯反炙章夜反下肵○疏
曰案公食大夫云旁四列西北上膷以
東膮牛炙炙南醢以西牛胾醢注云
先設醢綼之次也此四豆有醢則不得
先設非綼之次故也又復一醢不得與
胾炙相對相對之法炙在南醢在北胾
在北醢在南如此見得綼故少牢云韭
菹醢醢葵菹蠃醢韭菹在南葵菹在北
綼又云若胾兩兎豆有醢亦用兎豆設
于薦豆之北注云四豆亦綼羊胾在南
豕胾在北皆有醢亦得綼者以其四豆
胾醢具相對
故鄭云綼也

尸又三飯告飽祝侑之如

儀祭礼一　三十三

初禮再成也舉骼及獸魚如初尸又三飯告

飽祝侑之如初骼音格又音各後同○禮三成獸魚如初者獸

骼魚一也舉肩及獸魚如初不復飯者三三者士之禮大成

也舉先正脊後肩自上而卻下綼而前
終始之次也○復扶又反下同三息暫
反○疏曰先舉正脊自上也次舉脅即
卻也後舉骼即下綼終舉肩即前也前
者牲體之始後者牲體之終故云終始之次也

佐食盛肵俎俎釋三个

佐食取牲魚腊之餘盛於肵俎
將以歸尸俎釋三个爲改饌於

張本下象鼻題監生留成四字傅本剪去之

0013_0421-1

0013_0420-2

西北隅還之所釋謂牲腊則正脊一骨
長脅一骨及臑也魚則三頭而已个猶
枚也今俗言物數有若干個者此讀然
○盛音成臑乃報反○疏曰云俎釋三
个爲改饌於西北隅遺之所釋者牲腊
則正脊一骨長脅一骨及臑也知者案
下記云尸俎右肩臂臑肫胳正脊二骨
横脊長脅二骨短脅今尸舉正脊一骨
長脅一骨及骼肩則脊脅各有一骨在
前脚三節後脚二節各舉其一訖前脚
舉肩訖宜次盛臂後脚舉胳訖宜次盛
肫前後各一節及横脊以歸前脚唯有
臑在并脊脅各
一骨爲三也

舉肺脊加于肵俎反黍

儀祭礼一　卌　昌

稷于其所尸授佐食佐食受而加之反
之也肺脊初在菹豆○疏曰
經直云肺脊加於肵俎鄭知尸不自加
而授與佐食佐食受而加之者約少牢
云上佐食受尸牢肺正脊加于肵鄭注
云受者尸授之也云肺脊初在菹豆者
上文云尸實舉
于菹豆是也

主人洗角升酌酳尸酳
以

刃反又士刃反○酳猶衍也是獻尸衍
之云酳者尸既卒食又欲順衍養樂之
不用爵者下大夫也因父子之道質而
用角角加人事略者今文酳皆爲酌○
疏曰經云酳尸知是獻尸者下有主婦
亞獻尸并賓長獻尸故知此是主人

0013_0421-2

酳尸也云不用爵者下大夫也者少牢云主人降洗爵酌酒乃酳尸用爵不用角也云因父子之道質而用角角加人事略者旣辟大夫不用爵次當用觚而用角因無旨助祭父子相養之道而用角者父子是質角加人事略得用功少故也

尸拜受主人拜送尸祭酒啐酒賓長以肝從〇疏曰此直言肝從亦當如少牢賓長羞牢肝用俎縮執俎肝亦縮進末鹽在右此亦不言者文不具也尸左執角右取肝擩于鹽振祭嚌之加于菹豆卒角祝受

大二全三 小下五三 仪祭礼一 卅五 昌

0013_0422-1

尸角曰送爵皇尸卒爵主人拜尸荅拜曰送爵者節主人拜

右迎尸正祭〇記沃尸盥者一人奉槃者東面執匜者西面淳沃執巾者在匜北匜北執匜之北亦西面每事各一人淳沃稍注之今文淳作激宗人東面取巾振之三南面授尸卒執巾者受宗人代授巾庭長尊

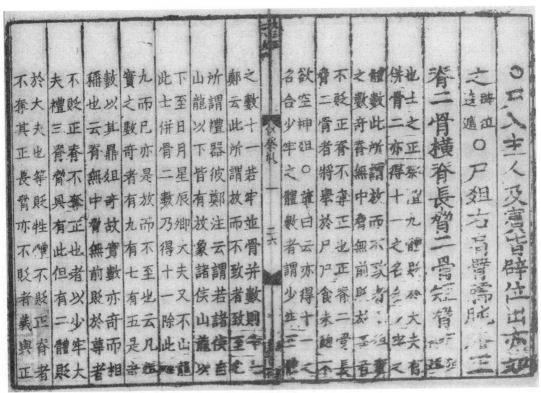

0013_0422-2

〇尸入主人及賓皆辟位出亦如之辟位逡遁〇尸俎右肩臂臑肫胳正脊二骨橫脊長脅二骨短脅[illegible]

也士之正祭禮九體貶於大夫有併骨二亦得十一之名與少牢之體數此所謂放而不致者也組實之數奇脊無中脅無前貶於尊者不貶正脊不奪正也正脊二骨長脅二骨者將舉於尸尸食未飽不欲空神俎〇疏曰云亦得十一之名合少牢之體數者謂少牢十一體

仪祭礼一 二六

0013_0423-1

之數十一若牢並骨并數則十三鄭云此所謂放而不致者致至也所謂禮器彼鄭注云謂若諸侯自山龍以下皆有放象諸侯山龍以下至日月星辰卿大夫又不山龍此士併骨二數乃得十一除此[illegible]九而已亦是放而不至也云凡組實之數奇者有九有七有五是奇數以其鼎組奇故實數亦奇而相稱也云脊無中脅無前貶於尊者不貶正脊不奪正也者以少牢大夫禮三脊脅具有此但有二體貶於大夫也等貶牲體不貶正脊者不奪其正長脅亦不貶者義與正

0013_0423-2

脊同云正脊二骨長脅二骨者將舉於尸尸食未飽不欲空神俎此脊與脅二骨本爲饌厭飫所設也爲**膚三**爲養用二厭飫一也○養劉子峻反與餕同**離肺一**離猶痊也小而長午割之亦不提心謂之舉肺○疏曰云亦不提心者言亦謂亦少儀云午羊之肺離而不提心鄭注云提猶絶也痊離之不絶中央少許者是也**刌肺三**爲尸主人主婦祭今文刌爲切**魚十有五**魚水物以頭枚數陰中之物取事於月十有五日而盈少牢饋食禮

0013_0424-1

亦云十有五而俎尊卑同此所[illegible]經而等也○疏曰云魚水物以[illegible]枚數者對三牲與腊以體數也云取數於月十有五日而盈者案[illegible]運云月三五而盈三五而闕文[illegible]於彼也云此所謂經而等者亦所謂禮器彼鄭注云謂若天子以下至士庶人爲父母三年是也引之考詳魚數亦尊卑同也**腊如牲骨**不但言體以有一言骨二骨者○疏曰云不但言體以有二骨二骨者若但言體體有九骨[illegible]

0013_0124-2

骨也**祝酌授尸尸以醋主人**醋才各反○[illegible]報也祝酌不洗尸不親酌尊尸也古文醋作酢○疏曰尸當酢主人宜親洗爵酌酒不親洗酌尸尊故也**主人拜受角尸拜送主人退佐食授挼祭**退者進受爵反位尸將嘏主人佐食授之挼祭亦使祭尸食也其挼祭亦取黍稷肺祭○疏曰云挼祭亦使祭尸食也者前祝命尸挼祭神食今命主人祭尸食亦如尸祭神食故云亦也云其挼祭亦取黍稷肺祭者亦

0013_0425-1

如上佐食取黍稷肺祭授尸尸祭之相似故云亦也**主人坐左執角受祭祭之祭酒啐酒進聽嘏**嘏古雅反○聽猶待也受福曰嘏嘏長也大也待尸授之以長大之福也**佐食摶黍授祝祝授尸尸受以菹豆執以親嘏主人**摶大官反○獨用黍者食之主其辭則少牢饋食禮有焉○疏曰案少牢云祝與二佐食皆出盥于洗入二佐食各取黍於一敦上佐食兼受摶之以授尸尸執以命祝卒命祝祝受以東北面于戶西以嘏于主人但少牢不[illegible]

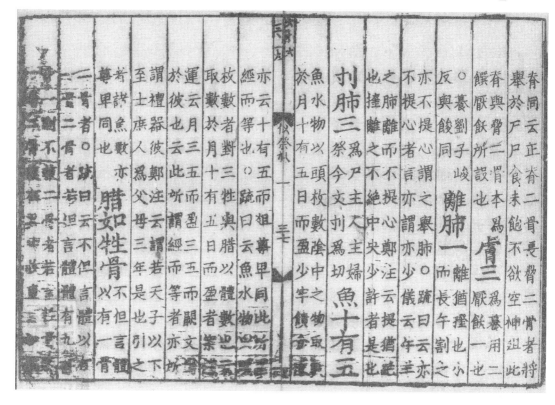

0013_0425-2

大夫尸尊又大夫禮文此親嘏者士尸卑禮質故也云其辭則少牢饋食禮有焉者案少牢云祝以嘏于主人曰皇尸命工祝承致多福無疆于女孝孫來女孝孫使女受祿于天宜稼于田眉壽萬年勿替引之是也云獨用黍者食之主者案上文云爾黍于席上不云爾稷者以稷雖五穀之長不如黍之美故云食之主

主人左執角再拜稽首受復位詩懷之實于左袂挂于季指卒角拜尸荅拜

挂俱賣反一音卦注同○詩猶承也謂奉納之懷中季小也實于左袂挂袪以

0013_0426-1

小指者便卒角也少牢饋食禮曰興受黍坐振祭嚌之○奉芳勇反○疏曰右手執角左手挂袪以小指不于左手言便卒角者飲酒之時恐其遺落故挂以小指故云便卒角也

主人出寫嗇于房祝以籩受

變黍言嗇因事託戒欲其重稼嗇嗇者農力之成功○疏曰案少牢云主人出宰夫以籩受嗇黍主人嘗之納諸內此士夫簞直見大夫出宰夫以籩受此主人寫嗇于房祝以籩受以其士賤故也云變黍言嗇因事託戒欲其重稼嗇者黍者五穀之名非農力成功……語設旨重稼嗇

右尸醋主人

0013_0426-2

筵祝南面主人自房還時

主人酌獻祝祝拜受角主人拜送設菹醢俎

行神惠也先獻祝以接神尊之

菹醢皆主婦設之佐食設俎○疏曰佐食接尸故後獻之祝接神先獻之云菹醢皆主婦設之佐食設俎者前獻尸時菹醢主婦設之亞獻及致爵於主人籩豆亦皆主婦設之則此設菹醢亦主婦可知又知佐食設俎約少牢主人獻祝佐食設俎故此亦佐食設俎可知

祝左執角祭豆興取

0013_0427-1

肺坐祭嚌之興加于俎坐祭酒啐酒以肝從祝左執角右取肝擩于鹽振祭嚌之加于俎卒角拜主人荅拜受角酌獻佐食佐食北面拜受角主人拜送佐食坐祭卒角拜主人荅拜受角降反于篚升入復位

疏曰云主人荅拜受角酌獻佐食者案上獻祝有俎此獻佐食不言俎者上經云執事之俎陳於階間二列北上鄭注云執事謂有司以

0013_0428-1　0013_0427-2

五今方仁右云肉者下云云佐食爲脊脅以又下經賓長獻卽鄭云二凡獻佐食皆無從其薦俎獻兄弟以其設之者少牢獻佐食俎卽設于兩階之間兩上大夫特賓尸故即設佐食俎至於賓尸時佐食無俎也

右主人獻祝佐食○記祝俎髀脡脊二骨脅二骨凡接於神及尸者俎不過牲三體以特牲約加其可併者二亦得奇名少牢饋食禮羊豕各三體○疏曰云祝俎直云脅二骨謂代脅也以尸俎無脡脊祝則有之尸俎無代脅祝俎有代脅可知云凡接於神及尸者祝佐食賓長長兄弟宗人之等是也接神者謂祝與佐食佐食尸來入爲神設俎卻會祝酌奠於鉶南故曰接神也接尸者賓爲三獻長兄弟爲加爵尸盥宗人授巾皆是與尸相接也知皆三體者下佐食俎觳折脊脅也賓骼長兄弟及宗人折其餘如佐食俎故知皆三體也以特牲約加其可併者二骨者是尊祝也佐食也已下卑無加故下注云三體卑者從正是也云少牢饋食禮羊豕各三體者二牲各三體共六體不奇者通晤

0013_0429-1　0013_0428-2

髀爲七則亦奇數也以其骿既兩髀屬于尻不殊故爲一體膚一離肺一○佐食俎觳折脊脅三體卑者從正○疏曰直去脊脅不定體名欲見得使用之少牢佐食俎設于兩階之間其俎折一膚鄭注云折者擇取牢正體餘骨折分用之有脅而無薦亦遠下尸是無定體也膚一離肺一

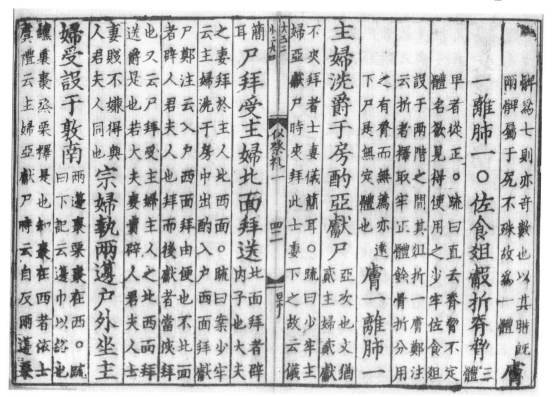

主婦洗爵于房酌亞獻尸亞次也文猶貳主婦貳獻不夾拜者士妻儀簡耳○疏曰少牢主婦亞獻尸時夾拜此士妻下之故云儀簡耳尸拜受主婦北面拜送北面拜者辟內子也大夫之妻拜於主人北西面○疏曰案少牢云主婦洗于房中出酌入戶西面拜獻尸鄭注云入戶西面拜由便也不北面者辟人君夫人也拜而後獻者當俠拜也又云尸拜受主婦主人之北西面拜送爵是也若大夫妻賤辟人君夫人士妻賤不嫌得與人君夫人同也宗婦執兩籩戶外坐主婦受設于敦南兩籩棗栗棗在西○疏曰下記云籩巾以綌也纁裏棗烝栗擇是也知棗在西者依士虞禮云主婦亞獻尸時云自反兩籩棗

0013_0429-2

謂□□處在西鄭尚□□□故知也祝贊籩祭尸受

祭之祭酒啐酒籩祭棗栗之祭其祭之亦於豆祭。疏曰上經

尸授祭肺云右手取菹擩于醢祭于豆閒又佐食取黍稷肺祭授尸尸祭之不

言其與肝亦祭於豆閒今此祝薦籩祭亦言其處亦祭于豆閒可知又案有

司徹云尸取韭菹擩于三豆祭于豆閒又尸取麷蕡等夫贊者取白黑以授尸尸

又兼祭于豆祭是籩豆同祭于豆閒也兄弟長以燔從尸

受振祭嚌之反之燔音煩。燔炙肝也。疏曰云反之者謂

0013_0430-1

反燔于□兄弟羞燔者受加于肵出出者俟後事也。疏

曰謂主婦獻祝之時更當羞燔于祝下□主婦獻祝籩燔從如初儀明獻祝時

□是兄弟羞燔可知□鄭注云俟後事也尸卒爵祝受爵命

送如初送者送卒爵

右亞獻尸

□□尸酢主婦如主人儀者自祝酌至尸拜送如酢主人

□□□內子。疏曰云不易□不相襲爵今襲爵者□□

0013_0430-2

子是以少牢云祝受尸爵尸荅拜易爵洗酌授尸主婦拜受爵尸荅拜是易爵

也主婦適房南面佐食挼祭主婦左執

爵右撫祭祭酒啐酒入卒爵如主人儀

撫挼祭示親祭佐食不挼而祭於地亦儀簡也入室卒爵於尊者前成禮明受

惠也。疏曰云佐食不挼而祭於地亦儀簡也者少牢大夫妻云上佐食挼祭

主婦西面于主人之北受祭北佐食祭於地主婦撫之而已故云亦儀簡云亦

者亦前不夾拜也

0013_0431-1

右尸酢主婦

獻祝籩燔從如初儀及佐食如初卒以

爵入于房及佐食如初如其獻佐食則拜主人之北西面也。疏曰

此無正文以佐食北面拜受主婦不宜與佐食同面拜送又言如初明與主人

同西面拜故鄭云拜主人之北西面

右主婦獻祝及佐食

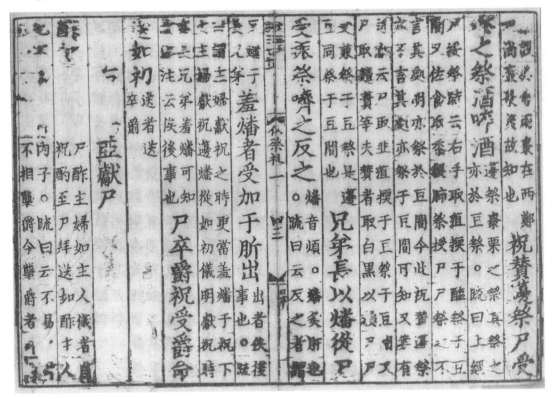

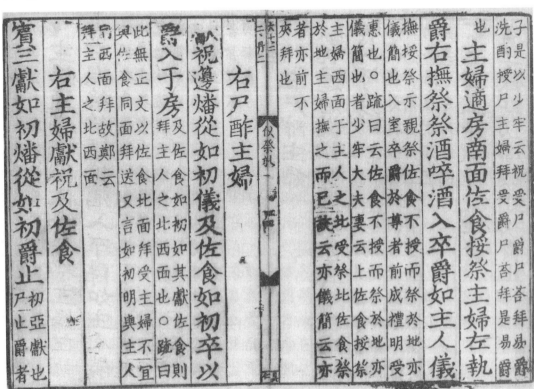

賓三獻如初燔從如初爵止初亞獻也尸止爵者

0013_0432-1　　0013_0431-2

三獻禮成欲神惠之均於室中是以奠
而待之○疏曰自此盡卒復位論賓長
獻尸及佐食并主人主婦致爵之事此
一科之内乃有十一爵賓獻尸一也主
婦致爵于主人二也主人酢主婦三也
主人致爵于主婦四也主婦酢主人五
也尸舉奠爵酢賓長六也賓長獻祝七
也又獻佐食八也賓又致爵于主人九
也又致爵于主婦十也賓獻主人酢十
一也云初亞獻也者知不初獻者以主
婦亞獻承初獻後賓長又承亞獻後故
知如亞獻不得如初獻也又面位及燔
從皆如亞獻也云三獻禮成欲神惠之
均於室中是以奠而待之者謂尸得三

儀祭礼一　四五

獻而禮成言其實飲三爵祝與佐食亦
得三獻主人主婦各得一酢而已未得
獻是神惠未均奠而待之者待主人主
婦致爵乃均也案下文衆賓長為加爵
如初爵止鄭注云尸止爵者欲神惠之
均于在庭止得一獻亦言均則不以爵
數為均直據得一獻則為均也

右賓長獻尸爵止

席于户内為主人鋪之西面席自房來主婦洗爵酌

致爵于上主人拜受爵主婦拜送爵

0013_0433-1　　0013_0432-2

拜於北面也今文曰主婦洗酌爵
疏曰云主婦拜拜於北面也者約有司
儐尸於堂主婦致爵于主人主人致
爵于主婦北面一拜階上答拜是也

宗婦贊豆如初主婦受設兩豆兩籩初贊亞獻

也主婦薦兩豆籩東面也○疏曰上主
婦亞獻時但云宗婦執兩籩又云祝贊
籩祭無豆此云贊豆如初明贊豆之時
與贊籩同故得言如初知東面者以主
人西面
故也

俎入設佐食設之○疏曰有司
下大夫不儐尸者主婦
致爵於主人時佐食設俎彼室内行
事與士禮略同故鄭知佐食設之也

主人左執爵祭薦宗人贊祭奠爵興取肺

儀祭礼一　四六

坐絕祭嚌之興加于俎坐挩手祭酒啐

酒絕肺祭之者以離肺長也少儀曰牛
羊之肺離而不提心豕亦然挩拭也
挩手者為絕肺染汙也挩肺不挩手古
文挩皆作說○疏曰少儀注云提猶絕
也不絕中央少許者引之證離肺長而
不絕故須絕之云挩肺不挩手者以其
絕已斷絕取祭之不須
挩手絕之故不挩手也

肝從左執爵取

肝擩于鹽坐振祭嚌之宗人受加于俎

0013_0433-2

燔亦如之興席末坐卒爵拜於席末坐卒爵敬也

一酌而備再從而次之亦均○疏曰此決上主人獻尸賓長以肝從主婦獻尸兄弟以燔從今一酌而備燔從則與尸等故云亦均

主婦荅拜受爵酌醋左執爵拜主人荅拜坐祭立飲卒爵拜主人荅拜

右主婦致爵于主人受爵酌醋○

胙俎臂正脊二骨橫脊長脅二骨

0013_0434-1

短脅主人尊欲其體得祝之加數五體又於加其可併者二亦得奇名臂左體臂○疏曰云臂左體臂者以其尸用右不云折明全升主人又云臂明左臂可知脅骨多不嫌得與尸同用右體猶脊然也

膚一離肺一

主婦出反于房主人降洗酌致爵于主婦席于房中南面主婦拜受爵主人西面荅拜宗婦薦豆俎從獻皆如主人之

0013_0434-2

人更爵酌醋卒爵降實爵于篚入復位

主人更爵自酢男子不承婦人爵也祭統曰夫婦相授受不相襲處酢必易爵明夫婦之別○疏曰案上主人獻尸尸酢主婦不易爵鄭注云辟內子致爵于主人則易爵也若然案下記設洗篚在洗西實二爵鄭注云二爵者為賓獻爵止主婦當致也此賓長所獻爵尸奠之未舉其篚唯有一爵得云易者上主婦亞獻洗爵于房中則房中有爵又主婦獻祝及佐食訖以爵入于房後主婦致爵于主人還是房內爵後主人致爵于主婦者是下篚之爵主婦飲訖實于房

0013_0435-1

中之篚主人更取房內之爵以酌酢訖奠于下篚云主人更爵者謂酌酢爵與房內爵相更鄭注下記云主婦當致者謂主人致爵於主婦則用下篚內之爵也

右主人致爵于主婦更爵酌醋○

記主婦俎觳折觳戶角反又苦角反○觳後足折分後右足以為佐食俎不分左臑折辟大夫妻○疏曰云觳後足者案既夕記云明衣裳長及觳鄭注云觳足跗也是觳後足也云分後右

0013_0436-1　0013_0435-2

足以爲佐食俎者經不云後右足鄭如者以少牢主婦用左臑此甘妻辟之不用左臑用後右足不用後左足左足太卑

其餘如

作俎

餘謂脊脅膚肺

三獻作止爵

賓也謂三獻者以事命之作起也舊說云賓入戶北面曰皇尸請舉爵

尸卒爵酢酌獻祝及佐食洗爵酌致于主人主婦燔從皆如初更爵酢于主人卒復位

洗乃致爵爲異事新之燔從皆如初者如

亞獻及主人主婦致爵也凡獻佐食皆無從其薦俎獻兄弟以齒設之賓更爵自酢亦不承婦人爵○疏曰上文賓獻尸獻祝及佐食皆不洗今致于主人洗故決之也案下篇不儐尸洗爵致于主人注云以承佐食賤新之此云爲異事新之注不同者但異事則是承賤承賤後則事異言雖不同理則一也云燔從皆如初者如上主婦亞獻尸及祝皆肝從燔從此皆燔從無肝從故經注云燔從皆如初云凡獻佐食皆無從者謂主人主婦及賓長獻佐食皆無從故云凡獻言以經獻祝及佐食洗爵致于主人主婦燔從皆如初亞獻佐食下嫌獻佐

0013_0437-1　0013_0436-2

食亦然有燔從故鄭辯之若然佐食俎獻與祝得獻同亦得如初但無從爲異云其薦俎獻兄弟以齒設之者以上佐食得獻時不見有設薦俎之文下記云佐食於旅也齒於兄弟故佐食薦俎亦與兄弟同時設也

右賓作尸止爵及獻祝佐食主人主婦等

主人降阼階西面拜賓如初洗

拜賓而洗爵爲將獻之如初視濯時主人再拜賓荅拜三拜衆賓衆賓荅再拜

賓辭洗

卒洗揖讓升酌西階上獻賓賓北面拜受爵主人在右荅拜

就賓拜者此禮不主於尊也賓卑則不專階主人在右統於其位○疏曰案鄉飲酒鄉射賓主獻酢各於其階至酬乃同階此因祭如初賓非爲尊之所尊者謂尸也又賓是士家有司卑不得專階故就之使不得專階對鄉飲酒鄉射得專階也云主人在右統於其位者以其賓得在西階上北面以東爲右主人亦在阼階故云統于其位鄭言此者主人就西階異於飲酒主人在右則與飲酒禮同以言主人常居右也

薦脯

0013_0437-2

醢設折俎凡節解者皆曰折俎不言其體略云折俎非貴體也上賓骼衆賓儀公有司設之。疏曰案下記云賓骼鄭云骼左骼也賓俎全體尊賓也折骨而曰折俎明凡節解牲體皆曰折升于俎故名折俎與臑折同名其折義則異彼折骨云不言其體略云折俎非貴體也者案下記云賓骼骼是牲體此經云折俎者用骼非貴體故略云折俎若然經尸俎祝佐食及主人主婦俎體皆不言之而鄭注獨云賓俎不言體者尸祝等經之不言牲體亦不言折以其體貴故也此賓俎不言牲體而言折明非貴體也云上賓骼衆賓儀者案下記

0013_0438-1

唯云賓骼其衆賓已下皆殺脅不言儀鄭見有司徹主人獻賓儀司士設俎羊骼一又云衆賓長拜受爵其脅體儀也注云儀者尊體盡儀度餘骨可用而用之尊者用尊體卑者用卑體而已是也云公有司設之者此即有司徹所云司士是也下文云公有司在門西則此設俎者也賓坐執爵祭豆奠爵興取肺坐絕祭嚌之興加于俎坐捝手祭酒卒爵拜主人荅拜受爵酌酢奠爵拜賓荅拜主人酌自酢者賓不敢敵主人主人達其意○

0013_0438-2

疏曰云賓不敢與主人爲敵酢之者主人酌以自酢達賓意故也若鄉飲酒鄉射賓皆親酢主人以其賓尊行敵禮故也主人坐祭卒爵拜賓荅拜揖執祭以降西面奠于其位位如初薦俎從設位如初復其位東面少牢饋食禮宰夫執薦以從設于祭東司士執俎以從設于薦東是則皆公有司爲之與○與音余○疏曰以賓位在西階下東面今受獻於西階上經云執祭以降西面奠于其位又言位如初明復西階下東面位可知也衆賓升拜受爵

0013_0439-1

坐祭立飲薦俎設于其位辯主人備荅拜焉降實爵于篚辯音遍後皆同○衆賓立飲賤不備禮鄉飲酒記曰立卒爵者不拜既[illegible]盡人之荅拜

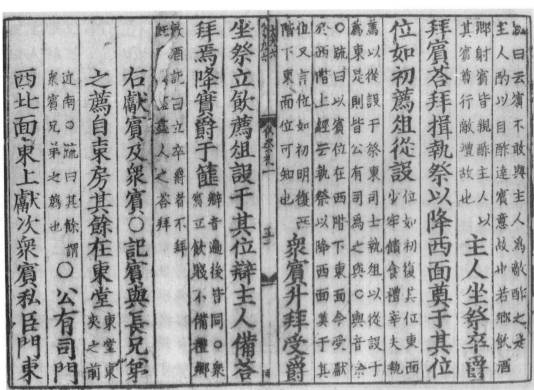

右獻賓及衆賓○記賓與長兄弟之薦自東房其餘在東堂東堂東夾之前近南○疏曰其餘謂衆賓兄弟之薦也○公有司門西北面東上獻次衆賓私臣門東

0013_0440-1　0013_0439-2

北面西上獻次兄弟升受降飲獻在後者賤也祭祀有上事者貴之亦皆與旅○與音預○疏曰公有司獻在衆賓後私臣獻在兄弟後故獻在後者賤也云祭祀有上事者貴之者謂衆賓兄弟次賓之屬得獻衆賓擇取公有司可執事者謂前舉鼎匕載者從獻衆賓擇取公有司酬爵之屬如此者門外在有司舉執事中入門列在東面爲衆賓餘者在門西位也兄弟繼之上事亦皆在西面位族親故也私臣獻在兄弟後者職賤公有司在衆

賓後不執事賤於執事者故曰有上事者貴之宗人獻與旅齒於衆賓則公有司是也佐食於旅齒於兄弟則私臣之中擇爲賓使爲佐食是也是以前文佐食北面立于中庭注云佐食賓佐尸食是也案前賓得獻薦脯醢設折俎注云公有司設之及獻兄弟薦脀注云私人爲之與二者皆使執事云非執事者以受獻者不得自設俎皆使二者設之非本執事之人然則公有司私臣薦俎皆使徒隷爲之與云亦皆與旅者上宗人獻旅云齒於衆賓佐食旅齒於兄弟是也

0013_0441-1　0013_0440-2

不言旅少□□□□之□者亦此二人北共大□□□□私其位無文此有司在門西北面東上私臣在門東北面西上天子諸侯祭祀可依此位矣同姓無爵者在阼階前西南北上卿西階前東面北上大夫在門東北面士門西北面旅食在其後少牢下篇云衆賓位在門東北面既獻在西階西南衆賓繼上賓而南天子諸侯之賓其位或依此與案祭統云凡賜爵昭爲一穆爲一昭與昭齒穆與穆齒凡羣有司皆以齒此之謂長幼有序此不見昭穆位者主

人衆兄弟非昭穆乎故彼注昭穆猶特牲少牢饋食之禮主人之衆兄弟也羣有司猶衆賓下及執事者君賜之爵謂若酬之是也若其有爵者則以爵序之何故然也案文王世子其在外朝則以官其在宗廟之中則如外朝之位宗人授事以爵以官是不以姓其獻之亦以官故祭統云尸飲五君洗玉爵獻卿尸飲七以瑤爵獻大夫尸飲九以散爵獻士及羣有司皆以齒明尊卑之等是也以此差之知無爵者從昭穆有爵者則以官矣宗人獻與旅齒於

衆賓尊庭長齒從其長幼之次佐食於旅齒於兄弟○賓骼長兄弟及宗人折其餘如佐食俎長丁丈反注及後皆同○骼左骼也賓俎全體尊賓不用尊體爲其已甚卑而全之其宜可也長兄弟及宗人折不言所分略之○疏曰尸用右骼故知賓所用左骼可知云長兄弟及宗人折不言所分故知略之也衆賓及衆兄弟內賓宗婦若有公有司私臣皆殽

脀殽戶交反脀之丞反後同○又略此所折骨直破折餘體可殽者升之俎一而已不備三者賤祭禮接神者貴凡骨有肉曰殽祭統曰凡爲俎者以骨爲主貴者取貴骨賤者取賤骨貴者不重賤者不虛示均也俎者所以明惠之必均也善爲政者如此故曰見政事之均焉公有司亦士之屬命於君者也私臣自已所辟除者○疏曰云又略者上文長兄弟及宗人直言折不言所折骨體已是略此又不言折而言殽脀是又略也言此所折[illegible]有餘體即破之可也云祭

禮接神者貴者謂長兄弟及宗人已上俎皆三皆有脀肺以接神及尸貴故三體自衆賓以下折體而已不接神及尸賤無獻故也宗人雖不獻執巾以授尸亦名接也引祭統者見貴賤皆有骨示均之義云已所辟除者則府史之等不命於君者也膚一離肺

一

尊兩壺于阼階東加勺南枋西方亦如之勺時灼反○爲酬賓及兄弟行神惠不酌上尊卑異之就其位尊之兩壺

皆酒優之先尊東方示惠由近禮運曰澄酒在下○疏曰上文獻賓及兄弟皆酌上尊者獻是嚴正故得與神靈共尊至此旅酬禮褻故不敢酌上尊案司尊彝職四時之祭云皆有罍諸臣之所酢少牢上下大夫堂下皆無尊者士卑得與人君同大夫尊辟人君故也云兩壺皆酒優之者設尊之法皆有玄酒今兩壺皆酒無玄酒優之也云先尊東方示惠由近者東方主人位西方賓位今先設東方乃設西方者見酒由主人來故云示惠由近爲始引禮運者彼注澄爲沈齊酒是三酒酒所以飲諸臣證此壺尊酒飲在下者也主人洗觶

0013_0444-1　0013_0443-2

酌于西方之尊西階前北面酬賓賓在左先酌西方者尊賓之義主人奠觶拜賓答拜主人坐祭卒觶拜賓答拜主人洗觶賓辭主人對卒洗酌西面賓北面拜西面者鄉賓位立於西階之前賓所答拜之東北○鄉許亮反○疏曰以經云主人對卒洗酌西面賓北面拜主人西面授賓北面答拜明主人不得南過於賓故鄭以義言之云立於西階之前賓所答拜之東北也主人奠觶于薦北

大三七七　小三五六　仪祭礼一　五七

奠酬於薦左非為其不舉行神惠不可同於飲酒○疏曰以其神惠右不舉生人飲酒左不舉今行神惠不可同於飲酒故奠於左與生人相變故有司徹云二人舉觶酬尸侑侑奠觶于右鄭注云奠于右者不舉也神惠右不舉變於飲酒是也此酬奠於薦左下文賓舉為旅酬以其神惠故也言不可同飲酒者謂不可同於鄉飲酒故鄉飲酒記云將舉者於右奠者於左其義與此別此下文奠觶於薦南明將舉以初在北飲酒將舉奠於薦南便其復舉賓坐取觶還東面拜主人答拜賓奠觶于薦南

張本下象鼻題監生戴三字傅本剪去之

0013_0445-1　0013_0444-2

復位還[illegible]位薦西奠觶[illegible]明將舉○疏曰云揖復位者[illegible]奠觶以南於位可知云還東面拜[illegible]賓坐取觶薦東西面可知故鄭注云復東面就其位薦西也右堂下設尊酬賓賓奠觶主人洗爵獻長兄弟于阼階上如賓儀獻賓乃獻長兄弟者獻之禮成於酬先致賓禮此主人之義亦有薦脀設于位私人爲之與○與音余○疏曰云酬賓乃獻長兄弟者獻之禮成於酬者以其

仪祭礼一　五八

獻賓之禮以酬副之乃禮成故冠禮云乃禮賓以一獻之禮鄭注云獻酢酬賓主人一獻而禮成又鄉飲酒獻及酬[illegible]既乃獻介又此文獻賓即酬賓乃獻兄弟故鄭注獻之禮成於酬也云亦言薦脀設于位者以經云獻長兄弟于阼階上如賓儀則長兄弟初受獻于阼階上特亦薦脯醢設折俎於阼階上祭訖乃執以降設於下位皆當如賓儀鄭下注云設薦俎於其位者據彼於以降及其注而言也言亦者亦賓鄭必知有薦俎者見於下記云長兄弟及宗人折[illegible]也云私人爲之與者私人者即私臣記云私臣門東北面西上是也以[illegible]

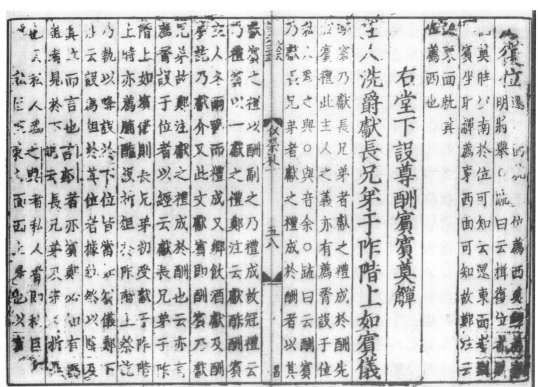

0013_0446-1　　0013_0445-2

…弟爲俎私人…言與以疑也洗…

弟如衆賓儀獻畢而必爲之洗者神惠此言如衆賓…知衆賓洗明矣○疏曰上獻衆賓…不言洗此云獻衆兄弟如衆賓儀…衆賓洗可知不言者舉以明上省文之義也

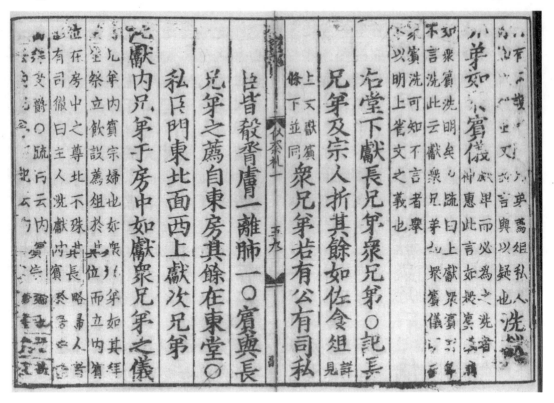

右堂下獻長兄弟衆兄弟○記長兄弟及宗人折其餘如佐食俎詳見上文獻賓條下並同衆兄弟若有公有司私

儀禮十一　五十九

臣皆殽脀膚一離肺一○賓與長兄弟之薦自東房其餘在東堂○私臣門東北面西上獻次兄弟

右獻內兄弟于房中如獻衆兄弟之儀…兄弟內賓宗婦也如衆兄弟如其拜…祭立飲設薦俎於其位而立內賓位在房中之尊北不殊其長略婦人…有司徹曰主人洗獻內賓於房…交爵○疏曰云內賓宗…記云…

0013_0447-1　　0013_0446-2

云內賓姑姊妹宗婦族人之婦…弟者服名故號婦人爲兄弟也云…在房中之尊北者案下記云尊兩壺于房中西墉下南上內賓立于其北東面南上宗婦北堂東面北上是也云不殊其長略婦人者決上文獻賓於西階上…獻兄弟於阼階上皆殊其長此不殊故云略之引有司徹者欲見此內賓一獻特亦南面拜受爵故下注云內賓之長亦南面荅拜言亦者亦前受獻時前雖經文約有司徹內賓之長亦南面荅拜

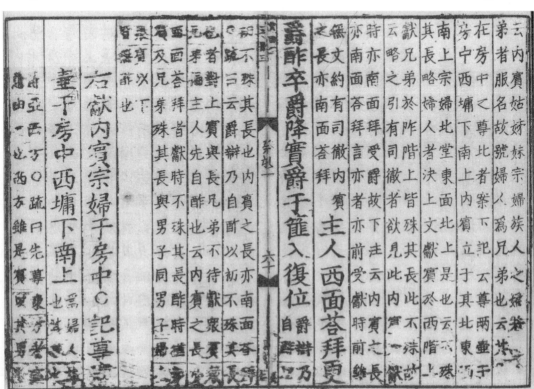

主人西面荅拜更爵酢卒爵降實爵于篚入復位爵辯乃自酢以…

儀禮十一　六十

…不殊其長也內賓之長亦南面荅…疏曰云爵辯乃自酢以初不殊其長…者對上賓與長兄弟不待獻衆賓…兄弟徧主人先自酢也云內賓之長…西荅拜者獻時不殊其長酢時…及兄弟殊其長與男子同男子…衆賓以下皆…薦也

右獻內賓宗婦于房中○記尊壺于房中西墉下南上爲婦人…也…

…亞西方○疏曰先尊東方…由…也西方雖是賓…

0013_0447-2

設在前謂尊此處爲房内婦人設
故知亞次西方又經云尊兩壺
于阼階東又云西方亦如之明其
拜亞次此房内婦人之尊上文不

見者異之於婦人
内賓立于其北東面南上宗婦北堂東面北上
二者所謂内兄弟内賓姊妹也宗婦族人之婦其夫屬于所祭爲子孫或南上或北上
宗婦宜統於主婦主婦南面北堂中房而北○疏曰言所謂者上經云主人先獻内兄弟于房中[illegible]衆兄弟之儀是也言宗婦則衆[illegible]

祭禮一　六十一

0013_0448-1

[illegible]斬祭死者之子孫之妻皆[illegible]婦也云或南上或北上云内賓[illegible]
[illegible]姊賓客之類南上[illegible]西面以南方爲主[illegible]
[illegible]統于主婦故北上[illegible]北堂中房而北[illegible]
[illegible]也○**内賓宗婦皆[illegible]**
[illegible]**膟肺一**[illegible]○**宗婦[illegible]**
者執以坐于戶外授主婦

長兄弟洗觚爲加爵如初儀不及佐食

0013_0448-2

洗致如初無從大夫士三獻而[illegible]之爲加也不[illegible]
從殺也致致於主人主婦○[illegible]
下皆同○疏曰云如初儀者[illegible]三
獻之儀但賓長獻丁一爵此兄弟之長
加獻則降唯有六爵以其關主人主婦
致爵并酢四爵又獻佐食五唯有六主
者洗觚爲加獻一也尸酢長兄弟二也
獻祝三也致爵於主人四也致爵於主
婦五也受主人酢六也云大夫士三獻
而禮成者天子大祫十有二獻四時與
禘唯有九獻上公亦九獻侯伯七獻子
男五獻卿大夫士略同三獻而祭禮成
也是以多之者爲加若主人飲酒禮卿

儀禮疏一　六十二

0013_0449-1

大夫三獻士唯一獻而已祭禮士與大
夫同者攝盛葬奠亦與大夫同少牢五
鼎又乘車建旜亦與卿大夫同也

右長兄弟爲加爵

衆賓長爲加爵如初爵止尸爵止者欲神惠之均於
在庭○疏曰庭賓及兄弟雖得一獻未
得旅酬其已得三獻又別受加爵故停
之使庭行旅酬是以云尸爵
止者欲神惠之均於在庭也

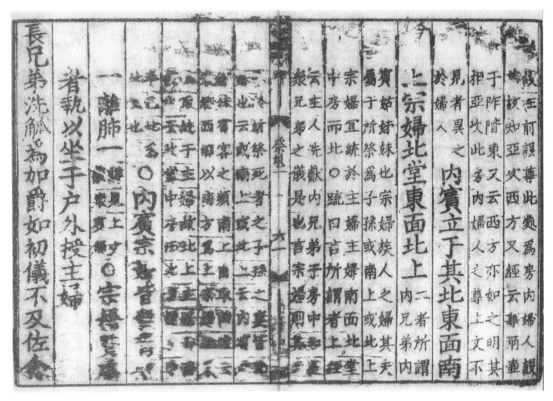

右衆賓長爲加爵爵止

嗣舉奠盥入北面再拜稽首嗣主人將爲後者舉猶飲也使嗣子飲奠者將傳重累之者大夫之嗣子不舉奠辟諸侯○傳大專云○疏曰云嗣主人將爲後者不言適而言將爲後者欲見無長適立庶子及同宗爲後皆是故況言將爲後也云舉猶飲也者非謂訓舉爲飲直是嗣子舉而飲之耳云將傳重累之者將使爲嗣奉累崇敬承重祭祀之事是以使飲之而獻也云大夫之嗣子不舉奠辟諸侯者案文王世子云其登餕獻受爵則以上嗣注云上嗣君之適長子以特牲饋食禮言之受爵謂上嗣舉奠也獻謂舉

奠洗爵酌又也餕謂宗人遺舉奠盥祝命之餕也大夫之嗣無此禮辟君也今案少牢無嗣子舉奠之事故此注云辟諸侯士卑不嫌得與人君同故有嗣子舉奠之事也奠者即上文祝奠奠於鉶南是也郊特牲云舉斝角詔妥尸鄭注云始入舉奠斝若奠角將祭之祝則詔主人拜安之使之坐尸即至尊之坐或時不自安則以拜安之天子奠斝諸侯奠角彼鄭注意亦引此特牲祝酌奠于鉶南也尸執奠進受復位祭酒啐酒尸舉肝舉奠左執觶再拜稽首進受肝復位

坐食肝卒觶拜尸備荅拜焉食肝受尊者賜不敢餘也備猶盡也每拜荅之以尊者與卑者爲禮略其文耳古文備爲復○疏曰直言受肝明有鹽是以下記云嗣舉奠佐食設豆鹽是也云食肝受尊者賜不敢餘也者食之當盡以其食若不盡直云嚌之而已此經云食肝明不敢餘也舉奠洗酌入尸拜受舉奠荅拜尸祭酒啐酒奠之舉奠出復位啐之者荅其欲酢已也奠之者復神之奠觶嗣齒於子姓凡非主人升降自西階○疏曰云啐之者荅其欲酢

已也者鄉飲酒鄉射主人獻賓賓皆啐酒洗爵即酢主人此嗣子獻尸尸啐之亦欲酢已故啐之其實無酢也云嗣齒於子姓者姓之言生子之所生謂孫行者今嗣亦孫之流故齒之也云凡非主人升降自西階者案曲禮云爲人子者升降不由阼階是以雖嗣子亦宜升降自西階適子孫不升阼階故於此揔言凡也

右嗣舉奠○

記嗣舉奠佐食設豆鹽肝宜鹽也

0013_0452-1　　0013_0451-2

兄弟弟子洗酌于東方之尊阼階前北面舉觶于長兄弟如主人酬賓儀弟子後生也○疏曰云如主人酬賓儀者謂如上文主人酬賓就其階同北面並拜乃飲卒爵拜洗酌乃西面賓北面拜位故言如此亦然弟子洗觶酌於東方之尊阼階前東面獻長兄弟長兄弟北面拜受弟子奠千薦南長兄弟坐取觶還西面拜弟子北面荅拜長兄弟奠於薦北揖復位若有司徹云兄弟之後生者舉觶於其長長在左弟子自飲訖升酌降長拜受於其位舉爵者東面荅拜鄭注云拜受荅拜不比面者儐尸禮殺此不儐尸則拜送皆北面可知也弟子後生者此即有司徹云兄弟之後生者是也

右弟子舉觶于長兄弟

宗人告祭脀脀俎也所告者衆賓兄弟內賓也獻時設薦俎于其位至此禮又殺告之祭使成禮也其祭皆離肺不言祭豆可知○疏曰云告祭脀者謂告衆之等知無長賓者以其初得獻時即祭肺於階上此獻時乃設薦俎于其位故此無長賓也云獻時設薦俎於其位者得獻時薦于堂下及房內

0013_0453-1　　0013_0452-2

之位云至此禮又殺告之祭使成禮也者祭上文加爵致爵不及佐食無從殺也此告之祭使成禮是再殺故云又殺也衆賓言薦俎從設言薦即豆故云不言祭豆可知乃羞羞庶羞也下尸胾醢豆而已此所羞者自祝主人至於內賓無內羞○疏曰知羞非薦羞者上文受獻時皆設薦俎於其位故知此羞是庶羞非薦也上爲尸佐食羞庶羞四豆設於左鄭注四豆膮炙胾醢此祝以下薦羞降于尸當去膮炙故云胾醢豆而已云此所羞者自祝主人至於內賓者言自祝下及內賓及衆賓兄弟皆在可知又下記云公有司獻次衆賓私人獻次兄弟則內賓亦及之是以少牢下篇云乃羞庶羞于賓兄弟內賓及私人不儐尸亦云乃羞于賓兄弟內賓及私人辯是也若然少牢與有司徹儐尸與不儐尸庶羞與房中羞皆與尸佐食及祝主人主婦皆同時羞之者彼上下大夫禮尊故得與尸同時羞此士禮卑故不得與尸同也云無內羞者以其尸尊尚無內羞況祝卑故無內羞也

賓坐取觶阼階前北面酬長兄弟長兄弟在右薦南奠觶○疏曰自此盡賓觶于旅酬之間作止爵之事但此特牲之禮堂下行旅酬無筭爵並

0013_0453-2

有室中者不與旅酬之事上大夫儐尸與旅酬不與無筭爵之事故別使二人舉觶於尸侑尸侑得舉爲旅酬徧及堂下尸與旅酬者以其儐口在堂禮殺故也若下大夫不儐尸者堂下無旅酬直行無筭爵於堂下而已尸則不與之所以下大夫無旅酬直有無筭爵者以其禮尸於室中辟國君堂下不設尊故無旅酬直行無筭爵而已以其堂下與神靈共尊不得與尸行旅酬故亞之此特牲堂下得旅酬無筭爵並行者以其堂下與神靈別尊故爲加爵禮尸於室中酌上尊堂下旅酬行神惠酌下尊故上大夫及士之祭禮旅酬行無筭爵或行

祭禮一　六七

0013_0454-1

或不旹參差不等也賓酬長兄弟長兄弟在右下文長兄弟酬衆賓長自左受旅如初是賓主相酬主人常在東其后在賓中則受酬者在左若鄉飲酒賓酬主人主人立於賓東主人酬介介立於主人之西其衆賓受介酬者自介右鄭注云尊介使不失故位衆受酬者受自左異其義也賓主相酬各守其位不以尊卑變同類之中受者于左尊右也

賓奠觶拜長兄弟荅拜賓立卒觶酌于其尊東面立長兄弟拜受觶賓北面荅拜揖復位其尊長兄弟尊也此

0013_0455-1

0013_0454-2

當者北面○疏曰以其旅酬盖癡以食未酌已尊酬人之時酌彼尊長各自其酒故無筭爵賓弟子及兼身子舉觶於其長各酌于其尊也云此受酬者拜亦北面者以經長兄弟拜受觶不言面位故鄭云受酌者拜亦北面言亦者亦賓北面也

長兄弟西階前北面衆賓長左受旅如初旅行也受行酬也初賓酬長兄弟長兄弟卒觶酌于其尊西面立受旅者拜受長兄弟北面荅拜揖復位衆賓及衆兄弟交錯以辯皆如初儀交錯猶言東西爲加爵者作止爵如長兄弟之儀於旅酬之間言作止爵明禮殺並作○疏曰前衆賓之長爲加爵如初爵止今還使爲加爵者作止爵也故云如長兄弟之儀云於旅酬之間言作止爵明禮殺並作者此決上文賓三獻爵止鄭注云三獻禮成欲神惠之均于室中是以奠而待之故有室中主人主婦致爵訖乃二獻作止爵此衆賓長爲加爵如初爵止鄭注云尸爵止者欲神惠之均于在庭而堂下庭中行旅酬未訖獻加爵者作止爵故鄭注云禮殺並作

祭禮一　六八

0013_0455-2

[illegible]爵賓[illegible]賓酬兄弟之儀以辯
卒受者實觶于篚長兄弟酬賓亦坐取其奠觶此不言交錯
以辯賓酬兄弟實奉受者實觶于篚明其酬辯卒於此其文省○疏曰云長
兄弟酬賓亦坐取其奠觶者亦謂亦上賓坐取觶為南奠觶此長兄弟所舉奠觶
者即上弟子舉觶於其長是也云明其相報禮終於此其文省者以其賓舉奠
觶於長兄弟行旅酬盡皆徧長兄弟舉觶於賓行旅酬亦皆徧故云相報禮終
言明者嫌其不終所以嫌者賓之酬不言卒受者此不言交錯以辯嫌其不卒

儀禮圖　祭禮一　六十

0013_0456-1

不辯其賓賓之酬亦卒受者實觶于篚此亦交錯以辯故鄭云文省賓弟
子及兄弟弟子洗各酌于其尊中庭北
面西上舉觶於其長奠觶拜長皆答拜
舉觶者祭卒觶拜長皆答拜舉觶者洗
各酌于其尊復初位長皆拜舉觶者皆
奠觶于薦右奠觶禮奠之于薦右非衆也今文曰奠于薦右
疏曰云奠觶進奠之於薦右非神惠也者[illegible]

0013_0456-2

[illegible]之鄭注云賓酬賓及兄弟行神惠至此云非神惠者彼三獻止爵欲得
神惠均於室中衆賓長為加爵者於神惠均于在庭故止爵行旅酬得為
神惠至別為無筭爵在下自相勸故為非神惠故奠於薦右同於生人飲酒舉
者奠於薦右也長皆執以興舉觶者皆復位答
拜長皆奠觶于其所皆揖其弟子弟子
皆復其位復其位者東西面位弟子舉觶於其長所以序長幼教孝
弟凡堂下拜亦皆北面○疏曰上既言皆復位答拜此復重云復位則上文復

儀禮圖　祭禮一　七十

0013_0457-1

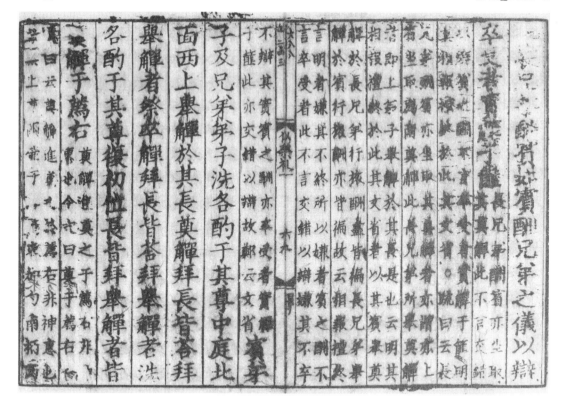

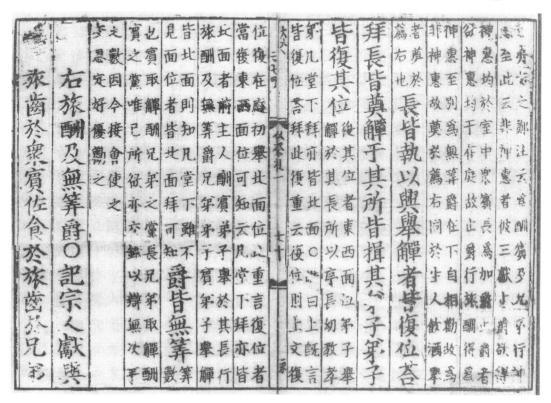

位復在庭初舉北面位此重言復位者當復東西面位可知云凡堂下拜亦皆
北面者前主人酬賓弟子舉於其長行旅酬及無筭爵兄弟弟子賓弟子舉觶
皆北面則知凡堂下雖不見面位者皆北面拜可知爵皆無筭筭數
也賓取觶酬兄弟之黨長兄弟取觶酬賓之黨唯己所欲亦交錯以辯無次第
之數因今接會使之步恩定好優勸之
右旅酬及無筭爵○記宗人獻與
旅齒於衆賓佐食於旅齒於兄弟

0013_0457-2

詳見上文獻賓○主婦及內賓宗婦亦旅[illegible]

西面西面者異於獻也男子獻於堂上旅於堂下婦人獻於南面旅於西面內賓象衆賓宗婦象兄弟其節與其儀依男子也主婦酬內賓之長酌奠于薦左內賓之長坐取奠于右宗婦之娣婦舉觶於其姒婦亦如之內賓之長坐取奠觶酬宗婦之姒交錯以辯宗婦之姒亦取奠觶酬內賓之長交錯以辯內賓之少者宗婦之娣婦各舉奠於其長並行交錯無筭其拜及飲者皆西面主婦之東南○娣

0013_0458-1

大計反姒音似本或作似○疏曰云西面者異於獻也者以受獻時南面也云男子獻於堂上旅於堂下者見上經云婦人獻於南面旅於西面者見於有司徹云其節與其儀依男子也者謂依上經旅酬及無筭爵早晚行事之節皆依男子也云主婦酬內賓之長酌奠于薦左內賓之長坐取奠於右者此約上經主人洗觶酌于西方之尊西階前酬賓時主人奠觶于薦北賓坐取觶奠觶于薦南是也云宗婦之娣婦舉觶於其姒婦亦如之者此亦約上經兄弟弟子洗酌于

0013_0458-2

[illegible]面舉觶于[illegible]是也云內[illegible]婦之姒交[illegible]行旅酬節[illegible]北面酬長兄弟云[illegible]初儀是也云宗婦[illegible]酬內賓之長交錯[illegible]亦約旅酬節云長兄弟[illegible]兄弟之儀以辯卒受[illegible]是也云內賓之少者[illegible]婦各舉奠於其長者此[illegible]正行無筭爵時云長賓弟[illegible]弟子多酌于其尊舉觶[illegible]長下云爵皆無筭是也云其

0013_0459-1

[illegible]反獻皆西面主婦之東南者此經云亦旅西面故知其拜受及[illegible]洗獻皆西面又亦旅酬之法皆西面知在主婦之東南者以其[illegible]主婦又得[illegible]也

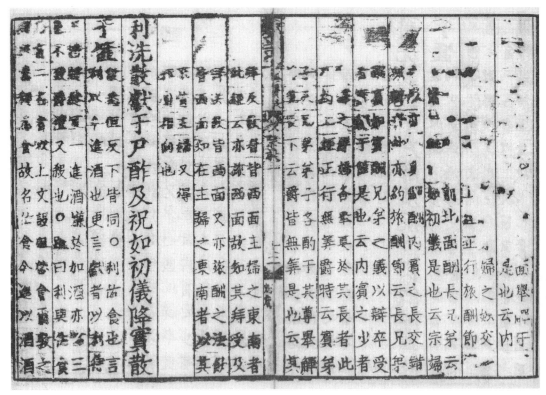

利洗散獻于尸酢及祝如初儀降實散于篚[illegible]反下皆同○利佐食也言利[illegible]以今進酒也更言獻者以利待[illegible]一進酒黨於加酒亦當三[illegible]又殺也○疏曰利與佐食[illegible]二者上文設羞會敦之[illegible]故名佐食今進以酒酒

0013_0460-1　0013_0459-2

所以供養故名利利即養也故鄭云以今進酒也少牢名佐食上利執羊俎下利執豕俎者大夫禮文故即兩見其名兄弟長及衆賓長爲加爵於尸不言獻今進酒更言獻不言加爵故鄭君解其義以利事尸禮將終宜一進酒不似長兄弟助宗子祭祀爲加爵衆賓之長助主人祭祀設爲加爵嫌此佐食同彼二者爲加爵故變言獻是以鄭云嫌亦當三也亦者亦上主人獻王婦獻賓長爲三獻也長兄弟爲加爵衆賓長爲加爵通洗散獻口亦三都并尸飲六七祭事尸禮畢也云不致爵禮又殺也者上文云長兄弟洗觚爲加爵如初儀不及佐

食洗致如初無從注云不及佐食無從殺也此又不致故云又殺也**主人出立于户外西南**事尸禮畢

右尸卒食○記尸卒食而祭饎爨

雍爨雍孰肉以尸享祭竈有功也舊說云宗婦祭饎爨亨者祭雍爨用黍肉而已無籩豆俎禮器曰燔燎於爨夫爨者老婦之祭盛於盆尊於瓶○䟽曰云亨者則周禮亨人之官其職主實鑊水爨亨之事以供外内饔故使之祭饔爨也云用黍肉而已無籩豆俎者亦

0013_0461-1　0013_0460-2

約禮器云盆瓶知之引禮器者案彼云孔子曰臧文仲焉知禮燔柴於奥鄭注云奥當爲爨字之誤也或作竈時人以爲祭火神乃燔柴又云夫爨老婦之祭也盛於盆尊於瓶注云老婦先炊者也盆瓶炊器也明此祭先炊非祭火神燔柴似失之引之者證祭爨之事也

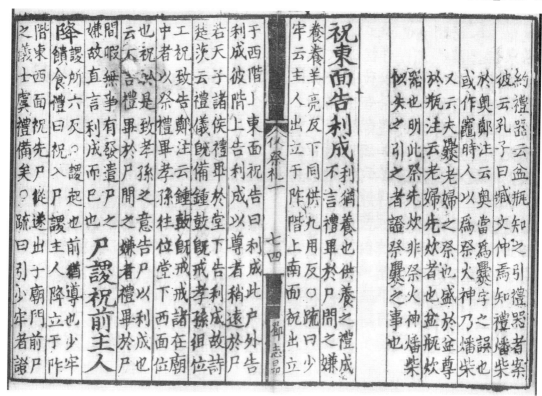

祝東面告利成利猶養也供養之禮成不言禮畢於尸間之嫌養養羊亮反下同供九用反○䟽曰少牢云主人出立于阼階上南面祝出立

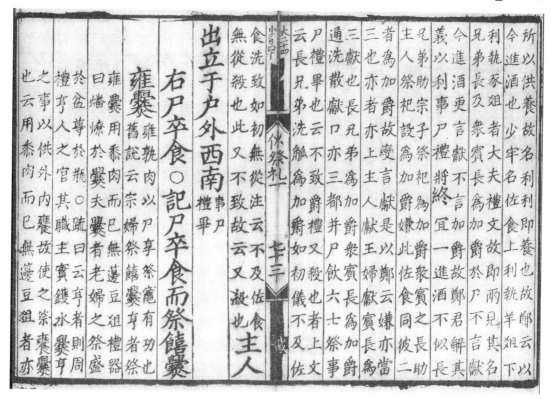

于西階上東面祝告曰利成此户外告利成彼階上告利成以尊者稍遠於尸若天子諸侯禮畢於堂下告利成故詩楚茨云禮儀既備鍾鼓既戒孝孫徂位工祝致告鄭注云鍾鼓既戒戒諸在廟中者以祭禮畢孝孫往位堂下西面位也祝於是致孝孫之意告尸以利成也云不言禮畢於尸間之嫌者禮畢於尸間嘏無事有發遣尸之嫌故直言利成而已也**尸謖祝前主人降**謖所六反○謖起也前猶導也少牢饋食禮曰祝入尸謖主人降立于阼階東西面祝先尸從遂出于廟門前尸之儀士虞禮備矣○䟽曰引少牢者證

0013_0461-2

大夫禮主人立位與士不同又諸前尸出廟之事云前尸之儀士虞禮備矣者彼有室中出户降階出廟前尸之事故云備矣祝反及主人入復位命佐食徹尸俎俎出于廟門俎所以載所俎少牢饋食禮曰有司受歸之○䟽曰引少牢者是少牢下篇有司徹下大夫不賓尸之禮彼云佐食徹尸俎佐食乃出尸俎于廟門外有司受歸之此士禮不儐尸與下大夫同故引以相證也

右事尸禮畢○記賓從尸俎出廟

儀祭礼一　七五　鄧志昂

0013_0462-1

門乃反位賓從尸送尸也士之助祭終其事也俎尸俎也賓既送尸復入反位者宜與主人爲禮乃去之○䟽曰云士之助祭終其事也者謂送尸爲終其事既送尸爲終其事則更無儐尸之禮若上大夫有儐尸者尸出賓不送以其事終於儐尸故也

徹庶羞設于西序下爲將餕去之庶羞主爲尸非神饌也尚書傳曰宗室有事族人皆侍終日大宗已侍於賓奠然後燕私燕私者何也已而與族人飲也此徹庶羞置西序下者爲將以燕飲與然則自尸祝至於兄

0013_0462-2

弟之庶羞宗子以與族人燕飲於堂内賓宗婦之庶羞主婦以燕飲於房○爲于僞反去起呂反飲與音余○䟽曰知非神饌而云爲[redacted]者以其尸三飲後始薦庶羞故徹之乃餕也凡餕者尸餕鬼神之餘祭者餕尸之餘義取鬼神之惠徧廟中庶羞非鬼神惠故不用也引尚書傳者證[redacted]庶羞不入于房而設於西序下以擬燕故也必知祭有燕者案楚茨詩云鼓鍾送尸下云備言燕私注云祭祀畢歸賓客之俎同姓則留與之燕所以尊賓客親骨肉也其上大夫當日儐尸安有燕故有司徹上大夫云主人退注云反於寢也是無燕私若下大夫

儀祭礼一　七六

0013_0463-1

不儐尸與此士禮同亦當有燕也云與者以經直言設于西序下不言燕引書傳爲證有燕故言與以疑之也云然則自尸祝以下知義如此者以兄弟受獻於堂上主婦内賓受獻於房中尸出之後堂房無事故知燕時男子在堂婦人在房可也

筵對席佐食分簋鉶爲將餕分之也分簋者分敦黍於會爲有對也敦有虞氏之器也周制士用之變敦言簋容同姓之士得從周制耳祭統曰餕者祭之末也不可不知也是故古之人有言曰善終者如始餕其是已是故古之君子曰尸亦餕鬼神之餘東術也可以觀政矣○䟽曰

張本下象鼻題監生鄧志昂五字傳本剪去之

0013_0463-2

云敦有虞氏之器者禮記明堂位云有
虞氏之兩敦上文黍稷之敦是周制士
用之云言簋容同姓之士得從周制耳
者大夫異姓既用異代之器故少牢特
牲皆用敦則同姓之士當同周制用簋
故經言分簋引祭統者證餕是鬼神之
惠徧廟中若国君之惠徧境內是可以觀政之事也宗人遣舉奠
及長兄弟盥立于西階下東面北上祝
命嘗食䭓者舉奠許諾升入東面長兄
弟對之皆坐佐食授舉各一膚命告也士使嗣

0013_0464-1

子及兄弟䭓其惠不過族親古文䭓皆作餕○疏曰此決下篇少牢二佐食及
二賓長餕明惠大及異姓不止族親而已主人西面再拜祝
曰䭓有以也兩䭓奠舉于俎許諾皆荅
拜以依注音似或如字○以讀如何其久也必有以也之以祝告䭓釋辭以
戒之言女䭓此當有所以也以先祖有德而享于此祭其坐䭓其餘亦當以之
也少牢饋食禮不戒者非親明也舊說曰主人拜下䭓席南○女音汝下同○
疏曰何其久也必有以也此辭在詩邶風旄丘篇此經云有以也者以先祖有

0013_0464-2

德子亦當嗣之而廟食先祖亦合享故讀從之也云少牢饋食禮不戒
亦食與二賓長非親昵也引舊說以經直言主人西面拜不見其處故
引舊說以明下䭓席南若是者三丁寧戒之皆取舉祭
舉乃食祭鉶食舉食乃祭鉶禮殺○疏曰前正祭
之時尸祭鉶嘗之告旨訖佐食爾黍於席上尸始食今䭓食乃祭鉶故決云禮
殺也故卒食主人降洗爵宰贊一爵主人
升酌酳上䭓上䭓拜受爵主人荅拜酳

0013_0465-1

下䭓亦如之少牢饋食禮曰贊者洗三爵酌主人受于戶內以授
次䭓舊說云主人北面授于䭓爵○疏曰引少牢者欲見此禮主人亦受於戶
內以授次䭓引舊說以此經云酳下䭓主人面位無文當北面也主人
拜祝曰酳有與也如初儀主人復拜為戒也與讀如
諸侯以禮相與之與言女酳此當有所與也與者與兄弟也既知似先祖之德
於當與女兄弟謂教化之○疏曰諸侯禮相與之與見禮記禮運言此者戒
子與長兄弟及眾兄弟相利與以尊先祖之德也兩䭓執爵

0013_0465-2

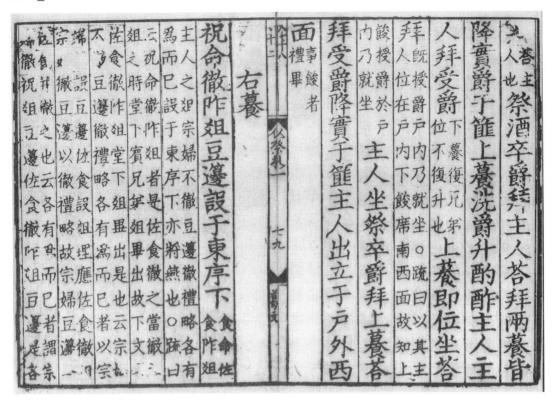

荅主人也祭酒卒爵拜主人荅拜兩養皆降實爵于篚上養洗爵升酌酢主人主人拜受爵下養復兄弟位不復升也上養即位坐荅拜既授爵戶內乃就坐○疏曰以其主人位在戶內下餕席南西面故知上餕授爵於戶內乃就坐主人坐祭卒爵拜上養荅拜受爵降實于篚主人出立于戶外西面事餕者禮畢

0013_0466-1

右養

祝命徹阼俎豆籩設于東序下命佐食徹阼俎主人之俎宗婦不徹豆籩徹禮略各有爲而已設于東序下亦將燕也○疏曰云祝命徹阼俎者是佐食徹之當徹俎之時堂下賓兄弟俎畢出故下文佐食徹阼俎堂下俎畢出是也云宗婦不徹豆籩徹禮略各有爲而已者以宗婦設豆籩佐食設俎理應佐食徹俎宗婦徹豆籩以徹禮略故宗婦豆籩一佐食并徹之也云各有爲而已者謂宗婦徹祝俎豆籩佐食徹阼俎豆籩是各

0013_0466-2

自有爲何必依前所設之時也祝執其俎以出東面于戶西俟告利成少牢下篇曰祝告利成乃執俎以出○疏曰案有司徹下大夫不賓尸改饌于西北隅訖主人出立于阼階上西面祝執其俎以出立于西階上東面司宮闔牖戶祝告利成乃執俎以出于廟門外有司受歸之彼不儐尸之禮亦與此特牲禮同故引爲證也宗婦徹祝豆籩入于房徹主婦薦俎宗婦既並徹徹其卑者士虞禮曰祝薦席徹入于房○疏曰宗婦不徹主人豆籩而徹祝豆籩入房者爲主婦將用之爲

0013_0467-1

燕祝兩豆籩而主婦用之者祝接神尸之類主婦燕姑姊妹及宗女宜行神惠故主人以薦羞并及祝燕羞燕宗人於堂主婦以祝籩豆燕內賓於房是其事也云宗婦既並徹徹其卑者以宗婦不徹主人籩豆而徹祝與主婦是徹其卑者故得並徹引士虞禮者以經自有入房之文注更引士虞禮者有嫌也嫌者以主婦薦俎先在房嫌經入房又爲徹

右徹俎將用之爲燕

佐食徹尸薦俎敦設于西北隅几在南

0013_0467-2

厞用筵納一尊佐食闔牖户降厞反○厞隱不知神之所在或諸遠人乎尸謖而改饌爲幽闇庶其饗之所以爲厞飫少牢饋食禮曰南面如饋之設此所謂當室之白陽厭也則尸未入之前爲陰厭矣曾子問曰殤不備祭何謂陰厭陽厭也○厭一豔反飫於庶反○疏曰云不知神之所在或諸遠人乎禮記郊特牲之文彼論正祭與繹祭之事此爲陽厭引之者欲見孝子求神非一處故先爲陰厭之事也引少牢者見彼大夫禮陽厭南面此士禮東面雖位不同當室之白則同案曾子問庶殤爲陽厭之事故

0013_0468-1

彼云凡殤與無後者祭於宗子之家當室之白尊於東房是謂陽厭鄭注云當室之白謂西北隅得户之明者也凡言厭者謂無尸直厭飫神尸未入之前爲陰厭謂祭于奥中不得户明故名陰厭對尸謖之後改饌於西北隅爲陽厭以向户明故爲陽厭也孔子曰有陰厭有陽厭見曾子問祝告利成

降出主人降即位宗人告事畢賓出主人送于門外再拜拜送賓也凡去者不荅拜○疏曰云凡去者不荅拜者云凡摠解諸文主人拜送賓皆不荅拜鄭注鄉飲酒云禮有終

0013_0468-2

也若賓更荅拜是更崇新敬禮故不荅也佐食徹阼俎堂下俎畢出記俎出節兄弟及衆賓自徹而出唯賓俎有司徹歸之尊賓者○疏曰有司徹歸尸俎之俎不賓尸歸尸俎皆不見歸賓俎鄭所以知歸賓俎者上文賓出主人送於門外再拜明賓不自徹俎主人使歸者若助祭必絹徹其俎鄭注曲禮大夫以下或使人歸之是以魯郊不致膰俎士大夫孔子不脫冕而行士大夫家尊賓使歸之自餘亦自徹而去也

右改饌西北隅陽厭

0013_0469-1

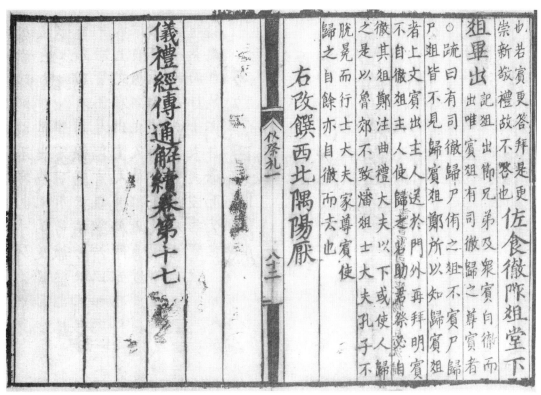

儀禮經傳通解續卷第十七

儀禮經傳通解續卷第十八

少牢饋食禮　祭禮二

鄭目録云諸侯之卿大夫祭其祖禰於廟之禮於五禮屬吉禮大戴第八小戴第十一別録第十六○疏曰鄭知諸侯之卿大夫者曲禮下云大夫以索牛用大牢是天子卿大夫明此用少牢爲諸侯之卿大夫可知賓尸是卿不賓尸爲下大夫爲異也

經十六

少牢饋食之禮少詩召反後放此○禮將祭祀必先擇牲繫于牢而芻之羊豕曰少牢諸侯之卿大夫祭宗廟之牲○疏曰案周禮地官充人職云掌繫祭祀之牲牷祀五帝則繫于牢而芻之三月享先王亦如之注云牢閑也必有閑者防禽獸觸齧也養牛羊曰芻三月一時節氣成案楚語諸侯卿大夫等雖不得三月亦皆有養牲之法故鄭據爲言芻之唯據羊若豕則曰豢故地官槁人職云掌豢祭祀之犬注云養犬豕曰豢樂記亦云豢豕作酒非以爲禍不言豕曰豢文畧也云牛羊曰少牢者對三牲具爲大牢若然豕亦有牢稱

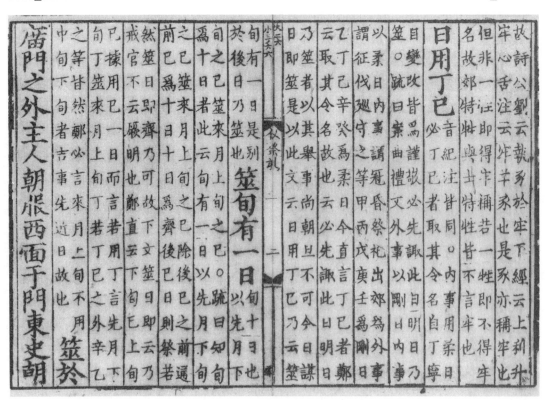

故詩公劉云執豕於牢下經云上利升牢心舌注云牢羊豕也是豕亦稱牢也但非一牲即得牢稱若一牲即不得牢名故郊特牲與士特牲皆不言牢也

日用丁巳音紀注皆同○內事用柔日必丁巳者取其令名自丁寧自變改皆爲謹敬必先諏此日明日乃筮○疏曰案曲禮文外事以剛日內事以柔日內事謂冠昏祭祀出郊爲外事謂征伐巡守之等甲丙戊庚壬爲剛日乙丁己辛癸爲柔日今直言丁巳者鄭云取其令名故也云必先諏此日明日乃筮者以其舉事尚朝旦不可今日諏日即筮是以此文云日用丁巳乃云筮

旬有一日是別於後日乃筮也

筮旬有一日旬十日也以先月下旬之巳筮來月上旬之巳○疏曰知旬爲十日者此云旬有一日以先月下旬之巳筮來月上旬之巳除後巳之前通前巳爲十日十日爲齊後巳日則祭若然筮日即齊乃可故下文筮日即云乃戒官不云嚴明也鄭直云下旬巳上旬巳據用巳一日而言若用丁言先月下旬丁筮來月上旬丁若丁巳之外辛乙之等皆然鄭必言來月上旬不用中旬下旬者吉事先近日故也

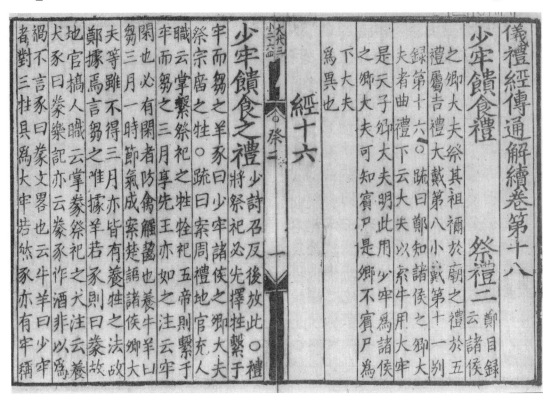

筮於廟門之外主人朝服西面于門東史朝

0013_0474-2

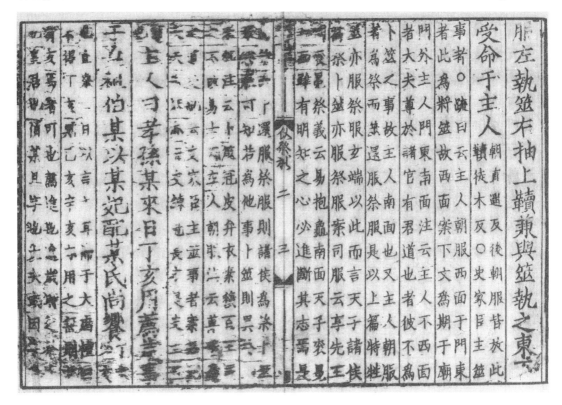

服左執筮右抽上韇兼與筮執之東
受命于主人 朝直遥反後朝服皆放此 韇徒木反○史家臣主筮
事者○疏曰云主人朝服西面于門東
者此為將筮故西面案下文為期于廟
門外主人門東南面注云主人不西面
者大夫尊於諸官有君道也者彼不為
卜筮之事故主人南面也又主人朝服
者為祭而筮還服祭服是以上篇特牲
筮亦服祭服玄端以此而言天子諸侯
[illegible]祭卜筮亦服祭服案司服云享先王
[illegible]冕祭義云易抱龜南面天子衮冕
[illegible]面雖有明知之心必進斷其志焉是

儀禮疏　二　三

0013_0475-1

[illegible]還服祭服則諸侯為祭卜筮
[illegible]可知若為他事卜筮則異矣
[illegible]注云卜處冠皮弁衣素積百王同
[illegible]不改易士[illegible]主人朝服[illegible]云其[illegible]
[illegible]云史家臣主筮事者案[illegible]
[illegible]
也主人曰孝孫某來日丁亥用薦歲事
于皇祖伯某以某妃配某氏尚饗 丁未 必亥
也直舉一日以言之耳禘于大廟禮[illegible]
不得丁亥則己亥辛亥亦用之無則
苟有亥焉可也薦進也進歲時之祭事
也皇君也伯某且字也大夫或因字為

0013_0475-2

謚春秋傳曰魯無駭卒請謚與族公
之以字為展氏是也其[illegible]叔季亦曰
某叔某季某也某妃某妻也合食曰配
某氏若言姜氏子氏也尚庶幾饗歆也
○[illegible]音[illegible]下文大筮大祝音同○疏
曰丁未必亥也直舉一日以言之耳者
以日有十辰有十二以五剛日配六陽
辰以五柔日配六陰辰若云甲子乙丑
之等以日配辰丁日不定故云丁亥
亥經云丁亥者不能具載舉一日言之
言亥而言餘或以己當亥或以[illegible]可[illegible]
此等皆得用之也云禘于大廟禮者
[illegible]禮文云不得丁亥則己亥辛亥亦用
之者鄭云此吉事先近日唯用上旬若

儀禮疏　二　四

0013_0476-1

上旬之內不得丁己以配亥或上旬之
內無亥以配日則餘陰辰亦用之故春
秋宣八年經書辛巳有事於大廟文二
年經書八月丁卯大事于大廟昭十五
年經書二月癸酉有事于武宮桓十四
年乙亥嘗此等皆不獨用丁己之日與
亥辰也蓋無則若有亥焉可也必須亥
者案月令云乃擇元辰天子乃耕注云
元辰蓋郊後之吉亥也陰陽式法亥為
天倉祭祀所以求福宜稼于田故先取
亥上旬無亥乃用餘辰也云伯某且字
也者以其在伯下若某在子上者某是
伯仲叔季以其且字不得在子上故也
云大夫或因字為謚者謂因二十冠而

0013_0476-2

字爲謚知者以某且字者觀德明功若且十字以伯仲人人皆有非功德之事以知取二十冠而字爲謚也隱八年春秋左氏傳云無駭卒羽父請謚與族公問族於衆仲衆仲對曰天子建德因生以賜姓胙之土而命之氏諸侯以字爲謚因以爲族公命以字爲展氏被無駭之祖公子展以展爲謚在春秋前無駭取以爲族故公命爲展氏是也此經云伯某是正祭之稱也若時有告請及非常祭祀則去伯直云且字言某甫則聘禮賜饔惟羹飪筮一尸若昭若穆僕爲祝祝曰孝孫某薦嘉禮于皇祖某甫是也若卿大夫無謚正祭與非常祭一皆

0013_0477-1

言五十字在子上與士正祭禮同則云某子故聘禮記云皇考某子是也特牲士禮無謚正祭稱皇考某子若士告請之祭則稱且字故士虞記云適爾皇祖某甫是也史曰諾西面于門西抽下韇左執筮右兼執韇以擊筮將問吉凶焉故擊之以動其神易曰蓍之德圓而神○疏曰史既曰諾乃之於門西閾外西面述命乃筮也云左執筮及下云擊筮筮者皆是蓍以其用蓍爲筮因名蓍爲筮云兼執韇者上文已用右手抽上韇此經又用右手拍下韇是二韇兼執之也云易曰蓍之德圓而

0013_0477-2

神者鄭汝注云蓍形圓而可以立變化之數故謂之神也引之者證蓍有神故擊而動之也遂述命曰假爾大筮有常孝孫某來日丁亥用薦歲事于皇祖伯某以某妃配某氏尚饗述循也重以主人辭告筮也假借也言因蓍之靈以問之常吉凶之占繇○重直用反又直反○疏曰云遂述命者史既受主人命乃右還向閾外西面遂述上主人之辭謂之述命述命訖乃連言曰假爾大筮有常此是即席西面命筮與述命同爲一辭者對士喪禮卜葬日

0013_0478-1

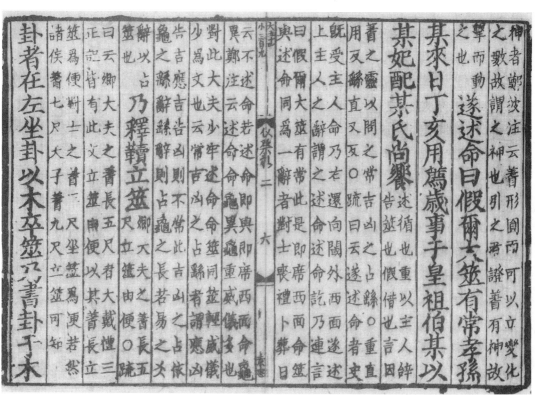

云不述命若述命即與即席西面命龜異鄭注云述命命龜異龜重威儀多也對此大夫少牢述命命筮同筮輕威儀少爲文也云常吉凶之占繇者謂應凶告吉應吉告凶則不常此吉凶之占依龜之繇辭繇辭則占龜之長若易之爻辭以占筮也乃釋韇立筮卿大夫之蓍長五尺立筮由便○疏曰云卿大夫之蓍長五尺者大戴禮三正記皆有此文立筮由便以其蓍長立筮爲便對士之蓍一尺坐筮爲便若然諸侯蓍七尺大子蓍九尺立筮可知卦者在左坐卦以木卒筮乃書卦于木

0013_0478-2

示主人乃退占卦者史之屬也卦以木者每一爻畫地以識之六爻備書於版史受以示主人退占東面旅占之。○疏曰筮是史故知卦者是史之屬也云書於版者釋經書卦于木木即版也云史受以示主人者經書卦是畫卦者恐是卦者以示於主人以卦者畢筮還使筮史受以示主人也吉則史韇筮史兼執筮與卦以告于主人占曰從從者求吉得吉之言。○疏曰以主人之祭本以求吉今以疑而問筮筮而得吉是從主人本心故曰從者是求吉得吉之言也乃官戒

0013_0479-1

宗人命滌宰命爲酒乃退滌大歷反。官戒戒諸官也當共祭祀事者使之具其物且齊也滌溉濯祭器埽除宗廟。○共音恭齊側皆反下同溉古愛反一本作濯。○疏曰云戒戒諸官也當共祭祀事者使之具其物且齊也滌溉濯祭器埽除宗廟者以其筮祭日得吉當以崇祭事故知官戒戒諸官有此數事此等皆事見於下文故鄭揔而言也若不吉則及遠日又筮日如初及至也遠日後丁若後巳。○疏曰云遠日後丁若後巳者案上曲禮云[illegible][illegible]遠日吉事先近日[illegible]近日[illegible]

0013_0479-2

是也若上旬丁巳不吉則至上旬又筮中旬丁巳不吉至中旬又筮下旬丁巳不吉則止不祭以其卜筮不過三也是以鄭云後丁若後巳也

右卿大夫祭前十日先筮日

宿宿讀爲肅肅進也大夫尊儀益多筮日既戒諸官以齊戒矣至前祭一日又戒以進之使知祭日當來古文宿皆作羞。○疏曰云大夫尊儀益多者其大夫宿戒兩有士有宿而無戒是儀略故云大夫儀多也此直是儀多而云益多者據士尸一宿下文大夫尸再宿是儀益多益多猶云彌多也此云前祭一日

0013_0480-1

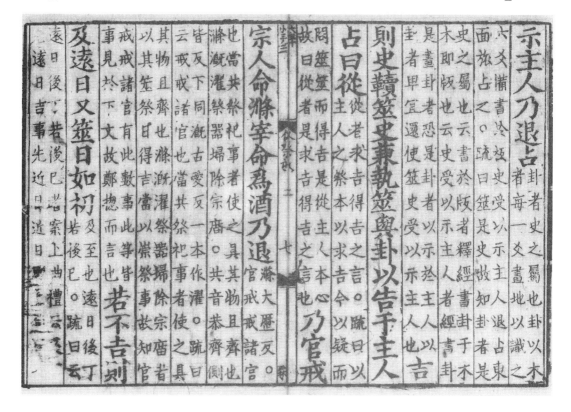

又戒以進之使知祭日當來幷下文明日朝服筮尸並是前祭一日唯下文前宿一日宿戒尸者是前祭二日以言前一日明祭前二日可知也前宿一日宿戒尸皆肅諸官之日又先肅尸者重所用爲尸者又爲將筮。又爲于僞反。○疏曰云皆肅諸官之日者解經宿是肅諸官之日云又先肅尸者揔解經前宿一日宿戒尸謂是肅諸官之日前又先肅尸故一日當祭前二日也云重所用爲尸者肅諸官唯一肅尸有再肅是重所用爲尸者故也云又爲將筮者亦是肅之使知祭日當來故也若然宿與戒前後名不同今合言

0013_0480-2

者以前旬十日戒後有一日之齋考異言戒嫌同亻尸於異言宿嫌同之日故宿戒並言明其別也或可此是初戒尸云宿戒尸者戒加宿字於其上也

明日朝筮尸如筮日之禮命曰孝孫某來日丁亥用薦歲事于皇祖伯某以某妃配某氏以某之某為尸尚饗筮卦占如初某之某者字尸父而名尸也字尸父尊鬼神也不前期三日筮尸者大夫士以孝子祭之朝乃視濯與士異之疏曰云某之某者字尸父而名尸

0013_0481-1

父而名尸也者案曲禮云父在不為尸注云為其失子道然則尸卜筮無父者尸若然凡為人尸者父皆死矣死者當諱其名今數尸故知不稱尸父之名故上亦是尸之父字下某為尸丞見生者可稱名是以云字尸父而名尸也云字尸父尊鬼神也者以不稱名是尊鬼神也特牲士禮云前期三日筮尸此祭前一日筮尸吉遂宿尸者天子諸侯前期十日卜得吉日則戒諸官散齊至前祭三日卜尸得吉又戒宿諸官使之致齊士卑不嫌故得與人君同三日筮尸但下人君不得散齊七日耳大夫尊不敢與人君同直散齊九日前祭一日筮尸并

0013_0481-2

諸官致齊也云祭之朝乃視濯與士者亦是士卑得與人君同祭前[redacted]日濯大夫尊不敢與人君同故與士異故云與士異亦是下人君下人君亦是與士異互換省文為義也

吉則乃遂宿尸祝擯並言又遂齋尸重尸也既筮尸乃齋諸官又執事者禮為擯者尸擇象○疏曰諸官一齋上乙宿尸說今筮吉又齋再齋者是重尸者也云既齋尸乃齋諸官及執事者此重解上文宿是此宿尸後事置於上文者彼為前宿一日宿戒尸之事故云其實當在此重齋尸之後也云祝為擯者與神象者決前筮尸時皆主人出命

0013_0482-1

至此使祝擯以尸是神象故使祝擯也案特牲使宗人擯主人辭又有祝共傳命者士卑不嫌兩有與人君同此大夫尊下人君故闕之唯有祝擯而已又此尸不言出門面位案特牲主人宿尸時尸如主人服出門左西面鄭注云不敢南面當尊則大夫之尸尊尸出門經南面故主人與尸皆不在門東門西也

主人再拜稽首祝告曰孝孫某來日丁亥用薦歲事于皇祖伯某以某妃配某氏敢宿告尸以主人為此事來[redacted]尸拜許諾主人又

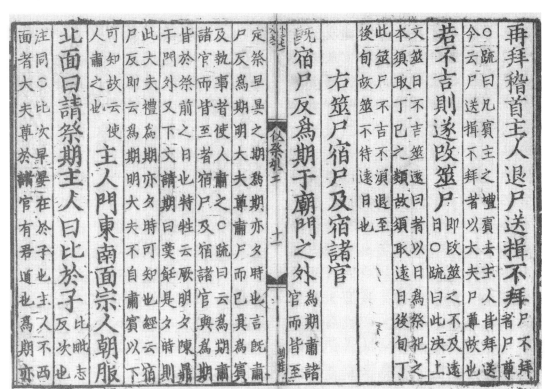

再拜稽首主人退尸送揖不拜尸不拜者尸尊○疏曰凡賓主之禮賓去主人皆拜送今云尸送揖不拜者以大夫尸尊故也若不吉則遂改筮尸即改筮之不及遠日○疏曰此決上文筮日不吉筮遠日者以日爲祭祀之本須取丁巳之類故須取遠日後旬丁此筮尸不吉不須退至後旬故筮不待遠日也

右筮尸宿尸及宿諸官

既宿尸反爲期于廟門之外爲期肅諸官而皆至定祭早晏之期爲期亦夕時也言既肅尸反爲期明大夫尊肅尸而已其爲賓及執事者使人肅之○疏曰云爲期肅諸官而皆至者宿尸及宿諸官與爲期皆於祭前之日也特牲云厥明夕陳鼎于門外又下文請期曰羹飪是夕時則此大夫禮爲期亦夕時可知也經云宿尸反即云爲期明大夫不自肅賓以下可知故云使人肅之也主人門東南面宗人朝服北面曰請祭期主人曰比於子比毗志反次也注同○比次早晏在於子也主人不西面者大夫尊於諸官有君道也爲期亦

唯尸不來也○疏曰言比早晏者一日一夜辰有十二冬日夏夜長短不同是以推量比次日辰之早晏也云主人不西面者大夫尊於諸官有君道也者決特牲主人門外西面士卑於屬吏無君道故也云爲期亦唯尸不來也者言亦特牲爲期特賓及衆賓位于門西時無尸此大夫禮餘賓之等並來亦唯尸不來是以主人南面亦爲無尸也宗人曰旦明行事主人曰諾乃退旦明旦日質明

右宗人請祭期

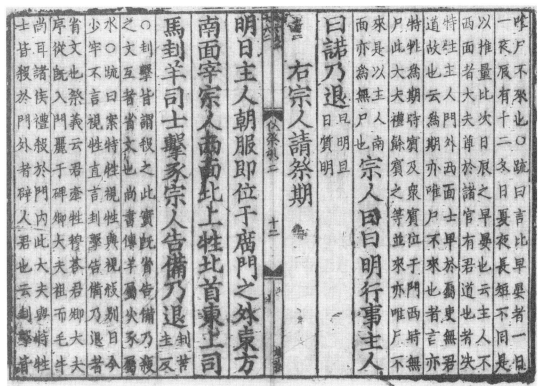

明日主人朝服即位于廟門之外東方南面宰宗人西面北上牲北首東上司馬刲羊司士擊豕宗人告備乃退刲苦圭反○刲擊皆謂殺之此實既省告備乃殺之文互者省文也尚書傳羊屬火豕屬水○疏曰案特牲視牲與視殺別日今少牢不言視牲直言刲擊告備乃退者省文也祭義云君牽牲穆荅君卿大夫序從既入門麗于碑卿大夫袒而毛牛尚耳諸侯禮殺於門內此大夫與特牲士皆殺於門外者辟人君也云刲擊皆

謂殺之者豕言擊動之使鳴是視牲也羊言刲謂殺之是視殺也雍人

摡鼎匕俎于雍爨雍爨在門東南北上

摡古愛反○雍人掌割亨之事者爨竈也在門東南統於主人北上羊豕魚腊皆有竈竈西有鑊凡摡者皆陳之而後告絜○疏曰云雍人掌割亨之事者周禮饔人職文云凡摡者皆陳之而後告絜者案特牲視濯時皆陳之視訖告絜此亦當然

廩人摡甑甗匕與敦于廩爨廩爨在雍爨之北

甑子孕反甗魚展反又音又音言劉音彥又魚變反

敦音對劉都愛反後皆放此○廩人掌米入之藏者甗如甑一孔匕所以匕黍稷者也古文甑為烝○疏曰云廩人掌米入之藏者周禮地官廩人職文以其穀入倉人米入廩人故也云甗如甑一孔者案冬官陶人職云甗實二鬴厚半寸脣寸甑實二鬴厚半寸脣寸七穿鄭司農云甗無底甑以其無底故以一孔解之云匕所以匕黍稷者也者匕雍人云匕者所以匕肉此廩人所掌米故云匕黍稷也

司宮摡豆籩勺爵觚觶凡洗篚于東堂下勺爵觚觶實于篚卒摡饌豆籩

與篚于房中放于西方設洗于阼階東南當東榮

放猶依也大夫攝官司宮兼掌祭器也○疏曰案特牲云宗人升自西階視壺濯及豆籩反降東北面告濯具鄭注云不言絜以有几席若然彼几席不摡則几洗篚三者亦不摡而并言之者以其同降于東堂下故繼觚觶連言之其實不摡也云大夫攝言司宮兼掌祭器者下文司宮筵神席於奧此又掌豆籩之等故鄭云攝官案內則鄭注云諸侯兼官者彼對天子天子六卿諸侯三卿兼六卿此則大夫對諸侯諸侯具官大夫攝官也

右視殺視濯

羹定雍人陳鼎五三鼎在羊鑊之西二鼎在豕鑊之西

定多佞反○魚腊從羊膚從豕統於牲○疏曰云魚腊從羊膚從豕統於牲者上文摡鼎時鄭云羊豕魚腊皆有竈今陳鼎亘各當其鑊此三鼎在羊鑊之西二鼎在豕鑊之西故云魚腊從羊膚從豕也其實羊豕魚腊各有鑊也此直有羊豕言皆有鑊前注何知魚腊皆有竈案士虞禮云側亨於廟門外之右東面魚腊爨在其南上之魚腊皆有爨則大夫魚腊

0013_0486-2

皆有鑊可知故羊豕魚腊皆有竈也司馬升羊右胖髀不升肩臂臑膊骼正脊一脡脊一橫脊一短脅一正脅一代脅一皆二骨以並腸三胃三舉肺一祭肺三實于一鼎胖音判髀步禮反又方爾反臑奴到反又人于反膞劉音純說文之允反骼音格又音各下同脡他頂反○升猶上也上右胖周所貴也髀不升近竅賤也肩臂臑肱骨膞骼股骨脊從前為正脅旁中為正脊先前脅先後屈而反猶器之綽也並併也脊脅骨多六體各取二骨併之以多為貴舉肺一尸食所先舉也祭肺三為

0013_0487-1

尸主人主婦古文胖皆作辯髀皆作脾今文並皆為併○綽側耕反後同併步頂反辯音遍一皮一莧反脾必爾反又婢支反○疏曰上十一體言一者見其體也下言皆二骨以並見一體皆有二骨也云脊從前為正脅旁中為正脊先前脅先後屈而反猶器之綽也云先前者正脊是也先後者即短脅是也故特牲記云尸俎正脊二骨橫脊長脅二骨短脅鄭注云脊無中脅無前貶也明代脅最在前也脊先前脅先後者取綽屈之義若然脊以前為正其次名脡卻後名橫

0013_0487-2

脡者取脡脡然直後言橫者取關於脡凡名骨皆隨形名之唯言正者以義取稱焉此言綽者指解脊不取肩胳也若尸舉牲體則脅有胳為綽故鄭注特牲云舉先正脊後肩自上而卻下綽而前終始之次也故尸舉牲體如綽也案下注云升之以尊卑此注云猶器之綽也若綽則不得見尊卑若以尊卑升復不得見綽兩注似乖者凡牲體四支為貴故先序肩臂臑膊胳為上是尊然後序脊脅於下是卑次應先言正脅而先言短者又取綽之義也但所序骨體各有宜不可准定也若然既以尊卑升之而祭肺貴序在下者腸胃及肺在内不得

0013_0488-1

與外體為尊卑之次當以腸內自為先後之次也云脊脅骨多六體各取二骨併之以多為貴者此經有臂已下皆言一至十一體之下揔言皆二骨知二骨據脊脅骨多六體各取二骨者案特牲記肩臂臑肫胳不言二骨至序脊脅即言二骨以並故知此言皆二骨亦據脊脅可知也司士升豕右胖髀不升肩臂臑膊骼正脊一脡脊一短脅一正脅一代脅一皆二骨以並舉肺一祭肺三實于一鼎豕無腸胃君子不食溷腴○溷音

0013_0488-2

圂胡困反○疏曰云君子不食圂腴禮記少儀文彼注云腴有似於人穢雜記注云以穀食犬豕曰豢是似人也雍人倫膚九實于一鼎倫擇也膚脅革肉擇之取美者○疏曰知膚脅革肉者下文云膚九而俎亦橫載革順故知膚是脅革肉也司士又升魚腊魚十有五而鼎腊一純而鼎腊用麋司士又升副倅者合升左右胖曰純純猶全也○疏曰云司士又升副倅者謂是第三俎其司士與前文司士升豕者別知者以下經云司士三人升魚腊膚則此豕魚腊宜

0013_0489-1

各二人又此升鼎宜俱時明是副倅者非升豕者可知云倅者案諸子職云掌國子之倅鄭云是公卿大夫之副貳則此云倅亦副之別名以其副牲鼎故云副倅也卒脀皆設扃冪乃舉陳鼎于廟門之外東方北面北上脀之承反○北面北上鄉內相隨古文冪皆爲密司宮尊兩甒于房戶之間同棜皆有冪甒有玄酒甒亡甫反○房戶之間房西室戶東也棜無足禁者酒戒也大夫去足改名優尊者若不爲之戒然古文甒皆作廡今文

0013_0489-2

冪作冪○疏曰云於無足禁者酒戒也大夫去足改名優尊者若不爲之戒然者此決特牲用棜仍云禁此改名曰棜是優尊者若不爲神戒然鄉飲酒雖是大夫禮猶名斯禁者尋常飲酒異於祭祀也司宮設罍水于洗東有枓設篚于洗西南肆枓音主○枓斞水器此凡設水用罍沃盥用枓禮在此也○斞九于反劉苦侯反○疏曰云凡設水用罍沃盥用枓禮在此也者言凡據儀禮一部內用水者皆須罍盛之沃盥水者皆用枓爲之鄭言禮在此者以士冠禮直言水在洗東士昏禮亦直言水在洗

0013_0490-1

東鄉飲酒特牲記亦云然皆不言罍器亦不云有枓其燕禮大射雖云罍水又不言有枓故鄭注總云凡此等設水用罍沃盥用枓其禮具在此故餘文不具省文之義改饌豆籩于房中南面如饋之設實豆籩之實改更也爲實之更之威儀多也如饋之設如其陳之左右也饋設東面○疏曰前司宮概豆籩盛饌豆籩放於西方今徹實之乃更設豆籩於房中南面如饋之禮東面設然者此大夫禮威儀多決特牲士禮視濯時豆籩鉶在東房至賓豆籩時直云豆籩鉶陳於房中如初鄭云如初者取

0013_0490-2

[illegible]實之既而反之是禁不[illegible][illegible]因而實之是士[illegible]也亦象

設槃匜與簞巾于西階東爲尸將盥○疏曰案特牲

直云尸盥匜水實于槃中簞巾在門內之右不言其人亦闕也知然者祝從下

文始言祝筵几于室中注云至此使祝接神明前非祝也

右實鼎及豆籩槃匜等

主人朝服即位于阼階東西面爲將祭也司

宮筵于奧祝設几于筵上右之布陳神坐也室

0013_0491-1

中西南隅謂之奧席東西近南爲右○疏曰案特牲云祝筵几鄭云使祝接神

此使司宮者此大夫禮異於士故司宮設席祝設几大夫官多故使兩官共其

事亦是接神故祝設几也主人出迎鼎除鼏士盥舉

鼎主人先入道之也主人不盥不舉○疏曰此決特牲主人降及

賓盥上禮自舉鼎此大夫尊不舉故不盥司宮取二勺于篚

洗之兼執以升乃啓二尊之蓋冪奠于

棜上加二勺于尊覆之南柄二尊兩甒也○疏曰

0013_0491-2

二尊兩甒者即上司宮尊兩甒于房户之間是也知二勺兩尊用之者玄酒雖

有不酌重古如酌者然也鼎序入雍正執一匕以從

雍府執四匕以從司士合執二俎以從

司士贊者二人皆合執二俎以相從入

相息亮反○相助陳鼎于東方當序南于洗西

皆西面北上膚爲下匕皆加于鼎東枋

枋彼命反○膚爲下以其加也南于洗西陳於洗西南○疏曰此云膚爲下門

0013_0492-1

外陳鼎時不言至此言之者以膚者豕之實前陳鼎在門外時未有俎據鼎所

陳則膚在魚上今將載於俎設之最在後故須分別之也云膚爲下以其加者

以羊無別俎而豕有膚俎故謂之加以加爲下也洗當東榮近東也其陳鼎鼎

當東序則近西也而言南于洗西則鼎陳于洗西稍近南東西不得與洗相當

也俎皆設于鼎西西肆肵俎在羊俎之

北亦西肆肵音祈○肵俎在北將先載也異其設文不當鼎○疏曰

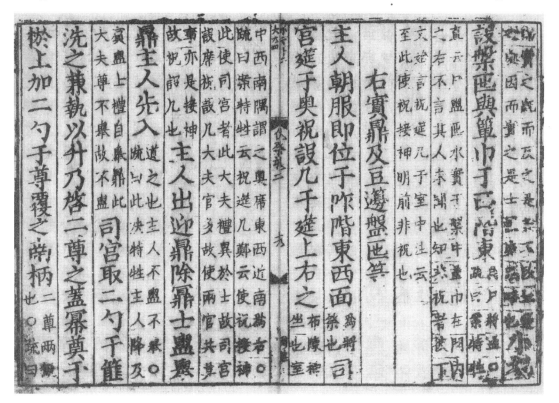

云異其設文不當鼎者羊俎在羊鼎西今云肵俎在羊俎北不繼鼎明不當鼎

0013_0493-1　　　　0013_0492-2

[illegible]若纖鼎言者即在鼎西也宗人遣賓就主人皆盥于洗長朼長丁丈反注同○長朼者長賓先次賓後也主人不朼言就主人者明親臨之古文朼作匕佐食上利升牢心舌載于肵俎心皆安下切上午割勿沒其載于肵俎末在上舌皆切本末亦午割勿沒其載于肵橫之皆如初爲之于爨也牢羊豕也安平也平割其下於載便也凡割本末食必正也午割使可絶

勿沒爲其分散也肵之爲言敬也所以敬尸也周禮祭尚肺事尸尚心舌心舌知滋味今文切皆爲刌○疏曰經言皆如初者之于爨也者以前膚鼎時不見心舌之謙不在爨故明之云皆者羊豕皆有心舌此案特牲記云肵俎心舌皆去本末午割之實于牲鼎載心立舌縮肵此是入鼎時則制此心舌然也鄭[illegible]入爨時未制之是以雖出爨亦得爲皆[illegible]也云凡割本末食必正也者鄉論語云割不正不食故割本末爲食正也云肵之爲言敬也者郊特牲文云肵之爲言敬也言所以敬尸也云周禮祭尚肺者禮記明堂位云有虞氏祭

0013_0494-1　　　　0013_0493-2

首夏后氏祭心殷祭肝周祭肺是周之禮法祭肺而此肵俎不取肺而用心者以其事尸尚心舌心舌知滋味者故特牲記鄭注亦云心舌知食味者欲尸之饗此祭是以進之若然舌之所嘗五味乃是心之所知酸苦也故心舌并言之佐食遷肵俎于阼階西西縮乃反佐食二人上利升羊載右胖髀不升肩臂臑膞骼正脊一脡脊一橫脊一短脅一正脅一代脅一皆二骨以並腸三胃三長

皆及俎拒舉肺一長終肺祭肺三皆切肩臂臑膞骼在兩端脊脅肺肩在上升之以尊卑載之以體次各有宜也拒讀爲介距之距俎距脛中當橫節也凡牲體之數及載備於此○疏曰升羊載右胖者准例實鼎曰升實俎曰載今實俎而言升者以其升者上也是以載俎升載兩言之也但此經所載牲體多少一依上文升鼎不異而重序之者以其載俎之時恐與入鼎時多少有異故重序之舉肺祭肺上已言今又言之者以其上升鼎時直言舉肺一祭肺三不言長短

0013_0494-2

上所以不言長短者以其入鼎時二者未制故不辯長短至此載俎乃制長短及切之故具辯之也若然上升鼎時不制者若升鼎制之恐二肺雜亂是以升俎乃制之若然心舌未升鼎時已午割勿沒不言至載俎乃言午割者彼二者其體殊異不雜亂故俎乃一辯而已云肩臂臑膊胳在兩端脊脅肺肩在上者此是在俎之次俎有上下猶牲體有前後故肩臑在上端膊胳在下端脊脅肺在中其載之次序肩臂臑正脊脡脊橫脊代脅長脅短脅肺腸胃膊胳也云升之以尊卑者即上文上利升羊以下序其在鼎也云載之以體次者俎法四體

儀禮疏二　廿三

0013_0495-1

尊於脊脅即經四體在兩端脊脅肺在中者故云各有宜也云拒讀為介距之距者案左氏傳昭二十五年云季郈之雞鬭季氏介其雞鄭氏云介甲為雞著甲又云郈氏為之金距注云金距以金踏距今鄭君合取季氏之介又取郈氏之距而云介距之距也引之者彼距在雞足為距此俎距亦俎為橫也是距云俎距脛中當橫節也案明堂位云俎有虞氏以梡夏后氏以嶡殷以椇周以房俎注云梡斷木為四足而已嶡之言蹷也謂中足為橫距之象周禮謂之距彼汪云司禮謂之距[illegible]此俎距而言是距為俎足中央橫者也此言俎距脛中當

0013_0495-2

橫節者案明堂位夏后氏以嶡謂中足之橫下仍有蹷之椇謂橫下仍有曲撓之足下又有周之房俎謂四足下更有跗鄭云上下兩間有似於堂房是橫下更有二事故言脛中當橫節也云凡牲體之數及載備於此者案此經節折前體肩臂臑兩相為六後體膊胳兩相為四短脅正脅代脅兩相為六脊有三總為十九體唯不數觳二通之為二十一體二觳正祭不薦於神尸故不言是牲體之數備於此言及載備於此者上經云升於鼎此經云載於俎是其及載備於此也

下利升豕其載如羊無腸胃體其

儀禮疏二　廿四

0013_0496-1

載于俎皆進下進下變於食生也所以交於神明不敢以食道敬之至也鄉飲酒禮進腠羊次其體豕言進下互相見○見賢遍反○疏曰云進下變於食生也者決公食大夫鄉飲酒牲體皆進腠腠是本是食生人之法此言進末末為終謂骨之終食鬼神法故云變於食生也云所以交於神明者郊特牲文云不敢以食道檀弓文云羊次其體豕言進下互相見者羊次其體即上經上利升羊以下是次其體言互相見者羊言體亦進下豕言進下亦次其體也

司士三人升魚腊膚魚用鮒十有五

0013_0496-2

而俎縮載右首進腴鮒音附○右首進腴亦變於食生也
有司載魚橫之少儀曰羞濡魚者進尾○疏曰云右首進腴亦變於食生也者
凡載魚爲生人首皆向右進鰭其祭祀亦首皆在右進腴生人死人皆右首陳
設在地地道尊右故也鬼神進腴者腴是氣之所聚故祭祀進腴也生人進鰭
者鰭是脊生人尚味故公食大夫云魚七縮俎寢右鄭注云右首也寢右進鰭
也乾魚近腴多骨鯁是也云有司載魚橫之少儀曰羞濡魚者進尾引之者欲
見正祭與儐尸載魚禮異又與生人食禮不同以其尸之禮上大夫載魚橫之

仪祭礼二　廿五

0013_0497-1

於人爲縮於俎爲橫既見乾魚則進首可知後取少儀者濡魚進尾見與乾魚
異有司徹進首是上大夫繹祭儐尸之禮有乾魚橫於俎宜進其首則少儀羞
濡魚者是天子諸侯繹祭可知以其天子諸侯繹祭乾濕皆有乾魚則進首鮮
魚則進尾必知是天子諸侯繹祭者以其大夫儐尸云加膴祭少儀云祭膴又
與儐尸加膴祭於上同故知義然也腊一純而俎亦進下
肩在上如羊豕凡腊之體載禮在此○疏曰以其諸經唯有腊文無升
載之事唯有此經所載之法故云載體在此也膚九而俎亦橫

0013_0497-2

載革順列載於俎令其皮相順亦者亦其骨體○疏曰云列載於俎令
其皮相順者解經革順謂以此膚之體相次而作行列以膚革相順而載也云
亦其骨體者上牲體橫載文不明故舉膚亦橫載以明之此膚言橫則上羊豕
骨體亦橫載可知也

右舉鼎匕載

卒脀祝盥于洗升自西階主人盥升自
阼階祝先入南面主人從戶內西面將納

仪祭礼二　廿六

0013_0498-1

祭也主婦被錫衣侈袂薦自東房韭菹醓
醢坐奠于筵前主婦贊者一人亦被錫
衣侈袂執葵菹蠃醢以授主婦主婦不
興遂受陪設于東韭菹在南葵菹在北
主婦興入于房被錫讀爲髲鬄古者或剔賤者刑者之髮以被
婦人之紒爲飾因名髲鬄焉此周禮所謂次也不纚笄者大夫妻尊亦衣綃衣
而侈其袂耳侈者蓋半士妻之袂以益之衣三尺三寸袪尺八寸韭菹醓醢朝

0013_0498-2

重一[illegible]顫[illegible]豐大夫禮葵追[illegible]爲喝○髲鬄上皮義反下大計反[illegible]歷反下同錫音羊𩭌力禾反○號曰[illegible]主婦贊者一人亦被錫者此被錫侈袂與主婦同既一人與主婦同則其餘不得如主婦當與士妻同纚笄綃衣若士妻與婦人助祭皆纚笄綃衣以綃衣下更無服服窮則同故特牲云凡婦人助祭者同服是也云被錫讀爲髲鬄者欲見髲鬄取人髮爲之之義也云古者或剔賤者刑者之髮以被婦人紒爲飾因名髲鬄焉者此解名髲鬄之意案哀公十七年左傳說衛莊公登城望戎州見己氏之妻髮

少牢十七　儀禮疏二　廿七

0013_0499-1

美使髡之以爲呂姜髢是其取賤[illegible]爲髲鬄之事也云此周禮所謂次也周禮追師云掌王后以下副編[illegible]者首服副鞠衣襢衣首服編緣次鄭彼注副首飾若今步搖編編列[illegible]爲之若假紒次次第髮長短爲之所謂髲鬄鄭云所謂髲鬄者指此文也是被此相曉也云不纚笄者大夫妻尊者此決特牲主婦纚笄士妻卑故也云亦衣綃衣者亦如特牲士妻主婦綃衣也綃衣者六服外之下者云而後其袂耳後者蓋半士妻之袂以益之衣三尺三寸袂尺八寸者士妻之袂二尺二寸袂尺二寸三分益一故衣三尺三寸袪尺

0013_0499-2

八寸也故內司服注亦爲此解此或二衣三尺三寸或云袂俱合義是以衣服記云亦名袂爲衣也云韭菹醓醢朝事之豆也者案周禮醢人職朝事之豆韭菹醓醢昌本麋臡菁菹鹿臡茆菹麋臡彼天子八豆今大夫取二豆爲饋食用之豐大夫禮故也若然葵菹蠃醢亦天子饋食之豆今大夫用之鄭不言者彼饋食當其節天子八豆此大夫取二而已故不須言之云葵菹在綍者以其韭菹在南醓醢在此今於次夷葵菹在北蠃醢在韭是其綍次之也

佐食上利執羊俎下利執豕俎司士三人執

少牢十八　儀禮疏二　廿八

0013_0500-1

魚腊膚俎序升自西階相從入設俎羊在豆東豕亞其北魚在羊東腊在豕東特膚當俎北端相助也主婦自東房執一金敦黍有蓋坐設于羊俎之南婦贊者執敦稷以授主婦主婦興受坐設于魚俎南又興受贊者敦黍坐設于稷[illegible]興[illegible]敦[illegible]坐設于豕南敦皆[illegible]

0013_0500-2

主婦興入于房敦有首者尊者器飾也飾蓋象龜周之禮飾器各以其類龜有上下甲今文曰主婦入于房○疏曰敦有首者尊者器飾也飾蓋象龜知有此義者以特牲云敦南首明象龜蟲獸之形故云龜者以其蓋形龜象故也云周器各以其類者案周禮梓人云胥以脰鳴者以胷鳴者之類鄭[illegible]祭器博庶物也又周禮司尊彝有雞彝之等是周之禮飾器各以其類也云龜有上下甲者欲言此敦蓋取象之意以龜有上下甲故敦蓋象之身亦取其類也敦蓋既象龜明簋亦象龜爲之故禮器云管

0013_0501-1

仲鏤簋朱紘注云謂刻而飾之大夫刻爲龜耳諸侯飾以象天子飾以玉言以玉飾之還依大夫象形爲飾也天子則簋敦兼有九嬪職云凡祭祀贊玉齍注云玉齍玉敦受黍稷器是天子八簋之外兼用敦也特牲云佐食分簋鉶注云爲將餕敦有虞氏之器也周制士用之變敦言簋容同姓之士得從周制耳則同姓大夫亦用簋特牲少牢用敦者異姓大夫士也明堂位云有虞氏之兩敦夏后氏之四璉殷之六瑚周之八簋鄭注云皆黍稷器制之異同未聞案周禮舍人注圓曰簋孝[illegible][illegible]注直云外方曰簋者據而言若然云未聞者據殷已上不

0013_0501-2

聞周之簋則聞矣故易損卦云二簋可用享注云離爲日日圓巽爲木木器象是其圓器有聞也孝經緯鉤命決云敦規首上下圓相連簠簋上圓下方法陰陽是有聞而鄭云未聞者鄭不信之故也

祝酌奠遂命佐食啓會佐食啓會蓋二以重設于敦南會古外反重直容反下及注同○酌奠酌酒爲神奠之後酌者酒尊要成也特牲饋食禮曰祝洗酌奠奠于鉶南重累之○疏曰迎尸之前將爲陰厭爲神不爲尸故云爲神奠之也云後酌者酒尊要成也者上經先設餘饌此經乃酌者酒尊

0013_0502-1

物設饌要由尊者成故後設之也引特牲者酌奠之處當在鉶南此經不言故引爲證也云重累之者以黍稷各二二者各自當重累於敦南郤合之也

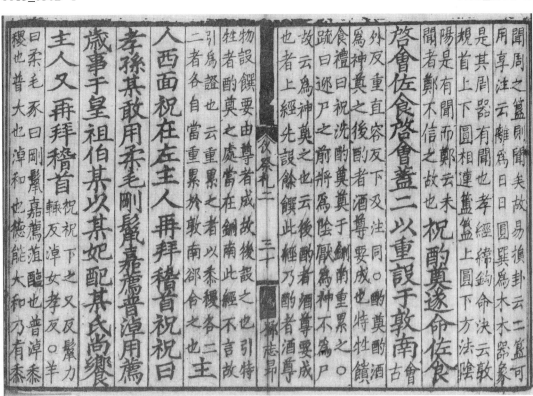

主人西面祝在左主人再拜稽首祝祝曰孝孫某敢用柔毛剛鬣嘉薦普淖用薦歲事于皇祖伯某以某妃配某氏尚饗

主人又再拜稽首祝祝下之又反鬣力輒反淖女孝反○羊曰柔毛豕曰剛鬣嘉薦菹醢也普淖黍稷也普大也淖和也德能大和乃有黍

　

[illegible]以告曰絜粢豐盛謂其三時不害而民和年豐也○疏曰云[illegible]曰[illegible]曰既豐曲禮文云肥則文豕曰剛鬣也引春秋者證黍稷知之義左氏桓六年傳文此之所言隨季梁辭也

右迎尸之前先爲陰厭

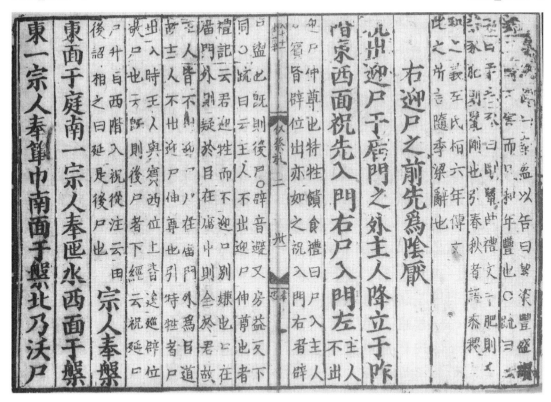

祝出迎尸于廟門之外主人降立于阼階東西面祝先入門右尸入門左主人不出毋尸伸尊也特牲饋食禮曰尸入主人及賓皆辟位出亦如之祝入門右者辟尸盥也既則後尸○辟音避又旁益反下同○疏曰云主人不出迎尸伸尊也者禮記云君迎牲而不迎尸別嫌也尸在廟門外則疑於臣在廟中則全於君故主人皆不出迎尸在廟門外爲臣道證主人不出迎尸伸尊也引特牲者尸出入時主人與賓西位上皆逡巡辟位或尸也云既則後尸者下經云祝延尸尸升自西階入祝從注云由後詔相之曰延是後尸也宗人奉槃東面于庭南一宗人奉匜水西面于槃東一宗人奉簞巾南面于槃北乃沃尸

　

盥于槃上卒盥坐奠簞取巾興振之三以受尸巾奉芳勇反○庭南沒霤○疏曰庭南者於庭近南是沒盡門屋霤近門而盥也是以特牲亦云尸入門北面盥繼門而言明亦此沒霤者也祝延尸尸升自西階入祝從由後詔相之曰延延進也周禮曰大祝相尸禮祝從從尸升自西階○疏曰周禮曰大祝相尸禮注云延其出入詔其坐作是也主人升自阼階祝先入主人從祝接神先入宜也尸升筵祝主人西面立于戶內祝在左主人由祝後而居右尊也祝從尸尸即席乃却居主人左○疏曰祝先入至主人主人入而居祝之右者以祝從尸後詔侑之故在尸後主人前及尸即筵主人與祝西面則主人尊故却居主人左祝主人皆拜妥尸尸不言尸荅拜遂坐妥他果反○拜妥尸拜之使安坐也自此荅拜遂坐而卒食其間有不啐不嘗鉶不告旨大夫之禮尸彌尊也告旨者爲初亦不饗所謂曲而殺也疏曰爾雅妥安坐也故云拜妥尸[illegible]祭特牲云尸啐酒告旨[illegible]

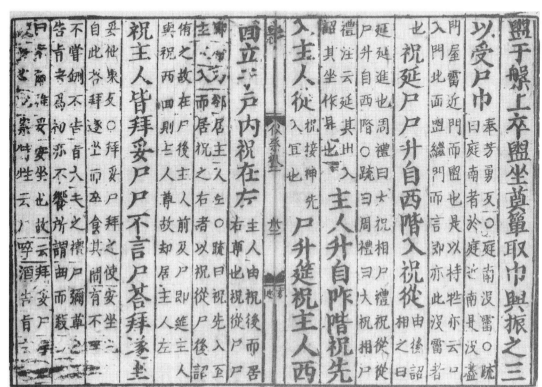

0013_0504-2

拜尸荅拜祭鉶嘗之告旨不得遂坐此經云荅拜遂坐故鄭解其遂坐而卒食之意以其間有不啐奠不嘗鉶不告旨也特牲所云嘗鉶謂嘗豕鉶此不嘗鉶亦謂不嘗豕鉶也案下云嘗羊鉶則此不嘗豕鉶可知不告旨者既不啐奠故無告也言大夫之禮尸彌尊者既不啐奠又不嘗鉶不告旨是彌尊也云不告旨者為初亦不饗者案特牲迎尸即席坐主人拜妥尸尸荅拜執奠祝饗主人拜如初注云饗勸強之也其辭取於士虞記[redacted]則宜云孝孫某圭為而孝薦之饗是士賤不嫌得與人君同大夫尊嫌與人君同故初不饗後亦不告旨故云

大卌九　小三卌九　儀祭十二　卅三　劉武

不告旨者為初亦不饗也云所謂曲而殺者禮器文彼注云謂若父在為毋期不得申故引為證若然曲而殺為初不饗而言也

祝反南面

未有事也墮祭爾敦官各肅其職不命○墮許規反劉相規反下同○疏曰云未有事也者釋祝反南面也云墮祭爾敦文在下經官各肅其職不命者言祝無事之義案宿諸官各肅其事不須命故祝得反南面

尸取韭菹辯擩于三豆祭于豆間上佐食取黍稷于四敦下佐食取牢一切肺于俎以授

0013_0505-1

0013_0505-2

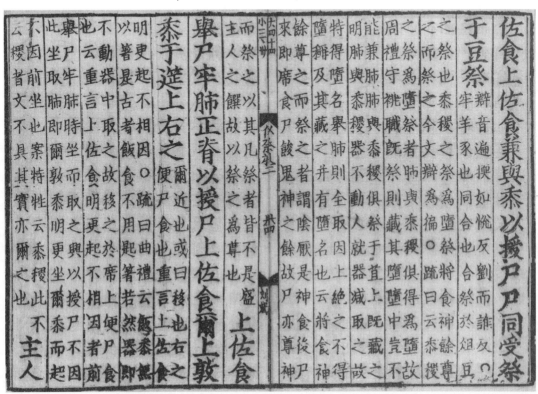

尸上佐食兼與黍以授尸尸同受祭于豆祭

辯音遍挭如悅反劉而誰反○牢羊豕也同合也合祭於俎豆之祭也黍稷之祭為墮祭將食神餘尊之而祭之今文辯為徧○疏曰云黍稷之祭為墮祭者肺與黍稷俱得為墮故周禮守祧職既祭則藏其墮墮中旹不能兼肺肺與黍稷俱祭于苴上既藏之明肺與黍稷器不動人就器減取之故特得墮名舉肺則全取因上絕之不得墮稱及其藏之并有墮名也云將食神餘尊之而祭之者謂陰厭是神食後尸來即席食尸餕鬼神之餘故尸亦尊神

大四十　小三卅　儀祭十二　卅四　劉武

而祭之以其凡祭者皆不是盛主人之饌故以祭之為尊也

上佐食舉尸牢肺正脊以授尸上佐食爾上敦黍于筵上右之

爾近也或曰移也右之便尸食也重言上佐食明更起不相因○疏曰曲禮云飯黍毋以箸是古者飯食不用匙箸若然器即不動器中取之故移之於席上便尸食也云重言上佐食明更起不相因者前舉尸牢肺時坐而取之與以授尸不因此坐取肺即爾敦黍明更坐爾黍而起不因前坐也案特牲云黍稷此不云稷者文不具其實亦爾之也

主人

0013_0506-1

0013_0506-2

羞肵俎升自阼階置于膚北羞進也肵敬也親進之主人敬尸之加○疏曰郊特牲訓肵爲敬今此主人親進之故鄭云敬尸之加以其爲尸特加故云加也若然特牲三俎膚從豕俎故肵在腊北此五俎有膚俎故肵在膚北上佐食羞兩鉶取一羊鉶于房中坐設于韭菹之南下佐食又取一豕鉶于房中以從上佐食受坐設于羊鉶之南皆芼皆有柶尸扱以柶祭羊鉶

0013_0507-1

遂以祭豕鉶嘗羊鉶芼亡報反柶音四扱初洽反○芼菜也羊用苦豕用薇皆有滑○疏曰芼菜者菜是地之芼知羊用苦豕用薇皆有滑者案公食大夫記云鉶芼牛藿羊苦豕薇皆有滑是也食舉舉牢肺正脊也先飲啗之以爲道也○疏曰此食舉在羞肵之下特牲食舉在羞肵之上不同者彼特牲食舉下乃云羞肵俎者是其正以食舉後尸即嚌幹之屬即加於肵俎故食舉後即進肵是下也此今舉在羞肵之下者由主人敬尸故先羞肵不退在下也特牲爾敦下設大羹[illegible]不云者大羹不爲神直是爲尸者故[illegible]

0013_0507-2

不言儐尸乃有也云舉牢肺正脊也[illegible]上文云上佐食舉尸牢肺正脊以授尸受祭肺明今食先云食舉是上牢肺正脊也云先食啗之以爲道也者案特牲舉肺脊以授尸注肺氣之主也脊體之貴也先食啗之所以道氣通氣是也三飯食以黍○疏曰知先食黍者以前文先言爾黍故知先食黍也上佐食舉尸牢幹尸受振祭嚌之佐食受加于肵嚌才計反○幹正脅也古文幹爲肝○疏曰上文食舉是正脊故知此食幹亦先取正脅也特牲云食幹鄭注爲長脅也彼記序九體有長脅

0013_0508-1

無代脅者案鄭注云脊無中脅無前脅於尊者故與此異也上佐食羞胾兩瓦豆有醢亦用瓦豆設于薦豆之北胾莊吏反○設於薦豆之北以其加也四豆亦縮羊胾在南豕胾在北無臐膮者尚牲不尚味○臐許云反膮許堯反○疏曰特牲略於少牢故有豕膮此少牢二牲故不尚味而無臐膮也尸又食食胾上佐食舉尸一魚尸受振祭嚌之佐食受加于肵橫之又復也或言食或言飯食大名小數曰飯魚橫之者異於

0013_0508-2

肉。數所角反。疏曰云食大名者以其論語文多言食故云食大名也云小數曰飯者此少牢特牲言三飯五飯九飯之等據一口謂之一飯五口謂之五飯據小數而言故云小數曰飯也云魚横之者異於肉者魚在俎縮肉在俎則横其同在所俎仍横之魚本縮今則横矣與牲體異故云魚横異於肉也必知肉在所仍横者但言加于所不云縮則與本俎同横可知也入大夫不儐尸者於此時亦當設大羹此主爲大夫不儐尸者大羹之文也 又食上佐食舉尸腊肩尸受振祭嚌之上佐食受

0013_0509-1

加于所腊魚皆一舉者少牢二牲略之腊必舉肩以有爲終也別舉魚腊崇威儀。疏曰特牲三舉獸魚以其牲少故也此少牢二牲略之者體足可舉故腊魚一舉以將之云腊必舉肩者以腊如牲骨但舉一肩肩尊以爲終耳其成義云別舉魚腊崇威儀者特牲云尸三飯佐食舉獸幹魚一亦如之尸又三飯舉胳及獸魚如初尸又三飯舉肩及獸魚如初獸魚常一時同舉而此獸魚別舉大夫之禮故云崇威儀案特[illegible]先舉腊後魚此少牢後舉腊者彼特[illegible]三俎腊皆三舉故後舉魚此少牢腊皆一舉故使腊在後有取其終義故

0013_0509-2

又食上佐食舉尸牢骼如初如舉[illegible]食幹也不舉者卿大夫之禮不過五舉須侑尸。疏曰云五舉者舉牢肺一也又舉牢幹二也又舉一魚三也又舉腊肩四也又舉牢骼五也是卿大夫之禮五舉也 尸告飽祝西面于主人之南獨侑不拜 侑曰皇尸未實侑侑勸也祝獨勸者更則尸飽實猶飽也祝既侑復反南面。疏曰云侑勸也祝獨勸者更則尸飽者此決特牲九飯三侑皆祝主人共侑不更以侑者以士禮九飯縱更亦不飽故不更此大夫禮十一

0013_0510-1

飯更則飽故有更是以使祝獨侑與主人爭之義云祝既侑復反南面者戶內主人及祝有事之位尸席北統無事之位今侑訖亦復戶北南面位也此與特牲皆有尸飯法天子諸侯亦當有之故大祝九拜之下云以享侑祭祀注云侑勸尸食而拜告然士三飯則告飽而侑大夫七飯告飽而侑諸侯九飯告飽而侑天子十一飯而侑也 尸又食上佐食舉尸牢肩尸受振祭嚌之佐食受加于所四舉牢體始於[illegible]於肩尊於終始。疏云上脊[illegible]貴者故先[illegible]正脊[illegible]

0013_0510-2

後舉肩者爲食之終故云尊於終始尸不飯告飽祝西面于主人之南祝當贊主人辭○疏曰以其西面是祝之有事之位故從南向西面位也主人不言拜侑祝言而不拜主人不言而拜親疏之宜○疏曰云祝言而不拜者疏也主人不言而拜者親也故云親疏之宜尸又三飯爲祝一飯爲一主人三飯尊卑之差凡十一飯下人君也上佐食受尸牢肺正脊加于肵言受者尸授之也尸授牢幹而實舉于俎豆食畢操以授佐食焉○操七刀反○疏曰此

0013_0511-1

棄上文初食舉謂正脊與牢肺不言置舉之所下文即言三飯上佐食舉尸牢幹尸受振祭嚌之佐食受加于肵至此尸十一飯後乃言上佐食受尸牢肺正脊加于肵者是却本初食約特牲舉肺脊其時尸實舉于菹豆今尸食畢尸乃於菹豆上取而授上佐食上佐食受而加于肵故言受尸牢肺正脊加于肵也

右尸入正祭

主人降洗爵升北面酳酒乃酳尸尸拜受主人拜送酳音胤又士刃反○酳猶羨也既食之而又飲之所

0013_0511-2

以樂之古文酳作酌○食音寺飲於反樂音洛○疏曰云酳猶羨也者取饒羨之義故以爲樂之也尸祭酒啐酒賓長羞牢肝用俎縮執俎肝亦縮進末鹽在右羞進也縮從也鹽在肝右便尸擩之古文縮爲蹙○疏曰云鹽在肝右便尸擩之者鹽在肝右擩賓長西面手執而言尸東面若至尸前鹽在尸之左尸以右手取肝鄉左擩之是其便也尸左執爵右兼取肝擩于俎鹽振祭嚌之加于菹豆卒爵主人拜祝受尸爵尸荅拜兼兼羊豕祝酌受尸尸醋主人主人拜受爵尸荅拜主人西面奠爵又拜醋才各反○主人受酢酒俠爵拜彌尊尸○疏曰尸酢主人使祝代尸酌者已是尊尸今主人拜受受訖又拜爲俠是彌尊尸也上佐食取四敦黍稷下佐食取牢一切肺以授上佐食上佐食以綏祭綏許規反劉相規反并注授及墮亦放此下皆同○綏或作授授讀爲墮將受墮亦尊尸餘而祭之古文墮爲

0013_0512-1

0013_0512-2

肵○疏曰經中綏是車綏或有禮本作挼者故亦讀從周禮守祧既葬則藏其墮取墮減之義也云將受嘏者下文主人受嘏之時先墮祭是以佐食挼黍稷與主人爲墮禮主人左執爵右受佐食坐祭之又祭酒不興遂啐酒右受佐食右手受墮於佐食也至此言坐祭之者明尸與主人爲禮也尸恒坐有事則起主人恒立有事則坐○疏曰云尸常坐有事則起主人常立有事則坐者案禮器云周坐尸曲禮云立如齊鄭云齊謂祭祀時則是尸常坐主人祭時則常立經云坐祭之謂墮祭尸餘

0013_0513-1

是尸與主人爲禮是主人有事乃坐也尸荅主人拜乃立是尸有事則起也祝與二佐食皆出盥于洗入二佐食各取黍于一敦上佐食兼受摶之以授尸尸執以命祝摶大官反○命祝以嘏辭○疏曰謂命祝使出嘏辭以嘏於主人下文是也卒命祝祝受以東北面于戶西以嘏于主人曰皇尸命工祝承致多福無疆于女孝孫來女孝孫使女受

0013_0513-2

祿于天宜稼于田眉壽萬年勿替引之女音汝○嘏大也予主人以大福工官也承猶傳也來讀曰釐釐賜也耕種曰稼勿猶無也替廢也引長也言無廢止時長如是也古文嘏爲格祿爲福眉爲微替爲袂袂或爲載載替聲相近○袂音決載大結反○疏曰云嘏大也者郊特牲云嘏長也大也故鄭云予主人以大福案特牲尸親嘏主人此尸使祝嘏主人者大夫尸尊故不親嘏特牲無嘏文不具也主人坐奠爵興再拜稽首興受黍坐振祭嚌之詩懷

0013_0514-1

之實于左袂挂于季指執爵以興坐卒爵執爵以興坐奠爵拜尸荅拜執爵以興出宰夫以籩受嗇黍主人嘗之納諸內挂具賣反又音卦○詩猶承也實於左袂便右手也季猶小也出出戶也宰夫掌飲食之事者收斂曰嗇明豐年乃有黍稷也復嘗之者重之至也納猶入也古文挂作卦○疏曰云出出戶也者以主人位在戶內西面今云出故知是出戶也此宰夫以籩受嗇大夫之禮特牲主人出寫嗇于房祝以籩受彼上

0013_0514-2

禮與大夫異也案春官鬱人云大祭祀與量人受舉斝之卒爵而飲之鄭云斝受福之嘏聲之誤也王酳尸尸嘏王此其卒爵也少牢饋食禮主人受嘏詩懷之卒爵執爵以與出宰夫以籩受嗇黍主人嘗之乃還獻祝此鬱人受王之卒爵亦王出房時也是王受嘏與大夫同也案楚茨詩既齊既稷既匡既勑注云嘏之禮祝徧取黍稷牢肉魚擩於醢以授尸孝孫前就尸受之天子使宰夫受之以嗇祝則釋嘏辭以勑之天子嘏辭與大夫同也云復嘗之者重之至也者前已擩之是已嘗今復言嘗是重受福之至也特牲不言復嘗者文不具也

儀祭疏二　四三

0013_0515-1

右主人酳尸尸醋主人命祝嘏

主人獻祝設席南面祝拜于席上坐受室中迫狹○疏曰言迫狹大夫士廟室也皆兩下五架正中曰棟棟南兩架北亦兩架棟南一架名曰楣前承簷以前名曰庪棟北一架為室南壁而開戶即是一架之開廣為室故云迫狹也必知棟北一架後乃為室者昏禮主人延賓升自西階當阿東面致命鄭云阿棟也入堂深明不入室是棟北乃有室也

主人西面荅拜不言拜送下尸○疏曰上主人酳尸尸拜受王

0013_0515-2

人拜送今主人獻祝祝拜受主人荅拜拜送禮重荅拜禮輕今言荅拜故云不言拜送下尸也

薦兩豆菹醢葵菹蠃醢○疏曰上云韭菹醓醢鄭云朝事之豆也而饋食用之豐大夫禮上亦云葵菹蠃醢是饋食之豆當饋食之節是其常事故不言豐大夫禮今乱用之亦其常事故知用葵菹蠃醢也

佐食設俎牢髀橫脊一短脅一腸一胃一膚三魚一橫之腊兩髀屬于尻屬音燭尻苦刀反○皆升下體祝賤也魚橫者四物共俎殊之也腊兩髀屬于尻尤賤不

儀祭疏二　四四

0013_0516-1

殊○疏曰言升下體者髀與短脅橫脊皆羊豕之下體屬于尻又腊之下體為祝賤故也云魚橫者四物共俎殊之者也以其魚猶在俎縮載今橫者為四物共俎橫而殊之也縮其七物而云四物者據羊豕魚腊故云四物也云尤賤者羊豕體不屬於尻以腊用左右胖故有兩髀言髀屬于尻尻在中謂髀與尻相連屬不殊是尤賤也周祝賤常連之也

祝取菹擩于醢祭于豆間祝祭俎大夫祝俎無肺祭用膚遠下尸不嚌之膚不盛○疏曰云大夫祝俎無肺祭用膚遠下尸者案特牲尸祝俎有祭肺離肺祝俎有

0013_0516-2

離肺無祭肺是下尸令大夫尸俎亦皆有祝則離肺祭肺俱無是遠下尸也云不嚌之膚不盛者决離肺祭訖嚌之加于俎今以無肺祭不盛故也凡膚皆不嚌獨於此言之者以其以膚替肺肺則嚌此則不嚌故須言之也

祭酒啐酒肝牢從祝取肝擩于鹽振祭嚌之不興加于俎卒爵興亦如佐食授爵乃興不拜既爵大夫祝賤也○䟽曰亦如佐食授爵乃興者此經直云卒爵興不云授爵故特明之案下文主婦獻况祝卒爵坐授主婦爵主婦又獻二佐食二佐食坐授主婦爵

儀祭禮二　四十五

0013_0517-1

主婦獻祝與獻二佐食司明主人獻祝祝授主人爵亦與二佐食同可知云不拜既爵大夫祝賤也者此决特牲祝卒角拜主人荅拜以士卑故祝不賤此大夫尊故祝賤不拜既爵也

主人酌獻上佐食上佐食户内牖東北面拜坐受爵主人西面荅拜佐食祭酒卒爵拜坐授爵興不啐而卒爵者大夫之佐食賤禮略○䟽曰特牲士之佐食亦啐大夫佐食賤禮略天子諸侯禮雖亡或可對天子諸侯佐食啐乃卒爵貴故也

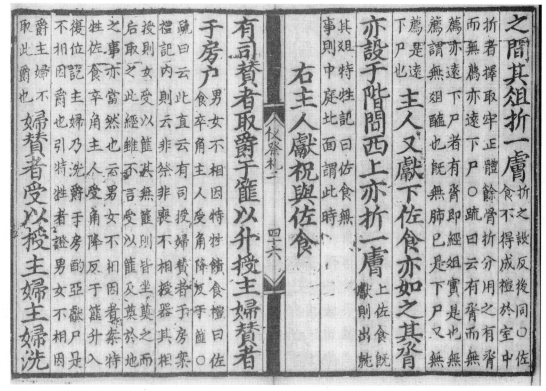

俎設于兩階

0013_0517-2

之間其俎折一膚折之設反後同○佐食不得成禮於室中折者擇取牢正體餘骨折分用之有脀而無薦亦遠下尸○䟽曰云有脀而無薦亦遠下尸者有脀即經俎實是也無薦謂無俎醢也既無肺已是下尸又無薦是遠下尸也

主人又獻下佐食亦如之其脀亦設于階間西上亦折一膚上佐食既獻則出就其俎特牲記曰佐食無事則中庭北面謂此時

右主人獻祝與佐食

儀祭禮二　四十六

0013_0518-1

有司贊者取爵于篚以升授主婦贊者于房户男女不相因特牲饋食禮曰佐食卒角主人受角降反于篚○䟽曰云此直云有司授婦贊者于房案禮記內則云非祭非喪不相授器其相授則女受以篚其無篚則皆坐奠之而后取之此經雖不言受以篚及奠於地之事亦當然也云男女不相因者案特牲佐食卒角主人受角降反于篚升入復位記主婦乃洗爵于房酌亞獻尸是不相因爵也引特牲者證男女不相因爵主婦不取此爵也

婦贊者受以授主婦主婦洗

張本下象鼻題監生廖寘傳本剪去之

0013_0518-2

于房中出酌入户西面拜獻尸入户西面拜由便也不北面者辟人君夫人也拜而後獻者當俠拜也昏禮曰婦洗在北堂直室東隅○辟音避○疏曰云入户西面拜由便也者下注云此拜於北則上拜於南由便云不北面者辟人君夫人也者案特牲主婦北面拜注云北面拜者辟内子也則是士妻卑不嫌得北面與人君夫人同也尸拜受主婦主人之北西面拜送爵拜於主人之北西面婦人位在内始拜於北則上拜於南由便也尸祭酒卒爵主婦

0013_0519-1

拜祝受尸爵尸荅拜易爵洗酌授尸祝出易爵男女不同爵主婦拜受爵尸荅拜上佐食綏祭主婦西面于主人之北受祭祭之其綏祭如主人之禮不嘏卒爵拜尸荅拜不嘏夫婦一體綏亦當作挼古文爲肵主婦以爵出贊者受易爵于篚以授主婦于房中贊者有司贊者也易爵亦以授婦贊者婦贊者受房戶外入授主婦○疏曰云贊者有司

0013_0519-2

贊者也者上文云有司贊者取爵於篚此還是上有司贊者也主婦洗酌獻祝祝拜坐受爵主婦荅拜于主人之北卒爵不興坐授主婦不俠拜下尸也今文曰祝拜受主婦受酌獻上佐食于户内佐食北面拜坐受爵主婦西面荅拜祭酒卒爵坐授主婦主婦獻下佐食亦如之主婦受爵以入于房不言拜於主人之北可知也爵奠於内篚

0013_0520-1

右主婦亞獻尸及獻祝與佐食

賔長洗爵獻于尸尸拜受爵賔户西北面拜送爵尸祭酒卒爵賔拜祝受尸爵尸荅拜祝酌授尸賔拜受爵尸拜送爵賔坐奠爵遂拜執爵以興坐祭遂飲卒爵執爵以興坐奠爵拜尸荅拜賔酌獻祝祝拜坐受爵賔北面荅拜祝祭酒啐

0013_0520-2

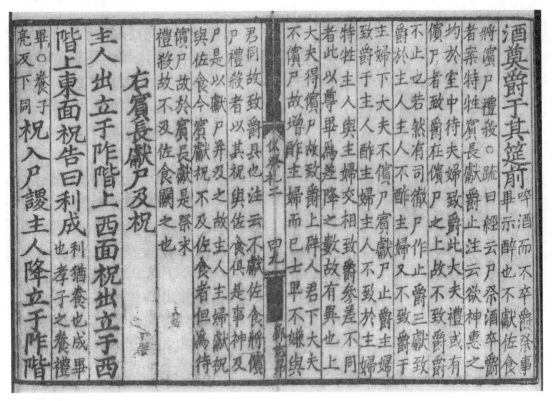

酒奠爵于其筵前啐酒而不卒爵祭事畢示醉也不獻佐食將儐尸禮殺○疏曰經云尸祭酒卒爵者案特牲賓長獻爵止注云欲神惠之均於室中待夫婦致爵此大夫禮或有儐尸者致爵在儐尸之上故不致爵爵不止也若然有司徹尸作止爵三獻致爵於主人主人不酢主婦又不致爵于主婦下大夫不儐尸賓獻尸止爵主婦致爵于主人酢主婦主人不致於主婦特牲主人與主婦交相致爵參差不同者此以尊卑爲差降之數故有異也上大夫得儐尸故致爵上辟人君下大夫不儐尸故增酢主婦而已士卑不嫌與

0013_0521-1

君同故致爵具也注云不獻佐食將儐尸禮殺者以其祝與佐食俱是事神及尸是以獻尸并及之故主人主婦獻祝與佐食今賓獻祝不及佐食者但爲待儐尸故於賓長獻是祭末禮殺故不及佐食闕之也

右賓長獻尸及祝

主人出立于阼階上西面祝出立于西階上東面祝告曰利成利猶養也成畢也孝子之養禮畢○養予亮反下同祝入尸謖主人降立于阼階

0013_0521-2

東西面謖所六反○謖起也謖或作休祝先[illegible]于廟門事尸之禮訖於廟門[illegible]云[illegible]尸之禮訖於廟[illegible]迎尸於廟門外禮畢又送尸[illegible]禮記尸在廟門外則疑於臣[illegible]門[illegible]斷

右祭祀畢尸出廟

祝反復位于室中主人亦入于室復位

祝命佐食徹肵俎降設于堂下阼階南

0013_0522-1

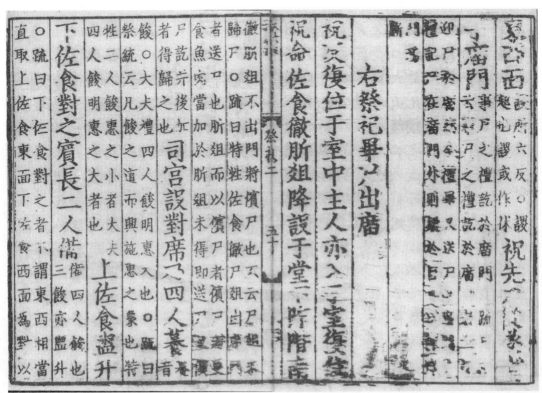

徹肵俎不出門將儐尸也不云尸俎[illegible]歸尸○疏曰特牲佐食徹尸俎出廟門者送口也肵俎而以儐尸者儐[illegible]食魚肉當加於肵俎未得即送[illegible]尸訖并後加者得歸之也司宮設對席乃四人養養音餕○大夫禮四人餕明惠大也○疏曰祭統云凡餕之道而興施惠之象也特牲二人餕惠之小者大夫四人餕明惠之大者也上佐食盥升下佐食對之賓長二人備備四人餕也三餕亦盥升○疏曰下佐食對之者不謂東西相當直取上佐食東面下佐食西面爲對以

0013_0522-2

具下佐食西面近北故不得東西相當也六賓長二人備者亦不東西相當
其一賓長在上佐食之北一賓長在下佐食之南是亦不東西相當也故云[illegible]
不言對也司士進一敦黍于上佐食又進一
敦黍于下佐食皆右之于席上右之者東面在
南西面在北○疏曰東面在南據上佐食西面在北據下佐食右之者飯用手
右之便故也資黍于羊俎兩端兩下是餕資猶
減也減置於羊俎兩端則一賓長在上佐食之北一賓長在下佐食之南今文

祭禮二　五一

0013_0523-1

資作齎○疏曰云兩下是餕者據二賓長於二佐食爲下故云一賓長在上佐
食之北一賓長在下佐食之南以地道尊右故也二佐食皆在右若然羊俎兩
閒南北面置之故二賓長於俎一端取黍也必知上佐食東面近南下佐食西
面近北者以其尸東面近南今尸起上佐食居尸坐處明知位次如此司
士乃辯舉養者皆祭黍祭舉辯音遍下同○舉舉
膚今文辯爲徧○疏曰知舉是舉膚者以其尸舉肺餕者下尸明不舉肺當舉
膚是以特牲云佐食授餕者各一膚明此大夫禮亦舉膚也主人西

0013_0523-2

面三拜養者養者奠舉于俎皆答拜皆
反取舉三拜旅之示徧也言反者拜時或去其席在東面席者東面拜
在西面席者皆南面拜○疏曰知面位如此者以主人在戶內西面三拜餕者
餕者在東面而答主人拜可知在西面位者以主人在南西面不得與主人同
面而拜明變身南面向主人而拜故鄭以義解之如此也司士進一
鉶于上養又進一鉶于次養又進二豆
湆于兩下乃皆食食舉湆去及反○湆肉汁也○疏曰

祭禮二　五二　徐志昂

0013_0524-1

又進二豆湆于兩下者以其神坐之上止有羊豕二鉶一進與上佐食一進與
下佐食故更羞二豆湆於兩下湆者從門外鑊中來以兩下無鉶故進湆也
卒食主人洗一爵升酌以授上養贊者
洗三爵酌主人受于戶內以授次養若
是以辯皆不拜受爵主人西面三拜養
者養者奠爵皆答拜皆祭酒卒爵奠爵
皆拜主人答一拜不拜受爵者大夫餕者賤也答一拜略也

0013_0524-2

言或一爲壹也○疏曰云不拜受爵者大夫餕者賤也者決特牲使嗣子舉奠舉餕爲賓故拜受爵也云荅一拜略也者特牲亦無再拜法此云略者以其四餕皆拜主人拗荅一拜故云略也

養者三人興出出降實爵于篚反賓位

上養止主人受上養爵酌以醋于户内西面坐奠爵拜上養荅拜坐祭酒啐酒上　爲酢者上養獨止當尸位尊不酌也○疏曰特牲上餕親自酌酢主人此上餕不酌者上餕主人故在尸位不可親酌特牲上餕酌者以上餕不嘏主人既卒爵二餕俱出上餕酢主人少牢禮備又嘏主人故不酌

祭禮三　五三

0013_0525-1

也

上養親嘏曰主人受祭之福胡壽保建家室親嘏不使祝授之亦以黍○疏曰言亦者亦上皇尸命工祝嘏主人以黍此亦以黍上文司士進敦乃分黍于羊俎兩端不言授故知亦黍也

主人興坐奠爵拜執爵以興坐卒爵拜

上養荅拜上養興出主人送乃退送佐食不拜賤○疏曰賓主之禮賓出主人皆拜送此佐食送之而不拜故云賤也

0013_0525-2

若徹肵俎行餕

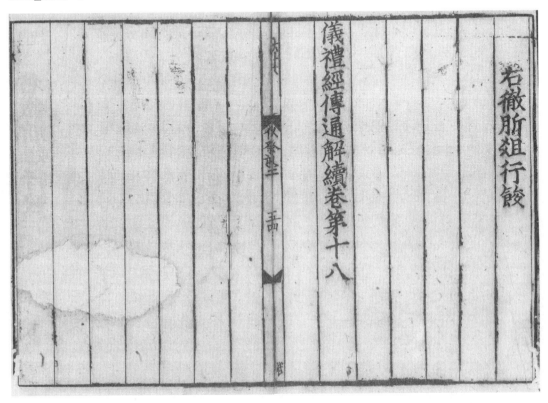

儀禮經傳通解續卷第十八

祭禮三　五四

0013_0526-1

0013_0529-2

儀禮經傳通解續卷第十九

有司徹　祭禮三

鄭目録云少牢之下篇也大夫既祭儐尸於堂之禮祭畢禮尸於室中天子諸侯之祭明日而繹有司徹於五禮屬吉大戴第九小戴第十二別録少牢下篇第十七。疏曰言大夫既祭儐尸於堂之禮者謂上大夫室內事尸行三獻禮畢別行儐尸於堂之禮又云祭畢禮尸於室中者據下大夫室內事尸行三獻無別行儐尸於堂之事即於室內爲加爵禮尸即下文云若不儐尸以下是也

0013_0530-1

經十七

有司徹徹直列反字又作撤。徹室中之饋及祝佐食之俎卿大夫既祭而儐尸禮崇也儐尸則不設饌西北隅以此薦俎之陳有祭象而亦足以厭飫神天子諸侯明日祭於祊而繹春秋傳曰辛巳有事于大廟仲遂卒于垂壬午猶繹是也爾雅曰繹又祭也○祊百庚反○疏曰云徹室中之饋者室內饋主於尸饌薦俎黍稷皆名饋下大夫不儐尸餕訖云有司官徹饋饌于室

0013_0530-2

□北隅彼鄭注云官徹饋者司馬司士□俎宰夫取敦及豆則此饋內兼數物□無肵俎肵俎上篇佐食徹之先設於堂下也又言及祝佐食之俎者祝亦有薦在室內北墉下佐食之俎在兩楹之間無薦此等見於上篇今徹祝與佐食并爲文者賤者省文之義其實祝薦俎在室內佐食俎在階間此直云有司不言官下大夫不儐尸云官徹者彼爲更饌西北隅爲陽厭故見官也肵俎亦用儐尸不使有司同時徹者肵俎本爲尸故設之徹之皆不與正俎同時而後設先徹案楚茨詩云諸宰君婦廢徹不遲此不言者彼人君禮故不同也云卿大

0013_0531-1

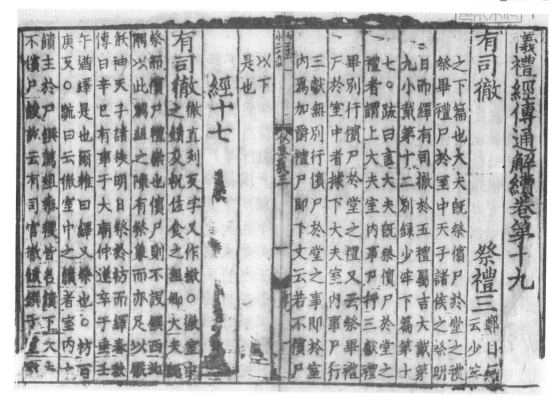

夫既祭而儐尸禮崇也者對下大夫不儐尸禮不崇也云以此薦俎之陳有祭象而亦足以厭飫神者對下大夫尸出之後改饌西北隅爲厭飫神今儐尸者饌不設饌西北隅以此薦俎之陳有祭象亦足以厭飫神亦下大夫也云天子諸侯明日祭於祊而繹者欲見天子諸侯尊別日爲之與卿大夫禮異但祊與繹二者俱時爲之故郊特牲云繹之於庫門內祊之於東方失之矣鄭注云祊□禮宜於廟門外之西室繹又於其堂位在西此其祭禮簡而事尸禮大引春秋傳者此宣八年左氏傳辛巳有事于大廟仲遂卒于垂卿佐卒輕于正祭

0013_0531-2

□□逕繹祭禮經亘發而不蹷故□□□壬于搖繹引之者證人君別日氣□又見二者雖同時而大名繹故孔子□繹不書祊引爾雅者爾雅釋天文彼云周曰繹商曰肜夏曰復胙復胙者復□日之胙祭穀曰肜者義取肜肜祭不絕周曰繹者取尋繹前祭之事但祊者有正祭祊有明日又祭之祊禮器云爲祊乎外注祊祭明日之繹祭也謂之祊者於廟門之旁因名焉其祭之禮既設□於室而事尸於堂孝子求神非一處是也此祊是明日又祭故於廟門外若正祭祊即於廟門內故楚茨詩云祝祭于祊祀事孔明毛傳云祊門內也鄭云

0013_0532-1

平子不知神之所在故使祝博求之平□門內之旁待賓客之處祀禮於是甚曰是正祭祊在門內也郊特牲云索祭□于祊不知神之所在於彼乎於此乎諸遠人乎祭于祊尚曰求諸遠者與□祭之明日祊故云求諸遠者但此夫賓尸同用正祭之牲天子諸侯禮□日又別牲故牛人云享牛求牛鄭□獻也獻神之牛謂所以祭者也求終事之牛謂所以繹者也是其別

□堂爲賓尸新之少儀曰汎埽曰埽埽席□拚○爲于偽反下篇芳劔反埽□反拚方門反○□篇注同下篇□不重出○□曰□□

0013_0532-2

尸新之者正祭於室之時堂亦埽說今將儐尸又埽之故云爲儐尸新之引少儀者若直埽席前止可云拚今云埽不云拚明於堂廟汎埽

司宮攝

酒更洗益整頓之今文攝爲聶○疏曰士冠禮再醮攝酒注云攝猶整也整酒謂撓之洗當作撓撓謂賓尸唯徹室中之饌亦因前正祭之酒更撓攪添益整新之也

乃燅尸俎

燅音尋劉徐鹽反注燖同○燅溫也溫尸俎於爨肵亦溫焉獨言溫尸俎則祝與佐食不與儐尸之禮古文燅皆作尋記或作燖春秋傳曰若可燖也亦可寒也○與音預○疏曰知溫尸俎於爨者見下文

0012_0533-1

云卒燅乃升羊豕魚三鼎故知先溫於爨之鑊乃後升之於鼎也肵亦溫焉知者案下文載俎所舉在肵有脊脅皆在載於俎明亦溫可知又云獨言溫尸俎則祝與佐食不與儐尸之禮者但正祭時尸祝及佐食皆有俎今獨言溫尸俎欲見儐尸時祝與佐食不與而別寸侑也云古文燅皆作尋者論語及左傳與此古文皆作尋云記或作燖者案持牲云有虞氏之祭也尚用氣血腥爓祭用氣也注云爓或爲燖今此義㫖彼記或讀之故云引春秋傳者案哀公十二年左傳夏公會吳于橐皋吳子使大宰嚭請尋盟公不欲使子貢問曰盟所以

0013_0533-2

周信也若循可改曰盟何益乎天子曰
必尋盟若可尋也亦可寒也服注云尋
之言重也温也寒歇也亦可寒而歇
之鄭引之者證燅尸俎是重温之義卒
燅乃升羊豕魚三鼎無腊與膚乃設扃
鼏陳鼎于門外如初扃古熒反注同鼏
亡狄反○腊爲庶
羞膚從豕去其鼎者儐尸之禮殺於初
如初者如廟門之外東方北面北上今
文扃爲鉉古文鼏爲密○去起呂反殺
所界反劉色例反下皆同○疏曰腊爲
庶羞者鄭解不燅腊之義案上燅尸俎
則皆在其内今升鼎言無腊下載又不

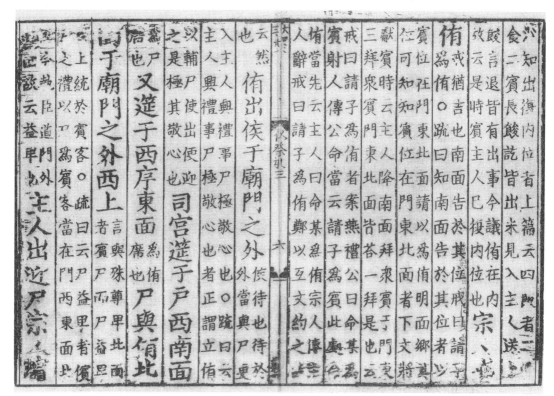

儀祭禮三　五

0013_0534-1

見腊體明從庶羞可知云膚從豕去其
鼎知者下載體時膚猶在豕鼎不爲庶
羞可知但正祭時五鼎今二者皆
去其鼎故云儐尸之禮殺於初也

右徹室内之饋及燅尸俎

乃議侑于賓以異姓侑音又○議猶擇
也擇賓之賢者可
以有尸必用異姓廣敬也是時主人及
賓有司已復内位古文侑皆作宥○疏
曰云是時主人及賓有司已復内位者
下文侑出俟于廟門之外又云主人出
迎尸侑言侑則賓之賢者明賓有司主
人皆復内位矣若然知賓主不先在内

0013_0534-2

以知出復内位者上篇云四門者二
食二賓長餕訖皆出未見入主人送
餕言退皆有出事今議侑在内
故云是時賓主人已復内位也宗人
侑戒猶告也南面告於其位戒曰請子
爲侑○疏曰知南面告於其位者以
賓位在門東北面請以爲侑明面鄉其
位可知知賓位在門東北面者下文將
獻賓時云主人降南面拜衆賓于門東
三拜衆賓門東北面皆荅一拜是也云
戒曰請子爲侑者案燕禮公曰命某爲
賓射人傳公命當云請子爲賓此與公
侑當先云主人曰命某爲侑宗人傳命
人辭戒曰請子爲侑鄭以互文約之者

儀祭禮三　六

0013_0535-1

云然
也
侑出俟于廟門之外俟待也待於
外當與尸更
入主人與禮事尸極敬心也○疏曰云
主人與禮事尸極敬心也者正謂立侑
以輔尸使出使迎
之是極其敬心也司宫筵于戶西南面
爲尸
席也又筵于西序東面爲侑
席也尸與侑北
面于廟門之外西上言與殊尊卑北面
者賓尸而尸益卑
西上統於賓客○疏曰云尸益卑者儐
尸之禮以尸爲賓客當在門西東面北
至卑故北面道門外
北面故云益卑也主人出迎尸宗人擯

□尸而迎之主人益尊擯□□□ □年宿尸祝擯此宗人擯者以□不
□賓□故使宗人爲擯也云賓客尊□ □之主人益尊者上篇正祭時主人不
□尸以申尸之尊至此賓客尸而□ 之以尸同賓客是主人益尊故也主
人拜尸荅拜主人又拜侑侑荅拜主人
揖先入門右道尸○道音導尸入門左侑從亦
左揖乃讓沒霤相揖至階又讓○疏曰 經直云揖乃讓鄭知沒霤相
揖至階又讓者案上篇鄉飲酒之 等入門三揖至階又讓故知也主人

先升自阼階尸侑升自西階西楹西北
面東上東上統於其席○疏曰尸在門 外北面西上統於賓客至此
堂亦應西上故決之云東上統於 其席以其賓席以東爲上故也
右選侑并迎尸及侑
主人東楹東北面拜至尸荅拜主人又
拜侑侑荅拜拜至喜之乃舉舉舉鼎也舉□ 不盛殺也○□
□云舉者不盛殺也者決正祭時皆□ □乃舉鼎此儐尸禮殺舉者不盛故□

殺也司馬舉羊鼎司士舉豕鼎舉魚鼎以
入陳鼎如初如初如阼階下西面北上 ○疏曰云如初者此如上
經正祭時陳 鼎之事也雍正執一匕以從雍府執
二匕以從司士合執二俎以從司士贊
者亦合執二俎以從匕皆加于鼎東枋
二俎設于羊鼎西西縮二俎皆設于二
鼎西亦西縮雍正羣吏掌辨體名肉物 者府其屬凡三匕鼎一匕

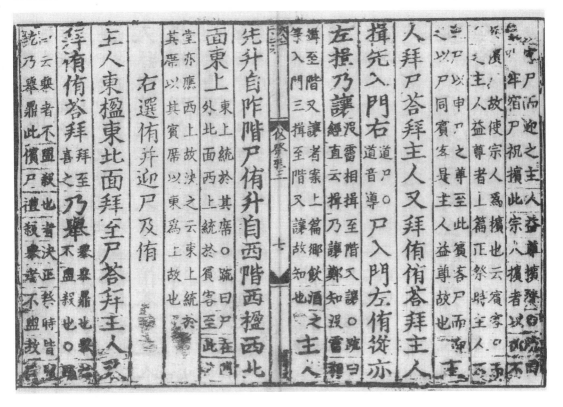

四俎爲尸侑主人主婦其二俎設于豕 鼎魚鼎之西陳之宜具也古文縮皆爲
蹙○疏曰云雍正羣吏掌辨體名肉物 者案周禮內饔職掌割亨煎和之事辨
體名肉物注云體名脊脅肩臂臑之屬 肉物胾燔之屬此士之雍正所掌亦依
之也知四俎據尸侑主人主婦者據下 文四者皆有俎知之也云陳之宜具者
四俎當俱陳于鼎之西分二俎陳豕鼎 魚鼎之西者欲使三鼎之西並有俎故
云陳之 宜具也雍人合執二俎陳于羊俎西並
皆西縮覆二疏匕于其上皆縮俎西枋

0013_0538-2

並併也其南俎司馬以羞羊匕湆羊肉
湆其北俎司士以羞豕匕湆豕肉湆豕
脅湆魚疏匕匕柄有刻飾者古文並皆
作併○湆去及反○疏曰云其南俎司
馬以羞羊匕湆羊肉湆者匕湆謂無肉
直汁以其在匕湆也即下文司馬在羊
鼎之東二手執挑匕枋以挹湆注于疏
匕是也云肉湆者直是肉從湆中來實
無汁下文云羊肉湆臑折正脊一正脅
一腸一胃一是也案下文次賓羞羊匕
湆司馬羞羊肉湆此注并云司馬不云
次賓其實羞羊匕湆者是次賓也又云
其北俎司士以羞豕匕湆豕肉湆豕脅
湆魚者南俎已是司馬所用於羊湆之

祭礼三　九

0013_0539-1

等則此北俎是司士羞豕湆之等若然
案下文亦次賓羞豕匕湆司士羞豕脅
此并云司士者亦據上經正文司士擊
豕而言實次賓羞豕匕湆也云疏匕匕
柄有刻飾者以其言疏是疏通刻飾之
名若禮記云疏屏之類故知柄有刻飾
亦通柄刻雲氣以飾也

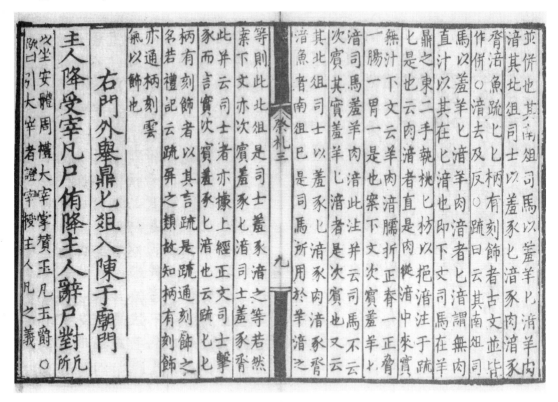

右門外舉鼎匕俎入陳于廟門

主人降受宰几尸侑降主人辭尸對凡所以坐安體周禮大宰掌贊玉几玉爵○疏曰引大宰者證宰授主人几之義

0013_0539-2

宰授几主人受二手横執几揖[illegible]於尸禮主

主人升尸侑升復位位阼上阼○

鄭言此者主人位常在阼階上其在尸西尸在西階上今恐尸復位在西以其未得在尸西故言賓階上位也

主人西面左手執几縮之以右袂推拂几三二手横執几進授尸于筵前衣袖謂之袂推拂去塵示新尸進二手受于手間受從手間謙也主人退尸還几縮

祭礼三　十

0013_0540-1

之右手執外廉北面奠于筵上左之南縮不坐左之者異於鬼神生人陽長左鬼神陰長右不坐奠之者几輕○長丁丈反後皆同○疏曰云主人退尸還几縮之者以主人横執几進授尸時尸一手受於主人手間時亦横受之將欲縱設於席故還之使縮以右手執几外廉故鄉北面縮設于席也云左之者異於鬼神者謂若筵以來設神几皆在右為主人皆左是生人陽故尚左鬼神陰故尚右也云不坐奠之者几輕宜此決下文啐酒主奠之言爵是重之此言坐執之故也

主人東楹

0013_0540-2

東北面拜拜送凡也尸復位尸與侑皆北面
答拜侑拜者從於尸。疏曰云以主授凡匕爲尸故主人拜送莫[illegible]
答拜今侑亦拜故云從於尸以其立侑以輔尸故侑從尸拜也主人降洗
尸侑降尸辭洗主人對卒洗揖主人升
尸侑升尸西楹西北面拜洗主人東楹
東北面奠爵答拜降盥尸侑降主人辭
尸對卒盥主人揖升尸侑升主人坐取

0013_0541-1

爵酌獻尸尸北面拜受爵主人東楹東
北面拜送爵降盥者爲土汚手不可酌。疏曰云主人降洗尸侑
降尸辭洗者案鄉飲酒主人降洗賓降主人辭降賓對此中亦應主人降洗賓
降主人辭降主婦自東房薦韭菹醢坐奠[illegible]
于筵前菹在西方婦贊者執昌菹醢[illegible]
主婦主婦不興受陪設于南昌在[illegible]
興取籩于房麷蕡坐設于豆西當[illegible]

0013_0542-1

0013_0541-2

麷在東方婦贊者執白黑以授主婦主
婦不興受設于初籩之南白在西方興
退麷芳中反蕡扶云反。昌昌本也韭菹醢醢昌本麋臡麷熬麥也蕡熬枲
實也白熬稻黑熬黍此皆朝事之豆籩大夫無朝事而用之儐尸亦豐大夫之
禮主婦取籩興者以饌異親之當外列辟鋪也退退入房也。醢他感反麷乃
苦反又人苦反枲思治反辟音避。疏曰主人先獻主婦乃後薦者若正祭則
先薦後獻若繹祭則先獻後薦故祭義云君獻尸夫人薦豆鄭注云謂繹日也

0013_0542-1

則此儐尸禮與天子諸侯繹祭同故亦先獻後薦也云昌本已下等物至此皆
朝事之籩麷蕡白黑形鹽膴鮑魚鱐醢人云朝事之豆韭菹醓醢昌本麋臡菁
菹鹿臡茆菹麋臡故鄭注此皆據彼而言又案彼注昌本昌蒲根有骨爲臡無
骨爲醢云蕡熬枲實也者案喪服傳云苴者麻之有蕡者也牡麻者枲麻也若
然[illegible]爾有實枲麻無實鄭云蕡枲實者舉[illegible]類耳其實枲是雄麻無實若竹器
圖曰箄方曰笥鄭注論語云簞笥亦是舉其類也白黑之等無正文鄭以形
正而言之云大夫無朝事而用之儐尸亦豐大夫之禮者案禮記坐尸於堂子

0013_0542-2

北面而事之注云天子諸侯之祭禮[illegible]立尸於戶外是以有北面事尸之禮[illegible]釋牲少牢正祭無朝事於堂直有室[illegible]之事若然大夫雖用天子諸侯朝事之[illegible]籩豆以其禮殺故八籩八豆之中各[illegible]其四耳其韭菹醓者則無骨之醓昌[illegible]醓者即周禮醢醬醬散文亦名醓又[illegible]周禮鄭注云齏菹之稱菜肉通全物若[illegible]牒爲菹細切爲齏彼昌本不言菹是細切爲齏此云昌菹則大夫以昌本爲菹異於天子諸侯所用也云主婦取籩興者以饌異親之者鄭意以籩豆俱時設而籩不使婦贊者取籩以授主婦者以籩與豆不同所實又別故主婦宜親設房親取之也

祭禮三

0013_0543-1

右主人獻尸主婦薦豆籩

乃升升牲體於俎也司馬朼羊亦司馬載載右體肩臂肫骼臑正脊一脡脊一橫脊一短脅一正脅一代脅一腸一胃一祭肺一載于一俎肫音純○言載尸俎復序體者明所舉肩骼存焉亦序若脊脅皆一骨也臑在下者折分之以爲肉湆俎也一猶謂司士所設羊鼎[illegible]

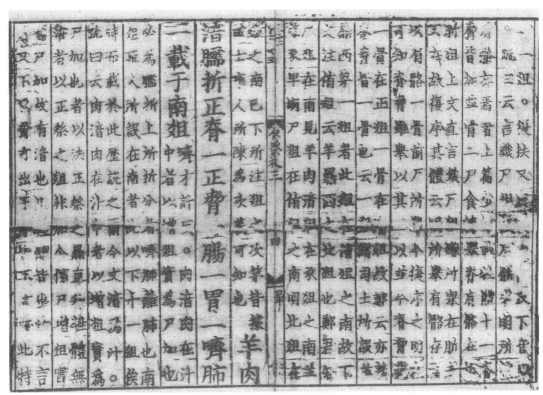

0013_0543-2

一俎○[illegible]疏云言載尸俎[illegible]肩[illegible]存焉者上篇少[illegible]脊皆加並脅二尸食[illegible]於俎上文直言載尸[illegible]又云故復序其體云[illegible]所舉有骼存[illegible]以有骼一骨前尸所[illegible]今復序之明[illegible]可知脊脅雖舉以其[illegible]一骨在正俎一骨在[illegible]俎故鄭云亦[illegible]脊脅皆一骨也云一[illegible]司士所設[illegible]鼎西第一俎者此羊[illegible]湆俎之南故下[illegible]又注湆俎云羊鼎西之[illegible]北俎也鄭皇[illegible]尸俎在南見羊肉湆[illegible]在豕俎之南羊[illegible]羊豕魚俎尸俎在湆[illegible]之南明北俎在[illegible]

0013_0544-1

[illegible]之南已下所注俎之次第皆據[illegible]一士虞人所陳爲次[illegible]可知也羊肉湆臑折正脊一正脅一腸一胃一嚌肺一載于南俎嚌才計反○肉湆肉在汁中者以增俎實爲尸加也必爲臑折上所折分者嚌肺離肺也南俎羞人所設在南者此以下十一俎俟詩而載於此歷說之[illegible]今文湆爲汁○疏曰云肉湆肉在汁中者以增俎實爲尸加也者以決正祭之鼎直升進體無羞者以正祭之俎非加今儐尸增俎實羞尸加故有湆也[illegible]皆由[illegible]不言[illegible]又下[illegible]脅者出[illegible]言[illegible]此特

0013_0544-2

得湆名者特牲少牢正祭升牲體於鼎時皆無匕湆故直云升體於俎設於尸前今此升牲體於尸前匕湆亦升爲故得湆名以在俎實無汁故進羊肉湆必先進羊匕湆然後進羊肉湆見此湆爲肉而有故在羊肉湆前進之使尸嘗之故鄭下注云嚌湆者明湆肉加耳嘗之以其汁尚味是也若然豕亦有匕湆不名肉湆而名豕脀者互見爲文言脀者見在俎無汁言肉湆者見在鼎內時有汁也若然羊豕互見爲文魚何以不言魚湆而云湆魚者羊先言肉後言湆使肉前進匕湆明是湆從肉來可知魚前無進匕湆故先言湆以明魚在湆可知

0013_0545-1

魚無匕湆者鄭下注云不羞魚匕湆嚌小味也羊有正俎羞匕湆肉湆豕脀正俎魚無匕湆隆汚之殺也上經退臑在下者以折分故退之今此經云臑折即上經所退臑在下者也左右體之臑而必取右體之臑折分用之貴神俎故也若然脊脅二骨亦分一骨爲肉湆者亦是貴神俎故也云此以下十有一俎俟時而載於此歷說之爾者案下文卒升賓長設羊俎於豆南賓降尸升筵雍設此一俎餘十一俎皆未又主人主婦升席時乃設之是其俟時而載今於此已下雖未載因前俎遂歷陳說之耳十一俎者即尸之羊肉湆一也豕脀俎一也

0013_0545-2

侑之羊俎三也豕一俎四也主人羊俎五也羊肉湆六也豕脀七也主婦羊俎八也[illegible]湆主婦[illegible]者皆有魚俎是其十一過尸羊正俎爲十二俎其四俎尸侑主人主婦載羊體俎皆爲正俎其餘八俎雍人所執二俎益送往還故有八其實止二俎也

司士杝豕亦司士載亦右體脀臂肫骼臑正脊一脡脊一橫脊一短脅一正脅一代脅一膚五嚌肺一載于一

俎臑在下者順羊也俎謂雍人所設在羊俎者○疏曰云臑在下者順羊也者

0013_0546-1

以其豕脀不折臑臑亦在下順上羊臑在下由折分此雖不折順羊故亦在

侑俎羊左肩左肫正脊一脅一腸胃一切肺一載于一俎侑俎豕左肩折正脊一脅一膚三切肺一載于一俎

侑俎用注[illegible]侑賤其羊俎過三體有脀事[illegible]折[illegible]豕左肩折折分爲長兄弟俎也[illegible]肺亦祭肺互言之爾無羊湆下尸也豕又祭肺不嚌肺不備禮俎司士所設[illegible]鼎西之北俎也豕俎與尸同○下戶嫁反下同○疏曰案少牢載尸俎肯右體

0013_0546-2

[illegible]本肺一切肺三尸主人主[illegible]脇三胃三尸正俎用一膚俎用
[illegible]宰有一在此鼎以自侑已下及主人[illegible]婦皆用左體脊脇若然[illegible]尸俎時左
體亦同升於鼎上不云者文不具是以前陳俎特皆設於鼎西若不同升鼎則
侑主人主婦俎如特牲執事之俎陳在階間不應在鼎側也若然特牲執事與
主人主婦之俎亦不升鼎彼爲自異於神少牢阼與佐食俎亦不升鼎亦自異
於神此自侑已下悉與尸同鼎者以儐尸禮益卑唯尸尊禮詳侑已下禮略故
[illegible]云其羊俎過三體有肫尊之加也者[illegible]俎數奇今體數四故云加是以少牢

祭禮三　十七

0013_0547-1

祝羊豕體各三[illegible]下文主人羊肉湆俎體亦三今儐尸之有侑猶正祭之有[illegible]
必知以肫爲加者侑豕俎無肫主人羊肉湆俎亦無肫故知有肫爲加以[illegible]侑
以髀尸尊之故以肫爲加體也云豕左有折折分爲長兄弟俎也者以下文設
薦[illegible]而注云衆兄弟儀禮文薦脅皆不云折脅兄弟云先生之脊折鄭云先生
長[illegible]弟折豕左肩之折是以知義[illegible]也云[illegible][illegible]湆下尸也者直云無羊湆不云
肉[illegible]以匕湆肉湆皆無故直云無乎者以司二者皆無此二湆尸皆有侑皆無
故云下尸也云豕又祭肺不嚌肺不備禮[illegible]上尸羊俎有祭肺豕俎[illegible]嚌肺是

0013_0548-1

與尸俎同豕俎又與尸豕俎同○體之石反○疏曰無體遠下尸者尸用右體
主人用左體是其相下之臂今主人[illegible]生全無牲體故云遠下尸也云以肺代
之肺尊也者尸侑一肺今主人一俎[illegible][illegible]肺故知以肺代體肺者氣之主[illegible]
先祭尊於腸胃故以肺代體云加羊[illegible]湆而有體崇尸惠亦尊主人者以豋物
雖與尸不同者肉湆與尸同至尸雖主人而設之故曰崇尸惠此非直崇尸惠
亦見尊主人者侑無羊匕湆無豕匕湆而主人盡有是其尊主人所有者尊[illegible]
[illegible]文受酢致爵時云不言左臂者[illegible][illegible]賓左體殷侑用左體皆言左[illegible]

0013_0547-2

[illegible]一祭肺
一載于一俎羊肉湆臂一脊一脅一腸
一胃一嚌肺一載于一俎豕脀臂一脊一
脅一膚三嚌肺一載于一俎作俎[illegible]人[illegible]
體遠下尸也以肺代之肺尊也加羊[illegible]湆而有體崇尸惠亦尊主人臂左體也
侑用有主人用臂下之也不言左臂[illegible]大夫尊牢其文也降於侑羊體一而[illegible]
豕膚三有所屈有所中亦所謂順而摭也作俎司士所設豕鼎西俎也其湆俎

祭禮三　十八

0013_0548-2

今主人用左臂宜云臂不云左[illegible]尊故少其文似若得用右體然[illegible]

左臂者以右臂在尸俎故也云[illegible]羊體一而增豕膚三有所[illegible]有[illegible]

所謂順而摭也者案禮器注云謂若君沐粱大夫沐稷士沐粱大夫不沐粱[illegible]

於君士則申與君同是亦屈申之義故引為證也云其湆俎與尸俎同豕俎又

與尸豕俎同者以其共用益送之俎故知同也

主婦俎羊左臑脊一脅一腸一胃一膚一嚌羊肺一載于一俎

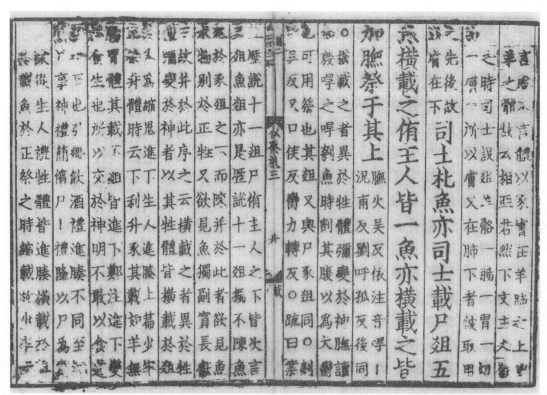

無豕體而有膚以主人無羊體不敢備也無祭肺有嚌肺亦下[illegible]

祭禮三　一十九

0013_0549-1

侑也祭肺尊言嚌羊肺者文承膚下[illegible]也膚在羊肺上則羊豕之體名同相[illegible]

也其俎司士所設在魚鼎西者[illegible]云無豕體而有膚以主人無羊體不[illegible]

備也者以主人俎無羊體故主婦俎亦無豕體以主人遠下尸主婦亦遠下[illegible]

也云無祭肺有嚌肺亦下侑也祭[illegible]者言亦者亦主人下侑也侑[illegible]

用臂祭[illegible]婦[illegible]云下[illegible]承

肩不[illegible]嫌設[illegible]云膚

在[illegible]也考羊[illegible]豕雖

0013_0536-2

言膚不言體以豕膚在羊肺之上也羊之體數云相亞若然下文主婦[illegible]

之時司士設俎[illegible]一腸一胃一切[illegible]一膚一所以膚又在肺下者彼取用

之先後故[illegible]膚在下司士朼魚亦司士載尸俎五

魚橫載之侑主人皆一魚亦橫載之皆加膴祭于其上

膴火吳反依注音哻況甫反劉呼孤反後同

○橫載之者異於牲體彌變於神膴讀如殷哻之哻刳魚時割其腹以為大臠

[illegible]可用祭也其俎又與尸豕俎同○刳口呈反又口侯反臠力轉反○疏曰案

儀禮祭禮三　廿

0013_0537-1

上[illegible]歷說十一俎尸侑主人之下皆次言羊俎魚俎亦是歷說十一俎獨不陳魚

俎於豕俎之下而陳并於此者欲見魚[illegible]物別於正牲又欲見魚獨副實長[illegible]

云故并於此序之云橫載之者異於牲體彌變於神者以其牲體皆橫載於俎

[illegible]為縮鬼進下生人進腠上[illegible]少牢[illegible]祭升體時云下利升豕其載如羊無

腸胃體其載下俎皆進下鄭注進下變於食生也所以交於神明不敢以食道

[illegible]也引鄉飲酒禮進腠不同至[illegible]享神禮薦侑尸ㄧ禮隆以尸為[illegible]

敬從生人禮牲體皆進腠橫載於[illegible]獻魚於正祭之時縮載故少牢云

0013_0549-2

[illegible]升魚十有五而俎縮載右首進腴[illegible]為縮於尸為橫首向右腹腴向尸
注云右首進腴亦變於食生也若[illegible]則亦縮載於人為橫首亦向右進鰭
[illegible]向人腴向外今儐尸之禮載魚亘[illegible]同生人之縮載進鰭今猶載於人為縮
不與正祭同又與生人異欲見儐尸之禮異於正祭又不得全與生人同鄭云
[illegible]變於神者牲體既進腠是已變於神土於魚載又橫於俎是彌變於神也云
[illegible]讀如䢅尋之尋者讀從士冠禮郊特[illegible]周令於尋尋覆也可以覆首此亦取
[illegible]腹反覆於上以擬祭云其俎又與口[illegible]俎同者謂上司士所設於豕鼎之西

0013_0550-1

[illegible]也

右司馬司士載俎

一个巳也巳載尸羊俎○疏曰云卒[illegible]手升者案上有主人酌獻尸主婦薦
籩豆又升羊俎進於尸前因歷說十一[illegible]之事今言卒升還計上升羊俎故云
[illegible]是以鄭亦云巳載尸羊俎而言之此[illegible]從上文獻尸下盡[illegible]卒爵有五節五
昔從主人獻酒於尸并主婦設籩豆[illegible]其一也賓長設羊俎二也次賓羞羊
[illegible]三[illegible]司馬羞肉湆四也[illegible]侑尸乃卒爵五也

賓長設羊

0013_0550-2

俎于[illegible]南賓降尸升筵自西方坐[illegible]
爵右取韭菹擩于三豆祭于豆間尸取
麷蕡宰夫贊者取白黑以授尸尸受兼
祭于豆祭 賓長上賓○疏曰上文載羊俎退卒升於十一俎下者欲
就此賓長設羊俎之事故此言賓長設羊俎于豆南賓乃降注云賓長上賓者
祭下三獻時云上賓洗爵注云上賓長也是以鄭上下文相曉為一人者也
雍人授次賓疏匕與俎受于鼎西左手

0013_0551-1

執俎左廉縮之卻右手執匕枋縮于俎
上以東面受于羊鼎之西司馬在羊鼎
之東二手執桃匕枋以挹湆注于疏匕
若是者三 桃湯堯反劉湯姚反又徒[illegible]反一音由又食汝反挹一入
○桃謂之歃讀如或舂或抌之抌[illegible]桃者秦人語也此二匕者皆有[illegible]
[illegible]如飯檄桃長枋可以抒物於器中[illegible]猶寫也今文桃作扰挹皆為[illegible]
[illegible]湆反劉初輒反下扱同[illegible][illegible]汏反○疏曰云讀如或[illegible]

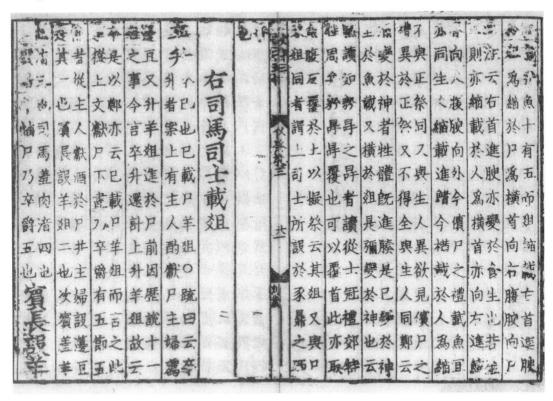

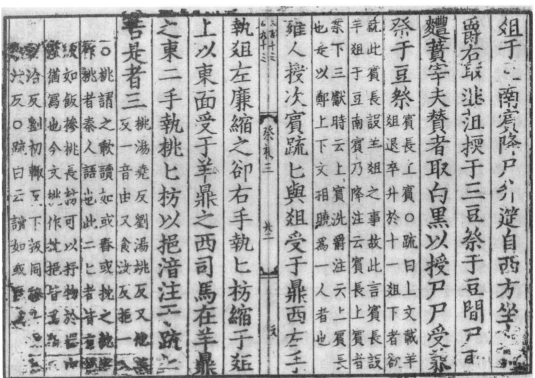

0013_0551-2

[illegible]從詩或舂或[illegible][illegible]二七者皆有淺升狀如[illegible]

[illegible]沈之言淺升對[illegible]勺升深此淺耳尸興左執爵右取

[illegible]祭之祭酒興左執爵肺羊祭肺○疏曰知羊祭

肺者見上載尸羊正俎兩云祭肺一故知此羊俎上祭肺其羊肉湆雖有嚌肺

[illegible]此下經乃升此時祭升故知非嚌肺也次賓縮執匕俎以

升若是以授尸尸卻手授匕枋坐祭嚌

之興覆手以授賓賓亦覆手以受縮匕

祭礼三　廿二

0013_0552-1

于俎上以降覆芳伏反下同○嚌湆者明湆肉加耳嘗之以其汁

[illegible]○疏曰云嚌湆者明湆肉加耳嘗之以其汁尚味者此匕湆似大羹湆

[illegible]大羹湆不祭不嚌以不爲神非盛此[illegible]之者明湆肉加先進其汁而嘗之尚[illegible]

[illegible]以湆肉加在鼎有汁在俎無汁[illegible]匕進汁是以上注云肉湆肉在汁[illegible]

者以增俎實爲尸加是也特牲七羹自門入卒不在鼎不調之此肉湆存鼎之

調之故云尚味也尸席末坐啐酒興坐奠爵拜

告旨執爵以興主人北面于東楹東荅

0013_0552-2

拜啐七內反○旨美也拜告酒美荅主人意古文曰東楹之東○疏曰案上

篇少牢尸不啐奠不告旨大夫之禮尸彌尊至於儐尸啐酒告旨者異於神奠

其尸禮彌儐故也司馬羞羊肉湆縮執俎尸坐

奠爵興取肺坐絕祭嚌之興反加于俎

司馬縮奠俎于羊湆俎南乃載于羊俎

卒載俎縮執俎以降絕祭絕肺末以祭周禮曰絕祭湆使

次賓肉使司馬大夫禮多崇敬也○疏曰引周禮者案大祝職辨九祭七曰絕

儀祭礼三　二十四

0013_0553-1

祭注云絕末以祭引之證絕祭與此同也云湆使次賓肉使司馬大夫禮多崇

敬也者司馬火官羊又火畜則羊湆與肉皆當司馬載之案上文次賓載湆此

經司馬羞肉者以大夫官多各使載其一是以云大夫禮多崇敬也尸坐

執爵以興次賓羞羊燔縮執俎縮一燔

于俎上鹽在右尸左執爵受燔揳于鹽

坐振祭嚌之興加于羊俎賓縮執俎以

降燔炙○疏曰案詩云載燔載烈注云傅火曰燔貫之加于火曰烈烈則炙

張本下象鼻題監生廖寅四字傳本剪去之

0013_0553-2

(也彼以燔炙相對則異此云燔炙者燔之傳火亦是炙類故曰燔炙)尸降筵北面于西楹西坐卒爵執爵以興坐奠爵拜執爵以興主人北面于東楹東荅拜主人受爵尸升筵立于筵末

右主人獻尸

主人酌獻侑侑西楹西北面拜受爵主人在其右北面荅拜(不洗者俱獻間無事也主人就右者

0013_0554-1

賤■尊階○疏曰此節内從獻有三事主人獻時主婦薦籩豆一也司馬羞羊俎二也次賓羞羊燔三也侑降於尸二等無羊上湆又無肉湆云不洗者俱獻間無事也者此則以其獻尸訖即獻侑中間無別酢酬之事故不洗凡爵行爵從尊者來向卑者俱獻間無事則不洗爵從卑者來向尊雖獻間無事亦洗是以此文獻尸訖俱獻侑不洗是爵從尊者來故特牲賓致爵於主人洗爵者鄭云洗迺致爵爲異事新之以其承佐食賤雖就獻間以其爵從卑者來故洗之故不儐尸鄭注云洗致爵者以承佐食賤新之是爵從卑者來故洗也云主人

0013_0554-2

就右賤不專階以對文人不就尸階者尸尊得專階故也)主婦薦[illegible]菹醢坐奠于筵前醢在南方婦贊者執[illegible]二籩麷蕡以授主婦主婦不興受之奠[illegible]麷于醢南蕡在麷東主婦入于房(南[illegible]者立侑爲尸使正饌統焉○疏曰凡設薦常在右便其饌今菹在醢北者以[illegible]正侑以輔尸故菹在北統於尸也)侑升筵自北方司馬[illegible]横執羊俎以升設于豆東侑坐左執爵

0013_0555-1

右取菹擩于醢祭于豆間又取麷蕡同祭于豆祭興左執爵右取肺坐祭之祭酒興左執爵次賓羞羊燔如尸禮侑降筵自北方北面于西楹西坐卒爵執爵以興坐奠爵拜主人荅拜(荅拜拜於之右○[illegible]知拜於右之右者以其前[illegible]爵時[illegible]在侑之右)

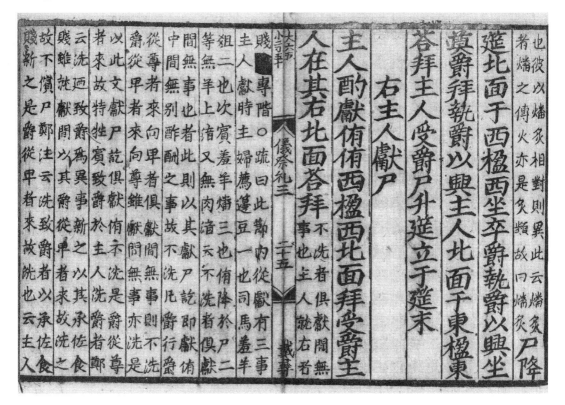

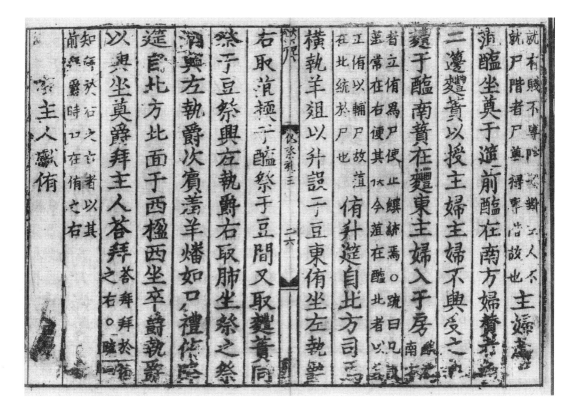

[illegible]主人獻侑

0013_0555-2

尸受侑爵降洗侑降立于西階西東

主人降自阼階辭洗尸坐奠爵于篚興

對卒洗主人升尸升自西階主人拜洗

尸北面于西楹西坐奠爵荅拜降盥主

人降尸辭主人對卒盥主人升尸升坐

取爵酌酌者將酢主人○疏曰就此事中亦有五節行事尊主人故與尸同者尸酢主人時主婦亦設籩豆一也賓長設羊俎二也次賓羞羊上湆三

儀祭禮三　九七

0013_0556-1

也司馬羞肉湆四也次賓羞羊燔主人迎卒爵五也但特牲少牢主人獻尸尸即酢主人主人乃獻祝及佐食此尸待主人獻侑乃酢主人不同者此尸卑達主人之意欲得先進酒於侑適自獻尸尊不達主人欲自達己意故先酢人乃使主人獻祝與佐食故不同是以下文賓長獻尸致爵主人尸酢之深賓意亦此類也

司宮設席于東序西面主人東

楹東北面拜受爵尸西楹西北面荅拜

主婦薦韭菹醓醢坐奠于筵前菹在西方

0013_0556-2

婦贊者執二籩以授主婦不興受設麷

于菹西北蕡在麷西主人升筵自北方

主婦入于房設籩于菹西北亦辟鉶也疏曰此乃陳主人受酢席之位案特牲為士案少牢下大夫皆數尊乃設席此賓尸受酢即設席者以饌尸尸益卑主人益尊故明一等受酢於設席案上設尸籩云與取籩於房婦贊注云以饌異親之與此婦贊者執二籩麷蕡主婦不與受文不同者凡執籩豆之法皆兩雙執之此侑與主人皆二籩故主婦與婦贊者各執其二於事

祭禮三　九八

0013_0557-1

便故主婦不興受設之上尸籩豆各四故主婦興取籩豆於房亦見異饌親之饌也云設籩于菹西北亦辟鉶者上設鉶籩正當豆此在西北明辟鉶云亦亦下籩當豆西外鉶以辟鉶故也長賓設羊俎于豆西主

人坐左執爵祭豆籩如侑之祭興左執

爵右取肺坐祭之祭酒興次賓羞匕湆

如尸禮席末坐啐酒執爵以興司馬羞

羊肉湆縮執俎主人坐奠爵于左興受

0013_0558-1　0013_0557-2

[illegible]絶祭〻之與反　于湆[illegible]

[illegible]于羊俎西乃載之卒載[illegible]

以降奠爵于左者神惠變於[illegible]受肺者明有授言虛俎者[illegible]

[illegible]於此虛不復用○疏曰云言虛俎[illegible]湆俎訖於此虛不復用者此俎雖[illegible]

[illegible]執[illegible]奠於羊俎兩在南者目此[illegible]湆司馬羞羊肉湆於尸次賓又羞[illegible]

湆於主人同用此俎二降皆不言[illegible]後將更用至於此言虛俎明其不[illegible]

用此俎又見下次賓羞羊燔於主人[illegible]之豕俎用此之豕俎而得羞燔[illegible]

[illegible]祭禮三　[illegible]

其禮殺故也　主人坐取爵以興次賓羞燔[illegible]

人受如尸禮主人降筵自北方北面于[illegible]

阼階上坐卒爵執爵以興坐奠爵拜執[illegible]

爵以興尸西楹西荅拜主人坐奠爵于[illegible]

東序南　不降奠爵於篚急崇酒○[illegible]燔即羊燔以主人與尸侑[illegible]

[illegible]鄉主婦獻尸以後悉用豕體[illegible]從悉用魚從是以知主人之[illegible]

[illegible]云不降奠爵于篚急崇酒者[illegible]崇酒之文更無餘嘉故云[illegible]

0013_0559-1　0013_0558-2

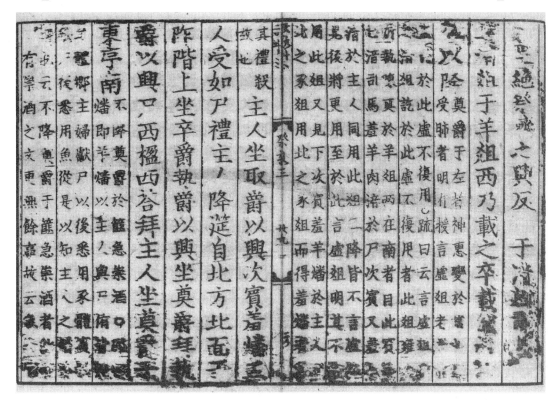

侑升尸侑皆北面于西楹西　見主人不反位知將與己為禮　主人北面于東楹東再拜崇酒　崇充也拜謝尸侑以酒薄充滿　尸侑皆荅再拜主人及尸侑皆升就筵

右主人受尸酢

司宮取爵于篚以授婦贊者于房東以授主婦　房東房戶外之東○疏曰上文主人獻節凡有三爵有主人獻

儀祭禮三　三十　[illegible]

尸獻侑并受酢此主婦獻內凡有四爵即分為四節解之四者主婦獻尸一也獻侑二也致爵於主人三也受尸酢四也下文賓長為三獻爵止故與主婦亞獻同此主婦亞獻尸一節之內從獻有五主婦設兩鉶一也主婦又設糗與脩二也次賓羞豕匕湆三也司士羞豕脀四也次賓羞豕燔尸乃卒爵五也　主婦洗于房中出實爵尊南西面拜獻尸

尸拜于筵上受　尊南西面拜由便也○疏曰賓主獻酢無在筵上受法今尸於筵上受者以婦人所獻故尸不與行賓主之禮故不得各就其

[illegible]
荅士……拜由便也……下……拜送爵今酌尊……
西面……尸……便也言便……其西……尸……不返主人之……主婦
面于主人之席北拜送爵入于房取一
羊鉶坐奠于韭菹西主婦贊者執豕鉶
以從主婦不興受設于羊鉶之西興
入于房取糗與腶脩執以出坐設之糗在

蕡西脩在白西興立于主人席北西面
糗去九反腶丁亂反本又作段音同　飲酒而有鉶者祭之餘鉶無黍稷……
糗糗餌也腶脩擣肉之脯今文腶爲……　○餌音二擣丁老反斷丁亂反……疏曰……
二無黍稷殺也者決　正祭時有黍稷故也　尸坐左執爵右取……
脩同祭于豆祭以羊鉶之柶挹羊鉶……
以挹豕鉶祭于豆祭祭酒次賓羞豕匕
[illegible]羊匕湆之禮尸坐啐酒左執爵嘗

上鉶執爵以興坐奠爵拜主婦荅拜執
爵以興司士羞豕脀尸坐奠爵興受如
羊肉湆之禮坐取爵興次賓羞豕燔尸
左執爵受燔如羊燔之禮坐卒爵拜主
婦荅拜受爵酌獻侑侑拜受爵主婦主
人之北西面荅拜　酌獻者主婦今文無　西面○疏曰同有三
等降於尸二等無鉶羹與豕匕湆云三　等者主婦酌獻侑主婦羞糗脩一也司
士羞豕脀一也次賓　羞燔侑乃卒爵三也　主婦羞糗脩坐奠

糗于醴南脩在蕡南侑坐左執爵取糗
脩兼祭于豆祭司士縮執豕脀以升侑
興取肺坐祭之司士縮奠豕脀于羊俎
之東載于羊俎卒乃縮執俎以降侑興
豕脀無湆於侑禮殺○疏曰案上下　尸與侑及主人主婦俎是正俎皆橫執
俎以升橫設於席前若益送之俎　縮執之以縮於席前今司士縮執……

0013_0561-2

是益送之俎縮執昇其常西上於豕以其文承上主人獻侑時無羊豕湆主婦獻侑司士羞豕脀不得相如是經特著縮執俎見異於正俎諸文特云橫執縮執者皆此類次賓羞豕燔侑受如尸禮坐

卒爵拜主婦荅拜

右主婦亞獻

受爵酌以致于主人主人筵上拜受爵

主婦北面于阼階上荅拜主婦易位拜于阼階上辟

儀禮疏卷三　卌三

0013_0562-1

拜敬○疏曰此科亦有五節行事主婦致爵於主人時主婦設二鉶一也又設糗脩二也豕匕湆三也豕脀四也豕燔主人卒爵五也云主婦易位拜於阼階上辟拜敬者前主婦獻尸侑拜送於主人北今致爵於主人主人拜於阼階上者辟拜敬主人與尸侑故易位也若然案特牲三獻爵止乃致爵此未三獻已致爵者以上篇已有獻於尸故此不待三獻又見儐尸禮殺故早致主婦設

二鉶與糗脩如尸禮主人其祭糗脩祭

鉶祭酒受豕匕湆拜啐酒皆如尸禮嘗

0013_0562-2

鉶不拜主人如尸禮尊也其異者不告旨○疏曰云主人拜啐酒嘗鉶不拜若然則啐酒有拜嘗鉶無拜祭前主婦獻尸尸坐啐酒左執爵嘗上鉶執爵以興坐奠爵拜拜在嘗鉶之下則嘗鉶有拜坐啐酒不拜與此違者彼拜雖在嘗鉶下其拜仍爲啐酒拜在嘗鉶下者以因坐啐酒不與即嘗鉶嘗鉶訖執爵與坐奠爵拜拜仍爲啐酒是以特牲少牢尸嘗鉶皆不拜或此經啐酒之上無拜文有者衍字也其受豕脀受豕燔亦如尸禮

坐卒爵拜主婦北面荅拜受爵

祭疏三　卌四

0013_0563-1

右主婦致爵于主人

尸降筵受主婦爵以降將酢主婦○疏曰此科內從作有三主婦受酢之時婦贊者設豆籩一也司馬設羊俎二也次賓羞羊燔主卒爵三也以其主婦受從與侑同三主人受從與尸同五尊卑差也主人

降侑降主婦入于房主人立于洗東北

西面侑東面于西階西南俟尸洗尸易爵

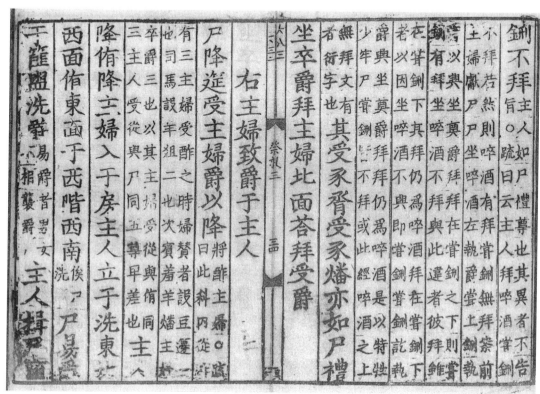

于篚盥洗爵易爵者男女不相襲爵主人揖尸

0013_0563-2

祭升主人升尸升自西階侑從主人北面
立于東楹東侑西楹西北面立俟尸酌
酌主婦出于房西面拜受爵尸北面于
侑東荅拜主婦入于房司宮設席于房
中南面主婦立于席西設席者王婦今文曰南面
於席西○疏曰以賓長以下皆無設席之文唯主婦與主人同設席故云主婦
尊特牲及下大夫主婦設席亦是主婦尊婦贊者薦韭菹醢

祭禮三　三五

0013_0564-1

坐奠于筵前菹在西方婦人贊者執麷
蕡以授婦贊者婦贊者不興受設麷于
菹西蕡在麷南○婦人贊者宗婦之少者疏曰案特牲記云宗
婦北堂東面北上注云宗婦族人之婦其夫屬于所祭爲子孫者是也彼直云
宗婦是特牲宗婦一人而已不言贊戈少未可定此大夫禮隆贊非一人而稱
贊贊主婦及長婦故云宗婦之少者主婦升筵司馬設羊
俎于豆南主婦坐左執爵右取菹抰于

0013_0564-2

醢祭于豆閒又取麷蕡兼祭于豆祭主
婦奠爵興取肺坐絕祭嚌之興加于俎
坐挩手祭酒啐酒挩由銳反注紛帨音同○挩手者于帨帨
佩巾內則曰婦人亦左佩紛帨古文帨作說次賓羞羊燔主
婦興受燔如主人之禮主婦執爵以出
于房西面于主人席北立卒爵執爵拜
尸西楹西北面荅拜主婦入立于房户

儀祭禮三　三六

0013_0565-1

主人及侑皆就筵出房立卒爵宜鄉尊不坐者變於主人也
執爵拜變於男子也○鄉許亮反○疏曰云不坐者上主人受酢坐卒爵故云
變於主人也執爵拜變於男子者上下經凡男子拜卒爵皆奠爵乃拜故云變
於男子也

右尸酢主婦

上賓洗爵以升酌獻尸尸拜受爵賓西
楹西北面拜送爵尸奠爵于薦左賓降

張本下象鼻題監生鄧志昂五字傳本剪去之

0013_0565-2

上賓賓長也謂之上賓以將獻異之或謂之長賓奠爵爵止也○疏曰尸不舉者以三獻訖正禮終欲使神惠均於庭徧得獻乃舉之故下文主人獻及衆賓以下訖乃作止爵若然特牲及下大夫尸在室內始行三獻未行致爵奠爵欲得神惠均於室此儐尸之禮室內已行三獻至此儐尸夫婦又已行致爵訖儐尸又在堂故爵止者欲得神惠均於庭與正祭者異云上賓賓長者上文云賓長設羊俎是也云謂之上賓以將獻異之者言賓中長尊稱輕上尊稱重故以將獻變言上賓云或謂之長賓者少牢云長賓洗爵獻于尸少牢尸有父尊

祭禮三　三七　大五一　小三七

0013_0566-1

屈之故但云長賓耳不儐尸亦云長賓特牲云賓三獻如初又不言長賓者士賓卑云奠爵爵止者特牲云賓三獻如初燔從如初爵止不儐尸者亦然

右賓長三獻尸尸奠爵未舉

主人降洗爵尸侑降主人奠爵于篚[illegible]

尸對卒洗揖尸升侑不升侑不升尸益殺不[illegible]

疏曰云侑不升尸禮益殺者儐尸殺於初今侑不升又殺故云益殺[illegible]

主人實爵酬尸東楹東北面[illegible]

0013_0566-2

尸西楹西北面荅拜坐祭遂飲卒爵拜尸荅拜降洗尸降辭主人奠爵于篚對卒洗主人升尸升主人實爵尸拜受爵主人反位荅拜尸北面坐奠爵于薦左降洗者主人○疏曰此主人酬尸尸奠於薦左者不舉案下經二人舉觶于尸侑侑奠觶于右注云奠于右者不舉也神惠右不舉變於飲酒與此不同者特牲及下不儐尸皆無酬尸之事此特有之由儐尸如與賓客飲酒無故有酬異

小二十八　祭禮三　廿八

0013_0567-1

於神惠神惠右不舉侑奠於右是也名加者少牢無侑尸此乃有故無加稱是以主人酬賓賓奠於左亦是神惠故即舉之特牲及不儐尸皆有酬賓同是神惠故皆奠於左也尸侑主人皆升筵乃羞宰夫羞房中之羞于尸侑主人主婦皆右之司士羞庶羞于尸侑主人主婦皆左之二羞所以盡歡心房中之羞其籩則糗餌粉餈其豆則酏食糝食庶羞羊臐豕膮皆有胾醢房中之羞內羞也內羞在右陰也庶羞在左陽也○餈食在私反酏

0013_0567-2

以支反劉書文反食音寺不同糝素感
反○疏曰二羞是儐尸用之故云盡歟
心云房中之羞其籩則糗餌粉餈者周
禮籩人職云羞籩之實鄭注云此二物
皆粉稻米黍米所爲也合蒸曰餌餅之
曰餈糗者擣粉熬大豆爲餌餈之黏著
以粉之耳餌言糗餈言粉互相足是也
云其豆則酏食糝食者周禮醢人職羞
豆之實鄭注云酏餰也內則曰取稻米
舉糔溲之小切狼臅膏以與稻米爲餰
又曰糝取牛羊豕之肉三如一小切之
與稻米稻米二肉一合以爲餌煎之是
也若然案王制云庶羞不踰牲注云祭
以羊則不以牛肉爲羞依內則羞用三

0013_0568-1

牲者據得用大牢者指大夫已下不用
大牢者則無生矣而此引之者舉其成
文以曉人耳云庶羞羊臐豕膮皆有胾
知者案公食大夫牲皆膷及炙胾今此
鄭直云臐胾不言炙者公食大夫是食
禮故庶羞並陳此儐尸飲酒之禮故主
人獻尸皆羊燔從主婦獻皆豕燔從酬
賓之後迺言司士羞庶羞則知止有羊
臐豕膮羊胾豕胾以其燔炙前已從獻
訖故止有臐胾而已云房中之羞內羞
也者案下大夫不儐尸云乃羞宰夫羞
房中之羞司士羞庶羞于尸祝主人主
婦內羞在右庶羞在左是也云內羞在
右陰也者以其是穀物故云陰也云庶

第四十葉兩本均缺

明補版據第四十一葉爲第四十葉版張本下象鼻題監生鄧志昂五字傅本剪去之

0013_0568-2

故名私人士卑無辟君臣之名不嫌故名私臣主人洗爵長賓辭主人奠爵于篚興對卒洗升酌獻賓于西階上長賓升拜受爵主人在其右北面荅拜宰夫自東房薦脯醢醢在西司士設俎于豆北羊骼一腸一胃一切肺一膚一羊骼羊左骼上賓一體賤也薦與設俎者既則俟于西序端古文骼爲胳○疏曰案鄉飲酒司正升相依受酬者降席司正退立于序端

儀禮三　四十

0013_0569-1

然則先事既設後事未至其退立之位當在於序端知此不降者下文賓執祭以降宰夫執薦以從司士執俎以從無升文明此不降退立於序端可知賓坐左執爵右取肺擩于醢祭之執爵興取肺坐祭之祭酒遂飲卒爵執以興坐奠爵拜執爵以興主人荅拜受爵賓坐取祭以降西面坐委于西階西南成祭於上尊賓也取祭以降反下位也反下位而在西階西南已獻尊之祭脯肺○疏曰

此宋第四十一葉傅本張本均入明補版假第四十葉之後

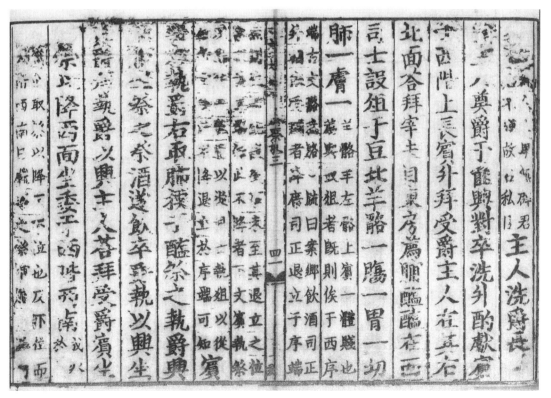

0013_0569-2

故名私人士卑無辟君臣之名不嫌故名私臣主人洗爵長賓辭主人奠爵于篚興對卒洗升酌獻賓于西階上長賓升拜受爵主人在其右北面荅拜宰夫自東房薦脯醢醢在西司士設俎于豆北羊骼一腸一胃一切肺一膚一羊骼羊左骼上賓一體賤也薦與設俎者既則俟于西序端古文骼爲胳○疏曰案鄉飲酒司正升相依受酬者降席司正退立于序端

儀禮三　四一

0013_0570-1

然則先事既設後事未至其退立之位當在於序端知此不降者下文賓執祭以降宰夫執薦以從司士執俎以從無升文明此不降退立於序端可知賓坐左執爵右取肺擩于醢祭之執爵興取肺坐祭之祭酒遂飲卒爵執以興坐奠爵拜執爵以興主人荅拜受爵賓坐取祭以降西面坐委于西階西南成祭於上尊賓也取祭以降反下位也反下位而在西階西南已獻尊之祭脯肺○疏曰

0013_0570-2

戶言反位者或反初位或上下位異亦爲反此則初位在門東今得獻反在西階南與主人相對已獻尊之故也若燕禮士得獻位于東方亦是尊之者也云祭脯肺者案經云取脯取肺祭之明祭是脯肺宰夫執爵以從設于祭東司士執俎以從設于薦東衆賓長升拜受爵主人荅拜坐祭立飲卒爵不拜既爵既盡也長賓升者以次第升受獻言衆賓長拜則其餘不拜○疏曰知受獻必以長幼次第者以其下文云宰夫贊主人酌若是以

0013_0571-1

辯鄭云每獻一人奠空爵于篚宰夫酌授於尊南是以長幼次第受獻也宰夫贊主人酌若是以辯主人每獻一人奠空爵于篚宰夫酌授於尊南今文若爲如辯皆爲徧辯受爵其薦脯醢與脀設于其位其位繼上賓而南皆東面其脀體儀也徧獻乃薦略之亦宰夫薦司士脀儀者尊體盡儀度餘骨可用而用之尊者用尊體卑者用卑體而已亦有切肺膚今文儀皆爲騰或爲議○度大各反騰劉音儀○疏曰鄭謂若燕禮三卿已上得獻脀

0013_0571-2

[illegible]乃儀亦其類云亦宰夫薦[illegible]者此約上賓此衆賓亦同此二爲之云儀者尊體盡儀度餘骨可用[illegible]之者以其言儀取尊卑得其儀但寸體既盡就卑體之中度尊卑之儀而分之尊者用尊體卑者用卑體而已也[illegible]亦有切肺膚者案特牲用離肺知此[illegible]賓用切肺膚者以其侑用切肺不敢殊於尸明衆賓[illegible]不敢殊於侑乃升長賓主人酌酢于長賓西階上北面賓在左主人酌自酢序賓意賓卑不敢酢○疏曰特牲主人獻長賓訖即此辯獻乃酢者主人益尊先自達其

0013_0572-1

意特牲主人獻內賓辯乃自酢注云爵辯乃自酢以初不殊其長也則此大夫尊初則殊其長故也主人坐奠爵拜執爵以興賓荅拜坐祭遂飲卒爵執爵以興坐奠爵拜賓荅拜賓降降反位

右主人獻賓辯酌自酢

宰夫洗觶以升主人受酌降酬長賓于西階南北面賓在左主人坐奠爵拜賓

0013_0573-1　0013_0572-2

拜坐祭遂飲卒爵拜賓答拜[illegible]
[illegible]篚又酌[illegible][illegible]觶則受其虛爵[illegible]
[illegible]受賓之酢爵今宰夫[illegible][illegible]受賓酢之虛爵降奠於篚
[illegible]主人受爵訖賓降主人[illegible][illegible]云宰夫授觶主人受之明主人[illegible]
[illegible]爵宰夫受之奠於篚可知若然[illegible]酬賓虛觶受之奠於篚者以其
[illegible]賓之虛觶奠於薦左故知非賓[illegible][illegible]奠薦左者後舉之以為無筭爵
主人洗賓辭主人坐奠爵于篚對卒

洗升酌降復位賓拜受爵主人拜送爵
賓西面坐奠爵于薦左
右主人洗觶酬賓賓奠薦左
主人洗升酌獻兄弟于阼階上兄弟之
長升拜受爵主人在其右答拜坐祭立
飲不拜既爵皆若是以辯兄弟長幼立飲賤不別大
[illegible]之賓尊於兄弟宰夫不贊酌者兄弟[illegible]昵來不以官待之○釋[illegible]列反昵

0013_0574-1　0013_0573-2

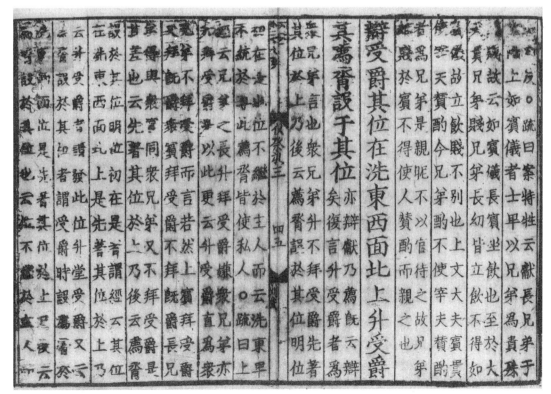

[illegible]反○疏曰案特牲云獻長兄弟于[illegible]階上如賓儀者士卑以兄弟為貴孫
賤故云如賓儀長賓坐飲也至於大[illegible]貴兄弟賤兄弟長幼皆立飲不得如
[illegible]故立飲賤不別也上文大夫賓贊[illegible]使宰夫贊酌今兄弟酌不使宰夫贊酌
者為兄弟是親昵不以官待之故兄弟[illegible]賤於賓不得使人贊酌而親之也
辯受爵其位在洗東西面北上升受爵
其薦脀設于其位亦辯獻乃薦既云辯矣復言升受爵者為
[illegible]兄弟言也衆兄弟升不拜受爵先著其位於上乃後云薦脀設於其位明位

初在[illegible]位不繼於主人而云洗東卑不統於尊此薦脀皆使私人○疏曰上
經云兄弟之長升拜受爵嫌衆兄弟亦[illegible]升拜受爵今以此更云升受爵直為衆
兄弟不拜受爵而言若然上賓拜受爵又拜既爵衆賓拜受爵不拜既爵長兄
弟得與衆賓同衆兄弟又不拜受爵是其差也云先著其位於上乃後云薦脀
設於其位明位初在是者謂經云其位在洗東西面北上是先著其位於上乃
云升受爵者謂發此位升堂受爵又云[illegible]薦脀設於其位者謂受爵時設薦脀於
[illegible]東西面位是先著其位於上是後云而[illegible]設於其位也云位不繼於主人而

0013_0574-2

云洗東卑不統於尊者案特牲主人卑故兄弟助祭之位得繼主人於阼階下南陳此以大夫尊故兄弟之位在洗東不繼主人卑不統於尊故也云此薦脀皆使私人者上獻賓長及衆賓使宰夫設薦司士設俎又使宰夫贊酌至於此獻兄弟爲親昵不以官待之主人親酌明亦不以官使私人薦脀可知

其先生之脀折脀一膚一 先生長兄弟折豕左肩之折○疏曰知先生是長兄弟者以其文承長兄弟之下故知非先生老人教學者知折是豕左肩之折者以上初亨牲體明脩俎豕左肩折注云折分爲長兄弟俎

祭禮三　四十六

0013_0575-1

是也

其衆儀也

右主人獻兄弟於阼階

主人洗獻內賓于房中南面拜受爵主人南面于其右荅拜 內賓姑姊妹及宗婦獻于主婦之席東主人不西面尊不與爲賓主禮也南面於其右主人之位恒左人○疏曰知內賓是姑姊妹及宗婦者約特牲記而知也云獻於主婦之席東主人不西面者案特牲獻內兄弟於房中如獻衆兄弟之儀主人西面荅拜此大夫禮主人

0013_0575-2

南面拜不與爲賓主之禮也云南面於其右主人之位恒左人者謂人在主人左若鄉飲酒鄉射之等於西階上北面主人在東賓在西此南面則主在西賓在東故云恒左人也

坐祭立飲不拜既爵若是以辯亦有薦脀 亦設薦脀於其位特牲饋食禮記曰內賓立于房中西墉下東面南上宗婦北堂東面北上○疏曰云亦設薦脀於其位者言亦者亦上先生之等引特牲記者欲見內賓設薦之位處

右主人獻內賓于房中

祭禮三　四十七

0013_0576-1

主人降洗升獻私人于阼階上拜于下升受主人荅其長拜乃降坐祭立飲不拜既爵若是以辯宰夫贊主人酌主人於其羣私人不荅拜其位繼兄弟之南亦北上亦有薦脀 私人家臣已所自謂除也大夫言私明不純臣也士言私臣明有君之道北上不敢專其位亦有薦脀初亦北面在衆賓之後爾言繼者以爵既獻爲文凡獻位定○疏曰云私人家臣已所自謂除

[illegible]一大夫[illegible]

者六大夫近以君□以士卑嫌以思故也

□也云此下不□尊其位兄弟今繼兄弟少□亦此

向故云不敢專其位云凡上賓兄弟云其位在洗東西

受爵其薦脀設于其位□云於上明位初在是此□□者□

言繼兄弟者是據位□□言則□□獻□□衆賓後矣案特牲記云私臣□在□□

北面是衆賓後也云凡獻位定則是凡獻以前非定位也

□主人就筵

[illegible]文曰升就筵

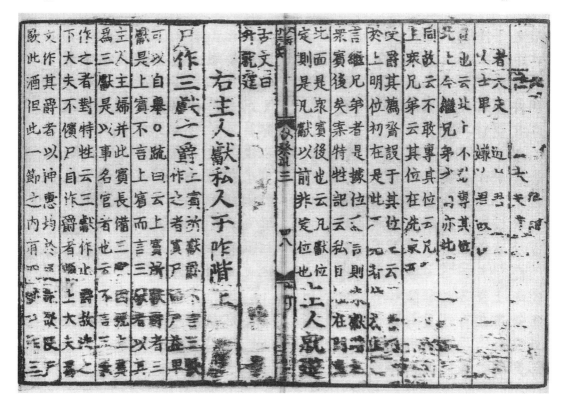

右主人獻私人于阼階上[illegible]

尸作三獻之爵上賓所獻爵不言三獻作之者賓尸□尸益卑

可以自舉。疏曰云上賓所獻爵者三獻是上賓不言上賓而言三獻者以其

主人主婦并此賓長備三□□□□□爲三獻是以事名官者也云不言三□□

作之者對特牲云三獻作止爵故決之下大夫不儐尸自作爵者□上大夫□

文作其爵者以神惠均於□□□□□□獻此酒但此一節之內有□□□□三

[illegible]

□□之無□爲少味故略之也□□者以有濡膮盛無者爲殺少也

□士縮奠俎于羊俎南橫載于羊俎卒

乃縮執俎以降尸奠爵拜三獻北面答

拜受爵酌獻侑侑拜受三獻北面答拜

受爵酌獻侑侑拜受三獻北面答拜司

馬羞湆魚一如尸禮卒爵拜三獻答拜

受爵司馬羞湆魚變於尸。疏曰云□□尸使司士羞魚此侑使司馬□□

改三變於尸也酌致主人主人拜受爵三獻東

楹東北面答拜賓拜於東楹東以主人拜受於席就之。疏曰

就之者賓於禮當在西階上今在東之東以主人□□在於阼□□以賓拜

張本缺第六十一葉用第四十九葉舊版充之今取以入此

獻之爵一也獻侑二也致爵於主人三也受尸酢四也司士羞湇

魚縮執俎以升尸取膴祭祭之祭酒卒

爵不羞魚匕湇畧小味也羊有正俎羞匕湇肉湇豕無正俎魚無匕湇隆汚之殺○汚音烏○疏曰云不羞魚匕湇畧小味也者對羊豕牲之大有匕湇之等魚無以魚爲小味故畧之也云隆汚之殺者以有爲隆盛無者爲殺少也

司士縮奠俎于羊俎南橫載于羊俎卒

乃縮執俎以降尸奠爵拜三獻北面荅

拜受爵酌獻侑侑拜受三獻北面荅拜

受爵酌獻侑侑拜受三獻北面荅拜司

馬羞湇魚一如尸禮卒爵拜三獻荅拜

受爵司馬羞湇魚變於尸○疏曰上文尸使司士羞魚此侑使司馬羞魚故云變於尸也酌致主人主人拜受爵三獻東

楹東北面荅拜賓拜於東楹東以主人拜受於席就之○疏曰就之者賓於禮當在西階上今在東楹之東以主人席在於阼階是以賓拜於

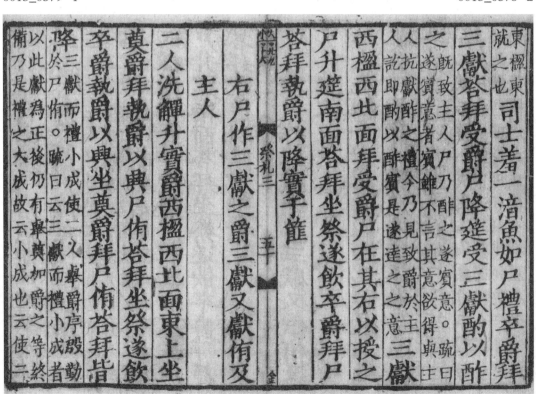

東楹東就之也司士羞一湇魚如尸禮卒爵拜

三獻荅拜受爵尸降筵受三獻爵酌以酢

之既致主人尸乃酢之遂賓意○疏曰遂賓意者賓雖不言其意欲得與主人抗獻酢之禮今乃見致爵於主人訖即酌以酢賓是遂達之之意三獻

西楹西北面拜受爵尸在其右以授之

尸升筵南面荅拜坐祭遂飲卒爵拜尸

荅拜執爵以降實于篚

右尸作三獻之爵三獻又獻侑又

主人

二人洗觶升實爵西楹西北面東上坐

奠爵拜執爵以興尸侑荅拜坐祭遂飲

卒爵執爵以興坐奠爵拜尸侑荅拜皆

降三獻而禮小成使二人舉爵序殷勤於尸侑○疏曰云三獻而禮小成者以此獻爲正後仍有舉奠加爵之等終備乃是禮之大成故云小成也云使二

此傳本第四十九葉張本同版下象鼻題監生鄧志四字傳本剪去之

0013_0579-2

人舉爵序殷勤於尸侑若飲酒之[illegible]與無筭爵乃盡歡心故以終酬及[illegible]乃爲殷勤於尸侑也案鄉飲酒及鄉[illegible]特牲等皆一人舉觶爲旅酬始二人[illegible]觶爲無筭爵始今儐尸乃以二人爲[illegible]酬始者此儐尸別一禮與彼不同以[illegible]初時主人酬尸尸奠之侑未得酬[illegible]二人舉觶侑乃得奠而不舉即與亦[illegible]一爵一爵遂醻於下是以須二人舉[illegible]兄弟之後生者舉觶於其長爲無筭[illegible]者以其賓長所舉奠酬亦爲無筭爵[illegible]此二觶者皆在堂下故爲無筭爵尸不[illegible]與無筭爵故舉堂下觶爲無筭爵其舉旅酬皆從上發尸爲首故特牲等皆二

祭礼三　五二

0013_0580-1

人舉爵爲旅醻與賓長所舉爵君之[illegible]此賓不舉旅酬皆從尸舉致所其者爲無筭一爵亦是異於特牲洗升酌反位尸侑皆拜受爵舉觶者皆拜送侑奠觶于右奠于右者不舉也神惠右不舉變於飲酒尸遂執觶以興北面于阼階上酬主人主人在右尸拜於阼階上酬禮殺○疏曰決上文尸酢主人主人東楹東北面拜受爵尸西楹西北面荅拜是各各於[illegible]此今尸酬主人同于阼階故云禮殺也坐奠爵拜主人荅[illegible]

0013_0580-2

拜不祭立飲卒爵不拜既爵酌就于阼階上酬主人言就者主人立守之○疏曰言立待之者次其不言適阼階上酬主人明主人不去立待之可知主人拜受爵尸拜送酬不奠者急酬侑也○疏曰此決上主人酬賓奠之也尸就筵主人以酬侑于西楹西侑在左坐奠爵拜執爵興侑荅拜不祭立飲卒爵不拜既爵酌復位侑拜受主人拜送言酌復位

祭礼三　五三　秦

0013_0581-1

酬授於西階上主人復筵乃升長賓侑醻之如主人之禮遂旅也言升長賓則有贊呼之○疏曰知者若不贊呼之則當如上文衆賓長升元弟之長升拜受爵故知有贊呼之也至于衆賓遂及兄弟亦如之皆飲于上上西階上遂及私人拜受者升受下飲私人之長拜於下升受[illegible]弟之爵下飲之○疏曰私人位在門東之南今言下飲之則私人之長一[illegible]西階下飲之其餘私人皆飲於其位[illegible]經云卒爵升酌以之其位相酬辯[illegible]

0013_0581-2

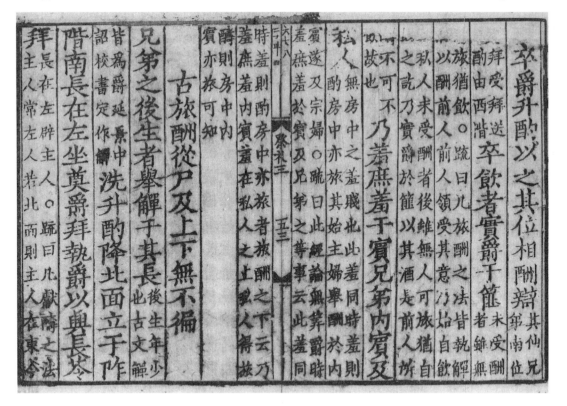

卒爵升酌以之其位相酬辯其仙兄弟南位

拜受拜送酌由西階卒飲者實爵于篚未受酬者雖無

旅猶飲○疏曰凡旅酬之法皆執觶以酬前人前人領受其意乃始自飲

私人未受酬者後雖無人可旅猶自之說乃實爵於篚以其酒是前人所

不可不故也乃羞庶羞于賓兄弟內賓及

私人無房中之羞職此此羞同時羞則酌房中亦旅其始主婦舉酬於內

賓遂及宗婦○疏曰此經論無筭爵時羞庶羞於賓及兄弟之等事云此羞同

0013_0582-1

時羞則酌房中亦旅者旅酬之下云乃羞庶羞內賓羞在私人之上私人得旅

醻則房中內賓亦旅可知

古旅酬從尸及上下無不徧

兄弟之後生者舉觶于其長後生年少也古文觶

皆為爵延熹中詔校書定作觶洗升酌降北面立于阼

階南長在左坐奠爵拜執爵以興長荅

拜長在左辟主人○疏曰凡獻醻之法主人常左人若北面則主人在東荅

0013_0582-2

長兄弟北面云長左人則在西故辟主人也坐祭遂飲卒觶

執爵以興坐奠爵拜執爵以興長荅拜

洗升酌降長拜受于其位舉爵者東面

荅拜爵止拜受荅拜不北面者儐尸禮殺長賓言奠兄弟言止互相

發明相待也○疏曰云儐尸禮殺者以特牲兄弟之後生舉觶於其長為旅酬

又兄弟弟子舉觶於其長為無筭爵拜送皆北面此云東面決上儐尸禮殺也

云長賓言奠兄弟言上互相發明者上文主人酬賓奠爵于薦左是長賓言奠

0013_0583-1

此言爵止是兄弟言止長賓言奠明此而未行此言止明亦奠薦右故云互相

發明也云相待也者醻賓雖在前及其行之相待俱時舉行故下文云賓及兄

弟交錯其酬皆遂及私人爵無筭是也若二人舉觶于尸侑侑奠于右不舉尸

即酬主人主人醻侑侑酬長賓至于衆賓遂及兄弟遂及私人依次第行徧不

交錯所謂旅醻也

右兄弟舉觶於其長兄弟

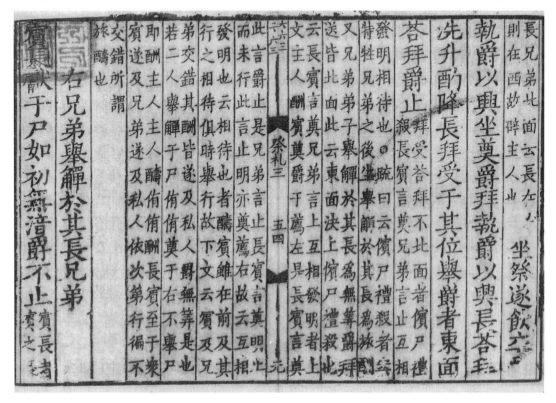

賓長獻于尸如初無湆爵不止賓長者賓之

0013_0583-2

以上賓者非即此賓也如初如其獻侑酌致主人受尸酢也無湆爵不止別不如初者不使兄弟不稱加爵大夫尊也不用觶大夫尊者也○疏曰此論衆寔長加爲爵數多與上賓異何者上賓獻侑盈爵於王人時皆有湆魚從今無湆魚從故經云無湆也云爵不止者上賓獻尸時亦並爵待獻堂下畢乃舉觶令尸不止爵即飲故云爵不止云賓長者賓之長次上賓者以其上賓將獻異之言上賓此不異其文明非上文上賓爲賓長者故以爲次上賓者也經云無湆爵不上文在如初之下不蒙如初之文通如與上異故文在如初下也云不使

0013_0584-1

元利不緍如爵大夫尊也者此決特牲云長元芽爲加爵又衆賓長爲加爵不言獻此言獻者尊大夫若三獻之外更客有獻故云大夫尊也云不用觚大夫牢者此亦決特牲云長兄弟洗觚爲加爵此用爵爵尊於觚故云大夫尊者也

賓一人舉爵于尸如初亦遂之於下一人次賓長者如初如二人洗觶之爲也遂之于下者遂及賓兄弟下至于私人故言亦遂之于下也止言無湆爵不止互相發明○疏曰此論次賓舉觶于尸更爲旅酬如上旅酬之事但前二人舉觶於尸侑尸舉旅酢從上至下皆徧飲今

0013_0584-2

亦從上至下故云亦遂之於下云上言無湆爵不止互相發明者上經云爵止與上賓奠爵云互相發明今此又與上文無湆爵不止相發明是以二文皆在初下

右賓長獻尸次賓舉爵于尸

旅酬

賓及兄弟交錯其酬皆遂及私人爵無筭筭數也長賓取觶酬兄弟之黨長兄弟取觶酬賓之黨唯己所欲無有次

0013_0585-1

第之數也○疏曰云長賓取觶者是主文酬賓觶云長兄弟取觶者是兄弟之後生者舉觶于其長之觶也

尸出侑從主人送于廟門之外拜尸不顧拜送之○疏曰儐尸之禮尸請賓也故孔子亦云賓不顧矣

拜侑與長賓亦如之衆賓從從者不拜送也

司士歸尸侑之俎尸侑尊送其家

主人退反於寢也

有司徹徹堂上下之薦俎也外賓尸雖堂上婦人不徹言○疏曰云徹堂上下之薦俎也者案上文堂上有尸侑之薦俎堂下者賓及兄

0013_0585-2

左之剛又皆徹之也云外賓尸雖堂上
婦人下徹者案特牲云宗婦徹祝豆籩
于序徹主婦薦俎此篇首云有司徹
鄭注云徹室中之饋及祝佐食之俎為
將儐尸故使有司徹之下大夫不儐尸
改饋饌于西北隅云有司官徹饋饌下
室中西北隅至篇末禮終云婦人乃徹
注云徹祝之薦及房中薦俎不使有司
者下上大夫之禮然則此篇首云有司
徹別無婦人也下大夫有司饌陽厭婦
人徹之篇末云徹室中之饌注云有司
饌之婦人徹之外内相兼禮殺此戶外
儐尸亦禮殺嫌婦人亦徹之故云雖堂
上婦人不徹婦人必不徹者異於下大

祭礼三

0013_0586-1

夫也堂上儐尸猶如堂内之陽厭故鄭
注篇首云賓尸則不設饌西北隅以此
薦俎之陳有祭象而
亦足以厭飫神是也

右堂下行無筭爵禮終尸侑出主人送於廟門外

若不賓尸不賓尸謂下大夫也其牲物則同不得備其禮耳舊說云
謂大夫有疾病攝昆弟祭曾子問曰攝
主不厭祭不旅不假不綏祭不配布
于賓賓奠而不舉而此備有似失之
○綏許恚反本亦作隋者同後皆放此

0013_0586-2

○疏曰云不賓尸謂下大夫者從尸飲
七已前皆與上大夫賓尸者同已後則
以此祝侑續之故云不賓尸謂下大夫
也云其牲物則同不得備其禮耳者謂
不備儐尸禮也引曾子問者破舊說案
彼上云若宗子有罪居于它國庶子為
大夫其祭也祝曰孝子某使介子某執
其常事攝主不厭祭不旅不假不綏祭
不配注云皆辟正主厭厭飫神也厭有
陰有陽迎尸之前祝酌奠奠之且饗是
陰厭也尸謖之後徹薦俎敦設于西北
隅是陽厭也此不厭者不陽厭也不旅
不旅酬也假讀為嘏不嘏不嘏主人也
不綏祭謂今主人也又云布奠於賓賓

祭礼三

0013_0587-1

奠而不舉是也云而此備有似失之矣
者謂此不儐尸者不厭已下皆有則非
如舊說使昆弟攝者故云似失之矣則祝侑亦如之謂尸七飯
時。飯扶晩反後皆同。疏曰案上篇
尸食七飯告飽祝西面于主人之南獨
侑不拜侑曰皇尸未實侑是也尸食八飯○疏曰上已七飯故知此當八
飯也迺盛俎臑臂肫脡脊橫脊短脅代脅皆牢盛音成注及下同。盛者盛於肵
俎也此七體羊豕其脊脅皆取一
骨也與所舉正脊幹骼凡十矣肩未舉
既舉而俎猶有六體焉。疏曰案特牲

0013_0587-2

尸食訖乃盛今八飯即盛者大夫禮與
士相變若然此先言膴者見從下起不
言盛肩肩未舉舉乃盛不言骼骼已舉
先在俎有司徹不盛延者賓尸之禮更
無所用全以歸尸苾也云盛者盛於斯
俎也者以特牲云盛斯俎俎釋三个故
知盛於斯以歸尸故也云此七體羊豕
者以其五鼎下有魚腊膚又不升故唯
羊豕也云其脊脅皆取一骨也與所舉
正脊幹骼凡十矣者案上篇載時皆二
骨以並今但盛一骨不云正脊長脅者
先舉一骨故不序也凡骨體之數左右
合為二十一體案少牢注云有臂臑肱
骨也膊骼股骨也鄉飲酒注前脛骨三

小四十五　仪祭礼三　五十九

0013_0588-1

肩臂臑也後脛骨二膊胳也又後有髀
㲉折特牲記云主婦俎㲉折注云㲉後
足也昏禮不數者凡體前貴於後㲉賤
於臑故數臑不數㲉是以不升於鼎又
以髀在肫上以竅賤正俎不用又脊有
三分一分以為正脊次中為脡脊後分
為橫脊脅亦為三分前分為代脅次中
為長脅後分為短脅是其二十一體也
云而俎猶有六體焉者謂三脊三脅皆
取一骨盛於斯各有一骨體在俎不取
以備陽厭也故云而俎猶有六體焉也
魚七
盛半也魚十有五而俎其
一已舉必盛半者魚無足翼於牲象脊
脅而已○䟽曰云魚十有五而俎者案

0013_0588-2

少牢載魚射云十有五而俎云其一已
舉者謂尸食時已舉其一唯有十四在
云必盛半者魚無足翼於牲象脊脅而
已者鄭注引春秋緯琁璣樞曰魚無足
翼紂如魚乃討之是也故注云魚無翼
者亦從彼文魚雖有翼不能飛云象脊
脅者六體十一骨盛六是半魚無足象
牲脊脅亦盛半盛半相似數則不同以
其牲之脊脅則六魚之半則七也
腊辯無髀
亦盛半也所盛者右
體也脊脅焉言無髀者云一純而俎嫌
有之古文髀作脾○䟽曰云亦盛半者
謂除尸舉其餘兩半亦似魚十四盛七
為半云所盛者右體者以其牲用右故

大八　小三八十　仪祭礼三　六十

0013_0589-1

知此腊亦盛右體云脊屬焉者案上篇
少牢云腊一純而俎脊不折直為一段
代脅長脅短脅各一骨左右三脅骨
合為六體并脊為七通脊臂等十為十
七體與牲體同如腊肩尸食既舉而俎
唯有十六在言盛半明有屬又凡牲載
體者脊皆屬焉云言無髀者云一純而
俎嫌有之者案上篇少牢載腊云一純
而俎不云髀不升故此明之而云腊辯
無髀也案上篇少牢祝俎云腊兩髀在
祝俎不升於鼎不在神俎已自明矣今
此更明之者以少牢陳鼎上下大夫皆
同今此下大夫不賓尸其祝
俎腊骼不云無髀何以明之
卒盛乃舉

兩本均缺第六十一葉

0013_0590-2

曰案特牲士禮不待神餘故主人主婦
祝皆無腊上大夫之祝當有腊俎至於
儐尸腊為庶羞又不載於俎與此異此
下大夫待神餘故祝主人主婦皆有腊
體也云其腊主人臂主婦臑祝則骼也
與者主人用臂主婦用臑見於下經祝
無文而知用骼以其骼無正文故云與
以疑之也云此皆於鼎側更載焉者上
摭時共在一俎以出及下設時主人主
婦及祝各異俎又不同時故知更載俎
云鼎側則不復升鼎也云不言主婦未
聞者下有主婦俎腊臑則主婦用可知
此經直云祝主人不言主婦未聞其義或轉寫者脫耳尸不飯告

大六七 小二八十 儀祭禮三 六十三 滕夔

0013_0591-1

飽主人拜侑不言尸又三飯凡十一飯士九飯大夫十一飯其餘有十三飯十五飯○疏
曰上篇士禮九飯少牢上下大夫同十
一飯士大夫既不分命數為尊卑則五
等諸侯同十三飯天子十五飯可知
佐食受牢舉如儐舉肺脊主人洗酌酳尸
賓羞肝皆如儐禮卒爵主人拜祝受尸
爵尸荅拜祝酌授尸尸以醋主人亦如
儐其綏祭其嚌亦如儐肝牢肝也綏皆當作挼挼讀為

0013_0591-2

藏其隨之隋古文爲挼○疏曰此主人
獻有五節主人獻尸一也酢主人二也
獻祝三也獻上佐食四也獻下佐食五
也又曰云綏皆當作挼者案綏唯有一
綏而云皆者鄭并下佐食綏揔破之故
云皆也云讀爲藏其嗜之隋者讀從周
禮守祧職云既祭則藏其隋必
讀從之者義取隋藏之事也
其獻祝
與二佐食其位其薦脀皆如儐主婦其
洗獻于尸亦如儐
自尸侑不飯告飽至
此與儐同者在上篇
○疏曰此一節之内獻數與主人同唯
不受旅爲異云與儐同者經既云如儐

儀祭禮三　六十三

0013_0592-1

而注後云與儐同者
爲事在上篇而發也
右下大夫不賓尸與賓尸異同
主婦反取籩于房中執棗糗坐設之棗
在稷南糗在棗南婦贊者執栗脯主婦
不興受設之栗在糗東脯在棗東主婦
興反位
棗饋食之籩糗羞籩之實雜用
之下賓尸也栗脯加籩之實也
反位反主人之北拜還爵位○疏曰此
設籩實繼在少牢室内西南隅陰厭神

張本下象鼻題監生戴彝四字傳本剪去之

0013_0592-2

饌也案周禮籩人職云饋食之籩棗㮚
桃乾䕩榛實羞籩之實糗餌粉餈又加
籩之實蔆芡㮚脯是鄭據籩人職而言
之云雜用之下賓尸也者案上儐尸者
麷蕡白黑糗餌之等朝事之籩羞籩之
賓各用之而不雜也案上賓尸主婦亞
獻尸設籩直有脯脩二籩下大夫之禮
主婦亞獻有四籩者賓尸之禮主人獻
尸主婦設四籩麷蕡白黑故至主婦獻
時直設糗餌與脯脩二籩通前四籩六
籩此主人初獻無籩從故至主婦
亞獻設四籩猶自少於賓尸兩籩
尸左
執爵取棗糗祝取栗脯以授尸尸兼祭

儀祭禮三　六十四　陳農

0013_0593-1

于豆祭祭酒啐酒次賓羞牢燔用俎鹽
在右尸兼取燔擩于鹽振祭嚌之祝受
加于肵卒爵主婦拜祝受尸爵尸荅拜
自主婦反籩至祝受加于肵此異于儐
○疏曰上篇主婦但有獻而已無籩燔
從之事此篇主婦亞獻尸乃有籩餌之
事其物又異唯糗同耳故云此異于儐
也上注云自尸侑不飯告飽至此與儐
同者在上篇自祝受加于肵以上至主
婦反籩與儐尸異鄭所以不在卒爵上
注而在尸荅拜下注者取終一事故也

0013_0593-2

祝易爵洗酌授尸尸以醋主婦主婦主人之北拜受爵尸荅拜主婦反位又拜上佐食綏祭如儐卒爵拜尸荅拜主婦夾爵拜爲不賓尸降崇敬今文酢曰酌○疏曰案特牲主婦獻尸不夾爵拜上篇上大夫賓尸主婦獻尸夾爵拜此下大夫既不賓尸主婦宜與士妻同今夾爵拜者爲不賓尸降崇敬故夾爵拜與上大夫同言降謂不賓尸之禮也主婦獻祝其酌如儐拜坐受爵主婦主人之

0013_0594-1

北荅拜自尸卒爵至此亦與儐同者亦在上篇○疏曰經無尸卒爵之文鄭注云尸者以經有卒爵之文多故言尸以別之也宰夫薦棗糗坐設棗于菹西糗在棗南祝左執爵取棗糗祭于豆祭祭酒啐酒次賓羞燔如尸禮卒爵內子不薦籩祝賤使官可也自宰夫薦至賓羞燔亦異于儐○疏曰案特牲王婦設籩者主妻早也案上尸與主人[illegible]籩皆王婦設之至此祝不使主婦而使[illegible]祝賤使官可也案禮記[illegible]

0013_0594-2

請逆叔隗以爲內子謂卿妻此下大夫妻得稱內子者欲夫妻於祝不薦籩兼見上大薦籩故變言內子也或可散妻亦得爲內子也云自宰夫燔亦異于儐者少牢主婦獻燔從一事此有亦異于儐也主人受爵酌獻二佐食亦如儐主婦受爵以入于房

右主婦亞獻尸及祝主人獻二佐食

0013_0595-1

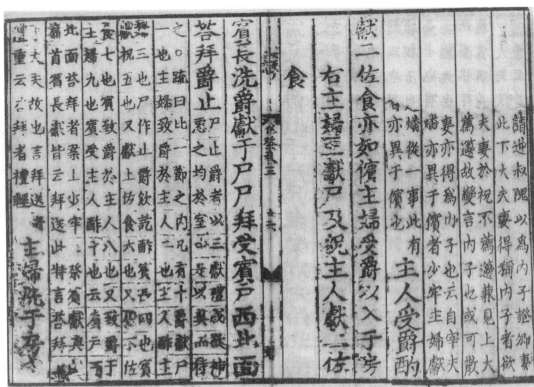

賓長洗爵獻于尸尸拜受賓戶西北面荅拜爵止尸止爵者以三獻禮成欲神惠之均於室中是以奠而待之○疏曰此一節之內凡有十爵獻尸一也主婦致爵於主人二也主人酢主婦三也尸作止爵飲訖酢賓四獻祝五也又獻上佐食六也又獻下佐食七也賓致爵於主人八也又致爵于主婦九也賓受主人酢十也云賓戶西北面荅拜者案上少牢祭賓獻與篇首賓長獻皆云拜送此特言荅拜上大夫故也言拜送者禮重云荅拜者禮輕主婦洗于房

酌致于主人主人拜受主婦戶西北面拜送爵司宮設席拜受乃設席變於士也○疏曰此下大夫夫婦致爵之禮祭統云夫祭有十倫之義七曰見夫婦之別焉又曰尸酢夫人執柄夫人受尸執足夫婦相授受不相襲處酢必易爵彼據六婦致爵而言又詩既醉序云醉酒飽德謂見十倫之義志意充滿是天子諸侯皆有夫婦致爵之事但少牢上大夫受致不酢下大夫受致又酢不致士受致自致是上大夫尊辟君受致不酢下大夫與士卑不嫌得與人君同夫婦致爵也云拜受乃設席變於士也者案特牲禮未致爵已設席故云異於士其上大夫正祭未致爵

至賓尸尸酢主人設席以有尸賓故設席在前也案周禮司几筵云祀先王昨席亦如之鄭注云昨讀如酢謂祭祀及王受酢之席彼受酢時已設席與大夫禮異也鄭注周禮司几筵又云右諸臣致爵乃設席與此禮同者士卑不嫌多與君同故也主婦薦韭菹醓坐設于席前菹在北方婦贊者執棗糗以從主婦不興受設棗于菹北糗在棗西佐食設俎臂

脊脅肺皆牢膚三魚一腊臂臂左臂也特牲五體此三者以其牢與腊臂而七牢腊俱臂亦所謂腊如牲體○疏曰知是左臂者右臂尸所用故知左臂也云特牲五體此三者以其牢與腊臂而七者以特牲一牲故所用五體此經云臂脊脅皆牢牢謂羊豕也既羊豕臂脊脅俱有是六通腊臂是七是以牲體雖有三合羊豕則爲八通腊則爲七也云牢腊俱臂亦所指腊如牲體者腊如牲體特牲記文彼注云腊如牲骨即體也故以體言以此腊臂直一骨無並故須云腊如牲體文腊據五枚左肩臂臑肫

祭人主[illegible]其[illegible]豕[illegible]用有而用臂者以曰故腊亦用臂主人左執爵右[illegible]于醢祭于豆間遂祭籩奠爵興[illegible]坐絶祭嚌之[illegible]加于俎坐挩手[illegible]祭酒執爵以興坐卒爵拜無從者[illegible]於士也從者變[illegible]請順而撫也○疏曰云無士也者案特牲主婦致爵[illegible]主人肝燔從[illegible]云變於士也[illegible]故主婦荅拜受爵酌以醋戶北面拜自酢不更爵殺○疏曰[illegible]決上主婦受酢時尸[illegible]

0013_0597-2

洗酌授尸尸以醋主婦今自酢又不更爵故云殺也主人荅拜卒爵拜主人荅拜主婦以爵入于房尸作止爵祭酒卒爵賓拜祝受爵尸荅拜作止爵乃祭酒亦變於士自爵止至作止爵亦異於賓○疏曰云作止爵乃祭酒亦變於士者特牲賓三獻如初燔從如初爵止無祭酒之文至三獻作止爵尸卒爵亦無祭酒之文知特牲祭酒訖乃止爵者以經云燔從如初乃云爵止鄭注云初亞獻時祭酒訖乃始燔從則三獻燔從如初始云爵止明是祭酒既訖乃

祭礼三　六九

0013_0598-1

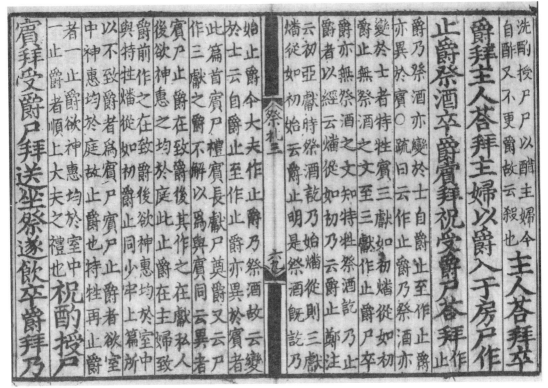

始止爵今大夫作止爵乃祭酒故云變於士云自爵止至作止爵亦異於賓者此篇首賓尸禮賓長獻尸奠爵又云尸作三獻之爵不解以爲與賓同云異者賓尸止爵在致爵後其作之在獻私人後欲神惠之均於庭此止爵在主婦致爵前作之在致爵後欲神惠均於室中與特牲燔從如初爵止同少牢上篇所以不致爵者爲賓尸賓尸止爵者欲室中神惠均於庭故止爵也特牲再止爵者一止爵欲神惠均於室中一止爵者順上大夫之禮也祝酌授尸賓拜受爵尸拜送坐祭遂飲卒爵拜乃

0013_0598-2

荅拜獻祝[illegible]致爵于主人[illegible]爵者以承位賓賤新之主人席上拜受爵賓北面荅拜坐祭遂飲卒爵拜賓荅拜受爵酌致爵于主婦主婦北堂司宮設席東面北堂中房以北東面者變於士妻賓尸不變者賓尸禮異矣內子東面則宗[illegible][illegible]面西上內賓自若東面南上○疏曰云東面者變於士妻者案特牲記宗[illegible]北堂東面北上注云宗婦宜統於主主婦南面此京面故云變於士妻云內

祭礼三　七十

0013_0599-1

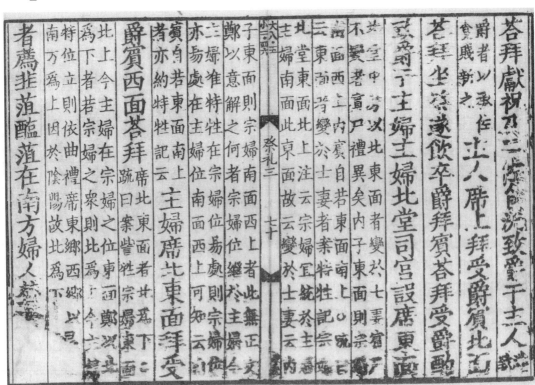

子東面則宗婦南面西上者此無正文鄭以意解之何者宗婦位繼於主婦今主婦准特牲在宗婦位易處則宗婦位亦易處在主婦位南面西上可知云[illegible]賓自若東面南上者亦約特牲記云主婦席北東面拜受爵賓西面荅拜席北東面者北爲下○疏曰案特牲宗婦東面北上今主婦在宗婦之位東面鄭以爲爲下者若宗婦之衆則北爲上今主[illegible]特位立則依曲禮席東鄉西鄉以南南方爲上因於陰陽故北爲下者薦韭菹醢菹在南方婦人贊[illegible]

張本下象鼻題監生孫欽四字傳本剪去之

[illegible][illegible]贊者婦贊者不與受設棗于菹[illegible]糗在棗東婦人贊者宗婦之弟婦也贊者執棗糗授婦贊者不[illegible]佐食設俎于豆東羊臑豕折羊脊脅祭肺一膚一魚一腊臑豕折豕折骨也不言所折略之特牲主婦觳折豕無脊脅下主人羊豕四體與腊臑而五○疏曰云豕所骨也者謂不全體就體骨中折之故云折骨云不言折折略之者謂不言所折骨名是略之引特牲主婦體淅者彼其折是觳折此不言骨名是略也云豕無脊脅下主人者主人於上文有羊脊脅也云羊豕四體與腊臑而五者上主人羊與

腊臂而七此五是其略也主婦升筵坐左執爵右取菹換于醢祭之祭籩奠爵興取肺坐絕祭嚌之興加于俎坐挩手祭酒執爵興筵北東面立卒爵拜立飲拜既爵者變於大夫賓荅拜賓受爵易爵于篚洗酌醋于主人户西北面拜主人荅拜卒爵拜主人荅拜

賓以爵降奠于篚賓獻及二佐食至此亦異於賓○疏曰異者謂賓獻及二佐食以下至此奠于篚異於少牢賓長獻直及爵不及佐食故鄭彼注云不獻佐食將儐尸禮殺是也乃羞宰夫羞房中之羞司士羞庶羞于尸祝主人主婦內羞在右庶羞在左

右賓長獻尸祝佐食并致爵主人主婦

主人降拜衆賓洗獻衆賓其薦脀其位其酬醋皆如儐禮主人洗獻兄弟與內賓與私人皆如儐禮其位其薦脀皆如儐禮卒乃羞于賓兄弟內賓及私人辯自乃羞至私人之薦脀此亦與儐同者任此篇不儐尸則祝脩侑耳卒巳也乃羞者羞庶羞○疏曰此一經論主人獻堂下衆賓兄弟下及私人并房中內賓皆與上大夫禮同之事

0013_0601-2

右主人獻衆賓兄弟内賓私人辯
賓長獻于尸尸醋獻祝致醋賓以爵降
實于篚 致謂致爵于主人主婦不言如初者爵不止又不及佐食。疏
曰上賓長上已獻尸訖明此是次賓長爲加爵 賓兄弟交錯其
醻無筭爵 此亦與儐同者在此篇。疏曰此堂下兄弟及賓行無筭
爵似下大夫無旅酬故鄭云此亦與儐同者在此篇■若此經兼有旅酬鄭不
得言與儐同案特牲尸在室内亦不與旅酬之事而堂下賓及兄弟行旅酬又

祭礼三 七三

0013_0602-1

使弟子二人舉觶爲無筭爵者下大夫雖無儐尸之禮堂下亦與神靈共尊不
敢與人君之禮同既與神靈共尊故闕旅酬直行無筭爵而已特牲堂下得獻
之後與神别尊故旅酬無筭爵並皆行之士賤不嫌與君同故得禮備也 利
洗爵獻于尸尸醋獻祝祝受祭酒啐酒
奠之 ○ 利獻不及主人殺也此亦異於賓疏曰此論佐食事尸禮將畢爲
利爵獻尸及祝之事云利獻不及主人殺也者此對上文賓長爲加爵及上人
賓不及主人是殺也又云此亦異於賓者案上少牢無利獻賓三獻尸即止此

0013_0602-2

篇首儐尸之禮佐食不與故無佐食獻故云亦異也 主人出立于
阼階上西面祝出立于西階下東面祝
告于主人曰利成祝入主人降立于阼
階東西面尸謖祝前尸從遂出于廟門
祝反復位于室中祝命佐食徹尸俎佐
食乃出尸俎于廟門外有司受歸之徹
阼薦俎 自主人出至此與賓雜者也先薦徹主人薦俎者變于士特牲

祭禮三 七四

0013_0603-1

饋食禮曰徹阼俎豆籩設于東序下。主人出至此與賓雜者也者謂有同賓
不同故上少牢直云祝告曰利成此云祝告于主人曰利成上少牢云祝入尸
謖主人降立于阼階東西面此云祝入主人降立于阼階東西面尸謖彼云祝
先此云祝前彼云祝命佐食徹肵俎降設于堂下此云祝反復位于室中祝命
佐食徹尸俎佐食乃出尸俎于廟門外有司受歸之故云雜云先薦徹主人薦
俎者變于士者特牲既餕祝命佐食徹阼俎豆此餕前徹阼薦俎故云變於士司
爲牲者謂徹阼薦豆所置之處也 乃養賓 謂之賓司宫設

0013_0603-2

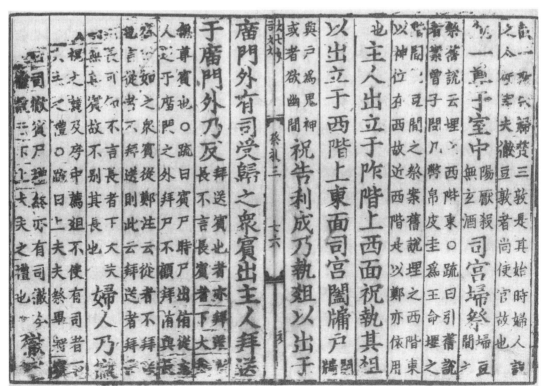

席至此餕興出也古文簪作餕。卒𩜾，有司官徹饋，饌于室中西北隅，南面，如饋之設，右几，厞用席。官徹饋者司馬司士舉牲宰夫取敦及豆此於尸謖改饌當室之白孝子不知神之所在庶其饗之於此所以為厭飫不令婦人改徹饌敦豆變於始也尚使官也佐食不舉羊豕俎親餕尊也厞隱也古文右作侑厞作茀○疏曰經云官徹則司馬主羊司士主豕明還遣此二人舉俎可知云宰夫取敦及豆者以其宰夫多主主婦之事此敦及豆主三婦設之今云官徹明非主人婦是宰

祭禮三　七五

0013_0604-1

夫為之也是以上文云宰夫羞房中之羞又上主婦獻祝宰夫薦鄭注云內子不薦籩祝賤使官可也以此言之則宰夫代主婦設籩豆及敦可知云當室之白孝子不知神之所在庶其饗之於此所以為厭飫者此言兼取曾子問祭特牲祭義之文案曾子問說陽厭之事云當室之白尊于東房鄭云得戶明者也郊特牲云索祭祝于祊不知神之所在於彼乎於此乎尚曰求諸遠者與祭義云勿勿乎其欲饗之是鄭所取陽厭及祊祭求神之事云不令婦人改饌敦豆變於始也尚使官也與此決少牢初設饌主婦薦兩豆宗婦贊之又贊薦主婦

0013_0604-2

設一敦宗婦贊三敦是其始時婦人設之今宰夫徹豆敦者尚使官故也。納一尊于室中。陽厭殺無玄酒。司宮埽祭。埽豆間之祭舊說云埋之西階東○疏曰引舊說者案曾子問凡幣帛皮圭為王命埋之皆間之豆間之祭案舊說埋之西階東以神位在西故近西階是以鄭亦依用也。主人出，立于阼階上，西面。祝執其俎以出，立于西階上，東面。司宮闔牖戶。闔牖與戶為鬼神或者欲幽闇。祝告利成，乃執俎以出于

祭禮三　七六

0013_0605-1

廟門外，有司受，歸之。衆賓出，主人拜送于廟門外，乃反。拜送賓也者亦拜送長不言長賓者下大夫衆尊賓也○疏曰賓尸時尸出侑從主人送于廟門之外拜尸尸不顧拜侑與長若如之衆賓從鄭注云從者不拜送賓言從者不拜送則此云拜送者拜賓者可知不言長者下大夫無長賓故不別其長也。婦人乃徹，人徹祝之薦及房中薦俎不使有司者下大夫之禮○疏曰上大夫祭畢禮尸[illegible]司徹儐尸禮終亦有司徹今[illegible]徹[illegible]下上大夫之禮也

餕有司餕之婦人徹之外內相[illegible]

禮疏曰上經有司官徹[illegible]

[illegible]筵中西北隅者今使婦人徹之設

於內相兼外者謂有司官改饌西北

內者謂人婦人

[illegible]也[illegible]相兼也

右[illegible]

儀禮經傳通解續卷第十九

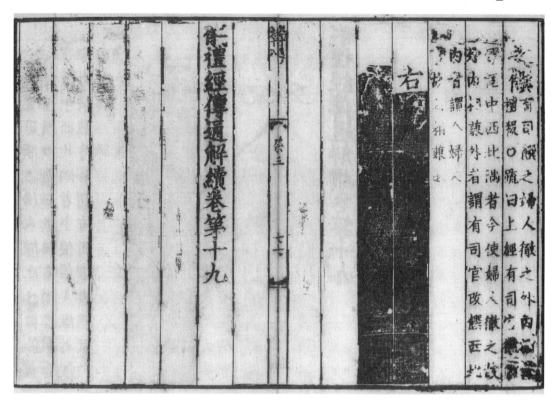

0013_0609-2

儀禮經傳通解續卷第二十

諸侯遷廟　祭禮四

成廟將遷之新廟君前從三日齋祝宗人及從者皆齋謂親過高祖則毀廟以昭穆遷之春秋穀梁傳曰作主壞廟有時日於練焉壞廟之道易檐可也改塗可也范甯云納新神故示有所加鄭玄士虞禮記注曰練而後遷也禮志云遷廟者更釁其廟而移故主焉案此篇成廟之文與穀梁相傳也徙之日君玄服

0013_0610-1

從者皆玄服周禮司服職曰公之服自袞冕而下如王之服侯伯之服自鷩冕而下如公之服子男之服自毳冕而下如侯伯之服孤之服自絺冕而下如子男之服大夫之服自玄冕而下如孤之服玉藻曰君命屈狄再命褘衣內司服職曰辨外內命婦之服鞠衣展衣緣衣素紗其於祭也君與夫人皆以其服祭統曰公袞冕立於阼夫人副褘立於東房是也及命婦助祭於君皆盡其服自祭於家咸降一等陰爵不得申也雜記曰大夫冕而祭於公弁而祭於己士弁而祭於公冠而祭於己特牲饋食禮曰主婦纚笄宵衣立於房

0013_0610-2

中是也然鄭氏[illegible]冕以祭於己非其差[illegible]一諸大[illegible]灌纓車服王命有之何獨抑其服乎玉藻曰玄端以祭裨冕以朝孫炎云端當爲冕玄冕祭服之下也其祭先君亦裨冕矣孫說爲合下未即告故略同爵弁也君命屈狄與再命褘衣者謂其夫爲君則命其妻以屈狄加再等之命則上公夫人乃褘衣孫鄭等改褘衣非也又云一命展衣者此則申子男目妻之服耳言小國目妻一命者亦展衣不命者則亦緣衣玄又分公卿大夫及其妻爲三等而升降其服經云孤絺冕卿大夫玄冠何爲易之又命小國之卿及內子更同

0013_0611-1

列國之卿孤絺冕與鞠衣錯易其次尤非宜從至于廟廟殯宮群臣如朝位列於廟門外如路門之位君入立於阼階下西向有司如朝位立於門內如門外之位宗人擯舉手曰有司其請升君升祝奉幣從在左北面祝主辭故在左禮將遷故出在戶牖間南面矣再拜興祝聲三曰孝嗣侯某敢以嘉幣告于皇考某侯言嗣以遷代不言[illegible]成廟將

0013_0611-2

幣敢告主云云□雖告禮畢然於此將有事於新廟君及祝再

拜興祝曰請導君降立於階下奉衣服

者皆奉以從祝不言奉主而稱奉衣服者以毀易祖考誠人神之不忍從祝者祝所以導神也言皆者衣服非一稱周禮守祧職曰掌先王先公之廟祧其遺衣服藏焉奉衣服者降堂君及在位

者皆辟也奉衣服者至碑君從有司皆

以次從出廟門奉衣服者升車乃步君

0013_0612-1

升車從者皆就車也皆就車謂乘貳車者凡出入

門及大溝渠祝下撫神車祝爲左故於步處則下至

于新廟筵于戶牖間始自外來故先於堂樽於西

序下四時之祭在室筵隩中在堂筵序下是以設樽恒於東方今惟布南面之席故置樽於西以因其便矣脯醢陳于房中房西房也

諸侯右房也設洗當東榮南北以堂深記因卿士堂言

東有司皆先入如朝位祝導奉衣服

0013_0612-2

服者乃入君從奉衣服者入門左門左門西

在位者皆辟也奉衣服者升堂皆反位

君從升奠衣服于席上祝奠幣于几東

君北向祝在左贊者盥升適房薦脯醢

君盥酌奠于薦西反位君及祝再拜興

祝聲三曰孝嗣侯某敢用嘉幣告于皇

考某侯今月吉日可以徙于新廟敢告

0013_0613-1

再拜君就東廂西面祝就西廂東面東西

侯也祝就西廂因其便也在位者皆反走辟如食間

差蔟越也擯者舉手曰請反位君反位祝從

在左卿大夫及衆有司諸在位者皆反

位祝聲三曰孝嗣侯某絜爲而明薦之

享詩云絜蠲爲饎是用孝享君及祝再拜君反位東廂

之位祝徹反位西廂之位擯者曰遷廟事畢請

0013_0613-2

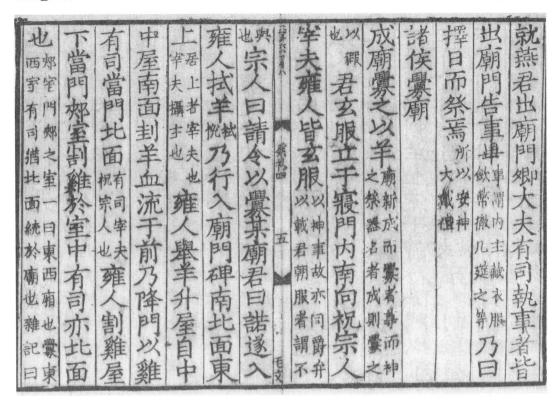

就燕君出廟門卿大夫有司執事者皆出廟門告事畢（事謂內主藏衣服飲幣徹几筵之等）乃曰擇日而祭焉（所以安神大戴禮）

諸侯釁廟

成廟釁之以羊（廟新成而釁者尊而神之祭器名者成則釁之以豭也）君玄服立于寢門內南向祝宗人宰夫雍人皆玄服（以神事故亦同爵弁以載君朝服者謂不與也）

0013_0614-1

宗人曰請令以釁某廟君曰諾遂入雍人拭羊（拭挩）乃行入廟門碑南北面東上（居上者宰夫也宰夫攝主也）雍人舉羊升屋自中中屋南面刲羊血流于前乃降門以雞有司當門北面（有司宰夫祝宗人也）雍人割雞屋下當門郟室割雞於室中有司亦北面也（郟室門郟之室一曰東西廂也釁東西室有司猶北面統於廟也雜記曰

0013_0614-2

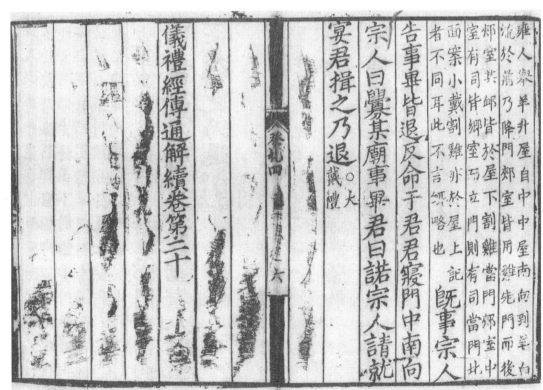

雍人舉羊升屋自中中屋南向刲羊血流於前乃降門郟室皆用雞先門而後郟室其郟皆於屋下割雞當門郟室中室有司皆鄉室而立門則有司當門北面案小戴割雞亦於屋上記者不同耳此不言縣略也）既事宗人告事畢皆退反命于君君寢門中南向宗人曰釁某廟事畢君曰諾宗人請就宴君揖之乃退○（大戴禮）

0013_0615-1

儀禮經傳通解續卷第二十

張本下象鼻題監生秦三字傅本剪去之

儀禮經傳通解續卷第二十一

祭法　　祭禮五

大宗伯之職掌建邦之天神人鬼地示之禮以佐王建保邦國建立也立天神地祇人鬼之禮者謂祀之祭之享之禮吉禮是也保安也所以佐王立安邦國者主謂凶禮賓禮軍禮嘉禮也自吉禮於上承以立安邦國者互以相成明尊鬼神重人事○䟽曰大宗伯之職者以上列其官此列其職也云掌建邦之天神人鬼地示之

禮者單言邦據王爲言也云以佐王建保邦國者邦國連言據諸侯爲說也又曰云在天神地祇人鬼之禮者謂祀之祭之享之者經先云人鬼後云地祇鄭則先云地祇後云人鬼者經先云人鬼欲見天在上地在下人藏其間鄭後云人鬼者據下經陳吉禮十二先地祇後人鬼據尊卑爲次故也云禮吉禮是也者案下文以吉禮事邦國之鬼神示則此亦吉禮故云禮吉禮是也云保安也所以佐王立安邦國者主謂凶禮賓禮軍禮嘉禮也者鄭知建保邦國中有凶禮已下者案下文其次有五禮具此經直云天神人鬼地祇吉禮而已又邦國

之上空云建保故知建保中有四禮也是以鄭即云自吉禮於上承以立安邦國者互相成也互相成者王國云吉禮亦有凶禮已下邦國云四禮明亦有吉禮矣以其神非人不事人非神不福故又云明尊鬼神重人事也尊鬼神者據王國特云吉禮重人事者據諸侯特言凶禮已下各舉一邊欲見五禮皆重故也

以吉禮事邦國之鬼神示事謂祀之祭之享之故書吉或爲告杜子春云書爲告禮者非是當爲吉禮書亦多爲吉禮吉禮之別十有二○䟽曰此已下敘五禮先以吉禮爲上云事邦國之鬼神示者據諸

侯邦國而言者也以其天子宗伯若還據天子則不見邦國若以天子宗伯而見邦國則有天子可知故舉邦國以包王國又曰云事謂祀之祭之享之者還據已下所陳先後爲次若然經先云鬼莫上下體例不同者欲見逐時則祭事起無常故先云人鬼也云吉禮之別十有二者從此下經以禋祀血祭二經天地各有三享人鬼有六故十二也

以禋祀祀昊天上帝以實柴祀日月星辰以槱燎祀司中司命飌師雨師禋之言煙周人尚臭煙氣之臭聞者槱積也詩曰芃

0013_0617-2

芃棫樸薪之槱之三祀皆積柴實牲體
焉或有玉帛燔燎而升煙所以報陽也
鄭司農云昊天天也上帝玄天也昊天
上帝樂以雲門實柴實牛柴上也故書
實柴或爲賓柴司中三能三階也司命
文昌宮星風師箕也雨師畢也玄謂昊
天上帝冬至於圜丘所祀天皇大帝星
謂五緯辰謂日月所會十二次司中司
命文昌第五第四星或曰中能上能也
祀五帝亦用實柴之禮云○疏曰此祀
天神之三禮以尊卑先後爲次謂歆神
始也又曰案尚書洛誥予以秬鬯二卣
明禋注云禋芬芳之祭又案國語云精
意以享謂之禋義並與煙得相叶也但

四十七　祭禮五　三

0013_0618-1

宗廟用煙則郊特牲云臭陽達於墻屋
是也天神用煙則此文是也鄭於禋祀
之下正取義於煙故言禋之言煙也云
周人尚臭煙氣之臭聞者此禮記郊特
牲之文也彼云殷人尚聲周人尚臭尚
臭者取煙氣之臭聞於天引之者證煙
義也云槱積也詩云芃芃棫樸薪之槱
之者此大雅棫樸之篇引之證槱得爲
積也云三祀皆積柴實牲體焉或有玉
帛燔燎而升煙者此司中司命等言槱
燎亦用煙也於日月言實牲至昊天上
帝言禋祀則三祀互相備矣但先積柴
次實牲後取煙事列於卑祀義全於昊
天作文之意也但云或有玉帛則有不

0013_0618-2

用玉帛者肆師職云立大祀用玉帛牲
牷立次祀用牲幣立小祀用牲彼雖據
據天地宗廟諸神今以天神言之則二
大小次祀皆有也以肆師言之禋祀中
有玉帛牲牷三事實柴中則無玉唯有
牲幣槱燎中但止有牲故鄭云實牲體
焉據三祀有其玉帛牲昊天具之實柴
則有帛無玉是玉帛於三祀之內或有
或無故鄭云或耳云燔燎而升煙所以
報陽也者案郊特牲云升首於室以報
陽彼論宗廟之祭以首報陽今天神是
陽煙氣上聞亦是以陽報陽故取特牲
爲義也鄭司農云昊天天也者案孝經
云郊祀后稷以配天典瑞亦云四圭有

四十八　祭禮五　四

0013_0619-1

邸以祀天故云昊天天也云上帝玄天
也者案廣雅云乾玄天也易文言云夫玄
黄者天地之雜也天玄而地黄以天色
玄故謂玄名天先鄭蓋依此而讀之則
二者異名而同實也若然則先鄭與王
肅之等同一天而已似無六天之義故
以天解昊天上帝爲一也云昊天上帝
樂以雲門者先鄭既無六天大司樂分
樂而序之及六變俱有雲門不知定取
何者以祀天云實柴實牛柴上也者案
肆師職此三者皆實牲先鄭直據實柴
爲實牛者偏據一邊而言耳其實皆牛
也云故書實柴或爲賓柴者賓柴無義
後鄭從不從賓還從實柴也先鄭云司

0013_0619-2

中三能二階也晉書天文志[illegible]

三台一名天柱上台司命爲[illegible]

司中爲司徒下台司祿爲司空太[illegible]

文昌宮星者亦據星傳云文昌宮第四

曰司命第五曰司中二文俱有司中司

命故兩載之云風師箕也者春秋緯云

月離於箕風揚沙故知風師箕也云雨

師畢也者詩云月離於畢俾滂沱矣是

雨師[illegible]出者左氏傳云天有六氣降生

五味五味即五行之味也是陰陽風雨

晦明之氣下生金木水火土之五者[illegible]

義六氣不從陰爲金雨爲木風爲土明

爲火晦爲水若從妻所好言之則洪範

云星有好風星有好雨鄭注云箕星好

0013_0620-1

風畢星好雨是土十爲木八妻木[illegible]

火妻故東方箕星好風西方畢星好

雨也推之則北宮好奧南宮好陽中

央四季好寒也皆是所尅爲妻所好是

[illegible]之義也玄謂昊天上帝冬至於圜

丘祀天皇大帝若祭大司[illegible]下文[illegible]

[illegible]謂爲宮云云冬日至於地上之圜

丘之若樂六變則天神皆降是也[illegible]

[illegible]故先鄭昊天上帝與五天[illegible]

一謂五緯者五星即五星[illegible]

[illegible]文[illegible]一[illegible]八[illegible]比方[illegible]

[illegible]一十[illegible]

[illegible]

[illegible]

0013_0621-1

星辰是謂也公曰多語寡人辰而莫同

何謂辰對曰日月之會是謂辰故以配

日是其事但二十八星面有七不當日

月之會[illegible]之星者日月所會則謂之

宿謂之辰謂之次亦謂之房故尚書胤

征云辰弗集于房孔注云房日月所會

是也云司中司命文昌第五第四星者

此破先鄭也何則先鄭以爲司中是三

台司命是文昌今案三台與文昌皆

有司中司命何得分之[illegible]鄭云文[illegible]

第五第四者先言第五後言第四[illegible]

案文[illegible]第四[illegible]司命第五云司中[illegible]

先云司中後云司命後鄭欲[illegible]

故先引第五經司中後引第四經[illegible]

0013_0620-2

[illegible]辟天紫[illegible]

三台[illegible]度[illegible]一[illegible]二[illegible]

[illegible]二十[illegible]

[illegible]大白[illegible]行[illegible]度之[illegible]

[illegible]星日行一度一歲而周[illegible]

[illegible]度數之事且諸文皆星辰

尚書堯典云歷象日月星辰

[illegible]云星辰鄭皆星辰合釋者

[illegible]不得分爲二故合釋此文皆

[illegible]宗五星之文故分星爲五緯

[illegible]若然辰雖據日月會時而言

二十八星也案昭七年左氏傳晉

[illegible]曰何謂六物對曰歲時日月

星辰[illegible]

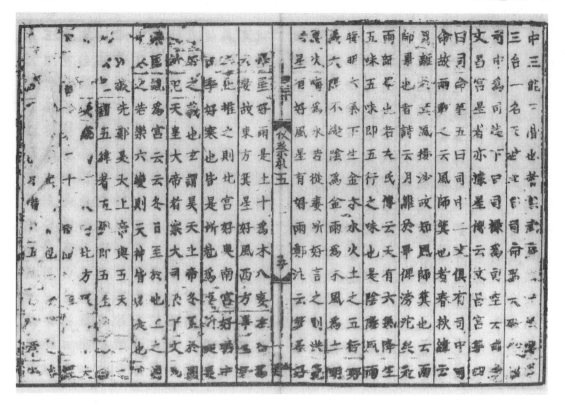

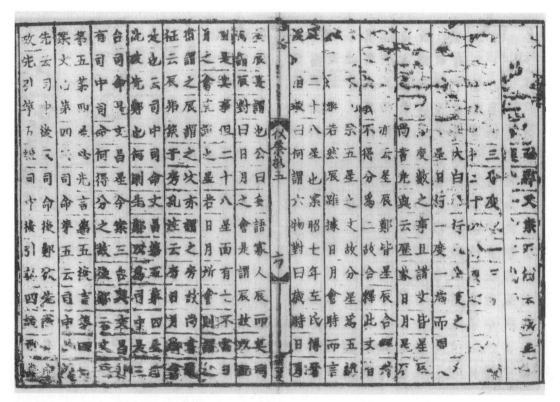

0013_0621-2

[illegible]武陵大守星傳云文昌宮
[illegible]一曰上將第二曰次將第三曰
貴相第四曰司命第五曰司中第六曰
司祿[illegible]其本次也云或曰中能者亦據
武陵大守星傳而言云三台一名天柱
上台司命爲大尉中台司中爲司徒下
台司祿爲司空引此破先鄭也云祀五
帝亦用實柴之禮云者案禮記祭義云
大報天而主日配以月祭天以日爲主
故知五帝與日月同用實柴也若然五
帝與昊天其服同大裘其牲同繭栗於
燔柴退與日月等者禮有損之而益亦
如社稷服絺冕及其血祭助在五嶽之
上亦斯類也案春秋緯運斗樞云大微

周禮疏二十　祭禮五　七

0013_0622-1

宮有五帝坐星春秋緯文耀鉤云春
起青受制其名靈威仰夏起赤受制其
名赤熛怒秋起白受制其名白招拒冬
起黑受制其名汁光紀季夏六月火受
制其名含樞紐又元命包云大微爲天
庭五帝以合時此等是五帝之號也又
案元命包云紫微宮爲大帝又云天生
大列爲中宮大極星其一明者大一常
居傍兩星巨辰子位故爲北辰以起節
度亦爲紫微宮紫之言中此宮之中天
神圖法陰陽開閉皆在此中又文耀鉤
云中宮大帝其北極星下一明者爲大
一之先合元氣以斗布常是天皇大帝
之號也又案爾雅云北極謂之北辰[illegible]

0013_0622-2

注云天皇北辰耀魄寶又云昊天上帝
又名大一常居以其尊大故有數名也
其紫微宮中皇天上帝亦名昊天上帝
得連上帝而言至於單名皇天單名上
帝亦得故尚書君奭云公曰君奭我聞
在昔成湯既受命時則有若伊尹格于
皇天鄭注云皇天北極大帝又掌次云
張氈案設皇邸以旅上帝上帝即大帝
堯典云欽若昊天皆是大帝單名之事
月令更無祭五帝之文故季夏云以供
皇天上帝鄭分之皇天北辰耀魄寶上
帝大微五帝亦是大帝單號之事若然
大帝得單稱與五帝同五帝不得兼稱
皇天昊天也異義天號等六今尚書歐

周禮疏二十　祭禮五　八

0013_0623-1

陽說曰欽若昊天夏曰蒼天秋曰旻天
冬曰上天總爲皇天爾雅亦然故尚書
說云天有五號各用所宜稱之尊而君
之則曰皇天元氣廣大則稱昊天仁覆
愍下則稱旻天自上監下則稱上天據
遠視之蒼蒼然則稱蒼天謹案尚書堯
命羲和欽若昊天總勑四時知昊天不
獨春春秋左氏曰夏四月己丑孔子卒
稱旻天不弔時非秋天玄之聞也爾雅
者孔子門人作以釋六藝之文言蓋不
誤也春氣博施故以廣大言之夏氣高
明故以遠言之秋氣或殺或生故以旻
愍言之冬氣閉藏而清察以監下言之
皇天者至尊大號六藝之中諸稱天者

以己情所求言之非必正順於時解浩浩昊天求之博施蒼天求之高明昊天不平則求天殺生當得其宜上天同雲求之所爲當順於時此之求猶人之說事各從主耳若察子時所論從四時天各云所別故尚書所云者論其義也二者相須乃足此各非必紫微宮之正直昦人逐四時五稱之鄭云皇天者其尊大之號不逐四時爲名似本正稱州經星辰與司中司命風師雨師鄭君以爲六宗案尚書堯典禋于六宗但以六宗之義有其數無其名故先儒各以意說詳見立君建國條所引禋于六宗注疏鄭君則以此星也辰也司中也司命也

風師也雨師也六者爲六宗案異義今歐陽夏侯說六宗者上不及天下不及地傍不及四時居中央恍惚無有神助陰陽變化有益於人故郊祭之古尚書說六宗天地神之尊者謂天宗三地宗三天宗日月星辰地宗岱山河海日月屬陰陽宗北辰爲星宗岱爲山宗河爲水宗海爲澤宗祀天則天文從祀祀地則地理從祀謹案夏侯歐陽說云宗實一而有六名實不相應春秋魯郊祭三望言郊天日月星河海山凡六宗魯夏天子不祭日月星但祭其分野星其中山川故言三望六宗與古尚書說同玄之間也書曰肆類于上帝禋于六宗望

于山川偏于羣神北四物之類也禋也望也偏也所祭之神各異六宗言禋山川言望則六宗無山川明矣周禮大宗伯曰以禋祀祀昊天上帝以實柴祀日月星辰以槱燎祀司中司命風師雨師凡此所祭皆天神也禮記郊特牲曰郊之祭也迎長日之至也大報天而主日也兆於南郊就陽位也埽地而祭於其質也祭義曰郊之祭也大報天而主日配以月則郊祭并祭日月可知其餘星也辰也司中司命風師雨師此之謂六宗亦自明矣禮論王莽時劉歆孔昭以爲易震巽等六子之卦爲六宗漢武即位依虞書禋于六宗禮用大社至魏明

帝時詔令王肅議六宗取家語宰我問六宗孔子曰所宗者六埋少牢於大昭祭時相近于坎壇祭寒暑王宮祭日夜明祭月幽禜祭星雩禜祭水旱孔安國注尚書與此同張融許從鄭君於義爲凡案月令孟冬云祈來年于天宗鄭云天宗日月星辰若然星辰入天宗又入六宗其日月入天宗即不入六宗之數也以其祭天主日配以月日月既尊如是故不得入宗也

以血祭祭社稷五祀五嶽以貍沈祭山林川澤以疈辜祭四方百物

不言祭地此皆地祇祭地可知也陰祀自

0013_0625-2

祀以夏以社稷主穀之神有德者
配食焉共工氏之子曰句龍食於社有
厲山氏之子曰柱食於稷湯遷之而祀
棄故書祀作禩鄭為罷鄭司農云禩當
為祀書亦或作祀五祀五色之帝於王
者宮中曰五祀罷辜披磔牲以祭若今
時磔狗祭以止風玄謂此五祀者五官
之神在四郊四時迎五行之氣於四郊
而祭五德之帝亦食此神焉少昊氏之
子曰重為句芒食於木該為蓐收食於
金脩及熙為玄冥食於水顓頊氏之子
曰犂為祝融后土食於火土五嶽東曰
岱宗南曰衡山西曰華山北曰恒山中
曰嵩高山不見四竇者四竇五嶽之匹

0013_0626-1

或省文祭山林曰埋川澤曰沈順其性
之含藏疈疈辜胷也疈而磔之謂磔攘
及蜡祭郊特牲曰八蜡以記四方四方
年不順成八蜡不通以謹民財也又曰
蜡之祭也主先嗇而祭司嗇也祭百種
以報嗇也饗農及郵表畷禽獸仁之至
義之盡也○䟽曰此一經言祭地示三
等之禮尊卑之次亦是歆神始也云以
血祭祭社稷五祀五嶽者此皆地之次
先薦血以歆神已下二祀不復用血也
又曰云不言祭地此皆地祇祭地可知
也者此經對上經祭天天則大次小三
者具此經雖見三祀倫有次小祀而已
以其方澤與昊天相對此經方澤不見

0013_0626-2

者亦血祭下仍有貍沈與疈辜二祀五
祀具得與上天神三者相對故闕大也
也且社稷亦土神故舉社以表地示
入職亦云靈鼓鼓社祭亦舉社以表地
此其類也若大地方澤當用瘞埋與昊
天禋相對故鄭云不言祭地此皆地祇
祭地可知也云陰祀自血起者對天為
陽祀自煙起貴氣臭同也云社稷土穀
之神皆案孝經緯援神契社者五土之
總神稷者原隰之神五穀稷為長五穀
不可徧敬故立稷以表名郊特牲亦云
社者神地之道社者土之神稷者穀之
神故云土穀之神也云有德者配食焉
云云至而祀棄案左氏昭公二十九年

0013_0627-1

傳云共工氏有子曰句龍為后土后土
為社則是死乃配社食之云有厲山氏
之子曰柱食於稷湯遷之而祀棄者案
左傳云有烈山氏之子曰柱為稷祭法
云厲山氏之有天下也其子曰農能殖
百穀夏之衰也周棄繼之故祀以為稷
若然稷祀棄實在湯特云夏之衰者遷
柱由于欲見旱從夏起故據夏而言也
是以書序云湯既勝夏欲遷其社不可
作夏社注云犧牲既成粢盛既絜祭以
其時而旱暵水溢則變置社稷當湯伐
桀之時旱致災明法以薦而猶旱至七
年故更遷柱而以周棄代之欲遷句龍
以無可繼之者於是故止其旱注湯

時驗也先鄭云五祀五色之帝於王者宮中曰五祀者先鄭意此五祀即掌次云祀五帝一也故云五色之帝後鄭不從者案司服云祀昊天與五帝皆用六裘當在圜丘與四郊上今退在社稷之下於王者宮中失之遠矣且五帝天神當在上經陽祀之中退在陰祀之内一何陋也云罷辜披磔牲以祭者此先鄭從古書罷於義未可故後鄭不從罷從經疈爲正其云披磔牲以祭仍從之矣云若今時磔狗祭以止風者此舉漢法以况疈辜爲磔之義必磔狗止風者狗屬西方金金制東方木之風故用狗止風也玄謂此五祀者五官之神在四郊

者生時爲五官死乃爲神配五帝在四郊知在四郊者鄭即引月令四時四立之日迎氣在四郊并季夏迎土氣尼五迎氣故鄭云四時迎五行之氣於四郊也云而祭五德之帝亦食此神焉者但迎氣迎五方天帝雖不言祭人帝案月令四時皆陳五德之帝大皡炎帝黃帝少皡顓頊等五德之帝并五人神於上明知五人神爲十二月聽朔及四時迎氣而陳故鄭此注及下青圭赤璋之下注皆云迎氣時並祭五人帝五人神也云少昊氏之子曰重已下案昭二十九年魏獻子問祭墨曰社稷五祀誰氏之五官對曰少皡氏有四叔曰重曰該曰

兩本均缺第十三葉今錄張本補抄

0013_0629-1

0013_0628-2

脩曰熙實能金木及水使重爲句芒爲蓐收脩及熙爲玄冥世不失職遂濟窮桑此其三祀也顓頊氏有子曰黎爲祝融共二氏有子曰句龍爲后土此其二祀也后土爲社稷爲田正有烈山氏之子曰柱爲稷趙商問春秋昭二十九年左傳曰顓頊氏之子黎爲祝融共工氏有子曰句龍爲后土其二祀五官之神及四郊合爲黎食后土祭法曰共工氏霸九州也其子曰后土能平九州故祀以爲社社即句龍答曰黎爲祝融句龍爲后土左氏下言后土爲社謂暫作后土無有代者故先師之說黎兼之因火土俱位南方此注云黎爲祝融后土

祭禮五　十四

食于火土亦雖見先師之說也云五嶽東曰岱宗南曰衡山西曰華山北曰恒山中曰嵩高者此五嶽所在據東都地中爲說公大司樂云四鎮五嶽崩注云華在豫州嶽在雍州彼據鎬京爲說彼必據鎬京者彼據災異若據洛邑則華與嵩高在豫州其雍州不在九有災異之事故[illegible]兵也案爾雅江河淮濟四瀆爲五嶽不定者周國在雍州西嶽故權立吳嶽爲西嶽非常法不載以東都爲定故爾雅載之也此南嶽衡案爾雅霍山爲南嶽者即衡山也故地理志揚州霍山爲者山今在廬江彼霍山與異州霍

張本下象鼻題監生留成四字傳本剪去之

0013_0629-2

山在嵩華者別云不見四瀆者四瀆五嶽之四或省文者五嶽四瀆相對若天地故設經省文惟見五嶽也若然下云貍沈祭山林川澤五嶽歆神雖與社稷同用血五嶽四瀆山川之類亦當貍沈也爾雅云祭山曰庪縣或異代法耳若然庪縣既非周法而校人云凡將事于四海山川則飾黃駒注云王巡守過大山川則有殺駒以祈沈禮與玉人云天子以巡守宗祝以前馬注云其祈沈以馬宗祝亦執勺以先之彼亦言祈沈者祈沈雖非周法引以況義無嫌也云祭山林曰貍川澤曰沈順其性之含藏者經埋沈祭山林川澤揔言不析別而說

儀祭禮五　十五

0013_0630-1

故鄭分之以其山林無水故埋之川澤有水故沈之是其順性之含藏也云疈疈牲胷也者無正文蓋據當時疈磔牲體者皆從胷臆解析之故以胷言之云謂磔禳及蜡祭者案禮記月令云九門磔禳又十二月大儺時亦磔禳是磔也云禳去惡氣之禮也云及蜡祭者案彼云蜡也者索也歲十二月合聚萬物而索享之謂天子於周之十二月建亥之月於郊而爲蜡法此所引郊特牲曰八蜡已下彼據諸侯行蜡法彼云八蜡以記四方不作祀作祀者誤云八蜡以記四方者謂八蜡之禮以記四方諸侯知順成不順成若年不順成則八蜡不通以

張本下象鼻題監生留成四字傅本剪去之

0013_0630-2

謹民財也若四方諸侯年穀有不順四時成熟者其八蜡不得與四方成熟之處通祭八蜡也云以謹民財者八蜡既不通明民不得行黨正飲酒奢侈之事故云以謹民謹民謂謹節民之用財之法也又曰蜡之祭也主先嗇而祭司嗇者彼注云先嗇若神農者司嗇后稷是也云祭百種以報嗇也者謂合聚萬物而索享之以報收嗇之功故云祭百種以報嗇也云享農及郵表畷者彼注云農謂田畯典田大夫郵表畷畷止也謂田畯督約百姓於井間之處也是郵行往來立表畷止於其下是止息之處有神亦祭之云禽獸仁之至義之盡也者

儀祭禮五　十六

0013_0631-1

八蜡案彼祭有先嗇一也司嗇二也農三也郵表畷四也貓虎五也坊六也水庸七也昆蟲八也蜡之中有貓虎是禽獸也云仁之至者據饗先嗇司嗇及農是仁恩之至義之盡者據饗貓虎坊與水庸郵表畷之等是義之盡引之者證祭亦磔牲之事也

以肆獻祼享先王以饋食享先王以祠春享先王以禴夏享先王以嘗秋享先王以烝冬享先王

宗廟之祭有此六享肆獻祼饋食在四時之上則是祫也禘也肆者進所解牲體謂薦孰時也獻

張本下象鼻題監生留成四字傅本剪去之

0013_0631-2

醆謂薦血腥也祼之言灌灌以鬱鬯謂
始獻尸求神時也郊特牲曰魂氣歸于
天形魄歸于地故祭所以求諸陰陽之
義也殷人先求諸陽周人先求諸陰灌
是也祭必先灌乃後薦腥薦孰於祫逆
言之者與下共文明六享俱然祫言肆
獻祼禘言饋食者著有黍稷互相備也
魯禮三年長畢而祫於大祖明年春禘
於羣廟自爾以後五年而再殷祭一祫
一禘○䟽曰此一經陳享宗廟之六禮
也此經若細而言之即有六禮揔而言
之則亦有三等之差肆獻祼是祫之大
祭以饋食是禘之次祭以春享以下是
時祭之小祭若以揔用衮冕大宰言之

儀禮二十　祭禮五　十七　戴

0013_0632-1

此亦皆爲大祭也故酒正注云大祭者
王服大裘衮冕所祭是也此六者皆言
享者對天言祀地言祭故宗廟言享享
獻也謂獻饌具於鬼神也又曰云宗廟
之祭有此六享者此則吉禮十二之中
處其六也云肆獻祼饋食在四時之上
則是祫也禘也者但周法有三年一祫
則文二年大事于大廟公羊傳云大事
者何大祫也大祫者何合祭也毁廟之
主陳于大祖未毁廟之主皆升合食于
大祖列昭穆序父子是祫之義也若殷
則祫於三時周則秋祫而已又有五年
一禘禘則各於其廟爾雅云禘大祭者
禘是揔名祭法祭天圜丘亦曰禘大傳

0013_0632-2

云王者禘其祖之所自出謂夏正郊天
亦曰禘夏殷四時之祭夏祭亦曰禘但
於周宗廟之祭則有五年禘禘雖小於
祫大於四時亦是大祭之名也云肆者
進所解牲體謂薦孰時也者薦孰當朝
踐後爓祭時故禮運云腥其俎孰其殽
鄭云孰其殽謂體解而爓之是其饋獻
獻以盎齊之節故云薦孰時但體解之
時必肆解以爲二十一體故云肆也云
獻獻醴謂薦血腥也者此是朝踐節當
二灌後王出迎牲祝延尸出户坐於堂
上南面迎牲入豚解而腥之薦於神坐
以玉爵酌醴齊以獻尸后亦以玉爵酌
醴齊以獻尸故云謂薦腥也云祼之言

儀禮二十　祭禮五　十八　戴

0013_0633-1

灌者經云祼者是古之祼字取神示之
義故從示鄭轉從灌者以鬱鬯灌地降
神取澆灌之義故從水言灌以鬱鬯謂
始獻尸求神時也若凡宗廟之祭迎尸
入户坐於主北先灌謂王以圭瓚酌鬱
鬯以獻尸尸得之瀝地祭訖啐之奠之
不飲尸爲神象灌地所以求神故云始
獻尸求神時也言始獻對後朝踐饋獻
酳尸等爲終故此稱始也郊特牲曰魂
氣歸于天形魄歸于地故祭所以求諸
陰陽之義也者人之歔吸出入之氣爲
魂耳目聰明爲魄人死魂氣歸於天爲
陽形魄歸於地爲陰祭時作樂爲陽是
求諸陽灌地爲陰是求諸陰故云求諸

0013_0633-2

陽之義也云殷人先求諸陽[illegible]
諸陰者此二代[illegible]
陽謂[illegible]灌先合樂周人先求諸[illegible]
合樂先灌故云求諸陰灌是也[illegible]
親見周人祭先灌之意云祭[illegible]
遂薦腥薦孰於祫逆言之者與下[illegible]
然六享俱然者如向所說先灌訖王[illegible]
迎牲次腥其俎腥其俎訖乃爓爓祭[illegible]
[illegible]尸入室乃有黍稷是其順也今[illegible]
經先言肆肆是饋獻節次言獻是朝[illegible]
鄭後言灌灌是最在先之事是於祫[illegible]
言之也言與下共文明六享俱然者[illegible]
故下向上爲文即是於下五享與上祫
祭皆有灌獻肆三事也故云六享俱[illegible]

禮卷二十　祭法五　十九

0013_0634-1

云祫言肆獻灌禘言饋食者著有黍稷
互相備也者祫言肆獻灌明禘亦有之
禘言饋食食是黍稷明祫亦有黍稷
著明也明有黍稷互相備矣云魯禮三
年喪畢而祫於大祖者此以周衰禮廢
無文可明春秋左氏傳云周禮盡在魯
即以春秋爲魯禮今言魯禮者指春秋
而言也春秋三年喪畢而祫於大祖明
若文公二年八月大事於大廟[illegible]
公以僖三十三年薨至文二年秋八月
於禮雖少四月猶是三年喪畢而爲祫
祭也是魯禮三年喪畢而祫於大祖又
祖謂周公廟周公廟也而爲祫祭也云
明年春禘於羣廟者此明年春禘[illegible]

0013_0634-2

正文約僖公宣公得知[illegible]八年
及宣公八年皆有禘文則[illegible]
三年春有禘可知何者以文公二年[illegible]
則知僖公宣公二年亦有祫僖公[illegible]
二年既爲祫則明年是三年春禘四年
五年六年秋祫是三年祫更加七年[illegible]
年添前爲五年禘故僖公宣公八年[illegible]
有禘是明年春禘明矣故云明年春禘
於羣廟也云自爾以後五年而再殷祭
者公羊傳云殷大也除明年春其四年
[illegible]後四年五年六年七年八年[illegible]
年四年五年六年爲三年祫七年八年[illegible]
添前爲五年禘是五年再殷祭也云一
祫一禘者是禮讖文謂五年之中爲一

禮卷二十　祭法五　二十

0013_0635-1

禘一祫也鄭言此者欲見肆獻灌[illegible]
食三者爲祫禘從三年喪畢後爲始之[illegible]
[illegible]也從禮祀已下至此吉禮十二皆[illegible]
[illegible]何者案大司樂分樂而序之云[illegible]
奏黃鍾歌大呂舞雲門以祀天神[illegible]
序云[illegible]園鍾爲宮若樂六變天神[illegible]
奏樂八變地示皆出若樂九變人鬼[illegible]
序而禮鄭云天神則主北辰地示[illegible]
[illegible]人鬼則主后稷先奏是樂[illegible]
[illegible]禮之以玉而祼焉後先奏是[illegible]
其神則天神地示人鬼皆[illegible]
祭也後鄭云禮之以玉據天[illegible]
[illegible]宗廟則此上下天神言禋地[illegible]
此宗廟六享言祼是則天地[illegible]

0013_0635-2

爲下神始煙血與祼爲歆神始也又案禮器與郊特牲皆言郊血大享腥三獻爓一獻孰者是薦饌始也以其郊是祭天而言用血大享是祫祭先王而言用腥三獻是社稷而言用爓一獻是祭羣小祀而言用孰與此是其先彼是其後後爲薦饌可知故郊言血大享言腥三獻言爓一獻言孰也。春官。以上經注字皆見天神等篇後皆放此。

○天子祭天地祭四方祭山川祭五祀歲徧諸侯方祀祭山川祭五祀歲徧大夫祭五祀歲徧士祭其

0013_0636-1

先

祭四方謂祭五官之神於四郊也句芒在東祝融后土在南蓐收在西玄冥在北詩云來方禋祀方祀者各祭其方之官而已五祀戶竈中霤門行也此蓋殷時制也祭法曰天子立七祀諸侯立五祀大夫立三祭士立二祀謂周制也。䟽曰天子祭天地者天地有覆載大功天子王有四海故得揔祭天地以報其功其天有六祭之一歲有九昊天上帝冬至祭之一也蒼帝靈威仰立春之日祭之於東郊二也赤帝赤熛怒立夏之日祭之於南郊三也黄帝含樞紐季夏六月土王之日亦祭之於南郊四也白帝白招拒立秋之日祭之於西郊

0013_0636-2

五也黒帝汁光紀立冬之日祭之於北郊六也王者各禀五帝之精氣而王天下於夏正之月祭於南郊七也四月龍星見而雩揔祭五帝於南郊八也季秋大饗五帝於明堂九也地神有二歲有二祭夏至之日祭崑崙之神於方澤一也夏正之月祭神州地祇於北郊二也或云建申之月祭之與郊天相對冬至祭昊天上帝者春秋緯云紫微爲天帝北極耀魄寶是也其配之人以帝嚳配之故祭法云周人禘嚳是也其五帝則春秋緯文耀鉤云蒼帝曰靈威仰赤帝曰赤熛怒黄帝曰含樞紐白帝曰白招拒黒帝曰汁先紀此經直言祭四方知

0013_0637-1

非祭五天帝於四方者以上云祭天地則五帝在其中矣故知非天帝也案宗伯云疈辜祭四方百物知此方祀非四方百物者以此文在山川五祀之上與大宗伯血祭社稷五祀五嶽五祀在五嶽之上此四方亦在山川之上故知是五官之神云祝融后土在南者鄭意以爲黎兼爲后土土位在南方故知祝融后土在南引詩云來方禋祀者是小雅大田之詩以刺幽王之無道追論成王之時太平時和年豐至秋報祭招來四方之神禋絜祭祀引之者證四方之義此云五祀戶竈中霤門行者此月令文大宗伯五祀以爲五官者以其在五嶽

0011_0594-1　　0011_0593-2

[illegible]王此五祀在山川之下又與六夫同祭故知是户竈等云此蓋殷時制也者
以天子諸侯大夫同云祭五祀既無尊卑故疑殷時制也案王制云大夫祭五
祀文與此同而鄭云五祀謂司命也中霤也門也行也厲也與此不同者王制
之文上云天子祭天地諸侯祭社稷大夫祭五祀既有尊卑等級疑是周禮故
引祭法五祀以解之與此不同是有地六夫祭五祀無地大夫祭三祀○曲禮
○天子祭天地諸侯祭社稷大夫祭五
祀五祀謂司命也中霤也門也行也厲也此祭謂大夫有地者其無地祭三

廿三

耳天子祭天下名山大川五嶽視三公
四瀆視諸侯視視其牲器之數諸侯祭名山大
川之在其地者魯人祭泰山晉人祭河是也○人見天神地祇
篇○王制○燔柴於泰壇祭天也瘞埋於泰
折祭地也用騂犢壇折封土為祭處也壇之言坦也坦明貌
也折炤晢也必為炤明之名尊神也地陰祀用黝牲與天俱用犢連言爾○疏
[illegible]不壇此云燔柴於泰壇[illegible]在地義亦與禮器[illegible]

0010_0639-1　　0013_0638-2

及郊特牲○也云地陰祀用黝牲與天俱用犢連言爾者案牧人云陰祀用黝
牲毛之鄭康成注云陰祀祭地北郊及社稷也又郊特牲云郊之用犢貴誠也
彼文雖主南郊其北郊與天相對故知俱用犢也埋少牢於泰
昭祭時也相近於坎壇祭寒暑也王宮
祭日也夜明祭月也幽宗祭星也雩宗
祭水旱也四坎壇祭四方也山林川谷
丘陵能出雲為風雨見怪物皆曰神有

廿四

天下者祭百神諸侯在其地則祭之亡
其地則不祭昭明也亦謂壇也時四時也亦謂陰陽之神也埋之
者陰陽出入於地中也凡此以下皆祭用少牢相近當為禳祈聲之誤也禳猶
郤也祈求也寒暑不時則或禳之或祈之寒於坎暑於壇王宮日壇王君也日
稱君宮壇營域也夜明亦謂月壇也宗皆當為禜字之誤也幽禜亦謂星壇也
星以昏始見禜之言營也雩禜亦謂水旱壇也雩之言吁嗟也春秋傳曰日月
星辰之神則雪霜風雨之不時於是乎禜之山川之神則水旱厲疫之不時於

張本下象鼻題監生留成四字傳本剪去之

0013_0639-2

是乎禜之四方即謂山林川谷丘陵之神也祭山林丘陵於壇川谷於坎每方各為坎為壇怪物雲氣非常見者也有天下謂天子也百者假成數也○疏曰埋少牢於泰昭祭時也者謂祭四時陰陽之神也泰昭壇名也昭亦取明也春夏為陽秋冬為陰若祈陰則埋牲祈陽則不應埋之今揔云埋者以陰陽之氣俱出入於地中而生萬物故並埋之以享陰陽為義也用少牢者降於天地也自此以下及日月至山林並少牢也先儒並云不薦孰唯殺牲埋之也相近於坎壇祭寒暑也者相近當為禳祈禳郤也寒暑之氣應退而不退則祭禳郤之

0013_0640-1

令退也祈求也寒暑之氣應至而不至則祭求之令至也寒則於坎寒陰也暑則於壇暑陽也王宮祭日也者王君也宮亦壇也營域如宮也日神尊故其壇曰君宮也夜明祭月也者夜明亦祭月壇名也月明於夜故謂其壇為夜明也幽宗祭星也者祭星壇名也幽闇也宗當為禜禜壇域也星至夜而出故曰幽禜也為營域而祭之故曰幽禜也雩宗祭水旱也者亦壇名也雩吁嗟也水旱為人所吁嗟禜亦營域也為營域而祭之故曰雩禜也四坎壇祭四方也者謂山林川谷丘陵之神有益於人民者也四方各為一坎一壇壇以祭山林丘陵坎

0013_0640-2

以祭川谷泉澤故言坎壇祭四方也山林川谷丘陵能出雲為風雨見怪物皆曰神者此明四坎壇所祭之神也怪物慶雲之屬也風雨雲露並益於人故皆曰神而得祭也有天下者祭百神者有天下謂天子也祭百神者即謂山林川谷在天下而益民者也天子祭天地四方言百神舉全也諸侯在其地則祭之者諸侯不得祭天地若山林川澤在其封內而益民者則得祭之如魯之泰山晉之河楚之江漢是也云其地則不祭者云無也謂其境內地無此山川之等則不得祭也○祭法

○大凡生於天地之間者

0013_0641-1

皆曰命其萬物死皆曰折人死曰鬼此五代之所不變也生時形體異可同名至死腐為野土異其名嫌同也折弃敗之言也鬼之言歸也五代謂黃帝堯舜禹湯周之禮樂所存者也○疏曰大凡生於天地之閒者皆曰命者揔包萬物故曰大凡皆受天之賦命而生故云皆曰命也其萬物死皆曰折人死曰鬼者萬物無知死者皆曰折人為有識故死曰鬼此五代之所不變也者言此之名號從黃帝正名百物以來至堯舜禹湯及周所不變更也○同上

○有虞氏禘黃

0013_0642-1　0013_0641-2

帝而郊嚳祖顓頊而宗堯夏后氏亦禘黃帝而郊鯀祖顓頊而宗禹殷人禘嚳而郊冥祖契而宗湯周人禘嚳而郊稷祖文王而宗武王禘郊祖宗謂祭祀以配食也此禘謂祭昊天於圜丘也祭上帝於南郊曰郊祭五帝五神於明堂曰祖宗祖宗通言爾下有禘郊祖宗孝經曰宗祀文王於明堂以配上帝明堂月令春曰其帝太昊其神句芒夏曰其帝炎帝其神祝融中央曰其帝黃帝其神后土秋曰其帝少昊其神蓐收冬曰其帝顓頊其神玄冥有虞氏以上尚德禘郊祖宗配用有德者而已自夏已下稍用其姓代之先後之次有虞氏夏后氏宜郊顓頊殷人宜郊契郊祭一帝而明堂祭五帝小德配寡大德配衆亦禮之殺也○疏曰此一經論有虞氏以下四代禘郊祖宗所配之人有虞氏禘黃帝者謂虞氏冬至祭昊天上帝於圜丘大禘之時以黃帝配祭而郊嚳者謂夏正建寅之月祭感生之帝於南郊以嚳配也祖顓頊而宗堯者謂祭五天帝五人帝及五人神於明堂以顓頊及堯配之故云祖顓頊而宗堯祖始也言爲道德之初始故云祖也宗

0013_0643-1　0013_0642-2

尊也以有德可尊故云宗其夏后氏以下禘郊祖宗其義亦然但所配之人當代各別虞氏云有者以虞字文單故以有字配之無義例也夏云后氏者后君也受位於君故稱后殷周稱人以人所歸往故稱人此並熊氏之說也注云此禘謂祭昊天於圜丘也者但經傳之文稱禘非一其義各殊論語云禘自旣灌及春秋禘于大廟謂宗廟之祭也喪服小記云王者禘其祖之所自出也及大傳云禮不王不禘謂祭感生之帝於南郊也以禘文旣多故云此禘謂祭昊天上帝於圜丘必知此是圜丘者以禘文在於郊祭之前郊前之祭唯圜丘耳但爾雅釋天云禘大祭以比餘處爲大祭總得稱禘案聖證論以此禘黃帝是宗廟五年祭之名故小記云王者禘其祖之所自出以其祖配之謂虞氏之祖出自黃帝以祖顓頊配黃帝而祭故云以其祖配之依五帝本紀黃帝爲虞氏九世祖黃帝生昌意昌意生顓頊虞氏七世祖以顓頊配黃帝而祭是禘其祖之所自出以其祖配之也肅又以祖宗爲祖有功宗有德其廟不毁肅又以郊與圜丘是一郊即圜丘故肅難鄭云案易帝出乎震震東方生萬物之初故王者制之初以木德王天下非謂木精之所王五帝皆黃帝之子孫各改號代變而

0013_0643-2

乃五帝爲次焉何太微之精所生乎法祭鄭玄云祭感生之帝唯祭一帝耳郊特牲何得云郊之祭大報天而主日又天唯一而已何得有六又家語云季康子問五帝孔子曰天有五行木火金水及土四分時化育以成萬物其神謂之五帝是五帝之佐也猶三公輔王三公可得稱王輔不得稱天王五帝可得稱天佐不得稱上天而鄭云以五帝爲靈威仰之屬非也玄以圜丘祭昊天最爲首禮周人立后稷廟不立嚳廟是周人尊嚳不若后稷及文武以嚳配至重之天何輕重顛倒之失所郊則圜丘圜丘則郊猶王城之內與京師異名而同

0013_0644-1

勅同上○七代之所更立者禘郊宗祖其餘不變也七代通數顓頊及嚳也所不變者則數其所法而已變之則通數所不法爲記者之微意也少昊氏脩黃帝之法後王無所取焉○同上

○禮不王不禘王者禘其祖之所自出以其祖配之凡大祭曰禘自由也大祭其先祖所由生謂郊祀天也王者之先祖皆感大微五帝之精以生蒼則靈威仰赤則赤熛怒黃則含樞紐白則白招拒黑則汁光紀皆用正歲之正月郊祭之蓋特尊焉孝經曰郊祀

0013_0644-2

后稷以配天配靈威仰也宗祀文王於明堂以配上帝汎配五帝也諸侯及其大祖大祖受封君也大夫士有大事省於其君干祫及其高祖大事寇戎之事也省善也善於其君謂免於大難也干猶空也空祫謂無廟祫祭之於壇墠○大傳○趙伯循曰禮記大傳云禮不王不禘王者禘其祖之所自出以其祖配之又喪服小記曰王者禘其祖之所自出又下云禮不王不禘正與大傳同則諸侯不得禘禮明矣是以祭法云有虞氏禘黃帝舜祖顓頊顓頊出於黃帝則所爲禘其祖之所自

0013_0645-1

出也而郊嚳祖顓頊而宗堯夏后氏亦禘黃帝義同舜也而郊鯀祖顓頊而宗禹殷人禘嚳殷祖契出自嚳而郊冥祖契而宗湯周人禘嚳義與殷同而郊稷祖文王而宗武王禘者帝王立始祖之廟猶謂未盡其追遠尊先之義故又推尋始祖所出之帝而追祀之以其祖配之者謂於始祖廟祭之而便以始祖配祭也此祭不兼羣廟之主爲其疏遠不敢褻狎也鄭玄注祭法云禘爲配祭昊天上帝於圜丘也蓋見祭法所說文在郊上謂爲郊之最大者故爲此說耳祭法所論禘郊祖宗者謂六廟之外永世不絕者有四種爾非關配祭也禘之所

0013_0645-2

及敢遠故先言之爾何關圜丘哉然則春秋書魯之禘何也曰成王追寵周公故也祭統云成王追念周公賜之重祭郊社禘嘗是也魯之用禘蓋於周公廟而上及文王即周公之所出故也○天子七廟三昭三穆與大祖之廟而七此周制七者大祖及文王武王之祧與親廟四大祖后稷殷則六廟契及湯與二昭二穆夏則五廟無大祖禹與二昭二穆而已諸侯五廟二昭二穆與大祖之廟而五大祖始封之君王者之後不爲始封之君廟大夫三

仪祭集五　卅一

0013_0646-1

廟一昭一穆與大祖之廟而三大祖別子始爵者大傳曰別子爲祖謂此雖非別子始爵者亦然士一廟謂諸侯之中士下士名曰官師者上士二廟庶人祭於寢寢適寢也○詳見宗廟篇○王制○天子犆礿祫禘祫嘗祫烝犆猶一也祫合也天子諸侯之喪畢合先君之主於祖廟而祭之謂之祫後因以爲常天子先祫而後時祭諸侯先時祭而後祫凡祫之歲春一礿而已不祫以物無成者不殷祭周改夏祭曰礿以禘爲殷祭也魯禮三年喪畢而祫於大

0013_0646-2

祖明年春禘於羣廟自爾之後五年而再殷祭一祫一禘諸侯礿則不禘禘則不嘗嘗則不烝烝則不礿虞夏之制諸侯歲朝廢一時祭諸侯礿犆互明犆礿文禘一犆一祫下天子也祫歲不禘嘗祫烝祫詳見宗廟篇○同上○天下有王分地建國置都立邑設廟祧壇墠而祭之乃爲親疏多少之數是故王立七廟一壇一墠曰考廟曰王考廟

仪祭集五　卅二

0013_0647-1

曰皇考廟曰顯考廟曰祖考廟皆月祭之遠廟爲祧有二祧享嘗乃止去祧爲壇去壇爲墠壇墠有禱焉祭之無禱乃止去墠曰鬼諸侯立五廟一壇一墠曰考廟曰王考廟曰皇考廟皆月祭之顯考廟祖考廟享嘗乃止去祖爲壇去壇爲墠壇墠有禱焉祭之無禱乃止去壇

0013_0637-2

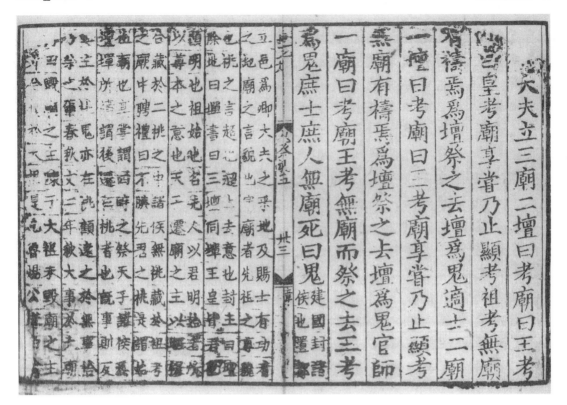

大夫立三廟二壇曰考廟曰王考廟曰皇考廟享嘗乃止顯考祖考無廟有禱焉爲壇祭之去壇爲鬼適士二廟一壇曰考廟曰王考廟享嘗乃止顯考無廟有禱焉爲壇祭之去壇爲鬼官師一廟曰考廟王考無廟而祭之去王考爲鬼庶士庶人無廟死曰鬼建國封諸侯也置都

0013_0638-1

立邑爲卿大夫之采地及賜士有功者之地廟之言貌也宗廟者先祖之尊貌也祧之言超也超上去意也封土曰壇除地曰墠書曰三壇同墠王皇皆君也顯明也祖始也名先人以君明始者所以尊本之意也天子遷廟之主以昭穆合藏於二祧之中諸侯無祧藏於祖考之廟中聘禮曰不腆先君之祧是謂始祖廟也享嘗謂四時之祭天子諸侯爲壇墠所禱謂後遷在祧者也既事則反其主於祧鬼亦在祧顯遠之於無事祫乃祭之爾春秋文二年秋大事於大廟傳曰毀廟之主陳于大祖未毀廟之主皆升合食於大祖是也魯煬公者伯禽之

0013_0648-2

子也至昭公定公久已爲鬼而季氏禱之而立其宮則鬼之主在祧明矣唯天子諸侯有主禘祫大夫有祖考者亦鬼其百世不禘祫無主爾其無祖考者庶士以下鬼其考王考官師鬼其皇考大夫適士鬼其顯考而已大夫祖考謂別子也凡鬼者薦而不祭王制曰大夫士有田則祭無田則薦適士上士也官師中士下士庶士府史之屬此適士云顯考無廟非也當爲皇考字之誤○詳見宗廟篇○祭法

○父爲士子爲天子諸侯則祭以天子諸侯其尸服以士服祭以天子諸侯

0013_0649-1

養以子道也尸服士服父本無爵子不敢以己爵加之嫌於卑之父爲天子諸侯子爲士祭以士其尸服以士服謂父以罪誅尸服以士服不成爲君也天子之子當封爲王者後以祀其受命之祖云爲士則擇其宗之賢者若微子者不必封其子爲王者後及所立爲諸侯者祀其先君以禮卒者尸服天子諸侯之服如遂無所封立則尸也祭者皆如士不敢僭用書衣物○小記

○武王末受命周公成文武之德追王大王王季上祀先

0013_0649-2

公以天子之禮斯禮也達乎諸侯大夫
及士庶人父爲大夫子爲士葬以大夫
祭以士父爲士子爲大夫葬以士祭以
大夫末猶老也追王大王王季者以王迹起焉先公組紺以上至后稷也
斯禮達於諸侯大夫士庶人者謂葬之從死者之爵祭之用生者之祿○詳見
宗廟篇○中庸○王爲羣姓立社曰大社王自
爲立社曰王社諸侯爲百姓立社曰國

0013_0650-1

社諸侯自爲立社曰侯社大夫以下成
羣立社曰置社羣衆也大夫以下謂下至庶人也大夫不得特
立社與民族居百家以上則共立一社今時里社是也郊特牲曰唯爲社事單
出里○詳見地祇篇○祭法○王爲羣姓立七祀曰
司命曰中霤曰國門曰國行曰泰厲曰
戶曰竈王自爲立七祀諸侯爲國立五
祀曰司命曰中霤曰國門曰國行曰公

0013_0650-2

厲諸侯自爲立五祀大夫立三祀曰族
厲曰門曰行適士立二祀曰門曰行庶
士庶人立一祀或立戶或立竈此非大神所祈
報大事者也小神居人之間司察小過作譴告者爾樂記曰明則有禮樂幽則
有鬼神鬼神謂此與司命主督察三命中霤主堂室居處門戶主出入行主道
路行作厲主殺罰竈主飲食之事明堂月令春曰其祀戶祭先脾夏曰其祀竈
祭先肺中央曰其祀中霤祭先心秋曰其祀門祭先肝冬曰其祀行祭先腎聘

0013_0651-1

禮曰使者出釋幣於行歸釋幣於門士喪禮曰疾病禱於五祀司命與厲其時
不著今時民家或春秋祠司命行神山神門戶竈在旁是必春祠司命秋祠厲
也或者合而祠之山即厲也民惡言厲巫祝以厲山爲之謬乎春秋傳曰鬼有
所歸乃不爲厲○詳見百神篇○同上○王下祭殤五適
子適孫適曾孫適玄孫適來孫諸侯下
祭三大夫下祭二適士及庶人祭子而
止祭適殤者重適也祭適殤於廟之奧謂之陰厭王子公子祭其適殤於其

0013_0651-2

禰之廟大夫以下庶子祭其適殤於宗子之家皆當室之白謂之陽厭凡庶殤不祭○詳見宗廟篇○同上

○夫聖王之制祭祀也法施於民則祀之以死勤事則祀之以勞定國則祀之能禦大菑則祀之能捍大患則祀之是故厲山氏之有天下也其子曰農能殖百穀夏之衰也周棄繼之故祀以爲稷共工氏之霸九州也其

0013_0652-1

子曰后土能平九州故祀以爲社帝嚳能序星辰以著衆堯能賞均刑法以義終舜勤衆事而野死鯀鄣鴻水而殛死禹能脩鯀之功黃帝正名百物以明民共財顓頊能脩之契爲司徒而民成冥勤其官而水死湯以寬治民而除其虐文王以文治武王以武功去民之菑此

0013_0652-2

皆有功烈於民者也○及夫日月星辰民所瞻仰也山林川谷丘陵民所取材用也非此族也不在祀典

春秋傳曰[illegible]公社爲文神

厲山氏炎帝也起於厲山或曰有烈山氏棄后稷名也共工氏無錄而王謂之霸在大昊炎帝之間著衆謂使民興事知休作之期也賞賞善謂禪舜封禹等也能刑謂去四凶義終謂既禪二十八載乃死也野死謂征有苗死於蒼梧也殛死謂不能成其功也明民謂使之衣服有章也民成謂知五穀之禮也冥

0013_0653-1

契六世之孫也其官玄冥水官也虐蓋謂桀紂也烈業也族猶類也祀典謂祭祀也○疏曰此經揔明其功有益於民得在祀典之事從此至能捍大患則祀之與下諸神爲揔也法施於民則祀之者若神農及后土帝嚳與堯及黃帝顓頊與契之屬是也以死勤事則祀之者若舜及鯀冥是也以勞定國則祀之者若禹是也能禦大菑及能捍大患則祀之者若湯及文武也其子曰農能殖百穀農謂厲山氏後世子孫名柱能殖百穀故國語云神農之名柱作農官因名農是也夏之衰也棄繼之者以夏末湯遭大旱七年欲變置社稷故廢農祀

0013_0654-1　　0013_0653-2

故祀以爲稷者謂農及棄皆祀之以配稷之神共工氏子曰后土能平九州故祀以爲社者是共工後世之子孫爲后土官亦若以爲君而掌土能治九州五土之神故祀以爲配社之神帝嚳能序星辰以著衆者言能紀星辰序時候以明著使民休作有期不失時節故祀之也堯能賞均刑法以義終者堯以天下位授舜封禹稷官得其人是能賞罰也五刑有宅是能刑有法也舜而之二十八載乃殂是義終也舜能勤衆事而野死者舜征有苗仍巡守勝方而死蒼梧之野是勤衆事而野死鯀鄣鴻水而殛死者鯀塞水無功而被堯殛死于

儀禮經傳通解卷五　廿九

羽山亦是有微功於人故得祀之禹能脩功爲能治水九載又世本云作城郭是有功也鄭答趙商云鯀非誅死鯀放居東裔至死不得反於朝禹乃其子也以有聖功故堯興之以爲殺人父用其子而舜禹何以忍乎而尚書云鯀則殛死禹乃嗣興者箕子見武王誅紂今與已言懼其意有慙德爲說父不肖則罪子賢則舉之以滿武王意也禹能脩鯀之功者謂禹能脩父之功故祀之黄帝正名百物者上雖有百物而未有名黄帝爲物作名正名其體也以明民者謂之文教使貴賤分明得其所也共財者山澤不障教民取百物以自贍也言

0013_0655-1　　0013_0654-2

如上事故鄭云顓頊能脩之謂能脩黄帝之法契爲司徒而民成者謂爲司徒司徒掌五教能布五教冥勤其官而水死者冥爲夏水官冥爲水官也湯以寬治民而除其虐謂放桀於南巢也文王以文治武王以武去民之菑者謂伐紂也此皆有功烈及民者也結上厲山以下也所得祀之人有功烈於人故也及夫日月星辰民所瞻仰也者釋上文燔柴於泰壇瘞埋於泰折王宫祭日夜明祭月幽禜祭星之等及上有禜地祭天祭四時祭寒暑坎壇祭水旱此不言之者略日月則天地可知四時寒暑水旱則日月陰陽之氣

儀禮經傳通解卷五　四十

故舉日月以包之也非此族也不在祀典者合結上事也族類也若非上自厲山以下及日月丘陵之等無益於民者悉不得預於祭祀之典也崇上陳宗廟及七祀并適殤以下此經不重明之者此經所云謂是外神有功於民故具載之其宗廟與殤以下之類與七祀之等宮中小神所以此經並皆不載○同上

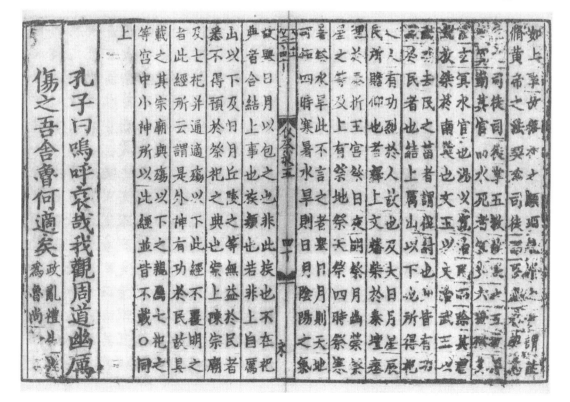

孔子曰嗚呼哀哉我觀周道幽厲傷之吾舍魯何適矣政亂禮失爲魯尚存

0013_0655-2

魯之郊禘非禮也周公其衰矣非儀失也魯之郊牛口傷鼷鼠食其角又有四卜郊不從是周公之道衰矣言子孫不能奉行興之杞之郊也禹也宋之郊也契也是天子之事守也先祖法度子孫所當守故天子祭天地諸侯祭社稷疏曰嗚呼哀哉是傷歎之辭言觀周家文武之道以經幽厲之亂傷此禮儀法則無可觀瞻唯魯國稍可吾捨此魯國更何之適而

0013_0656-1

觀禮乎言魯國尚愈愈勝也言當勝於餘國故韓宣子適魯云周禮盡在魯矣杞郊禹宋郊契蓋是夏殷天子之事杞宋是其子孫當所保守勿使有失案祭法云夏郊鯀殷郊冥今杞郊禹宋郊契者以鯀冥之德薄故更郊禹契蓋時王所命也○禮運○諸侯之宮縣而祭以白牡擊玉磬朱干設錫冕而舞大武乘大路諸侯之僭禮也言此皆天子之禮也宮縣四縣也干盾也錫傅其背

0013_0656-2

龜也武萬舞也白牡大路殷天子禮也臺門而旅樹反坫繡黼丹朱中衣大夫之僭禮也言此皆諸侯之禮也旅道也屏謂之樹樹所以蔽行道管氏樹塞門塞猶蔽也禮天子外屏諸侯內屏大夫以簾士以帷反坫反爵之坫也蓋在尊南兩君相見主君既獻於反爵焉繡黼丹朱以爲中衣領緣也繡讀爲綃綃繒名也詩云素衣朱綃又云素衣朱襮襮黼領也諸侯不敢祖天子大夫不敢祖

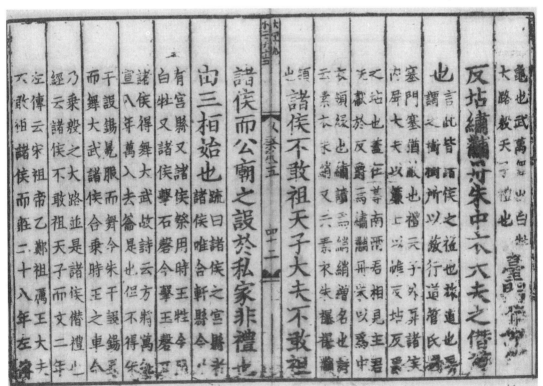

0013_0657-1

諸侯而公廟之設於私家非禮也由三桓始也疏曰諸侯之宮縣者諸侯唯合軒縣今有宮縣又諸侯祭用時王牲今用白牡又諸侯擊石磬今擊玉磬又諸侯得舞大武故詩云方將萬舞宣八年萬入去籥是也但不得朱干設錫冕而舞今朱干設錫冕而舞大武諸侯合乘時王之車今乃乘殷之大路並是諸侯僭禮也經云諸侯不敢祖天子而文二年左傳云宋祖帝乙鄭祖厲王大夫不敢祖諸侯而莊二十八年左傳

0013_0657-2

云凡邑有宗廟先君之主曰都與此文不同者此據尋常諸侯大夫彼據有大功德者故異○郊特牲○三家者以雍徹子曰相維辟公天子穆穆奚取於三家之堂三家魯大夫孟孫叔孫季孫之家也雍周頌篇名徹祭畢而收其俎也天子宗廟之祭則歌雍以徹是時三家僭而用之相助也辟公諸侯也穆穆深遠之意天子之容也此雍詩之詞孔子引之言三家之堂非有此事亦何取於此義而歌之乎譏其無

0013_0658-1

知妄作以取僭竊之罪○程子曰周公之功固大矣皆臣子之分所當爲魯安得獨用天子禮樂哉成王之賜伯禽之受皆非也其因襲之弊遂使季氏僭八佾三家僭雍徹故仲尼譏之○或問程子之說善矣或以爲成王明魯以王禮惟得以祀周公者未有考然以魯之郊祀觀之則初不爲周公之廟而設也恐其說亦不得通矣○論語八佾朱文公集註○季氏旅於泰山子謂冉有曰女弗能救與對曰不能子

0013_0658-2

曰嗚呼曾謂泰山不如林放乎○旅祭名泰山山名在魯地禮諸侯祭封內山川季氏祭之僭也冉有孔子弟子名求時爲季氏宰救謂救其陷於僭竊之罪嗚呼歎辭言神不享非禮欲季氏知其無益而自止又進林放以厲冉有也○范氏曰冉有從季氏夫子豈不知其不可告也然而聖人不輕絕人盡已之心安知冉有之不能救季氏之不可諫也既不能正則美林放以明泰山之不可誣是亦教誨之道也○同上

0013_0659-1

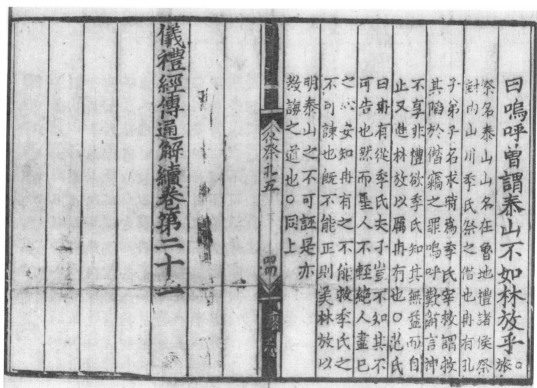

儀禮經傳通解續卷第二十三

0014_0002-2

儀禮經傳通解續卷第二十二

天神　祭禮六

大宗伯掌建邦之天神人鬼地示之禮示音祇下神示地示之例皆倣此本或作祇○建立也立天神地祇人鬼之禮者謂祀之祭之享之禮吉禮是也○疏曰云立天神地祇人鬼之禮者謂祀之祭之享之者經先云人鬼後云地祇鄭則先云地祇後云人鬼者經先云人鬼欲見天在上地在下人藏其閒鄭後云人鬼者據下經東吉禮十二先地祇後

祭礼六　一　何

0014_0003-1

人鬼據尊卑爲次故也云禮吉禮是也者案下云以吉禮事邦國之鬼神示則此亦吉禮故云禮吉禮是也

以吉禮事邦國之鬼神示事謂祀之祭之享之故書吉或爲告杜子春云書爲告禮者非是當爲吉禮書亦多爲吉禮吉禮之別十有二○疏曰此已下敘五禮先以吉禮爲上云事邦國之鬼神示據諸侯邦國而言者也以其天子宗伯若還據天子則不見邦國若以天子宗伯而見邦國則有天子可知故舉邦國以包王國又曰云事謂祀之祭之享之者還據已下所陳先後爲次若然經先云鬼與上下體例不

0014_0003-2

同者欲見逢時則事起無常故先云人鬼也云吉禮之別十有二者從此下經以禋祀血祭二經天地各有三享人鬼有六故十二也

以禋祀昊天上帝禋音因李音煙○禋之言煙周人尚臭煙氣之臭聞者以禋祀祀昊天上帝以實柴祀日月星辰以槱燎祀司中司命飌師雨師三祀皆積柴實牲體焉或有玉帛燔燎而升煙所以報陽也鄭司農云昊天天也上帝玄天也昊天上帝樂以雲門實柴實牛柴上也故書實柴或爲賓柴玄謂昊天上帝冬至於圜丘所祀天皇大帝○槱羊九反燎良召反飌音風○疏曰案尚

祭礼六　二

0014_0004-1

書洛誥予以秬鬯二卣明禋注云禋芬芳之祭又案國語云精意以享謂之禋義並與煙得相叶也但宗廟用煙則郊特牲云臭陽達于墻屋是也天神用煙則此文是也鄭於禋祀之下正取義於煙故言禋之言煙也云周人尚臭煙氣之臭聞者此禮記郊特牲之文也彼云殷人尚聲周人尚臭尚臭者取煙氣之臭聞於天引之者證煙義也云三祀皆積柴實牲體焉或有玉帛者此司中司命等言槱燎亦用煙也於日月言實牲至昊天上帝言禋祀則三祀互相備矣但先積柴次實牲後取煙事列於卑祀義全於昊天矣作文之意也但云或有

0014_0005-1　　0014_0004-2

玉帛則有不用玉帛者以肆師職言之
禋祀中有玉帛牲牷三事實柴中則無
玉唯有牲幣槱燎中但止有牲是玉帛
於三祀之内或有或無故鄭云或耳云
燔燎而升煙所以報陽也者案郊特牲
王升首於室以報陽彼論宗廟之祭以
首報陽今天神是陽煙氣上聞亦是以
陽報陽故取特牲爲義也鄭司農云昊
天天也者案孝經云郊祀后稷以配天
與瑞亦云四圭有邸以祀天故云昊天
天也云上帝玄天也者案廣雅云乾玄
天易文言云夫玄黄者天地之雜也天
玄而地黄以天色玄故謂玄名天先鄭
蓋依此而讀之則二者異名而同實也

儀祭禮六　三

若然則先鄭與玉齋之等同一天而已
似但大天之義故以天解昊天上帝爲
一也云昊天上帝樂以雲門者先鄭託
無大天大司樂分樂而序之及六變俱
有雲門不知定取何者以祀天云實柴
實牛柴上也者案肆師職此三者皆實
牲先鄭專據實柴爲實牛者偏據一邊
而言耳其實皆牛也云故書實柴或爲
實柴者實柴無義後鄭雖不破當從
實柴也玄謂昊天上帝冬至於圜丘所
祀天皇大帝者案大司樂下文凡樂圜
鍾爲宮云云冬日至於地上之圜丘奏
云若樂六變則天神皆降是也引之以
證先鄭昊天上帝與五天爲一之義

0014_0006-1　　0014_0005-2

春秋緯運斗樞云大微宮有五帝坐星
即春秋緯文耀鉤云春起青受制其名
靈威仰夏起赤受制其名赤熛怒秋起
白受制其名白招拒冬起黑受制其名
汁光紀季夏六月火受制其名含樞紐
是五帝之號也又案元命包云紫微宫
爲大帝又云天生大列爲中宫大極星
其一明者大一常居傍兩星巨辰子位
故爲北辰以起節度亦爲紫微宫紫之
言中此宫之中天神圖法陰陽開閉皆
在此中又文耀鉤云中宫大帝其北極
星下一明者爲大一之先合元氣以斗
布常是天皇大帝之號也又案爾雅云
北極謂之北辰鄭注云天皇北辰耀魄

儀祭禮六　四

寶又云昊天上帝又名大一常居以其
尊大故有數名也其紫微宫中皇天上
帝亦名昊天上帝得連上帝而言至於
單名皇天單名上帝亦得故尚書君奭
云公曰君奭我聞在昔成湯既受命時
則有若伊尹格于皇天鄭注云皇天北
極大帝又掌次云張氈案設皇邸以旅
上帝上帝即大帝堯典云欽若昊天皆
是大帝單名之事月令更無祭五帝之
文故季夏云以供皇天上帝鄭分之皇
天北辰耀魄寶上帝大微五帝亦是大
帝單號之事若然大帝得單稱與五帝
同五帝不得兼稱皇天昊天
也詳見祭法總要○春官[illegible]○**大祝**凡

0014_0006-2

大禋祀則執明水火而號祝明水火司烜所共日月之氣以給烝享執之如以六號祝明此圭絜也禋祀祭天神也○烜況彼反○疏曰知明水火司烜所共日月之氣者案司烜氏職云以夫遂取明火於日以鑒取明水於月彼雖不云氣此水火皆由日月之氣所照得之故以氣言之云以給烝享執之如以六號祝明此圭絜也者經云執明水火而號祝明知六號皆執之明絜也號祝執明水火明主人圭絜之德云禋祀祭天神也者大宗伯昊天稱禋日月稱實柴司中之等稱標燎通而言之三者之禮皆有禋義則

0014_0007-1

知禋祀天神通星辰已下隋釁逆牲逆尸令鐘鼓右亦如之隋許規反又思惠反○隋釁謂薦血也凡血祭曰釁既隋釁後言逆牲容逆鼎右讀亦當爲侑○疏曰鄭云隋釁謂薦血也者賈氏云釁釁宗廟馬氏云血以塗鐘鼓鄭不從而以爲薦血祭祀者下文云既祭令徹則此上下皆是祭祀之事何得於中輙有釁廟塗鼓直解釁何得兼言隋故爲祭祀薦血解之鄭云凡血祭曰釁者此經文承上禋祀肆享祭祀之下即此血祭之中含上三祀但天地薦血于座前宗廟即血以告殺故言凡血祭曰釁云既隋釁

0014_0007-2

後言逆牲容逆鼎者凡祭祀之法先逆牲後隋釁今隋釁在前逆牲在後者以其鼎在門外薦血後乃有爓熟之事逆鼎而入故云容鼎知鼎在門外者案中霤禮竈在廟門外之東主人迎鼎事云右讀爲侑者亦上九拜之下享右之字皆爲侑來瞽令臯舞臯音嘷九高反劉户報反○臯讀爲卒嘷呼之嘷來嘷者皆爲呼之入○卒子忽反呼火故反○疏曰臯讀爲卒嘷呼之嘷者依俗讀云來嘷者皆爲呼之入者經云瞽人擬升堂歌舞謂學子舞人瞽人言來亦呼之乃入臯舞令呼亦來入故鄭云來嘷皆謂呼之入也相尸

0014_0008-1

禮相息亮反○延其出入詔其坐作○疏曰凡言相尸者諸事皆相故以出入坐作解之尸出入者謂祭初延之入室灌訖退出坐於堂上南面朝踐饋獻訖又延之入室言詔其坐作者郊特牲云詔祝於室坐尸于堂饋献訖又入室坐言作者凡坐皆有作及與主人荅拜皆有坐作之事故云詔其坐作也旣祭令徹疏曰祭訖尸謖之後大祝命徹祭器即詩云諸宰君婦廢徹不遲是也○春官○司服掌王之吉服用事祭祀視朝甸凶弔之事衣服各有所用○疏曰王吉服有九大裘已下是也又曰六冕事祭祀

0014_0008-2

視朔甸凶弔之事者是其事各異云衣服各有所用者謂若祀昊天用大裘之等是也

王祀昊天上帝則服大裘而冕祀五帝亦如之

鄭司農云大裘羔裘也○疏曰鄭司農云大裘羔裘也者司裘文先鄭注云大裘黑羔裘然則凡祭之皆同羔裘義具於司裘也○春官

○司裘掌爲大裘以共王祀天之服

鄭司農云大裘黑羔裘服以祀天示質○疏曰言爲大裘者謂造作黑羔裘裘言大者以其祭天地之服故以大言之非謂裘體侈大則義同於大射也云以

仪祭礼六　七

0014_0009-1

北王祀天一服者謂四時所有祀天之事皆共之不限六天之大小直言祀天案孝經緯鉤命決云祭地之禮與天同牲玉皆不同言同者唯據衣服則知崑崙神州亦用大裘可知又曰先鄭知大裘黑羔裘者祭服皆玄上纁下明此裘亦羔裘之黑者故知大裘黑羔裘又云服以祀天示質者以其衮已下皆有采章爲此大裘更無采章故云質案鄭志大裘之上又有玄衣與裘同色亦是無文采○天官

○大宗伯以玉作六器以禮天地四方

禮謂始告神時薦於神坐書曰周公植璧秉圭是也○疏曰言

0014_0009-2

作六器者此據禮神則曰器上文人執則曰瑞對此文義爾若通而言之禮神雖不得言瑞人執者亦曰器故聘禮云圭璋璧琮凡四器者唯其所寶以聘可也尚書亦以五瑞爲五器卒乃復是其人執亦曰器也云禮謂始告神時薦於神坐者此以玉禮神在作樂下神後故鄭注大司樂云先奏是樂以致其神禮之以玉而裸焉是其以玉禮神與宗廟裸同節若然祭天當實柴之節也書曰周公植璧秉圭是也者此金縢文彼以周公請天代武王死之說爲三壇同墠又爲壇於南方周公於前立焉告大王王季文王故植璧於三王之坐手秉桓

仪祭礼六　八

0014_0010-1

圭引之者證植璧於神坐之側是也

以蒼璧禮天

此禮天以冬至謂天皇大帝在北極者也禮神者必象其類璧圜象天○疏曰此禮天以冬至謂天皇大帝在北極者也者青圭已下有五天明此蒼璧禮天者是冬至祭圜丘者案大司樂云以雷鼓雷鼗雲門之舞冬日至於地上之圜丘奏之若樂六變則天神皆降是也易云天玄而地黃今地用黃琮依地色而天用玄者蒼玄皆是天色故用蒼也

牲幣放其器之色

放方往反○幣以從爵若人飲酒有酬幣○疏曰言皆則上六玉所禮者皆有牲與幣也言各放其

0014_0010-2

器之色則上蒼璧等六器所有牲幣各放此器之色又曰知幣是從爵非禮神者若是禮神當在牲上以其禮神幣與玉俱設若肆師云立大祀用玉帛牲拴是帛在牲上今在下明非禮神者也云若人飲酒有酬幣者獻尸從爵之幣無文故以生人飲酒之禮況之案聘禮饗時有酬幣明此幣既非禮神之幣則獻尸後酬尸時亦有幣○春官之從爵也○春官○**典瑞掌玉瑞玉器之藏**人執以見曰瑞禮神曰器瑞符信也○疏曰言掌玉瑞玉器之藏者玉之美者入天府藏之凡平者仍在典瑞藏之故亦言藏也人執之則曰

祭礼六　九

0014_0011-1

瑞即下文鎮圭之等是也禮神曰器則下文四圭之等是也又曰人執以見曰瑞禮神曰器者據此文及大宗伯相對而說散文則人執亦名器故聘禮記云圭璋璧琮凡此四器者唯其所寶以聘可也又尚書云五器卒乃復皆是人執而名器也云瑞符信也者若天子受瑞於天諸侯不得受瑞於天唯受瑞於天子故名瑞瑞即符信者也**四圭有邸以祀天**鄭司農云於中央為璧圭著其四面一玉俱成爾雅曰邸本也圭本著於璧故四圭有邸圭末四出故也或說四圭有邸有四角也邸讀為抵欺之抵上帝玄天玄謂祀天夏

張本下象鼻題監生秦淳四字傅本剪去之

0014_0011-2

正郊天也○疏曰此祀天謂夏正郊天也司農云於中央為璧圭著其四面一玉俱成者云於中央為璧謂用一大玉琢出中央為璧形亦肉倍好為之四面琢各出一圭璧之大小圭之長短無文天子以十二為節蓋四廂圭各尺二寸與鎮圭同其璧為邸蓋徑六寸總三尺與大圭長三尺又等故云一玉俱成也云或說四圭有邸有四角也者此說四角角即短矣以無正文故兩釋之也云邸讀為抵欺之抵音讀之也云上帝玄天者與大宗伯注同司農意與孔王等無六天之義也玄謂祀天夏正郊天也者凡天有六案大宗伯云蒼璧禮天據

祭礼六　十

0014_0012-1

冬至祭昊天於圓丘者也彼又云青圭禮東方赤璋禮南方白琥禮西方玄璜禮北方據四時迎氣及總享於明堂之等祭五方天也彼不見夏正郊所感帝故知此四圭是夏正郊天易緯云三王之郊一用夏正各郊所感帝即郊特牲云兆日於南郊就陽位於郊故謂之郊是也○春官○**玉人之事**疏曰云玉人之事者謂入造玉器玉瑞之事**天子圭中必**必讀如鹿車縪之縪謂以組約其中央為執之以備失隊○為于偽反隊直類反○疏曰上列天子及公侯伯之圭於此獨言天子圭中必者案聘禮記五等

張本下象鼻題監生秦淳四字傅本剪去之

0014_0012-2

諸侯及聘使所執圭璋皆有繅藉及絇組絇組所以約圭中央恐失隊即此中必之類若然圭之中必尊卑皆有此不言諸侯圭與上以明下可知云讀如庪車繅之繅者俗讀之黽此繅絇組一也

四圭尺有二寸以祀天

郊天所以禮其神也典瑞職曰四圭有邸以祀天旅上帝○疏曰此圭典瑞直言所用禮神不言尺寸故此言之此經直言尺二寸案典瑞注先鄭云中央為璧圭著其四面一玉俱成又云圭末四出若然此尺二寸者未知璧之中央通兩畔總計為尺二寸未知除之外璧兩畔之圭各有一尺二寸據下

0013_0013-1

圭尺有二寸而言則此四圭圭別有二寸仍衆審以璧為邸邸經雖許禮無文不可強說也引典瑞者證祀天夏正郊所感帝兼國有故旅祭五帝事亦以此圭禮神也○冬官

○天子祭天地歲徧

天子祭天地者祭天謂四時迎氣祭天帝於四郊各以當方人帝配之月春曰其帝太皞夏曰其帝炎帝季夏其帝曰黃帝秋曰其帝少皞冬曰其帝顓頊明為配天又告朔而言之其雩祭然故月令孟夏云大雩帝為命祀百辟卿士既云祀百辟卿士明五方人帝子亦雩祀之其夏正郊感生之帝周

0014_0014-1

0014_0013-2

后稷配之其於明堂總享五帝以文王武王配之故孝經說云后稷為天地之主文王為五帝之宗是也周人祭明堂時又兼以武王配之故祭法云周人宗武王是也知方岳之神是崑崙者案地統書括地象云地中央曰崑崙又云其東南方五千里曰神州以此言之崑崙在西北別統四方九州其神州者是崑崙東南一州耳於一州中更分為九州則禹貢之九州是也其配地之神孝經緯師云后稷為天地之主則后稷配天南郊又配地北郊則周人以嚳配圓丘亦當配方澤也歲徧者謂五方之祀迎氣雩祀明堂及郊雖有重者詣神皆徧故云歲徧又曰天子祭天地者天地有覆載大功天子王有四海故得總祭天地以報其功其天有六祭之一歲有九昊天上帝冬至祭之一也蒼帝靈威仰立春之日祭之於東郊二也赤帝赤熛怒立夏之日祭之於南郊三也黃帝含樞紐季夏六月土王之日亦祭之於南郊四也白帝白招拒立秋之日祭之於西郊五也黑帝汁光紀立冬之日祭之於北郊六也王者各稟五帝之精氣而王天下於夏正之月祭之於南郊七也四月龍星見而雩總祭五帝於南郊八也季秋大饗五帝於明堂九也地神有二歲有二祭夏至之日祭崑崙之神於

0014_0014-2

方澤一也夏正之月祭神州地祇於北郊二也或云建申之月祭之與郊天相對冬至祭昊天上帝者春秋緯云紫微爲天帝北極耀魄寶是也其配之人以帝嚳配之故祭法云周人禘嚳是也其五帝則春秋緯文耀鉤云蒼帝曰靈威仰赤帝曰赤熛怒黃帝曰含樞紐白帝曰白招拒黑帝曰汁光紀。曲禮○

祭天埽地而祭疏曰燔柴在壇正祭於地故云埽地而祭。郊特牲

○祭天燔柴於泰壇用騂犢。燔音煩壇折封土爲祭處也壇之言坦也坦明貌也。疏曰此經論祭感生之帝於南郊神

0014_0015-1

州地祇於北郊也燔柴於泰壇者謂積薪於壇上而取玉及牲置柴上燔之使氣達於天也騂犢之義已具郊特牲疏案禮器云至敬不壇此云燔柴於泰壇者謂燔柴在壇設饌在地義亦具禮器及郊特牲疏也。祭法○祭天

特牲疏曰特一也天神尊尊質故止一特也。禮器○祭天地

之牛角繭栗王制○大祝辨六號一曰神

號號謂尊其名更爲美稱焉神號若云昊天上帝。春官○鼓人

以雷鼓鼓神祀雷鼓八面鼓也神祀祀天神也。疏曰天神稱

0014_0016-1

0014_0015-2

祀地示稱祭宗廟稱享案下靈鼓社祭又案大司樂以靈鼓祭澤中之方丘大地祇與社同鼓則但是地祇無問大小皆用靈鼓則此雷鼓神祀但是天神皆用雷鼓也又曰鄭知雷鼓八面者雖無正文案韗人爲臯陶有晉鼓鼖鼓臯鼓三者非祭祀之鼓皆兩面則路鼓祭宗廟宜四面靈鼓祭地祇尊於宗廟宜六面雷鼓祀天神又尊於地祇宜八面故知義然也。地官○大司

樂以六律六同五聲八音六舞大合樂

以致鬼神示以和邦國以諧萬民以安

賓客以說遠人以作動物六律合陽聲者也六同合陽聲者也出十二者以銅爲管轉而相生黃鍾爲首其長九寸各因而三分之上生者益一分下生者去一焉國語曰律所以立均出度也古之神瞽考中聲而量之以制度律均鍾言以中聲定律以律立鍾之均大合樂者謂徧作六代之樂以冬日至作之致天神人鬼以夏日至作之致地祇鬼鬽動物羽蠃之屬虞書云夔曰戛擊鳴球搏拊琴瑟以詠祖考來格虞賓在位羣后德讓下管鼗鼓合止柷敔笙鏞以間鳥獸蹌蹌簫韶九成鳳凰來儀夔又曰於予擊石拊石

0014_0016-2

百獸率舞庶尹允諧此其於宗廟九奏效應○上生時掌反去一起呂反度待洛反鬽眉冀反閒閒厠之閒○䟽曰鄉來說大司樂教國子以樂自此已下論用樂之事也云以六律六同者此舉十二管以表其鍾樂器之中不用管也云大合樂者據薦腥之後合樂之特用之也此所合樂即下云若樂六變若樂八變若樂九變之等彼據祭天下神此據正祭合樂若然合樂在下神後而文退下神樂在後者以下神用一代樂此用六代六代事重故進之在上若然下神不亞合樂而隔分樂之後者以分樂序之皆用一代此三禘下神亦用一代若

四司二十　祭礼六　十五　戴彝

0014_0017-1

不隔分樂恐其相亂且使一變二變之等舉分樂所用樂同故三神在下也云以致鬼神示者是據三禘而言云以和邦國已下亦據三禘之祭各包此數事故鄭引虞書以證宗廟又曰云六律合陽聲者也六同合陰聲者也者案大師云掌六律六同以合陰陽之聲是以據而言焉云此十二者以銅爲管者案典同先鄭云陽律以竹陰律以銅後鄭云皆以銅爲與此注義同也云轉而相生巳下據律歷志而言子午巳東爲上生子午巳西爲下生上生爲陽陽上息故三分益一下生爲陰陰主減故三分去一案律歷志黄鍾爲天統律長九寸林

0014_0017-2

鍾爲地統律長六寸太蔟爲人統律長八寸又云十二管相生皆八八上生下生盡於中呂陰陽生於黄鍾始而左旋八八爲位者假令黄鍾生林鍾是歷八辰自此已下皆然是八八爲位蓋象八風也國語者案彼景王將鑄無射問律於伶州鳩鳩對曰律所以立均出度古之神瞽考中聲而量之以制度律均鍾鄭引之者欲取以六律六同均之以制鍾之大小須應律同也故鄭云言以中聲定律以律立鍾之均也云中聲謂上生下生定律之長短度律以律計自倍半而立鍾之均均即是應律長短者也云大合樂者謂徧作六代之樂者此經

祭礼六　十六　戴彝

0014_0018-1

六樂即上六舞故知徧作六代之樂言徧作樂不一時俱爲待一代訖乃更爲故云徧作也云以冬日作之至物鬽皆神仕職文案彼注致人鬼於祖廟致物鬽於墠壇蓋用祭天地之明日若然此經合樂據三禘正祭夫而引彼天地之小神及人鬼在明日祭之者但彼明旦所祭小神用樂無文彼神既多合樂之時當與此三禘正祭合樂同故彼此文同稱致但據彼正祭祭天地大神無宗廟之祭祭天明日兼祭人鬼與此爲異也云動物羽蠃之屬者鄭不釋邦國之等直釋動物者以尚書不言動物故釋訖乃引尚書鳥獸之等證之也虞書者

案古文在舜典是舜祭宗廟之禮案彼
鄭注戛櫟也櫟擊鳴球已下數器鳴球
即玉磬也搏拊以韋爲之裝之以糠所
以節樂云以詠者謂歌詩也云祖考來
格者謂祖考之神來至也云虞賓在位
者謂舜以爲賓即三王後丹朱也云羣
后德讓者謂諸侯助祭者以德讓已上
皆宗廟堂上之樂所感也云下管鞀鼓
已下謂舜廟堂下之樂故言下云合止
柷敔者合樂用柷柷狀如漆筩中有柄
搖之所以節樂敔狀如伏虎背有刻以
物櫟之所以止樂云笙鏞以間者東方
之樂謂之笙笙生也東方生長之方故
名樂爲笙也鏞者西方之樂謂之鏞庸

儀祭札六 十七 慈賓

功也西方物熟有成功亦謂之頌頌亦
是頌其成也以間者堂上堂下間代而
作云鳥獸牄牄者謂飛鳥走獸牄牄然
而舞也云簫韶九成鳳皇來儀者韶舜
樂也若樂九變人鬼可得而禮故致得
來儀儀匹謂致得雄曰鳳雌曰皇來儀
止巢而乘匹案此下文六變致象物象
物有象在天謂四靈之屬四靈則鳳皇
是其一此六變彼九成者其實六變致
之而言九者以宗廟九變爲限靈鳥又
難致之物故於九成而言耳云夔又曰
於予擊石拊石百獸率舞者此於下文
別而言之故云又曰夔語舜云磬有大
小予擊大石磬拊小石磬則感有獸相

率而舞云庶尹允諧者庶衆也尹正也
允信也言樂之所感使衆正之官信得
其諧和云此其於宗廟九奏之效應者
此經摠言三禘大祭但天地大祭效驗
無文所引尚書惟有宗廟故指宗廟而
言也然尚書云祖考即此經致鬼也虞
賓即此經以安賓客羣后德讓即此經
邦國也鳥獸鳳皇等即此經動物也庶
尹允諧即此經以諧
萬民以說遠人也

乃分樂而序之以祭以享以祀分謂各用一代之樂○疏曰此與下諸文爲摠目上
摠云六舞今分此六代之舞尊者用前
代卑者用後代使尊卑有序故云序若
然經所先云祭地後云祀天者欲見不
問尊卑事起無常故倒文以見義也

儀祭札六 十八

乃奏黃鍾歌大呂舞雲門以祀天神以黃
鍾之鍾大呂之聲爲均者黃鍾陽聲之
首大呂爲之合奏之以祀天神尊之也
天神謂五帝及日月星辰也王者又各
以夏正月祀其所受命之帝於南郊尊
之也孝經說曰祭天南郊就陽位是也
○疏曰此黃鍾言奏大呂言歌者云奏
據出聲而言云歌據合曲而說其實歌
奏通也知不言歌歌據堂上歌詩合大
呂之調謂之歌者春秋左氏傳云晉侯
歌鍾二肆取下以賂魏絳魏絳於是有

0014_0019-2

率而舞云庶尹允諧者庶衆也尹正也
允信也言樂之所感使衆正之官信得
其諧和云此其於宗廟九奏之效應者
此經摠言三禘大祭但天地大祭效驗
無文所引尚書惟有宗廟故指宗廟而
言也然尚書云祖考即此經致鬼也虞
賓即此經以安賓客羣后德讓即此經
邦國也鳥獸鳳皇等即此經動物也庶
尹允諧即此經以諧萬民以說遠人也**乃分樂而序之以**
祭以享以祀分謂各用一代之樂。疏曰此與下諸文爲摠目上
摠云六舞今分此六代之舞尊者用前
代卑者用後代使尊卑有序故云序若

0014_0020-1

然經所先去祭地後云祀天者欲見不
問尊卑事起無常故倒文以見義也
乃奏黃鍾歌大呂舞雲門以祀天神以黃
鍾之鍾大呂之聲爲均者黃鍾陽聲之
首大呂爲之合奏之以祀天神尊之也
天神謂五帝及日月星辰也王者又各
以夏正月祀其所受命之帝於南郊尊
之也孝經説曰祭天南郊就陽位是也
○疏曰此黃鍾言奏大呂言歌者云奏
據出聲而言云歌據合曲而說其實歌
奏通也知不言歌歌據堂上歌詩合大
呂之調謂之歌者春秋左氏傳云晉侯
歌鍾二肆取半以賜魏絳魏絳於是有

此傳本第十八葉

0014_0021-1

0014_0020-2

金石之樂彼據磬列肆而言是不在歌
詩亦謂之歌明不據偏歌毛詩也襄四
年晉侯饗穆叔云奏肆夏歌文王大明
緜亦此類也又曰云以黃鍾之鍾大呂
之聲者以經云奏奏者奏擊以出聲故
據鍾而言大呂經云歌歌者發聲出音
故據聲而說亦互而通也言爲均者案
下文云凡六樂者文之以五聲播之以
八音鄭云六者言其均皆待五聲八音
乃成也則是言均者欲作樂先擊此二
者之鍾以均諸樂是以鍾師云以鍾鼓
奏九夏鄭云先擊鍾次擊鼓論語亦云
始作翕如也鄭云始作謂金奏是凡樂
皆先奏鍾以均諸樂也必舉此二者以

其配合是以鄭云黃鍾陽聲之首大呂
爲之合也言合者此據十二辰之斗建
與日辰相配合皆以陽律爲之主陰呂
來合之是以大師云掌六律六同以合
陰陽之聲注云聲之陰陽各有合黃鍾
子之氣也十一月建焉而辰在星紀大
呂丑之氣也十二月建焉而辰在玄枵
大簇寅之氣也正月建焉而辰在娵訾
應鍾亥之氣也十月建焉而辰在析木
已後皆然是其斗與辰合也云奏之以
祀天神尊之也者以黃鍾律之首雲門
又黃帝樂以尊祭尊故云尊之也云天
神謂五帝及日月星辰也者案下云若
樂六變天神皆降是昊天則知此天神

0014_0021-2

非天帝也是五帝矣知及日月星者案大宗伯昊天在禋祀中日月星在實柴中鄭注云五帝亦用實柴之禮則日月星辰與五帝同科此下文又不見日月星別用樂之事故知此天神中有日月星辰可知其司中已下在槱燎中則不得入天神中故下文約與四望同樂也云王者又各以夏正月祀其所受命之帝於南郊尊之也者案易緯乾鑿度云三王之郊一用夏正郊特牲云兆日於南郊就陽位大傳云王者禘其祖之所自出以其祖配之若周郊東方靈威仰之等是王者各以夏正月祀其所受命之帝於南郊特尊之也云孝經說者說

大二十 小三百六 儀祭礼六 二十 戴幹

0014_0022-1

即緯也時禁緯故云說引之證與郊特牲義同皆見郊所感帝用樂與祭五帝不異以其所郊天亦是五帝故也 ○**六變而致象物及天神**變猶更也樂成則更奏也此謂大蜡索鬼神而致百物六奏樂而禮畢象物有象在天所謂四靈者天地之神四靈之知非德至和則不至禮運曰何謂四靈麟鳳龜龍謂之四靈龍以爲畜故魚鮪不淰鳳以爲畜故鳥不獝麟以爲畜故獸不狘龜以爲畜故人情不失○疏曰云象物有象在天所謂四靈者以其天神同變致之象者有形象在天物者與羽蠃等同稱物故知有象在

0014_0022-2

天[illegible]也云天地之神四靈之知者天[illegible]地則土祇故云天地之神四靈之知也云非德至和則不至者欲見介物已上皆以樂和感之未必由德此天地四靈非直須樂要有德至和乃致之也云禮運已下者欲見象物則彼四靈也云何謂四靈者記人自問自荅案彼注云淰之言閃也言魚鮪不閃閃畏人也獝狘飛走之貌二者皆據魚鮪不淰不可於龜更言魚鮪以龜知人情故變言人情不失也案月令孟冬祈來年於天宗鄭注云此周禮所謂蜡也天宗日月星鄭以月令祈於天宗謂之蜡則此天神亦是日月星辰非大天神以蜡

大三十 小三九十九 祭礼六 廿一

0014_0023-1

祭所祭衆神祭畢不可援尊地神惟有土祇是以知無天地大神也又尚書云簫韶九成鳳皇來儀九成乃致象物者鄭以儀爲匹謂止巢而孕乘匹致九變乃致此直據致其神故與大天神同六變也 ○**凡樂圜鍾爲宮黃鍾爲角太蔟爲徵姑洗爲羽靁鼓靁鼗孤竹之管雲和之琴瑟雲門之舞冬日至於地上之圜丘奏之若樂六變則天神皆降可得而禮矣**角如字古音鹿徵張里反○此

張本此卷第三十八葉誤入續卷六此卷代入第二十二葉舊版今取以入此

禘大祭也天神則主北辰
以其神禮之以五帝殊號
祭之大傳曰王者禘其祖
祭法曰周人禘嚳而郊稷
丘以嚳配之圜鍾夾鍾也
心之氣房心爲大辰天帝之
林鍾也林鍾生於未之氣
曰天社在東井輿鬼之外
黃鍾生於虛危之氣虛危
三者爲宮用聲類求之□
其相生從陽數其陽無射
呂其呂與地宮同位不用
黃鍾下生林鍾林鍾
林鍾上生大蔟大蔟下

四十　仪祭礼六

無射同位又不用南呂
聲官之所生濁者爲角清
興無商者祭尚柔商堅剛
雷鼓雷鼗皆謂六面有革
知地名也玄謂雷鼓雷鼗
特生者靈和山名○裸古
字劉音灌○疏曰此三者
樂類上皆是下神之樂列
以分樂而序之據天地之次
天地已下之神并蜡祭說乃
禘恐與上雜亂故也言六變
者謂在天地及廟庭而立四
商表句第二表爲一變一成
第二至第三爲二成至第三

0014_0024-1　　0014_0023-2

故者謂王有疾及哀慘皆是也量人云
凡宰祭與鬱人受嘏歷而皆飲之注云
言宰祭者冢宰佐王祭亦容攝祭此宗
伯又攝者冢宰貳王治事宗伯主祭事
容二官俱攝故
兩言之○春官

右昊天天神之祀○辭皇皇上天
照臨下土集地之靈降甘風雨禮運
曰地秉陰竅於山川庶物羣生各得其所靡
今靡古言覆施均維予一人某敬拜皇

仪祭礼六　二十二

天之祐古祝辭則云嗣王某或曰一人某王者親告之辭也

○大戴禮公符篇

小宗伯兆五帝於四郊四望四類亦如
之兆爲壇之營域五帝蒼曰靈威仰大昊食焉赤曰赤標怒炎帝食焉黃曰
含樞紐黃帝食焉白曰白招拒少昊食焉黑曰汁光紀顓頊食焉黃帝亦於南
郊鄭司農云四望道氣出入四類三皇
五帝九皇六十四民咸祀之玄謂四望
五嶽四鎮四竇四類日月星辰運行無
常以氣類爲之位兆日於東郊兆月與

此秦淳補第三十二葉兩本均以當第二十二葉

0014_0024-2

一□□□□□□□皆轉身南
之北還之第□至第二爲四
至第三爲五成從第三至南
爲六成則天神皆降禮天神
禮地祇必於夏至之日者以
是陰冬至一陽生夏至一陰
於陽生陰生之日祭之也至
於建寅者以其郊所感帝以
三陽爻生之日萬物出地
神州之神於北郊與南郊相
亦應取三陰爻生之月萬
也言圜丘者案爾雅土之
自然之丘圜者象天圜既
則未必要在郊無問東西

儀祭禮六　二十三

0014_0025-1

可詳見樂物樂
舞條○春官
凡以神仕者
灋以猶鬼神示之居辨其
也天者羣神之精日月星
以此圖天神人鬼地祇之
衆寡與其居句孝經說郊
燎掃地祭牲繭栗或象天
會具黍稷布帝極敬心也
象五帝坐禮祭宗廟序昭
虛危則祭天圜丘象北極
□祇及社稷之席皆有明
□□□□□音反○跡曰
也澤□□之後知是巫者

0014_0025-2

之法以猶鬼神示之答案外傳云在男
曰覡在女曰巫使制神之處位次主之
度與此文合故知此神仕是巫云以此
圖天神人鬼地祇之坐者謂布祭衆寡
與其居句者鄭意鬼神祇之居止是布
祭於神神有衆寡多少或居方爲之或
句曲爲之也引孝經說郊祀者援神契
文敢問章云周公□祀后稷以配天云
郊祀之禮燔燎掃地已下至敬心之言
釋之也言郊之布席已下是鄭君語云
郊之布席象五帝坐者案天文有五帝
坐星東方蒼帝靈威仰南方赤帝赤熛
怒中央黃帝含樞紐西方白帝白招拒
北方黑帝汁光紀各於其面是布神坐

祭禮六　二十四

0014_0026-1

也云禮祭宗廟序昭穆者文二年大事
于大廟毀廟之主陳於大祖未毀廟之
主皆外合食昭南面穆北面是人鬼之
席坐也云亦有似虛危者虛危有墳墓
四司又爲宗廟布席象之故云又有似
虛危也云則祭天圜丘象北極者北極
有三星則中央明者爲大一常居傍兩
星爲臣子位焉云祭地方澤象后妃者
天有后妃四星天子象天后象地后妃
是其配合也云及社稷者天有天社之
星祭社之位象焉故云及社稷之席之
言結五帝已下是也孝經說云祭牲繭
栗者據
祭地
以冬日至致天神人鬼
天人陽
也陽氣

0014_0026-2

升而祭鬼神致人鬼於祖廟蓋用祭天之明日。疏曰言以冬日至此則大司樂云冬日至於地上之圜丘奏之若樂六變天神皆降夏日至於澤中之方丘奏之又曰鄭云天人陽也者此解冬日至祭天神人鬼之意以其陽故十一月一陽生之月當陽氣外而祭之也云致人鬼於祖廟致物鬽於墠壇此鄭惟釋人鬼物鬽不言致天神之處者文略亦當在墠壇也云蓋用祭天地之明日者當冬至夏至之日正祭天地之神示重繁不可兼祭此等雖無正文鄭以意量之故云蓋用祭天之明日也。春官

○大宰祀五帝則掌

0014_0027-1

百官之誓戒與其具脩祀五帝謂四郊及明堂誓戒要之以刑重失禮也明堂位所謂各揚其職百官廢職服大刑是其辭之略也是所當共脩埽除糞洒。要一遥反洒色賣反。疏曰祀五帝則掌百官之誓戒者謂祭前十日已前誓戒百官則大宰掌之與其具脩者使百官共祭祀之具及脩之埽除也又曰五帝者東方青帝靈威仰南方赤帝赤熛怒中央黃帝含樞紐西方白帝白招拒北方黑帝汁光紀依月令四時迎氣及季夏六月迎土於南郊其餘四帝各於其郊并夏正王所感帝於南郊故云祀五帝於四郊

0014_0027-2

也鄭云及明堂者揔饗五帝於明堂依月令秦用季秋鄭云未知周以何月案下曲禮云大饗不問卜鄭云祭五帝於明堂莫適卜也彼明堂不卜此下經云帥執事而卜日則此祀五帝不合有明堂鄭云及明堂者廣解祀五帝之處其實此處無明堂云誓戒要之以刑重失禮者言要之以刑則服大刑是也言重失禮者以失禮為重故要之以刑引明堂位彼在祭祀之下陳之謂祭日此是未祭前引之者欲見祭前誓戒還用祭月之辭以勑之故或前或後其辭同云是其辭之略者謂誓戒之時其辭應多不應唯有此言故云辭之略也又云具

0014_0028-1

所當共者祭祀之連事祭祀之具百官共供故云具謂所當供又云脩埽除糞洒者案宮人云掌六寢之脩守祧云其廟有司脩除之是其脩埽除糞洒也

前期十日帥執事而卜日遂戒前期前所諏之日也十日容散齊七日致齊三日執事宗伯大卜之屬既卜又戒百官以始齊○諏子須反散西但反齊側皆反。疏曰前期者謂祭日前夕為期云前期十日者即是祭前十一日大宰帥宗伯大卜之屬執事之人而卜日又言遂戒者謂祭前十日遂戒百官始齊又曰云前期前所諏之日者此依少宰所諏之日

0014_0028-2

即祭日也凡祭祀謂於祭前之夕為期今言前期十日明祭前十一日也卜之後日遂戒使散齊致齊故云十日容散齊七日致齊三日案禮記祭統云散齊七日以定之致齊三日以齊之云執事宗伯大卜之屬者大宗伯職云凡祀大神享大鬼祭大示帥執事而卜日謂宗伯涖卜又案大卜云大祭祀視高命龜故知執事中有宗伯大卜之屬中含有小宗伯及卜師故言之屬但四時迎氣冬至夏至郊天等雖有常時常日猶須審慎仍卜日故表記云不犯日月不違卜筮注日月謂冬夏至正月及四時也所不違者日與牲尸也假令不吉改卜

儀祭礼六　二十七

0014_0029-1

後日故箴膏肓云天子郊以夏正上旬之日魯之卜三正下旬之日是雖有常時常日猶卜日也

及執事眡滌濯眡音視○疏曰及猶至也謂至祭前夕大宰眡滌濯案春官小宗伯大祭祀眡滌濯大宗伯亦云宿眡滌濯彼二官親眡滌濯大宰尊亦往涖之注云執事初為祭事前祭日之夕知者案下經及納亨者是祭日此云眡滌濯儀禮特牲亦云前祭日之夕視壺濯及豆籩士卑得與人君同少牢大夫禮當祭日溉祭器者下人君也又云滌濯謂溉祭器及甑甗之屬知然者案少牢雍人概鼎匕俎廩人概甑甗司宮摡豆籩

0014_0029-2

及勺爵此不言匕俎豆籩勺爵者之屬中含之

及納亨贊王牲事亨普庚反劉普孟反○納亨納牲將告殺謂鄉祭之晨既殺以授亨人凡大祭祀君親牽牲大夫贊之○鄉許亮反○疏曰及猶至也至納亨者案禮記明堂位君肉袒迎牲于門卿大夫贊君及殺訖納與亨人故言納亨云贊王牲事者即是卿大夫贊幣一人也又曰云納亨納牲將告殺者謂牽牲入時也禮器云納牲詔于庭殺訖毛以告純血以告殺腥其俎肫解而腥之以此訖乃納與亨人爓祭此言納亨者以牽牲也云謂嚮祭之晨者案檀弓云周人大事以

大十七　小三百八十五

祭礼六　二十八

0014_0030-1

日出故知納亨是嚮祭之晨此祭天無祼故先迎牲若宗廟之祭有祼而後迎牲也云既殺以授亨人者案亨人職職外內饔之爨亨謂腥其俎後云凡大祭祀君親牽牲大夫贊之者此明堂位文彼魯侯用天子禮故引以證天子法○

及祀之日贊玉幣爵之事日旦明也玉幣所以禮神玉與幣各如其方之色爵所以獻齊酒不用玉爵尚質也三者執以從王至而授之○齊才計反○疏曰及猶至也至祭日謂質明贊助也執此玉幣爵三者助而授王也又曰案特牲少牢皆質明行事故知旦明云玉幣所以禮神玉與

0014_0030-2

幣各如其方之色者上云祀五帝以爲迎氣於四郊之等案大宗伯以土作六
器以禮天地四方又云青圭禮東方赤璋禮南方白琥禮西方玄璜禮北方季
夏六月迎土氣於南郊亦用赤璋下云牲幣彼雖幣不是禮神之幣亦云各放
其器之色是其禮神幣與玉亦各如其方色也云爵所以獻齊酒者案冪人云
疏布冪八尊八尊者五齊三酒之尊以其祭天無裸故無彝尊也云不用玉爵
尚質也者對下經享先王用玉爵尚文此祭天不用玉爵故云尚質云三者執
以從王至而授之者謂至此祀圓丘方澤祭所饌授之王親自執玉幣奠於神

大五三　小三百十四　仪祭制六　二十九

0014_0031-1

坐親醆以獻尸祀大神示亦如之大神祇謂天地○疏曰云
祀大神謂冬至祭天於圓丘云祀大祇謂夏至祭地於方澤亦如之者從掌百
官誓戒已下贊玉幣爵之事已上皆如祀五帝之禮又曰此天謂大天對五帝
爲小天此地謂大地對神州之神爲小地故云天地也○天官○大宗
伯凡祀大神享大鬼祭大示帥執事而
卜日宿眡滌濯涖玉鬯省牲鑊奉玉齍
詔大號治其大禮詔相王之大禮省本又作

0014_0031-2

責息井反鑊户郭反齍音咨相息亮反○執事諸有事於祭者宿申戒也滌濯
溉祭器也玉禮神之玉也始涖之祭又奉之鑊享牲器也大號六號之大者以
詔大祝以爲祝辭治猶簡習也豫簡習大禮至祭當以詔相王羣臣禮爲小禮
故書涖作立鄭司農讀爲涖涖視也○疏曰帥執事而卜日者謂祭三者鬼神
之時祭前十日大宗伯先帥執事有事於祭者共卜取吉日乃齊云宿眡滌濯
者謂祭前一宿視所滌濯祭器看絜淨以否云涖玉鬯者天地有禮神之玉無
鬱鬯宗廟無禮神之玉而有鬱鬯但宗廟雖無禮神玉仍有圭瓚璋瓚亦是玉

小四百十九　祭禮一　卅

0014_0032-1

故曲禮云玉曰嘉玉郊特牲云用玉氣是也云省牲鑊者當省視享牲之鑊云
奉玉齍者此玉還是上文所涖者齍謂黍稷天地當盛以瓦簋但齍與上鬯互
見爲義皆始臨之祭又奉之詔大號者謂大宗伯告大祝出祝辭也云治其
大禮者謂天地人之鬼神祭禮王親行之爲大禮對下小宗伯治小禮爲小也
詔相王之大禮者謂未至之時詔告之及其行事則又相之又曰案太宰云祀
五帝前期十日帥執事而卜日注云執事宗伯大卜之屬此注云執事諸有事
於祭者二注不同者以其太宰不掌祭事故云執事大宗伯大卜之等卜日而

0014_0032-2

已此大宗伯主祭祀之事故摠諸有事於祭者也云滌濯溉祭器也者此滌濯是蕩滌以少牢有溉祭器故據而言之溉即拭也云玉禮神之玉也者即蒼璧黄琮青圭赤璋之等及四圭兩圭之類皆是禮神致於神坐也案九嬪職云贊玉齍注云玉齍玉敦盛黍稷與此注玉爲禮神之玉齍即非玉敦飾注不同者彼九嬪所贊贊后設之據宗廟宗廟無禮神玉則玉齍不得别解故爲玉敦此據天地爲主有禮神玉故與齍别釋也大宰云祀五帝贊玉幣爵之事注云三者執以從王至而授之彼所執據五帝此所奉據昊天與崐崘故不同云

0014_0033-1

始涖之祭又奉之者鄭據上云涖涖臨視也直視看而已下云奉據手執授王故云祭又奉之云鑊亨牲器也者案特牲少牢鑊即爨在廟門之外東壁也云大號六號之大者謂若大祝云辨六號一曰神號二曰示號三曰鬼號四曰牲號五曰齍號六曰幣號之等是六號之大者也云以詔大祝以爲祝辭者經云詔大號大祝是事神之人又辨六號故知所詔是詔大祝爲祝辭祝辭則祝版之辭是也云羣臣禮爲小禮者則小宗伯小祝行者是也

若王不與祭祀則攝位與音預○王有故代行其祭事○疏曰攝訓爲代有

0014_0033-2

故者謂王有疾及哀慘皆是也量人云凡宰祭與鬱人受嘏歷而皆飲之注云言宰祭者冢宰佐王祭亦容攝祭此宗伯又攝者冢宰貳王治事宗伯主祭事容二官俱攝故兩言之○春官

右昊天天神之祀

○辭皇皇上天照臨下土集地之靈降甘風雨禮運曰地秉陰竅於山川庶物羣生各得其所靡今靡古言覆施均維予一人某敬拜皇

0014_0034-1

天之祐古祝辭則云嗣王某或曰一人某王者親告之辭也○大戴禮公符篇

小宗伯兆五帝於四郊四望四類亦如之兆爲壇之營域五帝蒼曰靈威仰大昊食焉赤曰赤熛怒炎帝食焉黃曰含樞紐黃帝食焉白曰白招拒少昊食焉黑白汁光紀顓頊食焉黃帝亦於南郊鄭司農云四望道氣出入四類三皇五帝九皇六十四民咸祀之玄謂四望五嶽四鎮四竇四類日月星辰運行無常以氣類爲之位兆日於東郊兆月與

0014_0035-1　　0014_0034-2

風師於西郊兆司中司命於南郊兆兩師於北郊○仰姤字劉五朗反熛必消反樞烏未反紐女九反拒居禹反㳂又音巨汁音叶劉子集反寶音獨本亦作瀆○疏曰自此以下云外神從尊至卑故先云五帝此不云大帝者此文上下唯論四郊以對國中右社稷左宗廟其大帝與崑崙自相對而在四郊之內有自然之圜丘及澤中之方丘以其不在四郊故不言也又曰云兆爲壇之營域者案封人云社稷之壝謂壝土爲之即此壇之營域一也不言壇者舉外營域有壇可知云五帝蒼曰靈威仰之等此於大宗伯釋訖但彼據禮神王幣而言

小四百二十　儀祭禮六　卅三　康賓

此據壇域處所而說故兩處各言之也司農云四望道氣出入者案上注司農以爲日月星海後鄭不從矣今此云道氣出入與上注不同者以無正文故兩注有異若然云道氣出入則非日月星海謂五嶽之等也故後鄭就足之還爲五嶽之屬解之先鄭云四類三皇五帝九皇六十四民咸祀之者案史記云九皇氏沒六十四民興六十四民沒三皇興彼雖無三王五帝之文先鄭意三皇已祀之明并祭五帝三王可知後鄭不從者以其兆五帝已下皆據外神大昊勾芒等配祭而已今郊特祭人帝於其中非所宜故不從是以取五嶽之屬易

0014_0036-1　　0014_0035-2

之也後鄭注云四類日月星辰者以其言類明以氣類而爲位以祭之故知是日月之等知兆日於東郊者案祭義云大明生於東故覲禮亦云拜日於東郊玉藻又云朝日於東門之外也又知兆月於西郊者月生於西知風師亦於西郊者以其五行金爲陽土爲風風雖屬土秋氣之時萬物燥落由風故風亦於西郊也云兆司中司命於南郊者以其南方盛陽之方司中司命又是陽故司中司命在南郊也云兆雨師於北郊者以其雨是水宜在水位故知雨師在北郊天子四望諸侯三望境內山川案僖三十一年夏四月猶三望服氏云三望

大十六　小三百八十五　儀祭禮六　三十四　戴寧

分野星國中山川又上文先鄭云四望日月星海後鄭必知望祭中無天神者案哀六年云初楚昭王有疾卜曰河爲崇王弗祭大夫請祭諸郊王曰三代命祀祭不越望江漢雎漳楚之望也爾雅又云梁山晉望又案尚書云望於山川則知望祭中無天神可知若天神日月之等當入四類之內也若然尚書云望於山川必知四望非山川是五嶽四瀆者以其下云兆山川丘陵之等山川既在下故知此四望是五嶽之屬山川之大者也○春官

○掌次祀五帝則張大次小次設重帟重案重直龍反

0014_0037-1　　0014_0036-2

○祀五帝於四郊次謂幄也大幄初往
所止居也小幄既接祭退俟之處祭義
曰周人祭日以朝及闇雖有強力孰能
支之是以退俟與諸臣代有事焉重帟
複帟重案牀重席也鄭司農云五帝五
色之帝○疏曰張大次小次者次謂幄
帳也大幄小幄但幄在幕中既有幄明
有帷幕可知設重帟者謂於幄中設承
塵云重案者案則牀也牀言重謂牀上
設重席不言氊及皇邸亦有可知上氊
案不言重席亦有重席可知互見爲義
又曰祀五帝於四郊即小宗伯兆五帝
於四郊是也此謂四時迎氣月令四立
之祭是也云次謂幄也大幄初往所止

居也小幄既接祭退俟之處者必兩處
設帷者大幄謂王侵晨至祭所祭時未
到夫壇壝之外遠處設大次王且止居
故云大幄初往所止居也接祭者與羣
臣父接相代而祭夫壇宜近置小一幄
退俟之處云重帟複帟者謂兩重爲之
云重案牀重席者案司几筵莞筵繅席
次席三重此言重席亦當有此三重與
重席不同五帝五色帝
即靈威仰之屬○天官

○司服王服大裘而冕

鄭司農云大裘羔裘也○疏曰
鄭司農云大裘羔裘也者司裘
文先鄭注云大裘黑羔裘然則凡祭
之皆同羔裘義具於司裘也○春官○

0014_0038-1　　0014_0037-2

大宰掌百官之誓戒與其具脩前期十
日帥執事而卜日遂戒及執事眂滌濯
及納亨贊王牲事及祀之日贊王幣爵
之事

天官○注疏詳見
昊天天神之祀

○大司寇若禋
祀五帝則戒之日涖誓百官戒于百族

戒之日卜之日也百族謂府史以下也
郊特牲曰卜之日王立于澤親聽誓命
受教諫之義也獻命庫門之內戒百官
也七廟之內戒百姓也○疏曰禋之言

禋禋祀五帝謂迎氣於四郊及摠享五
帝於明堂也云戒之日者謂前十日卜
之日卜吉即戒之使散齊云涖誓百官
者謂餘官誓百官之時大司寇則臨之
云戒於百族者大司寇親自戒之其百
官所戒者當大宰爲之是以大宰云祀
五帝前期十日帥執事而卜日遂戒故
知大宰戒百官也若然大宰云祀五帝
則掌百官之誓戒大宰雖云掌百官誓
戒戒則親爲之誓則掌之而不親誓何
者此司寇卑於大宰此不涖誓百官豈
司寇得臨大宰爭故知大宰掌之餘小
官誓之司寇臨之也又曰鄭知百族府
史以下者以其主之百姓亦同大宰戒

之故知百族府史胥徒也引郊特牲者欲見百族非王之親是府史以下也云獻命庫門之內戒百官也者王自澤宮而還入皋門至庫門之內大宰獻命命即戒百官又於庫門內而東入廟門廟門之內戒百姓彼注云百姓王之親也族親故入廟乃戒之

及納亨前王祭之日亦如之

亨普庚反劉普孟反○納亨致牲○䟽曰鄭云納亨致牲者謂將祭之辰祭之日謂旦明也此二者大司冦為王引道故云亦如之

奉其明水火

明水火所取於日月者○䟽曰司烜氏以陽燧取火於日中以陰鑑取水於月

大三十一　小三百十四　仪祭礼六　三七

中明者絜也主人明絜水火乃成可得是明水火所取於日月者也奉此水火者水以配鬱鬯與五齊火以給爨亨也○地官

○小司冦凡禋祀五帝實鑊水納亨亦如之

納亨致牲也其時鑊水當以洗解牲體肉○䟽曰云禋祀五帝者祭天曰燔柴即禋祀也故云禋祀五帝五帝所祀謂四時迎氣揔亨明堂實鑊水以擬洗肉所用也納亨亦如之納亨致牲謂將祭亨祭之晨實以水亨牲也鄭知實鑊水為洗解牲肉者以下云納亨亦如之是實鑊水亨爨肉故知此是洗肉也封人云拱其水槀亦謂洗

牲肉也○地官

○士師祀五帝則沃尸及王盥洎鑊水

洎其器反或音臮○洎謂增其沃汁○䟽曰案特牲少牢尸盥不就洗入門北面則以盤匜盥手王盥謂將獻尸時先就洗盥洎鑊水增其沃汁鑊在門外之東亨牲之爨言須鑊水就爨增之亨實鑊水此官增之示敬而已此直言祀五帝沃尸及王盥其餘冬至夏至及祭先王先公所沃盥者案小祝職云大祭祀沃尸盥小臣職云大祭祀朝覲沃王盥如是則冬至夏至及先王先公小祝沃王盥小臣沃王盥鬱人云凡祼事沃盥惟在宗廟為祼時○秋

仪祭礼之　三八

官

○充人掌繫祭祀之牲牷祀五帝則繫于牢芻之三月

䟽曰云充人掌繫祭祀之牲牷者但祭祀之牲皆體牷具故以牷言之也云祀五帝者上文云掌繫祭祀之牲牷則揔養天地宗廟之牲下別言祀五帝則略舉五帝而已其實昊天及地祇與四望社稷之等外神皆繫之也○注曰牢閑也必有閑者防禽獸觸齧養牛羊曰芻三月一時節氣成又䟽曰云牢閑也者校人養馬謂之閑此養牛羊謂之為牢言閑見其閑衛言牢見其牢固所從言之異其實一物也云必有閑者防禽獸觸

齧者案春秋有郊牛之口傷鼷鼠食其角自外恐更有禽獸觸齧故鄭摠云焉云養牛羊曰芻者此經云繫于牢芻之惟據牛羊若犬豕則曰豢又不繫之矣六三月一時節氣成者釋必以三月之意案宣三年公羊云帝牲在于滌三月何休云滌宮名養帝牲三牢之處也三牢者各主一月取三月一時足以充天牲是其三月之義也

展牲則告牷展具也具牲若今時選牲也充人主以牲牷告展者也玄謂展牲若今夕牲也特牲饋食之禮曰宗人視牲告充舉獸尾告備近之○疏曰先鄭以爲選牲時後鄭不從者若是選牲時應在

牧人牧人選訖始付充人今既在繫養之下乃言展牲則告牷明非初選牲故不從玄謂展牲若今夕牲也者此舉漢法以況之又引特牲禮者以其天子禮亡故舉以言焉案彼宗人視牲告充亦謂祭前之夕夕牲時云舉獸尾者士用兎腊言獸尾正謂兎也言近之者彼謂士禮引證天子法故云近之

碩牲則贊贊助也君牽牲入將致之助持之也春秋傳曰故奉牲以告曰博碩肥腯○疏曰上經夕牲時此經據正祭時言碩牲者謂君牽牲入廟卿大夫贊幣而從告云博碩肥腯此充人既是養牲之官當助持牛紖而牽之又曰鄭知

有君牽牲者見祭義云君牽牲穆荅君卿大夫序從天子亦當然又引春秋傳者比春秋左氏傳楚武王侵隨隨少師請追楚師季梁止之曰天方授楚楚之羸其誘我也臣聞小之能敵大也小道大淫又云今民餒而君逞欲祝史矯舉以祭不知其可也公曰吾牲牷肥腯粢盛豐備何則不信對曰夫民神之主也是以聖王先成民而後致力於神故奉牲以告曰博碩肥腯謂民力之普存也是其事也

○地官

○**大司徒祀五帝奉牛牲羞其肆**肆託歷反注肆解肆去同司農音四注肆陳同○牛能任載地類也

奉猶進也鄭司農云羞進也肆陳骨體也玄謂進所肆解骨體士長禮曰肆解去蹄○疏曰羞其肆者羞進也肆解也謂於俎上進所解牲體於神坐前又曰鄭解司徒奉牛之意故云牛能任載地類也故屬地官司徒鄭司農云羞進也肆陳骨體也者骨體有脊春脅之屬司農以肆爲四音讀之故云肆陳也謂陳牲體於俎上即體解折節爲二十一體是也故云陳骨體也玄謂進所肆解骨體者後鄭之意以肆爲鬄音讀之肆解骨體者爲七體解之故引士喪禮曰肆解去蹄案士喪禮曰特豚四鬄去蹄彼注云四解之殊肩髀彼言殊肩髀與此

0014_0043-1　　0014_0042-2

骨體一也但彼云四𩏑此云肆解其字不同者鄭直以義讀之非彼正文此云
肆當彼𩏑也後鄭必不從先鄭爲肆陳骨體爲二十一體者案禮運云腥其俎
孰其殽彼注云腥其俎謂豚解而腥之也孰其殽謂體解而爛之祭祀之法先
豚解後體解經云奉牲謂初牽入時即言薦其肆明先豚解又案國語禘郊
之事則有全脀明知不得先有體解若然則禘郊之事先全脀始後豚解也若
宗廟則無全脀先豚解次體解禮運所云者是也○秋官○季秋上
丁命樂正入學習吹吹昌睡反○爲將饗帝也春夏重舞
秋冬重吹也○爲于僞反○疏曰以下有饗帝之文此有習吹之事故云爲將
饗帝其習舞吹必用丁者取其丁壯成就之義欲使學者藝業成故也大
饗帝言大饗者遍祭五帝也曲禮曰大饗不問卜謂此也○疏曰若祭一
帝之時則禮器謂之饗帝今云大饗故知徧祭五帝也此大饗與帝連文故謂
祭天禮器大饗其王事與彼下云三牲魚腊九州之美味是四方助祭之物故
以大饗爲祫也與此不同引曲禮云大饗不問卜謂此者以曲禮大饗不云帝
以云大饗帝不云不問卜恐是別事諸儒多以爲疑故鄭執之云曲禮所云謂

大十五　小三ㄱ八九　儀祭禮六　四十一　戴彝

0014_0044-1　　0014_0043-2

此也鄭必知曲禮大饗非指祫祭必是此大饗帝者以周禮祀大神享大鬼帥
執事而卜日若祫祭不得云不問卜也此饗五帝皆饗莫適卜可從故知不問
卜謂此也嘗犧牲告備于天子嘗者謂嘗羣神也天子親
嘗帝使有司祭于羣神禮畢而告焉○疏曰嘗犧牲者謂嘗祭羣神以犧牲於
時有司嘗祭其事既畢告祭備具於天子也又曰此犧牲之文繼饗帝之下知
非欲饗帝之時使有司展犧牲告其備具而云嘗謂嘗羣神者以四月大雩以
祈穀實雩上帝之後云雩祀百辟卿士是雩帝之外別雩羣神九月大饗以報
功明饗帝之外亦饗羣神故知此嘗羣神云使有司祭于羣神者以其經云
告備於天子故知是有司帝是尊神故知天子親祭經云饗帝鄭云天子親嘗
者嘗是秋祭之名因經有嘗犧牲之文雖天子亦曰嘗以秋物新成故也○月
令○仲夏命樂師脩鞀鞞鼓均琴瑟管
簫執干戚戈羽調竽笙箎簧飭鍾磬柷
敔鞞步西反箎音池本又作篪敔魚呂反本又作圉○爲將大雩帝習樂也
脩均執調飭者治其器物習其事之言○爲于僞反下爲民同○疏曰鞀字或

大二八　小三ㄱ四二　儀祭禮六　四十二　戴彝

0014_0044-2

從兆下鼓奈周禮小師注云鼗如鼓而小持其柄搖之旁耳還自擊鄭注詩云小鼓在大鼓旁應鞞之屬也鞞鼓者則周禮鼓人職掌六鼓雷鼓鼓神祀之屬是也劉熙釋名云鞀遠也所以導樂作鞞裨也裨助鼓節鼓廓也張皮以冒之其中空廓琴者釋樂云大琴謂之離孫炎云聲留離廣雅云琴長三尺六寸六分五絃劉熙釋名云施絃張之瑟者釋樂云大瑟謂之灑孫炎云音之布告如埽灑郭景純云瑟長八尺一寸二十七絃管者釋樂云大管謂之簥音驕郭景純云管長尺圍寸併漆之有底賈氏以為如箎六孔鄭注周禮云管如篴而小

0014_0045-1

併兩而吹之簫者釋樂云大簫謂之言郭景純云編二十三管長尺四寸鄭注周禮簫編小竹管如今賣飴餳所吹者劉熙釋名簫肅也干盾也戚斧也戈鉤孑戟羽鳥羽周禮羽舞皇舞之屬是也竽者鄭注周禮云竽三十六簧釋名云竽汙也其中汙空笙者鄭注周禮云十三簧釋樂云大笙謂之巢郭景純云列管瓠中施簧管端木者十九簧釋名云笙生也象物出地所生箎者釋樂云大箎謂之沂郭景純云箎以竹為之長尺四寸圍三寸一孔上出寸三分名翹橫吹之廣雅云八孔鄭司農注周禮云箎之空釋名云箎啼也聲如嬰兒啼簧者

0014_0045-2

竽笙之名也氣鼓之而為聲釋名云簧橫也於管頭橫施之鍾者案釋樂云大鍾謂之鏞釋名云鍾空也內空受氣多磬者釋樂云大磬謂之毊音囂以玉石為之釋名云磬聲也聲堅罄罄然柷者釋樂云所以鼓柷謂之止郭景純云柷如漆桶方二尺四寸深一尺八寸中有椎柄連底挏之令左右擊止者其椎名敔者釋樂云所以鼓敔謂之籈郭景純云敔如伏虎背上有二十七鉏鋙刻以木長尺櫟之又曰脩者脩理舊物均者均平其聲執者操持營為調者調和音曲飭者整頓器物故云治其器物習其事之言也○月令

命有司為

0014_0046-1

民祈祀山川百源大雩帝用盛樂乃命百縣雩祀百辟卿士有益於民者以祈穀實辟必亦反○陽氣盛而常旱山川百源能興雲雨者也衆水始所出為百源必先祭其本乃雩雩吁嗟求雨之祭也雩帝謂為壇南郊之旁雩五精之帝配以先帝也自鞀鞞至柷敔皆作曰盛樂凡他雩用歌舞而已百辟卿士古者上公若勾龍后稷之類也春秋傳曰龍見而雩雩之正當以四月凡周之秋三月之中而旱亦脩雩禮以求雨因著正雩此月失之矣天子雩上帝諸侯

0014_0046-2

下雩上公之冬及春夏雖旱禮有禱
無雩○句古侯反見賢遍反○疏曰王
以將欲雩祭故先命有司為祈祀山川
百源為將雩之漸重民之義也故先為
民又雩帝用盛樂者為民祈穀後天子
乃大雩天帝用上鞀鞞之等故云用盛
樂乃命百縣雩祀百辟卿士者謂天子
既雩之後百縣謂諸侯也命此諸侯以
雩祀古之百辟及卿士等生有之日能
立功有益於人者又曰以四月純陽用
事故云陽氣盛而恒旱故制禮此月為
雩縱令雩祭時不旱亦為雩祭云雩吁
嗟求雨之祭者以雩音近吁又女巫職
云凡邦之大烖歌哭而請歌哭則吁嗟

祭礼六　四五

0014_0047-1

之類旱又是大烖故須吁嗟求雨注春
秋者以雩為遠謂遠為百穀祈雨鄭
義也云雩帝謂為壇南郊之旁雩五精
之帝者以雩是祭天當從陽位以五天
總祭不可偏在四方故知在南郊也以
合夏秋冬共成歲功不可偏祭一天故
雩五精之帝以自外至者無上不止當
以人帝配之大皞配靈威仰炎帝配赤
熛怒少皞配白招拒黃帝配含樞紐顓
頊配汁光紀故云配以先帝也云凡他
雩用歌舞而已者案女巫云旱暵則舞
雩是用歌舞正雩則非唯歌舞兼有餘
事故論語云舞雩詠而歸是也云百辟
卿士古者上公句龍后稷之類也者百

0014_0047-2

辟則古之上公則國語鯀為崇伯
而禮記祭法有祀之文社稷五祀雖為
王朝卿士兼帶上公之官故左氏云封
為上公祀為貴神明身為百辟又為卿
士案左傳有社稷五官今直云句龍
后稷不云句芒蓐收之等舉有益於民
功之顯者言之引春秋傳曰龍見而雩
者欲明正雩在四月不在五月也云凡
周之秋三月之中旱亦脩雩禮以求雨
者釋此經大雩在五月之中為五月不
雨脩雩祭作記者言五月之雩是常雩
故記之於五月也云天子雩上帝者以
此云大雩帝也云諸侯以下雩上公者
此云乃命百縣雩祀百辟卿士是也云

祭礼六　四六

0014_0048-1

周冬及春夏雖旱禮有禱無雩者案春
秋周七月八月九月皆書雩穀梁不譏
成七年冬大雩穀梁云無為雩是譏其
冬雩是冬無雩也春秋周之春及周之
四月五月皆無雩文春夏不雩雖旱不
為脩雩之祭其周季夏當有正雩則龍
見而雩是也案春秋桓五年秋大雩傳
云書不時服注雩遠也遠為百穀祈膏
雨言大別山川之雩也僖十一年秋八
月大雩十三年秋九月大雩成公三年
秋大雩七年冬大雩襄五年秋大雩傳
曰旱八年九月大雩傳曰旱十六年秋
大雩十六年秋九月大雩二十八年秋
八月大雩傳曰旱昭三年秋八月大雩

0014_0048-2

傳曰旱六年九月大雩傳曰旱八年秋大雩十六年秋九月大雩傳曰旱二十四年秋八月大雩傳曰旱二十五年秋七月上辛大雩季辛又雩傳曰秋書再雩旱甚定元年秋九月大雩七年秋大雩九月大雩十二年秋大雩僖二十一年夏大旱宣七年秋大旱莊三十一年冬不雨僖二年冬十月不雨二年正月不雨夏四月不雨六月雨傳曰自十月不雨至于五月不曰旱不爲災文二年自十有二月不雨至于秋七月十年云自正月不雨至于秋七月十三年云自正月不雨至于秋七月是春秋之中不雨有七大旱有二大雩有一十一都并

0014_0049-1

有三十莊三十一年冬不雨以冬時旱氣以過故不數僖二十一年夏大旱宣七年秋大旱二旱災成故不數昭二十五年七月再雩秖是一旱之事爲再雩一雩不數定七年秋大雩亦一時之事而爲一雩一雩不數成七年冬大雩穀梁云冬無爲雩明亦不數三十之中去七六事不數唯有二十四在就二十四之中分爲四部桓五年秋大雩譏雩禮是一部也僖二年冬十月不雨僖三年正月不雨夏四月不雨譏禱禮是二部也文二年文十年文十三年皆云正月不雨至于秋七月譏旱不爲災是三部也此三部揔有七條於二十四去七條

0014_0049-2

餘有十七條說旱氣所由故鄭釋廢疾六春秋凡書二十四旱考異郵說云分爲四部各有義焉是其事也凡正在周之六月常事不書書秋大雩傳云旱者皆過雩也傳言旱者皆爲旱脩雩也雩書月者爲脩旱雩得禮故定元年穀梁傳曰雩月雩之正也秋大雩非正也案玉藻云至于八月不雨君不舉注云建子之月不雨盡建未乃始成災而傳二十一年夏大旱未至建未而爲災者若霧露霑濡壟中有苗雖歷時不爲災也文二年十年十三年自十二月正月不雨至秋七月是也至八月不雨乃爲災若無霧露霑濡壟中無苗雖未至

0014_0050-1

八月則爲災故僖十一年夏大旱是也穀梁說云得雨曰雩不得雨曰旱公羊說言雩則旱見言旱則雩不見此二家之說不同鄭釋廢疾從穀梁之義雩之與禱所以異者考異郵說云天子禱九用山川諸侯禱封內大夫禱所食邑又僖公三時不雨帥羣臣禱山川以過自讓凡雩必先禱故此經云乃命百縣祈祀山川百源始大雩帝是也禱者不雩僖公二年冬十月及三年春正月夏四月有爲禱祭不爲雩以非雩月故不雩○月令

○孟春乃以元日祈穀于上帝謂以上辛郊祭天也春秋傳曰夫郊祀后稷以

0014_0050-2

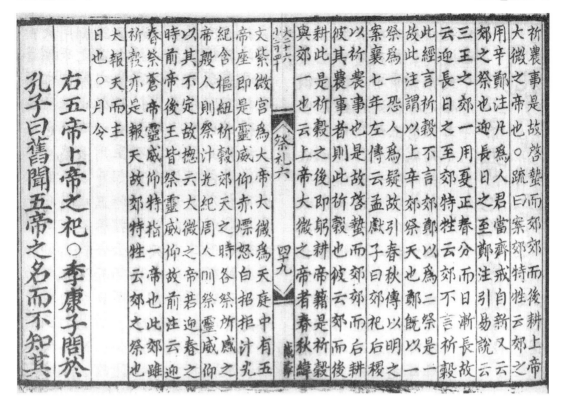

祈農事是故啓蟄而郊郊而後耕上帝
大微之帝也○疏曰案郊特牲云郊之
用辛鄭注凡爲人君當齊戒自新又云
郊之祭也迎長日之至鄭注引易說云
三王之郊一用夏正春分而日漸長故
云迎長日之至郊特牲云郊不言祈穀
此經言祈穀不言郊鄭以爲二祭是一
故此注謂以上辛郊祭天也鄭旣以一
祭爲一恐人爲疑故引春秋傳以明之
案襄七年左傳云孟獻子曰郊祀后稷
以祈農事也是故啓蟄而郊郊而后耕
彼其農事者則此祈穀也彼云郊而後
耕此是祈穀之後即躬耕帝籍是祈穀
與郊一也云上帝大微之帝者春秋緯

0014_0051-1

文紫微宮爲大帝大微爲天庭中有五
帝座即是靈威仰赤熛怒白招拒汁光
紀含樞紐祈穀郊天之時各祭所感之
帝殷人則祭汁光紀周人則祭靈威仰
以其不定故揔云大微之帝若迎春之
時前帝後王皆祭靈威仰故前注云迎
春祭蒼帝靈威仰特指一帝也此郊雖
祈穀亦是報天故郊特牲云郊之祭也
大報天而主日也○月令

右五帝上帝之祀○季康子問於
孔子曰舊聞五帝之名而不知其

0014_0051-2

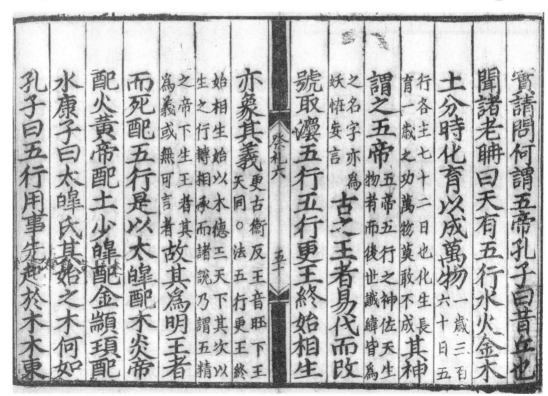

實請問何謂五帝孔子曰昔丘也
聞諸老聃曰天有五行水火金木
土分時化育以成萬物一歲三百六十日五
行各主七十二日也化生長育一歲之功萬物莫敢不成其神
謂之五帝五帝五行之神佐天生物者而後世讖緯皆爲
之名字亦爲妖恠妄言古之王者易代而改
號取法五行五行更王終始相生

0014_0052-1

亦象其義更古衡反王音旺下王天同○法五行更王終
始相生始以木德王天下其次以生之行轉相承而諸說乃謂五精
之帝下生王者其爲義或無可言者故其爲明王者
而死配五行是以太皡配木炎帝
配火黃帝配土少皡配金顓頊配
水康子曰太皡氏其始之木何如
孔子曰五行用事先起於木木東

0014_0053-1　　0014_0052-2

[illegible]

[illegible]

[illegible]

[illegible]

正叅[illegible]曰

爲十二正此五行之[illegible]

帝者何也孔子曰凡五正者五行

大戴二十七　祭禮六　五十三

之官名五行佐成上帝而稱五帝

太皞之屬配焉亦云帝從其號天尊物不可以同其號亦兼稱上帝上符也下五行佐成天事謂之五帝以勞有五行而其精神在上故亦爲之下名黄帝之屬故亦稱帝蓋從天王言之號故王者雖號稱帝而不得稱天帝而曰天子者而[illegible]尊其指去遠矣曰[illegible]下天下之王也昔少

[illegible]叔曰重曰該曰脩

0014_0054-1　　0014_0053-2

曰熙實能金木及水使重爲句芒

該爲蓐收脩及熙爲玄冥顓頊氏

有子曰犂爲祝融共工氏之子曰

句龍爲后土此五者各以其所能

業爲官職各以一行之官其職業之事生爲上

公死爲貴神別稱五祀不得同帝五祀上公之神故不得稱帝也其尊卑三正不及王帝三帝不及天

[illegible]

稷可以[illegible]祭祀焉祭地不亦先之遠矣其二與火水社爲五行是地之子也以子爲母不亦難於天尊卑之序也康子曰

陶唐氏虞夏后殷周獨不得配五

帝者德不及上古耶將有限乎

古之平治水土及播殖百

穀者眾矣唯句龍兼食於社[illegible]配也

稷神易代奉之無敢益者

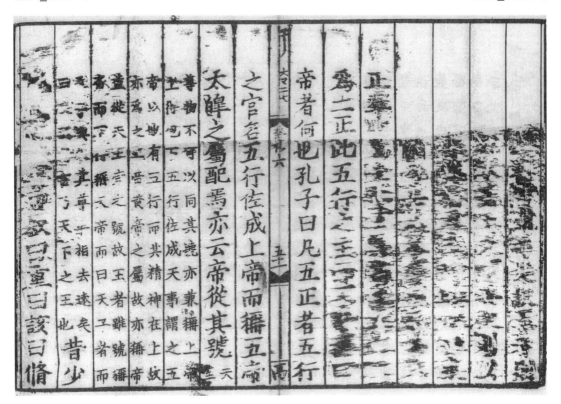

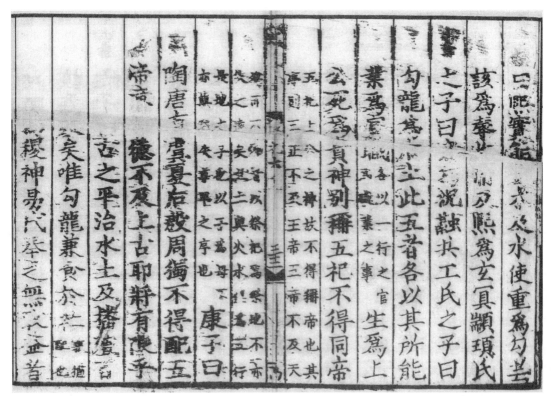

0014_0054-2

明不可與竽故自太皡以降逮于
顓頊其應五行而王數非徒五而
配五帝是其德不可以多也家語五帝
○孔子曰誦詩三百不足以一獻
一獻之禮不足以大饗大饗之禮
不足以大旅大旅具矣不足以饗
帝評詩三百喻習多言而不學禮也大旅祭五帝也饗帝祭天

0014_0055-1

毋輕議禮謂若誦詩者不可以強言禮。疏曰此一節明
禮之為貴貴於衆事誦詩三百不足以一獻者假令習誦此詩雖得
三百篇之多若不學禮此誦詩之人不足堪為一獻之祭言一獻祭
羣小祀不學禮則不能行也一獻之禮不足以大饗者言雖習一獻
小祀其禮既小不堪足以行大饗之禮大饗謂祫祭宗廟也大饗之
禮不足以大旅者大饗其禮雖仍是去人不遠其禮可知大旅
總祭五帝天與人道隔其禮故雖能行大饗之禮不堪足

0014_0055-2

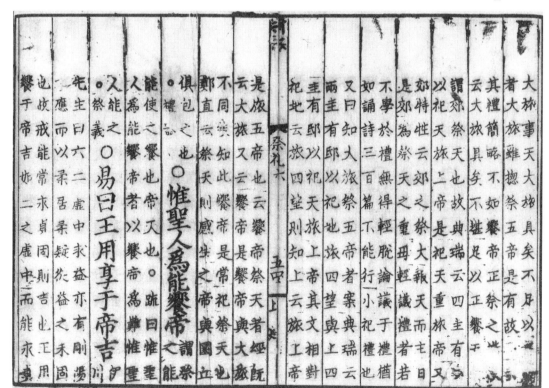

大旅事天大旅具矣不足以者大旅雖總祭五帝是有故
其禮簡略不如饗帝正祭之云大旅具矣不堪是以正饗于
謂郊祭天也故典瑞云四圭有以祀天旅上帝是祀天重旅帝又
郊特牲云郊之祭大報天而主日是郊為祭天之重毋輕議禮者若
不學於禮無得輕脫論議于禮猶如誦詩三百篇不能行小祀禮也
又曰知大旅祭五帝者案典瑞云兩圭有邸以祀地旅四望與上四
圭有邸以祀天旅上帝其文相對祀地云旅四望則知上云旅上帝

0014_0056-1

是旅五帝也云饗帝祭天者經既云大旅又云饗帝是饗帝與大旅
不同要知此饗帝是常祀祭天也鄭直云祭天則感生之帝與圜丘
俱包之也○禮記○惟聖人為能饗帝謂祭之能
能使之饗也帝天也○疏曰惟聖人為能饗帝者以饗帝為難惟聖
人能之○祭義○易曰王用享于帝吉伊川
先生曰六二虛中求益亦有剛陽之應而以柔居柔疑於益之未固
也故戒能常永貞固則吉也王用饗于帝吉如二之虛中而能永貞

以饗上帝猶當獲吉況與人[illegible]如其意有不通乎求益於人有[illegible]享于祭天天子之事故云王用也。易益卦○天子[illegible]

耕藉盛秬鬯以事上帝藉音昔音巨。[illegible]無事而居位食祿是不義而富貴。疏曰天子親耕藉盛秬鬯以事上帝者案小宰注云天地大至尊不裸此祭二帝有秬鬯者鬯有二若和之以鬱謂之鬱鬯人所掌是也祭宗廟而灌也若和鬱謂之秬鬯鬯人所掌是也五齊之酒以秬黍爲之以芬芳

暢故言秬鬯故得以事上帝也伯云泣玉帛者謂饗大鬼也若詩云奉璋峨峨者謂據祭宗廟也故與此不同也。表記○

冬之月命太史次諸侯之列賦犧牲以共皇天上帝社稷之饗恭下同。此所與諸侯共者也國有大小也賦之犧牲大者出小者出少饗獻也。疏曰列多來歲方祭祀須犧牲犧牲出諸之國國有大小故命大史書列以共賦也諸侯同王南面專王

之土故命之出牲以與王共享大功也既漫言諸侯則同姓異姓皆然也賦之犧牲者賦稅出也次之隨國大小出之也以共皇天者賦牲所共也皇天天皇大帝也上帝者靈威仰五帝也社稷者王之社稷也諸侯乃自有社稷而始封亦割王社土與之故賦牲共王社稷也享饗也出牲以共獻於上帝諸神也凡在天下九州之民者無不咸獻其力以共皇天上帝之祀民非神之福不生雖有其邦國采地此賦

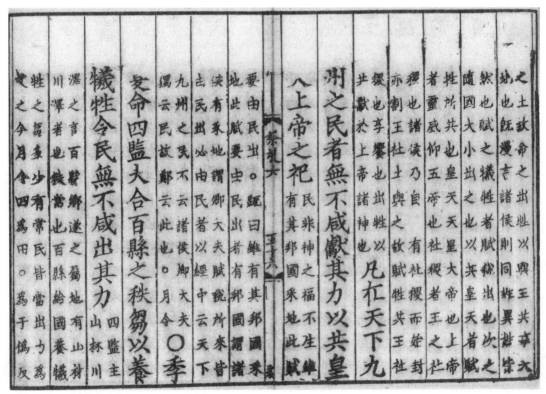

要由民出。疏曰雖有其邦國采地此賦要由民出者有邦國謂諸侯有采地謂鄉大夫賦稅所來皆由民出必由民者以經中云天下九州之民不云諸侯鄉大夫獨云民故鄭云此也。月令○季冬命四監大合百縣之秩芻以養犧牲令民無不咸出其力四監主山林川澤之言百縣鄉遂之屬地有山林川澤者也秩常也百縣給國養犧牲之芻多少有常民皆當出力爲艾之今月令四爲田。爲于僞反

0014_0058-2

下爲民同〇疏曰案周禮有山虞澤虞林衡川衡之官秩芻出於山
林又季冬云乃命四監收秩薪柴薪柴亦出於山林川澤云百縣鄉
遂之屬地有山林川澤者知百縣非諸侯而云鄉遂之屬以其所芻
養牲不可大遠故知是畿內鄉遂仲夏云乃命百縣雩祀百辟卿士
者兼外內諸侯也此云鄉遂之屬者不兼公卿大夫之采邑秩常芻
古文云今月令四爲田者令田監大合秩芻義亦通也**以共**
皇天上帝以爲民祈福牲以供祠神靈爲民

0014_0059-1

求福明使民艾芻是不虛取也皇天北辰耀魄寶冬至所祭於圜丘
也上帝太微五帝〇疏曰爲民求福者雖是尋常事神因事神之時
爲民祈福云是不虛取者若不爲民祈福浪使民艾芻是在上虛取
民力今還祈福與民民皆蒙福是不虛取民力役使之也云上帝太
微五帝者案周禮司服云昊天上帝鄭以爲昊天上帝祇是一神北
極耀魄寶也知此皇天上帝不徵是耀魄寶之上帝爲太微者以周
禮司服云祀昊天上帝大裘而冕祀五帝亦如之既別云五帝故知

0014_0059-2

昊天上帝亦惟一神此月令皇天上帝之下更無別五帝之文故分
爲二〇月令**〇仲秋命宰祝循行犧牲**
視全具案芻豢瞻肥瘠察物色必
比類量小大視長短皆中度五者
備當上帝其饗於鳥獸肥充之時宜省羣牲也宰祝
大宰大祝主祭祀之官也養牛羊曰芻犬豕曰豢五者謂所視也
案也所瞻也所察也所量也此皆得其正則上帝饗之上帝饗之而

0014_0060-1

無神不饗也〇大音泰〇疏曰此月鳥獸肥充因宜省視故命之循
行犧牲以下之事也視全具者亦宰祝所視也下下皆然王肅云純色
曰犧體完曰全食草曰芻食穀曰豢皆案行之也瞻肥瘠者瞻亦視
也肥充也瘠瘦也察物色者物色騂黝之別也周禮陽祀用騂陰祀
用黝望祀各以其方之色也必比類者已行故事曰比品物相隨曰
類五方本異其色是比也大皡配東亦用青是其類也量小大者大
謂牛羊豕成牲若小謂羔豚之屬也視長短者謂天地之牛角繭栗

0014_0060-2

宗廟之牛角握之屬也五者備當上帝其饗者上帝天也若事事當法則天神饗之也又曰案周禮大宰職祀五帝則掌百官之誓戒及執事眡滌濯及納亨贊王牲事鼓鄭知此滌牲由大宰云養牛羊曰芻犬豕曰豢者案充人云祀五帝繫于牢芻之三月是牛羊曰芻豢樂記云豢豕爲酒周禮槁人云豢豢祭祀之犬是犬豕曰豢○月令

○牲孕祭帝弗用犢者誠慤未有牝牡之情是以小爲貴也孕任子也易曰婦孕不育○疏曰此易漸卦九三爻辭者

0014_0061-1

之者證經孕母懷任之意也○郊特牲○聖人亨以

亨上帝亨普庚反○亨者鼎之所爲也董去故鼎成新故爲亨伊川先生曰以木巽火以木從火所以烹飪也鼎之爲器生人所賴至切者也極其用之大則聖人亨以享上帝聖人古之聖王也○易鼎卦

○先王以作樂崇德殷薦之

上帝以配祖考伊川先生曰陽始潛閉地中及其動則出地奮震也始閉鬱及奮發則通暢和豫故爲豫也坤順震發

0014_0061-2

順積中而發於聲樂之象也觀雷出地而奮和暢發於聲之作聲樂以褒崇功德其殷盛至薦之上帝推配之以祖考殷盛禮有殷奠謂盛也薦上帝配祖考盛之至也○易豫卦○一

公宗祀文王於明堂以配上帝○注疏見下郊祀條

○魯人將有事於上帝

必先有事於頖宮頖本或爲泮音判○上帝周所郊祀之帝謂蒼帝靈威仰也魯以周公之故得郊祀上帝與周同先

0014_0062-1

有事於頖宮告后稷也告之者將以配天先仁也頖宮郊之學也詩所謂頖宮也字或爲郊宮○疏曰魯人將有事於上帝必先有事於頖宮者明祖見有積漸之義有事於上帝謂祭天也必先有事於頖宮之中告后稷告以將配天也是先告卑然後祭尊也又曰上帝周所郊祀之帝謂蒼帝靈威仰也者孝經云郊祀后稷以配天喪服小記云王者禘其祖之所自出以其祖配之周人出自靈威仰則后稷配靈威仰也云魯以周公之故得郊祀上帝與周同者明堂位云祀

0014_0062-2

帝于郊配以后稷天子之禮故魯也云先有事於頖宮告后稷也者
魯人𦍑后稷之廟令將祭天而於頖宮告后稷也云將以配天先仁
也者謂將欲以后稷配天先以仁恩存偶之也云頖宮郊之學也者
周人立太學於東郊魯侯太學在公宮東也小學在郊詩云思樂泮
水薄采其藻則魯以小學爲頖宮頖宮在郊天子亦以小學爲辟廱
故鄭駁異義云三靈一廱在郊明矣○禮器○桓公五
年秋大雩左氏傳曰書不時也傳例

0014_0063-1

云十二公傳唯此年及襄二十六年有兩秋此發雩祭之例欲顯天
時以指事故重言秋異於凡事凡祀啓蟄而郊言凡
祀通下三旬天地宗廟之事也啓蟄夏正建寅之月祀天南郊龍
見而雩龍見建巳之月蒼龍宿之體昏見東方萬物始盛待
雨而大故祭天遠爲百穀祈膏雨始殺而嘗建酉之月
陰氣始殺嘉穀始熟故薦嘗於宗廟閉蟄而烝建亥之月
昆蟲閉户萬物皆成可薦者衆故烝祭宗廟釋例論之備矣○已上

0014_0063-2

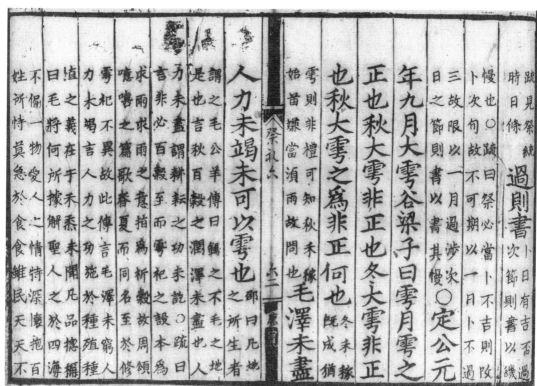

疏見祭統時日條過則書卜日有吉否過次節則書以譏
慢也○疏曰祭必當卜不吉則改卜次旬故不可期以一月卜不過
三故限以一月過涉次日之節則書以書其慢○定公元
年九月大雩穀梁子曰雩月雩之
正也秋大雩非正也冬大雩非正
也秋大雩之爲非正何也冬禾稼既成猶
雩則非禮可知秋禾稼始苗嫌當須雨故問也毛澤未盡

0014_0064-1

人力未竭未可以雩也鄭曰凡地之所生者
謂之毛公羊傳曰錫之不毛之地是也言秋百穀之潤澤未盡也人
力未盡謂耕耘之功未訖○疏曰言非必百穀至而雩祀之設本爲
求雨求雨之意指爲祈穀故周頌噫嘻之篇歌春夏而同名至於修
雩祀不異故此傳言毛澤未窮人力未竭言人力之功施於種殖種
植之義在于禾黍未聞凡品總稱曰毛將何所據解聖人之於四海
不偏一物愛人之情特深懷抱百姓所恃莫急於食食雖民天天不

0014_0064-2

降雨嘉品不育時澤之來普汎無
私雖非百穀亦沾有渰之潤公田
巳流逮及之惠彌遠故摠凡品為
毛明天德之遹廣列子言山川之
毛指謂草木公羊所論非專禾麥
寒凉之地本不種菌鄒衍吹律乃
始名生物謂之黍若以此言之公
羊所言不毛鄒衍之前當鄭伯與
犇謻時也又上傳云冬大雩非正
也秋亦曰非正也非正是同而問
不異及荅之直釋月雩為正則四
月龍見常失正故也解成七年冬
大雩傳曰冬無為雩也言用禱禮
明禾稼成不須雩失時不二故問

0014_0065-1

同而荅異注當須兩其解也聖人
重謝請請必為民民之本務在於
春夏春夏祈穀先嚴其犧牲具其
器物謹脩其禮奠精神有感故一
時盡力專心求請求請不得失時
時謂孟夏之節是月有雨先種得
成茂實後種更生故重其二時過
以往至於八月九月脩雩之節不
言四月非正也故曰是月不雩則
無及矣謂八月求雨雩而得之則
書雩明有所及故也是月雩不必
有雨而曰無及者人情之意欲其
有益哉以兩月請是年不艾則無
食指謂九月之雩雩而得雨是年

0014_0065-2

有食雩不得雨則書旱旱則一歲
無食故曰是年傳於仲秋言月者
秋言年年月之情以
表遠近深淺之辭也
雩月雩之正
也月之爲雩之正何也其時窮人
力盡然後雩雩之正也何謂其時
窮人力盡是月不雨則無及矣是
年不艾則無食矣是謂其時窮人
力盡也雩之必待其時窮人力盡

0014_0066-1

何也雩者爲旱求者也求者請也
古之人重請何重乎請人之所以
爲人者讓也請道去讓也則是舍
其所以爲人也是以重之焉請哉
請應乎上公古之神人有應上公
者通乎陰陽君親帥諸大夫而以
請焉道之謂君必為先也其禱辭
曰方今大旱野無生稼寡人

張本下象鼻題監生廖三字傅本剪去之

0014_0067-1　0014_0066-2

當死百姓何諸不敢煩民請命願攘萬民以身塞無狀禱亦請也此即請辭也○疏曰案月令大雩帝此言大雩文與月令同同祀王帝帝天也而曰上公義更何取且雩與禱本自不同而引禱辭以證雩何解天子雩上帝諸侯雩上公魯與天子同減上帝上帝既雩雩及百辟卿士有益於民者即此傳所謂古之神人通乎陰陽使爲民請雨故言請哉請應乎上公天事不敢指斥故請其屬神若晏鄭説僖公三時不雨禱于山川以六過自責又曰方今大旱野無生穀此年所云其禱辭或亦用之故引以明之耳

夫請者非可詒託而往也必親之者也是以重之詒託猶假寄○成公七年冬大雩谷梁子曰雩不月而時非之也冬無爲雩也疏曰傳例云月雩正也時雩非正也非正者其時窮人力不盡也澤已竭不雩則及事故月以明之則經書秋八月雩九月雩是也既過此節秋不書旱則冬無爲雩也設譽釋發疾泰

0014_0068-1　0014_0067-2

冬及春夏案春秋説考異郵三時唯有禱禮無雩祭之事唯四月爲旱見必有禱雩耳故因載其禱辭一節山川辭云方今天旱野無生穀之人當死百姓何依不敢煩民願擧萬民以身塞無狀是也以不須雩唯有有禱請而已

因天事天因地事地因名山升中于天名猶大也升上也中猶成也謂巡守至於方嶽燔柴祭天告以諸侯之成功也孝經説曰封乎泰山考績燔燎禪乎梁甫刻石紀號也○上時掌反守手又反

燎力妙反又力弔反禪善戰反○疏曰因名山升中于天者此還因天事天但郊天非在一所此謂封禪之時中成也謂天子巡守至方嶽之下因此有名之大山升進諸侯成功之事以告于天又曰大山謂方嶽也巡守至於方嶽燔柴祭天告以諸侯之成功也此謂封禪也若平乃封禪其封禪必因巡守而爲之若未太平但興巡守亦已其未太平巡守之時亦燔柴以告至故王制説天子巡守守必先柴告太平巡守之時初到方嶽亦燔柴告至之後乃封諸侯功績又封爲壇更燔柴祭天告諸侯之成功也故唯泰山爲之餘嶽則否其巡守則每

[illegible]至[illegible]而皇氏云太平乃巡守柴詩
時邁巡守告祭柴望時邁武王之詩
有巡守之禮武王未太平何得云太
乃巡守其義非也云孝經說曰至刻
石紀號皆著經緯文也封乎泰山者謂
封土爲壇在於泰山之上考績燔燎者
謂考諸侯功績燔柴燎牲以告天禪乎
梁甫者禪讀爲墠謂除地爲在於梁
甫以告地也梁甫是泰山之小山也
刻石紀號也者謂刻石爲文紀錄當代
號謚案白虎通云王者易姓而起必升
封泰山何告報之義所以必於泰山
萬物之所交代之處也必於其上何因
高告高順其類故升封者增高也下禪

儀祭九六　卷二十七

梁甫之基廣厚也刻石紀號者著己之
功迹以自勸也增泰山之高以報天附
梁甫之基以報地或曰封者金泥銀繩
或曰石泥金繩封之印璽故孔子曰封
泰山觀易姓而王可得數者七十有餘
三皇禪於繹繹之山五帝禪於亭亭之
山三王禪於梁甫之山繹繹者無窮之
禪于有德者而亦之無窮已亭亭者
變審諦道德著明梁甫者梁信也甫者
輔也信輔天地之道今泰[illegible][illegible]禪者[illegible]
地爲墠而白虎通曰以禪讀有德有封
非也案史記封禪書齊桓公欲行封禪
管仲諫止辭云自古封禪七十二家
吾所識十有二焉皆有[illegible][illegible][illegible]

禪云云伏羲氏封泰山禪云云[illegible][illegible][illegible]
帝黃帝顓頊帝嚳堯舜湯[illegible][illegible]受
封泰山唯禹禪會稽成王禪社首
皆禪云云者亦泰山下小山名也經曰
處道與史記禪處不同未知孰是但
虎通又云王所以巡守何巡者循也守
者收也謂循行天下收入道德太平君
遠近不同政化幽隱有不得其所者故
必自行之謹敬重民之至也故爾雅云
太平乃巡守其義非也已難於上

因

吉土以饗帝于郊

吉土王者所卜而居
之土也饗帝於郊以
四時所兆祭於四郊者也今灕亦四時
迎氣其禮則簡○號日因吉土以饗帝

祭九六　卷二十八

于郊者此謂祭五方之帝周其所卜
土以爲都饗祭五方之帝於都之四郊
又曰饗帝於郊以四時所兆祭於四
者也謂五帝於東郊赤帝於南郊白帝
於西郊黑帝於北郊黃帝亦於南郊
土者各祭感生之帝於南郊故亦宗伯
云兆五帝於四郊
謂此也○禮器

郊之祭大報天而主日配以月

主日者以其光明天之神
可見著莫著焉○疏曰郊
之祭者謂夏正郊天大報天者謂於此
郊之時大報天之衆神雖是春祈天生養
之功故大報天而主日配以月者
謂天無形體懸象著明不過日月故以

0014_0070-2

日爲百神之主配之以月自日以下百祭特言月者但月爲重以對日耳蓋天
者獨爲壇其日月及天神等共爲一○壇故日得爲衆神之主也○祭義

有虞氏禘黃帝而郊嚳夏后氏禘黃帝而郊鯀殷人禘嚳而郊冥周人禘嚳而郊稷

嚳口毒反○禘郊謂祭祀以配食也此禘謂祭昊天於圜丘也祭上帝於南郊曰郊有虞氏以上尚德配用有德者自夏以下稍用其姓代之先後之次有虞氏夏后氏宜郊顓頊殷人宜郊契○契息列反○疏曰此一經論有

0014_0071-1

祭礼六

虞氏以下四代郊禘所配之人有虞氏禘黃帝者謂虞氏冬至祭昊天上帝於圜丘大禘之時以黃帝配祭而郊嚳者謂夏正建寅之月祭感生之帝於南郊以嚳配也夏后氏以下禘郊之義亦然但所配之人當代各別詳見祭法注疏

○郊之祭迎長日之至

疏曰先儒說郊其義有二案聖證論以天體無二郊即圜丘圜丘即郊鄭氏以爲天有六故立郊各異今具載鄭義兼以王氏難鄭氏謂天有六天天爲至極之尊其體秖應是一而鄭以爲六者指其尊極清虛之體其實是一時生育之功其別有五

0014_0071-2

故爲六天據其在上之體謂之天天爲體稱故說文云天顛也因其生育之功謂之帝帝爲德稱也故毛詩傳云審諦如帝故周禮司服云王祀昊天上帝則大裘而冕祀五帝亦如之五帝若非天何爲同服大裘又小宗伯云兆五帝於四郊禮器云饗帝於郊而風雨節寒暑時帝若非天焉能令風雨節寒暑時又春秋緯紫微宮爲大帝又云北極耀魄寶又云大微宮有五帝坐星青帝曰靈威仰赤帝曰赤熛怒白帝曰白招拒黑帝曰汁光紀黃帝曰含樞紐是五帝與大帝六也又五帝亦稱上帝故孝經曰嚴父莫大於配天則周公其人也下

0014_0072-1

祭礼六

即云宗祀文王於明堂以配上帝帝若非天何得云嚴父配天也而賈逵馬融王肅之等以五帝非天唯用家語之文謂太皞炎帝黃帝五人帝之屬其義非也又先儒以家語之文王肅私定非孔子正旨又王肅以郊丘是一而鄭氏以爲二者案大宗伯云蒼璧禮天典瑞又云四圭有邸以祀天是玉不同宗伯又云牲幣各放其器之色則牲用蒼也祭法又云燔柴於泰壇則牲用騂是牲不同也又大司樂云凡樂圜鍾爲宮黃鍾爲角大蔟爲徵姑洗爲羽冬日至於地上之圜丘奏之若樂六變則天神皆降可得而禮矣上文云乃奏黃鍾歌大呂舞

0014_0072-2

雲門以祀天神是祭不同也故鄭以[illegible]蒼璧蒼犢圜鍾之等為祭圜丘所用[illegible]
四圭有邸騂犢及奏黃鍾之等以為祭五帝及郊天所用王齋以郊之特牲當之
始郊日以至與圜丘同配以后稷鄭[illegible]以為異圜丘又以帝嚳配者鄭以周郊
日以至自是魯禮故注郊特牲云周衰禮壞儒者見周禮盡在魯因推魯禮以
言周事鄭必知是魯禮非周郊者以宣三年正月郊牛之口傷是魯郊用日至
之月案周郊祭天大裘而冕郊特牲云王被袞戴冕璪十有二旒故知是魯禮
非周郊也又知圜丘配以帝嚳者案祭法云周人禘嚳而郊稷禘嚳在郊稷之

0014_0073-1

上稷卑於嚳以明禘大於郊又爾雅云禘大祭也六祭莫過於圜丘故以圜丘
為禘也圜丘比郊則圜丘為大祭法云禘嚳是也若以郊對五時之迎氣則郊
為大故大傳云王者禘其祖之所自出故郊亦稱禘其宗廟五年一祭比每歲
常祭為大故亦稱禘也以爾雅惟云禘為大祭是文各有所對也后稷配天見
於周頌故思文云思文后稷克配彼天周若以嚳配圜丘詩頌不載者后稷[illegible]
之始祖王業所基故配感生之帝有[illegible]功用故詩人頌之嚳是周之遠祖為[illegible]
無功徒以遠祖之尊以配遠尊上帝故詩無歌頌或可詩本亦有也但後來[illegible]

0014_0073-2

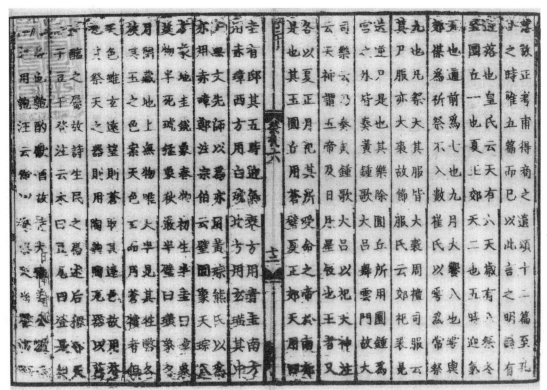

[illegible]戴正考甫得商之遺頌十二篇至孔子之時唯五篇而已以此言之明詩有
遂落也皇氏云天有六天歲有八祭冬至圜丘一也夏正郊天二也五時迎氣
五也通前為七也九月大饗八也雩與郊禖為祈祭不入數崔氏以雩為常祭
九也凡祭大其服皆大裘周禮司服云其尸服亦大裘故節服氏云郊祀裘冕
送逆尸是也其樂除圜丘所用圜鍾為宮之外皆奏黃鍾歌大呂舞雲門故大
司樂云乃奏黃鍾歌大呂以祀天神注云天神謂五帝及日月星辰也王者又
各以夏正月祀其所受命之帝於南郊是也其玉圜丘用蒼璧夏正郊天用四

0014_0074-1

圭有邸其五時迎氣東方用青圭南方用赤璋西方用白琥北方用玄璜其中
央無文先師以為亦用黃琮熊氏以為亦用赤璋鄭注宗伯云璧圜象天琮八
方象地圭銳象春物初生半圭曰璋象夏物半死琥猛象秋嚴半璧曰璜象冬
月閉藏地上無物唯天半見其牲幣各放其玉之色案天色玄而用蒼禮者[illegible]
天色雖玄遠望則蒼取其達也故用蒼[illegible]其祭天之器則用陶匏陶瓦器以薦
[illegible]臨之嚳故詩生民之篇述后稷郊天[illegible]于豆于登注云木曰豆瓦曰登是[illegible]
[illegible][illegible][illegible]匏酌獻酒故詩大雅[illegible]公[illegible][illegible][illegible][illegible]用匏注云[illegible]以[illegible][illegible][illegible][illegible][illegible][illegible][illegible]

0014_0074-2

皇氏云祭工明言廟儀事氏文云祭天既用犧尊其陶匏者也
匏爵之器今案陶匏所用加上所陶而皇氏以匏為盛牲牢之器義無此理
其義柴也其□天之數冬至則祭於圜丘圜丘所在無正文應從陽位當在
國南故鄭氏云有天下營婁果山為圖丘在洛陽南二十里然則周家亦在國
南但不知遠近者其五時迎氣則在四郊故小宗伯云兆五帝於四郊鄭云春
迎青帝於東郊夏迎赤帝於南郊季夏迎黃帝亦於南郊秋迎白帝於西郊冬
迎黑帝於北郊司馬法百里遠郊鄭注書序云近郊半遠郊去國五十里謂今

祭禮六　二十三

0014_0075-1

河南洛陽相去則然是天之郊去國皆五十里也其夏正郊祭感生之帝亦於南
郊知者孝經緯云祭帝於南郊就陽位是也其雩祭五天帝亦於國城南故鄭
注論語云沂水在魯城南雩壇在其上是也其九月大饗五帝則在明堂鄭駁
異義云明堂在國之南丙巳之地三里之外七里之內其圜丘之祭崔氏云其
初先燔柴及牲玉於丘上乃埽丘下而設正祭若夏正及五郊初則燔柴及
牲玉於壇故祭法云燔柴於泰壇祭天也次則於壇下埽地而設正祭故禮器
云至敬不壇埽地而祭是也其所配□人夏商周用人各異文具祭法□

0014_0075-2

之祭周人以嚳配之祭赤帝嚳是也其感生之帝則以后稷配之五時迎氣及
雩祭則以五方人帝配之九月大饗五帝則以五人帝及文武配之以文王配
五天帝則謂之祖以武王配五人神則謂之宗崔氏云皆在明堂之上祖宗通
言故祭法云祖文王文王稱祖孝經云宗祀文王於明堂是文王稱宗文王既
爾則武王亦齊祖宗之號故云祖宗通言其祭天之樂皆用雷鼓故鼓人云以
雷鼓鼓神祀是也其圜丘之祭皇氏云祭日之旦王立丘之東南西嚮燔柴及
牲玉於丘上升壇以降其神故韓詩內傳云天子奉玉升柴加於牲上詩又云

祭禮六　七十四

0014_0076-1

圭璧既卒是燔牲玉也次乃奏圜鍾之樂六變以降其神天皇之神為尊故有
再降之禮次則埽地而設正祭置蒼璧於神坐以禮之其在先燔者亦蒼璧也
次則以豆薦血腥祭天無祼故鄭注小宰云唯人道宗廟有祼天地大神至尊
不祼莫稱焉然則祭天唯七獻也故鄭注周禮云大事于太廟備五齊三酒則
圜丘之祭與宗廟祫同朝踐王酌泛齊以獻是一獻也后無祭天之事大宗伯
次酌醴齊以獻是為二獻也王進爵之時皆奏樂但不皆六變次薦熟王酌盎
齊以獻是為三獻也宗伯次酌醍齊以獻是為四獻也次尸食之訖王酌朝踐

0014_0076-2

之泛齊是爲五獻也又次宗伯酌饋食之醍齊以獻是爲六獻也次諸臣爲賓長酌泛齊以獻是爲七獻也以外皆加爵非正獻之數其尸酢王以清酒酢宗伯以昔酒酢諸臣以事酒其祭感生之帝則當與宗廟禘祭同唯有四齊無泛齊又無降神之樂唯燔柴升煙一降神而已王朝踐獻以醴齊宗伯亞獻以盎齊次饋孰王獻以醍齊宗伯又獻以沈齊尸食訖王獻以朝踐之醴齊宗伯獻以饋食之沈齊諸臣爲賓長亦獻以沈齊不入正數其五時迎氣與宗廟時祭同其燔柴以降神及獻尸與祭感生之帝同但二齊醴盎而已諸臣終獻亦用

祭禮六　七五

0014_0077-1

盎齊從上至此皆皇氏所說皇氏以圜丘之祭賓長終獻不取沈齊而取泛者以禮運約之沈齊當在堂丘下不可用之故更上取泛齊案禮運沈齊在廟堂之下尚得酌之升堂以獻又皇氏祭感生之帝及五時迎氣沈齊亦在壇下賓長皆得用之升壇以獻何爲圜丘沈齊獨不可用乎若以圜丘高遠不可下取沈齊凡齊泛醴爲尊盎醍爲卑賓長終獻秖可以次用醍齊何得反用泛齊乎今謂圜丘賓長之獻用沈齊也以其賓長是臣助祭終獻遠下於君故從丘下酌沈齊又崔氏云以清酒酢王昔酒酢后案司尊彝云皆有罍諸臣之所酢也

0014_0077-2

[illegible]云酌盎以自酢不敢與王之神[illegible][illegible]尊彝三酒唯云諸臣所酢不云[illegible][illegible]所說於義疑也皇氏於此[illegible]之首廣解天地百神用樂委曲及詳[illegible]禮制繁而不要非此經所須又隨[illegible]解無所憑據今皆略而不載其必有[illegible]須者皆於本經所須處各隨而解之[illegible]皆倣此熊氏云四時迎氣及諸雜祭[illegible]等並有降神之樂則大司樂分樂而序之以下降神正祭同用其樂亦是一[illegible]也○郊特牲

迎長日之至也

易說曰三王之郊一用夏正[illegible]建寅之月也此言迎長日者建卯而晝夜分分而日長也○疏曰郊祭用夏

祭禮六　七六

0014_0078-1

[illegible]建寅之月意以二月建卯春分後[illegible]夏[illegible]正月建寅郊祭通而迎此長日之[illegible]至又曰此易緯乾鑿度文必用夏正[illegible]文云[illegible]此之時天地交萬物通所以[illegible]四時法天地之道案書傳云迎日謂春分迎日也鄭引賓寅出日皆謂春分知此迎長日非春分者此吾兆於南郊就陽位若是春分朝日當在東郊故知[illegible]也又下云帝牛不吉以爲稷牛故知祭天非陽祭日也

郊用辛周

[illegible]始郊日以至

言日以周郊天之月而至陽氣新用事順之而[illegible]說非也郊[illegible]之月而日至[illegible]之[illegible]一[illegible]書以無[illegible]至[illegible]

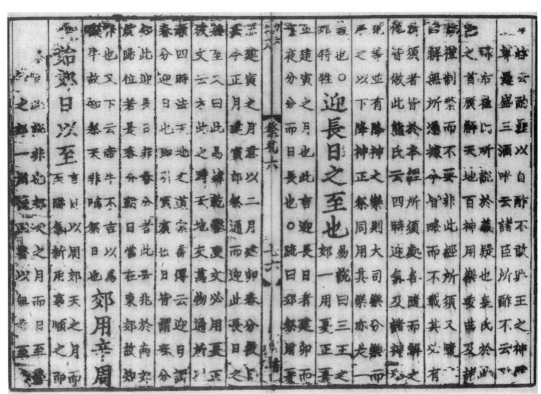

張本下象鼻題監生志昂四字傳本剪去之

0014_0079-1　0014_0078-2

天於圜丘之事是以建子之月郊天示先有事也用辛日者凡爲人君當齊戒自新耳周衰禮廢儒者見周禮盡在魯因推魯禮以言周事○疏曰王肅用董仲舒劉向之說以此爲周郊上文云郊之祭迎長日之至謂周之郊祭於建子之月而迎此冬至長日之至也而用辛者以冬至陽氣新用事故用辛也周之始郊日以至者對建寅之月又祈穀郊祭此言始者對建寅爲始也鄭康成則異於王肅上文云迎長日之至自據周郊此云郊之用辛據魯禮也言郊用辛日者取齊戒自新周之始郊日以至者謂魯之始郊日以冬至之月云始者對

建寅之月天子郊祭魯於冬至之月初始郊祭示先有事故去始也又曰日以周郊天之月而至者謂日體以周郊天建子之月而南至云陽氣新用事順之而用辛日者以冬至一陽生故云新用事而用辛日云此說非也者謂日以周禮郊天之月而日至陽氣新用事此等之說非也謂董仲舒劉向而爲此說所以非者案周禮冬至祭天圜丘不論郊也又此下云戴冕璪十有二旒周禮祀昊天上帝則大裘而冕是服不同周禮玉路以祀天此下云乘素車是車不同也祭法云燔柴於泰壇用騂犢周禮蒼璧禮天牲從玉色是牲不同也爾雅曰

0014_0080-1　0014_0079-2

非人爲謂之丘泰壇則人功所作是圜丘與泰壇別也以是知郊與圜丘所祭非一故云此說非也云郊天之月而日至魯禮也者言此經始郊日以至是魯國之禮必知魯禮者以明堂云魯君孟春乘大路載弧韣旂十有二旒日月之章祀帝于郊又雜記云正月日至可以有事於上帝故知冬至郊天魯禮也云三王之郊一用夏正者證明天子之郊必用夏正魯既降下天子不敢郊天與周同月故用建子之月而郊天欲示在天子之先而有事也但魯之郊祭師說不同崔氏王氏用王肅之說以魯冬至郊天至建寅之月又郊以祈穀故左傳

云啓蟄而郊又云郊祀后稷以祈農事是二郊也若依鄭康成之說則異於此也魯唯一郊不與天子郊天同月轉卜三正故穀梁傳云魯以十二月下辛卜正月上辛若不從則以正月下辛卜二月上辛若不從則以二月下辛卜三月上辛若不從則止故聖證論馬昭引穀梁傳以荅王肅之難是魯一郊則止或用建子之月則此云以至及宣三年正月郊牛之口傷是也或用建寅之月則春秋左傳云郊祀后稷以祈農事是也但春秋魯禮也無建丑之月耳若杜預不信禮記不取公羊穀梁魯唯有建寅郊天及龍見而雩云周衰禮廢儒者見

0014_0080-2

周禮疏在魯者欲見經文實是魯郊鄭爲周事故云因推魯禮以言周事鄭[illegible]周也從上說郊是周禮自此以下兼[illegible]禮爲此爲魯雜亂也案聖證論王肅難鄭云郊特牲曰郊之祭迎長日之至[illegible]云周之始郊日以至玄以爲迎長日[illegible]夏正也郊天月以至玄以爲冬至之[illegible]說其長日至於上而妄爲之說又徙其始郊日以至於下非其義也玄又云周衰禮廢儒者見周禮盡在魯因推魯禮以言周事若儒者愚人也則不能記其禮矣苟其不愚不得亂於周魯也鄭玄以祭法禘黃帝及嚳爲配圓丘之祀祭法說禘無圓丘之名周官圓丘不名爲

0014_0081-1

禘是禘非圓丘之祭也玄既以祭法禘嚳爲圓丘又大傳王者禘其祖之所自出而玄又施之於郊祭后稷是亂禮之名實也案爾雅云禘大祭也繹又祭也皆祭宗廟之名則禘是五年大祭先祖非圓丘及郊也周立后稷廟而嚳無廟故知周人尊嚳不若后稷之廟重而玄說圓丘祭天祀大者仲尼嘗稱昔者周公禘祀嚳圓丘以配天今無此言知禘配圓丘非也又詩思文后稷配天之頌無帝嚳配圓丘之文知郊則圓丘圓丘則郊所在言之則謂之郊所祭言之則謂之圓丘於郊築泰壇象圓丘之形以丘言之本諸天地之性故祭法云燔柴

0014_0081-2

於泰壇則圜丘也郊特牲云周之始郊日以至周禮云冬至祭天於圜丘知圜丘與郊是一也言始郊者冬至陽氣初動天之始也對啓蟄又將郊祀故言始孔子家語云定公問孔子郊祀之事孔子對之與此郊特牲文同皆以爲天子郊祭之事如聖證論之言王肅所據經傳分明鄭必別爲其說者案聖證論馬昭申鄭云易緯云三王之郊一用夏正則周天子不用日至郊也夏正月陽氣始升日者陽氣之主日長而陽氣盛故祭其始升而迎其盛月令天子正月迎春是也若冬至祭天陰氣始盛祭陰迎陽豈爲理乎周禮云冬日至祭天於地

0014_0082-1

上之圜丘不言郊則非祭郊也言凡地上之丘皆可祭焉無常處故不言郊周官之制祭天圜丘其禮王服大裘而冕乘玉路建大常明堂位云魯君以孟春祀帝于郊服衮服乘素車龍旂衣服皆旂皆自不同何得以諸侯之郊說之乎圜丘言始郊者魯以轉卜三正以建子之月爲始故稱始也又禮記云魯君孟未嘗相弒禮俗不嘗相變而弒三君季氏舞八佾旅於泰山婦人髽而相弔[illegible]皆此記豈非亂乎據此諸文故以郊爲別冬至之郊特爲魯禮案聖證論[illegible]穆與馬昭之徒或云祭天用冬至之[illegible]云用冬至之月據周禮似用冬[illegible]

0014_0083-1　　0014_0082-2

□□□如中用辛則冬至不相□□□□之□宗張融謹案郊與圓□

又引韓詩說三王各正其郊與□與又論以韓卜三正王鄭玄同□

圓丘非大祭此及家語廟家是家□又臨燔柴脫祭是番大裘象天臨皆

職祭脫袞著大裘象天藉微之義□不通是張融以家語及此經郊祭並

□禮與鄭玄同融又以為圓丘是□蓋春祈穀于上帝以龍見而雩□

證學之等並是皇天之佐其實天也融又云祀大神率執事而卜日圓丘既卜

日則不得正用冬至之日此是張融之證鄭此注云以建子之月郊天用辛日

祭禮六　八二

者當齋戒自新如鄭此言是亦不用冬至日也但郊丘大事王鄭不同故略陳

二家所據而言之也案聖證論及異義皆同穀梁之義魯轉卜三正之內一郊

□止而崔氏皇氏以為魯冬至郊□夏正又郊凡二郊非鄭義也

卜郊

受命于祖廟作龜于禰宮

受命謂告之退而卜○禰

□郊事既尊不敢專輒故先告祖後乃卜郊故受命也故禮器云魯人將有事

於上帝必先有事於頖宮是也作龜于禰宮者作灼也禰宮禰廟也先告祖受

命又至禰□卜之也

卜之日王立于澤親聽誓命

0014_0084-1　　0014_0083-2

澤澤宮也所以擇賢之宮也既卜必到澤宮擇可與祭祀者因誓敕之以禮也

禮器曰舉賢而置之聚衆而誓之是也與如字一音預○疏曰澤澤宮也王在

於澤宮中於其宮以射擇士故因呼為澤宮也王卜已吉又至澤宮射以擇賢

者為助祭之人故云王立于澤也禮器云舉賢而置之是也然王者猶在圜而

王度射亦在澤故鄭注鄉射記引尚書傳王度射陳於澤然後卿大夫相與射

也又云嚮之取也於圓中勇力之取也今之取也於澤宮揖讓之取也澤習禮

之處親聽誓命者因於澤宮中又使有司誓勅舊章齊戒之禮王又親聽受命

祭禮六　八三

教禮器云聚衆而誓之是也

獻命庫門之內戒百官

大廟之命戒百姓

王自澤宮而還以誓命重相申勅於庫門

雉門之外入庫門則至廟門外矣大祖廟也百官公卿以下也百姓王之

親也入廟戒親親也王自此還齋路寢之室庫或為廐○還音旋重直用反

疏曰王自澤宮而還至欲致齊之時有□之所以命百官之事王乃于庫門

內戒百官大廟之內戒百姓百官□□於親重□之百姓王之親屬故□

廟而重戒之又曰以上有百官□□戒百姓亦王之親也王親謂之□親

0014_0084-2

也者皇氏云姓者生也並是王之先祖
所生云王自此還齊路寢之室者卜法
必在祭前十日祭義云散齊七日致齊
三日又云七日戒三日齊鄭旣云王自
此還齊路寢之室則此經戒百官百姓
則祭前三日欲致齊之時以誓命重相
申勑
也
祭之日王皮弁以聽祭報報猶白
也夙興
朝服以待白祭事者乃後服祭服而行
事也周禮祭之日小宗伯逆粢省鑊告
時于王告備于王也○疏曰祭之日王
皮弁以聽祭報者報白也郊日之朝天
子早起皮弁服以聽之小宗伯告日時
早晚及牲事之備具也未郊故未服大

仪祭礼六　八三

0014_0085-1

裘而且服日視朝之服也引周禮者證
小宗伯旣有告事王皮弁聽之是也
喪者不哭不敢凶服汜埽反道鄉爲田
燭汜芳劒反本亦作汎埽素報反○謂
郊道之民爲之也反道剗令新土在
上也田燭田首爲燭也○剗初産反又
初展反令力呈反○疏曰郊祭之旦人
之喪者不哭又不敢凶服而出以干王
之吉祭也汜埽反道者汜埽廣埽也反
道剗路之土反之令新土在上也郊道
之民家家各當界廣埽新道也鄉爲田
燭者鄉謂郊內六鄉也六鄉之民各
於田首設燭照路恐王嚮郊之早弗

張本下象鼻題監生鄧志昂五字傳本剪去之

0014_0085-2

命而民聽上民化
王嚴上○疏曰弗命而
民聽上者合結喪者不哭
以下至此並非王命而民化王嚴上故
也然周禮蜡氏云凡國之大祭祀令州
里除不蠲禁刑者任人及凶服者以及
郊野而此云不命者蜡氏所云有司常
事至郊祭之時王不施命故云不命且
作記之人盛美民之聽上之義未必實
然也蜡氏云除不蠲及刑者
任人等此不言者文不備也祭之日王
被袞以象天謂有日月星辰之章此魯
禮也周禮王祀昊天上帝
則服大裘而冕祀五帝亦如之魯侯之
服自袞冕而下也○疏曰當祭之日王

大三八　小三千八　仪祭礼六　八十四　旺秀

0014_0086-1

被袞冕袞冕有日月星辰以象天也又
曰此明被袞象天明堂位云日月之章
故袞有日月星辰也與周不同故云此
魯禮也引周禮以下者證王禮與魯禮
不同云魯侯之服自袞冕而下也者證
魯侯得用袞冕故經云袞也魯公得稱
王者作記之人旣以魯禮而爲周郊遂
以魯侯而稱王也皇氏云魯用王禮故
稱王或亦
當然也戴冕璪十有二旒天之大數
不過十二
○過古禾反○疏曰首戴袞冕
其璪十有二旒法則天數也乘素車
旂十有二旒龍章而設日月以象天設
日

月畫於旂上素車殷路也魯公之郊用殷禮也○旂上疏曰乘素車者乘殷之朴素之車貴其象天之質也所建之旂十有二旒畫爲龍章而設日月以象天也者旂十有二旒象天數十二也龍爲陽氣變化日月以光照下皆是象天也又明堂位云大路殷路也乘路周路也又此上文云大路繁纓一就此云乘素車故知殷路也云魯公之郊用殷禮也者公羊傳云周公用白牲魯公用騂剛周公既用殷之白牲故知用殷禮也

兆於南郊埽地而祭

器用陶匏○觀天下之物無可以稱其德○稱尺證反○疏曰燔柴在

壇正祭於地故云埽地而祭陶謂瓦器謂酒尊及豆籩之屬故周禮旊人爲簋匏謂酒爵此等○已具解於上

特牲疏曰郊所以用特牲者郊謂於南郊祭感生之帝但天神至尊無物可稱故用特牲郊與配坐皆特牲故下文云養牲必養二帝牛不吉以爲稷牛又召誥云用牲于郊牛二是也然祭天初有燔燎後有正祭皆須有牲故大宗伯云實柴祀日月星辰鄭司農云實牛柴上也鄭康成云實牲體焉郊唯特牲得供燔燎正祭二處所用者熊氏皇氏等以爲分牲體供二處所用其實一特牲也而月令郊禖用太牢者彼是求子之

祭不與常祭同故不用犢我將祀文王於明堂經云維羊維牛者據文武配祭得用大牢也若孔安國之義后稷配天亦用大牢故召誥云后稷貶於天有羊豕案羊人云■積共其羊牲注云積積柴則祭天用羊者熊氏云謂祭日月以下故燔燎用羊也祭日月以下皆用羊小司徒云凡小祭祀奉牛牲鄭注云小祭祀王玄冕所祭然則王者之祭無不用牛入禮緯云六宗五嶽四瀆之牛角尺則日月以下之祀皆用牛者蓋日月以下常祀則用羊王親祭則用牛故小司徒注云玄冕所祭據王親祭也此郊特牲犢用而言故下文云用騂犢故牧

人云陽祀用騂牲毛之注云陽祀祭天於南郊及宗廟以此約之夏殷以上祭感生之帝各用其正之色其迎五方之帝其牲上已備陳帝牛稷牛其牲雖異其色宜同尺配祭之人牲與天同色也其四月大雩九月大饗其天及配人其牲各依當方之色其文武汎配則用大牢其牲色無文周人尚赤當用騂也論語云敢用玄牡敢昭告于皇皇后帝注云帝謂大微五帝用玄牡者彼謂告祭也其四鎮五嶽之等各用當方之色故牧人云■祀各以其方之色牲毛之若旱常山川時祭以下則用純物不隨四方之色若國外表貉磔禳之等則用雜

張本下象鼻題監生志昂四字傳本剪去之

0014_0088-2

色故牧人云凡時祀之牲則用牷物凡外祭毀事用尤可也其常祀之牲則皆用牲祈禱之祭或用牝唯孟春禁之故月令孟春犧牲無用牝其日月以下及五祀之等常祀用羊王親祭則用牛具如前說**牲用騂用犢**尚赤者周也**帝牛不吉以爲稷牛**養牲必養二也○䟽曰郊天旣以后稷爲配故養牲養二以擬祭也若帝不吉或死傷以爲稷牛者爲猶用也爲用稷牛而爲帝牛其祭稷之牛臨時別取牛用之又曰案春秋宣三年正月郊牛之口傷改卜牛牛死乃不郊公羊云曷爲不復卜養牲養二卜帝牲

仪祭禮六　八七

0014_0089-1

不吉則扳稷牲而卜之何休云先卜帝牲養之有災更引稷牲卜之以爲天牲養之凡當二十爾復不吉則止不郊**帝牛必在滌三月稷牛唯具**滌音迪又徒歷反○滌牢中所搜除處也唯具遭時入選可用也○䟽曰帝牛必在滌三月稷牛唯具者此覆說上文帝牛不吉而取稷牛之事以帝牛既尊必須在滌三月今帝牛不吉故取稷牛已在滌三月也其祀稷之牛臨時別取故云稷牛唯具天神既尊故須在滌人鬼稍卑唯具而已是分別天神與人鬼不同又曰滌牢中所搜除者搜謂搜埽清除故周禮掌養馬者

張本下象鼻題監生鄧志昂五字傳本剪去之

0014_0089-2

謂之廋人云唯具遭時又選可用也者遭時謂常牲遭災之時旣取稷牲而用之其祀稷之牲臨時選其可者凡帝牲稷牲尋常初時皆卜取其牲繫於牢芻之三月若臨時有故乃養之也○以上郊特牲○**禘郊之事則有全脀**全脀全其牲體而外之也凡禘郊皆血腥也其王公立飫則半解其體而外之大俎謂之房烝親戚燕饗則體解節折而外之謂之折俎亦謂之餚脀○詳見國語周語○**郊血**郊祭天也○䟽曰郊血者近者爲褻遠者爲敬其事非一今此先從鬼神之事而說也郊用犢犢有血有肉肉於人

仪祭禮六　八十八

0014_0090-1

食啗之事於人情爲近血於人食啗最遠天神尊嚴不可近同人情故薦遠人情者以爲極敬也又曰知郊祭天者郊特牲云於郊故謂之郊是郊爲祭天也○詳見祭義又禮器○**夏后氏祭其闇殷人祭其陽周人祭日以朝及闇**闇昏時也陽讀爲曰雨曰暘之暘謂日中時也朝日出時也夏后氏大事以昏殷人大事以日中周人大事以日出亦謂此郊祭也以朝及闇謂終日有事○䟽曰夏后氏祭其闇者以夏后氏尚黑故祭在於昏時殷人祭其陽者以尚白故祭在日中時周人祭日以朝

0014_0091-1　0014_0090-2

及闇者以其尚文祭百神禮多故以[illegible]
及闇也故季氏之祭大夫之家禮儀[illegible]
少而亦以朝及闇故夫子譏之又曰案
洪範庶徵云曰雨曰暘曰暘謂亢暘乾[illegible]
日中之時亦明日中乾燥異於昏明[illegible]
讀從曰雨曰暘之暘也必讀之者恐[illegible]
以夜爲陰晝爲陽恐終日而祭故讀從
暘也云亦謂此郊祭者以檀弓大事必
上是受亦兼諸祭故
云大事亦謂此郊祭
祭日於壇祭月於
坎
疏曰此經及下經皆據春分朝日秋
分夕月祭日於壇謂春分也祭月於
坎謂秋分也月爲幽日
爲明日在壇月在坎
祭日於東祭月
於西
疏曰日爲陽在外月爲陰在內今
祭日於東用朝旦之時是爲外祭
月於西鄉夕之時是爲內是以別外內
以正其位也而崔氏云祭日於壇祭月
於坎還據上文郊祭之時今謂若是郊
祭日與月當應同處何得祭日於壇祭
月於坎日於東月於西祭不同處則崔
氏說非也崔又云日月有合祭之時謂
郊祭天而主日配以月其禮大用牛各
祭之時謂春分朝日秋分夕月其禮小
故祭法用少牢今謂祭司徒云小祭祀
奉牛牲鄭注謂之冕所祭自玄冕比用
牛此何得用少牢今謂祭法日月[illegible]今
牢鄭云禱祈[illegible]

0014_0095-1　0014_0094-2

又云迎春之時兼日月者今案諸侯迎
春迎秋無祭日月之文小宗伯云兆五
帝於四郊四望四類亦如之謂四望四
類之祭亦如五帝在四郊故鄭云兆日
於東郊兆月與風師於西郊不謂兆五
帝之時郊祭日月崔說又非○祭義
○節服氏郊祀裘冕二人執戈送逆尸
從車
裘冕者亦從尸服也裘大裘也凡
尸服卒者之上服從車從尸車送
逆之往來春秋傳曰晉祀夏郊董伯爲
尸○疏曰尸服與王同大裘節服氏衮
大裘故二人皆裘冕執戈送逆尸從
車者送逆皆從尸車後云凡尸服卒者
之上服者案士虞記云尸服卒者之士
服云上服如特牲士玄端也不以爵弁
服爲上者祭於君之服非所以自配鬼
神故據臣卒者上服以家祭上服不得
用助祭此據王自然用卒者家祭上衮
服大裘也引春秋傳者是外傳晉語文
○夏官
右郊祀○傳郊之禮所以事上帝
也
中庸
○祭帝於郊所以定天位也
疏曰祭帝於郊所以定天位也者
天子至尊而猶祭於郊以存臣禮

而事天也是欲使嚴上之禮達[illegible]下天高在上故云定天位也亦[illegible]

是必本於天也〻禮運○郊者并百王於上天而祭之也百王百神也或神字誤爲王言社稷唯一祭一神至郊天則兼祭百神以喻君兼父母者也○荀禮論○禮行於郊而百神受職焉言宇得其禮則神物與人皆應之百神列宿也○疏曰禮行於郊而百神受職焉者百神天之羣神也王郊天備禮則星辰不忒故云受職○禮運○至

敬不壇埽地而祭疏曰至敬不壇埽地而祭者此謂祭五方之天初則燔柴於大壇燔柴訖於壇下埽地而設正祭此周法也○禮器○定公問於孔子曰古之帝王必郊祀其祖以配天何也孔子對曰萬物本於天人本乎祖郊之祭也大報本反始也故以配上帝天垂象聖人則之郊所以明天

道也公曰寡人聞郊而莫同何也孔子曰郊之祭也迎長日之至也[illegible]大報天而主日[illegible]配以月[illegible]故周之始郊其月以日至其日用上辛至於啓蟄之月則又祈穀于上帝祈求也爲農祈[illegible]上帝月令孟春[illegible]乃以元日祈穀于上帝[illegible]是郊之事至於祈農與天子[illegible]

春秋傳曰夫郊祀后稷以祈農事也是故啓蟄而郊郊而後耕[illegible]不[illegible]推經禮之指[illegible]至[illegible]變易時[illegible]之良可專[illegible]者也[illegible]此二者天子之禮也魯無冬至大郊之事降殺於天子是以不同也公曰其言郊何也孔子曰兆丘於南所以就陽位也於郊故謂之郊焉兆[illegible]之於南[illegible]

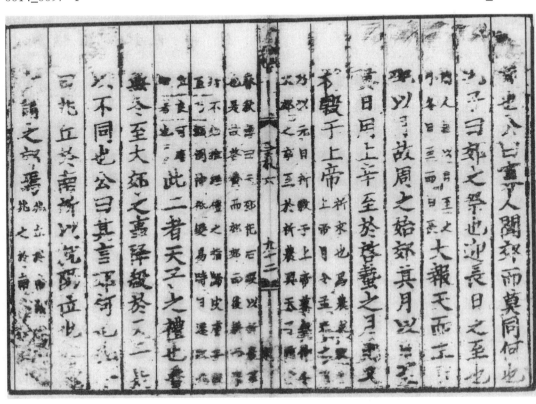

0014_0098-1　　0014_0097-2

[illegible]

[illegible]曰其犧器何如孔子曰上帝[illegible]角繭栗必在滌三月滌所以養生具后稷之牛唯具別祀稷時牲亦焉之三月配天之時獻故唯具之也所以別事天神與人鬼也

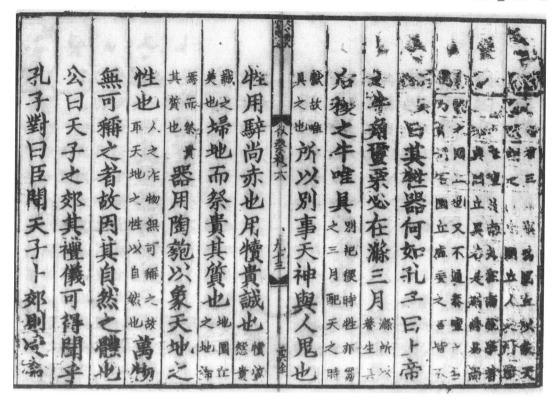

牲用騂尚赤也用犢貴誠也犢質慤貴誠之美也埽地而祭貴其質也地圜丘之地埽焉而祭貴其質也器用陶匏以象天地之性也人之作物無可稱之故取天地之性以自然也萬物無可稱之者故因其自然之體也公曰天子之郊其禮儀可得聞乎孔子對曰臣聞天子卜郊則受命

0014_0099-1　　0014_0098-2

于祖廟而作龜于禰宮禰宮[illegible]也受祭[illegible]之命於祖而作龜於父廟尊祖親考之義也卜之日王親立于澤宮以聽誓命受教諫之義也澤宮宮也誓命祭天所行威儀也王親受之故曰受教諫之義既卜獻命庫門之內所以誡百官也將郊則天子皮弁以聽報示民嚴上也報白也王夙興朝服以待白祭

事後服衮郊之日喪者不哭凶服者不敢入國門汜埽清路行者必止[illegible]也清路以[illegible]士[illegible]行之弗命而民聽敬之至也[illegible]王恭敬事天故民[illegible]令而行之也天子大裘以黼之被衮象天大裘為黼文也言被之衮[illegible]乘素車貴[illegible]

[illegible]

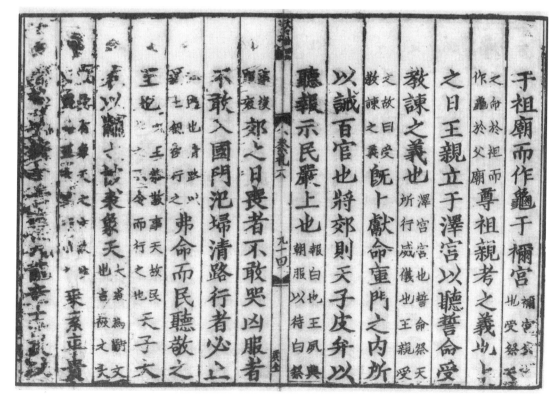

0014_0099-2

□所以饗天也既至泰壇王脱

□服衮以臨燔柴戴冕璪十有

二旒則天數也臣聞之誦詩三百

不足以一獻祭羣小祀一獻之禮不足

以大饗大饗祫祭天也大饗之禮不足以

大旅旅祭五帝也大旅具矣不足以饗

帝饗帝祭天是以君子無敢輕議於禮

祭禮六　九十五

0014_0100-1

者也家語郊問○孔子曰孝莫大於嚴

父疏云萬物資始於乾人倫資父爲天故孝行之大莫過於尊嚴

其父也○疏曰孝行之大者莫有大於尊嚴其父也萬物資始於乾

易云大哉乾元萬物資始是也人倫資父爲天者曲禮曰父之

讐弗與共戴天鄭玄曰父者子之天也殺己之天與共戴天非孝子

也杜預注左氏傳曰婦人在室則天父出則天夫是人倫資父爲天

也○故孝行之大莫過尊嚴其父也尊[illegible]象也嚴敬也父既同

0014_0100-2

天故須尊嚴其父是孝行[illegible]之大也○

大於配天則周公其人也郊天[illegible]

貴賤然以父配天之禮始自故曰其人也○疏曰嚴父[illegible]

莫有大於以父配天而祭之父配天而祭之者則文王[illegible]

王之叔父周公是其人也公謂父爲天雖無貴賤者此[illegible]

天之禮始自周公故先張此文人無限貴賤皆得謂父爲天云

以父配天之禮始自周公故曰人也者但以父配天徧檢羣經

儀禮六　九十六

0014_0101-1

無殊說案禮記有虞氏尚德不其祖夏殷始尊祖於郊無父配

之禮也周公大聖而首行之禮二尊既以后稷配郊天不可又

文王配之五帝天之別名也因明堂而以文王配之是周公嚴

配天之義也亦所以申文王有祖之禮也經稱周公其人注順經

旨故曰始自周公也昔者周公郊祀后稷以

配天后稷周之始祖也郊謂圜丘祀天也周公攝政因行郊天

之祭乃尊始祖以配之也○疏前陳周公以父配天因言配[illegible]

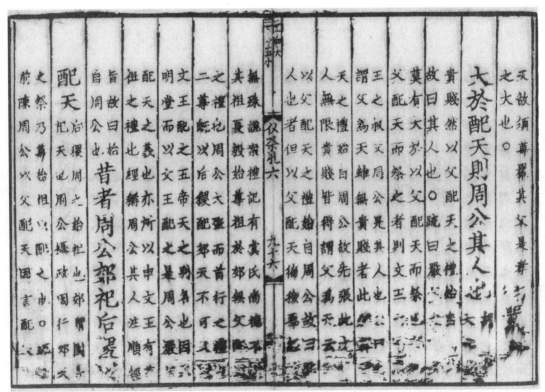

0014_0101-2

事自昔武王既崩成王年幼即位周公攝政因行郊天祭禮乃以始祖后稷配天而祀之因祀五方上帝於明堂之時乃尊其父文王以配而事之尊父祖以配天崇孝以致敬是以四海之內有土之君各以其職貢來助祭也又曰云后稷周公之始祖也者案周本紀云后稷名棄其母有邰氏女曰姜原爲帝嚳元妃出野見巨人跡心欣然欲踐之踐之而身動如孕者居期而生子以爲不祥棄之隘巷馬牛過者皆辟不踐徙置之林中適會山林多人遷之而棄渠中水上

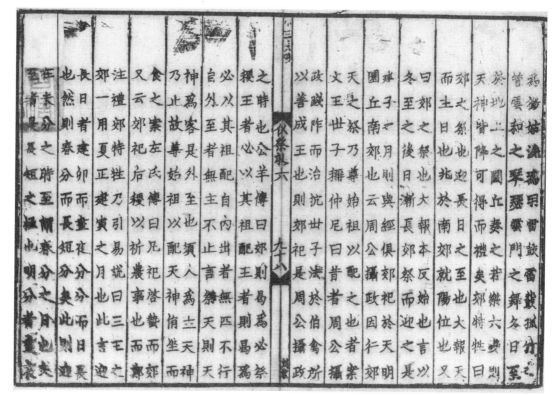

仪祭禮六　九十七

0014_0102-1

飛鳥以其翼覆薦之姜原以爲神遂收養長之初欲棄之因名曰棄棄爲兒好種樹麻菽及爲成人遂好耕農帝堯舉爲農師天下得其利有功帝舜曰棄黎民始飢爾后稷播時百穀封棄於邰號曰后稷后稷曾孫公劉復修其業自后稷至王季十五世而生文王受命作周案毛詩大雅生民之序曰生民尊祖也后稷生於姜原文武之功起於后稷故推以配天焉是也云郊謂圜丘祀天也者此孔傳文祀其祭也祭天謂之郊周禮大司樂云凡樂圜鍾爲宮黃鍾爲角大[illegible]

0014_0102-2

爲徵姑洗爲羽雷鼓雷鼗孤竹之管雲和之琴瑟雲門之舞冬日至於地上之圜丘奏之若樂六變則天神皆降可得而禮矣郊特牲曰郊之祭也迎長日之至也大報天而主日也兆於南郊就陽位也又曰郊之祭也大報本反始也言以冬至之後日漸長郊祭而迎之是建子之月則與經俱郊祀於天明圜丘南郊也云周公攝政因行郊天之祭乃尊始祖以配之也者案文王世子稱仲尼曰昔者周公攝政踐阼而治抗世子法於伯禽所以善成王也則郊祀是周公攝政

仪祭禮六　九十八

0014_0103-1

之時也公羊傳曰郊則曷爲必祭稷王者必以其祖配王者則曷爲必以其祖配自內出者無匹不行自外至者無主不止言繼天則天神爲客是外至也須人爲主天神乃止故尊始祖以配天神侑坐而食之案左氏傳曰凡祀啓蟄而郊又云郊祀后稷以祈農事也而郊注禮郊特牲乃引易說曰三王之郊一用夏正建寅之月也此言迎長日者建卯而晝夜分分而日長也然則春分而長短分矣此則迎在春分之時至閒春分之月也矣至者是晝短之極也明分者晝衰

0014_0103-2

均也分是四時之中啓蟄在建寅之月過至而未及分必於夜短中爲日長則左氏傳不應言啓蟄也若以日長有漸郊可頃迎則其祈長宜在極短之日故知傳啓蟄之郊是祈農之祭也周禮冬至之郊是迎長日報本反始之祭也鄭玄以祭法有周人禘嚳之文遂變郊爲祀感生之帝謂東方青帝靈威仰周爲木德威仰木帝言以后稷配蒼龍精也華昭所注亦特此義唯魏太常王肅獨著論以駁之曰案爾雅曰祭天曰燔柴祭地曰瘞薶又曰禘大祭也謂五年一大祭

0014_0104-1

之名又祭法祖有功宗有德皆在宗廟本非郊配若依鄭說以帝嚳配祭圜丘是天之最尊也周之尊帝嚳不若后稷今配青帝乃非最事實爭嚴父之義也且徧窺經籍並無以帝嚳配天之文若帝嚳配天則經應云禘嚳於圜丘以配天不應云郊祀后稷也天一而已故以所在祭在郊則謂爲圜丘言於郊爲壇以象圜天圜丘即郊也郊即圜丘也其時中郎馬昭抗章固執當時勑博士張融質之融稱漢世英儒自董仲舒劉向馬融之論皆斥周人之祀郊天於郊以后稷

0014_0104-2

配無如玄說配蒼帝也然則周禮圜丘則孝經之郊聖人因尊事天因下事地安能復得祀帝嚳於圜丘配祀稷於蒼帝之禮乎且在周頌思文后稷克配彼天昊天有成命郊祀天地則郊非蒼帝通儒同辭肅說爲長伏以孝爲人行之本祀爲國事之大孔聖垂文固非臆說前儒詮證各擅一家自須偕擬備經斟酌究理則依王肅爲長從衆則鄭義已久王義具聖證之論鄭義具於三禮義宗王鄭是非於禮記其義文多卒難詳縷說此略據機要且舉二端焉

0014_0105-1

宗祀文王於明堂以配上帝明堂天子布政之宮也周公因祀五方上帝於明堂乃尊文王以配之也○疏曰云明堂天子布政之宮也者案禮記明其二端注明堂朝侯于明堂之位天子負斧依南鄉而立明堂也者明諸侯之尊卑也制禮作樂頒度量而天下大服知明堂是布政之宮也云周公因祀五方上帝於明堂乃尊文王以配之也者五方上帝即是上帝也謂以文王配五方上帝之神侑坐而食也案鄭注論語云皇皇后帝並謂太微五帝在上

0014_0106-1　　0014_0105-2

爲□帝合土五方爲五帝舊說明堂在國之南去王城七里以近爲褻南郊去王城五十里以遠爲嚴□帝卑於昊天所以於郊祀昊天於□堂祀上帝也其以后稷配郊□文王配明堂義見於上也五帝謂東方青帝靈威仰南方赤帝赤熛怒西方白帝白招拒北方黑帝汁光紀中央黃帝含樞紐鄭玄云明堂居國之南南是明陽之地故曰明堂案史記云黃帝接萬靈於□□明庭即明堂也明堂起於黃帝周禮考工記曰夏后曰世室殷人重屋周人明堂先儒舊說其制

不同大戴禮云明堂凡九室一室而有四戶八牖三十六戶七十二牖以茅蓋屋上圓下方鄭玄據援神契云明堂上圓下方八牖四闥考工記曰明堂五室稱九室者或云取象陽數也八牖者陰數也取數八風也三十六戶取象六甲子之爻六六三十六也上圓象天下方法地八牖者即八牖也四闥者象四方也稱五室者取象五行皆□□文□以意釋之耳此言宗祀□□堂謂九月大享靈威仰等五帝以文王配之即月令云季秋大享帝注云徧祭五帝以其上言舉

0014_0107-1　　0014_0106-2

三穀之要藏帝籍之收於神倉九月西方成事終而報功也是以四海之內各以其職來祭君行嚴配之禮則德教刑於四海海內諸侯各脩其職來助祭也○跡曰云君行嚴配之禮者此謂宗祀文王於明堂以配天是也云則德教刑于四海海內諸侯各脩其職來助祭也者謂四海之內六服諸侯各脩其職貢其物也案周禮大行人以九儀辨諸侯之命廟中將幣三享又曰侯服貢祀物鄭云犧牲之屬甸服貢嬪物注云絲枲也男服貢

器物注云尊彝之屬也采服貢服物注云玄纁絺纊也衛服貢材物注云八材也要服貢貨物注云龜貝也此是六服諸侯各脩其職來助祭又若尚書武成篇云丁未祀於周廟邦甸侯衛駿奔走執豆籩亦是助祭之義也○孝經○尚書大傳曰維十有三祀帝乃稱王而入唐郊猶以丹朱爲尸舜承堯猶子承父雖已改正易樂猶祭天於唐郊以丹朱爲尸至十三年天下既知已受堯位之意矣將自立郊而

0014_0107-2

以丹朱爲王者後欲天下昭然知之然後爲之故稱王也晉祀夏郊以董伯爲尸於時百執事咸昭然乃知王世不絶爤然必自有繼祖守宗廟之君知當以丹朱爲土者後使祭其郊也祖或爲禮〇尚書大傳〇襄公七年夏四月三卜郊不從乃免牲稱牲既卜日也卜郊又非禮也〇疏曰周禮大宰職云祀五帝前期十日帥執事而卜日然則將祭十日之前

0014_0108-1

預卜之蓋一旬一卜此例稱啓蟄而郊建寅之月也此四月三卜蓋三月二卜四月又一卜也春分之前猶是啓蟄節内於法仍可以郊據傳獻子之言二卜在春分之後則初卜即已大晩故二卜而涉於春分也人心欲其言不吉是不從不從則不郊故免牲而不殺也又曰僖三十一年夏四月四卜郊不從乃免牲傳曰禮不卜常祀而卜其牲日牛卜日曰牲牲成而卜郊上怠慢此經卜與彼正同唯四卜三卜爲異耳彼言其非則此亦非也牛已稱牲是既卜日矣牲既成矣

0014_0108-2

而又卜郊與僖同譏故云又非禮也孟獻子曰吾乃今而後知有卜筮夫郊祀后稷以祈農事也郊祀后稷以配天后稷周始祖能播殖者〇疏曰后稷周之始祖能播殖者[illegible]稱后稷是何人不爲能播殖故祀以祈農事自謂郊天以祈農耳案孝經云孝莫大於嚴父嚴父莫大於配天則周公其人也昔者周公郊祀后稷以配天宗祀文王於明堂以配上帝上云配天而祀之不言祈農也郊特牲說郊天之義曰萬

0014_0109-1

物本乎天人本乎祖此所以配上帝也郊之祭也大報本反始也宣三年公羊傳曰郊則曷爲必祭稷王者必以其祖配王者則曷爲必以其祖配自内出者無匹不行自外至者無主不止何休云天道闇昧故推人道以接之不以文王配者重本尊始之義也據此諸文則郊祭天者爲物本於天故祭天以報本神必須配故推祖以配天止報生成之恩非求未來之福此傳直言郊祀后稷主爲祈農事者斷有旨矣祭祀者爲報已往非求將來之福也但祭爲明神所享神必

0014_0110-1　　0014_0109-2

將來致福將來而獲多福乃由祭以得之禮器稱君子曰祭祀不祈祭者意雖不祈其實福以祭降以祭獲福即祈之義也宗廟之祭緣生事死盡其孝順之心非求耕稼之利少牢饋食者大夫之祭禮也其祭之末尸嘏主人使女受禄于天宜稼于田彼豈爲田而祭哉神以宜田福之耳郊天之義亦由是也神以人爲主人以穀爲命人以精意事天天以宜稼佑人以此謂之祈農本意非祈農也詩噫嘻序曰春夏祈穀于上帝禮月令仲春之月曰是月也天子乃以元日祈

仪祭礼六　百五

穀于上帝即是郊天之祭也其下即云乃擇元辰天子親載耒耜躬耕帝籍是郊而後耕也獻子此言正與禮合孝經止言尊嚴其父主述孝子之志本意不說郊天之等無由得有祈穀之言何休膏肓難彼雖追而想之亦可以歎息也是故啓蟄而郊郊而後耕今既耕而卜郊宜其不從也蟄直立反○啓蟄夏正建寅之月耕謂春分○夏户雅反○應曰釋例曰歷法正月節立春啓蟄爲中氣二月節驚蟄春分爲中氣

0014_0111-1　　0014_0110-2

是啓蟄爲夏正建寅之月中氣也月令祈穀之後即擇日而耕亦在正月傳言既耕而卜郊宜其不從是此卜之時已涉春分之節時過不可復郊故言耕謂春分拍釋獻子言耕是春分之節不謂春分始可耕也釋例又曰僖公襄公夏四月卜郊但譏其非所宜卜不譏其四月不可郊也孟獻子曰啓蟄而郊郊而後耕耕謂春分也言得啓蟄即當卜郊不得過春分也是言此卜在春分之後故獻子譏之據傳獻子此言郊天之禮必用周之三月而雜記云孟獻子曰正月日

仪祭礼六　百六

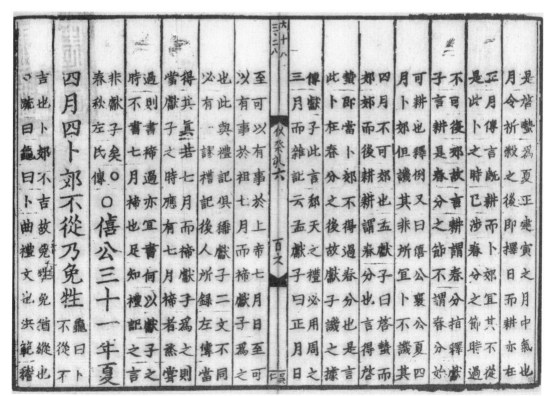

至可以有事於上帝七月日至可以有事於祖七月而禘獻子爲之也此與禮記俱稱獻子二文不同必有謬禮記後人所録左傳當得其真若七月而禘獻子爲之則當獻子之時應有七月禘者烝嘗過則書禘過亦宜書何以獻子之時不書七月禘也足知禮記之言非獻子矣○春秋左氏傳○僖公三十一年夏四月四卜郊不從乃免牲龜曰卜不從不吉也卜郊不吉故免牲免猶縱也○疏曰龜曰卜曲禮文也洪範稽

0014_0111-2

疑云龜從筮從謂從人之心也心欲吉不從是不吉也卜郊不從

不復爲郊牲繇所用故免牲免猶縱放不殺之也穀梁傳曰免牲者

爲之繼衣纁裳有司玄端奉送至于南郊免牛亦然左傳無譏其事

或然也桓五年傳例曰凡祀啓蟄而郊啓蟄周之三月也今於夏四

月卜郊者傳舉節氣有前有却但使春分未過仍得爲郊故四月得

卜郊也故釋例曰凡十二月而節氣有二十四共通三百六十六日

分爲四時閏之以閏月故節不必得恒在其月初而中氣亦不得恒

三〇五八四　仪祭礼六　页七　廖雨

0014_0112-1

在其月之半是以傳舉天宿氣節爲文而不以月爲正僖公襄公夏

四月卜郊但譏其非所宜卜而不譏其四月不可郊也孟獻子曰啓

蟄而郊郊而後耕耕謂春分也言得啓蟄當卜郊不得過春分耳是

言四月得郊也周禮大宰職云祀五帝前期十日帥執事而卜日然

則將祭必十日之前豫卜之也言四卜郊者蓋三月每旬一卜至四

月上旬更一卜乃成爲四卜也此言四卜郊不從襄七年三卜郊不

從公羊傳曰曷爲或言三卜或言四卜三卜禮也四卜非禮也三卜

0014_0112-2

何以禮求吉之道三卜今左傳以爲禮不卜常祀則一卜亦非不云四

非而三是異於公羊說

猶三望

三望分野之星國中山川

皆因郊祀望而祭之魯廢郊天而脩其小祀故曰猶猶者可止之辭

○分扶問反○疏曰公羊傳曰三望者何望祭也然則曷祭祭泰山

河海鄭玄以爲望者祭山川之名諸侯之祭山川在其地則祭之非

其地則不祭且魯竟不及於河禹貢海岱及淮惟徐州徐即魯地三

望謂淮海岱也賈逵服虔以爲三望分野之星國中山川今杜亦從

大三小三　仪祭礼六　页八　八　廖雨

0014_0113-1

之以襄九年傳曰陶唐氏之火正閼伯居商丘祀大火相上因之故

商主大火昭元年傳云辰爲商星參爲晉星楚語云天子徧祀羣神

品物諸侯二王後祀天地三辰及其土地之山川注國語者皆云諸

侯二王後祀天地三辰日月星也非二王後祀分野星辰山川也以

此知三望分野之星國內山川其義見也昭七年夏四月甲辰朔日

有食之於時夏之二月日在降婁傳稱去衛地如魯地於十二次娵

訾衛地降婁魯地魯祭分野之星其祭奎婁之神也此三望者因

0014_0114-1　　0014_0113-2

祀天而望祭之於法不獨祭也魯既廢郊天而獨脩小祀故曰猶公
羊穀梁皆云猶者可止之辭左氏曰卜郊不從
乃免牲非禮也諸侯不得郊天魯以周公故得用天
子禮樂故郊爲魯常祀○疏曰明堂位稱成王幼弱周公踐天子之
位以治天下制禮作樂七年致政於成王成王以周公爲有勳勞於
天下命魯公世世祀周公以天子之禮樂是以魯君孟春乘大路載
弧韣旂十有二旒日月之章祀帝于郊配以后稷天子之禮也是魯

祭礼六　百九

以周公之故得用天子禮樂天子命之則爲常祀故郊爲魯之常祀
也記言正月謂周正建子之月與傳啓蟄而郊其月不同禮記是後
儒所作不可以難左傳猶三望亦非禮也禮
不卜常祀必其時而卜其牲日卜牲與日
知吉凶牛卜日曰牲既得吉日則牛改名曰牲○疏
曰上云卜其牲日則牲之與日俱卜之也必當先卜牲而後卜日占
得吉日則改牛爲牲然則牛雖卜吉未得稱牲牲是成用之名不可

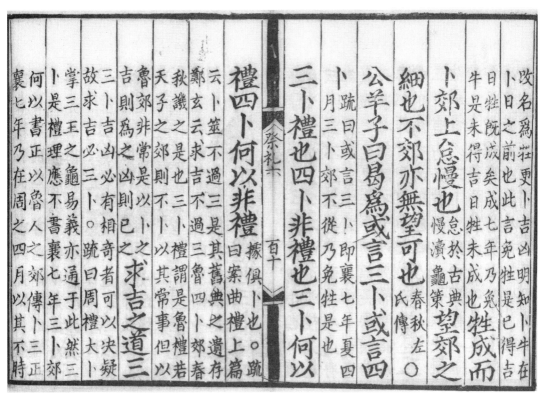

0014_0115-1　　0014_0114-2

改名爲牲更卜吉凶明知卜牛在卜日之前也此言免牲是已得吉
日牲既成矣成七年乃免牛是未得吉日牲未成也牲成而
卜郊上怠慢也怠於古典慢瀆龜策望郊之
細也不郊亦無望可也春秋左氏傳○
公羊子曰曷爲或言三卜或言四
卜疏曰或言三卜即襄七年夏四月三卜郊不從乃免牲是也
三卜禮也四卜非禮也三卜何以

祭礼六　百十

禮四卜何以非禮據俱卜也○疏曰案曲禮上篇
云卜筮不過三是其舊典之遺存鄭玄云求吉不過三魯四卜郊春
秋譏之是也三卜禮謂是魯禮若天子之郊則不卜以其常事但以
魯郊非常是以卜之吉則爲之凶則已之求吉之道三
三卜吉凶必有相奇者可以決疑故求吉必三卜○疏曰周禮大卜
掌三王之龜易義亦通于此然三卜是禮理應不書襄七年三卜郊
何以書正以魯人之郊傳卜三正襄七年乃在周之四月以其不時

張本下象鼻題監生秦三字傳本剪去之

0014_0115-2

是以書也禘嘗不卜郊何以卜禘比祫爲大嘗比四時祭爲大故據之○疏曰禘嘗不卜者卽僖八年秋七月禘于太廟桓十四年八月乙亥嘗之類皆不見卜筮之文故言此禘比祫爲大禘之與祫雖皆大祭但禘及功臣於祫則否故以禘爲大是以文二年大事于大廟之下傳云五年而再殷祭彼注云謂三年祫五年禘禘所以異於祫者功臣皆祭也祫猶合也禘猶諦也審諦無所遺失盤庚曰茲予大享于先王爾祖其從與享之義亦通于此也

儀禮六　百十一

0014_0116-1

嘗比四時祭爲大者以此傳配禘禘旣大於祫則知嘗大於四時且嘗是秋成萬物薦馨故以爲盛也卜郊非禮也禮天子不卜郊○疏曰欲道天子之郊以其常事故不須卜魯郊非禮是以卜之異於禘嘗耳卜郊何以非禮據上言三卜禮○疏曰弟子之意以爲上言三卜是禮何言卜郊非禮乎荅者以爲由魯郊非正故須卜何妨天子之郊不卜乎魯郊非禮也以魯郊非禮故卜爾昔武王旣沒成王幼少周公居攝行天子

張本下象鼻題監生留成四字傳本剪去之

0014_0116-2

事制禮作樂致大平有王功周公薨成王以王禮葬之命魯使郊以彰周公之德非王故卜三卜吉則用之不吉則免牲謂之郊者天人相與交接之意也不言郊天者謙不敢斥尊○疏曰謂之郊者云云何氏以爲郊特牲云於郊故謂之郊禮記非正典故不從之又曰不言郊天者謙不敢斥尊者欲道禘于大廟于莊公于武公之屬皆斥尊言之若然乙亥嘗巳卯烝之屬又不斥言者以是時祭于大廟小於禘故也魯郊何以非禮據成公乃不郊惡之天

儀禮六　百十二

0014_0117-1

子祭天郊者所以祭天也天子所祭莫重於郊居南郊者就陽位也槀席玄酒器用陶匏大珪不琢大羮不和爲天至尊物不可悉備故推質以事之○疏曰居南郊云云者皆出禮記郊特牲彼文云郊之祭也大報天而主日也兆於南郊就陽位也又云莞簟之安而蒲越槀鞂之尚酒醴之美玄酒明水之尚罍用陶匏以象天地之性也大珪不琢美其質也大羮不和貴其質也鄭氏云明水司烜以陰鑑所取於月之水也蒲越槀鞂藉神席也而彼文又云祭天埽地

張本下象鼻題監生留成四字傳本剪去之

0014_0117-2

而祭土於其負而□而云□神席□謂對不爲□□言埽地全無席

諸侯祭土

土謂社也諸侯所祭莫重於社卿夫祭五祀士祭其先祖○疏曰諸侯祭土者欲道魯郊爲非禮之意也

天子有方望之事

方望謂郊時所望祭四方羣神日月星辰風伯雨師五嶽四瀆及餘山川凡六所○疏曰舊說一四方羣神是爲四也通日與月爲六星是五星爲十一也辰是十二辰爲二十三風伯雨師爲二十五五嶽爲三十四瀆爲三十四餘

0014_0118-1

小山川爲二是爲三十六所注故魯郊非禮也者正以其所主狹是以不得祭天地也

無所不通

盡八極之內天之所覆也之所載無所不至故得郊也

諸侯山川有不在其封內者則不祭也

故魯郊非禮也

曷爲或言免牲或言免牛免牲禮也

曾卜不吉免之禮卜郊不吉則爲牲作玄衣纁裳使有司玄端放之於南郊明本爲天不敢留天牲○疏曰或言免牛者即成七年正月

0014_0118-2

鼷鼠食郊牛角改卜牛鼷鼠又食其角乃免牛是也

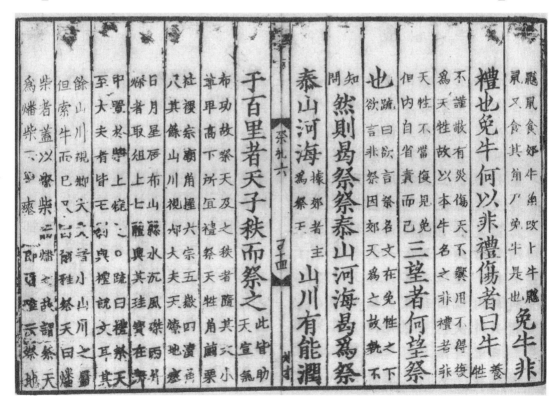

免牛非禮也免牛何以非禮傷者曰牛

養牲不謹敬有災傷天不饗用不得復爲天牲故以本牛名之非禮者非天牲不當復見免但內自省責而已

三望者何望祭也

疏曰欲言祭名文在免牲之下欲言非祭因郊天爲之故執不知問

然則曷祭祭泰山河海曷爲祭泰山河海

據郊者主爲祭天

山川有能潤

祭禮六　三十四

0014_0119-1

于百里者天子秩而祭之

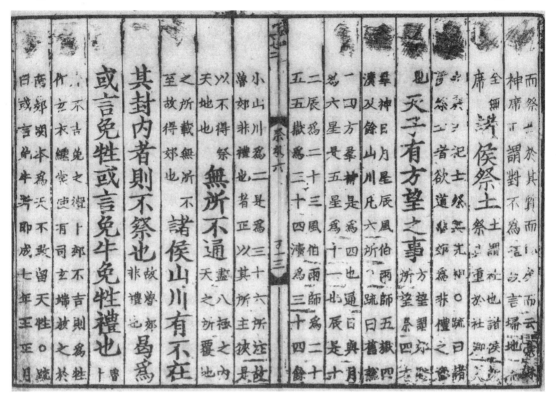

此皆助天宣氣布功故祭天及之秩者隨其大小尊卑高下所宜禮祭天牲角繭栗社稷宗廟角握六宗五嶽四瀆角尺其餘山川視卿大夫天燎地瘞日月星辰布山懸水沉風磔雨升燔者取俎上七體與其珪寶在其中置於宗上燒之○疏曰禮祭天至大夫者皆毛詩與禮說文耳其餘山川視卿大夫者小山川之屬但索牛而已○又曰爾雅祭天曰燔柴者蓋以燎柴之屬燔之故謂祭天爲燔柴下祭瘞即遂經云祭地

0014_0119-2

曰瘞埋李巡曰祭地以王埋之瘞亦埋也云日月星辰布者即爾雅
雅云祭星曰布孫氏云既祭布散於地位似星辰布列郭氏曰布散
祭於地然則爾雅雖不言日月已月之義宜附於星故何氏連日月
言之云山縣者爾雅云祭山曰庪縣郭氏云或庪或縣置之於山李
氏曰祭山以黄玉及璧以庪置几上遺遂而埋之若縣故曰庪縣孫
氏曰庪縣埋於山足曰庪埋於山上曰縣是也云水沈者即爾雅祭
川曰浮沈孫氏曰置祭於水中或浮或沈故曰浮沈是也言風磔者

仪祭礼六　百十五

0014_0120-1

即爾雅云祭風曰磔孫氏云既祭披磔其牲以風散之李氏曰祭風
以牲頭蹄及皮破之以祭故曰磔郭氏曰今俗當大道中磔狗云以
止風此其象云雨升者無文何氏更有所見蓋患其雨多祭使上升
故祭田曰升明上水沈是祭川也又曰燎者取俎云云者解上天燎
考文其十體者即少牢之肩臂臑肫胳正脊脡脊橫脊短脅長脅代
脅也之觸石而出膚寸而合側手爲膚案指
爲寸言其觸石理而出無有膚寸而不合不崇朝而徧

0014_0120-2

雨乎天下者唯泰山爾崇重也不重朝言一
朝也河海潤于千里亦能通氣致雨潤澤及于千里
韓詩傳曰湯時大旱使人禱于山川是也郊望非一獨祭三者魯郊
非禮故獨祭其大者猶者何通可以已也已止
何以書譏不郊而望祭也譏尊者不食而
卑者獨食書者惡失禮也魯至是郊者僖公賢君欲尊明其先祖之
功德不就廢之譏者春秋不見事不書皆從事舉可知也不吉言不

仪祭礼六　百十六

0014_0121-1

從者明已意汲汲欲郊而卜不從爾所以見事鬼神當加精神○
宣公三年春王正月郊牛之口傷
改卜牛牛死乃不郊猶三望牛[illegible]稱牲
未卜日言牛牲傷死當更改卜取其吉者郊不可廢也前年冬天王
崩未葬而郊者不以王者廢天事禮記曾子問天子崩未殯五祀
行既殯而祭自啓至于反哭五祀之祭不行已葬而祭○疏曰案經
牛死在正月一郊當用三其間致養[illegible]牛[illegible]一傷一死[illegible]

0014_0121-2

取其吉者祭天之禮不可廢也死而遂不郊故為非禮也不郊猶三望禮則於禮得郊禮諸侯為天子斬衰天王崩未葬而得郊者不以王事廢天事也引曾子問者輕以明重也初死以至於殯啓殯以至反哭於此之間五祀之祭不行耳既殯之後啓殯以前五祀之祭猶尚不廢郊天必不廢矣故鄭注云郊社亦然王制云喪三年不祭唯祭天地社稷為越紼而行事鄭玄云不敢以卑廢尊紼輴車索禮天子殯於西序攢輴車而塗之繫紼以備火災言越紼而行事是在殯

百十七

0014_0122-1

得祭也案曾子問既殯而祭其祭也尸入三飯不侑酳不酢而已矣謂尸卒三飯祝不侑勸其食罷主人酌酒酳尸不酢主人曾子問又云已葬而祭祝畢獻而已謂之飯而侑勸訖酳尸尸酢主人酢訖又布祝席祝坐主人酌酒以獻祝獻畢而止故鄭注云既葬彌吉畢獻祝而後止是也鄭又注彼云天子七祀言五者關中言之案禮記祭法云王為羣姓立七祀曰司命曰中霤曰國門曰國行曰泰厲曰戶曰竈王自為立七祀諸侯立國為五祀曰司命曰中霤曰國門

0014_0122-2

國行曰公厲諸侯自為立五祀大夫立三祀曰族厲曰門曰行適士立二祀曰門曰行庶士庶人立一祀或立戶或立竈是其義也氏曰望郊之屬也不郊亦無望可也已有例在僖三十一年復發傳者嫌牛死與卜不從異○復扶又反○公羊子曰其言之何據食角不言之○䟽曰據食角不言之者即成七年春王正月鼷鼠食郊牛角改卜牛鼷鼠又食其角乃免牛是也緩也辭閒容之故為緩緩不若食

百十八

0014_0123-1

角急也則天牲主以角書者譏宜公養牲不謹敬不潔清而災重事至尊故詳錄其簡甚○䟽曰不若食角也者言食角之時正以有不順之氣為天所災不敬慎之故不言之耳則天牲主以角者即王制云祭天地之牛角繭栗宗廟之牛角握賓客之牛角尺是重事至尊故詳錄其簡甚者即輒言之是也何者之為緩辭故以簡慢之之言矣言簡者欲取五行傳云簡宗廟之言耳曷為不復據定十五年牛死改卜牛○䟽曰據宣十三年牛死改卜牛者據經

0014_0123-2

經云十五年春王正月鼷鼠食郊牛牛死改卜牛是也。養牲養二卜二卜在下語帝牲不吉帝皇天大帝注北辰之中主總領天地五帝羣神也不吉者有災。疏曰在北辰之中者言在北辰之處紫微宮內也云總領天地五帝羣神也者總領天地之內五帝羣神也其五方之帝東方青帝靈威仰之屬是其王帝之名春秋緯文耀鉤具有其文則扳稷牲而卜之先卜帝牲養之有災更引稷牲卜之以為天牲養之凡當二卜

祭禮六　百十九　上

0014_0124-1

爾復不吉不復郊。疏曰更引稷牲卜之以為天牲者即定十五年牛死改卜牛者正謂此帝牲在于滌三月滌宮名養帝牲三牢之處也謂之滌者取其蕩滌絜清三牢者各主一月取三月一時足以充其天牲。疏曰養帝牲三牢之處也者其三牢之文出春秋說文於稷者唯具是視視其身體具無災害而已不特養于滌宮所以降稷尊帝郊則曷為必祭稷據郊者為祭天主王者必以其祖

0014_0124-2

配祖謂后稷周之始祖姜嫄履大人迹所生配配食也。疏曰姜嫄履大人迹所生者即詩云履帝武敏歆又周本紀云有邰氏女曰姜嫄為帝嚳元妃出野見巨人跡心忻然說欲踐之踐之身動如孕者居期而生子以為不祥棄之隘巷或棄山林寒冰之上云云姜嫄以為神遂收養長之初欲棄之因名曰棄是也王者則曷為必以其祖配據方父事天。疏曰據方父事天者言既以為父特祭何嫌而要須以祖配祭之乎故難之自內

祭禮六　百二十　上

0014_0125-1

出者無匹不行匹合也無所與會合則不行自外至者無主不止必得主人乃止者天道闇昧故推人道以接之不以文王配之者重本尊始之義也故孝經曰郊祀后稷以配天宗祀文王於明堂以配上帝五帝在太微之中迭生子孫更王天下書改上者善其應變得禮。疏曰必得主人乃止者天道闇昧故推人道以接之者止謂天之精神靈不明察矣又曰此五帝者即靈威仰之屬讀在本[illegible]內迭王天下即感精符云蒼帝[illegible]

0014_0126-1　　0014_0125-2

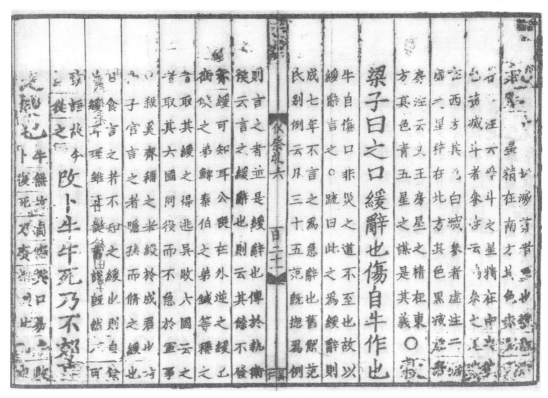

□□星精在南方其色赤□□　□滅□首□也□□□
也□滅斗者參宿云□參之□　注云斗之星精在中央□
虛一星精在北方其色黑滅虛□　注西方其色白滅參者虛注二
參注云文王房星之精在東方其色青五星之謀是其義○
穀梁子曰之口緩辭也傷自牛作也
牛自傷口非災之道不至也故以緩辭言之○疏曰此之為緩辭則
成七年不言之為急辭也舊解范氏別例云凡三十五范既揔為例

儀祭禮六　百二十一

則言之者並是緩辭也傳於執衛後云言之緩辭也則云其餘不發
衛緩可知耳公與在外逆之緩乙術公之弟鮮秦伯之弟鍼等稱之
言取其緩之得逃吳敗六國云之者取其六國同役而不急於重事
殺奚齊稱之者緩於成君也汚子宮言之者嗯孫而脩之緩也
日食言之者不知之緩也則自餘蒐緩耳理雖吾誰□雖然□可
疏□□故今後之□改卜牛牛死乃不郊
之緩也牛無□□□□口易□□□卜後死不免□□此□

0014_0127-1　　0014_0126-2

變異○疏曰公羊傳稱改卜者□牲不吉則引稷牲而卜之其帝牲
在於滌宮三月於稷者唯具視□身體無災害而已不特養於滌宮
又云郊必以其祖配者自內出者無匹不行自外至者無主不止今
改卜者取其稷牛則未審傳意如何以后稷配郊必與公羊異也不
言免牛而云不郊者牛死不待免牛之禮故直言不郊也乃者
亡乎人之辭也譏宣公不恭致天變○疏曰重發傳
者嫌牛死與卜郊不從異也○成公七年春王

儀祭禮六　百二十二

正月鼷鼠食郊牛角改卜牛鼷鼠
又食其角乃免牛不郊猶三望不言
免牛者以方改卜郊吉不未可知○疏曰下傳稱免牲不曰不郊免
亦然此言免牛則嫌似不郊故云不言免牛者以方改卜郊矣下經
疏穀梁子曰不言月急辭也辭□過□
下谷日○疏曰宣三年郊牛之□備故言之是緩辭亦不云日此□
云□□后急辭此者乘宣三年□言□□□自傷之緩此首其□□

0014_0127-2

食朔之緩二者立文雖異俱是緩辭則辭間容日亦是緩辭傳云不言日急辭也者此已變例則定十五年書元年之類大言日者並是急辭也緩辭不書日者言之既是緩辭可知故不須更書日以見緩也

過有司也郊牛日展斛角而知傷展道盡矣其所以備災之道不盡也 斛渠幽反○有司展察牛而即知傷是展察之道盡不能防災禦患致使牛傷故不書日以顯有司之過斛球球然角貌○䟽

大六五　下二百三二　仪祭執六　百二三

0014_0128-1

曰展省察也言日日皆省察牛之觓角而則知傷是省察之道盡矣展道雖盡不能防災禦患致使牛傷是其所以備災之道不盡是故不言日以責有司也牛角云觓者詩稱兕觥其觩又曰有觩其角是也

改卜牛鼷鼠又食其角又有繼之辭也 前已食故曰繼 其緩辭也曰亡乎人矣非人之所能也所以免有司之過也 至此復食乃知國無賢君天災之爾非有司之過也

0014_0128-2

故言其以赦之○䟽曰上文云鼷鼠食郊牛角不言其此文云又食其角乃變言其故釋之云其緩辭也曰亡乎人矣亡無也至此郊牛復食乃知國無賢君非人所不能也謂國無賢君之故爲上天之所災非人力所能禁所以免有司之過也謂經言其者所以放有司也

乃免牛乃者亡乎人之辭也免牲者爲之緇衣纁裳有司玄端奉送至于南郊免牛亦然免牲不曰不

大六二　二百四十八　仪祭執六　百二四

0014_0129-1

郊免牛亦然 郊者用牲今言免牲則不郊顯矣若言免牛亦不郊而經復書不郊者蓋爲三望起爾言時既不郊而猶三望明失禮○䟽曰重發傳者此再食乃免牛嫌與他例別故重發之又曰蓋爲三望起爾者傳三十一年夏四月四卜郊不從乃免牲猶三望彼不云不郊此既云免牛又云不郊者彼免牲與二望同時故略去不郊之文此春免牛夏乃三望故備言之 ○成公十七年九月辛丑用郊公羊子曰用者

0014_0130-1　　　　0014_0129-2

不宜用也九月非所用郊也九　夏之七月天氣上升地氣下降又非郊時故加用之然則郊曷用郊用正月上辛　魯郊傳卜春三月言正月考因見百王正所當用也三王之郊一用夏正言正月者春秋之制也正月者歲首上辛猶始新皆取其首先之意日者明用辛例不郊則不日○疏曰僖三十一年傳云魯郊非禮也彼注云以魯郊非禮故○爾昔武王旣沒成王幼少周公居攝行天子事制禮作樂致太

平有王功周公薨成王以王禮葬之命魯使郊以彰周公之德非正故卜三卜吉則用之不吉則免牲者是其魯郊博卜春三月之義也而此傳止言正月者因見其皆令後百代之王正所當用之月也曰三王之郊一用夏正者易說文也○用夏正而此傳特言用正月上旂若但春秋之制亦春秋因魯以制亦令自今以後之郊皆用周之正月故也云卜郊則不已者[illegible]魯僖三十一年夏四月四卜郊不從乃免牲猶三望成七年春王正月鼷鼠食郊牛角改卜牛夏五月[illegible]

0014_0131-1　　　　0014_0130-2

郊猶三望也祭是不郊則不日之文也或曰用然後郊或曰用者先有事于后稷神也晉人將有事於河必先有事於惡池齊人將有事於泰山必先有事於配林魯人將有事於天必先有事於頖宮九月郊尤其禮故言用小六盡譏之以不郊乃譏三望知郊不得譏小也又夕牲告牲后稷當在日上不得在日下○告惡音呼又作虖好故反池大河反[illegible]禮記作配○疏曰晉人至於頖宮者即禮器云魯人將有事於上帝必先有事於泮宮注云上帝周所

郊祀之帝謂蒼帝靈威仰也魯以周公之故得郊祀上帝與周同先有事于泮宮告后稷也告之者將以配天先仁也泮宮郊之學也詩所謂頖宮也字或為郊宮晉人將有事於河必先有事於惡池鄭注云惡當為呼聲之誤也呼池嘔夷并州川齊人將有事於泰山必先有事於配林注云配林林名是也云以不郊乃譏三望云云者即傳三十一年夏四月四卜郊不從乃免牲猶三望傳云猶者何通可以已也譏不郊而望祭也何氏云尊者不食而卑者獨食也云又祭

0014_0131-2

[illegible]
[illegible]云九月用辛丑郊○穀梁子曰九
月辛丑用郊夏之始可以承春以[illegible]
秋之末承春之始蓋不可矣[illegible]
僖三十一年夏四月四卜郊不從傳曰四月不時今[illegible]可也[illegible]
末之不可故是為猶可也以九月用郊用者不
宜用也宮室不設不可以祭衣服

祭禮六　百二十七

0014_0132-1

不脩不可以祭車馬器械不備不
可以祭有司一人不備其職不可
以祭祭者薦其時也薦其敬也薦
其美也非享味也疏曰論用郊一而陳宮室者[illegible]有
五經莫重於祭祭而盛著莫大於郊禮慕欲見無父然後至其天象
國備然後祭享故具說宮室然後車馬官司之等明神非徒享味而
已何得九月始用郊乎徐邈云會室謂郊之齋宮衣服車馬亦郊

0014_0132-2

之所用言一事闕則不可祭何得九月用郊理亦通也○哀
公元年鼷鼠食郊牛角改卜牛夏
四月辛巳郊穀梁子曰此該郊之
變而道之也該備也春秋書郊終於此故於此備說郊
之變變謂郊非其時或牲被災害○疏曰郊自正月至于三月郊之
時也二卜禮之正九書郊皆非禮例云書郊有九僖三十一年夏四
月四卜郊不從乃免牲猶三望二也宣三年郊牛之口傷改卜牛牛

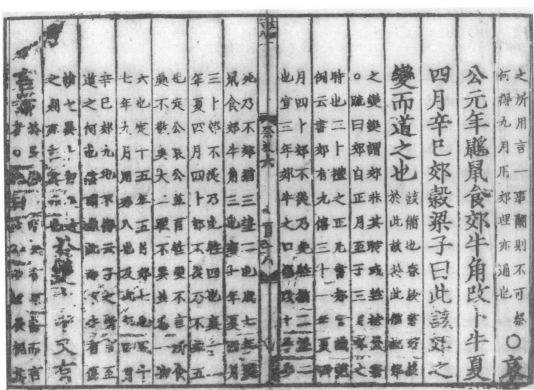

祭禮六　百二十八

0014_0133-1

死乃不郊猶三望二也成七年鼷鼠食郊牛角三也襄七年夏四月
三卜郊不從乃免牲四也襄十一年夏四月四卜郊不從乃不郊五
也定公哀公並言牲變不言所食與不敬莫大二罪不異故為一物
六也定十五年五月郊七也成十七年九月用郊八也及哀元年
辛巳郊九也穀梁傳云子之所言至道之何也[illegible]
[illegible]之則[illegible]穀梁[illegible]又有
[illegible]

0014_0133-2

□□□□□□□更使道盡矣所以□免之□□□者而言者注偏也

□□石往□□□久災而□□食□□書以識之也鼷鼠食

郊牛角改卜牛志不敬也郊牛日

展觓角而知傷展道盡矣展道雖□所以

備災之道不盡譏哀公不敬故致天災郊自正月至

于三月郊之時也夏四月郊不時

也五月郊不時也夏之始可以承

（版心）祭禮六　百廿九

0014_0134-1

春以秋之末承春之始蓋不可矣

觀日不時之中有差劘也夏始承春方秋之末猶爲可也○疏曰自

正月二月三月此三春之月是郊天之正時也若夏四月五月以後

皆非郊月如有其郊並書以示譏然則郊是春事也如郊在四月五

月之中則是以夏始承春其過差少若郊在九月之中則是以秋末

承春其過極多則自五月至八月其閒有郊亦以承春遠近爲過之

深淺也九月用郊用者不宜用也□□

0014_0134-2

年□□郊三卜禮也以十二月下辛卜正月上辛郊

不從則以正月下辛卜二月上辛郊不從則以二月下辛卜三月上辛

辛所謂三卜也鄭嗣曰謂卜而三也求吉之道三故曰禮也○疏

曰郊謂之□以十二月下辛卜正月上辛□爲郊之時則於此一辛

之□□□□吉以□二卜不吉以至三卜求吉之□三□曰禮也四

卜非禮也僖三十一年襄十一年皆四卜○疏□僖三十

年以十二月下辛卜正月上辛不則以正月下辛卜二月上辛不

（版心）祭禮六　百三十

0014_0135-1

□對以二月下辛卜三月上辛所三卜禮也今以三月以前不吉

文以三月下辛卜四月上辛則謂西年□非禮也成十年以四月以

謝四卜不吉又於四月下辛卜五月上辛則五卜強也非禮可知懸

之六亦是一辛之中卜至於四二日也一辛之二三卜禮也四卜

下非禮也然而四卜云非禮五□二云□者□卜辭□猶去禮

□□過□□以非禮言之若至□□□知其不可而識爲之去

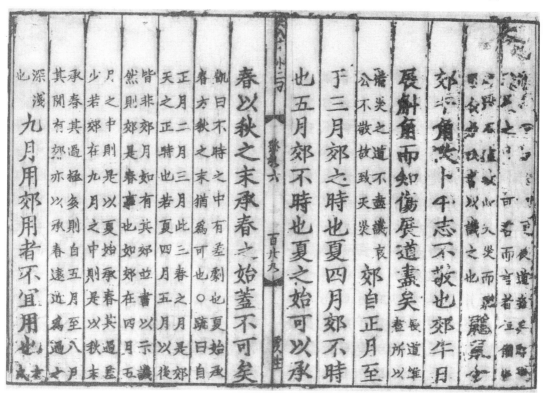

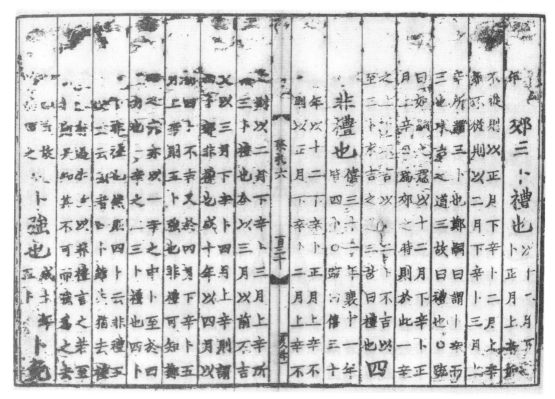

□□□□之後卜強也成□五卜卜免

0014_0135-2

牲者吉則免之不吉則否牛傷不

言傷之者傷自牛作也故其辭緩

宣三年郊牛之口傷以牛自傷故加之言緩辭全曰牲傷

曰牛未牲曰牛其牛一也其所以

爲牛者異已卜日成牲而傷之同牛未卜日未成牲之牛

二者不同有變而不郊故卜免牛也已

牛矣其尚卜免之何也既傷不宜以郊帳也

祭禮六上　百三十一

0014_0136-1

卜免之禮與其亡也寧有於禮有卜之與無卜

寧當有卜嘗置之上帝矣故卜而後免

之不敢專也嘗置之縣宮名之系上帝牲故不敢擅放

也卜之不吉則如之何不免安置

之繫而待六月上甲始庀牲然後

左右之庀具也待具後牲然後左右前牛在我用之不復循

卜已有新牲故也周禮曰司門掌授管鍵以啓閉國門祭祀之牛牲

0014_0136-2

繫焉然則未左右時臨門者養之子之所言者牲

之變而曰我一該郊之變而道之

何也我以六月上甲始庀牲十月

上甲始繫牲十一月十二月牲雖

有變不道也牲有變則改卜牛以不妨郊事故不言其

變○疏曰上言子者弟子問穀梁子辭而曰我者是弟子述穀梁子

自我之意我以六月者是穀梁子荅前弟子之辭我以六月上甲始

祭禮六上　百卅二

0014_0137-1

庀牲庀具猶簡擇未繫之待十一月然後始繫養若六月簡訖以後有

變則十月八月九月上甲皆可擇擇故傳云六月上甲始庀牲明自

六月爲始七月八月九月皆可替牲自十月繫之有變則改卜卜取

吉者十一月十二月亦然是繫之三月也故傳云十月上甲始繫牲

十一月十二月牲雖有變不道也是也詩正月然後言牲之變正是

郊特牲之正如其牛有變然後言之二月三月亦然重妨郊故也

正月然後言牲之變此乃所以

0014_0137-2

郊至郊時然後言其變重其特[illegible]也十二月不道自前可知也[illegible]

正月然後道則二月三月亦可知[illegible]也此所以該郊言其變道盡○[illegible]

曰自六月上甲始庀牲十月始[illegible]牲自十二月以前牲雖有變不貴[illegible]

自正月然後云牲之變乃不郊卜免牲吉與不吉如此之類皆是該

備郊事言牲變之道盡悉也郊享道也貴其時

大其禮其養牲雖小不備可也享者

飲食之道牲有變則改卜牛郊日已遍庀養之禮雖小不備合時禮

[illegible]祭禮六　百卅三

0014_0138-1

禮用之可也子不忘三月卜郊何也三月

謂十二月正月二月也○疏曰魏言十二月不卜十一正月十二正月

下辛卜二月上辛二月下辛卜三月上辛怪經不書此十二月正月

二月之卜郊設問之也郊自正月至于三

郊之時也有變乃志常事不書我以十二月

下辛卜正月上辛如不從則以正

[illegible]月下辛卜二月上辛如不從則以[illegible]

0014_0138-2

二月下辛卜三月上辛如不從[illegible]

不郊矣意欲郊而卜不吉[illegible]從郊必用上辛有[illegible]

褻莫先也○哀公十三年公會吳[illegible]

吳人囚子服景伯景伯謂大宰[illegible]

魯將以十月上辛有事於上帝先[illegible]

王季辛而畢何世有職焉有[illegible]祭[illegible]

疏曰七月辛丑盟四景伯以還[illegible]景伯稱十月當謂周之十月[illegible]

[illegible]祭禮六　百卅四

0014_0139-1

十月非祭上帝先公之時且[illegible]終朝而畢無上辛盡於季辛之[illegible]

景伯以吳信鬼皆虛言以恐吳耳○春秋左氏傳

春其帝大皞其神句芒此倉精之君[illegible]官之臣自古以[illegible]

著德立功者也大皞宓戲氏句芒[illegible]皞氏之子曰重爲木官○疏曰其帝大[illegible]

皞者謂自古以來木德之君其帝大皞也謂之皞者案異義古尚書說元氣廣

大謂之皞天則皞皞廣大之意以伏犧德能同天故稱皞以東方生養元氣盛

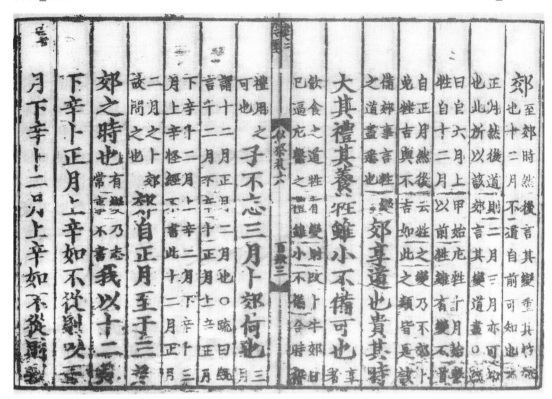

大西方收斂元氣便小故東方之帝謂之大皞西方之帝謂之少皞其神句芒

0014_0139-2

者謂自古以來主春立功之臣其祀以
爲神是句芒者主木之官木初生之時
句屈而有芒角故云句芒言大皞句芒
者以此二人生時木王主春立德立功
及其死後春祀之時則祀此大皞句芒
故言也此之言據死後享祭之時不論
生存之日故云其神句芒言其神
則大皞亦神也大皞言帝則句芒當云
臣也互而相通大皞在前句芒在後相
去縣遠非是一時大皞木王句芒有主
木之功故取以相配也又曰蒼是東方
之色故下云駕蒼龍服蒼玉此是蒼精
之君也則東方當木行之君也云著德
立功者著德謂大皞立功謂句芒也云

小四弓二十　祭禮六　百三十五　戴彝

0014_0140-1

大皞宓戲氏者以東方立德則謂之大
皞德能執伏犧牲謂之伏犧即宓戲也
律歷志云大皞作罔罟以田漁取犧牲
故天下號曰庖犧氏又帝王世紀云取
犧牲以供庖廚食天下故號曰庖犧氏
或作宓戲氏者宓字誤也當宂下著必
是古之伏字案帝王世紀云大皞帝庖
犧氏風姓也母曰華胥遂人之世有大
人之迹出於雷澤之中華胥履之生庖
犧於成紀蛇身人首有聖德爲百王先
帝出於震未有所因故位在東主春象
日之明鉄是以稱大皞一號黃熊氏云少
皞氏之子曰重爲木官者案昭二十九
年左傳蔡墨云少皞氏有四叔曰重曰

0014_0140-2

該曰脩曰熙重爲句芒該爲蓐收脩及
熙爲玄冥顓頊氏有子曰犂爲祝融共
工氏有子曰句龍爲后土是重爲句芒
若然案楚語云重爲南正司天犂爲火
正司地所以又爲南正火正不同者蓋
重爲木正兼爲南正司天犂爲火正兼
爲北正司地故韋昭注國語云火當爲
北重既顓頊時爲南正案楚世家高辛
氏誅重犂依帝繫顓頊高辛各有一人
爲帝則重既事顓頊又事高辛鄭則依
命曆序以顓頊傳九世帝嚳傳十世則
重何得事顓頊又事高辛者師解重人
號雖子孫皆號曰重猶若羿爲堯時射
官至夏后相之時猶有羿也自古以來

小四弓二　大九　祭禮六　百三十六　戴彝

0014_0141-1

紀君臣之號案昭十七年左傳云顓頊
以來不能紀遠乃紀於近命以民事服
注云自少皞以上天子之號以其德百
官之號以其徵自顓頊以來天子之號
以其地百官之紀以其事則伏犧神農
黃帝少皞皆以德爲號也高陽高辛唐
虞皆以地爲號也雖以其地爲號兼
有德號則帝嚳顓頊堯舜是其德號夏
其帝炎帝其神祝融此赤精之君火官之臣自古以
來著德立功者也炎帝大庭氏也祝融
顓頊氏之子曰犂爲火官○疏曰何徹
云春秋說云炎帝號大庭氏下爲地皇
作耒耜播百穀曰神農也云犂爲火官

0014_0141-2

着案昭二十九年左傳云顓頊氏有子曰犂爲祝融杜注云祝融明貌·中央土其帝黃帝其神后土此黃精之君土官之神自古以來著德立功者也黃帝軒轅氏也后土亦顓頊氏之子曰犂兼爲土官○疏曰案昭二十九年左傳云顓頊氏有子曰犂爲祝融共工氏有子曰句龍爲后土后土爲土官知此經后土非句龍而爲犂者以句龍初爲后土後轉爲社后土官闕犂則兼之故鄭注大宗伯云犂食於火土以宗伯別云社稷又云五祀句龍爲社神則不得又爲五祀故云犂兼也秋其帝少皥其神

大六八小三〇一〇五七　儀祭禮六　百二十七　庚丙

0014_0142-1

蓐收此白精之君金官之臣自古以來著德立功者也少皥金天氏蓐收少皥氏之子曰該爲金官○疏曰案昭秋云其帝少皥在西方金位左傳昭元年云昔金天氏有裔子曰昧爲玄冥師生允格臺駘稱金天氏與少皥金位相當故少皥則金天氏也又帝王世紀少皥帝號曰金天氏云少皥氏之子曰該爲金官者案左傳昭二十九年蔡墨云少昊氏之子曰該又云該爲蓐收是少皥神佐少皥於秋蓐收收者言秋時萬物摧蓐而收斂冬其帝顓頊其神玄冥此黑精之君水官之臣自以來著德立功者也顓頊

0014_0142-2

陽氏也玄冥少皥氏之子曰脩曰熙水官○疏曰案五帝德云顓頊高陽姬姓也又帝王世紀云生十年而佐少皥十二作而冠二十年而登帝位在七十八年而崩以水承金也云玄冥少皥氏之子曰脩曰熙者案昭二十九年左傳云少皥氏有子曰脩曰熙又云○脩及熙爲玄冥是相代爲水官也季冬乃畢祀帝之大臣天之神祇四時之功成於冬孟月祭其宗至此可以祭其佐也帝之大臣句芒之屬天之神祇司中司命風師雨師○疏曰案上孟冬祈來年于天宗大割祠於公社臘先祖五祀

大十四小二〇九一　儀祭禮六　百三十八　夏丙

0014_0143-1

是謂蜡祭則百神皆祭則一變而致羽物山林之祇再變而致鱗物川澤之祇是蜡祭並祭山川是獄瀆及衆山川也孟冬不見者文不具是孟冬祭嶽瀆因及衆山川至此又更祭衆山川山川少於獄瀆是孟月祭其宗此月祭其佐前孟冬是祭先嗇神農并祭五帝但孟冬其文不具則五帝爲宗大臣句芒等爲佐是孟月祭其宗此月祭其佐也孟冬祭司中等是孟月祭宗此月祭佐則天人鬼山川等皆有宗有佐也故鄭先云孟月祭宗至此祭佐後解帝之大臣天神地祇若然山川畢祀帝之大臣任統言故以爲尊卑之序繼義例也熊氏云

0014_0144-1 0014_0143-2

孟冬祭宗至此祭佐唯天恐非也○以上禮記月令

右配帝及帝臣

掌次朝日則張大次小次設重帟重案

朝直遙反重直龍反○朝日春分拜日於東門之外次謂幄也大幄初往所止居也小幄既接祭退俟之處祭義曰周人祭日以朝及闇兆有強力孰能支之是以退俟與諸臣[redacted]有事焉重帟複帟重案牀重席也○[redacted]曰言朝日者謂春分朝日則張大次小次者次謂幄帳也大幄小幄但幄在[redacted]中旣有幄明有帷

幕可知設重帟者謂於幄中設承塵云重案者案則牀山牀言重謂牀上設重席不言氈及皇邸亦有可知上氈案不言重席亦有重[redacted]可知互見為義又曰知朝日春分者祭義云祭日於東故鄭約用春分也云拜日於東門之外者謂在東郊覲禮文云次謂幄也大幄初往所止居也小幄既接祭退俟之處者必兩處設幄者大幄謂王侵晨至祭所祭時未到去壇壝之外遠處設大次王止止居故云大幄初往所止居也接祭若與羣臣交接相代而祭去壇宜近置一小幄退俟之處云祭義曰周人祭日以朝及闇引此已下者欲見王與臣接祭

張本下象鼻題監生鄧志昂五字傳本剪去之

0014_0145-1 0014_0144-2

[illegible]淚有小幄也言孰能支之者謂[illegible]之間雖有強力誰能支持乎云[illegible]

設帟者謂兩重為之云重案牀重席[illegible]案司几筵莞筵繅席次席二重此言[illegible]

席亦當有此三重與重帟不同○天官

○大宗伯以實柴

祀日月星辰

實柴實牛柴上也實牲體焉[illegible]柴或為賓柴星謂五緯[illegible]

謂日月所會十二次○疏曰云實[illegible]牛柴上也者案肆師職三者皆實[illegible]

先鄭直據實柴為實牛者偏據一邊而言耳其實皆牛也云故書實柴或為[illegible]

柴者賓柴無義故鄭不從當還從實柴也云星謂五緯者五緯即五星東方

歲星南方熒惑西方太白北方辰星中央鎮星言緯者二十八宿隨天左轉為

經五星右旋為緯[illegible]云文[illegible]之府五星以[illegible]也[illegible]備云五星初起牽

牛此云舉明是五緯又案[illegible]云歲星一日行十二分度之一十二歲而周天

熒惑日行三十三分度之一三十三歲而周天鎮星日行二十八分度之一二

十八歲而周天太白日行八分度之一八歲而周天辰星日行一度一歲而周

天是五緯所行度數之事且諸文皆星辰合解之故尚書堯典云曆象日月星

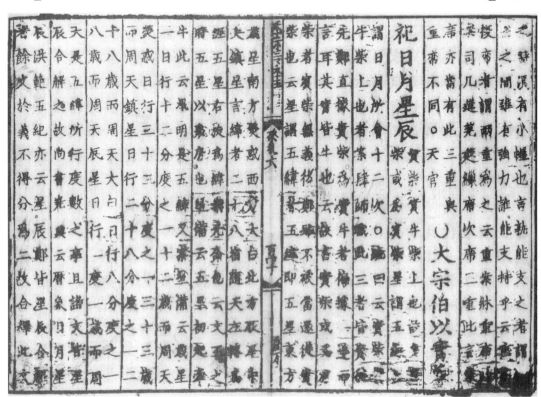

辰洪範五紀亦云星辰鄭皆星辰合釋者餘文於義不得分為二故合釋此文

0014_0145-2

皆上下不見祭五星之文故分星爲五緯與辰別解若然辰雖據日月會時而言辰即二十八宿也案昭七年左氏傳晉侯問伯瑕曰何謂六物對曰歲時日月星辰是謂也公曰多語寡人辰而莫同何謂辰對曰日月之會是謂辰故以配日是其事但二十八星面有七不當日月之會直謂之星君日月所會則謂之宿謂之辰謂之次亦謂之房故尚書胤征云辰弗集于房孔注云房日月所會是也禮記郊特牲曰郊之祭也迎長日之至也大報天而主日也兆於南郊就陽位也埽地而祭於其質也祭義曰郊之祭也大報天而主日配以月則郊

0014_0146-1

祭并祭日月可知其餘星也辰也亦自明矣○春官○

典瑞掌玉瑞玉器之藏辨其名物與其用事設其服飾

藏才浪反○人執以見曰瑞禮神曰器瑞符信也服飾服玉之飾謂繅藉○見賢遍反藉在夜反下同○疏曰言掌玉瑞玉器之藏者玉之美者入天府藏之凡平者仍在典瑞藏之故亦言藏也人執之則曰瑞即下文鎮圭之等是也禮神曰器則下文四圭之等是也云辨其名物者圭璧之等各有名并物色有異云與其用事者爲事而用圭璧謂朝聘朝日祭祀之等皆是也云設

0014_0146-2

其服飾者謂繅藉在玉吉人之衣服者飾也又曰人執以見曰瑞禮神曰器者據此文及大宗伯相對而說散文則人執亦名器故聘禮記云圭璋璧琮凡此四器者唯其所寶以聘可也又尚書云五器卒乃復皆是人執而名器也云瑞符信也者若天子受瑞於天諸侯不得受瑞於天唯受瑞於天子故名瑞瑞即符信者也云繅藉即下文繅五采五就之等也

王晉大圭執鎮圭繅藉五采五就以朝日

繅有五采文所以薦玉木爲中幹用韋衣而畫之就成也王朝日者示有所尊訓民事君也天子常春分

0014_0147-1

朝日秋分夕月覲禮曰拜日於東門之外故書鎮作瑱鄭司農云晉讀爲搢紳之搢謂插之於紳帶之間若帶劍也瑱讀爲鎮玉人職曰大圭長三尺杼上終葵首天子服之鎮圭尺有二寸天子守之繅讀爲藻率之藻五就五帀也一帀爲一就○疏曰搢插也謂插大圭長三尺玉笏於帶間手執鎮圭尺二寸繅藉五采五就者謂以五采就繅藉玉也以朝日者謂以春分朝日於東郊也又曰云繅有五采文者繹繅字以其繅者雜采之名故云繅有五采文所以薦玉也云木爲中幹用韋衣而畫之就成也者鎮圭尺二寸廣三寸則此木版亦長尺

張本下象鼻題監生鄧志昂五字傳本剪去之

0014_0147-2

二十黄三寸與王同然後用華衣之乃於韋上畫之一采爲一帀五采則五帀一帀爲一就就成也是采色成者也案聘禮記云絢組尺彼組不問尊卑皆用五采長尺以爲繫所以束玉使不落絢組繫亦名繅藉者則曲禮云其有藉者則裼聘禮云上介屈繅以授賓是亦名繅藉者也云王朝日者亦有所尊訓民事君也者王者父天母地兄日姊月故春分朝日秋分夕月以王者至尊猶朝日夕月况民得不事君乎是訓民事君也云天子常春分朝日秋分夕月者案祭義云祭日於東祭月於西又玉藻云玄端而朝日於東門之外又覲禮春

0014_0148-1

拜日於東門之外既春拜日於東明秋夕月於西故知春分朝日秋分夕月也鄭司農云晋讀爲搢紳之搢者漢有搢紳之士亦謂搢笏於紳故讀從之云謂搢之於紳帶之間者凡帶有二者大帶大夫已上用素士用練即紳也又有革帶所以珮玉之等令搢笏者搢於紳之外革之內故云紳帶之間也云若帶劒也者劒在紳帶之間同剱也云玉人職曰大圭長三尺杼上終葵首天子服之者案彼注云杼殺也終葵首謂大圭之上近首殺去之留首不去處爲椎頭齊人謂椎爲終葵故名圭首爲椎頭者爲終葵首也案玉藻云天子搢珽方正

0014_0148-2

養天下即此大圭也云鎮圭尺有二寸者天子守之者亦下人文引之證經本圭與鎮圭之義也云繅讀爲藻率之藻者桓二年臧哀伯諫辭也藻是水藻之文故讀從之也云五就五帀也一帀爲一就者下文有三采者亦一采爲一就下云二采一就者據臣行聘不得與君同是以二采采爲一行二采共爲一就凡言就者或兩行名爲一就即此上下文是也或一帀二行爲二就就即等也故聘禮記云所以朝天子圭與繅皆九寸又云繅三采六等朱白蒼注云以三色再就謂三色色謂再就就亦等也三色即六等禮記雜記亦云三采六等注云

0014_0149-1

三采六等以朱白蒼畫之再行行爲一等是等爲一行行亦爲就據單行言之也各有所據故其文有異也

○圭璧以祀日月星辰

圭其邸爲璧取殺於上帝○殺色界反下同○疏曰祭日月謂春分朝日秋分夕月并大報天主日配以月其星辰所祭謂小宗伯四類亦如之注云禮風師雨師於郊之屬又月令云祈來年於天宗鄭云天宗日月星辰亦是也祭法埋少牢已下祭日月星辰謂禱祈而祭亦用此圭璧以禮神也又曰云圭其邸爲璧者上文四圭兩圭及下璋邸皆言邸皆以邸爲璧但此圭云璧不言邸

0014_0149-2

故鄭遷以邸解璧也云取殺於上帝者但郊天及神州之神雖相對但天尊地卑故四圭有異鄭直云象不言殺也今日月星天神故以殺言之也言殺者取降殺以二爲節也○同上○**玉人之事圭璧五寸以祀日月星辰**禮其神也圭其邸爲璧取殺於上帝○疏曰此圭璧謂以璧爲邸旁有一圭故云圭其邸爲璧也云取殺於上帝者案上文四圭以祀天此日月星辰爲天之佐故一圭是取殺於上帝也案典瑞云兩圭有邸以祀地璋邸射以祀山川彼山川亦取殺於地此不言者文略彼又有珍圭牙璋

祭礼六　百四五

0014_0150-1

此不言者亦是文略並玉人造之可知○冬官○**天子玄端而朝日於東門之外**玄端當爲冕字之誤也玄衣而冕冕服之下朝日春分之時也東門謂國門也○疏曰知端當爲冕者凡衣服皮弁尊次以諸侯之朝服次以玄端祭下諸侯皮弁聽朔朝服視朝是視朝之服卑於聽朔今天子皮弁視朝若玄端聽朔則是聽朔之服卑於視朝與諸侯不類且聽朔大視朝小故知端當爲冕謂玄冕也是冕服之下案宗伯實柴祀日月星辰則日月爲中祀而用玄冕者以天神尚質魯語云大采朝日少采夕月孔晁云

0014_0150-2

大采謂袞冕少采謂黼衣而用玄冕者孔氏之說非也故韋昭云大采謂玄冕也少采夕月則無以言之云朝日春分之時也者以春分日長故朝之然則夕月在秋分也案書傳略說云祀上帝於南郊即春迎日於東郊彼謂孟春與此春分朝日別朝事儀云冕而執鎮圭帥諸侯朝日於東郊此云朝日於東門者東郊在南門之外遂繼門而言之也云東門謂國門也者以朝事儀云朝日東郊故東門是國城東郊之門也○玉藻

右日月星辰○記王宮祭日夜明

祭礼六　百四六

0014_0151-1

祭月幽宗祭星王宮日壇王君也日稱君宮壇營域也夜明亦謂月壇也宗皆當爲禜字之誤也幽禜亦謂星壇也星以昏始見禜之言營也春秋傳曰日月星辰之神則雪霜風雨之不時於是乎禜之○見賢遍反○疏曰王宮祭日也者王君也宮亦壇也營域如宮也日神尊故其壇曰君宮也夜明祭月也者夜明者祭月壇名也月明於夜故謂其壇爲夜明也幽宗祭星也者祭星壇名也幽闇也宗當爲禜禜壇域也星至夜而出故曰幽也爲營域而祭之

0014_0151-2

故曰幽禜也云宗皆當爲禜者以經云幽宗宗字無義而與禜字相
近故并讀爲禜也禜之言營者案莊二十五年公羊傳云以朱絲營
社或曰脅之或曰爲闇恐人犯之故營之是禜有營義故讀爲禜云
○詳見祭法 ○祭日於壇祭月於坎 疏曰
此經及下經皆據春分朝日秋分夕月祭日於壇謂春分也祭月於
坎謂秋分也 祭日於東祭月於西 疏曰祭日
於東用朝旦之時祭月於西鄉夕之時而崔氏云祭日於壇祭月於

祭礼六　百四七

0014_0152-1

坎還據上文郊祭之時今謂若是郊祭日與月當應同處何得祭日
於壇祭月於坎日於東月於西祭不同處則崔說非也崔又云日月
有合祭之時謂郊祭天而主日配以月其禮大用牛各祭之時謂春
分朝日秋分夕月其禮小故祭法用少牢今謂小司徒云小祭祀奉
牛牲鄭注謂玄冕所祭自玄冕皆用牛也何得用少牢今謂祭法曰
月用少牢鄭云禱祈之祭也崔氏說又非崔氏又云迎春之時兼日
月者今案諸文迎春迎秋無祭日月之文小宗伯云兆五帝於四郊

0014_0152-2

四望四類亦如之謂四望四類之祭亦如五帝在四郊故鄭云兆日
於東郊兆月與風師於西郊不謂兆五帝之時即祭日月崔說又非
○祭義 ○傳古者先王既有天下又
崇立於上帝明神而敬事之 崇尊也立
立其祀也上帝天也明神日月也 於是乎有朝日
夕月以教民事君 禮天子以春分朝日以秋分夕
月拜日於東門之外然則夕月在西門之外必矣○國語周語○

祭礼六　百四八

0014_0153-1

天子大采朝日與三公九卿祖識
地德 禮天子以春分朝日示有尊也虞說云大采袞織也祖習
也識知也地德所以廣生昭謂禮玉藻天子玄冕以朝日玄冕冕服
之下則大采非袞織也周禮王搢大圭執鎮圭藻五采五就以朝日
則大采謂此也言天子與公卿因朝日以脩陽政而習地德因夕月
以治陰教而糾天刑日照晝月照夜各因其明以脩其事也 日
中考政與百官之政事師尹維旅

0014_0154-1　0014_0153-2

牧相宣序民事宣徧也序次也三君云師尹大夫官也掌以美詔王維陳也旅衆士也牧州牧也相國相也皆百官政事之所及也一曰師尹公也詩云赫赫師尹少采夕月與大史司載糾虔天刑夕月以秋分糾恭也虔敬也刑法也或云少采黼衣也昭謂朝日以五采則夕月其三采也載天文也司天文謂馮相氏保章氏與大史相儷偶也此因夕月而恭敬觀天法考行度以知妖祥也日入監九御使絜奉禘郊之粢盛監視也九御九嬪之官主粢盛祭服者而後即安即就也○國語魯語○古者帝王躬率有司百執事而以正月朝迎日于東郊所以為萬物先而尊事天也祀上帝于南郊所以報天德迎日之辭曰維某年月上日明光于上下勤施于四方旁作穆穆

0014_0155-1　0014_0154-2

維予一人某敬拜迎日東郊堯典曰寅賓出日此之謂也○尚書大傳○莊公十八年日有食之穀梁子曰不言日不言朔夜食也何以知其夜食也曰王者朝日王制曰天子玄冕而朝日於東門之外故日始出而有虧傷之處是以知其夜食也何休曰春秋不言月食日者以其無形故闕疑其夜食何緣書乎鄭君釋之曰一日一夜合為一日今朝日已始出其食虧傷之處未復故知此日以夜食夜食則亦屬前月之晦故穀梁不以為疑○號曰此是禮記玉藻文而云王制者謂王者之法制非是王制之篇也此魯事而輒言天子朝日者言王者朝日所以顯諸侯朝朔也天子朝日於東門之外服玄冕其餘侯則玉藻云皮弁以聽朔於太廟與天子禮異其禮雖異皆早旦行事而昨夜有虧傷之處尚存故知夜食也徐邈云夜食則星無光張靖策廢疾云立八尺之木不見其影故與蔽意異也故雖為天子

0014_0155-2

必有尊也貴爲諸侯必有長也故

天子朝日諸侯朝朔

大宗伯以槱燎祀司中司命飌師雨師

槱羊九反燎良召反飌音風○槱積也詩曰芃芃棫樸薪之槱之積柴實牲體焉燔燎而升煙所以報陽也鄭司農云司中三能三階也司命文昌宮星風師箕也雨師畢也玄謂司中司命文昌第五第四星或曰中能上能也○能他來反○疏曰云槱積也詩云芃芃棫樸薪之槱之者此大雅棫樸之篇引之證槱

0014_0156-1

得爲積也云積柴實牲體焉燔燎而升煙者此司中司命等言槱燎則以用煙也云燔燎而升煙所以報陽也者案郊特牲云升首於室以報陽彼論宗廟之祭以首報陽○今天神是陽煙氣上聞亦是以陽報陽故取特牲爲義也先鄭云司中三能三階也者案武陵太守星傳云三台一名天柱上台司命爲太尉中台司中爲司徒下台司祿爲司空云司命文昌宮星者亦據星傳云文昌宮第四曰司命第五曰司中二文俱有司中司命故兩載之云風師箕也者春秋緯云月離於箕風揚沙故知風師箕也云雨師畢也者詩云月離于畢俾滂沱矣

0014_0156-2

雨師畢也若左氏傳云天有六氣降生五味即五行之味也是陰陽風雨晦明六氣下生金木水火土之五行鄭注大陽不變陰爲金雨爲木風爲土明爲火晦爲水若從妻所好言之則洪範云星有好風星有好雨鄭注云箕星好風畢星好雨是土十爲木八妻木八爲金九妻故東方箕星好風西方畢星好雨以此推之則北宮好奧南宮好暘中央四季好寒皆是所尅爲妻是從妻所好之義也云司中司命文昌第五第四星者此破先鄭也何則先鄭以爲司中是三台司命是文昌星今案三台與文昌皆有司中司命何得分之故後鄭云文

0014_0157-1

昌第五第四星必先言第五後言第四者案文昌第四云司命第五云司中此經先云司中後云司命後鄭欲先說司中故先引第五證司中後引第四證司命故文到也○案武陵太守星傳云文昌宮六星第一曰上將第二曰次將第三曰貴相第四曰司命第五曰司中第六曰司祿是其本次也云或曰中台者亦據武陵太守星傳而言云三台一名天柱上台司命爲太尉中台司中爲司徒下台司祿爲司空引此破先鄭也詳見祭統

右祀司中司命飌師雨師

0014_0158-1　0014_0157-2

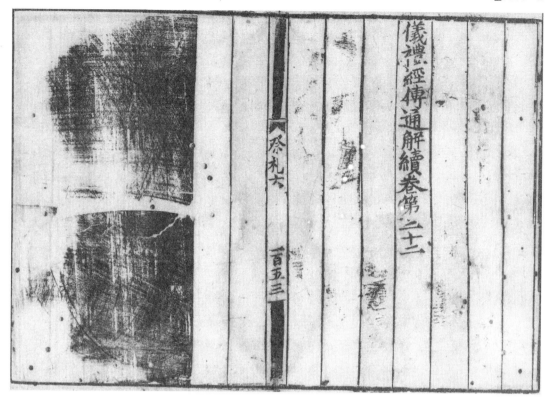

儀禮經傳通解續卷第二十三

祭礼六　一百五三

儀禮經傳通解續卷第二十三

地示　　祭禮七

天子祭天地歲徧疏曰地神有二歲二祭夏至之日祭崑崙之神於方澤一也夏正之月祭神州地祇於北郊二也或云建申之月祭之與郊天相對又曰知方丘之神是崑崙者案地說書括地象云地中央曰崑崙又云其東南方五千里曰神州以此之崑崙在西北則統四方九州其神州者是崑崙東南一州耳於一州中更分爲九州則禹貢之九州是也其配地之神者孝經緯旣云后稷爲天地之主則后稷配天南郊又配地北郊則周人以嚳配圓丘亦當配方丘堂也○曲禮下

大宗伯以黃琮禮地禮地以夏至謂神在崑崙者也禮神者必象其類琮八方象地○疏曰云禮地以夏至謂神在崑崙與天相對者蒼璧禮昊天則黃琮禮崑崙大地可知大司樂云以靈鼓靈鼗夏日至於澤中之方丘奏之若樂八變則地示皆出是也鄭彼云天神則主北辰地祇則主崑崙即與此同也云琮八方象地云天圜以對地方地有四方是八方也牲幣放其器之色

放方往反○幣以從爵若人飲酒有酬幣○疏曰知幣是從爵非禮神者以禮神當在祭上以其禮神幣與玉俱設○典瑞兩圭有邸以祀地旅四望兩圭者以象地數二也僢而同邸北地祇所祀此郊神州之神○僢昌絹反○疏曰云僢而同邸者案王制注則僢彼僢謂兩足相向此兩圭亦兩足同邸是足相向之義故以僢言之則上四圭同邸者亦是各自兩足相向但就此兩足相向而言之也云地謂所祀於北郊神州之神者以其宗伯所云黃琮禮地謂夏至祭崑崙大地明此兩圭與上四圭郊天相對是神州之神但三王之郊一用夏正未知神州用何月祭之或解郊用三陽之月神州既與郊相對宜用三陰之月當七月祭之以春官○丁

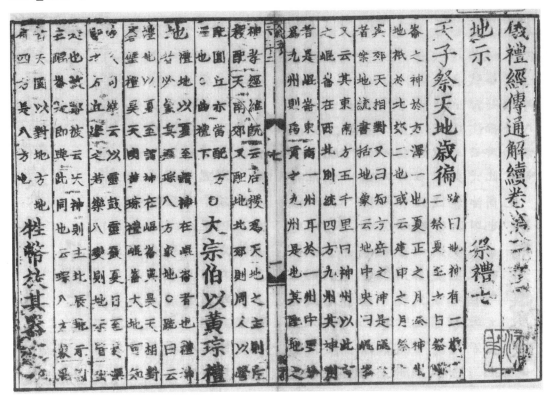

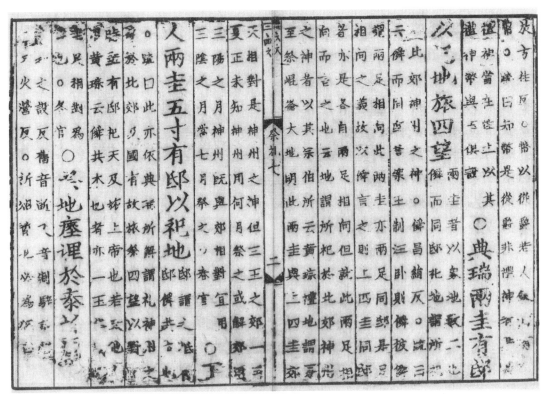

人兩圭五寸有邸以祀地邸謂之柢有邸僢共本也○疏曰此亦依典瑞所解謂祀神州之神於北郊以國有故旅祭四望以對皆並有邸祀天及旅上帝也若然此黃琮云僢共本也者亦一玉與足相對爲也○冬官○祭地瘞埋於泰折瘞之設反舊音逝又音制火營反○折昭晢也必爲

0014_0163-2

名尊神也地陰祀用黝牲與天俱用犢連言爾○疏曰瘞埋於泰折祭地也者

謂瘗繒埋牲祭神州地祇於北郊也案牧人云陰祀用黝牲毛之鄭康成注云

陰祀祭地北郊及社稷也則此云地陰祀用黝牲與天俱用犢連言爾者然宜

用黑犢今因言以騂犢祭天所用而立其文祭地承祭天之下故連言用騂犢

也郊特牲云郊之用犢貴誠也彼文雖主南郊其北郊與天相對故知俱用犢

也○祭法 **○牛角繭栗** 于制 **○大宰祀大示則**

掌百官之誓戒與其具脩 示音祇下同○誓戒要之

大二十二 小二七六　仪祭礼七　三　秦淳

0014_0164-1

以刑重失禮也明堂位所謂各揚其職百官廢職服大刑是其辭之略也具所

當共脩掃除糞洒○疏曰此祀大祇謂夏至祭地於方澤謂祭前十日已前誓

戒百官則大宰掌之與其具脩者使百官供祭祀之具及脩之掃除也誓戒要

之以刑重失禮者言要之以刑則服大刑是也言重失禮者以失禮為重故要

之以刑引彼明堂位文在祭祀之下陳之謂祭日此是未祭前引之者欲見祭

前誓戒還用祭日之辭以勑之故或前或後其辭同云是其辭之略者謂誓戒

之時其辭應多不應唯有此言故云辭之略也又云具所當供者祭祀之連事

0014_0164-2

祭祀之具百官共供故云共謂所當供也又云脩掃除糞洒者案宮人云掌六

寢之脩守祧云其廟有司脩除之是也脩掃除糞洒也 **前期十日**

帥執事而卜日遂戒 前期前所諏之日也十日容散齊七

日致齊三日執事宗伯大卜之屬既卜又戒百官以始齊○諏子須反散西但

反齊側皆反○疏曰前期者謂祭日前夕為期云前期十日帥執事而卜日者

即是謂祭前十一日太宰帥宗伯大卜之屬執事之人而卜日又言遂戒者謂

卜之後日即是祭前十日遂戒百官使散齊致齊也云前期前所諏之日者此

大二十二 小三六五　儀祭禮七　四　秦淳

0014_0165-1

依少牢所諏之日即祭日也凡祭祀謂於祭前之夕為期今言前期十日者明

祭前十一日卜卜之後日遂戒使散齊致齊故云十日容散齊七日致齊三日

案禮記祭統云散齊七日以定之致齊三日以齊之云執事宗伯大卜之屬者

大宗伯職云凡祀大神享大鬼祭大示帥執事而卜日謂宗伯涖卜又來大卜

云大祭祀視高命龜故知執事中有宗伯大卜之屬中含有小宗伯及卜師故

言之屬但四時迎氣冬至夏至郊天等雖有常時常日猶須審慎仍卜日故表

記云不犯日月不違卜筮注日月謂冬夏至正月及四時也所不違者日與牲

0014_0165-2

□□□□以□□上□□日

□□之□是□□特□□日猶□日□□

及執事眡滌濯

□猶至也謂至祭前夕太宰眡滌濯宗者□小宗伯大祭祀眡滌濯大宗伯亦云宿眡滌濯彼二官親眡滌濯大宰亦往涖之注云執事初為祭事前祭一之□知者案下經及納亨者是祭日此云眡滌濯儀禮特牲亦云前祭日之夕視壺濯及豆籩士卑得與人君同少牢大夫禮當祭日摡祭器者下人君也又云滌濯謂摡祭器及甑甗之屬知者少牢少牢雍人摡鼎匕俎廩人摡甑甗

儀祭卷七　五

0014_0166-1

司宮摡豆籩及勺爵此不言逆豆籩勺爵者之屬中含之

及納亨

贊王牲事

亨普庚反○納亨納牲將亨殺謂鄉祭之晨既殺以授亨人凡大祭祀君親牽牲大夫贊之□許亮反○疏曰及猶至也至納亨禮記明堂位君肉袒迎牲于門卿贊君及殺訖納與亨人故言納亨王牲事者即是卿大夫贊幣一人納亨納牲將告殺者謂牽牲入殺郊云納牲詔于庭殺訖毛以告告殺腥其俎脫解而腥之□□□□亨人爓祭也言納亨者時牽□□□□祭之晨□祭禮□云□□□□

0014_0166-2

□設先□□若宗廟之祭□□而□□□□□享是□□□□□□

牲□云既殺以授亨人者□□□□□褻之褻亨謂腥其俎□□凡□□□君親牽牲大夫贊之者此明堂位文尊侯用天子禮故還以引證天子□

及祀之日贊玉幣爵之事

日旦明也玉幣所以□□玉與幣各如其方之色爵所以獻齊不用玉爵尚質也三者執以從王至授之○齊才計反○疏曰及猶至也至祭日謂質明贊助也執此玉幣爵助而授王也又曰案特牲少牢皆行事故知旦明也云玉幣所以禮

儀祭卷七　六

0014_0167-1

與幣各如其方之色者上云祀五帝為迎氣於四郊之等案大宗伯以玉六器以禮天地四方又云青圭禮東方赤璋禮南方白琥禮西方玄璜禮北方季夏六月迎土氣於南郊亦用赤璋云牲幣彼雖幣不見禮神之幣亦云放其器之色是其禮神幣與玉亦各其方色也云爵所以獻齊酒者案□云疏布幂八尊八尊者五齊三酒之以其祭祀無祼□獻尊也云不用玉□尚質也者對下經享先王用玉爵方此今一不用玉爵故云尚質也云三執以從王至而授之者謂至祀□□方澤□□□□□□□□自□□□□

0014_0167-2

[illegible]以[illegible]大官○大宗伯祭大示帥執事
而卜日宿眡滌濯涖玉鬯省牲鑊奉玉
齍詔大號治其大禮詔相王之大禮省息
井反齍音咨相息亮反○執事諸有事於祭者宿申戒也滌濯溉祭器也玉禮
神之玉也始涖之祭又奉之鑊亨牲器也大號六號之大者以詔大祝以為祝
辭治猶簡習也豫簡習大禮至祭當以相王羣臣禮為小禮故書涖作立鄭
司農讀為涖涖視也○疏曰帥執事而卜日者謂祭三者鬼神之時祭前十日

0014_0168-1

大宗伯先帥執事有事於祭者共卜取吉日乃齊云宿眡滌濯者謂祭前一宿
視所滌濯祭器看絜淨以否云涖玉鬯者天地有禮神之玉無鬱鬯宗廟無禮
神之玉而有鬱鬯但宗廟雖無禮神玉仍有圭瓚璋瓚亦是玉故曲禮云玉曰
嘉玉郊特牲云用玉氣是也云省牲鑊者當省視烹牲之鑊云奉玉齍者此玉
還是上文所涖者齍謂黍稷天地當盛以瓦簋但盛與上鬯互見為義皆始時
涖之祭又奉之詔大號者謂大宗伯告大祝[illegible]祝辭也云治其大禮者簡習[illegible]
[illegible]之[illegible]大禮對下小宗伯治小禮為[illegible]王之大禮[illegible]

0014_0168-2

[illegible]又其行事則又相[illegible]云宿一而前期十日帥執事而卜日注
云執事宗伯大卜之屬此注云執事諸有事於祭者二注不同者以其大卜不
掌祭事故云執事大宗伯大卜之等而已此大宗伯主祭祀之事故據諸
有事於祭者也云滌濯溉祭器也者此滌濯止是蕩滌以少牢有溉祭器故據
而言之溉即拭也云玉禮神之玉也言即蒼璧黃琮青圭赤璋之等及四圭有
圭之類皆是禮神置於神坐也案九嬪職云贊玉齍注云玉齍玉敦盛黍稷與
此注玉為禮神之玉齍即非玉敦所盛注不同者彼九嬪所贊贊后設之據宗

0014_0169-1

廟宗廟無禮神玉則玉齍不得別解故為六彝此據天地為主有禮神玉故與
齊別釋也大宰云祀五帝贊玉幣爵之事宗云三者執以從王至而授之彼亦
執據五帝此所奉據昊天與崐崘故不同云始涖之祭又奉之者鄭據上云齍
涖臨視也直視看而已下云奉據手執授王故云祭又奉之云鑊亨牲器也者
案特牲少牢鑊即爨在廟門之外東壁也云大號六號之大者謂若大祝云辨
六號一曰神號一曰示號三曰鬼號四曰牲號五曰齍號六曰幣號之等是六
號之大者也云以詔大祝以為祝辭者經云詔大號大祝是事神之人[illegible]

0014_0170-1　　0014_0169-2

繫故知所詔大祝恩所辭祝號具版
之辭是也云擧巨禮爲小禮者則小宗
伯小視行者是也**若王不與祭祀則攝位**與音預
有故代行其祭事。䟽曰攝訓爲代
故者謂王有疾及哀慘皆是也量人云
凡宰祭與鬱人受嘏歷而皆飲之注云
言宰祭者冢宰佐王祭亦容攝祭此宗
伯又攝者冢宰貳王治事宗伯主祭
事容二官俱攝故兩言之○春官冢宰[illegible]
凡以神仕者掌三辰之法以猶鬼神示之居辨其名物猶圖也居謂坐也天者
羣神之精日月星辰之

小二百五十五　儀祭禮七　九

著位也以此圖天神人鬼地祇之坐者
謂布祭衆寡與其居句孝經說郊祀之
禮曰燔燎掃地祭牲繭栗或象天酒旗
坐星辰倉具黍稷布席極敬心也言郊
之布席象五帝坐禮祭宗廟序昭穆亦
又有似虛危則祭天圜丘象北極祭地
方澤象后妃及社稷之席皆有明法焉
○居句紀慮反下紀具反○䟽曰齊宮[illegible]
注云神仕者男巫之俊知是巫者此官
掌三辰之法以猶鬼神祇之居[illegible]
云在男曰覡在女曰巫彼鄭[illegible]神之[illegible]
文主之度與此文合故知此神仕者[illegible]
[illegible]曰以此圖天神人鬼地祇之[illegible]
[illegible]然[illegible]寡以其居句者鄭[illegible]

0014_0171-1　　0014_0170-2

居止是布祭於神神有衆寡多少或居
方爲之或句曲爲之也引孝經說郊祀
者援神契文敢問章云周公郊祀后稷
以配天祭地方澤象后妃者天有后妃
四星天子象天后象地后妃是其配合
也云及社稷者天社之星祭社之位象
焉故云及社稷之席孝經
說云祭牲繭栗者據祭地**以夏日至致地示物鬽**鬽眉祕反後同地物陰也
陽氣升而祭鬼神陰氣升
而祭地祇物鬽所以順其爲人與物也
致物鬽於墠壇蓋用祭天地之明日百
物之神曰鬽春秋傳曰螭鬽魍魎○墠
音善○䟽曰言以冬日至夏日至此則

小四百大九　儀祭禮七　十

大司樂云冬日至於地上之圜丘奏之
若樂六變天神皆降夏日至於澤中之
方丘奏之地祇皆出是也但其時天之
神地之祇皆降仍於祭地之明日更祭
此等小神祇故於此別之也又曰鄭云
天人陽也者此解冬日至祭天神人鬼
之意以其陽故十一月一陽生之月當
陽氣升而祭之也云地物陰也者此解
夏日至祭地示也以其陰故五月一
陰生之日當陰氣升而祭之也云所以
順其爲人與物也各順陰陽而在冬
夏至也云致物鬽墠壇此鄭惟釋人
鬼物鬽不言致地之處者文略亦當
在墠壇也云蓋用天地之明日者當

冬至夏至之日正祭天地之神[illegible]
不可兼祭此等雖無正文鄭以意量之
故云蓋用祭天地之明日也云百物之
神曰鬽春秋傳曰螭鬽魍魎者案左氏
宣公三年楚子問鼎之大小輕重王孫
滿對曰夏之方有德也遠方圖物貢金
九牧鑄鼎象物故民入川澤山林不逢
不若螭魅魍魎莫能逢之服氏注云螭
山神獸形魅怪物罔兩木石之怪文十
八年注螭山神獸形或曰如虎而啖虎
或曰魅人面獸身而四足好惑人山林
異氣所生爲人害如賈服義與鄭異鄭
君則以螭魅爲一物故云百物之神曰
鬽引春秋螭鬽以證之經無魍魎連引

之以國語木石之怪夔魍
魎賈服所注是也○同上○大祝辨六
號三曰示號 號謂尊其名更爲美稱焉 祇號若云后土地祇○疏
曰云號謂尊其名更爲美稱焉者謂若
尊天地人之鬼神示不號爲鬼神示而
稱皇天后土皆別爲美號爲云祇號若
云后土地祇者左氏傳云君戴皇天而
履后土地祇謂若大司樂云若樂八變
地祇皆出○ 祇巨移切○
凡祭示則執明水火而號祝 明水火司烜所共日
月之氣以給烝享執之如以六號祝明
此圭絜也故書祇爲禔杜子春云禔當

爲祇○烜況彼反祊必庚反○疏曰執
明水火司烜所共日月之氣者案司烜
氏職云以夫遂取明火於日以鑒取明
水於月彼雖不云氣此水火皆由日月
之氣所照得之故以氣言之云以給烝
享執之如以六號祝明此圭絜也者經
云執明水火而號祝明知六號皆執之
明絜也號祝執明水火明圭人圭絜之
德杜子春云祊當爲祇
宗伯血祭已下是也
隋釁逆牲逆尸
令鐘鼓右亦如之 隋釁許規反又思恚 ○隋釁謂薦血也凡
血祭曰釁既隋釁後言逆牲容逆鼎右
讀亦當爲侑○疏曰鄭云隋釁謂薦血

也者賈氏云釁釁宗廟馬氏云血以塗
鍾鼓鄭不從而以爲薦血祭祀者下文
云既祭令徹則此上下皆是祭祀之事
何得於中輒有釁廟塗鼓直稱釁何得
兼言隋故爲祭祀薦血解之鄭云凡血
祭曰釁者此經文承上禋祀肆享祭祀
之下即此血祭之中含上三祀但天地
薦血于座前宗廟即血以告殺故言凡
血祭曰釁云既隋釁後言逆牲容逆鼎
者凡祭祀之法先逆牲後隋釁今隋釁
在前逆牲在後者以其鼎在門外薦血
後乃有爓孰之事逆鼎而入故云容鼎
知鼎在門外者案中霤禮竈在廟門外
之東主人迎鼎事云右讀亦爲侑者亦

尤拜之下享之字也為脩 來[illegible]令[illegible]鉼[illegible]
嗥者皆謂呼之入口呼八[illegible] 卑讀為卒嗥呼之聲脩韻[illegible]
者皆謂呼之入者經云皆[illegible]擬升 彝讀學子彝人皆八音來亦呼之乃
嗥彝令呼亦來入故鄭 相尸禮 [illegible]相 來嗥皆謂呼之入也
延其出入詔其坐作○疏曰尼[illegible] 者諸事皆相故以出入坐作解之[illegible]
入者謂祭初延之入二禮說退[illegible] 堂上南面朝踐饋獻訖又延之入[illegible]
詔其坐作者鄭特牲云詔祝於室 于堂饋獻訖又入室坐言作者尼[illegible]

儀禮七　十三

有作及與主人荅拜皆有 坐作之事故云詔其坐作也 既祭令徹
曰祭訖尸謖之後大祝命徹祭[illegible] 云諸宰君婦廢徹不遲是也[illegible]同上
大司樂以六律六同五聲八音六舞
大合樂以致鬼神示 六律合陽聲者[illegible] 六同合陰聲者[illegible]
十二者以銅為管轉而相生黃[illegible] 其長九寸各因而三分[illegible]之[illegible]
[illegible]下[illegible]去一焉[illegible]白[illegible]所[illegible] [illegible]度[illegible]六之神[illegible]為中聲[illegible]
[illegible]律均[illegible]事以[illegible] [illegible]以合樂[illegible]謂[illegible]

日至[illegible]之致天神人鬼以夏日至[illegible] 致地祇物彪動物羽蠃之屬虞書云[illegible]
曰戛擊鳴球搏拊琴瑟以詠祖考來[illegible] 虞賓在位羣后德讓下管鼗鼓合止柷敔
敔笙鏞以間鳥獸蹌蹌簫韶九成鳳凰 來儀夔又曰於予擊石拊石百獸率舞
庶尹允諧此其於宗廟九奏效應○[illegible]上 生時掌反去一起呂反度待洛反間
廁之間○ 疏見天神 ○乃分樂而序之以祭以享
分謂各用一代之 樂○疏見天神 乃奏大蔟歌應
鐘舞咸池以祭地示 大蔟音太下七豆 反○大蔟陽聲

祭禮七　十四

二應鐘為之合咸池大咸也地祇所祭 於北郊謂神州之神及社稷○疏曰地
祇卑於天神故降用大蔟陽聲第二及 咸池也又曰云大蔟陽聲第二應鐘為
之合者以黃鐘之初九下生林鐘之初 六林鐘之物六上生太蔟之九二是陽
聲之第二也大蔟寅之氣也正月建寅 而辰在娵訾應鐘亥之氣也而辰在析
木是應鐘為之合也云咸池大咸也者 [illegible]云咸池上文云大咸以為一物故云
[illegible]咸也云地祇所祭於北郊謂神州之 者以其下文若樂八變者是崐崘大
[illegible]知[illegible]地祇非天[illegible]也是神州之神 [illegible]集河圖括地象云崐崘東南萬

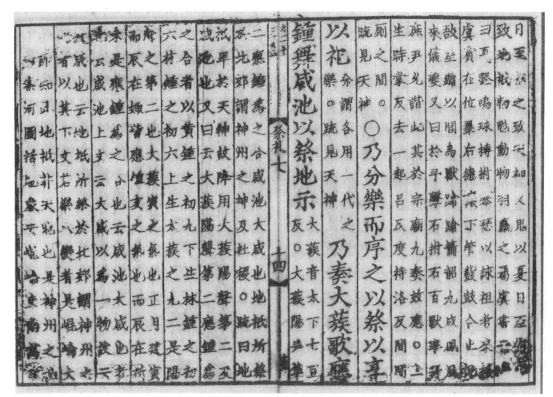

千里曰神州是知神州之神也知祭在北郊者孝經緯文以其與南郊相對[illegible]也知及社稷者以六冕注之社稷[illegible][illegible]小祀者蘊祭言之大宗伯云以血祭祭社稷五祀五嶽用血與郊同又在五嶽之上故知用樂亦與神州同謂若日月星與五帝同也○一變而致羽物及川澤之示再變而致臝物及山林之示三變而致鱗物及丘陵之示四變而致毛物及墳衍之示五變而致介物及土示六變而

致象物及天神變猶更也樂成則更奏也此謂大蜡索鬼神而致百物六奏樂而禮畢東方之祭則用大蔟姑洗南方之祭則用蕤賓西方之祭則用夷則無射北方之祭則用黃鍾為均焉每奏有所感致和以來之凡動物敏疾者地祇高下之甚者易致羽物既飛又走川澤有孔竅者蛤蟹走則遲墳衍孔竅則小矣是其所以舒疾之分土祇原隰及平地之時也象物有象在天所謂四靈者天地之神四靈之知[illegible]應至和則不至禮運曰何謂四靈麟[illegible]龜龍謂之四靈龍以為畜故魚鮪不淰鳳以為畜故鳥不獝麟以為畜故獸不狘

龜以為畜故人情不失○[illegible][illegible][illegible][illegible]彩闇反知音智畜許又反鮪于軌反[illegible]淰音審畜休律反本又作獝狘許越反○疏曰此一變至六變不同者據難致易致前後而言案大司徒五地之物生動植俱有此俱言動物不言植物者據有情可感者而言也又曰云變猶更也者樂成一終尚書云成此云變孔注尚書云九奏而數示同凡樂曲成則終變更也終則更奏各擇終始而言是以鄭云樂成則更奏也云此謂大蜡索鬼神而致百物者案郊特牲云蜡者索也歲十二月合聚百物而索饗之也鄭云歲十二月周之正數謂建亥之月也五[illegible]

成於神有功故報祭之鄭必知此據蜡祭者此經摠祭百神與蜡祭合聚萬物之神同故知蜡也云六奏樂而禮畢者下云若樂六變則天神皆降此經亦六變致天神故云六奏樂而禮畢也云東方之祭則用大蔟云云此鄭知四方各別祭用樂不同者以郊特牲云八蜡以記四方又云四方年不順成八蜡不通順成之方其蜡乃通是四方各有八蜡故知四方用樂各別也云每奏有所感致以來之者摠釋地祇與動之神來故有遲疾皆由以樂和感之云凡動物敏疾者地祇高下之甚者易致者言此決見先致者皆由其神易致故[illegible]云羽

0014_0177-2

[illegible]既飛又走川澤有孔竅者此經羽物與川澤一變致之是其羽物飛川澤百孔竅故也目樂再變巳下差緩云蛤蟹走則遲墳衍孔竅則小矣者以其墳衍在丘陵後介物在毛物後由是亦遲竅小故也云是其舒疾之分者謂就此羽物以下介物以上先致者疾之分後致者舒之分故有前後也云土祇原隰及平地之神也者此以下說天地四靈非直有樂兼有德民和乃致也鄭知土祇中有原隰者案大司徒有五地山林已下有原隰今此則經上已說川澤山林丘陵及墳衍訖惟不言原隰故此土祇中有原隰可知也又土祇中有平地

祭禮七　十七

0014_0178-1

案大宰九職云一曰三農生九穀後鄭以三農有原隰及平地以其生九穀故知此土祇中非直有原隰亦有平地之神也若然不言原隰而言土祇者欲見原隰中有社稷故鄭君駁異義云五變而致土祇土祇者五土之總神謂社是以變原隰言土祇郊特牲云社祭土而主陰氣是社稱土祇故鄭云土神也云象物有象在天所謂四靈者以其天神同變致之象者有形象在天物者與羽羸等同稱物故知亦象在天[illegible]靈[illegible]云天地之神四靈之知者[illegible]天[illegible]地則土祇故云天地之神四靈[illegible]云非[illegible]三和則不至昔欲見[illegible]

0014_0178-2

上皆以樂和感之未必由德此天地四靈非直須樂要有德至和乃致之也云禮運巳下者欲見象物則彼四靈也云何謂四靈者記人自問自荅案彼注云淰之言閃也言魚鮪不閃閃畏人也獝狘飛走之貌三者皆據魚鮪不淰不可於龜更言魚鮪以龜知人情故變言人情不失也案大司徒山林宜毛物川澤宜鱗物丘陵宜羽物墳衍宜介物原隰宜羸物此經則以羽物配川澤羸物配山林鱗物配丘陵毛物配墳衍介物配土祇與大司徒文不類者彼以所宜而言此據難致易致而說故文有錯綜不同也案月令孟冬云祈來年於天宗鄭

儀祭禮七　十八

0014_0179-1

注云此周禮所謂蜡也天宗日月星鄭以月令祈於天宗謂之蜡則此天神亦是日月星辰非大天神以蜡祭所祭衆神祭卑不可援尊地神惟有土祇是以知無天地大神也又尚書云簫韶九成鳳皇來儀九成乃致衆物者鄭以儀爲匹謂止巢而孕乘匹故九變乃致此直據致其神故與大天神同六變也○

函鍾爲宮太簇爲角姑洗爲徵南呂爲羽靈鼓靈鼗孫竹之管空桑之琴瑟咸池之舞夏日至於澤中之方丘奏

0014_0179-2

之若樂八變則地示皆出可得而禮矣
𠻳張里反○地祇則主崐崙先奏是樂
以致其神禮之以玉而祼焉乃後合樂
而祭之函鍾林鍾也林鍾生於未之氣
未坤之位或曰天社在東井輿鬼之外
天社地神也以此爲宮用聲類求之地
宮林鍾林鍾上生太蔟太蔟下生南吕
南吕上生姑洗凡五聲宮之所生濁者
爲角清者爲徵羽此樂無商者祭尚柔
商堅剛也鄭司農云靈鼓靈鼗四面玄
謂靈鼓靈鼗六面孫竹竹枝根之末生
者空桑山名○祼古亂反○疏曰八變
者謂在天地及廟庭而立四表舞人從

大十五　三七九十　仪祭礼七　十九

0014_0180-1

南表向第二表爲一成一成則一變從
第二至第三爲二成從第三至北頭第
四表爲三成舞人各轉身南向於北表
之北還從第一至第二爲四成從第二
至第三爲五成從第三至南頭第一表
爲六成則天神皆降若八變者更從南
頭北向第二爲七成又從第二至第三
爲八成地祇皆出此約周之大武象武
王伐紂故樂記云且夫武始而北出再
成而滅商三成而南四成而南國是疆
五成而分陝周公左召公右六成復綴
以崇其餘大護已上雖無滅商之事但
舞人須有限約亦應立四表以與舞人
爲曲別也禮地祇必於夏至之日[illegible][illegible]

0014_0181-1

0014_0180-2

天是陽地是陰冬至一陽生夏至一陰
生是以還於陰生之日祭之也至於郊
天必於建寅者以其郊所感帝以祈穀
實取三陽交生之日萬物出地之時若
然祭神州之神於北郊與南郊相對雖
無文亦應取三陰交生之月萬物實秀
之時也地言澤中方丘者因高以事天
故於地上因下以事地故於澤中取方
丘者水鍾曰澤不可以水中設祭故亦
取自然之丘方象地方故也又曰周之
禮凡祭祀皆先作樂下神乃薦獻薦獻
訖乃合樂也云禮之以玉而祼焉乃後
合樂而祭之者云禮之以玉據天地而
祼焉據宗廟以小宰注天地大神至尊

儀祭禮七　二十

不祼又玉人典瑞宗伯等不見有宗廟
禮神之玉是以知禮之以玉據天地則
蒼璧禮天黄琮禮地是也而祼焉據宗
廟肆獻祼是也云函鍾林鍾也者月令
謂之林鍾是也云林鍾生於未之氣未
坤之位者林鍾在未八卦坤亦在未故
云坤之位云或曰天社在東井輿鬼之
外者案星經天社六星與鬼之南是其
輿鬼外也天社坤位皆是地神故以林
鍾爲地宫也云以此三者爲宫用聲類
求之者若十二律相生終於六十即以
黄鍾爲首終於南事今此三者爲宫各
於本宫上相生爲角徵羽麤細須品或
先生後用或後生先用故云聲類求之

張本下象鼻題監生秦淳四字傅本剪去之

張本下象鼻題監生秦淳四字傅本剪去之

0014_0181-2

也地宫林鍾林鍾上生太簇太簇爲角
太簇下生南呂南呂爲羽先生後用也
南呂上生姑洗姑洗爲徵後生先用四
聲足矣凡五聲宫之所生濁者爲角清
者爲徵羽者此揔三者宫之所生以其
或先生後用謂若地宫所生姑洗爲徵
後生先用南呂爲羽先生後用人宫所
生大呂爲角後生先用大簇爲徵先生
後用以其後生絲多用角先生絲少用
徵故云凡宫之所生濁者爲角清者爲
徵羽也云此樂無商者祭尚柔商堅剛
也者此經三者皆不言商以商是西方
金故云祭尚柔商堅剛不用若然上文
云此六樂者皆文之以五聲並據祭祀

仪祭礼七　二十二

0014_0182-1

而立五聲者凡音之起由人心生單出
曰聲雜比曰音泛論樂法以五聲言之
其實祭無商
聲○同上

右地示之祭○辭薄薄之土承天
之神薄旁薄也乃順天成也興甘風雨庶卉
百穀莫不茂者既安且寧維予一
人某敬拜下土之靈大戴公冠
小司徒凡建邦國立其社稷疏曰言邦國者謂立

0014_0182-2

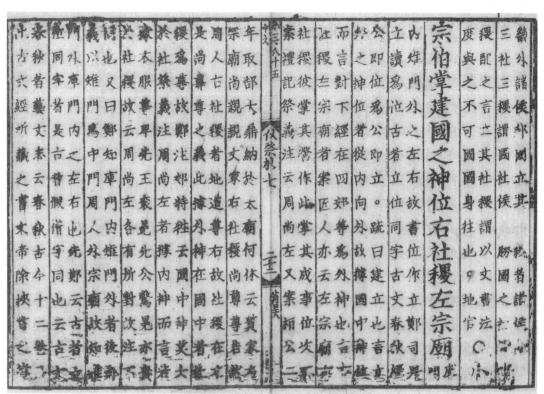

畿外諸侯邦國立其秋者諸侯[illegible]
三社三稷謂國社侯勝國之社[illegible]
稷配之言之其社稷謂以文書法○小
度與之不可國國身往也○地官
宗伯掌建國之神位右社稷左宗廟虎明
內雉門外之左右故書位作立鄭司農
立讀爲位古者立位同字古文春秋經
公即位爲公即立○疏曰建立也言建
於之神位者從內向外故據國中神位
而言對下經在四郊等爲外神也言右
社稷左宗廟者案匠人亦云左宗廟[illegible]
社稷彼掌其營作此掌其成事位次[illegible]
案禮記祭義注云周尚左又案桓公二

仪祭礼七　二十三

0014_0183-1

年取郜大鼎納於太廟何休云質家右
宗廟尚親親文家右社稷尚尊尊[illegible]
周人右社稷者地道尊右故社稷在右
是尚尊尊之義此據外神在國中者社
稷爲尊故鄭注郊特牲云國中神莫大
於社祭義注周尚左者據內神而言若
[illegible]衣服尊卑先王衮冕先公鷩冕亦貴
然社稷故云周尚左各有所對故注不
[illegible]也又曰鄭知庫門內雉門外者後鄭
義以雉門爲中門周人外宗廟故知雉
門外庫門內之左右也先鄭云古者立
位同字者是古者假借字同也云古文
春秋者藝文志云春秋古今十二卷
汁古文經所藏之書[illegible]帝除挾書之律

0014_0183-2

之本然後行於世故稱古文。春官○匠人營國左祖[illegible]

社王宮所居也祖宗廟王宮當中經[illegible]涂也。疏曰言王宮所居也者[illegible]

左右前後者據王宮所居處中而言之故云王宮所居也云王宮當中經之涂

也若宗祭義注云周尚左桓二年取郜大鼎納於大廟何休云質家右宗廟尚

親親文家左宗廟尚尊尊義與此合[illegible]劉向別錄云路寢在北堂之西社稷宗

廟在路寢之西又云在明堂辟雍右[illegible]廟社稷皆不與禮合鄭皆不從之矣。

冬官○王爲羣姓立社曰大社王自爲立

大五十五　儀祭禮七　二十三

0014_0184-1

社曰王社諸侯爲百姓立社曰國社諸

侯自爲立社曰侯社大夫以下成羣立

社曰置社爲于僞反注同。羣衆也大夫以下至庶人也大夫不得

特立社與民族居百家以上則共立一社今時里社是也郊特牲曰唯爲社事

單出里。疏曰此一節明天子以下立社之義王爲羣姓立社曰大社者羣

謂百官以下及兆民言羣姓者包百官也大社在庫門內之右故小宗伯云右

社稷王自爲立社曰王社者其王社所在書傳無文或云與大社同處王社

0014_0184-2

大社之西崔氏並云王社在藉田之中與祭以供粢盛今從其說故詩頌云春

藉田而祈社稷是也其諸侯國社亦在公宮之右侯社在藉田大夫以下成羣

立社曰置社者大夫以下謂包士庶成羣聚而居其群衆滿百家以上得立社

爲衆特置故曰置社又曰此云大夫以下謂下至士庶人也者大夫至庶人等

在一處也云大夫不得特立社與民族居百家以上則共立一社今時里社

是也者大夫北面之臣不得自專土地故不得特立社社以爲民故與民居百

家以上則可以立社所百家者詩頌云百室盈止殺時犉牡故曰百家言以上

十四　儀祭禮七　二十四

0014_0185-1

皆不限多少故鄭駁異義引州長職曰以歲時祭祀州社是二千五百家爲社

也雖云百家以上[illegible]治民大夫乃得立社故鄭駁異義云[illegible]國及治民之大夫

乃有社稷是也此大夫所立社稷則田主是也故鄭駁異義引大司徒職云樹

之田主各以其野之所宜木遂以名其社與其野注云田主田神后土田正之

所依也后土則社神田正則稷神其義已具郊特牲疏。餘去○封人

掌設王之社壝爲畿封而樹之壝謂壇及堳埒

也畿上有封若今時界矣不言稷者稷社之細也。疏曰云掌設王之社壝[illegible]

0014_0185-2

謂王之三社三稷之壇及壝外門邊□
壝皆設置之直言壝不云壇舉外以□
内内有壇可知也云爲畿封而樹之者
謂王之國外四面五百里各置畿限□
上皆爲溝塹其土在外而爲封又樹之
而爲阻固故云爲畿封而樹之又曰遂
詩壇及堳埒也者堳埒即壝經不言壇
故鄭兼見之也云畿上有封若今時界
矣者漢時界上有封樹故舉以言之云
不言稷者社之細也者案大司徒丞下
文皆社稷俱言此獨言社不言稷故辯
之案孝經緯社是五土揔神稷是原隰
之神原隰即是五土之一耳故云稷社
之細舉社則稷從之矣故言社不言稷

0014_0186-1

也稷既原隰之神但原隰宜五穀五穀
不可遍敬稷又爲五穀之長故立稷以
著名孝經注直云社謂后
土者舉配食者而言耳

凡封國設其社稷之壝封其四疆

壝維癸反。封國
建諸侯立其國之
封。疏曰言凡封國者封五等之國非
一故云凡以廣之云設其社稷之壝者
案禹貢徐州貢五色土孔注云王者封
五色土爲社建諸侯則各割其方色土
與之使立社燾以黃土直以白茅茅取
其絜黃取王者覆四方是封以諸侯之
社稷之法也云封其四疆者諸侯□□
□□□至五百里四面皆有封樹□□

0014_0186-2

故云封其四疆也又曰封國建諸侯者
在典命云三公八命其卿六命大夫四
命其出封皆加一等是建諸侯也二云
立其國之封者封則經云四疆也

造都邑之封域者亦如之

疏曰云造都邑
者謂大都小都
家邑三等采地有百里五十里二十五
里皆有四邊封域故云之封域也云亦
如之者亦如上
諸侯有四疆也

令社稷之職

將祭之時
令諸有職
事於社稷者也郊特牲曰唯爲社事單
出里唯爲社田國人畢作唯爲社丘乘
共粢盛所以報本反始也○爲于僞反
單音丹粢繩證反共音恭○疏曰春秋

0014_0187-1

祭社皆有職事令之者使各依職司而
行故須令之也又曰言將祭之時者春
秋祭社日皆用甲未祭之前令諸有職
事于社稷者也云唯爲社事單出里者
單盡也盡往助祭于州長此據六鄉之
中又云唯爲社田國人畢作者畢亦盡
也國人盡行鄭云非徒羨也謂在六遂之
中以下劑致甿當家之内一人爲正卒
一人爲羨卒其餘爲餘夫但田與追胥
竭作餘夫亦行故云非徒羨也云唯爲
社丘乘共粢盛者此據三等采地之中
故有丘甸井田之法案小司徒職云九
夫爲井四井爲邑四邑爲丘四丘爲甸
甸方八里旁加一里則爲一成成百井

張本下象鼻題監生秦淳四字傅本剪去之

0014_0187-2

九百夫一井之地九夫八家各治一夫自入共治一夫稅入於君以供粢盛所祭社故云丘乘共粢盛也云所以報本反始也者社稷爲土神是民之本句龍后稷是民之始反亦報也命民共之者所以報本反始也引之者證祭社各有職事。

地官。○大司徒設其社稷之壝而樹之田主各以其野之所宜木遂以名其社與其野社稷后土及田正之神壝壇與堳埒也田主田神后土田正之所依也詩人謂之田祖所宜木謂若松柏栗也若以松爲社者則名松社

仪祭礼七　六十七

0014_0188-1

之野以別方面。○別彼列反。○䟽曰云設其社稷之壝者謂於中門之外右邊設大社大稷王社王稷又於廟門之屏設勝國之社稷其社稷外皆有壝埒於四面也云而樹之田主者謂藉田之内依樹木而爲田主云各以其野之所宜木者土之田主唯一而已不得云各今云各者揔據邦國都鄙并王者而言也云遂以名其社與其野者謂假令以松爲社則名松社之野餘皆放此也又曰云社稷后土及田正之神者鄭義依孝經緯社者五土之總神以句龍生時爲后土官有功於土死配社而食稷是原隰之神宜五穀五穀不可遍舉稷者五

0014_0188-2

穀之長立稷以表神名故號稷棄爲堯時稷官立稼穡之事有功於民死乃配稷而食名爲田正也故云社稷后土及田正之神雙言之耳云壝壇與堳埒也者經直云壝壝即堳埒不云壇以壝在壇之四面爲之明中有壇可知故鄭兼云壇也案禮記郊特牲云君南面於北墉下鄭注云北墉社内北牆彼社雖無室壇外四面有壁壁外乃有壝耳若然封人云設王之社壝者彼官卑主設之此大司徒尊官直主其制度而已云田主田神后土田正之所依也者此田主當在藉田之中依樹木而爲之故云各以其土地所宜木云田主田神者謂郊

仪祭礼七　五十八

0014_0189-1

特牲云先嗇與神農一也若然鄭意以田主爲神農則無后土及田正之神眞以神農爲主祭尊可以及卑故使后土田正二神憑依之同壇共位耳田正則郊特牲所云司嗇一也又引詩人謂之田祖者詩云以御田祖毛云田祖先穡箋章亦云凡國祈年于田祖鄭云田祖始耕田者謂神農也引之者證田主是神農也云所宜木謂若松柏栗也者是論語哀公問社於宰我對云夏后氏以松殷人以柏周人以栗彼三代所都異處所宜之木不同夏居平陽宜松殷居亳宜栢周居鎬京宜栗此經雖據周一代而言其邦國都鄙異處所宜之木亦

0014_0189-2

復不同故云若松栢栗也云若以松爲社者則名松社之野者此取松爲社假設而言耳云以别方面者但四方宜木面各不同或一方宜松則以松爲社以别餘之方面耳○地官

○天子大社必受霜露風雨

大音太○太社王爲羣姓所立○爲于僞反○疏曰天子大社必受霜露風雨以達天地之氣也者是解社不屋義也達通也風雨至則萬物生霜露降則萬物成故不爲屋以受霜露風雨霜露風雨至是天地氣通也故云所以通天地之氣也○郊特牲

○小子掌珥于社稷

珥音衈又

祭禮七　二十九

0014_0190-1

而志反一音仍○鄭司農云珥社稷以牲頭祭也玄謂珥讀爲衈釁禮之事也用毛牲曰刉羽牲曰衈衈社稷謂始成其宮兆時也秋官士師職曰凡刉珥則奉犬牲此刉衈正字與○刉音機或古愛反又公内反與音餘○疏曰先鄭云珥以牲頭祭漢時祈禱有牲頭祭後鄭不從者案禮記雜記釁廟之禮云門夾室用雞其衈皆於屋下衈既爲釁禮此刉與衈連文則刉亦是釁禮非祭祀之法何得爲牲頭祭乎是以後鄭爲釁法解之玄謂珥讀爲衈祈或爲刉者以釁亦無取於玉珥及祈禱之義故依士師刉衈爲正也爲知刉衈爲釁禮之事約

0014_0190-2

云用毛牲曰刉羽牲曰衈[illegible]○合雜記廟用羊門用雞皆義亦通也知刉衈是社稷立祀始宮兆時也者凡物須釁皆謂始者是以雜記云廟成則釁之是也云春官肆師職祈或作畿者鄭欲見字玄定非一之義云秋官士師職曰凡刉則奉犬牲此刉衈正字與者刉從刀衈從血於義合故以衈爲正字也○夏官

春社

春田祭社六司馬職云○明堂位

○社祭土日用甲

國中之神莫貴於社○疏曰社祭土者土謂五土山林川澤丘陵墳衍原隰也以時祭之故云社祭土日用甲

祭禮七　三十

0014_0191-1

者社是國中之貴神甲是旬日之初始故用之也○郊特牲

○君南鄉於北墉下

牆謂之墉北墉社内北牆○疏曰君南鄉於北墉下答陰之義也者墉牆也社既主陰陰宜在北故祭社時以社在南設主壇上北面而君來在北牆下而南鄉祭之是對陰之義也○郊特牲

○司服王祭社稷則希冕

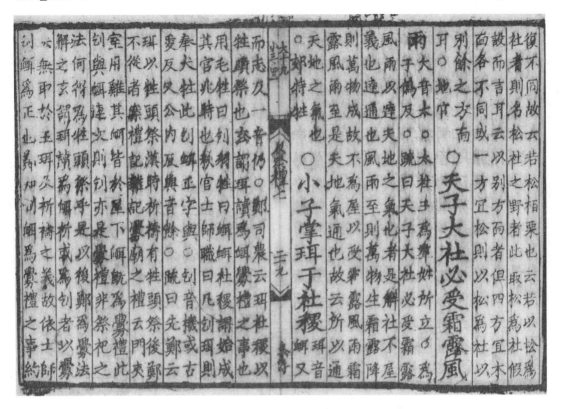

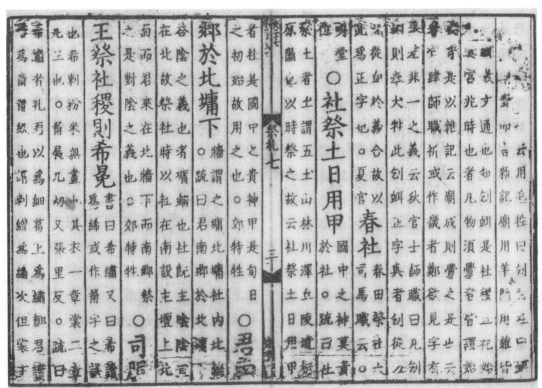

書曰希繡又曰希義爲絺或作黹字之誤也希刺粉米無畫也其衣一章裳二章凡三也○黹展几切又張里反○疏曰希繡者孔君以爲細葛上爲繡鄭君讀希爲黹黹紩也謂刺繒爲繡次但裳刺

0014_0192-1　　0014_0191-2

□□□河之氏職掌刺也云希讀□聲□畫也者衣是陽應畫之衣是三章在裳者自然刺繡但粉米不可畫之物今雖在衣亦刺之不變故得希名故鄭特言粉米也然則藻見之粉米亦刺之也○春官○天子祭社稷皆大牢諸侯祭社稷皆少牢王制○大宗伯以血祭社稷不言祭地此皆地祇祭地可知也陰祀自血起貴氣臭也社稷土穀之神有德者配食焉共工氏之子曰句龍食於社有厲山氏之子曰柱食於稷湯遷之而祀棄○疏曰云以血祭祭社稷者此皆地

祭禮七　三十一

之次祀先薦血以歆神又曰旦社稷亦土神故舉社以表地示鼓人職亦云靈鼓鼓社祭亦舉社以表地此其類也若天地方澤當用瘞埋與昊天禋相對故祭天不言祭地此皆地祇祭地可知也云陰祀自血起者對天為陽祀自煙起□臭同也云社稷土穀之神者案孝經援神契云社者五土之總神稷者□□中□穀稷為長五穀不可徧□□□□以表名郊特牲亦云社者神地□□□土之神稷者穀之神□□□□□□云有德者配食焉云云至而□□氏昭公二十九年傳云共工□□□□土后土為社□是

0014_0193-1　　0014_0192-2

弛乃配社食之云有厲山氏之子曰□食於稷湯遷之而祀棄者案左傳云□烈山氏之子曰柱為稷宗祭法云厲山氏之有天下也其子曰農能殖百穀夏之衰也周棄繼之故祀以為稷若然稷祀棄實在湯時云夏之衰者遷社由是欲見旱從夏起故據夏而言也是以書序云湯既勝夏欲遷其社不可作夏社注云犧牲既成粢盛既潔祭以其時而旱暵水溢則變置社稷當湯伐桀之時旱致災明法以薦而猶旱至七年故湯遷柱而以周棄代之欲遷句龍以無可繼之者於是故止其旱充夏之時驗也○春官○大司馬中春

祭禮七　三十二

教振旅中音仲○兵者凶事不可空設因蒐狩而習之凡師出曰治兵□曰振旅皆習戰也四時各教民以其一焉○蒐所留反○疏曰云□可空設因蒐狩而習之者蒐狩是田獵之名欲行蒐狩先芟草萊教戰訖乃入防田獵教云因蒐狩而習之是以書傳文戰鬬不可空習故於蒐狩以閑之閑之者習之是其習兵因蒐狩也云凡師出曰治兵入曰振旅皆習戰者案莊公八年正月師次於郎甲午祠兵公羊傳曰祠兵者何出曰祠兵注云禮兵不徒使故將出兵必祠於近郊陳兵習戰殺牲饗□卒又曰入曰振旅其禮一也□□

0014_0193-2

以蒐田獻禽以祭社 春田爲蒐[illegible]致禽[illegible]社田[illegible]虞人植旌衆皆獻其所獲禽焉詩云言私其豵獻豜于公春田主祭社者土方施生也○豵子工反○疏曰言獻禽祭社者此因田獵而祭非月令仲春祭社也又曰云春田爲蒐者蒐搜也春鳥獸孚乳搜擇取不孕任者故以蒐爲名○夏官○鬯人掌共秬鬯而飾之 秬鬯不和鬱者飾之謂設巾疏見祭物 凡祭祀社壝用大罍 罍音雷壝音遺壝謂委土爲壝壇所以祭也大罍瓦罍○埒音善○疏曰壝謂委土爲埒壇以

0014_0194-1

祭者謂四邊委土爲壝於中除地爲墠內作壇謂若三壇同墠之類也四經云社壝謂若封人及大司徒皆云社壝皆直見外壝而言也知大罍是瓦罍者旊人爲瓦簋據外神明此罍亦用瓦取質略之意也○春官○鼓人

以靈鼓鼓社祭 靈鼓六面鼓也社祭祭地祇也○疏曰郊特牲云社祭土神地之道則孝經緯云社是五土之總神是地之次祀故舉社以表地祇大宗伯亦云血祭社稷五祀亦舉以表地祇其實地之大小之祭皆用靈鼓○舞師教帗舞帥而舞社稷之祭

0014_0194-2

[illegible]析白羽爲之形如帗也○帗音拂之○疏曰羽舞用白羽帗舞用五色繒爲幼雖異皆有柄其制相類故云形如帗也詳見祭物○地官○肆師

社之日涖卜來歲之稼 社祭土爲取財焉卜者問後歲稼所宜○疏曰此社亦是秋祭社之日也言涖卜來歲之稼者祭社有二時謂春祈秋報報者報其成熟之功今卜來歲亦如今年宜稼以不但春稼秋穡不言穡而言稼者秋穡由於春稼故舉稼而言之又曰案郊特牲云社祭土而主陰氣也取財於地取法於天又孝經緯云社者五土之總神故云社祭土而

0014_0195-1

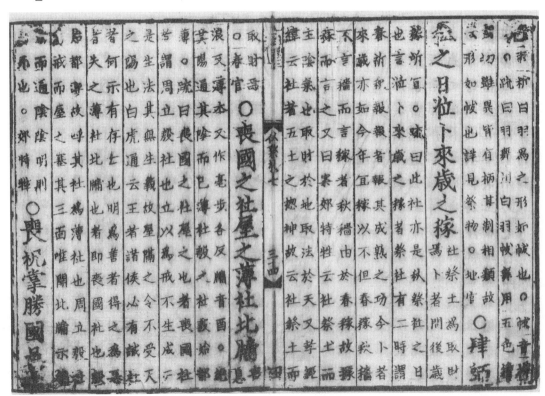

取財焉○春官○喪國之社屋之薄社北牖 喪息浪反薄本又作亳步各反牖音酉○絕其陽通其陰而已薄社殷之社殷始都薄○疏曰喪國之社屋之也者喪國社者謂周立殷社也立以爲戒不生成亡是生法其無生義故屋隔之令不受天之陽也白虎通云王者諸侯必有誡社者何示有存亡也明爲善者得之爲惡者失之薄社北牖也者即喪國社也亳都亳故呼其社爲薄社也周立殷誡而屋之塞其三面唯開北牖示滅[illegible]而通陰陰明則物死也○郊特牲○喪祝掌勝國邑

0014_0196-1　0014_0195-2

[illegible]之祝號以祭祀禱祠焉勝國[illegible]誅詛者社
稷者亳社是矣存之者重神也蓋奄
其上而棧其下為北牖○棧才産反又
士諫反○疏曰以祭祀禱祠者祭祀謂
春秋正祭禱祠謂國有故祈請求福[illegible]
禱得福報賽曰祠又曰云勝國邑所誅
討者言者不滅國有違逆被誅討者更
立其賢子弟還得事其社稷今云勝國
之社稷者亳社也為據武王伐紂取其
社稷而事之故云若亳社是矣此據其
地則曰亳據彼國喪亡即為亡國之社
稷此注勝之即為勝國之社稷是以郊
特牲云喪國之社春秋謂之亳社也云

祭禮七　廿五

存之者重神也者君自無道被誅社稷
無罪故存之是重神也云蓋奄其上而
棧其下為北牖者案哀公四年夏六月
辛丑亳社災公羊傳曰亡國之社蓋揜
其上而柴其下為北牖者郊特牲文郊
特牲喪國之社必屋之為北牖不受天
陽使陰明公羊云揜其上即屋之一也
棧其下者非直不受天陽亦不通地陰
○春官
○士師若祭勝國之社稷則為之尸以刑官為尸略之也周謂亡殷之社為亳社○疏曰案[illegible]宗廟社[illegible]
七祀皆據公尸不使[illegible]官今祭勝國社稷[illegible]師為尸[illegible]鄭云用刑官為[illegible]

0014_0197-1　0014_0196-2

[illegible]殺之社為亳社者經
[illegible]云亳社者據周詩
[illegible]勝據殺亡知云亡國即郊特牲
之社必屋之是也據地而言[illegible]
○春秋亳社　○秋官
○仲春擇元日命民
[illegible]社上公使民祀為神其農業[illegible]
[illegible]○疏曰后土者謂五官[illegible]
[illegible]神也其左傳僖十五年云君履[illegible]
[illegible]別也但句龍為配社之人[illegible]
[illegible]土之官也云祀社日用甲者解經[illegible]
日也案郊特牲云祀社日用甲用日之[illegible]
[illegible]也召誥戊午乃社于新邑用戊者[illegible]
[illegible]告營洛邑位成非常祭也○月令[illegible]

祭禮七　三十六

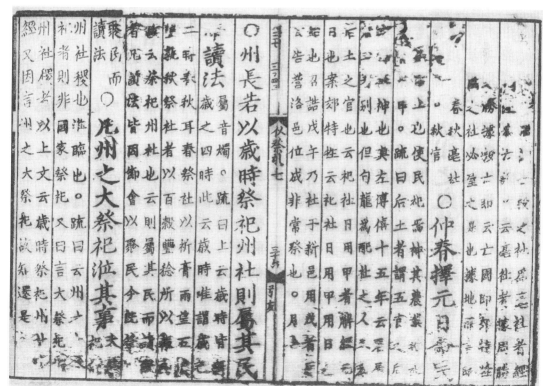

○州長若以歲時祭祀州社則屬其民
而讀法屬音燭○疏曰上云歲時皆[illegible]歲之四時此云歲時唯謂歲[illegible]
二時春秋耳春祭社以祈膏雨望五[illegible]穀秋祭社者以百穀豐稔所以報[illegible]
[illegible]云祭祀州社也云則屬其民而讀[illegible]者[illegible]讀法皆因聚會以聚民今[illegible]等
聚民而讀法
○凡州之大祭祀涖其事[illegible]祀[illegible]
州社稷也涖臨也○疏曰云州大[illegible]祀者則非國家祭祀又曰言大祭祀[illegible]
州社稷者以上文云歲時祭祀州社經又因言州之大祭祀故知還是[illegible]

0014_0197-2

刂社也知有稷者以其天子諸侯三社皆稷對之故知兼有稷也言州社者若言大社國社之類ナ黨祭禜族祭酺故此特言州社也○地官○唯爲社事單出里唯爲社田國人畢作唯社丘乘共粢盛爲于僞反乘時證反又徒偏反共音恭粢音資○單出里皆往祭社於都鄙二十五家爲里畢作人則盡行非徒羨也丘十六井也四丘六十四井曰甸或謂之乘乘者以於車賦出長轂一乘乘或爲鄰○甸徒練反又繩證反○疏曰唯爲社事單出里者社事祭社事也單盡也里居

儀禮七　二十七

0014_0198-1

也社既爲國之本故若祭社則合里之家並盡出故云單出里也此唯每家出人不人人出也唯爲社田國人畢作者田獵也畢盡也作行也既人人得社福故若祭社先爲社獵則國中之人皆盡行無得住家也唯社丘乘共粢盛者鄉謂祭社用牲此明祭社用米也丘乘者都鄙井田也九夫爲井四井爲邑四邑爲丘四丘爲乘唯祭社而使丘乘共於粢盛也粢稷也稷曰明粢在器曰盛庾蔚云粢盛所須者少故丘乘共之也皇氏云若天子諸侯祭社則用藉田之穀大夫以下無藉田若祭社則丘乘之以共之示民出力也又曰單出里皆往

0014_0198-2

祭社於都鄙者案周禮都鄙公卿大夫采地此卿大夫祭社其里之人皆往就祭此據采地言之故云往祭社於都鄙必知據采地者以經云唯社丘乘丘乘是采地井田之制故舉采地言焉其公邑之民所屬鄉鄙縣遂有祭社之事則亦往鄉鄙中助之其六卿之內族祭酺黨祭禜雖滿百家以上不祭社也唯其州祭社其所屬閭民祭社祭禜祭酺之時亦皆往也但此文主於社故特言社耳云人則盡行非徒羨也者案周禮小司徒云凡起徒役毋過家一人以其餘爲羨則家一人之外皆爲羨也此云人則盡行非徒羨似羨外更有人者若六

儀祭禮七　二十八

0014_0199-1

鄉上劑致民一人爲正卒又一人爲羨卒其餘爲餘夫則據都鄙及六遂之外羨卒外有餘夫故云非徒羨也云丘十六井也以下皆司馬法文。郊特牲

右社稷○記命降于社之謂殽地殽戶教反。謂教令由社下者也社土地之主也周禮土會之法有五地之物生。會古外反。疏曰命降于社之謂殽地者上云政本於次此論政降於地上既云必本於天殽以降命此亦當云本於地殽以降命但上文既具故此略而變文直云命降于社之謂殽地命

0014_0199-2

者致令之命降下於社謂從社而來以降民也社即地也指其神謂之社指其形謂之地法社以下教令故云之謂殽地地有五土生物不同人君法地亦養物不一也又曰下文社者神地之道此云土地之主主則神也大司徒土會之法有五地之物生者此大司徒文五地則山林川澤丘陵墳衍原隰各有所生五地總生萬物人君法之施政令亦揔養萬民也○禮運○社所以神地之道疏曰社所以神地之道也者言立社之祭是神明於地之道故

祭禮七　三九

0014_0200-1

也○郊特牲○祀社於國所以列地利疏曰祀社於國所以列地利也者天子至尊而猶自祭社欲使報恩之禮達於下也地出財故云列地利也亦即是命降于社之謂殽地也○禮運○迺立冢土戎醜攸行疏曰冢土大社也亦大王所立而後因以爲天子之制也戎醜大衆也起大事動大衆必有事乎社而後出謂之宜○綿詩厲山氏之有天下也其子曰農能殖百穀夏

0014_0200-2

之衰也周棄繼之故祀以爲稷共工氏之霸九州也其子曰后土能平九州故祀以爲社共音恭下同○厲山氏炎帝也起於厲山或曰有烈山氏棄后稷名也共工氏無錄而王謂之霸在大昊炎帝之間○大音太○疏曰其子曰農能植百穀者農謂厲山氏後世子孫名柱能殖百穀故國語云神農之名柱作農官因名農是也夏之衰也周棄繼之者以夏末湯遭大旱七年欲變置社

祭禮七　四十

0014_0201-1

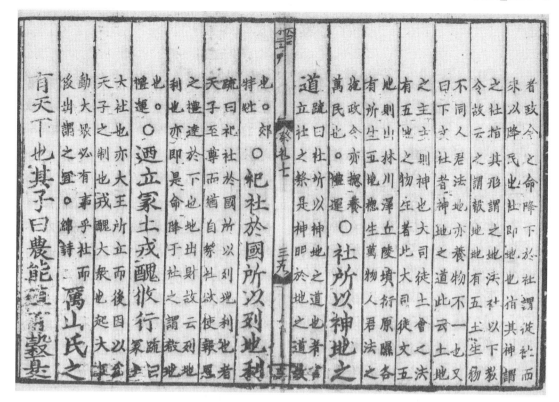

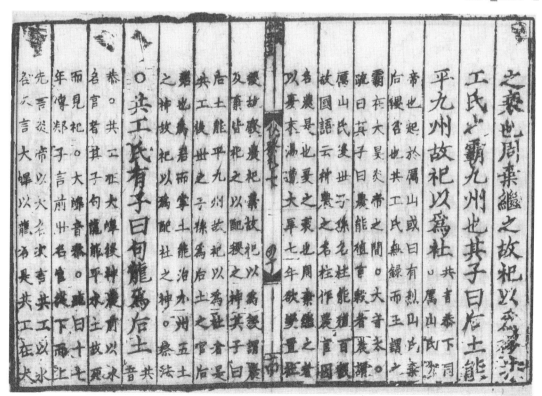

稷故廢農祀棄故祀以爲稷謂農及棄皆祀之以配稷之神其子曰后土能平九州故祀以爲社者是共工後世之子孫爲后土之官后君也爲君而掌土能治九州五土之神故祀以爲配社之神○祭法○共工氏有子曰句龍爲后土共音恭○共工在大皥後神農前以水名官者其子句龍能平水土故死而見祀○大皥音泰○疏曰十七年傳郯子言前世名官從下而注先言從帝以火名次言共工以水名次言大皥以龍名是共工在大

0014_0201-2

皞後神農前以求名官者也祭法曰共工氏之霸九州也其子曰后土能平九州故祀以爲社能平九州是能平水土也言共工有子謂後世子耳亦不知句龍之爲后土在於何代少皞氏既以爲名官此當在顓頊以來耳

后土爲社

方荅社稷故明言爲社。疏曰獻子問社稷五祀既荅五祀當更荅社稷但句龍既爲后土又亦配社蔡墨既荅五祀方荅社稷故明言后土爲社也

稷田正也

掌播殖也。疏曰月令云孟春行冬令則首種不入鄭玄

儀祭禮七　四一

0014_0202-1

云首種謂稷也周語云宣王不籍千畝虢文公諫曰民之大事在農是故稷爲大官然則百穀稷爲其長遂以稷名爲農官之長正長也稷是田官之長

有烈山氏之子曰柱爲稷

烈如字禮記作厲山。烈山氏炎帝世諸侯。疏曰魯語及祭法皆云烈山氏之有天下也其子能殖百穀故祀以爲稷言有天下則爲天子矣柱注不得爲諸侯也賈逵鄭玄皆云烈山炎帝之號柱是[illegible]農世[illegible]音案[illegible]則初[illegible]

0014_0202-2

[illegible]也若祭烈山[illegible]爲諸侯昔[illegible]八世至榆罔而[illegible]號神農也[illegible]爲諸侯後爲神農也[illegible]山氏即神農非諸侯而規[illegible]非也此及魯語皆云其子曰柱祭法云農者劉炫云蓋柱是名其官曰農猶呼周棄爲稷

自夏以上祀之

祀柱。上時掌反

周棄亦爲稷

棄周之始祖能播百穀湯既勝夏廢柱而以棄代之。疏曰棄爲周之始

儀祭禮七　四二

0014_0203-1

祖能播殖百穀經傳備有其事以其後世有天下號國曰周故以周冠棄棄時未[illegible]聞[illegible]書序云湯既勝夏欲遷其社[illegible]作夏社孔安國云湯承堯舜禪代之後順天應人逆取順守而有慙德故革命創制改正易服變置社稷而後世無及句龍者故不可而止是言成湯變置社稷之由也湯於帝世年代猶近功之多少傳習可知故得量其優劣改易祀其意欲遷社而無及句龍棄功乃過於柱廢柱以棄爲稷也其五祀之神重犂之輩若更有賢能亦應遷徙但其功莫之

能先帝王不敢改易故得承繼萬代常在祀典良由後世之臣弱後王之意謙故也自商以來祀之傳言蔡墨之博物。春秋左氏傳昭公二十九年○哀公問社於宰我宰我對曰夏后氏以松殷人以柏周人以栗曰使民戰栗宰我孔子弟子名予三代之社不同者古者立社各樹其土之所宜木以爲主也戰栗恐懼貌宰我又言周所以用栗之意如此豈以古者戮人於社故

附會其說與子聞之曰成事不說遂事不諫既往不咎遂事謂雖未成而勢不能已者孔子以宰我所對非立社之本意又啓時君殺伐之心而其言已出不可復救故歷言此以深責之欲使謹其後也尹氏曰古者各以所宜木名其社非取義於木也宰我不知而妄對故夫子責之。論語八佾

○尚書云篇曰太社唯松東社唯柏南社唯梓西社唯栗北社唯槐

五經異義曰天子之社稷諸侯半之其色如何春秋傳曰天子有大社焉東方青色南方赤色西方白色北方黑色上冒以黃土故將封東方諸侯青土苴以白茅援神契曰仲春穫禾報祭社稷以三牲白虎通。○明堂位曰春社天子

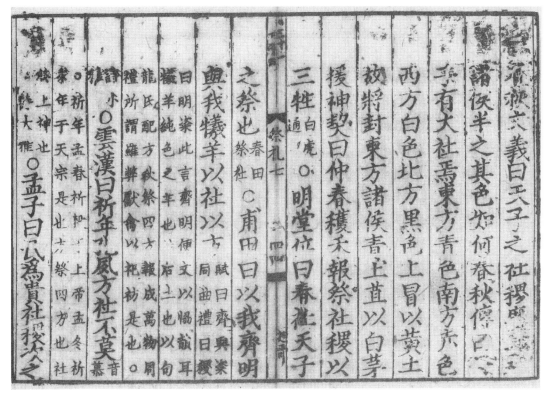

之祭也春田祭社。○甫田曰以我齊明與我犧羊以社以方賦曰齊與粢同曲禮曰稷曰明粢此言齊明便文以協韻耳犧羊純色之羊也社后土也以句龍氏配方秋祭四方報成萬物周禮所謂羅弊獻禽以祀祊是也。詩小雅。○雲漢曰祈年孔夙方社不莫音慕○祈年孟春祈穀于上帝孟冬祈來年于天宗是也方祭四方也社祭土神也詩大雅○孟子曰民爲貴社稷次之

0014_0205-2

君爲輕社土神稷穀神建国則立遺壝以祀之蓋国以民爲本社稷亦爲民而立而君之尊又係於二者之存亡故其輕重如此是故得乎丘民而爲天子得乎天子爲諸侯得乎諸侯爲大夫丘民田野之民至微賤也然得其心則天下歸之天子至尊貴也而得其心者不過爲諸侯耳是民爲重也諸侯危社稷則變置諸侯無道將使社稷爲人所滅則當更立賢君是君輕於社稷

仪祭礼七　四十五

0014_0206-1

也犧牲既成粢盛既潔祭祀以時然而旱乾水溢則變置社稷盛音成○祭祀不失禮而土穀之神不能爲民禦災捍患則毁其壇壝而更置之亦年不順成八蜡不通之意是社稷雖重於君而輕於民也○盡心下○鄭子產伐陳入之陳侯免擁社以待於朝免喪服擁社抱社主示服○免音問喪冠也擁芳勇反○襄公二十五年春秋左氏傳○公羊子曰

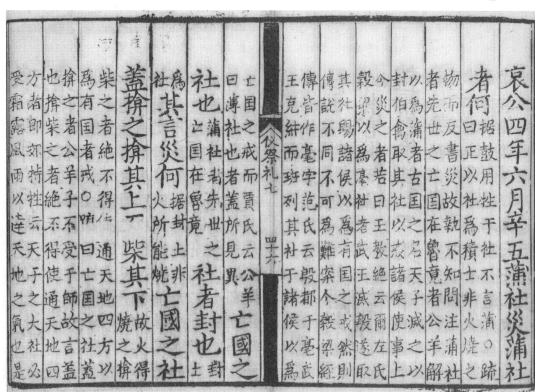

張本下象鼻題監生秦淳四字傳本剪去之

0014_0206-2

哀公四年六月辛丑蒲社災蒲社者何據鼓用牲于社不言蒲○疏曰正以社爲積土非火燒之物而反書災故執不知問注蒲社者先世之亡国在魯竟者公羊解以爲蒲者古国之名天子滅之以封伯禽取其社以戒諸侯使事上今災之者若曰王教絶云爾左氏穀梁以爲亳社者武王滅殷遂取其社賜諸侯以爲有国之戒然則傳說不同不可爲難案今穀梁經傳皆作亳字范氏云殷都于亳武王克紂而班列其社于諸侯以爲

仪祭礼七　四十六

0014_0207-1

亡国之戒而貢氏云公羊曰薄社也者蓋所見異亡國之社也蒲社者先世之亡国在魯竟社者封也封土爲社其言災何據封土非火所能燒亡國之社蓋揜之揜其上而柴其下故火得燒之揜柴之者絶不得使通天地四方以爲有国者戒○疏曰亡国之社蓋揜之者公羊子不受于師故言蓋也揜柴之者絶不得使通天地四方者郎郊特牲云天子之大社必受霜露風雨以達天地之氣也是

張本下象鼻題監生秦淳四字傳本剪去之

0014_0207-2

故喪國之社屋之不受天陽也[illegible]社北牖使陰明也是也然禮記作薄社何氏所見與鄭氏異云以爲有國者戒者言若不事上當如此

蒲社災何以書記災也戒社者先王之所以威示教戒諸侯使事上也災者象諸侯背天子是後宋事彊吳齊晉前驅滕薛俠轂魯衛驂乘故天去戒社若曰王教滅絶云爾○疏曰不直言何以書者嫌覆問崇其下何以書故後舉句而問之是後宋事彊吳齊晉前驅滕薛俠轂魯衛驂乘者春秋說文謂下十三年貢

祭礼七　四七

0014_0208-1

池之會時也○穀梁子曰亳社者亳之社也亳亡國也亳即殷也殷都于亳故國謂之亳社亡國之社以爲廟屏戒也立亳之社於廟之外以爲屏蔽取其不得通天人君賤之而致戒心○疏曰周禮建國之神位左宗廟右社稷彼謂戒心天子諸侯之正社稷雖喪者屬禮又云決陰事于薄社明不與天同祀明一在西一在東故左氏曰間於兩社爲公室輔[illegible]也其屋亡國之社不得

0014_0208-2

達上也又爲之作屋不使上通也緣有屋故言災○○公羊穀梁通修○莊公如齊觀社公羊二十三年齊因祀社蒐軍實以示客公往觀之曹劌諫曰不可夫禮所以正民也是故先王制諸侯使五年四王一相朝也貢特中云王謂王事天子也歲聘以志業間朝以講禮五年之間四聘於王而一相朝相朝者緣朝天子堯相朝也唐尚書云先王謂堯也王

祭礼七　四八

0014_0209-1

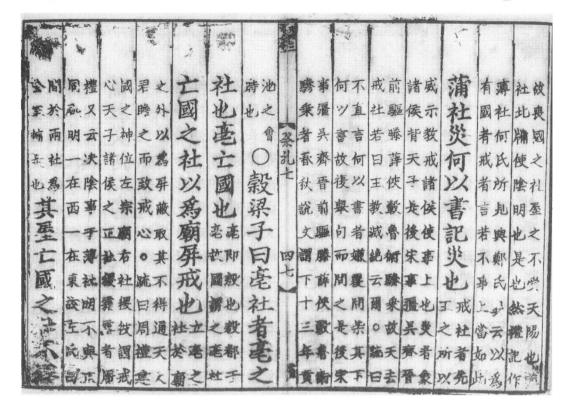

載一巡守諸侯四朝昭謂以堯典相參義亦似之然此欲以禮王者宣用周制周禮中國凡五服遠者五歲而朝禮記曰諸侯之於天子也比年一小聘三年一大聘五年一朝謂此也晉文公霸時亦取於此禮終則講於會以正班爵之義終畢也講習也班次也謂朝畢則習禮於會以正爵位次序尊卑之義帥長幼之序訓上下之則帥循也制財用之節謂牧伯差國大小使受職貢也其閒無

0014_0209-2

由荒怠〔其閒朝會之閒〕夫齊棄大公之法而觀民於社〔大公齊始祖大公望也〕君爲是舉〔舉動也〕而往觀之非故業也〔業事也〕何以訓民土發而社助時也〔土發春分也周語曰土乃脉發社者助時求福爲農始也〕收攟而烝納要也〔攟拾也冬祭曰烝因祭社以納五穀之要休農夫也月令曰孟冬祀于天宗大祀于公社及門閭〕今齊社而

0014_0210-1

往觀旅非先王之訓也〔旅衆也〕天子祀上帝〔上帝天也〕諸侯會之受命焉〔助祭受政命也〕諸侯祀先王先公〔先王謂若宋祖帝乙鄭祖厲王之屬也先公先君也〕卿大夫佐之受事焉〔事職事也〕臣不聞諸侯之相會祀也祀又不法〔不法謂觀民也○國語魯語〕王爲羣姓立七祀曰司命曰中霤曰國

張本下象鼻題監生秦淳四字傳本剪去之

0014_0210-2

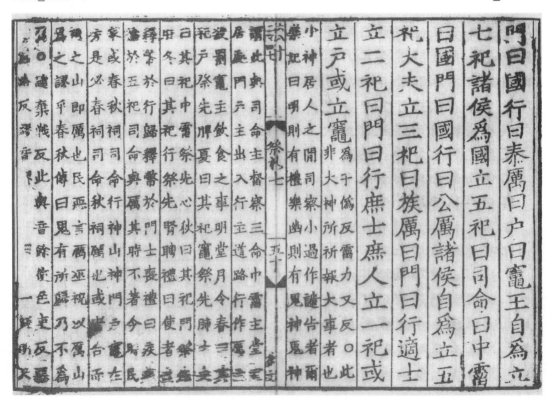

門曰國行曰泰厲曰戶曰竈王自爲立七祀諸侯爲國立五祀曰司命曰中霤曰國門曰國行曰公厲諸侯自爲立五祀大夫立三祀曰族厲曰門曰行適士立二祀曰門曰行庶士庶人立一祀或立戶或立竈〔爲于僞反霤力又反○此非大神所祈報大事者也小神居人之閒司察小過作譴告者爾樂記曰明則有禮樂幽則有鬼神鬼神

0014_0211-1

謂此與司命主督察三命中霤主堂室居處門戶主出入行主道路行作厲主殺罰竈主飲食之事明堂月令春曰其祀戶祭先脾夏曰其祀竈祭先肺中央曰其祀中霤祭先心秋曰其祀門祭先肝冬曰其祀行祭先腎聘禮曰使者釋釋幣於行歸釋幣於門士喪禮曰疾病禱於五祀司命與厲其時不著今時民家或春秋祠司命行神山神門戶竈在旁是必春祠司命秋祠厲也或者合而祠之山即厲也民惡言厲巫祝以厲山爲之謬乎春秋傳曰鬼有所歸乃不爲厲○譴棄戰反此與音餘使色吏反惡[illegible]烏路反謬音[illegible]一[illegible][illegible][illegible]

子以下立七祀五祀之義曰司命者宫中小神熊氏云非天之司命故祭於宫中皇氏云司命者文昌宫星其義非也曰中霤者主堂室神曰國門者謂城門也曰國行者謂行神在國外之西曰泰厲者謂古帝王無後者也此鬼無所依歸好爲民作禍故祀之也王自爲立七祀者前是爲民所立與衆共之四時常祀及爲羣姓禱祀其自爲立者王自禱祭不知其當同是一神爲是别更立七祀也諸侯爲國立五祀者减天子戶竈二祀故爲立五祀也曰公厲者謂古諸侯無後者諸侯稱公其鬼爲厲故曰公厲諸侯自爲立五祀者義與天子同大

夫立三祀者减諸侯司命中霤故爲三祀也曰族厲者謂古大夫無後者鬼也族衆也大夫衆多其鬼無後者衆故曰族厲曰門曰行者其大夫無民國故不言國門國行也然鄭注曲禮大夫五祀爲夏殷法注王制大夫五祀是有采地者鄭何以知然曲禮文連於大夫五祀故知非周而王制立七廟故知是周禮以彼推此大夫三祀則周諸侯之大夫無地者也又曰小神居人之間司察小過作譴告者以其非郊廟社稷大神故云小神以其門戶竈等故知居人間也以小神所祈故知司察小過作譴告謂作譴責以告人云幽則有鬼神鬼神謂

此與者以禮天神人鬼地祇皆列其名而樂記直云幽則有鬼神是幽闇之處有細小之鬼神謂此小祀者與與是疑辭也云司命主督察三命者案援神契云命有二科有受命以保慶有遭命以謫暴有隨命以督行受命謂年壽也遭命謂行善而遇凶也隨命謂隨其善惡而報之云聘禮曰使者出釋幣於行歸釋幣於門者證大夫有門行云士喪禮曰疾病禱於五祀者證士亦有五祀云司命與厲其時不著者以其餘五祀月令所祀皆著其時唯司命與厲祀時不顯若云今時民家或春秋祠司命行神山神門戶竈在旁者鄭以無文故引今

漢時民家或有春秋兩時祠司命行神山神也民或然故云或也其祠此司命行神山神之時門戶竈三神在諸神之旁列位而祭也云是必春祠司命秋祠厲也者漢時既春秋俱祠司命與山神則是周時必應春祠司命司命主長養故祠在春厲主殺害故祠在秋云或者合而祠之者鄭又疑之以見漢時司命與山神春秋合祭故云或者合而祠之云山即厲也者以漢時祭司命行神山神門戶竈等此經亦有司命門行戶竈等漢時有山而無厲此有厲而無山故云山即厲也云民惡言厲巫祝以厲山爲之者鄭解厲稱山之意漢時人民嫌

0014_0213-2

族厲漢時巫祝之人意以厲神是厲山氏之鬼爲之故云厲山云謬乎皆謂巫祝以厲爲厲山之鬼於理謬乎所以爲謬者鬼之無後於是爲厲厲山氏有子曰柱世祀厲山之神何得其鬼爲厲故云謬也引春秋傳者昭七年左傳文於時鄭良霄被殺而死其鬼爲厲子產立良霄之子良止爲後子大叔問其故子產曰鬼有所歸乃不爲厲引之者證厲山氏既有所歸不能爲厲○祭法○

小子掌祈于五祀祈音機○故書祀作禩鄭司農云禩讀爲祀書亦或爲祀玄言祈或爲刏用毛牲曰刏刏者釁禮之事也刏五祀謂始成

大二十 小三百七九 儀祭禮七 五十三 孫歆

0014_0214-1

其宮兆時也春官肆師職祈或作幾秋官士師職曰凡刏則奉大牲○禩音祀刏音機或古愛反又公内反○疏曰知刏是五祀始成其宫兆時也者凡物須釁者皆謂始成時是以雜記云廟成則釁之○夏官○**天子諸侯**

大夫祭五祀歲徧五祀戶竈中霤門行也此蓋殷時制也祭法曰天子立七祀諸侯立五祀大夫立三祀上立二祀謂周制也○疏曰祭五祀者春祭戶夏祭竈季夏祭中霤秋祭門冬祭行也歲徧者謂五方之帝迎氣雩祀明堂及郊雖有重者諸神總徧歲云歲徧大夫祭五祀者大夫不得方祀

0014_0214-2

及山川直祭五祀而已又曰云五祀戶竈中霤門行者此月令文大宗伯五祀以爲五官者以其在五嶽之上此五祀在山川之下又與大夫同祭故知是戶竈等云此蓋殷時制也者以天子諸侯大夫同云祭五祀既無等差故疑殷時制也案王制云大夫祭五祀文與此同而鄭云五祀謂司命也中霤也門也行也厲也與此不同者王制之文上云天子祭天地諸侯祭社稷大夫祭五祀既有尊卑等級疑是周禮故引祭法五祀以解之與此不同是有地大夫祭五祀無地大夫祭三祀鮮見祭法曲禮下○

春祀戶祭先脾

大七 小四百令五 仪祭礼七 五十四

0014_0215-1

春陽氣出祀之於戶内陽也祀之先祭脾者春爲陽中於藏直脾脾爲尊凡祭五祀於廟用特牲有主有尸皆先設席于奧祀戶之禮南面設主于戶内之西乃制脾及腎爲俎奠于主北又設盛于俎西祭黍稷祭肉祭醴皆三祭肉脾一腎再既祭徹之更陳鼎俎設饌于筵前迎尸略如祭宗廟之儀○藏才浪反後放此直丈吏反又如字後放此○疏曰春陽氣出祀之於戶者戶在内從外向内戶又在内故云内陽也戶是人之出入戶則有神故祭法注七祀云小神居人之閒司察小過作譴告者爾此戶神則陽氣在戶内之神故云祀之於戶内

張本下象鼻題監生秦淳四字傳本剪去之

陽也由位在户内又秋其祀門注云秋陰氣出祀之於門者門在外從内向外
門又在外故云外陰也則門神陰氣之神是陰陽别氣在門户者與人作神也
又曰春爲陽中於藏值脾脾爲尊者祭户之時脾腎俱有先用脾以祭之言
以春爲陽中於藏值脾脾既春時最尊故先祭之脾爲尊也所以春位當脾者
牲立南首肺最在前而當夏也腎最在後而當冬也從冬稍前而當春從首稍
前而當脾故春位當脾從肺稍却而當心故中央主心從心稍却而當肝故秋
位主肝此等直據牲之五藏所在而當春夏秋冬之位耳若其五行所生主五

藏則不然矣故異義云今文尚書歐陽説肝木也心火也脾土也肺金也腎水
也古尚書説脾木也肺火也心土也肝金也腎水也許慎謹案月令春祭脾夏
祭肺季夏祭心秋祭肝冬祭腎與古尚書同鄭駮之云月令祭四時之位及其
五藏之上下次之耳冬位在後而腎在下夏位在前而肺在上春位小前故祭
先脾秋位小却故祭先肝腎也脾也俱在鬲下肺也心也肝也俱在鬲上祭者
必三故有先後焉不得同五行之氣今醫病之法以肝爲木心爲火脾爲土肺
爲金腎爲水則有瘳也若反其術不死爲劇如鄭此言五行所主則從今文尚

書之説不同許慎之義云凡祭五祀於家用特牲之下皆中霤禮文云祭五祀
祭廟者設祭户祭中霤在於廟室之中先設席於廟堂之奥若祀竈祀門祀行
皆在廟門外先設席於廟門之奥雖廟室廟堂廟門有别揔而言之皆謂之廟
故云凡祭五祀於廟此謂殷禮也若周則七祀加司命與厲也不審祀之處所
亦當與竈門行等俱在廟門之外祀也若周揔在宫内故宫正注云祭社稷七
祀於宫中此特牲謂特牛故小司徒云小祭祀奉牛牲注云小祭祀王玄冕所
祭若諸侯或亦當然其大夫所祭或特羊也云有主有尸者謂天子諸侯若迎

大夫廟無主則五祀無主也云祀之禮設主於户内西者先設席于奥乃更設
席於廟户西東北嚮置主位設主之人南面設主於席西位上當户主北面云乃
制脾及腎爲俎奠於主北者謂設主之後以割制脾之與腎爲俎實奠于主北
主既北面奠於主前云又設盛於俎西者盛謂黍稷俎在主前稍東故黍稷之
簋在主前稍西云祭黍稷祭肉祭醴皆三者當時惟始設主未有迎尸則是祝
官祭簋中黍稷祭俎中脾腎之肉祭醴之醴皆三度祭之黍亦三祭醴亦三祭
肉亦三祭故云皆三祭云肉脾一腎[illegible]者申明祭肉三度之意其祭肉[illegible]

0014_0217-2

素故一祭腎畢故冊祭云既祭徹之更陳鼎俎設饌于筵前者謂既祭黍稷祭以祀之後徹去俎之與盛更陳列鼎俎設其饌食於初設奧之筵前其時主已祝於筵上主人出戶迎尸尸入即筵而坐但宗廟之祭尸入之後始祭籩豆及黍稷醴其祭戶之時已於西祭黍祭肉祭醴今迎尸而入則應坐而饌食不更祭黍稷祭肉祭醴故云略如祭宗廟之儀祭黍稷祭戶所以先設席於奧乃設饌筵迎尸皆在奠者就尊之處也中閒設主祭黍稷肉祭醴戶西者就戶處也其餘五祀所祭設主皆說其處也

夏祀竈祭先肺

夏陽氣盛熱於外祀之於竈從熱類也祀之先祭肺者陽位在上肺亦在上肺為尊也竈在廟門外之東祀竈之禮先席於門之奧東面設主于竈陘乃制肺及心肝為俎奠于主西又設盛于俎南亦祭黍三祭肺心肝各一祭醴三亦既祭徹之更陳鼎俎設饌于筵前迎尸如祀戶之禮○陘音刑○疏曰知竈在廟門外之東者案少牢及牲特禮文云先席於門之奧謂廟門外西室之奧以神位在西故知在西室之奧以祀戶在戶內故祭在廟室之奧祀竈在門外故設主在門室之奧各從其義云東面設主於竈陘者謂設主人東面也竈陘竈邊承器之物以土為之

0014_0218-1

0014_0218-2

云乃制肺至主西者制謂截割心肝皆為上之物故祭肺類俱置俎上尊此坐於主之西北主位西鄉故置俎在西而對主也云又設盛於俎南者盛謂黍稷盛之於簋皇氏以為此祭老婦盛於盆尊其義也云亦祭黍至醴三者亦上祀戶之禮祭必三者以禮成於三故也上祀戶云祭肉三脾一腎再此云祭肺心肝各一亦為肉祭三也此醴實於尊祭三者亦以一祭又扱再祭云既祭徹至筵前者筵前謂初設廟室奧之筵前唯特牲少牢鼎當陳於廟門室之前稍東西面以俎者以俎就鼎載肉入設於筵前亦當籩之東其黍稷等設於俎南此嘘云祭黍或無稷也此配竈神而祭皆是先炊之人禮器云竈者是老婦之祭

中央祀中霤祭先心

中霤猶中室也土主中央而神在室古者復穴是以名室為霤云祀之先祭心者五藏之次心次肺至此心為尊也祀中霤之禮設主於牖下乃制心及肝為俎其祭肉心肺肝各一他如祀戶之禮○藏才浪反○疏曰鄭意言中霤猶中室乃是開牖象中霤之取明則其室不當棟而在室之中央故喪禮云浴於中霤飯於牖下明中霤不關牖下也室中央而神在室者所以必在室中祭土神之義也土五行之主故其神在室

0014_0219-1

0014_0219-2

之中央也是明中霤所祭則土神也故社注春秋云在家則祀中霤在野則爲社也又郊特牲云家主中霤而國主社社神亦中霤神也云古者複穴是以名室爲霤云者解所以謂室爲中霤之由也古者謂未有宮室之時也復穴者謂窟居也古者窟居隨地而造若平地則不鑿但累土爲之謂之爲複言於地上重複爲之也若高地則鑿爲坎謂之爲穴其形皆如陶竈故詩云陶復陶穴是也故毛云陶其土而復之陶其壤而穴之鄭云復者復於土上鑿地曰穴皆如陶然庾蔚云複謂地上累土爲之穴則穿地也複穴皆開其上取明故雨霤

大六　小四下八　仪祭礼七　季光

0014_0220-1

之是以後因名室爲中霤也云祭之先祭心者五藏之次心次肺至此心爲尊也云祀中霤之禮設主於牖下者開牖象霤故設主於牖下也五祀皆先席於室之奧此不言者前祀戶注已備言也此別設主當廟室牖內之下而北鄉也云乃制心及肺肝爲俎其祭肺心肝各一它皆如祀戶之禮者亦參竟徹之更陳鼎俎迎尸如祭尸也

秋祀門祭先肝

秋陰氣出祀之於門外陰也祀之先祭肝者秋爲陰中於藏直肝肝爲尊也祀門之禮北面設主于門左樞乃制肝及肺心爲俎奠于主南又設盛于俎東其他皆如祭竈之禮

0014_0220-2

疏曰云祀之先祭肝者秋爲陰中於藏直肝者以陰氣始於五月終於十一月八月爲陰之中故云秋爲陰中也陽氣始於十一月終於四月正月二月爲陽中故正月云春爲陽中然陰中之時兼有陽陽中之時兼有陰亦與陰陽之中也今五藏肺最在前心次之肝次之脾次之腎爲後肝在心肺之下脾腎之上故云於藏值肝然脾在肺心肝之下腎之上則是上有肺心肝下唯有腎不當其中而云春爲陽中於藏值脾者但五行相次水則次木故春繼於冬旣後則次脾其火後則次土土後乃次金故秋不得繼夏由隔於土由此脾不得

大六　小四下八　仪祭礼七　六十

0014_0221-1

繼肺隔於心也爲此肝之上有肺有心脾之下唯有腎俱得爲藏之中也云北面設主於門左樞者謂廟門外左樞北面以在門外故主得南鄉而北面設之云乃制肝及肺心爲俎奠于主南盛於俎東者皆約中霤禮文也其他皆如祭竈之禮者謂祭心肺肝各一一祭祭醴三并設席於奧迎尸之屬也

冬祀行祭先腎

冬陰盛寒於水祀之於行從辟除之類也祀之先祭腎者陰位在下腎亦在下腎爲尊也行在廟門外之西爲軷壤厚二寸廣五尺輪四尺祀行之禮北面設主于軷上乃制腎及脾爲俎奠于主南又設盛[illegible]

0014_0221-2

陛一婢再其他皆如祀門之禮○必亦反又婢亦反軷步易反廣古曠反○疏曰知行在廟門外西者約檀弓云毀宗躐行自此以下皆中霤禮文廣五尺輪四尺者謂軷壇東西爲廣南北爲輪常祀行神之壇則然若於國外祖道軷祭其壇隨路所鄉而爲廣輪尺數同也案鄭注聘禮云禮畢乘車轢而遂行唯軷之一轅轢耳所以然者以兩輪相去八尺今軷唯廣五尺故知不兩輪俱轢云北面設主軷上者以主須南鄉故人北面設之其主則鄭注大馭云蓋以菩芻棘柏爲神主也○月令

○孟冬臘五祀

臘力合反○臘

0014_0222-1

謂以田獵所得禽祭也五祀門戶中霤竈行也○疏曰臘五祀者臘獵也謂獵取禽獸以祭五祀也其臘先祖五祀謂之息民之祭其服則黃衣黃冠又曰臘謂田獵所得禽祭者以欲臘祭之時暫出田獵以取禽非仲冬大閱之臘也左傳云唯君用鮮則天子諸侯祭用鮮獸賈氏云仲秋獮得禽獸以爲乾豆至臘用之其義非也云五祀門戶中霤竈行者月令殷禮言之若周則七祀○詳見宗神祈年祭月令

○大宗伯以血祭祭五祀

陰祀自血起貴氣臭也故書祀作禩鄭司農云禩當爲祀書亦或作祀五祀五色之

0014_0225-2

王者宮中曰五祀玄謂此五祀者官之神在四郊四時迎五行之氣於郊而祭五德之帝亦食此神焉少昊之子曰重爲句芒食於木該爲蓐收食於金脩及熙爲玄冥食於水顓頊氏之子曰黎爲祝融后土食於火土○禩音祀食此音嗣少詩照反重直龍反○疏曰云陰祀自血起者對天爲陽祀自煙起貴氣臭同也先鄭云五祀五色之帝於王者宮中曰五祀者先鄭意此五祀即掌次云祀五帝一也故云五色之帝後鄭不從者案司服云祀昊天與五帝皆用大裘當在圓丘與四郊上今退在社稷之下於王者宮中失之遠矣且

0014_0226-1

五帝天神當在上經陽祀之中退在陰祀之內一何陋也玄謂此五祀者五官之神在四郊者生時爲五官死乃爲神配五帝在四郊知在四郊者鄭即引月令四時四立之日迎氣在四郊并季夏迎土氣是五迎氣故鄭云四時迎五行之氣於四郊也云而祭五德之帝亦食此神焉者但迎氣迎五方天帝雖不言祭人帝案月令四時皆陳五德之帝大昊炎帝黃帝少昊顓頊等五德之帝并五人神於上明知五人神爲十二月聽朔及四時迎氣而陳故鄭此注及下青圭赤璋之下注皆云迎氣時并祭五人帝五人神也云少昊氏之子曰重已下

0014_0226-2

案昭二十九年魏獻子問蔡墨曰社稷五祀誰氏之五官也曰少皞氏有四叔
曰重曰該曰脩曰熙實能金木及水使重爲句芒該爲蓐收脩及熙爲玄冥世
不失職遂濟窮桑此其三祀也顓頊氏有子曰犂爲祝融共工氏有子曰句龍
爲后土此其二祀也后土爲社稷爲田正有烈山氏之子曰柱爲稷自商周春
秋昭二十九年左傳曰顓頊氏之子犂爲祝融共工氏有子曰句龍爲后土其
二祀五官之神及四郊合爲黎食后土祭法曰共工氏霸九州也其子曰后土
能平九州故祀以爲社社即句龍荅曰犂爲祝融句龍爲后土左氏不言后土

祭禮七　六十三

0014_0227-1

爲社謂暫作后土無有代者故先師之說犂兼之因火土俱位南方此注云犂
爲設獻后土食于火土亦推見先師之說也○春官○司服祭五
祀則希冕希讀爲絺或作黹字之誤也希刺粉米無畫也其衣一章
裳二章凡三也○黹張里反○疏曰云希讀爲絺或作黹字之誤也者本有此
二文不同故云誤當從絺爲正也云希刺粉米無畫也者衣是陽應畫今希冕
三章在裳者自然刺繡但粉米不可畫之物今雖在衣亦刺之不變故得希名
案鄭特言粉米也然則毳冕之粉米亦刺之也冕上○司門凡

0014_0227-2

歲時之門受其餘鄭司農云受祭門之餘○疏曰凡歲時之
門者歲之時祭門非一故云凡以攈之若月令秋祭門者是祭廟門此門亦
謂國門十二者除四時祭外仍有爲水祈禱故左氏莊公二十五年秋大水有
用牲于門之事○地官
右立祀○蔡墨曰五行之官是謂
五官實列受氏姓封爲上公爵上公○
疏曰列謂行一言五官皆然也入臣有大功者一子封爲國君又賜

祭禮七　六十四

0014_0228-1

之以姓族以國爲氏言其得氏又得姓兼受之也祀爲貴
神社稷五祀是尊是奉五官之君長能脩其
業者死皆配食於五行之神爲王者所尊奉○君長丁丈反下文同
○疏曰五官之君長死則皆爲貴神王者社稷五祀則尊奉之所祭
配食於五行之神即下重該脩熙犂是也王者祭木火土金水之神
而以此人神配之耳非專祭此人也分五人以配四時故五行之
神句芒沉之徒皆以時物之狀而爲之名五者本是五行之神

0014_0228-2

作名耳非與重該之徒爲名也晉語云虢公夢在廟有神人面白毛虎爪執鉞行在西河公懼而走神曰無走帝命曰使晉襲于爾門公拜稽首覺召史嚚占之對曰如君之言則蓐收也天之刑神也如彼文虢公所夢之狀必非該之貌自是金神之形耳由此言之句芒祝融玄冥后土之徒皆是木火水土之神名非所配人之神名也雖本非配人之名而配者與之同食亦得取彼神名以爲配者神名猶社本土神之名稷本穀神之名配者亦得稱社稷也此五行之官配

0014_0229-1

食五行之神天子制禮使祀焉王者所尊奉也**木正曰句芒**句古侯反注及下同○正宫長也取木生句曲而有芒角也其祀重焉○重直龍反下文同○疏曰正訓爲長故爲官長木官之最長也其火金水土正亦然賈逵云德言萬物句芒非單木生如句杜誤耳木正順春萬物始生句而有芒角杜獨言木者以木爲其主故經云木正且木比萬物芒角爲甚故舉木而言劉炫以杜不取賈義而獨舉於木而規杜非也**火正曰祝融**祝融明貌其祀

0014_0229-2

融焉○融力弓反○疏曰杜以解祝則謂祝融二字共爲明貌故賈逵云夏陽氣明朗祝甚也融明也亦以夏氣爲之名耳鄭語云黎爲高辛氏火正淳燿敦大光明四海故命之曰祝融如彼文又似由人生名者彼以其官掌夏德又稱之故以夏氣昭明命之耳**金正曰蓐收**蓐音辱本又作辱○秋物摧辱而可收也其祀該焉○摧徂回反**水正曰玄冥**冥云丁反○水陰而幽冥其祀脩及熙焉**土正曰后土**土爲羣物主故稱后也其

0014_0230-1

祀句龍焉在家則祀中霤在野則爲社○霤力救反○疏曰后者君也羣物皆土所載故土爲羣物之主以君言之故云后土也賈逵云句芒祀於戶祝融祀於竈蓐收祀於門玄冥祀於井后土祀於中霤今杜云在家則祀中霤是同賈說也家謂宮室之內對野爲文故稱家非卿大夫之家也言在野者對家爲文雖在庫門之內尚無宮室故稱野且卿大夫以下社於野田故周禮大司徒云辨其邦國都鄙之數制其畿疆而溝封之設其社稷之壝而樹之田主各以其野之

0014_0231-1　　0014_0230-2

所宜木遂以名其社鄭玄云社稷后土及田正之神田主田神后土田正之所依也詩人謂之田祖所宜木謂若松栢栗也是在野則祭爲社也此野田之社民所共祭即月令仲春之月擇元日命人社是也劉炫云天子以下俱荷地德皆當祭地但名位有高下祭之有等級天子祭地祭大地之神也諸侯不得祭地使之祭社也家又不得祭社使祭中霤也霤亦地神所祭小故變其名賈逵以句芒祀於户云云言雖天子之祭五神亦如地耳杜以別祭五行神以五官配之

祭礼七　六十七

非祀此五神於門户井竈中霤也門户井竈直祭門户等神不祭句芒等也唯有祭后土者亦是土神故特辦之云在家則祀中霤在野則爲社言彼社與中霤亦是土神但祭有大小郊特牲云社所以神地之道也地載萬物取財於地教民美報焉家主中霤而國主社示本也長在家則祀中霤也大司徒已下同此禮也

獻子曰社稷五祀誰氏之五官也問五官之長皆是誰

對曰少皞氏有四叔少皞金天氏○疏曰

0014_0232-1　　0014_0231-2

少皞氏有四叔四叔是少皞之子孫非一時也未知於少皞遠近也四叔出於少皞耳其使重爲句芒非少皞使之世族譜云少皞氏其官以鳥爲名然則此五官皆在高陽之世也楚語云少皞氏之衰也九黎亂德民神雜擾不可方物顓頊受之乃命木正重司天以屬神命火正黎司地以屬民是則重黎居官在高陽之世也又鄭語云黎爲高辛氏火正命之曰祝融則黎爲祝融又在高辛氏之世案世本及楚世家云高陽生稱稱生卷章卷章生黎如彼文黎是顓頊之曾

祭礼七　六十八

孫也楚語云少皞之衰顓頊受之即命重黎似是即位之初不應即得命曾孫爲火正也少皞世代不知長短顓頊初已命黎至高辛又加命不應一人之身緜歷兩代事既久遠書復散亡如此參差雖可考校世家云共工作亂帝嚳使黎誅之而不盡帝誅黎而以其弟吳回爲黎復爲火正爲祝融即如此言黎或是國名官號不是人之名字顓頊命黎高辛命黎未必共是一人傳言世不失職二者或是父子或是祖孫其事不可知也由此言之少皞四叔未必不有在高辛

0014_0232-2

□□也此五祀者居官有功□□　□□一不是一時之人脩熙□□

□正□非一時也且傳言夫　□□□世能官其功蓋共□

□□□承傳萬世承祀□□　□一代耶其中最有功者使之□

□下不知所以此人歷□何代□　□為之蓋亦高辛唐虞之世耳

曰重曰該曰脩曰熙實能金木及水

重直龍反該古哀反○能治其官　使重為句芒木正

該為蓐收金正　脩及熙為玄冥二子相代

祭禮七　三十九

0014_0233-1

為水正　世不失職遂濟窮桑此其三

祀也　窮桑少皡之號也四子能治　其官使不失職濟成少皡之

功死皆為民所祀窮桑地在魯北　□疏曰窮桑少皡之號帝王世紀

□然寛遂一處窮桑以登為帝都　天下號之曰窮桑帝以濟為渡

遠古四叔子孫世不失職遂受少　皡之世世以少皡之世以濟官

□長有木正火正金正以濟為四　□能治其官使不失職濟成少皡

□論言少皡有王功子孫能成之　□□皆為民所祀也少皡有□□

0014_0233-2

□四年傳解其伯餘於少皡之□　故云窮桑地在魯北地名窮桑□

言在魯北　相傳云耳　顓頊氏有子犁為祝□

顓音專頊許玉　反○犁為火正　共工氏有子曰句

龍為后土此其二祀也后土為社

稷田正也有烈山氏之子曰柱為

稷自夏以上祀之周棄亦為稷自

商以來祀之　共音恭烈如字禮　作厲山上時掌反○

祭禮七　四十

0014_0234-1

昭公二十九年春秋左氏　傳○注疏詳見前社稷條　祭五祀

天子諸侯以牛卿大夫以羊一說

户以羊竈以雞中霤以豚門以犬

井以豕或曰中霤用牛餘不見用

豚井以魚　白虎　通　○天子祭　□□

蓐收百人侍西房　周禮祭□□立　祭祭社□

鄭云五祀四時迎五行之□□四　祭□祭五德之帝也或曰此五祀

0014_0234-2

謂礿祠烝嘗及大祫也或曰國展禽曰禘郊祖宗報此五者國典祀典也皆王者所親臨之祭非户竈中霤門行之五祀也薦肴薦陳之物籩豆之屬也侍侍西旁西廂也侍或爲待○黄ヨ論

○王孫賈問曰與其媚於奥寧媚於竈何謂也王孫賈衛大夫媚親順也室西南隅爲奥竈者五祀之一夏所祭也凡祭五祀皆先設主而祭於其所然後迎尸而祭於奥略如祭宗廟之儀如祀竈則設主於竈陘祭畢而

0014_0235-1

更設饌於奥以迎尸也故時俗之語因以奥有常尊而非祭之主竈雖卑賤而當時用事喻自結於君不如阿附權臣也賈衛之權臣故以此諷孔子

子曰不然獲罪於天無所禱也天即理也其尊無對非奥竈之可比也逆理則獲罪於天矣豈媚於奥竈所能禱而免乎言但當順理非特不當媚竈亦不可媚於奥也○謝氏曰聖人之言遜而不迫使王孫賈而知此意不爲益無益使其不知亦非所以取禍○論語八佾才

○天子以

0014_0235-2

未殯五祀之祭不行既殯而祭其祭也尸入三飯不侑酳不酢而已矣自啓至于反哭五祀之祭不行已葬而祭祀畢獻而已飯扶晚反酳音胤又仕覲反○既葬彌吉畢獻祝而後止郊社亦然唯嘗禘宗廟俟吉也○疏曰天子諸侯祭禮既亡今儀禮唯有大夫士祭禮以言之案特牲饋食禮祝延尸于奥迎尸而入即延坐三飯告飽祝侑尸尸又飯

0014_0236-1

至於九飯畢若大夫依少牢饋食尸食十一飯而畢鄭注少牢云士九飯大夫十一飯也則其餘有十三飯十五飯也案此說則諸侯十三飯天子十五飯又案特牲禮尸九飯畢主人酌酒酳尸尸飲卒爵酢主人主人受酢飲畢酌獻祝[illegible]飲畢主人又酌獻佐食此是士[illegible]祭禮也今約此而說天子五祀之祭也天子崩未殯五祀之祭不行者以初崩哀慼未遑祭祀雖當[illegible]祀祭時不得行既殯而祭者如[illegible]祀外神不可以己私喪久廢其[illegible]故既殯哀情稍殺而後祭也其[illegible]

0014_0236-2

也尸入三飯不侑酳不酢而已矣者今喪既殯不得純如吉禮理須宜降殺侑勸也故迎尸入奧之後尸三飯告飽則止祝更不勸侑其食使滿常數也又熊氏云二飯不侑酳不酢而已矣謂迎尸入奧之後尸二飯即止祝不勸侑至十五飯於尸時冢宰攝主酌酒酳尸尸受卒爵不酢攝主故云三飯不侑酳不酢而已者謂唯行此而已不爲在後餘事也自啓至于反哭五祀之祭不行者謂欲葬之時從啓殯以後葬畢反哭以前靈柩既見哀摧更甚故云五祀之祭不行已葬

0014_0237-1

而祭祝畢獻而已已葬而祭者謂已葬反哭殯宮畢而行其祭但既葬彌吉尸入三飯之後祝乃侑尸尸食十五飯攝主酳尸尸飲卒爵而酢攝主攝主飲畢酌而獻祝祝受飲畢則止無獻佐食以下之事所以然者以葬後未甚吉唯行此禮而已而已是諸辭也皇氏云巳止也又曰經云祝畢獻止謂祝受獻祭禮遂畢止不獻佐食以下云郊社亦然者王制云天地社稷爲越紼而行事是與五祀同也趙商問云自啓至反哭五祀之祭不行注云郊社亦然者案王制云唯祭

0014_0237-2

天地社稷爲越紼而行事既云葬時郊社之祭不行何得有越紼而行事鄭答越紼行事喪無事時天地郊社有常日自啓及至反哭自當辟之鄭言無事者謂未殯以前是有事既殯以後未啓以前是無事得行祭禮故有越紼行事鄭云郊社以前有常日自啓至反哭自當辟之者郊社既有常日自啓反哭當辟此郊社之日郊社尊故辟其日不使相妨五祀既卑若與啓反哭日相逢則五祀辟其日也鄭言天地社稷去殯處遠祭時踰越此紼而往赴之五祀去殯近處暫

0014_0238-1

往則還故不爲越紼也云唯嘗禘宗廟俟吉也者謂爲嘗禘之禮以祭宗廟俟於吉故王制云喪三年不祭是也其在喪祭郊社之時其喪所朝夕仍奠知者雜記云國禁哭則止朝夕之奠即位自因也人臣尚爾明天子得也○曾子問

小宗伯兆四望於四郊兆爲壇之營域鄭司農云四望道氣出入玄謂四望五嶽四鎮四竇○竇音獨本亦作瀆○疏曰云兆爲壇之營域者案封人云社稷之壝謂壝土爲之即此壇之營域一也不言壇者舉壝

0014_0238-2

營域有壇可知司農云四望道氣出入者案上注司農以爲日月星海後鄭不
從矣今此云道氣出入與上注不同者以無正文故兩注有異若然云道氣出
入則非日月星海謂五嶽之等也故後鄭就足之還爲五嶽之屬解之天子四
望諸侯三望境內山川案僖三十一年夏四月猶三望服氏云三望分野星國
中山川又上文先鄭云四望日月星海後鄭必知望祭中無天神者案哀六年
云初楚昭王有疾卜曰河爲祟王弗祭大夫請祭諸郊王曰三代命祀祭不越
望江漢雎漳楚之望也爾雅又云梁山晉望又案尚書云望於山川則知望祭

仪祭礼七　十五

0014_0239-1

中無天神可知若天神日月之等當入四類之內也若然尚書云望於山川經
知四望非山川是五嶽四瀆者以其下云兆山川丘陵之等山川旣在下故知
此四望是五嶽之屬山川之大者也○春官○玉人之事兩
圭五寸有邸以旅四望邸音帝劉作抵户古反○邸謂
之慇有邸僢共本也○僢昌絹反○疏日此亦依典瑞所解謂國有故旅祭四
望云僢共本也者亦一玉俱成兩圭足相對爲僢也○冬官○司服
祀四望則毳冕毳昌銳反劉清歲反○毳罽衣也玄謂毳畫虎

0014_0239-2

蜼謂宗彝也其衣三章裳二章凡五也○罽居例反○疏曰云毳罽衣也者案
爾雅云毛氂謂之罽則續毛爲之若今之毛布但此毳則宗彝謂虎蜼而先鄭
以爲罽衣於義不可故後鄭不從也○春官大司樂奏姑洗
歌南呂舞大磬以祀四望姑洗陽聲第三南呂爲之
合四望五嶽四鎭四竇此言祀者司中司命風師雨師或亦用此樂與○與音
餘○疏曰四望又卑於神州故降用陽聲第二及用大磬也又曰云姑洗陽聲
第三南呂爲之合者以其南呂上生姑洗之九三是陽聲第三也姑洗辰之氣

仪祭礼七　十六

0014_0240-1

也三月建焉而辰在大梁南呂酉之氣也八月建焉而辰在壽星是南呂爲之
合也云四望五嶽四鎭四竇者以大宗伯五嶽在社稷下山川上此文四望亦
在社稷下山川上故知四望是五嶽四鎭四竇也云此言祀者司中司命風師
雨師或亦用此樂與者以此上下更不見有司中等用樂之法又案大宗伯天
神云祀地祇云祭人鬼云享四望是地祇而不云祭而變稱祀明經意本容司
中等神故變文見用樂也無正文故云或與以疑之也○同上○牧人
望祀各以其方之色牲毛之望祀五嶽四鎭四瀆

0014_0240-2

也。疏曰知望祀是四望者以其言望與四望義同故知是四望五嶽等也。地示

○男巫掌望祀望衍授號旁招以茅

社子春云望衍謂衍祭也授號以所祭之名號授之旁招以茅招四方之所望祭者玄謂衍讀爲延聲之誤也。疏曰云望祀者類造禬禜遙望而祝之云望衍者衍延也是攻說之禮遙望延其神以言語責之云旁招以茅者旁謂四方氏男巫於地官祭此神時則以茅招之於四方也又曰子春所云皆無依據故後鄭不從玄謂破衍爲延者衍字於六祈義無所取故破從延云望祀謂有牲

大三千七 小三十七 祭礼七 七十七

0014_0241-1

粢盛者注大祝已云類造禬禜皆有牲攻說用幣而已有牲則有黍稷故此兼云粢盛者也云延進也謂但用幣致其神者此即攻說用幣而已是也云二者詛祝所受類造攻說禬禜之神號男巫爲之招者以其授號文承二者之下故知此六神皆授之號之授號知是詛祝者案詛祝而知也。春官

右四望望祀三望附○傳僖公三十一

年夏四月四卜郊不從乃免牲龜曰

卜不從不吉也卜郊不吉故免牲免猶縱也猶三望三望

0014_0241-2

分野之星國中山川皆因郊祀望而祭之魯廢郊天而脩其小祀故曰猶猶者可止之辭。分扶問反左氏曰非禮也

望郊之屬也宣公三年傳云望郊之屬也不郊

亦無望可也注疏詳見天神郊祀條○公羊

子曰天子祭天諸侯祭土天子有

方望之事無所不通諸侯山川有

不在其封内者則不祭也望者何

祭礼七 七八

0014_0242-1

望祭也然則曷祭祭泰山河海曷

爲祭泰山河海山川有能潤于百

里者天子秩而祭之觸石而出膚

寸而合不崇朝而徧雨乎天下者

唯泰山爾河海潤于千里猶者何

通可以已也何以書譏不郊而望

祭也注疏見天神○三正記曰郊後必

0014_0243-1　0014_0242-2

有望○楚昭王有疾卜曰河爲祟
大夫請祭諸郊王曰三代命祀
不越望祟息遂反○諸侯望祀竟內山川星辰○竟音境
江漢雎漳楚之望也雎七餘反○四水在楚界
○詳見因事疾病條禍福之至不是過也不
穀雖不德河非所獲罪也遂弗祭
哀公六年春秋左氏傳○韓宣子謂子產曰

儀祭禮七　七十九

寡君寢疾並走羣望羣所望祀山川皆走往祈
○昭公七年春秋左氏傳○成王盟諸侯于
岐陽岐陽之陽楚爲荊蠻荊州之蠻也
置茅蕝設望表與鮮牟守燎置立也蕝
謂束茅而立之所以縮酒望表謂望祭山川立木以爲表表其位也
鮮牟東夷國燎庭燎也○國語晉語
小宗伯兆山川丘陵墳衍因其方

0014_0244-1　0014_0243-2

疏曰大司徒十等此不原隰亦順所在可知故略不言
也○山虞若祭山林則爲主而脩除
且蹕主主辨護之也脩除治道路場壇○壇徒丹反或音禪○疏曰此
山林在畿內王國四方各依四時而祭三則爲主者謂主當祭事者也而脩除
言護謂掌舊灑云且蹕者且復蹕止行人也又云爲主主辨護之也者案中
臺河祀竟受河圖云帝立壇礬折西云垂延辨執倍位稷辨護注云辨護
禮儀則此云辨護者亦謂此時須相禮儀者也云脩除治道路場

儀祭禮七　八十

壇者宗守職云其廟則有司脩除之注云有司恒主脩除謂掃除糞灑場謂
除之處壇神位之所遺○地官○典瑞璋邸射以
祀山川璋有邸而射取殺於四望鄭司農云射剡也○剡以冉反或因
未反○疏曰此祀山川謂若宗伯云兆山川丘陵各於其方亦隨四時而祭則
言此章邸以禮神○春官○玉人璋邸射素功以祀
山川邸射剡而出也鄭司農云素功無瑑飾也
○疏曰云以祀山川者謂四望之外

0014_0244-2

所有山川皆是去邸身剡而出也者甸
上謂之出半圭曰璋瑑首邪却之令於
邪却之處從下向上揔邪却之名爲剡
而出

○冬官 ○司服祀山川則毳冕鄭司
農云毳罽衣也玄謂毳畫虎蜼謂宗彝
也其衣三章裳二章凡五也○疏曰云
毳罽衣也者案爾雅云[redacted]氂謂之罽則
續毛爲之若今之毛布但[redacted]毳則宗彝
謂虎蜼而先鄭以爲罽衣於義
不可故後鄭不從也○春官 ○大宗

大二十七 小二百六十七 儀祭禮七 八十一

0014_0245-1

伯以血祭祭五嶽以貍沈祭山林川澤
貍亡皆反劉莫拜反沈如字劉直蔭反
○陰祀自血起貴氣臭也五嶽東曰岱
宗南曰衡山西曰華山北曰恒山中曰
嵩高山不見四竇者四竇五嶽之匹或
省文祭山林曰埋川澤曰沈順其性之
含藏○不見賢遍反○疏曰云陰祀自
血起者對天爲陽祀自煙起貴氣臭同
也云五嶽東曰岱宗南曰衡山西曰華
山北曰恒山中曰嵩高山者此五嶽所
在據東都地中爲說案大司樂云四鎮
五嶽崩注云華在豫州嶽在雍州彼據
鎬京爲說彼必據鎬京者彼據災異若

0014_0245-2

據洛邑則華與嵩高並在豫州其雍州
不見有災異之事故注有異也案爾雅
江河淮濟爲四瀆爲定五嶽不定者周
國在雍州時無西嶽故權立吳嶽爲西
嶽非常法爾雅不載以東都爲定故爾
雅載之也若然此南嶽衡案爾雅霍山
爲南嶽者霍山即衡山也故地理志楊
州霍山爲南嶽者山今在廬江彼霍山
與冀州霍山在嵩華者別云○見四竇
者四竇五嶽之匹或省文者五嶽四瀆
相對若天地故設經省文惟見五嶽也
若然下云貍沈祭山林川澤五嶽歆神
雖與社稷同用血五嶽四瀆山川之類
亦當貍沈也爾雅云祭山曰庪縣者或

儀祭禮七 八十二

0014_0246-1

異代法耳若然庪縣既非周法而技人
云凡將事于四海山川則飾黃駒注云
王巡守過大山川則有殺駒以祈沈禮
與王人云天子以巡守宗祝以前馬注
云其祈沈以馬宗祝亦執勺以先之彼
亦言祈沈者祈沈雖非周法引以況義
無嫌也云祭山林曰埋川澤曰沈順其
性之含藏者經埋沈并山林川澤揔言
不祈別而說故鄭分之以其山林無水
故埋之川澤有水故沈之是其順性之
含藏也○同上 ○鬯人掌供秬鬯而飾之秬鬯不和
鬱者飾之謂設巾○疏曰云掌共秬鬯
者此直共秬黍之酒無鬱也故注云不

張本下象鼻題監生秦淳四字傅本剪去之

0014_0246-2

知饎者也鄭知飾之謂設巾者此上下雖無設巾之事案𥚃人云以疏布巾冪
八尊以畫布巾冪六彝凡王巾皆黼凡尊皆布巾冪明秬鬯之酒尊亦設巾可
知故知所飾者設巾也凡山川用蜃故書蜃或爲蜄杜子春云
蜄當爲蜃書亦或爲蜃蜃水中蜃也鄭司農云蜄器名漆尊也玄謂蜃畫爲蜃
形蚌曰合漿尊之象○蚌步項反曰合音含本亦作含○疏曰山川用蜃者大
山川云蜃畫爲蜃形者亦謂漆畫之云蚌曰合漿尊之象者蚌蛤一名含漿含
漿則是容酒之類故畫爲蜃而尊名也○同上○大司樂奏蕤

0014_0247-1

賓歌函鍾舞大夏以祭山川蕤人誰反○蕤賓陽
聲第四函鍾爲之合函鍾一名林鍾○疏曰云蕤賓陽聲第四者應鍾之六三
上生蕤賓之九四是陽聲第四也云函鍾爲之合者蕤賓午之氣也五月建焉
而辰在鶉首函鍾未之氣也六月建焉而辰在鶉火是函鍾爲之合也云函鍾
一名林鍾者此周禮言函鍾月令云林鍾故云一名函鍾○同上○舞
師掌教兵舞帥而舞山川之祭祀疏曰云掌
教兵舞謂教野人使知之國有祭山川則舞師還帥領往舞山川之祀○地官

0014_0247-2

○孟春命祀山林川澤犧牲毋用牝爲傷
妊生之類○疏曰此一節論此春爲四時之首當脩祀典及祭山川之事犧牲
毋用牝者以山林川澤其祀既卑餘月之時牲皆用牝唯此月不用故注爲傷
妊生之類昔大地宗廟大祭之時雖非正月皆不用牝○月令○仲冬
天子命有司祈祀四海大川名源淵澤
井泉順其德盛之時祭之也今月令淵爲深○月令○季冬乃
畢山川之祀月令○天子祭天下名山大

0014_0248-1

川五嶽視三公四瀆視諸侯其餘山川
視伯小者視子男視視其牲器之數○疏曰案夏傳云五嶽
視三公四瀆視諸侯其餘山川視伯小者視子男鄭注云謂其牲幣粢盛籩豆
爵獻之數非謂尊卑案周禮上公饔餼九牢飧五牢饗禮九獻豆四十侯伯饔
餼七牢飧四牢饗禮七獻豆三十有二子男饔餼五牢飧三牢饗禮五獻豆二
十有四又五等諸侯膳皆大牢祭亦大牢籩皆十有二祭四望山川用毳冕鄭
注禮器云獻祭謂祭四望山川也又侯伯無別三公與子男同今此王制云五

嶽視三公四瀆視諸侯則三公尊於諸侯夏傳云四瀆視諸侯其餘山川視伯小者視子男是伯與侯別今鄭注此云視視其牲器又注夏傳謂其牲幣粢盛籩豆爵獻之數參驗上下並與周禮不同不可強解合之爲一此王制所陳多論夏殷之制夏傳所說又非周代之禮鄭之所注者當據異代法也此經云四瀆視諸侯夏傳視諸侯之下云其餘山川視伯小者視子男則此諸侯謂是侯爵者不得揔爲五等諸侯

諸侯祭名山大川之在其地者魯人祭泰山晉人祭河是也○䟽曰知魯人祭泰山者以論語云季

氏旅於泰山明魯君祭泰山季氏僭之也又公羊云三望祭泰山河海是尊祭泰山但泰山是齊魯之界故齊亦祭之是以禮器云齊人將有事於泰山必先有事於配林禮器又云晉人將有事於河必先有事於惡池是晉人祭河也○王制尚書大傳通修

○天子諸侯祭山川歲徧䟽曰祭山川者周禮祀帝於四郊四郊四望四類亦如之也歲徧者謂五方之帝迎氣雩祀明堂及郊雖有重者諸神總徧故云歲徧祭山川者王制云在其地則祭之亡其地則不祭是也○曲禮下

右山川○記五嶽者何謂也泰山東嶽也霍山南嶽也華山西嶽也常山北嶽也嵩高山中嶽也五嶽何以視三公能大布雲雨焉能大斂雲雨焉雲觸石而出膚寸而合不崇朝而雨天下施德博大故視三公也四瀆者何謂也江河淮濟

也四瀆何以視諸侯能蕩滌垢濁焉能通百川於海焉能出雲雨千里焉爲施甚大故視諸侯也山川何以視子男也能出物焉能潤澤物焉能生雲雨爲恩多然品類以百數故視子男也書曰禋于六宗望秩于山川徧于羣神矣說苑○三

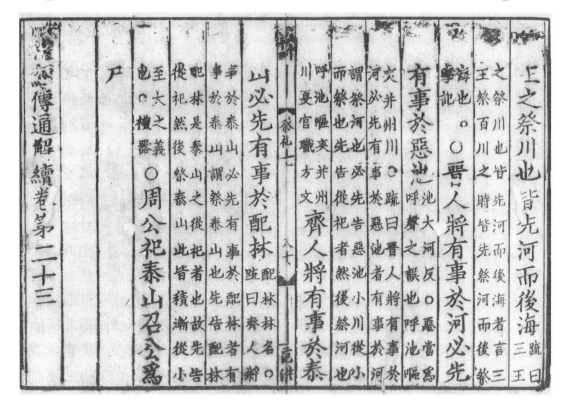

上之祭川也皆先河而後海疏曰三王
之祭川也皆先河而後海者言三王祭百川之時皆先祭河而後祭
海也學記。○晉人將有事於河必先
有事於惡池池大河反○惡當爲呼聲之誤也呼池嘔
夷并州川○疏曰晉人將有事於河必先有事於惡池者有事於河
謂祭河也必先告惡池小川從小而祭也先告從祀者然後祭河也
呼池嘔夷并州川夏官職方文齊人將有事於泰

山必先有事於配林配林林名○疏曰齊人將
事於泰山必先有事於配林者有事於泰山謂祭泰山也先告配林
配林是泰山之從祀者也故先告從祀然後祭泰山此皆積漸從小
至大之義也○禮器○周公祀泰山召公爲
尸

儀禮經傳通解續卷第二十三

0014_0251-2

儀禮經傳通解續卷第二十四

百神　　祭禮八

先立春三日大史謁之天子曰某日立春盛德在木天子乃齊大音太先悉薦反齊側皆反本亦作齋下同○大史禮官之屬掌正歲年以序事謁告也○疏曰先立春三日者周法五時迎氣皆前期十日而散齋七日致齋三日今秦法簡省故三日也盡散齋二日致齋一日○盛德在木者天以覆蓋生民爲德四時各有盛時春則

0014_0252-1

爲生天之生育盛德在於木故云盛德在木立春之日天子親帥三公九卿諸侯大夫以迎春於東郊還反賞公卿諸侯大夫於朝還音旋朝直遥反下同○迎春祭蒼帝靈威仰於東郊之兆也王居明堂禮曰出十五里迎歲蓋殷禮也周近郊五十里賞謂有功德者有以顯賜之也朝大寢門外○疏曰十二月節氣有早晚若節氣晚則月之節氣在當月之內若節氣早則月之節氣在前月之中[illegible]立春[illegible]正月之[illegible][illegible][illegible]在十二月之[illegible]但[illegible][illegible]春之[illegible][illegible][illegible][illegible]二月即行立春之禮又因祭周禮大史

0014_0252-2

春官主禮官之屬云掌正歲年以序事者大史職文鄭注云中數曰歲朔數曰年中數者謂十二月中氣一周總三百六十五日四分日之一謂之一歲朔數者朔十二月之朔一周謂三百五十四日謂之爲年此是歲年相對故有歲數中數之別若散而言之歲亦年也故爾雅釋天云唐虞曰載夏曰歲商曰祀周曰年是也案釋言云告謁請是謁爲告也又曰此立春立秋云天子親帥三公九卿諸侯大夫立夏立冬云親帥三公九卿大夫不云諸侯文不備當亦有諸侯故立夏下云乃封諸侯於夏既賜明冬諸侯亦然在孟春云賞公卿諸侯

0014_0253-1

大夫於朝孟夏云還乃行賞封諸侯慶賜遂行無不欣說孟秋云還乃賞軍帥武人於朝孟冬云還乃賞死事恤孤寡四時所賞不同者庾云順時氣也春陽氣始著仁澤之時故順其時而賞朝臣及諸侯也至夏陽氣尤盛萬物增長故三兵時慶賜轉廣是以與不欣說也秋陰氣始著嚴凝之時故從其時而賞軍帥及武人也至冬陰氣尤盛萬物衰殺故用是時賞死事者及其妻子也案賈馬蔡邕皆爲迎春祭大皞及句芒以上云其帝大皞其神句芒[illegible]也今鄭獨以爲蒼帝靈威仰者以春秋文耀鉤云蒼帝靈威仰禮器云饗帝於郊而風雨節

0014_0253-2

寒暑時是人帝何能使風雨寒暑得時又詩及尚書云上帝皆爲天也周禮司服云王祀昊天上帝則服大裘而冕祀五帝亦如之五帝若是人帝何得與天帝同服故以爲靈威仰上云盛德在木者盛德則靈威仰之盛德也云王居明堂禮者逸禮之篇名引之者證十五里迎春與周不同故云蓋殷禮也云周近郊五十里者鄭注尚書君陳序云天子近郊五十里今河南洛陽相去則然是也云朝大寢門外者大寢則路寢天子有三朝一是燕朝在路寢也二是治朝則此路寢門外應門之內以其賞賜公卿大夫宜在治事之朝故云大寢門外

祭礼八　三　留成

0014_0254-1

三是外朝在庫門之外皋門之內大詢衆庶聽斷罪人之處也**命相布德和令行慶施惠下及兆民**相息亮反施如字又始豉反○相謂三公相王之事也德謂善教也令謂時禁也慶謂休其善也惠謂恤其不足也天子曰兆民○疏曰案公羊隱五年傳云三公者何天子之相也自陝而東者周公主之自陝而西者召公主之一相處乎內是三公相王之事也至六國時一人知事者特謂之相故史記稱穰侯范睢蔡澤皆爲秦相後又爲丞相也云天子曰兆民者左傳閔元年晉卜偃之辭也**慶賜**

0014_0254-2

行毋有不當當丁浪反○遂猶達也言使當得者皆得得者無非其人○疏曰遂是申遂故尚書云顯忠遂良商頌云莫遂莫達是遂爲達言慶賜之事通達施行使之周徧云使當得者皆得無非其人也者謂當慶賜之人皆是有功可慶賜無此不合得慶之人非人謂無功無德之徒**先立夏三日大史謁之天子曰某日立夏盛德在火天子乃齊立夏之日天子親帥三公九卿大夫以迎夏於南郊還反行賞封**

祭礼八　四

0014_0255-1

諸侯慶賜遂行無不欣說說音悅○迎夏祭赤帝赤熛怒於南郊之兆也不言帥諸侯而云封諸侯諸侯時或無在京師者空其文也祭統曰古者於禘也發爵賜服順陽義也於嘗也出田邑發秋政順陰義也今此行賞可也而封諸侯則違於古封諸侯出土地之事於時未可似失之○熛必遙反○疏曰案上迎春云帥三公九卿諸侯大夫今此直云三公九卿大夫故云不言帥諸侯既不帥諸侯而云封諸侯故鄭解其意云諸侯當迎夏之時或無在京師者故空其諸侯之文諸侯既無而得封者鄭云或無在京師者

張本下象鼻題監生留成四字傅本剪去之

0014_0255-2

言哉則容有在者故得封也或可謂侯身雖不在遂封之皇氏以爲迎時不在
至還時諸侯或來故得封也然迎夏往反暫時之事不應迎時未到還時則來
非其義也引祭統以下證夏時未可封諸侯故云今此行賞可也而封諸侯則
違於右也先立秋三日大史謁之天子曰某
日立秋盛德在金天子乃齊立秋之日
天子親帥三公九卿諸侯大夫以迎秋
於西郊還反賞軍帥武人於朝帥所類反本或

祭禮八 五

0014_0256-1

作師○迎秋者祭白帝白招拒於西郊之兆也軍帥諸將也武人謂環人之屬
有勇力者○拒音矩將子匠反先立冬三日大史謁之
天子曰其日立冬盛德在水天子乃齊
立冬之日天子親帥三公九卿大夫以
迎冬於北郊還反賞死事恤孤寡迎以者祭
黑帝叶光紀於北郊之兆也死事謂以國事死者若公叔禺人顓涿聚者也孤
寡其妻子也有以惠賜之大功加賞○叶本又作汁音協禺音偶涿丁角反又

0014_0256-2

作協○疏曰亦率羣臣至北郊迎黑帝叶光紀而顓頊玄冥配之不言諸侯亦
如夏空其文也還反賞死事者還於郊反亦反於朝也賞死事謂臣人有爲國
事死者北郊還因殺氣之盛而賞其家後也恤孤寡者恤供給也孤寡即死事
者妻子也財祿供給之也舉死事之人證之也又曰春秋左傳魯襄公十一年
魯師與齊戰公叔務人曰上不能謀士不能死何以治民吾既言之矣敢不勉
乎乃與其嬖僮汪錡赴敵皆死雖無賞賜之文而亦死事之義故以證之襄二
十三年晉知伯親禽顏庚注云齊大夫顏涿聚二十七年齊師將興屬孤子三

祭禮八 六

0014_0257-1

日朝親乘車兩馬繫五邑爲名顏涿聚之子晉曰隰之役而父死焉今君命女
以是邑也服車而朝是其加賞也兼畢惠賜養幼少恤孤寡亦是也○月令

右迎氣

天子祭四方歲徧諸侯方祀歲徧祭四方謂
祭五官之神於四郊也句芒在東祝融后土在南蓐收在西玄冥在北詩云來
方禋祀方祀者各祭其方之官而已○句古侯反○疏曰此經直言祭四方知
非祭五天帝於四方者以上云祭天地則五帝在其中矣故知非天帝也案宗

張本下象鼻題監生留成四字傅本剪去之

0014_0257-2

箇云臨事祭四方百物知此方祀非四方百物考以此文在山川五祀之中與

大宗伯血祭社稷五祀五嶽五祀在五嶽之上此四方亦在山川之上故知是

五官之神云祝融后土在南者鄭意以忌黎兼爲后土土位上南方故知祝融

后土在南引詩云來方禋祀者是小雅大田之詩以刺幽王之無道追論成王

之太平時和年豐至秋報祭招來四方之神禮絜祭祀引之者證四方之義也

諸侯方祀者諸侯既不得祭天地只不得總祭五方之神唯祀當方故云方祀

●曲禮下

○大宗伯以玉作六器以禮天地

祭禮八　七

0014_0258-1

四方禮謂始告神時薦於神坐書曰周公植璧秉圭是也●疏曰言作六

器者此據禮神則曰器上文人執則曰瑞對此文義兩著通而言之禮神雖不

得言瑞人執者亦曰器故聘禮云圭璋璧琮凡四器者唯其所寶以聘可也尚

書亦以五瑞爲五器卒乃復是其人執亦曰器也云禮謂始告神時薦於神坐

者此以三禮神在作樂下神後故鄭注大司樂云先奏是樂以致其神禮之以

玉而裸焉具其以玉禮神與宗廟裸同節若然祭天當實柴之節也書曰周公

植璧秉圭是也者此金縢文彼以周公請天代武王死之説於三壇同墠又當

0014_0258-2

壇於南方周公於前立焉告大王王季文王故植璧於三王之坐手秉圭告

之者謂植璧於神坐之側事也

以青圭禮東方以赤璋禮南方以白琥禮西方以玄璜禮北方

禮東方以立春謂蒼精之帝而大昊句芒食焉禮南方以立夏謂赤精之帝而

炎帝祝融食焉禮西方以立秋謂白精之帝而少昊蓐收食焉禮北方以立冬

謂黑精之帝而顓頊玄冥食焉禮神者必象其類圭銳象春物初生半圭曰璋

象夏物半死琥猛象秋嚴半璧曰璜象冬閉藏地上無物唯天半見●疏曰云

祭禮八

0014_0259-1

禮東方以立春謂蒼精之帝者此已下皆據月令四時迎氣皆在四立之日故

以立春立夏立秋立冬言之也知皆配以人帝人神者亦據月令四時十二月

皆陳人帝人神彼止爲告朔於明堂及四時迎氣配天帝而言告朔於明堂告

五人帝告五人神配以文王武王必知迎氣亦有五人帝五人神者以其告朔

入明堂至秋總享五帝於明堂皆以五人帝五人神配天若然迎氣在四郊還

是迎五天帝明知五人帝五人神亦配祭可知以其自外至者無主不止故皆

以人帝人神爲配也言蒼精赤精白精黑精者皆據春秋緯運斗樞云大微宮

0014_0259-2

有五帝坐星火耀鉤亦云靈威仰之等而說也云禮神者必象其類者即圭銳已下是象其類也云圭銳象春物初生者雜記贊大行云圭剡上左右各寸半是圭銳也云半圭曰璋者案典瑞云四圭有邸以祀天兩圭有邸以祀地是兩圭半四圭又云圭璧以祀日月是一圭半兩圭又云璋邸射以祀山川是璋又半一圭故云半圭曰璋公羊傳亦云寶者何璋判白亦半圭曰璋云象夏物半死者夏時薺麥死是半死云琥猛象秋嚴者謂以玉為琥形猛為西方是象秋嚴也云半璧曰璜者逸禮記文似半圭曰璋也云冬閉藏地上無物唯

祭禮八

0014_0260-1

天半見者列宿為天文草木為地文冬時草木枯落唯天上列宿仍在故云唯天半見故用半璧曰琮也此六玉所用則上璧下琮案覲禮加方明東方圭南方璋西方琥北方璜與此同唯上圭下璧與此違者鄭彼注云上宜以蒼璧下宜以黃琮而不以者則上下之神非天地之至貴者也彼上下之神是日月故蒙玉與此不同也此經神不見中央含樞紐者此四時迎氣皆在四郊小宗伯云兆五帝於四郊鄭注云黃帝亦於南郊是也**皆有牲幣各放其器之色**放方往反○幣以從爵若人飲酒有酬幣○疏曰言皆則

0014_0260-2

六玉所禮者皆有牲與幣也言各放器之色則上蒼璧等六器所有牲幣放此器之色又曰知幣是從爵非禮幣者若是禮神當在牲上以其禮神幣與玉俱設若肆師云立大祀用玉帛牲牷是帛在牲上今在下明非禮神者也云若人飲酒有酬幣者獻尸從爵之幣無文故以生人飲酒之禮況之案聘禮饗時有酬幣明此幣既非禮神之幣則獻尸後酬尸時亦有幣之從爵也○春官

○**四坎壇祭四方**四方即謂山林川谷丘陵之神也祭山林丘陵於壇川谷於坎每方各為坎為壇○疏曰四坎壇祭四方也者謂山

祭禮八　十

0014_0261-1

林川谷丘陵之神有益於人民者也四方各為一坎一壇壇以祭山林丘陵坎以祭川谷泉澤故言坎壇祭四方也○祭法

○**舞師教羽舞師而舞四方之祭祀**羽析白羽為之形如帗也四方之祭祀謂四望也○疏曰云掌教兵舞謂教野人使知之國有祭山川則舞師還師舞社舞山川之祀已下皆然案春官樂師有六舞兵舞有旄舞施於辟雍人舞施于宗廟此舞野人但卑者之子不得舞宗廟之酎祭祀之舞亦不得用卑者之子彼樂師教國子故有二者此教野人故無旄舞人舞又曰但羽舞用皆羽教舞

0013_0262-1　　0014_0261-2

用五色繒用物雜[illegible]有柄其制相類故云形如帗也云[illegible]之祭祀謂四望也知者若以四方山[illegible]物則四方不止四方今單云四方四[illegible]五岳四瀆亦在四方故知四方即四望也○地官○鬯人掌共秬鬯而飾之秬鬯不和鬱者飾之謂設巾○疏曰云掌共秬鬯者此直共秬黍之酒無鬱也故注云不和鬱者也鄭知飾之謂設巾者此上下雖無設巾之事案冪人云以疏布巾冪八尊以畫布巾冪六彝凡王巾皆黼凡尊皆有巾冪明秬鬯之酒尊亦設巾可知故知所飾者設巾也凡四方用蜃凡

貍事用散貍事通[illegible]又方麥反○故書蜃或爲謨杜子春云謨當爲蜃書亦或爲蜃蜃水中蜃也鄭司農云脩謨概散皆器名玄謂脩蜃概散皆漆尊也蜃畫爲蜃形蚌曰合漿尊之象概尊以朱帶者無飾曰散○疏曰司農云脩謨概散皆器名者先鄭從古云謨後鄭亦不從之矣鄭知脩蜃概散皆漆尊也者以脩散凡物無飾曰散直有漆明概散蜃之等漆外則有飾故知皆尊也云蜃畫爲蜃形者亦謂漆畫之云蚌曰合漿尊之象者蚌蛤一名含漿含漿則是容酒之類故畫爲蜃而尊名也云無飾曰散者以對概蜃獻象之等有異物

0014_0263-1　　0014_0262-2

之飾此無故曰散云貍事者即大宗伯云貍辜祭四方百物者也○春官○大宗伯以貍辜祭四方鄭司農云罷辜披磔牲以祭若今時磔狗祭以止風玄謂貍貍牲胷也貍而磔之謂磔禳及蜡祭郊特牲曰八蜡以記四方四方年不順成八蜡不通以謹民財也又曰蜡之祭也主先嗇而祭司嗇也祭百種以報嗇也饗農及郵表畷禽獸仁之至義之盡也○罷如字一芳皮反磔張格反種章勇反畷音綴又陟劣反○疏曰云罷辜披磔牲以祭者此先鄭從古書罷於義未可故後鄭不從罷從經貍爲正其云披磔牲以祭

仍從之矣云若今時磔狗祭以止風者此舉漢法以況貍辜爲磔之義必磔狗止風者狗屬西方金金制東方木之風故用狗止風也云貍貍牲胷也者無正文蓋據當時貍磔牲體者皆從胷臆解析之故以胷言之云謂磔禳及蜡祭者案禮記月令云九門磔禳又十二月大儺時亦磔禳是磔牲禳去惡氣之禮也云及蜡祭者案彼云蜡也者索也歲十二月合聚萬物而索享之謂天子於周之十二月建亥之月於郊而爲蜡法此所引郊特牲曰八蜡已下彼據諸侯行蜡法彼云八蜡以記四方不作祀作祀者誤云八蜡以記四方者謂八蜡之禮

張本下象鼻題監生留成四字傅本剪去之

0014_0263-2

以記四方諸侯知順成不順成若年不順成則八蜡不通者若四方諸侯年穀有不順四時成熟者其八蜡不得與四方成熟之處通祭八蜡也云以謹民財也者八蜡既一不通明民不得行黨正飲酒奢侈之事故云以謹民財也謹民謂謹節民之用財之法也又曰蜡之祭也主先嗇而祭司嗇者彼注云先嗇若神農者司嗇后稷是也云祭百種以報嗇也者謂合聚萬物而索享之以報收嗇之功故云祭百種以報嗇也云享農及郵表畷者彼注云農謂田畯典田大夫郵表畷畷止也謂田畯督約百姓於井閒之處也是郵行往來立表畷止於其

祭禮八　十三

0014_0264-1

下是止息之處有神亦祭之云禽獸仁之至義之盡也者八蜡者案彼祭有先嗇一也司嗇二也農三也郵表畷四也貓虎五也坊六也水庸七也昆蟲八也蜡之中有貓虎是禽獸也云仁之至者據饗先嗇司嗇及農是仁恩之至義之盡者據饗貓虎坊與水庸郵表畷之等是義之盡引之者證祭亦磔牲之事也○春官

○季秋天子乃厲飾執弓挾矢以獵挾子協反又音協。○厲飾謂戎服尚威武也今月令獵爲射。○疏曰厲飾謂嚴厲武猛容飾定本飾謂容飾也俗本作飾非也熊氏云謂戎服者韋弁服

張本下象鼻題監生留成四字傳本剪去之

0014_0264-2

也以秋冬之田故韋弁服若春夏則冠弁服故司服云凡甸冠弁服義或然也

命主祠祭禽于四方以所獲禽祀四方之神也司馬職曰羅弊致禽以祀祊。祊鄭音方。○疏曰謂獵竟也主祠謂典祭祀者也禽者獸之通名也四方四方有功於方之神也四時田獵皆祭宗廟而分時各以爲主也春時土方施生獵則祭社爲主也夏時陰氣始起象神之在內獵則祭宗廟爲主也秋時萬物以成獵則以報祭社及四方爲主也冬時萬物衆多獲則主用衆物以祭宗廟而亦報於物有功之神於四方也此天子獵旣畢因命與祀

祭禮八　十四

0014_0265-1

之官旣田獵所獲之禽還祭於郊以報四方之神也冬獵亦何以知然案鄭注秋獮祀方云秋田主祭四方報成萬物詩曰以社以方下云方迎四方氣於郊也鄭又云秋祭社與四方爲五穀成熟報其功也又司馬冬狩云致禽饁獸于郊入獻禽以享烝鄭云冬田主用衆物多衆得取也致禽饁獸于郊聚所獲禽因以祭四方神於郊也月令季秋天子旣田命主祠祭禽四方是也入又以禽祭宗廟簝於經注更相引證如可見矣其祭四方但用此禽又用別牲故甫田云與我犧羊以社以方是也此祀四方者謂四方五行之神也○月令

張本下象鼻題監生留成四字傳本剪去之

0014_0265-2

右四方

大司馬中秋教治兵 疏曰言教治兵者凡兵出曰治兵入曰振旅春以入兵爲名尚農事秋以出兵爲名秋嚴尚威故也云如振旅之陳者如春振旅時坐作進退疾徐疏數之法也遂以獮田羅弊致禽以祀祊 獮息淺反○秋田爲獮獮殺也羅弊罔止也秋田主用罔中殺者多也皆殺而罔止祊當爲方聲之誤也秋田主祭四方報成萬物詩曰以社以方○疏曰上文教戰班旗物說遂入防行獮田之禮其法如蒐田

0014_0266-1

之法云羅弊致禽以祀祊者秋田主用羅羅止田畢入國過郊之神位乃致禽以祀四方之神又曰云祊當爲方聲之誤也者以祊乃是廟門之外內惟因祭宗廟及明日繹祭乃爲祊祭今既因秋田而祭當是祭四方之神故云誤也云秋田主祭四方報成萬物者以秋物成四方神之功故報祭之云詩曰以社以方者詩大雅引之證方是四方之神也○夏官

右祊

小宗伯兆五帝於四郊四類亦如之 兆爲

0014_0266-2

壇之營域鄭司農云四類三皇五帝九皇六十四民咸祀之玄謂四望五嶽四鎮四竇四類日月星辰運行無常以氣類爲之位兆日於東郊兆月與風師於西郊兆司中司命於南郊兆雨師於北郊○疏曰自此以下云外神從尊至卑故先云五帝此不云大帝者此文上下唯論在四郊以對國中右社稷左宗廟其大帝與崐崘自相對而在四郊之內有自然之圓丘及澤中之方丘以其不在四郊故不言也又曰云兆爲壇之營域者案封人云社稷之壝謂壝土爲之即此壇之營域一也不言壇者舉外營域有壇可知云五帝蒼曰靈威仰之等

0014_0267-1

此於大宗伯釋訖但彼據禮神玉幣而言此據壇域處所而說故兩處各言之也先鄭云四類三皇五帝九皇六十四民咸祀之者案史記云九皇氏沒六十四民興六十四民沒三皇興彼雖無三王五帝之文先鄭意三皇已祀之明并祭五帝三王可知後鄭不從者以其兆五帝已下皆據外神大昊句芒等配祭而已今輙特祭人帝於其中非所宜故不從是以取五嶽之屬易之也後鄭注云四類日月星辰者以其言類明以氣類而爲位以祭之故知是日月之等知兆日於東郊者案祭義云大明生於東故覲禮亦云拜日於東郊玉藻又云朝

張本下象鼻題監生留成四字傳本剪去之

張本下象鼻題監生留成四字傳本剪去之

0014_0267-2

祭於東門之外也又知兆乃於西郊者月生於西知風師亦於西郊者以其土行金爲陽土爲風風雖屬土秋氣之時萬物燥落由風故風亦於西郊也云兆司中司命於南郊者以其南方盛陽之方司中司命又是陽故司中司命在南郊也云兆雨師於北郊者以其雨是水宿在水位故知雨師在北郊○春官

右四類

司民三年大比以萬民之數詔司寇司寇及孟冬祀司民之日獻其數于王王

0014_0268-1

拜受之登于天府鄭司農云文昌宮三能屬軒轅角相與爲體近文昌爲司命文司中次司祿次司民亦謂司民軒轅角也天府主祖廟之藏者○能吐才反○䟽曰云及孟冬祀司民之日者謂司寇於春官孟冬祭祀司民星之日以其司寇爲節此日司寇獻其民數于王云王拜受之登于天府者重此民數爲邦之故也又曰先鄭云文昌宮三能屬軒轅角相與爲近文昌爲司命次司中次司祿次司民[illegible]陵太守傳文昌第一曰上將第二[illegible]次將第三曰貴相第四曰司命第五[illegible]司中第六[illegible]司祿不見有司民[illegible]

0014_0268-2

星[illegible]別在大微[illegible]司民[illegible]不[illegible]民[illegible]轅[illegible]也者[illegible]軒轅星有十七星如龍形有兩角角有大民小民故謂之[illegible]○秋官

○小司寇孟冬祀司民獻民數於王王拜受之司民星名謂軒轅角也小司寇於祀司民而獻民數於王重民也○䟽曰年年民數皆有增減於孟冬春官祭司民之時小司寇以民數多少獻於王也又曰宗星經軒轅角有大民小民之星是軒轅角也○同上○

天府若祭天之司民司祿而獻民數穀

0014_0269-1

數則受而藏之數穀數上所主反下所具反○司民軒轅角也司祿文昌第六星或曰下能也祿之言穀也年穀登乃後制祿祭此二星者以孟冬既祭之而上民穀之數於天府○能他來反上時掌反○䟽曰此主於祀者祭天之司民司祿在孟冬之時則主民之史獻民數穀數則小司寇受而獻之於王王得之登於天府受而藏之又曰云司民軒轅角也者案武陵太守星傳云軒轅十七星如龍形有兩角角有大民小民又云文昌宮有六星第一爲上將第二爲次將第三爲貴相第四爲司命第五爲司中第六爲

司祿是其司民在軒轅角司祿在[illegible]
第六星也或曰下能也者此累石[illegible]
[illegible]云上能司命爲大尉中能司中[illegible]
徒下能司祿爲司冦是司[illegible]在[illegible]
以其二處先有司祿故畢之文[illegible]
也云祿之言穀也年穀登乃[illegible]
此者欲見祭司祿在孟冬則制祿之[illegible]
也鄭知祭此二星在孟冬者見[illegible]
冬云祈來年於天宗即日月星最[illegible]
在孟冬也其獻穀數者則小司冦[illegible]
○春
官

右司民司祿

季春天子乃薦鞠衣于先帝
爲將蠶求
福祥之助
也鞠衣黄桑之服先帝大皡之屬○疏
曰依禮祭五帝自服大裘今薦鞠衣與
桑同色蓋薦於神坐故知爲蠶求福云
鞠衣黄桑之服者鄭注内司服云鞠衣
黄桑服也色如鞠塵象桑葉始生菊者
草名花色黄故季秋之月云菊有黄華
是鞠衣黄也與桑同色又當桑生之時
云黄桑之服也云先帝大皡之屬者
[illegible]其言先不言上故知非天唯大皡之
[illegible]春時惟祭大皡云之屬者以蠶功[illegible]
獨祭大皡故何胤云揔祭五方[illegible]
[illegible]然也之處王權賀瑒熊氏等並[illegible]

[illegible]室明堂或大微祭
[illegible]堂故也○月令

右先帝

凡始立學者必釋奠于先聖先師及行事必以幣
謂天子命之教始立學官者
也先聖周公若孔子○疏曰
又明諸侯之國天子命之使立學者必
釋奠於先聖先師及行事之時必用幣
亦行禮諸侯言始立學必釋奠於先[illegible]
先師則天子始立學亦釋奠於先聖[illegible]
師也天子云四時釋奠於先師不及於
先聖者則諸侯四時釋奠亦不及先聖

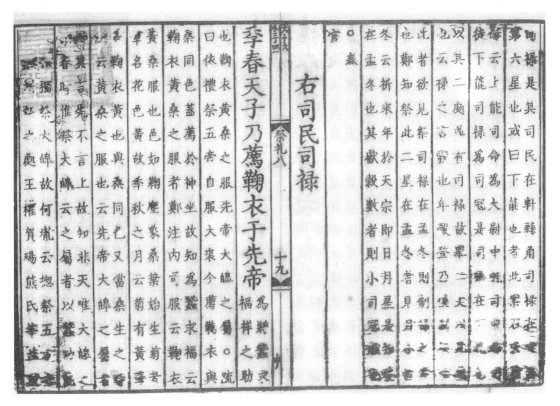

也始立學云必用幣則四時常奠不用
幣也皇氏云行事必用幣謂禮樂器成
及出軍之事其告用幣而已今案釁器
用幣下別具其文此行事必用幣釁於
釋奠之下皇氏乃離文析句其義非也
又曰此謂諸侯新建國天子命之始立
學也故王制云天子命之教然後爲學
是也知非天子始立學者以此下文云
有國故則否是廣記諸侯之國故知此
始立學者據諸侯也但天子立虞夏殷
周四代之學若諸侯止立時王一代之
學有大學小學耳其所習經業皆於[illegible]
[illegible]學中其鄉學爲庠故鄉飲酒義曰
[illegible]二庠門之外注云庠鄉學也若一

0014_0271-2

與鄉同處共在鄉學故學記云黨有庠是鄉之所居黨也州及遂以下皆謂之序故州長春秋射于序學記云術有序鄭云術當爲遂是則遂爲序也云先聖周公若孔子者以周公孔子皆爲先聖近周公處祭周公近孔子處祭孔子故云若是不定之辭立學爲重故及先聖常奠爲輕故唯祭先師此經始立學故奠先聖先師

凡釋奠者必有合也國無先聖先師則所釋奠者當與鄰國合也有國故則不若唐虞有夔伯夷周有周公魯有孔子則各自奠之不合也○疏曰此謂諸侯之國釋奠之時若已國無

大二十三 小三七一 續祭禮八 二十一

0014_0272-1

先聖先師則合祭鄰國先聖先師謂彼此一國共祭此先聖先師故云合也非謂就他國而祭之當遍合祭耳若魯有孔子顏回餘國祭之不必於魯若已國有先聖先師則不須與鄰國合也當各自祭故云有國故則否是唐虞有夔龍伯夷周有周公魯有孔子是國故有此人則不與鄰國合祭也○文王世子

○始立學者既興器用幣興虛覲反○興當爲釁字之誤也禮樂之器成則釁之又用幣告先聖先師以器成○疏曰此一節明禮樂之器初成用幣告先聖先師又釋菜告器成將用乃退儐之事也始立學者

張本下象鼻題監生秦三字傅本剪去之

0014_0272-2

亦謂天子命諸侯始立教學又造禮樂之器新成釁之既畢乃用幣告先聖先師以器成也然後釋菜既以幣告後又更釋菜告先聖先師以器成將用也故前用幣告其器成後釋菜告其將用也不舞不授器凡釋奠禮重故作樂時須舞乃授舞者所執干戈之器今其釋菜之時雖作樂不爲舞也亦既不舞故不授舞者之器乃退儐于東序釋菜虞庠既畢乃從虞庠而退乃儐禮其賓於東序之中其禮既殺唯行一獻無介無語如此於禮可也又曰案雜記宗廟之器其名者成則釁之以猳豚是器成當釁之故知興當爲釁經言用幣故知告先

祭禮八 二十二

0014_0273-1

聖先師以器成也然後釋菜注云告先聖先師以器成有時將用也○疏曰前用幣直云告器成此釋菜云告器成將用則兩告不同也熊氏云用幣則無菜用菜則無幣皇氏云用幣釋菜祇是一告其義恐非也案四時釋奠不及先聖知此用幣及釋菜及先聖者以上文始立學釋奠先聖及先師此文亦云始立學既釁器用幣釋菜亦及先聖也以其始立學及器用新成事重於四時常奠也故學記云皮弁祭菜鄭注禮先聖先師知及先聖者以彼云未卜禘不視學則祭菜與視學爲一也此下文云天子視學祭先聖先師故知學

張本下象鼻題監生留成四字傅本剪去之

記祭菜及先聖也熊氏云月令釋菜不及先聖者以其四時入學釋菜故不及先聖也王制釋奠于學注以為釋菜奠幣知非釋奠者彼是告祭之禮初天子出師受成於學告之無牲明反告亦無牲也故謂釋奠時亦不及先聖也凡釋奠有六始立學釋奠一也四時釋奠有四通前五也王制師還釋奠于學六也釋菜有三春入學釋菜合舞一也此與釁器釋菜二也學記皮弁祭菜三也秋頒學合聲無釋菜之文則不釋菜也釋幣唯一也即此釁器用幣是也以前皆熊氏之說義或當然也

不舞不授器

釋菜禮輕也釋奠則舞舞則授

器司馬之屬司兵司戈司盾祭祀授舞者兵也○疏曰此既釋菜禮輕不可為舞所以大胥云春舍采合舞似釋采為舞者彼謂春欲合舞之時先行釋菜之禮不謂釋菜之時則合舞也

乃退儐于東序一獻無介語可也

儐必刃反○言乃退者謂得立三代之學者釋菜于虞庠則儐賓于東序魯之學有米廩東序瞽宗也○疏曰從釁器以來皆據諸侯之禮故云始立學若其諸侯唯立時王之學何得云乃退儐于東序故云乃退者得立三代之學得有夏之東序請諸侯有功德者得立三代之學皆魯國之比

東序與虞庠相對東序在東虞庠在西既退儐于東序明釋菜在於虞庠也魯之學有米廩東序瞽宗也者明堂位文也

○**凡學春官釋奠于其先師秋冬亦如之**

官謂禮樂詩書之官周禮曰凡有道者有德者使教焉死則以為樂祖祭於瞽宗此之謂先師之類也若漢禮有高堂生樂有制氏詩有毛公書有伏生億可以為之也不言夏夏從春可知也釋奠者設薦饌酌奠而已無迎尸以下之事○疏曰此論四時在學釋奠之事凡學者謂禮樂詩書之學於春夏之時所教之官各釋奠於其先師秋冬之

時所教之官亦各釋奠於其先師故云秋冬亦如之猶若教書之官春時於虞庠之中釋奠於先代明書之師四時皆然教禮之官秋時於瞽宗之中釋奠於其先代明禮之師如此之類是也又曰官謂禮樂詩書之官者謂所教之官也若春誦夏弦則大師釋奠也教干戈則小樂正樂師等釋奠也教禮者則執禮之官釋奠也皇氏云其教雖各有時其釋奠則四時各有其學備而行之引周禮曰凡有道者有德者使[illegible]則以為樂祖祭於瞽宗者[illegible]樂文引之者證[illegible]然則禮及詩[illegible]亦使教

0014_0276-1　　0014_0275-2

馬死則以爲禖之祖後世則亦各祭於其學也故云此之謂先師之類也以大司樂學樂故特云樂祖其餘不見者周禮文不具也云若漢禮有高堂生樂有制氏詩有毛公書有伏生者皆漢書儒林傳文案書傳伏生齊南人故爲秦時博士孝文帝時以書教於鄒魯之閒詩有毛公者毛公趙人治詩爲河閒獻王博士高堂生者魯人漢興爲博士傳禮十七篇藝文志漢興制氏以雅樂聲律世爲樂官頗能記其鏗鎗鼓舞不能言其義是其事也其儒林傳詩書及禮多矣而不言者以其非俊異也又有傳易及春秋不引者以此經唯有詩書禮

祭禮八　二十五

樂故不引易與春秋云億可以爲之也者億是發語之聲言此皆之人後世亦可爲先師也疑而不定故發聲爲億以三時釋奠獨不言夏故言夏從春可知也以其釋奠直奠置於物無食飲酬酢之事故云設薦饌酌奠而已無迎尸以下之事釋奠所以無尸者以其主於行禮非報功也○文王世子

○大胥春入學舍采合舞今音釋采音菜○春始以學士入學宮而學之合舞等其進退使應節奏司農云舍采謂舞者皆持芬香之采或曰古者士見於君以雉爲摯見於師以菜爲摯菜直謂疏食菜羹之菜或曰學

0014_0277-1　　0014_0276-2

者[illegible]者藏猶解釋也服以下其師[illegible]春之月上丁命樂正習舞[illegible]命樂正入學習樂[illegible]爲菜始入學必釋菜禮先師[illegible]之屬○疏所云[illegible]○注曰云[illegible]云入學者歲初貴始云學[illegible]益子云春誦夏弦皆[illegible]舞等其進退使應節奏[illegible]或進或退周旋使應[illegible]也案月令注春合舞者[illegible]也先鄭解舍采三采之[illegible]者案王制有釋菜奠幣文王世子[illegible]始立學釋菜不舞不授器[illegible]

祭禮八　二十六

即菜也故以爲學子[illegible]師也但學士始入學釋菜[illegible]先聖也其先師者鄭注[illegible]漢禮有高堂生樂有[illegible]有伏生知菜是[illegible]菜蓁皆采之言[illegible]之等亦采名也

秋頒學合聲[illegible]

等其曲折使應[illegible]詩學子入學[illegible]才藝高下[illegible]藝所爲也云合[illegible]亦鄭舍合舞[illegible]采鄭彼亦鄭故[illegible]

0014_0278-1　0014_0277-2

奠聲遞相合故鄭云合亦[illegible]舞[illegible]孟夫
寔西方使聽節奏也○禮記[illegible]
命樂正入學習舞日月[illegible]仲春[illegible]舞[illegible]○[illegible]仲
春上丁命樂正習舞釋菜[illegible]官之[illegible]合習舞
者順萬物始出[illegible]舞[illegible]習[illegible]
於先師以禮之夏小正[illegible]丁[illegible]萬用入
學○長丁丈反○疏曰[illegible]者[illegible]動萬
物出地故王者習[illegible]之[illegible]孟春
命樂正入學習舞[illegible]云習舞[illegible]
夢皆以陽氣[illegible]此仲春[illegible]大吾
春入學舍采合舞[illegible]所習之入
習舞節奏齊同謂之合[illegible]謂之六

合樂其文王世子云[illegible]令
菜合舞秋頒學合聲孟春[illegible]至仲春
習而合之自是有教常[illegible]樂也非爲
季春而習舞也故[illegible]舞秋合聲
自是春秋之常事故孟春[illegible]舞及[illegible]春
習舞又仲丁習樂并季春[illegible]奏皆在文
學學仲春釋菜合舞季春大合樂皆天子
親往餘則不也孟夏乃合[illegible]師習合禮
樂爲當月飲酎也命[illegible]師者以仲春習
舞習樂之時既命樂正必[illegible]習經並[illegible]
命樂師此習禮樂在學[illegible]其事既輕大
子不親往孟夏又云天子飲酎用禮[illegible]
鄭注飲之於朝正[illegible]是[illegible]天
子親在不云樂正[illegible]

0014_0279-1　0014_0278-2

禮必樂正在焉熊氏禮本云飲之於廟
以爲漢禮獻酎在廟故也若是獻酎祭
廟當云天子獻酎不得云飲酎且夏月
時祭已用酎也何須別云飲酎故知天
子飲酎在朝仲夏云樂師脩鞀鞞爲大
雩帝用盛樂故也命樂師者須脩習其
事輕其雩帝用樂之時則命樂正天子
親往其季夏孟秋仲秋以季夏土王秋
又陰始國無大事不用樂也季秋亦得
習吹者爲將大享帝也其習吹之時在
於學中亦樂師習之但文不備也所以
習吹者鄭云春夏重舞秋冬重吹但以
重爲主其實春亦有吹秋亦有舞季秋
習吹之時天子不親往也案大胥秋頒

小四百二十　儀祭禮八　九八　孫[illegible]

學合聲周禮也月令仲秋無合聲者殷
法也故不同或可秋合聲者即此季秋
習吹是也孟冬大飲蒸者亦用禮樂也
故鄭飲酎之下注云季冬云大飲蒸此
言用禮樂互其文明飲蒸亦有禮樂也
此飲蒸大學也天子親往故鄭引詩云
十月滌場躋彼公堂以證之公堂則學
校也季冬命樂師大合吹而罷者歲終
于與族人燕於大寢其事輕故會樂師
知與族人燕者鄭注引王居明堂禮云
季冬命國爲酒以合三族故知之也云
將舞必釋菜於先師者以經文習舞釋
菜文在於後恐習舞釋菜共是一事故
云將欲習舞必先釋菜不必知然者以釋

菜之時不爲舞也故文王世子云釋菜不舞不授器是知釋菜無舞也此云習舞在前釋菜在後何知不先習舞乃後釋菜必知先有釋菜者以大胥云舍采合舞舍即釋故知釋菜在合舞之前云夏小正曰丁亥萬用入學者引之證習舞之意謂用此萬舞以入學干舞稱萬者何休注公羊云周武王以萬人服天下商頌萬舞有奕蓋殷湯亦以萬人得天下此夏小正是夏時之書亦云萬者其義未聞或以爲禹以萬人以上治水故樂亦稱萬

天子乃帥三公九卿諸侯大夫親往視之

順時達物也○月令

○天子視學大昕鼓徵

昕音欣○早昧爽擊鼓以召衆也周禮凡用樂大胥以鼓徵學士○疏曰總云大昕昕明也恐是盛明之時故云早昧爽之前凡物以初爲大以未爲小必知早昧爽者以云鼓徵衆至然後天子至若其盛明始召學

衆至然後天上則晚矣○文王世子

子至乃命有司行事興秩節祭先師先聖焉

興猶舉也秩常也節猶禮也使有司攝其事舉常禮祭先師先聖不親祭之者視學觀禮耳非爲後報也○疏曰秩常也釋詁文也云舉常禮祭先

[illegible]祭先師先聖[illegible]

合樂[illegible]

[illegible]不祭先聖也云[illegible][illegible]報者解天子不[illegible][illegible]視學者觀者有司行禮[illegible][illegible]故舉士而報先聖先師也[illegible]

[illegible]也命

有司[illegible]畢也祭畢天子乃入

始之養也

[illegible]焉○文之養老之處凡大合[illegible]是以往得言始始立學[illegible]大合樂必遂養老者[illegible]以無事大合樂者鄭前注春合[illegible]登事大合樂其實月令季春[illegible]云言始始立學也者以上文

立學故以此始爲始立學若[illegible]則之養老而尋常視學則不[illegible]得云凡大合樂必遂養老者然[illegible]養老爲下釋奠於先老之學[illegible]文學也者非始立學之後則視[illegible]老於東膠不釋奠於先老也皇[illegible]舜常視學則養老於東膠若始[illegible]養老於東序以爲周立三代之學[illegible]調[illegible]學於東謂之東膠立小學[illegible][illegible]謂之虞庠故以東膠則也[illegible]

[illegible]於先老

親奠之者已[illegible]養老東序則是[illegible]

[illegible]

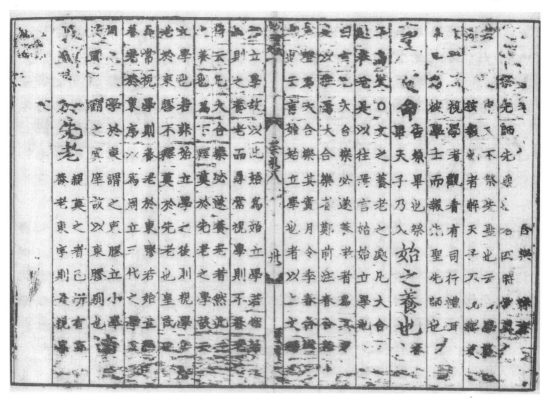

0014_0282-1　0014_0281-2

□先聖先師○記大學始教皮弁祭菜皮弁天子之朝朝服也祭菜禮先聖先師菜謂芹藻之屬○□朝並直遥反○疏曰此一節論天子諸侯教學大理凡有七節各依文解之大學始教者大學謂天子諸侯使學者入大學習先王之道矣熊氏云始教謂始立學教皮弁祭菜者謂天子使有司服皮弁祭先聖先師以蘋藻之菜也一者皇氏云著皮弁祭菜蘋藻並是學者示學者以謹敬之道矣又曰始立學以注謹先聖先師之義解經始

禮書卷□　祭禮八　□

教謂始立學也若學士春始入學唯得祭先師故文王世子云春官釋奠于其先師秋冬亦如之唯祭先師也不祭先聖故大胥春釋菜合舞鄭云釋奠禮先先師是春始入學釋祭先聖也皇氏云以爲始教謂□時學士始入學也○未卜禘不視學禘大□子諸侯既祭乃視學考校以□學者之志○疏曰皇氏云一[illegible]

0014_0283-1　0014_0282-2

其學者也恣謂優游縱暇學者之志不欲急切之故禘祭之後乃始學者謂優游又曰禘大祭爾雅釋天文若然手諸侯既祭乃視學者謂於夏禘之時既爲禘祭之後乃視學考校當禘之年故云未卜禘不視學若不當禘祭之年亦待時祭之後乃視學也此視學謂考試學者經業或君親往或使有司爲之非天子大禮視學也若大視學在仲春仲秋及季春故文王世子云凡大合樂必遂養老注云大合樂謂春入學舍菜合舞秋頒學合聲於是時也天子則視學焉

禮書卷□　祭禮八　三十二

月令季春大合樂天子率三公九卿而視學焉與此別也視學皆在夏祭之後則天子春秋視學亦應在春秋時祭之後此皇氏以禘不視學則餘可知也熊氏云此禘謂夏正郊天視學謂仲春視學若郊天則不視學若如熊氏義禮不王不禘鄭注何得云天子諸侯既祭乃視學既連諸侯言之則此禘非祭天熊說非也○學記

□□大司樂凡有道者有德者使教焉死則以爲樂祖祭於瞽宗道多才藝者德能躬行者若[illegible]

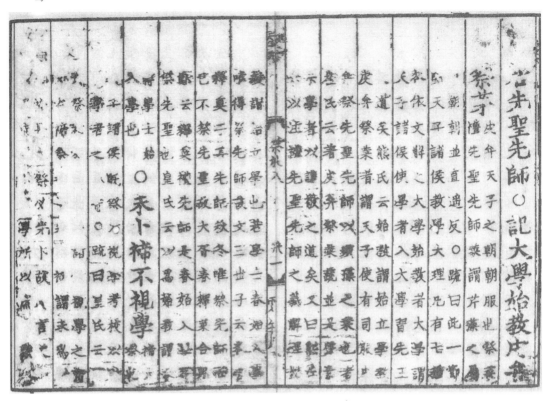

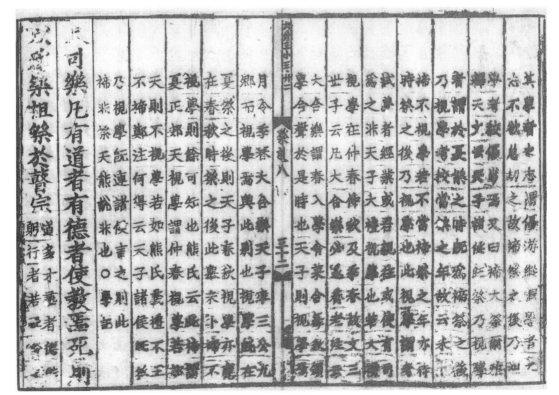

0014_0283-2

由樂教冑子者也死則以爲樂之祖神
而祭之鄭司農云瞽樂人所共宗
也或曰祭於瞽宗祭於廟中明堂位曰
瞽宗殷學也泮宮周學也以此觀之祭
於學宮中○疏曰經直言道鄭知是多
才藝者以其云道通物之名是已有才
藝通教於學子故知此人多才藝耳但
才藝與六藝少別知者見雍也云求也
藝鄭云藝多才藝又憲問云冉求之藝
文之以禮樂禮樂既是六藝明上云藝
非六藝也此教樂之官不得以六藝解
之故鄭云道多才藝也云德能躬行者
案師氏注德行外內之稱在心爲德施
之爲行彼釋三德三行爲外內此云德

祭禮八　三十三

0014_0284-1

能躬行則身內有德又能身行尚書傳
說云非知之艱行之惟艱則此又非直
能知亦能身行故二者皆使教焉死則
以爲樂之祖神而祭之先鄭云瞽樂人
者序官上瞽中瞽下瞽皆是瞽矇掌樂
事故云瞽樂人樂人所共宗也云或曰
祭於瞽宗祭於廟中者此說無故引明
堂位爲證是殷學也祭樂祖必於瞽宗
者案文王世子云春誦夏弦大師詔之
瞽宗以其教樂在瞽宗故祭樂祖還在
瞽宗彼雖有學干戈在東序以誦弦爲
正文王世子云禮在瞽宗書在上庠鄭
注云學禮樂於殷之學功成治定與已
同則學禮樂在瞽宗祭禮先師亦在瞽

0014_0284-2

宗矣若然則書在上庠書之先師亦祭
於上庠其詩則春誦夏弦在東序則祭
亦在東序也故鄭注文王世子云禮有
高堂生樂有制氏詩有毛公書有伏生
億可以爲之也是皆有先師書祭可知
也祭義云祀先賢於西學所以教諸侯
之德是天子親祭之不見祭先○**祀先**
聖者文不備祭可知○春官
賢於西學西學周小學也先賢有道德王所使教國子者○疏曰西
學郊注云周小學則周之小學在西郊
王制云養庶老於虞庠虞庠在國之西
郊是也又曰云西學周之小學也[illegible]謂
虞庠也以祀先賢明於虞庠小學故大

大二十九　小三十六　祭禮八　三十四　秦淳

0014_0285-1

司樂云凡有道者有德者使教焉死則
以爲樂祖祭於瞽宗文王世子又云書
在上庠以此知祭先賢所通之經各於
所習之學若瞽宗則在國虞庠爲小學
者則在西郊今祀先賢則於西郊也○祭義○**司勳凡有功**
者銘書於王之大常祭於大烝司勳詔
之銘之言名也生則書于王旌以識其人與其功也死則於烝先王祭之詔
謂告其神以辭也盤庭告其卿大夫曰
茲予大享于先王爾祖其從與享之是
也今漢祭功臣於廟庭○識音[illegible]與音
預後同○疏曰云凡有功謂司勳上文

0014_0288-2

六者故云凡以該之使司勳詔之者以其司勳知功之有無大小故也詔之謂詔司常書之又以辭使春官告神又曰言生則書於王旌以識其人與其功也者以王建大常故云王旌必於王旌識功與人者王旌車上建之就旌上書之欲取表顯示人故也引盤庚告其卿大夫者盤庚殷王欲遷於亳殷臣民有不肯者故告之云我不掩爾善所以者何茲予大享於先王之時爾祖其從先王與在享祭之中況爾見在不掩可知何不從我遷乎引漢法欲見古者祭功臣在廟庭也必祭功臣在冬之烝祭者烝者衆也冬時物成者衆故祭功臣案彼

祭禮八　三十五

0014_0289-1

書注以大享爲烝嘗者此舉冬祭物成者衆而言其嘗時亦祭之也或可同時宜於烝時祭功臣殷時烝嘗俱祭禮異故也○夏官

右有德有功○盤庚曰古我先王暨乃祖乃父胥及逸勤予敢動用非罰言古之君臣相與同勞逸子孫所宜法之我豈敢動用非常之罰胥汝乎○䟽曰可遷即遷即遷是先生舊法古之賢人遲任有言曰人惟求舊器非求舊惟新言人貴舊器貴新汝不欲徙是不

張本下象鼻題監生戴彝四字傅本剪去之

0014_0289-2

貴舊又遷徙也古者我之先生及汝祖汝父相與同逸豫同勤勞汝爲人子孫宜法父祖當與我同其勞逸我豈敢動用非常之罰責汝也自先王以至於我世世數汝功勞我不掩蔽汝善是我忠於汝也以此故我大享祭於先王汝祖其從我先王與在宗廟而歆享之是我不掩汝善也汝有善自作福汝有惡自作災我亦不敢動用非德之賞妄賞汝各從汝善惡而報之耳其意告臣言從上必有賞違者必有罰也世選爾勞予不掩爾善選數也言

祭禮八　三十六

0014_0290-1

我世世數汝功勤不掩蔽汝善是我忠於汝○䟽曰釋詁云算數也舍人曰釋數之曰算選即算也故訓爲數經言世世數汝功勞是數先王至已常行此事故云是我忠於汝也言己之忠責臣之不忠也

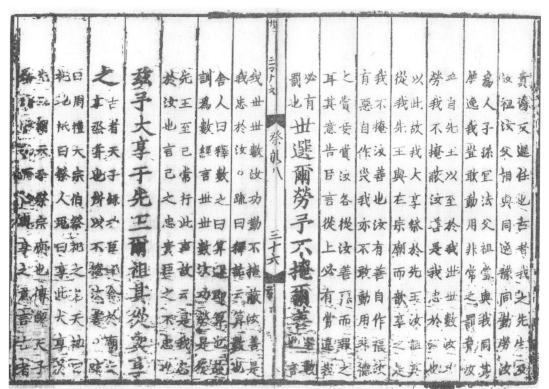

茲予大享于先王爾祖其從與享之古者天子錄功臣配食於廟大享烝嘗也所以不掩汝善○䟽曰周禮大宗伯祭祀之名天神曰祀地祇曰祭人鬼曰享此大享烝嘗[illegible][illegible]天子祭宗廟也傳解天子[illegible][illegible][illegible][illegible]有功[illegible]享之意言古者

0014_0290-2

天[illegible]錄功臣配食於廟故臣之[illegible]祖得與享之也古者孔氏據已而[illegible]前世也此殷宗已然矣大事[illegible]嘗者祭嘗是秋冬祭名謂之大事者以事各有對若祭嘗對禘祫則禘祫為大祭嘗為小若四時自相對則祭嘗為大礿祠為小以秋物成可薦者衆故祭嘗為大春夏物未成可薦者少故礿祠為小知祭嘗有功臣與祭者案周禮司勳凡有功者銘書於王之太常祭於大烝司勳詔之是也嘗是烝之類而傳以嘗配之魯頌曰秋而載嘗是也祭統云內祭則大嘗禘

0014_0291-1

是也外祭則郊社是也然彼以祫為大嘗知此不以烝嘗時為禘祫而自據時祭者以殷祫於三時非獨烝嘗也秋冬之祭尚及功臣則禘祫可知惟春夏不可耳以物未成故也近代已來惟禘祫乃祭功臣配食時祭不及之也近代已來功臣配食各配所事之君若所事之君其廟已毀於祭不祭毀廟其君尚不時祭其臣固當止矣若則毀廟之主亦在焉其時功臣亦當在也王制云犆礿祫禘祫嘗祫烝諸侯礿犆禘一犆一祫嘗祫烝祭此王制之文夏殷之制天子春

0014_0291-2

四時祭其夏秋冬既為祫又為時祭諸侯亦春為時祭夏惟作祫不作時祭秋冬先作時祭而後祫周則春曰祠夏曰禴三年一祫在秋五年一禘在夏故公羊傳云五年再殷祭禮緯云三年一祫五年一禘此是鄭氏之義未知孔意如何

作福作災予亦不敢動用非德善自作福惡自作災我不敢動用非罰加汝非德賞汝乎從汝義惡而報之○尚書

仲春玄鳥至至之日以大牢祠于高禖

0014_0292-1

天子親往大音太○玄鳥燕也燕以施生時來巢人堂宇而孚乳嫁娶之象也媒氏之官以為候高辛氏之出玄鳥遺卵娀簡吞之而生契後王以為媒官嘉祥而立其祠焉變媒言禖神之也○契息列反○疏曰知玄鳥遺卵娀簡吞之而生契者案殷本紀云簡狄行浴見玄鳥墮其卵簡狄取吞之因孕生契又中候契握云玄鳥翔水遺卵娀簡狄吞之生契娀者簡狄之國名故大戴禮云有娀氏之女曰簡狄故云娀簡狄也云後王以為禖官嘉祥而主其祠焉者謂高辛氏之世有此吞鳥之異是為媒官嘉祥後代之王立此高辛而為

禖神故也蔡邕以爲禖神是高辛已前
舊有高者尊也謂尊高之禖不由高辛
氏而始有高禖又生民及玄鳥毛詩傳
云姜嫄從帝而祠于郊禖又云簡狄從
帝而祈于郊禖則是姜嫄簡狄之前先
有禖神矣而此注立高辛氏爲禖神是
高辛氏已前未有禖神參差不同者鄭
志焦喬荅王權云先契之時必自有媒
氏祓除之祀位在於南郊蓋以玄鳥至
之日祀之矣然其禋祀乃於上帝也娀
簡狄吞鳳子之後後王爲媒官嘉祥祀
之以配帝謂之高禖據此言之則郊禖
之祭契已前祭天南郊以先媒配之故
謂之郊禖至高辛氏之時既簡狄之異

後王以是爲媒官之嘉祥即以高辛之
君立爲禖神以配天其古昔先媒則廢
之矣高辛氏配之後謂之高禖鄭義稷
契當堯時案命曆序云帝嚳傳十世則
稷契不得爲帝嚳之子是帝嚳後世子
孫之子故鄭注生民云姜嫄高辛氏之
世妃則簡狄亦高辛氏之後世之妃此
立爲禖神者是簡狄之夫不得爲帝嚳
此祭高禖是祭天故生民傳云從於帝
而見于天高禖爲配祭之人祭天特牲
此用大牢者此謂配祭之人也云變媒
言禖神之者案周禮媒氏職注媒之言
謀也謀合異類使和成者但不知初爲
媒者其人是誰案世本及譙周古本伏

犧制以儷皮嫁娶之禮既用之配天其
尊貴先媒當是伏犧也媒字從女今從
示旁爲之示是神明告示之
義故云變媒言禖神之也

后妃帥九嬪御

嬪毗人反。御謂從往侍祠周禮
天子有夫人有嬪有世婦有女御
獨云帥九嬪舉中
言也。從才用反

乃禮天子所御帶以弓韣授以弓矢于高禖之前

。韣大木反
天子所
御謂今有娠者於祠大祝酌酒飲於高
禖之庭以神惠顯之也帶以弓韣授以
弓矢求男之祥也王居明堂禮曰帶以
弓韣禮之禖下其子必得天材。疏曰

祭高禖既畢祝官乃禮接天子所御幸
有娠之人謂酌酒以飲之飲酒既畢乃
屬帶此所御之人以弓韣又授之以弓
矢於高禖之前而北面也又曰天子所
御謂今有娠者若據論幸御則羣妃皆
是何得直云乃禮天子所御故知有娠
者漢書音義娠音身也云王居明堂禮
者逸禮篇名也云禮之禖下其子必得
天材者謂禮此所御之人於禖神之前
禖在壇上御者在下故云禖下以祭神
必福降故云其子
必得天材。月令

右高禖

0014_0294-2　0014_0295-1

古者太史順時覛土覛音脈○覛視也陽癉憤
盈土氣震發癉丁佐反○癉厚也憤積也盈滿也震動也發起也
農祥晨正農祥房星也晨正謂立春之日晨中於午也農事之候故
曰農祥日月底于天廟底至也天廟營室也孟春之月日月
皆在營室土乃脈發脈理也農書曰春土冒橛陳根可拔耕者急發
先時九日先立春日也太史告稷曰自今至
于初吉初吉二月朔日也詩云二月初吉陽氣俱烝土

膏其動烝升也膏土潤也其動潤澤欲行弗震弗渝脈
其滿眚穀乃不殖震動也渝變也眚災也言陽氣俱升土膏
欲動當即發動變寫其氣不然則脈滿氣結更為災病穀乃不殖稷以
告以太史之言告王王曰史帥陽官以命我司
事史太史陽官春官司事主農事官曰距今九日土其
俱動距去也王其祗祓監農不易祗敬也祓齋戒
祓除也不易不易物土之宜王乃使司徒咸戒公卿

0014_0295-2　0014_0296-1

百吏庶民百吏百官也庶民甸師氏所掌之民主耕耨王之籍田者
司空除壇于籍司空掌地也命農大夫咸戒
農用農大夫田畯也農用田器也先時五日先耕時也瞽
告有協風至瞽樂太師知風聲者協知也風氣和時候至也立春
日融風王即齋宮所齋之宮百官御事各即其
齋三日御治也王乃淳濯饗醴淳沃也濯溉也饗飲
也謂王沐浴飲醴酒及期期耕日也鬱人薦鬯鬱金香草宜

以和鬯酒也周禮鬱人掌祼器凡祭祀賓客和鬱鬯以實彝而陳之共王之齊
鬯犧人薦醴犧人司尊也掌共酒醴者王祼鬯饗醴
乃行祼灌也灌鬯飲醴皆所以自香絜百吏庶民畢從
及藉后稷監之監察也膳夫農正陳藉禮
膳夫上士也掌主之飲食膳羞之饋食農正田大夫主敷陳藉禮而祭其神為
農祈也大史贊王贊導也王敬從之王耕一
墢墢鉢伐二音○一墢一耜之墢也王無耦以一耜耕班三之班次

0014_0297-1　　0014_0296-2

也三之下各二其上也五一墢公三卿九大夫二十七庶人終于千畝終盡耕也其后稷省功太史監之司徒省民大師監之省息井反國語周語

右藉田

季春乃爲麥祈實爲于偽反○於含秀求其成也不言所祈承寢廟可知○月令○孟冬天子乃祈來年于天宗大割祠于公社及門閭臘先祖五祀

大五十九　小三百十八　儀禮祭禮八　四十三

此周禮所謂蜡祭也天宗謂日月星辰也大割大殺羣牲割之也臘謂以田獵所得禽祭也五祀門戶中霤竈行也或言祈年或言大割或言臘互文○疏曰祈來年于天宗者謂祭日月星辰也大割祠于公社者謂大割牲以祀公社以上公配祭故云公社及門閭者非但祭社又祭門閭但先祭社後祭門閭故云及臘先祖五祀者臘獵也謂獵取禽獸以祭先祖五祀也此等之祭摠謂之蜡若細別言之天宗公社門閭謂之蜡其祭則皮弁素服葛帶榛杖其臘先祖五祀謂之息民之祭其服則黃衣黃冠鄭注郊特牲云息民與蜡異也案黨正云

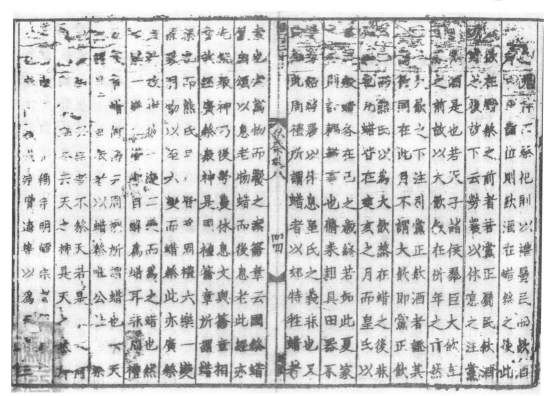

0014_0298-1　　0014_0297-2

[illegible]祭祀則以禮屬民而飲酒[illegible]齒位則飲酒在蜡祭之後此[illegible]在蜡祭之前者若黨正屬民飲酒[illegible]之後故下云勞農以休息之注黨[illegible]酒是也若天子諸侯羣臣大飲在[illegible]之前故以大飲在祈年之前然[illegible]飲之下注引黨正飲酒者證其[illegible]同在此月不謂大飲即黨正飲[illegible]氏以爲大飲蒸在蜡之後非[illegible]也用蜡皆在建亥之月而皇氏以[illegible]蜡各在己之歲終若如此夏家[illegible]言耦耕事也脩耒耜具田器不[illegible]對舉以休息皇氏之義非也又[illegible]此周禮所謂蜡者以郊特牲蜡者

[illegible]　儀禮祭禮八　四十四

[illegible]萬物而索饗之案籥章云國祭蜡[illegible]頌以息老物蜡而後息老此經亦先祭報神乃後勞農休息文與籥章相當彼經廣祭衆神是用禮籥章所謂蜡[illegible]而熊氏以皆爲周禮六樂一變[illegible]羽物以至六變而蜡祭此亦廣祭[illegible]一變二變而爲之蜡也然[illegible]自解爲蜡耳詠[illegible]禮[illegible]所謂蜡也下天[illegible]以蜡祭唯公社[illegible]祭[illegible]不祭天若是[illegible]云天之神是天[illegible]稱宗明稱宗[illegible]實適等以爲[illegible]

0014_0298-2

日月星辰三□□山川海瀆□□宗以為星也□也司中也司命也風師

此雨師也□司雷□之類今此云天宗謂日月星者漢書□宗文□□類上帝

之下凡郊天之時日月從祀故然以日月既日月在類上帝□中故六宗不得

復有日月也不云六宗而云八宗□、別也故□云□□陽宗月為宗□宗共辰

為星宗也云□□田田獵所得禽祭者以□臘祭之時曾出田獵以取禽非仲冬

大閱之獵也左傳云唯君用鮮則天子諸侯祭用鮮獸皇氏云仲秋獮得禽獸

以為乾豆至臘用之其義非也云五祀門戶中霤竈行者月令般禮言之若周

儀祭卷八　四十五

0014_0299-1

則七祀云或言祈年或言大割或言臘互文者天宗公社門閭先祖五祀等皆

祈年大割臘祭之事故云互也皇氏云天宗故云祈社是報功故云大割先祖

己之親故臘祭也

勞農以休息之勞力報反○黨正屬民飲

酒正齒位是也○疏曰黨正職國索鬼神而祭祀則以禮屬民此亦祭蜡御

之後勞神休息文正祀當故云是也休息是正齒位集雖能子貢觀蜡云一

國之人皆若狂者案鄉飲酒初立賓行至禮終說屨升堂□□無算爵飲

禮時正齒位後則皆狂蜡祭□□□□□□周曰□□□日□

0014_0299-2

傳云蜡不臘矣是周有臘名也○月令○籥章凡國祈

年于田祖歙豳雅擊土鼓以樂田畯祈年

祈年豐年也田祖始耕田者謂神農也豳詩亦七月也七月又言于耜舉趾饁彼

南畝之事是亦歌其類謂之雅者以其言男女之正鄭司農云田畯古之先教

田者爾雅曰畯農夫也○疏曰此祈年于田祖并上迎暑迎寒並不言有祀事

既是神當有祀事可知但以告祭非常故不言之耳若有禮物不過如祭法埋

少牢之類耳此田祖與田畯所祈當同日但位別禮殊樂則同故連言之也又

儀祭卷八　四十六

0014_0300-1

曰祈年祈豐年也其義取小雅祈豐年是求甘雨使年豐故引彼解此也云

田祖始耕田者謂神農也者此即郊特牲云先嗇一也故甫田詩云琴瑟擊鼓

以御田祖以祈甘雨以介我稷黍毛云田祖先嗇也云七月又有于耜舉趾饁

彼南畝之事是亦歌其類者案彼七月云三之日于耜四之日舉趾同我婦子

饁彼南畝田畯至喜以此次在寒暑之下故為風此豳雅者也云謂之雅者以其

言男女之正先王之業以農為本是男女之正也名雅也司農云田畯古之先

教田者以即月令命田舍東郊云田謂田畯也爾雅曰畯農夫也者以其

0014_0301-1　　0014_0300-2

教農故號農夫○春官

右祈麥祈年

天子大蜡八蜡仕詐反〻所祭有八神也○疏曰此一節論蜡祭之事各依文解之大蜡八者即鄭注云先嗇一司嗇二農三郵表畷四猫虎五坊六水庸七昆蟲八所祭之神合聚萬物而索饗之但以此八神爲主蜡云大者異天子之蜡對諸侯爲大天子旣有八神則諸侯之蜡未必八也謂若先嗇古之天子諸侯未必得祭也知諸侯亦有蜡者禮運云仲尼與於蜡賓是諸侯

大二十三　小三十九　叙祭礼八　四十七

有蜡也案周禮大司樂云六變而致象物及天神鄭云有象在天所謂日月此神不數象物及日月者先嗇司嗇並是人神有益於人水庸之屬在地益其稼穡故索而祭之急其近者故也天神象物去人縣遠雖祭不爲八神之數

歳十二月合聚萬物而索饗之也歳十二月周之正數謂建亥之月也饗者祭其神也萬物有功加於民者神使爲之也祭之以報焉造者配之也○疏曰知是周十二月者下云旣蜡而收民息已收謂收斂則詩所謂十月納禾稼又月令孟冬祈來年于天宗是知蜡周用建亥之月三

0014_0302-1　　0014_0301-2

代皆然此經文據周故爲十二〻皇氏以爲一代各以十二月爲蜡其義非也已具於月令疏云饗者祭其神也有解經合聚萬物而索饗之萬物非所饗但饗其萬物之神所以饗其神者由物所以能功加於民者神使爲之故云[illegible]之以報焉云造者配之也者賀瑒云謂造此蜡祭配此八神而祭

主先嗇而祭司嗇先嗇若神農者司嗇后稷是也○疏曰若神農者若是不定之辭以神農比蜡故云若司嗇后稷無所疑故不言若直云后稷是也經云主先嗇而祭司嗇者以先嗇爲主司嗇從祭種曰稼斂曰穡不云稼而云嗇者

祭礼八　四十八

取其成功收斂受嗇而祭也

祭百種以報嗇種之勇反後言百嗇所樹藝之功使盡饗之○疏曰此一經爲下饗農及郵表畷起文百種則農人所表畷禽獸等所以祭之以報其助嗇之功使盡饗焉

饗農及郵表畷禽獸郵本亦作尤有周反多反又丁衛反○農田畯也郵表畷謂田畯所以督約百姓於井間之處也詩云爲下國畷郵禽獸不[illegible]教擾禽獸也○畯音俊約[illegible]妙反○疏曰此一經總明祭百種之事農謂古之田畯有功於民郵表畷者是田畯於井間所舍之處郵若郵亭屋宇處所

表田畔畷者謂井畔相連畷於此田畔相連畷之所造此郵舍田畯處焉禽獸者即下文云猫虎之屬言禽獸者猫虎之外但有助田除害者皆悉包之下特云猫虎舉其除害甚者

迎猫迎虎迎其神也祭坊與水庸坊音房。水庸溝也。䟽曰坊者所以畜水亦以鄣水庸者所以受水亦以泄水謂祭此坊與水庸之神

曰土反其宅水歸其壑昆蟲無作草木歸其澤此蜡祝辭也若辭同則祭同處可知矣壑猶坑也昆蟲暑生寒死螟螽之屬爲害者也。螽音終。䟽曰此以

下昔蜡祭之祝辭土即坊也反歸也宅安也土歸其安則得不崩水歸其壑者水即水庸壑坑坎也水歸其壑謂不汎溢昆蟲毋作者昆蟲螟螽之屬也得陰而死得陽而生故曰昆蟲毋作謂不爲災草木歸其澤者草苦稗木榛梗之屬也當各歸生藪澤之中不得生於良田害嘉穀也蜡祭乃是報功故亦因祈禱有此辭也一云祝辭云此神由有此功故今得報非祈禱也又曰蜡有八神恐祭處各別故云則祭同處可知也陳辭有水土昆蟲草木者以其無知故特有辭也而先嗇之屬有知故不假辭也據此祭草木有辭則草木當有神八蜡不

數之者以草木徧地皆是不知功也與水庸之屬各指一物故不數

素服葛帶榛杖黃衣黃冠而祭榛側巾反。言祭以息民服象其時物之色季秋而草木黃落祭謂既蜡臘先祖五祀也於是勞農以休息之論語曰黃衣狐裘。勞力報反後同。䟽曰田夫則野夫也野夫著黃冠黃冠是季秋之後草色之服故息田夫而服之也又曰上云蜡此云祭故知既蜡臘先祖五祀對文蜡臘有別總其義俱名蜡也故月令孟冬祈來年于天宗大割祠于公社及門閭臘先祖五祀鄭注云此周禮所謂蜡是也云

於是勞農以休息之者即經文息田夫是也勞農王制文

大羅氏天子之掌鳥獸者也諸侯貢屬焉草笠而至諸侯於蜡使使者戴草笠貢鳥獸也詩云彼都人士臺笠緇撮又曰其饟伊黍其笠伊糾皆言野人之服也。使使下色吏反撮七活反又七括反。䟽曰此一節因上蜡祭廣釋歲終蜡時事天子掌鳥獸之官謂大羅也謂衆大[illegible]者鄭云能以羅捕鳥獸者也周禮氏掌羅烏鳥蜡則作羅襦鄭司農云蜡索之羅也解者云順秋冬殺物民用細密之羅網以捕禽鳥矣

天子掌獸廿云獸者以蒞受貢獸故諸侯貢屬焉者大羅氏既以羅爲名一羅得鳥獸故四方諸侯有貢獻鳥獸於王者皆入焉大羅氏也草笠而至者草笠以草爲笠也此諸侯所使貢獻鳥獸之使者著草笠而至王庭也又曰被都人士臺笠緇撮是小雅都人士篇毛詩箋云臺夫須都人以臺夫須爲笠綠布爲冠云又曰其餉伊黍其笠伊糾者此周頌良耜之篇也引此二詩者證笠是野人所着之服羅氏致鹿與女而詔客告也以戒諸侯曰好田好女者亡其國好呼報反

○詔使者使歸以此告其君所以戒之○疏曰羅氏致鹿與女而詔客告也者詔亦告也客謂貢鳥獸之使者羅氏先受貢畢使者臨去羅氏又以鹿及女子致奠使者而宣天子之詔於使者令使者反還其國以告戒其君故云詔客告也以戒諸侯曰好田好女者亡其國者此宣詔所告之言也令使者還其國以如此告汝君曰不得如田獵及女色使國亡也言鹿是田獵所得之物女是亡國之女而王所以獲者也故與之塵文明以此爲戒也一云豈每國輒與女螢非正當羅氏以鹿與女示使者爾天子樹瓜華不斂藏

之種也華果蓏也又詔以天子樹瓜蓏而已戒諸侯以蓄藏蘊財利也○蓏力果反○疏曰天子樹瓜華不斂藏之種也者此今之瓜華果蓏也言天子唯樹瓜與果蓏所以唯樹植此瓜華者是供一時之食不足收斂久藏之種若其可久藏之物則不樹之不務畜藏與民爭利令使者歸告其君亦當如此不得畜藏與民爭利又曰天子可蓄聚斂藏之物餘不種殖戒諸侯不可蓄藏積財利也八蜡以記四方四方方有祭也○疏曰八蜡以記四方者言蜡祭八神因以明記四方之國記其有豐稔有凶荒之異也四方

年不順成八蜡不通以謹民財也其方穀不孰則不通於蜡焉使民謹於用財蜡有八者先嗇一也司嗇二也農三也郵表畷四也貓虎五也坊六也水庸七也昆蟲八也○疏曰四方年不順成八蜡不通者謂四方之內年穀不得和順成孰則當方八蜡之神不得與諸方通祭所以然者以謹民財欲使不孰之方萬民謹慎財物也又曰鄭數八神約上文也王肅分貓虎爲二無昆蟲鄭數昆蟲合貓虎者昆蟲不爲物害亦是其功貓虎俱是除田中之害不得分爲二不言與故合爲一也順成之方其

蜡乃通疏曰順成之方其蜡乃通者謂四方之内有順成之方其蜡之八神乃與諸方通祭所以然者以其蜡祭豐饒皆醉飽酒食使民歆羡也皇氏以此一節皆據諸侯之国而爲蜡祭以記其功當国不成則不爲蜡成則爲蜡義亦通也既蜡而收民息已故既蜡君子不興功收謂收斂積聚也息民與蜡異則黄衣黄冠而祭爲臘必矣○疏曰上文雖云黄衣黄冠而祭不云臘之與蜡似爲一此文云既蜡而收民息已先蜡後息民是息民爲臘與蜡異也前黄衣黄冠在蜡祭之下故知是臘也是以

祭礼八　五三

云爲臘必矣故月令臘在祈天宗之下但不知臘與蜡祭相去幾日准隋禮及今禮皆蜡之後日經云既蜡不興功者謂不興農功若其土功則左氏傳云龍見而畢務戒事也火見而致用水昏正而栽日至而畢土功建亥之月起日至而畢也○郊特牲○籥章國祭蜡則龡豳頌擊土鼓以息老物故書蜡爲蠶杜子春曰蠶當爲蜡郊特牲曰天子大蜡八伊耆氏始爲蜡歲十二月而合聚萬物而索饗之也蜡之祭也主先嗇而祭司嗇也黄衣黄冠而祭息田夫也既蜡而收民息已玄謂十二月建亥

蜡乃通疏曰順成之方其蜡乃通者謂四方之内有順成之方其蜡之八神乃與諸方通祭所以然者以其蜡祭豐饒皆醉飽酒食使民歆羡也皇氏以此一節皆據諸侯之國而爲蜡祭以記其功當國不成則不爲蜡成則爲蜡義亦通也既蜡而收民息已故既蜡君子不興功收謂收斂積聚也息民與蜡異則黄衣黄冠而祭爲臘必矣○疏曰上文雖云黄衣黄冠而祭不云臘之與蜡似爲一此文云既蜡而收民息已先蜡後息民是息民爲臘與蜡異也前黄衣黄冠在蜡祭之下故知是臘也是以

儀祭礼八　五三

云爲臘必矣故月令臘在祈天宗之下但不知臘與蜡祭相去幾日准隋禮及今禮皆蜡之後日經云既蜡不興功者謂不興農功若其土功則左氏傳云龍見而畢務戒事也火見而致用水昏正而栽日至而畢土功建亥之月起日至而畢也○郊特牲○籥章國祭蜡則龡豳頌擊土鼓以息老物故書蜡爲蠶杜子春曰蠶當爲蜡郊特牲曰天子大蜡八伊耆氏始爲蜡歲十二月而合聚萬物而索饗之也蜡之祭也主先嗇而祭司嗇也黄衣黄冠而祭息田夫也既蜡而收民息已玄謂十二月建亥

0014_0307-2

之月也求萬物而祭之者萬物助天成歲事至此爲其老而勞乃祀而老息之於是國亦養老焉月令孟冬勞農以休息之是也豳頌亦七月也七月又有穫稻作酒躋彼公堂稱彼兕觥萬壽無疆之事是亦歌其類也謂之頌者以其言歲終人功之成○爲于僞反○疏曰此祭蜡直擊土鼓葦明堂位云土鼓葦籥伊耆氏之樂即此亦各有葦籥可知言以息老物者謂息田夫萬物也又曰子春引郊特牲後鄭從之增成其義耳故還引郊特牲而觧之云求萬物而祭之者即合聚萬物而索饗之是也云乃祀而老息之者老即老物蜡祭是也息之

0014_0308-1

者即息田夫臘祭宗廟是也云於是國亦養老焉者即所引月令孟冬勞農以休息之是也云豳頌亦七月也七月又有穫稻作酒等至之事是亦歌其類也者其類謂穫稻已下是也云謂之頌者以其言歲終人功之成者凡言頌者頌美成功之事故於七月風詩之中亦有雅頌也鄭注郊特牲云歲十二月周之正數故此鄭云建亥辟之知非夏十二月者以其建亥萬物成故月令祈來年及臘先祖之等皆在孟冬月是十二月據周於夏爲建亥十月也○春官

〇黨正國索鬼神而祭祀則以禮屬民而

0014_0308-2

飲酒于序以正齒位國索鬼神而祭祀謂歲十二月大蜡之時建亥之月也正齒位者鄉飲酒義所謂六十者坐五十者立侍六十者三豆七十者四豆八十者五豆九十者六豆是也必正之者爲民三時務農將闕於禮至此農隙而教之尊長養老見孝弟之道也黨正飲酒禮亡以此事屬於鄉飲酒之義微失少矣凡射飲酒此鄉民雖爲鄉大夫必來觀禮鄉飲酒鄉射記大夫樂作不入士既旅不入是也○疏曰黨正行正齒位之禮在十二月建亥之月爲之非蜡祭之禮而此云國索鬼神而祭祀者以其正齒位禮在蜡月

0014_0309-1

故言之以爲節耳當國索鬼神而祭祀之時則黨正屬聚其民而飲酒于序學中以行正齒位之法當正齒位之時民內有爲壹命以上必來觀禮故須言其坐之處又曰云國索鬼神而祭祀謂歲十二月大蜡之時是禮記郊特牲文建亥之月者是鄭君觧義語言此者謂行正齒位之禮亦在此月也云正齒位者鄉飲酒義所謂六十者坐至六豆者並是彼文案彼文謂五十者立侍六十者乃於堂上而坐禮年六十巳上籩豆有加故不得籩豆親而云六十者三豆七十者四豆八十者五豆九十者六豆若然則堂下五十立者二豆而巳引之者

0014_0309-2

務此經與彼同是正[redacted]位之法也云必正之者爲民三時務農將闕於禮至此農隙而教之尊長養老見孝弟之道也者春夏秋三時務在田野闕於齒序之節隙閑也至此十月農事[redacted]閑[redacted]之言尊長養老即五十已上至九十正齒位是也但孝弟施于家內今行尊長養老則是孝弟之道通達于外者也云[redacted]正飲酒禮云者儀禮篇卷並在之[redacted]別有黨正飲酒之禮見今十七篇內無黨正飲酒之禮故云云也云以此事[redacted]于鄉飲酒之義微失少矣者但儀禮未云之時篇內論正齒位之禮其義具悉今將此經之事連屬於鄉飲義雖有五十

0014_0310-1

巳上豆數之言此經唯有壹命巳平[redacted]禮之事二處相兼比於儀禮篇中鄉飲酒法義理乃未足微失於少故云微失[redacted]矣○地官

右蜡

大宗伯以疈辜祭四方百物疈孚逼反一万麥反

○疈疈牲胷也疈而磔之謂磔禳及蜡祭郊特牲曰八蜡以記四方四方年不順成八蜡不通以謹民財也又曰蜡之祭也主先嗇而祭司嗇也祭百種以報嗇也饗農及郵表畷禽獸仁之至義之盡也○疏曰云疈疈牲胷也者無正文

0014_0310-2

蓋擬當時疈禜牲體者皆從胷臆解析之故以胷言之云謂磔禳及蜡祭者案禮記月令云九門磔禳又十二月大儺時亦磔禳是磔牲禳去惡氣之禮也云及蜡祭者案彼云蜡也者索也歲十二月合聚萬物而索饗之也謂天子於周之十二月建亥之月於郊而爲蜡法此所引郊特牲曰八蜡巳下彼據諸侯行蜡法彼云八蜡以記四方不作祀作祀者誤云八蜡以記四方者謂八蜡之禮以記四方諸侯知順成不順窺若年不順成則八蜡不通以謹民財也若四方年穀有不順四時成孰者其八蜡不得與四方成孰之處通祭八蜡也云以謹

0014_0311-1

民財者八蜡既不通明民不得行黨正飲酒奢侈之事故云以謹民謹民謂謹節民之用財之法也又曰蜡之祭也主先嗇而祭司嗇者彼注云先嗇若神農者司嗇后稷是也云祭百種以報嗇也者謂合聚萬物而索饗之以報收嗇之功故云祭百種以報嗇也云享農及郵表畷者彼注云農謂田畯英田大夫鄣表畷畷止也謂田畯督約百姓於井間之處也是郵行往來立表畷止於其下是止息之處有神亦祭之云禽獸仁之至義之盡也者八蜡者案彼祭有先嗇一也司嗇二也農三也郵表畷四也貓虎五也坊六也水官七也昆蟲八也蜡

之中有猫虎是禽獸也云仁之至者據
饗先嗇司嗇及農是仁恩之至義之盡
者據饗猫虎坊與水庸郵表畷之等是
義之盡引之者證祭亦磔牲之事也○
春官○鼓人凡祭祀百物之神鼓兵舞帗
舞者 帗音拂劉音弗○兵謂干戚也帗列五采繒爲之有秉皆舞者所執
○䟽曰上文神祀社祭鬼享文局不及
小神故此更廣見小神之事故云凡祭
祀百物之神也云鼓兵舞帗舞者天地
之小神所舞不過此兵舞帗舞二事案
下舞師山川用兵舞社稷用帗舞今此
小神等若義近山川者舞兵舞近社稷
著舞帗舞故六舞之中唯言此二舞而
已又曰兵謂干戚也者案司兵云祭祀
授舞者兵鄭亦云授以朱干玉戚必知
兵舞長干戚者見禮記樂記云干戚之
舞祭統又云朱干玉戚並是大武之舞
是知兵舞干戚也又知帗舞列五采繒
爲之有秉者案樂師注帗析五采繒今
靈星舞子持之是舉今以曉古故知之
也○地官○鬯人掌共秬鬯而飾之凡䣛事
用散 秬鬯不和鬱者飾之謂設巾漆尊無飾曰散○䟽曰云䣛事者即太
宗伯云䣛辜祭四方百物者也無飾曰
散者以對概蜃獸象之等有異物之飾

此無飾曰散○其[illegible]
見祭統酒齊尊遺條
右百物
祭時埋少牢於泰昭祭寒暑相近於坎
壇 昭明也亦謂壇也時四時也亦謂陰陽之神也埋之者陰陽出入於地中
也凡此以下皆祭用少牢相近當爲攘
祈聲之誤也攘猶卻也祈求也寒暑不
時則或攘之或祈之寒於坎暑於壇○䟽見祭法○籥章掌土
鼓豳籥 杜子春土鼓以瓦爲匡以革爲兩面可擊也鄭司農云豳籥豳
國之地竹豳詩亦如之玄謂豳籥豳人
吹籥之聲章明堂位曰土鼓蒯桴葦籥
伊耆氏之樂○蒯苦對反又苦壞反桴
音孚○䟽曰子春云土鼓以瓦爲匡以
革爲兩面可擊也後鄭不從者土鼓因
於中古神農之器黃帝已前未有瓦器
故不從也先鄭云豳籥豳國之地竹豳
詩亦如之後鄭不從者案下文吹豳詩
豳雅豳頌更不見豳籥則是籥中吹豳
詩及雅頌謂之豳籥何得有豳國之地
竹乎若用豳國之地竹當云之籥故後
鄭云豳人吹籥之聲章云豳人吹籥其
義難明謂作豳人吹籥之聲章商祝夏
祝之類聲章即下文豳詩之等是也明

0014_0313-2

蕢然曰土鼓蒯桴葦籥伊耆氏之樂名鄭注禮運云土鼓築土爲鼓也蒯桴桴謂擊鼓之物以土塊爲桴引之者破子春土鼓用瓦

中春晝擊土鼓龡豳詩以逆暑中音仲豳詩豳風七月也吹之者以籥爲之聲七月言寒暑之事迎氣歌其類也此風也而言詩詩總名也迎暑以晝求諸陽○疏曰中春二月也言迎暑者謂中春晝夜等巳後漸暄故預迎之耳又曰鄭知吹之者以籥爲之聲者以豳首云掌土鼓豳籥故知詩與雅頌皆用籥吹之也云七月言寒暑之事者七月云一之日觱發二之日栗烈七月流火之

0014_0314-1

詩是寒暑之事云迎氣歌其類也者解經吹豳詩逆暑及下迎寒皆當歌此寒暑之詩也云此風也而言詩詩總名也者對下有雅有頌即此是風而言詩詩總名合豳風矣故云詩不言風也迎暑以晝求諸陽者對下迎寒以夜求諸陰也

中秋夜迎寒亦如之迎寒以夜求諸陰○疏曰言亦如之亦當擊土鼓龡豳詩也○春官

右祭時祭寒暑

仲春天子乃鮮羔開冰鮮當爲獻聲之誤也獻羔謂祭

0014_0314-2

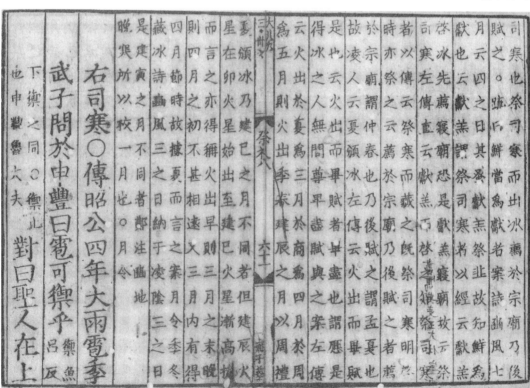

司寒也祭司寒而出冰薦於宗廟乃後賦之○疏曰鮮當爲獻者案詩豳風七月云四之日其蚤獻羔祭韭故知鮮爲獻也云獻羔謂祭司寒者以經云獻羔啓冰先薦寢廟恐是獻羔寢廟故云祭司寒左傳直云獻羔而啓[illegible]寒者以傳云祭寒而藏之既祭司寒明然時亦祭之云薦於宗廟乃後賦之者薦於宗廟謂仲春也乃後賦之謂孟夏也故凌人云夏頒冰左傳云火出而畢賦是也云火出而畢賦者畢盡也謂應是得冰之人無問尊卑盡賦與之案左傳云火出於夏爲三月於商爲四月於周爲五月則火出季春建辰之月以周禮

0014_0315-1

夏頒冰乃建巳之月不同者但建辰火星在卯火星始出至建巳火星漸高故而言之亦得稱火出早則三月之末晚則四月之初不甚相遠又三月內有得四月節時故據夏而言之案月令季冬藏冰詩豳風三之日納于凌陰三之日是建寅之月不同者鄭注豳地晚寒所以校一月也○月令

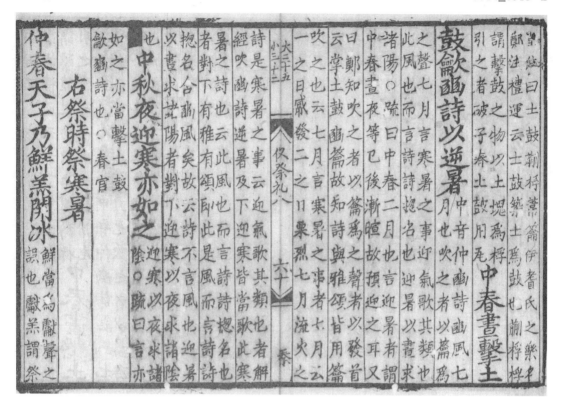

右司寒○傳昭公四年大雨雹季武子問於申豐曰雹可禦乎禦魚呂反下禦之同○禦止也申豐魯大夫**對曰聖人在上**

0014_0315-2

無雹雖有不爲災疏曰無雹謂無害物之雹雖有
依時小雹不與物爲災也劉炫云
旣云無雹復云雖有不爲災者言
有相形之勢也聖人在上無雹言
必無雖有不爲災霰見無雹之意
猶論語祭肉不出三日出三日不食之矣古者日在北
陸而藏冰陸道也謂夏十二月日在虛危冰堅而藏之○
夏尸雅反下同○疏曰釋天云北
陸虛也西陸昴也孫炎云陸中也
北方之宿虛爲中也西方之宿昴
爲中也彼以陸爲中杜以陸爲道

0014_0316-1

祭禮八　六十二

者陸之爲中爲道皆無正訓各以
意言耳杜以西陸朝覿謂奎星朝
見昴爲西方中宿則昴未得見宿
是日行之道爾雅高平曰陸高平
是道路之處故以陸爲道也日在
北陸謂夏之十二月也十二月日
在玄枵之次小寒節大寒中漢書
律歷志載劉歆三統歷云玄枵之
初日在婺女八度爲小寒節在危
初度爲大寒中終於危十五度是
夏之十二月日在虛危也於是之
時寒極冰厚故取而藏之也周人
淩人正歲十有二月令斬冰詩云
二之日鑿冰沖沖月令季冬冰盛

張本下象鼻題監生留成四字傳本剪去之

0014_0316-2

水腹命取冰鄭玄云腹厚也以此
知日在北陸謂夏之十二月也
西陸朝覿而出之朝如字覿徒歷反○謂夏三月
日在昴畢蟄蟲出而用冰春分之
中奎星朝見東方○昴音卯蟄直
立反奎苦圭反○疏曰覿見也西
道之宿有早朝見者於是而出之
謂奎星晨見而出冰也又曰杜以
西陸爲三月日在大梁之次清明
節穀雨中三統歷云大梁之初日
在胃七度爲清明節在昴八度爲
穀雨中終於畢十一度是夏之三
月日在昴畢於是之時蟄蟲已出

0014_0317-1

祭禮八　六十三

有溫暑臭穢宜當用冰故以是時
出之也曆法星云日半次則得朝
見三統歷春分日在婁四度宿分
奎有十六度乃次婁則春分之日
奎之初度云日已二十度矣故春
分之中得早朝見東方也西方凡
有七宿傳言西陸朝覿於傳之文
未知何宿覿也服虔以爲二月日
在婁四度春分之中奎始晨見東
方以是時出冰月令仲春天子乃
獻羔開冰是也服虔又以此言出
之即是仲春啓冰故爲此說案下
句再言其藏其出覆此藏出之文
言其出之也朝之祿位賓食喪祭

張本下象鼻題監生留成四字傳本剪去之

0014_0317-2

於是乎用之即是班氷之事非初啓也安得以出之爲啓冰也如鄭玄荅其弟子孫皓問云西陸朝覿謂四月立夏之時周禮夏班冰是也與杜說異理亦通也劉炫云春分奎星已見杜以夏三月仍云奎始朝見非其義也杜鄭及服三說鄭爲近之今知非者杜以西陸朝覿實是春分二月故杜此注云春分之中奎星朝見東方及下獻羔啓之注云謂二月春分獻羔祭韭是也皆據初出其冰公始用之時也所以杜又注云謂夏之三月日在昴畢蟄蟲出而用冰者以此傳

祭禮八　六十四

0014_0318-1

云西陸朝覿而出之下傳覆之云其出之也朝之祿位賓食喪祭則是普賜羣臣故杜云謂夏三月又下注云言不獨共公是據普班之時也故下傳又云火出而畢賦是也然冰之初出在西陸始朝覿之時冰之普出在西陸朝覿之後摠而言之亦得稱西陸朝覿而出之也劉炫不細觀杜意以爲杜兼言春分朝見又言謂夏三月以規度失非也

其藏冰也深山窮谷固陰沍寒

於是乎取之沍戶故反○沍閉也必取積陰之冰所以

0014_0318-2

道達其氣使不爲災○道音導○疏曰此傳再言其藏其出者上言取之用之之處下言藏之出之之禮也山則遠而難窮故言深山也谷則近而易盡故言窮谷也固牢也沍閉也牢陰閉寒言其不得見日寒甚之更於是乎取之又曰周禮鼈人掌互物鄭司農云互物謂龜鼈有甲蒲胡是沍爲閉也深山窮谷之冰至夏猶未釋陽氣起於下鬲於冰伏積而不能出憤發或散而爲雹藏冰必取此山谷之内積陰之冰所以道達其氣使不爲災也藏冰凌室所藏不多積陰之

祭禮八　六十五

0014_0319-1

冰不可取盡不取川池之冰以示道達陽氣耳未必陽氣皆待此而達

其出之也朝之祿位賓食喪祭

於是乎用之言不獨共公○共音恭○疏曰此謂公家用之也朝廷之臣食祿在位大夫以上皆當賜之冰也其公家有賓客享食公家有喪有祭於是乎用之言其不獨共公身所用也周禮凌人云春始治鑑凡內外饔之膳羞鑑焉凡酒漿之酒醴亦如之祭祀共冰鑑賓客共冰大喪共夷槃冰是公家所用冰也

其藏

0014_0319-2

之也黑牡秬黍以享司寒秬音巨○黑牡黑牲也秬黑黍也司寒玄冥北方之神故牲皆用黑有事於冰故祭其神○寘士丁反○疏曰此祭玄冥之神非大神又非正祭計應不用大牲杜言黑牡黑牲當是黑牡羊也秬黑黍釋文章也啓冰唯獻羔祭韭藏冰則祭用牲黍者啓唯告而已藏則設享祭之禮祭禮大而告禮小故也月令於冬云其神玄冥故知司寒是玄冥也北方之神故物皆用黑從其方也也有事於冰故祭其寒神其出之

0014_0320-1

也桃弧棘矢以除其災桃弓棘箭所以禳除凶邪將御至尊故○邪似嗟反○疏曰說文云弧木弓也謂空用木無骨飾也服虔云桃所以逃凶也棘矢者棘赤有箴取其名也蓋出冰之時置此弓矢於凌室之户所以禳除凶邪將御至尊故慎其事爲此禮也此傳言其出之也雖覆上文出之之文其實此出之謂二月初出之時公將用之故設弓矢也劉炫云此言出之覆上西陸朝覿知是火出時事二月亦啓冰方用弓矢者二月啓冰始薦宗廟此

0014_0320-2

公將用之故設弓矢也其出入也時食肉之祿冰皆與焉與音預○食肉之祿謂在朝廷治其職事就官食者○疏曰在官治事官皆給食大夫以上食乃有肉故魯人謂曹劌曰肉食者謀之又說子雅子尾之食云公膳日雙雞是大夫得食肉也傳言食肉之祿祿即凡肉是也若依禮常所合食案玉藻云天子日食少牢諸侯日食特牲大夫特豕士特豚則士亦肉食但彼是在家之禮非公朝常食也杜言謂在朝廷治其職事就官食者

0014_0321-1

以明在官之食有冰耳下云自命夫命婦無不受冰謂賜之冰受以歸在家用之也大夫命婦喪浴用冰命婦大夫妻○疏曰喪服傳曰大夫弔於命婦錫衰命婦弔於大夫亦錫衰此傳與彼命婦之文皆與大夫相對故杜知是大夫妻也喪大記云君設大盤造冰焉大夫設夷盤造冰焉士併瓦盤無冰鄭玄云禮自仲春之後尸既襲既小斂先内冰盤中乃設牀於其上不施席而遷尸焉秋凉而止士喪禮君賜冰亦用夷盤是當喪之特時賜之冰浴訖

乃設故云喪浴用冰祭寒而藏之享司寒。祭寒而藏之本或作祭司寒者非。疏曰上已云其藏冰也黑牡秬黍以享司寒今御云祭寒而藏之與上一事而重其文者欲明獻羔而啓之還是獻之於寒神故更使藏之啓之文相對也獻羔而啓之謂二月春分獻羔祭韭始開冰室。韭音九。疏曰詩云四之日其蚤獻羔祭韭四之日即夏之二月也告神而始開冰室始薦寢廟薦神之後公遂用之俱在春分之月公始用之公先用優尊

火出而畢賦火星昏見東方謂三月四月中。疏曰十七年傳云火出於夏爲二月於商爲四月於周爲五月此云火出而畢賦謂以火出而後賦之以火出爲始也周禮云夏頒冰謂正歲之夏即四月是也故杜兼言四月自命夫命婦至於老疾無不受冰老致仕在家者山人取之縣人傳之山人虞官縣人遂屬。傳直專反。疏曰周禮山虞掌山林之政令每山人虞官也周禮五縣爲遂是縣

爲遂之屬也輿人納之隸人藏之輿隸皆賤官。輿音餘夫冰以風壯壯側亮反。水因風寒而堅而以風出順春風而散用其藏之也周周密也其用之也徧及老疾則冬無愆陽愆過也謂冬溫夏無伏陰伏陰謂夏寒春無淒風淒七西反。淒寒也秋無苦雨霖雨爲人所患苦。霖音林。疏曰詩云以祈甘雨此云苦雨雨水一也味無甘苦

之異養物爲甘害物爲苦耳月令云孟夏行秋令則苦雨數來五穀不滋是霖雨謂人所患謂之苦也鄭玄云申之氣乘之苦雨白露之類時物得而傷也雷出不震震霆也。疏曰說文云震霹靂震物老釋天云疾雷爲霆霓郭璞云雷之急激者謂霹靂則霆是震之別名雷出不震言有雷而不爲霹靂也下云雷不發而震言無雷而有霹靂也無菑霜雹癘疾不降菑音災癘音例。癘惡氣也。疏曰霜雹即是災言無此菑害之霜雹也

0014_0323-2

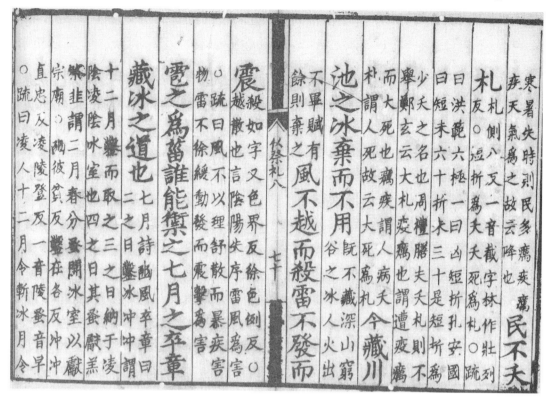

寒暑失時則民多癘疾疾天氣爲之故云降也癘民不夭札側八反一音截字林作壯列反○短折爲夭夭死爲札○疏曰洪範六極一曰凶短折孔安國曰短未六十折未三十是短折爲少夭之名也周禮膳夫夭札則不舉鄭玄云大札疫癘也謂遭疫癘而大死也癘疾謂人病夭札謂人死故云大死爲札今藏川池之冰棄而不用既不藏深山窮谷之冰人火出不畢賦有餘則棄之風不越而殺雷不發而

0014_0324-1

震殺如字又色界反徐色例反○越散也言陰陽失序雷風爲害○疏曰風不以理舒散而暴疾害物雷不徐緩動發而震擊爲害雹之爲菑誰能禦之七月之卒章藏冰之道也七月詩豳風卒章曰二之日鑿冰冲冲謂十二月鑿而取之三之日納于凌陰凌陰冰室也四之日其蚤獻羔祭韭謂二月春分蚤開冰室以獻宗廟○豳彼貧反鑿在各反冲冲直忠反凌陵登反一音陵蚤音早○疏曰凌人十二月令斬冰月令

0014_0325-1

0014_0324-2

十二月令取冰當是即以其月納於凌室也詩言二之日納于凌陰即是正月矣不以鑿冰之月即納之者鄭玄云豳土晚寒故可以正月納冰言由晚寒故也上言將欲頒賦公始用之知蚤開冰室祖薦宗廟何休膏肓難此云春秋書雹以爲政之所致非由冰也若今朝廷藏冰亦不於深山窮谷何故或無雹天下郡縣皆不整冰何故或不雹若言有之於古者必有驗於今此其不合於義失天下相與之意鄭玄箴之曰雨雹政失之所致是固然也國之失政君子知其大

者其次知其小者藏冰之禮凌人掌之月令載之豳詩歌之此獨非政與故其小者耳夫深山窮谷固陰冱寒極陰之處冰凍所聚不取其冰則氣畜不泄結滯而爲伏陰凡雨水陽也雪雹陰也雨水而伏陰薄之則凝而爲雹雨雪而愆陽薄之則合而爲霰申豐見時失藏冰之禮而有雹推之陰陽知此伏陰所致亦聖人之寓言也詳載其言者以致藏冰之禮不可廢耳炫謂鄭言是也申豐寄言於此以戒失政其雹不是盡由水也○春秋左氏傳

張本下象鼻題志監生秦淳五字傳本剪去之

0014_0326-1　　0014_0325-2

射人祭侯則爲位祭侯獻服不服不以祭侯爲位爲服不受獻之位也大射曰服不侯西北三步北面拜受爵○疏曰案大射禮使服不氏負侯揚祭侯之時先設位於侯西北面服不氏於位受得獻訖乃於侯所北面祭侯故引大射受獻之位爲證也○夏官梓人祭侯之禮以酒脯醢謂司馬實爵而獻獲者于侯薦脯醢折俎獲者執以祭侯○折之設反○疏曰鄭云謂司馬實爵獻獲者于侯已下皆依大射而言侯雖諸侯禮天子射亦然又此不辨大射賓射燕射則三等射皆同案大射司馬正洗散遂實爵獻服不服不侯西北三步北面拜受爵乃祭侯左右不及中可東自○

右侯○辭曰惟若寧侯若猶女也寧安也謂先有功德其鬼有神○女音汝下商○疏曰祭侯者祭先有功德之侯若射侯尚爵不寧侯有罪者也下之毋或一經是也擧有功以勸示又擧言罪以志之故子言之也毋或若女不寧侯不屬于王所故抗而射女武有也若

0014_0327-1　　0014_0326-2

如也屬猶朝會也抗擧也張也強飲強食詒女曾孫諸侯百福強其丈反詒羊之反又羊志反○詒遺也曾孫諸侯謂女後世爲諸侯者○遺惟季反○冬官梓人

司爟凡祭祀則祭爟爟音貫○報其爲明之功禮如祭爨○疏曰鄭云禮如祭爨者祭爨祭老婦也此祭爟謂祭先出火之人○夏官

○龜人上春釁龜祭祀先卜○釁許靳反釁者殺牲以血之神之也鄭司農云祭祀先卜者卜其日與其牲玄謂先卜始用卜筮者言祭言祀尊焉天地之也世本作曰巫咸作筮卜未聞其人也是上春者夏正建寅之月月令孟冬云釁祠龜筴相互矣秦以十月建亥爲歲首則月令秦世之書亦或欲以歲首釁龜耳○疏曰云釁者殺牲以血之神之也者謂若禮記雜記云廟成則釁之廟用羊門夾室用雞之類皆是神之故血之也先鄭云祭祀先卜者卜其日與其牲後鄭不從者以其此官不主卜事故不從也故解先卜始用卜筮者云言祭言祀尊焉天地之也者案大宗伯天稱禋祀地稱血祭是天地稱祭祀今此先卜是人應曰享而云祭祀與天地同稱故云尊焉天

0012_0327-2

地之也云世本作巫咸作筮卜未聞其
人也者曲禮云卜筮者先聖王之所以
信時日其易所作即伏犧爲之矣但未
有諜譜之法至巫咸乃教人爲之故巫
咸得作筮之名未聞其源世本又不言
其人故云未聞其人也云是上春者夏
正建寅之月月令孟冬云釁祠龜策相
互矣者然周與秦各二時釁龜策月令
孟冬釁則周孟冬亦釁之周以建寅上
春釁秦亦建寅上春釁之故云相互也
云秦以十月建亥爲歲首則月令秦世
之書亦或欲以歲首釁龜耳者據此注
則周秦各一時釁此鄭兩解案月令注
云周禮龜人上春釁謂建寅之月秦以

仪祭礼八　七十四

0012_0328-1

其歲首使大史釁龜策與周異矣
彼注與此後注義同也○春官

右先火先卜○傳孔子曰臧文仲

安知禮燔柴於奧文仲魯公子彄之曾孫臧孫辰

也莊文之間爲大夫於時爲賢是
以非之不正禮也文二年八月丁
卯大事于大廟躋僖公始逆祀是
夏父弗忌爲宗人之爲也奧當爲
爨字之誤也或作竈禮尸卒食而
祭饎爨饔爨也時人以爲祭火神
乃燔柴○疏曰燔柴於奧者此非
禮之事奧音爨爨以爨爨爲義也

0014_0328-2

禮祭至尸食竟而祭爨神言其有
功於人得飲食故祭報之而夏
父弗綦爲禮官謂爨神是火神而
遂燔柴祭之此是失禮而文仲不
得諫止之故云安知禮也○疏曰
文仲魯公子彄之曾孫臧孫辰也
者案世本孝公生僖伯彄彄生哀
伯達達生伯氏缾缾生文仲辰是
公子彄曾孫也云莊文之間爲大
夫者案莊二十八年臧孫辰告糴
于齊文二年縱逆祀是莊文之間
爲大夫云於時爲賢者襄二十四
年左傳云先大夫曰臧文仲既沒
其言立於後世死猶不朽是於時

小三〇六十　祭礼八　七十五

0014_0329-1

爲賢也云文二年八月丁卯大事
于大廟躋僖公始逆祀者案文二
年公羊傳云大事者何大祫也逆
祀奈何先禰而後祖也何休云近
取法春秋惠公與莊公當同南面
西上隱相與閔僖亦當北面西上
閔僖爲兄弟以繼代言之有父子
君臣之道此恩義逆順故云先禰
後祖此公羊之義也案外傳云躋
僖公弗綦云明爲昭其次爲穆以
此言之終文公至惠公七世惠公
爲昭隱公爲穆桓公爲昭莊公爲
穆閔公爲昭僖公爲穆今躋僖公
爲昭閔公爲穆自此以下昭穆皆

張本下象鼻題監生孫三字傳本剪去之

逆故定公八年順祀先公服氏云自躋僖公以來昭穆皆逆是同國語之說與何休義異公羊董仲舒說躋僖公逆祀小惡也左氏說爲大惡也許君謹案同左氏說鄭駁之云兄弟無相後之道登僖公主於閔主上不順爲小惡也如鄭此意正以僖在閔上謂之爲昭非昭穆也云奧當爲爨字之誤也者下文云老婦之祭盛於盆尊於瓶故知非奧奧者夏祀竈神其禮尊以老婦配之耳故中霤禮祭竈先薦於奧有主有尸用特牲迎尸以下略如祭宗廟之禮是其事大也爨

者宗廟祭祀尸卒食之後特祭老婦盛於盆尊於瓶是其事小也云或作竈者諸禮記本有作竈字故云或也云禮尸卒食而祭饎爨饔爨也者特牲記注舊說云宗婦祭饎爨亨者祭饔爨用黍肉而已無籩豆俎云時人以爲祭火神乃燔柴者依尸卒食而祭饎爨饔爨時失禮又以此爲祭火神[illegible]燔柴故文云燔柴於奧明失禮也氏云弗綦旣以逆祀爲是又[illegible]柴祭爨爲是云祭火神乃燔[illegible]熊氏云宗伯以實柴祀日月星有大火之次故祭爨神乃燔柴[illegible]

異義竈神今禮戴說引此燔柴盆瓶之事古周禮說顓頊氏有子曰犂爲祝融祀以爲竈神許君謹案同周禮鄭駁之云祝融乃古火官之長猶后稷爲堯司馬其尊如是王者祭之但就竈陘一何陋也祝融乃是五祀之神祀於四郊而祭火神於竈陘於禮乖也如鄭此言則祝融是五祀之神祀於郊奧者正是竈之神常祀在夏以老婦配之有俎及籩豆設於竈陘又延尸入奧爨者宗廟祭後直祭先炊老婦之神在於爨竈此祝融并奧及爨三者所以不同也

夫奧者老婦之祭也盛於盆尊於瓶老婦先炊者也盆瓶炊器也明此祭先炊非祭火神燔柴似失之○疏曰夫奧者老婦之祭也者旣譏燔柴於爨爨又明祭爨不可以燔柴之義爨者是老婦之祭其祭卑唯盛食於盆盛酒於瓶卑賤若此何得燔柴祭之也

○禮器

天府季冬陳玉以貞來歲之媺惡問事之正曰貞問歲之媺惡謂問於龜大卜職大貞之屬陳玉陳禮神之玉凡卜筮實問

0014_0332-1　0014_0331-2

於鬼神龜筮能出其卦兆之占耳龜有天地四方則玉有六器者與言陳者既事藏之不必貍之也鄭司農云貞問也易曰師貞丈人吉問於丈人國語曰貞於陽卜。與音餘。疏曰季冬謂夏之季冬歲終當除舊布新故此時常有卜筮來歲之美惡將卜筮之時先陳玉以禮神然後卜筮也又曰云問事之正曰貞者禮記少儀云問卜筮曰義與志與注云義正事也志私意也是問卜筮有不正之事故云問事之正曰貞即此經云貞者問事之正也云問歲之媺惡謂問於龜大卜職大貞之屬者彼大貞之屬即卜立君卜大遷卜大封是也今此

四〇二一　祭禮八　七十八

卜來歲之媺惡亦彼類故云之屬兼之也云陳玉陳禮神之玉者玉於卜筮無所施明以禮神也云凡卜筮實問於鬼神龜筮能出其卦兆之占耳者案易繫辭云精氣爲物遊魂爲變是故知鬼神之情狀與天地相似注云精氣謂七八遊魂謂九六則筮之神自有七八九六成數之鬼神春秋左氏傳云龜象筮數則龜自有一二三四五生數之鬼神則知吉凶者自是生成鬼神龜筮直能出卦兆之占耳案易繫蓍龜神物士冠禮注云筮不於廟堂者嫌蓍之靈由廟神若然蓍龜亦自有神而云出卦兆者但所禮者禮生成之鬼神神之尊者無妨

0014_0333-1　0014_0332-2

蓍龜亦自有神也云龜有天地四方則不有六器者與者龜有天地四方龜人職文龜既有六明王亦有六無正文以云此以疑之六器之言若大宗伯云以玉作六器之類故以六器言之也云言陳者既事藏之不必貍之者七八之六及一二三四五之鬼神並非天地之鬼神故云陳言陳則貍之不必貍也先鄭云貞問也者亦是問事之正曰貞也云易曰師貞丈人吉問於丈人者此師卦彖辭彼云師貞丈人吉死谷注云丈之言長能御衆有朝正人之德以法度爲人之長吉而死谷謂天子諸侯主軍者云國語曰貞於陽卜者此吳語黃池

詩六十一　祭礼八　七十九

之會董褐云周室既卑諸侯失禮於天子請貞於陽卜收文武之諸侯注云貞正也問卜內曰陰外曰陽言吳以諸侯失禮於天子當問於龜言我當收文武之諸侯矣引此二文者證問事正曰貞也。○春官

右卜筮

校人春祭馬祖執駒

馬祖天駟也孝經說曰房爲龍馬鄭司農云執駒無令近母猶攻駒也二歲曰駒三歲曰駣玄謂執猶拘也春通淫之特駒弱血氣未定爲其乘匹傷之。令力呈反駣音聲音道惕堯反又徒刀

反爲其于僞反下同。疏曰馬與人異無先祖可尋而言祭祖者則天駟也故取孝經說房爲龍馬是馬之祖春時通淫求馬蕃息故祭馬祖先鄭云二歲曰駒三歲曰駣爾雅說文云玄謂春通淫之時駒弱血氣未定爲其乘匹傷之者論語孔子云血氣未定戒之在色馬亦如此故引之而言也案月令仲夏縶騰駒注云爲其牝氣有餘相蹄齧彼牝氣有餘相蹄齧縶之不爲駒弱者縶有二種此謂二歲者彼據馬之大者故不同也

夏祭先牧頒馬攻特先牧始養馬者其人未聞夏通淫之後攻其特爲其蹄齧不可乘用鄭司

農云攻特謂騬之。騬音繒音繩。疏曰知先牧是養馬者以其言先牧是放牧者之先知是始養馬者祭之者夏草茂求肥充云攻特者夏通淫後攻其特爲其相蹄齧不可乘用故也

秋祭馬社臧僕馬社始乘馬者世本作曰相士作乘馬鄭司農云臧僕謂簡練馭者令皆善也玄謂僕馭五路之僕。相息亮反。疏曰秋祭馬社者秋時馬肥盛可乘用故祭始乘馬者秋而藏僕者亦以時萬物成斂之使善

冬祭馬步獻馬講馭夫馬步神爲災害馬者獻馬見成馬於王也馭夫馭貳車從車使車者講猶

簡習。見賢遍反從才用反。疏曰馬神稱步謂若玄冥之步人鬼之步之類步與酺字異音義同云獻馬見成馬於王也者以秋時萬物成亦獻成馬於王也者以秋時萬物成亦獻成馬於下也云馭夫馭貳車從車使車者馭夫文也云講猶簡習者亦謂秋時物成講之使成也。夏官

〇**廋人及祭馬祖祭閑之先牧**玄謂閑之先牧制閑者散馬耳以竹括杷其耳頭動搖則括中物後遂串習不復驚。復扶又反。疏曰鄭云閑之先牧先牧制閑者以其通閑言之也若然上文夏祭先牧者直是先養馬者非

制閑之人。同上

〇**甸祝禂牲禂馬皆掌其祝號**杜子春云禂禱也爲馬禱無疾爲田禱多獲禽牲詩云既伯既禱爾雅曰既伯既禱馬祭也玄謂禂讀如伏誅之誅今侏大字也爲牲祭求肥充爲馬祭求肥健。爲于僞反侏音誅。疏曰杜子春云禂禱也爲馬禱無疾已下後鄭皆不從者以凡言牲者卜日曰牲據祭祀之牲不得據田獵之獸入禂不得爲禱祈字玄謂禂讀如伏誅之誅者此俗讀也時有人甘心惡伏誅故云伏誅之誅此俗音爲誅云今侏大字也者今漢時人傍侏是侏大之字此取肥大之意

0014_0335-2

故云爲禂祭求肥充解經禂牲[illegible]祭求肥從釋經禂馬鄭既解禂爲大祭此皆有祭者以其言皆掌其祝號並有祭事。春官

右牲馬

黨正及四時之孟月吉日則屬民而讀邦灋以糾戒之以四孟之月朔日讀法者彌親民者於教亦彌數。數所角反。疏曰及至也黨正四時孟月吉日則屬民而讀邦法者因糾戒之如州長之爲也又曰云以四孟之月朔日讀法者彌親民者於教亦彌數

祭禮八　十二

0014_0336-1

者上文州長唯有建子寅及春秋祭社四度讀法此黨正四孟及下文春秋祭禜并正歲一年七度讀法者以其鄉大夫管五州去民遠不讀法州長管五黨去民漸親故四讀法黨正去民彌親故七讀法鄭云彌親民者則非直徒解黨正而已兼下族師十四度讀法彌多於此故鄭摠釋云彌親民者於教亦彌數也

春秋祭禜亦如之禜榮敬反。禜謂雩禜水旱之神蓋亦爲壇位如祭社稷云。疏曰黨正不得與州同祭社故亦春秋祭禜神也又〇鄭知禜謂雩禜水旱之神者案禮記祭法云雩禜祭水旱案昭公元年左氏

0014_0336-2

傳子産云水旱癘疫之不時於是乎禜之皆是禜祭水旱神也云蓋亦爲壇位如祭社稷云者以其大司徒設封人等皆云社稷有壇又祭法王宮祭日及雩禜祭水旱等皆是壇名故知亦如社稷有壇位無正文故言云以疑之也

凡其黨之祭祀教其禮事掌其戒禁其黨之民〇疏曰此一經並是民之所行上州之祭祀大喪義異此祭祀已下雖是民之所行民者冥也非教不可故黨正曾教其禮事也因掌其戒命曾禁之經云凡其黨之祭祀之等言凡是廣及之言故云其黨之民也〇地官

〇族師

儀禮祭禮八　十三

0014_0337-1

月吉則屬民而讀邦灋月吉每月朔日也故書上句或無事字杜子春云當爲正月吉書亦或爲戒令政事月吉則屬民而讀邦法〇疏曰云月吉每月朔日也者以其彌親民教亦彌數故十二月朔皆讀之云故書上句或無事字者則月與上政字連政又爲正字故杜子春云當爲正月吉但族師親民讀法宜數若爲正月之吉則與黨正同於義不可云書亦或爲戒令政事月吉則屬民而讀邦法者此義還與經同於義爲得後鄭從之故引之注下也

春秋祭酺亦如之酺者爲人物烖害之神也故書

張本下象鼻題志孫欽三字傅本剪去之

0014_0337-2

酺或爲步杜子春云當爲酺玄謂校人職又有冬祭馬步則未知此世所云蝝螟之酺與人鬼之步與蓋亦爲壇位如雩禜云族長無飲酒之禮因祭酺而與其民以長幼相獻酬焉○蝝悅全反步與音餘○䟽曰族師於春秋祭祀酺神之時亦如上月朔讀灋也鄭知酺者爲人物裁害之神者凡國之所祭者皆恐與人物爲裁害謂若州長黨正所祭社禜亦爲水旱與人物爲裁害明此亦是恐與人物爲裁害之神也云故書酺或爲步杜子春云當爲酺者挍人職云馬步亦爲行步之字而子春破之從酺者子春亦無正文直以此經今文爲正故

四百十五小　祭礼八　八千四

0014_0338-1

依之也云謂校人職又有冬祭馬步者彼是與馬爲害故祭之引之者證此酺亦與人物爲害云則未知此世所云蝝螟之酺與人鬼之步與但此經云酺不知何神故舉漢法以況之但漢時有蝝螟之酺神又有人鬼之步神未審其經酺定當何酺故兩言之以無正文故皆云與以疑之也云蓋亦爲壇位如雩禜云者上黨徐雩禜鄭云蓋亦爲壇位如祭社稷云已疑禜爲壇位今此文約與雩禜同故亦云與以疑之云族長無飲酒之禮者案上州長春秋習射有飲酒禮黨正十月農功畢亦有飲酒禮皆得官物爲之今此族卑不得官物爲禮

0014_0338-2

故云族無飲酒禮也云因祭酺而與其民以長幼相酬獻焉者鄭必知因祭酺有民飲酒之禮者案禮記禮器云周旅酬六尸曾子曰周禮其猶醵與鄭注彼云合錢飲酒爲醵旅酬相酌似之也取引明堂禮乃命國醵鄭據禮記明堂禮皆有醵法醵即令錢飲酒以不得官酒故須合錢耳○同上

○肆師

若國有大故則令國人祭大故謂水旱凶荒所令祭者社及禜酺○䟽曰知大故是水旱凶荒者以其命國人祭明大故是天下皆有故知水旱凶荒凶荒謂年穀不熟知所命祭是社及禜酺者經云命國人祭

二十三大　二千三小　祭礼八　八千五

0014_0339-1

案地官州祭社黨祭禜族祭酺於六遂之中亦縣祭社鄙祭禜鄰祭酺皆是國人所祭之事也

歲時之祭祀亦如之月令仲春命民社此其一隅○䟽曰云歲時之祭祀者上經據禱祈非時祭故此經見其常祭也云亦如之者亦命國人祭也又曰凡言歲時者謂歲之四時只令唯見一時故鄭云此其一隅也若然只令唯言春者特舉春祈而言舉一隅可以三隅反則餘三時亦祭也○春官

右禜酺

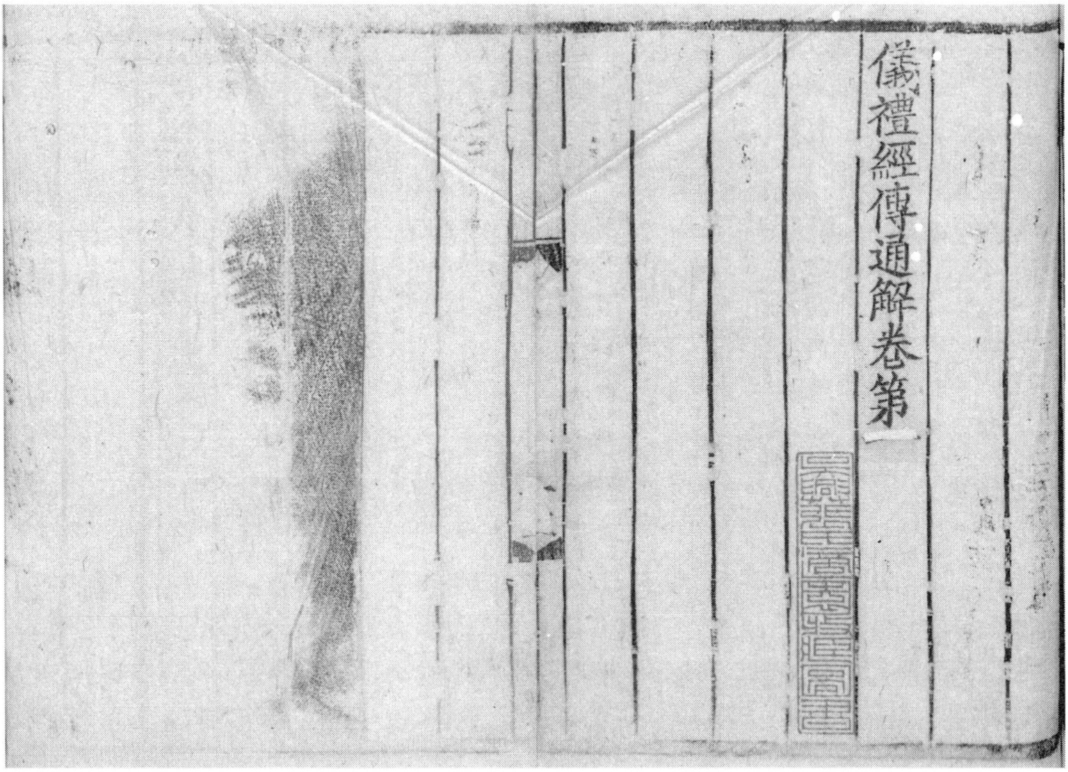
儀禮經傳通解卷第一

傳本缺第八十六葉今用張本但張本尾題不當

0014_0342-2

儀禮經傳通解續卷第

宗廟　祭禮九

君子將營宮室宗廟爲先廏庫爲次居室爲後重先祖及國之用。曲禮下○小宗伯掌建國之神位右社稷左宗廟庫門內雉門外之左右故書位作立鄭司農云立讀爲位古者立位同字古文春秋經公即位爲公即立○疏曰建立也言立邦之神位者從內向外故據國中神位而言對下經在四

0014_0343-1

郊等爲外神也言右社稷左宗廟者案匠人亦云左宗廟右社稷彼掌其營作此掌其成事位次耳案禮記祭義注云周尚左又案桓公二年取郜大鼎納於大廟何休云質家右宗廟尚親親文家右社稷尚尊尊若然周人右社稷者地道尊右故社稷在右是尚尊尊之義此據外神在國中者社稷爲尊故鄭注郊特牲云國中神莫大於社祭義注周尚左者據內神而言若據衣服尊卑先王袞冕先公鷩冕亦貴於社稷故云周尚左各有所對故注不同也又曰鄭知庫門內雉門外者後鄭義以雉門爲中門周人外宗廟故知雉門外庫門內之左

0014_0343-2

也先鄭云古者立位同字者是古者假借字同也云古文春秋者藝文志云春秋古經十二卷是此古文經所藏之書文帝除挾書之律此本然後行於世故稱古文辨廟祧之昭穆昭常遥反朱如字○祧遷主所藏之廟自始祖之後父曰昭子曰穆○疏曰案禮記王制云天子七廟三昭三穆與大祖之廟而七諸侯二昭二穆與大祖之廟而五大夫一昭一穆與大祖之廟而三士一廟案祭法適士二廟王制不言之者取自上而下降殺以兩故略而不言二廟者故此總云廟祧之昭穆諸侯無二祧謂始封大祖廟爲祧故聘禮

0014_0344-1

云不腆先君之祧是大祖爲祧也又曰案祭法注祧之言超超然上去意以其遷廟爲祧故云上去意也周以文武爲二祧文王第稱穆武王第稱昭當文武後穆之木主入文王祧昭之木主入武王祧故云遷主所藏之廟曰祧也云自始祖之後父曰昭子曰穆者周以后稷廟爲始祖特立廟不毀即從不窋已後爲數不窋父爲昭鞠子爲穆從此以後皆父爲昭子爲穆至文王十四世文王第稱穆也○春官○天子七廟三昭三穆與大祖之廟而七大音太下同○此周制七者大祖及文王武王之祧

0014_0344-2

□廟四大祖后稷殷則大廟契及湯二昭二穆夏則五廟無大祖禹與二昭二穆而已○祧他彫反契息列反□下鄭氏之意天子立七廟祧謂周也□必知然者案禮緯稽命徵云唐虞五□親廟四始祖廟一夏四廟至子孫五殷五廟至子孫六鉤命決云唐堯五廟親廟四與始祖五禹四廟至子孫五殷五廟至子孫六周六廟至子孫七鄭據此為說故謂七廟周制也周所以七者以文王武王受命其廟不毀以為二祧并始祖后稷及高祖以下親廟四故為七也若王肅則以為天子七廟者謂高祖之父及高祖之祖廟為二祧并始祖

祭礼九　三

0014_0345-1

及親廟四為七故聖證論肅難鄭云周之文武受命之王不遷之廟權禮所施非常廟之數殷之三宗宗其德而存其廟亦不以為數凡七廟者皆不稱周室禮器云有以多為貴者天子七廟孫卿云有天下者事七世又云自上以下降殺以兩今使天子諸侯立廟並親廟四□止則君臣同制尊卑不別禮名位不同禮亦異數況其君臣乎又祭法云王八五世來孫則下及無親之不及無親之祖不亦詭哉子七廟諸侯五家語云子羔□制孔子云禮天子立七廟大夫立三廟又云遠廟為祧

0014_0345-2

為又儒者難鄭云祭法遠□周禮云遷主所藏曰祧違□□先公之遷主藏於后稷之□遷主藏於文武之廟便有二

□□祭法云有二祧難鄭之義凡有數□矣略如此不能具載鄭必以為天子七廟皆周制者馬昭難王義云喪服小記王者立四廟又引禮緯夏無大祖宗禹而已則五廟殷人祖契而宗湯則六廟周尊后稷宗文王武王則七廟自夏及周少不減五多不過七禮器云周旅酬六尸一人發爵則周七尸七廟明矣今使文武不在七數既不同祭又不享嘗豈禮也哉故漢侍中盧植說云

祭礼九　四

0014_0346-1

二祧謂文武曾子問當七廟無虛主禮器天子七廟堂九尺王制七廟盧植云皆據周言也穀梁傳天子七廟尹更始說天子七廟據周也漢書韋玄成四十八人議皆云周以后稷始封文武受命石渠論白虎通云周以后稷文武特七廟又張融謹案周禮守祧職奄八人女祧每廟二人自大祖以下與文武及親廟四用七人姜嫄用一人適盡若除文武則奄少二八曾子問孔子說周事而云七廟無虛主若王肅數高祖之父高祖之祖廟與文武而九主當有九孔子□□七廟無虛主乎故云以周禮孔子□□□本□□說及小記為□□□玄

0014_0346-2

成石渠論白虎通爲讖驗十廟斥言玄說爲長是融由鄭之意且天子七廟者有其人則七無其人則五若諸侯廟制雖有其人不得過五則此天子諸侯七五之異也王肅云君臣同制尊卑不別其義非也又王下祭殤五者非是別立殤廟七廟外親盡之祖禘祫猶當祀之而王肅云下祭無親之孫上不及無親之祖又非通論又家語云先儒以爲肅之所作未足可依案周禮唯存后稷之廟不毀案昭七年傳云余敢忘高圉亞圉注云周人不毀其廟報祭之似高圉亞圉廟亦不毀者此是不合鄭說故馬融說云周人所報而不立廟

諸侯

祭禮九　五

0014_0347-1

五廟二昭二穆與大祖之廟而五大祖始封之君王者之後不爲始封之君廟○疏曰凡始封之君謂王之子弟封爲諸侯爲後世之大祖當此君之身不得立之廟則全無廟也故諸侯不敢祖天子若有大功德王特命立之則可若[illegible]有文[illegible]是也[illegible]非但得立文[illegible]之廟[illegible]之[illegible]并[illegible]除文三廟[illegible]一廟[illegible]六[illegible]告[illegible]如[illegible]五[illegible]

0014_0347-2

[illegible]德唯因[illegible]之大祖[illegible]出王[illegible]然昔以[illegible]云微子[illegible]宋祖帝乙[illegible]者二王之後郊天之時則行以遠代[illegible]記天[illegible]禮運云杞郊禹也宋郊契也

大夫三廟

一昭一穆與大祖之廟而三大祖別子始爵者傳曰別子爲祖謂此雖非別子始爵者亦然○疏曰此據諸侯之子始爲卿大夫謂之別子者也是適夫人之次子或衆妾之子別異於正君繼父言之故云

祭禮九　六

0014_0348-1

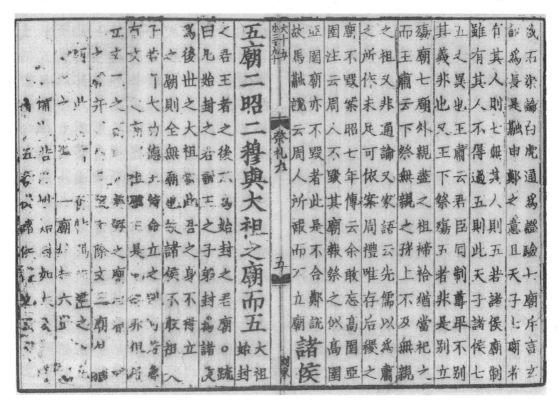

別子引大傳者證此大祖是別子也云雖非別子始爵者亦然者此事凡有數條一是別子初雖身爲大夫中間廢退至其遠世子孫始得爵命者則以爲大祖別子不得爲大祖也二是別子及子孫不得爵命者後世始得爵命自得爲大祖三是全非諸侯子孫異姓爲大夫者及它國之臣初來任爲大夫者亦得爲大祖故云雖非別子始爵者亦然此總包上三事如鄭志荅趙商此王制所論皆殷制故云雖非別子亦得立大祖之廟若其周制別子始爵其後得立別子爲大祖非別子之後雖爲大夫但[illegible]父祖曾祖三廟而已隨時而遷不得

0014_0348-2

立始爵者爲大祖故鄭荅趙商問祭法云大夫立三廟曰考廟曰王考廟曰皇考廟注非別子故知祖考無廟商案王制大夫三廟一昭一穆與大祖之廟而三注云大祖別子始爵者雖非別子始爵者亦然二者不知所定鄭荅云祭法周禮王制所云或以夏殷雜不合周制是鄭以爲殷周之別也鄭必知周制別子之後得立別子爲大祖者以大傳云別子爲祖繫之以姓而弗別綴之以食而弗殊雖百世而昏姻不通者周道然也故知別子百世不遷爲大祖也周既如此明殷不繫姓不綴食大傳又云其庶姓別於上而戚單於下五世而昏姻

0014_0349-1

可以通明五世之後不復繼於別子但始爵者則得爲大祖也此大夫三廟者天子諸侯之大夫皆同知者以此及祭法歷陳天子諸侯即云大夫更不別云諸侯之大夫故知與天子大夫同也卿大夫總號故春秋殺卿經皆總號大夫其三公卿與諸侯同若附庸之君亦五廟故莊三年公羊傳云紀季以酅入于齊傳曰請後五廟以存姑姊妹又附庸得稱朝是與諸侯同

士一廟

謂諸侯之中士下士名曰官師者上士二廟。疏曰案祭法云適士二廟今此云士一廟故知是諸侯之中士下士[illegible]祭法云官師一廟故云名同官師者[illegible][illegible]

0014_0349-2

[illegible][illegible][illegible]之中士下士一廟則天子之[illegible][illegible][illegible][illegible]皆二廟也必知皆二廟者以鄭志稱元士故昏義云八十一元士是不分別上下也鄭又知諸侯中士與下士同一廟者以祭法云適士二廟言適士則不得兼中下也

庶人祭於寢

寢適寢也。適丁歷反。疏曰此庶人祭寢謂是庶人在官府史之屬及尋常庶人此祭謂薦物以其無廟故惟薦而已薦獻不可褻處故知適寢也。

王制○

匠人營國方九里旁三門

營謂丈尺其大小天子十二門通十二子。疏曰案典命云上公九命國家宮室車旗衣服禮

0014_0350-1

儀以九爲節侯伯子男已下皆依命數鄭云國家謂城方公之城蓋方九里侯伯七里子男五里非文王有聲詩箋差之天子當十二里此云九里者案下文有夏殷則此九里通異代也鄭異義駮或云周亦九里城則公七里侯伯五里子男三里不取典命等注由鄭兩解故義有異也疏備在典命也又曰云天[illegible]高下而言云大小據遠近而論也云天子十二門以通十二子者案孝經援神契云天子即政置三公九卿二十七大夫八十一元士惟文命下各十二子如是甲乙丙丁之屬十日爲母子丑寅卯等十二辰爲子故王城面各三門以

十二[illegible]示也　國中九經九緯經涂九軌[illegible]

經緯謂涂也經[illegible]之[illegible]言如軌[illegible]謂轍廣乘車六尺六寸[illegible]八尺是爲轍廣九軌積七十二尺則此涂十二步也旁加[illegible]寸者[illegible]二[illegible]輻廣三寸半綆三分寸之二[illegible]三分寸之一○[illegible]曰言[illegible]經九緯者南北之道爲經東西之道爲緯王城面有三門[illegible]三[illegible]女子由左車從中央[illegible]云[illegible]輻內二寸半者[illegible]今言輻內有二寸[illegible]者不加輿下轐[illegible]者也

左祖右社面朝後市

王宮所居也[illegible]宮當中經之涂也○[illegible]反○疏曰言王宮所居[illegible]者謂[illegible]左右[illegible]後者據王宮所居處中而言之故云王宮所居也云王宮當中經之[illegible]者義注云周尚左[illegible]二年[illegible]於大廟何休云質家[illegible]宗[illegible]文家左[illegible]尚尊尊[illegible]云[illegible]在北堂[illegible]又云左[illegible]不[illegible]不[illegible]之矣

市朝一夫[illegible]

[illegible]

[illegible]三朝[illegible]方百步也

夏后氏世室[illegible]四脩一

[illegible]南[illegible]四步其廣[illegible]四分脩之一[illegible]廣十七步半○[illegible]王之禮者世[illegible]法皆是用先王之禮[illegible]文云三四步明此[illegible]云令堂脩十四步者[illegible]二七約之知用步[illegible]言之也知堂廣十七步半[illegible]脩十四步四分之取十二[illegible]十五步餘二步益半步爲[illegible]半添前十五步是十七步半

五室三四步四三尺

堂上爲五室象五行也三四步室方也四[illegible]以益廣也木室於東北火室於[illegible]西南水室於西北[illegible]皆三之以三尺土室於中央古四[illegible]之以四尺此五室[illegible]七丈○疏曰云五室象五[illegible]廟制如明堂明堂之[illegible]帝五人神之[illegible]五行之東北之[illegible][illegible]南之室言[illegible]東方故東[illegible]

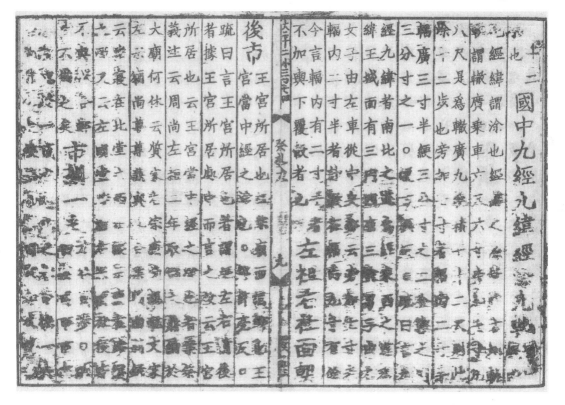

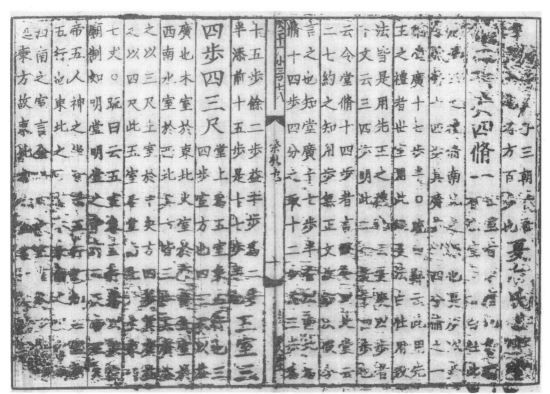

0014_0352-2

之[illegible]室[illegible]以[illegible]中[illegible]久[illegible]室[illegible]以[illegible]中[illegible]
[illegible]四角之室皆有堂故知[illegible][illegible]中[illegible]大一尺者以其在中[illegible]
爲[illegible]室[illegible]一尺也云此五室居堂南北六丈東西七丈者以其大室居中四
角之室皆於大室外接四角爲之大室四步四角室各三步則南北三室十步
故六丈東西三室六丈外加四三尺又一丈故七丈也

九階

南面三三
面各二○疏曰案賈馬諸家皆以爲九等階鄭不從者以周殷差之夏人卑宮
室當一尺之室爲九等階於義不可故爲旁九階也鄭知南面三階者見明堂

大九　四、　仪祭卌九人　十二

0014_0353-1

位云三公中階之前北面東上諸侯之位阼階之東西面北上諸伯之國西階
之西東面北上故知南面三階也知餘三面各二者大射禮云工人士與梓人
升自北階又雜記云夫人至入自闈門升自側階奔喪云婦人奔喪升自東階
以此而言四面有階可知

四旁兩夾窻

窻助戶爲明每室四戶八
窻○疏曰言四旁者五室室有四戶四窻之旁皆有兩夾窻則五室二十戶四
[illegible]窻

白盛

蜃灰也盛之言成也以蜃灰堊牆所以飾成宮室○疏曰
[illegible]掌蜃掌共白盛之蜃則此蜃灰[illegible]也云以蜃灰堊牆者爾雅云[illegible]

0014_0353-2

[illegible]牆謂之堊堊即白蜃堊之[illegible]白也○堊烏路反又烏洛反

門堂

三之二

門堂門側之堂取數於正堂令堂如上制則門堂南北九步二
[illegible]西十一步四尺爾雅曰門側之堂謂之塾○疏曰鄭云令堂如上制者以
一堂不言丈故此注亦云令假令上[illegible]南北十四步東西十七步半今云三
之一謂三分取二分以十四步取十二步二分之得八步二步爲丈二尺三分
一得八尺以六尺爲一步添前爲九步一尺故云東北九步二尺也云東西
十一步四尺者十七步半以十五步得十步餘二步半爲丈五尺三分之得一

大六五　二六九九　仪祭卌九人　十三

0014_0354-1

丈以六尺爲一步餘四尺添前爲十一步四尺也引爾雅門側之堂謂之塾者
謂此經門堂爲塾之義也尚書顧命左塾右塾亦此類也

室三之一

兩室與門各居一分○疏曰此室即在門堂之上作之也言各居一分者謂兩
室與門各居一分鄭不言尺數義可知故略而不言也

殷人重屋

堂脩七尋堂崇三尺四阿重屋

重直龍反○重
屋[illegible]二若大寢也其脩七尋丈[illegible]尺放夏周則其廣九尋七丈二尺
[illegible]一尋崇尚也四阿若今四[illegible][illegible]一複笮也○放方往反複[illegible]

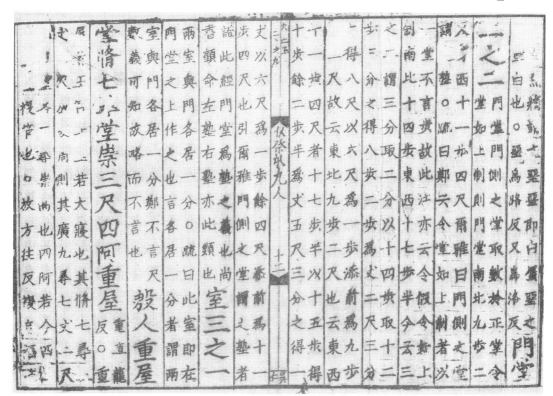

兩本均缺第十三葉

0014_0356-1

0014_0355-2

與夏異制也若然殷人重屋稱重屋脩七尋不言室如鄭意以夏周皆有
[?]室十二堂明殺亦五室十二堂亍明者明政教之堂者以其於中聽朔故
政教言之明堂者明諸侯之尊卑孝緯援神契云得陽氣明朗謂之明堂
大故所合理廣也云周度以筵亦王相攷者對夏度以步殷度以尋是
者相比也云周堂高九尺殷三尺則夏一天矣者夏無文以後代文而漸高則
夏當一尺故云相參之數禹卑宮室之或一尺之堂與言與者以無正文故
異以疑之也云此二者或舉宗廟或舉王寢或舉明堂互言之以明其同制者

十四

互言之者夏舉宗廟則王寢明堂亦與參廟同制也殷舉王寢則宗廟明堂亦
與王寢同制也周舉明堂則宗廟王寢亦與明堂制同也云其同制者謂當代
三者其制同非謂三代制同也若然周人殯於西階之上王寢與明堂同則南
北七筵惟有六十三尺三室居六筵南北共言一筵一面惟有四尺半何得容
殯者案書傳云周人路寢南北七雉東西九雉室居二雉則三室之外南北各
有半雉雉長三丈則各有一丈云尺是容殯矣若然云同制者直制法同無妨
大矣據周而言則夏殷王寢亦制同而大可知也

室中度以几

0014_0356-2

堂上度以筵宮中度以尋野度以步涂度以軌周文者各因物宜爲之數室中舉謂四壁之內○疏曰云周文者各因物宜爲之數者對殷已上質夏度以步殷度以尋無異稱也因物宜者謂室中坐時馮几堂上行禮用筵宮中合院之內無几無筵故用手之尋也在野論里數皆以步故用步涂有三道車從中央故用車之軌是因物所宜也云室中舉謂四壁之內者對宮中是合院之內依爾雅宮猶室室猶宮者是散文宮室通也廟門容大扃七个扃古熒反○大扃牛鼎之扃長

大四十八　小三百廿三　仪祭礼九　十五　秦溥

0014_0357-1

三尺每扃爲一个七个二丈一尺○疏曰知大扃牛鼎之扃長三尺者此約漢禮器制度闈門容小扃參个闈音韋劉音暉○廟中之門曰闈小扃腳鼎之扃長二尺參个六尺○疏曰云廟中之門曰闈門者爾雅文此即雅記云夫人至入自闈門是也云小扃腳鼎之扃長二尺者亦漢禮器制度知之腳鼎亦牛鼎但上牛鼎扃長三尺據正鼎而言此言腳鼎據陪鼎三腳臐膮而說也○冬官○室有東西廂曰廟無東西廂有室曰寢疏曰凡太室有東西廂夾室及前堂有序牆者曰廟

0014_0357-2

但有太室者曰寢月令仲春云寢廟畢備鄭注云前曰廟後曰寢以廟是接神之處尊故在前寢衣冠所藏之處對廟爲卑故在後廟中路謂之唐途謂之陳中唐有甓○疏曰廟中之路名唐堂下至門徑名陳閍謂之門詩曰祝祭於祊○爾雅○守祧掌守先王先公之廟祧注疏見下守藏條若將祭祀其廟則有司脩除之其祧則守祧黝堊之黝於糾反鄭音幽○廟祭此廟也祧祭遷主有司宗伯也脩除黝堊互言之有

儀祭礼九　十六

0014_0358-1

司恒主脩除守祧恒主黝堊鄭司農云黝讀爲幽黑也堊白也爾雅曰地謂之黝牆謂之堊○疏曰云廟祭此廟也者凡廟舊者脩除黝堊祭更脩除黝堊示新之敬也今將祭而云脩除知祭此廟也云祧祭遷主者以遷主藏於祧故也案上司尊彝有追享鄭云追祭遷廟之主謂禱祈則此祭遷主之謂也云有司宗伯也者以其宗伯主立國祀又涖滌濯脩除亦是潔靜之事故知有司是宗伯爲之云脩除黝堊互言之者鄭以二者廟祧並有而經廟直言脩除祧直言黝堊故互而通之明皆有也以鄭云有司恒主脩除祧亦脩除之守祧恒主黝

0014_0358-2

[illegible]廟亦黝堊之先鄭讀黝爲幽幽是北方北方其色黑欲見地謂之幽取黑義

也知堊是白者以其堊與幽黑白相對故知堊是白即掌蜃之白盛之蜃故引

爾雅謚之。周禮春官。

○隸僕掌五寢之埽除糞洒之事

埽素報反除如字劉直慮反洒所賣反。五寢五廟之寢也周

天子七廟唯祧無寢詩云寢廟繹繹相連貌也前曰廟後曰寢汜埽曰埽埽席

前曰拚洒灑也鄭司農云洒當爲灑[illegible]謂論語曰子夏之門人當洒埽應對[illegible]

拚方問反灑所買反。蹠曰知[illegible]七廟唯祧之無寢者此云五寢[illegible]

大十七 小三八 祭礼九人 十七

0014_0359-1

寢大寢不言祧之有寢明二祧無寢[illegible]引詩云寢廟繹繹者欲見前廟後寢[illegible]

云相連之貌也案爾雅釋宮云室有[illegible]廟曰廟無曰寢寢廟大況是同有[illegible]

廟爲異耳必須寢者祭在廟薦在[illegible]丘之案昭十八年鄭災備兵夫[illegible]

叔之廟在道南其寢在道北[illegible]在宮中地隘故廟寢別處也二[illegible]

埽埽席前曰拚者謂埽地遠[illegible]人取論語者所以證經埽洒之[illegible]

祧祝隸僕埽除其廟案守祧注皆宗伯埽除

祭祀脩寢[illegible]

或有事焉月令凡新物先薦寢廟○[illegible]曰祭祀則在廟可知復云脩寢者[illegible]

0014_0359-2

有事焉非脩治之[illegible]者欲[illegible]寢有事彼薦只在[illegible]

廟言寢欲見是廟之寢非生人之寢故也。周禮夏官。

○仲春[illegible]脩闔扇寢廟畢備

因蟄虫啓戶[illegible]闔而治門戶也用[illegible]

曰闔用竹葦曰扇畢猶皆也[illegible]廟後曰寢。蹠曰案襄十八年左傳云

晉州綽以枚數闔是齊城門扇云[illegible]是闔用木也此扇與闔相對文[illegible]

承耕者少舍謂農人耕人畢門[illegible]竹葦曰扇云凡廟前曰廟後曰寢[illegible]

是接神之處其處尊故在前寢衣冠所藏之處對廟爲卑故在後但廟

大五十 小三九十 祭礼九人 十八

0014_0360-1

西廟有序牆寢但[illegible]室而已故爾雅云室有東西廂曰廟無東西廂有室曰寢

是也。月令。

○有焚其先人之室則三日哭

謂火燒其宗廟哭者哀精神之有所傷。檀弓下

若廟制○傳天子不卜處大廟大吉

大僕大廟同○卜可建國之處言則宮廟吉可知○疏曰建國之時

揔卜其書不待更卜處大廟○凡所在以其吉可知。表記

邑有宗廟先君之主曰都無曰邑

0014_0360-2

邑曰築都曰城周禮四縣爲都四井爲邑然宗廟所在則雖邑曰都尊之也言凡邑則他築非例○莊公二十八年春秋左氏傳○子太叔之廟在道南其寢在道北疏曰廟當在宅內以其晉狹隘故廟在道南寢在道北也寢即傳吉所居宅也○昭公十八年春秋左氏傳○太廟天子明堂言廟如天子之制也○疏曰周公大廟制度高大如似天子耳○明堂位○山節藻梲復廟

大十大小三五十　祭禮九　人　十九

0014_0361-1

重檐刮楹達鄉反坫出尊崇坫康圭疏屏天子之廟飾也梲專悅反復音福重平聲檐以占反刮古八反鄉許亮反坫丁念反康音抗又如字疏音疏○山節刻欂盧爲山也藻梲畫侏儒柱爲藻文也復廟重屋也重檐重承壁材也刮刮摩也鄉牖屬謂夾户窓也每室八窓爲四達反坫反爵之坫也出尊當尊南也唯兩君爲好既獻反爵於其上禮君尊于兩楹之閒崇高也康讀爲亢龍之亢又爲高坫亢所受圭奠于

0014_0361-2

丄罳屏謂之樹今浮思也刻之爲雲氣蟲獸如今闕上爲之矣○欂音博又皮麥反一旁各反徐薄壁反字林平碧反爲好呼報反○疏曰山節謂欂盧刻爲山形藻梲者謂侏儒柱畫爲藻文也復廟者上下重屋也重檐者皇氏云鄭云重檐重承壁材也謂就外檐下壁復安板檐以辟風雨之灑壁故云重檐重承壁材刮楹者刮摩也楹柱也以密石摩柱達鄉者達通也鄉謂窓牖也每室四户八窓窓户皆相對以牖户通達故曰達鄉也反坫者兩君相見反爵之坫也築土

大三大小十四　祭禮九　人　二十

0014_0362-1

爲之在兩楹閒近南人君飲酒既獻反爵於坫上故謂之反坫也出尊者尊在兩楹閒坫在尊南故云出尊崇坫康圭者崇高也亢舉也爲高坫受賓之圭舉於其上也疏屏者疏刻也屏樹也謂刻於屏樹爲雲氣蟲獸也天子之廟飾也者自山節以下皆天子廟飾也反坫亦在廟故合言廟飾也刻欂盧也者節名欂盧釋宮云栭謂之楶李巡云栭今欂盧也則今之斗拱云畫侏儒柱者案釋宮云杗廇謂之梁其上楹謂之梲李巡曰梁上短柱也云鄉牖屬者詩豳風塞向墐

0014_0362-2

亦是牖屬也云出尊當尊南也者以當近南迥露鄉外爲出今言出尊故知尊南也云禮君尊于兩楹之間者以燕禮燕臣子列尊于東楹之西今兩君敵體當尊在兩楹之間故鄉飲酒賓主敵體尊于房户間是也皇氏解此用燕禮之文尊于東楹之西爲兩楹之間失之矣云康讀爲亢龍之亢者案易乾上九亢龍有悔讀從之云屏謂之樹今浮思也者屏謂之樹釋宫文漢時謂屏爲浮思故云今浮思解者以爲天子外屏人臣至屏俯伏思念其事案匠人注云城隅謂角

0014_0363-1

浮思也漢時東闕浮思災以此諸文參之則浮思小樓也故城隅闕上皆有之然則屏上亦爲屋以覆屏牆故稱屏曰浮思或解屏爲闕也古詩云雙闕百餘尺則闕於兩旁不得當道與屏別也闕雖在兩旁相對近道大略言之亦謂之當道故讖云代漢者當塗高謂魏闕也云刻之爲雲氣蟲獸如今闕上爲之矣者言古之疏屏似今闕上畫雲氣蟲獸如鄭此言似屏與闕異也○明堂位

○清廟茅屋

以茅飾屋著儉也清廟肅然清淨之稱○著張慮反稱尺

0014_0363-2

證反○疏曰冬官考工記有葺屋瓦屋則屋之覆蓋或草或瓦傳言清廟茅屋其屋必用茅也但用茅覆屋更無他文明堂位曰山節藻梲復廟重檐刮楹達鄉反坫出尊崇坫康圭疏屏天子之廟飾也其飾備物盡文不應以茅爲覆得有茅者杜云以茅飾屋著儉也以茅飾之而已非謂多用其茅搃爲覆蓋猶童子垂髦及蔽膝之屬示其存古耳白虎通曰王者所以立宗廟何緣生以事死敬亡若存故以宗廟而事之此孝子之心也宗者尊也廟者貌也象先祖之尊貌然

0014_0364-1

則象尊之貌享祭之所嚴其舍宇顯其出入其處肅然清淨故稱清廟清廟者宗廟之大稱詩頌清廟者祀文王之歌故鄭玄以文王解之言天德清明文王象焉故稱清廟此則廣指諸廟非獨文王故以清淨解之

昭其儉也

示儉○桓公二年春秋左氏傳

○莊公二十三年秋丹桓宫楹穀梁

子曰天子諸侯黝堊

黝堊黑色○疏曰徐邈云黝黑柱也堊白壁也謂白壁而黑柱令范同以黝堊爲黑色者以此

傳爲丹楹而發何得有黈在其閒故同爲黑色也大夫蒼

士黈黈黃色丹楹非禮也○莊公二

十四年春刻桓宮桷穀梁子曰天

子之桷斲之礱之加密石焉以細石磨

之諸侯之桷斲之礱之大夫斲之

士斲本刻桷非正也非正謂刻桷丹楹也○蔣

公二十四年春秋穀梁傳○國君下齊牛式宗

仪祭礼九 二十三

廟疏曰案齊右職云凡有牲事則前馬注云王見牲則拱而式又

引曲禮曰國君下宗廟式齊牛鄭注周官與此文異者熊氏云此文

誤當以周禮注爲正耳云下宗廟式齊牛○曲禮上○庶子

之正於公族者公若有出疆之政

謂朝覲會同也○疏曰上云在軍請庶子之官從公出行此云公若

出疆庶子不從公行在國掌其留守對上在軍故知此出疆是朝覲

會同非出軍也其庶子之官公者朝覲會同不從公行所掌留守公

宮若征伐出軍庶子不從公行亦是所掌留守之事庶子以

公族之無事者守於公宮正室守

大廟守如字又手又反大音太○正室適子也大廟大祖之廟

○適丁歷反○疏曰經云庶子公公族之無事者守於公宮者與下

文爲總正室守大廟以下文各言其別無事謂不從行及無職事者

正室適子也者謂公卿大夫之適子也案公羊傳云周公稱大廟周

公是魯之始祖故知其餘諸侯大廟皆大祖之廟也諸父守

仪祭礼九 二十四

貴宮貴室謂守路寢○疏曰以下云下宮上云大廟此貴

宮貴室既非大廟又非下宮下室唯當路寢也指其院宇謂之宮指

其所居之處謂之室爾雅云宮謂之室室謂之宮此貴宮貴室總據

路寢皇氏云或俗本無貴宮者定本有貴宮諸子諸孫

守下宮下室下宮親廟也下室燕寢或言宮或言廟通

異語○疏曰上云大廟此云下宮除大廟之外唯有親廟高祖以下

故云下宮親廟也上云貴室此又云下室故知燕寢也云或言宮則

0014_0366-2

下言也或言廟則大廟也故春秋云立武宮明堂位云武公之廟武世室也是通異語也此云諸父及諸子諸孫者未審爲是君之諸父及諸子孫之行爲當是見任卿大夫者之諸父子孫也然鄭解正室適子不云世子則卿大夫之適子也旣以正室爲卿大夫之適子則諸父子孫亦謂卿大夫之諸父子孫也不云諸兄諸弟者蓋諸兄從諸父諸弟從子孫也○文王世子

○子貢觀於魯廟之北堂出而問孔子曰鄉者賜

0014_0367-1

觀於太廟之北堂吾亦未旣輟還復瞻九蓋被皆繼邪彼有說邪匠過絕邪北堂神主所在也輟止也九當爲北被當爲彼傳寫誤耳蓋音盍戶扇也皆繼謂其材木斷絕相接繼也子貢問北蓋皆繼續彼有說邪匠過誤而遂絕之也○家語作還瞻北蓋皆斷焉彼有說邪匠過之也王肅注家語云觀北面之蓋皆斷絕也孔子曰太廟之堂亦嘗有說言舊嘗說今則無也

0014_0367-2

[illegible]良工因麗節文致極也言盡良工謂初造太廟之時官極其良工良工則因其木之美麗節文而裁制之所以斷絕家語作官致良工之匠匠致良材盡其功巧蓋貴文也○今案家語作蓋貴久矣尚有說也與此正小異非無良材也蓋曰貴文也非無良材大木不斷絕者蓋所以貴飾也此蓋明夫子之博識也○荀子宥坐

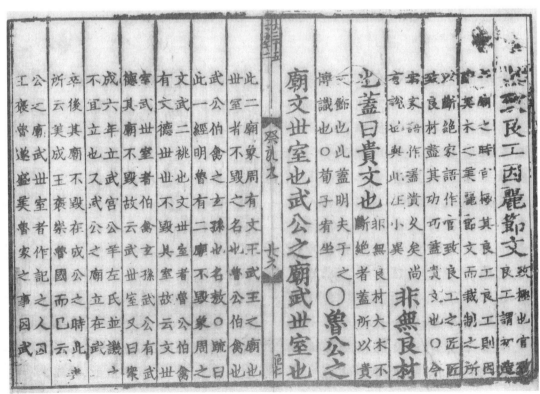

○魯公之廟文世室也武公之廟武世室也

0014_0368-1

此二廟象周有文王武王之廟也世室者不毀之名也魯公伯禽也武公伯禽之玄孫也名敖○疏曰此一經明魯有二廟不毀象周之文武二祧也文世室者魯公伯禽有文德世世不毀其室故云文世室武世室者伯禽玄孫武公有武德其廟不毀故云武世室又曰案成六年立武宮公羊左氏並譏之不宜立也又武公之廟立在武卒後其廟不毀在成公之時此所云美成王褒崇魯國而已云公之廟武世室者作記之人因王褒魯遂盛美魯家之事因武

0014_0369-1　0014_0368-2

其廟不毀遂連文而美之非實辭也故下云君臣未嘗相弒禮樂刑法政俗未嘗相變也鄭云亦近誣矣是不實也伯禽玄孫者案世本伯禽生煬公熙熙生弗弗生獻公具具生成公敖是伯禽玄孫名敖○明堂位

○文公十三年世室屋壞公羊子曰世室魯公之廟也魯公周公子伯禽○疏曰解云欲言君寢於例不書欲言宗廟未有世室之名故執不知問周公稱大廟魯公稱世室羣

祭礼九　二十七

公稱宮少差異其下者所以上尊周公○疏曰周公稱大廟者即僖八年禘于大廟文二年大事于大廟是也魯公稱世室者即此經是也羣公稱宮者即武宮煬宮之屬是也又曰廟者尊卑達名鬼神所居之稱今此稱異其名知上尊周公故也此魯公之廟也曷爲謂之世室世室猶[illegible]室也世世不毀也魯公[illegible]故不毀[illegible]曰謂之世室者稱言世世室也周公[illegible]

0014_0370-1　0014_0369-2

于魯據魯公始封也封魯公以爲周公也爲周公故語在下○穀梁子曰大室屋壞者有壞道也譏不脩也大室猶世室也世世有是室故言世室○疏曰傳有壞道也高者有崩道下者有壞道既言有壞道而書之者譏不脩也言魯若繕脩之豈有敗壞之理故書以譏不敬也成五年梁山崩傳云高者有崩道山有崩道又不可繕脩之物而亦書之者刺人君無德而致天災令山崩

祭礼九　二十八

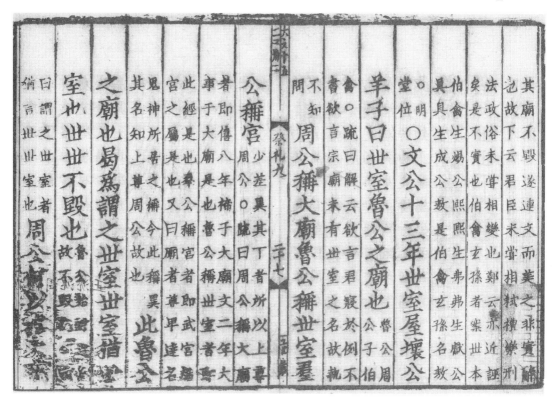

河壅怪異之大故亦書之然山高稱崩屋下言壞而序稱禮壞樂崩釋云通言之者以禮樂無高下之殊故知通言之周公曰大廟爾雅曰室有東西廂曰廟伯禽曰大室羣公曰宮爾雅曰宮謂之室室謂之宮然則其實一也蓋尊伯禽而異其名○疏曰此爾注所引並爾雅釋宮之言有東西廂者謂有夾室也傳知周公曰大廟伯禽曰大室羣公曰宮者禮記明堂位云季夏六月以禘禮祀周公于大廟哀三年桓宮僖宮災是周公稱

0014_0370-2

大廟羣公稱宮此經別言大室以其伯禽廟公羊傳爲世室言世世不毀世與大廟同耳禮宗廟之事君親割割牲○疏曰徐邈云禮記曰君親鸞刀而刲牲是也然彼據初殺牲之時非是割牲之事徐言非也夫人親舂舂粢盛也敬之至也爲社稷之主而先君之廟壞極稱之志不敬也極稱言室壞不復依違其文○公羊穀梁通入○成公三年新宮災三

儀祭礼九　人　二十九

0014_0371-1

日哭公羊子曰宣公之宮也以無新宮知宣公之宮廟○疏曰正以春秋上下無新公宮則知此言新宮者正是其父宣公之宮以其至近被災故謂之新宮災曷爲謂之新宮不忍言也親之精神所依而災孝子隱痛不忍正言也謂之新宮者因新入宮易其西北角示昭穆相繼代有所改更也○疏曰三年喪畢宣公神主新入廟故謂之新宮易其西[illegible]廟者即穀梁傳云壞廟之道易檐可也是易其西北角之禮也

0014_0371-2

[illegible]釋名云西北隅謂之屋漏[illegible]孫氏曰當室之日光所漏入也者與何氏別其言三日哭何據新宮中災不言日哭○疏曰注引桓僖宮即下定公三年夏辛卯桓宮僖宮災是也廟災三日哭禮也善得禮痛傷鬼神無所依歸故君臣素縞哭之○疏曰即檀弓下曰有焚其先人之室則三日哭鄭氏云謂人燒其宗廟哭者哀精神之存衞傷故此注云善得禮痛傷鬼神無所歸依是也云故君臣素縞哭之者謂著素衣縞冠哭之

儀祭礼九　人　三十

0014_0372-1

○穀梁子曰三日哭哀也其哀禮也宮廟親之神靈所馮君而遇災故以哀哭爲禮迫近不敢稱謚恭也迫近言親禰也禰傷遠祖則稱謚其辭恭且哀以成公爲無譏矣措之廟立之主曰帝同之天神春秋傳曰凡君卒哭而祔祔而作主○疏曰措置也王葬後卒哭竟而祔置於廟立主使神依之也自[illegible]云所以有主者神無依據孝子以[illegible]主用木木有始終又與人相似

0014_0372-2

蓋記之以爲題欲令後可知也方尺或曰尺二寸鄭云周以栗漢書前方後圓五經異義云主狀正方穿中央達四方天子長尺二寸諸侯長一尺皆帝者天神曰帝今號此主同於天神故題稱帝云文帝武帝之類也崔靈恩云古者帝王生死同稱生稱帝者死亦稱帝生稱王者死亦稱王今云措之廟立之主曰帝者蓋是爲記時有主入廟稱帝之義記者錄以爲法也凡君卒哭而祔祔而作主者此是左傳僖三十三年之言也天子七月而葬九月而卒哭諸侯五月而葬七月而卒哭大夫三月而葬五月而卒哭士三月而葬是月而卒哭卒哭

0014_0373-1

若是葬竟虞數畢後之祭名也孝子親始死哭晝夜無時葬後虞竟乃行神事故卒其無時之哭猶朝夕各一哭故謂其祭爲卒哭卒哭明日而立主祔於廟虞其昭穆從祖父食卒哭主暫時祔廟畢更還殯宮至小祥作栗主入廟乃埋桑主於祖廟門左埋重處故鄭云虞而作主至祔奉以祔祖廟既事畢反之殯宮然大夫士亦卒哭而祔而左傳惟據人君有主者言之故云凡君鄭注祭法云大夫士無主也此言凡君明不關大夫士也崔靈恩云大夫士無主以幣帛祔祔竟並還殯宮至小祥而入廟也檀弓云重主道也鄭注引公羊傳云

0014_0373-2

[illegible]桑[illegible]主用栗則似虞已有主而[illegible]祔而作主二禮不同者案說公[illegible]虞葬日中則作虞主若鄭君以二[illegible]文雖異其意則同皆是虞祭總了然[illegible]作主以作主去虞實近故公羊士虞之於虞作主謂之虞主又作主爲祔所淳故知左氏據祔而言故云祔而作主故異義云古春秋左氏說既葬反虞天子九虞九虞者以柔日九虞十六日也諸侯七虞十二日也大夫五虞八日也士三虞四日也既虞然後祔死者於先死者祔而作主爲桑主也期年然後作栗主許愼謹案左氏說與禮記同鄭君不駁明同許意故注檀弓云重既虞而

0014_0374-1

埋之乃後作主是總行虞祭竟乃埋重作主耳下檀弓云虞而立尸有几筵卒哭而諱生事畢而鬼事始已既卒哭宰夫執木鐸以命於宮中曰舍故而諱新鄭云故謂高祖之父當遷者據檀弓文句相連鄭以爲人君之禮明虞唯立尸未作主也○曲禮下

○七廟五廟無虛主虛主者唯天子崩諸侯薨與去其國與祫祭於祖爲無主天子崩國君薨則祝取羣廟之主而藏諸祖廟卒哭成事而後主各

0014_0374-2

反其廟藏諸主於祖廟象有凶事者聚也卒哭成事先祔之祭名也○疏曰云象有凶事者聚也者此實凶事而云象者以凶事生人自聚今主亦集聚似生人之聚故云象也云卒哭成事先祔之祭名也者檀弓云卒哭曰成事謂[illegible]成吉事檀弓又曰明日祔于祖是卒哭之事在祔祭之前鄭必云先祔之祭名者以卒哭主各反其廟者為明日祔時須以新死者祔祭於祖故祖主先反廟也

君去其國大宰取羣廟之主以從鬼神依人者也○從才用反

祫祭於祖則祝迎四廟

三禮 祭禮九 三十三

0014_0375-1

之主祝接神者也○疏曰以其祫祭於祖是祝之所掌之事故祝迎四廟之主若去其國非祭祝之事故大宰取羣廟之主以從鬼神依人故也祫祭於祖則迎四廟之主祝主接神者迎之也祫今祭祖大祖三年一祫謂當祫之年則祝迎高曾祖禰四廟而於大祖廟祭之天子祫祭則迎六廟之主今言迎四廟者據諸侯言也

主出廟入廟必蹕蹕音畢○蹕止行者○疏曰主謂木主羣廟之主也主長[illegible]一尺二寸諸侯一尺出廟者謂出己[illegible][illegible]六祖廟入廟謂從大祖廟而反[illegible][illegible]若在廟院之外當主出入[illegible][illegible]

0014_0375-2

廟[illegible]止行人若主入大祖廟中則[illegible]須蹕也似壓於尊者也若有喪及[illegible][illegible]蹕禮也官司[illegible]

○小史掌邦國之志奠繫世辨昭穆若有事則詔王之忌諱鄭司農云志謂記也春秋傳所謂周志國語所謂書之屬是也史官主書故韓宣子聘于魯觀書太史氏繫世謂帝繫世本之屬是也小史主定之瞽矇諷誦之先王死日為忌名為諱故書奠為帝杜子春云帝當為奠奠讀為定書帝亦或為奠玄謂王有事祈祭於其廟○疏曰小史掌邦國之志者邦國連言據諸侯志者

三禮 祭禮九 三十四

0014_0376-1

記也諸侯國內所有記錄之事皆掌之云奠繫世者謂定帝繫世本云辨昭穆者帝繫世本之上皆有昭穆親疏故須辨之云若有事者謂在廟中有祈祭之事云則詔王之忌諱者謂小史告王以先王忌諱也又曰古者記識物為志春秋傳所謂周志者皆是左氏傳載之役晉襄公縛秦囚來駒失戈狼瞫取戈斬囚遂為車右箕之役先軫黜之而立續簡伯其友曰盍死之瞫曰吾未獲死所其友曰吾與汝為難瞫曰周志有之勇則害上不登於明堂引之者證志為記識之義也引韓宣子者案昭公二年左氏傳晉韓起來聘觀書於大史氏見

0014_0376-2

象與春秋引之者證史官掌
志此小史掌志引大史謚之者大
官之長共其事故也云繫世謂帝
本之屬是也者天子謂之帝繫諸侯
之世本云瞽矇諷誦之者案瞽矇職
掌諷誦詩世奠繫鼓琴瑟是也云先
死日爲忌名爲諱者吉
一當避此二事。春官　○守祧掌守
王先公之廟祧其遺衣服藏焉（祧他彫反）
謂大祖之廟及三昭三穆遷主所藏
祧先公之遷主藏于后稷之廟先王
遷主藏于文武之廟遺衣服大斂之
也故書祧作濯鄭司農濯讀爲祧此

0014_0377-1

王者之宫而有先公謂大王以前爲諸
侯。疏曰云廟謂大祖之廟及三昭三
穆者王制云天子七廟三昭三穆與大
祖之廟而七又祭法云王立七廟曰考
廟曰王考廟曰皇考廟曰顯考廟曰祖
考廟皆月祭之有二祧享嘗乃止據周
而言是知廟祧中有三昭三穆與大祖
之廟也云遷主所藏曰祧者以祭法云
遠廟爲祧去祧爲壇既言去祧爲壇明
遷主先入祧乃至壇耳故知祧是遷主
所藏云先公之遷主藏于后稷之廟者
先公謂諸盩已前不追謚爲王者先公
之主不可下入子孫廟故知向上入后
稷廟案聘禮云不腆先君之祧既拚以

0014_0377-2

侯無二祧先祖之主皆藏於大廟
故名祧若然后稷廟藏先公不合
皆以有大祖廟名又文武已名祧故
穆不名祧也若然大王王季之主不
入文武祧亦當藏於后稷廟也云先王
之遷主藏于文武之廟者當周公制禮
之時文武在親廟四之内未毁不得
祧然文武雖未爲祧已立其廟至後
子孫文武應遷而不遷乃爲祧也其立
文法后稷廟在中央當昭者處東當穆
者處西皆别爲宫院者也案孔君王
之義二祧乃是高祖之父高祖之祖
親廟四皆次第而遷文武爲祖宗不
矣鄭不然者以其守祧有奄八人守

0014_0378-1

廟并姜嫄廟則足矣若益二祧則十
矣奄八人何以配之明其義非也云
衣服大斂之餘也者案士喪禮云小
十九稱不必盡服則小斂亦有餘衣
知據大斂之餘者小斂之餘至大斂
用之大斂餘乃留之故知此遺衣服
小斂餘也先鄭云此王者之宫而有
公謂大王以前爲諸侯者謂不窋已
諸盩已前爲諸侯者后稷雖不謚爲一
以其爲始祖故祫祭在爲從先王例
若將祭祀則各以其服授尸（尸當服卒者之上服）
以象生時。疏曰尸服卒者之上服士
虞記文鄭引之者欲見天子已下凡尸

0014_0378-2

貲服死者大斂之遺衣其不服者以衆襲衣服者以鄭云象生也既言卒者以之服則先王之尸服衮冕先公之尸服鷩冕也若然士爵弁以助祭祭宗廟服玄端而士冀特牲尸不服爵弁者爵弁是助祭諸侯廟中乃服之士尸還在士廟故尸還服玄端爲上服也曾子問云尸弁冕而出卿大夫士皆下之注云弁冕者君之先祖或有爲大夫士者則是先君之先祖爲士尸服卒者上服不服玄端而服爵弁者爵弁本以助祭在君廟君先祖雖爲士今爲尸還在君廟中故服爵弁不服玄端

既祭則藏其隋與其服

隋徐徒果反舊許規反注許恚反相恚反○鄭司農云隋謂神前所沃灌器名玄謂隋尸所祭肺脊黍稷之屬藏之以依神○疏曰案特牲少牢及曾子問皆有墮祭之事今先鄭以隋爲神前沃灌器故後鄭不從也玄謂隋尸所祭肺脊黍稷之屬者案特牲禮祝命挼祭尸取菹擩于醢祭于豆間佐食取黍稷肺祭授尸尸祭之注云肺祭刌肺是其隋者彼不言脊似誤所以誤有脊者特牲禮云佐食舉肺脊以授尸尸受振祭嚌之是以於此誤有脊但彼是尸食而舉者故有脊此隋祭不合有也云藏之以依神者此與祭地埋之同故云依神也○謂上

0014_0379-1

0014_0379-2

○天府掌祖廟之守藏與其禁令

守藏又守藏才浪反○祖廟始祖后稷之廟其寶物世傳守之若魯寶玉大弓者○疏曰所守藏者即下文王鎮已下是也禁令謂禁守不得使人妄入之等也又曰案王制云天子七廟三昭三穆與大祖之廟而七大祖即始祖廟也周立后稷廟爲始祖以其最尊故寶物藏焉云其寶物世傳守之若魯寶玉大弓者案春秋定八年盜竊寶玉大弓公羊傳云寶者何璋判白弓繡質是世傳守者也

凡國之玉鎮大寶器藏焉若有大祭則出而陳之既事藏之

玉鎮大寶器玉瑞玉器之美者禘祫陳之以華國也故書鎮作瑱鄭司農云瑱讀爲鎮○禘大計反後同○疏曰云玉鎮大寶器藏焉者若典瑞掌其凡瑞器故典瑞云掌玉瑞玉器之藏辨其名物與其用事設其服飾其美者天府掌之又曰鄭知玉鎮大寶器是玉瑞玉器之美者此云玉鎮即大宗伯云以玉作六瑞鎮圭之屬即此寶鎮也彼又云以玉作六器禮天之屬即此寶器也知是美者以其入此天府故知簡取美者家之也鄭知禘祫者經此[illegible]祭祀故知也

上春釁寶鎮及寶

0014_0380-1

0014_0380-2

器上春孟春也釁謂殺牲以血血之鄭司農云釁讀爲徵或曰釁鼓之釁

疏曰云上春孟春也者謂建寅之月也殺牲取血釁之若月令上春釁龜筴等

也云釁讀爲徵徵者周禮先鄭皆讀釁爲徵徵取飾義云或曰釁鼓之釁者讀從

定四年祝佗云君以軍行祓社釁鼓釁皆以血血之也若遷寶則

奉之奉猶送也○疏曰此遷寶謂王若遷都若平王東遷則寶亦遷天府

奉送之於彼新廟之天府藏之如故也○同上○庶子之正於

公族者正者政也庶子司馬之屬掌國子之倅爲政於公族者○倅七

大四十四小三百十三　祭禮九　三十九

0014_0381-1

對反其在軍則守於公禰謂從軍者公禰行主也行以遷

主言禰在外親也○疏曰此一節明庶子從行在軍之事則守於公禰者公禰

謂遷主載在齊車隨公行者也庶子官既從在軍故守於公齊車之行主也行

主是遷主而呼爲禰者既在國外欲依親親之辭○文王世子

右守藏○記凡君薨卒哭而祔祔

而作主特祀於主既葬反虞則免喪故曰卒哭哭

止也以新死者之神祔之於祖尸柩已遠孝子思慕故造木主立几

0014_0381-2

筵焉特用喪禮祭祀於寢不同之於宗廟言凡君者謂諸侯以上不

通於卿大夫○上時掌反○疏曰釋例云此諸侯之禮故稱君君既

葬反虞則免喪故曰卒哭哭止也以新死者之神祔之於祖尸柩已

已遠矣神形又不可得而見矣孝子之思彌篤彷徨求索不知所至

故造木主立几筵特用喪禮祭祀於寢不同之於宗廟宗廟則復用

四時烝嘗之禮也三年喪畢致新死者之主以進於廟廟之遠主當

遷入祧於是乃大祭於大廟以審定昭穆謂之禘此皆自諸侯上達

祭禮九　四十

0014_0382-1

天子之制也其意與此注同文少詳耳劉炫云既言作主非禮因言

作主祭祀吉凶之節凡諸侯之薨葬日而虞從是以後閒日一虞七

虞之後明日而爲卒哭之祭卒哭之明日而作祔祭以新死之神祔

於祖父於此祔祭而作木主以依神其主在寢特用喪禮祭祀於在

寢之主其四時常祭祠禴烝嘗及三年喪畢爲大祀禘祭並行之於

廟正禮當如是耳今以葬僖公後積十月始作僖公木主是作主大

緩故爲非禮也又曰檀弓曰既封有司以几筵舍奠於墓左反日中

0014_0382-2

而虞葬日虞弗忍一日離也雜[illegible]曰士三虞大夫五諸侯七士虞[illegible]
曰始虞用柔日再虞皆如初三[illegible]卒哭用剛日如士虞之禮諸侯[illegible]
虞其六虞用柔日最後虞改用[illegible]日閒一日乃卒哭卒哭亦用剛[illegible]
則諸侯卒哭在葬後十四日也[illegible]始死喪與葬不得相遠共在一[illegible]
之內故注每云既葬卒哭衰麻除是其不甚相遠然喪事先遠日則
葬在月半之後葬後行虞虞後卒哭必以得同月者但卜葬雖先遠
日但葬是喪之大事又有虞祔之祭當應及早爲之使得容其虞祔

三十六十四　儀祭礼九　四十一

0014_0383-1

禮云喪事先遠日謂練祥禫除之屬晉平公之喪大夫欲見新君[illegible]
與文伯晏嬰以曹壹皆是既葬之後未卒哭之前雜記曰天子七[illegible]
而葬九月而卒哭諸侯五月而[illegible]七月而卒哭釋例云禮記後人[illegible]
作不與春秋同是七虞九虞杜[illegible]不用或云杜亦同之鄭云此注[illegible]
虞則免喪昔謂七虞皆畢乃免[illegible]免喪後日爲卒哭也理亦通耳[illegible]
弓曰葬日虞是日也以虞易奠[illegible]哭曰成事是日也以吉祭易喪[illegible]
[illegible]葬前奠而不祭至虞乃爲[illegible][illegible]吉祭也自初死至於[illegible]

0014_0383-2

[illegible]哭無時謂之卒哭[illegible]然[illegible]哭自此之後唯朝[illegible]
二子諸侯則於此除喪全[illegible]也檀弓於卒哭之下云明日祔
祖父士虞記亦云卒哭明日以班祔是以新死之神祔之於祖
於此之時葬已多日尸柩既已矣孝子思慕彌篤彷徨不知所
故造木主立几筵以依神也作致之於寢特用喪祭之禮祭之
喪不同祭之於宗廟也大夫以不得稱君此言君者謂諸侯
上耳不得通於卿大夫也文二公羊傳曰士者曷用虞主用桑

三[illegible]字　祭礼九　四十二

0014_0384-1

主用栗鄭玄注禮用公羊之說[illegible]爲虞已有主此傳據祔而作主[illegible]
虞而作主禮本無文不可以公羊而疑左氏也　烝嘗禘於
廟　冬祭曰烝秋祭曰嘗新主既[illegible]特祀於寢則宗廟四時常祀[illegible]
[illegible]舊也三年禮畢又大禘乃皆[illegible]於吉○疏曰周禮禮記諸文皆[illegible]
之也新主既特祀於寢則[illegible]廟四時常祀[illegible]如舊[illegible]
[illegible]事新主入廟廟之遠主當[illegible]祧乃爲[illegible]
之禘於是新死者亦得同[illegible]釋例曰舊說以爲諸侯[illegible]三[illegible]

0014_0384-2

後乃烝嘗集傳襄公十五年冬十
一月晉侯周卒十六年春葬晉悼
公改服修官烝于曲沃會于溴梁
其冬穆叔如晉且言齊故晉人答
以寡君之未禘祀其後晉人徵朝
于鄭鄭公孫僑云溴梁之明年公
孫夏從寡君以朝于君見於嘗酎
與執燔焉此春秋之明證也是言
知諸侯卒哭以[illegible]將祭不嫌之事
也釋例又曰凡三年喪畢然後禘
於是遂以三年爲節仍計除喪即
吉之月卜日而後行事無復常月
也是以經書禘及大事傳唯見莊
公之速他無亦時之譏也如例所

0014_0385-1

言除喪即吉禘遂以三年爲常則
新君即位二年而禘五年又禘八
年又禘僖八年禘於大廟宣八年
有事于大廟定八年從祀先公皆
得二年之常期案元年夫人姜
氏薨當以三年喪畢而禘再經三
年則九年乃可耳而得八年禘
者哀姜喪畢不知作禘八年因禘
祭乃致之故計閔公之喪數之正
昭十五年有事於武宫計非禘祭
而爲禘者釋例[illegible]禘于六廟禮
常也合於其官[illegible]之爲也雖非
[illegible]大祭而書禘[illegible]禘禮也思
五年傳曰將禘[illegible]襄公亦

0014_0385-2

三年之禘自國之常常事不書
唯書此數事祭雖得常亦譏也
叔弓之非常也如杜此言昭十
年雖非禘年用禘禮故釋禘也
文解禮三年一祫五年一禘杜解
左傳[illegible]不言祫[illegible]以左傳無祫詒
則祫禘正是祭故杜以[illegible]諸昭
穆謂之爲禘明其更無祫也古禮
多亡未知孰是且使禮傳各從其
家而爲之說耳劉炫云以正經無
祫文也雖禮記毛詩有祫字耳釋
天云禘大祭也則祭無大於禘者
若祫大於禘[illegible]焉得稱大乎 ○傳
○僖三十三年春秋左氏傳

0014_0386-1

文公二年春王二月丁丑作僖公主

主者殷人以栢周人以栗三年
喪終則遷入於廟 ○疏曰主所
用木經無正文公羊傳曰主者曷
用虞主用桑練主用栗左傳唯言
祔而作主主一而已非虞練再作
公羊之言不可通於此也論語哀
公問社於宰我宰我對曰夏后氏
以松殷人以柏周人以栗先儒舊
解或有以爲宗廟主者故杜依用
之案古論語及孔鄭皆以爲社主
社爲木主者古論不行於世且社
主周禮謂之田主無單稱主者以

0014_0386-2

等並爲廟主識□□□此以視社通未嘗□□□

曰作僖公主者何爲僖公

爲僖公廟作主也王肅注也方穿中央達四方天子□

寸諸侯長一尺○疏曰謂書而讀之欲言亦禮樣者

事故執不知閒又曰主狀□中央達四方天子長尺二寸

長一尺者皆孝經說文意以下正禮無主故不言之

說備氏

王者曷用虞主用桑

喪禮九　四五

0014_0387-1

而葬日中而反虞以陽事經虞者親喪以下猶皇皇無所見

而虞事之虞尚安神也用桑者其名與其麤觕所以副孝子之

禮虞祭天子九諸侯七卿大夫士三虞其虞也猶吉祭○疏曰禮

男而葬日中而反虞者蓋禮云士虞記也言以陽求陰者鄭

与中求神是也而鄭注士虞禮云窮葬而日中虞君子舉事必用辰

正也謂兩相須也故鄭氏又云虞三虞皆質明則日中而反虞當

指彝曰言之自諸侯七以下雖□文其天子元虞者何氏差之耳異

0014_0387-2

義左氏說亦有成文云云之說具左氏傳疏

練主用栗

謂期年練祭也埋虞主於兩階之閒易用栗也夏后氏以松殷人

以周人以栗松猶容也想見其貌而事之主人正之意也栗猶

也親而不遠之也正之意也栗戰栗謹敬貌主天正之意也禮士

記曰桑主不文吉主皆刻而諡之蓋爲禘祫時別昭穆也虞主三

同者意尚麤觕未暇別也○注謂期年練祭也埋虞主於兩

之閒易用栗也者出禮記文夏氏以松殷人以柏周人以栗者

祭禮九　四六

0014_0388-1

論語也而鄭氏注云謂社主文論語哀公問社於宰我

文論語與社字是以何氏主耳禮作練主當以十三

禮記云十而練是也

用栗者藏主也

□常所當奉□家藏于堂

作僖公主何以

作餘公書

譏不時也其不時奈

喪而後不能也禮作練主當以十

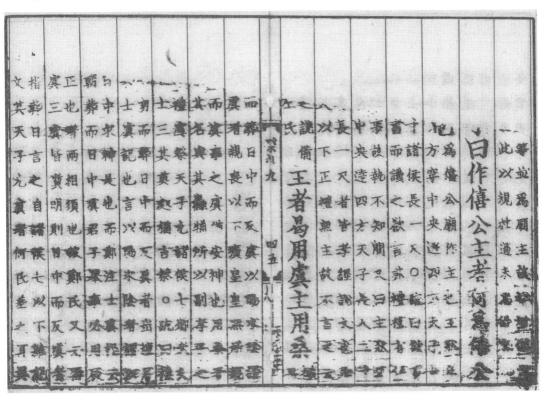

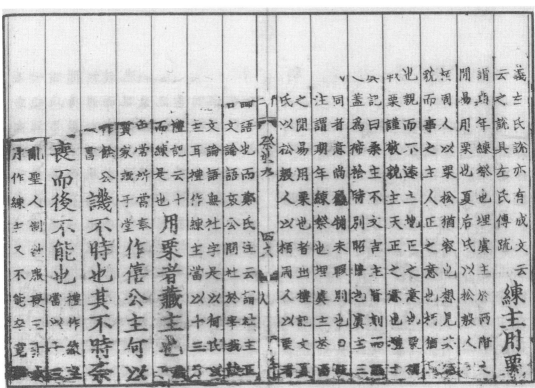

亂聖人制禮服三年月作練主又不能卒竟

0014_0388-2

[illegible]

日知也○穀梁曰

喪主於虞禮平旦而葬日中反祭謂之曰虞其主用不

吉主於練期而小祥其主用栗作僖公主譏

其後也僖公薨至此已十五月作主壞廟有

時日於練焉壞廟壞廟之道易檐

可也改塗可也禮親過高祖則毀其廟以次而遷將

0014_0389-1

納新神故云有所加○疏曰案莊公之喪已二十二月仍譏其爲吉

禘今方練而作主非是凶服而曰吉主者三年之喪至二十五月猶

未合全吉故公子遂有納幣之譏莊公喪制未二十五月而禘祭故

譏其爲吉此言吉者比之虞主故爲吉也此練爲練作之主終入廟

以辨昭穆故傳以吉言之然作主在十三月壞廟在三年喪終而傳

連言之者此主終入廟入廟即易檐以事相繼故連言之非謂作主

壞廟同時也或以爲練而作主之時則易檐改塗故此傳云於練

0014_0389-2

朝於傳文雖順舊說不然故不譏之直說異聞可慶信引衛次仲云

宗廟主皆用栗右主八寸左主七寸廣厚三寸若祭訖則內於西壁

埳中去地一尺六寸右主謂父也左主謂母也何休徐邈並與范注

同云天子尺二寸諸侯一尺狀正方穿中央達四方是與衛氏異也

其藏之也白虎通亦云藏之西壁則納之西壁中或如衛說去地高

下則無文以明之何休又云謂之虞者親與巳入壙皇皇無所見求

而虞事之虞猶安也虞主用桑者桑猶喪也取其名與其麤惏所以

0014_0390-1

副孝子之心練主用栗者謂既埋虞主於兩階之閒易用栗木爲主

取其戰栗故用栗木爲主又引士虞記曰桑主不文吉主皆刻而諡

之蓋爲禘時別昭穆也徐邈注穀梁盡與之同范亦當不異也春秋

公羊穀梁傳通脩入○曾子問曰喪有二孤

廟有二主禮與怪時有之孔子曰天無

二日土無二王嘗禘郊社尊無

[illegible]

0014_0393-2

疏曰尊喻卑也者尊謂天無二日土無二王嘗禘郊社尊無二上卑謂喪有二孤廟有二主喻明也尊者尚不可二明卑者不二可知也舉尊以明卑故云尊喻卑也云神雖多猶一一祭之者解嘗禘郊社尊無二上之意以嘗禘之時雖衆神並在猶先尊後卑一一祭之不一時總祭故云尊無二上也

昔者齊桓公亟舉兵作僞主以行及反藏諸祖廟廟有二主自桓公始也僞猶假也舉兵以遷廟主

0014_0394-1

行無則主命爲假主非也。疏曰昔者齊桓公亟舉兵作僞主以行者此説二主之由桓公名小白作霸主亟數也僞假也言作假主以行而反藏於祖廟故有二主也舉兵爲南伐楚北伐山戎西伐白狄故云數舉兵也。曾子問

○文公二年八月丁卯大事于大廟躋僖公躋子兮反。大事禘也躋升也僖公閔公庶兄繼閔而立廟坐宜次閔下今升在閔上故書而譏之時未應吉禘而於大廟行之其譏已明徒以逆祀故特大

0014_0394-2

其事異其文。坐才卧反又如字。疏曰昭十五年有事于武宫傳稱禘于武宫有事是禘則知大事亦是禘也躋升也釋詁文公羊傳曰躋者何升也禘祭之禮審諦昭穆諸廟已毁未毁之主皆於大祖廟中以昭穆爲次序父爲昭子爲穆大祖東向昭南向穆北向孫從王父以次而下祭畢則復其廟其兄弟相代則昭穆同班近據春秋以來惠公與莊公當同南面西上隱桓與閔僖亦同北面西上僖是閔之庶兄繼閔而立昭穆雖同位次閔下今升在閔上故書而譏之

0014_0395-1

僖公以其三十三年十一月薨至此年十一月喪服始畢今始八月時未應吉禘而於大廟行之與閔公二年吉禘于莊公其違禮同也彼書吉禘其譏已明則此亦從譏可知不復更譏其違也特猶空也空以逆祀之故亂國大典故特大其事譏之大事譏逆祀也釋例曰文公二年僖公之喪未終未應行吉禘之禮而於大廟行之其譏已明徒以躋僖而逆閔故特大其事異其文以見八年亦特書順祀皆所以起非常也有事于武宫及[illegible]禘[illegible]皆稱禘則知大事有事乎[illegible]

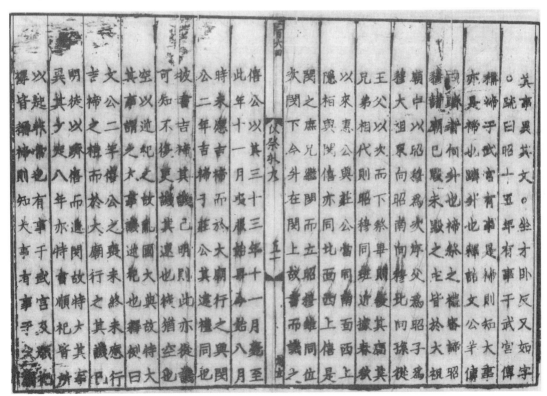

0014_0395-2

祭禘也**左氏曰逆祀也**僖長閔公得爲父子爲臣也僖在下令居閔上故曰逆祀○令力呈反閔上時掌反一曰太無上字○疏曰禮父子異昭穆兄弟昭穆故同僖閔不得爲父子同爲穆耳當閔在僖上今升僖先閔故云逆祀二公位次之逆非昭穆亂也魯語云將躋僖公宗有司曰非昭穆也弗忌曰我爲宗伯明者爲昭其次爲穆何常之有如彼所言似閔僖異昭穆者位次之逆如昭穆之亂假昭穆以言之非謂異昭穆也若兄弟相代即異昭穆設

續祭禮九　五一

0014_0396-1

令兄弟四人皆立爲君則祖父之廟即已從毀知其理必不然故爲儒無作此說○**於是夏父弗忌爲宗伯**夏戶於反○宗伯掌宗廟昭穆之禮○昭上遙反昭穆之例故此○疏曰周禮大宗伯掌建邦之天神人鬼地祇之禮小宗伯掌建國之神位辨廟祧之昭穆諸侯之官所掌亦當然也**尊僖公宜明見曰吾見新鬼大故鬼小**新鬼僖公既爲兄死時年又長故鬼閔公死時年少弗忌明言其所見○長丁

0014_0396-2

丈反少詩照反○疏曰且明見者欲尊崇僖公且明言其意之所見其順大小升聖賢也劉炫以爲直據兄弟大小爲義不須云死之長幼以規杜氏今刪定知不然者以傳云新鬼大故鬼小則大小之語總該諸事非直獨據兄弟明知亦據年時也**先大後小順也躋聖賢明也**入以傳公爲聖賢**明順禮也君子以爲失禮禮無不順祀國之大事也而逆之可謂禮乎子**

祭禮九　五二

0014_0397-1

雖齊聖不先父食久矣先悉薦反下不先同○齊肅也臣繼君猶子繼父○疏曰傳者評論皆託之君子此下盡先始以來皆是一君子之辭耳引詩二文於詩之下各言君子者君子謂作詩之人此論事君子又引彼作詩君子以爲證耳傳公甚後始作魯頌爲僖之時乃設此辭非當時君子有此言也弗忌之意以先大後小爲順故言明順禮也君子之意以臣不先君爲順故云禮然不順各言其順順不同也魯語展禽云夏父弗忌必有天殃其葬

燿焚煙盡于上孔晁云已葬而祀焚煙燎揖外故毁不先

鯀湯不先契○鯀古本反契息列反鯀禹父契湯十三世祖○號曰鯀禹父夏本紀文也契湯十三世祖殷本紀文契生昭明昭明生相土相土生昌若昌若生曹圉曹圉生冥冥生振振生微微生報丁報丁生報乙報乙生報丙報丙生主壬主壬生主癸主癸生天乙天乙即湯也下注云不窋后稷子周本紀文服虔云周家祖后稷以配天明不可先也故言不先不窋禹湯異代之王故言不先鯀契也然則文武大聖后稷賢耳非是不可先也下句引詩皇祖后

稷不欲直文故舉不窋以辟之文武不先不窋窋知律反○不窋后稷子宋祖帝乙鄭祖厲王猶上祖也帝乙微子父厲王鄭桓公父二國不以帝乙厲王不肖而猶尊尚之○肖悉召反○疏曰帝乙微子父宋世家文厲王鄭桓公父鄭世家文微子桓公宋鄭始祖也言宋祖帝乙鄭祖厲王則二國立其廟而祖祀之微子不先帝乙桓公不先厲王猶上祖也言

不以不肖猶尊尚之也宋爲王者之後得祀殷之先王帝乙之廟不毀者蓋以爲其所出故特存焉周制王子有功德出封者得廟祀所出之王魯以周公之故得立文王之廟襄十二年傳稱魯爲諸姬臨於周廟周廟文王廟也鄭之桓武世有大功故得立厲王之廟昭十八年傳稱鄭人救火使祝史徙主祏於周廟周廟厲王廟也是以魯頌曰春秋匪解享祀不忒皇皇后帝皇祖后稷解佳賣反忒他得反○忒差也

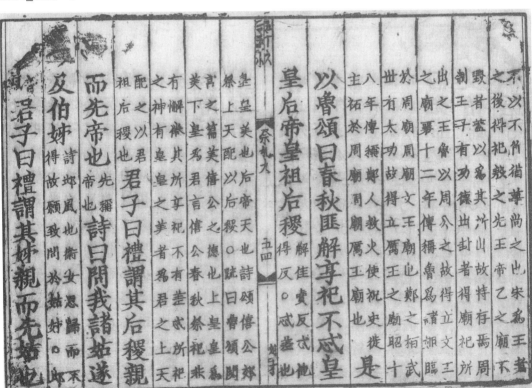

皇皇美也后帝天也詩頌僖公郊祭上天配以后稷○疏曰魯頌閟宮之篇美僖公之德也上皇皇爲美下皇爲君言僖公春秋祭祀非有懈怠其所享祀不有差忒所祀之神有皇皇之美者爲君之上天配之以君祖后稷也君子曰禮謂其后稷親而先帝也先稱帝也詩曰問我諸姑遂及伯姊詩邶風也衛女思歸而不得故願致問於姑姊○邶音君子曰禮謂其姊親而先姑也

僖說文公父夏父弗忌欲阿[illegible][illegible]先其所親故傳以此二詩[illegible]貴[illegible]焉
仲尼曰臧文仲其不仁者三[illegible]
知者三下展禽知音智下同○展禽柳下惠也文仲知柳下惠之賢而使在下位己欲立而立人○疏曰魯臣多矣而獨譏文仲者執國之政有大知之名爲不知之事故特譏之其餘則不元責矣論語稱仁者愛人知者不惑故以害於物者爲不仁闇於事者爲不知卑下展禽[illegible][illegible][illegible][illegible][illegible]廢去六關而不設汝禁妾織蒲席

而與民爭利此三事爲不仁也無其位而作虛器不知禮而縱逆祀不識鳥而祀爰居此三事爲不知也又曰論語云臧文仲其竊位者與知柳下惠之賢而不與立也又曰仁者己欲立而立人知賢不舉是無恕心故爲不仁也
廢六關塞關陽關之屬凡六關所以禁絕末遊而廢之○塞悉再反○疏曰昭五年傳稱孟丙仲壬之子殺豎牛於塞關之外襄十七年傳稱師自陽關逆臧孫二關見於傳如此之屬凡有六也民以田農爲本商賈爲末農民力以自食商

民遊以求食漢書賈誼說上曰今驅民而歸之農皆著其本各食其力末伎遊食之民轉而緣南畝則畜積足矣杜稱末遊者謂此末伎遊食之民也周禮司關司貨賄之出入掌其治禁是所以禁絕末遊者令其出入有度今而廢之使末游之人無所禁約損害農民是不仁也○今案家語作置六關王注云六關關名魯本無此關文仲置之以務行者故爲不仁傳曰廢六關非也與此不同未知孰是
妾織蒲三不仁也家人販席言其與民爭利○販甫萬

反○疏曰家語說此事作妾織蓆知織蒲是爲席以販賣之也大學云食祿之家不與民爭利故以此爲不仁也
作虛器謂居蔡山節藻棁也有其器而無其位故曰虛○棁章悅反○疏曰論語云子曰臧文仲居蔡山節藻棁何如其知也鄭玄云節栭也刻之爲山棁梁上楹也畫以藻文蔡謂國君之守龜山節藻棁天子之廟飾皆非文仲所當有之有其器而無其位故曰虛君子下不僭上其居奢如此是不知也
縱逆祀聽夏父躋僖公
祀爰居

三不知也海鳥曰爰居止於魯門外文仲以爲神命國人祀之爰居爾雅一名雜縣樊光云似鳳皇爰居事見國語莊子云魯侯御而觴之于廟。疏曰魯語云海鳥曰爰居止於魯東門之外三日臧文仲命國人祭之展禽曰越哉臧孫之爲政也夫祀國之大節也節政之所成也故制祭祀以爲國典今無故而加典非政之宜也今海鳥至己不知而祀之以爲國典難以言仁且知矣無功而祀之非仁也弗知而不問非知也今茲海其有災乎夫廣川之鳥獸皆

仪祭礼九　五七

知辟其災是歲海多大風冬煖○國語曰夏父弗忌爲宗弗忌魯大夫夏父展之後也宗宗伯掌國祭祀之禮烝將躋僖公躋升也賈侍中云烝進也謂夏父弗忌進言於公將升僖公於閔公上也韋昭謂此魯文公三年喪畢祫祭先君於太廟升羣廟之主序昭穆之時也經曰八月丁卯大事于太廟躋僖公是也僖閔之兄繼閔而立凡祭秋曰嘗冬曰烝此八月而言烝用烝禮也凡四時之祭烝爲備傳曰六事者皆魯

也毀廟之主陳于太祖未毀廟之主皆升合食于太祖躋僖公逆祀也逆祀者先禰而後祖也宗有司曰非昭穆宗有司宗官司事臣也非昭穆謂非昭穆之次也父爲昭子爲穆僖爲閔臣臣子一例而升閔上故曰非昭穆也曰我爲宗伯明者爲昭其次爲穆何常之有明言僖有明德當爲昭閔次之當爲穆也有司曰夫宗廟之有昭穆也以次世之長幼而等

仪祭礼九　五八

胄之親疏也長幼先後也等齊也胄裔也夫祀昭孝也昭明也明孝道也各致齊敬於其皇祖昭孝之至也皇大也故工史書世工瞽師官也史太史也世世次先後也工誦其德史書其言宗祝書昭穆宗宗伯祝太祝也宗掌其禮祝掌其位猶恐其踰也今將先明而後祖踰僖爲明而升之是先禰而後祖自玄王以及[illegible]

莫若湯玄王契也主癸湯父也自稷以及王
季莫若文武稷棄也王季文王父商周之烝
也未嘗躋湯與文武爲不踰也不使
相踰魯未若商周而改其常無乃不
可乎弗聽遂躋之展禽曰夏父弗
忌必有殃夫宗有司之言順矣僖
又未有明焉未有明德犯順不祥以逆

訓民亦不祥易神之班亦不祥不
明而躋之亦不祥犯鬼道二二易神之
班躋不明也犯人道二犯順以逆訓民也能無
殃乎魯語○公羊子曰大事者何大
祫也公言大與有事異又從僖八年禘數之知爲大祫○疏曰
宣八年夏六月辛巳有事于大廟彼是時祭不言大則知此言大者
是大祭明矣又從僖八年禘數之知爲大祫者春秋說文云二年一

祫五年一禘爾雅云禘大祭也繹氏云禘五年大祭也然則三年一
祫五年一禘禮如然也從僖八年秋七月禘於大廟從此以後三年
一祫數則十一年祫十四年祫十七年祫二十年祫二十三年祫二
十六年祫二十九年祫三十二年祫文二年祫也若作五年一禘數
則僖公八年禘十三年禘十八年禘二十三年禘二十八年禘三十
三年禘文五年禘則文二年非禘年正當合祫故知此年大事爲祫
矣是以注云又從僖八年禘數之知爲大祫也若然從僖八年禘數

之則十一年祫十三年禘隨次而下至僖二十三年廿爲禘祫何得
下傳云五年而再殷祭者蓋爲其初時三年作祫五年作禘大判言
之得言五年而再殷祭其間三五參差隨次而下何妨或有同年時
乎知非祫與禘相因而數爲三年五年者若從僖八年禘十一年祫
十六年禘十九年祫數之至僖三十二年禘文公二年祫亦相當但
於五年而再殷祭之言下合故不得然解大祫者何合
祭也其合祭柰何毀廟之主陳于

0014_0405-2

大祖毁廟謂親過高祖毁其廟藏其主于大祖廟中禮取其廟室笮以爲死者炊沐大祖周公之廟陳者就陳列大祖前大祖東鄉昭南鄉穆北鄉其餘孫從王父父曰昭子曰穆昭取其鄉明穆取其北面尚敬○疏曰上以祫小于禘而文加大故執不知問又曰取其廟室笮以爲死者炊沐者出禮記文未毁廟之主皆升合食于大祖自外來曰升五年而再殷祭殷盛也謂三年祫五年禘禘所以異於祫者功臣皆祭也

0014_0406-1

祫猶合也禘猶諦也審諦無所遺失禮天子特禘特祫諸侯禘則不礿祫則不嘗大夫有賜於君然後祫其高祖○疏曰禘所以異於祫者功臣皆祭也者出禮記與春秋説文禮天子特禘特祫者禮記及春秋説文卽不主禘祫是也諸侯禘則不礿祫則不嘗者卽禮記王制所云夏禘則不礿秋祫則不嘗是也大夫有賜於君然後祫其高祖者正以於禮不得故也躋者何升也何言乎升僖公據禘于大廟不道所升疏曰先君昭穆自有常次○

0014_0406-2

今而言躋故執不知問又曰據禘于大廟不道所升者卽傳八年秋七月禘于大廟用致夫人是也譏逆祀也其逆祀柰何先禰而後祖也升謂西上禮昭穆指父子近取法春秋惠公與莊公當同南面西上隱桓與閔僖亦當同北面西上繼閔者在下文公緣傳公於閔公爲庶兄置僖公於閔公上失先後之義故譏之傳曰後祖者僖公以臣繼閔公猶子繼父故閔公於文公亦猶祖也自先君言之隱桓及閔僖各當爲兄弟顧有貴

0014_0407-1

賤耳自繼代言之有父子君臣之道此恩義逆順各有所施也不言吉祫者就不三年不復譏略爲下張本○疏曰不言吉祫者云云閔二年夏五月乙酉吉禘于莊公傳云其言吉何言吉者未可以吉也曷爲未可以吉未三年也然則吉禘于莊公在三年之内今此大事亦在三年之内是不須更言吉祫以譏之但略言大事于大廟爲下躋僖公張本而已○穀梁傳曰大事者何大是事也著祫嘗祫合也嘗秋祭祫祭者

0014_0407-2

毀廟之主陳于大祖未毀廟之主皆升合祭于太祖祫祭者皆合祭諸廟已毀未毀者之主於太祖廟中以昭穆爲次序父爲昭子爲穆昭南向穆北向孫從王父坐也祭畢則復還其廟躋升也先親而後祖也逆祀也舊說僖公閔公庶兄故文公升僖公之主於閔公之上耳僖公雖長已爲臣矣閔公雖小已爲君矣臣不可以先君猶子不可以先父故以昭穆父祖爲喻竊曰即之於傳則

0014_0408-1

無以知其然若引左氏以釋此傳則義雖有似而於文不辨高宗彀之贊主饗繼變于禰以致煩褻之變然後卒脩常禮文公慎側祖考固不足多怪矣親謂僖祖謂莊逆祀則是無昭穆也無昭穆則是無祖也無祖則無天也故曰文無天無天者是無天而行也祖人之始也人之所仰天也君子不以親親害尊尊此春秋之義也禪畢祫序

0014_0408-2

不可亂也○疏曰禘祫之禮俱在廟序昭穆所以爲制異者公羊傳稱五年再殷祭何休云謂三年祫五年禘禘所以異於祫者禘則功臣皆祭也祫則合食於大祖而已是何休意祫則三年禘則五年也范於閔二年注同杜預以禘爲三年之祭必不得與何休同也公羊云五年再殷祭禘既三年蓋祫則五年也若然祫在五年而云三年之喪未終者據時三年未終而爲祫祭故以三年言之不謂祫祭亦在三年也或以爲禘祫同三年但禘在夏祫在秋直時異耳於范注

0014_0409-1

不妨但與公羊五年再殷祭違也何休又云天子特禘特祫諸侯禘則不礿祫則不嘗大夫有賜於君然後祫其高祖然諸侯禘則不礿或如何說云大夫有祫恐其不然公羊亦以此大事于大廟爲祫祭杜解左氏以大事爲禘與穀梁異又曰大是事也者祫是祭之大者故云大是事也著祫嘗者謂以大事言之著明是祫嘗之祭也嘗連言者祫必在秋故連嘗言之然周之八月夏之六月而云著祫嘗者蓋月却節前已得立秋之節故也先親而後祖親謂僖公祖謂閔公

0014_0409-2

也僖繼閔而立猶子之繼父故傳以昭穆祖父爲喻此於傳文不失而范氏謂莊公爲祖其理非也向者若范云文公傎倒祖考則是僖在於莊上謂之夷狄猶自不然況乎有道之邦豈其若是明范說非也則無天也謂天道先尊而後親今亂其上下不仰法天也此春秋之義也者以嫌疑之閒須取聖證故也

○僖公八年

秋七月禘于大廟用致夫人禘三年大祭之名太廟周公廟致者致新死之主於廟而列之昭穆夫人淫而

0014_0410-1

與殺不薨於寢於禮不應致故僖公疑其禮歷三禘今果行之嫌異常故書之○殺音試○疏曰釋天云禘大祭也言其大於四時之祭故爲三年大祭之名言每積三年而一爲此祭也大廟廟之大者故爲周公廟釋例曰三年喪畢致新死之主以進於廟廟之遠主當遷入祧於是乃大祭於大廟以審定昭穆謂之禘是說致者致新死之主於廟而列之昭穆也此致哀姜也哀姜薨已多年非復新死而於今始致者傳發凡例夫人不薨于寢則不致哀姜例不應致故僖

0014_0410-2

公疑其禮喪畢之日不作禘祭之禮以致之既不爲哀姜作喪畢禘祭其禘自從閔公數之二年除閔喪爲禘至五年復禘今八年復禘姜死以來已歷三禘今因禘祭果復行之三年一禘禘自是常不爲夫人禘祭因禘而致夫人嫌其異於常禮故史官書之若其不致夫人則此禘得常不書爲用致夫人而書之耳

○左氏傳

曰禘而致哀姜焉非禮也凡夫人不薨于寢不殯于廟不赴于同不

0014_0411-1

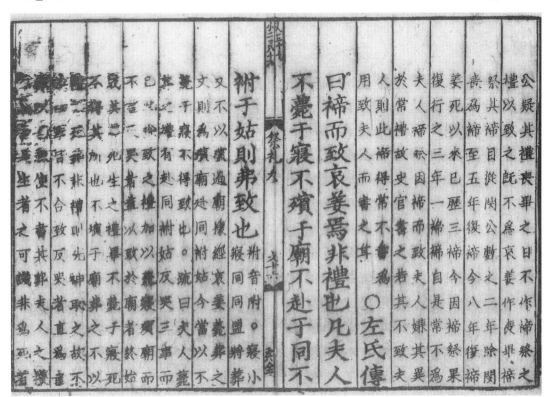

祔于姑則弗致也祔音附○寢小寢同同盟將葬又不以殯過廟據經哀姜薨葬之文則爲殯廟赴同祔姑今當以不薨于寢不得致也○疏曰夫人薨其[illegible]禮有赴同祔姑反哭三事而已[illegible][illegible]致之禮加以薨寢殯廟而不言[illegible]哭者蓋以致於廟者終始既其[illegible]死生之禮畢不薨于寢死不[illegible]其加也不殯于廟葬之不以[illegible][illegible][illegible][illegible]非禮則先神取之故不[illegible][illegible][illegible][illegible]不合致反哭者直爲書[illegible]以[illegible]無使不書其葬夫人之禮[illegible][illegible][illegible][illegible]生者之可識非爲死者

0014_0412-1　0014_0411-2

之有失雖不反哭亦得致之故於
此不言反哭也又曰喪大記云男
子不死於婦人之手婦人不死於
男子之手君夫人卒於路寢既言
婦人不死於男子之手必不得死
於君之路寢言夫人卒於路寢謂
卒於夫人之大寢對君路寢為小
故云小寢也同者同盟之國也檀
弓曰喪之朝也順死者之孝心也
其哀離其室也故至於祖考之廟
而後行殯朝而殯於祖周朝而遂
葬士喪禮朝而遂葬與記正同知
周法不殯於廟而此傳於襄四年
皆云不殯于廟以為失禮知其將

春秋　祭礼九　六七

葬之時不以殯過廟耳殯過廟者
將葬之時從殯宫出告廟乃葬非
是殯尸於廟中也據經哀姜薨葬
之文知其赴同祔姑可矣亦知其
殯於廟者以元年十二月喪至二
年五月始葬明至則殯於寢也既
殯於寢自然葬當朝廟故據葬文
亦知殯廟唯當以不薨於寢不得
致耳。今案穀梁傳以為僖公禘
致妾母成風於太廟立以為夫人
公羊傳以為僖公立妾媵女以為
夫人因禘祭而廟見與左氏不同
未知孰是今第取其不薨寢殯廟
不赴同祔姑則不得致其主之廟

0014_0413-1　0014_0412-2

以附
于此○定公八年冬十月順祀先
公而祈焉經云從祀先公注從順
也先公閔公僖公也將
正二公之位次所順非一親盡故
通言先公將作大事欲以順祀取
媚。疏曰傳言順祀是從為順也
文二年大事于大廟躋僖公升僖
於閔上閔先為君退在僖下是逆
也今升閔在僖上依其先後是順
也廟主失次唯此二公故知從祀
先公唯閔僖耳躋僖公指僖言之
此不指言升閔者彼所升者止升
僖公之一神不得不指言僖公也

春秋　祭礼九　六十八

今從祀之時閔僖俱得正位且以
親盡故通言先公此言從祀躋僖
公不言逆祀者此從祀因躋僖公
之文故得略言從祀至於躋僖公
文無所繫不知逆祀何公且見是
親廟不可言先公故指僖言之而
言躋也然則此以親盡故通言先
公下桓宫僖宫災彼亦親盡言桓
僖若彼據災之所在須指
言其處與此體例不同辛卯禘
于僖公辛卯十月二日不於大廟
者順祀之義當退僖公懼
於僖神故於僖廟行順祀。疏曰
釋例曰大祭于大廟以審定昭穆

謂之禘禘于大廟禮之常也故其宫時之為也雖非三年大祭而書禘用禘禮也然則禘者審定昭穆之祭也今為順祀而禘于僖公則是并取先公之主盡入僖廟而以昭穆祭之是為用禘禮也計術禮當于大廟今就僖廟為禘者順祀之義退僖升閔擬於僖公之神故於僖廟行禘禮使先公之神徧知之禮祭尊可以及卑後世之主宜上從大廟而食今從上世之主下入僖廟祀之當時所為非正禮也昭二十五年禘于襄公義亦然也○春秋左氏傳

公羊子曰從祀先公從祀者何順祀也復文公之逆祀○疏曰欲言其祭經無宫廟之文欲言非祭謂之從祀故執不知問文公逆祀去者三人諫不從而去之○疏曰文公逆祀去者三人者謂文二年八月丁卯大事于大廟躋僖公傳云躋者何升也何言乎升僖公譏何譏爾逆祀也其逆祀奈何先禰而後祖也是也定公順祀叛者五人諫不以禮而去曰叛去與叛皆不書之蔽也不書禘者後祫亦順非

獨禘也言祀者無已長久之辭不言僖公者閔公亦得其順○疏曰諫不以禮而去曰叛者謂諫君全不以禮不從之而去者謂之叛也又曰不書禘者後祫亦順非獨禘也者何氏之意以為三年一祫五年一禘謂諸侯始封之年禘祫並作之但夏禘則不礿秋祫則不嘗而已一祫一禘隨次而下其間三五參差亦有禘祫同年時矣若其有喪正可於喪畢其禘祫之年仍喪畢上而數之即僖八年禘于大廟之時禘祫同年矣至文二年大事于大廟之下傳云大事者何大

祫也何氏云從僖八年禘數之知為大祫是從僖八年禘祫同年數之文二年為祫年文五年為禘祫同年又隨次而數之至今定八年亦禘祫同年矣凡為祭之法先重而後輕禘大於祫固當先之則知此言從祀先公者是禘明矣故云不書祫者後禘亦順非獨禘也者然既言是禘理宜在夏而在冬下者當之矣言祀者無已長久之辭者桓八年傳云春曰祠何氏云祠猶食也猶繼嗣也春物始生孝子思親繼嗣而食之故曰祠因[illegible]死生然則此經何以不言從[illegible]

0014_0415-2

公以言大事不省公孫寧密☐矣治嗣不已長又從焉至三☐☐者無已長又之辭不言☐☐☐公亦得其順首陷二年文至月乙閔吉禘于莊公僖八年秋七月禘于大廟文二年八月丁卯大事于大廟之文皆譏其人今此經文所以不言從祀僖公而言先公者三以閔公亦得其順是以不得特指之**穀梁子曰貴復正也**文公逆祀今還順○三氏公羊穀梁傳通修**○衛孔悝出奔宋使貳車反祏於西圃**

宗廟祭禮九　七十一

0014_0416-1

悝若回反祏音石○使副車還取廟主西圃孔氏廟所在祏藏主石函○圃音布○疏曰少牢饋食大夫之祭禮其祭無主鄭玄祭法注云唯天子諸侯有主禘祫大夫不禘祫無主耳今孔悝得有主者僭時僭為之非禮也鄭玄駁異義云大夫無主孔悝之反祏所出公之主耳案孔氏姞姓春秋時國有南燕為姞姓耳孔氏仕於衛國已歷多世不知本出何國安得有所出公之主也一知是僭為之耳○哀公十六年春秋左氏傳

○桓公二年三月公會

0014_0416-2

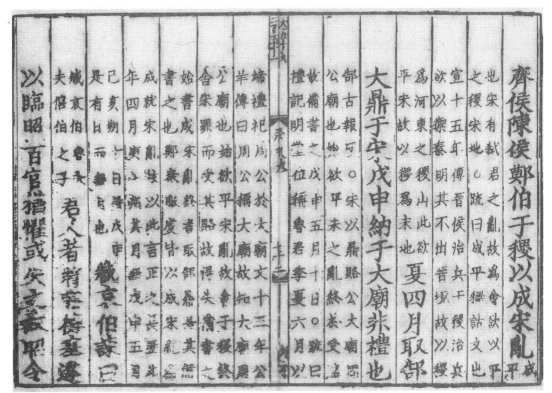

齊侯陳侯鄭伯于稷以成宋亂成平也宋有弒君之亂故為會欲以平之稷宋地○疏曰成平釋詁文也宣十五年傳晉侯治兵于稷治兵欲以禦秦明其不出晉境故以稷為河東之稷山此欲平宋故以稷為宋地**夏四月取郜大鼎于宋戊申納于大廟非禮也**郜古報反○宋以鼎賂公大廟周公廟也雖欲平宋之亂終為受賂故備書之戊申五月十日○疏曰禮記明堂位稱魯君季夏六月以

祭禮九　七十二

0014_0417-1

禘禮祀周公於大廟文十三年公羊傳曰周公稱大廟故知大廟周公廟也始欲平宋亂故會于稷終舍宋罪而受其賂故得失備書之始書成宋亂終書取郜鼎是其無書之也鄭衆服虔皆以成宋亂為成就宋亂以此言正之長歷推此年四月庚辰朔其月無戊申五月己亥朔十日得戊申是有日而無月也**臧哀伯諫曰**臧哀伯魯大夫僖伯之子**君人者將昭德塞違以臨照百官猶懼或失之故昭令**

德以示子孫 疏曰君人謂與人爲君也昭德謂昭明善德使德益章聞也塞違謂閉塞違邪使違命止息也德者得也謂內得於心外得於物在心爲德施之爲行德是行之未發者也而德在於心不可聞見故聖王設法以外物表之儉與度數文物聲明皆是昭德之事故傳每事皆言昭是昭其德也自不敢易紀律以上言昭德耳都無塞違之事自滅德立違以下言違德之事德之與違義不並立德明則違絕故昭德之下言塞違違立則德滅故立違之上言

滅德立違謂建立違命之臣知塞違謂遏絕違命之人也國家之敗謂邦國喪亡知猶懼或失之謂恐失國家此諫辭有首尾故理互相見

是以清廟茅屋 以茅飾屋著儉也清廟肅然清靜之稱○疏曰冬官考工記有葺屋瓦屋則屋之覆蓋或草或瓦傳言清廟茅屋其屋必用茅也但用茅覆屋更無他文明堂位曰山節藻梲復廟重檐刮楹達鄉反坫出尊崇坫康圭疏屏天子之廟飾彼其飾備物盡[illegible]以茅爲覆得有[illegible]者杜[illegible]屋[illegible]

茅飾之而已非謂多用其茅爲覆蓋猶童子垂髦及蔽膝之屬示其存古耳白虎通曰王者所以立宗廟何緣生以事死敬亡若存故以宗廟而事之此孝子之心所以尊也廟者貌也象先祖之尊貌然則象尊之貌享祭之所嚴其尊宇簡其出入其處肅然清靜故稱清廟清廟者宗廟之大稱詩頌清廟者祀文王之歌故鄭玄以文王解之言天德清明文王象焉故稱清廟此則廣指諸廟非獨文王故以清靜解之

大路越席 越戶括反○大路玉路祀天車

也越席結草祀天車本無天字考非○疏曰路訓大也君之所在以大爲號門曰路門寢曰路寢車曰路車故人君之車通以路爲名也周禮巾車掌王之五路鄭玄云王在焉曰路彼解天子之車故云王在耳其實諸侯之車亦稱爲路大路路之最大者巾車五路玉路爲大故杜以玉路爲大路巾車云玉路鍚樊纓十有再就建大常十有二斿以祀故云祀天車也越席結蒲爲席置於玉路之中以茵藉之亦其儉也經傳言大路者多矣注者皆觀文爲說尚書顧命陳列路

0014_0419-2

物有大輅綴輅先輅次輅孔安國
以爲玉金象以飾車以其偏陳誤
路故以周禮次之僖二十八年王
賜晉文公以大輅之服定四年祝
祀言先王分魯衛晉以大路注皆
以爲金路以周禮金路同姓以封
玉路不可以賜故知皆金路也襄
十九年王賜鄭子蟜以大路二十
四年王賜叔孫豹以大路二注皆
云大路天子所賜車之摠名以周
禮孤乘夏篆卿乘夏縵釋例以所
賜穆叔子蟜當是革木二路故杜
以大路爲賜車之摠名服虔云大
路木路杜不然者以大路越席猶

0014_0420-1

如清廟茅屋清廟之華以茅飾屋
示儉玉路之質以越席示質若犬
路是木則與越席各爲一物豈清
廟與茅屋又爲別乎故杜以大路
爲玉路於玉路而施越席是方可
以示儉故沈氏云玉路雖文亦以
越席示儉而劉君横生異義以**大**
大路爲木路妄規杜氏非也

羹不致大羹肉汁不致五味。疏
曰鄭特牲云大羹不和貴
其質也儀禮士虞特牲皆設大羹
湆鄭玄云大羹湆煑肉汁也不和
貴其質設之所以敬尸也是祭祀
之禮有大羹也大羹者大古初食

0014_0420-2

肉者煑之而已未有五味之齊祭
神設之所以敬而不忘本也記言
大羹不和故知不致五味
五味即洪範所云酸苦辛鹹甘也

粢食不鑿粢音咨食音嗣飾也下
鑿子洛反林作㲉子沃
反云糲米一斛舂爲八升。黍稷
曰粢不精鑿。疏曰釋草云粢稷
舍人曰粢一名稷稷粟也然則粢
是稷之別名但稷是諸穀之長粢
亦諸穀摠名周禮小宗伯辨六粢
之名物鄭玄云六粢謂黍稷稻粱
麥苽是諸穀皆名粢也祭祀用穀
黍稷爲多故云黍稷曰粢飯謂之

0014_0421-1

食傳云粢食不鑿謂以黍稷爲飯
不使細也九章筭術粟率五十鑿
二十四言粟五斗爲米二
斗四升是則米之精鑿**昭其儉也**
此四者
皆示儉**衮冕黻珽**衮古本反黻音
弗下同珽他頂
反。衮畫衣也冕冠也黻韋韠以
蔽膝也珽玉笏也若今吏之持簿
。韠音必笏音忽持簿步古反徐
廣云持簿手版也。疏曰畫衣謂
畫龍於衣祭服玄衣纁裳詩稱玄
衮是玄衣而畫以衮龍衮之言卷
也謂龍首卷然玉藻曰龍卷以祭
知謂龍首卷也尚書益稷云帝曰

予欲觀古人之象日月星辰山龍華蟲作會宗彝藻火粉米黼黻絺繡言觀古人之象謂觀衣服所象日月以至黼黻十二物皆衣服之所有也華蟲以上言作會宗彝以下言絺繡則二者雖在於服而施之不同冬官考工記畫繢與繡布采異次知在衣則畫之在裳則刺之故鄭玄禮注及詩箋皆云衣繢而裳繡以此知衣是畫文故云衣畫衣也衮衣以下章數鄭玄注司服云有虞氏十二章自日月以下至周而日月星辰畫於旌旗又登龍於山登火於宗彝冕服自九章

而下如鄭此言九章者龍一山二華蟲三火四宗彝五在衣藻六粉米七黼八黻九在裳鷩冕者去龍去山自華蟲而下七章華蟲一火二宗彝三在衣餘四章在裳毳冕者去華蟲去火五章自宗彝而下宗彝一藻二粉米三在衣餘二章在裳希冕者去宗彝去藻三章自粉米而下粉米一在衣餘二章在裳玄冕者其衣無畫裳上刺黻而已杜昭二十五年數九文不取宗彝則與鄭異也冠者首服之大名冕者冠中之別號故云冕冠也世本云黃帝作冕宋仲子云冕冠之

有旒者禮文殘缺形制難詳周禮弁師掌王之五冕皆玄冕朱裏止言玄朱而已不言所用之物論語曰麻冕禮也蓋以木爲幹而用布衣之上玄下朱取天地之色其長狹廣狹則經傳無文阮諶三禮圖漢禮器制度云冕制皆長尺六寸廣八寸天子以下皆同沈引董巴輿服志云廣七寸長尺二寸應劭漢官儀云廣七寸長八寸沈又云廣八寸長尺六寸者天子之冕廣七寸長尺二寸者諸侯之冕廣七寸長八寸者大夫之冕但古禮殘缺未知孰是故備載焉司馬彪漢

書輿服志云孝明帝永平二年初詔有司采周官禮記尚書之文制冕皆前圓後方朱裏玄上前垂四寸後垂三寸天子白玉珠十二旒三公諸侯青玉珠七旒卿大夫黑玉珠五旒皆有前無後此則漢法耳古禮鄭玄注弁師云天子衮冕以五采繅前後各十二旒旒有五采玉十有二鷩冕前後九旒毳冕前後七旒希冕前後五旒玄冕前後三旒旒皆五采玉十有二上公衮冕三采繅前後九旒旒有三采玉九侯伯鷩冕三采繅前後七旒旒有三采玉七子男毳冕三采繅

0014_0424-1　　0014_0423-2

……皆……二……玉其……
依命……之……前下十……
以在上……驕矜以合位……而志獨下……此……
也韠與衛同而名異……玄爵……云芾大古韍……之象……冕……之
芾其他服謂之韠以韋為之其云韍章韠也詩云赤芾在股則芾是
當股之衣故云以蔽膝也鄭玄易緯乾鑿度注云古者田漁而食因
衣其皮先知蔽前後知蔽後後王易之以布帛而獨存其蔽前者重

宗礼九　七十九

古道而不忘本也是說韍韠之元由……繫辭曰包犧氏之王天
下也作為網罟以佃以漁則佃漁而食伏犧時也禮運說上古之時
云昔者先王食鳥獸之肉衣其羽皮是佃漁而食因衣其皮也又曰
後聖有作治其麻絲以為布帛繫辭曰黃帝堯舜垂衣裳而天下治
然則易之布帛自黃帝始也……衣裳服布帛初必始於黃帝其……
……之象不知始自何代……堂……服……
……服而……冕……

0014_0425-1　　0014_0424-2

利享祀一佃服謂之服……冠……士服……端
韠是他服謂之韍……為一……謂之他此欲以兩服……
為韋韠韍之與韠祭服他服之異名耳其體制則同玉藻說玄端服
人蹕云蹕君朱大夫素士爵韋韍首言蹕句末言韋明皆以韋為之
凡韠皆象裳色言君朱大夫素則尊卑之韠直色別而已無他此也
其韍則有文飾焉明堂位曰有虞氏服韍夏后氏山殷火周龍章鄭
玄云韍冕服之韠也舜始作之以尊祭服禹湯至周增以畫文後王

祭礼九　八十

彌飾也山取其仁可仰也火取其明也龍取其變化也天子備焉諸
侯火而下卿大夫山士韎韋而已是說韍之飾也玉藻曰韠下廣二
尺上廣一尺長三尺其頸五寸……韋帶博二寸鄭玄云頸五寸亦……
廣也頸中央肩兩角皆上接革帶以繫之肩與革帶廣同是說韠之
制記傳更無韍制皆是韍義明……與韠同經傳作韍或作紱……
然皆義同也徐廣車服儀制曰……韍如今蔽膝戰國連兵以……
……飾夫之濱……而得……大……

0014_0425-2

散緌猶用□皮緌晉以來用繒綵爲之是其古今異也以其用綵故字或有爲綫者天子之笏以玉爲之故云繅玉笏也管子云天子執玉笏以朝日是有玉笏之文也禮之有笏者玉藻云凡有指畫於君前用笏造受命於君前則書於笏釋名云笏忽也君有命則書其上備忽忘也或曰笏可以簿疏物也徐廣車服儀制曰古者貴賤皆執笏即今手板也然則笏與簿手搢之異名耳蜀志稱秦宓見大守以簿擊頰則漢魏以來皆執手板故云若今吏之持簿玉藻云笏畢

祭禮九　八十一

0014_0426-1

用也因飾焉言貴賤皆用笏因飾以示尊卑其上文云笏天子以球玉諸侯以象大夫以魚須文竹士竹本象可也鄭玄云球美玉也文猶飾也大夫士飾竹以爲笏不敢與君並用純物是其尊卑異也大夫與士笏俱用竹大夫以魚須飾之士以象骨爲飾不敢純用一物所以下人君也用物既殊體制亦異玉藻云天子搢珽方正於天下也諸侯荼前詘後直讓於天子也大夫前詘後詘無所不讓也鄭玄以爲謂之珽珽之言挺然無所屈前後皆方正也荼謂舒懦所畏

0014_0426-2

在前也圜殺其首爲□於天子也大夫上有天子下有□君故首末皆圜前後皆讓是其形制異也其長則諸侯以下與天子又異搢一名大圭周禮典瑞云王晉大圭以朝日是也冬官考工記大圭長三尺天子服之是天子之挺長三尺也玉藻云笏度二尺有六寸短於天子蓋諸侯以下度分皆然也

帶裳幅舄幅音逼舄音昔

○帶革帶也衣下曰裳幅若今行縢者舄複履○縢徒登反複音福○疏曰下有韠是紳帶知此帶爲革帶玉藻革帶博二寸鄭云凡佩

祭禮九　八十二

0014_0427-1

繫於革帶白虎通云男子有鞶革者示有金革之事然則示有事章故用革爲帶帶爲佩也昭十二年傳云裳下之飾也經傳通例皆上衣下裳故云衣下曰裳幅與行縢今古之異名故云若今行縢詩云邪幅在下毛傳曰幅偪也所以自偪束也鄭箋云邪幅如今行縢也偪束其脛自足至膝縢謂纏也然則行而纏足故名行縢邪纏束之故云邪幅舄屨之小別鄭玄周禮屨人注云下曰舄禪下曰屨然則舄之與屨下有禪複爲異屨是總名故云複履謂其複下也

0014_0427-2

□□□□□子諸侯吉事皆舄赤□□□服之□白舄者皮弁之舄□舄青玄□□黑其士皆著纁纁□青爵弁之屨白屨者皮弁之屨舄之□玄端之屨其卿大夫服冕者玄端□服則屨其王后褘衣□舄揄狄青舄闕狄赤舄鞠衣黃屨展衣白屨褖衣黑屨其諸侯夫人及命夫之妻合衣狄者皆舄其餘皆屨其舄之飾用對方之色赤舄黑飾是也屨之飾用比方白屨黑飾是也

衡紞紘綖

紞多敢反字林紞坎反紘獲耕反綖音延字林弋善反○衡維持冠

祭禮九　八十三

0014_0428-1

者紞冠之垂者丁纓從下而上者綖冠上覆○上時掌反下上下同○疏曰此四物者皆冠之飾也周禮追師掌王后之首服追衡笄鄭司農云衡維持冠者鄭玄云祭服有衡垂于副之兩旁當耳其下以紞縣瑱彼婦人首服有衡則男子首服亦然冠由此以得支立故云維持冠者追猶治王之名王后之衡以玉爲之故追師掌焉弁師掌王之五冕弁及冕皆用玉笄則天子之衡亦用玉其諸侯以下衡之所用則未聞紞者縣瑱之繩垂於冠之兩旁故云冠之垂者魯語敬

0014_0428-2

姜曰王后親織玄紞則紞必織線爲之若今之絛繩鄭玄詩箋云充耳謂所以縣瑱者或名爲紞織之人君五色臣則三色是也絛必雜色而魯語獨言玄者以玄是天色故特言之非謂紞玄色也紘纓皆以組爲之所以結冠於人首也纓用兩組屬之於兩旁結之於頷下垂其餘也紘用一組從下屈而上屬之於兩旁垂其餘也紘纓同類故之相形故云紘纓從下而上者弁師掌王之五冕皆玉笄朱紘祭義稱諸侯冕而青紘士冠禮稱緇布冠青組纓皮弁笄爵弁笄緇組

祭禮九　八四

0014_0429-1

纓鄭玄云有笄者屈組爲紘垂爲飾無笄者纓而結其條以其有笄者用紘力少故從下而上屬之無笄者用纓力多故從上而下結之冕弁皆有笄故用紘緇布冠無笄□冕纓急魯語稱公侯夫人織紘綖知玄表織而爲之士冠禮言組纓□紘知天子諸侯之紘亦用組也□□□覆者冕以木爲幹以玄布衣其上謂之綖論語尚書皆云麻□□□當用布也弁師掌王之□□皆玄冕知其色用玄也孔安□□□注言績麻三十升布以爲□□□□也鄭玄王□注云延冕

0014_0429-2

[illegible]

[illegible]

[illegible]

舉子龍天子有升龍有降龍亦[illegible]有章也冕則公自袞以下侯伯[illegible]

鷩以下是冕有變也鷩則諸侯大[illegible]以下[illegible]下大夫山是黻有變也[illegible]

玉象不同長短亦異是斑有度[illegible]袞冕鷩冕[illegible]裳四章[illegible]冕[illegible]二

章是裳有變也鄭注[illegible]云王吉服舄有二等赤舄為上[illegible]舄之

公祭服上　八十五　四

0014_0430-1

舄下有白舄黑舄王后[illegible]服舄有三等玄舄為上褘衣之舄下有青

舄赤舄是舄有度也[illegible]則人君五色臣則三色是[illegible]有度也天子朱

紘諸侯青紘是紘有度也其帶緇[illegible]組則無以言之傳言昭其度也

[illegible]其尊卑率青[illegible]各[illegible]度

藻率鞞鞛

[illegible]

[illegible]

[illegible]

[illegible]

0014_0430-2

所以薦玉木為中幹用帛衣而畫之此言以帛為之揩木上之帛其質木為幹也禮之言繅皆有玉共文大行人謂之繅藉曲禮單稱藉故知所以藉玉也大行人云公執桓圭九寸繅藉九寸知大小各如其玉也大行人注云繅藉以五采帛衣板若奠玉則以藉之是由有奠之時須有繅以之藉玉故大小如玉耳典瑞職曰王執鎮圭繅藉五采五就以朝日公執桓圭侯執信圭伯執躬圭繅皆三采三就子執穀璧男執蒲璧繅皆二采再就以朝覲宗遇會同于王是王五采

祭禮九　八十六

0014_0431-1

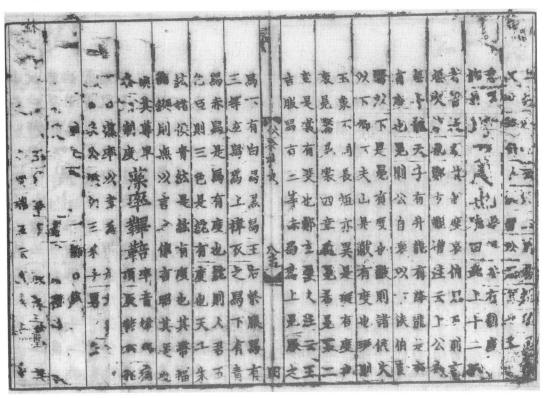

公侯伯三采子男二采也凡言五采者皆謂玄黄朱白蒼三采朱白蒼二采朱綠就成也五就謂五帀每一帀為就也禮之言藻其文雖多典瑞大行人聘禮覲禮皆單言繅或云繅藉未有言繅率者故服虔以藻為畫藻率為刷巾杜以藻率為一物者以拭物之巾無名率者服言禮有刷巾事無所出且哀伯謂之昭數固應禮之大者寧當舉拭物之巾與藻藉為類故知藻率正是藻之複名藻得稱為藻藉何以不可名為藻率也玉藻説韠之制曰士練帶率下辟凡帶有率

0014_0431-2

紐紩功鄭玄云士以下皆禪不合而紩積如今作幧頭為之也然則禪而不合縷紩其邊謂之率此以韋衣木蓋亦紩積其邊故稱率也鄭司農典瑞注讀繅為藻率之藻似以藻率共為藻也詩曰鞞琫容刀故知鞞鞛佩刀削之飾也少儀云刀授穎削授拊削是刀之類故與刀連言之鞞鞛二名明飾有上下先鞞後鞛故知鞞為上飾鞛為下飾劉君以毛詩傳下曰鞞上曰琫而規杜氏但鞞鞛或上或下俱是無正文不可以規杜過也

鞶厲游纓鞶步干反游音

0014_0432-1

留○鞶紳帶一名大帶厲大帶之垂者游旌旗之游纓在馬膺前如索帶○膺於陵反索悉各反○疏曰易訟卦上九或錫之鞶帶鄭玄帶也以帶束要垂其餘以為飾謂之紳上帶為華帶故云鞶紳帶所以則上帶也玉藻說帶云大夫大帶是一名大帶也詩毛傳云厲帶之垂者故用毛說以為厲大帶之垂者也大帶之垂者名之為紳而後名為厲耳紳是帶之名厲是垂之貌詩稱垂帶而厲是厲為垂貌也玉藻稱天子素帶朱裏終辟諸侯素帶不朱裏大夫玄華辟垂

0014_0432-2

帶皆博四寸士帶博二寸再繚四寸緇辟下垂貫服等說鞶厲皆與杜同鄭玄獨異禮記內則注以鞶為小囊讀厲如裂繻之裂言鞶囊必有飾緣之以為飾案禮記稱男鞶革女鞶絲鞶是帶之別繡遂以鞶為帶名言其帶革帶絲耳鞶非囊之號也禮記又云婦事舅姑施縏袠袠是囊之別名今人謂囊書之物為袠言其施帶施縏耳其鞶亦非囊也若以縏為小囊則袠是何器若袠亦是囊則不應帶二囊矣以此知鞶即是紳帶為得其實游是旒之垂者旆之別名九旗雖

0014_0433-1

各有名而旌旗為之總號故云旌旗之游也案巾車王建大常十有二斿又六行人云上公九斿侯伯七斿子男五斿其孤卿建旜大夫士建物其斿各如其命數其鳥旟則七斿熊旗則六斿龜旐則四斿故考工記云鳥旟七斿以象鶉火熊旗六斿以象伐龜旐四斿以象營室是也鄭司農巾車注云禮家說曰纓當胷以削革為之鄭玄云纓今馬鞅是纓在馬膺前也服虔云纓如索帬今乘輿大駕有之然則漢魏以來大駕之馬膺有露纓是纓之遺象故云如索帬也案巾

0014_0433-2

車玉路樊纓十有再就鄭玄注云
樊及纓皆以五采罽飾之金路樊
纓九就象路樊纓七就革路絛纓
五就鄭玄云其樊及纓以絛絲飾
之木路蒲樊鵠纓鄭玄云以淺黑
飾韋爲樊鵠色飾韋爲纓不言就
數飾與
革路同**昭其數也**尊卑各有數○
疏曰藻有五采
三采之異是藻率有數也毛詩傳
説容刀之飾云天子玉琫而珧珌
諸侯璗琫而璆珌是鞞鞛有數也
玉藻云紳長制士三尺有司二尺
有五寸又大夫以上帶廣四寸士
廣二寸是鞶厲有數也玉路十二

祭礼九　八九

0014_0434-1

斿金路九斿是斿有數也玉路纓
十有二就金路纓九就是纓有數
也數之與度大同小異度謂限制
數謂多少言其尊卑有節數也
火龍黼黻黼音甫○火畫火也龍
畫龍也白與黒謂之黼
形若斧黒與青謂之黻兩已相戾
○戾力計反○疏曰考工記畫
繢之事云火以圜鄭司農云爲圜
形似火也鄭玄云形如半環然又
日水以龍鄭玄云龍水物畫水者
并畫龍是衣有畫火畫龍也白與
黒謂之黼黒與青謂之黻考工記
文也其言黼形若斧兩已相戾相傳

0014_0434-2

爲説孔安国虞書傳亦云黼若斧
形黻爲兩已相背是其舊説然也
周世衮冕九章傳雖言以龍黼黻
四章者畧以明義故文不具衮衣
之所畫龍先於火今火先**昭其文**
於龍知其言不以次也
也以文章
明貴賤**五色比象昭其物也**比
並
是反○車服器械之有五色皆以
比象天地四方以示器物不虛設
○械户戒反○疏曰考工記云畫
繢之事雜五色東青南赤西白北
黒天玄地黄是其比象天地四方
也比象有六而言五者玄在赤黒

0014_0435-1

之間非別色也昭二十五年傳云
九文六采言采色有六故注以天
地四方六事當之五行之色爲五
色加天色則爲六故五色六采互
相見也昭其物者以示物不虛設
必有所象其物皆象五色故以五
色明
之**鍚鸞和鈴昭其聲也**鍚音揚
鈴音令
○鍚在馬額鸞在鑣和在衡鈴在
旂動皆有鳴声○額顏客反鑣彼
驕反旂勤衣反○疏曰鄭玄巾車
注云鍚馬面當盧刻金爲之所謂
詩箋云眉上曰鍚刻金飾之金當
盧也然則鍚在眉上故云在馬額
也詩稱輶車鸞鑣知鸞在鑣也鑣

祭礼九　九十

在馬口兩旁衡在服馬頭上鑾和亦錢也以處異故異名耳爾雅釋天謂旂旗有鈴曰旂李巡曰以鈴置旐端是鈴在旂也錫在馬額鈴在旂先儒更無異說其鑾和所在則舊說不同毛詩傳曰在軾曰和在鑣曰鑾韓詩內傳曰鑾在衡和在軾前鄭玄經解注取韓詩爲說秦詩箋云置鑾於鑣異於乘車也其意言乘車之鑾在衡田車之鑾在鑣及商頌烈祖之箋又云鑾在鑣是疑不能定故兩從之也案考一記輪崇車廣衡長參如一則衡之所容唯兩服馬耳詩辭每言入鑾

當謂馬有二鑾鑾若在衡衡唯兩馬安得置入鑾手以此知鑾必在鑣鑾在鑣則和當在衡經傳不言和數未知和有幾也四者皆以金爲之故動則皆有鳴聲也

三辰旂旗昭其明也

三辰日月星也畫於旌旗象天之明○疏曰春官神士掌三辰之法鄭玄亦以爲日月星也謂之辰辰時也日以照晝月以照夜星則運行於天昏明遞帀而正所以示民早晚民得取爲時節故三者皆爲辰也三辰是天之光明照臨天下故畫於旌旗象天之明也九旗之

物唯日月爲常不言畫星者蓋太常之上又畫星也穆天子傳稱天子葬盛姬建日月七星蓋畫北斗七星也案司常交龍爲旂熊虎爲旗不畫三辰而云三辰旂旗者旂旗是九旗之揔名可以兼大常故舉以爲言也

夫德儉而有度登降有數

登降謂上下尊卑

文物以紀之聲明以發之以照臨百官百官於是乎戒懼而不敢易紀律今滅德立違

謂立華督

違命之臣

而寘其賂器於大廟以明示百官百官象之其又何誅焉國家之敗由官邪也官之失德寵賂章也郜鼎在廟章孰甚焉武王克商遷九鼎于雒邑

寘之豉反雒音洛本亦作洛○九鼎殷所受夏九鼎也武王克商乃營雒邑而後去之又遷九鼎焉時但營雒邑未有都城至周公乃卒營雒邑謂之王城即今河南城也故

0014_0437-2

[illegible]
[illegible]古洛陽[illegible]
[illegible]傳知九[illegible]所受[illegible]
也戰[illegible]九鼎
謂齊[illegible]晉周[illegible]
一鼎九[illegible]九鼎八[illegible]
一人挽之[illegible]人致[illegible]是重百[illegible]
其鼎有九故擧九鼎也知[illegible]
[illegible]九鼎於雒邑爲器者[illegible]
王所重相傳以爲寶器[illegible]
之日可遷置西周乃徙九鼎[illegible]
子洛邑故知本意欲以爲都[illegible]以
尚書洛誥說周公營洛邑[illegible]
王但有遷意周公乃卒營之[illegible]理

祭禮九　九三

0014_0438-1

志云河南縣故郟鄏地也武王遷
九鼎焉周公致太平營以爲都是
爲王城至平王居之言取今河南
城者周時猶以爲河南縣[illegible]王定
鼎宣三年傳文 義士猶或非之 [illegible]之[illegible]已
史記伯夷列傳曰伯夷叔[illegible]孤竹君之二子也讓國俱逃[illegible]
西伯卒武王東伐紂伯夷叔齊叩馬諫曰父死不葬爰及干戈可謂
孝乎以臣弒君可謂仁乎左右欲兵之太公曰此義人也扶而去之
武王既平殷夷齊恥之而不食周粟隱於首陽山采薇而食之及餓

0014_0438-2

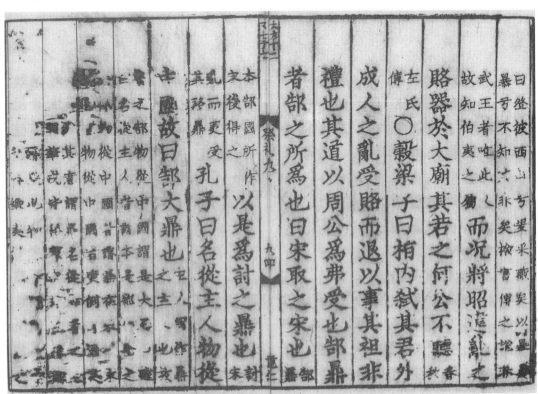

曰登彼西山兮采薇矣以暴易暴兮不知其非矣據書傳之說[illegible]
武王者唯此二人故知伯夷之徒 而況將昭違亂之
賂器於大廟其若之何公不聽 春秋
左氏傳 ○穀梁子曰桓內弑其君外
成人之亂受賂而退以事其祖非
禮也其道以周公爲弗受也郜鼎
者郜之所爲也曰宋取之宋也 郜鼎

祭禮九　九甲

0014_0439-1

本郜國所作宋後得之 以是爲討之鼎也 討宋
亂而更受其賂鼎 孔子曰名從主人物從
中國故曰郜大鼎也 之主人[illegible]作鼎[illegible]也故
[illegible]之郜物從中國謂是大[illegible]名從主人者謂本是郜之[illegible]
[illegible]物從中國[illegible]物從中國者[illegible]
[illegible]其意謂[illegible]名從[illegible]
[illegible]
[illegible]

0014_0440-1　　0014_0439-2

號不得改之若傳稱吳謂壽稍云學緩夷狄謂太原爲大鹵以地形物類須從中國之號故不得謂之伊緩大鹵也何休云周家以世孝天瑞之鼎諸侯有世孝者天子亦作鼎以賜之禮祭七子九鼎諸侯七卿大夫五元士三也故郜國有之○**襄公六年齊侯滅萊**賂夙沙衛之謀也事在二年**獻萊宗器于襄宮**襄宮齊襄公廟○春秋左氏傳

自天子達於庶人喪從死者祭從生者支子不祭從死者謂衣衾棺椁從生者謂奠祭之牲器○疏曰盧植解云從上者謂除服之後吉祭之時以子孫官祿祭其父祖故云從生者若喪中之祭虞祔練祥仍從死者之爵故小記云士祔於大夫則易牲又云其妻爲大夫而卒而后其夫不爲大夫而祔於其妻則不易牲又雜記云上大夫之虞也少牢卒哭成事祔皆大牢下大夫之虞也犆牲卒哭成事祔皆少牢是喪中之祭仍從死者之禮而鄭云謂奠祭之牲器云奠則是喪中之祭得從生者之爵與小記雜記違者小記雜記據死者子孫身無官爵生者又無可祭事故喪

0014_0441-1　　0014_0440-2

中之祭皆用死者之禮若其生者有爵則祭從生者之法喪祭尚爵喪後言祭可知奠謂葬前祭謂葬後包喪終吉祭也鄭必知祭兼喪祭與盧植別者以此云祭從生者喪從死者相對又中庸云父爲大夫子爲士葬以大夫祭以士又云父爲士子爲大夫葬以士祭以大夫祭又與葬相對皆祭與喪葬連文是一時之事故祭中兼爲喪奠也或云在喪中祭尚從死者爵至吉祭乃用生者祿耳故知盧解鄭言奠者自吉祭之奠及非時祭耳○王制

諸侯不敢祖天子大夫不敢祖諸侯疏曰此經云諸侯不敢祖天子而文二年左傳云宋祖帝乙鄭祖厲王大夫不敢祖諸侯而莊二十八年左傳云凡邑有宗廟先君之主曰都與此文不同者此據尋常諸侯大夫彼據有大功德者故異義禮戴引比郊特牲云又匡衡說支庶不敢薦其禰下士諸侯不得專祖於王古春秋左氏說天子之子以上德爲諸侯者得祖所自出魯以周公之故立文王廟左傳宋祖帝乙鄭祖厲王猶上祖也又曰凡邑有宗廟先君之主曰都以其有先君之主公子爲大夫所食采地亦自立所出公廟其立先公廟準禮公子得祖先君公孫不得祖諸侯許慎謹案周公以上德封魯

0014_0441-2

學穆周四代之禮樂知六[illegible]天子諸侯有德祖天子者知大夫亦[illegible]

于諸侯鄭氏無駁與許愼同也其王者母弟無大功德不得出封食采畿內賢

於餘者亦得采地之中立祖王廟故都宗人家宗人皆爲都家祭所出祖王之

廟也。詳見祭法。有天疾者不得入乎宗廟

今案公羊傳衛侯之母兄輒有惡疾不得立故穀梁云爾。昭公二十年穀梁

右祭主。傳武王末受命周公成

文武之德追王大王王季上祀先

儀祭禮六　六十七

0014_0442-1

公以天子之禮斯禮也達乎諸侯

大夫及士庶人父爲大夫子爲士

葬以大夫祭以士父爲士子爲大

夫葬以士祭以大夫期之喪達乎

大夫三年之喪達乎天子父母之

喪無貴賤一也追王之王去聲。朱先生云此言周

公之事末猶老也追王蓋推文武之意以及乎王迹之所起也先公

0014_0442-2

組紺以上至后稷也。祀先公以天子之禮又推大王王季之意以

及於無窮也制爲禮法以及天下使葬用死者之爵祭用生者之祿

喪服自期以下諸侯絶大夫降父母之喪上下同之推己以及人

也。中庸。父爲士子爲天子諸侯則

祭以天子諸侯其尸服以士服祭以

天子諸侯養以子道也尸服士服父本無爵子不敢以己爵加之與

於卑之。養以尚反。疏曰云尸服士服者謂尸服玄端若君之先

儀祭禮六　九八

0014_0443-1

祖爲士大夫則服助祭之服故曾子問云尸弁冕而出是爲君尸者

著弁者有著冕者若爲先君士尸則著爵弁若爲先君大夫尸則著

玄冕是也若大夫士之尸則服家祭之服故鄭注士虞記尸服卒者

之上服士玄端是也父爲天子諸侯子爲士

祭以士其尸服以士服謂[illegible]尸服[illegible]

[illegible]士服不成爲君也天子之[illegible]爲王者後以祀其受命之[illegible]

[illegible]士則擇其宗之賢者若[illegible]封[illegible]子爲王者後[illegible]

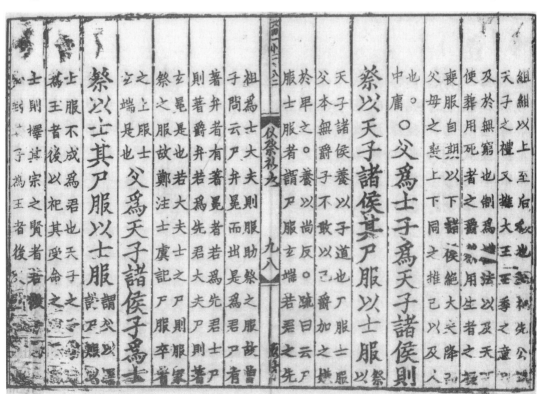

0014_0443-2

侯者祀其先君以禮卒者尸服卒子諸侯之服如道與□□則尸也祭也皆如士不敢以尊自衣服○疏曰知謂父以罪誅者乃其尸服士服故也以其嘗為天子諸侯不可以無人之禮待之士是爵之最卑故服其士服云若微子者不必封其子者案尚書有云成王既黜殷命殺武庚命微子啓代殷後是擇其賢者不立封紂子是也云祀其先君以禮卒者尸服天子諸侯之服者案左傳云宋祖帝乙帝乙是以禮卒者而宋祀以為祖明其服天子之服推此則諸侯亦

0014_0444-1

然○喪服小記○支子不祭祭必告于宗子不敢自專謂宗子有故支子當攝而祭者也五宗皆然○疏曰支子庶子也祖禰廟在適子之家而庶子賤不敢輒祭之也若宗子□是□祀祭必告於宗子□□□不得祭者祭于有疾不□□子庶二代□可以猶宜告宗子□之祭故鄭云不敢自專○□□庶子不祭祖明其宗也□□也禰則不祭矣□祖者主謂宗子庶子俱為適士得立祖禰廟者也凡正體在乎

0014_0444-2

上者謂下正為庶也○□□反○疏曰此一節尊宗之義也庶適子俱是人子並宜供養而適孫得祭庶子獨不祭者正是推本□之所以明所宗故云明其宗也又尊嫌名對父上言庶子獨是父世父言則不得祭父何假言祖子親則不祭也而記不言□禮祭是對孫今既云庶子不□以祭是宗子庶子俱為適士今□是二廟自禰及祖是適故云得立之至廟祭之而已是祖庶然□適士得自立禰廟而不得立祖者之故云庶子不祭祖云適士

0014_0445-1

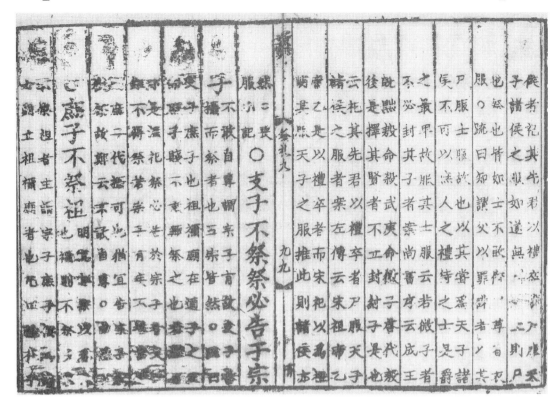

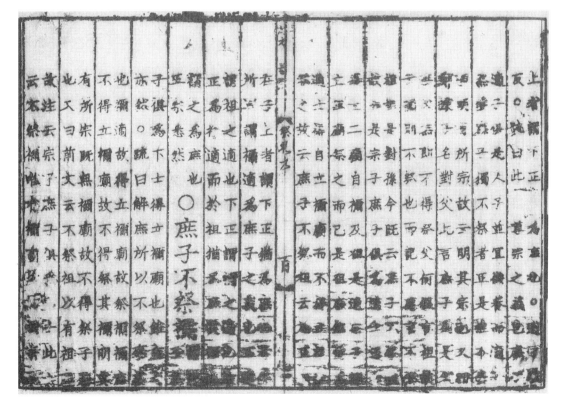

在子上者謂下正猶為庶也云正所以謂禰適為庶子之義也□□謂祖之適也下正謂禰之適也正為祖者適而於祖猶為庶故禰謂之為庶也正宗亦然○庶子不祭禰子俱為下士得立禰廟也雖庶亦然○疏曰解庶所以不祭禰也獨適故得立禰廟故祭禰不得立禰廟故不得祭其禰明有所宗既無禰廟故不得祭子也又曰前文云不祭祖以有祖故注云宗子庶子俱為□□此云不祭禰惟□□□□□□

0014_0445-2

幷子俱爲下士若庶子是下士宗子是庶人此下士立廟於宗子之
家庶子共其牲物宗子主其禮雖庶人是有祭義若宗子爲下士是
宗子自祭之庶子不得祭也

○庶子不祭殤與無後者殤與無後者從祖祔食不祭

殤者父之庶也不祭無後者祖之庶也此二者當從祖祔食而已不
祭祖無所食之也共其牲物而宗子主其禮焉祖庶之殤則自祭之
凡所祭殤者唯適子耳無後者謂昆弟諸父也宗子之諸父無後者

0014_0446-1

爲墠祭之○食音嗣共音恭墠音善○疏曰此事與曾子問中義同
而語異也曾子問中是明宗子所得祭就宗子之家宗子主其禮今
此所言是庶子不得在當家祭者也庶子者謂父庶及祖庶也殤者
未成人而死者也無後謂成人未昏或已娶無子而死者不得祭殤
者謂父庶也不祭無後者謂祖庶也殤與無後者從祖祔食者解庶
所以不自祭義也已不得祭父祖而以此諸親皆各從其祖祔食祖
廟在宗子之家故已不得自祭之也又曰云不祭殤者父之庶也謂

0014_0446-2

已是父之庶子及餘兄弟亦是父之庶子庶子所生之適子爲殤而
死者不得自祭之以其已是父庶不合立父廟故不得自祭其子殤
也殤尚不祭成人無後不祭可知云不祭無後者祖之庶也者已是
祖庶不合立祖廟故兄弟無後者不得祭之已若是曾祖之庶亦不
得祭諸父無後者諸父無後當於曾祖之廟而祭己是曾祖庶不合
立曾祖之廟故不祭之此直云祖之庶不云曾祖之庶者言祖兼曾
祖也此無後者身並是庶若在殤而死則不合祭也云此二者當從

0014_0447-1

祖祔食而已不祭祖無所食之也者一是殤二是無後此二者當從
死者之祖而祔食祖廟在宗子之家故已不得祭祖無所食以私家
不合祭祖與食之也云共其牲物而宗子主其禮焉者謂殤者之
親共其牲物而宗子直掌其禮更氏云此殤與無後者所祭之時非
唯一度四時隨宗子之家而祭也但牲牢不得同於宗子祭尊之禮
故曾子問注云凡殤特豚其義具曾子問疏云祖庶之殤則自祭之
者己於祖爲庶故謂己子爲祖庶之殤己是父適得立父廟故自祭

0014_0447-2

子殤亦於父廟也云無後者謂昆弟諸父也者昆弟謂已之昆弟已是祖庶祭無後昆弟當就祖廟已無祖廟故不祭無後昆弟云諸父也者已是曾祖之庶祭諸父當於曾祖之廟已無曾祖之廟故不祭無後諸父云宗子之諸父無後者為墠祭之者宗子合祭諸父諸父當於宗子曾祖之廟宗子是士唯有祖禰二廟無曾祖廟故諸父無後者為墠祭之若宗子為大夫得立曾祖廟者則祭之於曾祖廟不於墠也若宗子有大祖者不立曾祖廟亦祭之於墠案祭法云先壇

仪祭礼九　百三

0014_0448-1

後墠今祭之墠者皇氏云以其無後賤之故於墠也。小記○

庶子若富則具二牲獻其賢者於宗子賢猶善也。疏曰若富則具二牲獻其賢者於宗子者賢猶善也善者獻宗子使祭之不善者私用自祭也夫婦皆齊而宗敬焉齊側皆反。當助祭於宗子之家。疏曰夫婦皆齊而宗敬焉者大宗子將祭之時小宗夫婦皆齊戒以助祭於大宗以加敬焉謂敬事大宗之祭終事而后敢私

0014_0448-2

祭祭其祖禰。疏曰終事而后私祭者請大宗終竟祭事·而后敢以私祭祖禰也此文雖主事[illegible]宗子其大宗之外事小宗子者亦然。內則○曾子問曰宗子為士庶子為大夫其祭也如之何孔子曰以上牲祭於宗子之家貴祿重宗也上牲大夫少牢。疏曰此一節論宗子祭用之夫牲之事上牲謂大夫少牢也宗子是士合用特牲今庶子身為大夫若祭祖禰當用少牢之牲就宗

仪祭礼九　百四

0014_0449-1

子之家而祭也以廟在宗子家也又曰用大夫之牲是貴祿也宗廟在宗子之家是重宗也此宗子謂小宗也若大宗子為士得有祖禰二廟也若庶子是宗子親弟則與宗子同祖禰得以上牲於宗子之家而祭祖禰也但庶子為大夫得祭曾祖廟已是庶子不合自立曾祖之廟崔氏云當寄曾祖廟於宗子之家亦得以上牲宗子為祭也若已是宗子從父庶子兄弟父之適子則於其家自立禰廟其祖及曾祖亦於宗子之家寄立之亦以上牲宗子為祭若已是宗子從

祖庶兄弟父祖之適則立祖禰廟於已家則亦寄立曾祖之廟於宗子之家已亦供上牲宗子爲祭此大夫者謂諸侯大夫故少牢知此是諸侯大夫者以下文云宗子有罪居于他國言他國則是據諸侯也以文相連接故知此大夫是諸侯大夫也祝曰孝子其爲介子某薦其常事。爲于僞反介副也不言庶使告可以祭然。疏曰宗子祭時祝告神辭云孝子某孝子謂宗子也某是宗子之名介子某介子謂庶子爲大夫者介副也某

是庶子名也薦其歲之常事告神止稱宗子其時庶子身在祭位必知庶子在者以經云祭於宗子之家是大夫家宗子家而祭又曰上云庶子爲大夫此亦當云爲庶子其今云介子某者庶子卑賤之稱介是副貳之義介副則可祭故云使若可以祭然故稱介子若宗子有罪居于他國庶子爲大夫其祭也祝曰孝子某使介子某執其常事此之謂宗子攝大夫。疏曰喪服小記士不攝大夫

士攝大夫唯宗子又曰此宗子有罪出在他國庶子既爲攝主不敢備禮故於祭末不爲陽厭之致也所以不爲陽厭者陽是神之惠飫今攝主謙退似若神未厭飫然也不旅謂所將祭旅酬之時賓與不舉不爲旅酬也旅酬是賓主交歡之始今攝主不敢當正主故不旅也不假不綏祭者假是主人受福綏是將欲受福先爲綏祭今辟正主故不敢受假以其不嘏故不綏祭也不配者以祭初尸未入之時祝告神辭曰以某妃配某氏備告考妣今攝主不敢備禮略言皇

祖而已此經所陳從祭末以後以次至祭初逆陳之必逆陳之者皇氏云以其攝主非正故逆陳以見義云厭厭飫神也者以其無尸設饌欲神之歆饗而厭飫是也云厭有陰有陽謂一祭之中有此兩厭下文有陰厭有陽厭是也陰厭約少牢特牲禮文祝酌奠者謂祝酌奠於鉶南且饗者祝奠訖且復以辭饗告神也是室奧陰靜之處故云陰厭尸謖之後佐食徹尸之薦俎設於西北隅得户明向之處故曰陽厭今攝主不厭謂不陽厭也所以然者厭是厭飫凡厭是神之

0014_0451-2

歆饗云尸謖至陽厭絀其上大夫當自賓尸故少牢禮無陽厭也下大夫不賓尸有陽厭也其天子諸侯明日乃爲繹祭亦有陽厭也故詩云相在爾室尚不愧于屋漏謂天子之禮天子既爾諸侯亦然此云攝主不厭謂下大夫攝不陽厭也礼有陽厭以其攝主故闕陽厭若上大夫本無陽厭可闕知此不厭者不陽厭此皆逆陳於祭末者先言故知不陽厭也云假讀爲嘏至主人絀以古旁之嘏是福慶之辭少牢云嘏于主人嘏字古旁爲之祭禮唯主人受嘏故知不嘏不

仪祭礼九　一百七　孫欽

0014_0452-1

嘏主人也云不綏祭謂欲食之時先减黍稷牢肉而祭之於豆間故曰綏祭尸與主人俱有綏祭今攝主則不綏也所以然者凡將受福先爲綏祭今辟正主不敢受福故不綏也若綏少牢禮云祝此迎尸尸入即席坐而祝命尸綏祭尸取菹及黍稷肺祭于豆間是謂之綏祭綏是减毀之名尸與主人俱有綏祭也云今主人者謂今攝主人也云綏周禮作墮者以綏是綏安之義墮是减毀之名故從於周墮爲正守祧云既祭則藏其隋是也云不配者祝辭不言以某妃配

0014_0452-2

某氏者謂祝辭直言薦歲事於皇祖伯某不云以某妃配某氏某氏者其妃之姓也若云某妃姜氏子氏之類也攝主不厭祭不旅不假不綏祭不配厭於豔反綏注作墮許垂反又況垂反○皆辟正主厭厭飫神也厭有陰有陽迎尸之前祝酌奠奠之且饗是陰厭也尸謖之後徹薦俎敦設於西北隅是陽厭也此不厭者不陽厭也不旅不旅酬也假讀爲嘏不嘏不嘏土人也不綏祭謂今主人也綏周禮作墮不配者祝辭不言以某妃

祭礼九

0014_0453-1

配某氏○辟音避謖色六反敦設對○疏曰此一節以曾子前問宗子爲士庶子爲大夫孔子荅畢更爲曾子廣陳宗子有罪出居他国庶子爲大夫在家法其祭之禮樂少牢饋食司宫筵于奥設饌畢祝酌奠于鉶南主人西面再拜稽首祝曰孝孫某敢用柔毛剛鬣嘉薦普淖用薦歲事于皇祖伯某以某妃配某氏尚饗此所謂配也今攝主則不配少牢又云祝出迎尸尸入即席坐而執祝肅之觶而杭命尸挼尸取菹擩于醢祭于豆間及祭黍稷肺等是謂尸綏祭也尸飯

張本下象鼻題監生蔡育四字傳本剪去之

0014_0453-2

十一飯訖主人洗爵酳尸尸酢主
人主人拜受爵上佐食取黍稷肺
授主人所謂綏祭也今攝主不綏
祭少牢又云主人左執爵祝與二
佐食取黍以授尸尸執以命祝祝
受以東北面嘏于主人曰皇尸命
工祝承致多福無疆于女孝孫所
謂嘏也今攝主則不嘏也案特牲
主人受嘏之後獻祝及佐食訖主
婦獻尸及祝佐食訖乃賓長獻[illegible]
尸爵止未飲主人主婦交錯致爵
訖尸乃飲止爵以酢賓賓飲訖賓
獻祝及佐食洗酌致于主人主婦
訖主人獻賓賓酢主人主人又獻

祭禮九

0014_0454-1

衆賓訖尊兩壺于阼階東西方亦
如之主人酌西方之尊以酬賓主
人奠爵于賓之薦北賓取爵東面
奠于薦南所謂奠而莫於薦左今
主人奠於薦北賓取奠爵奠於薦
而不舉也主人獻長兄弟衆兄弟
兄弟訖長兄弟加爵[illegible]
[illegible]加爵於[illegible]訖嗣子舉奠[illegible]
[illegible]之[illegible]長兄弟長兄
賓國[illegible]賓酬衆兄弟所謂旅酬
[illegible]旅酬以特牲云衆賓酬之
[illegible]之後祝告[illegible]
[illegible]

0014_0455-1

兄弟訖乃行旅酬故云此旅酬之
始也云莫之不舉止旅者謂止旅
酬之事而
不爲也
不歸肉
歸如字又其[illegible]
反○肉俎也謂
與祭者留之共燕○與音預○疏
曰歸饋也謂不歸俎肉於賓也又
曰賓客正祭諸助祭之賓客各使
歸俎今攝主不敢饋俎肉於賓故
注云諸與祭
者留之共燕
其辭于賓曰宗兄宗弟宗子在他國使某辭
辭猶告也
宿賓之辭
與宗子爲列則曰宗兄若宗弟昭
穆異者曰宗子而已其辭若云宗

0014_0454-2

[illegible]於賓[illegible]奠而不舉
賓[illegible]莫[illegible]
[illegible]而也此酬之始也[illegible]
旅○觶之豉反又音支○[illegible]
主人酬賓之時賓在西階東面[illegible]
入告此奠爵於賓之北賓[illegible]
舉者賓坐取薦北之爵直於[illegible]
而不舉用以酬兄弟此則不[illegible]
之事而更別言者以上文速云祭
祀是主人之事自此以下更別言
賓禮有闕故重言之又曰此賓特
牲禮文云此酬之始也者案[illegible]
禮云賓奠之後主人獻衆兄弟肉

祭禮九

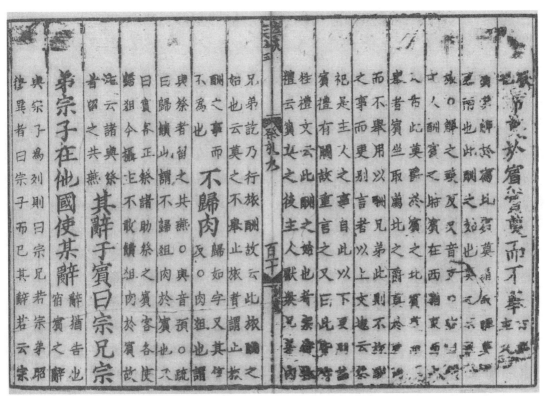

0014_0456-1　0014_0455-2

兄其在他國使其執其常事使其告。疏曰非但祭不備禮其將祭之初辭告於賓與常禮亦别云宗兄宗弟宗子在他國不得親祭故使其執其常事使某告也故云使某辭又曰云宿賓之辭案特牲云乃宿尸注云宿讀爲肅肅進也進者使知祭日當來下云宿賓故云宿賓之辭又曰與宗子若同列者云宗兄宗弟其昭穆異者宗子雖祖父及子孫之行但謂之宗子。曾子問

○曾子問曰宗子去在他國庶子無爵而居者

可以祭乎孔子曰祭哉有子孫存不可以乏先祖之祀。疏曰此一節論庶子代宗子祭之事各依文解之又曰論曾子以孔子上文云宗子有罪居在他國庶子爲大夫得在本國攝祭未知庶子無爵在國居者可祭否故問之孔子曰祭哉者孔子旣許其祭以無正文得祭故云祭哉哉者疑而量度之辭故注云有子孫存不可以乏先祖之祀

請問其祭如之何

孔子曰望墓而爲壇以時祭不祭于廟

張本下象鼻題監生廖三字傳本剪去之

0014_0457-1　0014_0456-2

無爵者賤遠辟正主。遠于萬反○疏曰請問其祭如之何孔子曰望墓而爲壇以時祭者宗子雖有廟在宗子之家庶子無爵不得就宗子之廟而祭唯可望近所祭者之墓而爲壇以四時致祭也又曰所以不祭于宗子廟者以庶子無爵卑賤遠辟正主正主謂宗子也據鄭此言宗子去在他國謂有爵者若其無爵在家本自無廟何須云不祭廟辟正主也鄭必知是有爵者以經云宗子去在他國庶子無爵明宗子是有爵此宗子去他國謂有罪者若其無罪則以廟從本國不得有廟故喪服小記注云宗子去國乃以廟從謂無罪也

若宗子死告於墓而后祭於家

言祭於家容無廟也。疏曰孔子上爲曾子説宗子身在外此又説宗子身沒謂告於所祭之墓而后祭於庶子無爵者之家也又曰從上以來雖據宗子有爵而言其廟在家令宗子旣死庶子無所可辟當云告於墓而后祭於宗子之家令直云祭於家是祭於庶子之家是容宗子之家無廟故也宗子所以無廟者宗子無爵不合立廟或云祭

張本下象鼻題監生秦三字傳本剪去之

0014_0457-2

於家者是祭於宗子之家容庶子之家無廟也庶子所以無廟者一是庶子無爵不合立廟二是宗子無爵居他國以廟從本家不復有廟也故宗子死稱名不言孝孝宗子之稱不敢與之同其辭但言子某薦其常事○疏曰宗子既死庶子其祭之時告神但稱其名不得稱孝辟宗子也又曰上文孝子某使介子某孝子是宗子之稱今直言名不言介若宗子在得言介子某今宗子既死身又無爵復稱名不得稱介故但言子某薦其常事身沒

0014_0458-1

而已至子可以稱孝○疏曰其不稱孝者唯己身終沒而已至其子則稱孝也以庶子合稱孝者庶子身死其子則是庶子適子祭庶子之時可以稱孝子游之徒有庶子祭者以此以用也用此禮祭也○疏曰以其禮無正文故孔子引子游之徒黨有庶子祭者而用此禮而祭若義也若順○疏曰若順也謂順於古義故云若義也今之祭者不首其義故誣於祭也首本也誣猶妄也○疏曰謂今

0014_0458-2

世俗庶子祭者不尋本義之道理爲此祭故云誣於祭謂妄爲祭之法不依典禮○曾子問

大宗伯之職掌建邦之天神人鬼地示之禮以佐王建保邦國建立也立天神地祇人鬼之禮者謂祀之祭之享之禮吉禮是也保安也所以佐王立安邦國者主謂凶禮賓禮軍禮嘉禮也自吉禮於上承以立安邦國者互以相成明尊鬼神重人事○疏見祭法以吉禮事邦國之鬼神示注疏見祭法

0014_0459-1

以肆獻祼享先王以饋食享先王以祠春享先王以禴夏享先王以嘗秋享先王以烝冬享先王宗廟之祭有此六享肆獻祼饋食在四時之上則是祫也禘也肆者進所解牲體謂薦孰時也獻獻醴謂薦血腥也祼之言灌灌以鬱鬯謂始獻尸求神時也郊特牲曰魂氣歸于天形魄歸于地故祭所以求諸陰陽之義也殷人先求諸陽周人先求諸陰灌是也祭必先灌乃後薦腥薦孰於祫逆言之者與下共文明六享俱然祫言肆獻祼禘言饋食著

0014_0460-1　　0014_0459-2

黍稷互相備也曾禮三年喪畢而祫
於大祖明年春禘於羣廟自爾以後率
五年而再殷[illegible]一禘◦率音律[illegible]
類◦疏曰此[illegible]宗廟[illegible]禮也
此經若細而言之有六禮[illegible]言之
則亦有三等之[illegible]獻祼是[illegible]大祭
以饋食是禘之次祭以春享以[illegible]時
系之小祭若以揔用袞冕大牢言之此
亦皆爲大祭也故酒正注云大祭者王
服大裘袞冕所祭是也此六者皆言享
者對天言祀地言祭故宗廟言享享獻
也謂獻饌具於鬼神也又曰云宗廟之
祭有此六享此則吉禮十二之中處
其六[illegible]獻祼饋食在四時之上則

[illegible]周[illegible]有三年一祫則
文[illegible]大事[illegible]廟公羊傳云[illegible]大事者
[illegible]七祫[illegible]祭也毀廟[illegible]
陳于大[illegible]未毀廟[illegible]皆[illegible]合[illegible]
[illegible]子[illegible]之[illegible]
祫於[illegible]時周[illegible]秋[illegible]己[illegible]右[illegible]
禘[illegible]於其廟[illegible]云[illegible]大[illegible]
是一名[illegible]法祭天圜[illegible]亦[illegible]禘[illegible]云
王[illegible]祖之所自[illegible]謂[illegible]正[illegible]
曰[illegible]夏[illegible]四時之祭[illegible]祭亦曰禘但[illegible]
宗廟之祭[illegible]有[illegible]禘[illegible]雖小於祫
[illegible]四[illegible]亦是大[illegible]名也云肆者
[illegible]者薦孰當朝
[illegible]祭時[illegible]禮運[illegible]腥[illegible]俎孰其[illegible]

0014_0461-1　　0014_0460-2

[illegible]謂腥解而爛之是[illegible]時
[illegible]以[illegible]孰時但[illegible]
[illegible]二一體故云肆也[illegible]
[illegible]謂爲[illegible]者此是[illegible]節[illegible]
壺後[illegible]出迎[illegible]祝[illegible]出[illegible]上
南面迎牲[illegible]而腥之爲於[illegible]
五爵酌醴齊以獻尸后亦以[illegible]
齊以獻尸故云謂薦腥也云祼之言[illegible]
[illegible]經云祼者是古之祼字取神祇之義
[illegible]從示鄭轉從灌者以鬱鬯灌地[illegible]祖
[illegible]灌之義[illegible]從水言灌以鬱鬯謂始
[illegible]求神時[illegible]者凡宗廟之祭迎尸入
户坐於主北先灌謂王以圭瓚酌鬱鬯
以獻尸尸得之瀝地祭訖奠之不

飲尸爲神象灌[illegible]神故云始獻
尸求神時也言[illegible]朝踐饋獻酳
尸等爲終故[illegible]所牲曰魂氣
歸于[illegible]形[illegible]求諸陰
陽之義也[illegible]出入之氣爲魂
耳目聰[illegible]歸[illegible]爲陽
形[illegible]樂爲陰是[illegible]
諸陽灌地[illegible]故云求諸陰
陽之義[illegible]諸陽周人先求
諸陰者[illegible]二代[illegible]對殷人[illegible]諸陽
謂求灌先[illegible]求[illegible]陰謂夫合
[illegible]先灌故云求諸陰灌[illegible]也引之者欲
[illegible]周人祭先[illegible]灌[illegible]
[illegible]腥薦孰於[illegible]

亦享俱然者如向所說具先灌訖王始迎牲殺腥其俎腥其俎訖乃爓爓祭訖始迎尸入室乃有黍稷是其順也今此經先言肆肆是饋獻節次言獻是朝踐節後言灌灌是最在先之事是於祫逆言之也言與下共文明六享俱然者既從下向上爲文即是於大五享與上祫祭皆有灌獻肆三事矣故云六享俱然云祫言肆獻灌禘言饋食者著有黍稷互相備也者祫言肆獻灌明禘亦有之禘言饋食食是黍稷則祫亦有黍稷矣著明也明有黍稷互相備矣云魯禮三年喪畢而祫於大祖者此以周衰禮廢無文可明春秋左氏傳云周禮盡在魯

即以春秋爲魯禮今言魯禮者指春秋而言也春秋三年喪畢而祫於大祖謂若文公二年秋八月大事於大廟也僖公以僖三十三年薨至文公二年秋八月於禮雖少四月猶是三年喪畢而爲祫祭也是魯禮三年喪畢而祫於大祖大祖謂周公廟周公廟中而爲祫祭也云明年春禘於羣廟者此明年春禘羣無正文約僖公宣公則知矣案僖公八年及宣公八年皆有禘文則知僖公宣公三年春有禘可知何者以文公二年祫則知僖公宣公二年亦有祫僖公宣公二年既爲祫則明年是三年春禘四年五年六年秋祫是三年祫更加七年

八年添前爲五年禘故僖公宣公八年皆有禘是明年春禘明矣故云明年春禘於羣廟也云自爾以後五年而再殷祭者公羊傳文殷大也除明年春從四年已後四年五年六年七年八年八年之中四年五年六年爲三年祫七年八年添前爲五年禘是五年再殷祭也云一祫一禘者是禮讖文謂五年之中爲一禘一祫也鄭言此者欲見肆獻祼及饋食三者爲禘祫從三年喪畢後爲始之意也從禋祀已下至此吉禮十二皆歆神始何者案大司樂分樂而序之云乃奏黃鍾歌大呂舞雲門以祀天神已下下後云圜鍾爲宮若樂六變天神皆

降若樂八變地示皆出若樂九變人鬼可得而禮鄭云天神則主北辰地祇則主崐崘人鬼則主后稷先奏是樂以致其神禮之以玉而祼焉彼先奏是樂以致其神則天神地示人鬼皆以樂爲下神始也彼鄭云禮之以玉據天地而祼焉據宗廟則此上下天神言煙地示言血此宗廟六享言祼是其天地宗廟皆樂爲下神始煙血與祼爲歆神始也又案禮器與郊特牲皆言郊血大享腥三獻爓一獻孰者皆是薦饌始也以其郊是祭天而言用血大享是祫祭先王而言用腥三獻是社稷而言用爓一獻是祭羣小祀而言用熟與此是其先彼是

0014_0466-2

後侯爲薦饌下知故郊声血大享
腥三獻言爓一獻言熟也○春官

天子諸侯宗廟之祭春曰礿夏曰禘

曰嘗冬曰烝
礿余若反○此蓋夏殷
祭名周則改之春曰祠

曰礿以禘爲殷祭詩小雅曰礿祠烝嘗
公先王此周四時祭宗廟之名○疏

曰春曰礿者皇氏云礿薄也春物未成
其祭品鮮薄也孫炎云礿者新菜可礿

夏曰禘者皇氏云禘者次第也夏時物
雖未成宜依時次第而祭之秋曰嘗者

既遍云嘗者新穀熟而嘗之冬曰烝
者烝者衆也冬之時物成者衆孫炎云

0014_0467-1

烝進也進品物也又曰疑爲夏殷祭名
者以其祭名與周不同故以爲夏殷祭

名其夏殷之祭又無文故稱蓋以疑之
此云春礿而郊特牲云春禘者鄭彼注

云禘當爲禴從此爲正祭義曰春禘鄭
注直云夏殷禮不破禘字者以郊特牲

已破禘爲禴故於祭義略之從可知也
云周則改之春曰祠夏曰礿者案宗伯

云以祠春享先王以禴夏享先王又知
周以禘爲殷祭者案公羊傳云五年而

再殷祭又春秋經僖八年秋七月禘于
大廟是禘爲殷祭殷猶大也謂五年一

大祭引詩小雅者是文王之詩天保之
篇謂文王受命已改殷之祭名以夏祭

0014_0467-2

之禘改名曰礿而詩先言礿後祠者從
便文嘗在烝下以韻句也于公諸盩至

不窋也先王謂后稷
大王王季也○王制
○始殺而嘗
建酉
之月

陰氣始殺嘉穀始
熟故薦嘗於宗廟
閉蟄而烝
建亥之月
昆蟲閉户

萬物皆成可薦者衆故烝祭宗廟釋例
論之備矣○閉必計反又必結反字林

芳結反烝之承反○疏見祭統時
曰條○桓公五年春秋左氏傳
○古

者先王日祭月享時類歲祀
以事類日
類日祭於

祖考月薦於曾祖時類
及二祧歲祀於壇墠
諸侯舍日
有月
享也

0014_0468-1

卿大夫舍月
有時
祭也
士庶人舍時
歲乃祭
也○國

語
詩
楚○大宗伯享大鬼帥執事而卜日

疏見下
脩條
○大宰享先王前期十日帥

執事而卜日
注疏見下
齋戒條

右時日○傳春祭曰祠夏祭曰禴

一秋祭曰嘗冬祭曰烝春薦韭卵夏

薦麥魚秋薦黍豚冬薦稻鴈三歲

0014_0468-2

□□十一禘祫者合□□禘一□

□□曾大合祭於祖廟也禘者□

其得而差優劣也說苑○公羊備文

□大祫者何合祭也其祫祭奈何

毀廟之主陳于大祖毀廟謂親過高祖毀其廟

藏其主于大祖廟中禮取其廟室笄以爲死者炊沐大祖周公之廟

陵是就陳列大祖前大祖東鄉昭南鄉穆北鄉其餘孫從王父父曰

春秋公羊文　祭禮九　百二十一

0014_0469-1

昭子曰穆昭取其鄉明穆取其北面尚敬未毀廟之主

皆升合食于大祖自外來曰升五年而再

殷祭殷盛也謂三年祫五年禘禘所以異於祫者功臣皆

祭也祫猶合也禘猶諦也審諦無遺失禮天子特禘特祫諸侯禘

則不礿祫則不嘗大夫有賜於君然後祫其高祖○疏見守藏條

○桓公八年正月己卯烝春祭曰祠薦尚

韭卵夏祭曰礿薦尚麥魚秋祭曰嘗薦尚黍豚冬祭曰烝薦尚稻雁

0014_0469-2

無牲而祭曰薦薦而加牲曰祭□異也失禮祭祀例曰得禮者□

□八年冬從祀先公是也傳八□十月禘于大廟月者譏用致□

□月禘無違禮○疏曰所言四□名者周禮大宗伯及爾雅文

其事薦尚韭卵之等禮記王制文何休云祠猶食也猶繼嗣也□

故始生孝子思親繼嗣而食之□者麥始熟可礿也嘗者黍先熟

□蒸薦故曰嘗烝衆也所薦衆多芬芳備具故曰烝郭璞等注爾雅

其□禘四時祭名少異但范之所□祭並與何氏同故從何說又云

祭禮九　百二十二

0014_0470-1

天子四祭四薦諸侯三祭三薦□士再祭再薦天子諸侯卿大□

□用太牢天子元士諸侯卿大夫少牢諸侯之士特豕天子之□

□諸侯角尺卿大夫索牛此註□聞耳亦知范意與之同否定入

冬衛侯鄭伯盟于曲濮下即云□祀先公是特而不月也得禮□

□定八年爲譏失禮例曰不譏□文者先蒸合在夏之十月故□

□祭必於夏之孟月者取其見□新之月是也今正月爲之是□

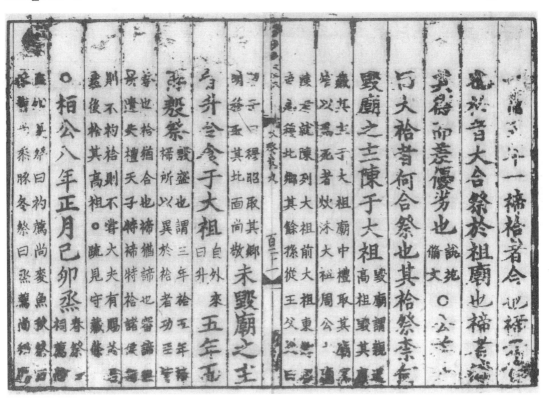

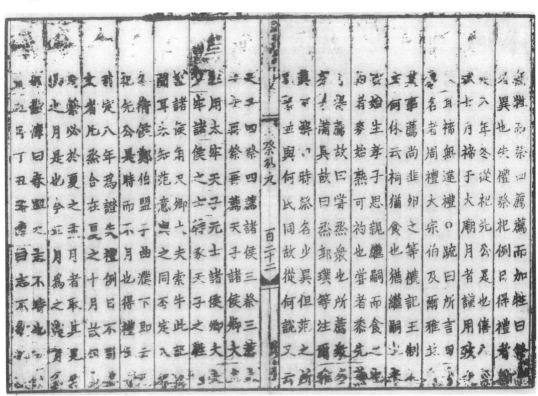

□穀梁傳曰春興之志不時也□□年丁丑烝傳曰志不時也

0014_0470-2

烝並書日以見非禮此文即是非禮例日之證故不復更引他文其
文二年丁卯大事于太廟亦是夕禮書日也正月烝傳云不時也五
月烝傳云不敬也者一失禮尚可故以不時言之再失禮重故以不
敬釋之又注云禘無違禮案明堂位季夏六月以禘禮祀周公於大
廟僖公七月而禘則是不時而云無違者周之七月夏之五月若值
月前節却則與四月相校不多比之隔年再烝失禮尚可故曰無違
也文二年八月則是夏之六月而祫嘗者亦是失禮故書曰表逆祀

仪祭礼九　一百九十三

0014_0471-1

及失時也宣八年六月有事于太廟是得時而書日者譏宣公卿死
不廢繹也穀梁子曰烝冬事也春興之
志不時也夏五月丁丑烝烝冬事
也春夏興之黷祀也志不敬也。
公羊子曰春曰祠薦尚韭卵祠猶食也猶繼嗣也
春物始生孝子思親繼嗣而食之故曰祠因以別死生夏曰
禴薦尚麥魚麥始熟可汋故曰礿秋曰嘗薦尚黍肫嘗者

0014_0471-2

先辭也秋穀成者非一黍先熟可得薦故曰嘗冬曰烝薦尚
稻鴈烝衆也氣盛貌冬萬物畢成所薦衆多芬芳備具故曰烝無牲
而祭謂之薦天子四祭四薦諸侯三祭三薦大夫士再祭再薦祭於
室求之於幽祭於堂求之於明祭於祊求之於遠皆孝子博求之意
也大夫求諸明士求諸幽尊卑之差也殷人先求諸明周人先求諸
幽質文之義也禮天子諸侯卿大夫牛羊豕凡三牲曰大牢天子元
士諸侯之卿大夫羊豕凡二牲曰少牢諸侯之士特豕天子之牲角

祭禮九　百廿四

0014_0472-1

握諸侯角良卿大夫索牛。號曰無牲而祭謂之薦者謂無牛羊豕
之牲也而中霤禮云祭五祀于廟用牲有尸皆薦于奧何以薦用牲
彼謂正祭之時先薦于奧仍自無牲其正祭五祀乃用牲有尸耳天
子諸侯卿大夫士祭薦之禮者皆時王之禮中霤禮亦然天子諸侯
卿大夫牲牢之差者皆指宗廟之牲仍不妨王制賓客之牛角尺之
文也常事不書此何以書譏亟也亟數
也屬十二月已烝今復烝也不異烝祭名而言烝者取冬祭所薦衆

0014_0472-2

多可以包四時之物亟則黷黷則不敬黷瀆黷也君子之祭也敬而不黷君子生則敬養死則敬享故將祭宮室既脩牆屋既繕百物既備夫其禮樂具其百官散齊七日致齊三日夫婦齊戒沐浴盛服君牽牲夫人奠酒君親獻尸夫人薦豆御大夫相君命婦相夫人洞洞乎屬屬乎如弗勝如將失之濟濟乎致其敬也愉愉乎盡其忠也勿勿乎其欲饗之也文王之祭事死如事生孝子之至也○疏曰今祭義酒作盎字鄭注云奠盎

儀祭禮九　百二十五

0014_0473-1

設盎齊之罇蓋所見異或何休以義引之不取正文疏則怠怠則忘怠解士不及茲四者則冬不裘夏不葛禮本下爲士制茲此也四者四時祭也疏數之節靡所折中是故君子合諸天道感四時物而思親也祭必於夏之孟月者取其見新物之日也裘葛者禦寒暑之美服士有公事不得及此四時祭者則不敢美其衣服蓋思念親之至也故孔子曰吾不與祭如不祭○疏曰禮本下爲士制者即士喪禮士虞士相見之篇

0014_0474-1

而言禘知禘是喪後[illegible]五年魯[illegible]公卒十六[illegible]人春穆叔云以寡君[illegible]三年喪畢乃爲[illegible]祭知致新死之主於廟也新廟則遠主當遷知其遷入祧者法云天子七廟有二祧則[illegible]祖廟也洞禮守祧掌守[illegible]之廟祧其遺衣服藏焉[illegible]其廟既遷主無所處固[illegible][illegible]以二祧爲文王武[illegible][illegible]入廟當[illegible]其班穆入文[illegible]入武祧禮諸侯五廟更無別祧[illegible]謂大祖之廟爲[illegible]也遠主

0014_0473-2

[illegible]

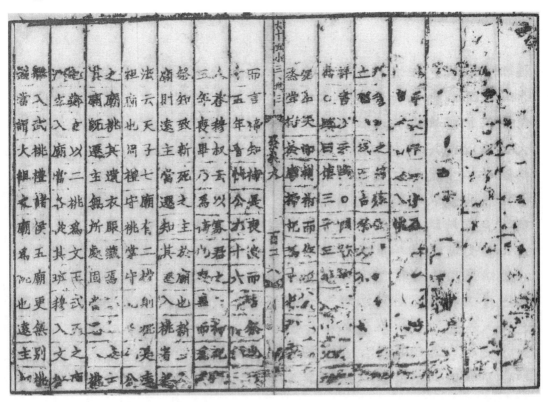

張本下象鼻題監生秦淳四字傳本剪去之

0014_0475-1　　　　0014_0474-2

然入祔[illegible]之[illegible]又當與先君[illegible]接故禮因是而爲大祭以審序[illegible]

義設謂之禘[illegible]書禘也言使昭穆之次審諦而不[illegible]也莊公以其[illegible]

三十二年八月薨至此年五月[illegible]二十二月故喪尚未闋也公羊傳曰

其言于莊公何未可以稱宮廟也猶爲未可以稱宮廟在三年之中

[illegible]三年之中未得以禮遷廟[illegible][illegible]公知[illegible]莊公別立廟[illegible]

吉祭也僖八年禘于大廟文二年大事于大廟宣八年有事于大廟

此言大事者亦禘祭也則禘[illegible][illegible]于大廟今未可以吉祭而名吉

百二十七

祭[illegible]王之[illegible]故詳書以示譏也既云吉禘又云于莊公是其譏也

左氏曰速也○穀梁子曰吉禘者

不吉者也喪事未畢而舉吉祭故

非之也莊公薨至此方二十二月喪未畢○疏曰言[illegible]

公即[illegible]莊公之宮而不稱宮者[illegible][illegible][illegible]服未除至此[illegible]

[illegible]

[illegible]

0014_0476-1　　　　0014_0475-2

大事者[illegible]祫而[illegible]成[illegible]祀大[illegible]大夫是事也[illegible]祫[illegible][illegible]也[illegible]

之禮書者皆譏[illegible]是時[illegible][illegible]閔有九皆書以示譏凡書[illegible]

[illegible]二[illegible]一[illegible]三也閔吉禘四也書大廟五也文[illegible]祫六也[illegible]

[illegible]言[illegible]事七也昭公禘武宮八也[illegible]公[illegible]祀九也知禘是三年喪畢[illegible]

學者此莊公[illegible]來二十二月[illegible]言以譏之明二王[illegible]畢[illegible]

知[illegible]於大廟書明堂位曰[illegible]月以禘禮祀周公於大[illegible]

禘祀之月[illegible]王[illegible]社[illegible]之[illegible]子五月除喪[illegible]得[illegible]禘[illegible]

百二十八　祭禮九

以二十八月始服吉[illegible]大廟明年春始禘于羣廟[illegible]

喪畢禘于大廟必不[illegible]年春禘於羣廟同異[illegible]

[illegible]合[illegible]何休注公羊[illegible]在二十十月之後也[illegible]

[illegible]此書二[illegible]年[illegible]月[illegible]云[illegible]

[illegible]

[illegible]○公羊[illegible]言吉者[illegible]

[illegible]

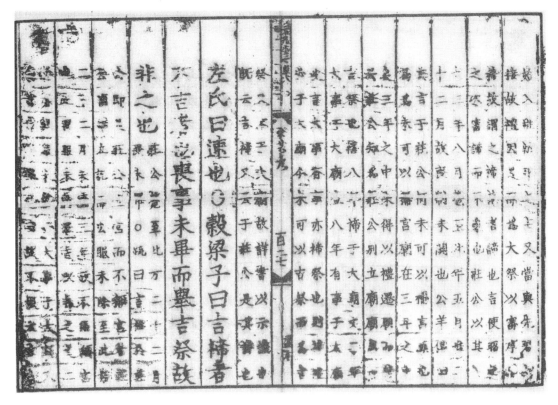

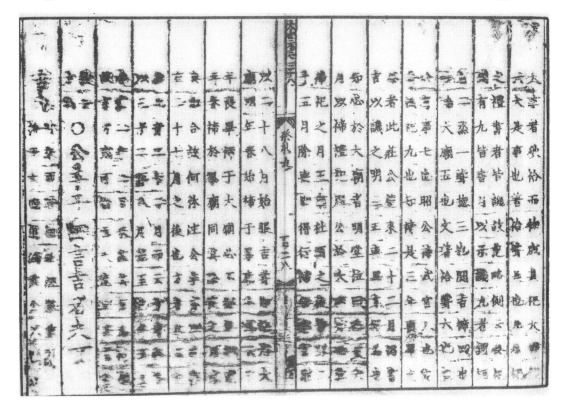

0014_0476-2

于大廟可禘者故加吉卽大廟〔殘〕不當。疏曰都未可云云者言祫
三年之內莊公及始祖之廟皆矣可以吉祭故言都爾又曰春秋之
義常事不書有善惡者乃始録而美刺之今既已舉重特書于莊公
不書於大廟則嫌莊公一廟獨不當禘大廟便可禘矣然莊公早于
始祖而言舉重者言三年之內作吉祭之時莊公最不宜吉故言舉
重不謂莊公尊于始祖也**曷爲未可以吉**據三年也
。疏曰據三年也若莊三十二年八月公薨至今年五月已入三年

0014_0477-1

之竟故言據三年也**未三年也**禮禘祫從先君數朝聘從
今君數三年喪畢遭禘則禘遭祫則祫。疏曰未三年也者謂未滿
二十五月也又曰禮禘祫從先君數者謂爲禘祫之祭合從先君死
時日月而數之若蒲三年已後遭禘則禘遭祫即祫耳又曰朝聘從
今君數者謂從今君即位以後數其年歲制爲朝聘之數**三年**
矣曷爲謂之未三年三年之喪實
以二十五月時莊公薨至是適二十二月所以必二十

0014_0477-2

五月者取期再期倍漸三年也孔子曰子生三年然後免於父母
之懷夫三年之喪天下之通喪禮上虞記曰期而小祥曰薦此常事
又期而大祥曰薦此常事中月而禫是月也吉祭猶未配是月者二
十七月也傳言二十五月者在二十五月外可不識。疏曰二十五
月是再期矣故曰取期再期父母之喪倍於期者之恩正當其禮
數故曰其恩倍矣言漸三年也者謂二十五月漸得三年之竟故云
漸三年也謂如得漸二君之遺數又曰禮士虞記曰期而小祥曰薦

0014_0478-1

此常事者彼注云小祥祭名祥吉也古文期皆作基常者期而祭禮
古文常爲祥又曰又期而大祥曰薦此祥事者亦彼文注中月而禫
是月也吉祭猶未配者亦彼文彼注云中猶閒也禫祭名也與大祥
閒一月自喪至此凡二十七月禫之爲言澹澹然平安意也是月是
禫月當四時之祭月則祭猶未以某妃配某氏哀未忘也**其言**
于莊公何據禘于大廟不言周公祫僖公不言僖宮。疏
曰卽僖八年秋七月禘于大廟用致夫人是也又曰祫僖公不言

0014_0478-2

宫定八年從祀先公傳云從祀者何順祀也文公逆祀去者三人定公順祀叛者五人彼注云諱不以禮而去曰叛云不書禘者後祫亦順非獨禘也不言僖公者閔公亦得其順是其祫僖公不言僖宫者即文二年八月丁卯大事于太廟躋僖公傳云大事者何大祫也者是也

未可以稱宫廟也

時閔公以莊公在三年之中未可入太廟禘之于新宫故不稱宫廟明皆非也

曷爲未可以稱宫廟

據言禘也○疏曰據言禘也者正以禘是

仪祭礼九　百三十一

0014_0479-1

吉祭之稱既得言禘何故不得稱宫廟故難之

在三年之中矣

當思慕悲哀未可以鬼神事之○疏曰未可以鬼神事之者正言以宫廟者鬼神居之之稱故也

吉禘于莊公

何以書譏始不三年也

與託始同義○疏曰案隱二年九月紀履緰來逆女傳云外逆女不書此何以書譏何譏爾譏始不親迎也始不親迎昉於此乎前此矣前此則曷爲始乎此託始焉爾曷爲託始焉爾春秋之始也然則此亦宜云始不三年故

張本下象鼻題監生戴彝四字傳本剪去之

0014_0479-2

云與託始同義矣而傳不言託始蓋省文從可知也○春秋左氏穀梁公羊傳通入○

襄公十五年冬十有一月晉侯周卒十六年春正月葬晉悼公

踰月而葬速也○疏曰四年七月夫人姒氏薨八月葬我小君定姒纔别月耳杜云踰月而葬速也今晉悼以年十一月卒此年正月葬積三歷也杜亦云踰月而葬者踰越也所越有多有少俱是踰越之義故杜弘通兩解也

平公即位

平公悼公子彪

仪祭礼九　百三十二

0014_0480-1

○彪彼虬反

改服脩官烝于曲沃

既葬改喪服脩官選賢能曲沃晉祖廟烝冬祭也諸侯五月而葬既葬卒哭作主然後烝嘗於廟今晉踰月葬作主而烝祭傳言晉將有溴梁之會故速葬

冬穆叔如晉聘且言齊故

言齊再伐魯

晉人曰以寡君之未禘祀

禘祀三年喪畢之吉祭○疏曰僖三十三年傳云凡君薨卒哭而祔祔而作主特祀於主烝嘗禘於廟如彼傳文則既祔之後可以爲烝嘗也

張本下象鼻題監生戴三字傳本剪去之

0014_0480-2　0014_0481-1

閔二年五月吉禘于莊公以其時未可也書吉以譏之此年正月晉已烝于曲沃仍云未得禘祀如此禘祀是三年喪畢之吉祭也不然不敢忘春秋左氏傳○昭公元年十二月晉既烝烝冬祭也趙孟適南陽將會孟子餘孟子餘趙衰趙武之曾祖其廟在晉之南陽温縣往會祭之○衰初危反○疏曰服虔以孟爲趙盾子餘爲趙衰若其必當先衰後盾何以先言孟也杜以孟子餘是趙衰一人蓋子

祭禮九　百三三

餘是宗孟是長幼之字也甲辰朔烝于温趙氏烝祭甲辰十二月朔晉既烝趙孟乃烝其家廟則晉烝當在甲辰之前傳言十二月月誤○疏曰杜以十二月晉既烝趙孟始適南陽則趙孟初行已是十二月也此旬乃云甲辰朔烝于温案文言之則是來年正月朔也服虔云甲辰朔夏十一月朔也若是夏十一月朔當於明年言之而此年誤之何也杜以服言不通故爲此解云晉既烝趙孟乃烝其家廟則晉烝當在甲辰之前當言十一月傳言十二月誤

0014_0481-2　0014_0482-1

也劉炫以爲晉烝又趙孟適南[illegible]並在十二月之前文繫十二月者欲見烝後即行先公後私十二月之文爲下甲辰朔起本舉月遥屬下明晉烝猶在朔前十二月非誤也若必如劉言傳當云晉既烝趙孟適南陽將會孟子餘十二月甲辰朔烝于温足明先公後私之義何須虚張十二月於上遥爲甲辰朔起本傳文上下未有此例劉炫之言非也○春秋左氏傳○孟獻子曰正月日至可以有事於上帝七月日至可

祭禮九　百三四

以有事於祖七月而禘獻子爲之也記魯失禮所由也孟獻子魯大夫仲孫蔑也魯以周公之故得以正月日至之後郊天亦以始祖后稷配之獻子欲尊其祖以郊天之月對月禘之非也魯之宗廟猶以夏時之孟月爾明堂位曰季夏六月以禘禮祀周公於大廟○疏曰此一節明魯之郊禘之事獻子曾大夫仲孫蔑諡曰獻子正月周正月建子之月也日至冬至日也有事謂南郊祭所出之帝也上帝靈威仰也而周以十一月爲正其

0014_0482-2

月日至若天子則圜丘[illegible]之故得郊天所以於此[illegible]出之帝靈威仰而已故云[illegible]至可以有事於上帝也此言是[illegible]七月日至可以有事於祖若七月周七月建午之月也日至夏至日也有事謂禘祭於祖廟故云有事於祖獻子言十一月建子冬至既祭上帝故建午夏至亦可禘祖以兩月日至祀對故欲祭祖廟與天相對也故云七月日至可以有事於祖也此言非也所以爲非者嘗之祭祀宗廟亦猶用夏家之法凡大祭宜用首時應禘於孟月孟月

仪祭礼九　百卅五

0014_0483-1

於夏家是四月於周爲六月故明堂位云季夏六月以禘禮祀周公於大廟是夏之孟月也獻子捨此義欲以此二至相當以天對祖爭失禮意七月而禘獻子爲之也記其失禮所由也○禘詳見序事時日條

太宰掌百官之誓戒誓戒要之以刑重失禮也明堂位所謂各揚其職百官廢職服大刑是其辭之略也○要一遥反○䟽曰謂祭前十日已前誓戒百官則大宰掌之與其具脩者使百官供祭祀之具及脩之埽[illegible]

0014_0483-2

也又曰云誓戒要之以刑重失禮者言要之以刑則服大刑是也言重失禮者以失禮爲重故要之以刑引明堂位彼祭祀之下陳之謂以日此是未祭前引之若欲見祭前誓戒遠用祭日之辭勑之故或前或後其辭同云是其辭之略者謂誓戒之時其辭應多不應唯有此言故云辭之略也又云具所當誤者祭祀之連事祭祀之具百官共供故云具謂所當供又云脩之埽除糞洒者宮人云掌六寢之脩守祧云其廟有司脩除之是其脩埽除糞洒也

前期十日帥執事而卜日遂戒前期前所諏之日也

仪祭礼九　百三六

0014_0484-1

十日容散齊七日致齊三日執事宗伯大卜之屬既卜又戒百官以始齊○諏子須反齊側皆反下同散悉但反下同○䟽曰前期者謂祭日前夕爲期云前期十日者即是祭前十一日大宰帥宗伯大卜之屬執事之人而卜言又言遂戒者謂祭前十日遂戒百官始齊又曰云前期前所諏之日者此依少牢所諏之日即祭日也凡祭祀謂於祭前之夕爲期今言前期十日者明祭前十一日卜之後日遂戒使散齊致齊故云十日容散齊七日致齊三日[illegible]祭統云散齊七日以定之致齊三日以齊之云執事宗伯大卜之屬者[illegible]

0014_0484-2

祀大神享大鬼祭大示帥執事而卜[illegible]宗伯又[illegible]大[illegible]云大祭祀視[illegible]小宗伯[illegible]掌中有宗伯大[illegible]十之屬[illegible]師故言之屬。天

世婦掌女宮之宿戒女宮刑女給宮中事者宿

[illegible]給事豫告之齋戒也。疏曰此世婦是宮卿之官也言女宮刑女給宮中

事者古者從坐男女沒入縣官男子為奴隸女子入宮給使役故云刑女也

云宿戒當給事豫告之齋戒也者此亦祭前十日戒之使齋祭前三日又宿之

故宿戒並言之春官。○及時將祭君子乃齊散齊

祭禮九　百三十七

0014_0485-1

七日致齊三日疏曰四時應祭之前未旬時也方將接神先宜齋整其心故齋也。○祭統。○致齊於內散齊於外齊

之日思其居處思其笑語思其志意思

其所樂思其所嗜齊三日乃見其所為

齊者致齋思此五者也散齋七日不御不樂不弔耳見所為齋者思之熟也。嗜素所欲飲食也春秋傳曰屈到嗜芰。○芰居寄反。○疏曰思其居處者

謂祭致齊之日也思其居處以下五事謂孝子思念親存之五事也先思其麤

0014_0485-2

漸思其精故居處在前樂嗜居後齊三日乃見其所為齊者謂致齊思念其親

精意純熟目想之若見其所為齊之親也春秋傳者國語楚語云屈到嗜芰有

疾召其宗老而屬之曰祭我必以芰。○祭統。○先期旬有一

日宮宰宿夫人夫人亦散齊七日致齊

三日宮宰守宮官也宿讀為肅肅猶戒也戒輕肅重也君致齊

於外夫人致齊於內疏曰君致齊於外夫人致齊於內者

外謂君之路寢內謂夫人正寢是致齊並皆於正寢其實散齊亦然但此文對

祭禮九　百三十八

0014_0486-1

會於大廟故云君致齊於外夫人致齊於內耳。○祭統

右齊戒

大宗伯享大鬼宿眡滌濯涖玉鬯省牲

鑊奉玉齍鑊戶郭反齍音咨。○執事諸有事於祭者宿申戒也滌濯

溉祭器也玉禮神之玉也始涖之祭又奉之鑊烹牲器也故書涖作立鄭司農

讀為涖涖視也。○疏曰祭前十日大宗伯先帥執事有事於祭者共卜取吉日

乃戒云宿眡滌濯謂祭前一宿視所[illegible]濯祭器[illegible]玉鬯者

0014_0486-2

地有禮神之玉無鬱鬯宗廟無禮神[illegible]玉而有鬱鬯但宗廟雖無禮神玉[illegible]圭瓚璋瓚亦是玉故曲禮云玉曰嘉玉郊特牲云用玉氣是也云省牲鑊者當省視烹牲之鑊云奉玉齍者此玉還是上文所涖者齍謂黍稷天地當盛以瓦齍但齍與上鬯互見爲義皆始時臨之祭又奉之又曰案大宰云祀五帝前期十日帥執事而卜日注云執事宗伯大卜之屬此注云執事諸有事於祭者二注不同者以其大宰不掌祭事故云執事大宗伯大卜之等卜日而已此大宗伯主祭祀之事故總諸有事於祭者也云滌濯溉祭器也者此滌濯止是蕩滌

祭禮九　百三九

0014_0487-1

以少牢有概祭器故據而言之概即拭也云玉禮神之玉也者即蒼璧黃琮青圭赤璋之等及四圭兩圭之類皆是禮神置於神坐也案九嬪職云贊玉齍注云玉齍玉敦盛黍稷與此注玉爲禮神之玉齍即非玉敦所飾注不同者彼九嬪所贊贊后設之據宗廟無禮神玉則玉齍不得別解故爲玉敦此據天地爲圭有禮神玉故與齍別釋也大宰云祀五帝贊玉幣爵之事注云三者執以從王至而授之彼所執據五帝此所奉據昊天與崐崘故不同云始涖之祭又奉之者鄭據上云涖涖臨視也直視看而已下云奉據手轉授王故云祭又奉之

0014_0487-2

云鑊烹牲器也者案特牲少牢鑊即爨在廟門之外東壁也○春官○**太宰享先王則掌百官之誓戒與其具脩**具所當共脩埽除糞洒○疏曰祀五帝則掌百官之誓戒者謂祭前十日已前誓戒百官則太宰掌之與其具脩者使百官供祭祀之具及脩之埽除也又曰具所當供者祭祀之連事祭祀之具百官共供故云具謂所當供又云脩埽除糞洒者案宮人云掌六寢之脩守祧云其廟有司脩除之是其脩埽除糞洒也**及執事眡滌濯**疏曰及猶至也謂至祭前夕大宰眡滌濯案春

祭禮九　百四十

0014_0488-1

官小宗伯大祭祀眡滌濯大宗伯亦云宿眡滌濯彼二官親眡滌濯大宰尊亦往涖之注云執事初爲祭事前祭日之夕知者案下經及納亨者是祭日此云眡滌濯儀禮特牲亦云前祭日之夕視壺濯及豆籩士卑得與人君同少牢大夫禮當祭日溉祭器者下人君也注又云滌濯謂溉祭器及甑甗之屬知然者案少牢雍人溉鼎匕俎廩人溉甑甗司宮溉豆籩及勺爵此不言匕俎豆籩勺爵者之鬱中舍之○天官○**世婦及祭祀比其具**比[illegible]志反又匹氏反芳美反○比次也具濯溉及粢盛之爨鄭司農云讀爲[illegible]

0014_0488-2

也○䟽曰此世婦是宫卿之官也知
比具所濯摡及粢盛之爨若濯㮣粢盛
皆婦人之事二十七世婦職云帥女宫
而濯概爲齍盛儀禮特牲云主婦視饎
爨饎爨亦女宫之事故知也先鄭云㐬
㐬具也者先鄭周禮内有此皆爲㐬具
釋之帥六宫之人共齍盛帥世婦女御○䟽曰知帥六宫
之人是世婦女御者案二十七世婦職
云帥女宫爲齍盛文御職云凡祭祀贊
世婦鄭注云助其帥涖女宫是以
知齍盛世婦女御之事也○春官寺
人若有祭祀之事則帥女宫而致於有

仪祭礼九　百四十二　孫鈫

0014_0489-1

司有司謂宫卿世婦○䟽曰知有司是宫卿世婦者案春官宫卿世婦云掌
女宫之宿戒及祭祀比其具此既言致
於有司明是男子官宫卿所掌女官也
非是下文世婦之女帥宫者也○天官宫○世婦掌祭祀之
事帥女宫而濯概爲齍盛概拭也爲循弟擇○䟽曰
此婦人所掌祭祀謂祭宗廟

則帥女宫而濯
概案少牢饔人概鼎俎廩人概甑甗司
宫摡豆籩皆使男子官不使婦人者彼
以大夫家無婦官及無刑女故幷使男

0014_0489-2

子官此天子禮有刑女及婦官故以彼
異也又曰祭祀黍稷舂人舂之饎人炊
之皆不使世婦故此爲非舂非炊是差擇可知也及祭之日涖
陳女宫之具凡内羞之物涖臨也内羞房中之羞○
䟽曰案春官世婦宫卿云掌女宫之宿
戒及祭祀比其具此宫有臨之而已云
凡内羞之物者謂糗餌粉餈案少牢皆
從房中而來故名爲内羞是以鄭云内
羞房中之羞也○同上○女御凡祭祀贊世婦助其
帥涖女宫○䟽曰上世婦職云掌祭祀賓客喪紀帥女宫及祭之日涖女宫之

仪祭礼九　百四十三

0014_0490-1

具故知此贊者助其涖女宫也○同上○寺人佐世婦治
禮事世婦二十七世婦○䟽曰上云有司是宫卿世婦恐此亦是彼世婦
故鄭云二十七世婦以寺人是奄者故
得佐世婦治禮事禮事御世婦所掌祭
祀賓客喪紀之事是也○同上○閽人大祭祀之事設
門燎蹕宫門廟門燎力召反又力弔反○燎地燭也蹕止行
者廟在中門之外○䟽曰燎地燭也者
燭在地曰燎謂若天子百公五十侯伯
子男皆三十所作之狀蓋百根葦皆以
布纏之以蜜塗其上若今蠟燭矣對人

張本下象鼻題監生留三字傅本剪去之

0014_0490-2

手執者爲手燭故云地燭也○同上○宮正凡邦之事蹕宮中廟中則執燭鄭司農讀火絶之云禁凡邦之事蹕國有事王當出則宮正主禁絶行者若今時衛士填街蹕也宮中廟中則執燭宮正主爲王於宮中廟中執燭玄謂事祭事也邦之祭社稷七祀於宮中祭先公先王於廟中隸僕掌蹕止行者宮正則執燭以爲明春秋傳曰有大事於大廟又曰有事於武宮○疏曰凡邦之事謂祭祀之事王當出入來往時隸僕與王蹕止行人於宮中及廟中也王出向二處當侵晨而行爾時則宮正爲王執燭爲

祭礼九　百四三　劉

0014_0491-1

明也又曰先鄭讀火絶之則火字向上爲句也其禁自與凡邦之事蹕共爲一句宮正既不掌蹕事若如先鄭所讀則似宮正爲王蹕非也云宮中廟中則執燭者若不以邦之事夾此宮中爲一事則宮中廟中何爲事而遣宮正執燭乎亦非也又云若今時衛士填街蹕也者漢儀大駕行幸使衛士填塞街巷以止行人備非常也玄謂事祭事也者謂宮中廟中二處皆有祭事也云邦之社稷七祀於宮中者小宗伯云左宗右社稷在宮中中門之外也依祭法爲羣姓立七祀曰司命曰中霤曰國[illegible]國門曰泰厲曰戶曰竈案司門云凡

0014_0491-2

時之門受其餘則此七祀等是爲所立者不在宮中也祭法又云王爲立七祀此則禱祀在宮中者也云春秋傳曰有大事于大廟者左氏文二秋八月丁卯大事于大廟是也云又曰有事于武宮者昭十五年春二月癸酉有事于武宮鄭引此者欲見隸僕蹕于宮中亦得兼廟中故公羊云魯公稱世室羣公稱宮則天子之廟亦有宮稱也○同上○內竪若有祭祀之事則爲內人蹕內人從世婦有事於廟者內竪爲六宮蹕者以其掌內小事○疏曰此竪爲祭祀賓客喪紀三事爲內人蹕者謂在

祭礼九　百四四

0014_0492-1

廟時若然祭祀在廟謂禘祫四時之祭祀也賓客在廟謂饗食時也喪紀在廟謂喪朝廟爲祖奠遣奠時也皆爲內人蹕止行人也又曰鄭知內人從世婦者內人卑不專行事案下世婦職云掌祭祀已下三事與此經三事同明此內人從世婦而濯溉及爲粢盛也云內竪爲六宮蹕者以其掌內小事者以其蹕止行人既是小事故還使內竪掌小事者蹕也○同上○天府凡吉凶之事祖廟之中沃盥執燭注吉事四時祭也凶事後王喪朝于祖廟之奠○朝直遥反○疏曰他官在祖廟中沃盥夙興時

0014_0492-2

天府之官與之執燭爲明他官在祖廟中沃盥者謂小祝云大祭祀沃尸盥小
臣大祭祀沃王盥此二官皆沃盥在祖廟中則天府爲之執燭其若士師云祀
五帝沃尸盥非祖廟事則不與執燭也云吉事謂四時祭也者略言之禘祫亦
在焉云凶事后王喪朝于祖廟之奠者王及后喪七月而葬將葬當朝六廟後
乃朝祖廟祖廟中日側爲祖奠厥明將於爲大遣奠皆有沃盥之事故鄭云焉
公彥賈

書具脩

儀禮經傳通解續　祭禮九　百四五

0014_0493-1

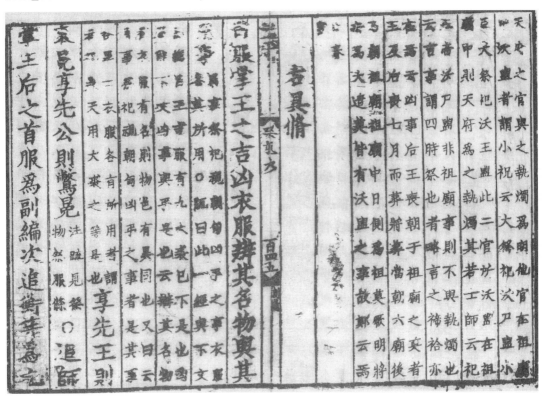

司服掌王之吉凶衣服辨其名物與其
用事祭祀視朝甸凶弔之事衣服[illegible]其所用○疏曰此一經與下文
總言王吉服有九大裘已下是也云若辨下文凶事與弔是也云辨其名物
者衣服有名則物色有異同也又曰云用事祭祀視朝甸凶弔之事者是其事
[illegible]異一衣服各有所用者謂[illegible]若祭天用大裘之等是也享先王則
袞冕享先公則鷩冕注疏見祭物祭服條○追師
掌王后之首服爲副編次追衡笄爲九

0014_0493-2

嬪及外內命婦之首服以待祭祀賓客
編步典反又[illegible]先反○鄭[illegible]名士冠禮記曰委貌周道也章甫殷道
也毋追夏后氏之道也追[illegible]官故并主王后之首服副者[illegible]及之
[illegible]祭統曰君卷冕立于阼夫人副禕立于東房衡維持冠者春秋傳曰衡紞紘綖
之玄謂副之言覆所以覆首爲之飾其遺象若今步繇矣服之以從王祭祀
編編列髮爲之其遺象若今假紒矣服之以見王次次第髮長短爲之所謂髲鬄
服之以見王王后之燕居亦纚笄總而已追猶治也詩云追琢其璋王后之衡

儀禮經傳通解續　祭禮九　百四六

0014_0494-1

笄皆以玉爲之唯祭服有衡垂于副之兩旁當耳其下以紞縣瑱詩云玭兮玭兮
兮其之翟也鬒髮如雲不屑髢也玉之瑱也是之謂也笄卷髮者外內命婦衣
鞠衣襢衣者服編衣褖衣者服次外內命婦非王祭祀賓客佐后之禮自於其
家則亦降焉少牢饋食禮曰主婦髲鬄衣侈袂特牲饋食禮曰主婦纚笄宵衣
是也昏禮女次純衣攝盛服耳主人爵弁以迎移袂褖衣之袂凡諸侯夫人於
其國衣服與王后同○冠禮古亂反笄追音堆卷古本反紞丁敢反紘音宏髲
以然反羊戰反縣以招反紒音計髲皮寄反鬄大計反見賢遍反纚所買反所

0014_0494-2

綺反縣音玄瑱他見反鬄大計反沈音
剃卷髮着免反[illegible]擢反[illegible]衣緣於[illegible]
反侈昌氏純側其反[illegible]如字口[illegible]曰云
掌王后之首服者對夏官弁師掌男子
之首服首服則副編次也云追衡笄者
追治玉石之名謂治玉爲衡笄也云爲
九嬪及外內命婦之首服者此云及則
與上內司服同亦是言及殊貴賤九嬪
不言世婦文略則外命婦中有三公
夫人卿大夫等之妻內命婦中唯有亡
衘也云以待祭祀賓客者亦謂助后而
服之也又曰司農云追冠名者見士冠
禮夏后氏牟追故引士冠爲證先鄭云
追師掌冠冕之官故并主王后之首服

續祭禮九　百四十

0014_0495-1

者此鄭意以追師掌作冠冕弁師掌其
成法若縫人掌縫衣則有司服內司服
之官相似故有兩官共掌男子首服也
後鄭不從者此追師若兼掌男子首者應
亦當如下屨人職云掌王及后之服屨
兼王爲文今不云王明非獨掌[illegible]
云后已下首服也又引祭統者證副禕
是首飾入祭服者是總二者衣服首飾
云[illegible]云禕[illegible]無則據男子之[illegible]
[illegible]

0014_0495-2

行步繇動此[illegible]以[illegible]
漢之遠亦無以[illegible]之矣[illegible]
知者以六物[illegible]知者[illegible]
物者詩云副笄六珈[illegible]古之[illegible]
云副是也云服之以從王祭祀[illegible]
三翟首服副祭祀之中含先王[illegible]
[illegible]
[illegible]
[illegible]
[illegible]
服古至今[illegible]
也者上注[illegible]
云皆云髮[illegible]此[illegible]其編亦
桑不云髮[illegible]衣[illegible]於展[illegible]

續祭禮九　百四十一

0014_0496-1

也云次次第髮長短爲之者此亦以意
解之見其首髮而云次明次第髮長短
而爲之云所謂髲髢者謂少牢主婦髲鬄
鬄即此次也言髲髢者鬄髮也謂剃[illegible]
取賤者刑者之髮而爲髲鄭必知三翟
之首服副鞠衣展衣首服編褖衣首服
次者以王之祭服有六首服皆冕則后之
祭服有三首服首副可知昏禮女次純
衣純衣則褖衣褖衣而云次則褖衣首
服次可知其中唯有編明配鞠衣展衣
也云服之以見王者上注展衣云以禮
見王則展衣首服編以禮見王此又云
次則見王者則見王有二一者以禮見
見於王與見賓客同則服展衣與編也

0014_0496-2

者褖衣宵服次接御見王則此褖衣六次則此注見王是也故二者皆云見工耳六王后之燕居亦纚笄總而已者祭士冠禮纚長六尺以韜髮笄隂所以安髮總者既繫其本又總其末燕居謂不至王所自在燕寢而居時也案雞鳴詩云東方明矣朝既昌矣毛云東方明則夫人纚笄而朝但諸侯夫人於國衣服與王后同而得服纚笄而朝者此經云副編次以待祭祀賓客明燕居不得著次自然著纚笄而毛云著纚笄朝者毛更有所見非鄭義若然彼鄭不破之石以其纚笄燕居無正文故且從毛也其實朝王時首服編也引詩追琢其璋

祭禮九　百四九

0014_0497-1

者證追是治玉石之名云王后之衡笄詩以玉爲之者以弁師王之笄以玉故知后與王同用玉也弁師云諸公用玉爲瑱詩云玉之瑱也據諸侯夫人夫人與君同用玉瑱明衡笄亦用玉矣其三夫人與三公夫人同服翟衣明衡笄亦用玉矣其九嬪命婦等當用象也云唯祭服有衡知者見經后與九嬪以下別言明后與九嬪以下差別則衡笄唯施於翟衣取鞠衣以下無衡矣又見桓二年哀伯云袞冕黻珽帶裳幅舄衡紞紘綖並據男子之冕祭服而言明婦人之衡亦施於三翟矣故鄭云唯祭服有衡也鞠衣已下雖無衡亦應有紞以懸瑱

0014_0497-2

是以著詩云充耳以素以青以黄是臣之紞以懸瑱則知婦人亦有紞以懸瑱也云垂于副之兩旁當耳其下以紞懸瑱者傳云衡紞紘綖與衡連明言紞爲衡設矣笄既橫施則衡垂可知若然衡訓爲橫旣垂之而又得爲橫者其笄言橫據在頭上橫貫爲橫此衡在副旁當耳據人身豎爲從此衡則爲橫其衡下乃以紞懸瑱也引詩者彼鄘風注云玼鮮明貌鬒黑髮如雲言美長也屑用也髢髲也引之者證服翟衣首有玉瑱之義故云是之謂也其紞之采色瑱之玉石之別者婦得服翟衣者紞用五采瑱用王自餘鞠衣以下紞則三采瑱用石

祭禮九　百五十

0014_0498-1

知義然者案著詩云充耳以素鄭彼注云謂從君子而出至於著君子揖之時也我視君子則以素爲充耳謂所以懸瑱者或名爲紞織之人君五色臣則三色而已此言素者目所先見而云下云尚之以瓊華注云美石彼下經又云充耳以青充耳以黄據臣三色故云人君五色矣詩云玉之瑱據君夫人云用玉則臣之妻與夫同美石彼毛注以素爲象瑱鄭不從者若素是象瑱文何以更云瓊華瓊英之事乎故鄭以爲紞也云笄卷髮者鄭注喪服小記亦云笄帶所以自卷持云外內命婦衣鞠衣檀衣者服緇衣褖衣者服次知者案昏禮云女

0014_0499-1

0014_0498-2

次純衣純衣則褖衣攘士服爵弁親迎
攝盛則士之妻服褖衣首服次亦攝盛
褖衣既首服次三翟首服副鞠衣襢衣
首服編可知云外内命婦非王祭祀賔
客佐后之禮自於其家則亦降焉知者
大夫妻服襢衣首服編士妻服褖衣首
服次少牢特牲是大夫士妻特牲云主
婦纚笄宵衣少牢云主婦髲鬄衣移袂
但大夫妻移袂爲異又不服編故知自
於其家則降是以即引少牢爲證耳云
移袂褖衣之袂者此鄭覆解少牢主婦
衣移袂者是移褖衣之袂上既云移袂
今又云移褖衣之袂不同者但士之妻
服綃服褖衣助祭及嫁時不移其袂今

周禮二十　祭礼九　百五一

大夫妻綃衣衫而以褖衣袂者以大夫
妻與士妻綃衣名同不得言移於綃衣
之袂故取褖衣也云凡諸侯夫人於其
國衣服與王后同者以其諸臣之妻有
助后與夫人祭之事諸侯夫人無祭助
后之事故自於本國衣服得與王后同
也所同者上公夫人得褘衣已下至褖
衣褘衣從君見大祖褕翟從君祭羣廟
闕翟從君祭羣小祀鞠衣以告桑展衣
以禮見君及賔客褖衣以接御侯伯夫
人得褕翟已下褕翟從君見大祖及羣
廟闕翟已下與上公夫人同子男夫人
得闕翟已下闕翟從君見大祖及羣廟
與羣小祀鞠衣已下與侯伯同並纚笄

此傅本第一百五十一葉

次純衣純衣則褖衣攝士服爵弁親迎
攝盛則士之妻服褖衣首服次亦攝盛
褖衣既首服次三翟首服副鞠衣襢衣
首服編可知云外内命婦非王祭祀賔
客佐后之礼自於其家則亦降焉知者
大夫妻服襢衣首服編士妻服褖衣自
服次少牢特牲是大夫士妻特牲云主
婦纚笄宵衣少牢云主婦髪鬄衣移袂
但大夫妻移袂爲異又不服編故知自
於其家則降是以即引少牢爲證亘云
移袂褖衣之袂者此鄭覆解少牢主婦
衣移袂者是移褖衣之袂上既云移袂
今又云移褖衣之袂不同者但上之妻
服綃服褖衣助祭及嫁時不移其袂今

仪祭礼九　一百五十一　張欽

大夫妻綃衣衫而以褖衣袂者以大夫
妻與士妻綃衣名同不得言移於綃衣
之袂故取褖衣也云凡諸侯夫人於其
国衣服與王后同者以其諸臣之妻有
助后與夫人祭之事諸侯夫人無祭助
后之事故自於本国衣服得與王后同
也所同者上公夫人得褘衣已下至褖
衣褘衣從君見大祖褕翟從君祭羣廟
闕翟從君祭羣小祀鞠衣以告桑展衣
以禮見君及賔客褖衣以接御侯伯夫
人得褕翟已下褕翟從君見大祖及羣
廟闕翟已下與上公夫人同子男夫人
得闕翟已下闕翟從君見大祖及羣廟
與羣小祀鞠衣已下與侯伯同並纚笄

此張本第一百五十一葉

0014_0500-1　0014_0499-2

綃衣以燕居也二王之後與魯夫人亦而上公之禮故明堂位云季夏六月以禘禮祀周公於太廟夫人褘衣是也〇天官

〇內司服掌王后之六服褘衣揄狄闕狄鞠衣展衣緣衣素沙

褘音暉揄音遥鞠居六反又丘六反展張彥反注同緣或作褖亂反〇鄭司農云褘衣畫衣也祭統曰君卷冕立于阼夫人副褘立于東房以祀闕狄畫羽飾展衣白衣也喪大記曰復者朝服君以卷夫人以屈狄世婦以襢衣屈者音聲與闕相似襢與展相狄皆婦人之服鞠衣黃衣也素沙赤衣

也玄謂狄當爲翟翟雉名伊雒而南素質五色皆備成章曰翬江淮而南青質五色皆備成章曰搖王后之服刻繒爲之形而采畫之綴於衣以爲文章褘衣畫翬者揄翟畫搖者闕翟刻而不畫此三者皆祭服從王祭先王則服褘衣祭先公則服揄翟祭羣小祀則服闕翟今世有圭衣者蓋三翟之遺俗鞠衣黃桑服也色如鞠塵象桑葉始生月令三月薦鞠衣于上帝告桑事展衣以禮見王及賓客之服字當爲襢襢之言亶亶誠也詩國風曰玼兮玼兮其之翟也下云胡然而天也胡然而帝也言其德當神明又曰瑳兮瑳兮其之展也下云展如

0014_0501-1　0014_0500-2

之人兮邦之媛也言其行配君子二者之義與禮合矣雜記曰夫人復稅衣揄狄又喪大記曰士妻以褖衣言褖者甚衆字或作稅此緣衣者實作褖衣也褖衣御于王之服亦以燕居男子之褖衣黑則是亦黑也六服備於此矣褘揄狄展聲相近緣字之誤也以下推次其色則闕狄赤揄狄青褘衣玄婦人尚專一德無所兼連衣[redacted]不異其色素沙者今之白縳也六服皆袍制以白縳爲裏使之張顯今世有沙穀者名出于此〇卷古本反朝直遥反屈音闕襢張彥反翬音暉見王賢遍反玼音此劉倉我反媛音援行下孟反稅吐亂反縳音絹又升

卷反升絹反張如[redacted]徐音帳〇疏曰云掌王后之六服者自褘衣至緣衣是六褘衣者亦是翟而云衣者以其衣是服之首故目言衣也褘當爲翬即翬雉其色玄也揄狄者揄當爲搖狄當爲翟則搖雉其色青也闕狄者其色赤上二翟則刻繒爲雉形又畫之此闕翟亦刻爲雉形不畫之爲彩色故名闕狄也此三翟皆祭服也鞠衣者色如麴塵色告桑之服也展衣者色白朝王及見賓客服緣當爲褖褖衣者色黑御於王服也素沙者此非服名六服之外別言之者此素沙與上六服爲裏使之張顯但婦人之服不殊裳上下連則此素沙亦上[redacted]

張本下象草頭字不清二字以[illegible]

連也王之吉服有九韋弁已下常服有三與后鞠衣已下三服同但王之祭服有六后祭服唯有三翟者天地山川社稷之等后夫人不與故三服而已必知外神后夫人不與者案內宰云祭祀裸獻則贊天地無祼言祼唯宗廟又內宗外宗佐后皆云宗廟不云外神故知后於外神不與是以白虎通云周官祭天后夫人不與者以其婦人無外事若然哀公問云夫人爲天地社稷主者彼見夫婦一體而言也又曰司農云褘衣畫衣也者先鄭意褘衣不言狄則非翟雉知畫衣者以王之冕服而衣畫故知后衣畫也引祭統者彼據二王後夫人

助祭服褘衣與后同也揄狄闕狄畫羽飾者以其言狄是翟羽故也云展衣白衣也者見鞠衣黃以土色土生金金色白展衣文承鞠衣之下故知展衣白也引喪大記證闕狄與展衣爲婦人服故也彼君以卷據上公而言夫人以屈翟據子男夫人復時互見爲義云世婦以襢衣者彼亦據諸侯之世婦用襢衣復之所用也去鞠衣黃衣也素沙赤衣也者先鄭意以素沙爲服名又以素沙爲赤色義無所據故後鄭不從之玄謂狄當爲翟者破經二狄從翟雉之翟也伊洛而南已下至曰搖皆爾雅文言伊水而南有雉素白爲質兼青赤黃黑五色

言備成其文章曰翬雉云江[illegible]多五色皆備有以成文章曰搖[illegible]此者謂褘揄爲雉也又云翬[illegible][illegible]先鄭褘衣不言翟故皆或搖[illegible]畫亦兼足先鄭之義云闕翟刻而[illegible]者此無正文直以意量之言翟而[illegible]字明亦刻繒爲雉形但闕而不畫[illegible]而已云此三者皆祭服者對鞠衣[illegible]非祭服也云從王祭先生則服褘衣[illegible]先公則服揄翟祭羣小祀則服闕翟[illegible]言此者欲見王后無外事唯有宗廟[illegible]爲二與王祀先王袞冕先公鷩冕[illegible]羣小祀王玄冕故后服闕翟也云今[illegible]有圭衣者蓋三翟之遺俗者漢時有[illegible]

衣刻爲圭形綴於衣是由周禮有三[illegible]別刻繒綴於衣漢俗尚有故云三翟[illegible]俗也云鞠衣黃桑服也者謂季春將蠶后服之告先帝養蠶之服云色如麴塵不爲麴字者古通用云象桑葉始生者以其桑葉始生即養蠶故服色象之[illegible]月令者證鞠衣所用之事故云告桑事也云展衣以禮見王及賓客之服如[illegible]然者以其鞠衣在上告桑之服褖衣在下御於王之服展衣在中故以爲見王及賓客之服但后雖與王禮敵夫尊妻卑仍相朝事與賓同諸侯爲賓客於王后助王灌饗賓客則后有見賓客之禮[illegible]以亦服展衣也云字當爲襢襢之言亶

疏亶誠也者案禮記作禮詩及此文作亶皆是正文鄭必讀從禮者二字不同
必有一誤禮字衣傍爲之有衣義且爾[illegible]義亶雖同訓爲誠展者言之誠亶者
行之誠貴行賤言禮字以亶爲聲有行誠之義故從禮也又引詩者鄘風刺宣
姜淫亂不稱其服之事云其之翟也胡然而天也胡然而帝也言其德當神明
又曰其之展也展如之人兮邦之媛也言其行配君子云二者之義與禮合矣
普言服翟衣尊之如天帝比之如神明此翟與彼翟俱事神之衣服展則邦之
爲媛助君子展衣朝事君子之服是此禮且王及賓客服故云二者之義與禮合者

四二十　祭礼九　百五六

然內則注夫人朝於君次而褖衣也者彼注謂御朝也引雜記及喪大記者後
破緣衣爲褖衣之事云字或作稅者或雜記文故雜記云夫人稅衣又云稅衣[illegible]
素沙注作稅字亦誤矣故云此綠衣[illegible]實褖衣也云褖衣御于王之服亦以[illegible]
居者案尚書多士傳云古者后夫人[illegible]殺[illegible]前息燭後舉燭至於房中釋[illegible]
終後入御於君注云朝服展衣君[illegible]入師雞鳴于階下然後治夫人鳴佩[illegible]
于房中告燕服入御以此而言云[illegible]衣寢服告以燕服然後入御明入[illegible]
服與燕服同褖衣以其展衣下唯[illegible]衣故知御與燕居同褖衣也以其[illegible]

燕居同是私褻之處故同服云居[illegible]之褖衣黑則是亦黑也者男子褖衣[illegible]禮
雖無文案士冠禮陳服於房爵弁皮弁服玄端服至於士昏禮陳纁[illegible]子房
亦云爵弁服皮弁服褖衣褖衣[illegible]端之處變言之者冠時玄端衣裳別[illegible]
襲時玄端[illegible]衣裳與婦人褖衣[illegible]男子之玄端[illegible]者褖衣又見子[illegible]
褖衣纁[illegible]婦服[illegible]之物則男子[illegible]矣男子[illegible]
則是此婦人褖衣亦[illegible]可[illegible]以六服之色[illegible]文欲從此[illegible]
色以此爲本故言之也云六[illegible]矣者經傳云婦人之服多矣[illegible]

四十九　祭礼九　百五十七

言六服唯此文爲備故言六服[illegible]矣鄭言此者亦欲推次六服之[illegible]
云褘褕狄展聲相近者[illegible]狄與翟展與襢四者皆是聲[illegible]
誤也云緣字之誤也者緣與褖[illegible]聲相近但字相似故爲字之誤[illegible]
下推次其色則闕翟赤揄翟青[illegible]者王后六服其色無文差須推[illegible]
言推次者以鞠衣象麴塵其色[illegible]與男子褖衣同其色黑二者爲本[illegible]
行之色從下向上以次推之水色[illegible]褖衣象之水生於金褖衣亡白展衣[illegible]
展衣象金色白故先鄭亦云展衣白[illegible][illegible]金生於土土色黄鞠衣象之土生[illegible]

0014_0505-2

火火色赤鞠衣上有闕翟則闕翟[illegible]
赤矣火生於木木色青闕翟之有[illegible]
象之青矣五行之色已盡六色唯有[illegible]
色玄禕衣最在上象天色玄是其[illegible]
推次其色也云婦人尚專一德無所[illegible]
連衣裳不異其色也者弟服上云[illegible]
裳下云女子髽衰三年直言[illegible]
則連衣裳矣又昏禮云女次純衣[illegible]
言裳是其婦人連衣裳[illegible]
異其色必不異色皆[illegible]
無所兼故也云素沙者今之[illegible]
素沙爲裏無文故[illegible]
白縳爲裏以周時素沙爲裏[illegible]
皆袍制以白縳爲裏使之張[illegible]

祭禮九

0014_0506-1

記云子羔之襲繭衣裳則是[illegible]
袍襺有衣裳今婦人衣裳[illegible]
云袍制者王取於褖不異[illegible]
取衣裳則爲義也云今世有沙[illegible]
出于此者言漢時少穀之衣有[illegible]
沙縠之名出於周禮素沙也

命婦之服鞠衣展衣緣衣素沙[illegible]

衣九嬪也展衣世婦也緣衣女[illegible]
命婦者其本服也則服鞠衣其[illegible]
無也則服展衣其夫士也則服緣[illegible]
夫人及公之妻則闕狄以下乎侯伯[illegible]
夫人揄狄子男之夫人亦闕狄唯二[illegible]
後禕衣[illegible]然曰上言王后六服此[illegible]

0014_0506-2

[illegible]答有六服唯得如本[illegible]
[illegible]次服之而已亦以素沙爲
[illegible]沙也又曰鄭以內命婦無過
[illegible]下外命婦無過三公夫人已
[illegible]云鞠衣已下則三夫人三公夫人
[illegible]闕狄已下則出命婦之守[illegible]三
[illegible]三公夫人矣故內命婦從[illegible]
[illegible]必知九嬪已下服鞠衣以下
[illegible]之嬪下有世婦女御三等鞠衣
[illegible]三等故知鞠衣以下九嬪世
衣[illegible]婦也褖衣女御也云外命
[illegible]孤也則服鞠衣其夫卿大夫
[illegible]展衣其夫士也則服褖衣者
[illegible]服[illegible]冕[illegible]間玄冕士爵

0014_0507-1

等[illegible]書之孤之冠要其服無[illegible]
三等之[illegible]三等臣之妻也孤[illegible]妻
九[illegible]三[illegible]侯伯也卿大夫妻亦如[illegible]
[illegible]得也士妻褖衣而已
服[illegible]六夫士文[illegible]諸侯之下皆
[illegible]若然諸侯之臣妻亦
[illegible]是玉藻云君命闕狄再
[illegible]士祿衣注云此子男
[illegible]夫士之妻命服也褘
[illegible]皆分爲三等其事一
[illegible]之臣命雖入
[illegible]夫[illegible]夫向之冕無
[illegible]

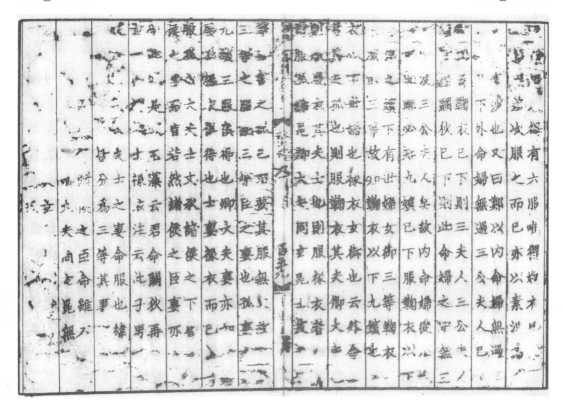

[illegible]同[illegible]服[illegible]

之寶其賜[illegible]下[illegible]從下向上差之[illegible]

人外內婦三公夫人[illegible]從上向下差之[illegible]

云王后鞠衣夫人[illegible]卷二公夫人不得[illegible]

三公孤卿大夫子男[illegible]夏五命君命服秋襚子男[illegible]

命當爵秋三夫人其服不[illegible]三九又祭王文武云子以[illegible]

夫夫人命秋子男夫人亡[illegible]三之後禕衣者玉藻云夫[illegible]

祭禮九　百六十

[illegible]侯伯之夫人鄭[illegible]者以玉藻云君命[illegible]

[illegible]命禕衣夫並是子男之[illegible]子男夫人以上差人[illegible]

[illegible]二王後夫人當禕[illegible]君以卷注云上公以[illegible]

[illegible]衣又案隱五年公羊云[illegible]二公稱公若然天子三公[illegible]

命所衮[illegible]其服亦得服禕衣矣[illegible]二王後不云[illegible]公之內上公[illegible]

[illegible]命則爲[illegible]夫人服闕翟[illegible]君[illegible]記注云公之夫[illegible]

[illegible]

[illegible]副褘[illegible]后之上服[illegible]及玉[illegible]人服之以此而言則此注亦[illegible]

九命上公夫人魯夫人同也凡祭祀共后之衣服及

[illegible]嬪世婦凡命婦共其衣服[illegible]者凡女御與外命

此言及言凡殊貴賤也春秋之義王雖微者猶序乎諸侯之上所以尊尊

臣之命者再命以上受服則下士分不共也外命婦唯王祭祀賓客以禮

后得服此上服自於其家則降焉○日上陳尊卑以次受服之事此文陳

所用之時云凡祭祀者婦人無外事言祭祀唯據宗廟大小祭祀云賓客者

祭禮九　百六十一

謂后助王灌饗諸侯來朝者云共后之衣服者祭祀共三翟賓客共展衣云九

嬪世婦者謂助后祭祀賓客時云凡命婦者兼外內命婦也

又曰鄭知凡內命婦唯有女御[illegible]上文外內命婦服唯有鞠衣已下

[illegible]上已云九嬪世婦則內命婦[illegible]上御也其外命婦中則有[illegible]

言及言凡殊貴賤也皆言及者[illegible]嬪賤於后言凡者欲見外命婦[illegible]

賤於世婦也云春秋之義王[illegible]序於諸侯之上所以[illegible]

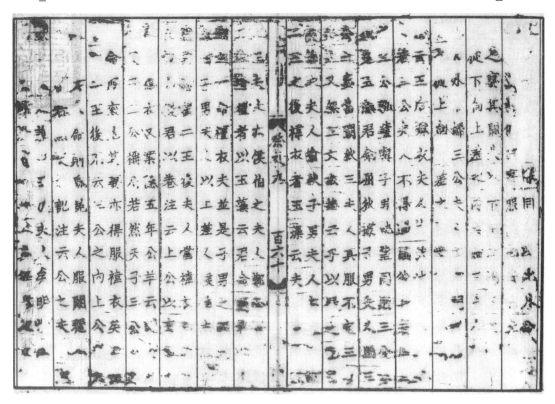

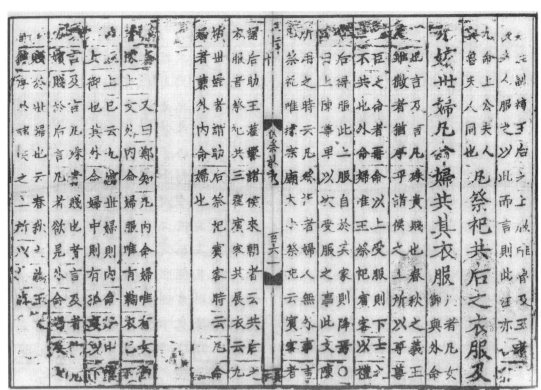

0014_0510-1　　0014_0509-2

云宮婦中女御卑於世婦可以祿之於外命婦中有公孤卿大於女御而使外命婦揔入女御曰以禘之者案僖公八年春王正公會王人齊侯宋公以下盟於洮傳曰王人者何微者也曷爲序乎諸侯之上先王命也是以微者即士以其天子下士王已上於經見名氏以天子下士名氏凡於經今直云人是天子下士序在諸侯上是尊王命若九嬪卑於三公又世婦卑於卿妻言之以孫之在公又是尊尊此三之嬪婦也云臣之命著下命以上受服則下士之妻不共也者此不入宗伯告子之服彼云一命者

祭禮九　百六十二

職喪命受服則天子上士三命中士再命受服天子下士一命則不受故鄭云下則不共也云來命婦佐王祭有客也禮佐后得所此上服者案此一經一爲衣上夫表長衣案特牲主婦纚仕紲大少牢主婦髲髢衣侈袂士妻不衣祿士大夫妻綃衣袂不衣長衣如甘夫自於家祭降服是自其家則降上纚緇祀賓客共后之服是來命婦助后祭祀賓客及服上服也○同上○

王后褘衣夫人揄狄褘讀如翬揄讀若揄音搖翟狄名

鄭禮而畫之著於衣夕用翬因已發世作字月大令無

0014_0511-1　　0014_0510-2

伯之夫人也王者之後夫人亦褘衣疏曰此一節論王后以下命婦之服三后褘衣者褘讀爲翬謂畫翬於衣六服之最尊也夫人揄狄者揄讀如搖狄讀爲翟謂畫搖翟之雉於衣謂三夫人及侯伯夫人也又曰案鄭注內司服引爾雅釋鳥伊雒而南素質五色皆備成章曰翬江淮而南青質五色皆備成章曰搖鄭又云王后之服刻繒爲之形而采畫之綴於衣以爲文章褘衣畫翬者揄翟畫搖者闕翟刻而不畫從王祭先王則服褘衣祭先公則服揄翟祭羣小祀則服闕翟鞠衣黃桑服也色如麴塵服之以告桑展衣以禮見王及賓客褖衣

祭禮九　百六十三

御于王之服闕翟赤揄翟青褘衣玄鞠衣黃展衣白褖衣黑又鄭志云三狄首服副覆也所以覆首爲之飾其遺象若今步繇矣鞠衣首服編編列髮爲之其遺象若今假紒矣展衣褖衣首服次次第髮長短爲之所謂髲髢若鬄屑之者則亦褖衣纚笄總而已其六服素紗爲裏故內司服陳六服之下云素紗鄭注云六服皆袍制以白縳爲裏云夫人三夫人亦侯伯之夫人也者以云王后褘衣則云夫人揄狄其文已成故以夫人爲三夫人但三夫人與三公同對王爲屈三公執璧與男子同瑞夫人亦當與子男夫人同故無文

0014_0511-2

疑而不定云三夫人其[illegible]以事[illegible]爾解之也云王者之後夫人[illegible]衣[illegible]汉禮記每云君袞冕夫人副褘[illegible]之後自行正朔與天子同故祭其[illegible]主服也若祭先公則降爲鷩祭文[illegible]公其夫人亦褘衣故明堂位云君袞[illegible]立于阼夫人副褘立于房中是也

君命屈狄再命褘衣

一命襢衣士禒衣

君女君也屈[illegible]翟[illegible]闕謂刻繒爲翟不畫此子男之夫人及其卿大夫士之妻命服也褘當爲鞠字之誤也禮天子諸侯命其臣后夫人亦命其妻以衣服所謂夫尊於朝妻榮於室也子男之卿再

祭禮九　百六十四

0014_0512-1

命而妻鞠衣則鞠衣襢衣禒衣者諸侯之臣皆分爲三等其妻以次受此服也公之臣孤爲上卿大夫次之士次之侯伯子男之臣卿爲上大夫次之士次之禒或作税○疏曰君命屈狄者君謂女君子男之妻也被后所命故云君命屈狄者屈闕也狄亦翟也直刻雉形闕其采畫故云闕翟也再命褘衣者再命謂子男之卿褘當爲鞠謂子男卿妻服鞠衣也一命襢衣者襢展也子男大夫一命其妻服展衣也士禒衣者謂子男之士不命其妻服禒衣鄭注士喪禮褖之言緣黑衣裳以赤緣之又曰以禮君命其夫后命其婦則子男之妻不得受天

0014_0618-2

子之命故以爲君謂女君是子男之妻受后之命或可女君謂后也命子男妻故云君命云此子男之夫人及其卿大夫士之妻命服也者以典命云子男之卿再命其大夫一命其士不命此云再命褘衣一命襢衣上禒衣又承闕狄下正與子男同故知據子男夫人及卿大夫士之妻也褘衣是王后之服故疑當爲鞠衣云子男之卿再命而妻鞠衣則鞠衣襢衣禒衣者諸侯之臣皆分爲三等其妻以次受此服也者鄭爲此言欲明諸侯臣之妻唯有三等之服云公之臣孤爲上卿大夫次之士次之者以同服云孤絺冕而下卿大夫玄冕而下士

儀祭禮九　百六十五

0014_0619-1

皮弁而下此謂上公臣爲三等云侯伯子男之臣卿爲上大夫次之士次之者以此經再命鞠衣一命襢衣士禒衣士與大夫下同又典命子男之卿再命大夫一命士不命尚分爲三等侯伯之卿三命大夫再命士一命是亦三等可知鄭云然也

唯世婦命於奠繭其他則皆從男子

奠猶獻也凡世婦以下蠶事畢獻繭乃命之以其服天子之右夫人九嬪及諸侯之夫人夫在其位見妻得服其服矣○疏曰唯世婦命於奠繭者世婦謂天子一十七世婦以下也奠獻也獻繭謂世婦及命婦入助蠶畢獻繭也君

0014_0513-2

夫等於朝妻賢於室皆得各服其命服
令唯世婦及卿大夫之妻並卑雖已被
命猶不得即服命服必又須經入助蠶
蠶畢獻繭繭多功大更須君親命之著
服乃得服耳故云命於奠繭其他則皆
從男子者其他謂后夫人九嬪及五等
諸侯之妻也其夫得命則其妻則著命
服不須奠繭之命故云皆從男子又曰
凡獻物必先奠於地故云奠猶獻也云
凡世婦以下蠶事畢獻繭乃命之者三
夫人九嬪其位既尊不須獻繭自然得
命也世婦以下位卑因獻繭乃得命言
以下則女御亦然經唯云
世婦舉其貴者○玉藻

大二十　小三百四五　祭礼九　百五十六

0014_0514-1

右祭服

小史大祭祀讀禮灋史以書序昭穆之
俎簋讀禮灋者大史與羣執事史此小
史也言讀禮灋者小史叙俎簋以
爲節故書簋或爲几鄭司農云几讀爲
軌書亦或爲簋古文也大祭祀小史主
叙其昭穆以其主定繫世祭祀史主叙
其昭穆次其俎簋故齊景公疾欲誅於
祝史玄謂俎簋牲與黍稷以書次之校
比之○疏曰此言叙昭穆之俎簋則非
外神耳則大祭祀唯謂祭宗廟三年一
祫之時有尸主兼序昭穆俎簋也又曰

0014_0514-2

[illegible]讀禮法是大史與羣執事者[illegible]
云大祭祀祇是宿之日與羣執事[illegible]
禮書而協事彼云禮書即此禮法是[illegible]
言讀禮法者小史叙俎簋以爲御者[illegible]
大史讀禮法之時小史則叙昭穆[illegible]
簋依禮出之節擬比之使不差錯[illegible]
俎及簋云爲節也齊景公事在昭二十
年左氏傳彼傳公有疾語晏子曰據與
款謂寡人能事鬼神故欲誅
於祝史是其事也○春官　○司几筵
[illegible]設莞筵紛純加繅席畫純加次席黼
純左右玉几莞音官又音丸純章允反
之閑反又音均○鄭司農

大卅四　小三佰廿一　祭礼九　百六十七

0014_0515-1

云紛讀爲豳又讀爲和粉之粉謂白繡
也純讀爲均服之均純緣也繅讀爲藻
率之藻次席虎皮爲席書謂紛如綬有
文而狭者繅席削蒲蒻展之編以五采
若今合歡矣畫謂雲氣也次席黼席
有次列成文○率音律○純曰凡敷席
之法初在地者一重即謂之筵重在上
者即謂之席已下皆然故鄭注序官云
敷陳曰筵藉之曰席祀先王設在廟奧
[illegible]堂玉几惟於王嗎及鬼神所依皆左
二几其雕几以下非王所憑生人則几
二左鬼神几在右是以下文[illegible]使祭祀
二右雕几國賓云左彤几若受[illegible]
必有几故下文祀[illegible]五[illegible]

0014_0516-1　　0014_0515-2

侯酢席於下云几也[illegible]再於義下無故更云又讀爲紛純謂白繡也純讀爲均服之均者案年左傳卜偃云均服振振取虢之旂賁服杜君等皆爲均均同也但司農讀爲均均即準音與純同故云純緣也云緣讀爲藻率之藻者讀從桓二年臧哀伯云藻率鞞鞛鞶厲游纓此並取彼義也云次席虎皮爲席者此見熊席故爲虎皮後鄭不從也引尚書者證王馮玉几之義也玄謂紛如綬有文而狹者此漢世綬是薄帔有文章而狹以爲席之緣故言之也鄭知繅席削蒲蒻展之編以五采若今合歡矣者漢有合歡席合

此故還舉漢法況之也云畫謂畫雲氣也者鄭於經但單言畫皆以畫雲氣解之蓋五色雲爲之文也云次席桃枝席矣列成文者鄭亦見漢世以桃枝竹爲之席次第行列有成其文章故言之也

祀先王昨席亦如之

鄭司農云昨席於主階設席王所坐也玄謂昨讀曰酢謂祭祀及王受酢之席卒食王酳之卒爵祝受之又酌授尸尸酢王於是席王於戶內后諸臣致爵乃設席。疏曰祀先王謂宗廟六享皆用上三種席所謂王酳尸尸酢王至酢之席亦如上三種席故云亦如之受曰司農云酢席於主階設席王[illegible]

0014_0517-1　　0014_0516-2

此者此約鄉飲酒禮主人在阼階賓在戶牖間主人受酢王行飲酒禮亦然也酢文承祀先王下即是祭禮受尸酢不得爲凡常飲酒禮故後鄭不從也後鄭知王有受尸酢法者謂若鬱人注引特牲少牢此注亦取彼義故云尸卒食王酳之卒爵祝受之又酌授尸尸酢王於是席王於戶內也案特牲少牢主人受酢之時未設席夫婦致爵乃設席今王於受酢即設席者優至尊與大夫士禮異知席王在戶內者約特牲主人受酢時在戶內之東西南也云后諸臣致爵乃設席者此亦約特牲夫婦致爵之時有席若然王於酢有席與彼異至於后

即與彼同者禮有損之而益故后不得與王同宜同士禮案特牲無致爵於賓夫之法而此言諸臣致爵者此王於諸臣亦無致爵禮此致爵酳尸訖主人獻賓長於西階之上謂致爵也特然三人致爵於主婦席於房中此后亦然其諸臣案特牲獻賓於西階上無席獻訖以薦俎降設西階下亦無席此諸臣有席者亦是一之臣尊宜設席乃以薦俎降設於席東也

諸侯祭祀席蒲筵繢純加莞席紛純右雕几

繢畫文也不言次席加繅席畫純不加莞清堅又於鬼神宜。[illegible]

0014_0518-1　　0014_0517-2

□間□莞及○疏曰此經諸□□□又四□席之席皆二種席也又曰
二又畫者畫雲氣此云繢即非畫雲案繢人職對方爲繢是對文爲次畫於
綴帛之上與席爲緣也云不莞席加繅者繅柔𥂁不如莞清堅又於鬼神宜若
案上文天子祭祀席與酢席同此下文諸侯受酢席下莞上繅今祭祀席下蒲
上莞以是故鄭以下文決此今諸侯祭祀席不亦如下文莞席加繅者以其繅
柔𥂁不如莞清堅於鬼神宜即於生人不宜故下文生人繅在上爲宜也又不
以繅在莞下繅專不宜在莞下故用蒲替之也

昨席莞筵紛純

祭禮九　百十

加繅席畫純

昨讀亦曰酢。疏曰諸侯酢尸尸酢主君亦於户內
之東西面設此二席又曰案禮記禮器云天子之席五重諸侯三重今天子唯
三重諸侯二重者彼云五重者據天子大祫祭而言若禘祭當四重時祭當三
重皆用此三重席耳故此唯見三重席也諸侯三重上公當四重亦謂大祫祭
時若禘祭降一重諸侯二重禘與時祭同卿大夫几下特牲少牢唯見一重耳

凡吉事變几凶事仍几

故書仍爲乃鄭司農云變几變
更其質謂有飾也乃讀爲仍仍因也因其質謂無飾也爾雅曰儀仍因也書顧

0014_0522-1　　0014_0521-2

命曰翌日乙丑成王崩癸酉牖間南嚮西序東嚮東序西嚮皆仍几也謂吉事
王祭宗廟祼於室饋食於堂繹於祊每事易几神事文示新之也凶事謂凡奠
几朝夕相因喪禮略○疏曰先鄭云變更其質謂有飾又以仍几爲因其質謂
無飾後鄭不從者以司農就几體變之於引尚書仍几乃是前後相因不得爲
几體故不從也且上文云右素几於凶几無飾已有文何須此亦云仍几爲飾
飾乎皆其言不經故不從也引顧命者案彼經云牖間南嚮華玉仍几西序東
嚮文貝仍几東序西嚮彫玉仍几西夾南嚮漆仍几孔云四生時几皆有飾而

祭禮九　百七十一

先鄭引之者先鄭亦直取仍因之義不須無飾也玄謂吉事祭宗廟祼於室者
洛誥云王入大室祼是也云饋食於堂繹於祊者案禮器云設祭于堂爲祊乎
外是直云饋食于堂謂饋獻節據有黍故言饋食其實未有黍稷又不言朝踐
者朝踐與饋獻同在堂故略而不言之又饋獻後更延尸入室進黍稷尸食之
事不言者以其還依祼於室之几故亦略而不言也云凶事謂凡奠者即上文
凡喪事右素几是也此又見凡奠几也因不易之意案禮弓云虞而立尸有几
筵者據大夫士而言案士喪禮大斂奠亦席而云虞始有筵者以其几筵相將

0014_0522-2

遷[illegible]具實虞時有几其莚大斂即有莚天子諸侯禮大初死几莚並有故上[illegible]凡喪事設葦席右素几也凡几之長短阮諶云几長五尺高二尺廣二尺馬融以爲長三尺舊圖以爲几兩端赤中央黑也○同上

○天府凡國之玉鎮大寶器藏焉若有大祭則出而陳之既事藏之玉鎮大寶器玉瑞玉器之美者禘祫陳之以華國也故書鎮作瑱鄭司農云瑱讀爲鎮○疏曰云玉鎮大寶器藏焉者若典瑞掌其凡瑞器故典瑞云掌玉瑞玉器之藏辨其名物與其用事設其服飾其

大四二小三八三九　祭禮九　百七二

0014_0523-1

者天府掌之又曰鄭知玉鎮大寶器是玉瑞玉器之美者此云玉鎮即大宗伯云以玉作六瑞鎮圭之屬即此寶鎮也彼又云以玉作六器蒼璧禮天之屬即此寶器也知是玉瑞玉器之美者以則入此天府故知禘取美者來入也鄭知禘祫者經云大祭祀故知也○同上

○典庸器祭祀帥其屬而設筍虡陳庸器設筍虡視瞭當以懸樂器焉庸器伐國所獲之器若崇鼎貫鼎及以其兵物所鑄銘也○疏曰庸功也言功器者國所獲之器也陳之以韓國也云若崇鼎貫鼎者明堂位文云及以其兵物

0014_0523-2

[illegible]謂左氏傳季氏以所得齊之[illegible]林鍾而銘魯功是經中雜器也彼[illegible]非特征伐又藉晉之功引之[illegible]諸鑄作銘功之事耳○同上

○[illegible]師展器陳告備疏曰云展器陳告備者謂祭日旦於堂東陳○祭器實之既訖則又展省視之而告備具故云展器陳告備也○同上

右陳設

○記鋪筵設同几鋪普胡反○同之言詷也祭者以其妃配亦不特几也○疏曰鋪筵設同几者設之曰筵坐之曰席同之言詷詷共也言人生時形體異故夫婦別几死

大十八小三四二　祭禮九　百七十三

0014_0524-1

則魂氣同歸於此故夫婦共几鋪席設几使神依之設此夫婦所共之几席亦共之必云同几者筵席既長几則短小恐其各設故特云同几云同之言詷也者若單作同字是齊同之同非詷共之詷所以物有異類而同時也則同死同生同出同入之類不齊其物異也若詷共之詷則言旁作同故古文字[illegible]皆訓詷爲共是漢魏之時字義如此是以讀同爲詷今則總爲一字云妃者以其妃配者儀禮少牢文謂祭夫祝辭云以某妃配云亦不特几也者謂不但不特設其饌

0014_0524-2

亦不特設几謂祝辭與几皆同於夫不特設也故鄭注司几筵云祭於廟同几精氣合也○祭統○鬼神之祭單席疏曰鬼神之祭單席者神道異人不假多重自温故單席也○禮器

○廟堂之上罍尊在阼犧尊在西廟堂之下縣鼓在西應鼓在東注疏見下餘獻條○禮器

○玄酒在室醴醆在戶粢醍在堂澄酒在下注疏見下餘獻條○禮運

0014_0525-1

君夫人會於大廟君純冕立於阼夫人副褘立於東房君執圭瓚祼尸大宗執璋瓚亞祼純側其反瓚才旦反○大廟始祖廟也圭瓚璋瓚祼器也以圭璋爲柄酌鬱鬯曰祼大宗亞祼容夫人有故攝焉今案君純冕立於阼鄭於上文以共純服解云純服亦冕服也互言之爾純以見繒色冕以著祭服上義已解訖於此略而不論○疏曰君純冕立於阼者純亦繒也鄭氏之意凡言尋其義有二一絲旁才是古之緇字一絲旁屯是純字但書文相亂雖是

0014_0525-2

[illegible]字作純鄭氏所注於絲理可知[illegible]不明古即讀爲緇論語云今也純及凡純服皆謂爲黑色若衣色見絲文不明者讀純以爲絲也冕皆上玄下纁及其服並然故通云緇冕若非二王之後及周公廟即悉用玄冕而祭夫人副褘立於東房者副及褘后之上服尊及二王之後夫人得服之侯伯夫人揄狄子男夫人闕狄而並立東房以俟行事尸既入之後轉就西房故禮器云夫人在房雖不云東西房下云夫人東酌罍尊則知夫人在房謂西房也大宗執璋瓚亞祼者大宗主宗廟禮者以亞祼之禮夫人親爲之此不云夫人而云大

0014_0526-1

宗者記者廣言容夫人有故大宗伯代夫人行禮執璋瓚亞祼之禮○大祭統

○玉人祼圭尺有二寸有瓚以祀廟祼之言灌也或作祼或作果謂始獻酌奠也瓚如盤其柄用圭有流前注○疏曰鄭注小宰云唯人道宗廟有祼天地大神至尊不祼故此唯云以祀廟典瑞秉云以祼賓客此不言者有典瑞故作文略也又曰讀祼爲灌者取水灌之義云祼謂始獻酌奠也者小宰注云祼亦謂祭之啐之奠之以其尸不飲故云奠之案司尊彝注祼謂始獻尸郊特牲注云始獻神也者以其祼入獻于尸故云獻尸

0014_0526-2

□□□□□□設□獻神三□□□□□□□一也云□□□其□□□□□前注鄭注典瑞引漢禮瓚盤大五升口徑八寸下有盤口徑一尺言有流前注者據下三璋之勺鼻寸是也言前注者以尸執之向外祭乃注之故云有流前注也○冬官

○典瑞裸圭有瓚以肆先王肆如字又他歷反○鄭司農云於圭頭爲器可以挹鬯裸祭謂之瓚故詩曰瑟彼玉瓚黃流在中國語謂之鬯圭以肆先王灌先王祭也玄謂肆解牲體以祭因以爲名爵行曰裸漢禮瓚槃大五升口徑八寸下有槃口徑一尺○疏曰裸圭即

0014_0527-1

玉人所云裸圭尺有二寸者也以肆先王謂祭先王則宗伯六享皆是也又曰先鄭云於圭頭爲器器即瓚是也云可以挹鬯裸祭謂之瓚者鬯即鬱鬯也言□言祭則裸據賓客祭據宗廟也詩曰□彼玉瓚黃流在中者彼詩是美王季□西伯受殷王圭瓚之賜言黃流在中□與玉人云黃金勺鼻錐同也云國語□之鬯圭者案國語云臧文仲以鬯圭□彝如齊告糴是也云以肆先王灌先□祭也先鄭不解肆字故後鄭釋之玄□肆解牲體以祭因以爲名者案大司□云祀五帝奉牛牲羞其肆是祭時肆□□體因即以肆爲祭名也云爵行曰

0014_0527-2

□周禮裸皆據祭而言至於生人□亦曰裸故投壺禮云奉觴賜灌□□□飲酒爵行亦曰灌也云漢禮瓚槃大五升口徑八寸下有槃口徑一尺者出漢禮器制度文叔孫通所作案玉人職云大璋中璋邊璋下云黃金勺青金外朱中鼻寸衡四寸鄭注云三璋之勺形如圭瓚玉人不見圭瓚之形而云形如圭瓚者鄭欲因三璋勺見出圭瓚之形但三璋勺雖形如圭瓚圭瓚之形即此漢禮文其形則大三璋之勺徑四寸所容蓋似小也○春官

○司尊彝掌六尊六彝之位詔其酌辨其用與

0014_0528-1

其實位所陳之處酌泲之使可酌各異也用四時祭祀所用亦不同實彝及醴齊之屬○泲子里反齊才計反○疏曰此經與下文爲目直云六彝六尊案下兼有鬱尊不言者文略也又曰云位所陳之處者此下經不見陳尊之處案禮運云玄酒在室醴醆在戶粢醍在堂彼是禘祫陳四齊此下時祭陳二齊設尊亦泲此也云酌泲之使可酌各□也者此下文鬱齊酌獻醴齊縮酌之□是各異也云用四時祭祀所用亦不同者即下文春祠夏禴已下所用不同□□云實鬱及醴齊之屬□□□□□□□□也

春祠夏禴

0014_0529-1　0014_0528-2

雞彝鳥彝皆有舟其朝踐用兩[…]

再獻用兩象尊皆有罍諸臣之[…]

秋嘗冬烝祼用斝彝黃彝皆有舟[…]

獻用兩著尊其饋獻用兩壺尊[…]

諸臣之所昨也凡四時之閒祀追[…]

享祼用虎彝蜼彝皆有舟其朝踐用兩[…]

大尊其再獻用兩山尊皆有罍諸臣之

所昨也兩獻注作犧素何反著直畧[…]朝享直遥反蜼音誄又以水[…]

鄭大音太○祼謂以圭瓚酌鬱鬯[…]尸也后於是以璋瓚酌亞祼郊特牲[…]

周人尚臭灌用鬯臭鬱合鬯臭陰達[…]淵泉灌以圭璋用玉氣也既灌然後[…]

牲致陰氣也朝踐謂薦血腥酌醴始行祭事后於是薦朝事之豆籩既又酌[…]

其變朝踐為朝獻者尊相因也朝獻謂[…]尸卒食王酳之再獻者王酳尸之後[…]

酌亞獻諸臣為賓又次后酌盎齊備[…]食三獻也於后亞獻內宗薦加豆籩[…]

變再獻為饋獻者亦尊相因饋獻謂薦[…]孰時后於是薦饋食之豆籩此凡九酌[…]

0014_0530-1　0014_0529-2

王及后各四諸臣一祭之正也以今祭禮特牲少牢言之二祼為奠而尸飲七

矣王可以獻諸臣祭統曰尸飲五君洗玉爵獻卿是其差也明堂位曰灌用玉

瓚大圭爵用玉琖加用璧角璧散又鬱人職曰受舉斝之卒爵而飲之則王酳

尸以玉爵也王酳尸用玉爵而再獻者用璧角璧散可知也雞彝鳥彝謂刻而

畫之為雞鳳皇之形皆有舟皆有罍言春夏秋冬及追享朝享有之同昨讀為

酢字之誤也諸臣獻者酌罍以自酢不敢與王之神靈共尊鄭司農云舟尊下

臺若今時承槃獻讀為犧犧尊飾以翡翠象尊以象鳳皇或曰以象骨飾尊明

堂位曰犧象周尊也春秋傳曰犧象不出門尊以祼神罍臣之所飲也詩曰缾

之罄矣維罍之恥斝讀如稼稼彝畫禾稼也黃彝黃目尊也明堂位曰夏后氏

以雞彝殷以斝周以黃目爾雅曰彝卣罍器也著尊者著略尊也或曰著尊著

地無足明堂位曰著殷尊也壺者以壺為尊春秋傳曰尊以魯壺追享朝享謂

禘祫也在四時之閒故曰閒祀蜼讀[…]蛇虺之虺或讀為公用射隼之隼大[…]

古之瓦尊山尊山罍也明堂位曰泰有虞氏之尊也山罍夏后氏之尊故[…]

踐作餞杜子春云餞當為踐玄謂黃[…]以黃金為目郊特牲曰黃目鬱氣之[…]

0014_0530-2

尊也贊者中也目者氣之清明者[illegible]
酌於中而清明於外追享謂追祭遷[illegible]
之主以事有所請禱朝享謂朝受政[illegible]
廟春秋傳曰閏月不告朔猶朝于廟[illegible]
鳥屬卬鼻而長尾山罍亦刻而畫之為
山罍之形○盎烏浪反卣音酉音由[illegible]
許傳反射食亦反隼筍尹反禺音遇音
隔卬象丈反又五剛反○踈曰此六者
皆據宗廟之祭但春夏同陽秋冬同陰
其追享朝享又是四時之閒祀以類附
從故可同尊也彝與齊尊各用二者鬱
鬯與齊皆配以明水三酒配以玄酒故
禮記郊特牲云祭齊加明水三酒加玄
酒依鄭志云一雞彝盛明水鳥彝盛鬱

祭礼九　百八十

0014_0531-1

尊是以各二尊彝尊不言數者禘祫與
時祭追享朝享等皆同用三酒不別數
可知也若然依酒正云大祭祀備五齊
據禘祫通鬱鬯與三酒并配尊則尊有
十八禘祭四齊闕二尊則尊有十六此
經時祭二齊闕六尊則尊十有二矣其
祫在秋禘在夏則用當時尊重用取足
而已此經彝下皆云舟尊與罍下皆不
云所承之物則無物矣故禮器云天子
諸侯廢禁其此之謂也又曰言裸謂以
圭瓚酌鬱鬯始獻尸也者宗廟之祭先
作樂下神則大司樂云若樂九變人鬼
可得而禮鄭注云先奏是樂而裸焉是
裸有二此言圭瓚者據王而言故鄭[illegible]

0014_0531-2

謂后於是以璋瓚酌亞裸是也后裸之
時內宰贊之故內宰職云后裸獻則贊
璋瓚亦如之若然非直贊裸而已至於
后之朝踐饋獻及酳用瑤爵皆贊之引
郊特牲者證裸以鬱鬯又用圭璋也云
既灌然後迎牲致陰氣也者裸是陰氣
故郊特牲又云周人先求諸陰求諸陰
灌是也此注引郊特牲后亞王裸後王
乃出迎牲衆內宰注云王既裸與此[illegible]
者彼注取王事自相亞故先言王既裸
出迎牲后乃後裸其實以此注為正也
王出迎牲之時祝延尸向戶外戶牖之
閒南面后於是薦朝事八豆八籩王[illegible]
牲入廟卿大夫贊幣而從牲麗於碑[illegible]

祭礼九　百八十一

0014_0532-1

親殺大僕贊王牲事取[illegible]以告殺取毛
以告純解而腥之為七[illegible]薦於神坐者
王以王爵酌醴齊以獻[illegible]后亦以玉[illegible]
酌醴齊以獻尸此謂經[illegible]踐用兩獻[illegible]
也禮器云郊血大饗腥[illegible]享祭宗廟[illegible]
血此云薦血腥者謂肉[illegible]謂如別薦[illegible]
也云后於是薦朝事之[illegible]籩既又酌[illegible]
者先薦後獻祭禮也其[illegible]薦豆籩左[illegible]
獻前今在三獻後乃言[illegible]薦豆籩者[illegible]
[illegible]說王事訖乃說后事[illegible]後言薦曰[illegible]
也云饋朝踐言朝獻者[illegible]相因也朝[illegible]
謂尸卒食王酳之者此[illegible]獻於經皆[illegible]
冬之祭鄭既未解春夏[illegible]獻先獲秋[illegible]
朝獻皆以其朝獻是王[illegible]尸因朝踐[illegible]

0014_0533-1　0014_0532-2

尊醴齊故鄭先通解之[illegible]再獻者王酳尸之後后酌亞獻諸臣[illegible]賓又次后酳
盎齊備卒食三獻也者此言再獻即經春夏之祭云再獻用兩[illegible]尊尸食後陰
獻王酳尸后與賓長爲亞獻此亦在饋獻後先言再獻者后與賓酳尸因饋獻
盎齊之尊故變饋獻云再獻云內宗薦加豆籩者案醢人及籩人有朝事之豆
籩有饋食之豆籩有加豆籩之實故鄭於此取朝事當朝踐節饋食當饋獻節
食後重加故加豆加籩當酳尸節案內宰職云贊后薦加豆籩故知內宗薦之
云其變再獻爲饋獻者亦尊相因饋獻謂薦孰時者此言饋獻當經秋冬祭之

祭礼九　百八二

節其春夏言再獻至此秋冬言饋獻變文爲先後故云變再獻言饋獻其實先
饋獻後再獻也以其饋獻在朝踐後亦在當尸未入室再獻王酳尸後節也是
以云饋獻謂薦孰時也此即禮運云孰其殽鄭注云體解而爓之是也云后於
是薦饋食之豆籩者[illegible]即醢人籩人饋食之豆籩者也云此[illegible]九酌王及后各
四諸臣一者九謂王[illegible]后祼各一朝踐各一饋獻各一酳尸[illegible]一是各四也諸
臣酳尸一并前八爲[illegible]云祭之正也者此九獻是正獻案特[illegible]少牢仍有衆賓
[illegible]兄弟之長嗣子舉奠上利洗散爲加[illegible]獻並非正故此云祭之正也云以今

0014_0534-1　0014_0533-2

者[illegible]特牲少牢言之者文子諸侯祭禮云雖檢禮記及用禮而言其文不具故
取特牲少牢見在禮而言以其特牲少牢惟有酳尸後三獻天子諸侯酳尸後
亦三獻與彼同故取以爲說也云二祼爲奠而尸飲七矣王可以獻諸臣者王
獻諸臣無文此又約祭統而言故即引祭統曰尸飲五君洗玉爵獻卿是其差
也者彼據侯伯禮宗廟七獻二祼爲奠不飲朝踐已後有尸飲五獻卿即天子
與上公同九獻二祼爲奠不飲是尸飲七可以獻諸臣若然子男五獻者二祼
爲奠不飲是尸飲三可以獻卿故鄭云是其差皆當降殺以兩大夫士三獻[illegible]

祭礼九　百八三

二祼直有酳尸三獻獻祝是也云明堂位曰灌用玉瓚大圭爵用玉琖加用璧
角璧散者彼賜魯侯祭周公用天子之禮故以爲證言灌用玉瓚者謂以玉飾
瓚以大圭爲柄此大圭非謂玉人大圭長三尺者直是以圭爲柄謂之大圭也
爵用玉琖者謂君與夫人朝踐饋獻時所用獻也加用璧角璧散者此即內宰
所云瑤爵一也以瑤玉爲璧形以飾角散爵是通名故得瑤爵璧角璧散之名
也又鬱人職曰受舉斝之卒爵而飲之者引之欲證王酳尸與前同用王爵之
意也云則王酳尸以玉爵也王酳尸用玉爵而再獻者用璧角璧散可知也者

再獻謂后與諸臣亦以明堂位云爵用
玉琖加用璧角璧散推之推次可知也
云雞彝鳥彝謂刻而畫之爲雞鳳皇之
形者案尚書云鳴鳥之不聞彼鳴鳥是
鳳皇則此鳥亦是鳳皇故云畫雞鳳皇
之形也云皆有舟皆有罍言春夏秋冬
及追享朝享有之同者即文自具故知
有之同也云昨讀曰酢者主人主婦賓
長獻尸皆有酢報不得爲昨日之字故
從酬酢之字也云諸臣獻者酌罍以自
酢不敢與王之神靈共尊者王醑尸因
朝踐之尊醴齊尸酢王還用醴齊后醑
尸用饋獻之尊盎齊尸酢后還用盎齊
以王與后尊得與神靈共尊今賓長臣

祭禮九　百八四

卑酳尸雖得與后同用盎及尸酢賓長
即用罍尊三酒之中清酒以自酢是不
敢與王之神靈共酒尊故也鄭司農云
舟尊下臺若今時承槃者濃謂酒尊下
槃象周時尊下有舟故彝以爲况也云
獻讀爲犧犧尊飾以翡翠者蓋亦畧言
爲飾象尊以鳳皇此二者於義不安故
更解以象骨飾尊此義後鄭從之其云
飾以翡翠後鄭不從之矣引明堂位犧
象周尊也者證飾尊有非周制者引春
秋傳者是左氏定十年夾谷之會孔子
之言引之者證犧象是祭祀之尊不合
爲野鄉之義也云尊以裸神者司農解
經云一獻謂之[illegible][illegible][illegible][illegible]尸而云裸[illegible]

晳尸酢彖尸飲即是禪神其云案[illegible]
濟之額非謂二灌用鬱鬯也云罍臣之
所飲也者經云皆有罍諸臣之所酢飲
知諸臣所飲者也引詩者證罍是酒尊
之義云斝讀如稼稼斝畫禾稼也者
諸尊皆異物爲飾今云斝於義無取故
破從稼也云黃彝黃目尊也者依明堂
位文引明堂位皆證雞彝是夏法斝彝
是殷法黃彝是周法引爾雅者欲見此
經有彝爲上卣即犧象之屬爲中罍爲
下與爾雅同也云著尊者著略尊也者
義不安云著地無足於義是也云春秋
傳者昭十五年左傳云六月乙丑王太
子壽卒秋八月戊寅王穆后崩十二月

祭禮九　百八五

晉荀躒如周葬穆后籍談爲介以文伯
宴尊以魯壺是其義也引之者證壺是
祭祀酒尊司農云追享朝享謂禘祫也
在四時之閒故曰閒祀者案大宗伯祫
禘在四時之上當如酒正大祭祀備五
齊何得在四時之下故後鄭不從也鄭
司農讀蜼爲蛇虺之虺或讀爲公用射
隼之隼者無所依據故後鄭皆不從也
只云大尊大古之瓦尊者此即有虞氏
之大尊於義是也故皆以明堂位爲證
云彝謂黃目以黃金爲目者無正文鄭
以曰[illegible]爲眼目黃又與黃金字同故爲
鬱金釋之也引郊特牲者解黃目之義
也云追享謂追祭遷廟之主以事有所

0014_0537-1　　0014_0536-2

禮者[illegible]享知祭遷廟主諸[illegible]法云七廟爲壇去壇爲墠壇墠有禱焉祭之急禘乃止是追祭遷廟之主故知也云朝享謂朝受政於廟者謂天子告朔於明堂因即朝享朝享即祭法謂之月祭故祭法云考廟王考廟皇考廟顯考廟祖考廟皆月祭之二祧享嘗乃止諸侯告朔於大廟因即朝享祭法云諸侯考廟王考廟皇考廟皆月祭之顯考祖考享嘗乃止告朔天子用牛諸侯用羊月祭皆大牢也春秋傳者文公六年左氏傳云閏月不告朔猶朝于廟若然天子告朔於明堂則是天子受政於明堂而云受政于廟者謂告朔自是受十二月政令故名明堂爲布政之宮以告朔訖因即朝廟亦謂之受政與明堂受朔別也春秋者彼譏廢大行小引春秋者見告朔與朝廟別謂若不郊猶三望與郊亦別也云蜼禺屬卬鼻而長尾者案蜼彝鳥彝相配皆爲鳥則虎彝蜼彝相配皆爲獸故爾雅在釋獸中爾雅云蜼禺屬彼注云蜼似獮猴而大黃黑色尾長數尺似獮尾末有岐鼻露向上雨即自懸於樹以尾塞鼻或以兩指今江東人亦取養之爲物捷健云山罍亦刻而畫之爲山雲之形者罍之字於義無所取字雖與雷別以聲同故以雲雷解之以其雷有聲無形但雷起於雲雲出於

0014_0538-1　　0014_0537-2

山故本而釋之以爲刻畫山雲之[illegible]異義第六罍制韓詩說金罍大器天子以玉諸侯大夫皆以金士以梓古毛詩說罍器諸臣之所酢人君以黃金飾尊大一石金飾口目蓋取象雲雷之象謹案韓詩說天子以玉經無明文罍者取象雲雷故從人君下及諸臣同如是經文惟有詩云我姑酌彼金罍古毛詩說云人君以黃金則其餘諸臣直有金無黃金飾也若然向來所說雖彝鳥彝等皆有所出其虎彝蜼彝當是有虞氏之尊故鄭注尚書云宗彝宗廟之中鬱尊虞氏所用故曰虞夏以上虎蜼而已也

凡六彝六尊之酌鬱齊獻酌醴齊縮酌盎齊涗酌凡酒脩酌

獻素何反鄭音儀涗舒銳反○故書縮爲數齊爲壘鄭司農云獻讀爲儀儀酌有威儀多也涗酌者涗拭勺而酌也脩酌者以水洗勺而酌也壘讀皆爲齊和之齊杜子春云數當爲縮齊讀皆爲粢[illegible]謂禮運曰玄酒在室醴醆在戶粢醍在堂澄酒在下以五齊次之則醆酒盎齊也郊特牲曰縮酌用茅明酌也醆酒涗于清汁獻涗于醆酒猶明清與醆酒于舊澤之酒也此言轉相沛成也獻讀爲摩莎之莎齊語聲之誤也秬鬯和鬱鬯以醆酒摩莎泲之出其香汁也醴齊

尤濁和以明酌泲之以茅縮去滓也盎齊差清和以清酒泲之而巳其餘三齊泛從醴緹沈從盎凡酒謂三酒也脩讀如滌濯之滌滌酌以水和而泲之今齊人命浩酒曰滌明酌酌取事酒之上也澤讀曰醳明酌清酒醆酒泲之皆以舊醳之酒凡此四者裸用鬱齊朝用醴齊饋用盎齊諸臣自酢用凡酒唯大事于太廟備五齊三酒○齊和胡卧反粢才計反緹音體舊澤音亦云滓莊呂反○疏曰云凡六彝之酌與鬱齊爲目六尊之酌與醴齊盎齊爲目下有凡酒滌酌上不言彝者亦是文不具也凡言酌者皆是泲之使可酌也又曰司農云獻讀

爲犧已下後鄭皆不從者此經爲泲酒之法而司農皆不爲泲酒法其言無所據假故皆不從也司農云齊讀皆爲齋和之齊鄭注酒正爲度量解之則齊和義亦通也子春爲粢於義不可後鄭於酒正已破訖玄謂引禮運者欲破彼醆從此盎也彼云玄酒在室者據配鬱鬯之尊故在室若配鬱鬯當云明水而云玄酒者散文通云以五齊次之則醆酒盎齊也者於此經及酒正言之盎次醍禮運醆次讀以醆當盎齊即一物明醆酒盎齊也盎齊云酒則酒齊亦通引禮特牲曰縮酌用茅明酌至醆酒者彼記人意以經泲酒法難解故據此經揔解

之法也此云醴齊縮酌彼記人取此縮酌二字於彼重解之云此言縮酌者縮酌當用茅也又云明酌者醴齊濁還用事酒之清明者和醴齊然後用茅泲之使可酌故爲明酌也云醆酒涚于清者醆酒即盎齊盎齊差清亦不言縮則不用茅涚謂新亦謂泲之也彼記人亦取此盎齊涚酌解之以盎齊欲泲之時則以清酒和而泲涚使可酌故直云涚于清也云汁獻涚于醆酒者記人亦取此經鬱齊獻酌釋之云汁獻者獻讀摩莎之莎也云涚于醆酒者以鬱鬯尊不用三酒而用五齊中盎齊差清者和鬱鬯泲之故云涚于醆酒也云猶明清與醆

酒于舊醳之酒也者此記人後恐不曉古之泲酒之法故舉當時泲酒之法以曉人也云明清者明謂事酒清謂清酒醆謂盎齊也三者皆於舊醳之酒中泲之但云醳酒即事酒也今云舊醳則醳中之舊冬釀接春而成故云舊是昔酒也云此言轉相泲成已下皆鄭重釋記人之言也云醴齊尤濁和以明酌泲之者醴齊對盎齊已下三者爲尤濁上仍有泛齊更濁於醴齊也盎齊差清和以清酒泲之而已者以不用茅故云泲之而已云其餘三齊泛從醴醍沈從盎者以泲三者無文故鄭約同此二齊以泛齊濁不過與醴齊同緹沈清無過與盎

0014_0540-2

而盎齊為二等泲五齊也云凡酒謂三酒也者以上文列彝卣罍三等之尊此見泲鬱與二齊凡酒事相當故凡酒謂三酒非一故稱凡也云脩讀為滌濯之滌者讀從宗伯視滌濯之滌欲解滌為水之意必知以水滌者明禮曰□曰清滌且鬱鬯用五齊五齊用三酒三酒用水差次然也云明酌酌取事酒之上也者重縮酌用事明酌也云澤讀曰醳明酌清酒醆酒泲之皆以舊醳之酒者重釋當時之法以曉人者也〻凡此四者裸用鬱齊朝用醴齊饋用盎齊諸臣自酢用凡酒者此以上列尊及泲酒次第為先後祭禮有裸有朝踐饋獻酳尸次

祭禮九　百九十

0014_0541-1

第為先後推次可知也云唯大事於大廟備五齊三酒者此據酒正云祭祀共五齊三酒下有大祭中祭小祭此謂祭用二齊禮運四齊據禘祭明大事禘祭備五齊三酒可知三酒特祭亦備之亦於大事言之者達曾執旬耳文二年大事於大廟公羊傳大事者何大祫也即此大事是祫可知也○春官○小

宗伯辨六彝之名物以待果將六彝雞彝鳥彝斝彝黃彝虎彝蜼彝果讀為祼○疏曰上二經皆云使共奉之此及下經不云使共奉之而云以待文不同者上二者官衆故云使共奉此及下文並是司尊

0014_0541-2

彝一職六事又是春官當司所主故直云以待也裸自將者將送也謂以圭瓚酌之送與尸及賓故云將六彝之名出司尊彝也云果讀為裸者諸文皆云裸故讀從之其實裸更讀為灌○同上○

鬯人掌共秬鬯而飾之秬鬯不和鬱者飾之謂設巾○疏曰云掌共秬鬯者此直共秬黍之酒無鬱也故注云不和鬱者也鄭知飾之謂設巾者此上下雖無設巾之事案冪人云以疏布巾冪八尊以畫布巾冪六彝凡王巾皆黼凡事皆有巾冪明秬鬯之酒事亦設巾可知故知所飾者設巾也

廟用脩凡裸事

祭禮九　百九十一

0014_0542-1

用概概音古愛反○裸當為埋字之誤也廟用脩者謂始禘時自饋食始脩漆尊也脩讀曰卣卣中尊謂獻象之屬尊者彝為上罍為下概尊以朱帶者○疏曰鄭破裸為埋者若裸則用鬱當用彝尊不合在此而用概尊故破從埋也埋謂祭山林則山川用蜃者入山川謂廟用脩者謂始禘時者謂練祭後遷廟時以其宗廟之祭從自始死已來無祭今為遷廟以新死者木主入廟特為此祭故云始禘時也以三年喪畢明年春禘為終禘故云始也云自饋食始者天子諸侯之祭自灌始有朝踐饋獻乃有饋食進黍稷大夫士禮無朝踐

0014_0542-2

然已前事至有饋食始即特牲少牢皆云饋食之禮是也今以喪中爲吉祭不時與吉時同故略同大夫士禮旦祭大宗伯宗廟六享皆以祼爲始當祭鬱人原義今不用鬱在鬯人用卣尊故知略用饋食始也若然鄭知義遷廟在練時者案文二年穀梁傳云作主壞廟有時日於練焉壞廟壞廟之道易檐可也改塗可也爾時木主新入廟禘祭之是以三氏說凡君薨祔而作主特祀主於寢畢三時之祭期年然後烝嘗禘於廟許慎云左氏說與禮同鄭無駁明用此禮同義與穀梁傳合賈服以爲三年終禘遺祭當則行祭禮與前解違非鄭義也

祭禮九　百九十二

0014_0543-1

與以脩從卣者詩與尚書及爾雅皆爲卣脩守於尊義無所取故從卣也云自中尊謂獻象之屬者案下司尊彝職云春祠夏禴祼用雞彝鳥彝朝踐用兩獻尊饋獻用兩象皆有罍諸臣之所酢是尊者彝爲上罍爲下獻象之屬在其中或云中尊獻象之屬更云彝爲上罍爲下者欲推出卣爲中尊之意也云之類者秋冬及追享朝享皆彝爲上罍爲下者尊壺尊之等在其中也云概尊以朱帶者玄纁相對既是黑漆爲尊以朱帶者漆故名概概者橫概之義故知朱帶[illegible]

○鬱人掌祼器祼器謂彝及舟與瓚○疏曰知得器

0014_0543-2

[illegible]彝及舟者此經下文云和鬱[illegible]彝又見司尊彝云春祠夏禴祼用[illegible]彝[illegible]彝皆有舟秋冬及追享朝享等云彝故知彝有舟也知有瓚者案禮記云[illegible]云諸侯賜圭瓚然後爲鬯尚書序云[illegible]王錫晉文侯秬鬯圭瓚皆與秬鬯相[illegible]鄭下文祼玉是也故知祼器中有璋瓚則璋圭瓚璋瓚也

凡祭祀之祼事和鬱鬯以實彝而陳之築鬱金煑之以和鬯酒鄭司農云鬱草名十葉爲貫百二十貫爲築以煑之鐎中停於祭前鬱[illegible]香草若蘭○絲子遇反似醉反○[illegible]天地大神至尊不祼莫稱焉於山川及[illegible]

祭禮九　百九十二

0014_0544-1

[illegible]事在鬯人亦無祼事此云凡祭祀[illegible]宗廟耳云和鬱鬯者謂和鬯人所[illegible]秬之鬯酒也爲宗廟用鬱者則[illegible]鬱金草煑之以和鬯酒更和以[illegible]之以實彝陳於廟中饗也又曰[illegible]知築鬱金草煑之者見肆師云築[illegible]知之也司農云十葉爲貫百二十貫爲築者未知出何文云以煑之鐎中停於祭前者此似直煑鬱停之無鬯酒者文鬱其實和鬯酒也云鬱爲草若蘭者案鄭蘭芝以其俱是香草故比類言之案王度記云天子以鬯諸侯以薰大夫以[illegible]步士以蕭庶人以艾此等皆[illegible]以薰謂未得圭瓚之賜[illegible]

0014_0544-2

學王度記云天子以鬯及禮緯云[illegible]
[illegible]生度皆是鬱金之草以其和鬯酒[illegible]
為鬯
草也
凡祼玉濯之陳之以贊祼事
祼
玉
謂圭瓚璋瓚。疏曰此祼玉即圭璋是
之故玉人典瑞皆云祼圭尺有二寸禮
[illegible]郊特牲云灌以圭璋用玉氣也又曰
[illegible]禮記祭統云君用圭瓚祼尸大宗用
璋瓚亞祼鄭云大宗亞祼容夫人有故
攝焉若然王用圭瓚后用璋瓚可知故
鄭并言
之也
詔祼將之儀與其節
節謂王奉
玉送祼早
晏之時。疏曰云祼將之儀者即是奉
玉送祼之威儀云節者即早晚時節故

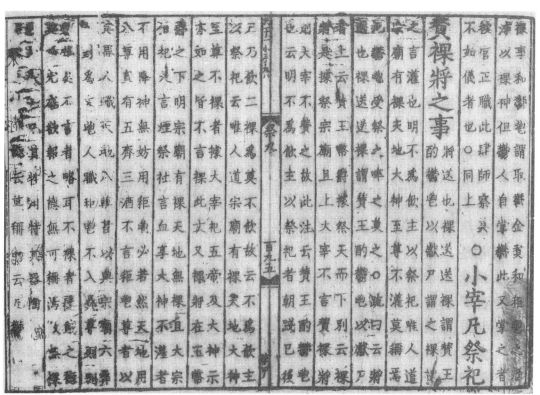

祭礼九　百九四

0014_0545-1

兩言之又曰云奉玉謂王與后祼時奉
瓚而酌鬱鬯云送祼者謂送之以授尸
尸得祭之嚌之奠之不飲故
上文司農云侍於祭前也
凡祼事沃
盥
疏曰凡言非一若賓客則大宗伯祼
者祭祀王及后祼皆鬱人沃以水盥
[illegible]乃洗瓚
[illegible]。同上
○肆師及果築鬻
果古亂反
鬻音羹。
[illegible]築鬻者所築鬻以祼也鄭司農云築
[illegible]築香草煑以為鬯。疏曰及果築鬻
[illegible]謂於宗廟有祼案禮記雜記築鬱臼
[illegible]椈杵以梧而築鬱金煑以和秬鬯之
[illegible]以泲之而祼矣又曰鄭司農云築煑
[illegible]香草煑以為鬯者此言築鬻鬻人云

0014_0545-2

祼事和鬱鬯謂取鬱金煑和秬鬯之酒
淳以祼神但鬱人自掌鬱此又掌之者
[illegible]官正職此肆師察其
不如儀者也。同上
○小宰凡祭祀
贊祼將之事
將送也祼送送祼謂贊王
酌鬱鬯以獻尸謂之祼祼
之言灌也明不為飲主以祭祀唯人道
宗廟有祼天地大神至尊不灌莫稱焉
[illegible]鬱鬯受祭啐之奠之。疏曰云將
送也祼送送祼謂贊王酌鬱鬯以獻尸
者主云贊王幣爵擩祭天而下別云祼
將是據祭宗廟且上大宰不言贊祼將
則大宰不贊之故此注云贊王酌鬱鬯
也云明不為飲主以祭祀者朝踐已後

祭九　百九五

0014_0546-1

尸乃飲二祼為莫不飲故云不為飲主
以祭祀云唯人道宗廟有祼天地大神
至尊不祼者據大宰祀五帝及大神示
亦如之皆不言祼此文又祼將在玉幣
爵之下明宗廟有祼天地無祼宜大宗
伯祀文言煙祭社言血事大神不灌者
不用降神無妨用秬鬯必若然天地用
八尊直有五齊三酒不言秬鬯尊者以
[illegible]冪八職共地八尊者以其宗廟六彝
[illegible]封為實鬯人職和鬯不入彝尊則
[illegible]雖矣不言者略耳不祼者禮賤之德
[illegible]完竊欲郊之德無可稱焉文無祼
[illegible]其特洲特其器陶[illegible]
[illegible]長莧稱[illegible]云[illegible]鬱

0014_0546-2

之者謂王以圭瓚酌
后以璋瓚酌鬱鬯獻尸尸
降神名爲祭之向口啐之啐之
口乃奠之於地也祭天地既言無
宗伯涖玉鬯又案禮記表記云親耕
粢盛秬鬯以事上帝上帝得有秬鬯者
案春官鬯人職掌共秬鬯下所陳社稷
山川等外神皆用秬鬯不用鬱鬯言灌
且亦天地無祼也天地無人職用鬯
者唯有宗廟及祼賓客耳○天官
○

小宗伯凡祭祀以時將瓚果

將送也猶
奉也祭祀
以特奉而授王天子圭瓚諸侯璋瓚○
疏曰云祭祀以時奉而授王者案小宰

0014_0547-1

職云凡祭祀贊玉幣爵之事祼將之事
注云又從大宰助王也將送也祼送送
祼謂贊王酌鬱鬯以獻尸以人道宗廟
有祼此小宗伯又奉而授王者此據授
王彼小宰據授尸謂瓚既在王手小宰
乃贊王授尸故二官俱言也云天子用
圭瓚者玉人云祼圭尺有二寸者是也
云諸侯用璋瓚者此謂未得圭瓚之賜
者故王制云諸侯賜圭瓚然後爲鬯未
賜圭瓚則資鬯於天子是用璋瓚謂餘
得圭瓚賜者也是以祭義云君用圭瓚
灌大宗用璋瓚亞灌鄭云大宗亞灌容
夫人有故是諸侯亦用圭瓚也若然天
子用圭瓚則后亦用璋瓚也其諸侯家

0014_0547-2

圭瓚者君與夫人
同用璋瓚也○春官

○內宰大祭祀后

祼獻則贊瑤爵亦如之

謂祭宗廟王既
祼而出迎牲后
乃從後祼也祭統曰君執圭瓚祼尸大
宗執璋瓚亞祼此大宗亞祼謂夫人不
與而攝耳獻謂王薦腥薦孰後亦從後
獻也瑤爵謂尸卒食王既酳尸后亞獻
之其爵以瑤爲飾○疏曰大祭祀謂祭
宗廟也后祼者謂室中二祼后亞王祼
尸獻謂朝踐饋獻后以玉爵亞王而獻
尸則贊者此三事內宰皆佐后祼時以
璋瓚授后獻時以王爵授后故云則贊
也瑤爵亦如之者謂尸卒食王酳尸后

0014_0548-1

亞王而酳尸則內宰以瑤爵授后后酳
酌盎齊以酳尸云瑤爵亦如之者亦贊
之也又曰以其天地山川社稷等外神
后夫人不與又天地無祼此云祼故知
經云大祭祀者據宗廟而言也但宗廟
之祭四時與禘祫六享皆有此祼獻瑤
爵之事故總言宗廟也云王既祼而出
迎牲后乃從後祼也者案郊特牲云既
灌而出迎牲彼據君而言則如王既祼
而出迎牲后乃從後祼也案司尊彝注后
亞王灌訖乃出迎牲者以鄭特牲云既
灌而出迎牲以既灌之中不言無后灌
後或鄭云后灌後乃迎牲此云迎牲後
后乃祼鄭以迎牲是子事欲取王出息

0014_0548-2

祖亞故退后祼於迎牲後也又引祭[illegible]已下者彼雖諸侯禮然君后亦從王[illegible]

祼之事與諸侯同也又云獻謂[illegible]薦孰后亦從後獻也者案禮記[illegible]

腥其俎孰其殽鄭云腥其俎謂豚解[illegible]腥之孰其殽謂體解而爛之是其[illegible]

薦孰也此二者是堂上朝踐饋獻之節室中二灌訖王出迎牲時祝延尸於户

外之西南面后薦八豆八籩王牽牲入以血毛告訖以此腥其俎薦於神前王

以玉爵酌醴齊以獻尸后亦以玉爵酌醴齊以獻尸也朝踐訖乃孰其殽薦於

神前王以玉爵酌盎齊以獻尸后亦玉爵酌盎齊以獻尸名為饋獻云瑶爵謂

大十小三、九十九　祭禮九　百九十八

0014_0549-1

尸卒食王既酳尸后亞獻之者案儀禮鄭注云諸侯尸十三飯天子尸十五飯

已食後王以玉爵酌朝踐醴齊以酳尸謂之朝獻后亦於後以瑶爵酌饋獻時

盎齊以酳尸謂之再獻故云后亞獻也云其爵以瑶為飾者鄉來所解知后以

瑶爵亞酳尸者約明堂位云爵用玉琖仍彫加以璧散璧角食後揷加彼皆用

玉禮即知王酳尸亦用玉醆后酳尸用璧角賓長酳尸用璧散彼云璧此云瑶

不同者瑶玉名瑶玉為璧形飾角口曰璧角角受四升爵為摠號故鄭云

爵以瑶為飾○天官

○諸侯賜圭瓚然後為鬯

0014_0549-2

未賜圭瓚則資鬯於天子圭瓚鬯爵也鬯秬酒也[illegible]

疏曰賜圭瓚者亦謂上公九命者若未賜圭瓚者則用璋瓚故周禮小宗伯注

云天子圭瓚諸侯璋瓚既不得圭瓚[illegible]黃故王度記云天子以鬯諸侯以薰[illegible]

瓚之制案玉人職大璋中璋之下云黃金勺青金外朱中鼻寸衡四寸鄭注云

鼻勺流也凡流皆為龍口也二璋之勺形如圭瓚又典瑞注瓚槃大五升口徑

八寸下有槃口徑一尺又明堂位注云以大圭為柄王人注又云有流前注此

是圭瓚之形也鬯者釀秬黍為酒和以鬱金之草謂之鬱鬯不以鬱和直謂之

大八小十六　祭禮九　百九十九

0014_0550-1

鬯此鬯者謂鬯也○王制

右初獻○記祭之屬莫重於祼祭統

○王度記曰天子鬯諸侯薰大夫

芭蘭士蕭庶人艾秬者黑黍一稃

二米鬯者以百草之香鬱金合而

釀之成為鬯陽達於墻屋入于淵

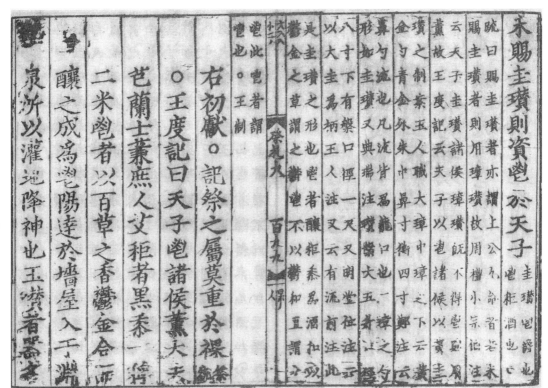

泉所以灌地降神也王瓚者器名

0014_0550-2

也所以灌鬯之器也以圭飾其柄灌鬯貴玉器也白虎通○諸侯之有德者三命以秬鬯○不得賜鬯者資於天子然後祭尚書大傳○有虞氏之祭也尚用氣血腥爓尚謂先薦之爓或爲燅○爓直輒反○疏曰此一節總論祭祀之事本依文解之有虞氏之祭也尚用氣者尚謂貴尚其祭祀之時先薦用氣物也血腥爓祭

祭礼九　一百

0014_0551-1

用氣也者此解用氣之意血謂祭初以血詔神於室腥謂朝踐薦腥肉於堂爓謂沈肉於湯次腥亦薦於堂祭義云爓祭祭腥而退是也今於堂以血腥爓三者而祭是用氣也以其並未孰故云用氣也又曰言先薦者對合亨饋孰爲先也此虞氏尚氣殷人尚聲周人尚臭皆謂四時常祭也若其大祭祫周人仍先用樂也故大司樂云若樂九變則人鬼可得而禮矣鄭云先奏是樂以致其神而後祼焉推此言之虞氏大祭亦先作樂也故大司樂引虞書云戛擊鳴球搏

0014_0551-2

拊琴瑟以詠祖考來格簫韶九成鳳皇來儀此宗廟九奏之效此虞氏大祭與周同樂九奏夏殷大祭雖無文或當與周同熊氏以爲殷人先求諸陽謂合樂在灌前周人先求諸陰謂合樂在灌後與降神之樂別熊氏又云凡大祭並有三始祭天以樂爲致神始以煙爲歆神始以血爲陳饌始祭地以樂爲致神始以埋爲歆神始以血爲陳饌始祭宗廟亦以樂爲致神始以灌爲歆神始以腥爲陳饌始義或然也案禮宗廟之祭先薦血後薦腥而云宗廟腥爲陳饌始於義未

大三十一　小三百卅二

儀祭礼九　二百一

0014_0552-1

安也熊氏又云社稷以下之祭皆有三始於義非也殷人尚聲臭味未成滌蕩其聲樂三闋然後出迎牲滌蕩猶搖動也○疏曰殷人尚聲者帝王革異殷不尚氣而尚聲謂先奏樂也不言夏或從虞也臭味未成滌蕩其聲者臭味未成謂未殺牲也滌蕩猶搖動也既尚聲故未殺牲而先搖動樂聲以求神也樂三闋然後出迎牲者闋止奏樂三徧止乃迎牲入殺之周人尚臭灌用鬯臭鬱合鬯

張本下象鼻題監生孫三字傳本剪去之

0014_0553-1　0014_0552-2

灌以圭璋既灌然後迎牲蕭合黍稷既奠然後焫蕭合羶薌焫如悅反合如字徐音閤羶音馨薌音香○灌謂以圭瓚酌鬯始獻神也已乃迎牲於庭殺之天子諸侯之禮也奠謂薦孰時也特牲饋食所云祝酌奠于鉶南是也蕭薌蒿也染以脂合黍稷燒之詩云取蕭祭脂羶當爲馨聲之誤也奠或爲薦○鉶音刑○疏曰周人尚臭者周禮變於殷故先求陰尚臭也灌用鬯臭者謂鬯氣也未殺牲先酌鬯酒灌地以求神是尚臭也鬱合鬯者鬱金草也鬯謂鬯酒煑鬱金草和之其氣芬芳調鬯也又以擣鬱汁和合鬯酒使香氣滋甚故云鬱合鬯也鄭注鬱人云鬱鬱金香草宜以和鬯盧云言取草芬香者與秬黍鬱合釀之成必爲鬯也馬氏說鬱草名如鬱金香矣合爲鬯也庾氏讀句則云臭鬱合鬯灌以圭璋用玉氣也者王肅云以圭璋爲瓚之柄也瓚所以𣂼鬯也玉氣絜潤灌用玉瓚亦求神之宜也玉氣亦是尚臭也周言用玉則殷不用圭瓚既灌然後迎牲者先求神後迎牲也

0014_0563-1　0014_0562-2

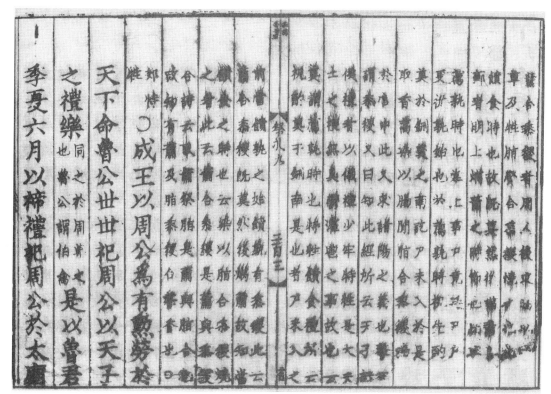

蕭合黍稷者周人後求陽故[illegible]草及牲肺膋合燔燎[illegible]饋食特牲也故既奠然後焫蕭合羶薌鄭皆明上焫蕭之時節也[illegible]薦孰時也堂上事尸竟延尸戶更迎孰始也於此薦孰時尸主生酌奠於鉶羹之南祝尸未入於是取香蒿染以腸間脂合黍稷燒之於堂中此又來諸陽之義也事謂黍稷又曰知此經所云于[illegible]儀禮者以儀禮少牢特牲是大夫士之禮故與其鬱灌鬯之事故也云奠謂薦孰時也特牲饋食禮所云祝酌奠于鉶南是也者尸未入之前當饋孰之始饋孰有黍稷此云蕭合黍稷既奠然後焫蕭故知當饋孰之時也云染以脂合黍稷燒之者此云蕭合黍稷是蕭與黍稷合詩云取蕭祭脂是蕭與脂合故知有蕭及脂黍稷合馨香也鄭特牲○成王以周公爲有勳勞於天下命魯公世世祀周公以天子之禮樂同之於周并也魯公謂伯禽是以魯君季夏六月以禘禮祀周公於太廟

0014_0553-2

牲用白牲尊用犧象山罍鬱尊用黃目灌用玉瓚大圭薦用玉豆雕篹爵用玉琖仍雕加以璧散璧角俎用梡嶡升歌清廟下管象朱干玉戚冕而舞大武皮弁素積裼而舞大夏昧東夷之樂也任南蠻之樂也納夷蠻之樂於太廟言廣魯

祭礼九　二百四

0014_0554-1

於天下也瓚才旦反篹息緩反又祖管反梡苦管反嶡居衛反任而林反又而鴆反○季夏建巳之月也禘大祭也周公曰大廟魯公曰世室羣公稱宮白牡殷牲也尊酒器也犧尊以沙羽為畫飾象骨飾之鬱鬯之器也黃彝灌酌鬱尊以獻也瓚形如槃容升以大圭為柄是謂圭瓚篹籩也以竹為之雕刻飾其直者也君所進於尸也仍因也因爵之爲之飾也加加爵也散角皆以於尊二也梡始有四足也嶡爲之距清廟周頌也象謂周頌武

0014_0554-2

管播也朱干赤大盾也戚斧也冕冠名也諸公之服自袞冕而下如王之服也大武周舞也大夏夏舞也周禮昧師掌教昧樂詩曰以雅以南以籥不僭廣大也○沙素何反盾常準反又音允卷本作袞古本反僭七尋反又則念反○疏曰同之於周者謂同此周公於周之天子云魯公謂伯禽者尚書費誓云魯侯伯禽宅曲阜時伯禽歸魯周公不之魯故公羊文十三年傳封魯公以為周公也周公拜乎前魯公拜乎後曰生以養周公死以為周公主然則周公之魯乎曰不

秋祭礼九　二百五

0014_0555-1

之魯也曷為不之魯欲天下之一乎周也言若周公之魯恐天下不心於魯故不之魯使天下一心以事周又曰此一節明禘禮祀周公於大廟文物具備之儀牲用白牡者白牡殷牲尊撤周公不可用已代之牲故用白牡尊用犧象山罍者魯得用天子之尊也犧犧尊也周禮春夏之祭朝踐堂上薦血腥時用以盛醴齊君及夫人所酌以獻尸也象象尊也周禮春夏之祭堂上薦朝事竟尸入室饋食時用以鬱鬯獻君及夫人所酌以獻尸也山罍[illegible]夏后氏之尊天子於進

0014_0555-2

享朝享之祭再獻所用今褒崇周公於禘祭之時亦雜用山尊但不知何節所用鬱尊用黄目者鬱謂鬱鬯酒黄目甞烝所用今尊崇周公故於夏禘用之灌用玉瓚大圭者灌謂酌鬱鬯獻尸求神也酌之所用玉瓚以玉飾瓚故曰玉瓚也以大圭爲瓚柄故曰大圭也薦用玉豆者薦謂祭時所薦菹醢之屬也以玉飾豆故曰玉豆下云殺玉王是也雕篹者篹籩也以竹爲之形似筥亦薦時用也雕鏤其柄故曰雕篹也爵用玉琖仍雕者爵君酌酒獻尸杯也琖夏后氏之爵名

仪祭礼九　三百六

0014_0556-1

也以玉飾之故曰玉琖仍因也因用爵形而爲之飾故曰仍雕加以璧散璧角者加謂尸入室饋食竟主人酌醴齊酳尸名爲朝獻朝獻竟而夫人酌盎齊亞獻名爲再獻又名爲亦于時薦加豆籩也此再獻之時夫人用璧角内宰所謂瑤爵也其璧散者夫人再獻訖諸侯爲賓用之以獻尸雖非正加是夫人加爵之後揔而言之亦得加稱故此揔云加以璧散璧角先散後角便文也俎用梡嶡者梡嶡兩代俎也虞俎名梡梡形四足如案禮圖云梡長二尺四寸廣一尺二寸

0014_0556-2

高一尺諸臣加雲氣天子雕飾之夏俎名嶡嶡亦如梡而横柱四足中央如距也賀云直有脚曰梡加脚中央横木曰嶡升歌清廟者升升堂也清廟周頌文王詩也升樂工於廟堂而歌清廟詩也下管象者下堂下也管匏竹在堂下故云下管也象謂象武詩也堂下吹管以播象武之詩故云下管象也朱干玉戚者干楯也戚斧也赤楯而王飾斧也冕而武大舞者冕衮冕也大武武王樂也王著衮冕執赤楯玉斧而舞武三代紂之樂也皮弁素積褐而舞大夏者皮弁三王

仪祭礼九　三百七

0014_0557-1

之服也裼冕美也入夏夏禹之樂也王又服皮弁裼而舞夏后氏之樂也六冕是周制故用冕而舞周樂皮弁是三王服故用皮弁舞夏樂也而周樂是武武質故不裼夏家樂文文故裼也若諸侯之祭各服所祭之冕而舞故祭統云諸侯之祭也與竟内樂之冕而揔干率其群臣以樂皇尸是知用冕服舞也昧東夷之樂也任南蠻之樂也者周公德廣非唯用四代之樂亦爲蠻夷所歸故賜奏蠻夷之樂於庭也唯言夷蠻則戎狄從可知也又一通云正樂既不得六代故變

夷則唯與二方也白虎通云樂元
語曰東夷之樂曰朝離萬物微離
地而生樂持矛舞助時生也南夷
樂曰南南任也任養萬物樂持羽
舞助時養也西夷樂曰味味昧也
萬物衰老取晦昧之義也樂持戟
舞助時殺也北夷樂曰禁言萬物
禁藏樂持干舞助時藏也又曰誰
制夷狄樂聖王也先王推行道德
和調陰陽覆被夷狄故制夷狄樂
何不制夷禮禮身當履而行之
夷狄不能行禮禮此東曰昧西曰
株離與白虎通王相反者以春秋
二方俱有昧株離之義故白虎通

祭禮九　二百八

及此各舉其一白虎通云朝離則
株離也鉤命決亦云東夷之樂曰
株南夷之樂曰南與此同納夷蠻
之樂於大廟者皆於大廟奏之言
廣魯於天下也者襃魯欲使天
子示於天下故云廣魯於天下也
又曰羣公稱宮此公羊文十三年
傳曰周公稱大廟魯公稱世室羣
公稱宮此魯公之廟也爲爲謂之
世室世室猶世世不毀也左氏經
以爲大室屋壞服氏云大廟之室
與公羊及鄭違今所不取云犧尊
以沙羽爲畫飾者鄭張逸問曰
明堂注犧尊以沙羽畫飾舊問

曰犧讀如沙沙鳳皇也不鮮鳳皇
何以爲沙答曰刻畫鳳皇之象於
尊其形婆娑然或有作獻字者齊
人之聲誤耳又鄭注司尊彝云山
罍亦刻而畫之爲山雲之形鄭司
農注周禮司尊彝云獻讀爲犧犧
尊飾以翡翠象尊以象鳳皇或曰
以象骨飾尊王注禮器云爲犧牛
及象之形鑿其背以爲尊故謂之
犧象阮諶禮圖云犧尊畫以牛形
云簨簴也以竹爲之雕刻飾其
直者也知簨爲簴者與豆連文
故知簨以字從竹故知以竹爲
之直柄也簨既用竹不可刻飾今

祭禮九　二百九

云雕其直者是刻其柄也云仍因
也者釋詁文也云加加爵也者以
其非正獻故謂之加云散角皆以
璧飾其口也者鄭意散角以璧爲
之故云以璧飾其口內宰謂之瑤
爵此亦謂之璧角者瑤是玉名爵
是總號璧是玉之形制角是爵之
所受之名異其實一物也云梡始
有四足也者以虞氏尚質未有餘
飾故知始有四足云嶡爲之距者
以夏世漸文故加以橫木距於足
中云清廟周頌也者以文王有清
明之德祭之於廟而作頌也云象
謂周頌武也以管播之者案詩維

0014_0560-1　　0014_0559-2

清奏象舞襄二十九年見舞象箾南籥知非文王樂必以爲大武武王樂者以經云升歌清廟下管象以父詩在上子詩在下故知爲武王樂也以管播之謂吹管播散詩之聲也云大武周舞也者上云下管象謂吹大武詩此云舞大武謂爲大武之舞云大夏夏舞也考以大夏是禹樂故爲夏舞引周禮昧師者證經之昧樂引詩以雅以南者證經之南夷之樂任即南也引此詩小雅鼓鍾之詩鄭云雅萬舞也萬舞南也籥也三舞不僭言進退之旅也用樂尚武故謂萬舞爲

卷十六三之七　祭禮九　二百十

雅○明堂位

○子曰禘自既灌而往者吾不欲觀之矣

禘大許○趙伯循曰禘三者之大祭也王者既立始祖之廟又推始祖所自出之帝祀之於始祖之廟而以始祖配之也成王以周公有大勳勞賜魯重祭故得禘於周公之廟以文王爲所出之帝而周公配之然非禮矣灌者方祭之始用鬱鬯之酒灌地以降神也魯之君臣當此之時誠意未散猶有可觀自此以後則浸以懈怠而無足觀矣蓋魯祭非禮孔子本不欲觀至

0014_0585-1　　0014_0584-2

[illegible]

夏道是故[illegible]不足觀商道是[illegible]之[illegible]而[illegible]曰我觀周道[illegible]幽厲[illegible]傷之吾舍適矣魯之郊禘非禮也[illegible]矣考之杞宋已無徵者之一今又如此孔子所以深[illegible]

禘之說子曰不知也知[illegible]矣[illegible]

於天下也其如示諸斯乎指

先王報本追遠之意莫深於禘仁孝誠敬之至不足以與此人之所及也而不王不禘之法魯之所當諱者故以不知答之

卷六十　祭禮九　二百十一

與視同指其掌弟子記夫子言而自指其掌言其明且易也蓋禘之說則理無不明誠無不格治天下不難矣聖人於此豈蓋所不知也哉○八佾

○襄公二十八年

月乙亥齊嘗于大公之廟慶舍

事大音太臨祭事　麻嬰爲尸爲尸

[illegible]

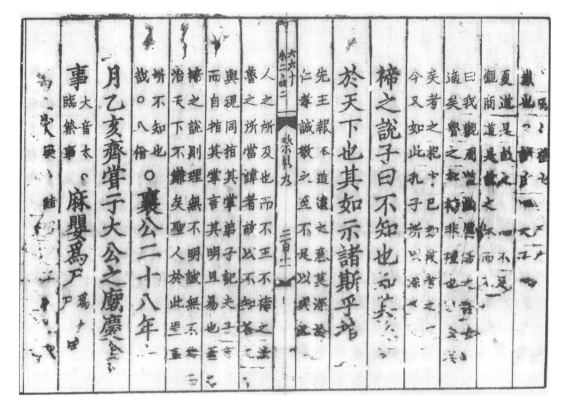

0014_0561-2

[illegible]矣又[illegible]祭屨[illegible]泄[illegible]公於

[illegible]而薦[illegible]獻者不可以禮[illegible]也奧即

[illegible]蠶繭[illegible]饗秋左氏傳

告[illegible]牲穆荅君卿大夫序從 從才

[illegible]祭謂祭宗廟也穆子姓也[illegible]次第從也序或爲豫○疏

[illegible]者穆謂子姓荅對也言祭廟[illegible]之時子姓對君共牽牲卿大夫

[illegible]夫佐幣士奉芻依次第而[illegible]知穆是子姓者熊氏云父

祭禮九　二百十二

0014_0562-1

[illegible]注生也是昭穆所生[illegible]者文不備　既入廟門

卿大夫袒而毛牛尚耳鸞刀以

[illegible]膟膋[illegible]爓祭祭腥而退 刲苦圭反膟音

[illegible]力[illegible]反爓音燖○麗猶繫也手牛耳以耳[illegible]上也膟膋血與腸間脂

祭祭[illegible]爓肉腥肉也湯肉曰爓祭腥[illegible]祭腥泄腥孰也○腥

[illegible]反○疏曰入廟入廟門麗于碑者麗[illegible]牽牲入[illegible]門繫著中庭碑也至

以紖貫碑中君從此待之也[illegible]而毛牛尚耳者此[illegible]牲故袒[illegible]

0014_0563-2

牛薦之故云毛牛也以耳毛爲上故云尚耳耳主聽欲使神聽之鸞刀以割取

膟膋者謂用鸞刀刲割牲體又取血及腸間脂血以供薦而膋以供炙肝及爇

薦也乃退者謂殺牲竟而取卿大夫所刲血毛膟膋薦之竟而退也祭有三節

此一節竟故退爓祭祭腥者爓謂爓肉而祭一腥謂以腥肉而祭旨薦膟膋之後

以俎戴爓肉腥肉而祭也而退者謂爓祭祭腥之後祭畢既卒而退是恭敬至

極也又曰案說文及字林云膟血祭膋是牛腸間脂也是膟爲血膋爲腸閒脂

也云爓祭祭腥祭爓肉腥肉也者既疊出經文爓祭之事祭腥之語然後解云

六百四　三伯七十九　祭礼九　二百十三　刘才

0014_0564-1

謂祭爓肉也腥肉也祭爓肉即經之爓祭也云腥肉即經之祭腥也其祭腥肉

爓肉並當朝踐之節此腥肉則禮運云腥其俎也爓肉即禮運云孰其殽也此

先云爓者記者便文耳非先後之次云湯肉曰爓者以思神畢於主雖曰孰殺

但湯肉而已若甘小祀則煑肉令孰故郊特牲云一獻孰是爓與孰又別也云

爓祭祭腥或爲入祭腥泄腥孰也者謂爓祭祭腥四字禮記他本爲合祭腥泄

腥孰六字者故○云或○祭義　及迎牲君執紖卿大

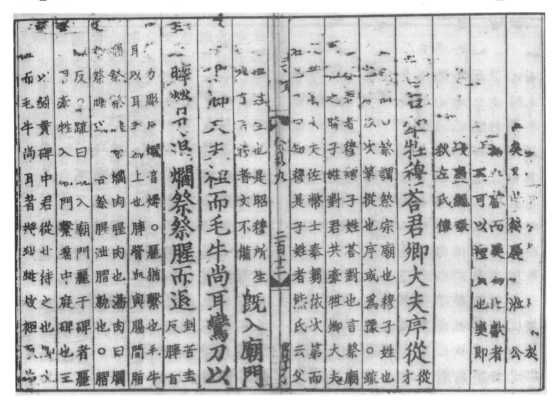

夫從士執芻宗婦執盎從夫人薦涗水

0014_0565-1　　0014_0564-2

君執鸞刀羞嚌，夫人薦豆緦直忍反徐以忍反沇音祇反徐音歲嚌才細反○紖所以牽牲也周禮作紖紖謂□蘖也殺牲時用薦之周禮封人祭祀飾其牲共其水藁沇盎齊也盎齊沇酌也□尊有明水因兼云水爾嚌嚌肺祭肺之屬也君以鸞刀割制之天子諸侯之祭禮先有祼尸之事乃後迎牲紖系紖□紖直忍反共音恭□齊才細反○疏曰君執紖者紖牛鼻繩君自執之入繫於碑卿大夫從者謂大夫從驅之及殺與幣告也皆從於君士執芻者芻謂藁也以其殺牲用芻藁藉之宗婦執盎從者謂同宗之婦執盎

大十字　小四伯　祭礼九　二百十四

以從夫人夫人薦沇水者沇即盎齊而旨濁用清酒以沇沸之沇水是明水□婦執盎齊從夫人而來奠盎齊於位□人乃献盎齊之尊酌此沇齊而薦之□因盎齊有明水連言水耳上云夫人□禕此則上公之祭宜有醴齊盎齊但□盎者略言之亦容侯伯子男之祭但舉盎齊無醴齊也故執盎從君執鸞刀羞嚌者嚌肝肺也嚌有二時一是朝踐之時取肝以膋貫之入室燎於爐炭出薦之亡前二者謂饋熟之時君以鸞刀割制所羞嚌肺橫切之使不絕亦奠於俎上尸止嚌之故云羞嚌一云羞進也謂君用鸞刀割此嚌肉以進之故云鸞刀

0014_0566-1　　0014_0565-2

羞嚌夫人薦豆者於君羞嚌之時夫人薦此饋食之豆又口云盎齊沇酌也者周禮司尊彝文案彼注云盎齊差清和以清酒沸之謂之沇酌鄭引此者解經夫人薦沇是盎齊也云凡尊有明水因兼云水爾者以經夫人薦沇秖是薦盎不薦明水今經薦沇之下別更言水此謂明水也以盎齊加明水故記者因盎而連言明水爾知盎齊加明水者郊特牲云祭齊加明水是也云嚌嚌肺祭肺之屬也者案少牢特牲薦孰之時俎有祭肺反舉肺切之舉肺離而不提心二肺皆嚌之故云嚌肺祭肺之屬云天子諸侯之祭禮先有祼尸之事乃後迎牲

儀祭禮九　二百十五

者以特牲少牢無此禮今此經祼後有迎牲之文是天子諸侯之事故鄭明之也○祭統○夫人薦豆執校，執醴授之執鐙校戶教反又戶交反下卯反鐙音登又丁鄧反○校豆中央直者也執醴授醴之人授夫人以豆則執鐙鐙豆下跗也○跗芳符反○疏曰夫人薦豆執校者校謂豆之中央直者夫人薦豆之時手執此校執醴授之執鐙者鐙謂豆下跗夫人薦豆之時此執醴之人以豆授夫人之時則執豆之下跗夫人授之乃執校也又曰謂夫人獻尸以醴齊之時此入酌醴以授夫人至夫人薦豆之時此

0014_0566-2

人又執豆以授夫人是獻之與薦皆此
人所掌故云執醴授醴之人執鐙謂授
夫人以豆而執鐙也○祭統 ○建設朝事燔燎羶薌
見以蕭光以報氣薦黍稷羞肝肺首心
見間以俠甒加以鬱鬯以報魄 燔音煩燎力召
反又力弔反薌音香俠古洽反甒音武
○朝事謂薦血腥時也薦黍稷所謂饋
食也見及見間皆當爲覵字之誤也羶
當爲馨聲之誤也燔燎馨香覵以蕭光
取牲祭脂也光猶氣也有虞氏祭首夏
后氏祭心殷祭肝周祭肺覵以俠甒謂

大三十六 小三百四十七　儀祭礼九　二百十六　孫欽

0014_0567-1

雜之兩甒醴酒也相參用情謂此以人
道祭之也報氣以氣報魄以實各首其
類○疏曰建設朝事燔燎羶薌見以蕭
光以報氣也者此明朝踐報氣之義也
朝事謂早朝祭事燔燎謂取膟膋燎於
爐炭羶謂馨香見以蕭光謂見覵覵謂
雜也光謂氣也謂燔膟膋兼爇蕭蒿是
雜以蕭氣此等三祭是以報氣也薦黍
稷羞肝肺首心見間以俠甒加以鬱鬯
以報魄也者薦黍稷者謂饋熟時薦此
黍稷羞肝肺首心者羞進也謂薦黍稷
之時進肝之與肺及首之與心殷祭以
肝周祭以肺有虞氏以首夏后氏以心
皆謂祭黍稷之時兼此物祭也故郊特

0014_0567-2

牲云祭黍稷加肺周法也見間以俠
甒者見間讀爲覵亦雜也俠甒謂兩甒
醴酒言祭黍稷之時雜以兩甒醴酒加
以鬱鬯者謂薦此黍稷加肝肺之薦更
加之以鬱鬯然後薦黍稷饋孰報魄之
時故云加鬱鬯者言非但薦孰是報魄
吉祭初所以加鬱鬯亦是報魄也以魄
在地下鬱鬯灌地雖是祭初亦是報魄
不當薦孰之時故云加也以報魄也者
言薦黍以下皆是報祭形魄之氣又曰
云見及見間皆當爲覵字之誤也者經
云見以蕭光但有見字在旁無間間旁
無見字此等據意皆是覵雜之理故知
誤加以間邊加見凡覵者所見錯雜之

二十　祭礼九　二百十七

0014_0568-1

義故閒旁見也云羶當爲馨以與香連
文無取羶義羶馨聲相近故云聲之誤
也云取牲祭脂也者案詩生民云取蕭
祭脂是取蕭與祭牲之時雜燒之一祭
之中兼燔燎蕭朝踐燔膟膋之時亦有
蕭也故郊特牲云取膟膋升首報陽也
注云膟膋腸間脂也與蕭合燒之是朝
踐燔蕭也郊特牲又云既奠然後焫蕭
合羶薌是饋孰焫蕭也云有虞氏祭首
至周祭肺皆明堂位文云兩甒醴酒也
者以士喪禮既夕等皆以甒盛醴故知
醴酒也此用甒者蓋是天子追享朝踐
用大尊此甒即大尊或可子男之禮裸
泰云君事天甒謂子男也盡出以爲果

0014_0569-1　　0014_0568-2

代法也云報氣以氣報魄以實各首其類者燔燎馨香蕭光之屬是氣也黍稷肝肺之屬是實物也首本也報氣以氣是虛氣以馨香虛氣報之報魄以實還以黍稷實物報之各本其事類故云各首其類也○祭義

○祭黍稷加肺祭齊加明水

齊才細反○祭黍稷加肺謂綏祭也明水司烜所取於月之水也齊五齊也五齊加明水則三酒加玄酒也○疏曰祭黍稷加肺者謂尸既坐綏祭之時祭黍稷加之以肺言兼肺而祭故云加肺也祭齊加明水者謂於正祭之時陳列五齊之尊上又加明水之尊故云祭齊加明

祭礼九　二百十八

水也又曰祭黍稷加肺謂綏祭者案特牲禮云祝命綏祭尸左執觶右取菹擩于醢祭于豆閒佐食取黍稷肺祭授尸尸祭之是尸綏祭之時有黍稷肺也少牢亦然皇氏以爲尸綏祭之時祭黍稷至主人綏祭之時乃有黍稷肺此經爲主人綏祭也違背儀禮正文其義非也云五齊加明水則三酒加玄酒也者案氏云五齊尊上加明水之尊五齊重明水亦重故加明水三酒輕玄酒亦輕故云三酒加玄酒也此云玄酒明水直謂水也若總而言之明水亦名玄酒故禮運云玄酒在室及司烜注云明水以爲玄酒是也此經祭齊加明水之文[illegible]

0014_0570-1　　0014_0569-2

謂祭時而用五齊非謂綏祭之時也鄭云祭黍稷加肺謂綏祭不云祭齊也案儀禮綏祭之後亦祭酒以知此祭齊非綏祭者以鄭云三酒加玄酒三酒本非綏祭之用故也

取膟膋燔燎升首

膟膋腸閒脂也與蕭合燒之亦有黍稷也○疏曰取膟膋燔燎升首者此謂朝踐時祝取膟膋燎于爐炭入以告神於室出以綏於主前又升首於室至薦孰之時祝更取膟膋及蕭與黍稷合燒之是臭陽達於牆屋也又曰凡祭血腥之時已有膟膋燔燎故前云詔祝於室鄭注云取牲膟膋燎于爐炭洗肝于鬱鬯而燔之是也至薦孰

祭礼九　二百十九

之時又取膟膋而燔之故上經云蕭合黍稷故既奠然後焫蕭合馨香故鄭此注云與蕭合燒之謂饋孰時也云亦有黍稷也者非但有蕭與膟膋兼有黍稷故云亦也

君再拜稽首肉袒親割

割解牲體

舉斝角詔妥尸

妥安坐也尸始入舉奠斝若奠角將祭之祝則詔主人拜安尸使之坐尸即至尊之坐或時不自安則以拜安之也天子奠斝諸侯奠角古謂夏時也○疏曰舉斝角者斝角爵名也天子曰斝諸侯曰角若依此則[illegible]祭薦孰之時尸未入祝先奠爵于鉶南尸入即席而舉之如特牲禮陰厭後尸

0014_0570-2

入事奠焉也但云舉斝角詔妥尸禮可嘗云是周也詔妥尸者詔告也妥安也尸始即席舉奠斝角之時既始即席至尊之坐未敢自安而祝當告主人拜尸使尸安坐也○郊特牲 ○蕭合黍稷既奠然後焫蕭合羶薌 注疏見上初獻條 ○廟堂之上罍尊在阼犧尊在西廟堂之下縣鼓在西應鼓在東 禮樂之器尊西也小鼓謂之應犧周禮作獻○疏曰廟堂之上罍尊在阼犧尊在西者罍尊在阼謂夫人所酌也犧尊在西謂君所酌也廟堂

祭禮九　二百五十

0014_0571-1

之下縣鼓在西應鼓在東者縣鼓謂大鼓也在西方而縣之應鼓謂小鼓也在東方而縣之熊氏云此謂諸侯時祭所用之禮故罍尊夫人所酌也若天子之祭則罍尊在堂下故禮運云澄酒在下酒謂三酒在堂下司尊彝云皆有罍諸臣之所酢則君不酌罍也案大射禮建鼓在阼階西南鼓應鼙在其東一建鼓在其南東鼓朔鼙在其北一建鼓在西階之東南面大射禮是諸侯之法此亦諸侯之禮所以大鼓及應所縣不同者熊氏云大射謂射禮也此謂祭禮也是諸侯之法雖同諸侯祭射有異案[illegible]注云應鼙應朔鼙也又云便其先擊[illegible]

0014_0571-2

後擊大也以此言之則朔鼙應鼙皆在大鼓之旁先擊朔鼙次擊應鼙乃擊大鼓以其相近故云便也以其縣鼓相近是也故知先擊朔鼙以其稱應故知應朔鼙也又大射稱建鼓此云縣鼓大射懸鼓既在大鼓之旁此應鼓在東乃與縣鼓別縣者皆謂祭與射別也又曰禮樂之器尊西也者鄭據此經而論犧尊之於罍尊而犧尊在西縣鼓之於應鼙而縣鼓在西故云禮樂之器尊西云犧周禮作獻者案周禮司尊彝西犧尊字作兩獻尊鄭云獻讀爲犧 君在阼夫人在房 人君尊東也天子諸侯有左右房○疏曰此[illegible]經云君在

祭禮九　二百五十一

0014_0572-1

阼夫人在房故云人君尊東天子諸侯有左右房者以卿大夫[illegible]下唯有東房故鄉飲酒鄉射尊於房戶間賓主夾之無西房也知天子諸侯有左右房者以士喪禮主婦髽于室在主人西喪大記君之喪婦人髽帶麻于房中西當在男子之西故彼注亦云則西房也又顧命云天子有左右房此云夫人在房文云夫人東酌罍尊是西房也 君西酌犧象夫人東酌罍尊 象日出東方而下也月出西方而東也周禮曰春祠夏禴祼用雞彝鳥彝皆有舟其朝踐用兩獻尊其再獻用兩象尊

0014_0573-1　0014_0572-2

尊言有罍諸臣之所酢○疏曰罍尊西酌犧象夫人東酌罍尊者案上三罍尊在阼當阼階堂上而設之則犧尊在西當西階堂上而象之今君於阼階西面酌犧尊夫人於西房之前東嚮酌罍尊又曰引周禮司尊彝者證罍尊與此經中夫人東酌罍尊不同故引以明之意其不同之意春祠夏禴祼用雞彝鳥彝之屬其義具於明堂疏於此略之

禮交動乎上樂交應乎下

言交乃和○疏曰禮交動乎上者謂君與夫人酌獻之禮交錯動於堂上也樂交應乎下者謂縣鼓應鼓相應在於堂下○禮器

○貴者獻以爵賤者獻以散尊者舉觶卑者舉角

凡觴一升曰爵二升曰觚三升曰觶四升曰角五升曰散○疏曰賤者獻以爵賤者獻以散案特牲云主人獻尸用角角受四升其器小佐食洗散以獻尸散受五升其器大是尊者小卑者大案天子諸侯及大夫皆獻尸以爵無賤者獻以散之文禮文散亡略不具也特牲云主人獻尸用角者下大夫也尊者舉觶卑者舉角崔氏云案特牲少牢禮尸入舉奠觶是尊者舉觶特牲主人受尸酢受角飲皆是卑者舉角此是士禮耳天子諸侯祭禮亡文不具也○[illegible]詳[illegible]祭義

祭礼九　三百廿二

0014_0577-1　0014_0576-2

下條○禮器

○玄酒在室醴醆在戶粢醍在堂澄酒在下陳其犧牲備其鼎俎列其琴瑟管磬鐘鼓脩其祝嘏以降上神與其先祖

此言今禮饌具所因於古及其事也粢讀爲齊聲之誤也周禮五齊一曰泛齊二曰醴齊三曰盎齊四曰緹齊五曰沈齊字雖異醆與盎澄與沈蓋同物也奠之不同處重古略近也祝祝爲主人饗神辭也嘏祝爲尸致福於主人之辭也○齊才細反爲于僞反○疏曰玄酒在室者玄酒謂水也以其色黑謂之玄而大古無酒此水當酒所用故謂之玄酒以今雖有五齊三酒貴重古物故陳設之時在於室內而近北醴醆在戶醴謂醴齊醆謂盎齊以其後世所爲漸之陳列雖在室內稍南近戶故云醴醆在戶皇氏云醴在戶內醆在戶外義或然也其泛齊所陳當在玄酒南醴齊北雖無文約之可知也以能氏崔氏並云此據禘祭用四齊不用泛齊也粢醍在堂者以卑之故陳列又南近戶而在堂澄酒在下者澄謂沈齊也酒謂三酒事酒昔酒清酒之等稍卑之故陳在堂下也陳其犧牲者謂將祭之夕省牲之時及祭日之旦迎牲而入麗於

祭礼九

0014_0577-2

祝案特牲禮陳鼎于門外北面獸左滿東首牲在獸西西上北首其天子
侯久省牲之時亦陳於廟門外横行兩上備其鼎俎者以牲㸑於鑊鑊亦廟門
之外鼎隨鑊設各陳於鑊西取牲體以實其鼎舉鼎而入設於阼階下南北文
之俎設於鼎西以次載於俎也設云盥其鼎俎案少牢陳鼎于廟門之外東云
比面北上又云鼎入陳于東方當序面北上俎皆設于鼎西是也列其琴
者琴瑟在堂而登歌故書云搏拊琴瑟以詠是也管磬鐘鼓者堂下之樂因
云下管鼗鼓笙鏞以間是也其歌鐘磬亦在堂下脩其祝嘏者祝謂以主

祭礼九　二百卅四

0014_0578-1

之辭饗神嘏謂祝以尸之辭致福而嘏主人也以降上神與其先祖者[illegible]
在上精魂之神即先祖也指其精氣之上神指其亡親謂之先祖協句而言
之分而為二耳皇氏等云上神謂天神也又曰今禮饌具所因於古者此
玄酒在室及下作其祝號并然後退而今亦皆是今世祭祀之禮醴醆犧牲之
薦是饌具也用古玄酒醴醆又所以因於古故言今禮饌具所因於古也云又
其事者玄酒以下至其先祖以上是事也云粢讀為齊者案爾雅云粢稷也作
酒用黍不用稷故知粢當為齊聲相近而致誤引周禮五齊者是酒正文也一

0014_0579-1

室醍酒在堂澄酒在下示民不淫也注云淫猶貪也又以澄為清酒曰璦疑而
致問鄭荅之云禮運云醴醆醍澄各是一物皆不言酒故推其意澄為沈齊酒
為三酒坊記云醴也醍也澄也皆言酒故因注云澄酒清酒也其實沈齊也如
鄭此言坊記所云醴酒醆酒五齊亦言酒則澄酒是沈齊也是五者最清故云
澄酒非為三酒之中清酒也是與禮運不異也云奠之不同處重古略近者奠
之或在室或在堂或在下是不同處古酒奠於室近者奠於堂或奠於下是重
古略近云祝祝為主人饗神辭者案特牲少牢禮云祝稱孝孫某用薦歲事于

0014_0578-2

疏見前鄭注云泛者成而滓浮泛泛然如今宜成醪矣醴猶體也成而汁滓相
將如今恬酒矣盎猶翁也成而翁翁然葱白色如今酇白矣緹者成而紅赤如
今下酒矣沈者成而滓沈如今造酒矣云醆與盎澄與沈蓋同物者以酒正文
醴緹之間有盎比醴醍之間有醆又周禮緹齊之下有沈齊此緹齊之下有澄
酒故云醆與盎澄與沈蓋同物也案此注澄是沈齊案酒正注澄酒是三酒三
注不同故趙商疑而致問鄭荅之云此本不誤轉寫益澄字耳如鄭所荅是轉
寫酒正之文誤益澄字當云酒三酒也則是與禮運注同然案坊記云醴酒在

祭礼九　二百卅五

張本下象鼻題監生臧三字傅本剪去之

0014_0579-2

皇祖伯某尚饗是祝爲主人饗神辭也嘏祝爲尸致福於主人之辭者此下言嘏以慈告詩小雅云錫爾純嘏子孫其湛是致福於主人之辭也其用酒之法崔氏云周禮大祫於大廟則備五齊三酒朝踐王酌泛齊后酌醴齊饋食王酌盎齊后酌醍齊朝獻王酌泛齊因朝踐之尊再獻后酌醍齊因饋食之尊諸侯爲賓則酌沈齊尸酢王與后皆還用所獻之齊賓長酳尸酢用清酒加爵亦用三酒大禘則用四齊三酒者醴齊以下悉用之故禮運云玄酒在室醴醆在户粢醍在堂澄酒在下用四齊者朝踐王酌醴齊后酌盎齊饋食王酌醍齊后酌

0014_0580-1

沈齊朝獻王酌醴齊再獻后還酌沈齊亦尊相因也諸侯爲賓亦酌沈齊用三酒之法如祫禮也四時之祭唯二齊三酒則自祫禘以下至四時祭皆通用也二齊醴盎也故鄭注司尊彝四時祭法但云醴盎而已用二齊者朝踐王酌醴齊后亦酌醴齊饋食王酌盎齊后亦酌盎齊朝獻王還用醴齊再獻后還用盎齊亦尊相因也諸侯爲賓亦酌盎齊三酒同於祫三酒所常同不差者三酒亦爲三以下飲故尊卑自有常依尊卑嘗不得有降祫禘時祭本名所因惣多少故正祭之齊有差降也祭乃並之後大祫所用與三祫之禮同若

0014_0580-2

王四時同用三酒亦同於王侯作子男祫禘皆用二齊醴盎而已三酒則並用用二齊之法朝踐君夫人酌醴齊饋食君夫人酌盎齊朝獻君還酌醴齊再獻夫人還酌盎齊諸臣爲賓酌盎齊尸酢君夫人用昔酒酢諸臣用事酒加爵皆清酒時祭之法用一齊故禮器云君親制祭夫人薦盎鄭云謂朝事時也又云君親割牲夫人薦酒鄭云謂進孰時也其行之法朝踐君制祭則夫人薦盎君獻進孰時君親割夫人薦酒朝獻時君酌盎齊以酳尸再獻時夫人還酌酒以終祭也賓獻皆酒加爵如禘祫之禮天子諸侯酌奠皆用齊酒卿大夫之祭酌

0014_0581-1

奠皆用酒其祫祭之法既備五齊三酒以實八尊祫祭在秋案司尊彝秋嘗冬烝朝獻用兩著尊饋獻用兩壺尊則泛齊醴齊各以著尊盛之盎齊醍齊沈齊各以壺尊盛之凡五尊也又五齊各有明水之尊凡十尊也三酒三尊各加玄酒凡六尊也通雞彝盛明水黃彝盛鬱鬯凡有十八尊故崔氏云大祫祭凡十八尊其明水玄酒陳之各在五齊三酒之上祭日之旦王服袞冕而入尸亦袞冕祝在後侑之王不出迎尸故祭統云君不迎尸所以別嫌也尸入室乃作樂降神故大司樂云凡樂圜鍾爲宮九變而致人鬼是也乃灌故書云王入大室

0014_0581-2

裸當灌之時衆尸皆同在大廟中[illegible]而灌所灌鬱鬯小宰注云尸祭之[illegible]奠之是爲一獻也王乃出迎牲后從二獻也迎牲而入至於庭故禮器云牲詔於庭王親執鸞刀啓其毛而祝以血毛告於室故禮器云血毛詔於室也牲對禮各別牢故公羊傳云周公白牡魯公騂犅宗逸禮云毀廟之主昭共一牢穆共一牢於是行朝踐之事尸出於室大祖之尸坐於户西南面其主在右昭在東穆在西相對坐主各在其右故鄭注祭統云天子諸侯之祭朝事延尸於户外是以有北面事尸之禮祝乃取牲膟膋燎于爐炭入以詔神於室又出

0014_0582-1

以墮于主前郊特牲云詔祝於室坐尸於堂是也王乃洗肝於鬱鬯而燔之以制於主前所謂制祭次乃升牲首於室中置於北墉下后薦朝事之豆籩乃薦腥於尸主之前謂之朝踐卽此禮退薦其血毛腥其俎是也王乃以玉爵酌著尊泛齊以獻尸三獻也后又以玉爵酌著尊體齊以亞獻四獻也乃退而合亨至薦孰之時陳於堂故禮器云設饌於堂乃後延主入室大祖東面昭在南面穆在北面徙堂上之饌於室內坐前祝以斝爵酌奠於饌南故郊特牲注云天子奠斝諸侯奠角卽此之謂也既奠之後乃取腸閒脂焫蕭合馨薌郊特牲[illegible]

0014_0582-2

以奠謂薦孰時當此大合樂也自此以前謂之接祭乃迎尸入室舉此奠斝主人拜以妥尸故郊特牲云舉斝角拜妥尸是也后薦饌獻之豆籩王乃以玉爵酌壺尊盎齊以獻尸爲五獻也后又以玉爵酌壺尊醴齊以獻尸是六獻也於是尸食十五飯訖王以玉爵因朝踐之尊泛齊以酳尸爲七獻也故鄭云變朝踐云朝獻尊相因也朝獻謂此王酳尸因朝踐之尊也后乃薦加豆籩尸酢主人主人受嘏王所以獻諸侯於是后以瑤爵因酌饋食壺尊醍齊以酳尸爲八獻也鄭注司尊彝云變再獻爲饋獻者亦尊相因也再獻后酳尸獻謂饋食

0014_0583-1

時后之獻也於時王可以瑤爵獻卿也諸侯爲賓者以瑤爵酢壺尊醍齊以獻尸爲九獻九獻之後謂之加爵案特牲有三加則天子以下加爵之數依尊卑不敢三加也故特牲三加爵別有嗣子舉奠文王世子諸侯謂之上嗣舉奠亦當然崔氏以爲后獻皆用璧又以九獻之外加爵用璧角璧散今案內宰云后裸獻則贊瑤爵亦如之鄭注云瑤爵謂尸卒食王既酳尸后亞獻之始用瑤爵則后未酳尸以前不用也又鄭注司尊彝云王酳尸用玉爵而再獻者用璧角璧散可知此璧角璧散則瑤爵也崔氏乃云正獻之外諸臣加爵用璧角璧散

0014_0583-2

其義非也其禘祭所用四齊者禘祭[illegible]夏酬盎齊禘盛以犧尊醍齊沈齊盎[illegible]
象尊王朝踐獻用醴齊后亞獻用盎齊[illegible]王饋獻用醍齊后亞獻用沈齊尸卒食
王酳尸因朝踐醴齊后酳尸因饋食沈齊諸臣為賓獻亦用沈齊禘祭熱降神
之樂熊氏以為大祭皆有三始有降神之樂又未毀廟者皆就其廟祭之其餘
皆如祫祭之禮天子時祭用二齊者春夏用犧尊盛醴齊用象尊盛沈齊秋冬
用著尊盛醴齊用壺尊盛盎齊是一齊用一尊司尊彝皆云兩者以一尊盛[illegible]
不故皆云兩若禘祫之祭其齊既多不得唯兩而已前已備釋也時祭唯用二

祭統九　二百卅

0014_0584-1

[illegible]其諸侯用齊及酒皆視天子其如[illegible][illegible]其魯及王者之後皆九獻其行之法
尊天子同侯伯七獻朝踐及饋獻時君皆不獻於九獻之中減二故為七獻也
盎器云君親制祭夫人薦盎君親制牲夫人薦酒是也子男五獻者亦以薦腥
爵既二君皆不獻酳尸之時君在一獻言已九獻之中去其四故為五此皆崔
氏之說今案特牲少牢尸食之後主人[illegible]備行三獻主婦因獻而得賓
今子男尸食之後但得二獻夫人[illegible]受[illegible]不如卿大夫理亦不通蓋子男
獻以前君與夫人並無獻也食後[illegible]遇二禮為五已讓[illegible]所云道謙

伯七獻之制也一曰尸酢侯伯子男亦用所獻之齊也作其祝號
玄酒以祭薦其血毛腥其俎孰其殽與
其越席疏布以冪衣其澣帛醴醆以獻
薦其燔炙君與夫人交獻以嘉魂魄是
謂合莫此越音活冪莫歷反衣於既反〇謂薦上古中古之食也周禮
祝號有六一曰神號二曰鬼號三曰祇號四曰牲號五曰齍號六曰幣號號者
所以尊神顯物也腥其俎謂豚解而腥之及血毛皆所以法於大古也孰其殽
謂體解而爓之此以下皆所法於中古也越席蒲席也冪覆尊也澣帛練染
以為祭服嘉樂也莫虛無也孝經說曰上通無莫〇齍音咨大音太染如豔反
又如琰反樂音洛〇疏曰玄酒以祭薦其血毛腥其俎此是用上古也孰其殽
以下用中古也作其祝號者謂造其鬼神及牲玉美號之辭史祝稱之以告鬼
神故云作其祝號玄酒以祭者謂朝踐之時設此玄酒於五齊之上以致祭鬼
神此重古設之其實于用以祭也薦其血毛者亦朝踐時延尸在堂祝以血毛
告於室也腥其俎者亦謂朝踐時既殺牲以俎盛肉進於尸前也孰其殽者殺

兩本均缺第二百三十一葉今錄張本補抄

0014_0585-2

骨體也孰謂以湯爓之以其所爓骨[illegible]
進於尸前也與其越席至羃帛皆謂[illegible]
初之時越席謂蒲席疏布謂鬻布羃
周禮越席疏布是祭天之物此經云[illegible]
與夫人則宗廟之禮也此蓋記者雜
夏殷諸侯之禮故雜宗廟所用越席
布也衣其澣帛者謂祭服練帛染而
之醴醆以獻者朝踐之時用醴饋食之
時用醆爲其燔炙者謂燔肉炙肝案尸
牲禮主人獻尸賓長以肝從主婦獻尸
賓長以燔從則此君薦之用炙也夫人
薦用燔是也皇氏云燔謂薦孰之時燔
蕭合羶薌知不然者案詩楚茨云或燔
或炙鄭云燔燔肉也炙炙肝也則知此

四廿 仪祭礼九 三百卅二 徐

0014_0586-1

燔炙亦然皇說非也君與夫人交獻第
一君獻第二夫人獻第三君獻第四夫
人獻是君與夫人交錯而獻也以嘉魂
魄者謂設此在上祭祀之禮所以嘉善
於死考之魂魄是謂合莫莫謂虛無寂
寞言死者精神虛無寂寞得生者嘉善
而神來歆饗是生者和合於寂寞但禮
運之作因魯之失禮孔子乃爲廣陳天
子禘祫之事及五帝三王之道其言雜
亂或先或後其文不次舉其大綱不可
以一代定其法制不可以一槩正其先
後若審此理則無所疑惑又曰案周禮
大祝辨六號一曰神號注若皇天上帝
二曰鬼號注皇祖伯某三曰祇號若云

0014_0586-2

三也祇四曰牲號若牛曰一元大武五
曰盛號若稷曰明粢六曰幣號若幣曰
量幣是也云號者所以尊神顯物者其
神號鬼號祇號是尊神也牲號盛號幣
號是顯物也云腥其俎謂豚解而腥之
者案士喪禮小斂之奠載牲體兩髀兩
肩兩胉并脊凡七體也士虞禮主人不
視豚解注云豚解解前後脛脊脅而已
是豚解七體也案特牲少牢以薦孰爲
[illegible]之時皆體解無豚解以無朝踐薦腥
故也其天子諸侯既有朝踐薦腥故知
腥其俎之時豚解云孰其殽謂體解而
爓之者體解則特牲少牢所升於俎以
進神者是也案特牲九體有一脊二膞

大十八 小三八三 仪祭礼九 二百卅三 徐

0014_0587-1

三胑四胳五正脊六橫脊七長脅八短
脅九少牢則十一體加以膞脊代脅爲
十一體也是分豚爲體解此孰其殽謂
體解訖以湯爓之不全孰次於腥而薦
之堂故祭義曰爓祭祭腥而退是也此
則腥以法上古爓法中古也云澣帛練
染以爲祭服者此亦異代禮也周禮則
先染絲乃織成而爲衣故玉藻云士不
衣織云孝經說曰上通無莫者孝經緯
文言人之精靈所感上通元氣寂寞引
之者證莫爲虛無也正本元字
作無謂虛無寂寞義或然也

然後退

而合亨體其犬豕牛羊實其簠簋籩豆

0014_0587-2

鉶羹祝以孝告嘏以慈告是謂大祥亨普
佃反鉶音刑○此謂薦今世之食也體其犬豕牛羊謂分别骨肉之貴賤以爲
衆俎也祝以孝告嘏以慈告各首其義也祥善也今世之食於人道爲善也○
别彼列反○疏曰此論祭饋之節供事鬼神及祭末獻賓并祭竟燕飲享食賓
客兄弟也然後退而合亨者前明薦爓旣未孰今至饋食乃退取爓肉更合
亨之令孰擬更薦尸又尸俎唯載右體其餘不載者及左體等亦於鑊中亨賓
之故云合亨體其犬豕牛羊若亨之訖孰乃體別骨之貴賤以爲衆俎供尸及

小三丁九二　大十四　仪祭礼九　二百三四　虞万全

0014_0588-1

待賓客兄弟等體其犬豕牛羊謂分别骨之貴賤以爲衆俎知非尸前正俎者
以此經所陳多是祭末之事若是尸前正俎當云是謂合莫不得云是謂大祥
旣是人之祥善故爲祭末亨燕之衆俎也實其簠簋籩豆鉶羹者此舉事尸之
時所供設也若籩豆亦兼據賓客及兄弟之等故特牲少牢賓及衆賓兄弟之
等皆有籩豆及俎是也祝以孝告嘏以慈告者此論祭祀祝嘏之辭案少牢祝
曰孝孫某敢用柔毛剛鬣嘉薦普淖用薦歲事于皇祖伯某以某妃配某氏尚
享是祝以孝告少牢又云主人獻尸祝嘏主人云皇尸命工祝承致多福無疆

0014_0588-2

于女孝孫來女孝孫使女受祿于[illegible]稼于田眉壽萬年勿替引之是嘏[illegible]
告言祝嘏於時以神之恩慈而告[illegible]是謂大祥者祥善也謂饋食之時[illegible]
世之食於人道爲善故爲大祥云[illegible]其義者首猶本也孝子告神以孝爲[illegible]
神告孝子以慈爲首各本祝嘏之義也○禮運○納牲詔於庭
血毛詔於室羹定詔於堂三詔皆不同
位定丁甕反一如字○肉謂之羹道[illegible]言也○疏曰納牲詔於庭者詔告
謂牲入在庭以幣告神故云詔於庭血毛詔於室者謂殺牲取血及毛入以告

大三丁八　三五八　祭礼九　二百三五

0014_0589-1

神於室羹定詔於堂者羹肉湆也定孰肉也謂羹肉既孰將欲迎尸主人入室
乃先以俎盛之告神於堂是薦孰未食之前也三詔皆不同位者蓋言求而未
之得也故於三處告之肉謂之羹者[illegible][illegible][illegible][illegible]文設祭于堂設祭
之饌於堂人君禮然○疏曰設祭于堂者謂薦腥爓之時設此所薦饌在於堂
知人君禮然者特牲少牢皆設饌在奧此言設饌於堂故知人君禮也爲
祊乎外祊百彭反○祊祭明日之繹祭也謂之祊者於廟門之旁因名
焉其祭之禮旣設祭於室而事尸於堂孝子求神非一處也周禮曰夏后氏世

0014_0589-2

室門堂三之二室三之一詩頌絲衣曰自堂徂基○疏曰爲祊於外者祊謂明

日繹祭在廟門之旁謂之祊言爲此祊祭在於廟門外之西也又曰此云爲祊

乎外稱外故知明日繹祭也郊特牲云索祭祝于祊不云外故鄭彼注不云明

日繹祭也云謂之祊者於廟門外之旁因名焉者以釋宮云廟門謂之祊今日

繹祭在廟門外之西旁因以廟門爲稱故云因名焉云其祭之禮既設祭於室

而事尸於堂者以正祭設饌在室故知繹祭亦設饌在室案有司徹上大夫賓

尸坐尸侑於堂酌而獻尸故知人君繹祭亦事尸於堂也但卿大夫賓尸禮略

祭禮九　二百三十六

0014_0590-1

不設祭於室又不在廟門異於君也云是后氏此室門堂三之二室三之一者

溢廟門之旁有室有堂也又引詩頌界衣之篇者證彼祭在堂事尸也絲衣之

篇論繹祭之禮從堂上往於堂下之基故云自堂徂基○禮器

○詔祝於室坐尸於堂謂朝事時也朝事延主于户西南面布主席東

面取牲膟膋燎于爐炭洗肝于鬱鬯而燔之入以詔神於室又出以墮于主前

人親制其肝所謂制祭也時尸薦以籩豆至薦孰乃更延主于室之奧尸來升

席自北方坐于主北焉○疏曰詔祝於室謂朝事時也祝告也祝呪也天子諸

0014_0590-2

侯事之時坐尸於堂户西南面坐主在西方東面尸主之前則薦用籩豆[illegible]

既乃取牲膟膋燎於爐炭入告神於室人出墮於主當此時主人乃親洗肝於鬱

鬯而燔之以制於主前今云詔祝於室是燎於爐炭入告於室也坐尸於堂

者既灌鬯之後尸出堂坐户西而南面也又曰謂朝事時者以下云用牲於庭

升首於室此云詔祝於室當設饌之初故知當朝事時也云朝事延主于户西

南面布主席東面取牲膟膋燎于爐炭洗肝于鬱鬯而燔之者此等並於堂上

而燔燎之故始云入以詔神明以前在堂也云入以詔神於室又出以墮于主

祭禮九　二百三十七

0014_0591-1

前者墮謂墮祭也謂分減肝膋以祭主前也云主人親制其肝所謂制祭也者

制割也謂割其肝而不相離案禮器云君親制祭夫人薦盎此云詔祝於室下

云用牲於庭故知制祭當此節也云時尸薦以籩豆者即是朝事籩豆也云至

薦孰乃更延主于室之奧者約少牢特牲饋食在奧室也云尸來升席自北方

坐于主北焉者以在奧東面以南爲尊主尊故在南主既居南故尸來升席自

北方也尸主各席故朝事延尸於户外尸南面主于東面是也鄭之此注雖

象禮記又少牢特牲而言之亦約漢時制宗廟之禮言也故其事多同也

用

0014_0591-2

牲於庭之謂殺時升首於室制祭之後升牲首於北墉下尊
首尚氣也。疏曰知在制祭後者熊氏云見下文升首在燔燎下故知在制祭
後也又知在北墉下者見下云升首以報陽明是當户北墉可知此升首非[illegible]
有虞氏祭以首者故羊人云祭祀割羊牲登其首則三牲之首皆升也直
祭祝于主謂薦孰時也如特牲少牢饋食之爲也直正也祭以孰爲
正則血腥之屬盡敬心耳。疏曰直祭祝于主者直正也祭以薦孰爲正言薦
孰正祭之時祝官以祝辭告于主若儀禮少牢敢用柔毛剛鬣用薦歲事于皇

祭禮九　二百三十八

0014_0592-1

祖伯某是也又曰知薦孰時者以上文云詔祝於室次云用牲於庭升首於室
下云索祭祝于祊以文次之知此當薦孰之節也索祭祝于祊
索求神也廟門曰祊謂之祊者以於繹祭名也。疏曰索祭祝于祊者索求也
廣博求神非但在廟又爲求祭祝官行祭在於祊也祊謂廟門祭于廟門凡坊
有二種一是正祭之時既設祭於廟又求神於廟門之内詩楚茨云祝祭于祊
注云祊門内平生待賓客之處與祭同日也二是明日繹祭之時設饌於廟門
外西室亦謂之祊即上文云祊之于東方失之云祊之禮宜于廟門外之西室

0014_0592-2

此索祭于祊當是正祭日之祊矣禮器云爲祊乎外以其稱外故注
祊祭明日之繹祭鄭又注上祊之于方云祊之禮宜於廟門外之西室此
直云祊不云外又注直云廟門曰祊不云外是據正祭日祊也故下云斯
爲言敬也相饗之也嚴大也血毛告全之物是皆據正祭之日明此祊亦
正祭日又曰廟門曰祊爾雅釋宫文云謂之祊者以於繹祭名也者此既正祭
日於廟門内求神雖總稱云廟而謂之祊者以祊是廟門明日繹祭稱祊雖今
日之正祭假以明日繹祭祊名同稱之曰祊也。郊特牲○大祝凡

祭禮九　二百三十九

0014_0593-1

肆享則執明水火而號祝明水火司烜所共日月之
氣以給烝享執之如以六號祝明此圭絜也肆享祭宗廟也。疏曰知明水火
司烜所共日月之氣者案司烜氏職云以夫遂取明火於日以鑒取明水於月
彼雖不云氣此水火皆由日月之氣所照得之故以氣言之云以給烝享執之
如以六號祝明此圭絜也者經云執明水火而號祝明知六號皆執之明絜也
號祝執明水火明主人圭絜之德云肆享祭宗廟也者案宗伯宗廟之祭大等
皆稱享則此含六種之享隋釁逆牲逆尸令鍾鼓右

0014_0593-2

□二隋□釁　□氏三血
釁血謂祀者　見旨長祭一祀
釁塗鼓直稱釁　血釁之鄭云凡
上禋祀肆享祭一　合上三祀但天曲
血以告殺故言耳　後言逆牲容逆羞
之□牲後隋釁今隋釁　者□其鼎在門外薦血

人　二百四十

0014_0594-1

有□號□事逆鼎而入□云　衣□呼者案中霤禮霤在廟門
也□□鼎事云古讀亦爲僃者　上□□之下事□之字皆爲僃
□人□　□□鳥卒嗥呼又嗥　□呼之入○呼火散反
皇謂□□呼之嗥者嗾□　者皆□□之入者經云□□
舉謂□□之舞人瞽人言□　皇舞□□呼亦來入故鄭云
之入□柢息亮反　也□
體其然作
告□□相故以出　身□□初延之入

0014_0594-2

堂上□□羽獻□獻□　詔其坐作者鄭特牲二詔
于堂饋獻祝又入室坐言□□九　有作及與主人荅拜皆有□□
云詔其　坐作也
○大宗伯涖玉鬯卒玉盉詔
號治其大禮詔相王之大禮○相□其□　王禮□
之玉也始涖之祭又奉之大號六號　六者以詔大祝以爲祝辭治猶簡習之
豫簡習大禮至祭當以詔相王羣臣禮　爲小禮○疏曰云涖玉鬯者天地有禮
神之玉無鬱鬯宗廟無禮神之玉而有　鬱鬯但宗廟雖無禮神玉仍有圭瓚璋

大冊三　小三八七字　祭礼九　二百四十一　陳人生

0014_0595-1

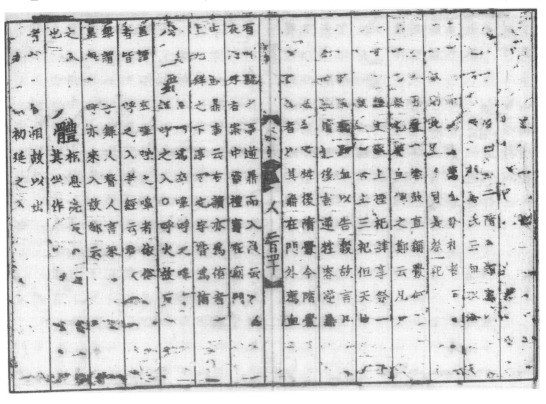

瓚亦是主故曲禮云玉曰嘉玉郊特牲　云用玉氣是也云奉玉盉者此玉還是
上文所涖者盉謂黍稷□上地當盛以尾　盞但盉與上鬯互見爲□皆始時臨之
祭又奉之詔大號者謂宗伯告大祝　出祝辭也云治其大禮□謂天地人之
鬼神祭禮王親行之爲大禮劉下小宗　伯治小禮爲小也詔相王之大禮者謂
來至之時詔告之及其行事則又相之　又曰云大號六號之大者謂若大祝云
辨六號一曰神號二曰示號三曰鬼號　四曰牲號五曰齍號六曰幣號之等是
六號之大者也云以詔大祝以爲祝辭　者鄭云詔六號大祝是一事神之人又□

0014_0595-2

六號故知所詔是詔大祝爲祝辭祝辭則祝祇之辭是也云羣臣禮爲小禮者則小宗伯小祝行者是也凡大祭祀王后不與則攝而薦豆籩徹與音預薦徹豆籩王后之事〇疏曰天地及社稷外神等后夫人不與此言凡大祭祀王后不與謂后應與而不與又云大祭祀明非羣小祀則大祀者唯宗廟而已則攝而薦豆籩徹者鄭云薦徹豆籩王后之事是王后有故宗伯攝爲之凡祭祀皆先薦後徹故退徹文在不也餚〇大宰及納亨贊王牲事亨普庚反又普孟反〇納亨納牲將告殺

大二豆　小三十六九　仪祭礼九　二百四三　原實

0014_0596-1

謂鄉祭之晨既殺以授亨人凡大祭祀君親牽牲大夫贊之〇鄉許亮反〇疏曰及猶至也至納亨者案禮記明堂位君肉袒迎牲于門卿大夫贊君及殺訖納與亨人故言納亨云贊王牲事者卽是卿大夫贊幣一人也又曰云納亨納牲將告殺者謂牽牲入時也禮器云納牲詔于庭殺訖毛以告純血以告殺腥其俎肶解而腥之以此說乃納與亨人烝祭此言納亨者以牽牲也云謂鄉祭之晨者案檀弓云周人大事以日出故知納亨是鄉祭之晨此祭天無祼故先迎牲若宗廟之祭有祼而後迎牲也云旣殺以授亨人者案亨人職職外內饔

0014_0596-2

之爨亨謂腥其俎依云凡大祭祀君[illegible]牽牲大夫贊之者此明堂位文彼魯侯用天子禮故還以引證天子法贊玉几玉爵玉几所以依神天子左右玉几宗廟獻用玉爵〇疏曰云天子左右玉几者此是司几筵文彼所云者謂王受諸侯朝覲會同所設今此事先王鬼神之几亦與王平生同故引爲證此享先王有玉几玉爵天地有爵但不用玉飾爵宗廟用玉几天地亦應有質凡不言之者文不具云宗廟獻用玉爵者案明堂位獻用玉琖謂王朝踐饋獻酳尸時若祼則用圭瓚也〇天官〇大司徒享先王奉

大三千　小三四一　祭禮九　二百四三　陳大小

0014_0597-1

牛牲羞其肆肆託歷反〇牛能任載地類也奉猶進也鄭司農云羞進也肆陳骨體也士謂進所肆解骨體士喪禮曰肆解去蹄〇疏曰享先王不辨祭之大小彼大宗伯四時及禘祫六者皆稱享肆解也謂於俎上進所解牲體於神坐前牛能任載地類也者鄭解司徒奉牛之意故屬地官司徒〇詳見備物饔牲條〇內饔凡宗廟之祭祀掌割亨之事疏曰內饔不掌外神故云宗廟之祭祀言凡者謂四時及禘祫幷月等皆在其中掌其享之事〇天官〇大司馬大祭

0014_0597-2

羞牲魚授其祭
牲魚魚牲也祭謂尸賓
所以祭也鄭司農云
司馬主進魚牲○疏曰大祭祀謂天地
宗廟此大祭據宗廟而言其中小之祭
祀亦為之矣饗食謂諸侯又曰云祭謂
尸所以祭也者大祭祀授尸祭祭者魚
之大饗即少牢下篇云主人主婦尸侑
亦一魚加膴祭於其上膴謂魚之反覆
云食大夫亦云授賓祭故曰祭謂尸
賓所以祭若王祭則膳夫云授王祭是
究鄭云大司馬主進魚牲者必使司
壹之者司馬夏官夏陰氣所起魚水
亦陰類故使司○
進之也○夏官○
九嬪凡祭祀贊玉

祭禮九　二百四甲

0014_0598-1

齍贊后薦徹豆籩
玉齍玉敦受黍稷器
后進之而不徹故書
為二杜子春讀為五○疏曰言凡祭
者后無外事唯有宗廟禘祫與四時
祭等故云凡祭祀贊玉齍者但祭祀
待男子進俎婦人設豆籩簋簠贊助
助后薦玉齍也云贊后薦徹豆籩者
豆籩之薦與徹皆助后也又曰云玉齍
玉敦受黍稷器者案明堂位云有虞氏
之兩敦周之八簋則周用簋特牲少牢
大夫士用敦今周天子用玉敦者明堂
位曰魯得兼用四代之器用敦明天子
亦兼用可知云玉敦[illegible]盟以[illegible]會事諸
者一[illegible]玉以作彼以珠槃盛牛

0014_0598-2

耳玉敦盛血此玉敦盛黍稷為異耳
后進之而不徹知者豆籩云贊薦徹玉
齍直贊不云薦徹明直贊進之而已案
禮器云管仲鏤簋注云天子飾以玉此
直云玉敦則簋亦飾以玉而不云者但
玉敦后親執而設之故特言之其簋則
九嬪執而授后后設之若少牢主婦親
受韭菹醓醢其餘婦贊者授主婦主婦
設之故不言○
也○天官○
外宗掌宗廟之祭祀佐
王后薦玉豆眡豆籩及以樂徹亦如之
視視其實○疏曰云佐王后薦玉豆者
凡王之豆籩皆玉飾之餘文豆籩不云

祭禮九　二百四五　人

0014_0599-1

玉者文略皆有玉可知若然直云薦豆
不云籩者以豆云玉略籩不言義可知
云眡豆籩者謂在堂東未設之時眡
其實也云又以樂徹亦如之者亦佐后
也猶仍有內
宗佐傳也
王后以樂羞齍則贊
齍音
咨○
猶贊佐也○疏曰羞進也齍黍稷也后
進黍稷之時依樂以進之言則贊者亦
佐后進之案九嬪職云凡祭祀贊玉齍
贊后薦徹豆籩則薦徹俱言玉齍玉敦
盛黍稷言贊不言徹則后薦而不徹也
其徹諸官為之故楚茨詩云諸宰君婦
廢徹不遲黍稷宰徹之若然豆籩與黍
祀言已贊九嬪又贊者以籩豆及黍稷

0014_0600-1

0014_0599-2

籩多故然官共贊　凡王后之獻亦如之　獻獻於尸

疏曰云獻獻酒於尸者則朝踐饋獻及酳尸以食後酳尸亦是獻獻中可以兼

之亦贊可知也　王后不與則贊宗伯　與音預注后有

不與祭宗伯攝其事○疏曰宗宗伯二凡大祭祀王后不與則攝而薦豆籩

然宗伯非直攝其祼獻而已兼后有事豆籩及簠簋等盡攝之耳　小祭

祀掌事亦如之　小祭祀謂在宮中○疏曰知小祭祀謂在宮中

者以其后無外事故知謂宮中宮中小祭祀則祭法王立七祀七祀之中行中

大三十六　小三十四之三

祭礼九　二百四十六

雷司命大厲是外神后不與惟有門戶竈而已案小司徒云小祭祀奉牛牲羞

云小祭祀王玄冕所祭者彼兼外神故以玄冕該之也○春官　○内宗

掌宗廟之祭祀薦加豆籩　加爵之豆籩故書爲籩豆

鄭司農云謂婦人所薦杜子春云當爲豆籩○疏曰王后六宮婦人無外事惟

有宗廟祭祀薦加豆籩以豆籩是婦人之事故薦之又曰鄭知加豆籩是加爵

之豆籩者以其食後稱加特牲少牢食後三獻爲正獻其後皆有加爵今天子

禮以下既食後亞獻尸爲加此時薦之故云加爵之豆籩即醢人籩人加豆加

0014_0601-1

0014_0600-2

籩之實是也　三后有事則從　○從才用反○春官　内

宰大祭祀后祼獻則贊瑤爵亦如之　祼古

亂反瑤音遥○謂祭宗廟王既祼而出迎牲后乃從後祼也祭統曰君執圭瓚

祼尸大宗執璋瓚亞祼此大宗亞祼謂夫人不與而攝耳獻謂王薦腥薦孰后

亦從後獻也瑤爵謂尸卒食王既酳尸后亞獻之其爵以瑤爲飾○疏曰大祭

祀謂祭宗廟也后祼者謂室中二祼后亞王祼尸獻謂朝踐饋獻后以玉爵亞

王而獻尸則贊者此三事内宰皆佐后祼時以璋瓚授尸獻時以玉爵授后故

祭礼九　二百四十七

云則贊也瑤爵亦如之者謂尸卒食三酳尸后亞王而酳尸則内宰以瑤爵授

后后親酌盎齊以酳尸云瑤爵亦如之者亦贊之也又曰以其天地山川社稷

等外神后夫人不與又天地無祼此云祼故知經云大祭祀者據宗廟而言也

但宗廟之祭四時與禘祫六享皆有此祼獻瑤爵之事故揔言宗廟也云王既

祼而出迎牲后乃從後祼也者案郊特牲云既灌而出迎牲彼據君而言則知

王既灌而出迎牲后乃從祼也案司尊彝注后亞王灌訖乃出迎牲者以郊特

牲云既灌而出迎牲以既灌之中不言無后灌是以鄭云后灌後乃迎牲此云

張本下象鼻題志監生戴彝五字傅本剪去之

0014_0601-2

迎牲後后乃祼鄭以迎牲是王事從王事自相亞故退后祼於迎牲後也引祭統已下者彼雖諸侯禮欲見后從王亞祼之事與諸侯同也又云獻謂王薦腥薦孰后亦從後獻也者案禮記禮運云腥其俎孰其殽鄭云腥其俎謂豚解而腥之孰其殽謂體解而爓之是其薦腥薦孰也此二者是堂上朝踐饋獻之節室中二灌訖王出迎牲祝延尸於户外之西南面后薦八豆八籩王牽牲入以毛血告訖以此腥其俎薦於祐前王以玉爵酌醴齊以獻尸后亦以玉爵酌醴齊以獻尸也朝踐訖乃孰其殽薦於神前王以玉爵酌盎齊以獻

0014_0602-1

尸各爲饋獻云瑤爵謂尸卒食王既酳尸后亞獻之者案儀禮鄭注云諸侯尸十三飯天子尸十五飯尸食後王以玉爵酌朝踐醴齊以酳尸謂之朝獻后亦於後以瑤爵酌饋獻時盎齊以酳尸謂之再獻故云后亞獻也云其爵以瑤爲飾者鄭來所解知后以瑤爵亞酳尸者約明堂位云爵用玉醆仍雕加以璧散璧角食後稱加後爵用王禮既知王酳尸亦用玉醆后酳尸用璧角賓長酳尸用璧散彼云璧此云瑤不同者瑤玉名瑤玉爲璧形飾角口則曰璧角受四升爵爲摠號故鄭云其爵以瑤爲飾也**正后之服位而詔其**

0014_0602-2

禮樂之儀薦徹之禮當與樂相應位謂房中户內及作所立處○疏曰云正后之服位者服謂若內司服褘衣已下六服皆正之使服當其用位謂后助祭之位正之使不失其所而詔其禮樂之儀者后之行禮之時皆合于樂節各當其威儀皆內宰告后使依於法度故云詔其禮樂之儀也又曰案九嬪職云贊后薦徹豆籩是后薦徹也天子之禮薦時歌清廟及徹歌雍是薦徹皆有樂節但內宰所詔唯詔禮耳經兼云樂者禮樂相應也云位謂房中户內及作所立處者但天子諸侯祭禮亡今云位謂房中者案儀禮特牲云主婦亞獻

0014_0603-1

尸尸拜受主婦北面拜送主婦北面拜拜者避內子及尸酢主婦主婦適房中南面祭酒及主人致爵于主婦亦於房中南面拜受爵至於少牢主婦入户西面獻尸及酢主婦無入房之文即此云位謂房中户內者據特牲士禮而言也云及作所立處者案少牢有司徹云主人位于阼階上獻尸侑訖主婦乃洗爵于房中出實爵尊南西面獻尸尸拜于筵上受主婦西面于主人席北拜送爵云主人席北即當阼階故云作所立處此約有司徹而言也**贊九嬪之禮事**助九嬪贊后之事九嬪者贊后薦王齍薦徹豆籩○疏曰贊助

0014_0604-1　　0014_0603-2

也鄭云助九嬪贊后之事者以經云贊
九嬪之禮事[illegible]助九嬪經自明矣知九
嬪贊后者即[illegible]所引九嬪職贊后爲后
薦玉齍薦徹豆籩等是九嬪贊后之事
即是內宰助九嬪九
嬪贊后也○天官
○內小臣若有祭
祀則擯詔后之禮事相九嬪之禮事正
內人之禮事
相息亮反○擯爲后傳辭
告所求爲詔相正者異尊
卑也○疏曰[illegible]擯者祭祀后當有事九
嬪以下從后往小臣則與后爲擯贊也
云詔后之禮事相九嬪之禮事正內人
之禮事者詔相正皆是上擯但[illegible]尊卑

祭禮九　二百五十

不同故以詔相則之又曰言擯爲后傳
辭有所求爲詔若后爲上三事須物則小
臣擯贊而傳辭與諸司求物供所爲也
云詔相正者異尊卑也者后事云詔詔
告而已九嬪稍卑則言相相佐助之○
言也女御卑直正之而已○天官
世婦詔王后之禮事
薦徹之節○疏曰
知此詔王后之禮
事是薦徹之節者見外宗云佐王后
薦徹故知詔告是薦徹豆籩之節
相
外內宗之禮事
同姓異姓之女有爵佐
后者○疏曰鄭以同姓
異姓之女有爵故解外內宗者序官云
內宗凡內女之有爵者是同姓之女有

0014_0605-1　　0014_0604-2

爵又云外宗凡外女之有爵者是異姓
之女有爵故知之也知相是佐后者外
宗云佐后薦徹豆籩內宗云及以樂徹
則佐傳豆籩注云佐外宗故知內宗轉
相佐后此官相
之也○春官
○公族其在宗廟之中
則如外朝之位宗人授事以爵以官
宗人
掌禮及宗廟也以爵貴賤異位也以
官有所掌也若司徒奉牛司馬奉羊
空奉豕○疏曰此論同姓公族在宗
之禮故云其在宗廟之中則如立位
在如外朝之位也宗人授事以爵以
者宗人掌禮之官及宗廟授百官之

小三八　仪祭礼九　二百五十一

以爵者隨爵之尊卑貴者在前賤者在
後又以官之職掌各供其事又曰言宗
人掌禮及宗廟者別言及宗廟則掌禮
謂宗廟之外諸禮皆掌也云若司徒奉
牛司馬奉羊司空奉豕者以經云以官
謂祭祀之時官官各司其事更無正文
故引司徒奉牛以下證之案周禮司徒
奉牛牲司馬奉羊牲其司空奉豕無文
此云知奉豕者案周礼雞人屬宗伯羊
人屬司馬故此云司馬奉羊犬人屬司
冦案五行傳云牛屬土雞屬木羊屬火
犬屬金豕屬水司空冬官其位當水故
鄭注周禮司空奉豕與案五行傳馬屬
火而周禮司馬羞馬牲者以其主馬故

0014_0605-2

特使鈇之此注直云奉牛奉牛[illegible]掾諸侯三卿以言之故不云雖[illegible]

其登餕獻受爵則以上嗣上嗣君之[illegible]長子以特牲[illegible]饋食禮言之登爵謂上嗣舉奠也獻[illegible]舉奠洗爵酳入也餕謂宗人遣舉奠盥[illegible]祝命之餕也大夫之嗣無此禮辟君也○疏曰此亦公族廟中之禮論貴適子之事案特牲禮尸食之後主人主婦賓長等獻尸三獻禮畢主人酬賓及獻衆賓畢主人酬賓賓奠不舉主人獻長兄弟及獻私人兄弟内兄弟等訖長兄弟洗觚酌尸為加爵衆賓長又為加爵畢嗣子乃舉奠奠者初尸未入之前祝酌奠

大十字 四百小 祭礼九 二百五二

0014_0606-1

于鉶南尸入祭奠不飲至此乃嗣子舉之必嗣子舉奠者鄭注特牲云將傳重累之者又云大夫之嗣子不舉奠辟舉奠者天子諸侯及士之子禮特牲云嗣盥奠盥入北面再拜稽首尸執奠嗣子進受復位再拜稽首尸荅拜嗣子舉觶拜尸尸荅拜則此經所謂受爵也特牲又云嗣舉奠洗酌入尸拜受嗣子荅拜則此經所謂獻也特牲又云無筭爵之後禮畢尸謖而出宗人遣嗣子及長兄弟相對而餕所謂餕也以特牲言之則先受爵而後獻獻而後餕今此經云云餕者以餕為重舉重者從後以當[illegible]進言之故云其登餕獻受爵此登[illegible]

0014_0606-2

此無嗣事之時子在堂下餕時登堂獻時亦登堂受爵之時亦登堂此一登之文包此三事以經文連於上宗廟之中宗人授事以爵以官謂衆官皆㮣其事其登餕獻不用衆官唯用上嗣故云則以上嗣案特牲餕時雖有長兄弟以上嗣為主又曰言適長子者是適子之中長也凡適皆可以嗣今云上嗣是嗣中最上云受爵謂上嗣舉奠者以特牲無受爵之文唯有嗣子舉尸之奠爵受而飲之故此經謂之受爵也云獻謂舉奠洗爵酌入也者亦以特牲無嗣獻之文故將此為獻也舉奠謂嗣子也名此嗣子為舉奠嗣子既飲尸前爵畢乃更洗

大五十三 小二百九十八 祭礼九 二百五三 琢

0014_0607-1

爵酌入以進尸此謂士禮若天子諸侯除此酌入之數外子孫別有獻尸故鄭注小雅云天子則有子孫獻尸之禮云大夫之嗣無此禮辟君也者案少牢饋食無嗣子舉奠大夫尊於士而不舉奠故知辟正君也○文王世子

右餘獻○**記君卷冕立于阼夫人副禕立于房中君肉袒迎牲于門夫人薦豆籩卿大夫贊君命婦贊夫人各揚其職百官廢職服大刑**

0014_0607-2

褘音輝袒音誕○副首飾也今之
步搖是也詩云副笄六珈周禮追
師掌王后之首服為副褘王后之
上服唯魯及王者之後夫人服之
諸侯夫人則自揄翟而下贊佐也
命婦於內則世婦也於外則大夫
之妻也祭祀世婦以下佐夫人揚
舉也大刑重罪也○追丁回反揄
羊昭反○疏曰前經明祀周公所
用器物此經明祀周公之時君與
夫人卿大夫命婦行禮之儀夫人
副褘立于房中者謂初入之時君
在於阼階夫人立於東房亦魯
之太廟如天子明堂得立房中者

祭統九　二百五十四

0014_0608-1

房則東南之室也揔稱房耳皇氏
云祭姜嫄之廟故有房案此文承
上禘祀周公之下下云天下大服是
鄭注知周公之德宜饗此也則是
祀周公於大廟而云姜嫄廟非辭
也迎牲于門者謂祼鬯之後牲入
之時迎於門夫人薦豆籩者謂朝
踐及饋孰并酳尸之時薦豆籩也
卿大夫贊君者贊助也卿大夫助
君謂初迎牲幣告及殺祭以來之
屬也命婦贊夫人者命婦於內則
世婦以下於外則卿大夫妻並助
夫人薦豆籩及祭事之屬也各揚
其職百官廢職服大刑者當祭之

0014_0608-2

[illegible]
[illegible]
[illegible]笄六珈[illegible]鄭[illegible]劉[illegible]
[illegible]言宜安[illegible]者副珈[illegible]
[illegible]云王加於副上引周禮追師
[illegible]者是王后首服言追師掌
[illegible]后之首服云褘王后之上服
者案周禮云褘衣揄翟闕翟[illegible]皆
[illegible]之所服但褘衣則是王后服
[illegible]王者云唯魯及王者之後夫人
服之者此經夫人副褘是魯得服
之王者之後得行先代天子禮樂

祭統九　二百五十五

0014_0609-1

是王者之後夫人得服之云諸侯
夫人則自揄翟而下者言其餘諸
侯夫人不得服褘衣也云命婦於
內則世婦也於外則大夫之妻也
者案喪服傳云命婦者婦人之爲
大夫妻世婦與大夫位同故知內
爲世婦也不云女御及士妻者以
臣云卿大夫贊君士賤略而不言
與士妻及女御亦
略之○明堂位
君親牽牲大夫贊幣而從
從才用反下同○納牲
於庭時也當用幣告神
爲殺牲○疏曰此章所[illegible]
子男祭廟之禮君親奉[illegible]

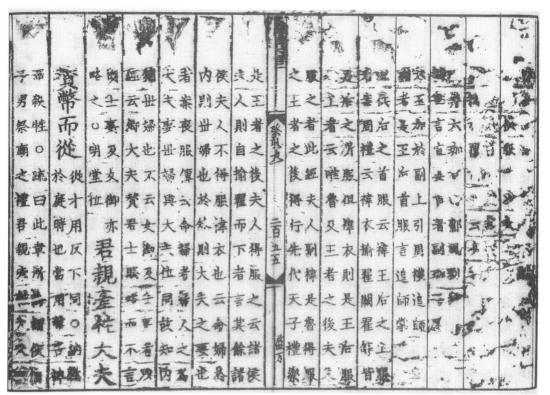

0014_0609-2

幣而從者此謂祼鬯既祼君出廟門以迎牲牽牲而入納於庭之時也知時須告神以殺牲大夫則贊佐幣而從君君乃用幣以告神又曰下云納牲詔於庭此有大夫贊幣故知納牲於庭時用幣以告神。見祭義。

君親制祭夫人薦盎親制祭謂朝事進血膋時所制者制肝洗於鬱鬯以祭於室及主。○疏曰君親制祭夫人薦盎者此謂殺牲已畢進血膟之時斷制牲肝洗於鬱鬯入以祭神於室於此之時大人薦盎齊以獻之侯伯子男之君朝踐

0014_0610-1

君不獻故夫人薦盎又曰親制祭謂朝事進血膋時者案郊特牲云取膟膋燔燎升首報陽也又祭義取膟膋之後又爓祭祭腥則膟膋亦用在爓之前故知血膋是朝事時也云所制者制肝洗於鬱鬯者約漢禮而知也知祭於室及主者郊特牲云詔祝於室是也

君親割牲夫人薦酒親割謂進牲孰體時○疏曰君親割牲夫人薦酒者謂薦孰時君親割牲體於時君亦不獻故夫人薦酒又曰皇氏以爲謂薦孰之時進牲之孰體也熊氏禮[illegible]牲爲[illegible]

0014_0610-2

也謂薦腥體熟體薦腥體謂朝踐薦腥時孰體謂饋食薦孰時案經文君親制祭夫人薦盎君親割牲夫人薦酒薦酒薦盎既不得同時則割牲何得薦腥兼薦孰熊氏之說非也

卿大夫從君命婦從夫人疏曰卿大夫從君命婦從夫人者謂制祭割牲之時則卿大夫從君也薦盎酒之時命婦從夫人也○禮器

○祭有昭穆有事於大廟則羣昭羣穆咸在而不失其倫昭穆咸在同宗父子皆來。○疏曰昭穆謂尸主行列於廟中所以至無亂者謂父南面子北面親者近疏者遠又各有次序是故有事於太廟則羣昭羣穆咸在者祭大廟之時則衆廟尸主皆來及助祭之人同宗父子皆至則羣昭穆咸在若不於大廟餘廟之祭唯有當廟尸主及所出之廟子孫來至不得羣昭羣穆咸在也而不失其倫者尸主既有昭穆故主人及衆賓亦爲昭穆列在廟不失倫類。祭統

0014_0611-1

○女子觀於祭祀納酒漿籩豆菹醢禮相助

0014_0611-2

萋[illegible][illegible][illegible]及○當及女時于女[illegible]
[illegible]曰此[illegible]於祭祀是未嫁之[illegible]
文云[illegible]文[illegible]而知經云納酒漿[illegible]
豆[illegible][illegible][illegible]祭祀之時觀香須[illegible]
[illegible][illegible][illegible][illegible][illegible]籩豆菹醢之等[illegible]
[illegible]神[illegible]一[illegible]之文包此六事言之[illegible]
也○[illegible]廟

及入舞君執干戚就舞位君爲東上冕而摠干率其羣臣以樂皇尸君爲東上近主位也
皇君也言君尸者尊之○疏曰此一經明祭時天子諸侯親在舞位以樂皇尸

祭礼九　三百五十八

0014_0612-1

也ㄱ祭統○大司樂奏夷則歌小呂舞大濩以享先妣夷則陽聲第五小呂爲之合小呂一名中呂先妣姜嫄也
姜嫄履大人跡感神靈而生后稷是
之先母也周立廟自后稷爲始祖姜[illegible]
[illegible]無所妃是以特立廟而祭之謂之[illegible]
[illegible][illegible]○中呂音仲嫄音元妃音配
[illegible]祭法王立七廟考廟王考廟皇考[illegible]
[illegible]廟[illegible]廟皆月祭之二祧享嘗[illegible]
[illegible]
[illegible]

0014_0612-2

陽聲第五也云小呂爲之合者以其小
呂巳之氣也四月建焉而辰在實沈夷
則申之氣也七月建焉而辰在鶉尾是
其合也云小呂一名中呂者此周禮言
小呂月令言中呂故云一名中呂也云
先妣姜嫄也姜嫄履大人跡感神靈而
生后稷者詩云履帝武敏歆毛君義與
史記同以爲姜嫄帝嚳妃履帝武敏歆
謂履帝嚳車轍馬跡生后稷爲帝嚳親
子鄭君義依命歷序帝嚳傳十世乃至
堯后稷爲堯官則姜嫄爲帝嚳後世妃
而言履帝武敏歆者帝謂天帝也是以
周本紀云姜嫄出野見聖人跡心悅忻
然踐之始如有身動而孕居期生子是

祭礼九　三百五十九

0014_0613-1

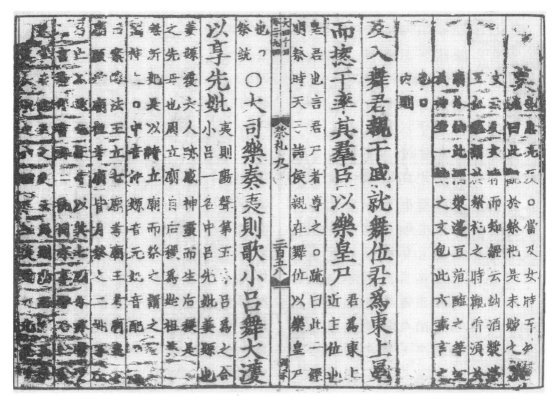

鄭解聖人跡與毛異也云是周之先母
者生民詩序云生民尊祖也后稷生於
姜嫄文武之功起於后稷是周之子孫
功業由后稷欲尊其祖當先尊其母故
云周之先母也云周立廟自后稷爲始
祖姜嫄無妃者凡祭以其妃配周立七
廟自后稷以下不得更立后稷父廟故
姜嫄無所妃也云是以特立廟而祭之
者以其尊敬先母故特立婦人之廟而
祭之云謂之閟宮閟神之者案閟宮詩
云閟宮有侐實實枚枚毛云在周常閉
而無事與此祭先妣義違故後鄭不從
是以鄭云特立廟而祭之但婦人稱宮
處在幽靜故名廟爲閟宮據其神則曰

0014_0613-2

閟神也若然分樂序之事著用前代其
先妣先祖服袞冕山川百物用玄冕今
用樂山川在先妣上者以其山川外神
是自然之神先祖生時曾事之故樂用
前代無嫌奏無射歌夾鍾舞大武以享先祖
射音亦夾古洽反。無射陽聲之下也
夾鍾爲之合夾鍾一名圜鍾先祖謂先
王先公。疏曰云無射陽聲之下也者
以其夾鍾之六五下生無射之上九是
陽聲之下也云夾鍾爲之合者以其夾
鍾卯之氣也二月建焉而辰在降婁無
射戌之氣也九月建焉而辰在大火亦
是其合也云夾鍾一名圜鍾者下文云

0014_0614-1

圜鍾爲宮是一名圜鍾也云先祖謂先
王先公者鄭據司服而言但司服以先
王先公服異故別言此則先王先公祭
同故合說以其俱是先祖故也。春官
○鼓人以路鼓鼓鬼享路鼓四面鼓也鬼享享宗廟也
。疏曰案大宗伯宗廟有六享則禘祫
及四時皆言享先王則皆是大祭縱有
享先公爲次祀祭殤爲小祀皆用此路
鼓以天地神祇大小同鼓故也。地官
○大司樂黃鍾爲宮大呂爲角大蔟爲
徵應鍾爲羽路鼓路鼗陰竹之管龍門

0014_0614-2

之琴瑟九德之歌九磬之舞於宗廟之
中奏之若樂九變則人鬼可得而禮矣
此三者皆禘大祭也人鬼則主后稷先
奏是樂以致其神禮之以玉而裸焉乃
後合樂而祭之大傳曰王者必禘其祖
之所自出祭法曰周人禘嚳而郊稷謂
此祭天圜丘以嚳配之黃鍾生於虛危
之氣虛危爲宗廟以此爲宮用聲類求
之人宮黃鍾黃鍾下生林鍾林鍾地宮
又辟之林鍾上生大蔟大蔟下生南呂
南呂與天宮之陽同位又辟之南呂上
生姑洗姑洗南呂之合又辟之姑洗下

0014_0615-1

生應鍾應鍾上生蕤賓蕤賓地宮林鍾
之陽也又辟之蕤賓上生大呂凡五聲
宮之所生濁者爲角清者爲徵羽此樂
無商者祭尚柔商堅剛也鄭司農云路
鼓路鼗兩面九德之歌春秋傳所謂水
火金木土穀謂之六府正德利用厚生
謂之三事六府三事謂之九功九功之
德皆可歌也謂之九歌也玄謂路鼓路
鼗四面陰竹生於山北者龍門山名九
磬讀當爲大韶字之誤。注疏詳見備
物。春官○戛擊鳴球搏拊琴瑟以詠祖考
來格戛擊敔所以作止樂搏拊以韋爲之之以糠[illegible]節樂球玉磬[illegible]

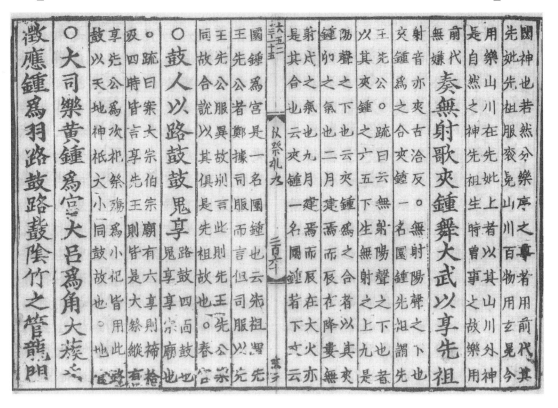

0014_0615-2

舜廟堂之樂民悅其化神歆其祀禮備樂和故以祖考來至明之○疏曰皐陶大禹爲帝設謀大聖納其昌言天下以之致治功成道洽禮備樂和史述夔言繼之於後夔曰在舜廟堂之上戛敔擊柷鳴球玉之磬擊搏拊鼓琴瑟以歌詠詩章樂音和協感致幽冥祖考之神來至矣虞之賓客丹朱者在於臣位與羣君諸侯以德相讓此堂上之樂所感深矣又於堂下吹竹管擊鼗鼓合樂用柷止樂用敔吹笙擊鍾以次迭作鳥獸相率而舞其容蹌蹌然堂下之樂感亦深矣簫韶之樂作之九成以致鳳皇來而有容儀也又曰戛擊是作用之名非樂

0014_0616-1

器也故以戛擊爲柷敔柷敔之狀經典無文漢初已來學者相傳皆云柷如漆桶中有椎柄動而擊其旁也敔狀如伏虎背上有刻戛之以爲聲也樂之初擊柷以作之樂之將末戛敔以止之故云所以作止樂變解之釋樂云所以鼓柷謂之止所以鼓敔謂之籈郭璞云柷如漆桶方二尺四寸深一尺八寸中有椎柄連底挏之令左右擊止者其椎名也敔如伏虎背上有二十七鉏鋙刻以木長一尺櫟之籈者其名也是言擊柷之推名爲止戛敔之木名爲籈戛即櫟也漢禮制器度及白虎通馬融鄭玄李巡其說皆爲然也惟郭璞爲詳據見作樂

0014_0616-2

敔而言之搏拊形如鼓以韋爲之實之以糠擊之以節樂漢初相傳爲然也釋云球玉也鳴球謂擊球使鳴樂器惟磬用玉故球爲玉磬商頌云依我磬聲磬亦玉磬也鄭玄云磬懸而以合堂上之樂工磬和尊之也然則鄭以球玉之磬懸于堂下尊之故進之使在上耳此舜廟堂之樂謂廟內堂上之樂言祖考來格知在廟內下云下管知此在堂上也馬融見其言祖考遂言此是舜除瞽瞍之喪祭宗廟之樂亦不知舜父之喪在何時也但此論韶樂必在即政後耳此說樂音之和而云祖考來格者聖王先成於人然後致力於神言人悅其化

0014_0617-1

神歆其祀禮備樂和所以祖考來至明矣以祖考來至明樂之和諧也詩稱神之格思不可度思而云祖考來至者王肅云祖考來至者見其光輝也蓋如漢書郊祀志稱武帝郊祭天祠上有美光也此經文次以柷敔是樂之始終故先言戛擊其球與搏拊琴瑟皆當彈擊故使鳴冠於球上使下共蒙之也鄭玄以戛擊鳴球三者皆總下樂櫟擊此四器也樂器惟致當櫟耳四器不櫟鄭言非也

虞賓在位羣后德讓

丹朱爲王者後故稱賓言與諸侯助祭班爵同推先有德○疏曰微子之命云作賓于王家詩頌微子之來助

0014_0617-2

之有客是王者之後爲時王所賓也蓋知虞賓謂丹朱爲王者後故稱賓也王者立二代之後而獨言丹朱若益高辛氏之後無文而言故惟指丹朱也王者之後尊於羣后故殊言在位羣后亦在位也後言德讓丹朱亦以德讓也故言與諸侯助祭班爵同者推先有德也二王之後並爲上公亦有與丹朱爵同故丹朱亦讓也丹朱之性下愚堯不能化此言有德者猶上云譬亦允若皆能然也

下管鼗鼓合止柷敔堂下樂也上下合止樂各有柷敔明球弦鍾籥各自互見○疏曰經言下管知是堂下樂也敔當戛之柷當擊

祭禮九

0014_0618-1

之上言戛擊此言柷敔其事是一故云上下合止樂各有柷敔也言堂下堂上合樂各以柷上樂各以敔也上言作用此言器名兩相備也上下皆有柷敔兩見其文明球弦鍾籥上下樂器不同各自更互見也弦謂琴瑟鍾謂鎛也籥管也琴瑟在堂鍾籥在庭上下之器各別不得兩見其名各自更互見之依大射禮鍾磬在庭今鳴球於廟堂之上者案鄭持性云歌者在上貴人聲也左傳云歌鍾二肆則堂上有鍾磬亦在堂上故漢魏已來登歌皆有鍾磬燕禮大射堂上無鍾磬者諸侯樂不備也

笙鏞以閒鳥獸蹌蹌大鏞

0014_0512-2

鏞閒迭也吹笙擊鏞[illegible]化德如[illegible]舞蹌蹌然○疏曰[illegible]云[illegible]辛郊曰[illegible]深長之聲[illegible]代也[illegible]曰[illegible]之[illegible]言[illegible]迭也[illegible]曰[illegible]迭閒[illegible]故同爲迭[illegible]鐘更迭而[illegible]歡化德[illegible]而[illegible]然下天[illegible]知此蹌蹌然亦[illegible]禮云[illegible]大[illegible]濟濟七[illegible]蹌蹌是[illegible]故[illegible]舞也

成鳳皇來[illegible]韶舜樂名言簫見[illegible]之備雄曰鳳雌曰皇[illegible]爲也[illegible]備樂九奏而致[illegible]異鳥獸不待九而率舞○疏曰[illegible]

祭禮九

0014_0513-1

經傳多矣何[illegible]文下言簫[illegible]樂名簫[illegible]小者言[illegible]之備簫作樂之器小大之器皆[illegible]鳥云鳳凰其[illegible]是此鳥雄曰鳳雌曰皇禮運云麟鳳龜龍謂之四靈是鳳皇爲神靈之鳥也易漸卦上九鴻漸于逵其羽可用爲儀是儀爲有容儀也成謂樂曲成也鄭云成猶終也每曲一終必變更奏故經言九成傳言九奏周禮謂之九變其實一也言簫見細器之備樂九奏而致鳳皇則其餘鳥獸不待九而率舞也尊者體盤靈瑞難致故九成之下始言鳳皇來儀鳥獸蹌蹌乃在上句傳據此文言鳥獸易來鳳皇難致故

0014_0619-2

云鳥獸不待九也樂之作也依上下奏間合而後曲成神物之來上下共濟非堂上堂下別有所感以祖考尊神配堂上之樂鳥獸感物故配堂下之樂總上下之樂言九成致鳳尊異靈瑞故別言頌非堂上之樂獨致神來堂下之樂備令獸舞也鄭玄注周禮具引此文乃云此其在於宗廟九奏効應也是言祖考來格百獸率舞皆是九奏之事也大司樂云凡六樂者六變而致象物及天神鄭玄云象物有象在天所謂四靈者彼謂大蜡之祭作樂以致其神此謂鳳皇身至故九奏也○書益稷

祭礼九　二百六十六

0014_0620-1

右樂舞○傳聲莫重於升歌舞莫重於武宿夜武宿夜武曲名也○疏曰舞莫重於武宿夜者武宿夜是武曲之名是衆舞之中無能重於武宿夜之舞皇氏云師說書傳云武王伐紂至於商郊停止宿夜士卒皆歡樂歌舞以待旦因名焉武宿夜其樂亡也熊氏云此即大武之樂也○祭統

○尚書大傳曰古者帝王升歌清廟清廟樂章名大琴練弦達越大琴朱

0014_0620-2

弦達越以韋爲鼓謂之搏拊何以也練弦朱弦工文也越下孔也凡練弦達越搏拊者象其德寬和君子有大人聲不以鍾鼓竽瑟之聲亂人聲清廟升歌者歌先人之功烈德澤也故欲其清也烈業也歌之呼也呼出聲也曰於穆清廟於者歎之也穆者敬之也清者欲其在位者徧聞之也故周公升歌文王之功烈德澤苟在廟中見文王者愀然如見文王故書曰搏拊琴瑟以詠祖考來假此之謂也○尚書

祭礼九　二百六十七

0014_0621-1

大傳曰諸侯有德者一命以車服弓矢再命以虎賁三百人三命秬鬯諸侯三命者皆受天子之樂

0014_0621-2

宗廟所以褒有功而章之義也未命者不得用天子之樂祀其宗廟。魯隱公五年考仲子之宫將萬焉萬舞也。疏曰案公羊傳曰萬者何干舞也籥者何羽舞也則萬與羽不同今傳云將萬焉問羽數於衆仲是萬與羽爲一者萬羽之異自是公羊之説今杜直云萬舞也則萬是舞之大名也何休云所以仲子之廟惟有羽舞無干舞者婦人

0014_0622-1

無武事獨奏文樂也劉炫云公羊傳曰萬者云云籥者云云羽者爲文萬者爲武武則左執朱干右秉玉戚文則左執籥右秉翟此傳將萬問羽即似萬羽同者以當此時萬羽俱作但將萬而問羽數非謂羽即萬也經直書羽者與傳互見之公問羽數於衆仲問執羽人數對曰天子用八八八六十四人諸侯用六六六三十六人。疏曰何休云如此服虔以用六爲六八四十八大夫四爲四八三十二士爲二八十六杜以義

0014_0622-2

勢宜方行列既減即每行人數亦宜減故同何説也或以爲十一年鄭人賂晉侯以女樂二八爲佾之樂知自上及下行皆八人鄭不然矣彼傳見晉侯減樂之半以賜魏絳因歌鍾二肆遂言女樂二八爲下半樂張本耳非以二八爲二佾若二八即是二佾鄭人豈以二佾之樂賂晉侯晉侯豈以佾之樂賜魏絳大夫四四四十六人士二二二四人士有功賜用樂夫舞所以節八音而行八風八音金石絲竹匏土革木也八

0014_0623-1

風八方之風也以八音之器播八方之風手之舞之足之蹈之節其制而叙其情。疏曰舞爲樂主音遂舞節八音皆奏而舞曲齊之故舞所以節八音也八方風氣寒暑不同樂能調陰陽和節氣八方風氣由舞而行故舞所以行八風也又曰八音爲金石土革絲木匏竹周禮大師職文也鄭玄云金鐘鎛也石磬也土塤也革鼓鼗也絲琴瑟也木柷敔也匏笙也竹管簫也八風八方之風者服虔以爲八卦之風乾音石其風不周坎音革其風廣莫艮音匏其風融震音竹其

0014_0624-1　　0014_0623-2

風明庶巽音木其風清明離音絲其風景坤音土其風凉兊音金其
風閶闔昜緯通卦驗云立春調風至春分明庶風至立夏清明風至
夏至景風至立秋凉風至秋分閶闔風至立冬不周風至冬至廣莫
風至風體一也逐天氣隨八節而爲之立名耳調與𩆶一風二名昭
十八年傳曰是謂𩆶風是其調𩆶同也沈氏云案樂緯云坎主冬至
樂用管艮主立春樂用塤震主春分樂用鼓巽主立夏樂用笙離主
夏至樂用絃坤主立秋樂用磬兊主秋分樂用鍾乾主立冬樂用柷

祭礼九　二百七十

敔此八方之音既有二說未知孰是故兩存焉更說制樂之本節音
行風之意以八音之器宣播八方之風使人用手以舞之用足以蹈
之節其禮制使不荒滛次序人情使不蘊結也蟋蟀詩曰無以大康
職思其居是節其制也舜歌南風曰南風之時兮可以阜吾人之財
兮南風之薰兮可以解吾人之愠兮是序其情也故自八
以下唯天子得盡物數故以八爲列諸侯則不敢用八公
從之於是初獻六羽始用六佾也

0014_0625-1　　0014_0624-2

嘗唯周公廟得用八而他公遂因仍僣而用之今隱公特立此
婦人之廟詳問衆仲衆仲因明大典故傳亦因言始用六佾其後
季氏舞八佾於庭知唯在仲子廟用六○䟽曰襄十二年傳曰魯爲
諸姬臨於周廟是魯立文王之廟也文王天子自然用八禮記祭統
曰昔者周公旦有勲勞於天下成王康王賜之以重祭朱干玉戚以
舞大武八佾以舞大夏此天子之樂也康周公故以賜魯明堂位曰
命魯公世世祀周公以天子之禮樂是周公之廟用八也傳曰始用

祭礼九　二百七十一

六佾則知以前用八何休云僣齊也下𠉀上之辭魯之僣𠉀必有所
因故本其僣之所由言由文王周公廟用八佾他公之廟遂因乃僣
而用之今隱公詳問衆仲因明大典公從其言於仲子之廟初獻六
羽故傳亦因言始用六佾謂仲子之廟用六佾他公則仍用八也至
襄昭之時魯猶皆亦用八故昭二十五年公羊傳稱昭公謂子家
曰吾何僣哉答曰朱干玉戚以之舞八佾以舞大武此皆天子
禮也是莊公之時僣用八也此從正禮尚書於經若更僣非[illegible]

0014_0625-2

容不書自此之後不書僭用八佾知他廟僭而不改故杜自明其證

其後季氏舞八佾於庭知唯在仲子廟用六也。春秋左氏傳○

公羊子曰譏始僭諸公也六羽之爲僭柰何天子八佾諸公六諸侯四疏注見祭物失禮條○尸子曰舞夏天子至諸侯皆用八佾初獻六羽始厲樂矣言時諸侯僭侈皆用八佾魯於是能自減厲而始用六穀梁子言其始僭尸子言其始降。穀梁傳

0014_0626-1

○三家者以雍徹子曰相維辟公天子穆穆奚取於三家之堂徹直列反相去聲。三家魯大夫孟孫叔孫季孫之家也雍周頌篇名徹祭畢而收其俎也天子宗廟之祭則歌雍以徹是時三家僭而用之相助也辟公諸侯也穆穆深遠之意天子之容也此雍詩之詞孔子之言三家之堂非有此事亦何取於此義而歌之乎譏其無知妄作以取僭竊之罪。程子曰周公之

0014_0626-2

功固大矣皆臣子之分所當爲魯安得獨用天子禮樂哉成王之賜伯禽之受皆非也其因襲之弊遂使季氏僭八佾三家僭雍徹故仲尼譏之。論語八佾

祭之日一獻君降立于阼階之南南鄉所命北面史由君右執策命之再拜稽首受書以歸而舍奠于其廟。鄉許亮反一獻酳尸也舍當爲釋聲之誤也非時而祭曰奠。疏曰而舍奠于其廟者謂受策命卿大夫等既受策書歸還而釋奠於家廟告以受君之命以非時而祭故稱奠又曰經云一獻知非初祼及朝踐饋食之一獻必爲一酳尸者以一酳尸之前皆爲祭事承事鬼神未暇策命而尸食已畢祭事方了始可以行其爵賞及賜勞臣下此一獻則上尸飲五君獻卿之時也若天子命群臣則不因常祭之日特假於廟故大宗伯云王命諸侯則儐注云王將出命假祖廟立依前南鄉是也。祭統

0014_0627-1

右因祭策命

○傳王在新邑戉至既受

0014_0627-2

烏八誥遂就居洛邑丁二六歲
辰晦到○疏曰自此下史終述
之周公歸政成王飫三誥王即東
行赴洛邑其年十二月晦戊辰日
王在新邑後月是夏之仲冬爲冬
節烝祭其月節是周之歲首特異
常祭加文王騂牛一武王騂牛一
王命有司作策書乃使史官名逸
者祝讀此策惟告文武之神言周
公有功宜立其後爲國君也其時
王尊異周公以爲賓殺牲享祭文
王武王皆親至其廟王入廟之太
室行祼鬯之禮言其尊異周公而
禮敬深也於此祭時王命周公後

0014_0628-1

今作策書使逸讀此策辭以告伯
禽言封之於魯命爲周公後也又
總述之在十有二月惟周公大安
文武受命之事又曰周公誥成王
令居洛邑爲治王既受周公之誥
遂東行就居洛邑以十二月戊辰
晦日到洛猶書戊辰王在新邑知
其晦日始到者此歲入戊午蔀五
十六年三月丙午朏以算術計
之三月甲辰朔大四月甲戌朔小
五月癸卯朔大六月癸酉朔小七
月壬寅朔大八月壬申朔小九月
辛丑朔大又有閏九月辛未朔小
十月庚子朔大十一月庚午朔小

0014_0628-2

十二月己亥朔大計十二
月三十日戊辰晦到洛也烝祭歲
文王騂牛一武王騂牛一王命作
冊逸祝冊惟告周公其後明月夏
之仲冬
始於新邑烝祭故曰烝祭歲古者
褒德賞功必於祭日示不專也特
加文武各一牛告白尊周公立其
後爲魯侯○疏曰下云在十有二
月者周之十二月建亥之月也戊
辰是其晦日故明日即是夏之仲
冬建子之月也言明月者此烝祭
非朔日故言月也自作新邑已來

0014_0629-1

未嘗於此祭祀此歲始於新邑烝
祭故曰烝祭歲也周禮大司馬仲
冬教大閱遂以享烝是也王者冬
祭必用仲月此是周之歲首故言
歲耳王既戊辰晦到又須戒日致
齊不得以朔日即祭之祭統云古
者明君爵有德而祿有功必賜爵
祿於太廟示不敢專也故云古者
褒德賞功必於祭日示不專也因
封之特設祭烝之禮宗廟用太牢
此文武皆言牛一知於太牢之一
特加一牛告白文武之神言爲一
周公立其後爲魯侯魯頌云
曰叔父建爾元子俾侯于魯

0014_0629-2

時逸王命作策書命有司作策[illegible]
也讀策告神謂之祝逸祝策[illegible]
史逸讀策書也[illegible]
歲文王騂牛一[illegible]王元等
正月朔日特告文武封周公[illegible]祭
周頌烈文序云成王即政諸侯助
祭鄭箋云新王即政必以朝享之
禮祭於祖考告嗣位也則鄭意以
朝享之後特以二牛告文武
封周公之後與孔義不同

王賓

殺禋咸格王入太室祼
王賓異周
公殺牲精
意以享文武皆至其廟親告也太
室清廟祼鬯告神。疏曰王賓異

0014_0630-1

周公者王尊周公爲賓異於其臣
王肅云成王尊周公不敢臣之以
爲賓故封其子是也洛誥云[illegible]意
以享謂之禋既殺二牲精誠其意
以享祭文武咸皆也格至也宮至
其廟言王重其事親告之太室
之大者故爲清廟[illegible]
曰太室王肅云[illegible]之
至清廟神之所在故[illegible]
獻鬯酒以告神也祼者灌也王以
圭瓚酌鬱鬯之酒以獻尸尸受[illegible]
而灌於地因奠[illegible]
牲云既灌然後[illegible]
此經先言殺牲[illegible]

0014_0630-2

未之敢公之意非行事之次也其
王入太室祼乃是祭時行事耳周
人尚臭祭禮以祼爲重故言王祼
其封伯禽乃是祭之將末非祼時
也祭統賜官爵祿之祭云法之日
一獻君降立于阼階之南南鄉所
命者北面史由君右執策命之鄭
云一獻一酳尸也禮酳尸尸獻而
祭畢是祭末乃命之
以祼爲重故特言之

王命周公後

作冊逸誥
王爲冊書使史逸誥伯
禽封命之書皆同在烝
祭日周公拜前魯公拜後。疏曰
王爲策書亦命有司爲之也上云

0014_0631-1

作策作告神之策此言作策誥伯
禽之策祭於神謂之祝於人謂之
誥故云使史逸誥伯禽封命之書
封康叔謂之康誥此命伯禽當云
伯禽之誥定四年左傳云命以伯
禽即史逸所讀之策也上言逸祝
策此誥下不言策者祝是讀書之
名故上云祝策此誥是誥伯禽使
知雖俱讀書以誥之不得言誥策
也上告周公其後已言告神封周
公歸此逸誥以他日告之故云皆
同在烝祭日以祭統言一獻命之
如此亦祭日也文十二年公羊傳
曰封魯公以爲周公也周公拜乎

0014_0632-1　　0014_0631-2

前曾公拜手後曰生以蓋周周公死以為周公主洛誥

尸酢夫人執柄夫人受尸執足疏曰酢夫人執柄者爵為雀形以尾為柄夫人獻尸尸酢夫人尸則執雀尾授夫人也夫人受尸執足者夫人受酢於尸則執爵足也○祭統

○膳夫凡王祭祀則徹王之胙俎膳夫親徹胙俎胙俎最尊也其餘則賓嚳徹之○疏曰云凡王祭祀謂祭宗廟有胙俎者謂若特牲少牢主人受尸酢尸東西面設主人俎於席前王受尸酢禮亦當然又曰云膳夫親徹胙俎胙俎最尊也者以其胙肴酢也王與尸相答酢故遺膳夫親徹云其餘則其屬徹之者以其經膳夫徹王之胙俎明非王胙俎則其屬徹之可知膳夫是上士則其屬中士已下是也○天官

○內小臣徹后之俎俎謂后受尸之爵飲于房中之俎○疏曰云謂后之俎者謂后於東房中受尸酢之俎內小臣徹之又曰云俎謂后受尸之爵飲於房中之俎者天子諸侯祭禮云祭特牲薦俎乃受尸之酢夾上婦薦尸尸酢主婦於東房中受尸之酢亦有薦俎后之俎小臣所徹亦約與士禮主婦之俎同也○同上

0015_0003-1　　0015_0002-2

右尸酢

夫婦相授受不相襲處酢必易爵疏曰夫婦相授受不相襲處者謂夫婦交相致爵之時襲因也其執之物不相因故處若夫婦交相致爵不能執故處以明男女有別又曰酢必易爵者謂夫婦交相致爵之時主人受主婦之酢易換其爵後特牲主人受主婦之酢爵更爵酢鄭注云主人更爵自酢男子不承婦人爵即引此文云夫婦相授受不相襲處酢必易爵也皇氏云夫婦猶男女不相襲處則上執校執鐙之屬達鄭注儀禮之文其義非也○祭統

右致爵

尸飲五君洗玉爵獻卿尸飲七以瑤爵獻大夫尸飲九以散爵獻士及羣有司皆以齒尸飲五謂酳尸五獻也大夫士祭三獻而獻賓○疏曰尸飲五君洗玉爵獻卿至皆以齒明尊卑之等者謂獻卿大夫士及有司等其爵雖同皆長者在先故云皆以齒又曰此據備九獻之禮者至主人酳尸故尸飲五也

祭二獻祼用鬱鬯尸祭奠而不飲[illegible]二獻饋食二獻及食畢主人酳尸此
筭皆尸飲之故云尸飲五於此之時以獻一卿獻卿之後乃主婦酳尸酳尸畢賓
長獻尸是尸飲七也乃瑤爵獻大夫是正九獻禮畢但初二祼不飲故云尸飲
七自此以後長賓長兄弟更為加爵尸又飲二是并前尸飲九主人乃散爵獻
士及羣有司也此謂上公九獻故以酳尸之一獻為尸飲五也若侯伯七獻朝
踐饋食時各一獻食訖酳尸但尸飲三也子男五獻食訖酳凡尸飲一云大夫
士祭三獻而獻賓者欲明諸侯獻賓時節與大夫士獻賓不同知大夫士祭三

仪祭礼九　二百八十

獻而獻賓者特牲禮文下大夫不賓尸與士同亦三獻而獻賓知者有司徹文
其士大夫別行賓尸之禮與此異也○祭統○凡賜爵昭為
一穆為一昭與昭齒穆與穆齒凡羣有
司皆以齒昭穆猶特牲少牢饋食之禮衆凡弟也羣有司猶衆賓下
及執事者君賜之爵謂若酬之○疏曰凡賜爵者爵酒爵也謂祭祀旅酬時
助祭者酒爵故云賜爵昭為一穆為一者言爵衆兄弟子孫等在昭列者則爲
一色在穆列者自為一也各自相旅[illegible]在後若同班列則長者

前少者在後是昭與昭齒穆與穆齒又曰案特牲饋食禮初有主人獻衆賓兄
弟之禮後乃旅酬衆賓兄弟此經直云賜爵知非獻時而特云酬者以獻時不
以昭穆為次者此云昭與昭齒穆與穆齒當旅酬之事故知賜爵為酬○祭統
○司士凡祭祀及賜爵呼昭穆而進之
賜爵神惠及下也此所賜王之子姓兄弟祭統曰凡賜爵昭為一穆為一昭與
昭齒穆與穆齒凡羣有司皆以齒此之謂長幼有序○疏曰云凡祭祀掌士之
戒令者謂羣臣有事於祭祀云及賜爵者謂祭末旅酬無筭爵之時皆有酒爵

仪祭礼九　二百八一

賜及之皆以昭穆為序也又曰鄭知賜爵神惠及下者祭統云祭有十倫之義
凡賜爵昭為一穆為一是神惠及下也云此所賜王之子姓凡弟者以其呼昭
穆而進之云昭穆明非異姓是同姓可知姓生也子之所生則孫及兄弟皆有
昭穆引祭統具諸侯法明天子亦然凡言昭穆在助祭之中皆在東階之前南
陳假令祖行為昭子行為穆孫行還為昭曾孫行還為穆就昭穆之中皆年長
者在上年幼者在下文云齒也○夏官○凡為俎者以骨
主殷人貴髀周人貴肩凡前貴於後

貴者取貴骨賤者取賤骨貴者不重賤

者不虛重直龍反○殷人貴髀為其[illegible]也周人貴肩為其顯也凡前[illegible]

於後謂脊脅臂臑之屬○臑乃報反二疏曰凡為俎者以骨為主者俎謂尸，

者各將物於俎也殷人貴髀周人貴肩者殷質貴髀之厚賤肩之薄周文貴肩

之顯賤髀之隱各隨所貴凡前貴於後者據周言之以周人之貴有故也貴者

不重賤者不虛示均也者言貴者不待多而重賤者不虛而無分俎多少隨其

貴賤是示均平也又曰此脊脅臂臑舉其貴者言之屬中包其賤者不云肩者

以經云周人貴肩故此略之前體肩臑為貴後體髀胳為賤脊脅之中亦有貴

賤正脊在前為貴脡脊橫脊在後為賤脅則正脅在前為貴短脅為賤故據云

之屬以包之之○祭統

右獻酬賜俎。○傳曾子問曰祭如

之何則不行旅酬之事矣孔子曰

聞之小祥者主人練祭而不旅奠

酬於賓賓弗舉禮也奠無尸虞不致爵小祥不

旅酬六爵無筭爵彌吉○疏曰練小祥祭也旅謂旅酬故奠無尸

虞不致爵至小祥彌吉但得致爵於賓而不得行旅酬之事大祥乃

得行旅酬而不得行無筭爵之事也此皆謂喪事簡略於禮未備故

也又曰案士虞禮云男男尸女女尸檀弓云虞而立尸是虞時始立

尸故云奠無尸奠所以無尸者奠是未葬之前形體尚在未忍立尸

異於生故未立尸虞是既葬之後形體已亡鬼神事之故立尸以象

神也又案特牲云祝延尸於奧尸即席坐主人拜妥尸尸答拜尸左

執觶右取菹擩于醢祭于豆間佐食取黍稷肺祭授尸尸祭之祭酒

啐酒祭鉶乃食九飯主人洗角升酌酳尸尸卒爵祝酌授尸尸以醋

主人主人卒爵拜祝南面主人酌獻祝祝受卒爵主人酌獻佐食佐

食受卒爵此是主人之獻也特牲又云主婦洗爵獻尸尸卒爵尸酢

主婦主婦卒爵主婦酌獻祝祝卒爵酌獻佐食佐食卒爵此是主婦

之獻也賓三獻獻于尸尸三爵止注云尸止爵者三獻禮成欲神惠

之均於室中云虞不致爵者案士虞禮賓三獻尸尸卒爵禮畢無致

0015_0007-2

爵以下之事所謂賔不致爵也祭特牲又云尸止爵之後席于户内主婦洗爵酌致爵于主人主人拜受爵主婦拜送爵主人卒爵拜主婦荅拜受爵酌酢左執爵拜主人荅拜主人降洗酌致爵于主婦席下房中南面主婦拜受爵主人西面荅拜主婦卒爵拜主人荅拜主人更爵酢卒爵拜主婦荅拜所謂致爵也三獻之賔酢尸所止爵尸飲卒爵酢賔賔飲卒爵獻祝及佐食致爵于主人主婦畢主人降作階升酌西階上獻賔及衆賔〻主〻洗觶于西階前北面酬賔記主

祭禮九

0015_0008-1

人洗爵于阼階上獻長兄弟及衆兄弟及內兄弟于房中獻畢〻〻坐取主人所酬之觶於阼階前〻長兄弟長兄弟受觶於西階前酬衆賔衆賔酬衆兄弟所謂旅酬也云小祥不旅酬者賔不舉主人所酬之觶不行旅酬之事所謂小祥不旅酬謂奠酬於主人主人酬於賔賔不舉也旅酬之後賔弟子兄弟弟子各酌于其尊舉觶各於其長賔取觶酬兄弟之黨長兄也觶酬賔之黨所謂無筭爵也云祥無無筭爵彌吉昔大[illegible]亦酬而不得行此無[illegible]

0015_0008-2

云大祥無無筭爵以其漸漸備禮故云彌吉仍未純吉也昔者魯昭公練而舉酬行旅非禮也孝公大祥奠酬弗舉亦非禮也孝公隱公之祖父○疏曰昔者魯昭公練而舉酬行旅非禮也者練祭但得致爵於賔賔不合舉此爵而行旅酬今昭公行之故曰非禮也大祥彌吉得行旅酬今孝公不然亦曰非禮又曰案世本孝公生惠公弗皇弗皇生隱公是隱公之祖父也○曾子問○因其酒肉

祭禮九

0015_0009-1

聚其宗族以教民睦也言祭有酒肉畢昭穆皆至而獻酬之咸有薦俎○疏曰因其酒肉聚其宗族以教民睦也者謂因其祭祀之酒肉於祭祀之末聚其宗族昭穆相獻酬教民相親睦也○坊記

尸謖君與卿四人餕君起大夫六人餕大夫起士八人餕士起各執其具以出陳于堂下百官進徹之進當為餕聲之誤也百官謂有[illegible]

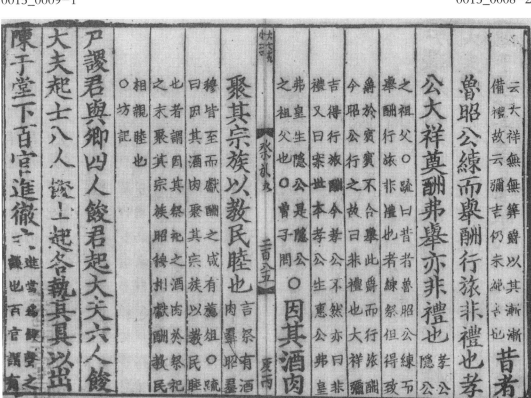

0015_0009-2

事於君祭者也既餕乃徹之而去所謂自畀至賤進徹或俱爲餕○疏曰諸侯

之國有五大夫此云六者兼有采地助祭也士起各執其具以出陳于堂下者

士廟中餕訖而起所司各執其餽具以竝廟戶陳于堂下百官進徹之者進當

爲餕謂有祭事之百官餕訖各徹其器而乃去之○祭統其登餕受

爵則以上嗣疏曰特牲又云無筭爵之後禮畢尸謖而出宗人遣

嗣子及長兄弟相對而餕所謂餕也○文王世子餘詳見[redacted]條

右餕

0015_0010-1

大祝既祭令徹疏曰祭訖尸謖之後大祝命徹祭器即詩云諸

宰君婦廢徹不遲是也○春官○九嬪贊后徹豆籩疏曰

云贊后薦徹豆籩者豆籩之爲與徹皆助后也○天官○外宗佐

王后薦玉豆眡豆籩及以樂徹亦如之

注疏見上餘獻條○今案外宗王后以樂蓋壼疏云進黍稷之時依樂以進之

此云以樂徹蓋亦依樂以徹之也○春官○內宗及以樂徹

則佐傳豆籩傳直專反○佐傳佐外宗○疏曰鄭知佐外宗者見

0015_0010-2

疏云佐王后薦玉豆籩故云佐外宗[illegible]佐豆籩后於神前徹之傳與外宗外

[illegible]傳與內宗內宗傳與外者故知佐傳[illegible]其他玉盞玉敦盛黍稷言贊不言徹

贊后薦而不徹也其徹諸官爲之故楚茨詩云諸宰君婦是黍稷宰徹之也○

同上○大宗伯凡大祭祀王后不與則攝

而徹注疏見上餘獻條

右徹

索祭祝于祊索求神也廟門曰祊謂之祊者以於繹祭名也○疏

0015_0011-1

曰索祭祝于祊者索求也廣博求神非但在廟又爲求祭祝官行祭在於祊也

祊謂廟門祭于廟門凡祊有二種一是正祭之時既設祭於廟又求神於廟門

之內詩楚茨云祝祭于祊注云祊門內平生待賓客之處與祭同日也二是明

日繹祭之時設饌於廟門外西室亦之祊即上文云祊之于東方注云[illegible]

禮宜于廟門外之西室是也今此索于祊當是正祭日之祊矣知者禮器云

爲祊乎外以其稱外故注云祭明日之繹祭鄭又注上祊之于東方云祊之

[illegible]於廟門外之西室此經直云祊不[illegible]又注直云廟門曰祊亦不云[illegible]

0015_0011-2

正祭日祊也故下云肵之爲言敬也[illegible]祭之也嘏大也血毛告幽全之物貴[illegible]者據正祭之日明此祊亦正祭日又曰廟門曰祊爾雅釋宮文謂之祊者以祭名祭名者此既正祭曰於廟門內求神應總稱云廟而謂之祊者以祊廟門明日繹祭稱祊雖今日之正祭假以明日繹祭祊名同稱之曰祊也○郊特牲

○祝祭于祊祀事孔明　祊門內也箋云孔甚也明猶備也絜也孝子不知神之所在故使祝博求之平生門內之旁待賓客之處祀禮於是甚明○詩楚茨

○設祭于堂　設祭之饌於堂人君禮然○疏

0015_0012-1

曰設饌于堂者謂薦腥爛之時設此祊饌在於堂又曰知者特牲少牢皆設饌在奧此言設饌於堂故知人君禮也

爲祊乎外　祊祭明日之繹

祭也謂之祊者於廟門之旁因名焉其祭之禮既設祭於室而事尸於堂孝子求神非一處也周禮曰夏后氏世室門堂三之二室三之一詩頌絲衣曰自堂徂基○疏曰爲祊乎外者祊謂明日繹祭在廟門之旁謂之祊言爲此祊祭在於廟門外之西也又曰此云爲祊乎外稱外故知明日繹祭也郊特牲云索祭觀于祊不云外故鄭彼注不云東曰繹祭也云謂之祊者於廟門之旁因名焉

0015_0012-2

者以釋宮云廟門謂之祊[illegible]廟門外之西旁因以廟門爲祊故[illegible]名焉云其祭之禮既設祭於室而事尸於堂者以王祭設饌在室故知繹祭亦設饌在室案有司徹上大夫賓尸坐尸侑於堂酌而獻尸故知人君繹祭亦事尸於堂也但卿大夫賓尸禮略不設饌於室又不在廟門異於君也云夏后氏世室門堂三之二室三之一者證廟門之旁有室有堂也又引詩頌絲衣之篇者證繹祭在堂事尸也絲衣之篇論繹祭之時從堂上往於堂下之基故云自堂徂基○禮器

○君牽牲夫人奠盎君獻尸夫

0015_0013-1

人薦豆卿大夫相君命婦相夫人　奠盎設盎齊之奠也此時君牽牲將薦毛血君獻而夫人薦豆謂繹日也儐尸主人獻尸王婦自東房薦韭菹醢○儐音賓○疏曰君牽牲夫人奠盎者熊氏云此謂[illegible]祭君當牽牲之時夫人奠設盎齊之[illegible]君獻尸夫人薦豆者繹祭故先獻後[illegible]又曰云奠盎設盎齊之奠也者此謂[illegible]設牽牲之時夫人預設盎齊之奠[illegible]祭牽牲時夫人徹奠盎之事至[illegible]祭夫人酌盎齊以獻尸薦[illegible][illegible]此奠盎[illegible]之時於[illegible][illegible]洗牲[illegible]諸經傳[illegible]

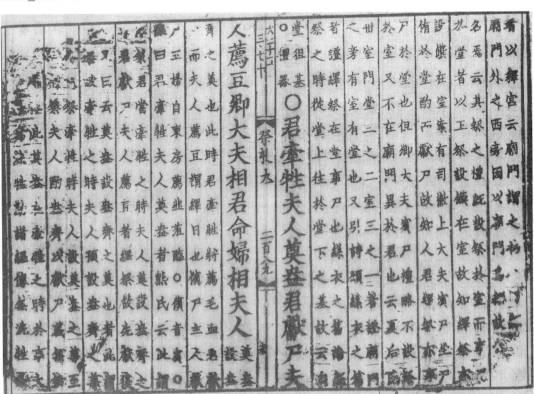

0015_0014-1　0015_0013-2

酒之文皇氏文無所據其義非也云謂繹日也者以其先云君獻尸後云夫人薦豆故知繹日也云賓尸主人獻尸主婦自東房薦韭菹醢者此是有司徹文引之者證賓尸之時先獻後薦上大夫賓尸即天子諸侯之繹也○祭義

右祊○記閟謂之門注疏見廟制條繹又祭也夏曰復胙商曰肜周曰繹注疏見序事祭名條○爾雅

○傳詔祝於室坐尸於堂謂朝事時也朝事延尸于户西南面布主席東面取牲膟

膋燎于爐炭洗肝于鬱鬯而燔之入以詔神於室又出以墮于王主人親制其肝所謂制祭也時尸薦以籩豆至薦孰乃更延主于室之奧尸來升席自北方坐于主北焉○疏曰詔祝於室謂朝事時也詔告也祝呪也天子諸侯朝事之時坐尸於堂户西南面坐主在西方東面尸主之前則薦用籩豆也祝乃取牲膟膋燎於爐炭入告神於室又出墮於主當此時主人乃親洗肝於鬱鬯而燔之以制於主前今云詔祝於室是燎於爐炭入告於室也坐尸於堂者既灌鬯之後

0015_0015-1　0015_0014-2

尸出堂坐户西而南面也又曰謂朝事時者以下云用牲於庭升首於室此云詔祝於室堂殺牲之制故知當朝事時也云朝事延尸于户西南面布主席東面取牲膟膋燎于爐炭洗肝于鬱鬯而燔之者此等並於堂上而燔燎之故始云入以詔神明以前在堂也云入以詔神於室又出以墮于主前者墮謂墮祭也謂分減肝膋以祭主前也云主人親制其肝所謂制祭也者制割也謂割其肝而不相離案禮器云君親制祭夫人薦盎此云詔祝於室下云用牲於庭故知制

祭當此節也云時尸薦以籩豆者即是朝事籩豆也云至薦孰乃更延主于室之奧者約少牢特牲饋食在奧室也云尸來升席自北方坐于主北焉者以在奧東面以南為尊主尊故在南主既居南故尸來升席自北方也尸主各席故朝事延尸於户外尸南面主席于東面是也鄭之此注雖參禮記及少牢特牲而言之亦約漢時祭宗廟之禮言也故其事委曲也用牲於庭謂殺之時升首於室制祭之後升牲首於北牖下尊首尚氣也○疏曰知在[illegible]

[illegible]

[illegible]下者見于[illegible]户北墉可[illegible]

氏祭以首者[illegible]牲盛其首則三牲之首[illegible]事也

直祭祝于主　謂薦孰時也[illegible]少牢饋食之禮[illegible]

正也祭以孰為正則血腥之屬[illegible]徹心舌○疏曰直祭祝于主者[illegible]

至也祭以薦孰為正言薦孰正祭之時祝官以祝辭告于主若儀禮[illegible]

步坐取用柔毛剛鬣用薦歲事于皇祖伯某是也又曰知薦孰時者

以上文云詔祝于室次云用牲於庭外首於室下云索祭祝于祊以文次之知此當薦孰之節也

索祭祝于祊不知神之所在於彼乎於此乎　室與堂與○與

並音餘○疏曰不知神之所在於彼乎於此乎者此解正祭在廟之時或設饌在室或設饌在堂不知神之所在之處為於彼室乎為於此堂乎故兩處設饌也

或諸遠人乎祭于祊

尚曰求諸遠者與　與音餘○[illegible]也○疏曰[illegible]

繹系祭為祊之時或諸遠人乎諸是語辭其神靈或遠離於人[illegible]

在廟門祭于祊尚曰求諸遠者與者尚是庶幾也言正祭之時[illegible]

廟門祊者庶幾求於遠處者與言於遠處求神也

祊之為言倞也　倞猶索也倞或為諒○疏曰此皆訓祭祀所為之事

○郊特牲

○設祭于堂為祊乎外　注疏見上

故曰於彼乎於此乎　不知神之所在也○疏曰

故曰於彼乎於此乎者以其不知神之所在或祭之於堂或祭之於

外不知此神於彼堂乎於彼室乎於此祊乎以古語有此故記者引以結之又曰索郊特牲云不知神之所在於彼乎於此乎此文唯云於彼乎祭此乎故鄭引彼上文為注以會此文明是一也○禮器

○詔祝於室而出于祊此交神明之道也　詔祝告事於尸也詔於祊謂索祭也○疏曰詔祝於室者詔告也祝祝也謂祝官以言詔告祝請其人於室求之而出于祊者謂明日繹祭而出廟門旁廣求神於外之祊此交神明之道也者神[illegible]

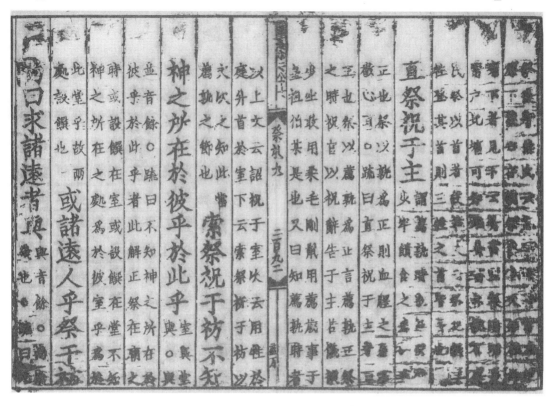

0015_0017-2

難測不可一處求之或門旁不敢定是與神明交接之道鬼神通故云道又曰云詔祝告事於尸也者謂灌鬯饋孰酳尸之等祝官以祔辭告事於尸其事廣也以揔論事神故廣言之知非朝踐之時血毛詔於室者以朝踐尸主皆在戶外璧時之事非終始事神之道故知非也云出於祊謂索祭也者案特牲索祭祝于祊故云謂索祭祝統○祭

○宣公八年六月辛巳有事于大廟仲遂卒于垂壬午猶繹

0015_0018-1

祭陳昨日之禮所以賓尸○疏曰繹陳也陳昨日之禮以賓敬此尸也○詳見序事廢祭條

○穀梁子曰繹者祭之旦日之享賓也

疏曰旦日猶明日也何休云繹者繼昨日事但不灌地降神耳天子諸侯曰繹大夫曰賓尸士曰宴尸則天子以卿爲之諸侯則以大夫爲之卿大夫以孫爲之賓立尸殺坐尸周旅酬六尸唯士宴尸與升儐少異則旅意或與何同也崇少牢饋食之禮卿大夫當日賓尸天子諸侯明日賓尸者天子諸侯

0015_0018-2

禮大故異日爲之卿大夫以下禮小故當日即行其三代之名者案爾雅云夏曰復昨殷曰肜周曰繹是也謂之復者復前日之禮也謂之肜者肜是不絕之意也謂之繹者繹陳昨日禮也

○公羊子曰繹者何祭之明日也

禮繹繼昨日事但不灌地降神爾天子諸侯曰繹大夫曰賓尸士曰宴尸去事之殺也必繹者尸屬昨日配先尊食不忍輒忘故因以復祭禮則無有誤敬慎之至穀曰肜周曰繹繹者據今日道昨日不敢斥尊言之

0015_0019-1

文意也肜者肜肜不絕據昨日道今日斥尊言之質意也祭必有尸者節神也禮天子以卿爲尸諸侯以大夫爲尸卿大夫已下以孫爲尸夏立尸殷坐尸周旅酬六尸○疏曰禮繹繼昨日事但不灌地降神爾者正以釋天云繹又祭也孫氏云祭之明日尋繹復祭故言繼昨日事正以昨日祭已灌地降神是以今日繹主爲尸作何以爲灌乎故云但不灌地降神爾天子諸侯曰繹大夫曰賓尸士曰宴尸者春秋說文也稍得言名繹在正祭之後故云去事之殺也則無有誤

0015_0019-2

敬慎之至者畏敬先君爲尸而爲之設祭則無有過誤也穀曰彤周曰繹者繹文云案郭氏爾雅其下文仍有夏曰復昨之文而何氏不言之者二以諸家爾雅悉無此言設不引之参昨郭氏云未見義所出也繹者據今日道昨日不敢斥尊言之文意也者祭尊于繹道今日所尋繹乃是昨日之正祭故云據今日道昨日不敢斥尊乃是尊正之義故曰文意也彤者彤彤不絶據昨日道今日斥尊言之實意也者正由昨日正祭是以今日作又祭相因而不絶彤彤然故曰據

0015_0020-1

昨日道今日乃是追近而不尊故曰實意也禮天子以卿爲尸諸侯以大夫爲尸卿大夫已下以孫爲尸者何氏並約古禮也天子不使公諸侯不使卿皆爲其疑也卿大夫已下以孫爲尸以其昭穆同也

○詩曰明發不寐有懷二人文王之詩也祭之明日明發不寐饗而致之又從而思之明發不寐謂夜而至旦也祭之明日謂繹日也言繹之夜不寐至二人謂父母容尸侑也○疏曰文

0015_0020-2

王之詩也者出幽王小雅小宛之篇而云文王詩正者記者斷詩斷章取義且詩人陳文王之德以刺幽王亦得爲文王之詩也祭之明曰明發不寐者謂正祭明日繹祭之時祭既竟仵其夜發夕至明而不寐饗而致之又從而思之者申明發之意既設繹祭之饗而致於神其夜又從而思之也又曰知祭之明日謂繹日也者案宣八年經月辛巳有事于大廟仲遂卒于垂壬午猶繹是繹之明日爲繹也云二人謂父母容尸侑也者祭以念親故二人謂父母有司徹上大

0015_0021-1

夫儐尸別立一人爲侑以助尸似鄉飲酒禮介之副賓也繹祭與儐尸同故知二人容尸與侑也○祭義

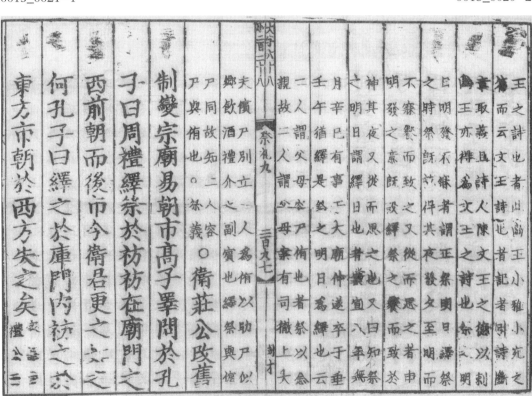

○衛莊公改舊制變宗廟易朝市高子臯問於孔子曰周禮繹祭於祊祊在廟門之西前朝而後市今衛君更之如之何孔子曰繹之於庫門內祊之於東方市朝於西方失之矣家語三禮公三

0015_0021-2

六　問

䱷人春獻王鮪 獻音…鮪之大者月…

薦…一…疏曰謂季春二… 鮪…三王鮪鮪之大者云獻薦…

之以故鄭注月令云薦鮪於寢廟… 魚之法歲有五案月令孟春云獺祭魚…

此以得取一也季春云薦鮪於寢廟 此引者二也又案䱷人云秋獻龜魚

三也王制云獺祭魚然後虞人入澤梁 與孝經緯援神契云陰用事木葉落獺

祭魚同時是十月取魚四也獺則春冬 二時祭魚也案潜詩云季冬薦魚與月

令季冬漁人始漁同五也是一歲三時 五取魚唯夏不取案魯語云宣公夏濫

大廿/小三百四十八　祭礼九　三百九八　刘才

0015_0022-1

於泗淵以其非時里 革諫之乃止○天官

○仲春天子乃鮮羔開冰先薦寢廟 鮮當為獻聲之誤也獻羔謂祭司寒

也祭司寒而出冰薦於宗廟乃後賦之 春秋傳曰古者日在北陸而藏冰西陸

朝覿而出之其藏冰也深山窮谷固陰 沍寒於是乎取之其出之也朝之祿位

賓食喪祭於是乎用之其藏之也黑牡 秬黍以享司寒其出之也桃弧棘矢以

除其災其出入也時食肉之祿冰皆與 大夫命婦喪浴用冰祭寒而藏之獻羔

0015_0022-2

焉而皆之公始用之火出而畢賦自命 夫命婦至于老疾無不受冰…沍…故

反朝直遙反秬音巨與音預○疏曰鮮 當為獻者案詩豳風七月云四之日其

蚤獻羔祭韭故知鮮為獻也云獻羔謂 祭司寒者以經云獻羔啓冰先薦寢廟

恐是獻羔與廟故云祭司寒左傳亦云 獻羔而啓之知祭司寒者以彼云祭寒

而藏之既祭司寒明啓時亦祭之云薦 於宗廟乃後賦之者鄭答…謂仲春

也乃後賦之謂二月夏也故夏人云夏頒 冰左傳云火出而畢賦是也引春秋傳

曰古者昭四年左傳申豐之辭也從古者 以至無不受冰皆左傳之文也案昭四年

四三　仪祭礼九　百九十六

0015_0023-1

春大雨雹季武子問於申豐申豐對以 此辭云日在北陸者北陸虛也謂十二

月日在虛之時而藏冰云西陸朝覿而 出之者西陸昴也鄭康成以為四月之

時日在昴畢之星朝見東方於時出冰 以須賜百官若其初出薦廟時在二月

是也云固陰沍寒者杜預注沍閉也謂 此固之陰閉塞不通陽之氣於其取之

云朝之祿位賓食喪祭於是乎用之者 朝之祿位謂大夫已上故下云命夫命

婦無不受冰是也賓謂接迎賓客食謂 尋常飲食喪謂死喪祭謂祭祀云黑牡

秬黍者以其祭水神色尚黑云桃弧棘 矢者排去不祥棘則刺…

0015_0023-2

□者黍謂司寒之神則玄冥水神□爲黑牡秬黍黑牡則黑羔云獻羔而啓之者獻羔則黑牡也亦用秬黍啓之謂二月時也故云公始用之云火出而畢賦者畢盡也謂應是得冰之人無問尊卑盡賦與之案左傳云火出於夏爲三月於商爲四月於周爲五月則火出季春建辰之月以周禮夏頒冰乃建巳之月不同者但建辰火星在卯火星始出至建巳火星漸高揔而言之亦得稱火出早則三月之末晚則四月之初不甚相遠又三月內有得四月節時故據夏而言之案月令季冬藏冰詩豳風三之日納于凌陰三之日是建寅之月不

0015_0024-1

同者鄭注豳地晚寒所以校一月也○季春天子始乘舟薦鮪于寢廟鮪于軌反○進時美物○疏曰案爾雅釋魚云鮥鮇鮪郭景純云似鱣而小建平人呼鮥子一本云王鮪似鱣口在頷下音義云大者爲王鮪小者爲鮇鮪似鱣長鼻體無鱗甲○孟夏天子乃以彘嘗麥先薦寢廟麥之新氣尤盛以彘食之散其熟也彘水畜○仲夏天子乃以雛嘗黍羞以含桃先薦寢廟此嘗雛也而云以嘗黍不以牲主穀也必以黍

0015_0024-2

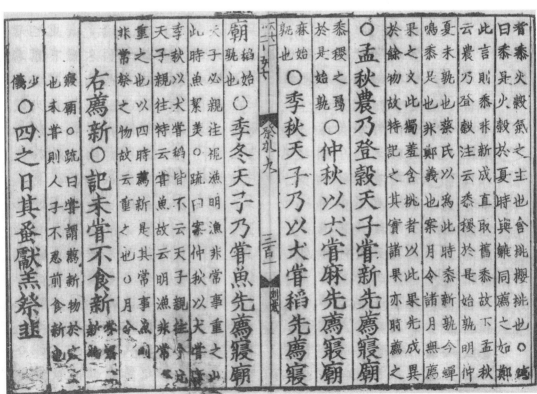

者黍火穀氣之主也含桃櫻桃也○鴳曰黍是火穀於夏時與雛同薦之如鄭此言則黍非新成直取舊黍故下孟秋云農乃登穀注云黍稷於是始熟明仲夏未熟也蔡氏以爲此時黍新熟今蟬鳴黍是也非鄭義也案月令諸月無薦果之文此獨羞含桃者以此果先成異於餘物故特記之其實諸果亦時薦之○孟秋農乃登穀天子嘗新先薦寢廟黍稷之屬於是始熟○仲秋以犬嘗麻先薦寢廟麻始熟也○季秋天子乃以犬嘗稻先薦寢

0015_0025-1

廟稻始熟也○季冬天子乃嘗魚先薦寢廟天子必親往視漁明漁非常事重之也此時魚絜美○疏曰案仲秋以犬嘗麻季秋以犬嘗稻皆不云天子親往今此天子親往特云嘗魚故云明漁非常重之也以四時薦新是其常事魚則非常祭之物故云重之也○月令

右薦新○記未嘗不食新[illegible]

寢廟○疏曰嘗謂薦新物於寢廟也未嘗則人子不忍前食新也

少儀

○四之日其蚤獻羔祭韭

0015_0025-2

大史正歲年以序事頒之于官府及都鄙

中數曰歲朔數曰年中朔大小不齊正之以閏若今時作曆日矣定四時以次序受民時之事春秋傳曰閏以正時時以作事事以厚生生民之本於是乎在○䟽曰云正歲年者謂造歷正歲年以閏則四時有次序依歷授民以事故云以序事也云頒之于官府及都鄙者官府據在朝都鄙據三等采地先近及遠故先言官府次言都鄙下乃言邦国又曰云中數曰歲朔數曰年者一年之内有二十四氣正月立春節啓蟄中二月雨水節春分中三月清明節穀雨

祭礼九　三百二

0015_0026-1

中四月立夏節小滿中五月芒種節夏至中六月小暑節大暑中七月立秋節處暑中八月白露節秋分中九月寒露節霜降中十月立冬節小雪中十一月大雪節冬至中十二月小寒節大寒中皆節氣在前中氣在後節氣一名朔氣朔氣在晦則後月閏因中氣在朔則前月閏節氣有入前月法中氣無入前月法中氣帀則爲歲朔氣帀則爲年假令十二月中氣在晦則閏十二月十六日得後正月立春節此即朔數曰年至後年正月一日得啓蟄中此中氣曰　此即是中數曰歲云中朔大小不齊正之閏者周天三百六十五度四分度之一日一

0015_0026-2

日行一度月一日行十三度[illegible]之七二十四氣通閏分之一[illegible]日二十四氣分得三百六十[illegible]度四分度之一一度[illegible]分爲三十二[illegible]度爲百六十四分度之一者[illegible]分通前爲百六十八分二十四[illegible]不氣得十六分若然二十四氣氣有十[illegible]日七分五氣得三十五分取二十二分爲一日餘三分推入後氣即有十[illegible]氣一十五日七分者故云中數大小不齊正之以閏者月有大小一年三百三十四日而已自餘仍有十一日是以三十三月已後中氣有晦不置閏則中氣入後月故須置閏以補之故云正之以閏

祭礼九　三百三

0015_0027-1

是以云若今時作曆日矣云定四時以次序者堯典以閏月定四時解經中序故云定四時以次序云授民時之事者亦取堯典敬授民時解經中事春秋傳曰者文公六年冬閏月不告朔非禮也閏以正時時以作事事以厚生生民之道於是乎在矣不告閏朔棄時正也何以爲民彼譏文公不告閏朔引之者證閏歲年之事也

頒告朔于邦國

注天子班朔于諸侯諸侯藏之祖廟至朔朝于廟告而受行之鄭司農云頒讀爲班班布也以十二月朔布告天下諸侯故春秋傳曰不書日官失之也○䟽曰鄭云天子班朔於諸侯諸侯

藏之於祖廟者案禮記王藻諸侯皮弁聽朔於太祖太祖即祖廟也至朔朝於廟告而受行之者諸侯約天子故縣之於中門匝日斂之藏之於祖廟月月用羊告而受行之此經及論語稱告朔王藻謂之聽朔春秋謂之視朔視者人君入廟視之告者使有司讀祝以言之聽者聽治一月政令所從言之異耳鄭司農以十二月朔布告天下諸侯者言朔者以十二月曆及政令若月令之書但以受行號之爲朔故春秋傳曰者還是桓十七年傳文春秋之義天子班曆於諸侯日食書日不班曆於諸侯則不書日其不書日者猶天子日官失之不班

曆引之證經天子有班告朔之事○春官

○天子玄端聽朔於南門之外閏月則闔門左扉立于其中

端當爲冕字之誤也玄衣而冕冕服之下南門謂國門也天子廟及路寢皆如明堂制明堂在國之陽每月就其時之堂而聽朔焉卒事反宿路寢亦如之閏月非常月也聽其朔於明堂門中還處路寢門終月凡聽朔必以特牲告其帝及神配以文王武王○疏曰知端當爲冕者凡衣服皮弁尊次以諸侯之朝服次以玄端案下諸侯皮弁聽朔朝服視朝是視朝之服是於聽朔今天子皮弁視朝若玄端聽朔則是聽朔之服卑於視朝與諸侯不類且聽朔大視朝小故知端當爲冕謂玄冕也是冕服之下云南門謂國門者孝經緯云明堂在國之陽又異義淳于登說明堂在三里之外七里之內故知南門亦謂國城南門也云天子廟及路寢皆如明堂制者案考工記云夏后氏世室鄭注云謂宗廟殷人重屋注云謂正寢也周人明堂鄭云三代各舉其一明其制同也又案書亦云宗廟路寢明堂其制同又案明堂位大廟天子明堂魯之太廟如明堂則知天子大廟亦如明堂也然大廟路寢既如明堂則路寢之制上有五室不得有房而顧命有東房西房又鄭注樂記云文王之廟爲明堂制案覲禮朝諸侯在文王廟而記云凡侯于東箱者鄭荅趙商云成王崩時在西都文王遷鄷鎬作靈臺辟廱而已其餘猶諸侯制度焉故知此喪禮設衣物有夾有房也周公攝政制禮作樂乃立明堂於王城如鄭此言是成王崩時路寢猶如諸侯之制故有左右房也覲禮有文王之廟而記云凡侯于東箱者是記人之誤耳或可文王之廟不如明堂制但有東房西房故魯之大廟如文王廟明堂位云君卷冕立于阼夫人副褘立于房中是也樂記注稱文王之廟如明堂制有制

兩本勾玦第三百五葉今據張本補抄

0015_0030-1　0015_0029-2

字者誤也然西都宮室旣如諸侯制案
[redacted]斯干云西南其户箋云路寢制如明
堂是宣王之時旣在鎬京而云路寢制
如明堂則西都宮室如明堂也故張逸
疑而致問鄭荅之云周公制于土中洛
誥云王入大室祼是顧命成王崩於鎬
京承先王宮室耳宣王承亂又不能如
周公之制如鄭此言則成王崩時因先
王舊宮室至康王已後所營依天子制
度至宣王之時承亂之後所營宮室還
依天子制度洛寢如明堂也不復能如
周公之時先王之宮室也君然宣王之
後路寢制如明堂案詩王風右招我由
房鄭荅張逸云路寢房中所用男子而

路寢又有左右房者劉氏云謂路寢下
之燕寢故有房也能氏云平王微弱路
寢不復如明堂也其義明堂制合禮戴
說禮盛德記曰明堂位自古有之凡有
九室室有四户八牖三十六户七十二
[redacted]以草蓋屋上圓下方所以朝諸侯其
外名曰辟廱明堂月令書說云明堂高
三丈東西九仞南北七筵上圓下方四
堂十二室室四户八牖宮方三百步在
近郊三十里講學大夫淳于登說明堂
在國之陽丙巳之地三里之外七里之
內而祀之就陽位上圓下方八窓四闥
布政之宮周公祀以主於明堂以紀上
帝上帝五精之帝大微之庭中有五帝

0015_0031-1　0015_0030-2

座星其古周禮孝經說明堂文王之廟
夏后氏世室殷人重屋周人明堂東西
九筵筵九尺南北七筵堂崇一筵五室
凡室二筵蓋之以茅謹案今禮古禮各
以其義說無明文以知之玄之聞也禮
戴所云雖出盛德記及其下顯與本異
章九室三十六户七十二牖似秦相呂
不韋作春秋時說者所益非古制也四
堂十二室字誤本書云九堂十二室淳
于登之言取義於援神契援神契說宗
祀文王於明堂以配上帝曰明堂者上
圓下方八窓四闥布政之宮在國之陽
帝者諦也象上可承五精之神五精之
神實在大微於辰爲巳是以登云然今

說立明堂於丙巳由此爲也水木用事
交於東北木火用事交於東南火土用
事交於中央金土用事交於西南金水
用事交於西北周人明堂五室帝一室
合於數如鄭此言是明堂用淳于登之
說禮戴說而明堂辟廱是一古周禮孝
經說以明堂爲文王廟又僖五年公旣
視朔遂登觀臺服氏云人君入大廟視
朔告朔天子曰靈臺諸侯曰觀臺在明
堂之中又文二年服氏云明堂祖廟並
與鄭說不同者案王制云小學在公宮
南之左大學在郊又云天子曰辟廱辟
廱是學也不得與明堂同爲一物又天
子宗廟在雉門之外孝經緯云明堂在

0015_0032-1　　0015_0031-2

[illegible]陽又此云聽朔於南門之外是[illegible]
堂與祖廟別處不得爲一也孟子云[illegible]
宣王問曰人皆謂我毀明堂孟子對曰
夫明堂者王者之堂也王欲行王政則
勿毀之矣是王者有明堂諸侯以下[illegible]
有廟又知明堂非廟也以此故鄭皆[illegible]
畢具於鄭駁異義也云每月就其時之
堂而聽朔焉者月令孟春居青陽左个
仲春居青陽大廟季春居青陽右个以
下所居各有其處是每月就其時之堂
也云卒事反宿路寢亦如之者路寢[illegible]
與明堂同制故知反居路寢亦如明[illegible]
每月異所反居路寢謂視朔之一日也
其餘日即在燕寢視朝則恒在路門[illegible]

祭禮九　三百八

也云閏月非常月也者案文六年云閏
月不告月猶朝于廟公羊云不告月者[illegible]
何不告朔也曷爲不告朔天無是月[illegible]
閏月矣何以謂之天無是月是月非常[illegible]
月也何休云不言朔者閏月無告朔[illegible]
也穀梁之義與公羊同左氏則閏月[illegible]
告朔案異義公羊穀梁說每月告朔朝廟[illegible]
于閏月不以朝者[illegible]殘餘分之[illegible]
無正故不以朝經書閏月猶朝廟譏之
左氏說閏以正時時以作事事以厚[illegible]
生民之道於是乎在不告閏朔棄時政[illegible]
也許君謹案從左氏說不顯朔朝廟[illegible]
之異謂朝廟而因告朔故鄭莫駁之[illegible]
與以閏月定四時成歲閏月當告朔[illegible]

0015_0033-1　　0015_0032-2

云說者不本於經所譏者異其是與非
皆謂朝廟而因告朔似俱失之朝廟之
經在文六年冬閏月不告月猶朝於廟
辭與宣三年春郊牛之口傷改卜牛牛
死乃不郊猶三望同言猶者告朔然後
當朝廟郊然後當三望今廢其大存其
細是以加猶譏之論語曰子貢欲去告
朔之餼羊周禮有朝享之禮祭然則告
朔與朝廟祭異亦明矣如此言從左氏
說又以先告朔而後朝廟鄭以公羊閏
月不告朔爲非以左氏告朔爲是二傳
皆以先朝廟而因告朔二者皆失故鄭
云其是與非皆謂朝廟而因告朔俱失
之也鄭必知告朔與朝廟異者案天子

祭禮九　三百九

告朔於明堂其朝享從祖廟下至考廟
故祭法云曰考廟曰王考廟皆月祭之
是也又諸侯告朔在大廟而朝享自皇
考至考故祭法云諸侯自皇考以下皆
月祭之是告朔與朝廟不同又天子告
朔以特牛諸侯告朔以羊其朝享各依
四時常禮故用大牢故司尊彝朝享之
祭用虎彝蜼彝大尊山尊之等是其別
也云聽其朔於明堂門中還處路寢門
終月者以閏非常月無恒居之處故在
明堂門中案大史云閏月詔王居門終
月是還處路寢門終月謂終竟一月所
聽之事於一月中耳於尋常則居燕寢
也故鄭注大史云於文王在門謂之閏

0014_0560-2

□云明堂有四門即路寢亦有四門閏□月聽朔於明堂門反居路寢門皇
聽朔必以特牲告其帝及神配以文王月各居其時當方之門義或然也云凡
武三者論語云告朔之餼羊注云天子特牛與以其告朔禮略故用特牛案月
令每月云其帝其神故知告帝及神以其在明堂之中故知配以文王武王之
上亦在明堂以汎配五帝或以武王配五神於下其義非也
諸侯皮弁以聽朔於太廟
皮弁下天子也○疏曰以天子用玄冕諸侯用皮弁故云下天子也此諸侯聽朔於大廟熊氏云周之天子于洛邑立明

0014_0561-1

堂惟大享帝就洛邑耳其每月聽朔當在文王廟也以文王廟爲明堂制故也
此聽朔於六廟穀梁傳云諸侯受乎禰廟與禮乖非也凡每月以朔告神謂之
告朔即論語云告朔之餼羊是也則子特聽治此月朔之事謂之聽朔此玉藻
文是也聽朔又謂之視朔文十六年公四不視朔是也告朔又謂之告月文
六年閏月不告月是也行此禮天子於明堂諸侯於大祖廟訖然後祭於諸廟
謂之朝享司尊彝云朝享是也又謂之朝廟文六年云猶朝于廟是也又謂之
朝正襄二十九年釋不朝正于廟是也又謂之月祭祭法云皆月祭之是也

0015_0034-2

玉藻

右告朔○傳季康子朝服以縞曾
子問於孔子曰禮乎孔子曰諸侯
皮弁以告朔然後服之以視朝若
此禮者也家語○文公六年閏月不
告月猶朝于廟
諸侯每月必告朔聽政因朝宗廟文公以閏非常月故闕不告朔怠慢政事雖朝于廟則如勿朝故曰猶

0015_0035-1

猶者可止之辭不告月月或作朔誤也告朔本或作告月○疏曰周
禮大史頒告朔于邦國鄭玄云天子頒朔于諸侯諸侯藏之祖廟至
朔朝于廟告而受行之論語云子貢欲去告朔之餼羊是用特羊告
於廟謂之告朔人君即以此日聽視此朔之政謂之視朔十六年公
四不視朔僖五年傳曰公既視朔是也視朔者聽治此月之政亦謂
之聽朔玉藻云天子聽朔於南門之外是也其日又以禮祭於宗廟
謂之朝廟周禮謂之朝享司尊彝云追享朝享是也其歲首爲之則

0015_0035-2

□□殺二十九年正月公在
楚傳曰釋不朝正于廟是也告朔
視朔聽朔朝廟朝享朝正二禮各
有三名同日而為之也文公以閏
非常月故闕不告朔告朔之禮大
朝廟之禮小文公怠慢政事既不
告朔雖朝于廟則如勿朝故書猶
朝于廟言猶以譏之必於月朔為
此告朔聽朔之禮者釋例曰人君
者設官分職以為民極遠細事以
全委任之責繼諸下以盡知力之
用總成敗以效能否執八柄以明
誅賞故自非機事皆委心焉誠信
足以相感事實盡而不擁故受位

0015_0036-1

居職者思効忠善日夜自進而無
所顧忌也天下之細事無數一日
二日萬端人君之明有所不照人
君之力有所不堪則不得不借問
近習有時而用之如此則六卿六
遂之長雖躬履此事躬造此官當
皆移聽於內官廻心於左右政之
粃亂恒必由此聖人知其不可故
簡其節敬其事因月朔朝遷坐正
位會群吏而聽大政考其所行而
□決其煩疑非徒議將然也乃所以
□已然又頒其赦聽之亂公也故
□禁以斷之是以上下交泰官人
□理萬民以察天下以治也文公

0015_0036-2

謂閏非常月緣以闕禮傳因所闕
而明言典制雖朝于廟則如勿朝
故經稱猶朝于廟也經稱告月傳
言告朔明告月必以朔也每月之
朔必朝於廟因聽政事事敬而禮
成故告以特羊然則朝廟朝正告
朔視朔皆同日之事所從言之異
耳是言聽朔朝廟之義也玉藻說
天子之禮云聽朔於南門之外諸
侯皮弁聽朔於大廟鄭玄以為明
堂在國之陽南門之外謂明堂也
諸侯告朔以特羊則天子以特牛
與天子用特牛告其帝及其神配
以文王武王諸侯用特羊告大祖

0015_0037-1

而已杜以明堂與祖廟為一但明
堂是祭天之處天子告朔雖杜之
義亦應告人帝朝享即月祭是也
祭法云王立七廟曰考廟曰王考廟
皇考廟顯考廟祖考廟皆月祭之
二祧享嘗乃止諸侯立五廟曰考
廟王考廟皇考廟皆月祭之顯考
廟祖考廟享嘗乃止然則天子告
朔於明堂朝享於五廟諸侯告朔
於大廟朝享自皇考以下三廟耳
皆先告朔後朝廟朝廟小於告朔
文公廢其大而行其小故云猶朝
于廟公羊傳曰猶者可止之辭也
天子玄冕以視朔皮弁以日視朝

0015_0037-2

諸侯皮弁以聽朔朝服以日視朝其閏月則聽朔於明堂闔門左扉立於其中聽政於路寢門終月故於文王在門爲閏左氏曰閏月不告朔非禮也經稱告月傳稱告朔明告月必以朔閏以正時四時漸差則致閏以正之時以作事順時命事事以厚生事不失時則年豐生民之道於是乎在矣不告閏朔弃時政也何以爲民爲民如字治也或音于僞反非

0015_0038-1

也○穀梁子曰不告月者不告朔也禮天子以十二月朔政班告于諸侯諸侯受於禰廟孝子尊事先君不敢自專也言朝者緣生以事死親存朝朝暮夕不敢泄鬼神畢感月始而朝之○疏曰周夫班告朔于邦国鄭玄云天子頒朔於諸侯諸侯藏之祖廟至朔月朝於廟告而受行之論語云子貢欲去告朔之餼羊是告朔用特羊告廟鄭云祖廟苑言禰廟者以無正文各以意說或祖或禰通言之耳何休亦云藏於太祖廟每

0015_0038-2

月朔朝廟使大夫南面奉天子命君北面而受之是亦受政之事也凡告朔之禮因聽視此月之政故謂之視朔謂之聽朔也其朝廟之禮孝子緣生以事死因告朔在廟故感月始而亦享祭宗廟故亦謂之朝享其歲首謂之朝正也據王藻及祭法之文則天子聽朔於明堂朝享自祖考以下五廟諸侯則聽朔於太廟朝享自皇考以下三廟也公羊傳稱閏月曷爲不告朔天無是月也閏月矣何以謂之天是無月非常月也此傳云閏月者附月之餘日也天子不以告朔而

0015_0039-1

喪事不數公羊穀梁皆以爲閏月不合告朔左氏傳云不告閏朔棄時政也何以爲民[redacted]則閏月當告朔與二傳異也案哀五年閏月葬齊景公公羊傳意以爲并閏此傳云喪事不數也者閏月不告朔二傳雖同其於喪事數與不數其意又異也范氏別例云書不告朔有三皆所以示譏耳則此文一也公四不視朔二也襄二十九年公在楚三也公既在楚則是不告朔故亦以爲一注又云不敢泄鬼神解生則朝朝暮夕死則每月始朝之意也不告朔則何

0015_0040-1　　0015_0039-2

爲不言朔也閏月者附月之餘日

也積分而成於月者也一歲三百六十日餘

六日又有小月六積五歲得六十日而再閏積聚月之餘分以成此

月○疏曰十今爲歷者皆云周天有三百六十五度四分度之一日

而行天一日一夜行一度故謂一度爲一日一歲十二月唯有三百

六十日是餘五日四分日之一也又月一大一小則一年之閒又有

六日井言之則一歲有十二日故積五歲得六十日此皆大率而言

大四二　小一六八　祭禮九　三十

其實一年不得有十二日蓋不如歷法細計之故云五歲得六十日

也天子不以告朔而喪事不數也

閏是叢殘之數非月之正故吉凶大事皆不用也猶之爲

言可以已也鄭注後三望告朔然後鄭甯俱言猶義相

類也既發其大而行其細故識之○疏曰重發傳者前爲三望發此

是朝廟嫌異故重明之兒例猶有五等發傳者三傳三十一年猶三

望獨發傳者據始也宜三年不發傳若從例也哉亡年亦下發傳者

0015_0041-1　　0015_0040-2

例可知也此……與三望異也宜八年之……

非得不廢禮又……朝廟禮異故也

曷爲不告朔據僖月也天無……

矣何以謂之天無是月非

也所在無常故無政也猶者何通可以

也者因視朔政爾無政而朔猶不言朔者閏月無告朔禮

也不言公者內事可知○疏曰欲道下十六年夏五月公四不視朔

大五二　二五九　儀祭禮九　三十七

言公矣故解之○文公十六年夏五月公

四不視朔諸侯每月必告朔聽政因朝於廟今公以疾闕

不得視二月三月四月五月朔也春秋十二公以疾不視朔非一也

義無所取故特舉此以表行事因明公之實有疾非詐齊○疏曰天

子頒朔於諸侯諸侯受而藏之於祖廟每月之朔以特羊告廟受而

施行之遂聽治此月之政謂之視朔因以其日又以朝享之禮祭

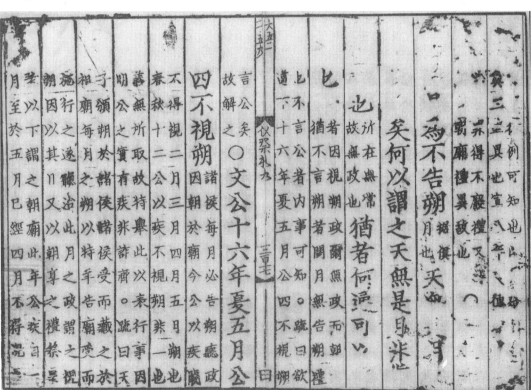

經以下謂之朝廟此年公疾自二月至於五月已經四月不得視

0015_0041-2

故書公四不視朔傳稱正月及齊平公有疾使季文子會齊侯則是月公初疾不得視二月朔至五月而四故知不不得視二月三月四月五月朔也春秋十二公二百四十二年計有三千餘月公以疾不視朔當非一也餘皆不書而此獨書者公身有疾不得視朔國事不廢義無所取因此齊侯疑公誠特舉此以表行事餘皆從可知也釋例曰魯之群公以疾不視朔多矣因有事而見一比猶釋不朝正之義是其事也又於時齊侯不信公實有疾書此者凡明公實有疾非

0015_0042-1

詐齊也史之所書嘗書其始不於二月書之而以五月書者二月公始有疾未知來月瘳否不得豫書其數至六月公瘳乃積前數之闕故以五月書四也昭二十一年公如晉至河有疾乃復彼書有疾此不言有疾者在道而還容有他故昭十二年十三年公如晉至河乃復幷爲晉人辭公而還非爲疾也故須言有疾以辯之公不視朔唯有候耳無所分辯故不書疾也告朔謂告於祖廟視朔謂聽治月政視朔由公疾而廢其告朔或有司告之不必廢也論語云子貢欲去

0015_0042-2

告朔之餼羊必是廢其禮而羊蓋從是以後更有不告朔者故去其羊耳六年閏月不告月書以譏之在後若不告朔不復書者蓋以閏月不告其譏已明故於後不復譏之閔二年吉禘于莊公已譏其速文二年大事于大廟不復譏之當亦如彼之類不重譏也

○左氏曰疾也○穀梁子曰天子告朔于諸侯諸侯受乎禰廟禮也

每月天子以朔政班于諸侯諸侯受而納之禰廟告廟以羊今公自

0015_0043-1

二月不視朔至于五月是後視朔之禮遂廢故子貢欲去其羊○疏曰三朝記云周衰天子不班朔于天下此云班朔者彼據周末全不能頒之此時尚或班或不班故三傳云以公爲厭政以甚矣范云天子班朔而公不視是也知是二月不視朔至五月者以經書五月公四不視朔若從五月以後數之則公或視或不視何得預言四不月[illegible][illegible][illegible]二月至五月爲四也文云[illegible][illegible][illegible]之禮遂廢而經直云公四[illegible][illegible]朔者左氏以爲此獨書公[illegible]不視朔者以表公實有疾非謂

0015_0043-2

齊也公羊爲此公有疾猶可言也疾則不可言穀梁文雖不明蓋從此一譏之惡此見其餘不復譏也公四不視朔公不臣也以公爲厭政以甚矣天子班朔而公不視是不臣○公羊子曰公曷爲四不視朔据無事也公有疾也以不諱舉公知有疾公有疾乃後舉公是也。䟽曰公有疾乃後舉公是也者即昭二十三年冬公如晉至河公有疾乃復是也何言乎公有

0015_0044-1

疾不視朔据有疾無惡也。䟽曰据有疾無惡也者即昭二十三年傳云何言乎公有疾乃復殺恥也者是也自是公無疾不視朔也有疾無惡不當書又不言有疾者欲起公自是無疾不視朔也。䟽曰云公自是無疾不視朔也者即鄭氏云魯自文公四不視朔視朔之禮以後遂廢者正取此文也然則曷爲不言公無疾不視朔有疾猶可言也無疾不可言也言無疾大惡不

0015_0044-2

可言也是後公不復視朔政事委任公子遂○襄公二十九年春王正月公在楚釋不朝正于廟也釋解也告廟在楚解公所以不朝正。䟽曰公本在國每月之朔常以朝享之禮親自祭廟今以在外之故闕於此禮國之守臣於此朔乃告廟云公在楚史官因書於策傳解其告廟之意告云公在楚者解釋公所以不得親自朝正也。春秋左氏傳○子貢欲去告朔之餼羊去起呂反告古

0015_0045-1

篤反餼許氣反。告朔之禮古者天子常以季冬頒來歲十二月之朔于諸侯諸侯受而藏之祖廟月朔則以特羊告廟請而行之餼生牲也魯自文公始不視朔而有司猶供此羊故子貢欲去之子曰賜也爾愛其羊我愛其禮愛猶惜也子貢蓋惜其無實而妄費然禮雖費羊有猶得以識之而可復焉若并去其羊則此禮遂亡矣孔子所以惜之。楊氏曰告朔諸侯所以稟命於君親禮之大者魯不視朔矣然羊存則告朔之名未泯而其

[illegible]可舉此夫子所以譏之也。論語八佾

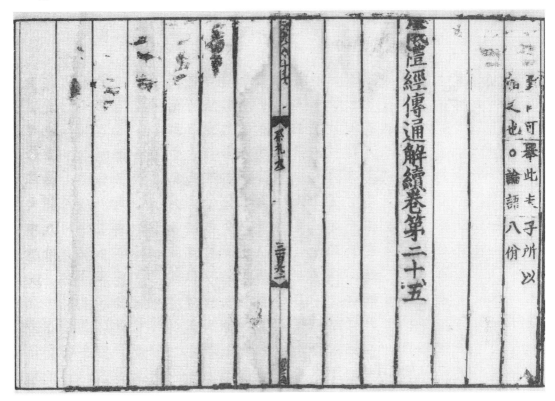

儀禮經傳通解續卷第二十五

祭禮九

0015_0049-2

儀禮經傳通解續卷第二十六

因事之祭　祭禮十

小宗伯國大貞則奉玉帛以詔號號神號幣號鄭司農云大貞謂卜立君卜大封○疏曰此國大貞則大卜職云凡國大貞卜立君卜大遷之等視高作龜者是也又曰此言卜事而云神號者案大祝有神號幣號又案下天府職云季冬陳玉以貞來歲之媺惡鄭云問事之正曰貞謂問於龜大卜職大貞之屬陳玉陳禮神之玉龜有天地四方則玉有六器者與此既

0015_0050-1

言玉帛明亦有六幣以禮神也先鄭云大貞謂卜立君卜大封大卜文不言大遷者引文略也○春官

○大祝建邦國先告后土用牲幣后土社神也○疏曰案大宗伯王大封則先告后土注云后土土神土神則社神也案孝經緯云社者五土之摠神郊特牲云社祭土而主陰氣故名社爲土神又句龍生爲后土之官死則配社故舉配食之神以言社其實告社神也以其建邦國上地之事故先告后土雖告祭非常有牲有幣禮動不虛故

禁督逆祀命者督正也正王之所命諸侯之所祀有

0015_0051-1

0015_0050-2

違者則刑罰焉○疏曰王者有命命諸侯祭祀之事不使上僭下逼謂之禮若有違者即謂之逆命大祝掌鬼神之官故禁正逆祀命也又曰經直云禁督逆祀命鄭以諸侯解之者承上建邦國故知據諸侯云有逆者則刑罰焉者大祝主諸侯逆祀告上與之刑罰不得自施刑罰

頒祭號于邦國都鄙祭號六號○疏曰邦國謂畿外諸侯都鄙畿內三等采地大祝亦祭號故大祝頒之六號之中兼有人地諸侯不得祭天地而鄭云祭號六號鄭據大祝掌六號據上成文而言魯與二王之後得祭所感帝兼有神號○同上

○大宗伯王大封則先告后土后土土神也黎所食者○疏曰大封謂若與命公八命卿六命大夫四命其出封皆加一等是其大封之事對封公卿大夫爲采邑者爲小封云則先告后土者封是土地之事故先以禮告后土神然後封之也注云后土土神也黎所食者言后土有二若五行之官東方木官勾芒中央土官后土此等后土土官也黎爲祝融兼后上故云黎所食者若左氏傳云君戴皇天而覆后土彼爲后土神與此后土同也若勾龍生爲后土官死配社即以社爲后土其實社是五土摠神非后[illegible]

0015_0051-2

后土配社食世人因名社爲后土耳此注本無言后土社寫者見孝經及諸文注多言社后土因爲此云后土社故鄭答趙商云句龍本后土後遷爲社王夫對先告后土玄云后土土神不言后土社也鄭又答田瓊云后土古之官名死爲社而祭之故曰后土社句龍爲后官名轉爲社故人謂爲后土無可怪此后土不得爲社者聖人大平制禮豈可以世人之言著大典明后土土神不得爲社也

乃頒祀于邦國都家鄉邑

頒讀爲班班其所當祀及其禮都家之鄉邑謂王子弟及公卿大夫所食采地○疏曰云頒讀

祭禮十　三

0015_0052-1

爲班者鄭於一禮所以頒皆讀爲班班謂布也云班其所當祀及其禮者但名數既班其祀明亦班禮與之故連言也班禮謂若諸侯不得祭天地社稷宗廟五祀之等二王後得郊天[illegible]仍不得祭地大都亦與諸侯同其禮者若獻尸上公九侯伯七子男五皆七班之屬是也其小都與家則依大夫之獻亦大牢也云都家之鄉邑謂王子弟以下者鄭恐經鄉邑六鄉六遂采邑畿內鄉邑故以明之謂都家之中鄉邑耳其都家之內鄉邑未必一如六卿六遂家數但采邑之內亦有二十五家爲里以上以相統領故

0015_0052-2

[illegible]之內國有革車一乘士十人徒二人數如及家所之法即謂之鄉邑也王子弟皆受地跡分於大都小都家二凡其采地言及公卿大夫采地者考載師職公大都卿小大夫家邑也○春官

○內宰凡建國佐后立市祭之以陰禮

市朝者君所以建國也建朝者君面朝後市王立朝而后立市陰陽相成之義鄭司農云佐后立市者始又云后立之也祭之以陰禮者市中之社先后所立社也陰禮婦人之祭禮○[illegible]遷及○疏曰王者建國非定一所[illegible]遷謂若自契至湯八遷大王一遷

祭禮十　四

0015_0053-1

及文王遷豐武王遷鎬成王營洛皆是建國故云凡以該之也又曰云市朝者君所以建國也者謂建國必須有市朝故鄭即舉釋之建國者必面朝後市面朝後市乃冬官匠人文云王立朝者鄭三朝皆王立之也而后立市者即此文是也云陰陽相成之義者朝是陽王立之市是陰后立之獨陽不生獨陰不成故云陰陽相成之義也祭之以陰禮者市中之社先后所立故以陰禮爲市中之社亦先后所立社也○天子

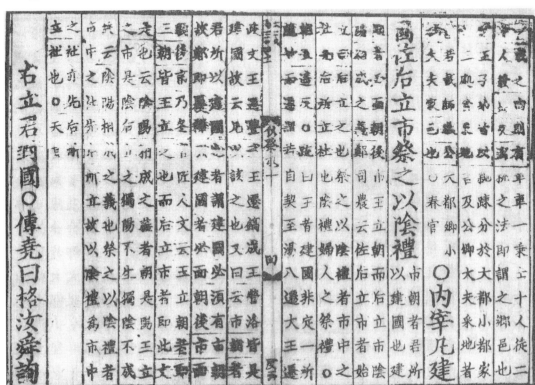

右立君[illegible]國○傳堯曰格汝舜詢

0015_0054-1　0015_0053-2

事考言乃言底可績三載汝陟位底之履反。格來詢謀乃汝底致陟升也。堯呼舜曰來汝所謀事我考汝言汝言致可以立功三年矣三載考績故命使升帝位將禪之。䟽曰格來釋言文詢謀陟升釋詁文底聲近致故爲致也經傳言汝多呼爲乃知乃汝義同凡事之始必先謀之後爲之堯呼舜曰來汝舜呼使前而與之言也汝所謀事我考汝言汝爲之事皆副汝所謀致可以立功於今三年矣從微得至此爲三年也君之馭臣必三年考績考既有功故使升帝位將禪之也鯀三考乃退此一考使升者鯀待三考冀其有成鯀成功乃黜爲殛刑之義舜既有成更無所待故一考即升之且大聖之事不可以常法論也若然禹貢兗州作十有三載乃同是禹治兗州之水乃積十有三年此始三年已言地平天成者鯀法云鯀障洪水而殛死禹能修鯀之功先儒爲鯀等皆以爲鯀既九年又加此三年爲十二年雖兗州未得盡平至明年乃畢八州已平一州未畢足以爲成功也舜讓于德

0015_0055-1　0015_0054-2

弗嗣辭讓于德不堪不能嗣成帝位正月上日受終于文祖正音政又音征後同。上日朔日也終謂堯終帝位之事文祖者堯文德之祖廟。䟽曰舜既讓而不許乃以堯禪之明年正月上日受堯終帝位之事於堯文祖之廟雖受堯命猶不自安又以璿爲璣以玉爲衡者是爲王者正天文之器也乃復察此璿璣玉衡以齊整天之日月五星七曜之政觀其齊與不齊齊則受之是也不齊則受之非也見七政皆齊知己受爲是遂行爲帝之事而以告攝事類祭於上帝祭昊天及五帝也又禋祭於六宗等尊卑之神望祭於名山大川五岳四瀆而又徧祭於山川丘陵墳衍古之聖賢之羣神以告已之受禪也告祭既畢乃斂公侯伯子男王等之瑞玉其圭與璧悉斂取之盡以正月之中乃日日見四岳及羣牧既而更班所斂五瑞於五等之羣后而與之更始見已受堯之禪行天子之事也又曰月之始日謂之朔日每月皆有朔日此是王月之朔故云上日言一歲日之上也下云元日亦然鄭玄以爲帝王易代莫

0015_0056-1　　0015_0055-2

不改正堯正建丑舜正建子此
未改堯正故云正月上日即位乃
改堯正故云月正元日故以異文
先儒王肅等以爲惟殷周改正易
民視聽自夏已上皆以建寅爲正
此篇二文不同史異辭耳孔意亦
然下云歲二月傳云既班瑞之明
月以此爲建寅之月也受終者堯
爲天子於此事終而授與舜故知
終謂堯終帝位之事終言堯終舜
始也禮有大事行之於廟況此是
事之大者知文祖者堯文德之祖
廟也下云歸格于藝祖藝文義同
知文祖是廟者咸有一德云七世

之廟可以觀德則天子七廟其親
遠堯之文祖蓋是堯始祖之廟不
知爲誰也帝繫及世本皆云黃帝
生玄囂玄囂生僑極僑極生帝嚳
帝嚳生堯即如彼言黃帝爲堯之
高祖黃帝以上不知復祭何人充
此七數況彼二書未必可
信堯之文祖不可強言

在璿璣玉衡以齊七政

璿音旋○在察也
璿美玉璣衡王者
正天文之器可運轉者七政日月
五星各異政舜察天文齊七政以
審己當天心與否○疏曰在察
詁文說文云璿美玉也三是大

0015_0057-1　　0015_0056-2

璿是玉之別稱璣衡俱以玉飾
交之立文不可以玉璣玉衡一
玉體一指玉名猶左傳云瓊弁玉
纓所以變其文傳以璿言玉名
云美玉其實玉衡亦美玉也易賁
卦彖云觀乎天文以察時變日
星宿運行於天是爲天之文也璣
衡者璣爲轉運衡爲橫簫運璣使
動於下以衡望之是王者正天文
之器漢世以來謂之渾天儀者是
也馬融云渾天儀可旋轉故曰璣
衡其橫簫所以視星宿也以璿爲
璣以玉爲衡蓋貴天象也蔡邕云
玉衡長八尺孔徑一寸下端望之

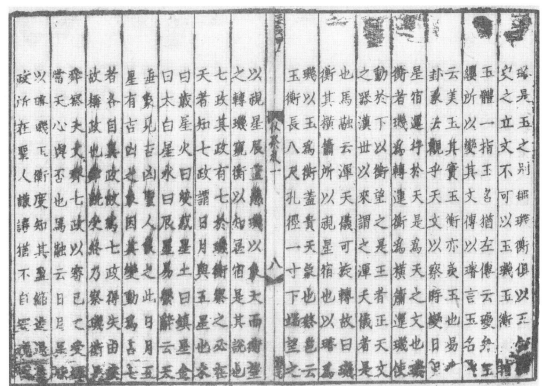

以視星辰蓋懸璣以象天而衡望
之轉璣窺衡以知星宿是其說也
七政其政有七於璣衡察之必在
天者知七政謂日月與五星也木
曰歲星火曰熒惑星土曰鎮星金
曰太白星水曰辰星易繫辭云天
垂象見吉凶聖人象之此日月五
星有吉凶之象因其變動爲占七
者各自異政故爲七政得失由政
故稱政也舜既受終乃察璣衡視其
舜察天文齊七政以審己之受禪
當天心與否也馬融云日月星皆
以璿璣玉衡度知其盈縮進退失
政所在聖人謙讓猶不自安視

0015_0058-1　0015_0057-2

璣玉衡明驗齊日月五星行度知其政是與否重審已之事也上天之體不可得知測天之事見於經者唯有此璿璣玉衡一事而已蔡邕天文志云言天體者有三家一曰周髀二曰宣夜三曰渾天宣夜絶無師說周髀術數具在考驗天象多所違失故史官不用惟渾天者近得其情今史所用候臺銅儀則其法也虞喜云宣明也夜幽也幽明之數其術兼之故曰宣夜但絶無師說不知其狀如何周髀之術以爲天似覆盆蓋以斗極爲中中高而四邊下日月旁行遶之日

祭礼十　九

近而見之爲晝日遠而不見爲夜渾天者以爲地在其中天周其外日月初登於天後入於地晝則日在地上夜則日入地下王蕃渾天說曰天之形狀似鳥卵天包地外猶卵之裹黄圓如彈丸故曰渾天言其形體渾渾然也其術以爲天半覆地上半在地下其天居地上見有一百八十二度半強地下亦然北極出地上三十六度南極入地下亦三十六度而嵩高正當天之中極南五十五度當嵩高之上又其南十二度爲夏至之日道又其南二十四度爲春秋分之日道

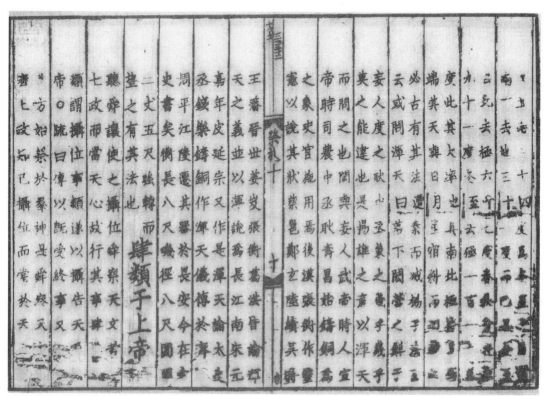

0015_0059-1　0015_0058-2

又其北二十四度爲冬至之日道南下去地三十一度而已是夏至日北去極六十七度春秋分去極九十一度冬至去極一百一十五度此其大率也其南北極持其兩端其天與日月星宿斜而迴轉此必古有其法遺秦而滅揚子法言云或問渾天曰落下閎營之鮮于妄人度之耿中丞象之幾乎幾乎莫之能違也是揚雄之言以渾天而問之也閎與妄人武帝時人宣帝時司農中丞耿壽昌始鑄銅爲之象史官施用焉後漢張衡作靈憲以說其狀蔡邕鄭玄陸績吳時

祭礼十　十

王蕃晉世姜岌張衡葛洪皆論渾天之義並以渾說爲長江南宋元嘉年皮延宗又作是渾天論太史丞錢樂鑄銅作渾天儀傳於齊梁周平江陵遷其器於長安今在太史書矣衡長八尺璣徑八尺圓周二丈五尺强轉而望之有其法也

肆類于上帝

[illegible]聽舜讓使之攝位舜察天文考七政而當天心故行其事肆[illegible]類謂攝位事類遂以攝告天帝○䟽曰傳以既受終事又[illegible]方始祭於羣神是舜終天齊七政知已攝位而嘗於天

0015_0059-2

行其天子之事也祭法云有天下者祭百神徧祭羣神是天子事也肆是縱緩之言此因前事而行祭事故以肆爲遂也類謂攝位事類旣知攝當天心遂以攝位事類告天帝也此類與下禋望相次當爲祭名詩云是類是禡周禮肆師云類造上帝王制云天子將出類乎上帝所言類者皆是祭天之事言以事類而祭也周禮小宗伯云天地之大烖類社稷則爲位是類之爲祭所及者廣而傳云類謂攝位事類者以攝位而告祭故類爲祭名周禮司服云王祀昊天上帝則

0015_0060-1

服大裘而冕祀五帝亦如之是昊天外更有五帝上帝可以兼之故以告天及五帝也鄭玄篤信讖緯以爲昊天上帝謂天皇大帝北辰之星也五帝謂靈威仰等太微宮中有五帝座星是也如鄭之言天神有六也家語云季康子問五帝之名孔子曰天有五行金木水火土分時化育以成萬物其神謂之五帝丁寬云五行之神助天理物者也孔意亦當然矣此經惟有祭天不言祭地及社稷必皆祭之但史略文耳

禋于六宗 禋音因。精意以享謂之禋宗尊也

0015_0060-2

所尊祭者其祀有六謂四時也寒暑也日也月也星也水旱也祭亦以攝告。疏曰國語云精意以享禋也釋詁云禋祭也孫炎曰禋絜敬之祭也周禮大宗伯云以禋祀祀昊天上帝以實柴祀日月星辰以槱燎祀司中司命風師雨師鄭云禋之言煙周人尚臭煙氣之臭聞者也鄭以禋祀之文在燎柴之上故以禋爲此解耳而洛誥云秬鬯二卣曰明禋又曰禋于文王武王又曰王賓殺禋咸格經傳之文此類多矣非燔柴祭之也知禋是精誠絜敬之名耳宗之爲尊常訓

0015_0061-1

也名曰六宗明是所尊祭者有六但不知六者爲何神耳祭法云埋少牢於大昭祭時相近於坎壇祭寒暑王宮祭日夜明祭月幽禜祭星雩禜祭水旱也據此言六宗彼祭六神故傳以彼六神謂此六宗必謂彼之所祭是此六宗者彼文上有祭天祭地下有山谷丘陵此六宗之文在上帝之下山川之上二者次第相類故知是此六宗王肅亦引彼文乃云禋于六宗此之謂矣鄭玄注彼云四時謂陰陽之神也然則陰陽寒暑水旱各自有神此言禋于六宗則六宗常禮也

0015_0062-1　0015_0061-2

禮無此文不知以何時祀之鄭以彼皆爲祈禱之祭則不可用鄭玄注以解此禮也覆世以來說六宗者多矣歐陽及大小夏侯說尚書皆云所祭者六上不謂天下不謂地旁不謂四方在六者之間助陰陽變化實一而名六宗矣孔光劉歆以六宗謂乾坤六子水火雷風山澤也賈逵以爲六宗者天宗三日月星也地宗三河海岱也馬融云萬物非天不覆非地不載非春不生非夏不長非秋不收非冬不藏此其謂六也鄭玄以六宗言禋與祭天同名則六者皆是天之神

祇謂星辰司中司命風師雨師星謂五緯也辰謂日月所會十二次也司中司命文昌第五第四星也風師箕也雨師畢也晉初幽州秀才張髦上表云臣謂禋于六宗祀祖考所尊者六三昭三穆是也司馬彪又上表云歷難諸家及自言己意天宗者日月星辰寒暑之屬也地宗社稷五祀之屬也四方之宗四時五帝之屬惟王肅據家語六宗與孔同各言其志未知孰是司馬彪續漢書云安帝元初六年立六宗祠於洛陽城西北亥地祀比大社魏亦因之晉初荀顗定新

0015_0063-1　0015_0062-2

[illegible]六宗之神諸說不同[illegible][illegible]縣之謂宜依舊近代以來皆[illegible]六宗祠也

望于山川徧于羣神

九州名山[illegible]洲五岳四瀆之屬皆一時望[illegible][illegible]神謂丘陵墳衍古之聖賢皆[illegible]疏曰望於山川大總之[illegible]九州之內所有名山大川之[illegible]瀆之屬皆一時望祭之也王[illegible]名山大川不以封山川大乃名是名大互言之耳釋山云泰山爲東嶽華山爲西嶽霍山爲南嶽恒山爲北嶽嵩高山爲中嶽白虎通云嶽者何擩也擩考功德也

應劭風俗通云嶽者擩考功德黜陟也然則四方方有一大山天子巡守至其下桷考諸侯功德而黜陟之故謂之嶽釋水云江河淮濟爲四瀆四瀆者發源注海者也釋名云瀆獨也各獨出其水而入海也岳是名山瀆是大川故先言名山大川又舉岳瀆以見之岳瀆之外猶有名山大川故言之屬以[illegible]之周禮大司樂云四鎮五嶽崩[illegible]去樂鄭云四鎮山之重大者謂楊州之會稽山青州之沂山幽州[illegible]無閭山冀州之霍山是五嶽之[illegible]名山也居禮職方氏每州云[illegible]

0015_0063-2

其浸若雍州云其川涇汭其浸渭洛如此之類是四瀆之外大川也言偏于羣神則神無不徧故羣神謂丘陵墳衍古之聖賢皆祭之周禮大司樂云凡六樂者一變而致川澤之示再變而致山林之示三變而致丘陵之示四變而致墳衍之示鄭玄大司徒注云積石曰山竹木曰林注瀆曰川水鍾曰澤土高曰丘大阜曰陵水崖曰墳下平曰衍此傳舉丘陵墳衍則林澤亦包之矣古之聖賢謂祭法所云在祀典者黄帝顓頊句龍之類皆祭之也大傳曰萬物

伏祭礼十　十五

0015_0064-1

非天不生非地不載非春不生非夏不長非秋不收非冬不藏故書曰禋于六宗此之謂也禋祭也字當爲禋馬氏以爲六宗謂日月星辰泰山河海也經曰肆類于上帝禋于六宗望秩于山川徧于羣神月令孟冬天子祈來年于天宗如此則六宗近者文神也以周禮考之則爲星辰司中司命風師雨師也。舜典及虞書大傳通修○舜曰來禹予懋乃德

0015_0064-2

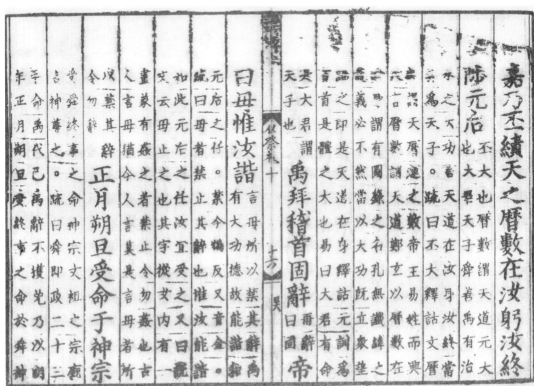

嘉乃丕績天之曆數在汝躬汝終陟元后丕大也曆數謂天道元大也大君天子舜善禹有治水之大功言天道在汝身汝終當升爲天子。疏曰丕大釋詁文曆數謂天曆運之數帝王易姓而興故言曆數謂天道鄭玄以曆數在汝身謂有圖籙之名孔無讖緯之說義必不然當以大功既立衆望歸之即是天道在身釋詁云元訓爲首首是體之大也易曰大君有命是大君謂天子也禹拜稽首固辭再辭曰固帝

伏祭礼十　十六

0015_0065-1

曰毋惟汝諧言毋所以禁其辭禹有大功德故能諧和元后之任。禁今鴆反又音金。疏曰毋者禁止其辭也惟汝能諧和此元后之任汝宜受之又曰鄭玄云毋止之也其字從女内有一畫象有姦之者禁止令勿姦也古人言毋猶今人言莫莫是言毋者所以禁其辭令勿辭正月朔旦受命于神宗受舜終事之命神宗文祖之宗廟言神尊之。疏曰舜即政二十三年命禹代已爲辭不獲免乃以明年正月朔旦受終事之命於舜神

0015_0065-2

靈之宗廟揔率百官順帝之初攝故事言與舜受禪之初其事悉皆同也此年舜即政三十四年九十六也又舜典詁舜之初受終于文祖此言若帝之初知受命即是舜終事之命也神宗猶被文祖故云文祖之宗廟文祖言祖有文德神宗言神而尊之名異而實同神宗當舜之始祝案帝繫云黃帝生昌意昌意生顓頊顓頊生窮蟬窮蟬生敬康敬康生句芒句芒生蟜牛蟜牛生瞽瞍瞽瞍生舜即是舜有七廟黃帝爲始祖其顓頊與窮蟬爲二祧敬康句芒蟜牛瞽瞍爲親

0015_0066-1

廟則文祖爲黃帝顓頊之等也率百官若帝之初順舜初攝帝位故事奉行之。䟽曰若不得爲如也舜典巡守之事言如初者皆言如不言若知此若爲順也順舜初攝帝位故事而奉行之其奉行者當如舜典在璿璣以下班瑞羣后以上也其巡守恭率百官之事舜尚自爲陟方禹攝帝位未得巡守此是舜史所録以爲虞書故言順帝之初奉行帝之事故自美禪之得人也。大禹謨

○惟一月癸巳王朝步自周于征

0015_0066-2

伐商一月周之正月步行也武王以正月三日行自周往征伐紂二十八日渡孟津○䟽曰此歷敘伐紂往反祀廟告天時日誥武功成之事也一月壬辰旁死魄謂伐紂之年周正月辛卯朔其二日是壬辰也翼日癸巳王朝步自周于征伐商謂正月三日發鎬京始東行也其一月二十八日戊午渡河泰誓序云一月戊午師渡孟津泰誓中篇云惟戊午王次于河朔是也二月辛酉朔甲子殺紂牧誓云時甲子昧爽乃誓是也其年閏二月庚寅朔三月庚申朔四月己丑

0015_0067-1

朔歟四月哉生明王來自商至于豐謂四月三日月始生明其日書暴辛卯也丁未祀于周廟四月十九日也越三日庚戌柴望二十二日也正月始往伐四月皆成功史敘其事見其功成之次也漢書律曆志引武成篇云惟一月壬辰旁死魄若翼日癸巳武王乃朝步自周于征伐紂越若來二月既死魄越五日甲子咸劉商王紂惟四月既旁生魄越六日庚戌武王燎于周廟翼日辛亥祀於天位越五日乙卯乃以庶國祀於周廟與此經不同彼是焚書之後有人僞爲之

0015_0067-2

漢世謂之逸書其後又亡其篇云武成逸書建武之際亡謂彼篇武成也又曰將言武成遠本其眾此說始伐紂時一月周之正月是建子之月殺十二月也又曰釋言云堂上謂之行堂下謂之步彼注對為名耳散則以通故步為行也周去孟津千一以正月三日行自周二十八日孟津凡二十五日每日四十許時之宜也詩云于三十里毛傳師行三十里蓋言其法耳

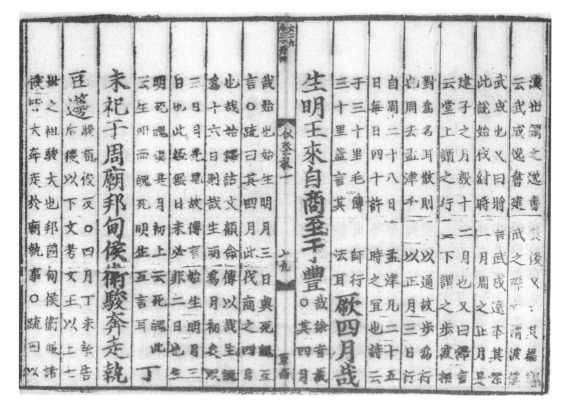

厥四月哉生明王來自商至于豐○哉徐音義實四月

0015_0068-1

哉始也始生明月三日與死魄互言○疏曰其四月此伐商之四日也哉始釋詁文顧命傳以哉生魄為十六日則哉生明為月初矣三日月見是故傳言始生明月三日也此經哉未必非二日也言三明死魄是月初上云死魄此云生明而魄死明生互言耳

丁未祀于周廟邦甸侯衛駿奔走執豆籩駿音俊反○四月丁未祭告后稷以下文考文王以上七世之祖駿大也邦國甸侯衛服諸侯皆大奔走於廟執事○疏曰以

0015_0068-2

四月之字隔文已多故言四月丁未此以成功設然明其徧告羣祖知告后稷以下后稷則始祖公下容毁廟也天子七廟故云文考文王以上七世之親見其周廟皆祭之故經總云周廟也駿大釋詁文周禮六服侯甸男采衛要此略舉邦國在諸侯服故云甸侯衛其言不及詩頌云駿奔走在廟故云皆大奔走於廟執事也

越三日庚戌柴望大告武成燔柴郊天望祀山川先祖後郊自近始○燔音煩○庚曰召誥云越三日者皆從前至今

0015_0069-1

為三日此從丁未數之則為四日蓋史官不同九文自異或此三書為四由字積與誤○武成

○成王在豐欲宅洛邑武王克商遷九鼎於洛邑欲以為都故成王營焉○疏曰成王於時在豐欲居洛邑以為王都使召公先往相其所居之地因卜而營之王與周公從後而往又曰揖二年左傳云昔武王克商遷九鼎于洛邑服虔注云今河南有鼎中觀云九鼎者案宣三年左傳王孫滿云昔夏之方有德也貢金九牧鑄鼎象物然則九牧貢金為鼎故

稱九鼎其實一鼎案戰國策顏率說齊王云昔武王克商遷九鼎鼎用九萬人則以爲其鼎有九但游說之辭事多虛誕不可信用然鼎之上備載九州山川異物亦又可疑未知孰是故兩解之惟二月既望周公攝政七年二月十五日日月相望因紀之○疏曰惟周公攝政七年二月十六日其日爲庚寅既日月相望矣於巳望後六日乙未爲二月二十一日王以此日之朝行自周之鎬京則至于豐以遷都之事告文王之廟此日王惟命太保召公先周公往

洛水之旁相視所居之處太保即行其月小二十九日癸卯晦於二月之後順來三月惟三日丙午朏而月生明於朏三日戊申即三月五日太保乃以此朝旦至於洛即卜宅其已得吉卜則經營之規度其城郭郊廟朝市之位處於戊申三日庚戌爲三月七日太保乃以衆所受於殷之民治都邑之位於洛水之汭謂洛水北也於庚戌五日爲三月十一日甲寅而所治之位皆成矣又曰洛誥云周公誕保文武受命惟七年洛誥是攝政七年事也洛誥周公云予惟乙卯朝

至于洛師此篇云乙卯周公朝至于洛正是一處知此二月是周公攝政七年之二月也望者於月之半月當日衝日光照月光圓滿面獨相當猶人之相望故名望也治曆者必先正望朔故史官因紀之將言望後之事必以望紀之將言朏後之事則以朏紀之猶今人將言日必先言朔也望在月十六日爲多大率十六日者四分之三十五日者四分之一耳此年入戊午部五十六歲二月小乙亥朔孔云十五日即爲望是己丑爲望言巳望者謂庚寅十六日也且孔云望

與生魄死魄皆舉大略而言之不必恰依曆數又算術前月大者後月二日月見可十五日望也顧氏亦云十五二望日月正相望也越六日乙未王朝步自周則至于豐於巳望後六日二十一日成王朝行從鎬京則至于豐以遷都之事告文王廟告文王則并武王可知以祖見考○鎬胡老反鼎賢遍反○疏曰於巳望後六日是爲二十一日也步行也此云王朝行下太保與周公言朝至者君子舉事貴早朝故皆言朝也寧周者爲

0015_0072-1　　0015_0071-2

天下所宗止謂王都也武王旣都於鎬故知宗周是鎬京也文王居豐武王來遷之時於豐立文王之廟遷都而廟不毁故成王居鎬京則至于豐以遷都之事告文王廟也大事告祖必告於考此經不言告武王以告文王則告武王可知以告祖見考也告廟當先祖後考此必於豐告文王於鎬京告武王也惟太保先周公相宅○先悉薦反又如字相息亮反太保三公官名召公也召公於周公前相洛居周公後往疏越若來三月惟

祭禮十

丙午朏越三日戊申太保朝至于洛卜宅朏芳尾反又普沒反普忽反○朏明也月三日明生之名於順來三月丙午朏於朏三日三月五日召公早朝至於洛邑相卜所居○疏曰說文云朏月未盛之明故為明也周書月令云三日粤朏朏等從月出是入月三日明生之名也於順來者於二月之後依順而數次三月也二月乙未而發豐至三月丙午朏又於朏三日是三月五日凡發豐至洛為十四日也召公早朝至於洛邑相卜

0015_0073-1　　0015_0072-2

所居當以至洛之明卜也厥旣得卜則經營步待洛反朝直遙反處昌慮反○其已得吉卜則經營規度城郭郊廟朝市之位處○疏曰經營者考工記所云匠人營國方九里左祖右社面朝後市是也下有丁巳郊社知規度城郭郊廟朝市之位處也匠人不言郊以不在國內也匠人王城方九里如典命文又以公城方九里天子城十二里鄭玄兩解無明解未知從何文也郊者司馬法百里為郊鄭注周禮云近郊五十里禮記祭天于南郊祭地

祭禮十

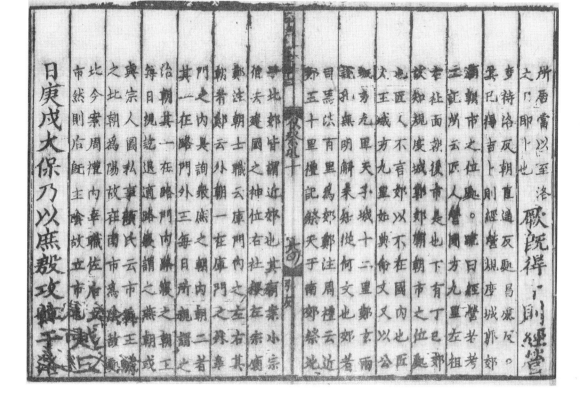

于北郊皆謂近郊也其廟案小宗伯云建國之神位右社稷左宗廟鄭注朝士職云庫門內之左右其朝者鄭云外朝一在庫門之外皋門之內是詢衆庶之朝內朝二者其一在路門外王每日所視謂之治朝其一在路門內路寢之朝下每日視朝訖退適路寢謂之燕朝或與宗人圖私事顏氏云市朝王[illegible]之比朝為陽故在南市為陰故在北今案周禮內宰職佐后立市然則后旣主陰故立市日庚戌太保乃以庶殷攻位于洛

0015_0073-2

納越五日甲寅位成納如銑反。於戊申三日庚戌以衆殷之民治都邑之位於洛水北今河南城也於庚戌五日所治之位皆成言衆殷本其所由來。疏曰戊申後三日庚戌爲三月七日也水內曰汭蓋以人南面望水則北爲內故洛汭爲洛水之北鄭云隈曲中也漢書地理志河南郡治在洛陽縣河南城別爲河南縣治都邑之位於洛北今於漢河南城是也又曰所治之位皆成布置處所定也治位乃是周人而言、殷者本其所由來言本是殷

0015_0074-1

民今來爲我周家役也莊二十九年左傳發例云凡土功水昏正而栽日至而畢此以周之三月農時役衆者彼言尋常土功此則遷都事大不可拘以常制也若翼日乙卯周公朝至于洛周公順位成之明日而朝至於洛汭。疏曰順位成之明日乙卯三月十二日也周公以此朝旦至於洛則通達而徧觀於新邑所經營其位處皆無所改易於乙卯三日丁巳三月十四日也用牲於郊告[illegible]祭天[illegible]天與后稷所配[illegible]四[illegible]牢於郊[illegible]

0015_0074-2

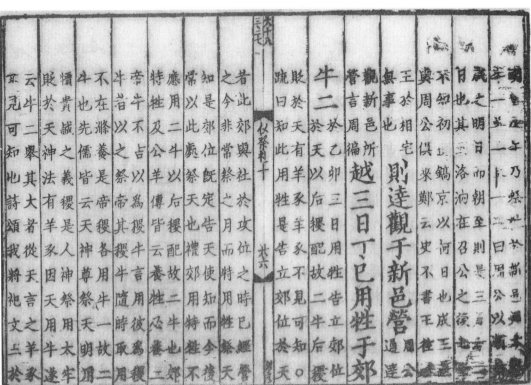

[illegible]午乃祭社於新邑[illegible]羊一[illegible]一[illegible]曰用公以[illegible][illegible]之明日而朝至則是三月[illegible]日也其[illegible]洛汭在召公之後[illegible]不知初至鎬京以何日也成王在[illegible]與周公俱來鄭云史不書王往[illegible]王於相宅無事也則達觀于新邑營周公通達觀新邑所營言周徧越三日丁巳用牲于郊牛二於乙卯三日用牲告立郊位於天以后稷配故二牛后稷貶於天有羊豕羊豕不見可知。疏曰知此用牲是告立郊位於天

0015_0075-1

者此郊與社於攻位之時已經營之今非常祭之月而特用牲祭天知是郊位既定告天使知而今後常以此處祭天也禮郊用特牲不應用二牛以后稷配故二牛也郊特牲及公羊傳皆云養牲必養二帝牛不吉以爲稷牛言用彼爲稷牛者以之祭帝其稷牛隨時取用不在滌養是帝稷各用牛一故二牛也先儒皆云天神尊祭天明用犢貴誠之義稷是人神祭用太牢貶於天神法有羊豕因天用牛遂云牛二舉其大者從天言之羊豕不見可知也詩頌我將祀文王於

0015_0076-1　　0015_0075-2

明堂云惟羊惟牛又月令云以太牢祠于高禖皆據配者有羊豕也

越翼日戊午乃社于新邑牛一羊一豕一

吉立社稷之位用太牢也共工氏子曰句龍能平水土祀以爲社周祖后稷能殖百穀祀以爲稷共牢○共音恭句故侯反○疏曰經有社無稷稷是社類知其同告之告立社稷之位其祭用大牢故牛羊豕各一也句龍能平水土祀以爲社后稷能殖百穀祀以爲稷左傳魯語祭法皆有此文漢世儒者說社稷有二左氏說社稷惟句龍后稷人神而已是孔之所用鄭經說社爲土神稷爲穀神句龍后稷配食者是鄭之所從而武成篇云告于皇天后土孔以后土爲地言后土社也者以泰誓云類于上帝宜于冢土故以后土爲社也小劉云后土與皇天相對以后土爲地若然左傳云句龍爲后土豈句龍爲地乎社亦名后土地名后土名同而義異也社稷共牢經無明說郊特牲云社稷太牢二神共言太牢故傳言社稷共牢也此經上句言于郊此不言于[illegible]此言社于新邑上句不言郊[illegible]

0015_0077-1　　0015_0076-2

邑上句言用牲此言牛羊豕不言用告天不言告地告社不言告[illegible]皆互相足從省文也洛誥云王在新邑烝祭王入太室祼則洛邑亦立宗廟此不云告廟亦從省文也○召誥○周公曰王

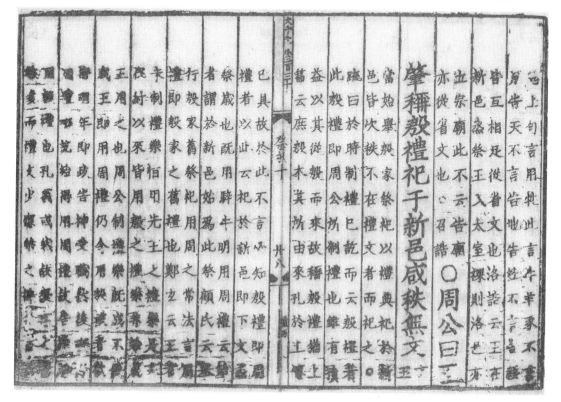

肇稱殷禮祀于新邑咸秩無文

言王當始舉殷家祭祀以禮典祀於新邑皆次秩不在禮文者而祀之○疏曰於時制禮已訖而云殷禮者此殷禮即周公所制禮也雖有損益以其從殷而來故稱殷禮猶上篇云庶殷本其所由來孔於上篇已具故於此不言以知殷禮即周禮者以此云祀於新邑即下文烝祭歲也既用騂牛明用周禮云[illegible]者謂於新邑始爲此祭顧氏云[illegible]行殷家舊祭祀用周之常法言[illegible]禮即殷家之舊禮也鄭玄云王者未制禮樂恒用先王之禮樂[illegible]伐紂以來皆用殷之禮樂[illegible]王周之也周公制禮樂既成不[illegible]載王即用周禮仍令用殷禮者[illegible]爵明年即政告神受職然後班[illegible]禮[illegible]說始得用周禮故告[illegible][illegible]禮色孔義或然故[illegible][illegible]而禮文少據之[illegible]

0015_0078-1　　0015_0077-2

在禮文者故令皆次秩不在禮文而應祀者皆舉而祀之

百工伻從王于周予惟曰庶有事　我整齊百官使從王於周行其禮典我惟曰庶幾有善政事曰特成王未有留公之意公以成王初始即政自憲百官不齊故雖即致政猶欲整齊百官使從王於周謂從王新邑行其典禮周公以成王賢君今後成長故言我惟曰庶幾有善政事言己私為此言異王為政善也

○今王即命曰記功宗以功

祭禮十　二十九

作元祀　今王就行王命於洛邑曰當記人之功尊人亦當用功大小為序有大功則列大祀謂功施於民者○疏曰記臣功者是人主之事故言今王就行王命於洛邑謂正位為王臨察臣下知其有功以否恐王輕忽此事故曰當記人之功更言曰者所以致殷勤也尊人必當用功大小為次序令功大者居上位功小者居下位也有大功則列為大祀謂有殊功墳義祀典者祭法云聖王之制祭祀也法施於民則祀之以死勤事則祀之以勞定國則祀之能禦大災

0015_0079-1　　0015_0078-2

則祀之能捍大患則祀之是為大祀謂功施於民者也或時立其祀配享廟庭亦是也○洛誥

○周公曰予以秬鬯

二卣曰明禋拜手稽首休享　秬音巨卣由手反又音由○周公攝政七年致太平以黑黍酒二器明潔致敬告文武以美享既告而致政成王留之本說之○疏曰康誥之作事在七年云四方民大和會和會即太平之驗是周公攝政七年致太平也釋草云秬黑黍釋器云卣中罇也以黑黍為酒鬱金之草築

祭禮十　三十

而和之使芬香調暢謂之秬鬯酒二器明潔致敬告文王武王以美享謂以太平之美事享祭也國語稱精[illegible]以享謂之禋釋詁云禋敬也是明禋為明潔致敬也太平是王之美事故太平告廟是以美享祭也公既告太平而致政成王成王留之故本而說之此事者欲令成王重其事尊行之周禮鬱鬯之酒實之於彝此言在卣者詩大雅江漢及文侯之命皆言秬鬯一卣告于文人則未祭實之於卣祭時實之於彝彼一卣此二卣者此一告文王一告武王彼王賜臣使

張本下象鼻題監生志昂四字傳本剪去之

0015_0079-2

告其祖故惟一卣耳此經卣下言曰者說本盛酒於罇乃爲此辭故言曰也予不敢宿則禋于文王武王言我見天下太平則絜告文武不經宿○疏曰此申述上明禋之事言我見天下太平則絜告文武不經宿示虔恭之意也此三月營洛邑民已和會則三月之時已太平矣既告而致政則告在歲末而云不經宿者蓋周公營洛邑至冬始歸得還鎬京即告文武是爲不經宿也且太平非一日之事公云不經宿者示虔恭之意耳未必旦

0015_0080-1

見太平即此日告也鄭玄以文祖爲明堂曰明禋者六典成祭於明堂告五帝太皞之屬也既告明堂則復禋於文武之廟告成洛邑○洛誥○戊辰王在新邑烝祭歲文王騂牛一武王騂牛一王命作冊逸祝冊惟告周公其後王賓殺禋咸格王入太室祼王命周公後作冊逸誥注疏見祭統命篇○[illegible]○襄王使大

0015_0080-2

宰文公及內史興賜晉文公命大宰文公卿士王子虎也內史興周內史叔興父晉文公獻公之子惠公異母兄重耳也命命服也諸侯七命冕服七章上卿逆于境逆迎也晉侯郊勞郊迎用辭勞也館諸宗廟館舍也舍於宗廟尊王命也饋九牢牛羊豕爲一牢上公饔餼九牢設庭燎設大燭於庭謂之庭燎及期命于武宮期將事之日也武公文公之祖武公之廟也命

0015_0081-1

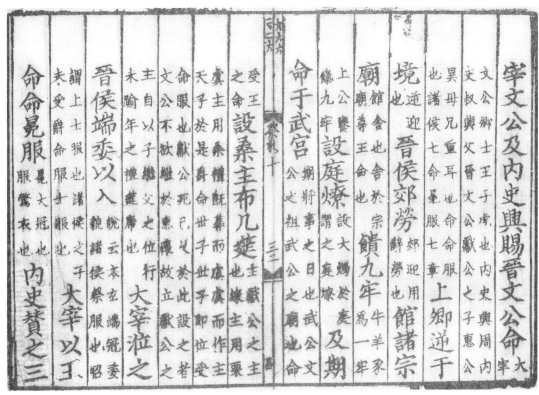

受王之命設桑主布几筵主獻公之主也練主用栗虞主用桑禮既葬而虞虞而作主天子於是錫命世子世子即位受命服也獻公死已久於此設之者文公不欲繼於惠故立獻公之主自以子繼父之位行未踰年之禮從廟也大宰涖之晉侯端委以入說云衣玄端冠委貌諸侯祭服也昭謂上士服也諸侯之子未受爵命服士服也大宰以王命命冕服冕大冠也服鷩衣也內史贊之三

0015_0081-2

命而後即冕服賛道也三命二以王命命文公文公三讓後就既畢賓饗贈餞如公命侯伯之禮而加之以宴好賓者主人所以接賓致饗之屬饗饗食之禮贈致贈賄之禮餞謂郊送飲酒之禮如公命侯伯之禮者如公受王命以侯伯待之之禮而又加之以宴好也大宰上卿也而言公者兼之內史興歸以告王曰晉不可不善也其君必霸逆王命

0015_0082-1

敬謂上卿逆於境晉侯郊勞奉禮義成謂三讓賓饗之屬皆如禮○國語周語白虎通曰封諸侯於廟者示不敢專也明法度皆祖之制也舉事必告焉○古者明君爵有德而禄有功必賜爵禄於太廟示不敢專也故祭之日一獻君降立于阼階之南南鄉所命北面史

0015_0082-2

由君右執策命之再拜稽首受書以歸而舍奠于其廟洗跡見祭義及宗廟策命條○祭統○衛侯出奔使賂周歂冶廑曰苟能納我吾使爾爲卿恐元咺距已故賂周冶○歂市專反冶音也廑音覲又音謹人名也漢書音義云古勤字也鄭氏音勤周冶殺元咺及子適子儀適丁壓反○子儀瑕母弟不書殺賤也公入祀先

0015_0083-1

君周冶既服將命服卿服將入廟受命○疏曰言祀先君而服將命知其將入廟也必入廟者祭統云古者明君爵有德而禄有功必賜爵禄於大廟示不敢專也命臣必在廟而王制云爵人於朝者朝上詢於衆人位定然後入廟受命今世受官猶然○今案僖公二十八年春秋左氏傳云晉侯伐衛衛侯請盟晉人弗許衛侯欲與楚國人不欲故出其君以說晉衛侯出奔楚遂適陳使元咺奉叔武以受盟或訴元咺於衛侯曰立叔武矣其子角從公公使

0015_0083-2

殺之晅不發命奉夷叔以入守大月晉人復衛侯衛侯先期入公子歂犬華仲前驅叔武將沐聞君至喜捉髮走出前驅射而殺之公知其無罪也枕之股而哭之歂犬走出公使殺之元晅出奔晉冬會于温衛侯與元晅訟不勝晉人執衛侯歸之于京師寘諸深室元晅歸于衛立公子瑕晉侯使醫衍酖衛侯甯俞貨醫使薄其酖不死公爲之請納玉於王與晉侯王許之秋乃釋衛侯衛侯將入恐元晅之後距己故使周歂冶廑殺之也

○僖公三十年春秋左氏傳

小二十四 大七　儀祭禮十　三十五

0015_0084-1

天子五年一巡守守手又反本或作狩後同○天子以海內爲家時一巡省之五年者虞夏之制也周則十二歲一巡守○省息景反○疏曰知五年是虞夏之制者案典云五載一巡狩此正謂虞也以虞夏同科連言夏耳若夏與殷依鄭志當六年一巡守也云周則十二歲一巡守者大行人云十有二歲王巡守殷國故知周制十二年也案白虎通云所以巡守者何巡者循也守者牧也爲天子循行守土牧民道德大平恐遠近不同化幽隱不得其所者故必親自行之謙敬重民之至也所以不歲巡守何爲太煩過五年爲其

0015_0084-2

大跡因天道大備故云五年一巡守以此言之夏殷六歲者取半一歲之律呂也周十二歲者象歲星一周也**歲二月東巡守至于岱宗**岱宗東嶽○疏曰歲二月東巡守者皆以夏之仲月以夏時仲月者律曆當得其中也二月八月又晝夜分五月十一月者陰陽終故取四仲月也又曰嶽者何嶽之爲言桷也桷功德也必先於此岱山者言萬物皆相代於東方故歲二月東巡守至于岱宗宗者尊也岱爲五嶽之首故爲尊也**柴而望祀山川**柴祭天告至也○疏曰柴祭天告至謂燔柴以祭上天而告至

大又九小二又八十　儀祭禮十　三十六

0015_0085-1

其祭天之後乃望祀山川所祭之天則蒼帝靈威仰**五月南巡守至于南嶽如東巡守之禮八月西巡守至于西嶽如南巡守之禮十有一月北巡守至于北嶽如西巡守之禮歸假于祖禰用特**假音格○假至也特特牛也祖下及禰皆一牛○疏曰假至也釋詁文也云祖下及禰皆一牛者謂從始祖下至於禰廟別皆一牛鄭以經云祖禰用特恐同用一牛必知廟每皆一牛者以尚書堯典云歸格于藝祖

0015_0085-2

用特祖既用時明知各用特也唐虞及夏五廟則用五特也殷用六周用七也又尚書洛誥云文王騂牛一武王騂牛一是各用一牛也自此以上皆是巡守之禮雖未大平得爲之故詩時邁巡守告祭柴望也時邁是武王時邁行也時未大平而巡守也故大司馬云及師大合軍以行禁令以救無辜伐有罪鄭注云師所謂王巡守若會同不言大者未有敵不尚武又注云大師王出征伐也以此故知未大平得巡守皇氏以爲未大平不巡守非也其封禪者必因巡守大平乃始爲之故中候準讖哲云桓公欲封禪管仲曰昔聖王功成道洽符出

0015_0086-1

乃封泰山今皆不至鳳皇不臻麒麟逃遁未可以封又禮器云升中於天鳳凰降龜龍假又鉤命决云刑罰藏頌聲作鳳凰至麒麟應封泰山禪梁甫管子又云封禪者須北里禾鄗上黍江淮之閒二脊茅以爲藉乃得封禪是大平祥瑞揔至乃得封禪也然武王之時未大平而時邁巡守之下注云天子巡行邦國至于方嶽之下而封禪也似武王得封禪者鄭因巡守述古封禪耳不謂當時封禪也白虎通云封禪所以必於泰山何萬物之始交代之處必於其上何因高告高順其類也故外封者增高也下禪梁甫之基廣厚也天以高爲尊故增

0015_0086-2

泰山之高以報天地以厚爲德附梁甫之基以報地刻石紀號者著己之功跡或曰封以金泥銀繩或曰石泥金繩封之印璽孝經緯云封於泰山考績燔燎禪於梁甫刻石紀號又管子云自古封禪七十二家夷吾所識十有二焉無懷氏封泰山伏犧神農少皞黄帝顓頊帝嚳帝堯帝舜禹湯周成王皆封泰山唯禹禪會稽成王禪社首爲異自外皆禪云云白虎通云三皇禪於繹繹之山明已成功而去有德者居之繹繹者無窮之意五帝禪於亭亭之山亭亭者制度審諦道德著明也三王禪於梁甫之山梁者信也甫者輔也信輔天地之道而

0015_0087-1

行之所禪之山與管子不同者異人之說未知孰是云云亭亭繹繹梁甫並泰山旁小山名也。主制。緯及疏皆詳見祭法

○天子將出類乎上帝宜乎社造乎禰

造七報反。帝謂五德之帝所祭於南郊者類宜造皆祭名其禮亡。疏曰將出謂初出時也知此是巡守者以下別云天子將出征類乎上帝故知此是巡守也類上帝者謂祭告天也宜乎社者此巡行方事誅殺封割應載社主也云宜者令誅伐得宜亦隨其宜而告也社主於地又爲陰而誅殺亦陰故祭社也故書云弗用命戮于社是也造

0015_0087-2

乎禰者造至也謂至父祖之廟也然此
出壂至七廟知者前歸假既云祖禰明
出亦告祖禰也今唯云禰者白虎通云
獨見禰何辭從卑不敢留尊者之命至
禰不嫌不至祖也皇氏申之云行必有
主無則主命載于齊車書云用命賞于
祖是也今出辭別先從卑起最後至祖
仍取遷王則行也若前至祖後至禰是
留尊者之命爲不敬也故曲禮曰已受
命君言不宿於家亦其類也若還則先
祖後禰如前所言也所以然者先應反
行主仕廟故也然出告天地及廟還唯
告廟不告天地者白虎通云還不復告
天者天道無外内故不告也又曰謹天

祭禮十　三九

0015_0088-1

子類帝是祭五德帝也鄭注月令祈穀
於上帝爲大微之帝注此上帝爲五德
五德似如大皞五人之帝二文不同庾
蔚云謂大微五帝應於五行五行各有
德故謂五德之帝木神仁金神義火神
禮水神智土神信是五德也云所祭於
南郊者案五德之帝應祭四郊此獨云
祭於南郊者謂王者將行各祭所出之
帝於南郊猶周人祭靈威仰於南郊是
五帝之中一帝故上總云帝謂五德之
帝此據特祭所出之帝故云祭於南郊
云類宜造皆祭名者案小宗伯云凡天
地之大烖類社稷宗廟則爲位鄭注云
禱祈禮輕類者依其正禮而爲之是類

0015_0088-2

爲祭名也案爾雅釋天云起大事動大
衆必先有事乎社而後出謂之宜孫炎
注云求便宜也是宜爲祭名也案大祝
六祈一曰類二曰造是造爲祭名也但
天道懸遠以事類告之社主殺戮故求
其便宜廟爲親近故以奉至言之各隨
義立名也
○王制
○天子適四方先柴
書曰歲
二月東
巡守至于岱宗柴○疏曰謂巡守至于
岱宗柴此虞書舜典文案鄭注尚書以
爲別有舜典之篇將此爲堯典與古文
異也此祭上帝謂祭當方帝皇氏云謂
祭感生帝義非
也○郊特牲
○校人凡將事于四海

大二十三　小三十三　儀禮祭禮十　四十

0015_0089-1

山川則飾黃駒
四海猶四方也丁巡守
過大山川則有殺駒以
祈沈禮與玉人職有宗祝以黃金勺前
馬之禮○沈直金反劉直蔭反○疏曰
謂王行所過山川設祭禮之然後去則
殺黃駒以祭之山川地神土色黃故用
黃駒也又曰云四海猶四方也者王巡
守唯至方岳不至四海夷狄故以四海
爲四方云有殺駒以祈沈禮與者爾雅
云祭山曰庪縣祭川曰浮沈今鄭云以
祈沈者總解過山川二事言與者爾雅
據正祭此則行過之約與彼同故云與
以疑之也引玉人職者案彼有大璋中
璋邊璋過大山川用大璋過中山川用

0015_0090-1　　0015_0089-2

中璋過小山川用邊璋下云黃金勺青金外朱中此三璋之勺也云黃金勺者即彼三璋之勺也云前馬之禮者以黃金勺酌酒禮山川在馬牲前之禮引之者證過山川設禮用馬牲之事也○夏官

○玉人大璋中璋九寸邊璋七寸射四寸厚寸黃金勺青金外朱中鼻寸衡四寸有繅天子以巡守宗祝以前馬射食亦反勺上灼反衡音横○射琰出者也勺故書或作約杜子春云當爲勺謂酒尊中勺也鄭司農云鼻謂勺龍頭鼻也衡

祭禮十　四十一

謂勺柄龍頭也玄謂鼻勺流也凡流皆爲龍口也衡古文横假借字也衡謂勺徑也三璋之勺形如圭瓚天子巡守有事山川則用灌焉於大山川則用大璋加文飾也於中山川用中璋殺文飾也於小山川用邊璋半文飾也其祈沈以馬宗祝亦執勺以先之禮王過大山川則大祝用事焉將有事於四海山川則校人飾黃駒○祈如字刻居綺反大祝音太校户教反　疏曰此經說王巡守出行過山川禮敬之事三璋據爲勺柄黃金勺以下據爲勺頭又曰射琰出者也者向上謂之出謂琰半已上其半已下爲文飾也先鄭云鼻謂勺龍頭鼻後鄭

0015_0091-1　　0015_0090-2

諸成其義衡謂勺龍頭後鄭不從言勺衡古文爲横謂勺徑破先鄭爲勺柄云三璋之勺形如圭瓚者圭瓚之形前[illegible]已引漢禮但彼口徑八寸下有盤徑一尺此經四寸徑旣倍狹明所容亦少但形狀相似耳故云形如圭瓚也知用灌者以其圭瓚灌宗廟明此巡守過山川用灌可知於大山川已下至半文飾皆無正文鄭君以意解之云祈沈以馬者取校人飾黃駒故知馬也知宗祝亦執勺以先之者即引大祝職云王過大山川則大祝用事焉是大祝用此經黃金勺之事也云將有事于四海山川則校人飾黃駒者校人職文引之者見禮山

祭禮十　四十二

川非直灌亦有牲牢以山川地神故用黃駒也大祝職云王過大山川大祝用事不言中山川小山川者舉大而言或使小祝爲之也○冬官

右巡守○傳虞傳曰維元祀巡守

四嶽八伯祀年也元年謂月正元日舜假于文祖之年也巡行也視所守也天子以天下爲守堯始得羲和命爲六卿主其春夏秋冬者并掌方嶽之事是爲四嶽出則爲伯後稍死驩兜共工等代之乃分置八伯

壇四奧奧內也安也四方之內人所安

0015_0092-1　　0015_0091-2

居也爲壇祭之謂祭四方之帝四方之神也沉四海水祭

曰沉封十有二山祭者必封封亦壇也十有二山十有

二州之鎮也兆十有二州兆域也爲營域以祭十二

州之分星也壇沉封兆皆因所壇爲之名樂正定樂名

樂正樂官之長周禮曰大司樂元祀代泰山貢兩

伯之樂焉元始也歲二月東巡守始祭代氣泰山也東嶽

代書曰至於岱宗柴東嶽陽伯之樂舞侏離

尚書大傳六　祭禮十　四三

其歌聲比余謠名曰晳陽陽伯猶言春伯

春官秩宗也伯夷掌之侏離舞曲名言象物生育離根株也徒歌謂

之謠其聲清陽比如余謠然後應律也晳當爲析春厥民析陽樂正

所定也是時契爲司徒掌地官矣後又舉爲掌天官儀伯樂

舞鼚哉其歌聲比大謠名曰南陽

儀當爲羲羲仲之後也鼚動貌鼚哉也言象物應雷而動始出見也南

任也中祀大交霍山貢兩伯之樂舞

0015_0093-1　　0015_0092-2

[illegible]

夏伯之

其歌聲比中謠名曰初慮

也羲掌謂猶量也或長鼚陽之滋長或然也初慮易上

始謀也或爲謗羲作之樂舞將陽其歌

聲比大謠名曰朱于羲伯羲叔之後也將陽言

象物之秀實動搖也于大也秋祀柳穀華山貢

兩伯之樂焉八月西巡守祭柳穀之系於華山也柳聚

也秋人語秋伯之樂舞蔡俶其歌聲比

小謠名曰苓落秋伯秋官士皐陶掌之蔡猶衰也俶

始也言象物之始衰也和伯之樂舞玄鶴其

歌聲比中謠名曰歸來和伯和叔之後也玄

鶴言象陽鳥之南也歸來言反其本也幽都弘山祀

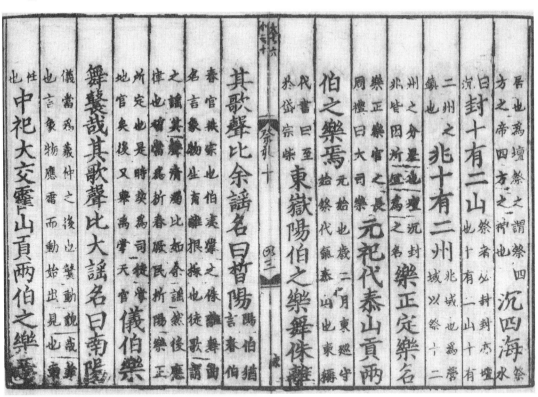

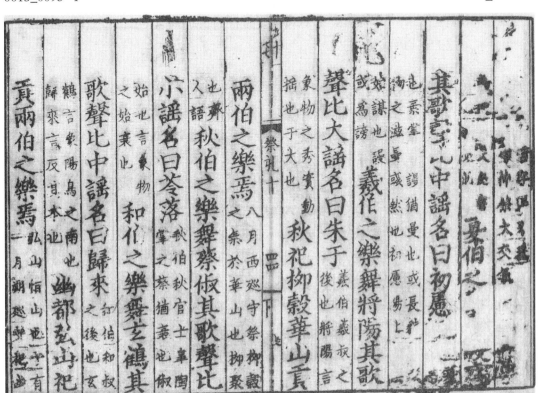

貢兩伯之樂焉弘山恒山也十有一月朔巡守祭也

0015_0093-2

鄗之氣於恒山也互言之 有明禁山之北幽都也 冬伯之

舞齊落 冬伯冬官司空也舞齊之 齊落終也言萬物之終也

齊或為聚 歌曰縵縵并論八音四會 此主

下有脫辭其說未聞 歸假于禰祖用特五載

一巡守羣后德讓貢正聲而九族

具成 族當為奏奏言諸侯貢其正聲 而天子九奏之樂乃具成也

○尚書大傳 ○天子遊不出封圻不告

祭禮十　四五

0015_0094-1

祖廟 周禮方千里曰王圻詩曰邦 圻千里維民所止○尚書大

傳 ○魯隱公八年鄭伯請釋泰山

之祀而祀周公以泰山之祊易許

田三月鄭伯使宛來歸祊不祀泰

山也 祊必彭反○成王營王城有 遷都之志故賜周公許田以

為魯國朝宿之邑後世因而立周 別廟焉鄭桓公周宣王之母弟

封鄭有助祭泰山湯沐之邑在祊 鄭以天子不能復巡守故欲以祊

0015_0095-1

0015_0094-2

易許田各從本國所近之宜恐 以周公別廟為疑故云已發泰山

之祀而欲為魯祀周公遜辭以有 求也許田近許之田○復扶又反

欲為于偽反又如字○疏成王 營邑於洛以為居土之中貢賦路

均將於洛邑受朝許田近於王城 故賜周公許田以為魯國朝宿之

邑詩魯頌曰居常與許復周公之 宇是周公得許田也公羊傳曰許

田者何魯朝宿之邑也是許田為 魯朝宿之邑鄭請易許田而求祀

周公故知後世因在許田之中而 立周公別廟焉鄭桓公以周宣王

祭禮十

之母弟故於泰山之下亦受祊田 以為湯沐之邑故邑內亦有鄭先

君別廟此時周室既衰王不巡守 鄭以天子不復巡守則泰山之祀

既廢祊無所用故欲以祊易許許 田近鄭祊田近魯各從本國所近

之宜也魯以許田泰周公之祀易 其田則廢其祀恐魯以周公別廟

為疑慮特不許云已廢泰山之祀 而欲為魯祀周公言鄭得許田用

公之祀不絕也云廢泰山之祀者 謂天子不復巡守鄭家已廢此助

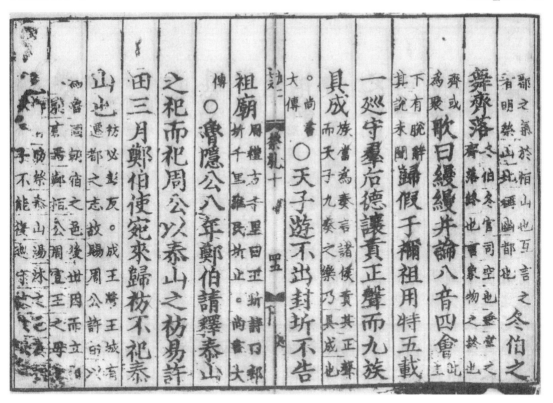

祭泰山祭祀之事無所祭祀故欲 為魯祀周公其實廢來已久今始

云已發者欲爲魯祀周公故云已發耳方便避諱以求於魯也四年祝佗言康叔之受分物云取於有閻之土以共王職取於相土之東都以會王之東蒐有閻之土猶魯之許田也相土之東都猶鄭之祊邑也鄭近京師無假朝宿魯近泰山不須湯沐各受其一衛以道路並遠故兩皆有之禮記王制曰方伯爲朝天子皆有湯沐之邑於天子之縣内然則朝宿之邑亦名湯沐任向京師主爲朝王從王巡守主爲助祭祭必沐浴隨事立名朝宿湯沐亦互言之耳異義左氏説

諸侯有大功德乃有朝宿湯沐之邑公羊説以爲諸侯皆有朝宿湯沐之邑許愼以公羊爲非則杜意亦從許愼也公羊傳曰此魯朝宿之邑也則曷爲謂之許田諱取周田也諱取周田則曷爲謂之許田繫之許也曷爲繫之許近許也杜言近許之田是用公羊爲説杜依公羊之傳邑實近許之田是用公羊爲説杜依公羊之傳邑實近許故以許爲名劉君更無所馮直云别有許邑自名許非由近許國始名爲許以規杜氏非其義也○春秋左氏傳○**公羊子**

曰邴者何鄭湯沐之邑也天子有事于泰山諸侯皆從泰山之下諸侯皆有湯沐之邑焉有事者巡守祭天告至之禮也當沐浴絜齊以致其敬故謂之湯沐邑也所以尊待諸侯而共其費也禮四井爲邑邑方二里東方二州四百二十國凡爲邑廣四十里袤四十二里取足舍止共槀穀而已歸邴書者甚惡鄭伯無尊事天子之心以湯沐邑假魯背叛當誅也録使者重尊湯沐邑也

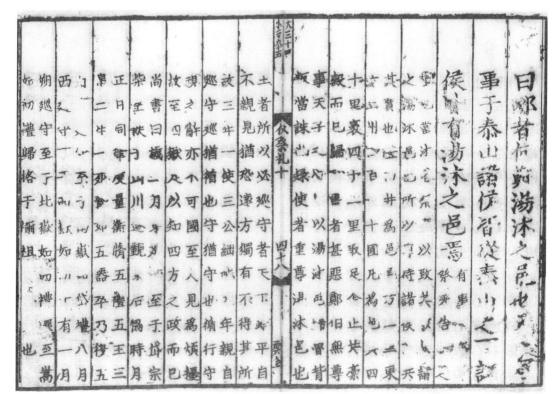

王者所以必巡守者天下雖平自不親見猶恐遠方獨有不得其所故三年一使三公絀陟五年親自巡守巡猶循也守猶守也循行守視之辭亦不可國至人見爲煩擾故至四嶽足以知四方之政而已尚書曰歲二月東巡守至于岱宗柴望秩于山川遂覲東后協時月正日同律度量衡脩五禮五玉三帛二牲一死贄如五器卒乃復五月南巡守至于南嶽如岱禮八月西巡守至于西嶽如初十有一月朔巡守至于北嶽如西禮還至嵩如初禮歸格于禰祖也

0015_0098-1　　0015_0097-2

許田者魯朝宿之邑也諸侯時朝乎天子天子之郊諸侯皆有朝宿之邑焉時朝者順四時而朝也緣臣子之心莫不欲以朝於文王旣與諸侯別治勢不得自專朝故即位比年使大夫小聘三年使上卿大聘四年又使大夫小聘五年一朝王者亦貴得天下之歡心以事其先王因助祭以述其職故分四方諸侯爲五部部有四輩輩主時孝經曰四海之內各以其職來助祭尚書曰羣后四朝敷

大三十又　小三百九上　祭禮十六　四十九

以言明以功車服以庸是也宿者先誠之辭古者天子郊畿千里遠郊五百里諸侯至遠郊不敢便入必先告至由如他國至竟而假塗也皆所以防未然謹事上之徵也王者以諸侯遠來朝亦如欲勤之禮以接之爲告至之須當有所住止故賜邑於遠郊其實天子地諸侯不得專也桓公無尊事天子之心專以朝宿之邑與鄭背叛當誅故深諱使若暫假借之者不舉假爲重復舉上會者方諱言許田不舉會無以起從習假之也○穀梁子曰許田

0015_0099-1　　0015_0098-2

者魯朝宿之邑也邴者鄭伯之所受命而祭泰山之邑也用見魯之不朝於周而鄭之不祭泰山也朝天子所宿之邑謂之朝宿泰山非鄭竟內從天王巡守受命而祭也擅猶換易則知朝祭並廢○疏曰經文無邴而傳言之者經緯易天子之地故以璧假爲文若以地易地不得云假故經無邴文傳本魯鄭易田之由不得不言邴也先儒解左氏者皆以爲鄭受天子祊田爲

大二十　祭禮十　五十

湯沐之邑後世因立桓公武公之廟故謂之泰山之祀案此傳及注意則以爲祭泰山之邑謂從王巡守受命而祭泰山也公羊以爲田多邑少稱田邑多田少稱邑左氏無傳或當史異辭穀梁以爲言田者則不得其邑是三傳之說各異也

天子將出征類乎上帝宜乎社造乎禰禡於所征之地禡馬怕反造七報反○禡師祭也爲兵禱其禮亦亡○爲于僞反○疏曰案釋天云是類是禡師祭也故知禡爲師祭也謂之

0015_0099-2

禡芳祭肆師注云貉讀如十百之百為師祭造軍法者禱氣勢之增倍也其神蓋蚩尤或曰黃帝鄭既云祭造軍法者則是不祭地熊氏以禡為祭地非師祭皆釋類爾雅類既爲師祭所以上文云天子將出巡守類乎上帝及舜之攝位亦類乎上帝並非師祭皆稱類者但爾雅所釋義爲釋詩以皇矣云是類是禡止釋皇矣類禡爲師祭不謂餘文類皆爲師祭但類者以事類告天若以攝位事類告天亦謂之爲類若以巡守事類告天亦謂之爲類故異義夏侯歐陽說以類祭天者以事類祭之古尚書說非時祭天謂之類許慎謹案周禮郊天無

祭禮十

0015_0100-1

言類者知類非常祭從古尚書說鄭氏無駮與許同也然今尚書及古尚書二說其文雖異其意同也以事類告祭皆是非常故孔注書亦云以攝位事類告天鄭又以類雖非常祭亦比類正禮而爲之故小宗伯注云類者依其正禮而爲之是也

受命於祖

告祖也○疏曰受命於祖謂出時告祖是不敢自尊有所稟承故言受命祖禰皆告以祖爲尊故特言祖此受命於祖則前文造乎禰也但前文據告行故云造乎禰此據以征伐之事故云受命於祖所以互見其文也然則受命於祖在造乎禰之前禡前文類帝宜社禡於所征之地

0015_0100-2

總論出行之時然後卻本初時受命於祖受成於學之事所以文倒

受成於學

定其謀也○疏曰受成於學者謂在學謀論兵事好惡可否其謀成定受此成定之謀在於學稟故云受成於學

出征執有罪反釋奠于學以訊馘告

訊本又作誶音信馘古獲反○釋菜奠幣禮先師也訊馘所生獲斷耳者詩曰執訊獲醜又曰在頖獻馘馘或爲國○斷音短○疏曰出征執有罪者謂出師征伐執此有罪之人還反而歸釋菜奠幣在於學以可言問之訊截左耳之馘告先聖先師也又曰釋菜案大胥職云春

祭禮十

0015_0101-1

入學舍菜合舞文王世子亦云釋菜鄭注云釋菜禮輕也則釋菜唯釋蘋藻而已無牲牢無幣帛文王世子又云始立學者[illegible]與器用幣注云禮樂之器成則釁之又用幣告先聖先師以器成此則徒用幣而無菜亦無牲牢也文王世子又云凡始立學者必釋奠於先聖先師及行事必以幣是釋奠有牲牢又有幣帛無用菜之文熊氏以此爲釋菜奠幣者謂釋奠之禮以獻俘馘故云釋菜奠幣言釋奠之時既有牲牢菜幣而有今案注云釋菜解經中釋字奠幣解經中奠字又云禮先師不云祭先師則必訊馘告之時但有菜幣而已未必爲釋奠

0015_0101-2

有牲牢也於事有疑未知孰是故備存焉然則釋菜奠幣皆告先聖先師此直云先師文不具耳云訊馘所生獲斷耳者以生獲解訊以斷耳解馘案釋言云訊言也故詩注云執其可言問者釋詁云馘獲也訊是生者馘是死而截耳者云詩曰執訊獲醜者詩小雅出車篇文也云又曰在泮獻馘者魯頌泮水篇文也案周禮宗伯師還獻愷於祖司馬職云愷樂獻于社此記不云祖及社者文不具周禮不云獻愷於學者亦文不具○王制

○**大祝大師宜于社造于祖設軍社類上帝國將有事**

祭礼十 五三

0015_0102-1

于四望及軍歸獻于社則前祝鄭司農說設軍社以春秋傳曰所謂君以師行祓社釁鼓祝奉以從者也則前祝大祝自前祝也玄謂前祝者王出也歸也將有事於此神大祝居前先以祝辭告之○祓芳弗反劉音廢從才用反一如字下注同○疏曰此經六事皆大祝所掌言大師者王出六軍親行征伐故曰大師云宜于社者軍將出宜祭於社即將社主行不用命戮於社示造於祖者出必造即七廟俱祭取遷廟之主行用命賞于祖皆載於齊車云設軍社者此則據社在軍中故云設軍社云類上帝者非常而

張本下象鼻題監生志昂四字傳本剪去之

0015_0102-2

祭曰類軍將出類祭上帝告天[illegible]國將有事於四望者謂軍行所過[illegible]造祭乃過及軍歸獻于社者謂征伐[illegible]功得囚俘而歸獻捷于社案王制云[illegible]征執有罪反以釋奠于學注云釋菜[illegible]幣禮先師也引詩執訊獲醜則亦獻[illegible]學云則前祝者此經六事皆大祝前讀又曰司農引春秋傳者定六年左氏傳案彼祝佗云君以軍行者師則軍也故尙書云大孤六師詩云六師及之皆以師名軍引之者證社在軍謂之軍社之事玄謂前祝者王出也歸也將有事於此神四望已上為出時獻於社為歸時皆大祝以辭告之案尚書武成丁未祀

祭礼十 五四

0015_0103-1

于周廟庚戌柴望皆是軍歸告宗廟告天及山川即此經出時告之歸亦告之此經上帝四望不見歸時所告故鄭總云王出也歸也而將有事於此神以該之○春官

○**小宗伯若大師則帥有司而立軍社奉主車**有司大祝也王出軍必先有事於社及遷廟而以其主行社主曰軍社遷主曰祖春秋傳曰軍行祓社釁鼓祝奉以從曾子問曰天子巡守以遷廟主行載于齊車言必有尊也書曰用命賞于祖不用命戮于社社之主蓋用石為之奉謂將行○[illegible][illegible]○疏曰言大師者大起軍師以[illegible]

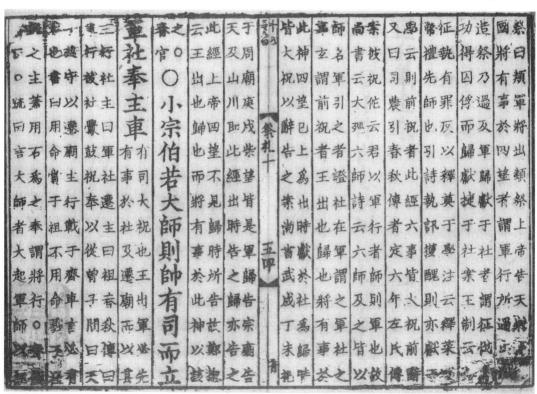

0015_0103-2

云謂有司而立軍社者謂小宗伯〔?〕者司大祝而立軍社載於齋車以〔?〕
〔?〕主車者謂遷廟主亦載於齋車〔?〕又曰鄭知有司是大祝者見大〔?〕
〔?〕于大師設軍社故也鄭知王出軍〔?〕之事於社及遷廟而以其主行者〔?〕
〔?〕及王制將出軍皆云類於上帝〔?〕社又曾子問云以遷廟主行載於〔?〕
〔?〕故知也云社王曰軍社者以其載〔?〕於軍中故以軍社言之云遷王曰〔?〕
〔?〕此經直云奉主車雖不云祖鄭意〔?〕取尚書賞於祖爲證故先言遷主曰祖
〔?〕引春秋定四年召陵之會將會衛子〔?〕行敬子言於靈公曰會同難其使祝佗〔?〕

祭禮十　五五

0015_0104-1

從祝佗曰君以軍行祓社釁鼓祝奉以從君行師從卿行旅從祝不出境〔?〕
佗言此者欲見召陵之會是朝聘告行大祝不合行意時靈公抑遣行祝佗遷〔?〕
行引者欲見此經有司立軍社是大祝之事也引曾子問者欲見軍行天子諸〔?〕
侯皆用遷廟木主行之意也尚書者定甘誓啓與有扈戰於甘之野誓士衆之
新引之者欲見軍行須軍社遷主也云社之主蓋用石爲之者案許慎云今〔?〕
陽俗祠有石主彼雖施於神祠要有石王主類其社既以土爲壇石是土之〔?〕
故鄭云社主蓋以石之無正文故云〔?〕以疑之也云奉謂將行者以曾子問〔?〕

0015_0104-2

〔?〕車又尚書用命賞〔?〕如奉謂將行也○

若軍將有事

則與祭有司將事于四望

與音預○軍將有事將與

〔?〕戰也鄭司農云則與祭謂軍祭表〔?〕社之屬小宗伯與其祭事玄謂與
〔?〕有司謂大祝之屬蓋司馬之官實典焉○疏曰其四望者謂五嶽四鎮四瀆
三軍將有事與敵合戰之時則小宗伯與祭有司大祝之等祭四望之神以求
福但四望之神去戰處遠者不必祭之王之戰處要有近之者祭之故以四望
言之也又曰先鄭以與祭以上繼之者然則與祭者與祭何神乎其言將事

祭禮十　五六

0015_0105-1

於四望則有司自有事於四望矣不于小宗伯輒於此言之見何義也於義不
然故鄭合爲一事解之也鄭知有司是大祝者案大祝職云大師國將有事於
四望與此義同故知有司大祝知司馬實典之者以其軍事是司馬所掌故知
司馬實典主其事也無正文故云蓋以疑之也

凡王之軍旅之

禱祀肄儀爲位

肄以志反沈音肆又似二反○肄習也故書肄
爲肆儀爲義杜子春讀肆當爲肄義爲儀謂若今時肄司徒府也小宗伯主其
〔?〕○疏曰言王者會同軍旅甸役之事〔?〕有禱祠之法云肄儀爲位者謂〔?〕者禱

[illegible]習威儀爲之若云釋義也嘗習威儀之時則小宗伯爲位也○春

官○量人營軍之壘舍量其市朝州涂

軍社之所里量音亮朝直遥反涂本又作塗○軍壁曰壘鄭司農云

量其市朝州涂還市朝而爲道也玄謂州一州之衆二千五百人爲師每師一

處市也朝也州也皆有道以相之軍社社主在軍者里居也○疏曰此爲出軍

之時所營量度之事又曰云軍壁曰壘者軍行之所擬停之處皆爲壘壁恐有

弃常故云軍壁曰壘也先鄭云量其市朝州涂還市朝而爲道也者先鄭意還

市朝而爲道不釋州義故後鄭不從以一州則一師每一師各自一處各立市

朝州即師皆有道以相湊之若然來必環遶爲路也云軍社社主在軍者里居

也者在軍不用命戮於社故將社之石主而行所居皆有步數故職在量人○

夏官○大司馬若大師則掌其戒令大師王出

征伐也涖臨也臨大卜卜出兵吉凶也司馬法曰上卜下謀是謂參之士謂還

廟之主在軍者也軍器鼓鐸之屬凡師既受甲迎主于廟及社主祝奉以從殺

牲以血塗主及軍器皆神之○疏曰云軍事涖釁主及軍器者案小子職云

[illegible]故官夢之而大司馬臨[illegible]知臨大卜者案大卜云掌[illegible]

[illegible]命一曰征故知也云司馬法曰上卜下謀是謂參之者卜在廟又龜有神

冥云上卜下謀人在下故云下謀君居其中故云參也云主謂遷廟之主及社

主在軍也者曾子問云軍行則以遷廟之王行左傳祝佗云軍行祓社釁鼓祝

奉以從尚書云用命賞于祖不用命戮于社皆是在軍者也若師有

功則左執律右秉鉞以先愷樂獻于社

功勝也律所以聽軍聲鉞所以爲將威也先猶道也兵樂曰愷獻于社獻功于

社也司馬法曰得意則愷樂愷歌示喜也鄭司農云故城濮之戰春秋傳曰振

旅愷以入于晉○濮音卜○疏曰云若師有功則左執律右秉鉞以先者謂若

陳知有勝功訖乃執律者示此律聽軍聲鼓勝負右秉鉞示威也又曰云律所

以聽軍聲者大師職文彼初出軍時大師執聽至此剋勝司馬執之先鄭引城

濮之戰者僖二十八年晉文公敗楚於城濮兵入曰振旅整衆而還歌愷樂示

入晉[illegible]法與此天子禮同故引爲證也[illegible]夏官師有功則獻于社也

[illegible]師大獻則令奏愷樂注云[illegible]不渾與意鄭答曰[illegible]馬

0015_0107-2

□軍事之功故獻於社大司獨宗伯主宗廟故獻于祖若
二處俱獻以其出軍之時告于祖宜于社故反必告也若師不功
則厭而奉主車厭於涉反又於入反○鄭司農云厭謂厭冠喪
服也軍敗則以喪禮故秦伯之敗於殽也春秋傳曰秦伯素服郊次鄉師而哭
□□厭伏冠也奉猶送也送主歸於廟□社○鄉許亮反○疏曰春秋秦伯事
□□僖三十三年秦師襲鄭之事案彼□□三十年秦晉圍鄭鄭使燭之武說秦
□□□卻退使杞子逢孫楊孫戍鄭至僖□□十三年秦使孟明視白乙丙西乞術

祭禮十　五十九

0015_0108-1

□鄭將至鄭逢商人弦高將市于周詐之秦師還至殽晉師與姜戎敗之殽三
許因之於晉舍三帥還秦伯素服郊次鄉師而哭之是其事也玄謂厭伏冠也
者案下曲禮云厭冠不入公門彼疏文喪總小功之冠以義言之五服之冠皆
厭以其喪冠反吉冠於武上向內縫之喪冠於武下向上縫之以伏冠在武故
得厭伏之名案檀弓注厭冠喪冠也□外未聞若然先鄭引秦伯素服者蓋□
在廟向外哭此則從外向內不同□□其服未聞後鄭不破者已有禮□□
從此可知○□□□□□肆師凡師甸用牲于社宗

0015_0108-2

則爲位甸音田○社軍社□□□□□尚書傳曰王升舟入水□□□□
觀臺亞將舟亞宗廟亞故書位□□□子春云涖當爲位書亦或爲位宗□□
廟○疏曰師謂出師征伐甸謂四時田獵二者在外或有祈請皆當用牲社之
宗時皆肆師爲位祭也又曰云社軍社也者在軍不用命戮於社又君以軍行
祓社釁鼓故名軍社也云宗遷主者曾子問云師行必以遷廟主行載于齊車
故知遷主也尚書傳曰王升舟已下者謂說武王於文王受命十一年觀兵之
時武王於孟津渡河升舟入水在前鼓鍾亞亞于舟後觀臺亞者觀臺可以望

祭禮十　六十

0015_0109-1

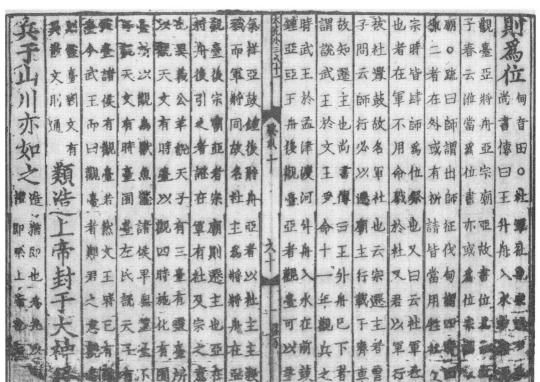

氣祥亞鼓鍾後將舟亞者以社主主殺戮而軍將同故名社主爲將將舟在亞
觀臺後宗廟亞者宗廟則遷主也亞在將舟後引之者證在軍有社及宗之意
云異義公羊說天子有三臺有靈臺所以觀天文有時臺以觀四時施化有囿
臺以觀鳥獸魚鼈諸侯卑無靈臺下尊竟天文有時臺囿臺左氏說天子有
靈臺諸侯有觀臺若然文王時已有靈臺今武王而曰觀臺者鄭君之意觀
則靈臺對文有異散文形通類造上帝封于大神祭
兵于山川亦如之造猶即也爲兆以□禮即祭上帝也□

0015_0109-2

依郊祀而爲之者封謂壇也大神社[illegible]方嶽也山川蓋軍之所依止大傳曰[illegible]之野武王之大事也既事而退柴於[illegible]帝祈于社設奠於牧室○疏曰上經[illegible]經於社宗據在軍下云師不功據敗[illegible]言即此經據勉勝後事告天及社之[illegible]又曰諸文皆云造于禰類于上帝造[illegible]於禰此以類造同云于上帝則造與[illegible]同類于上帝故鄭云造猶即與造門之[illegible]造同也云爲兆以類禮即祭上帝者[illegible]於國四郊則自有常兆域今戰訖而[illegible]祭故須新爲壇兆故鄭云爲兆也鄭[illegible]類禮依郊祀而爲之者此直是告祭非常非是禱祈之祈祭故知依正禮郊祀

0015_0110-1

而爲之謂四時迎氣於四郊皆是也云大神社及方岳者以其命所報告皆是出時告者皆以出時類于上帝宜于社造於禰今大神文在上帝下而云封祭之明是社也知兼有方岳者見小宗伯云軍將有事于四望謂將戰時今與[illegible]所告明兼祭方岳方岳即四望象云[illegible]川蓋軍之所依止者以其山川[illegible]可並祭軍旅思險阻軍止必依[illegible]知祭軍所依止者也云大傳者[illegible]傳篇云牧之野武王之大事[illegible]者[illegible]享云時甲子昧爽武王與[illegible]鄭注云紂近郊三十里[illegible]紂之事故云大事[illegible]事而[illegible]

0015_0110-2

紂[illegible]敗[illegible]入[illegible]室武王入紂都既[illegible]乃[illegible]告[illegible]帝云以質柴祭告[illegible][illegible]帝[illegible]也云祈于社者即此經[illegible]一[illegible]也云設奠於牧室者謂[illegible]有主於牧野之室[illegible]文[illegible]引[illegible]欲此經亦當有[illegible]主不言者文不備也

凡師不功則助牽主車

助助大司馬之故書功爲工鄭司農工讀爲功古者工與功同字謂師無功肆師助牽主之恐爲敵所得○疏曰師不功謂戰敗云助牽主車者主中有二爲社之石主遷廟木主也又曰知助助大司馬也者案大司馬職云

0015_0111-1

若師不功則厭而奉主車故知此[illegible]師助大司馬也若然案小宗伯云立軍社奉主車謂未敗時若敗即大司馬奉之○春官○

小祝大師掌釁祈號祝

鄭司農云釁謂釁鼓也春秋傳曰君以軍行祓社釁鼓祝奉以從○疏曰言掌釁者據大師氏之文而言耳則唯爲以血釁鼓祈號祝者將出軍禱祈之禮皆小祝號以讀祝辭蓋所以令將軍祈而請之也此皆小事故大師用小祝以讀祝耳又曰引春秋傳曰者定四年祝佗辭引之者證軍師有釁鼓之事所引之辭者將以登軍師有必取成於天下欲使敵人畏之也所

0015_0112-1　　0015_0111-2

以必有征伐四方之事故須用血以釁於鼓故有釁鼓之事有寇戎之事則保郊祀于社故書祀或作禩鄭司農云謂保守郊祭諸祀及社無令寇侵犯之社子春讀禩爲祀書亦或爲祀玄謂保祀互文郊社皆守而祀之彌烖兵○禩音祀令力呈反○疏曰鄭云謂保守郊祭諸祀及社者先鄭之義經之祀謂祀神故云祭諸祀及社後鄭不從者以其經祀爲諸祀祀與社文承不見祭事故祀於社共爲一事解之玄謂保祀互文者郊言保守亦祀社言祀亦保守故云郊社皆守而祀之云彌烖兵者經言有寇戎之事則一是烖兵故引小祝彌烖兵而解之○春官

仪祭礼十　六三

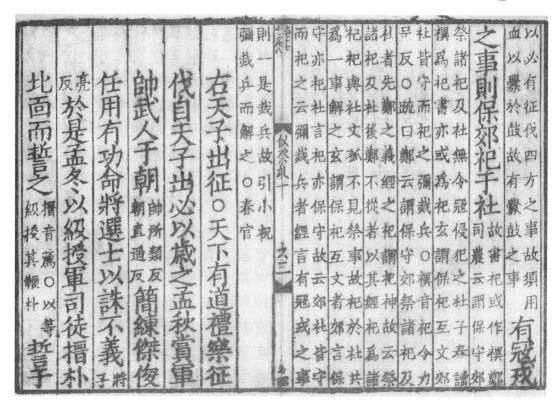

右天子出征○天下有道禮樂征伐自天子出必以歲之孟秋賞軍帥武人于朝帥所類反朝直遥反簡練傑俊任用有功命將選士以誅不義將子亮反於是孟冬以級授軍司徒搢朴北面而誓之搢音薦○以等級授其鞭扑誓于

0015_0113-1　　0015_0112-2

社以習其事先期五日大史誓于祖廟大音泰擇吉日齊戒告于郊社稷宗廟既則獻兆於天子天子使有司以特牲告社告以所征之事而受命焉舍奠于帝學以受成舍音釋○成謂師律以成定然後乃類上帝祡于郊以出以齊車載遷廟之主及社主

仪祭礼十　六四

行大司馬職奉之齊側皆反下同○言以大司馬奉所遷廟社之主無遷廟主則以幣帛皮圭告于祖禰禰乃禮反謂之主命亦載齊車凡行主皮圭幣帛皆每舍奠焉而後就館舍音赦○言廟社行主及皮圭幣帛之主命每所至之地則先舍奠而後就館示有尊也舍當作釋音與釋同主車止於中門之外外門之內廟

主居于道左社主居于道右其所經名山大川皆告祭焉○及至敵所將戰太史卜戰日卜右御先期三日有司明以敵人罪狀告之史史定誓命戰日將帥陳列車甲卒伍于軍門之前有司讀誥誓使周定三令五申既卒遂禱戰祈克于

上帝然後即敵將士戰全已克敵史擇吉日復禡于所征之地禡馬怕反○禡師祭名也柴于上帝祭社奠祖以告克者不頓丘傷士也戰不克則不告也○凡類禡皆用甲丙戊庚壬之剛日有司簡功行賞不稽于時其用命者則加爵受賜于祖奠之

前其奔北犯令者則加刑罰戮于社主之前禡馬怕反○書稱用命則賞于祖弗用命則戮于社然後鳴金振旅有司徧告捷于時所有事之山川○既至舍于國外三日齊以特牛親格于祖禰然後入設奠以反主舍音赦齊側皆反禰乃禮反○設奠反其主於廟於社若主命則卒斂玉埋

之于廟兩階間言埋言則幣帛瘞之反社主如初迎之禮舍奠于帝學以訊馘告大享于羣吏用備樂享有功于祖廟舍爵策勲焉謂之飲至此天子親征之禮也舍奠之舍音釋馘古獲反舍爵之舍音捨○天子命將出征親㓗齊盛服設奠于祖以詔之將子亮反㓗音潔齊側皆反○

0015_0118-2

詔告之大將先入軍吏畢從皆北面再拜稽首而受稽音啓。受所命天子將階南面命受之節鉞太將受鉞音越。謂受所賜節鉞天子乃東鄉西面而揖之謂轉南面自東遂西面而揖示弗御也謂既揖已則不御坐然後告太社冢宰執蜃宜於社之右蜃時軫反。左傳云戎有受脤脤祭社之肉盛以脤器

祭禮十　六七

0015_0119-1

南面授大將大將北面稽首再拜而受承所頒賜于軍吏頒音班其出不類其克不禡禡馬怕反戰之所在有大山川則祈焉禱克于五帝捷則報之振旅復命簡異功勤親告廟告社而後適朝朝直遥反祈勝之禮命將誅之將以禦敵先使迎於適所

0015_0119-2

從來之方爲壇祈克于上帝衣服隨其方色報事人數從其方之數從其方之數則北方七九人東方十一人西方十三人牲則用其方之牲祝史告于社稷宗廟邦域之內名山大川君親素服誓衆于太廟曰大音泰某人不道侵犯大國二三子尚皆同心比心比毗志反

祭禮十　六八

0015_0120-1

死而守將帥稽首再拜受命將子亮反帥所類反下同稽音啓既誓將帥勤士卒陳于廟之右陳去聲君立太廟之庭祝史立于社百官各警其事御于君以待命乃大鼓于廟門詔將帥命卒習射三發擊刺三行告廟用兵于敵也五兵備效乃鼓而出以即

0015_0120-2

之禮也應正反○司

濤曰興兵以討不義乃告于皇天

上帝日月星辰禱于后土四海神

祇山川冢社乃造于先生然後冢

宰徵師于諸侯曰某國爲不道征

之以某年月日師至于某國○書　七

○帥師者受命於廟受脤於社脤市

0015_0121-1

軫反○脤宜社之肉盛以脤器○

盛音成○疏曰釋天云起大事動

大衆必先有事乎社而後出謂之

宜知出兵必祭社祭社名爲宜周

禮大宗伯以脤膰之禮親兄弟之

國定十四年天王使石尚來歸脤

知脤是器物可執之以賜人也今

言受脤於社明是祭社之肉盛以

脤器賜元帥也地官掌蜃祭祀共

蜃器之蜃鄭玄云蜃大蛤蜃之器

以蜃飾因名焉○閔公二年春秋左氏傳

○曾子問曰

古者師行必以遷廟主行乎孔子

0015_0121-2

曰天子巡狩以遷廟主行載于齊

車言必有尊也今也取七廟之主

以行則失之矣齊側皆反○齊車金路○疏曰案齊

僕云掌馭金路大馭掌馭玉路凡祭祀皆乘玉路齊車則降一等乘

金路也遷廟主行者皇氏云謂載新遷廟之主義或然也

當七

廟五廟無虛主虛主者唯天子崩

諸侯薨與去其國與祫祭於祖爲

0015_0122-1

無主耳吾聞諸老聃曰天子崩國

君薨則祝取羣廟之主而藏諸祖

廟禮也卒哭成事而后主各反其

廟老聃古壽考者之號也與孔子同時藏諸主於祖廟象有凶事

者聚也卒哭成事先祔之祭名也○疏曰案下文助葬於巷黨老聃

曰丘止柩又莊子稱孔子與老聃對言是與孔子同時也案史記云

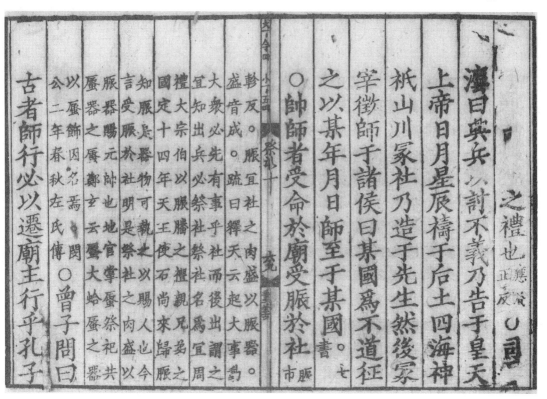

老聃陳國苦縣賴鄉曲仁里人也爲周柱下史或爲守藏史鄭注論

0015_0122-2

語云老聃周之太史未知所出云
象有凶事者聚也者此實凶事而
云象者以凶事生人自聚今主亦
集聚似生人之聚故云象也云卒
哭成事先祔之祭名也者檀弓云
卒哭曰成事謂漸成吉事檀弓又
曰明日祔于祖是卒哭之事在祔
祭之前鄭必云先祔之祭名者以
卒哭主各反其廟者爲明日祔時
須以新死者祔祭于祖故祖主先
反廟也**君去其國大宰取羣廟之主**
以從禮也從才用反○鬼神依人者也**祫祭於**

祭礼十　七十二

0015_0123-1

祖則祝迎四廟之主祝接神者也○疏曰以其
祫祭於祖是祝之所掌之事故祝
迎四廟之主若去其國非祭祀之
事故大宰取羣廟之主以從鬼神
依人故也祫祭於祖則迎四廟之
主祝主接神故迎之也祫合祭祖
大祖三年一祫謂當祫之年則祝
迎高曾祖禰四廟而於大祖廟祭
之天子祫祭則迎六廟之主今言
迎四廟者舉諸侯言也**主出廟入廟必蹕**蹕止
行者○疏曰主謂木主羣廟之主
也主天子一尺二寸諸侯一尺出

張本下象鼻題監生志昂四字傅本剪去之

0015_0123-2

廟者謂出已廟而往大祖廟入廟
謂從大祖廟而反還入已廟并在
廟院之外當主出入之時必須辟
止行人若王入大祖廟中則不須
蹕也似壓於尊者也若
有喪及去國無蹕禮也**老聃云**
曾子問曰古者師行無遷主則何
主孔子曰主命問曰何謂也孔子
曰天子諸侯將出必以幣帛皮圭
告于祖禰遂奉以出載于齊車以

祭礼十　七十三

0015_0124-1

行每舍奠焉而后就舍以脯醢禮神乃敢即
安也所告而不以出即埋之○疏
曰老聃云從上天子崩以下至出
入廟必蹕以上皆是老聃所云結
上義也孔子曰主命者孔子言天
子諸侯將出既無遷主乃以幣帛
皮圭告于祖禰之廟遂奉以出
行載于齊車以象受命故云主命
以曾子不解主命之意故孔子荅
以主命之義云天子諸侯將出必
以幣帛皮圭告于祖禰之廟告訖
遂奉此幣帛皮圭以出於廟載于
齊車金路以行每至停舍之處先

0015_0124-2

以脯醢奠此幣帛皮圭而後始就停舍之處行還反後必陳此幣帛皮圭於祖禰主前以告神又設奠祭既卒斂此幣帛皮圭埋諸兩階之間乃後而出蓋貴此主命故也又曰經云每舍奠焉以其在路不可恒設牲牢故知以脯醢也與殯奠同謂之奠以其無尸故也云所告而不以出即埋之者皇氏云謂有遷主者直以幣帛告神而不將幣帛以出行即埋之兩階之間無遷主者加之以皮圭告於祖禰遂奉以出熊氏以爲每告一廟以一幣玉告畢若將所告遠祖幣玉行

0015_0125-1

若即載之而去若近祖幣玉不以出者即埋之以其反還之時以此載行幣玉告於遠祖事畢則埋於遠祖兩階間其近祖以下直告祭而已不陳幣玉也反必告設奠卒斂幣玉藏諸兩階之間乃出蓋貴命也曾子問

○公族其在軍則守於公禰謂從軍者公禰行主也行以遷主言禰在外親也○疏曰此一節明羣子從行在軍及公行庶子留守之事則守於公禰也公禰謂遷主載于齊

0015_0125-2

齊車隨公行者也庶子官既從在軍故守於公齊車之行主也行主是遷主而呼爲禰者既在國外欲依親親之辭○文王世子

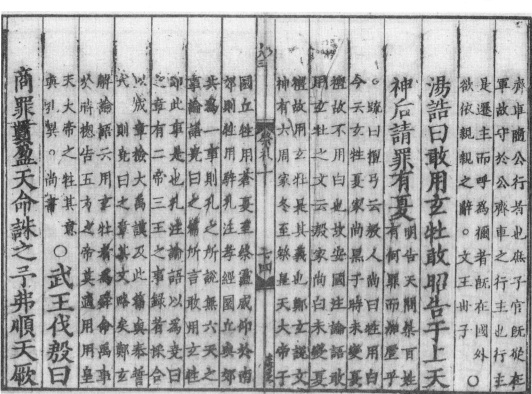

○湯誥曰敢用玄牡敢昭告于上天神后請罪有夏明告天問桀百姓有何罪而加虐乎○疏曰檀弓云殷人尚白牲用白今云玄牡夏家尚黑于時未變夏禮故不用白也故安國注論語敢用玄牡之文云殷家尚白未變夏禮故用玄牡是其義也鄭玄說文神有六周家冬至祭皇天大帝于

0015_0126-1

國丘牲用蒼夏皇祭靈威仰於南郊則牲用騂孔注孝經圓丘與郊共爲一事則孔之所說無六天之事論語堯曰之辭所言敢用玄牲即此事是也孔注論語以爲堯曰之章有二帝三王之事錄者採合以成章檢大禹謨及此篇與泰誓武成則堯曰之章其文略矣鄭玄解論語云用玄牡者爲舜命禹事於時總告五方之帝莫適用用皇天大帝之牲其意與孔異○尚書

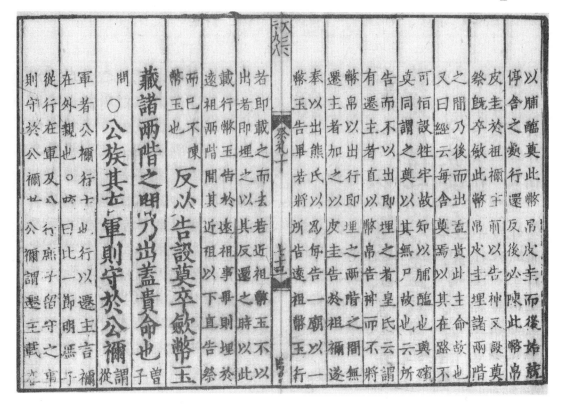

○武王伐殷曰商罪貫盈天命誅之予弗順天厥

0015_0126-2

罪惟鈞紂之爲惡一以貫之惡貫已滿天畢其命今不誅紂則爲逆天與紂同罪。疏曰紂之爲惡如物在繩索之貫一一以貫之其惡貫已滿矣物極則反天欲畢其命故上天命我誅之今我不誅紂則是逆天之命無恤民之心是我與紂同罪矣猶如律故縱者與同罪也予小子夙夜祗懼受命文考類于上帝宜于冢土以爾有衆底天之罰底之義及下同。祭社曰宜冢土社也言我畏天之

0015_0127-1

咸告文王廟以事類告天祭社用汝衆致天罰於紂。疏曰釋天引詩云乃立冢土戎醜攸行即云起大事動大衆必先有事乎社而後出謂之宜孫炎曰宜求見福祐也是祭社曰宜冢訓大也社是土神故冢土社也毛詩傳云冢土大社也受命文考是告廟以行故爲告文王廟也王制云天子將出類乎上帝宜乎社造乎禰此受命文考即是造乎禰也王制以神尊卑爲次故先言帝社後言禰此以廟是已親若言家內私議然後告天故先言受命文考而後言類于上帝

0015_0127-2

舜典類于上帝傳云告天及五帝此以事類告天亦當如彼也罰紂是天之意故用汝衆致天罰於紂也○又曰底商之罪告于皇天后土所過名山大川致商之罪謂伐紂之時后土社也名山華岳大川河。疏曰致商之罪謂伐紂之時欲將伐紂告天乃發故文在所過之上禮天子出征必類帝宜社此告皇天后土即泰誓上篇類于上帝宜于冢土故云后土社也昭二十九年左傳稱句龍爲后土后土爲社是也僖十五

0015_0128-1

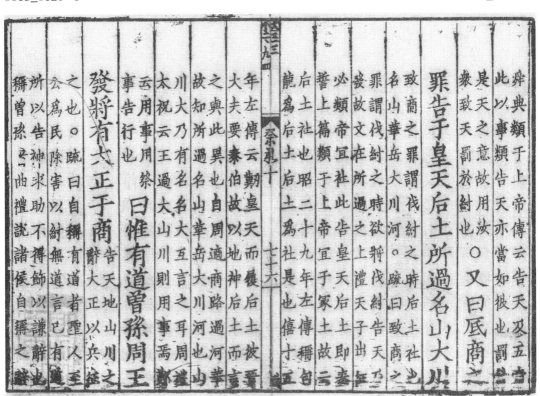

年左傳云戴皇天而履后土彼晉大夫要秦伯故以地神后土而言之與此異也自周適商路過河華故知所過名山華岳大川河也山川大乃有名名大互言之耳周禮太祝云王過大山川則用事焉鄭云用事用祭事告行也曰惟有道曾孫周王發將有大正于商告天地山川之辭大正以兵征之也。疏曰自稱有道者聖人至公爲民除害以紂無道言己有道所以告神求助不得飾以謙辭也稱曾孫者曲禮說諸侯自稱之辭

云臨祭祀內事曰孝子某侯某外事曰曾孫某侯某哀二年左傳蒯聵禱祖亦自稱曾孫皆是言已承藉上祖奠享之意今商王受無道無道德暴殄天物害虐烝民暴絕天物言逆天也逆天害民所以爲無道。疏曰天物語闕人在其間以人爲貴故別言害民則天物之言除人外普謂天下百物鳥獸草木皆暴絕之爲天下逋逃主萃淵藪逋亡也天下罪人逃亡者而紂爲魁主窟聚淵府藪澤言大姦。疏

曰逋亦逃也故以爲亡罪人逃亡而紂爲魁主魁首也言受用逃亡者與之爲魁首爲主人萃訓聚也言若蟲獸入窟故云窟聚水深謂之淵藏物謂之府史遊急就篇云司農少府國之淵淵府類故言淵府水鍾謂之澤無水則名藪藪澤大同故言藪澤萃淵藪三者各爲物室言紂與亡人爲主亡人歸之若蟲之窟聚魚歸淵府獸集藪澤言紂爲大姦也據傳意主字下讀爲便昭七年左傳引此文杜預云萃集也天下逋逃悉以紂爲淵藪集而歸之與孔異也予小

予既獲仁人敢祗承上帝以遏亂略仁人謂太公周召之徒略路也言誅紂敬承天意以絕亂路華夏蠻貊罔不率俾恭天成命冕服采章曰華大國曰夏及四夷皆相率而使奉天成命。疏曰冕服采章對被髮左衽則爲有光華也釋詁云夏大也故大國曰夏華夏謂中國也言蠻貊則戎夷可知王言華夏及四夷皆相率而充己使奉天成命欲其共伐紂也肆予東征綏厥士女

此謂十一年會孟津還時惟其士女篚厥玄黃昭我周王言東國士女篚盛其絲帛奉迎道次明我周王爲之除害。爲于僞反天休震動用附我大邑周天之美應震動民心故用依附我惟爾有神尚克相予以濟兆民無作神羞相去聲。神庶幾助我渡民危害無爲神羞辱。同上○王升舟入水鍾鼓亞觀臺亞將舟亞宗

0015_0131-1　　0015_0130-2

廟亞惡皆謂亞亞次也觀畫■■知天時占候者也宗廟行■

○尚書大傳牧之野武王之大事也

既事而退柴於上帝祈於社設奠

於牧室柴祈奠告天地及先祖也牧室牧野之室也古者郊

關皆有館焉先祖者行主也○疏曰牧之野武王之大事也者言牧

野之戰是武王之事大者也既事而退者既戰罷而退也柴於上帝

者謂燔柴以告天祈於社者陳祭以告社也設奠於牧室者設此奠

祭於牧野之館室以告行主也遂率天下諸侯者上言告祭既訖遂

率領天下諸侯執豆籩疾奔走而往在廟祭先祖於此之時乃追王

大王大王名亶父者又追王王季歷及文王昌等爲王所以然者不

以諸侯之卑號臨天子之尊也又曰知郊關有館者遺人云凡國野

十里有廬三十里有宿三十里有市道路尚然明郊關亦有館舍鄭

言此者證牧野有室云先祖者行主也者案曾子問云古者師行必

以遷廟主行故甘誓云用命賞于祖此武王所載行主者也案周本

0015_0132-1　　0015_0131-2

紀云載文王木主以其成■■■業故不載遷廟王其社則■■■

祭之故不在牧室此社是■■之神故鄭云柴祈告天地也

率天下諸侯執豆籩逡奔走■■■■

○逡疾也疾奔走言勸事也周頌曰逡奔走在廟○疏曰周頌所云

謂周公攝政六年祭清廟此經逡奔走謂武王伐紂而還告廟其事

不同引之者證奔走不異故引之知執豆籩行還告廟者以此經上

云柴祈設奠下云遂率天下諸侯是柴祈禮畢故武成云丁未祀于

周廟駿奔走執豆籩而皇氏云爲柴祈奠於牧室之時諸侯執豆籩

非此經文之次又與武成違其義非也追王大王亶

父王季歷文王昌不以卑臨尊也

追王于況反亶丁但反父音甫不用諸侯之號臨天子也大王王季

王早矣於殷猶爲諸侯於是著焉○疏曰案此武王追王大王亶父

王季歷文王昌案合符后云■三亦■祀天追王大王亶甫王季

曆與此不同若文王暫追王季■■來走至武王時乃定之矣中■

0015_0133-1　　0015_0132-2

云周公追王大王王季者謂以王禮改葬耳不改葬文王者先以王禮葬故也此大王王季追王者王迹所由興故追王也所以追王者以子爲天子而不以卑臨尊若非王迹所由不必追王也故小記云父爲士子爲天子諸侯祭以天子諸侯其尸服以士服是也周語云先王不窋武成云先王建邦啓土謂后稷皆稱先王者以王者之先祖故通稱先王也契稱玄王與此同矣云文王稱王早矣者士無二王殺紂尚存即爲早所以早稱王者案中候我應云我稱非早一民

固下注云一民心固臣下雖於時爲早於年爲晚矣故周本紀云文王受命六年紀靈臺布王號於時稱王年九十六也故文王世子云君王其終撫諸是也文王既稱王文王生雖稱王號稱猶未定故武王追王乃定之耳○大傳○莊公八年春王正月甲午治兵左氏曰治兵于廟禮也治兵于廟習戰令將以圍郕○疏曰周禮中春教振旅中秋教治兵穀梁傳曰出曰治兵習戰也入曰振旅習戰也公羊傳曰出曰

0015_0134-1　　0015_0133-2

祠兵入曰振旅其禮一也皆習戰也釋天云出爲治兵尚威武也入爲振旅反尊卑也孫炎云出則幼賤在前貴勇力也入則尊老在前復常法也彼言治兵振旅皆謂因田獵而選車徒教戰法習號令知此治兵亦是習號令也此治兵於廟欲就尊嚴之處使之畏威用命耳但軍旅之衆非廟内所容止應告於宗廟出在門巷習之昭十八年傳稱鄭人簡兵大蒐將爲蒐除社云治兵於廟城内地迫故除廣之是告於廟習於巷也下有圍郕知治兵爲圍郕也沈云周禮中秋

治兵月令三春令云是月也不可以稱兵所以甲午治兵者以爲圍郕故非非時治兵猶如備難而城非時不譏沈又云治兵之禮必須告廟告廟雖是内事治兵乃是外事故雖告廟仍用甲午且治兵則征伐之類又爲圍郕雖在郊内亦用剛日甲午治兵公羊以爲祠兵謂殺牲饗士卒○春秋左氏傳○諸侯從劉康公成肅公會晉侯伐秦劉康公王季子劉成二公不書兵不加秦成子受脤于社不敬脤宜社之

0015_0134-2　0015_0135-1

肉也盛以蜃器故曰脤宜出兵祭社之名○脤市軫反盛音成劉子曰吾聞之民受天地之中以生所謂命也是以有動作禮義威儀之則以定命也能者養之以福養威儀以致福不能者敗以取禍是故君子勤禮小人盡力勤禮莫如致敬盡力莫如敦篤敬在養神篤在守業

大九 小四二　祭礼十　八十三

國之大事在祀與戎祀有執膰膰祭肉○膰扶袁反下同脤音煩戎有受脤神之大節也交神之大節今成子惰棄其命矣惰則失中和之氣其不反乎爲成肅公卒于瑕張本○疏曰天地之中謂中和之氣也民者人也言人受此天地中和之氣以得生育所謂命也命者教命之意若有所稟受之辭故孝經說云命者人之所稟受度是也命雖受之天地短長有本順理則壽考逆

0015_0135-2　0015_0136-1

則夭折是以有動作禮義威儀之法則以定此命言有法則命之長短得定無法則夭折無恒也故人有能者養其威儀禮法以往適於福或本分之外更得延長也不能者敗其威儀禮法而身自取禍或本分之內仍有減制也爲其求福長禍之故君子勤禮以臨下小人盡力以事上勤禮莫如臨事致敬盡力莫如用心敦篤敬之所施在於養神朝廷百官事神必敬篤在守業草野四民勿使失業也國之大事在祀與戎宗廟之祀則有執膰兵戎之祭則有受脤此是交

祭礼十　八十四

神之大節也今成子受脤而惰是自棄其命矣死必在近此行其不得反乎爾之往也養之以福謂將身向福也敗以取禍謂禍及身也福則人之所欲作往就之辭也禍則人之所惡作自來之語也敬則所施有處故言致敬也厚則唯在已身無所可致故重言敦篤也執膰受脤俱是於祭末受而執之互相見也劉炫云命者宜也言其生育之性得之於實兆也又曰詩詠楚茨之篇云爲俎孔碩或燔或炙又曰旨酒欣欣燔炙芬芬毛傳云傅火曰燔祭內有燔而薦者因謂

0015_0137-1　　0015_0136-2

祭肉爲膰也。成公十三年春秋左氏傳○晉侯伐秦[illegible]將濟河獻子以朱絲係玉二瑴[illegible]學反。雙王曰瑴而禱曰齊環怙恃其險負其衆庶禱丁老反一音丁報反怙音户。環齊靈公名負依也棄好背盟陵虐神主好呼報反背音佩。神主民也謂數伐魯殘民人。數所角反曾臣彪將率諸侯以討焉彪晉平公名稱臣者明上有天子以謙告神曾臣猶末臣。疏曰王制云五嶽視三公四瀆視諸侯則諸侯於河神其辭不得稱臣故解其意稱臣者以明上有天子言已是天子之臣以謙告神也曾祖曾孫者曾爲重義諸侯之於天子無所可重曾臣猶末臣謙卑之意耳其官臣偃實先後之先悉薦反後户豆反。守官之臣偃獻子名。守手又反又[illegible]字苟捷有功無作神羞羞恥也官臣偃無敢復濟復扶又反下注復[illegible]同。偃信[illegible]故[illegible]

0015_0138-1　　0015_0137-2

死自誓唯爾有神裁之沈玉而濟澳梁在十六年盟曰同討不庭。沈音鴆或如字濟子禮反。襄公十八年春秋左氏傳○晉伐鄭楚子救鄭遇於鄢陵楚子登巢車以望晉軍巢車車上爲櫓。櫓音魯。巢車說文作轈云兵車高如巢以望敵也字林同。疏曰說文云轈兵高車加巢以望敵也櫓澤中守草樓也是巢與櫓俱樓之别名子重使大宰伯州犁侍于王後大音太。州犁晉伯宗子前年奔楚王曰騁而左右何也騁走也曰召軍吏也皆聚於中軍矣曰合謀也張幕矣曰虔卜於先君也虔敬也。幕音莫徹幕矣曰將發命也甚囂且塵上矣曰將塞井夷竈而爲行也上時掌反。行户郎反。夷平也皆乘矣左右執兵而下矣曰聽誓

0015_0138-2

也乘繩證反下同○左將帥右車右○將子匠反帥所類反○疏曰兵車唯元帥在中御者在左也其餘將帥皆御者在中將帥在左也左右執兵而下唯御者持車不下耳戰乎曰未可知也乘而左右皆下矣曰戰禱也禱丁老反或丁報反○禱請於鬼神○成公十六年春秋左氏傳

○楚子圍許楚子不親圍以圍者告許男面縛銜璧大夫衰絰士輿櫬衰七雷反絰直

0015_0139-1

結反櫬初覲反○縛手於後唯見其面以璧爲贄手縛故銜之櫬棺也將受死故衰絰○贄本又作摯音至又如字縛如字舊扶卧反楚子問諸逢伯逢伯楚大夫對曰昔武王克殷微子啓如是微子啓紂庶兄宋之祖也○疏曰樂宋世家云微子開者殷帝乙之首子而帝紂之庶兄周武王克殷微子乃持其祭器造於軍門肉袒面縛左牽羊右把茅膝行而前以告於是武王乃釋微子復其位武王誅武庚乃命微子代殷

0015_0139-2

之後爲宋史記之言多有舛謬微子手縛於後故以口銜璧又安得牽羊把茅也此會篇書之妄耳武王親釋其縛受其璧而祓之祓芳弗反又音廢下同○祓除凶之禮也○疏曰周禮女巫掌歲時祓除釁浴之故除明是除凶之禮也襄二十九年襄公臨楚喪使巫以桃茢先祓殯此亦當以桃茢祓之焚其櫬禮而命之使復其所楚子從之僖公六年春秋左氏傳

○鄭子展子產伐

0015_0140-1

陳入之子展命師無入公宮與子產親御諸門御魚呂反○欲服之而已欲禁侵掠○掠音亮陳侯使司馬桓子賂以宗器陳侯免擁社免音問擁於勇反○免喪服擁社社主示服使其衆男女別而纍以待於朝纍類非反・呂輒反○纍白囚以待命子展執縶而見陟立反見稽首承飲而

0015_0141-1　　0015_0140-2

進獻(承引奉牖示不失承敬)子羨入數俘而出(數所主反俘芳夫反○子羨子產也但數其所獲人數不將以)歸祝祓社司徒致民司馬致節司空致地乃還(祓除也節兵符陳亂故正其衆官脩其所職以定之乃還也○疏曰周禮女筮掌歲時祓除釁浴鄭玄云歲時祓除如今二月上巳如水上之類釁浴謂以香薰草藥沐浴彼言祓除知此祓社是祓除也其祓除之事當如鄭之言也周禮有掌節之

官節爲兵符若今之銅虎符竹使符也陳國旣亂致使官司廢闕民人分散符節失亡故令陳之司徒招致民人司馬集致符節司空檢致士地使各依其舊師乃廻還也劉炫云陳國旣亂民節與地非復陳有子展子產心不感陳各使巳之官屬各依其職事致之於陳使民依職領受具其衆官備其所職以安定之乃還也諸官皆鄭人在軍有此官特蓋權使攝爲之未必是正官服虔以爲祝與司徒等皆是陳人各致其所主於子產宗傳陳侯擁社句抱以逆又何須祝祓

0015_0142-1　　0015_0141-2

之子羨數俘獲尚不服何當禁民地使陳致乃之還既毁具藏矣何猶斷云入陳也○襄公二十五年春秋左氏傳)○楚子敗晉師于邲潘黨曰君盍築武軍(盍戶臘反)(築軍營以彰武功)而收晉尸以爲京觀(觀古亂反○積尸封土其上謂之京觀)楚子曰古者明王伐不敬取其鯨鯢而封之以爲大戮於是乎有京觀以懲淫慝(鯨其

京反鯢五兮反懲直升反慝他得反○鯨鯢大魚名以喻不義之人)(徐音丨疏)今罪無所(罪無戶非反)而民皆盡忠以死君命又可以爲京觀乎祀于河作先君宮告成事而還(傳言楚莊有禮所以遂興○疏曰禮記曾子問稱古者師行必以遷廟主行載于齊車言必有尊也尚書甘誓云用命賞于祖謂遷廟之祖主也爲先君宮爲此遷主作宮於此祀之告成事告戰勝也桃太傳記云此

0015_0142-2

野武王[illegible]既[illegible]也[illegible]冬牧室亦是[illegible]而與[illegible]子

[illegible]何甘孔丁天二詣祊將山[illegible]幣帛皮圭告于

祖禰遂奉[illegible]十車以行每舍與遷行爵[illegible]令○宜公十二年

春秋左氏

大祝六會同造于廟宜于社過大山川

則用事焉反行舍奠舍音釋一音赦下同○用事亦用祭

事告行也玉人職有宗祝以黃金勺前馬之禮[illegible]謂過山川與曾子問曰凡告

0015_0143-1

必用牲幣反亦如之○與音餘○疏曰大會同者王與諸侯時見曰會殷見曰

同或在畿內或在畿外亦云廟而行云造者以其非時而祭造少之意即上文

造于祖一也云反行舍奠者曲禮云出必告反必面據生時人子出入之法令

王出行時造于廟將遷廟主行反行還祭七廟非時而祭曰奠故云反行舍奠

也又曰言用事[illegible]祭事告行也者言亦如上經六師用祭事告行引玉人職

者案玉人職大璋中璋九寸邊璋七寸射四寸厚寸黃金勺青金外天子以巡

守宗祝以前馬此云有宗祝以黃金勺前馬之禮非是彼正文此略言之耳云

0015_0143-2

是謂過大山川與者彼不云過山川此言過大山川此不言用黃金勺彼言以

黃金勺以義約爲一故言與以疑之彼注云大山川用大璋中山川用中璋小

山川用邊璋此直見過大山川不見中小者欲見中小山川共大山川一處直

告大山川不告中小故不見中小山川各自别處則用中璋邊璋此所過山川

非直用黃金勺酌獻而已亦有牢故校人職云將有事於四海山川則飾黃駒

注云四海猶四方王巡守過大山川則有殺駒以祈沈之禮與是其牲牢也引

曾子問曰凡告必用牲幣反亦如之者宗彼注破牲爲制此用牲幣不破之者

0015_0144-1

彼文不取牲義直取出告反亦告而已故破牲爲制於此經皆用牲知者三制

云歸假于祖禰用特堯典亦云歸格于藝祖用特校人有飾黃駒之文則知此

經出入皆有牲禮故不破牲爲制○春官

○甸祝舍奠于

祖廟禰亦如之舍讀爲釋釋奠者告將時田若將征伐鄭司農

云禰父廟○䟽曰天子將出告廟而行言釋奠於祖廟者非時而祭即曰奠

其不正[illegible]奠之言停停饌具而已七廟俱告也[illegible]言又曰舍讀爲釋者周

[illegible]禮[illegible]字鄭讀皆爲釋云釋奠者告[illegible]征伐者此經上下[illegible]

0015_0144-2

言時田不言征伐宗大祝大師造于祖大會同造于廟皆造祖禰故兼言征伐○春官○小宗伯凡王之會同軍旅甸役之禱祠肄儀爲位肄以志反又似二反沈音四○肄習也故書肄爲肄儀爲義杜子春讀肄當爲肄義爲儀謂若今時肄司徒府也小宗伯主其位○疏曰言王有會同軍旅甸役之事皆有禱祠之法云肄儀爲位者數者禱祠皆須豫習威儀乃爲之故云肄儀也當習威儀之時則小宗伯爲位也有禍烖亦如之謂有所禱祠○疏曰禍烖謂國遭水火凶荒則

0015_0145-1

有禱祈之事故云亦如之○同上○諸侯將出宜乎社造乎禰疏曰諸侯將出者謂朝王及自相朝盟會征伐之事也宜乎社者不得告天故從社社始也亦載社主也造乎禰者亦告祖及載主也唯言出告則歸亦告也曾子問曰出反必親告于祖禰是也天子用特牲諸侯卑則否也曾子問注云皆奠幣以告之是也○王制

右朝會○傳起大事動大衆必先有事乎社爾雅孔子曰諸侯適天子

0015_0145-2

必告于祖奠于禰皆奠幣以告之五文也○疏曰告于祖亦告于禰也言奠于禰亦奠于祖也冕而出視朝朝直遥反下同○聽國事也諸侯朝天子必裨冕爲將廟受也裨冕者公衮侯伯鷩子男毳○爲于僞反○疏曰裨冕謂裨衣而冕裨衣者公衮侯伯鷩子男毳視朝詔聽事也又曰聽國事解經視朝之事云諸侯朝天子必裨冕爲將廟受也者諸侯視朝當用玄冠緇衣素裳今視朝而服裨冕之服者案覲禮侯氏裨冕天子受之於廟

0015_0146-1

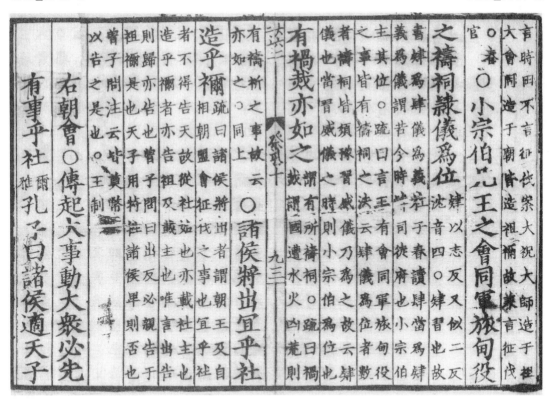

故鄭云諸侯朝天子必裨冕爲將廟受也言天子於廟受己之禮今諸侯往朝天子爲天子將欲於廟中受巳之禮故諸侯豫敬之以冕服視朝也命祝史告于社稷宗廟山川臨行又徧告宗廟孝敬之心也○疏曰案上文云諸侯適天子必告于祖奠于禰此又命祝史告于宗廟山川是臨行告宗廟則知後再告故云臨行又徧告宗廟孝敬之心也言徧告宗廟則五廟皆告也前云告于祖者亦祖禰皆告也乃命國家五官而

0015_0146-2

后行五官五大夫典事者命着勑之以其職○䟽曰案入宇云
建其牧立其監設其參傅其任是諸侯有三卿五大夫經云五宮故
云五大夫以屬官大夫其數衆多直云五者據典國事者言之不云
命卿者或從君出行或雖在國留守攝主羣吏如三公然不專主一
事且尊之旣命五大夫則卿亦命之可知故不顯言命卿也命者謂
戒勑以所掌之事也道而出祖道也聘禮曰出祖釋軷祭酒
脯也○軷步末反○䟽曰經言道而出明諸侯將行爲祖祭道神而

大五　三五四　祭礼十　九十五

0015_0147-1

後出行引聘禮者證祖道之義案聘禮記云出祖釋軷祭酒脯鈠注
云祖始也行出國門止陳車騎釋酒脯之奠於軷爲行始也春秋傳
曰軷陟山川然則軷山行之名也道路以險阻爲難是以委土爲山
或伏牲其上使者爲軷祭酒脯祈告也禮畢然後乘車轢之而遂行
其有牲犬羊可也此城外之軷祭也其五祀行神則在宮内故鄭注
聘禮云行謂行者之先其古人之名未聞天子諸侯有常祀在冬也
喪禮有毀宗躐行出于大門則行神之位在廟門外西方又鄭注月

0015_0147-2

令[illegible]二十[illegible]禮注云[illegible]
釋爲軷祭之[illegible]主民云和[illegible]以[illegible]
尸盡是[illegible]之云伏瘞亦如[illegible]
[illegible]軷上[illegible]羊[illegible]謂諸侯[illegible]卿大夫以[illegible]
[illegible]克御[illegible]以酒祭[illegible]軷[illegible]古[illegible]周禮大[illegible]云[illegible]于
自左馭[illegible]下祝登受轡犯軷遂驅之[illegible]云[illegible]登酌僕僕左執轡右祭
兩[illegible]祭[illegible]乃飲[illegible]即馭末軷謂車獻前是[illegible]祭宮内行神之軷及

大五　三五四　祭礼十　九十六

0015_0148-1

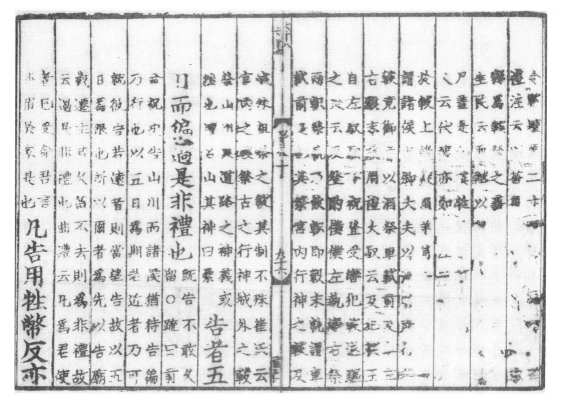

[illegible]殊祖宗之軷其制不殊崔氏云言[illegible]之祭古之行神城外之軷
祭山川其道路之神義或祭也[illegible]名山其神曰纍告者五
日而徧過是非禮也既告不敢久留○䟽曰前
命祝史告山川而諸侯猶待告徧乃行也以五日爲期若近者乃可
就彼告若遠者則當望告故以五日爲限也所以廟者爲先以告廟
敵遷[illegible]者久留不去則爲非禮故云過是非禮也曲禮云凡爲君使
者已受命君言不宿於家是也凡告用牲幣反亦

如之　牲當爲制字之誤也制幣一丈八尺○疏曰皇氏熊氏以此爲諸侯禮不得用牲故牲書[illegible]爲其天子則當用牲故熊氏云實注周禮大祝職引此文云告牲幣必幣不破牲字是天子用牲幣也又引天子用牲者校人云王所過山川則飾黃駒是用牲也必知諸侯不用牲者約下文云幣帛皮圭以告故知不用牲也或天子諸侯均入有告有祭故告用制幣一丈八尺其加之矣唯入祭而已並兼禮既使而反祭用牲也

諸侯相見必告于禰　[illegible]近是可以不[illegible]親告祖○疏曰以直云告子禰[illegible]據其道近故云可以不[illegible]告祖[illegible]諸侯不直告禰者下文云反必[illegible]告子祖禰明出時亦告祖禰爲[illegible]近告禰[illegible]

朝服而出視朝　[illegible]也○[illegible]曰朝服爲事故其[illegible]諸侯朝服玄冠[illegible]侯朝天[illegible]等數天子皆[illegible]

視朝故謂之朝服論語云吉月必朝服而朝注云朝服皮弁服是也必知朝服皮弁服者聘禮諸侯相聘皮弁服明相朝亦皮弁服此義爲勝也

命祝史告于五廟所過山川　山川所不過則不告恥於適先子也

亦命國家五官道而出反必親告于祖禰乃命祝史告至于前所告者而后聽朝而入　反必親告祖禰同出入禮○疏曰庾蔚云鄭當謂出入所告理不容殊而諸侯相見出不云告祖者或道近變其常禮耳故反必親告祖禰以明出入之告其禮不殊也○曾子問

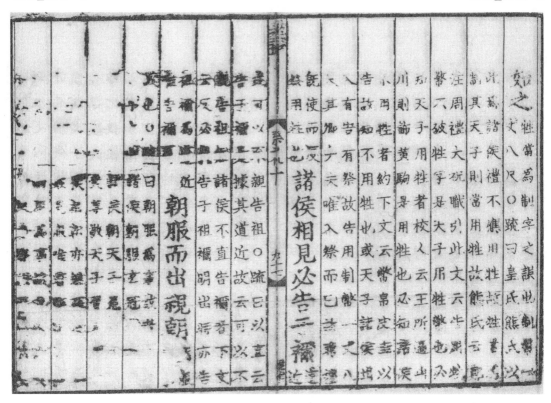

○桓公二年冬公至自唐告于廟也凡公行告于宗廟反行飲至舍爵策勳焉禮也　舍音赦舊音捨下同○爵飲酒器也既飲置爵則書勳勞於策言速紀有功也○疏曰凡公行者或朝或會或盟或伐皆是也孝子之事親也出必告反必面事死如事生故出必告廟反必告至

0015_0150-2

又言告禰廟而言告宗廟者諸廟皆告非獨禰也禮記曾子問曰諸侯適天子必告于祖奠于禰命祝史告于宗廟諸侯相見必告于禰命祝史告于五廟反必親告于祖禰乃命祝史告至于前所告者由此而言諸侯朝天子則親告祖禰祝史告餘廟朝鄰國則親告禰祝史告餘廟其路遠者亦親告祖故於其反也言告于祖禰明出時亦告祖也出時不言祖者鄭玄云道近或可以不親告祖明道遠者亦親告祖矣雖親與不親而諸廟皆告故總言告于宗廟也曾子問曰

祭禮十　九十九

0015_0151-1

凡告用制幣反亦如之則出入皆以幣告也但以則告而遂行反則告訖又飲至故行言告廟反言飲至以見至有飲而行無飲也反飲至者嘉其行至故因在廟中飲酒爲樂也襄十三年傳曰公至自晉孟獻子書勞于廟禮也書勞策勳其事一也舍爵乃策勳策勳當在廟知飲至亦在廟也彼公至自晉朝還告廟也此公至自會盟還告廟也十六年公至自伐鄭傳曰以飲至之禮伐還告廟也三者傳皆言禮知朝會盟伐告廟禮同傳所以不舉此例也朝還告至而獻子書

0015_0151-2

勞則策勳者非唯討伐之勳雖必事有以安國寧民或亦書功于廟也公行告至必以嘉會昭告祖禰有功則舍爵策勳無功則告事而已無不告也反行必告而春秋公行一百七十六書至者唯八十二耳其餘不書者釋例曰凡公之行不書至者凡十有四皆不告廟也隱公之不告謙也餘公之不告慢於禮也慢於禮者舉大例言耳其中亦應有心實非讓而不宜告者若行有恥辱不足爲榮則免躬罪己不以告廟非爲慢於禮也若事實可恥而不以爲恥反行告廟則

祭禮十　一百

0015_0152-1

史亦書之宣五年傳曰公如齊高固使齊侯止公請叔姬焉夏公至自齊書過也釋例曰執止之辱厭尊國列所以累其先君忝其社稷固當克躬罪己不以嘉禮自終宣公如齊既已見止連昏於鄰國之臣而行飲至之禮故傳曰書過也是不應告而告故書之以示過也釋例又曰桓公之喪至自齊此則死還告廟而書至者也非公違禮如齊觀社用飲至之禮此則失禮之書至者也宣公黑壤之會以賂免諱不書盟而復書至亦諱不以見止告廟也襄公至自晉此則榮

0015_0152-2

還而書至者也昭公至自齊居于鄆此則宜告而書至者也諸書至皆告廟啓反或即實而言或有所諱辟傳於桓見飲至之禮於宣見書過之譏於朝見書勞于廟舉此三者以包其他行也僖公十六年公會諸侯于淮未歸而取項齊人以爲討而止公十七年秋聲姜以公故會齊侯于卞公始得歸而書公至自會是諱其見止而以會告廟故傳曰猶有諸侯之事焉且諱之是諱止而以會告也諸侯盟者必在會後皆書公至自會不言公至自盟者以盟是因會而爲之初

0015_0153-1

必以會徵衆公行以會告廟故還以會告至雖并以盟告亦不云至自盟爲行時不以盟告故也僖二十八年公會諸侯于温遂圍許經書公至自圍許襄十年公會諸侯于柤遂滅偪陽經書公至自會二文不同釋例曰諸若此類事勢相接或以始致或以終致蓋時史之異耳無他義也定十二年公至自圍成行不出竟而以告廟者釋例曰陪臣執命大都偶國仲由建墮三都之計而成人不從故公親伐之雖不越竟動衆興兵大其事故出入皆告于廟也○春秋左氏傳

0015_0153-2

○襄公十三年公至自晉孟獻子書勞于廟禮也書勳勞於策也桓公二年傳曰公至自唐告於廟也凡公行告於宗廟及行飲至舍爵策勳焉禮也桓十六年傳又曰公至自伐鄭以飲至之禮也然則還告廟及飲至及書勞三事偏行一禮則亦書至悉闕乃不書傳因獻子之事以發明凡例釋例詳之○䟽曰其書勞與策勳一也周禮王功曰勳事功曰勞對則勳大而勞小故専變文以包之注云書勳勞於策明其不異也

0015_0154-1

桓二年傳發凡例有告廟也飲至也策勳也桓十六年傳言飲至此年傳言書勞二者各舉其一所以反覆凡例以此知三事偏行一禮則亦書至悉闕乃不書至耳所云偏行一禮謂偏行告至其飲至策勳則不可偏行也何則告廟因行[illegible]舍爵而即策勳策勳飲至並行之於朝豈得不告至而在廟聚飲乎不告至而入廟書勞乎明其決不然矣但告至已後或飲至而不書勞或書勞而不飲至二事或有闕其一者傳因獻子書勞復言禮也所以發明凡例釋例曰公行

0015_0155-1　　0015_0154-2

或朝或會或盟或代得禮失禮其事非一故傳隨而釋之於盟釋告廟嫌他例不通故復摠言凡公行告于宗廟反行飲至舍爵策勲焉禮也此以明公之出竟當無不告及其反也則必飲至有功則策勲故公至自伐鄭傳重言以飲至之禮孟獻子書勞于廟傳復云禮所以反覆凡例也公朝於晉而獻子書勞知策勲非唯討伐之功雖或常行有以定國安民亦書功於廟也然則凡反行飲至必以嘉會昭告祖禰有功則舍爵策勲無勞告事而已○春秋左氏傳

○衛獻公出奔及竟公使祝宗告亡且告無罪告宗廟也定姜曰無神何告若有不可誣也誣欺也定姜公適母○適丁歷反有罪若何告無告亡而已無告無罪時姜在國故不使得告無罪○襄公十四年春秋左氏傳

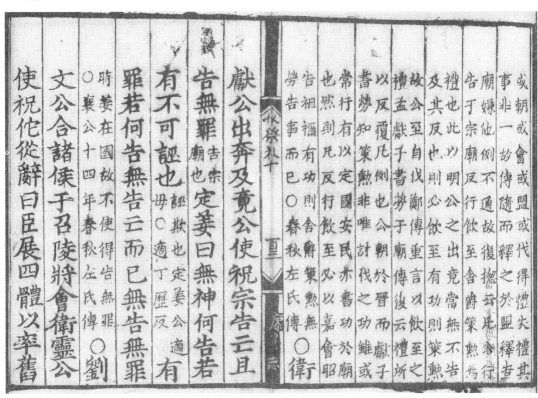

○劉文公合諸侯于召陵將會衛靈公使祝佗從辭曰臣展四體以率舊

0015_0156-1　　0015_0155-2

職猶懼不給而煩刑書若又共二徼大罪也且夫祝社稷之常隷也社稷不動祝不出竟官之制也君以軍行祓社釁鼓祝奉以從於是乎出竟若嘉好之事君行師從卿行旅從臣無事焉注疏見序事巫祝條○定公四年春秋左氏傳

大司馬中春教振旅中音仲○兵者凶事不可空設因蒐狩而習之凡師出曰治兵入曰振旅皆習戰也四時各教民以其一焉春習振旅兵入收衆專於農○蒐所留反下同遂以蒐田有司表貉春田爲蒐有司大司徒也掌大田役治徒庶之政令表貉立表而貉祭也鄭司農云貉讀爲禡禡謂師祭也書亦或爲禡○䟽曰云春田爲蒐者蒐搜也春時鳥獸孚乳搜擇取不孕任者故以蒐爲名云有司大司徒也者即大司徒職云大田役治其徒庶之政令故知有司是大

0015_0157-1　0015_0156-2

之徒也云表貉立表而貉祭也者此即詩及爾雅云類也禡也師祭是也此中
冬教大閱春辨鼓鐸夏辨號名秋辨旗物至冬大閱簡軍實凡頒旗
物以出軍之旗則如秋以尊卑之常則如冬司常佐司馬時也大閱備軍禮而
旌旗不如出軍之時空辟實○辟音避遂以狩田冬田爲狩言守
取之無所擇也○疏曰云冬田爲狩言守取之無所擇者對春夏言蒐言苗有
所擇又秋名獮中殺者多對此圍守之此又多於獮故得守名也既陳
乃設驅逆之車有司表貉于陳前驅驅出禽

獸使趨田者也逆逆要不得令走設此東者田僕也○要於遙反○疏曰前經
論陳車徒說故此云既陳云乃設驅逆之走設說即爲表貉之祭於陳前也
○肆師凡四時之大甸獵祭表貉則爲
位貉師祭也貉讀爲十百之百於所立表之處爲師祭造軍法者禱氣勢之
增倍也其神蓋蚩尤或曰黃帝○疏曰案大司馬仲冬教大閱教戰訖入防將
田既陳乃設驅逆之車有司馬表貉于陳前此時肆師爲位而祭也又曰知貉
師祭也者爾雅云是類是禡故知貉爲師祭也云貉讀爲十百之百者鄭以聲

0015_0158-1　0015_0157-2

讀之必名此祭爲貉者以其取應十倍百爲十倍之義云祭造軍法者凡言祭
者祭先明是先世創首造軍法者也云禱氣勢之增倍也者謂禱祈使師有氣
勢望得所獲增益十倍還釋貉字之意也云其神蓋蚩尤或曰黃帝者案史記
黃帝與蚩尤戰于涿鹿之野俱是造兵之首案王制云天子將出類乎上帝注
云帝謂五德之帝是黃德帝以配類則貉祭祭蚩尤是以公羊說曰師出曰祠
兵入曰振旅祠者祠五兵矛戟劍楯弓鼓及祠蚩尤之造兵者謹案三朝記曰
蚩尤庶人之貪者何兵之能造故鄭云或曰黃帝也故禮說云黃帝以德行蚩

尤與黃帝戰亦是造兵之首故漢高亦祭黃帝蚩尤於沛庭也○司几
筵甸役則設熊席右漆几甸音田○謂王甸有司祭
表貉所設席○疏曰甸役謂天子四時田獵案大司馬大閱禮教戰訖入狩田
既陳有司表貉於陳前是時設熊席右漆几也○春官○甸祝掌
四時之田表貉之祝號貉兵祭也甸以講武治兵故有
兵祭詩曰是類是禡爾雅曰是類是禡師祭也玄謂田者習兵之禮故亦禡祭
禱氣勢之十百而多獲○疏曰言四時之田表貉之祝號者四時田即大司

0015_0158-2

馬所云春蒐夏苗秋獮冬狩案大司馬
大閱禮云旣陳乃設驅逆之車有司表
貉於陳前當此貉祭之時田祝爲號人
曰子春云讀貉爲百爾所思之百讀從
毛詩後鄭從之增成其義云書亦或爲
禡者毛詩爾雅皆爲此字云貉兵祭也
者爾雅云禡師祭是也引詩云是類是
禡者大雅皇矣之詩也玄謂田者習兵
之禮故亦禡祭者詩與爾雅禡出征之
祭田是習兵故亦禡祭云禱氣勢之十
百而多獲者應十得百望
多獲禽牲此辭禡字之意舍奠于祖廟
禰亦如之舍讀爲釋釋奠者告將時田
若將征伐鄭司農云禰父廟

祭禮十　百卌七

0015_0159-1

○䟽曰天子將出告廟而行言釋奠於
祖廟者非時而祭即曰奠以其不立尸
奠之言停停饌具而已七廟俱告故祖
禰幷言又曰舍讀爲釋者周禮記多爲
舍字鄭讀皆爲釋云釋奠者告將時田
若將征伐者此經上下唯言時田不言
征伐案大祝大師造于祖大會同
造于廟皆造祖禰故兼言征伐師甸
致禽于虞中乃屬禽及郊饁獸舍奠于
祖禰乃斂禽禂牲禂馬皆掌其祝號屬音
燭禂音誅一音禱○師田謂起大衆以
田也致禽於虞中使獲者各以其禽來

張本下象鼻題監生廖三字傅本剪去之

0015_0159-2

致于所表之處屬禽別其種類饁饋也
以祈獮獸饋於郊薦于四方羣兆入又
以奠于祖禰薦且告反也斂禽謂取三
十入腊人卜杜子春云禂禱也爲馬禱
無疾爲田禱多獲禽牲詩云旣伯旣禱
爾雅曰旣伯旣禱馬祭也玄謂禂讀如
伏誅之誅今侏大字也爲牲祭求肥充
爲馬祭求肥健○別彼列反爲于僞反
侏音誅○疏曰云致禽於虞中使獲者
各以其禽來致於所表之處者若田獵
在山山虞植旗田獵在澤澤虞植旌於
旌旗爲表故辭致禽于虞中者各獲者
各以其禽來致於所表之處也云屬禽
別其種類者會獸聚於旌旗之前各

儀禮卷十　百卌八

0015_0160-1

祝分別[illegible]類各爲一所云
饁饋也以祈獮獸饋於郊薦於四方羣
兆者案小宗伯兆五帝於四郊四類四
望亦如之兆山川丘陵各於其方是其
四郊皆尊神之兆今田獵在四郊之外
還國必遍羣兆故將此禽獸薦於羣兆
直以禽祭之無祭事云入又以奠於祖
禰薦且告反也者上經舍奠於祖廟謂
出時今此舍奠在饁獸之下是告反也
云薦者又以所獲禽牲薦廟也云斂禽
取三十者案穀梁每禽擇取三十知
入腊人者案腊人云掌凡田獸之脯腊
案王制一爲乾豆二爲賓客三爲充君
庖此入腊人者據上殺者乾之以爲

0015_0160-2

豆實供祭祀其餘入賓客庖廚直入膳人者據祭祀重者而言脯非豆實而言乾豆者以脯為醢故醢人注云作醢及臡者先膊乾其肉乃後莝之雜以粱麴及醢漬以美酒塗置甀中百日則成矣是也杜子春云禂禱也為馬禱無疾已下後鄭皆不從者以凡言牲者卜日曰牲據祭祀之牲不得據田獵之獸又禂不得為禱祈字玄謂讀如伏誅之誅者此俗讀也時有人甘心惡伏誅故云伏誅之誅此從音為誅云今侏大字也者今讀時人傍侏是侏大之字此取肥大之意故云為牲祭求肥充解經禂牲云為馬祭求肥健釋經禂馬鄭皆解禂為

0015_0161-1

是知此皆有祭者以其言皆禱其祝號是有祭事○春官○小宗伯

若大甸則帥有司而饁獸于郊遂頒禽

甸讀曰田有司大司馬之屬饁饋也以禽饋四方之神於郊郊有羣神之兆頒禽謂以予羣臣詩傳曰禽雖多擇取三十焉其餘以予大夫士以習射於澤宮而分之○疏曰言大甸者天子四時田獵也云則帥有司而饁獸于郊者謂田在四郊之外田訖以禽獸饋於郊者將入國過四郊四郊皆有天地日月山川之位便以獸臨於神位以獻神非正祭故是野饁獸於郊云遂頒禽者因事

0015_0161-2

遂以在郊饁獸訖入至澤宮中云于處行班餘獲射之禮故云遂頒田甸者以郊外曰甸獵在甸地今讀曰田者義將兩兼非直獵亦得取田義以其佃冶田土下以田言之云有司大司馬之屬者軍事是司馬之事故大司馬職致禽饁獸於郊故知大司馬宗伯不可帥大司馬身故知所馬之屬官以以之屬言之也云神者即天地山川之等云郊有兆者上文兆五帝於四郊四類如之兆山川丘陵各於其方是兆也引詩傳者證頒禽之義

0015_0162-1

焉

○凡王之甸役之禱祠肄

[illegible]○肆師凡甸用牲于社

社軍社也宗遷主也尚書傳曰入水鼓鐘亞觀臺亞將舟亞書位為涖杜子春云涖當為為位宗謂宗廟○疏曰師謂甸謂四時田獵二者在外或當用牲社及宗皆肄師為日云社軍社也者在軍不用又君以軍行祓社釁鼓故名知宗遷主者曾子問云師行主行載于齊車故所遷主也

0015_0162-2

王升舟巳下者謂説武王於文王受命十一年觀兵之時武王於孟津渡河外舟入水在前鼓鍾亞亞王舟後觀臺亞者觀臺可以望氣祥亞鼓鍾後將舟亞者以社主主殺戮而軍將同故名社主爲將將舟在亞觀臺後宗廟亞者宗廟則遷主也亞在將舟後引之者證在軍有社及宗之意也異義公羊説天子有三臺有靈臺所以觀天文有時臺以觀四時施化有囿臺所以觀鳥獸魚鼈諸侯卑無靈臺不得觀天文有時臺囿臺左氏説天子有靈臺諸侯有觀臺若然文王時巳有靈臺今武王而曰觀臺者鄭君之意觀臺則靈臺對文有異散文

祭礼十　百十一

0015_0163-1

則通。

同上

右甸

孔子厄於陳蔡從者七日不食子貢以所賫貨竊犯圍而出告糴於野人得米一石焉顔回仲由炊之子召顔回曰疇昔予夢見先人豈或啓祐我哉子炊而進飯吾將進焉對曰向有埃墨墮飯中

0015_0163-2

欲置之則不潔欲棄之則可惜回即食之不可祭也家語在厄○驪姬以君命命申生曰今夕君夢見齊姜必速祠而歸福齊姜申生母也福胙肉也申生許諾乃祭于曲沃歸福于絳。絳晉所都也○國語晉語

右夢祭

大祝掌六祈以同鬼神示一曰類二曰

祭礼十　百十二

0015_0164-1

造三曰禬四曰禜五曰攻六曰説造七報反禬古外反劉音會禜音詠○祈嘄也謂爲有災變號呼告神以求福天神人鬼地祇不和則六癘作見故以祈禮同之故書造作竈杜子春讀竈爲造次之造書亦或爲造造祭於祖也鄭司農云類造禬禜攻説皆祭名也類祭于上帝詩曰是類是禡爾雅曰是類是禡師祭也又曰乃立冢土戎醜攸行爾雅曰起大事動大衆必先有事乎社而後出謂之宜故曰六師宜于社造于祖設軍社類上帝司馬法曰將用師乃告于皇天上帝日月星辰以禱于后土四海神祇山

0015_0164-2

川冢社乃造于先王然後冢宰徵師于諸侯曰某國爲不道征之以其年某月其日師至某國禜日月星辰山川之祭也春秋傳曰日月星辰之神則雪霜風雨之不時於是乎禜之山川之神則水旱癘疫之災於是乎禜之玄謂類造加誠肅求如志檜禜告之以時有災變也攻說則以辭責之禜如日食以朱絲縈社攻如其鳴鼓然董仲舒救日食祝曰炤炤大明瀸滅無光奈何以陰侵陽以卑侵尊是之謂說也檜未聞焉造類檜禜皆有牲攻說用幣而已。事音叫劉音檜爲于僞反號户羔反呼火故反見賢遍反縈烏營反昭章搖反瀸子廉反

祭禮十　百十三　下

0015_0165-1

。疏曰上經六祝此云六祈皆是祈禱之事別見其文者案小祝重掌六祝云將事侯禳禱祠之祝號鬼神雖和同爲事禱請此六祈爲百神不和同即六癘作見而爲祈禱故云以同鬼神祇是以別見其文又曰云讀爲有災變號呼告以祈以求福者鄭知號呼者見小祝云掌禱祠之祝號故知此六祈亦號呼以告神云天神人鬼地示不和則六癘作見故以祈禮同之者鄭知鬼神示不和者見經云掌六祈以同鬼神示明是不和設六祈以和同之案五行傳云六沴作見云貌之不恭惟金沴木視之不明惟水沴火言之不從惟火沴金聽之不聰

0015_0165-2

聽土沴水思之不睿惟金木水火沴土五行而沴有六者除本五外來沴也凡六疫云沴此云癘者沴有六則癘鬼亦見故變沴言癘杜子春云造謂造祭於祖知者禮記云造于祖故後鄭從之先鄭云類造檜禜攻說皆祭名者以其經禱皆是祭事案後鄭類造檜禜皆有牲攻說用幣而已用幣非祭亦入祭科之中云類祭于上帝知者禮記王制及尚書泰誓皆云類于上帝故知類祭上帝也引詩云已下至師至集國以類造爲出軍之祭後鄭皆不從矣所以不從者但出軍之祭自是求福此經六祈皆爲鬼神不和同設祈禮以同之不得將出

祭禮十　百十四

0015_0166-1

軍之禮以解之故後鄭不從先鄭引大雅皇矣詩即引爾雅者欲以釋此詩故也云又曰乃立冢土戎醜攸行者大雅縣詩云爾雅曰起大事以下亦釋此詩故也又曰乃立宜以祖廟故大事宜于社造于祖設軍社類于上帝並是此大祝下文云司馬法曰將用師三字司農語云禜日月星辰山川之祭也者引春秋爲證春秋傳曰者昭元年左氏傳子云鄭子產聘晉晉侯有疾問於子產子產對此辭於彼傳云鬼疫之災於是乎禜之此云不時者鄭君讀傳有異至禜類造加誠肅求如志者欲與天神人鬼地祇不得同名類造故云加誠肅求[illegible]

0015_0166-2

患云禬禜告之以時有災變也者春秋
所云雪霜風雨水旱癘疫之不時於是乎
乎禜之禬雖未聞禬是除去之義故論
禬亦災變云攻說則以辭責之者是論
語及董仲舒皆是以辭責之云禜謂日
食以朱絲禜社者案莊公二十五年六
月辛未朔日有食之鼓用牲于社公羊
傳云日食則曷為鼓用牲于社求乎陰
之道也以朱絲禜社或曰脅之或曰為
闇恐人犯之故禜之何休云朱絲禜之
助陽抑陰也或曰為闇者恐人犯歷之
故禜之然此說非也記或傳者示不欲
絕異說爾先言鼓後言用牲者明先以
為尊命責之後以臣子禮接之所以為

祭祀十　百十五

0015_0167-1

順也鄭引公羊傳者欲見禜是禜之義
云攻如其鳴鼓然者此是論語先進篇
孔子責冉有為季氏聚斂之臣故云小
子鳴鼓而攻之可彼是以辭攻責之此
攻責之亦以辭責故引以為證引董仲
舒者是漢禮救日食之辭以證經說是
以辭責之云禬未聞焉者經傳無文不
知禬用何禮故云未聞鄭知類造禬禜
皆有牲者案禮記祭法云埋少牢於泰
昭祭時也下云幽禜祭星雩禜祭水旱
鄭注云凡此以下皆祭用少牢禜既用
牲故知類造皆亦有牲故云皆有牲也
云攻說用幣而已者知攻說用幣者是
日食以鼓之屬天災有幣無牲故知用

0015_0167-2

幣而已既云天災有幣無牲其類禮以
亦是天災得有牲者災始見時無牲尽
其災成之後即有牲故詩
云靡愛斯牲是也○春官

○小祝掌小
祭祀將事侯禳禱祠之祝號以祈福祥
順豐年逆時雨寧風旱彌烖兵遠辠疾
遠于萬反○侯之言候也候嘉慶祈福
祥之屬禳禳卻凶咎寧風旱之屬順豐
年而順為之祝辭逆迎也彌讀曰敉敉
安也○䟽曰掌小祭祀者即是將事侯
禳已下禱祠之事是也小祭祀與將事
侯禳已下作目將事侯禳禱祠祝號又

祭祀十　百十六

0015_0168-1

與祈福祥順豐年已下為目祈福祥順
豐年逆時雨三者皆是侯寧風旱彌烖
兵遠辠疾三者即是禳求福謂之禱報
賽謂之祠皆有祝號故摠謂之禱祠之
祝號祈福祥已下不言一曰二曰若大
祝已言訖小祝佐大祝行事故略而不
言亦欲見事起無常故不言其次第又
曰侯之言候也候嘉慶祈福祥之屬者
之屬中兼有順豐年逆時雨嘉善也此
三者皆是善慶之事故設祈禱候迎之
云禳禳卻凶咎寧風旱之屬者之屬中
兼有彌災兵遠辠疾三者是凶咎之事
故設禳祠禳卻之云順豐年而順為之
祝辭者案管子云倉廩實知禮節衣食

0015_0168-2

足知災厲意欲如此是豐年順民意故設祈禮以求豐年而順民故云爲之[illegible]

祝辭也云彌讀曰敉敉安也者案洛誥云亦未克敉公功注云敉安也故知此

彌讀曰敉敉安也○同上○大宗伯國有大故則旅上帝及四望故謂凶裁旅陳也陳其祭事以祈焉禮不如祀之備

也上帝五帝也鄭司農云四望日月星海玄謂四望五嶽四鎮四瀆○疏曰此旅是祈禱之名是以知是凶裁凶謂年穀不熟裁謂水火也云旅陳也陳其祭事以祈焉禮不如祀之備者但祈謂祈請求福得福乃祠賽之祠賽則備而與

0015_0169-1

正祭同故知禮不如祀之備也云上帝五帝也者案禮器云祀帝於郊而風雨寒暑時風雨寒暑非一帝之所能爲此祈請亦是求風雨寒暑時非一帝故知是五帝也鄭司農云四望日月星海後鄭不從者禮無祭海之文又山川稱望故尚書云望秩于山川是也玄謂四望五嶽四鎮四瀆知者祭山川既稱望案大司樂有四鎮五嶽崩四瀆又與五嶽相配故知四望中有此三者言四望者不可一往就祭當四向望而爲壇遥祭之故云四望也○同上○典瑞

四圭有邸以祀天旅上帝鄭司農云[illegible]中央爲璧[illegible]

0015_0169-2

著其四面一玉俱成爾雅曰邸本也[illegible]本著於璧故四圭有邸末四出故也或說四圭有邸有四角也邸讀爲抵歟之抵大宗伯職曰國有大故則旅上帝[illegible]四望○疏曰司農云於中央爲璧圭著其四面一玉俱成者云於中央爲璧謂用一大玉琢出中央爲璧形亦肉倍好爲之四面琢各出一圭[illegible]之大小圭之長短無文天子以十二爲節蓋[illegible]宿圭各尺二寸與鎮圭同其璧爲邸蓋徑六寸摠三尺與大圭長三尺又等故云一玉俱成也云或說四圭有邸有四角也者此說四角角即短矣以無正文故兩釋之也云邸讀爲抵欺之抵音讀

0015_0170-1

之也引大宗伯者證旅上帝是國有故而祭也但旅四望下文與地同用兩圭參此言之者連引之耳旅上帝者上帝五帝也國有故而祭故稱旅也詳見天帝

兩圭有邸以祀地旅四望兩圭者以象地數二

也僢而同邸祀地謂所祀於北郊神州之神○疏曰云僢而同邸者案王制注非則僢彼僢謂兩足相向此兩圭亦兩足同邸是足相向之義故以僢言之[illegible]上四圭同邸者亦是各自兩足是[illegible]就此兩足相向而言之也云祀[illegible]案北郊神州之神者以其[illegible][illegible]禮地謂夏至祭崑崙之地[illegible]

0015_0170-2

上四圭郊天相對是□□□
□括地象崐崙東南萬五千里
也但三王之郊一用夏正未知
何月祭之或解郊用三陽之月
與郊相對宜用三陰之
當七月祭之○同上

○玉人兩圭五寸有邸以旅四望 邸謂之柢有邸僢本也○國有故而祭四望以對四圭有邸祀天及旅上帝也若天地自用黃琮云僢共本也者亦一玉俱成兩圭足並為僢也○冬官

○職金旅于上帝則共其金版 金餅謂之版此版所施未聞○疏曰旅上帝謂祭五

0015_0171-1

天帝於四郊及明堂○秋官

○掌次王大旅上帝則張氈案設皇邸 大旅上帝祭天於圓丘國有故而祭亦曰旅此以旅見祀也張氈案以氈為牀於幄中鄭司農云皇羽覆上邸後版也玄謂後版屏風與染羽象鳳凰羽色以為之○疏曰云王大旅上帝者謂冬至祭天於圜丘則張氈案者案謂牀也牀上著□即謂之重案設皇邸者邸謂以版為之畫鳳凰羽飾之謂王□□□又曰大旅上帝祭天於圜丘者見□□鄭云祀五帝則知此是昊天□□□司服及宗伯昊天上帝一也鄭□大

0015_0171-2

樂冬至祭天於圓丘之事也云國有故而祭亦曰旅者案大宗伯國有大故則旅上帝及四望是國有故而祭謂之旅云此以旅見祀者但此下文王帝見正祀其旅見於大宗伯大宗伯昊天不云旅故此見此文不言正祀故鄭以因旅見之欲見有故昊天亦旅之故云以旅見祀云張氈案以氈為牀於幄中者據鄭云於幄中則知不待設氈案皇邸而已明知并有大次小次之幄與下祀五帝互見之也司農云皇羽覆上者見經皇是鳳皇之字故知以皇羽覆邸上玄謂後版屏風與者此增成司農義言後版者謂為大方版於坐後畫為斧文言

0015_0172-1

屏風者據漢法況之無正文故言與以疑之云染羽象鳳皇羽色以為之者案尚書禹貢羽畎夏翟謂羽山之谷貢夏翟之羽後世無夏翟故周禮鍾氏染鳥羽象鳳皇色以為之覆於版上明堂位及司几筵皆云黼扆此不在寢廟無扆故不得云黼扆故別名皇邸○天官

○典瑞大旅共其玉器而奉之 玉器謂四圭裸圭之屬○疏曰大旅中兼有上帝四望等故鄭云四圭裸圭云奉之者送向所行禮之處也又曰鄭知玉器謂四圭裸事者上已釋禮神曰器經云玉器故知□是禮神者也云之屬者兼有□□□

0015_0172-2

圭璋郎之尊也。春官○司尊彝大喪存奠彝[illegible]

也謂大遣時奠者朝夕乃徹也大旅亦如之旅者國[illegible]大故之[illegible]也亦存其奠彝則陳之不即徹。疏曰知旅長國有大故之祭者見宗伯云國有大故則旅上帝及四望故知也云亦存其奠彝者以其祭云亦如之明亦如大遣奠存省之云則陳之不即徹則與上注奠者朝夕乃徹義異但上經據人鬼日出逮日放其去來於陰陽此天神無此義但不即徹不必要至夕也且案小宰注天地至尊不裸此得用彝者此告請非常亦如大遣奠之而已亦非裸

大二九 小三六 祭禮十 百十二

0015_0173-1

耳。同上。○眡瞭掌凡樂事播鼗擊頌磬笙磬視瞭播鼗又擊磬磬在東方曰笙笙生也在西方曰頌頌或作庸庸功也大射禮曰樂人宿縣于阼階東笙磬西面其南笙鐘其南鑮皆南陳又曰西階之西頌磬東面其南鑮皆南陳○疏曰案序官眡瞭三百人皆所以扶工以其扶工之外無事而兼使作樂故云掌凡樂事則播鼗已下至職末皆是也又曰云視瞭播鼗又擊磬者案小師教鼓鼗注云教教瞽矇瞽矇云掌播鼗今視瞭亦掌播鼗但有目不須小師教之耳故鄭云視瞭播鼗又擊磬是眡瞭兼

0015_0173-2

掌鼗也云磬在東方謂之笙笙生也在西方曰頌頌或作庸庸功也者以東方是上長之方故云笙西方是成功之方故云庸庸功也謂之頌者頌者美盛德之形容以其成功告於神明故云頌言或作庸者尚書云笙庸以間孔以庸爲大鍾鄭云庸即大射頌一也引大射者證東方之磬爲笙西方之磬爲頌之事也掌大師之縣大師當縣則爲之○疏曰案大司樂有宿縣之事小胥正樂縣之位大師無縣樂之事此大師之縣者大師掌六律六同五聲八音以其無目於音聲審本職雖不言縣樂器文於此明縣之可知此言當縣

祭禮十 百十二

0015_0174-1

則爲之者以其有目故也凡樂事相瞽相息亮反○相謂扶工○疏曰能其事曰工故樂稱工是以儀禮鄉飲酒鄉射燕禮大射皆言工相者以眡瞭有目瞽人無目須人扶侍故也大喪廞樂器大旅亦如之旅非常祭於時乃興造其樂器○疏曰大喪廞樂器謂明器故檀弓云木不成斲瓦不成味竹不成用琴瑟張而不平竽笙備而不和是沽而小耳是臨時乃造之大旅非常祭亦臨時乃造故云亦如之旅不用尋常祭器者以其旅是非常則其器亦如明器沽而小故文承明器而云亦如之也○春官

○笙師掌教龡竽笙塤籥簫篪遂管舂牘應雅以教祴樂教教視瞭也鄭司農云竽三十六簧笙十三簧篪七空舂牘以竹大五六寸長七尺短者一二尺其端有兩空髹畫以兩手築地應長六尺五寸其中有椎相狀如漆筩而弇口大二圍長五尺六寸以羊韋鞔之有兩紐疏畫杜子春讀篴爲蕩滌之滌今時所吹五空竹篴玄謂籥如篴三空祴樂祴夏之樂牘應雅教其舂者謂以築地笙師教之則三器在庭可知矣賓醉而出奏祴夏以此三器築地爲之行節明不失禮○疏曰此樂器

瞽矇有視瞭無所以知不教瞽矇者案小師云教鼓鼗柷敔塤簫管弦歌注云教教瞽矇也以小師在瞽矇之上又瞽矇所作與小師同故知小師所教瞽矇笙師所教文在視瞭之下不可隔視瞭教瞽矇其視瞭雖不云其器明所教教視瞭也先鄭云竽三十六簧笙十三簧者案通卦驗竽長四尺二寸注云竽管類用竹爲之形參差象鳥翼鳥火禽火數七冬至之時吹之冬水用事水數六六七四十二竽之長蓋取於此也笙十三簧廣雅云笙以匏爲之十三管宫管在左方竽象笙三十六管宫管在中央禮圖云竽長四尺二寸此竽三十六簧與禮圖同云篪七空者廣雅云篪以竹爲之長尺四寸八孔一孔上出寸三分禮圖云篪九空司農云七孔蓋寫者誤當云八空也或司農別有所見云舂牘以竹大五六寸長七尺短者一二尺其端有兩空髹畫以兩手築地應長六尺五寸其中有椎狀如漆筩而弇口大二圍長五尺六寸以羊韋鞔之有兩紐疏畫者此皆約漢法知之而言鄭注巾車髹亦多黑少之色疏畫者長疏而畫之子春讀篴爲蕩滌之滌讀從郊特牲臭味未成滌蕩其聲之滌云今時所吹五空竹篴後鄭從之也玄謂祴樂祴夏之樂者以其鍾師有祴夏此祴樂與之

同故知此所教祴樂是鍾師所作祴夏者也云笙師教之則三器在庭可知矣者以其笙管在堂下近堂則三者亦在堂下遠堂在庭可知云賓醉而出奏祴夏者此則鄉飲酒及鄉射之等賓出奏陔是也云以此三器築地爲之行節明不失禮者三器言舂舂是向下之稱是其築地與祴樂連文明與祴樂爲節可知也經中樂器不解塤與籥管者上文已釋也大喪廞其樂器廞興也興謂作○疏曰此所興作即上竽笙已下皆作之大旅則陳之陳於饌處而已不涖其縣○疏曰經直言陳之明陳於饌處而已不

0015_0176-2

其縣其縣者大司樂故大司樂云大喪臨廞樂器注云臨笙師鎛師之屬是也○同上。

○**龜人若有祭事則奉龜以往**奉猶送也送之所當於卜○疏曰凡云祭事不辨外內則外內俱當卜皆奉龜以往所當卜處

旅亦如之疏曰旅謂祈禱天地及山川案爾雅有十龜一曰神龜龜之最神明者二曰靈龜涪陵郡出大龜甲可以卜緣中文似瑇瑁俗呼爲靈龜即今大觜蠵龜也一曰靈蠵能鳴也三曰攝龜也腹甲曲折解能自張閉好食蛇江東呼爲陵龜也四曰寶龜大寶龜也五曰文龜甲有文采者也

祭禮十　百九五

0015_0177-1

河圖曰靈龜負書丹甲青文六曰筮龜常在蓍叢下也七曰山龜八曰澤龜九曰水龜十曰火龜山澤水火皆說生出之處所也火龜猶火鼠也○同上

○**大卜凡旅陳龜**陳龜於饌處也士喪禮曰卜人先奠龜于西塾上南首是也不親貞龜亦以卜旅祭非常輕於大遷大師○疏曰云陳龜於饌處也者饌處謂在西塾南首故引士喪禮爲證也云亦以卜旅祭非常輕於大遷大師者案大宗伯國有故旅上帝及四望則祀天亦是大祭祀而輕於大遷大師退在下者鄭以旅爲非常祭故也○同上

○**小宗伯大烖**

0015_0177-2

及執事禱祠于上下神示執事大祝及男巫女巫也求福曰禱得求曰祠謳曰禱爾于上下神祇鄭司農云小宗伯與執事共禱祠○謳音誄○疏曰云大烖者謂國遭水火及年穀不熟則禱祠於上下天地神祇又曰鄭知執事之中大祝及男巫女巫者見大祝職云國有大故天烖彌祀社稷司巫云國大烖則帥巫而造巫恒男巫職中雖無事其司巫所帥者即帥男巫也女巫職云凡邦之大烖歌哭而請是以鄭君歷而言焉以充事也云求福曰禱得求曰祠兩言之者欲見初禱後得福則祠之也○同上

○**大**

儀祭禮十一　百二十六

0015_0178-1

祝國有大故天烖彌祀社稷禱祠大故兵寇也天烖疫癘水旱也彌猶徧也徧祀社稷及諸所禱既則祠之以報焉○疏曰鄭知大故兵寇也者下列云天災疫癘大故直是兵寇也知天烖疫癘水旱者見宗伯云以荒禮哀凶札鄭注云札[illegible]大物有害又云弔禮哀禍災注云禍烖謂水火此皆是天災流行故云天災[illegible][illegible]癘水旱云彌猶徧也徧祀社稷及[illegible][illegible]禱案小祝云弭災兵彌爲安此弭[illegible]徧不同者義各有所施彼是災兵之[illegible][illegible]彌爲安此禱祀之事雖神不[illegible]以[illegible][illegible]徧云既則祠之以報[illegible]者以其始[illegible][illegible]

0015_0178-2

僖得求曰祠攷以報賽解祠。同上。○小宗伯國有禍烖
之禱祠肄儀爲位謂有所禱祠肄習也。跡曰禍烖謂國
遭水火凶荒則有禱祈之事又曰肄儀祭位者數者禱祠皆須豫習威儀乃爲
之故云肄儀也當習威儀之時則小宗伯爲位也。同上。○肆師若
國有大故則令國人祭大故謂水旱凶荒所令祭者社
及禜酺。疏曰知大故是水旱凶荒者以其命國人祭明大故是天下皆有故
知水旱凶荒凶荒謂年穀不熟知所命祭是社及禜酺者經云命國人祭案地

仪祭礼十　百二十七

0015_0179-1

官州祭社黨祭禜族祭酺於六遂之中亦縣祭社鄙祭禜鄼祭酺皆是國人所
祭之事也歲時之祭祀亦如之月令仲春命民社此其一
隅。疏曰云歲時之祭祀者上經據禱祈非時祭故此經見其常祭也云亦如
之者亦命國人祭也又曰凡言歲時者謂歲之四時月令唯具一時故鄭云此
其一隅也若然月令唯言春者特舉春祈而言舉一隅可以三隅反則餘三時
亦祭也。春官○都宗人國有大故則令禱祠
既祭反命于國令令都之有司也祭謂報塞也反命還白王。

0015_0179-2

塞西代反。疏曰鄭知所令令有司當此都宗人是王家之官王命使禱祠是
都內之事明所令令都內之有司有事於神者也云祭謂報塞也者凡祈禱曰
禱至於得福則曰祭當與正祭同名祭則是經言祭據報塞而言也云反命還
白王者本以禱祠爲奉王命今祭訖反以王命還白於下故言還白王也。同
上。○家宗人國有大故則令禱祠反命
祭亦如之以王命令禱祠歸白王於獲福又以王命令祭之還又反
命。疏曰云則令禱祠反命者王以命令禱祠禱祠訖反命於王則與上文都

仪祭礼十　百二十八

0015_0180-1

宗人既祭反命于國爲一也此更亦如之者與上異則此是禱祠訖
更有命祭祭訖亦反命然彼此異但文有詳略則彼亦有此王命更祭之[illegible]
文不具也。同上。○小祝大喪及葬設道齎之
奠分禱五祀杜子春云齎當爲粢道[illegible]祭也漢儀每街路[illegible]
[illegible]
[illegible]
[illegible]

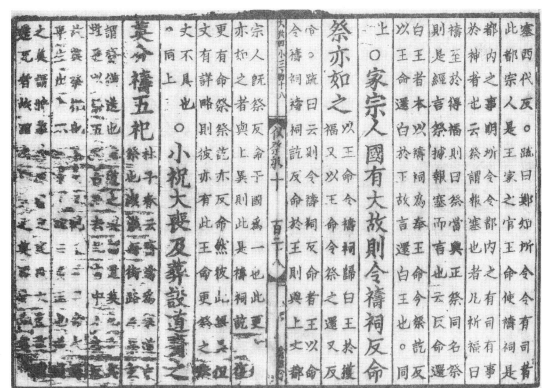

0015_0181-1　　0015_0180-2

祭五祀舍一去此宮中也云白字者也謂齋爲案案謂黍稷以爲遣中務也引奠法爲證後鄭不從者案既夕禮祖廟朝之奠禮道中無祭法亦論爲備遣也遂遷之奠謂遷奠也者案既夕禮祖廟二從庭厥明設大遣奠包牲取下體是也云分其牲體以祭五祀告王去此宮中一後反者言分牲體者包牲而取其下體下體之外分之爲處祭也云王七祀者祭法文云司命大厲平生出入不以告者案月令春祀户夏祀中霤秋則祀門冬則祀行此並是人之所由從之處非直四時合祭所以出入亦宜告之案祭法王七祀之中有司命大厲此經

大十一　小三、九十四　儀祭禮十　百二十九

五祀與月令同月令不祭司命及大厲之等此不祭則可知既夕士禮亦云分禱五祀者鄭注云博求之○依祭法十二祀○同上

○**小子凡沈辜侯禳飾其牲**鄭司農云沈謂祭川爾雅曰祭川曰浮沈辜謂磔牲以祭也月令曰九門磔禳以畢春氣侯禳者侯四時惡氣禳去之也○疏曰先鄭云沈謂祭川是以引爾雅爲證案爾雅云祭山曰庪縣祭川曰浮沈此浮沈之祭當祭天之煙祭社之血亦謂歆神節先鄭引月令季春令者證辜是辜磔牲體之義鄭彼注九門者王之五門外有國門近郊門遠郊門關門爲九

0015_0182-1　　0015_0181-2

云侯禳者謂候四時惡氣禳除去之也○夏官

○**羊人凡沈辜侯禳釁積共其羊牲**鄭司農云積故書爲眥鄭司農云眥讀爲漬謂釁國寶漬軍器也玄謂積積柴禋祀楢燎實柴○眥徐賜反與漬同楢弓又反○疏曰先鄭不從故書眥故讀從漬後鄭不從漬軍器者以此羊人所共牲子職彼云釁邦器及軍器以此知不爲爲漬軍器也後鄭云積積柴禋祀楢燎實柴歷言此三者以互而相通皆積柴柴實牲幣煙氣上聞故也但祭天用犢其日月已下有用羊者故我將詩云惟牛惟羊惟天其祐之彼亦據日月以下

大三四　三五、　儀祭禮十　百三十

及配食者也○同上

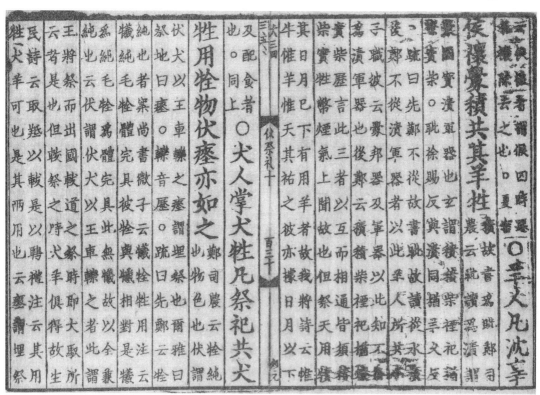

○**犬人掌犬牲凡祭祀共犬牲用牷物伏瘞亦如之**鄭司農云牷純也物色也伏謂伏犬以王車轢之瘞謂埋祭也爾雅曰祭地曰瘞○轢音歷○疏曰先鄭云牷純也者案尚書微子云犧牷牲用注云犧純毛牷體完具彼牷與犧相對是犧爲純毛牷爲體完具此無犧故以全兼純也云伏謂伏犬以王車轢之者此謂王將祭而出國軷道之祭時即大馭所云若是也但軷祭之時犬羊俱得故生民詩云取羝以軷是以聘禮注云其用牲犬羊可也是其兩用也云瘞謂埋祭

0015_0182-2

也者謂祭地之時故引爾雅爲證若然經云用牲物毓純毛則牧人云陽祀用騂牲陰祀用黝牲之類也凡幾珥沈辜用駹可也駹亡江反○故書駹作龍鄭司農云幾讀爲庪爾雅曰祭山曰庪縣祭川曰浮沈大宗伯職曰以貍沈祭山川林澤以疈辜祭四方百物龍讀爲駹謂不純色玄謂幾讀爲刉珥當爲衈刉衈者釁禮之事○庪九委反劉居綺反縣音玄○疏曰先鄭讀幾爲庪雖引爾雅後鄭不從引大宗伯證沈辜於義是也云玄謂幾讀爲刉從士師爲正珥讀爲衈從雜記爲正云釁禮之事者據雜記而知之○秋

祭礼十　百三十一

0015_0183-1

官○牧人凡外祭毀事用尨可也外祭謂表貉及王行所過山川用事者故書毀爲甈尨作龍杜子春云甈當爲毀龍當爲尨尨謂雜色不純毀謂副辜侯禳毀除殃咎之屬○貉莫霸反甈立例反副普逼反○疏曰知外祭中有表貉者據上文外神之中已云天地至四方百物肆而祭者已盡此則言外祭則外祭中含有表貉之等案大司馬田獵之時立表而貉祭司几筵亦云貉用熊席又甸祝祭中有王行所過山川用事者案聘禮記云若將有事于四海山川則飾黃駒又[illegible]云天會同過大山川則用事焉亦是

0015_0183-2

祈當外祭之事按小祝云寧[illegible]駒者從地色黃亦[illegible]中有黃[illegible]流二不必純黃云毀謂副辜侯禳毀除殃咎之屬者此文取子春之下不[illegible]謂當是子春所解也案宗伯[illegible]四方百物而引九門磔攘又案小祝[illegible]云將事侯禳皆是禱祈除殃咎非常之祭用尨之類故引以爲證也○[illegible]

雞人凡祭祀面禳釁共其雞牲[illegible]廟以羊門夾室皆用雞鄭司農云面禳四面禳也釁讀爲徽○疏曰鄭云釁釁廟之屬者言之屬則釁數釁甲兵皆在其中釁廟以羊已下雜記文司農云面

祭礼十一　百三十二

0015_0184-1

禳四面禳則侯禳禳謂禳去惡祥也云釁讀爲徽者亦謂以徽爲飾治之義也○春官○男巫掌望祀望衍授號旁招以茅杜子春云望衍謂衍祭也授號以所祭之名號授之旁招以茅招四方之所望祭者玄謂衍讀爲延聲之誤也望祀謂有牲粢盛者延進也謂但用幣致其神二者詛祝所授類造攻說禬禜之神號男巫爲之招○爲于僞反○疏曰云望祀者類造禬禜遠望而祀之云望衍者衍延也是攻說之禮遙望延其神以言語責之云授號者此二者皆詛祝授以神號云旁招以茅者旁謂四方此

0015_0184-2

男巫於地官祭此神時則以茅招之於四方也又曰子春所云皆無依據故後鄭不從玄謂破衍爲延者衍字於六祈義無所取故破從延云望祀謂有牲粢盛者注大祝已云類造禬禜皆有牲攻説用幣而已有牲則有黍稷故此兼云粢盛者也云延進也謂但用幣致其神者此即攻説用幣而已是也云二者詛祝所授類造攻説禬禜之神號男巫爲之招者以其授號文承二者之下故知此六神皆授之號云授號知是詛祝者案詛祝而知也 冬堂贈無方無筭故書贈爲矰杜子春云矰當爲贈堂贈謂逐疫也無方四方爲

祭礼十 百三十三

0015_0185-1

可也無筭道里無數遠益善也玄謂冬歲終以禮送不祥及惡夢皆是也其行必由堂始巫與神通言當東則東當西則西可近則近可遠則遠無常數○[illegible]音曾○疏曰子春以堂贈爲逐疫後[illegible]不從者逐疫方相氏及占夢不合[illegible]故不從云無筭道里無數遠益善[illegible]鄭不從者既言無數遠近由人不得[illegible]遠益善故不從玄謂知堂贈是逐不[illegible]及惡夢者見占夢云舍萌于四方以[illegible]惡夢故知鄭云當東則東當西則西[illegible]言[illegible]北與[illegible]西可知此解無方可遠[illegible]可遠則[illegible]無常數[illegible]之解無筭[illegible] ○女巫掌歲時祓

0015_0185-2

除釁浴歲時祓除如今三月上巳如水上之類釁浴謂以香熏草藥沐浴○疏曰歲時祓除者非謂歲之四時唯謂歲之三月之時故鄭舉云如今三月上巳解之一月有三巳據上旬之巳而爲祓除之事見今三月三日水上戒浴是也云釁浴謂以香熏草藥沐浴者若直言浴則唯有湯今兼言釁明沐浴之物必和香草故云以香熏草藥經直云浴兼言沐者凡絜靜者沐浴相將故知亦有沐也○春官 ○占夢季冬乃舍萌于四方以贈惡夢杜子春讀萌爲明又云其字當爲明明謂歐疫也謂歲竟

仪祭礼十 百三十四

0015_0186-1

逐疫置四方書亦或爲明玄謂舍讀爲釋舍萌猶釋采也古書釋采釋奠多作舍字萌采始生也贈送也欲以新善去故惡○去起呂反○疏曰子春之讀[illegible]萌爲歐疫下文自有歐疫於此以舍[illegible]爲之其義不可故後鄭不從玄謂舍[illegible]猶釋采也者案王制有釋采奠幣[illegible]故從之云萌菜始生也者案樂記[illegible]注云居生曰區芒而直出曰[illegible]云萌菜始生者云欲以新善去故[illegible]舊歲將盡新年方至故於此時贈去惡夢○同上 ○庶氏掌毒蠱以攻説禬之嘉草攻之毒蠱[illegible]而病[illegible]

0015_0187-1　0015_0186-2

者賊律曰敢蠱人及教令者棄市攻說祈名祈其神求去之也嘉草藥物其狀未聞攻之謂爇之鄭司農云禬除也玄謂此禬讀如潰癰之潰○疏曰除毒蠱者目言之攻說禬之據去其神也嘉草攻之據去其身者也又曰攻說祈名者大祝六祈有類造禬禜攻說故知也亮鄭云禬除也後鄭增成其義潰癰之潰俗讀也

凡敺蠱則令之比之使爲之又使比之○疏曰云敺之止謂用嘉草爇之時并使人敺之既役人衆故須校比之○秋官

○翦氏掌除蠹物以攻禜攻之以莽草熏之蠹物穿食人器物者蠹魚亦是也攻禜祈名莽草藥物殺蟲者以熏之則死故書蠹爲橐杜子春云橐當爲蠹○疏曰以攻禜攻之據祈去其神故以六祈而言之以莽草熏之據去其身也又曰云蠹魚亦是者餘蠹物穿食餘器物至於蠹魚惟見書內有白魚及白蠹食書故云亦是也

凡庶蠱之事庶除毒蠱者蠱蠹之類或熏以莽草則去○疏曰翦氏去除蠹物其蠱毒自是庶氏今此云凡庶蠱者同類相兼左右而掌之故鄭云庶除毒蠱者蠱毒之類或熏以莽草則去此鄭解翦氏兼掌蠱之意以其翦氏有用莽草熏蟲是

大三十三、五八　仪祭礼十　百三十五

0015_0188-1　0015_0187-2

以蠱毒亦使翦氏除之也○秋官

○壺涿氏掌除水蟲以炮土之鼓敺之以焚石投之水蟲狐蜮之屬故書炮作泡杜子春讀炮爲苞有苦葉之苞玄謂燔之炮之炮炮土之鼓瓦鼓也焚石投之使驚去○燔音煩○疏曰云水蟲狐蜮之屬者蜮即短狐一物南方水中有之含沙射人則死者也言之屬者水蟲衆矣故云之屬以包之也子春讀從詩苞有苦葉之苞者取其聲同耳不取義也玄謂燔之炮之炮者亦讀從詩此取炮燒之義故云炮土之鼓瓦鼓也云焚石投之使驚去者石之燔燒得水作聲故驚去也

若欲殺其神則以牡橭午貫象齒而沈之則其神死淵爲陵神謂水神龍罔象故書橭爲梓午爲五杜子春云梓當爲橭橭讀爲枯枯榆木名書或爲樗又云五貫當爲午貫○橭音怙音枯音姑樗勑居反○疏曰云以牡橭午貫象齒而沈之者案儀禮大射云若丹若墨度尺而午彼物射者所履記安足之處十字爲之今此亦然神謂水神龍罔象也橭讀爲枯枯榆木名以橭爲幹穿孔以象牙從橫貫之爲十字沈之水中則其神死淵爲陵所謂深谷爲陵是也○同

仪祭礼十　百三十六

上（）庭氏掌射國中之夭鳥若不見其鳥獸則以救日之弓與救月之矢夜射之不見鳥獸謂夜來鳴呼爲怪者獸狐狼屬鄭司農云救日之弓救月之矢謂日月食所作弓矢玄謂日月之食陰陽相勝之變也於日食則射大陰日食則射大陽與○呼嗼故反大音大與肯餘○疏曰云掌射國中之夭鳥者城郭之所人聚之處不宜有夭鳥故去之又曰云獸狼狐之屬不言鳥者上文注鴞鴞已解也玄謂日月之食陰陽相勝之變也者日之食晦朔之間月之食惟在

於望日食是陰勝陽月食是陽勝陰未至爲災故云陰陽相勝之變也所以救日月用弓矢射之者鄭以意推量日食則射大陰者以陰侵陽臣侵君之象故射大陰是其常不是可疑月食是陽侵陰君侵臣之象陽侵陰非逆既用弓不得不射若射當射大陰以是爲疑故云月食則射大陰與以疑之若神也則以大陰之弓與枉矢射之神謂非鳥獸之聲若或呌于宋大廟譆譆出出者大陰之弓救月之弓枉無救月之矢與不言救月之弓與救日之矢者互言之救日枉矢則救月以恒矢可知也○疏曰

若神也者謂不見其身直聞其聲非鳥獸之神耳則以大陰救月之弓與救日枉矢射之又曰鄭知神謂非鳥獸之聲者見宋大廟有聲非鳥獸之聲既有聲又非鳥獸之聲故知是神聲若神降于莘之類是也云若或叫於宋大廟譆譆出出者左傳文云大陰救月之弓枉矢救日之矢與者以陰之弓爲救月之弓不言與則不疑不疑者以其與經云救日之弓相對彼言救日之弓明此大陰之弓是救月之弓可知若然上言救月之矢則此枉矢是救日可知而言與以疑之考但救日與大陰相對故不疑上言救月此不言大陽之矢直言枉矢矢

名而已故須疑之云不言救月之弓與救日之矢者互言之者若此文云救月之弓與救日之矢爲文自足何假須互既不須互則上下二文全不見弓矢之名矣是以互見其文欲見有弓矢之名故也互者上文云救日明大陰是救月此文救月是大陰則上文救日是大陽也又枉矢見矢名不言救明有救名救月之矢見救不見矢名明亦有名亦是互注云救日用枉矢則救月以恒矢可知者書見司弓矢枉矢最在前明救月矢書在枉矢之下故知救月用恒矢可知不[illegible]言矢以其庫[illegible][illegible]○同上

0015_0190-2

右祈禳○傳昭公十八年夏五月鄭火火心星子產使子寬子上巡羣屏攝至于大宮二子鄭大夫屏攝祭祀之位大宮鄭祖廟巡行宗廟不得使火及之○行下孟反○疏曰子寬游吉之子駟帶字子上六年死矣此別有子上非駟帶也世族譜雜人內有子上無子寬明子寬與渾罕爲一人世族譜子寬與游速渾罕爲一人也楚語說事神之禮云使名姓之後能知犧牲之物彝器之量屏攝

0015_0191-1

之位壇場之所而心率舊典者爲之宗知屏攝是祭祀之位也鄭衆云攝束茅以爲屏蔽其事或當然使公孫登徙大龜登開卜大夫使祝史徙主祏於周廟告于先君祏音石○祏廟主石函周廟厲王廟也有火災故合羣主於祖廟易救護○函音咸易以豉反○疏曰每廟木主皆以石函盛之當祭則出之事畢則納於函藏於廟之北壁之內所以辟火災也二年傳云鄭[illegible]故知鄭之周廟是厲王[illegible]

0015_0191-2

[illegible]皆涖防守[illegible]主初於祖王廟易救護也衛[illegible]作云右主八寸左主七寸廣厚三寸中央達四方也范甯云天子主長尺二寸諸侯主長一尺也白虎通云納之西壁明日使郊人助祝史除於國北爲祭禳於國北者就太陰禳之○疏曰周禮鄉在郊內遂在郊外諸侯亦當然郊人當謂郊內鄉之人也祝史掌祭祀之官也使此鄉之人助祝史除地在城之北作壇場爲祭禳也就國北者南爲陽北爲陰就大陰禳火也禳火于

0015_0192-1

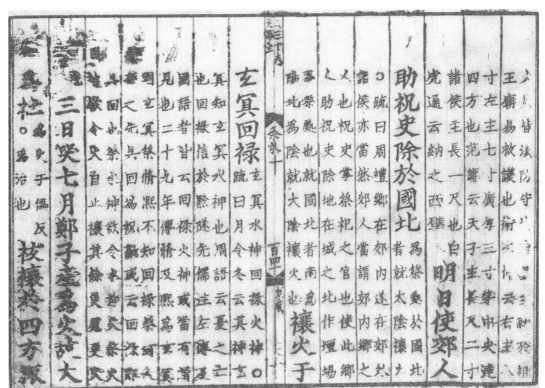

玄冥回祿玄冥水神回祿火神○疏曰月令冬云其神玄冥知玄冥水神也周語云夏之亡也回祿信於黔隧先儒注左傳皆國語者皆云回祿火神或當有所見也二十九年傳脩及熙爲玄冥[illegible]玄冥祭脩熙不知回祿祭何[illegible][illegible]之先其回爲祝融或云回[illegible][illegible]其回小祭之神欲令火[illegible]火祭火[illegible]祿令火自止禳其餘災[illegible]三日哭七月鄭子產爲火故大[illegible]爲社○爲于僞反爲治也祓禳於四方振

除火災禮也拔芳弗反余音賴○振救也○音秋左氏

傳○宋災二師令四鄉正敬享二師左右師也鄉正鄉大夫享祀也○疏曰周禮大司徒云五家爲比五比爲閭四閭爲族五族爲黨五黨爲州五州爲鄉鄉大夫每鄉卿一人天子六鄉即以鄉爲之長此傳云二師令四鄉正則別立鄉正者鄉與之但其所職掌當天子之鄉大夫正周禮鄉大夫各掌其鄉之政教正月之吉受教法于司徒退而頒之于其鄉則鄉正當屬司徒

此傳言二師命之者上文右師討右左師討左則宋國之法二師各掌其方左右各掌其二鄉并言其事故云二師命四鄉正也賁誓云魯人三郊三遂則魯立三鄉此云命四鄉正則宋立四鄉也周禮鄉爲一軍大國三軍宋是大國不過三軍而有四鄉者當時所立非正法也於時宋置六鄉況四鄉乎周禮祭人鬼曰享故享爲祀也止令敎享不知所享何神周禮大祝國有天災彌祀社稷禱祠鄭玄云天災疫癘水旱也禱猶徧也徧祀社稷[illegible]

有二聚萬民其十有一曰索鬼神鄭衆云索鬼神求索祀而禱之漢之詩所謂靡神不舉靡愛斯牲者也彼凶荒之年水旱之災尚索鬼神而祭之此遇天火爲災亦當徧祀羣神其所合祭皆應祭之也盡火起始命之祭耳祝宗用馬于四墉祀盤庚于西門之外祝史祝宗宗人墉城也用馬祭于四城以禳火盤庚殷王宋之遠祖城積陰之氣故祀之凡天災有幣無牲用馬祀盤庚皆非禮○墉本又作庸音同盤字亦般步干反禳如

羊反○疏曰周禮大祝掌六祈之辭以事鬼神祇祈福祥小宗伯掌建國之神位特牲少牢士大夫之祭祀也皆宗人掌其事然則諸侯之祭神言辭大祝掌之禮儀宗人掌之故祈有祭祀皆祝宗同祈祀之事則奉祝宗使奉此祭非鄉正所爲過文承二師命下亦是二師命之不復言命者亦從上省文也明馬者以馬爲牲祭於四面之墉以禳火也禳郤也郤火使滅也盤庚湯之九世孫殷之第十九王也自盤庚至紂又十一王而殷滅盤庚弟小乙是宋微子之八世祖也盤庚

0015_0197-2

之爲殷王無大功德而祀盤庚者當時之意不知何故特祀之也祀盤庚不別言祀明其祀亦用馬也城以積土爲之土積則爲陰積積陰之氣或能消火故祭城以禳火禮亦無此法也莊二十五年傳例曰凡天災有幣無牲用馬祀盤庚皆非禮言用馬祭城祭盤庚皆非禮也此備火災所使舉官急者在前緩者在後故先伯氏司里次華臣具正徒次到隧正納郊保然後二師掫庀舉官先右後左尊卑之次也以刑器車馬甲兵典法國之所重故特命三官庀具其物先爲

祭禮十

0015_0198-1

官備具救火然後及內故次司宮巷伯人事既畢乃祭享鬼神故次敬享祀盤庚之事也

晉侯問於士弱弱士渥濁之子莊子。渥於角反

曰吾聞之宋災於是乎知有天道何故聞宋何故自知天道將災對曰古之火正或食於心或食於咮以出內火是故咮爲鶉火心爲大火咮竹又反徐丁遘反出如字徐尺遂反內如字徐音納鶉音純。謂

0015_0199-1　　0015_0198-2

正之官配食於火星建辰之月火星昏在南方則令民放火建戌之月大火星伏在日下夜不見則令民內火禁放火○疏曰昭二十九年傳五行之官有木正火正金正水正土正立此五官各其職封爲上公祀爲貴神謂能業者後世祀之火正之官居職有功祀火星之時以此火正之神配也五行之官每歲五時祀之五祀月令云其神句芒祝融蓐收玄冥配五帝而食其神火正又配食於火星者以其有功祭火星又祭之后稷得

祭禮十

又配稷火正何故不得配帝星也有天下者祭百神天子神天子祭天之時因祭四方諸侯祭其分野之星其祭火以少正配食也火正配火星有此傳文其金木水土之正配之由而食經典散亡不可周禮司爟掌行火之政令季火民咸從之季秋內火民亦鄭玄云火所以用陶冶民隨爲之鄭司農云以三月本時星見於辰上使民出火九月昏心星伏在戌上使民內火故傳曰以出內火周禮所言

夏正故其以周禮之意解其爲火之由建辰之月即月令之月日在胃昏七星中南方有井鬼柳星張翼軫七者共爲之宿星即七星也咮謂柳秋緯文耀鈎云咮謂鳥陽七頸宋均注云陽猶首也柳謂咮爲首也七星爲咮鳥頸也頸共在於午著鳥之止宿口頸七星與咮體相接連故也星昏而在南方於此之時令火咮星爲火之候故於十二爲鶉火也建戌之月即月令之月日在房東方七宿角亢

心尾箕七者共爲蒼龍之宿云大辰房心尾也大火謂之孫炎曰龍星明者以爲時候心也在中最明故時候主焉故此傳心爲大火九月日體房心相近與日俱出俱沒伏下不得出見故令民內火禁也火官合配其人蓋多不知於心詳食於咮也此傳鶉火矣爲出火之候周禮之注不者以咮祈內火之候故唯指以辭出內之文故其言不及

陶唐氏之火正閼伯居商丘於閼

高[illegible]辛氏之子得曰[illegible]辰名大火[illegible]在先地○日[illegible]爲閼[illegible]號[illegible]言[illegible]氏之子遷[illegible]昭元年傳文[illegible]辰是辰爲入[illegible]宋大辰之虛[illegible]閼伯巳居商丘[illegible]云是則知宋亦[illegible]故朱然則商丘[illegible]

宋商商丘三名一[illegible]也傳曰陶唐氏之火[illegible]祀大火又曰宋[illegible]商丘在宋[illegible]杜[illegible]商丘[illegible]以[illegible]故[illegible]祀大大[illegible]土門[illegible]

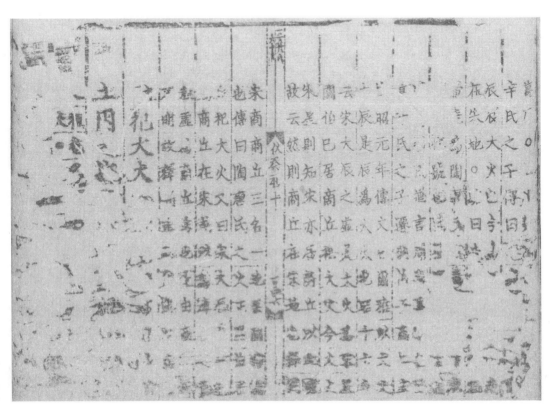

傳本缺第一百四十六葉今用張本

0015_0202-1　　0015_0201-2

[illegible]合七[illegible]
[illegible]土[illegible]九次之[illegible]分星鄭方[illegible]星[illegible]
猶界也大界則曰之封域於星亦有[illegible]
今其存可言者十[illegible]紀吳越也玄枵齊也[illegible]
婁魯也大梁趙也實[illegible]秦也鶉火周也鶉尾[illegible]
也大火宋也析木燕[illegible]於天各有其分之書[illegible]
存可言不知存者[illegible]於傳記者則此云[illegible]

年傳云參爲晉星二[illegible]龍宋鄭之星則[illegible][illegible]
之分也又曰以害鳥[illegible]則朱鳥之方有周楚[illegible]
年四月日食傳稱[illegible]地如魯地則春分[illegible]
分也又十年傳曰[illegible]之虛婺氏任氏實[illegible]
歲星在齊薛之分[illegible]傳曰越得歲而吳[illegible]
歲星在吳越之分[illegible]之虛晉人是居[illegible]
我有周之分野是[illegible][illegible]有十[illegible]次地也[illegible]

0015_0203-1　　0015_0202-1

當後十二次周禮雖云皆有分星不知其分誰分之也何必所分能當天地星紀於東北吳越實在東南魯衛東方諸侯遥屬戌亥之次又三家分晉方始有趙而韓魏無分趙獨有之漢書地理志分郡國以配諸次其地分或多或少鶉首極多鶉火甚狹徒以相傳爲說其源不可得而聞之於其分野或有妖祥而爲占者多得其效蓋古之聖哲有以度知非後人所能測也又曰殷本紀契生昭明昭明生相土相土是契孫也本紀云帝嚳封契於南鄭玄云商國在大華之陽

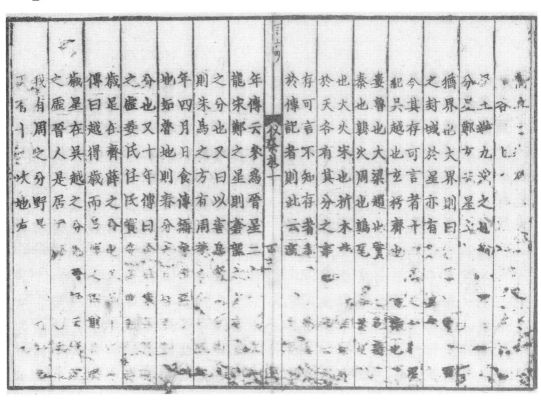

皇甫謐云今上洛商縣是也如鄭玄意契居上洛之商至相土而遷於宋之商及湯有天下遂取契所封商以爲一代大號服虔云相土居商丘故湯以爲天下號王肅書序注云契孫相土居商丘故湯以爲國號案詩述后稷云即有邰家室述契云天命玄鳥降而生商即稷封邰而契封商也若契之居商即是商丘則契已居之不得云相土因閼伯也若别有商地則湯之爲商不是因相土矣且經傳言商未有稱商丘者釋例云宋之先契佐唐虞封於商武王封微子啓爲

0015_0203-2

宋公都商丘是同鄭玄說也傳言商主大火商謂宋也宋主大火耳成湯不主火也宋是商後謂宋爲商昭八年傳曰自根牟至于商衛是名宋爲商之驗釋例曰商宋一地謂此商也相土商之祖者是湯之祖亦宋之祖也堯封閼伯於商丘比及相土應歷數世故云代閼伯之後居商丘祀大火也商人閱其禍敗之釁必始於火是以日知其有天道也閱猶數也商人數所更歷恂多火災宋是殷商之後故知天道之災

0015_0204-1

必火。數所主反更音庚。襄公九年春秋左氏傳○惠王十五年有神降于莘惠王十五年魯莊公二十二年降下也下者言自上而下有聲象以接人莘虢地王問於內史過內史周大夫過其名掌爵祿廢置及策命諸侯[illegible]卿大夫曰是何故固有之乎故事也固猶常也對曰有之國之將興其君齊明衷正齊一也衷中也精潔惠和其德足以

0015_0204-2

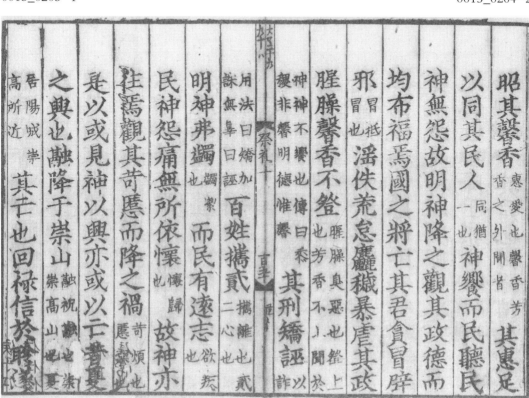

昭其馨香惠愛也馨香芳香之外聞者其惠足以同其民人同猶一也神饗而民聽民神無怨故明神降之觀其政德而均布福焉國之將亡其君貪冒辟邪冒抵冒也淫佚荒怠麤穢暴虐其政腥臊馨香不登腥臊臭惡也登上也芳香不上聞於神神不饗也傳曰黍稷非馨明德惟馨其刑矯誣以詐

0015_0205-1

用法曰矯加誅無辜曰誣百姓攜貳攜離也貳二心也明神弗蠲蠲絜也而民有遠志欲叛也民神怨痛無所依懷懷歸也故神亦往焉觀其苛慝而降之禍苛煩也慝惡也是以或見神以興亦或以亡昔夏之興也融降于崇山融祝融也崇崇高山也夏居陽城崇高所近其亡也回祿信於耹隧

0015_0206-1　　0015_0205-2

回祿火神再宿爲信聆隧地名商之興也檮杌次
於丕山檮杌鮌也過信曰次丕大邳山在河東其亡
也夷羊在牧夷羊神獸牧商郊牧野周之興
也鸑鷟鳴於岐山三君云鸑鷟鳳之別名也詩云鳳
皇鳴矣于彼高岡其在岐山之脊乎其衰也杜伯射
王于鄗鄗鄗京也杜國伯爵陶唐氏之後周春秋曰宣王殺
杜伯而不辜後三年宣王會諸侯田于圃日中杜伯起於道左衣朱

祭禮十　百五

衣朱冠操朱弓朱矢射宣王中心折脊而死是皆明神
之志者也志記也見記錄在史籍者王曰今是
何神也對曰昔昭王娶於房曰房
后昭王周成王之孫康王之子昭王瑕也房國名實有爽
德協于丹朱爽二也協合也丹朱堯子丹朱憑
身以儀之生穆王焉憑依也儀匹也詩云實惟
我儀言房后之行有似丹朱丹朱憑依其身而匹偶之生穆王○

0015_0207-1　　0015_0206-2

實臨照周之子孫而禍福之夫神
壹不遠徙遷言神一心依馮於人不遠徙遷焉若
由是觀之其丹朱之神乎王曰其
誰受之對曰在虢土言神在虢虢其受之王
曰然則何爲何爲在虢對曰臣聞之道
而得神是謂逢福逢迎也淫而得神
是謂貪禍以貪取禍今虢少荒其亡乎

祭禮十　百五

王曰吾其若之何對曰使大宰以
祝史帥狸姓奉犧牲粢盛玉帛往
獻焉大宰上卿掌祭祀之式玉幣之事祝大祝掌祈福祥史大
史掌次主位狸姓丹朱之後神不歆非類故帥以往也純色曰犧
無有祈也祈求也物有求請禮之而已○今案左氏傳云
對曰以其物享之其至之日亦其物也彼注云享祭也若以甲乙日
至祭先脾玉用蒼服上青以此類祭之二說不同未知孰是王

張本下象鼻題監生秦三字傅本剪去之

0015_0208-2

使太宰忌父周公忌父也帥傅氏及祝
史傅氏狸姓姓也在周爲傅氏奉犧牲玉鬯往
獻焉玉鬯鬯酒之圭長尺二寸有瓚所以灌地降福之器內
史過從至虢從從大宰而往也內史不掌祭祀王以其
賢使聽之虢公亦使祝史請事焉祝史虢之
祝史祝應史嚚也內史過歸告王曰虢必
亡矣不禋於神而求福焉神必禍

祭禮十　百五十三

0015_0209-1

之絜祀曰禋十九年晉取虢惠王十九年魯僖之
五年○國語周語○楚共王無冢適冢大也○
○共音恭適丁歷反下無適同有寵子五人無適
立焉乃大有事于羣望羣望星辰山川○疏
曰楚語云天子徧祀羣神諸侯祀天地三辰及其土之山川孔晁云
三辰日月星也祀天地謂二王後也非二王後祭分野山川而已又
元年傳云辰爲商星參爲晉星是諸侯得祭分野之星知此羣望是

0015_0207-2

星辰山川也於十二次鶉尾爲楚當祀翼軫之星及其國內山川哀
六年傳曰江漢睢漳楚之望也其山蓋荊山衡山之類而祈
曰請神擇於五人者使主社稷乃
徧以璧見於羣望曰當璧而拜者
神所立也誰敢違之既乃與巴姬
密埋璧於大室之庭徧音遍見賢遍反巴必加
反埋亡皆反大音泰○巴姬共王妾數祖廟○疏曰知者襄十二年

祭禮十　百五十四

0015_0208-1

傳云楚司馬子庚聘于秦爲夫人寧禮也彼秦女是夫人明巴姬是
妾○昭公十三年春秋左氏傳○夏之衰也褒人
之神化爲二龍以同于王庭褒人褒君
共處白同而言曰余褒之二君也二先君也
夏后卜殺之與去之與止之莫吉
止留也卜請其漦而藏之吉漦龍所吐沫龍
之精氣也乃布幣焉而策告之布陳也幣玉帛

張本下象鼻題監生秦三字傅本剪去之

0015_0210-1　　0015_0209-2

也陳其玉帛以簡策之書告龍而請其漦龍止而漦在櫝而藏之櫝櫃也傳郊之傳祭於郊及殺

周莫之發也國語鄭語

小宗伯凡天地之大烖類社稷宗廟則爲位禱祈禮輕類者依其正禮而爲之○疏曰天烖謂日月食星辰奔殞地災謂震裂則類祭社稷及宗廟則亦小宗伯爲位祭之又曰凡言類者皆謂依事類而爲之但求福曰禱禮輕得求曰祠祠禮重則祠者依正祭之禮禱禮

輕者雖依正禮祭饌略少○春官○鼓人救日月則詔王鼓救日月食王必親擊鼓者聲大異春秋傳曰非日月之眚不鼓○大眚生領反○疏曰謂日月食時鼓人詔告于王擊鼓聲大異以救之案大僕職云軍旅田役贊王鼓鄭注云佐擊其餘面又云救日月食亦如之大僕亦佐擊其餘面鄭旣云佐擊其餘面則非只兩面之鼓案上解祭日月與天神同用雷鼓則此救日月亦宜用雷鼓八面故大僕與戎右俱云贊王鼓得佐擊餘面也案莊二十五年左氏傳夏六月辛未朔日有食之鼓用牲于社非常也唯正月之

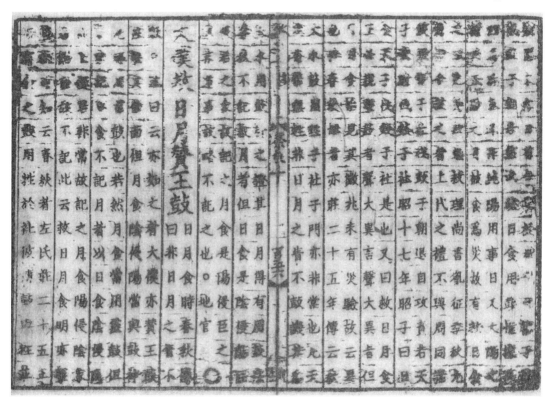

0015_0211-1　　0015_0210-2

[illegible]長冊[illegible]子[illegible][illegible]日食居鼓惟樂[illegible][illegible]純陽用事日又大陽[illegible][illegible]食爲災故有[illegible]之[illegible]救理尚書胤征季秋九[illegible]會[illegible]之者上代之禮不與周同[illegible]

[illegible]鼓于朝退自攻責若天[illegible]伐鼓于社昭十七年昭子曰[illegible][illegible]天子伐鼓于社是也又曰救日月食王[illegible]者聲大異言聲大異者但[illegible]會[illegible]見異徵兆未有災驗故云異[illegible]春秋[illegible]者亦莊二十五年傳云[illegible][illegible]鼓[illegible]社于門亦非常也凡天[illegible]非日月之眚不鼓[illegible]

[illegible]周[illegible]之[illegible]其日月得有[illegible][illegible]不記[illegible]者但日食是陰侵陽[illegible][illegible]記之月食是陽侵巨之○[illegible]事[illegible]不記之也○地官

大僕救日月贊王鼓日月食時春秋[illegible]曰非日月之眚不[illegible][illegible]○疏曰云亦如之者大僕亦贊王鼓[illegible]面但月食陰侵陽當與[illegible][illegible]鼓也若然月食當用靈鼓但[illegible]食不記月者以日食陰侵陽[illegible]非常故記之月食陽侵陰[illegible][illegible]故不記此云救日月食明亦[illegible][illegible]知云春秋者左氏莊二十五年[illegible]之鼓用牲於社彼[illegible]

0015_0211-2

[illegible]一也以彼傳云唯正月之朔慝未作日有食之於是乎用幣于社伐鼓于朝若[illegible]四月正陽之月乃擊鼓彼四月不[illegible]鼓之月天災有幣無牲故亦譏之[illegible]擊又云秋大水鼓用牲于門亦非[illegible]曰非日月之眚不鼓若然此言為[illegible]永擊鼓而故引之者欲見日月二事皆合擊鼓與此文同也○夏官

右天變大戒○傳莊公二十五年

六月辛未朔日有食之鼓用牲于社鼓伐鼓也用牲以祭社傳例曰非常也○疏曰尚書召誥云用

0015_0212-1

牲于郊牛二知此之類言用牲者皆用之以祭知此用牲以祭社也鼓之所用必是伐之伐理可見若不言伐鼓牲不言用則牲無所施是文不足故言用牲傳釋正鼓之[illegible]來傳日有食之於是乎用幣于社伐鼓于朝正月謂周六月夏此經雖書六月杜以長歷推之此是七月七月用鼓非常月也鼓用于朔而此鼓于社非其月也社應用幣而於社用牲非所用也一舉而有三失故譏也左氏曰

非常也非常鼓之月長歷推之辛未實七月朔置閏失所故

0015_0212-2

致月錯○疏曰此及文十五年昭十七年皆書六月朔日有食之昭十七年傳稱祝史請所用幣昭子許之平子禦之曰止也唯正月朔慝未作日有食之於是乎有伐鼓用幣禮也其餘則否大史曰在此月也經書六月而史言在此月則知傳言正月之朔慝未作者謂此周之六月夏之四月也文十五年傳直說天子諸侯鼓幣異禮不言非常知彼言六月直六月也此亦六月而云非常下句始言唯正月之朔有用幣伐鼓之禮明此經雖書六月實非六月故云非常鼓之

0015_0213-1

月長歷推此辛未七月之朔由置閏失所故致月錯不應置閏而置閏誤使七月為六月也釋例曰莊公二十五年經書六月辛未朔日有食之實是七月朔非六月故傳云非常也唯正月之朔有用幣伐鼓明此食非用幣伐鼓常月因變而起歷誤也文十五年經文皆同而更復發傳曰非禮者明前傳欲以審正陽之月後傳發例欲以明諸侯之禮此乃聖賢之微旨而先儒所未喻也劉炫云如非五月朔者昭二十四年五月日有食之傳云日過分而未至此昔是五月亦

0015_0213-2

應云過分而未至也今言慝未作則是已作之辭故知非五月寔二
十四年八月丁丑夫人姜氏入從彼推之則六月辛未朔非有差錯
杜云置閏失所者以二十四年八月以前誤置一閏非是八月以來
始錯也唯正月之朔慝未作○正音政正月
夏之四月周之六月謂正陽之月今書六月而傳云唯者明此月非
正陽月也慝陰氣○慝他得反夏户雅反○疏曰昭十七年傳大史
論正月之事當夏四月是謂孟夏知正月是夏之四月周之六月

0015_0214-1

也詩云正月繁霜鄭玄云夏之四月建巳純陽用事是謂正月爲正
陽之月慝慝也人情愛陽而慝陰故謂陰爲慝故云慝陰氣也未作
謂陰氣未起也日有食之於是乎用幣于
社伐鼓于朝日食歷之常也然食於正陽之月則諸侯
用幣于社請救於上公伐鼓于朝退而自責以明陰不宜侵陽臣不
宜揜君以示大義○疏曰古之曆書亡缺漢興以來草創其術三統
以爲五月二十三分月之二十而日月交會近世爲歷者皆以爲一

0015_0214-2

百七十三日有餘而日一食是日食者歷之常也古之聖王因事設
戒夫以昭昭大明照臨下土忽爾殲亡俾晝作夜其爲怪異莫斯之
甚故立求神請救之禮責躬罪己之法正陽之月陽氣尤盛於此尤
盛之月而爲弱陰所侵故尤忌之也社是上公之神尊於諸侯故用
幣于社請救於上公伐鼓于朝退而自攻責也日食者月揜之也日
者陽之精月者陰之精日君道也月臣道也以明陰不宜侵陽臣不
宜揜君以示大義也昭公二十九年傳曰故有五行之官是謂五

0015_0215-1

官實列受氏姓封爲上公祀爲貴神社稷五祀是尊是奉故社以社
爲上公之神○公羊子曰日食則曷爲
鼓用牲于社據日食在天○疏曰據日食在天者謂日
食在天上何由于地而擬用牲乎求乎陰之道也
求責求也以朱絲營社或曰脅之或曰
爲闇恐人犯之故營之或曰者或人辭其義
各異也或曰脅之與責求同義社者土地之主也月者土地之精也

0015_0215-2

上擊于天而犯日故鳴鼓而攻之脅其本也朱絲營之助陽抑陰也或曰爲闇者社者土地之主尊也爲日光盡天闇冥恐人犯歷之故營之然此說非也記或傳者示不欲絶異說爾先言鼓後言用牲者明先以尊命責之後以臣子禮接之所以爲順也不言鼓于社用牲者與禘于大廟用致夫人同嫌起用牲爲非禮書者善内感懼天災應變得禮也是後夫人遂不制通於二叔殺二嗣子也○䟽曰或曰至說非也解云知其非者正以日食者陰氣侵陽社官五土之神理

0015_0216-1

宜抑之而反營衛失抑陰之義故也不言至非禮解云公羊之義救日食而有牲者以臣子之道接之故也與左氏天災有幣無牲異矣傳八年秋七月禘于大廟用致夫人彼注云以致文在廟下不使入廟知非禮也然則此經若鼓用牲之文在于社之下不使在社上嫌用牲爲非禮若然上二十四年傳云用者不宜用也而此注後以用牲爲得禮若公羊之義以用爲特事不必著不宜也○穀梁子曰言日言朔食正朔也鼓用牲

0015_0216-2

于社鼓禮也用牲非禮也天子救日置五麾陳五兵五鼓麾旌幡也五兵矛戟鉞楯弓矢諸侯置三麾陳三鼓三兵大夫擊門士擊柝言充其陽也凡有聲皆陽事以壓陰氣柝兩木相擊充實也○䟽曰案莊三十年注云救日用牲既失之矣非正陽之月而又伐鼓亦非禮今伐鼓於建巳之月故曰禮也用牲非常故云非禮也五麾者麋信云各以方色之旌置之五處也五兵者徐邈云矛在東戟在南鉞在西楯在北弓矢在中央麋信與范數五兵與之同是相傳說也五鼓者麋信徐邈並云東方青鼓南方赤鼓西方白鼓北方黑鼓中央黄鼓案五兵有五種未

0015_0217-1

審五鼓是一鼓有五色爲當五種之鼓也何者周禮有六鼓雷鼓靈鼓路鼓鼖鼓鼛鼓晉鼓之等若以爲五種之鼓則不知六鼓之内竟去何鼓若以爲一種之鼓則不知六鼓之内竟取何鼓又周禮云雷鼓鼓神祀則似救日之鼓用雷鼓但此用之於社周禮又云靈鼓鼓

社稷祭則又似救日食之鼓用靈鼓進退有疑不敢是正故直述之而已檢爢徐兩家之說則以五鼓者非六鼓之類別用方色鼓而已諸侯三者則云降殺以兩去黑黃二色是非六鼓之類也下云大夫擊門士擊柝則此陳五鼓亦擊之也但擊之時陳列於社之塋域因五兵五麾是陳故亦以陳言之非謂直陳而不擊也○左氏公羊穀梁傳通修

○文公十五年六月日有食之鼓用牲于社左氏曰非禮也得常

鼓之月而於社用牲爲非禮○疏曰此與莊二十五年經文正同彼傳云非常此傳云非禮者彼失常鼓之月言鼓之爲非常此得常鼓之月而用牲爲非禮彼云六月實是七月傳因日月之變以起時歷之誤故釋例曰文十五年與莊二十五年經文皆同而更復發傳曰非禮者明前傳欲以審正陽之月後傳發例欲以明諸侯之禮而用牲爲非禮也此乃聖賢之微旨而先儒所未喻也是解二傳不同之意

日有食之天子不舉去盛饌○去起呂反

饌仕眷反○疏曰周禮膳夫王[illegible]之食飲膳羞以養王及后世子[illegible]日一舉鼎十有二物皆有俎[illegible]者災則不舉鄭玄云殺牲盛饌曰舉今云天子不舉是去盛饌貶膳食也

伐鼓于社責羣

陰伐猶擊也○疏曰[illegible]社祭土而主陰氣也君南鄉於[illegible]下荅陰之義也論語云鳴鼓[illegible]之伐鼓者是攻責之事故云[illegible]陰也日食者陰侵陽故責陰[illegible]日孔安國尚書傳云凡日食天子[illegible]伐鼓于社責上公然則社以上公配食天子伐鼓責羣陰亦以[illegible]上

公也諸侯用幣于社請上公[illegible]亦以請羣陰也五相備也

諸侯用幣于社社尊於諸侯故請[illegible]不敢責之○疏曰[illegible]十九年傳曰封爲上公祀爲[illegible]社稷五祀是尊是奉是社[illegible]公之神尊於諸侯禮用幣者[illegible]請神明之事以社尊故用[illegible]而不敢攻責也陰侵陽而請陰者請止而勿侵陽也

伐鼓于朝退自責

以昭事神訓民事君天子不舉諸侯用幣所以事神尊卑異制所以訓民○疏曰天子不舉自貶食

0015_0219-2

耳而以爲事神者畏敬神明乃首賤搢徹幬不舉亦是事神之義故逆以不舉爲事神也示有等威古之道也[illegible]儀之等差。差初佳反又初宜反○昭公十七年

六月甲戌朔日食之左氏曰祝[illegible]

請所用幣禮正陽之月日食當[illegible]幣於社故請之。[illegible]

[illegible]之氣運行於天一消一[illegible]正陽始十一月[illegible]爲陽[illegible]

[illegible]年爲陰始以[illegible]言之[illegible]子之後每月一陽息一陰[illegible]

祭禮十

0015_0220-1

[illegible]建巳六陰消盡六陽並盛[illegible]爲純乾之卦正陽之月也[illegible]

[illegible]後每月一陰息一陽消至十[illegible]亥六陰並盛是爲純坤之[illegible]

之月也此年六月日食是夏[illegible]爲正陽之月也禮正陽之[illegible]

諸侯當用幣於社故祭之[illegible]然亦依禮法請所用之幣[illegible]

日有食之天子不舉不舉[illegible]

伐鼓於社責羣陰諸侯用幣[illegible]

[illegible]伐鼓於朝責退自禮也[illegible]之

0015_0220-2

樂魚呂反○樂菜也曰止也唯正月朔慝未

作日有食之於是乎有伐鼓用幣

禮也其餘則否太史曰在此月也

正月謂建巳正陽之月也於周爲六月於夏爲四月慝陰氣也四月

純陽用事陰氣未動而侵陽災重故有伐鼓用幣之禮也平子以爲

六月非正月故太史答言在此月也○正月音政夏戶雅反下文當

夏注當夏皆同○疏曰昭子雖不言正月而云日食之禮明此月即

是正月也文十五年傳與此昭子之言正同是正法有此禮也殺牲

祭禮十

0015_0221-1

盛饌曰舉故天子不舉謂去盛饌也郊特牲云社所以神地之道也

祭土而主陰氣也則社是羣陰所聚論語云鳴鼓而攻之伐鼓者是

攻責之事故爲責羣陰亦以責上公也二十九年傳曰封爲上公祀

爲貴神社稷五祀是尊是奉是社爲上公之神尊於諸侯故諸侯用

幣於社請上公亦所以請羣陰請令勿侵陽也然伐鼓於社云責羣

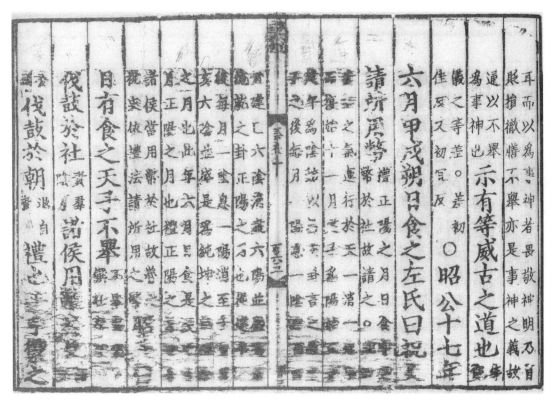

陰用幣於社云請上公社文是一二法不同者以天子之尊無所不

貞故云責羣陰也諸侯南面之君於諸侯之內唯請上公故云請上公也又曰平子聞有此禮而不知正月是周之六月故止其請幣仍說正禮慝惡也人情愛陽而惡陰故謂陰爲慝五月陰始生故四月陰未作也平子亦不識慝爲陰義故詐辭傳禮而心不肯從平子蓋以正月爲歲首之月故云其餘則否大史以平子不識正月故爲辨之所言慝未作所以行伐鼓用幣之禮正當五月也因爲說日食之禮引夏書以證之

曰過分而未至 過春分而未夏

至

三辰有災 三辰日月星也日月相侵又犯是宿故三辰皆爲災○宿音秀

於是乎百官降物 降物素服

君不舉辟移時 辟正寢過日食時

樂奏鼓 伐鼓○疏曰樂奏鼓與下鼓奏鼓一也樂謂作樂之人即瞽矇也奏訓進也孔安國尚書傳云瞽樂官樂官進鼓則伐之故杜云伐鼓也其日食王或有至社親伐鼓之特故周禮大僕云凡軍旅田役贊王鼓救日月食亦如之鄭玄云王通鼓佐擊其餘面則日食王有親鼓

之時也

祝用幣 用幣於社

史用辭 用辭自責

故夏書曰辰不集于房 逸書也集安也房舍也日月不安其舍則食

鼓奏鼓 瞽樂師

嗇夫馳

庶人走 嗇音色○車馬曰馳步曰走爲救日食備也○疏曰此尚書胤征文也彼云乃季秋月朔辰弗集于房彼以季秋日食亦以此禮救之傳言唯正月朔日食乃有伐鼓用幣餘月則否引夏書而與夏書違者蓋先代尚質凡有日食皆用鼓幣周禮極文周禮法見

事有差降唯正陽之月特用鼓幣餘月則否又曰杜以爲止謂之集故訓集爲安■也孔安國云房所舍之次集合也不合則日食可知與杜少異又曰杜以馳是馬疾行故云車馬曰馳步曰走孔安國云嗇夫主幣之官馳取幣禮天神庶夫於周禮無文鄭注覲禮云嗇夫蓋司空之屬也則官屬司空庶人在官若胥徒之屬使之取幣而走天神也衆人走共救日食之百役也嗇夫取幣未必馳車蓋馳走相對變其文耳言禮天神者謂大之禮傳

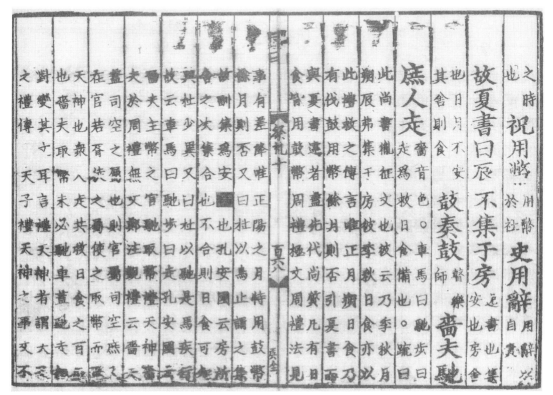

天子禮天神之事文不

此月朔之謂也當夏四月是[illegible]

孟夏 言此六月當夏家之四月 平子弗從[illegible]

退曰夫子將有異志不君君矣

之災故曰有異志。疏曰[illegible] 侵陽臣侵君之象故日食[illegible] 君抑臣也平子不肯救日[illegible] 不君事其君也劉炫云[illegible] 以君爲君矣。 春秋左氏傳

○羲和湎淫[illegible]

胤曰 湎音緬 回普反。[illegible] 世掌天地四時之[illegible]

至三代世職不絶承太康之[illegible] 湎於酒過差非度廢天時[illegible] ○差初賣反 又初佳反

亂往征之 受王[illegible]

之 惟時羲和顛覆厥德[illegible]

沈亂于酒畔官離次 沈謂[illegible] 謂之沈天[illegible] 知猶沈水然故謂醉[illegible]擾天

紀遐棄厥司 ○俶尺六反[illegible] 敘知[illegible] 紀謂時日[illegible] 遐遠皆釋[illegible]

也洪範五紀五曰曆數所以紀天時此言天紀謂時日此時日之事是羲和所司棄其所主

乃季秋月朔辰弗集于房 辰日月所會房所舍之次集合也不合即日食可知○疏曰昭七年左傳曰晉侯問於士文伯曰何謂辰對曰日月之會日月俱右行於天日行遲月行疾日每日行一度月日行十三度十九分度之七計二十九日過半月已行天一周又逐及日而與日聚會此聚會爲辰一歲十二會故爲十二辰即子丑寅卯之屬是也房謂室

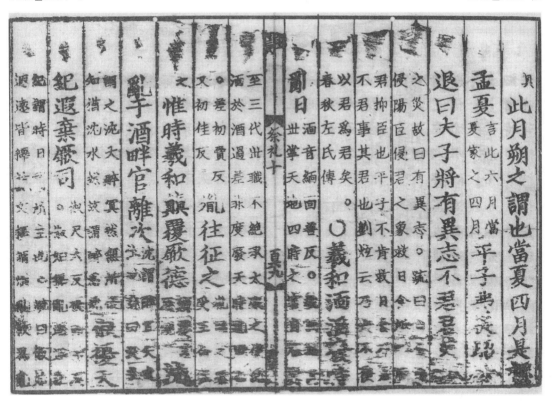

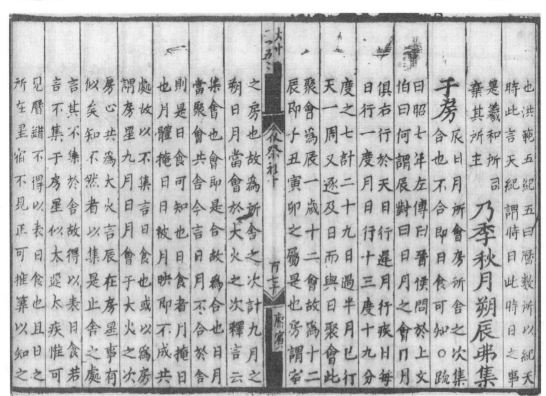

之房也故爲所舍之次計九月之朔日月當會於大火之次釋言云集會也會即是合故爲合也日月當聚會共舍今言日月不合於舍則是日食可知也日食者月掩日也月體掩日日被月映即不成共處故以不集言日食也或以爲房謂房星九月日月會于大火之次房心共爲大火言辰在房星事有似矣知不然者以集是止舍之處言其不集於舍故得以表日食若言不集于房星似太遲太疾惟可見曆錯不得以表日食也且日之所在星宿不見正可推筭以知之

0015_0226-1　0015_0225-2

非能舉目而見之君子愼疑寧當以日在之宿爲文以此知其必非
考是也瞽奏鼓嗇夫馳庶人走嗇音色○
凡日食天子伐鼓于社責上公瞽樂官樂官進鼓則伐之嗇夫主幣
之官馳取幣禮天神衆人走供救日食之百役也○供音恭○疏曰
文十五年左傳云日有食之天子不舉伐鼓于社諸侯用幣于社伐
鼓于朝社預以爲伐鼓于社責羣陰也此傳言上公者鄭特牲云社
祭土而主陰氣也君南鄉北墉下荅陰之義也是言社主陰也日食

役祭礼十　百十二　康寺

陰侵陽故社預以爲責羣陰也昭二十九年左傳云封爲上公祀爲
貴神社稷五祀是尊是奉是社祭勾龍爲上公之神也日食臣侵君
之象故傳以爲責上公亦當羣陰上公並責之也周禮瞽矇之官掌
作樂瞽爲樂官樂官用無目之人以其無日於音聲審也詩云奏鼓
簡簡謂伐鼓爲奏鼓知樂官進鼓則伐之周禮太僕軍旅田役贊王
鼓救日月亦如之鄭玄云王通鼓佐擊其餘面則救日之時王或親
鼓莊二十五年穀梁傳曰天子救日置五麾陳五兵五鼓陳既多[illegible]

0015_0227-1　0015_0226-2

樂人伐之周禮無嗇夫之官禮云嗇夫承命告于天子鄭玄云嗇夫
蓋司空之屬也嗇夫主幣禮無其文此云嗇夫馳必馳走有所有也
癸傳云諸侯用幣則天子亦當有用幣之處嗇走必是主幣之官馳
取幣也社神尊於諸侯故諸侯用幣於社以請救天子代鼓于社[illegible]
不用幣知嗇夫馳取幣禮天神庶人走蓋是庶人在官者謂諸侯胥
徒也其走必有事知爲供救日食之百役也曾子問云諸侯從天子
救日食各以方色與其兵周禮庭氏云救日之弓矢是救日必有多

役祭礼十　百十三

役庶人走供之鄭注庭氏云以救日爲太陽之弓救月爲太陰之弓
救日以枉矢救月以恒矢其鼓則蓋用祭天之雷鼓也昭十七年夏
六月甲戌朔日有食之左傳云季平子曰惟正月朔慝未作日有食
之於是乎有伐鼓用幣禮也其餘則否太史曰在此月也當夏四月
是謂孟夏如彼傳文惟夏四月有伐鼓用幣之禮餘月則不然此以
九月日食亦奏鼓用幣者顧氏云夏禮異於周禮也羲和尸
厥官罔聞知日食主其官而無聞知於日食之變異所以罪

0015_0227-2

重昏迷于天象以干先王之誅闇錯天象言昏亂之甚干犯也政典曰先時者殺無赦政典夏后爲政之典籍若周官六卿之治典先時謂曆象之法四時節氣弦望晦朔先天時則罪死無赦不及時者殺無赦不及謂曆象後天時雖治其官苟有先後之差則無赦況廢官乎。○疏曰胤侯夏之卿士引政典而不言古典則當時之書名夏后爲政之典籍也周禮太宰掌建邦之六典以佐王治邦國一曰

0015_0228-1

治典二曰教典三曰禮典四曰政典五曰刑典六曰事典若周官六卿之治典謂此也先時不及者謂此曆象之法四時節氣弦望晦朔不得先天時不得後天時四時時各九十日有餘分爲八節節各四十五日有餘也節氣者周天三百六十五日四分日之一四時分之均分爲十二月則月各得三十日十六分日之七以初爲節氣半爲中氣故一歲有二十四氣也計[illegible]二月每月二十九日彊半也以[illegible]初爲朔月盡爲晦當月之中日[illegible]相望故以月半爲望望去晦[illegible]

0015_0229-2

不滿十五日也又半此望去晦朔之數名之曰弦弦者言其月半正半如弓弦也晦者月盡無月言其闇也朔者蘇也言月死而更蘇也先天時者所名之曰在天時之先假令天之正時當以甲子爲朔今歷乃以癸亥爲朔是造曆先天時也若以乙丑爲朔是造歷後天時也後即是不及時也其氣望等皆亦如此今予以爾有衆奉將天罰將行也奉王命行王誅謂殺湎淫之身立王其賢子弟。○疏曰羲和顛倒其奉上之德而沈没昏亂於酒違叛其

0015_0230-1

所掌之官離其所居位次始亂天之紀綱遠棄所主之事乃季秋九月之朔日月當合於辰其日之辰日月不合於舍不得合辰謂日食月食日有食之禮有救日之法於時瞽人樂官進鼓而擊之嗇夫馳騁而取幣以禮天神庶人奔走供救日食之百役此爲災異之大者官促遽若此羲和主其官而不聞知日食是大罪也此羲和昏闇迷錯於天象以犯先王之誅此罪不可赦也故先王爲政之典曰主曆之官爲曆之法節氣先天時者殺無赦不及時者殺無赦失前失後

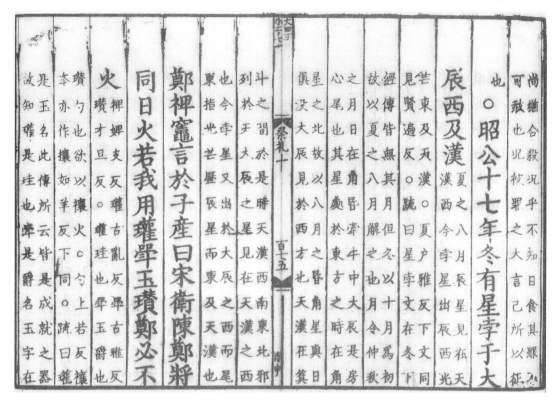

尚猶合殺況乎不知日食其罪不可赦也況彼罪之大言己所以征也

○昭公十七年冬有星孛于大辰西及漢夏之八月辰星見在天漢西今孛星出辰西光芒東及天漢○夏戶雅反下文同見賢遍反○䟽曰星孛文在冬下經傳皆無其月但冬以十月爲初故以夏之八月解之也月令仲秋之月日在角昏牽牛中大辰是房心星也其星處於東方之時在角星之北故以八月之昏角星與日倶沒大辰見於西方也天漢在箕

斗之間於是時天漢西南東北邪列於天大辰之星見在天漢之西也今孛星又出於大辰之西而尾東指光芒歷辰星而東及天漢也

鄭裨竈言於子產曰宋衛陳鄭將同日火若我用瓘斝玉瓚鄭必不火裨婢支反瓘古亂反斝古雅反瓚才旦反○瓘珪也斝玉爵也瓚勺也欲以禳火○勺上若反禳本亦作攘如羊反下同○䟽曰瓘是玉名此傳所云皆是成就之器故知瓘是珪也斝是爵名玉字在

斝瓚之閒知斝亦以玉爲之故云斝玉爵也周禮典瑞云祼圭有瓚鄭司農云於圭頭爲器可以挹鬯祼祭謂之瓚國語謂之鬯瓚鄭玄云漢禮瓚槃大五升口徑八寸下有槃口徑一尺考工記玉人云祼圭尺有二寸有瓚以祀廟鄭玄云瓚如槃有柄用圭有流前注鄭玄詩箋云圭瓚之狀以圭爲柄黃金爲勺青金爲外朱中央是瓚爲勺共祭祀之器也裨竈欲用此三物以禳火

子產弗與以爲天災流行非禳所息故也爲明年宋衛鄭災傳

十八年夏

五月火始昏見見賢遍反○火心星

丙子風梓愼曰是謂融風火之始也東北曰融風融風木也木火母故曰火之始○䟽曰東北曰融風易緯作調風俱是東北風一風有二名東北木之始故融風爲木也木是火之母火得風而盛融爲火之始

故七日其火作乎從丙子至壬午七日壬午水火合之日故知當火作

戊寅風

壬午大甚宋衛陳鄭皆火梓愼

0015_0228-2

大庭氏之庫以望之大庭氏古國名在魯城内魯於其處作庫高顯故登以望氣參近占以審前年之言大甚本或作火甚○處昌慮反故登以望氣本或作以望氛氣○疏曰甚者益盛之言也丙子初風連日不息至戊寅而風益甚至壬午而風又大甚初言融風是東北風也蓋自丙子至壬午風不迴而稍益盛傳主言魯國之風彼四國亦當然也又曰大庭氏古天子之國名也先儒舊說皆云炎帝號神農氏一曰大庭氏服虔云在黄帝前鄭玄

祭禮十　百七十七

0015_0229-1

譜云大庭在軒轅之前亦以大庭爲號者也對文則藏馬曰廄藏曰庫曲禮云在府言府在庫言庫鄭玄云府謂寶藏貨賄之處庫謂車馬兵甲之處又大學云未有府庫財非其財者則庫亦藏財貨非獨車馬甲兵也古之大庭魯都魯其庫在魯城内魯於其處作而其地高顯故梓慎登之以望梓慎往年言其將火今更望象驗近占以審己前年之言信也慎所望謂天氣耳非能望見火而何休雖云宋衛陳鄭去魯皆千里爲登高以見其火豈實事

0015_0232-2

姓云案左傳不言望火何以言見其火玄卿以爲孔子登泰山見門之白馬離婁覩千里之毫末顔淵既非常人何知不見數百火孔子在陳知桓僖災者復望見之乎若見火知災則人皆知之矣何所貴乎梓慎左氏傳竊訝之哉且四國去魯幾數百里而何休云數千里雖意欲其遠有虛妄之極梓慎所望當看以之不知見何氣知其災也服云四國次有火氣也梓慎不言衣望安知望次陳獨無次何所望哉今以爲服解義或然也曰宋

祭禮十　百七十八

0015_0233-1

衛陳鄭也數日皆來告火裵斯主反○言經所以書裨竈曰不用吾言鄭又將火前年裨竈欲用瓘斝禳火子產不聽今復謂用之○禳如羊反復扶又反下同鄭人請用之信竈言子產不可子大叔曰寶以保民也若[illegible]國幾亡可以救亡子何愛焉[illegible]

[illegible]遠人道邇非所及也[illegible]

0015_0234-1　　0015_0233-2

龜焉知天道是亦[illegible]
巨信幾音祈又音譏[illegible]多言者或時有中。
反遂不與亦不復火傳言[illegible]明雖[illegible]
不足以盡知之○春秋左氏傳○哀公六年有雲
如衆赤鳥夾日以飛三日楚子使
問諸周大史周大史曰其當王身
乎夾古洽反大音太○日爲人君妖氣守之故以爲當王身雲在
祭礼十　一　百七十九
楚上唯楚見之故禍不及他國若禜之可移於令
尹司馬禜音詠○禳祭○禳如羊反下同王曰除
腹心之疾而寘諸股肱何益不穀
不有大過天其夭諸有罪受罰又
焉移之遂弗禜春秋左氏傳○昭公二
十六年齊有彗星彗似歲反又遂反○出齊之[illegible]
分野不書魯不見○分扶問反[illegible]號曰言亦有.星而齊侯使禳之

0015_0235-1　　0015_0234-2

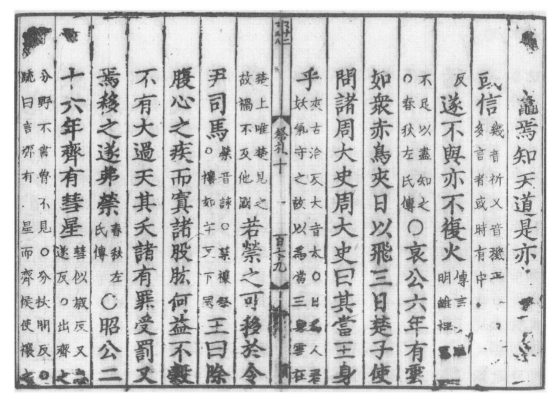

[illegible]之分野[illegible]彗[illegible]也文十四年有星[illegible]入[illegible]
北斗十七年有星孛于[illegible]書此不書者時魯不見故[illegible]
齊侯使禳之祭以禳除之晏子曰無益
也祗取誣焉祗音支誣欺也○天道不諂
諂本又作慆他刀反○諂疑也不貳其命若之何
禳之且天之有彗也以除穢也君
無穢德又何禳焉若德之穢禳之
祭礼十　百八十
何損詩曰惟此文王小心翼翼昭
事上帝聿懷多福厥德不回以受
方國聿户橘反○詩大雅翼翼[illegible]也聿惟也回違也言文王德
不違天人故四方之國歸往之○號曰詩大雅大明之篇也惟此文
王恒小其心翼翼然共順也又能明事上天惟行上天之道思使自
得多福其德不有回邪以受四方之國言四方皆歸之君無
違德方國將至何患於彗詩曰我

0015_0236-1　　0015_0235-2

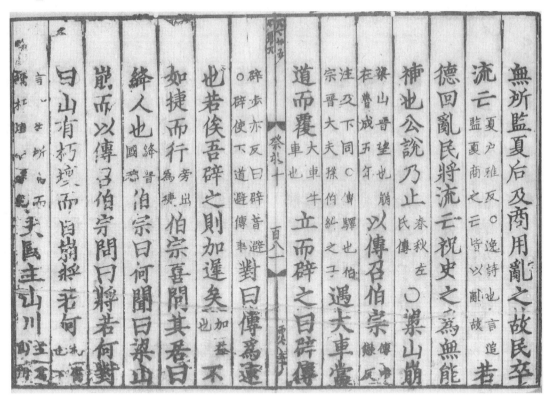

無所監夏后及商用亂之故民卒流亡夏戶雅反○逸詩也言追監夏商之亡皆以亂故若德回亂民將流亡祝史之爲無能神也公說乃止春秋左氏傳○梁山崩梁山晉望也崩在晉成五年以傳召伯宗傳中戀反注及下同○傳驛也伯宗晉大夫孫伯糾之子遇大車當道而覆大車牛車也立而辟之曰辟傳

祭禮十　百八一

辟步亦反曰辟音避○辟使下道避傳車對曰傳爲遽也若俟吾辟之則加遲矣加益也不如捷而行旁出爲捷伯宗喜問其居曰絳人也絳晉國都伯宗曰何聞曰梁山崩而以傳召伯宗問曰將若何對曰山有朽壤而自崩將若何[illegible]言山之所由而[illegible]夫國主山川[illegible]

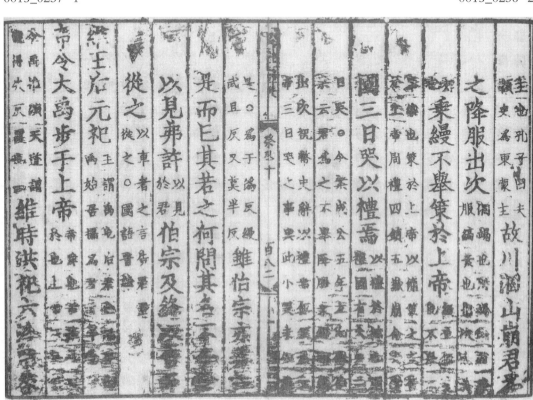

0015_0237-1　　0015_0236-2

主也孔子曰夫顓臾爲東蒙主故川涸山崩君爲之降服出次涸竭也降服素服也[illegible]乘縵不舉策於上帝[illegible]也策於上帝以簡書之[illegible]帝周禮四鎮五嶽崩令[illegible]國三日哭以禮焉以禮禮於神[illegible]國有大[illegible]曰矣○今案成公五年左氏[illegible]宗云君爲之不舉降服乘縵[illegible]祝幣史辭以禮焉[illegible]三日哭之事異此小異[illegible]

祭禮十　百八二

矣○爲于僞反縵武旦反又莫半反雖怡宗[illegible]是而已其若之何問其[illegible]以見弗許以見於君伯宗及絳[illegible]從之以車者之言告晉侯從之○國語晉語[illegible]王后元祀王謂[illegible]后[illegible]始[illegible]帝令大禹步于上帝帝[illegible]於[illegible]上[illegible]命禹治[illegible]天道謂[illegible]得失反[illegible]維時洪祀六沴[illegible]

0015_0238-1　　0015_0237-2

[illegible]子[illegible]八[illegible]用極[illegible]祀[illegible]之[illegible]

[illegible]是用知不畏而神之怒 而[illegible]

[illegible]其神[illegible]知[illegible]之怒可知也 若六沴作見若是

共禦帝用不差神則不怒 若是順也[illegible]讀曰恭禦止

之[illegible]見[illegible]知人[illegible]之[illegible]也 五福乃降用章

子[illegible]下[illegible]下也[illegible]明也 若六沴作見若不共禦大

[illegible]六極其下 侯[illegible]也[illegible]萬物[illegible]曰一[illegible]

尚書大傳[illegible]　[illegible]十　百八十三

[illegible]也一 禹乃共辟厥德受命休令

[illegible]其也休美也禹於是恭[illegible]之美令奉行之 爰用

五事建用王極 王極或皆為皇極也 長事 長[illegible]君也 一

曰貌之不恭是為不肅 肅敬也君[illegible]下恭則是[illegible]

[illegible]其 厥咎狂 臣不敬則[illegible]厥罰恒雨

[illegible]春木王春氣生生[illegible]其[illegible]故恒雨也 厥極惡 失[illegible]

[illegible]時則有服妖 服貌之飾 時則有龜孽

0015_0239-1　　0015_0238-2

[illegible]時則有[illegible] [redacted]

[illegible]詩[illegible]不[illegible]生[illegible]之[illegible]

[illegible]時則[illegible]青祥[illegible]

維金沴木[illegible]

[illegible]木金[illegible]人[illegible]

[illegible]人[illegible]

[illegible]二事曰言 言之不

[illegible]尚書大傳[illegible]　百八十四

[illegible]文[illegible]名[illegible]不[illegible]者也[illegible] 厥咎

[illegible]曰金金主秋[illegible]氣失故恒[illegible] [redacted]

[illegible]時則有詩妖 詩[illegible]言[illegible]

[illegible]之[illegible]而[illegible]秋者[illegible]

[illegible]時則有口[illegible]

[illegible] [redacted] [illegible]

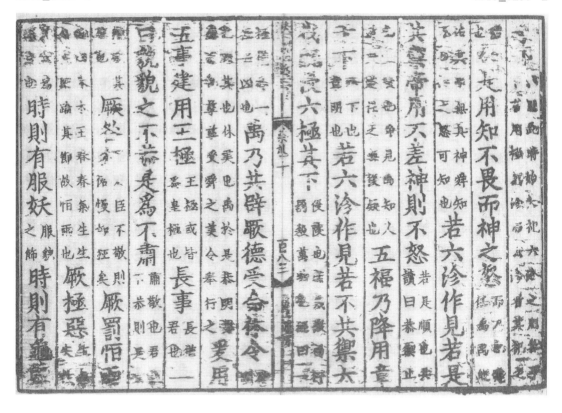

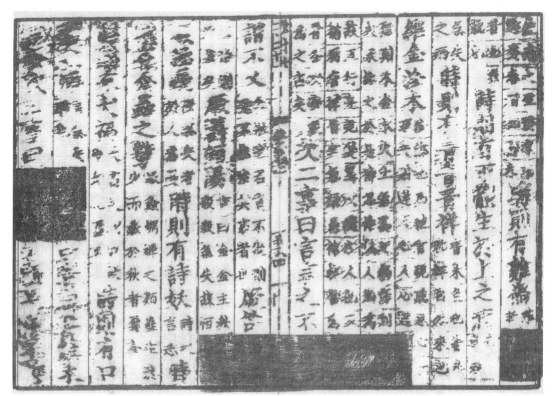

0015_0240-1　　0015_0239-2

[illegible]也言視不明謂不能瞭其事也　厥咎荼　[illegible]

厥罰恒燠　視曰火火主夏夏氣長長氣失故恒燠也　厥極疾

[illegible]氣失故於人爲疾　時則有草妖　草視之謂也物可見者莫[illegible]於

[illegible]時則有倮蟲之孽　蠶螟飛之類蟲之生於火而藏於夏

時則有羊禍　羊畜之遠視者視屬火　時則有目痾

視氣失之病也　時則有赤眚赤祥維水沴火[illegible]

四事曰聽聽之不聰是謂不謀　君[illegible]聽則[illegible]

祭禮十　百[illegible]

不能謀其事也　厥咎急　君臣不謀則急矣[illegible]曰謀謀聽絕理不云[illegible]

寡事有知不云缺也　厥罰恒寒　聽曰水水主冬冬藏藏氣失故恒[illegible]

[illegible]也　厥極貧　藏氣失故於人爲貧　時則有鼓妖　[illegible]

時則有豕禍　豕畜之居閉衞而聽者[illegible]聽　時則有耳[illegible]

痾　聽氣失之病也　時則有黑眚黑祥維火沴水

[illegible]五事曰思心思心之不容是謂不聖

[illegible]

0015_0241-1　　0015_0240-2

[illegible]以待之君思心不退則[illegible]

[illegible]　厥咎霿　霿冒也君臣心不明則相蒙冒矣　[illegible]

[illegible]思心曰土土主四時四時之長藏之氣風亦出雨寒燠之[illegible]

二以殖萬物之性命殖氣失故恒風　厥極凶短折　[illegible]

[illegible]爲凶短折未[illegible]曰凶[illegible]曰折經曰自時厥後立王生[illegible]

[illegible]稼穡之艱難不聞小人之勞[illegible]時厥後亦罔有克壽[illegible]

[illegible]八十或七八十或五六或三四年　時則有脂夜之妖

三十　祭禮十　百八十六

[illegible]衆云沴縣音相近也凍者脂膏所煎之物思心貴也[illegible]

[illegible]者也　時則有華孽　華者[illegible]

[illegible]時則有牛禍　地厚德載[illegible]牛任重者也[illegible]

[illegible]時則有心腹之痾　思心失之病[illegible]

[illegible]時則有金木水火沴土[illegible]

[illegible]

[illegible]

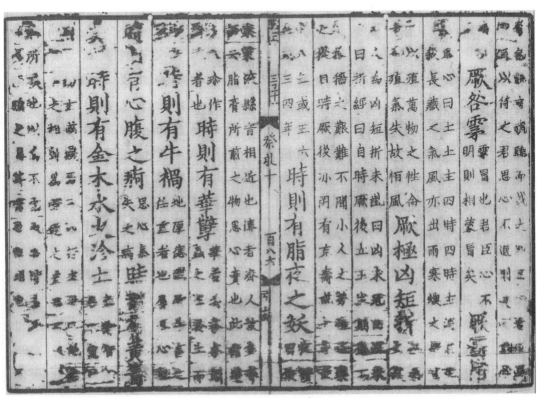

0015_0242-1　　　　0015_0241-2

[illegible]孰不[illegible]者[illegible]必[illegible]
[illegible]天人事[illegible]化爲陰[illegible]
[illegible]日月[illegible]則天之[illegible]
子欲春秋曰吹不自[illegible]王者出政號也極行[illegible]
天以情性發戍五事爲[illegible]不中和則是不能[illegible]
[illegible]心之谷同子[illegible]也者臣不立則[illegible]
訓行陰 王極象天陰養物陰氣失故恒陰[illegible]

詩經[illegible]十　百八七

[illegible]則柔剛氣失敎人爲[illegible]行曰貴而無位高而無[illegible]
時則有射妖 而無輔謂弱也[illegible]
[illegible]發於此儀之發失則[illegible]亦先[illegible]延變之[illegible]
時則有龍蛇之孽 射其[illegible]也
[illegible]於不[illegible]也爲天[illegible]龍無角曰蛇[illegible]
[illegible]馬多之[illegible]王極 疾 時則有[illegible]
[illegible]

0015_0243-1　　　　0015_0242-2

行不由常侜張無度則䰟魄傷也王[illegible]失之[illegible]也不中之人恒耆其味厚其[illegible]
增以爲病將以開賢代之也春秋傳所謂奪伯有䰟者是也不名病病不[illegible]
事體 時則有日月亂行星辰逆行 亂謂[illegible]食[illegible]
是逆謂盈縮反明經天守舍之類也[illegible]言沴天天至尊無能沴之者雖逢非[illegible]
維鮮之功謂此也 維五位復建辟厭沴 君[illegible]事[illegible]
行相沴違其位復立之者當明其[illegible]變異則知此爲貌邪言輒改過以[illegible]
之至司之月又必齊肅祭祀以[illegible]則凶咎除矣不言六位天不違其[illegible]

詩七二　儀祭致十　百八八

曰二月三月維貌是司四月五月維視
是司六月七月維言是司八月九月維
聽是司十月十一月維思心是司[illegible]
月與正月維王極是司 司主也此夏數也夏[illegible]
天之正玄或疑焉此用五事之次[illegible]月五月主視六月七月主言非也[illegible]
行主相之次則八月九月主聽[illegible]一月主思心亦非也子駿傳[illegible]
月維貌是司正月五月維視[illegible]七月維思心是司八月九月維[illegible]是[illegible]

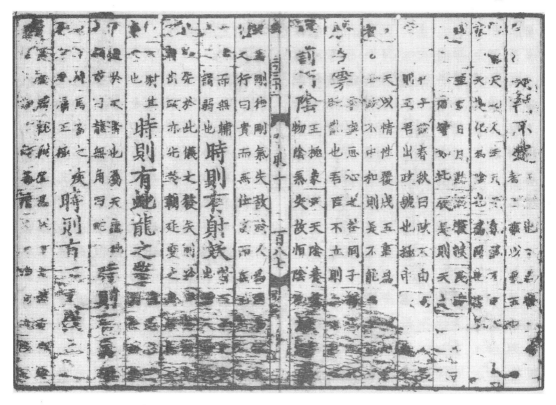

0015_0243-2

十月十一月維聽是司十二月與正月維王極其司於四時之氣以近其實也

凡六沴之作歲之朝月之朝日之朝則后王受之歲之中月之中日之中則正卿受之歲之夕月之夕日之夕則庶民受之自正月盡四月爲歲之朝自五月盡八月爲歲之中自九月盡十二月爲歲之夕上旬爲月之朝中旬爲月之中下旬爲月之夕平旦至食時爲日之朝禺中至日昳爲日之中下晡至黄昏爲日之夕受之受其凶咎也

大七五 二六之九　仪祭礼十　百八九

0015_0244-1

二辰以次相將其次受二辰謂日月也假令歲之朝也日月中則上公受之日月夕則下[illegible]之日月朝大夫受之歲之夕也日月[illegible]則上士受之日月中則下士受[illegible]之其餘差以尊卑多少則悉矣星辰莫同莫夜也星辰之變夜見亦與晝同[illegible]昏爲朝夜半爲中將晨爲夕或日[illegible]晨爲朝初昏爲夕也是離逢非沴維鮮之功[illegible]見也是謂憂見之象非沴也言五行[illegible]能沴天者也鮮殺也功成也維[illegible]咎之殺已成故天垂變異以示人也禦貌於喬忿止[illegible]之失者在於[illegible]

0015_0245-1

0015_0244-2

[illegible]忿也驕忿者不恭之刑也驕忿謂若傲佷明德忿類無期之類也以其月從其禮祭之參乃從從順也三祭之其神乃順不怒也禦言於訖衆以其月從其禮祭之參乃從訖止也言之失者在於去止衆止衆者是不從之刑也止衆謂若周厲王弭謗以障民口之類也禦視於忽似以其月從其禮祭之參乃從止從視之失者在於去忽似忽似者是不明之刑也忽似謂若亂於是非象龔滔天及不辨鹿馬之類也禦聽於

仪祭礼十　百九十

[illegible]攸以其月從其禮祭之參乃從怵讀曰歔不[illegible]之[illegible]攸讀爲風雨所漂颻之颻止聽之失者在於去怵攸者是不聰之刑也怵攸謂若老夫嚾嚾小子蹻蹻謔爾純純聽我耗耗之類禦思心[illegible]有尤以其月從其禮祭之參乃從尤過也止思心之失者在於去欲有所過欲者是不睿之刑也欲有所過欲若昭公不知禮而習小儀不脩改而欲誅季氏之類也禦王極於宗始以其月從其禮祭之參乃從宗尊也止王極之失

0015_0245-2

者在於尊用始祖之法度不言其惡者人性備於五德得失在斯王不極則五事皆失非一惡也大者易姓小者滅身其能宗始則録延其受命之君承天制作猶天之教命也故掌祖廟之藏者謂之天府也

六沴之禮散齊七日致齊新器絜祀用赤黍三日之朝於中庭祀四方從東方始卒於北方

禮志致齊三日周禮凡祭祀前期一日宗伯帥執事卜日是爲齊一旬乃祀也今此致齊即祀者欲得容三祀也蓋八日爲致齊明九日朝而初祀者一旬有

0015_0246-1

一日事乃畢也新器赤黍改過之宜也中庭明堂之庭也或曰朝庭之庭也此祀五精之神其牲器粢盛有常禮記其異者也不祀天非正月亦以此禮祀此神也

其祀禮曰格祀

篇名也今亡也

曰某也方祀曰播國率相行祀

篇中大祝贊主人辭也某也天子名也方祀祀四方也播讀曰藩藩國謂諸侯相助也言諸侯率其常事來即助行祭之禮也

其祀也

大祝告神以君悔過之辭也周禮大祝掌六祀之辭以事鬼神祇祈福祥求永貞也

曰若爾神靈洪祀六沴是

0015_0246-2

□神靈謂木精靈威仰火精赤熛怒土□□含樞紐金精白招拒水精汁光紀□□□大皞火帝炎帝土帝黃帝金帝□□水帝顓頊木官句芒火官祝融土□□土金官蓐收水官玄冥皆是也生□其事死在祀典配其神而食今猶爲□六沴是□靈所爲

無差無傾無有不正

言神靈正直無□□頗所謂□眚是也

若民有不敬事則會批之六沴

言民費天不可通昔也事六事也會合也批推也言天下有災祥靈亦□□內推六沴災子以天下□□者

六事之機以縣示我

0015_0247-1

六事貌言視聽思心王極也機天文也天文運轉以縣見六事之變異示我

謂天子

我民人無敢不敬事上下王祀

我與民人無敢不敬畏六嘉上下君祀之所縣示變異者言皆悔過也上君祀靈威仰下君祀失辭之靈也○尚書大傳

右六沴

大司徒荒政十有二聚萬民十二曰索鬼神

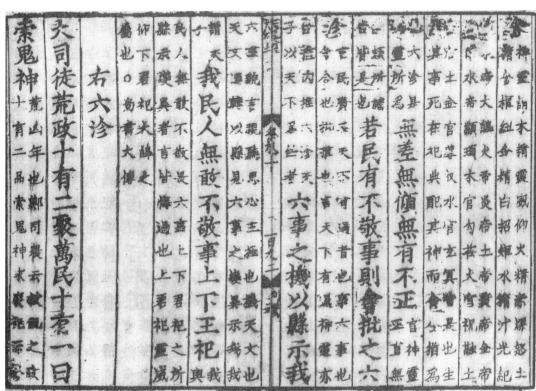

荒凶年也鄭司農云救饑之政十有二品索鬼神求廢祀而脩

之雲漢之詩所謂靡神不舉靡愛斯牲者也○疏曰年穀不熟之時恐民離散故以救荒之政十有二條以聚萬民使不離散十有一曰索鬼二曰除神者謂凶年禱祈搜索鬼神而禱祈之云索鬼神求廢祀而脩之者年有凶荒鬼神不語經云索鬼謂搜索鬼神祭之明是求廢祀而脩之家廢祀而脩之即雲漢之詩靡神不舉是也連引靡愛斯牲者見索鬼神是祈禱之事須牲體以薦之案左氏莊二十五年傳云天災有幣無牲此鄭云靡愛斯牲者若天災之時祈禱無牲更成之後即共牲故云靡愛斯牲○地官

○司巫若國

有大旱則帥巫而舞雩雩旱祭也天子於上帝諸侯於上公之神鄭司農云魯僖公欲焚巫尫以其舞雩不得雨○尫烏黃反○疏曰此文旱則帥巫而舞雩者謂帥女巫下是以女巫職云旱暵則舞雩亦據旱而言也又曰雩旱祭也者經云國大旱而舞雩明雩是旱祭是以春秋舞雩鄭云雩者吁嗟求雨之祭云天子雩上帝諸侯於上公之神者案禮記月令大雩帝習盛樂據天子雩五帝案下文命百縣雩祀百辟卿士百縣謂畿内鄉遂明畿外諸侯亦雩祀百辟卿即古上公句龍柱棄之等是天子祀

帝諸侯以上公若曾與二王後得祀天者亦得雩祭天鄭司農云魯僖公欲焚巫尫以其舞雩不得雨者案僖二十一年夏大旱公欲焚巫尫尫不以舞雩故檀弓云魯穆公云吾欲暴尫而奚若又云吾欲暴巫而奚若縣子曰天則不雨而暴人之疾子虐毋乃不可與注云尫者面鄉天覬天哀而雨之明非舞雩之人司農兼引尫者挾句連引之其實非舞者案四月正雩非直有男巫女巫衆論語曾晳云春服旣成童子六七人冠者五六人兼有此等故鄭師云魯是舞雩而舞旱暵之祝舞祝歸謂野人旣舞者明知兼有童子冠者可知

國

有大烖則帥巫而造巫恒杜子春云司巫帥巫官之屬會聚常處以待命也玄謂恒久也巫久者先巫之故事造之當案視所施爲○疏曰子春之意帥巫者巫則女巫恒訓爲常故云會聚常處後鄭下從玄謂爾久也巫久者先巫之故事後鄭之意以恒爲先世之巫久故所行之事今司巫見國大烖則帥領女巫等往造所行之事案視舊所施爲而法之○春官

○女巫旱暵則舞雩使女巫舞旱祭崇陰也鄭司農云求雨以女巫故檀弓曰歲旱繆公召縣子而問焉曰吾欲暴巫而奚若曰天則不

0015_0249-2

雨而望之愚婦人非乃已疏𠀤○疏曰此謂五月已後脩雩故有旱暵之事旱
而言漢者漢謂熱氣也又曰司農引繆公者曾繆公春秋後事縣子者曾大夫
所暴巫者以具舞雩不得雨引之者證使女巫舞雩之事

凡邦之大烖歌哭而請

有歌者有哭者冀以悲哀感神靈也○疏曰大烖言
歌哭而請則大烖謂旱暵者又曰秦林酒恭曰凡國有大烖歌哭而請魯人有
日食而哭傳曰非所哭哭者哀也歌者女舞雩有哭而歌是以樂哉哉而樂之者
特何以請哀矣失所禮又喪矣孔子曰哭則不歌歌哭而請道將何爲玄謂曰

祭禮十　百九五

0015_0250-1

食異者也於民無因哭之爲非其所哉吾不害物故歌必禮也董仲舒曰雩
求雨之術呼嗟之歌國風周南小雅鹿鳴燕禮鄉飲酒大射之歌焉然則雩遺
爲亦七旱之歌考異郵曰集二十四一忠立服而緩雲刑理祭與罪赦過[illegible]
之哭近以成數此數者非大哉歌哭之哭者誠哀也歌者樂也今喪家輓
歌亦謂非孔子哭則不歌是出何經曾子四子曰是上哭則不歌謂一日之
[illegible]以事哭又以樂而歌是爲哀樂之心[illegible]非所以識此禮若然此歌者
[illegible]同上

○**舞師教皇舞帥而**[illegible]

0015_0250-2

[illegible]暵之事

旱暵之事謂雩也暵熱氣也鄭司農云皇舞蒙羽舞
[illegible]或爲望或爲義玄謂皇析五采羽爲[illegible]亦如帗○望音皇○疏曰但羽舞用
[illegible]羽帗舞用五色繒用物雖異皆有柄[illegible]制相類故云形如帗也云四方之祭
[illegible]祭四望也知者若以四方連百物則[illegible]方不止四方今單云四方四望五嶽
[illegible]瀆亦布在四方故知四方即四望也[illegible]乎暵之事謂雩也者春秋所云雩者
[illegible]釋旱又祭法云雩禜祭水旱故知旱[illegible]暵謂雩祭也云暵熱氣也者以其旱時
[illegible]炎熱氣又此暵字以日爲形以漢爲聲[illegible]故知暵熱氣也鄭司農云皇舞蒙羽

祭礼十　百九六

0015_0251-1

舞者先鄭之意蓋見禮記王制有虞氏皇而祭是皇爲首服故以此皇爲鳳
凰羽蒙于首故云蒙羽舞自古未見蒙羽于首故後鄭不從之矣云書或爲型
或爲義者禮本不同故或爲型或爲義者不從之矣玄謂皇析五采羽爲之亦
如帗者鍾氏染鳥羽象翟鳥鳳皇之羽皆五采此舞者所執亦以威儀爲飾言
皇是鳳凰之字明其羽亦五采其制亦[illegible]帗舞若然帗舞羽舞皇舞形制皆同
[illegible]○

○**稻人旱暵共其雩斂**

稻人共雩斂稻急水
[illegible]也鄭司農云雩事所發斂○疏曰此[illegible]雩據夏五月已後脩雩云暵者旱之

0015_0251-2

旱氣若四月龍見而雩求[illegible]種雩中供雩斂也又曰鄭[illegible]共雩斂於此官特言共者以給[illegible]急須水故旱時特使共雩之[illegible]

同上

右雩○傳公子偃擊宋自雩門竊出雩門魯南城門皐比虎皮●曰雩門爲魯南城門蓋將[illegible]以名之故知也○莊公十年春秋左氏傳○湯之時大

0015_0252-1

旱七年雒坼川竭煎沙爛石於是

大〻一十三 小〻二十二　祭禮十　百九七

使人持三足鼎祝山川教之祝曰

政不節耶使人疾耶苞苴行耶讒

夫昌耶宮室營耶女謁盛耶何不

雨之極也蓋言未已而天大雨故

天之應人如影之隨形響之效聲

者也詩云上下奠瘞靡神不宗

疾旱也東漢鍾離意傳注云帝王[illegible]紀曰成湯大旱七年齋戒[illegible]

0015_0252-2

剪髮斷爪以己爲犧牲禱於桑林以六事自責○說苑○齊

大旱之時景公召羣臣問曰天不

雨久矣民且有饑色吾使人卜之

祟在高山廣水寡人欲少賦斂以

祠靈山可乎羣臣莫對晏子進曰

不可祠此無益也夫靈山固以石

爲身以草木爲髮天久不雨髮將

祭禮十　百九八

焦身將熱彼獨不欲雨乎祠之無

0015_0253-1

益景公曰不然吾欲祠河伯可乎

晏子曰不可祠此無益也夫河伯

以水爲國以魚鼈爲民天久不雨

水泉將下百川竭國將亡日將滅

矣彼獨不用雨乎祠之何益景公

曰今爲之柰何晏子曰君誠避宮

張本下象鼻題監主簿貢四子傳本前去之

張本下象鼻題監生廖寘四字傳本剪去之

0015_0254-1　0015_0253-2

殿暴露與靈山河伯共憂其幸而
雨乎於是景公出野暴露三日天
果大雨民盡得種樹景公曰善哉
晏子之言可無用乎其惟有德也
○說苑○齊景公之時天大旱三年
卜之曰必以人祠乃雨景公下堂
頓首曰凡吾所以求雨者爲吾民

祭禮十　百九十九

也今必使吾以人祠乃且雨寡人
將自當之言未卒而天大雨說苑雜事
○衞大旱卜有事於山川不吉有事祭也
甯莊子曰昔周饑克殷而年豐
今邢方無道諸侯無伯伯長也○長丁丈反
天其或者欲使衞討邢乎從之師
興而雨僖公十九年春秋左氏傳○歲旱穆公

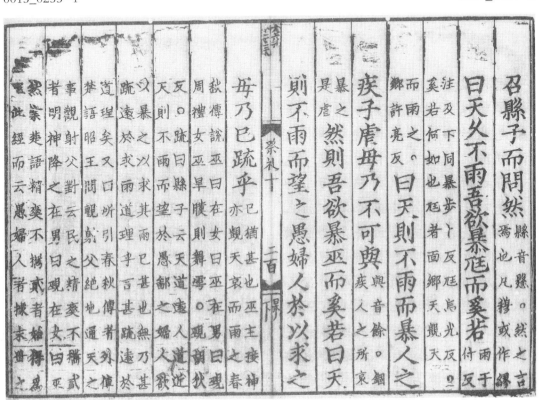

0015_0255-1　0015_0254-2

召縣子而問然縣音懸○然之言焉也凡穆或作繆
曰天久不雨吾欲暴尫而奚若雨于付反
注及下同暴步卜反尫烏光反奚若何如也尫者面鄉天覬天
而雨之○鄉許亮反曰天則不雨而暴人之
疾子虐毋乃不可與與音餘○錮疾人之所哀
暴之是虐然則吾欲暴巫而奚若曰天
則不雨而望之愚婦人於以求之

祭禮十　二百

毋乃已疏乎已猶甚也巫主接神亦覬天哀而雨之春
秋傳說巫曰在女曰巫在男曰覡周禮女巫旱暵則舞雩○覡胡狄
反○疏曰縣子云天道遠人道近天則不雨而望於愚鄙之婦人欲
以暴之以求其雨已甚也無乃甚疏遠於求雨道理乎言甚疏遠於
道理矣又曰所引春秋傳者外傳楚語昭王問觀射父絕地通天之
事觀射父對云民之精爽不攜貳者明神降之在男曰覡在女曰巫
然案楚語精爽不攜貳者始得爲巫此經而云愚婦人者據末世之

0015_0256-1　　0015_0255-2

巫非復是精爽不攜貳之巫也徙市則奚若曰天子崩巷市七日諸侯薨巷市三日爲之徙市不亦可乎爲于僞反。徙市者庶人之喪禮今徙市是憂慼於旱若喪。疏曰今徙市是憂慼於旱若喪天子諸侯之喪必巷市者以庶人憂慼無復求覓財利要有急須之物不得不求故於邑里之内而爲巷市。檀弓下○鄭大旱使屠擊祝款豎柎有事於桑山

柎音附。三子鄭大夫有事祭也斬其木不雨子産曰有事於山蓺山林也蓺養護令繁殖。○令力呈反而斬其木其罪大矣奪之官邑昭公十六年春秋左氏傳○莊公二十年秋大水鼓用牲于社于門亦曰非常也失常禮凡天災有幣無天災日月食大水也祈請而已不用牲也。疏曰傳言亦非常

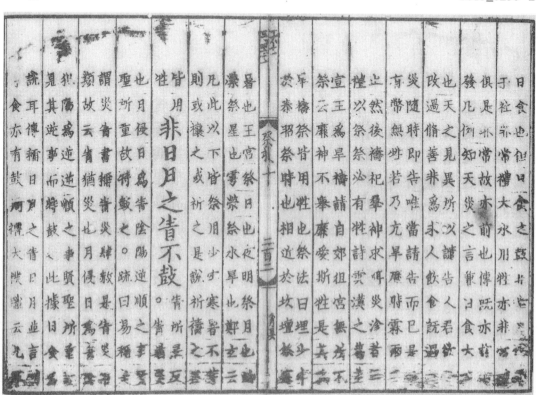

0015_0257-1　　0015_0256-2

日食也但日食之鼓[illegible]于社亦常禮大水用牲亦非常俱是非常故亦前也傳既亦言發凡例知天災之言兼日食大水也天之見異所以譴告人君欲改過脩善非爲求人飲食既過災隨時即告唯當請告而已是有幣無牲若乃亢旱歷時霖雨止然後禱祀羣神求弭災沴皆有牲以祭祭必有牲詩雲漢之篇是宣王爲旱禱請自郊徂宮無所不祭云靡神不舉靡愛斯牲是其爲旱禱祭皆用牲也祭法曰埋少牢於泰昭祭時也相近於坎壇祭寒

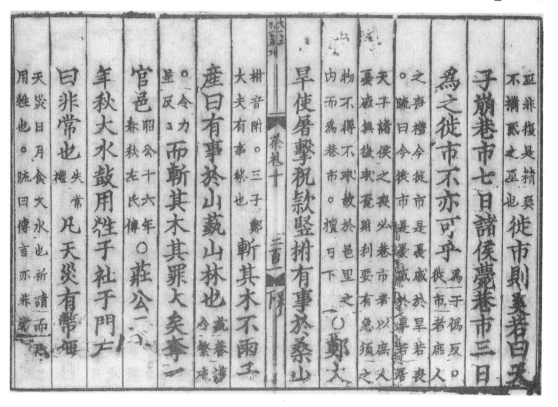

暑也王宮祭日也夜明祭月也幽禜祭星也雩禜祭水旱也鄭玄云凡此以下皆祭用少牢寒暑不著則或禳之或祈之是謂祈禱之禮皆用牲非日月之眚不鼓○眚所景反眚猶災也月侵日爲眚陰陽逆順之事賢聖所重故特鼓之。疏曰易稱天謂災眚書稱眚災肆赦是眚災類故云眚猶災也月侵日爲眚陰陽爲逆逆順之事賢聖所重故見其逆事而特鼓之此據日食說耳傳稱日月之眚日月並言日食亦有鼓用禮大災說云凡

0015_0257-2

云田役贊王鼓救日月亦如之是日食月食皆有鼓也穀梁傳曰天子救日置五麾陳五兵五鼓諸侯置三麾陳三鼓三兵大夫擊門士擊柝左氏雖無傳義或然也○穀梁子曰高下有水災曰大水既戒鼓而駭衆用牲可以已矣救日以鼓兵救水以鼓衆重發之者以有曰牲之失據異常水故更發之既戒鼓駭救者謂既警戒擊鼓而駭動衆人則牲可以已矣知不合用牲者爲

0015_0258-1

者不宜用故知不合也又云救日以鼓兵者謂伐鼓以責陰陳兵示禦侮救水以鼓衆者謂擊鼓聚衆也皆所以發陽也○公羊子曰于社禮也于門非禮也于門非禮故略不復舉鼓用牲不舉非禮高重者知去于社嫌于門禮也大水與日食同禮者水亦土地所爲雲實出于地而施于上乃雨歸功于天猶臣歸美于君。疏曰大水與日食同禮者云云者同禮謂同鼓用牲矣○鄭大水龍鬭于時門之外

0015_0258-2

洧淵有于軌反○時門鄭城門洧水出熒陽密縣東南至川長平入潁國人請爲禜焉子產弗許曰我鬭龍不我覿也覿見也○見賢遍反龍鬭我獨何覿焉禳之則彼其室也淵龍之室吾無求於龍龍亦無求於我乃止也○傳言子產之知○知音智昭公十九年春秋左氏傳

0015_0259-1

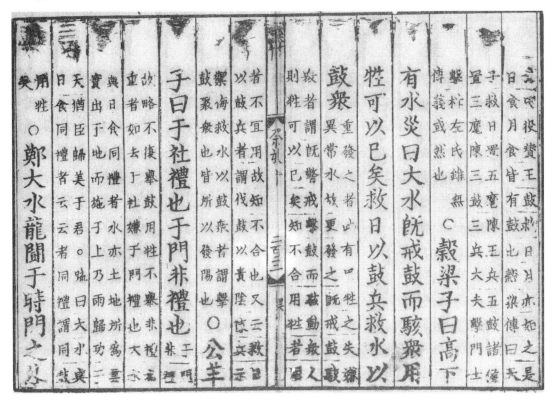

女祝掌王后之內祭祀凡內禱祠之事內祭祀六宮之中竈門戶禱疾病求瘳也祠報福○疏曰依祭法王立七祀有戶竈中霤門行泰厲司命后亦與王同今鄭直云內祭祀竈門戶者以其婦人無外事無行與中霤之等其竈與門戶人所出入動作所由后亦當祀之故言竈與門戶也案月令春祀戶夏祀竈秋祀門后祀之時亦當祓此也云禱疾病求瘳也祠報福者以其后無外事禱祠是非常之祭故知唯有求瘳報福之掌以時招梗禬禳之事以除疾殃梗古

0015_0260-1　　0015_0259-2

挺反鄭音亢儈古外反○斷六入讀梗爲亢玄謂梗禦未至也除災害

曰禬禬猶刮去也卻變異曰禳禳攘也四禮唯禳其遺象今存○夫此呂反下

疏曰云掌以時招梗禬禳者此四事並祈禱求福云殊之事云以時者謂隨其

事時不必要在四時也云招者招取善祥梗者禦捍惡之未至禬者除去見在

之災禳者推卻見在之變異此四者皆與人爲疾殃故云以除疾殃也又曰鄭

大夫以梗爲亢惡去之玄不從以爲禦未至者以禬禳二者已是去惡復以禦

爲亢惡去之文煩而無禦未至之事故不從鄭大夫爲亢惡也鄭大夫云招善

者玄從之也杜子春云讀梗爲更義無所取玄亦不從之也云四禮唯禳其遺

象今存者此四禮至漢時招梗及禬不行唯禳一禮漢猶存其遺象故云遺象

今存也○天官○

男巫春招弭以除疾病招招福也

杜子春讀弭如彌兵之彌玄謂弭讀爲敉字之誤也敉安也安凶禍也招敉皆

有祀衍之禮○疏曰子春讀弭如彌亡之彌讀從小祝彌災兵之彌玄謂弭讀

爲敉字之誤也案小祝後鄭注彌敉於此云爲敉從子春之說云

[illegible]者以經云除疾病[illegible]衍

0015_0261-1　　0015_0260-2

招敉爲招福安禍與侯禳意同侯禳亦六祝有祭之法故知此二者亦有望衍

望衍之禮可知○春官○

疾病乃行禱五祀盡孝子之

情五祀博言之士二祀曰門曰行○疏曰云盡孝子之情者死期已至必不可

求生但盡孝子之情故乃行禱五祀望祐助病者使之不死也云五祀博言之

士二祀曰門曰行者祭法文今禱五祀是廣博言之望助之者衆其言五祀

與諸侯五祀同則祭法云諸侯五祀是也○既夕記

右疾病○傳武王有疾周公作金

縢爲請命之書藏之於匱緘之以金不欲人開之○疏曰武王有

疾周公作策書告神請代武王死事畢納書於金縢之匱遂作金縢

凡序言作者錄作此篇也案經周公策命之書自納金縢之匱及爲

流言所誘成王悟而開之史敘其事乃作此篇非周公作也序以經

具故略言之又曰經云金縢之匱則金縢是匱之名也詩述韔弓之

事云竹閉緄縢毛傳云緄繩縢約也此傳言緘之以金則訓縢爲緘

王鄭皆云縢束也又鄭喪大記注云齊人謂棺束爲緘家語稱周廟

0015_0261-2

之内有金人參緘其口則縢是束縛之義藏之於匱緘之以金若今釘鍱之不欲人開也鄭云凡藏秘書藏之於匱必以金緘其表是秘密之書皆藏於匱非周公始造此匱獨藏此書也

金縢

以遂所藏為篇名○疏曰發首至王季文王史叙將告神之事也史乃策祝至屏璧與珪告神之辭也自乃卜至乃瘳言卜吉告王差之事也自武王既喪已下叙周公被流言東征還反之事也此篇叙事多而言語少若使周公不遭流言則請命之事遂無人知爲成王開書周

祭禮十　二百七

0015_0262-1

公得反史官美大其事故叙之以爲此篇

既克商二年王有疾弗豫

伐紂明年武王有疾不悅豫○疏曰既克商二年即伐紂之明年也王有疾病不悅豫召公與太公二公同辭而言曰我其爲王敬卜吉凶問王疾病當瘳否周公曰王今有疾未可以死近我先王故當須卜也周公既爲此言公乃自以請命之事爲已事除地爲墠墠内築壇壇系三壇同墠又爲一壇於南方北面周公立壇上焉置璧於三王之坐公[illegible]執珪乃告太王王季文王告訖

0015_0262-2

三王之神也又曰武王以文王受命十三年伐紂既殺紂即當稱元年克紂稱元年知此二年是伐紂之明年也王肅亦云克殷明年顧命云王有疾不懌懌悅也故不豫為不悅豫也何休因此為説云天子曰不豫諸侯曰負茲大夫曰犬馬士曰負薪

二公曰我其爲王穆卜周公曰未可以戚我先王

穆敬戚近也召公太公言王疾當敬卜吉凶周公言未可以死近我先王相順之辭○疏曰釋訓云穆穆敬也戚是親近之義

祭禮十　二百八

0015_0263-1

故爲近也武王時三公惟周召與太公耳知二公是召公太公也言王疾恐死當敬卜吉凶周公言武王既定天下當成就周道未可以死近我先王死則神與先王相近故言近先王若生則人神道隔是爲遠也二公恐王死欲爲之卜周公言王未可以死是相順之辭也鄭云戚憂也周公既内知武王有九齡之命又有文王曰吾與爾三之期今必瘳不以此終故止二公之卜云未可以憂怖我先王如鄭此言周公知王不死先王豈不知乎所慮先生憂也

公乃自

0015_0263-2

以爲功周公乃自以請命爲己[illegible]○疏曰功訓事也周公[illegible]
許二公之卜仍恐王疾不瘳不復與二公謀之乃自以請命爲己之
事獨請代武王死也所以周公自請爲己事者周公位居冢宰地則
近親恐或卜之不善不可使外人知悉亦不可苟讓故自以爲功也
爲三壇同墠因太王王季文王請命於天故爲三壇
築土墠除地大除地於中爲三壇○疏曰請命請之於天而告三王
者以三王精神已在天矣故周太王王季文王以請命於天天三王每

0015_0264-1

三一壇故爲三壇壇是築土墠是除地大除其地於中爲三壇周公
爲壇於南方亦當在此墠內但其處小別故下別言之周公北面則
三壇南面可知但不知以何方爲上耳鄭玄云時爲壇墠於豐壇墠
之處脩在焉爲壇於南方北面周公立
焉立壇上對三王○疏曰禮授坐不立授立不坐欲其高下均也
神位在壇故周公立壇上對三王也植璧秉圭乃告
太王王季文王璧以禮神植置於三王之坐周公秉

0015_0264-2

璧以爲贄告謂祝辭○疏曰周大宗伯云以蒼璧禮天詩說禱
云圭璧既卒是璧以禮神不知何色也鄭云植古置字故爲置
言置璧於三王之坐也周禮云秉桓圭知周公秉桓圭又置以
贄也告請祝辭文是其辭也史乃冊祝曰惟
爾元孫某遘厲虐疾史爲冊書祝辭也元孫武
王某名臣諱君故曰某厲危虐暴也○疏曰史乃爲冊書祝以祝之
曰惟爾元孫某某即發也遇得危暴重疾今恐其死若爾三王是有

0015_0265-1

大子之責於天謂負天太子責於須一子死者請以旦代發之身令
旦死而發生又告神以代之狀我仁能順父又旦多材力多伎藝又
能善事鬼神汝元孫不如旦多材多藝又不能事鬼神言取發不如
取旦也然人人各有能發雖不能事鬼神則有人君之用乃受命於天
帝之庭能布其德教以佑助四方之民用能安定汝三王子孫在於
下地四方之民無不敬而畏之以此之故不可使死嗚呼發之可惜
如此神明而救助之無得隕墜天之所下寶命謂使爲天

0015_0265-2

子若武王死是隕墜之也若不墜命則我先王亦永有依歸爲宗廟之主神得歸之我與三王人神道隔許我以否不可知今我就受三王之命於彼大龜卜其吉凶吉則許我凶則不許我爾之許我使卜得吉兆旦死而發生我其以璧與珪歸家待汝神命我死當以珪璧事神爾不許我使卜兆不吉發死而旦生我乃屛去璧之與珪言不得事神當藏珪璧也又曰告神之言書之於策祝是讀書告神之名故云史爲策書祝辭史讀此策書以祝告神也武王是大王之曾孫

儀禮卷八十　二百十二

0015_0266-1

以尊統於上繼之於祖謂元孫是長孫也某者武王之名本告神云元孫發臣諱君故曰某也易乾卦云夕惕若厲厲爲危也虐訓爲暴言性命危而疾暴重也泰誓牧誓皆不諱發而此獨諱之孔惟言臣諱君不解諱之意鄭玄云諱之者由成王讀之也意雖不明當謂成王開匱得書王自讀之至此字口爲其史官録爲此篇因逐成王讀故諱之上篇泰誓牧誓王自者令入史制爲此典故不須諱

若爾三王是有丕子之責于天

0015_0266-2

以旦代某之身大子之責謂[illegible][illegible]可救於天[illegible][illegible]旦代之死生有命不可請[illegible][illegible][illegible]敘臣子之心以垂世教○[illegible][illegible]曰[illegible]讀如左傳施舍己責之責[illegible]讀[illegible]人物也大子之責於天言[illegible]天一[illegible]大子謂必須死疾不可救於天[illegible]須一子死則當以旦代之死[illegible]命不可請代今讀代者聖人[illegible][illegible]子之必以垂世教耳非謂可[illegible][illegible]也鄭玄弟子趙商問玄曰若武王未終疾固當瘳信命之終雖請不得言古已來何患不爲玄荅曰君父疾病方困忠臣孝子不忍[illegible][illegible]

儀禮卷十　二百十二

0015_0267-1

[illegible]其歔欷歸其命於天中心[illegible][illegible]欲爲之請命周公達於此禮[illegible]在尚書若君父之病不爲請命[illegible][illegible]孝之志也然則命有定分非[illegible][illegible]死周公爲此者自申臣子之[illegible][illegible]謂死實可代自古不廢亦有[illegible]人但不見爾未必周公獨爲之[illegible]云云丕讀曰不愛子孫曰子元[illegible]疾若汝不救是將有不愛子[illegible]之過爲天所責欲使爲之請命[illegible][illegible]孔讀異

予仁若考能多材多藝能事鬼神我周公仁能順父又多材多[illegible]藝能事鬼神言可以代武[illegible]三

0015_0267-2

之意○疏曰告神稱予知周公[illegible]稱我也考是父也故仁能順父[illegible]云元孫對祖生稱此言[illegible]父[illegible]爲始祖爲王考曾祖爲皇考[illegible]可以通之傳舉祝而言父[illegible]順父又多材多藝能事鬼神[illegible]可以代武王之意上言丕子之[illegible]於天則是天欲取武王非父[illegible]之此言己能順父祖善事鬼神[illegible]假令天意取之其神必共父[illegible]亂言己是父祖所欲欲令請之於天也乃元孫不若旦多材多藝不能事鬼神乃命于

祭禮十

0015_0268-1

帝庭敷佑四方汝元孫受命於天庭爲天子布其德敎以佑助四方言不可以死○疏曰以王者存亡大運在天有[illegible]民天之所與是受命天庭也以人死天故言在庭非王實至天庭[illegible]天命也既受天命以爲天子布其德敎以佑助四方之民當於天心有功於民者不可以死也用能定爾子孫于下地四方之民罔不祗畏言武王[illegible]受命帝庭之故能定先人子孫於天下四方之民無不敬畏嗚呼無

0015_0268-2

墜天之降寶命我先王亦永有依歸歎惜武王言不救則墜天之寶命救之則先王長有依歸今我即命于元龜就受三王之命於大龜卜知吉凶爾之許我我其以璧與珪歸俟爾命許謂疾瘳待命當以事神爾不許我我乃屏璧與珪不許謂不愈也屏藏也言不得事神乃卜三龜一習吉習因也以三王之龜卜一相因而吉○疏曰祝

祭禮十

0015_0269-1

告已畢即於壇所乃卜其吉凶因三王之龜卜一皆相因而吉觀兆已知其吉猶尚未見占書占書在於藏內啟藏以籥見其占書亦與兆體乃幷是吉公視兆曰觀此兆體王身其無患害也我小子新受命於三王謂卜得吉也我武王當惟長終是謀周之道此卜吉之愈者上天所以須待武王能念我人天子之事成其周道故也公自壇歸乃納策於金縢之匱中王明日乃病瘳又曰習則襲也襲是重衣之名因前而重之故以習爲因也雖三龜並卜卜有先後後者因

0015_0269-2

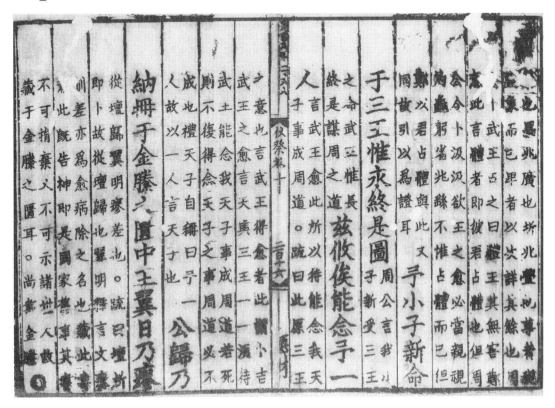

前故云因也周禮太卜掌三兆之法一曰王兆二曰瓦兆三曰原兆三兆各別必三代法也洪範卜筮之法三人占則從二人之言是必王代之法並用之矣故知三龜三王之龜龜形無異代之別但卜法既別各用一龜謂之三王之龜耳每龜一人占之其後君與大夫等摠占三代之龜定其吉凶未見占書已知吉者卜有大體是兆之吉凶麤覲可識故知吉也**啓籥見書乃并是吉**三兆既同吉開籥見占兆書乃亦并是吉○䟽曰鄭玄云籥開藏之

0015_0270-1

管也開兆書藏之室以管乃後見三龜占書亦合於是吉王肅亦云籥開藏占兆書管也然則占兆別在於藏大卜三兆之下云其經兆之體皆百有二十其頌皆千有二百占兆之書則彼頌是也略觀三兆既已同吉明藏以籥見彼占兆之書乃亦并是吉言其兆頌符同爲大吉也**公曰體王其罔害**[illegible]兆曰此兆體云其無害言必[illegible]○䟽曰如此兆體皆卜之所得兆也周禮占人云凡卜筮君占體大夫占色史占墨卜人占坼鄭玄云體兆象也色兆

0015_0270-2

[illegible]也墨兆廣也坼兆璺也尊者視兆象而已卑者以次詳其餘也周公卜武王占之曰體王其無害凡此言體者即彼君占體也但周公令卜汲汲欲王之愈必當親視[illegible]龜躬省兆雖不惟占體而已但鄭以君占體與此又同故引以爲證耳**予小子新命于三王惟永終是圖**周公言我小子新受三王之命武王惟長終是謀周之道**兹攸俟能念予一人**言武王愈此所以待能念我天子事成周道○䟽曰此原三王

0015_0271-1

之意也言武王得愈者此謂小吉武王之愈言天與三王一一須待武王能念我天子事成周道若死則不復得念天子之事周道必不成也禮天子自稱曰予一人故以一人言天子也**公歸乃納冊于金縢之匱中王翼日乃瘳**從壇歸翼明瘳差也○䟽曰壇所即卜故從壇歸也翼明釋言文瘳則差亦爲愈病除之名也藏此書[illegible]此既告神即是國家舊事其書不可捐棄又不可示諸世人故藏于金縢之匱耳○尚書金縢

0015_0274-2

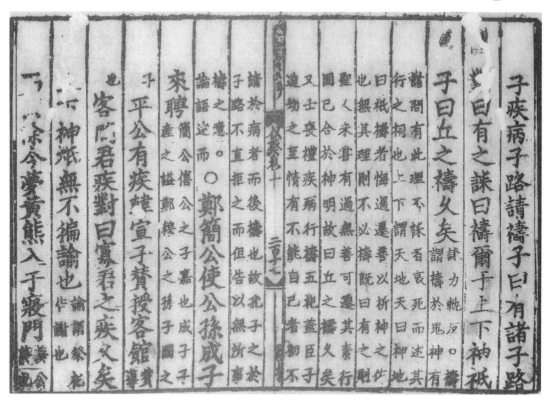

子疾病子路請禱子曰有諸子路
對曰有之誄曰禱爾于上下神祇
子曰丘之禱久矣誄力軌反○禱謂禱於鬼神有
諸問有此理不行之稱也上下謂天地天曰神地
曰祇禱者悔過遷善以祈神之佑也無其理則不以禱既曰有之則
聖人未嘗有過無善可遷其素行固已合於神明故曰丘之禱久矣
又士喪禮疾病行禱五祀蓋臣子迫切之至情有不能自已者初不

0015_0275-1

請於病者而後禱也故孔子之於子路不直拒之而但告以無所事
禱之意○論語從而　○鄭簡公使公孫成子
來聘簡公僖公之子嘉也成子子產之謚鄭穆公之孫子國之
子平公有疾韓宣子贊授客館贊導
也客問君疾對曰寡君之疾久矣
上下神祇無不徧諭也諭謂祭祀告謝也
[illegible]今夢黃熊入于寢門[illegible]

0015_0275-2

注云熊似羆不知人殺乎抑厲鬼邪人殺
注殺人厲鬼惡鬼也子產曰以君之明子爲
大政其何厲之有大政蓋大之政僑聞之
僑子產名昔者鯀違帝命殛之於羽山
帝堯也殛放而殺之化爲黃熊以入于羽淵
羽山之淵鯀既死而神化也實爲夏郊禹有天下而郊
祀之三代舉之舉謂不廢其祀夫鬼神之所

0015_0276-1

及吉凶所及非其族類則紹其同位紹繼
也殷周祀之是也是故天子祀上帝上帝天也
公侯祀百辟以死勤事功施於民者自卿以
下不過其族族親族也今周室少卑卑微
也晉實繼之謂爲盟主統諸侯也其或者未
祀夏郊邪宣子以告祀夏郊爲周祀也
董伯爲尸董伯晉大夫神不歆非類則董伯其姒姓乎尸

0015_0277-1　　0015_0276-2

主也〇国語晉語〇楚昭王有疾卜曰河
爲祟王弗祭大夫請祭諸郊王曰
三代命祀祭不越望祟息遂反〇諸侯望祀竟
内山川星辰〇竟音境江漢雎漳楚之望也
雎七餘反〇四水在楚界〇䟽曰土他名江經南郡江夏弋陽安豐
漢經襄陽至江夏安陸縣入江雎經襄陽至南郡枝江縣入江漳經
襄陽當陽入江是四水皆在楚界也禍福之至不是

仪祭礼十

過也不穀雖不德河非所獲罪也
遂弗祭哀公六年春秋左氏傳〇晉侯有疾
鄭伯使公孫僑如晉聘且問疾叔
向問焉曰寡君之疾病卜人曰實
沈臺駘爲祟史莫之知敢問此何
神也子産曰昔高辛氏有二子伯
曰閼伯季曰實沈駘他才及閼於葛反〇高辛帝

0015_0278-1　　0015_0277-2

嚳〇嚳苦毒反居于曠林不相能也曠也閼
〇能如字又奴代反日尋干戈以相征討尋用
也后帝不臧后帝堯也臧善也〇䟽曰襄九年傳稱閼
伯爲陶唐氏之火正知后帝是堯也遷閼伯于商丘
主辰商丘宋地主祀祀辰大火也商人是因故
辰爲商星商人湯先相土封商丘因閼伯故國祀辰星〇
相息亮反〇䟽曰殷本紀稱相土契孫是湯之先也襄九年傳云閼

仪祭礼十

伯居商丘祀大火相土因之故商主大火辰即大火星也故商人祀
辰是商謂宋也宋商後故稱商人遷實沈于大夏
主參夏户雅反注及下同參所林反注及下同〇大夏今晉陽
縣唐人是因以服事夏商唐人若劉累之
等累遷魯縣此在大夏〇䟽曰謂之唐人當是陶唐之後二十九年
傳云陶唐氏既衰其後有劉累知此唐人是彼劉累之等類也言等
類者謂劉累後世子孫累雖遷魯縣子孫仍在大夏故璧夏及商也

0015_0278-2

劉炫云彼犓累事孔甲下云遷于魯縣此云唐人是因以服事夏商則此居於大夏子孫終商不滅非累子孫是其同族等類耳服虔以唐人即是劉累故杜顯而異之云累遷魯縣此在大夏其季世曰唐叔虞唐人之季世其君曰叔虞○疏曰服虔以爲唐叔虞即下句邑姜所生者也杜以傳說唐人即云季世明季世是唐人之末世叔虞即唐人之末君矣邑姜之子叔虞乃是晉之始祖豈得以後世始封之君謂之前代之末世也故云唐人之季世其

儀祭禮十　二百五十一

0015_0279-1

君曰叔虞帝命邑姜之子曰虞者將以唐國與之取唐君之名以爲名耳當武王邑姜方震大叔震本作娠之愼反又音申大音太注及下同○邑姜武王后齊大公之女懷胎爲震大叔成王之弟叔虞○胎他來反○疏曰言武王邑姜繫之武王知是武王后也十二年傳稱邑姜王舅級是齊大公之子丁公也級爲王舅知邑姜是大公之女也說文云娠又妊身動也從女辰聲是懷胎爲震娠取動義字書以是女事故今字從女耳叔虞成王母弟晉

0015_0280-1

0015_0279-2

世家文也夢帝謂己余命而子曰虞帝天取唐君之名○疏曰晉世家云初武王之與叔虞母會時夢天謂武王曰余命女生子名虞謂此夢爲武王之夢也若是武王之夢此縛直云武王方生大叔其文足矣何以須言邑姜方震也邑姜方震而夢明是邑姜夢矣安得以爲武王夢也薄姬之夢龍據其心燕姞之夢蘭爲己子彼皆夢發於母此何以夢發於父是馬遷之妄言耳服解此云已武王也是習非而遂迷者也將與之唐屬

儀祭禮十　二百五十二

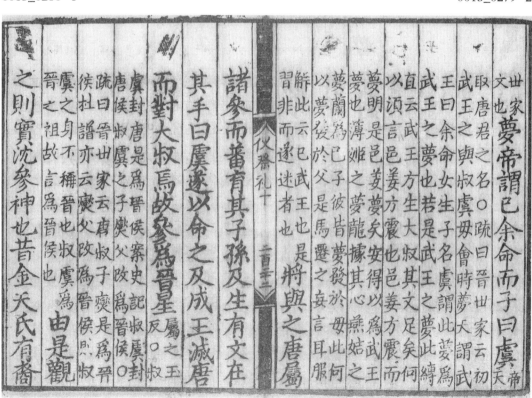

諸參而蕃育其子孫及生有文在其手曰虞遂以命之及成王滅唐而對大叔焉故參爲晉星屬之王反○叔虞封唐是爲晉侯案史記叔虞封唐侯叔虞之子燮父改爲晉侯○疏曰晉世家云唐叔子燮是爲晉侯杜譜亦云燮父改爲晉侯則叔虞之身不稱晉也叔虞爲晉之祖故言爲晉侯也由是觀之則實沈參神也昔金天氏有裔

0015_0280-2

子曰昧爲玄冥師生允格臺駘金天氏帝少皞裔遠也玄冥水官昧爲水官之長○少詩照反皞户老反長丁丈反○疏曰金天氏帝少皞帝系世本文也金天代號少皞身號月令於冬云其神玄冥是玄冥爲水官也昧爲玄冥師師訓長也故云昧爲水官之長二十九年傳云少皞氏有四叔脩及熙爲玄冥昧爲金天裔子當是脩熙之後釋例曰脩及熙皆爲玄冥未知昧爲誰之子或是其子孫也臺駘能業其官纂昧之業

祭禮十

0015_0281-1

○纂子管反宣汾洮汾扶云反洮他刀反○宣猶通也汾洮二水名○疏曰釋例曰汾水出大原故汾陽縣至河東汾陰縣入河其洮水闕不知所在當亦是晉地之水後世竭涸無其處耳○障大澤障之尚反又音章○陂澤障之○陂彼皮反以處大原大原晉陽也臺駘之所居帝用嘉之封諸汾川帝顓頊○顓音專頊許玉反○疏曰顓頊爲帝承金天之後臺駘是金天裔孫爲臣宜當顓頊故以帝用嘉之爲顓頊嘉

0015_0281-2

爲人[illegible]已云諸子臺[illegible]昧之所生則云少皞遠矣所[illegible]系世本皆云少皞是黄帝之子顓頊是黄帝之孫臣世多而帝世少史籍散亡無可檢勘此事未必然也釋例云案縣則舜之五世從祖父也二[illegible]及舜[illegible]共爲堯臣堯則舜之三從高祖而妻其女此史記之可疑者也是皆疑不能決因舊說耳沈姒蓐黄實守其祀沈音審姒音似○四國臺駘之後今晉主汾而滅之矣滅四國由是觀之則臺駘汾神也抑此二者不及君身山川之神則水旱癘疫之災於是乎禜之有水旱之災則禜祭山川之神若臺駘者周禮四曰禜祭爲營攢用幣以祈福祥○攢子官反○疏曰水旱癘疫在地之災山川帶地故祭山川之神也雪霜風雨天氣所降日月麗天故祭日月星辰之神也此因其所在分繫之耳其實水旱癘疫亦是天氣所致雪霜風雨亦是在地之災且雨之不時而致水旱水旱與雨不甚爲異而分言

祭禮十

0015_0282-1

0015_0282-2

之著撒其禜不止是雨不時也禜其苗家生兆則禳水與旱也禜是
祈禱之小祭耳若大旱而雩則禱祭天地百神不復別其日月與山
川也又曰水旱癘疫俱祭山川社略癘疾而不言之耳社言山川之
神若臺駘者下云星辰之神若實沈者言此祭祭祭其先世主山川
主星辰者之神耳非獨祭此山川星辰之神也計日月無其主之言
以禜星辰俱是天神連言之耳周禮大祝掌六祈以同鬼示一曰類
二曰造三曰禬四曰禜五曰攻六曰說鄭衆云禜日月星辰山川之

0015_0283-1

祭也鄭玄云禜告之時有災變也禜卽日食以朱絲縈社也玄之此
言取公羊爲說莊二十五年公羊傳曰日食以朱絲縈社或曰脅之
或曰爲闇恐人犯之故[illegible]之[illegible]社有形質故可朱絲縈之[illegible]日[illegible]川
非可營之物不得以山解[illegible]也[illegible]雖以爲營攢用幣社作用之日月
[illegible]神其祭非有常[illegible]故臨時[illegible]在贄[illegible]帶告之以[illegible]
[illegible]聚[illegible]係[illegible]
[illegible]王[illegible]

0015_0284-1　　0015_0283-2

賤其富貴之人攝生得者[illegible]不及其事或當然也月子[illegible]
君之病不在於此故言二[illegible]君身以病非癘疫故不[illegible]
等也

日月星辰之神則雪霜風雨之不時於是乎禜之星辰之[illegible]若實沈者若君身則亦出入飲食哀樂之事也山川星辰之神又何爲焉參[illegible]言[illegible]

節不爲君疾○疏曰案[illegible]飲食不時逸勞過度者[illegible]
此云出入卽逸勞也[illegible]則朝以聽政晝以訪問是[illegible]
以脩令夜以安身是入也○[illegible]○昭公元年春秋左氏傳

十年宋公享晉侯於楚丘請以桑林桑林殷天子之樂名○疏曰[illegible]宋王者之後[illegible]則[illegible]入[illegible]
[illegible]

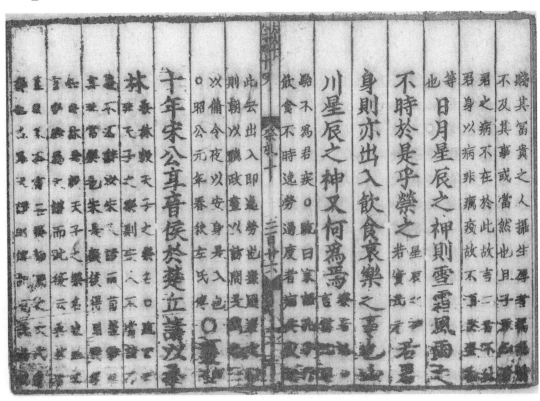

0015_0285-1　　0015_0284-2

覆政治民除其邪辟富貴[illegible]至禮得其所故使其樂爲大[illegible][illegible]

日桑林先儒舊說皆云書傳言[illegible][illegible]樂之總大章也三字卜曰當以[illegible]

爲禱調乃翦髮斷爪自以爲牲而[illegible]禱於桑林之社而雨大至方數千[illegible]

至盛可禱桑林以得雨遂以桑[illegible]名其樂也皇甫謐云殷樂一名桑[illegible]

林以桑林爲大護別名無文可憑未能察也

荀罃辭[illegible]

之

荀偃士匄曰：諸侯宋、魯，於是觀禮。宋王者後，魯以周公故，皆用天子禮樂，故可觀。魯有禘

樂，賓祭用之。禘，三年大祭，則作四代之樂。別祭羣公，則用諸侯樂。○疏曰：明堂位云季夏六月以禘禮祀周公於大廟，朱干玉戚，冕而舞大武，皮弁素積，裼而舞大夏，後禘祭唯用大武大夏，而不言韶護。以二十九年魯爲季札舞四代之樂，如四代之樂魯皆有之。明堂位云凡四代之服器魯兼用之。禘是三年大祭，禮無過者也。禘祭於大廟，則作四代之樂也。其唯周公之廟得用天子之禮，如其別祭羣公，則用諸侯之樂。諸侯之樂，謂時王所制之樂，大武是也。然

0015_0286-1　　0015_0285-2

則[illegible][illegible]得之大[illegible]魯公[illegible][illegible]而於賓得同禘樂者[illegible][illegible][illegible]

言故得用大祭之樂也其[illegible][illegible]諸侯亦同祭樂故大司樂云大[illegible]

[illegible]王出入奏王夏，尸出入奏肆夏，牲出入奏昭夏，大饗不入牲，其他皆

如祭祀。鄭注云：不入牲，不奏昭夏。王出入，賓出入，亦奏王夏、肆夏。

又禮記祭統云：大嘗禘，升歌清廟，下管象。仲尼燕居云：兩君相見，

升歌清廟，下而管象。是祭與享用樂同也。而荀罃云我辭禮矣，

氏云嘉樂不野合故也。魯之禘祭用四代樂，則天子禘用六代之樂也。

鄭康成義以爲禘祫各異，祫大禘小，天子祫用六代之樂，禘用四代之樂。魯則有禘樂，謂有周之禘樂，非左氏義也。劉炫云禘是[illegible]。禮賓得與同者，享賓用樂，禮[illegible][illegible]文，但賓禮輕祭，異於禘樂以享賓。當時之失，用之已久，遂以爲[illegible]。荀偃士匄引過謬之事以諂晉，使觀之耳。魯以禘樂享賓[illegible]以[illegible]一牢爲士鞅與以引徵五一牢[illegible]。

宋以桑林享君，不亦可乎？[illegible]

以旌夏。夏，戶雅反。○[illegible]樂師也[illegible]夏[illegible]

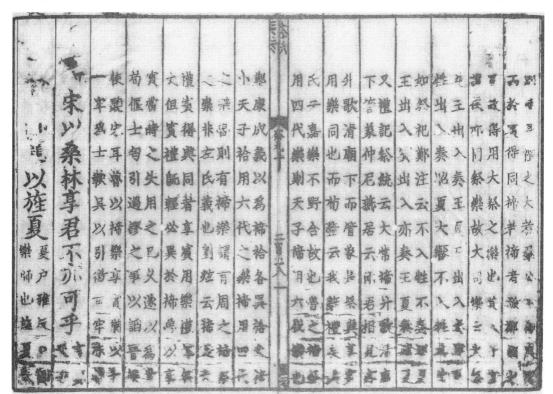

以大旌表識其行列志反又如字行戶郎反。

師樂六之師主帥諸樂以者謂舞初入之時舞師建旌夏以

引舞人而入以題識其舞人之首故晉侯卒見懼而退入于房也[illegible]

之旌夏蓋形制大而別爲之名也**晉侯懼而退入**

于房旌夏非常卒見之人心偶有所畏。卒寸忽反**去旌**

卒享而還及著雍疾去起呂反著都慮反雍

反雍於用反。晉侯疾也著雍晉地**卜桑林見**見賢遍反

注同。祟見於卜北。祟息遂反**荀偃士匄欲奔**

請禱焉奔走還宋禱謝**荀罃不可曰我辭**

禮矣彼則以之宋用之**猶有鬼神於**

彼加之言自當加罪於宋**晉侯有閒**閒[illegible]

。差初賣反。春秋左氏傳○**齊侯疥遂痁**

疥音皆又作痎音皆痁失廉反瘧疾○陳氏後[illegible]

[illegible]梁[illegible]細[illegible]言[illegible]

[illegible]

是大瘧疥患積久以小致大非疥也卻之所言梁主之說也案說文

疥搔也瘧熱寒休作痁有熱瘧疾二日一發瘧今人瘧有二日一發

亦有頻日發者俗人仍呼二日一發久不差者爲痎瘧則梁主之言

信而有徵也是齊侯之瘧初二日一發後遂頻日熱發故曰疥遂痁

以此久不差故諸侯之賓問疾者多在齊也若其不然疥搔小患與

瘧不類何云疥遂痁乎徐仙民音作疥是先儒舊說皆爲疥遂痁初

疥後瘧耳今定本亦作疥**期而不瘳諸侯之賓**

問疾者多在期音基瘳勑留反。多在齊。踰日期者。

期三百有六旬又六日法天數三百六十五度四分度之一帝言問

舉全數故言三百六十又六日合三百六十五日又四分度之一分

之三分不成六日大月卻還天春十度小月不盡置閏**梁丘**

據與裔款裔以制反。二子齊嬖大夫。嬖必計反**言**

於公曰吾事鬼神豐於先君有加

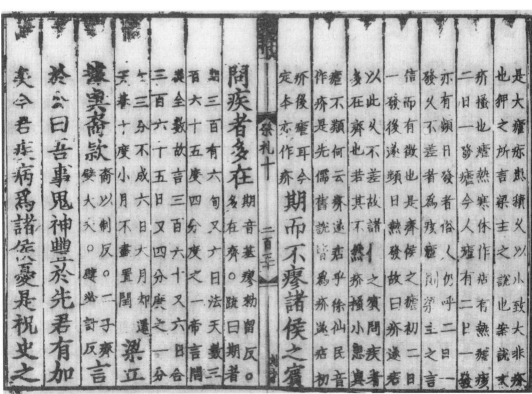

矣今君疾病爲諸侯憂是祝史之

0015_0288-2

罪也諸侯不知其謂我不敬君盍誅於祝固史嚚以辭賓盍戶臘反嚚魚巾反欲殺嚚固以辭謝來問疾之賓○○疏曰服虔云祝固齊大祝史嚚大史也謂祝史之固陋嚚闇不能盡禮薦美至於鬼神怒也其意以爲請誅祝史之嚚闇同陋者嚚固非人名也案莊三十二年神降于莘虢公使祝應宗區史嚚享焉彼是人名則此亦名也世族譜齊雜人內有祝固史嚚此云欲殺嚚固是杜必以爲人名也公說

祭礼十

0015_0289-1

告晏子晏子曰日宋之盟說音悅○日往日也宋盟在襄二十七年屈建問范會之德於趙武趙武曰夫子之家事治言於晉國竭情無私其祝史祭祀陳信不愧其家事無猜其祝史不祈屈居勿反○家無猜疑之事故祝史無求於鬼神○猜七才反○疏曰彼傳趙武對曰夫子之家事治言於晉國無隱情其祝史陳信於鬼神

0015_0289-2

無愧辭此晏子言之於辭徵多於彼其意亦不異也建以語康王語魚據反○楚王康王曰神人無怨宜夫子之光輔五君以爲諸侯主也五君文襄靈成景○疏曰文公爲戎右襄靈爲大夫成公爲卿景公爲大傅公曰據與款謂寡人能事鬼神故欲誅於祝史子稱是語何故對曰若有德之君外內不廢無廢

祭礼十

0015_0290-1

事上下無怨動無違事其祝史薦信無愧心矣君有功德祝史陳說之無所愧○疏曰此辭如此經上下無怨也言人臣不民之下無相怨耳服虔云上下謂人神無怨動如服言下云上下長幼無後者人與神相怨疾也以鬼神用饗國受其福祝史與焉與音預○焉於虔反下同與語同○疏文[illegible]其所以蕃祉老壽者爲信君使也其言忠信

於鬼神其適遇淫君外內頗邪上

下怨疾動作辟違從欲厭私爲于僞反又如字頗普何反辟匹亦反從才用反或如字○使私情厭足高

臺深池撞鍾舞女斬刈民力輸掠

其聚撞直江反刈本又作艾魚廢反掠音亮聚才住反又如字○掠奪取也○疏曰輸墮也故爲墮毀奪其所聚之物以成

其違不恤後人暴虐淫從肆行非

度無所還忌還猶顧也○疏曰謂縱恣也恣意行非法度之事也不思謗讟不憚鬼神神怒民

痛無悛於心其祝史薦信是言罪

也讟徒木反悛七全反[illegible]以實告神是爲言君之罪○疏曰[illegible]

[illegible]其蓋失數美是矯誣也[illegible]

[illegible]反矯居表反○[illegible]掩蓋邪失妄稱其善[illegible]

[illegible]進退無辭則虛以求媚[illegible]

於神是以鬼神不饗其國以禍之祝

史與焉所以夭昏孤疾者爲暴君

使也其言僭嫚於鬼神公曰然則

若之何對曰不可爲也爲于僞反嫚武諫反

○言非誅祝史所能治山林之木衡鹿守之

澤之萑蒲舟鮫守之藪之薪蒸虞

候守之海之鹽蜃祈望守之萑音丸薪

蒸之承反麤曰薪細曰蒸蜃市軫反○衡鹿舟鮫虞候祈望皆官名

也言公專守山澤之利不與民共○疏曰周禮司徒之屬有林衡之

官掌巡林麓之禁令而平其守平林麓之大小及所生者竹木生

平地曰林山足曰麓此置衡鹿之官守山林之材是其宜也舟是行

水之器鮫是大魚之名澤中有水有魚故以舟鮫爲官名也周禮山

澤之官皆名爲虞每大澤大藪中士四人鄭玄云虞度也度知山之

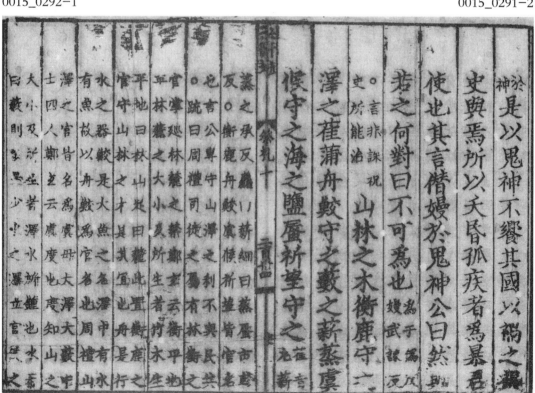

大小及所生者澤水所鍾也水希曰藪則[illegible]少水之澤立官使之

0015_0293-1　　0015_0292-2

候望設以虞候爲名也海是水大神有時祈望祭之因以祈望之[illegible]
立海之官也此皆齊自[illegible]名故周禮不同山澤之利當與民共之[illegible]
言公立此官使之守掌專山澤之利不與民共故鬼神怒而加病[illegible]
縣鄙之人入從其政偪介之關
征其私其政如字一音征偪彼反○介隣也迫近國都[illegible]
關言邊鄙既入服政役又爲近所征稅抂暴奪其私物○疏曰[illegible]
禮及竟謁關人鄭玄云古者竟爲關又周禮司關注云關界上[illegible]
門然則禮之正法國之竟界之乃有關耳自竟至國更無關也[illegible]
外竟內更復置關不與常禮隔故內故注介爲隔也迫近國[illegible]
爲關以隔邊鄙之人縣鄙之從國之政役近關之征稅奪之[illegible]
[illegible]大夫強易其賄[illegible]
[illegible]
[illegible]
[illegible]
宮室日更淫樂不違[illegible]

仪祭礼十　二百十五

0015_0294-1　　0015_0293-2

肆奪於市肆放也外寵之臣僭令於
鄙詐爲教令於邊鄙私欲養求不給則應
養長也所求不給則應之以罪○長丁丈反○疏曰言此嬖寵之臣
私有所欲長養其情求物共之民不共給則應之以罪民人
苦病夫婦皆詛祝有益也詛亦有
損聊攝以東詛莊慮反祝之又反下善祝同○聊攝齊
西界也平原聊城縣東北有攝城○疏曰周禮孤卿建旃大夫尊故
麾旃以招之也逸詩翹翹車乘招我以弓古者聘士以弓故弓以招
士也諸侯服皮冠以田虞人掌田獵故皮冠以招虞人也姑尤
以西姑尤齊東界也姑水尤水皆在城陽郡東南入海其
爲人也多矣雖其善祝豈能勝億
兆人之詛萬萬曰億萬億曰兆君若欲誅於
祝史脩德而後可公説使有司寬
政毀關去禁薄斂已責説音悅去起呂反斂

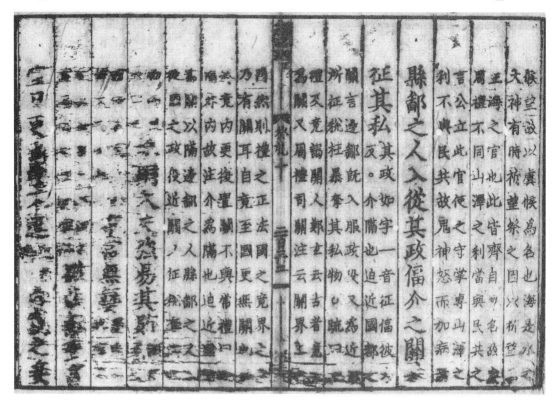

〈八九〉仪祭礼十　二百十六

0015_0294-2

力驗反責或作債音同○吟遒責○遒布胡反**十二月齊**

侯田于沛沛音貝○言疾愈行獵沛澤名○昭公二十年

春秋左氏傳

方相氏掌蒙熊皮黃金四目玄衣朱裳

執戈揚盾帥百隸而時難以索室毆疫

難乃多反下同○蒙冒也冒熊皮者以驚毆疫癘之鬼如今魌頭也時難四時作方相氏以難却凶惡也月令季冬命国難索廋也○疏曰云時儺四時者案

大五二 小二八二　仪祭礼十　二百二十七

0015_0295-1

月令唯有三時儺是以月令季春云命國儺以季春日歷大梁有大陵積尸之氣與民爲厲命有國者儺仲秋云天子乃儺時斗建酉亦有大陵積尸之氣此月儺難陽氣陽氣至此不止害將及人唯天子得儺諸侯亦不得季冬云乃命有司大儺言大則及民庶亦儺唯有此三時儺鄭云四時者雖三時亦得云四時揔言之也若然此經所儺據十二月大儺而言是以鄭引季冬爲證也鄉黨鄉人儺郊特牲云鄉人裼亦皆據○季十二月民寏得儺而言也○貞官

春命國難九門磔攘以畢春氣磔竹伯反乃此

0015_0295-2

難難陰氣也陰寒至此不止害將及人所以及人者陰氣右行此月之中日行歷昴昴有大陵積尸之氣氣佚則厲鬼隨而出行命方相氏帥百隸索室毆疫以逐之又磔牲以攘於四方之神所以畢止其災也王居明堂禮曰季春出疫于郊以攘春氣○疏曰以季春乃有難陽氣之嫌故云難難陰氣也云陰氣右行此月之中日行歷昴昴有大陵積尸之氣者天氣左轉故斗建左行謂之陽氣日月右行日月比天爲陰故云陰氣右行以此月之初日在於胃此月之中從胃歷昴云有大陵積尸者元命包云大陵主尸熊氏引石氏星經大陵八星

大六二 小三加十　仪祭礼十　二百二十八

0015_0296-1

在胃北主死喪云方相氏帥百隸索室毆疫以逐之者案方相氏云帥百隸而時難以索室毆疫鄭注云時難謂四時難於月令季冬命國難故知於時命方相氏也引王居明堂禮曰以下者證季春國難之事○月令○**仲秋**

天子乃難以達秋氣此難難陽氣也陽暑至此不衰害亦將及人所以及人者陽氣左行此月宿直昴畢昴畢亦得大陵積尸之氣氣佚則厲鬼亦隨而出行於是亦命方相氏帥百隸而難之王居明堂禮曰仲秋九門磔攘以發陳氣禦止疾疫○疏曰季冬及季春難皆難陰氣也此亦難陽

張本下象鼻題監生孫欽四字傳本剪去之

0015_0297-1　　0015_0296-2

氣故云難陽氣言陽氣至此不衰害亦
將及人也秋涼之後陽氣應退至此不
退是凉反熱故害及於人云亦將及人
者亦謂對季春言季春之時陰氣右行
日在昴畢之閒得大陵積尸之氣故爲
災今此月陽氣左行至於昴畢亦得大
陵積尸之氣故云亦將及人云陽氣左
行此月宿直昴畢者以天左旋星辰與
斗建循天而行此月斗建在酉酉是昴
畢本位故云宿直昴畢也其八月合昏
之時斗柄建指昴畢本位其昴畢之星
於時在寅云氣佚則厲鬼隨而出行者
入陵既爲積尸秋時又得陽氣增益疾
病應氣相感故厲鬼隨而出行云亦命

祭禮十　二百五

方相氏者亦季冬以周禮季冬命方相
氏故云亦也引王居明堂禮者證仲秋
難義云以發陳氣者謂秋時凉氣將至
發去陽之陳氣防禦禁止疾疫之事也
既引明堂禮仲秋九門磔攘則此亦磔
攘也但文不備耳季冬云大難明九門
磔攘季冬稱大則貴賤皆爲也季春云
國難熊氏云唯天子諸侯有國爲難此
云天子乃難唯天子得難以其難陽氣
陽是君象則諸侯以下不得難陽氣也
案陰氣陽氣至大陵俱致積尸疫氣案
十一月陽氣至于危虛而不難十二月
陰氣至于虛危而爲難者以十一月陽
氣初起未能與陰相競故無疫疾可難

0015_0298-1　　0015_0297-2

六月宿直柳鬼虛氣至微陰始動未能
與陽相競故無疾害可難也季冬亦陽
初起而爲難者以陰氣在虛危又是一
歲之終揔除疫氣故爲難也其磔攘之
牲案小司徒職云小祭祀奉牛牲又鄭
人云凡毀事用尨可也是則用牛也羊
人云凡沈辜侯禳共其羊牲犬人云凡
幾珥沈辜用駹可也雞人云面禳共其
雞牲是則用羊用犬用雞也蓋大難用
牛其餘雜攘大者用羊用犬小者用雞
此皆熊氏之說也○月令

○季冬命有司大難旁磔

出土牛以送寒氣

此難難陰氣也難陰
始於此者陰氣右行

祭禮十　二百四十

此月之中日歷虛危虛危有墳墓四司
之氣爲厲鬼將隨強陰出害人也旁磔
於四方之門磔禳也出猶作也作土牛
者丑爲牛牛可牽止也送猶畢也○疏
曰此月之時命有司之官大爲難祭令
難去陰氣言大者以季春唯國家之難
仲秋唯天子之難此則下及庶人故云
大難旁磔謂四方之門皆披磔其
牲以攘除陰氣出土牛以送寒氣者出
猶作也此時強陰既盛年歲已終陰若
不去凶邪恐來歲更爲人害其時月建
丑又土能刻水持水之陰氣故特作土
牛以畢送寒氣也又曰此月之中者中
猶內也謂此月之內也皇氏以爲此月

0015_0298-2

中氣非也云日壓虛危危有墳墓四司之氣者然氏引石氏星經云司命二星在虛北司祿二星在司命北司危二星在司祿北司中二星在司危北此史遷泰四司鬼官之長又云墳墓四星在危東南是危虛有墳墓四司之氣也皇氏以為北方蓋藏故為墳墓北方藏終以司主四時故云四司其義皆非也皇氏又云以季春國難下及於民以此季冬大難為不及民也然皇氏解禮違鄭解義也分鄭注論語鄉人難云十二月命方相氏索室中驅疫鬼鄭既分明云十二月鄉人難而皇氏解季冬難云不及鄉人不知何意如此云送猶畢者此時寒

祭禮十

0015_0299-1

實未畢而言畢者但意欲全畢耳○月令

○占夢遂令始難歐疫

令令方相氏也難謂執兵以有難郤也方相氏蒙熊皮黃金四目玄衣朱裳執戈揚盾帥百隸為之歐疫癘鬼也故書難或為儺杜子春儺讀為難問之難其字當作難月令季春之月命國難九門磔攘以畢春氣仲秋之月天子乃難以達秋氣季冬之月命有司大難旁磔出土牛以送寒氣○疏曰因事曰遂上經贈惡夢遂令方相氏始難歐疫又曰先令令方相氏以方相氏事主難去故先令方相氏云難謂執兵以有難郤也者所引方相氏以下其也杜子

0015_0299-2

春云儺讀為難問之難者以其難去疫癘故為此讀又引月令云季春之月命國難案彼鄭注此月之中日行歷昴昴有大陵積尸之氣氣佚則厲鬼隨而出行故鄭之云命國難者唯天子諸侯有國者令難云九門磔攘者九門依彼注路門應門雉門庫門皋門國門近郊遠郊關張磔牲體攘失惡氣也云以畢春氣者畢盡也季春行之故以盡春氣○仲秋之月天子乃難以達秋氣者案彼鄭注云陽氣左行此月宿直昴畢昴畢亦得大陵積尸之氣氣佚則厲鬼亦隨而出行故難之以通達秋氣此月難陽氣故唯天子得難云季冬之月命有司大儺旁磔出

祭禮十

0015_0300-1

土牛以送寒氣者案彼鄭注此月之中日歷虛危虛危有墳墓四司之氣為厲鬼將隨強陰出害人也故難之命有司者謂方相氏言大難者從天子下至庶人皆得難言旁磔者謂四方於四方之門皆張磔牲體云出土牛以送寒氣者鄭彼注云出猶作也作土牛者丑為牛牛可牽可止送猶畢也故作土牛以送寒氣此子春所引難引三時之難唯即季冬大難[illegible]者此經始難文承季冬之下是以方相氏亦據季冬大難而言○春官

右難○傳鄉人儺朝服而立於阼

0015_0300-2

階儺所以逐疫周禮方相氏掌之阼階東階也儺雖古禮而近於戲亦必朝服而臨之者無所不用其誠敬也或曰恐其驚先祖五祀之神欲其依己而安也○此一節記孔子居鄉之事○鄉黨

詛祝掌盟詛類造攻說禬禜之祝號八者之辭皆所以告神明也盟詛主於要誓大事曰盟小事曰詛○疏曰此八者之內類造已下是大祝六祈大祝不掌祝號故此詛祝與盟同爲祝號秋官自有司盟之官此詛祝兼言之者司盟直掌盟載之法不掌祝號與載辭故使詛祝

卷第十

0015_0301-1

掌之云大事曰盟小事曰詛者盟者盟將來春秋諸侯會有盟無詛詛者詛往過不因會而爲之故云大事曰盟小事曰詛也作盟詛之載辭以叙國之信用以質邦國之劑信載辭爲辭而載之於策坎用牲加書于其上也國謂王之國邦國諸侯國也質正也成也文王脩德而虞芮質厥成鄭司農云載辭以春秋傳曰使祝爲載書○疏曰云作盟詛之載辭者爲要誓之辭載之於策人多無信故爲辭對神要之使用信故云以叙國之信用云以質邦國之劑信者質正也成也亦爲此盟詛之載辭

0015_0301-2

[illegible]邦國之劑謂要[illegible]又國書爲辭[illegible]載辭謂之[illegible]主也者案象二[illegible]寺人伊戾坎用牲加[illegible]盟曰盟注具引[illegible]書秋著録載出而言之書[illegible]盟載之法故注云載盟辭也[illegible]云[illegible]辭於策即是此載辭也又注[illegible]歃血坎其牲加書於上而埋之謂之載書即引春秋襄二十六年宋寺人之事與此坎用牲加書於其上據載書而言以此言之則書辭於策謂之載辭者書於牲上謂之載書司盟掌載書

卷第十　下

0015_0302-1

詛記掌載辭此注兼言坎用牲加書之事者以相因故兼解之云國謂王之國邦國諸侯國也者周禮之例單言國者皆據王國邦國連言者皆據諸侯故爲此解云文王脩德而虞芮質厥成者大雅文王詩也彼訓質爲成成爲平謂成其平和之事引之者證經質爲成義先鄭引春秋傳曰者案襄二十六年左氏傳云宋大尹使祝爲載書司農之意以載辭與載書爲一得通一義故引之在下○春官

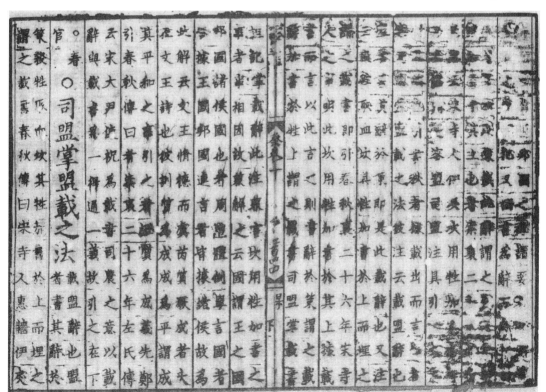

○司盟掌盟載之法載盟辭也盟者書其辭於策殺牲取血坎其牲加書於上而埋之謂之載書春秋傳曰宋寺人惠牆伊戾

0015_0302-2

坎用牲加書為世子痤與楚客盟。牽才戈反。疏曰盟時坎用牲加書於牲上以牲載書於上謂之盟載也又曰云載者正謂以牲載此盟書於上故謂之載也云盟者書其辭於策者辭即盟辭若云爾無我詐我無爾虞有違此盟無克祚國盟辭多矣以此為本云宋寺人之事案襄二十六年傳曰宋寺人惠牆伊戾為大子痤內師無寵注云惠牆氏伊戾名秋楚客聘於晉過宋大子知之請野享之公使往伊戾請從之至則欿用牲加書徵之而聘告公曰大子將為亂既與楚客盟矣鄭引此者證既用牲加書載之事也

凡邦國有

祭禮十　二百五

0015_0303-1

疑會同則掌其盟約之載及其禮儀北面詔明神既盟則貳之有疑不協也明神神之明察者謂日月山川也覲禮加方明于壇上所以依之也詔之者讀其載書以告[illegible]貳之者寫副當以授六官。[illegible]曰會[illegible]曰同告有[illegible]有疑不協者本協之文出[illegible]除發神之明宗者謂日[illegible]方明[illegible]主祈[illegible]方明者[illegible]天至上[illegible]下[illegible]南方[illegible]象各[illegible]云六[illegible]

0015_0304-1　　0015_0303-2

上宜蒼璧下宜黃琮而不以着則上[illegible]下之神非天地之至貴者也設玉者刻[illegible]其木而著之又云天子拜日於東門之[illegible]反祀方明注引同盟職曰北面詔明[illegible]言北面詔明神則明神有象也象[illegible]方明乎又曰禮日於南門外禮月[illegible]四瀆於北門外禮山川丘陵於西門[illegible]云祭天燔柴祭山川丘陵升祭川[illegible]地瘞注云升沈必就祭者也就祭[illegible]王巡守及諸侯之盟祭也引郊[illegible]郊之祭也迎長日之至也大報[illegible]也宗伯職曰以實柴祀日月星[illegible]柴祭天謂祭日也柴為祭日則[illegible]者祭月也日月而云天地靈之[illegible]

祭禮十　二百六

曰王巡守至于岱宗柴是三[illegible]其神主日也春秋傳曰晉文公[illegible]之盟而傳云山川之神是諸侯[illegible]神主山川也月者大陰之精上[illegible]臣道莫貴焉是王官之伯會諸[illegible]其神主月與以此約之故知[illegible]月山川也是王會同四時各[illegible]及祀方明請神皆及故有[illegible]之位[illegible]云詔之者[illegible]以告[illegible]時以其[illegible]貳之者[illegible]授六官者[illegible]鄭[illegible]其盟書而[illegible]之[illegible]凡六會皆[illegible]大[illegible]之者是也

盟萬民之犯

0015_0305-1　　0015_0304-2

者詛其不信者亦如之盟詛者欲相與共惡之也
犯命犯君教令也不信違約者也春秋傳曰臧紇犯門斬關以出乃盟臧氏又
曰鄭伯使卒出豭行出犬雞以詛射潁考叔者○惡烏路反紇恨發反[illegible][illegible]反
胡[illegible]反卒子忽反豭音加行戶郎反射食亦反○疏曰凡言盟者盟將來詛者
詛往過云亦如之者亦如上文又曰云盟詛者欲相與共惡之也者對[illegible][illegible]驗
是共惡之也云犯命犯君教令也者以萬民無餘事故知犯命謂犯君教令[illegible]
云春秋傳曰者案襄二十三年季武子無適子公彌長而愛悼子欲立之[illegible][illegible]
臧紇紇爲立悼子紇發公鉏後孟莊子疾豐點謂公鉏苟立羯請讎臧氏[illegible][illegible]
孫卒季孫至入哭而出曰秩焉在[illegible][illegible]曰羯在此矣孟氏閉門告於季孫曰[illegible]
氏將爲亂不使我葬季孫不信臧[illegible][illegible]之戒除於東門甲從己而視之孟氏又
告季孫季孫怒命攻臧氏臧紇斬[illegible][illegible]之關以出奔邾季孫盟是其事也又[illegible]
鄭伯使卒出豭行出犬雞以詛射[illegible][illegible]叔者此隱公十二年將伐許子都與[illegible]
考叔爭車及許潁考叔先登子都自下射之顛師還乃引春秋傳詛射引者[illegible]
著證詛是往過之事若然臧紇既出乃盟臧氏者以臧氏出後盟後人以臧氏

0015_0306-1　　0015_0305-2

爲盟首亦是盟將來也凡民之有約劑者其貳在
司盟貳之者檢其自相違約○疏曰此謂司約副寫一通來入司盟檢後
相違約勘之有獄訟者則使之盟詛不信則不敢聽
此盟詛所以省獄訟○省所景反○疏曰此盟詛謂將來訟者先使之盟詛盟
詛不信自然不敢獄訟所以省事也凡盟詛各以其地域
之衆庶共其牲而致焉既盟則爲司盟
共祈酒脯爲于僞反注同○使其邑閭出牲而來盟已又使出酒脯
司盟爲之祈明神使不信者必凶○疏曰盟處無常但盟則遣其地之民出牲
以盟并出酒脯以祈明神也○秋官○封人大盟則飾其
牛牲大盟會同之盟○疏曰大盟謂天子親往臨盟此一經皆用牛牲故
摠云飾其牛牲也又曰案覲禮及司儀諸侯時見曰會殷見曰同王皆爲壇于
國外行盟誓之法故鄭依而言焉○地官○戎右盟則以王
敦辟盟遂役之敦音對又都愛反都迴反○鄭司農云敦器名
[illegible]辟法也玉謂將歃血者先執其器爲[illegible]陳其載辭使心皆開辟也役之者傳

0015_0306-2

歃血授當歃者○疏曰先鄭以辟爲法此無取於法義故後鄭爲開辟盟者之心云將歃血者先執其器者凡盟先割牛耳盛於珠盤以玉敦盛血戎右執此致血爲陳其盟約之辭使心開辟乃歃之

贊牛耳桃茢鄭司農云贊牛耳春秋傳所謂執牛耳者故書茢爲滅杜子春云滅當爲厲玄謂尸盟者割牛耳取血助爲之及血在敦中以桃茢拂之又歃之也耳者盛以珠盤尸盟者執之桃鬼所畏也茢苕帚所以掃不祥○茢音烈音剉盛音成苕音條帚之受又○疏曰引春秋者案哀十七年公會齊侯盟于蒙孟武伯問於高柴曰諸

0015_0307-1

侯盟誰執牛耳季羔曰鄫衍之役吳公子姑曹注云在七年發陽之役衛石魋注云發揚鄭也在十二年武伯曰然則彘也以其曾於齊爲小國故也云玄謂尸盟者割牛耳者尸盟即是小國也云桃鬼所畏也茢苕帚所以掃不祥者殺牲取血旁有不祥故執此二者於血側也○夏官

右盟詛○傳涖牲曰盟涖臨也坎用牲臨而讀其盟書聘禮今存遇會誓盟禮亡誓之辭尚書見有六篇○疏曰涖牲曰盟者亦諸侯事也涖臨臨牲者盟所用也盟者殺牲歃血也

0015_0307-2

誓於神也若約束而臨牲則用盟禮故云涖牲曰盟也然天下太平之時則諸侯不得擅相與盟唯天子巡守至方嶽之下會畢然後乃與諸侯相盟同好惡奬王室以昭事神訓民事君凡國有疑則盟詛其不信者及殷見曰同並用此禮後至於五霸之道卑於三王有事而會不協而盟盟之爲法先鑿地爲方坎殺牲於坎上割牲左耳盛以珠盤又取血盛以玉敦用血爲盟書成乃歃血而讀書知坎用血加書者案僖二十五年左傳云坎血加書又襄二十六年左傳云歃用

0015_0308-1

牲加書是也知用耳者戎右職云贊牛耳知用左者以馘者用左耳故也知珠盤玉敦者戎右職云以玉敦辟盟又玉府云則共珠盤玉敦知口歃血者隱七年左傳云陳五父及鄭伯盟歃如忘又襄九年云新與楚盟口血未乾是也異義云禮約盟不令春秋公羊說古者不盟結言而退故穀梁傳云誥誓不及五帝盟詛不及三王交質子不及二伯且盟非禮故春秋左氏云周禮有司盟之官殺牲歃血所以興事神明又云凡國有疑盟詛其不信者是知於禮得盟許君謹

0015_0308-2

衆從左氏說以太平之時有盟詛之禮鄭氏不駮從許愼義也盟詛不及三王非鄭所用然盟牲所用許愼據韓詩云天子諸侯以牛豕大夫以犬庶人以雞又云毛詩說君以豕臣以犬民以雞又左傳云鄭伯使卒出豭行出犬雞以詛射潁考叔者又云衛伯姬盟孔悝以豭鄭云詩說及鄭伯皆謂詛小於盟周禮戎右職云盟則以玉敦辟盟遂役之鄭注云役之者傳敦血授當歃者下云贊牛耳桃茢又左傳云孟武伯問於高柴曰諸侯盟誰執牛耳然則盟者人君以牛伯

0015_0309-1

姬盟孔悝以豭下人君也皇氏以爲春秋時盟乃割心取血故定四年鑑金云王割子期之心與隨人盟杜云當心前割取血以盟示其至心是也又曰鄭注司盟云盟者書其辭於策殺牲取血坎其牲加書於上而埋之謂之載書云聘禮今存遇會誓盟之云誓之辭尚書見有六篇者一曰甘誓夏啓伐有扈氏誓君衆二曰湯誓謂湯伐桀誓羣臣也三曰泰誓武王伐紂度孟津誓勑士衆之辭也四曰牧誓武王伐紂於牧野時所作五曰費誓徐戎作之魯侯伯禽誓羣臣興

0015_0309-2

矢征之也六曰秦誓秦穆公襲鄭不從蹇叔之謀畀敗諸崤後穆公海過與羣臣自誓也○曲禮下

○隱公八年宋公齊侯衛侯盟于瓦屋

宋序齊上王爵也瓦屋周地

穀梁子曰外盟不日此其日何也

據傳十九年夏六月宋公曹人邾人盟於曹南不日

諸侯之參盟於是始故謹而日之也

世道交喪盟詛滋彰非可以經世軌訓故存日以記惡蓋春秋之始也

0015_0310-1

誥誓不及五帝

五帝謂黃帝顓頊帝嚳帝堯帝舜也誥誓尚書六誓七誥是其遺文五帝之世道化淳備不須誥誓而信自著○疏曰五帝雖有軍旅會同不須誥誓而信自著也六誓者即尚書甘誓湯誓牧誓泰誓費誓秦誓也七誥者即湯誥大誥康誥酒誥召誥洛誥康王之誥是也

盟詛不及三王

三王謂夏殷周也夏后有鈞臺之享商湯有景亳之命周武有盟津之會衆所歸信不盟詛也○疏曰經史而以三王爲夏殷周也鈞臺之享

0015_0310-2

此盟津之會昭四年左傳文三王衆所歸信故不設盟詛也尚書所
命禹征有苗而戒於衆則亦誓之類周禮秋官司盟之官掌盟載之
約則是盟事而云詛誓不及五帝盟詛不及三王者彝是五帝之末
命禹徂征是禹之事故云不及五帝周公制盟載之法者謂方岳及
不疑會同始爲之耳不必春秋之世叢盟故云下及三王也交
質子不及二伯二伯謂齊桓晉文齊桓有召陵之師
晉文有踐土之盟諸侯率服不贊任也○疏曰經典言五伯者皆謂

祭禮十　二百五十三

0015_0311-1

夏伯昆吾商伯大彭豕韋周伯齊桓晉文今此傳以周末言之故知
謂齊桓晉文也其召陵之師踐土之盟亦昭四年左傳文也○
成王盟諸侯于岐陽岐陽之陽楚爲荆
蠻荆州之蠻也置茅蕝設望表與鮮牟
守燎置立也蕝謂束茅而立之所以縮酒望表謂望山川立木
以爲表表其位也鮮牟東夷國燎庭燎也○國語楚語○定
公與齊侯會于夾谷孔子攝相事

0015_0311-2

曰臣聞有文事者必有武備有武
事者必有文備古者諸侯出疆必
具官以從請具左右司馬定公從
之至會所爲壇位土階三等以遇
禮相見會遇之禮禮之簡略者也揖讓而登獻
酢既畢齊使萊人以兵鼓譟刼定
公譟于紺反○萊人齊東夷雷鼓曰譟孔子歷階

祭礼十　二百五十四

0015_0312-1

而進以公退曰士以兵之吾兩君
爲好裔夷之俘敢以兵亂之裔邊裔夷
夷狄俘軍所獲虜也言此三者何敢以兵亂兩君之好也非齊
君所以命諸侯也裔不謀夏夷不
亂華華夏中國之名俘不干盟兵不偪好
於神爲不祥於德爲愆義於人爲
失禮君必不然齊侯心怍麾而避

0015_0312-2

之將盟齊人加載書曰齊師出境
而不以兵車三百乘從我者有如
此盟孔子使茲無還對曰齊大夫也而
不返我汶陽之田吾以供命者亦
如之齊侯歸責其羣臣曰魯以君
子道輔其君而子獨以夷狄道教
寡人使得罪於是乃歸所侵魯之

祭礼十　二百五五　刘永

0015_0313-1

四邑及汶陽之田四邑鄆讙龜陰也[redacted]汶陽之
田本魯界。鄆上問反。家語相魯哀公會齊侯盟
于蒙武伯問於高柴曰諸侯盟
誰執牛耳執牛耳尸盟者季羔曰鄫衍之
役具公子姑曹衍以善反。季羔高柴也。鄫衍在七
年發陽之役衛石魋魋徒回反。發陽鄖也。在
十二年。石魋石曼姑之子。鄖音云武伯曰然則彘

0015_0313-2

也彘直例反。彘武伯名也。鄫衍則大國執發陽則小國執據皆
執者無常故武伯以爲可執。疏曰依禮小國執牛耳武伯得季
羔之言以鄫衍則大國執發陽則小國執之既合古典武伯自以魯
是小國故云然則彘也杜以傳有小國大國之執故云據時執者無
常劉炫以爲小國恒執牛耳何得云執者無常若如劉意季羔直舉
發陽何須云鄫衍之役具公子姑曹橫規杜過非也。哀公十七年
春秋左氏傳○晉師將盟衛侯于鄟澤

祭礼十　二百五六　刘才

0015_0314-1

鄟音專又市專反。本亦作剸同。○自尾還就衛地盟趙簡子
曰羣臣誰敢盟衛君者前年衛叛晉屬齊簡
子意欲挫辱之涉佗成何曰我能盟之佗徒
何反。二子晉大夫衛人請執牛耳盟禮尊者涖牛
耳主次盟者衛侯與晉大夫盟自以當涖牛耳故請。○疏曰盟用牛
耳卑者執之尊者涖之請執牛耳請使晉大夫執牛耳周禮戎右云
盟則贊牛耳鄭云謂尸盟者割牛耳取血助爲之尸盟者執之衆二

0015_0314-2

哀七年傳曰諸侯盟小國固必有尸盟者是小國主備盟具宜執牛耳哀十七年傳曰公會齊侯盟于蒙孟武伯問於高柴曰諸侯盟誰執牛耳季羔曰鄫衍之役吳公子姑曹發陽之役衛石魋武伯曰然則彘也鄫衍吳爲盟主不知盟禮當令小國執牛耳而自使其臣餘之發齊宋魯衛三國衛爲小彘則彘魯一國魯爲小皆是以小國執牛耳而尊者涖之以主次同盟者今衛侯與晉大夫盟自以當爲盟主宜涖牛耳故請晉大夫使執之成何曰衛吾溫

祭禮十　二百五十七

0015_0315-1

原也焉得親視諸侯焉於虔反○言衛小可也晉縣不得從諸侯禮將歃涉佗捘衛侯之手歃所洽反又所甲反捘子對反捘鳥噀反○捘擠也血至及捥捥○擠子計反一音子禮反說文云排也○蹠曰說文云推排也排擠也按是推擠之意故爲擠也取十二年傳言擠于溝壑謂被推入抗也衛侯怒王孫賈趨進賈衛大夫曰盟以信禮也信禮所也有如衛君其敢不

0015_0315-2

唯禮是事而受此盟也言晉無禮不欲受其盟○定公八年春秋左氏傳○晉文公伐衛楚師救衛戰于莘北楚師敗績晉師還至于衡雍作王宮于踐土獻楚俘于王王子虎盟諸侯于王庭雍於用反○踐土宮之庭書踐土別於京師○別彼列反要言曰皆奬王室無相害也有渝此盟明

祭禮十　二百五八

0015_0316-1

神殛之俾隊其師無克祚國奬將丈反渝羊朱反殛紀力反本又作極下是殛同俾本亦作卑必爾反隊直類反祚才故反○奬助也渝變也殛誅也俾使也隊隕也克能也○隕于敏反○僖公二十八年春秋左氏傳○崔杼弑齊君立景公而相之慶封爲左相盟國人於大宮相息亮反下同大音泰注同○大宮大公廟曰所不與崔慶者晏子仰天歎

0015_0317-1　　0015_0316-2

曰嬰所不唯忠於君利社稷者是與有如上帝乃歃 盟書云所不與崔慶者有如上帝讀書未終晏子抄答易其辭因有歃曰所不與崔慶者本或此下有有如此盟四字者後人妄加○襄公二十五年春秋左氏傳○

諸侯伐鄭鄭人懼乃行成秋七月同盟于亳范宣子曰不慎必失諸侯 慎敬威儀謹辭令 諸侯道敝而無成能無貳乎 數伐鄭皆罷於道路○數所角反罷音皮

乃盟載書曰凡我同盟毋蘊年 蘊積年穀而不分災 毋壅利 專山川之利 毋保姦 藏罪人 毋留慝 慝他得反○速去慝○去起吕反 救災患恤禍亂同好惡獎王室 好惡如字或讀上呼報下烏路反○獎將丈反○獎助也 或閒茲命司慎司盟名山名川 二司天神○閒閒廁之閒茲命本或作一茲

0015_0318-1　　0015_0317-2

盟詛○疏曰盟告諸神而[illegible]
司知其是天神也[illegible]
天子爲宮方三百步[illegible]
深四尺加方明于[illegible]
也方四尺設六色[illegible]
設六玉圭璋琥璜璧[illegible]
男皆就其旂而立天[illegible]
日月四瀆山川丘陵[illegible]
盟其所陳設盟之禮[illegible]
明者上下四方神明之[illegible]
而盟明神監之則謂[illegible]
有象者猶宗廟之有[illegible]
守之盟其神主日諸[illegible]
主山川王官之伯會[illegible]

神主月是言盟之所[illegible]
鄭云神監之謂之司[illegible]
神也其司慎亦不知[illegible]
在山川之上知其是[illegible]
山之有名者謂五嶽四[illegible]
鎭也名川謂四瀆也

羣祀在祀典者 先王先公 先三[illegible]祖[illegible]祖厲王之比也先公[illegible]看○大音泰比必利反 七姓十二國之祖 七姓晉[illegible]姓邾小邾[illegible] 莒薛姓莒已姓杞姒[illegible]十三國言十二誤也[illegible]

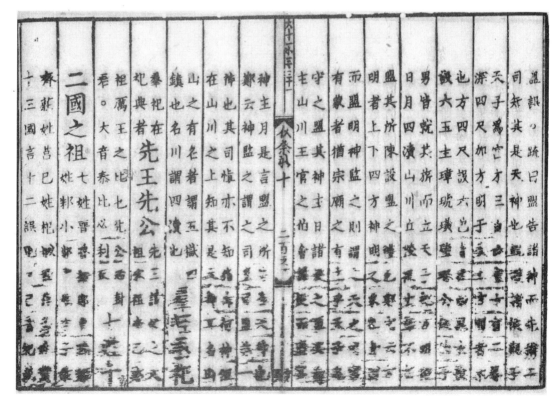

音祀杜音壬○踐口才三[illegible][illegible]七姓也本亦作家文也[illegible]即次[illegible][illegible]反
則言不以大小爲[illegible][illegible]十三國而言十一服虔云晉主盟不自數
知不然者案定四年祝[illegible][illegible][illegible][illegible]土之盟云晉重魯申衛[illegible][illegible]晉爲[illegible]主
自在盟內向因晉令[illegible][illegible]乃不自數故知字誤也劉炫[illegible][illegible]云[illegible]
直子恐失諸侯[illegible][illegible][illegible][illegible][illegible]人身不自數已不在[illegible][illegible][illegible]
豈有自鄭此理哉明神殛之○殛紀[illegible]反[illegible][illegible]也俾失
其民隊命亡氏踣其國家隊[illegible]本又[illegible]保罪[illegible]
爾反隊直類反踣蒲北反徐又[illegible]豆反○踣斃也○斃婢世反○[illegible]

祭禮十　二百六十一

公十一年春秋左氏傳○五霸桓公爲盛葵
丘之會諸侯束牲載書而不歃血
初命曰誅不孝無易樹子無以妾
爲妻再命曰尊賢育才以彰有德
三命曰敬老慈幼無忘賓旅四命
曰士無世官官事無攝取士必得

一無專殺大夫五命曰無曲防無遏
糴無有封而不告曰凡我同盟之
人既盟之後言歸于好告子下○諸
侯伐鄭鄭人恐乃行成與晉成也同盟
于戲鄭將盟鄭六卿公子騑子駟公
子發子國公子嘉子孔公孫輒子耳公孫
蠆蠆勑邁反○子蟜公孫舍之子展及其大
夫門子皆從鄭伯從才用反○門子卿之適子○適
丁歷反晉士莊子爲載書莊子士弱載書盟書
曰自今日既盟之後鄭國而不唯
晉命是聽而或有異志者有如此
盟如違盟之罰公子騑趨進曰天禍鄭
國使介居二大國之閒介猶閒也○猶[illegible]音
閒廁之閒一如字大國不加德音而亂以

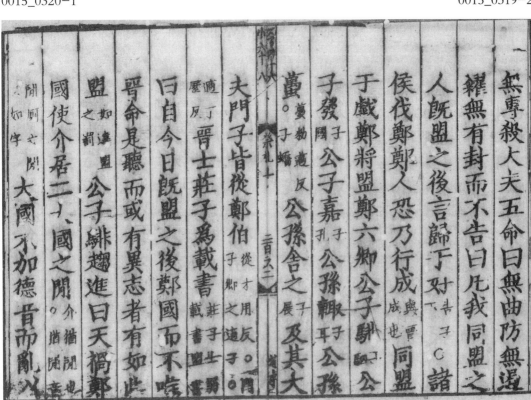

祭禮十　二百六十二

0015_0321-1　　0015_0320-2

要之要一遥反○請以安亂之鄭力強要鄭○強其丈反
其鬼神不獲歆其禋祀其民人不
獲享其上利夫婦辛苦墊隘無所
厎告歆許今反墊丁念反隘於懈反厎音旨○墊猶委頓也
至也自今日既盟之後鄭國而不唯
有禮與彊可以庇民者是從而敢
有異志者亦如之庇必利反○亦如此盟荀

祭礼十

偃曰改載書公子駟亦以所言載於策故欲改之公
孫舍之曰昭大神要言焉要誓以告神
若可改也大國亦可叛也知武子
謂獻子曰我實不德而要人以盟
豈禮也哉非禮何以主盟姑盟而
退脩德息師而來終必獲鄭何必
今日我之不德民將棄我豈唯鄭

0015_0322-1　　0015_0321-2

若能休和遠人將至何恃於鄭乃
盟而還遂兩用載書楚子伐鄭與晉成故子
駟將及楚平子孔子蟜曰與大國
盟口血未乾而背之可乎子駟子
展曰吾盟固云唯彊是從今楚師
至晉不我救則楚彊矣盟誓之言
豈敢背之且要盟無質神弗臨也

祭礼十

質主也所臨唯信信者言之瑞也瑞符
也善之主也是故臨之神臨之明神
不蠲要盟蠲絜也背之可也乃及楚
平公子罷戎入盟同盟于中分罷音
皮徐音彼中分並如字徐音丁仲反○中分鄭城中里名罷戎楚大
夫○襄公九年春秋左氏傳○孔子適衛路出
於蒲會公叔氏以蒲叛衛而止之

孔子弟子有公良儒者爲人賢長有勇力以私車五乘從夫子行喟然曰昔吾從夫子遇難于匡又伐樹於宋難乃旦反。○孔子與弟子行禮於大樹之下桓魋欲害之故先伐其樹焉今遇困於此命也夫與其見夫子仍遇於難寧我鬪死挺劒而合衆將與之戰蒲人懼曰苟無適衛吾則出子以盟孔子而出

之東門孔子遂適衛子貢曰盟可負乎孔子曰要我以盟非義也家語困誓

○魯哀公會吳于橐皐對曰盟所以周信也周固故心以制之制其義玉帛以奉之奉贄明神。○贄音至言以結之結其信明神以要之要一遥反。○要以禍福寡

君以爲苟有盟焉弗可改也已若猶可改日盟何益今吾子曰必尋盟若可尋也亦可寒也尋，重也。寒，歇也。○重直龍反。歇許謁反。○疏曰：少牢有司徹云乃尋尸俎，鄭玄云尋温也。引此者，可尋也亦可寒也，則諸言尋盟者，皆以前盟已寒，更温之使熱。温舊即是重義，故以尋爲重。傳意言若可重温使熱，亦可歇之使寒，故言寒歇。訓寒爲歇也不乃不尋盟哀公十二年春

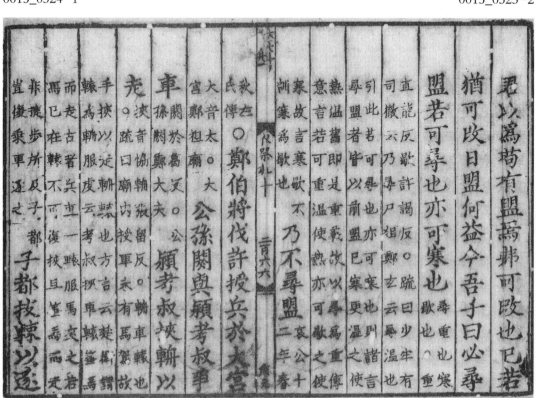

秋左氏傳○鄭伯將伐許授兵於大宫大音太。○大宫鄭祖廟公孫閼與潁考叔爭車閼於葛反。○公孫閼鄭大夫潁考叔挾輈以走挾音協。輈竹留反。○輈車轅也。○疏曰：廟内授軍兵，有馬駕故手挾以走。輈轅也。方言云楚衛謂轅爲輈。服虔云：考叔挾車轅籌焉而走。古者兵車一轅，服馬夾之，君馬已在轅，不可復挾，且豈爲而走，非徒步所及。子都豈復乘車逐之子都拔棘以逐

0015_0324-2

之子都公孫閼棘戟也及大逵弗及子都怒逵求龜反○逵道方九軌也○疏注冬官考工記匠人營國經涂九軌軌車轍謂于汰之內道廣並九車也爾雅釋宮云一達謂之道路二達謂之岐旁三達謂之劇旁四達謂之衢五達謂之康六達謂之莊七達謂之劇驂八達謂之崇期九達謂之逵說爾雅者皆以爲四通交出復有旁通故劉炫規過以達爲九道交出也今以爲道方九軌者蓋以九軌之道非俗所希不應城內得有此道以記有九軌故

0015_0325-1

以逵當之言並容九軌皆得俞逵亦是九逵之義故李巡注爾雅亦取並軌之義又涂方九軌天子之制諸侯之國不得皆有唯鄭城之內獨有其涂故傳於鄭國每言逵也故指十四年焚渠門入及大逵莊二十八年衆車入自純門及逵市宣十二年入自皇門至于逵路劉君以爲國內皆有逵道以規杜氏其義非也秋七月傅于許傅音附○傅于許城下潁考叔取鄭伯之旗蝥弧以先登蝥干侯反○蝥旗名○疏曰陽

0015_0325-2

登諸侯建旂孤卿建旜而左傳鄭有蝥弧齊有靈姑鉟皆諸侯之旗也趙簡子有蜂旗卿之旗也其各當時爲之其義不可知也子都自下射之顛射食亦反下及注同○顛隊而死○隊直類反鄭伯使卒出豭行出犬雞以詛射潁考叔者百人爲卒二十五人爲行行亦卒之行列疾射潁考叔者故令卒及行閒皆詛之○疏曰周禮夏官序官軍之法百人爲卒二十五人爲兩此言二十五人爲行者以傳人爲卒

（版心）大廿八　小三　祭紀十　二百六十八

0015_0326-1

後好狼大於犬知行之人數少於卒也軍法百人之下唯二人士至大爲兩耳又大司馬之屬官行司馬是中士兩之屬官卿司馬亦中士知周禮之兩即此行是也周禮之行謂軍之行列知此行亦周之行列也詛者盟之細殺牲告神令加之殃咎詛射潁考叔者令卒及行閒說詛之狀使神殺之也一卒之內已用一豭又要令一行之閒或用雞或用犬並說詛之犬雞者或雞或犬非雞犬並用何則豭者例用一牲不用二也鄭謂家之牲者畜雞犬獸豭牝曰豝豭者是牡也

0015_0326-2

[illegible]

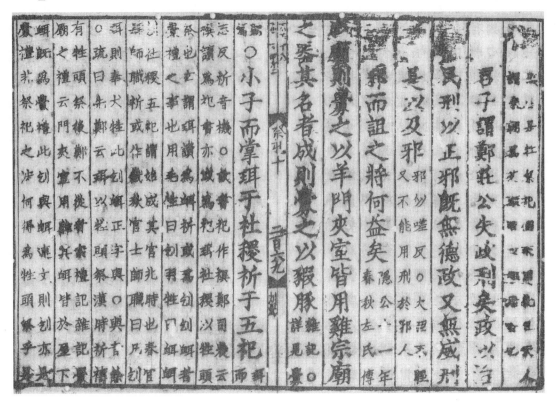

君子謂鄭莊公失政刑矣政以治民刑以正邪既無德政又無威刑是以及邪邪似嗟反○大理六經又不能用刑於邪人而詛之將何益矣隱公十一年春秋左氏傳

釁廟則釁之以羊門夾室皆用雞宗廟之器其名者成則釁之以猳豚雜記○詳見釁

祭礼十 二百六十九

0015_0327-1

斷篇○小子而掌珥于社稷祈于五祀珥而志反祈音機○故書祈作禨鄭司農云禨讀爲祀書亦或爲祀珥社稷以牲頭祭也玄謂珥讀爲衈祈或爲刉刉衈者釁禮之事也用毛牲曰刉羽牲曰衈衈社稷五祀謂始成其宮兆時也春官肆師職祈或作畿秋官士師職曰凡刉珥則奉犬牲此刉衈正字與○與音餘○疏曰先鄭云衈以牲頭祭漢時祈禱有牲頭祭後鄭不從者案禮記雜記釁廟之禮云門夾室用雞其衈皆於屋下衈既爲釁禮此刉與衈連文則刉亦是釁禮非祭祀之法何得爲牲頭祭乎是

0015_0327-2

以後鄭爲釁法與之玄謂珥讀爲衈祈或爲刉者以釁法無取於玉珥及祈禱之義故依士師刉衈爲正也鄭知刉珥爲釁禮之事約雜記而知也云用毛牲曰刉羽牲曰衈者此相對而言雜記廟用羊門用雞皆云衈散文通也知刉衈是社稷五祀始成其宮兆時也者凡物須釁者皆謂始成時是以雜記云廟成則釁之是也云春官肆師職祈或作畿者鄭欲見字有參差非一之義云秋官士師職曰凡刉衈則奉犬牲此刉衈正字與者刉從刀衈從血於義合故以此爲正字也

釁邦器及軍器邦器謂禮樂之器及祭器之屬雜記

祭礼十 二百七十

0015_0328-1

曰凡宗廟之器其名者成則釁之以猳豚○疏曰鄭以軍器別言即云邦器者是禮樂之器也鄭云禮器者即射器之等樂器即鐘鼓之等祭器即籩豆俎簋尊彝器皆是引雜記宗廟器成釁之以猳豚者證此等所釁亦用猳豚[illegible]○夏官

○圉師春除蓐釁廄蓐馬茲也馬既出而除之新釁焉神之也○辰上

○始立學者既釁器用幣與當爲釁字之誤也禮樂之器成則釁之又用幣告先聖先師以器成○疏曰此一經明禮樂之器初成用幣告先聖先師又釁訖告器成將用乃退饌之事也始

立學者亦謂天子命諸侯始立教學又造禮樂之器新成釁之既畢乃用幣告先聖先師以器成之然後釋菜既以幣告後又更釋菜告先聖先師以器成將用也故前用幣告其器成後釋菜告其將用也不舞不授器凡釋奠禮重故作樂時須舞乃授舞者所執干戈之器今其釋菜之時雖作樂不為舞也既不舞故不授舞者之器乃退儐于東序釋菜虞庠既畢乃從虞庠而退乃侑禮其賓於東序之中其禮既殺在行一獻無介無語如此於禮可也又曰案雜記宗廟之器其名者成則釁之以豭豚是器成當釁之故知與當爲釁經言用幣故知

祭禮十　三百七十一

告先聖先師以器成也○文王世子

○天府上春釁寶鎮及寶器上春孟春也釁謂殺牲以血血之鄭司農云釁讀爲徽或曰釁鼓之釁○疏曰云上春孟春也者謂建寅之月也殺牲取血釁之若月令上春釁龜筴等也云釁讀爲徽者周禮先鄭皆讀釁爲徽徽取飾義云或曰釁鼓之釁者謂從定四年祝佗云君以軍行祓社釁鼓皆以血血之也○春官

○龜人上春釁龜釁者殺牲以血之神之也玄謂上春者夏正建寅之月月令孟冬云釁祠龜筴相互矣秦以十月建亥爲歲首則月令秦世之

事亦以殺以歲首釁龜耳○疏曰云釁者殺牲以血之神之也者謂若禮記雜記云廟成則釁之廟用羊門夾室用雞之類皆是神之故血之也○同上

○月令孟冬命太史釁龜筴占兆審卦吉凶筴蓍也占兆龜之繇文也周禮龜人上春釁龜謂建寅之月也秦以其歲首使大史釁龜筴與周異矣卦吉凶謂易也審省錄之而不釁筮短賤於兆也今月令曰釁祠祠衍字○疏曰大史之官釁龜筴謂殺牲以血塗釁其龜及筴筴謂蓍也亦以血塗之占兆者龜之繇文非但釁此龜筴又釁此占兆繇

仪祭礼十　三百七十二　田

文此占兆之語繇上釁文也繇辭吉凶者卦吉凶謂易也易有六十四卦或吉或凶故云卦吉凶卦之吉凶但是筮耳筮短賤於龜兆不得從釁但省視錄之而已故云審卦吉凶既云吉凶明兆亦有吉凶但占兆與龜筴連文故略而不言吉凶也

○大司馬若大師帥執事涖釁主及軍器大師王出征伐也涖臨也主謂遷廟之主及社主在軍者也軍器鼓鐸之屬凡師既受甲迎主于廟及社主祝奉以從殺牲以血塗主及軍器皆神之○疏曰云主謂遷廟之主左傳祝佗云軍行祓社釁鼓祝奉以從

0015_0330-2

尚書云用命賞于祖不用命戮于社皆是在軍是也○夏官○君以
軍行祓社釁鼓師出先有事祓禱焉以謂之宜社於是殺牲以
血塗鼓鼙為釁鼓○鼙步西反○疏曰釋天云起大事動大衆必先有事乎社
而後出謂之宜是軍師將出必有祭社之事也周禮女巫掌祓除釁浴則祓亦
祭名故知宜社即宜社是也說文云釁血祭也是殺牲以血塗鼓鼙為釁鼓此
皆祝官掌之祝奉以從從如字又才用反○奉社主也○疏曰禮
軍行必以廟主社主從軍而行尚書甘誓云用命賞于祖弗用命戮于社孔安

大二五 三六 祭禮十 二百七十三 田

0015_0331-1

國云天子親征以載遷廟之祖主及社主行有功則賞祖主前示不專也不用
命奔北者則戮之於社主前社主陰主殺親祖嚴社之義也是軍行必載社
主行故祝官奉主以從若嘉至事焉○定公四年春秋左氏傳○司約
若有訟者則珥而辟藏約如字又音要藏才浪反○鄭
司農云謂有爭訟罪罰刑書謬誤不正者為之開藏取本刑書以正之當開時
先祭之玄謂訟訟約若宋仲幾薛宰者也辟藏開府視約書不信不如約也珥
讀曰衈謂殺雞取血釁其戶○為于偽反○衈而訟謂爭約劑不決者云則珥

0015_0331-2

而辟藏者謂以血塗戶乃開闢其戶箴出本約劑之書勘之又曰司約所掌雖
盟劑之書先鄭以為爭訟罪罰刑書及以珥為祭後鄭皆不從而謂訟約若宋
仲幾薛宰者案定元年正月晉魏舒合諸侯之大夫于狄泉將城成周宋仲幾
不受功曰滕薛郳吾役也薛宰曰宋為無道絕我小國於周以我適楚故我常
從宋晉文公為踐土之盟曰凡我同盟各復舊職若從踐土若從宋亦惟命宋
仲幾曰踐土固然又士彌牟曰子姑受功歸吾視諸故府仲幾曰縱子忘之山
川鬼神其忘諸乎此是訟約法故引之為證云殺雞者以雜記云割雞當門其

大二十六 三 祭禮十 二百七十四

0015_0332-1

衈皆於屋下言衈故知用雞也○秋官○羊人凡祈珥釁
積共其羊牲共猶給也○疏曰犬人共犬此云共羊或羊或犬俱
得為釁故兩職各共之也○夏官○士師凡刉珥則奉
犬牲珥讀為衈刉衈釁禮之事用牲毛者曰刉羽者曰衈○疏曰鄭為衈
若珥是玉名故破從衈取用血之意知刉衈是釁禮者雜記云成廟則釁之故
夾室皆用雞其衈皆於屋下彼雞不言刉刉衈相將故知是謂釁禮知用牲毛
者曰刉羽者曰衈者雜記文○言衈即毛曰刉可知○秋官○犬人

0015_0333-1　　0015_0332-2

珥沈辜用駹駹亡江反○故書駹作龍鄭司農云幾讀爲庪肆師曰祭山曰庪縣祭川曰浮沈大宗伯職曰以貍沈祭山川林澤以疈辜祭四方百物龍讀爲駹謂不純色也玄謂幾讀爲刉珥當爲衈刉衈者釁禮之事○庪九委反[illegible]紵反縣音玄○疏曰幾珥言凡則宗廟社稷壇廟新成者皆釁之故云凡也云沈辜者沈謂沈牲於水辜謂疈磔牲體以祭云用駹者駹謂雜也牲此則牧人云毀事用駹是也云可也者用雜爲正用駹亦可也又曰先鄭讀幾爲庪雖引爾雅後鄭不從引大宗伯證沈辜於義是也云玄謂幾讀爲刉從士師爲正珥讀爲衈從雜記爲正云釁禮之事者按雜記而知也○秋官

大二十九　小三百六十二　祭禮十　二百七十五　吳全

○雞人凡祭祀面禳釁共其雞牲釁釁廟之屬釁廟以羊門夾室皆用雞鄭司農云面禳四面禳也釁讀爲徽○疏曰云凡祭祀面禳者祭祀謂宗廟之屬面禳謂祈禱之屬又曰鄭云釁釁廟之屬者言之屬則釁鼓釁甲兵皆在其中釁廟以羊已下雜記文司農云面禳四面禳則侯禳禳謂禳去惡祥也云釁讀爲徽○此祈謂以徽爲飾治之故也○春官

大師掌釁祈號祝鄭司農云釁謂釁鼓也春秋傳

0015_0334-1　　0015_0333-2

曰君以軍行祓社釁鼓祝奉以從○釋曰言掌釁者據大師釁鼓之文而言耳則文承以血釁鼓祈號祝者將與軍將祈之事皆小祝號以詔祝號蓋與以令辭畢祈而請之也此皆小事故大師用小征以讀祝正之又引春秋傳曰昔定四年祝辭之者謂軍師有釁鼓之事所祝之辭者將以祝辭告師有以取威於天下故敵人長之也所以必有三伐四言之事故須用血以釁於鼓故有釁鼓[illegible]

石釁○傳齊宣　坐於堂上有牽

祭禮十　二百七十六

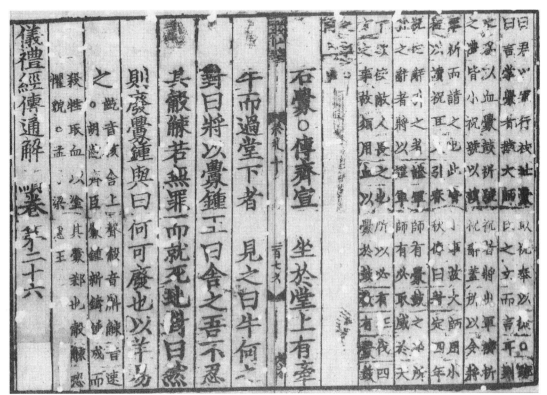

牛而過堂下者　見之曰牛何之對曰將以釁鐘王曰舍之吾不忍其觳觫若無罪而就死地對曰然則廢釁鐘與曰何可廢也以羊易之齕音紇舍上聲觳音斛觫音速○胡齕齊臣以釁鐘新鑄鐘成而殺牲取血以塗其釁郄也觳觫恐懼貌○孟子梁惠王

儀禮經傳通解續卷第二十六

0015_0338-1　0015_0337-2

儀禮經傳通解續卷第二十七

祭統　祭禮十一

大宗伯之職掌建邦之天神人鬼地示之禮以佐王建保邦國以吉禮事邦國之鬼神示以禋祀祀昊天上帝以實柴祀日月星辰以槱燎祀司中司命飌師雨師以血祭

祭禮十一　一

祭社稷五祀五嶽以貍沈祭山林川澤以疈辜祭四方百物以肆獻祼享先王以饋食享先王以祠春享先王以禴夏享先王以嘗秋享先王以烝冬享先王注疏詳見祭法○春官○以禮樂合天地之化百物之產以事鬼神以諧萬民以致百物禮濟虛樂損盈並行則四者乃得其

0015_0339-1　0015_0338-2

注能生非類曰化生其種曰產○種章勇反○疏曰上文云中禮和樂是禮樂教以法故此經以禮樂並行以教使之得所萬物感化則能合天地之化謂能生非類也又能生其種故云百物之產以禮樂事鬼神則尚書云祖考來格之等是也云以諧萬民者則尚書云庶尹允諧是也云以致百物者則尚書云百獸率舞之等是也又曰禮濟虛樂損盈此樂記所云禮減而進以進為文者是禮濟虛進謂濟益是禮當濟益其虛使之實滿又云樂盈而反以反為文者是樂損盈反謂自抑止是樂當自抑止使盈而不放溢也云並行則四者乃得

祭禮十一　二

其和者言並行謂禮樂並行以教世則天地之間不盈不虛折中得所則四者乃得其和也言四者謂天地之化百物之產共為一以事鬼神為二以諧萬民為三以致百物為四也知化產共為一者以其化與產氣類相似故為一也云能生非類曰化者凡言變化者變化相對變後化故中庸云動則變變則化云誠動人心也變改惡為善也變之化不皆善也又與鳩化為鷹之等自如而化若田鼠化為鴽雀雉不之者皆據身亦化故云能生云乾道變化亦是先變云生其種曰二

0015_0339-2

書坼生胎生及萬物草木但以本者皆曰產也凡祀大神享大鬼祭大示詔大號治其大禮詔相王之大禮相息亮反○大號六號之大者以詔大祝以為祝辭治猶簡習也豫簡習大禮至祭當以詔相王羣臣禮為小禮故書涖作立鄭司農讀為涖涖視也○疏曰詔大號者謂大宗伯告大祝出祝辭也云治其大禮者謂天地人之鬼神祭禮王親行之爲大禮對下小宗伯涖小禮爲小也詔相王之大禮者謂未至之時詔告之及其行事則又相之又曰云大號六號之大者謂若大祝云

0015_0340-1

辨六號一曰神號二曰示號三曰鬼號四曰牲號五曰齍號六曰幣號之等是六號之大者也云以詔大祝以爲祝辭者經云詔大號大祝是事神之人又辨六號故知所詔是詔大祝爲祝辭祝辭則祝版之辭是也云羣臣禮爲小禮者則小宗伯小祝行者是也若王不與祭祀則攝位與音預下同○王有故代行其祭事○疏曰攝訓爲代有故者謂王有疾及哀慘是也量人云凡宰祭與鬱人受嘏歷而皆飲之注云言宰祭者冢宰佐王祭亦容攝祭此宗伯又攝者冢宰貳王治事宰[illegible]主祭事容二官俱攝故兩言之[illegible]

0015_0340-2

大祭祀王后不與[illegible]薦豆籩徹[illegible][illegible]攝王后之事○疏曰云大[illegible]神等后夫人不與此言凡大祭祀[illegible]不與[illegible]亦不與又云大祭祀[illegible]言唯宗廟而已[illegible]而薦豆籩徹者以[illegible]薦徹豆籩王后事長王后有故宗伯攝爲之凡祭祀[illegible]先薦後徹故退徹文在下也乃頒祀于邦國都家鄉邑頒讀爲班班其所當祀及其禮都家之鄉邑謂王子弟及公卿大夫所食采地○疏曰云頒讀爲班者鄭於周禮所有頒皆讀爲班班謂布也云班其所

0015_0341-1

當祀及其禮者但各位不同禮亦異數既班其祀明亦班禮與之故連言禮也班禮謂若諸侯不得祭天地唯祭社稷宗廟五祀之等二王後與魯唯祭天仍不得祭地大都家與其諸侯同其禮者若獻尸上公九侯伯七子男五皆大牢之屬是也其小都與家則依卿大夫獻亦太牢也云都家之鄉邑謂王子弟以下者鄭恐經鄉邑六鄉六遂亦都[illegible]之內鄉邑故以明之謂都家之內鄉邑耳其都家之內鄉邑亦[illegible]如六鄉[illegible]遂家數但采邑之內亦有二十五家[illegible]里以上以相統領故一成之內得有革車一乘士十人徒二十人[illegible]

0015_0341-2

之法即謂之鄉邑也謂王子弟者以親
疏分於大都小都家邑三處食采地言
及公卿大夫采地者謂若載師職公
大都卿小都大夫家邑也○春官○

小宗伯掌四時祭祀之序事與其禮序事

卜日省牲視滌濯饔爨之事次序之時
○疏曰云序事日省牲之等者此以
經云掌四時祭祀之序事謂次第先後
故取上大宗伯凡祀大神享大鬼祭大
示帥執事而卜日已下之事下亦有省
牲已下故取以證序事唯饔爨之去也
於特牲即大宗
伯云執鐘一也

若國大貞則奉玉帛以

0015_0342-1

詔號

號神號幣號鄭司農云大貞謂卜
立君卜大封○疏曰此國大貞則
之卜所云凡國大貞卜大遷之等觀高
作龜者是也又曰此言卜事而云神號
者案大祝有神號幣號又案天府職
云季冬陳玉以貞來歲之㜪惡鄭云問
事之正曰貞謂問於龜大卜職大貞之
屬陳玉陳禮神之玉龜有天地四方則
玉有六器皆與此既有五帛明亦有六
幣以禮神也先鄭云大貞謂卜立君卜
文一大封大卜文不言
大遷者引文略也

凡祭祀詔相祭祀之小禮凡大禮佐大宗伯

小禮羣臣之禮
○疏曰云詔相

0015_0342-2

祭祀之小禮者謂王有故不親行事使
臣攝祭則爲小禮故鄭云羣臣之禮云
凡大禮佐大宗伯者大宗伯所云者小
宗伯佐之也此經所云既未至職末輒
言此者此已下皆小宗伯專行事不
兼大宗伯故於中言之以結上也

小祭祀掌事如大宗伯之禮

疏曰小祭祀
謂王玄冕所
祭則小宗伯專掌其事其
法如大宗伯也○同上

○小祝掌小祭祀

疏曰掌小祭祀者即是將事
侯禳已下禱祠之事是也

凡事佐大祝

唯大祝所有事○疏曰經云凡
事諸有事皆佐大祝故鄭云唯

0015_0343-1

大祝所有事乃佐之據大祝職不言之
者或佐餘官或小祝專行之也若然鍾
大祝不在職末言之於此見文者欲自
此已上有佐大祝者自此已下唯大喪
贊徹佐大祝設熬
以下小祝專行

大師凡外內小祭祀掌事焉

疏曰外內小祭祀者案小司兵
小祭祀奉牛牲鄭注云小祭祀
王玄冕所祭案司服羣小祀用玄冕鄭
注云小祭祀謂林澤四方百物是用沐
祭祀也其內小祀謂宮中七祀之
等皆小祝專掌其事也○同上

○女祝掌王后之內祭祀凡內禱祠之事[illegible]

0015_0344-1　　0015_0343-2

祀户宫之中竈門户禱疾病求變也報福祀○疏门休祭法王立七祀有竈
竈中霤門行泰厲司命后亦與之同令鄭直云为祭祀竈門户者以其婦人無
其事無行與中霤之等其竈與門户人所出入動作所由后亦當祀之故言竈
與門户出案月令春祀户夏祀竈秋祀門一在祀之時亦當休此也云禱疾病求
變也祠報福也者以其后無外事禱祠又是非常之祭故知唯有求變報福之
事也。○天官

大宰以八則治都鄙一曰祭祀以馭其神都之所居曰鄙則亦法也典法則所用異異其名也

祭統十一　七

都鄙公卿大夫之采邑王子弟所食邑周召毛聃畢原之屬在畿內者祭其
先君社稷五祀○采音菜召上照反聃乃甘反○疏曰則亦法也以八則治二
采地之都鄙也一曰祭祀以馭其神地之中祭祀宗廟社稷五祀下注
云馭者所以毆之納之於善期於之中宗廟先祖則無可去取三社
盡食者苦服句龍后稷上公有功之善也又曰上言邦國則謂經有其
其言之者欲解經文已邦國言邑也云都鄙諸文無或言邑實言都鄙
注云都之所居曰鄙大宰三遂云其縣曰都

0015_0345-1　　0015_0344-2

傳曰是與番而鄙留異等於書本也不法也典法則所用異異其名
普謂與法則三者相訓互其義言典官府言法都鄙言則其異
異故別言之其實義通也亦然又云之采邑者載師職云家邑任
則六大夫之采也小都任縣地則六卿也大都任畺地則三公之采
子弟所食邑者親王子母弟與而百里次疏者與六卿同處而
次疏者與大夫同處二十五里禮運云天子有田以處其子孫
鄭云同姓雖恩不同義必同也祿位所以貴之不必救以官守

祭統十一　八

子母弟雖食采家必有官有職公卿大夫食邑不假別言也云周
畢原之屬者僖二十四年左傳管蔡郕霍魯衛毛聃郜雍曹滕畢原
豐郇文之昭也邘晉應韓武之穆也鄭直云周召毛聃畢原之屬在
其餘或在畿外故不盡言也引之者王子弟有采邑也云祭祀其先
王卿者案經大夫華不云社稷則諸侯卿大夫也若王子母弟及三公
侯者五廟五祀三社三稷故云祀先君社稷五祀也○同上

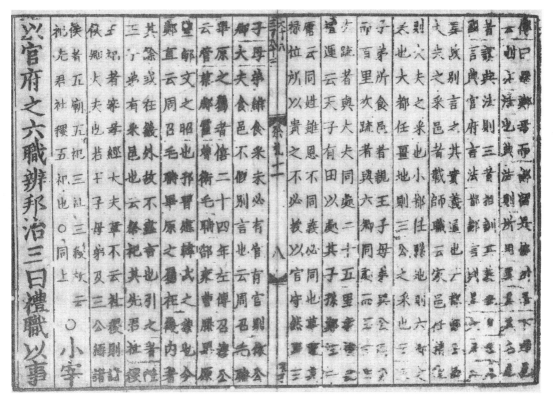

○小宰以官府之六職辨邦治三曰禮職以事

0015_0345-2

鬼神疏曰云以官府六職辨邦治者六官者各有職若天官治職地官教職其職不同邦事得有分辨故云以辨邦治也云以事鬼神者以其主祭祀當職之事也以官府之六聯合邦治一曰祭祀之聯事鄭司農云大祭祀大宰贊玉幣司徒奉牛牲宗伯視滌濯涖玉鬯省牲鑊奉玉齍司馬羞魚牲奉馬牲司寇奉明水火玄謂奉牲者其司空奉豕與。齍音資與音餘。疏曰云以官府之六聯合邦治者謂官府之中有事皆聯事通職然後國治得會合故云會邦治也又曰司農雖辨祭祀不言司

0015_0346-1

空司空云故也大祭祀唯大宰尊不奉牲宗伯不言奉雖司馬直言奉馬不兼言奉羊司寇不言奉大略可知云奉牲者其司空奉豕與者司空雖云案五行傳云聽之不聰時則有豕禍豕屬北方之說卦云坎為豕是豕屬水故知司空奉豕無正文故云與以疑之也○同上○大司徒施十有二教一曰以祀禮教敬則民不苟疏曰凡祭祀者所以追養繼孝事死如事生但人於死者不見其形象有致慢故禮云祭極敬也是以一曰以祀禮教敬也者為此則生事其親不苟且也○地官○

0015_0346-2

司隸邦有祭祀之事則役其煩辱之事煩猶劇也○秋官○小司徒掌建邦之教灋以稽國中及四郊都鄙之大家九比之數與其祭祀之禁令比毗志反○稽猶考也夫家猶言男女也鄭司農云九比謂九夫為井玄謂九比者家宰職出九賦者之人數也○疏曰小司徒副貳大司徒之事大司徒已掌十二教故此小司徒又掌建邦之教灋言建者非但副貳大司徒亦得專其言云以稽國中及四郊都鄙者大司徒掌

0015_0347-1

邦國都鄙此小司徒亦掌之者考也故亦考其國中及四郊但國中與四郊皆是六鄉之民所居也併言都鄙者司農是等土地之官故亦兼主采地之法云夫家九比之數者謂國中及四郊之夫家鄉之內夫家男女九賦校比人民之數云與其祭祀者謂鄉中州祭社黨祭禜族祭酺皆有禁令不使失禮法不言夫家猶言男女者夫是丈夫則男子家傳曰云男有室女有家婦人稱家以家為女鄭司農云九比謂九夫為井後鄭不從者以經掌國中及四郊即是大都之內但鄉與公邑並為溝洫井田之法故後鄭不從之謂九比皆為[illegible]

0015_0348-1　0015_0347-2

出九賦者之人數也者案大宰云九賦斂財賄一曰邦中之賦二曰四郊之賦三曰邦甸之賦四曰家稍之賦五曰邦縣之賦六曰邦都之賦與此文國中四郊都鄙其事相當故知此九乚出九賦者之人數○地官○閭胥各掌其閭之徵令鄭司農云二十五家為閭○疏曰五家為比五比為閭是二十五家也徵令謂祭祀役政喪紀之事凡春秋之祭祀聚衆庶既比則讀灋書其敬敏任恤者祭祀謂州社黨禜族酺也及比皆會聚衆民因以讀法以勑戒之故書既

祭禮十一　十一

為蟹杜子春讀蟹為既○疏曰凡聲欲之祭祀聚衆庶者謂州長黨正族師祭祀閭胥皆為之聚衆庶以待驅使也云既比則讀法者上族師已上官尊讀法雖鄉綱不同皆有時節但閭胥官卑而於民為近讀法無有時節但是聚衆庶比之時節讀法故云既比則讀法云書其敬敏任恤者以上書其德行道藝今此閭胥親民更近故除任卹六行之文兼記敬敏者也又曰知祭祀謂州社黨禜族酺者以其黨鄉之內所有祭祀無過此三者而已故知義然也○同上以土均和邦國都鄙之政令與其禮俗

0015_0349-1　0015_0348-2

祭祀以地媺惡為輕重之灋而行之掌其禁令禮俗邦國都鄙民之所行先王舊禮也君子行禮不求變俗隨其土地厚薄為之制豐省之節耳禮器曰禮也者合於天時設於地財順於鬼神合於人心理萬物○為于偽反省所景反○疏曰土均土調即是和義故土均以和畿外邦國畿內都鄙之政令及五刑五禁與其弛舍不役之等並須調和之使之得所也云禮俗祭祀以地媺惡為輕重之法而行之者自禮俗祭祀皆以地之媺惡輕重者地媺則重行之地惡則輕行之以其禮許儉不非無故

祭禮十一　十二

也云掌其禁令者恐有僭踰與下迫故禁令也又曰禮俗邦國都鄙民之所行先王舊禮也若此土均和邦國都鄙俗者續也續代不易是知先王舊禮故引曲禮君子行禮不求變俗以證之謂若周公封康叔於殷墟其民還行殷之禮俗者也云隨其土地厚薄為之制豐省之節耳者以厚薄解經媺惡豐省解經惡輕重之法也云禮器曰禮也者合於天時者天有四時四時生者則將為禮是合於天時也云設於地財者土地有財為禮是所設依於地之財也云順於鬼神者鬼神享德不享味若不合天時不設地財而為禮則鬼神不享若能合

0015_0349-2

天時發此四則風神亨也是[illegible]
地云合於人心者未不合天時不[illegible]
時則不合人心若合天時[illegible]會
人心地云理萬物者言[illegible]合六[illegible]
則萬物得其道[illegible]
引之詒行禮[illegible]○
鄙師各掌其鄙之祭祀[illegible]
五鄙爲縣五百家[illegible]
者鄙與六鄉[illegible]
祭祀謂烝業 ○鄰長各掌其鄰之政令
也○同上
以治其祭祀之事[illegible]○按[illegible]疏曰以其一鄙[illegible]

大三十七 祭礼十三 十三

0015_0350-1

鄭敍云各掌其鄰之政令也云治其祭
祀者謂若族祭酺之類若然縣當祭社
興州同縣正鄙師鄰長皆不言所祭神
者六遂與六鄉互見其義也○同上
○都宗人掌都祭祀之禮都或有山川及因國無主
九皇六十四民之祀王子弟則立其祖
王之廟其祭祀王皆賜禽焉主其禮者
警戒之糾其戒具其來致福則帥而以
造祭僕○疏曰知都有山川者見祭法
云山川丘陵能興雲雨諸侯在其地則
祭無其地則不祭都祀畿內諸侯[illegible]
祭境內山川也云及因國無主九皇六
十四民之祀者案王制云天子諸侯祭

0015_0350-2

因國之在其地而無主後者注云謂所
因之國先王先公有功德宜享世祀今
絕無後爲之祭主者案史記伏羲以前
九皇六十四民並是上古無名號之君
絕世無後今宜主祭之也云王子弟則
立其祖王之廟者左氏傳莊二十八年
云邑有先君之主曰都明天子禮亦然
故知都內王子弟有祖王之廟也云其
祭祀王皆賜禽焉者見祭僕云王所不
與則賜之禽都家亦如之注謂王所不
與同姓有先王之廟是賜禽法其來致
福則帥而造祭僕知者見祭僕云凡祭
祀致福者展而受之是造祭僕之事○春官 ○家宗人掌家

大二十 祭礼十一 十四

0015_0351-1

祭祀之禮大夫采地之所祀與都同若先王之子孫亦有祖廟○疏
曰鄭云大夫采地之所祀者則家止謂
大夫不通公卿也故載師職云家邑任
稍地小都任縣地也都任疆地是大夫
采地縣象在三百里之內卿爲小都在
四百里公爲大都在五百里則上都也
人所主是也言所祀與都同者據山川
九皇六十四民在其地者云若先王之
子孫亦有祖廟者亦如上都宗人但[illegible]
子與諸侯禮異諸侯之卿大夫同姓[illegible]
有先君之主則曰都無曰邑天子之[illegible]
同姓大夫雖有先君之主亦曰邑也[illegible]
不言凡家祭祀致福于國者舉都而言

0015_0352-1　　0015_0351-2

此寔從可祭○從上

右祭禮總要○記孟春命樂正入學習舞爲仲春將釋菜乃脩祭典重祭禮歲始脩錄也○月令

○喪祭從先祖上文云喪記也志此言本謂先王之世舊俗所傳禮文小異而可以通行者耳不謂修世失禮之甚者也○孟子滕文公上○君子行禮不求變俗求猶務也不務變其故俗重本也謂去先祖之國居他國○臨

日此一節論臣去本國行禮之事各隨文解之君子行禮者謂去先祖之國居他國者也求猶務也俗者本國禮法所行也明雖居他國猶宜重本行故國法不務變之從新也如杞宋之臣入於齊魯齊魯之臣入於杞宋各宜行己本國禮法也此云不變俗謂大夫出在他國不變己本國之俗祭鄭荅趙商以爲衛武公居殺蜡故用殺禮以引此云君子行禮不求變俗如鄭之意不變所往之國舊時風俗與此不同皆熊氏云告[illegible]出居他國外[illegible]國風俗

0015_0353-1　　0015_0352-2

人君[illegible]國不須改也然則不求變俗其文雖一但人君人臣所據不同熊氏云必知人君不易舊俗者王制云修其敎不易其俗又左傳定四年封魯公因商奄之人封康叔於殷墟啓以商政封唐叔於夏墟啓以夏政皆因其舊俗也案有列於朝有詔於國三代之内喪服爲舊君齊衰三月傳曰三諫不從待放未絶者爵祿尚有列於朝出入尚有詔於國如喪服所云大夫待放之時名爲有列有詔不至三世者[illegible]氏云彼據爲舊君著服故以未去

之時名爲有列有詔此據去國之後但有列有詔仍行舊國之禮斷童叟證故欲此不同祭祀之禮居喪之服哭泣之位皆如其國之故跡曰祭在之禮者此陳不變之事若祭祀之禮不變所夏立尸殷坐尸周旅酬六尸及先殺隂陽變生辟黑之屬也居喪之服者殺雖尊貴猶服傍親周則以尊降服哭泣之位若殺不重適以班高爲上周世貴正嗣孫居其首皆如其國之故稱謂故俗也注上諸事悉不改革行之如本國俗也

然上既舉三條餘冠昏之屬從可知也
謹脩其灋而審行之其法謂其先祖之制度若夏殷○疏曰謹脩其法而
審行之者并結前事各令分明謹脩本國之法審愼以行之其法謂
其先祖之制度若夏殷子孫在周者悉行其先世之禮是不變俗也
去國三世爵祿有列於朝出入有詔於國朝直遥反下同○三世自祖至孫踰久可以忘故俗
而猶不變者爵祿有列於朝謂君不絕其祖祀復立其族若臧紇奔

祭禮十一　十七

邾立臧為矣詔告也謂與卿大夫吉凶往來相赴告○紇恨發反胡
切反胡謁反○疏曰此以下明在他國而得變俗者也將明得變故
上先明未得者也去國三世謂三諫不從及他事被黜出入新國
已經三世者則鄭注云三世自祖至孫也爵祿有列於朝者謂本國
不絕其祖祀後立族為後在朝者也出入有詔於國者出入猶吉凶
之事更相往來也詔告也去已三世而本國之君猶為立後不絕則
若有吉凶之事當與本國卿大夫出入往來共相赴告故云出入有

詔於國又曰引君臧紇奔邾立臧為矣者謂有列法也臧紇武仲也
時為季氏家廢長立少故與孟氏相惡遂出奔邾魯人以臧紇有功
復立其異母兄臧為以守先祀是有列也故曾襄二十三年左傳云
臧紇奔邾使告臧賈且致大蔡焉曰紇不佞失守宗祧敢告不弔紇
之罪不及不祀子以大蔡納請其可賈曰是家之禍非子之過賈聞
命矣再拜受龜使為以納請遂自為也乃立臧為紇致防而奔齊是
其事也
若兄弟宗族猶存則反告於

祭禮十一　十八

宗後謂無列無詔者反告亦謂吉凶也宗後宗子也○疏曰此
是出已三世而爵祿無列於朝吉凶不相詔告而不仕新國者宗族
兄弟謂本國之親宗後大宗之後也已本國不列不告若宗族猶存
兄弟尚在已有吉凶當反還告宗適不忘本故也前告國者亦告兄
弟耳然既未仕新國亦用本國往也音義隱云雖無列於朝有吉凶
猶反告於宗後其都無親在故國不復往來也
去國三世
爵祿無列於朝出入無詔於國唯

0015_0355-2

與之日從新國之瀆以故國與已無恩與謂起爲鄉大夫。疏曰此猶是無列無詔而反告宗後者今得仕新國者也但仕新國有異故重言三世也唯興之日從新國之法皆唯興謂已始仕也雖有宗族相告而已仕新國而本國無列無詔故所行禮俗悉改從新也然推此而言若本國猶有列詔者雖仕新國猶行故俗何以知然既云無列而從新明有列理不從也又若無詔而不仕新者不得從新何以知然既云唯興明不興則不從無列無詔唯興

0015_0356-1

之日三世即從新國之制孔子去宋既久又爲大夫尚冠章甫之冠送葬皆從殷制者熊氏云奪句命決云丘爲制法之主黑綠不代蒼黄聖人特爲制法不與常禮同也與謂起爲鄉大夫者意鄭云起爲鄉大夫者則若爲士猶畢不得變本也。曲禮下

春祭曰祠祠之言食夏祭曰礿新菜可汋秋祭曰嘗嘗新穀冬祭曰烝烝進品物也。疏曰此則四時及三代諸祭名也春祭曰祠夏祭曰礿秋祭曰嘗冬祭曰烝者此四時之祭名也郭云祠之

0015_0356-2

言今行新菜可汋嘗嘗新穀烝進品物也比皆周禮也自殷以上則礿禘烝嘗王制文是也至周公則去夏禘之名以春礿嘗之更名春曰祠故禘祫志云王制記先王之法度宗廟之祭春曰礿夏曰禘秋曰嘗冬曰烝祫爲大祭於夏於秋於冬周公制禮乃改夏爲礿禘又爲大祭祭義注云周以禘爲殷祭更名春曰祠是祠礿嘗烝之名周公制禮之所改也若然詩小雅云禴祠烝嘗于公先王此文王之詩已得有制禮所改之名者然王者因革興世而遷事雖制禮大定要亦所改有漸易曰不如西鄰之禴祭鄭注爲夏祭之名則文王時已改言

0015_0357-1

周公者據制禮大定言之耳祭天曰燔柴既祭積薪燒之。疏曰祭天曰燔柴者祭天名燔柴祭法云燔柴於泰壇祭天也郭云既祭積薪燒之大宗伯云以禋祀祀昊天上帝以實柴祀日月星辰以槱燎祀司中司命飌師雨師鄭注云禋之言煙周人尚臭煙氣之臭聞者槱積也詩曰芃芃棫樸薪之槱之三祀皆積柴實牲體焉或有玉帛燔燎而升煙所以報陽也然則祭天亦禮積柴以實牲體玉帛而燔之使煙氣之臭上達於天因名祭天曰燔柴也祭地曰瘞薶既祭埋藏之。疏曰祭地曰瘞薶者祭地名瘞薶祭

0015_0357-2

法云瘞貍於泰折祭地也然則祭神州地祇於北郊瘞繒埋牲因名祭地曰瘞貍李巡曰祭地以玉埋地中曰瘞貍孫炎曰瘞者翳也既祭翳藏地中

祭山曰庋縣或庋或縣置之於山山海經曰縣以吉玉是也。疏曰祭山曰庋縣者庋縣祭山之名也庋謂埋藏之大宗伯云以貍沈祭山林川澤鄭注云祭山林曰貍是也縣謂縣其牲幣於山林中因名祭山曰庋縣郭云或庋或縣置之於山是也又云山海經曰縣以吉玉是也者案中山經云歷兒冢也其祠祀毛大牢之具縣以吉玉彼注云縣祭山之名是也

0015_0358-1

祭川曰浮沈投祭水中或浮或沈。疏曰祭川曰浮沈者浮沈祭川之名也郭云投祭水中或浮或沈大宗伯云以貍沈祭山林川澤鄭注云祭川澤曰沈順其性之含藏是也

祭星曰布布散祭於地。疏曰祭星曰布者李巡曰祭星者以布露祭地故曰布孫炎曰既祭布散於地似星布列也郭云布散祭於地

祭風曰磔今俗當大道中磔狗云以止風此其象。疏曰祭風曰磔者磔謂披磔牲體象風之散物因名云郭云今俗當大道中磔狗云以止風此其象

是禷是禡師祭也師出征伐類於上帝禡於所征之地

0015_0358-2

。疏曰是類是禡師祭也者是禷是禡詩大雅皇矣篇文師祭也作者所以解詩也言用師出征之祭名也郭云師出征伐類於上帝禡於所征之地者王制云天子將出征類乎上帝禡於所征之地是也言類乎上帝則類祭祭天也祭天而謂之類者尚書夏侯歐陽說以事類祭之在南方就南郊祭之春官肆師注云類禮依郊祀而為之是用尚書說為義也禡之所祭其神不明肆師云凡四年之大田獵祭表貉則為位注云貉師祭也於立表處為師祭祭造軍法者禱氣勢之增倍也其神蓋蚩尤或曰黃帝又甸祝掌四時之田表貉之祝號杜

0015_0359-1

子春云貉兵祭也田以講武治兵故有兵祭習兵之禮故貉祭禱氣勢之什百而多獲由此二注言之則禡祭造兵為軍法者為表以祭之禡周禮作貉貉又或為貊字古今之異也貉之言百祭祀此神求獲百倍

既伯既禱馬祭也伯祭馬祖也將用馬力必先祭其先。疏曰既伯既禱馬祭也著既伯既禱詩小雅吉日篇文馬祭也作者所以釋詩也毛傳云伯馬祖也重物慎微將用馬力必先為之禱其祖禱禱獲也郭云伯祭馬祖也將用馬力必先祭其先知伯是祭馬祖者為馬而祭故知馬祖謂之伯伯者長也馬祖始是

長也鄭注周禮云馬祖天駟上文云天駟房也彼注云龍爲天馬故房四星謂之天駟馬國之大用王者重之故夏官校人春祭馬祖夏祭先牧秋祭馬社冬祭馬步注云馬祖天駟先牧始養馬者馬社始乘馬者馬步神爲災害馬者既四時各有所爲祭之馬祖祭之在春其常也而將用馬力則又用彼禮以禱之

禘大祭也五年一大祭。疏曰禘大祭也者經傳之文稱禘非一其義各殊論語云禘自既灌及春秋禘于大廟謂宗廟之祭也喪服小記云王者禘其所自出也及大傳云禮不王不禘謂祭感生之帝於南郊也祭法云周人禘嚳而郊稷謂祭昊天於圜丘也以此比餘處爲大祭摠得稱禘宗廟謂之禘者禘禘也言使昭穆之次審諦而不亂也祭天謂之禘者亦言使與禮審諦也郭云五年一大祭者出禮緯文知非祭天之禘者以此下文云繹又祭也爲宗廟之祭知此亦宗廟之祭也

繹又祭也祭之明日尋繹復祭。疏曰繹又祭也者又復也繹復祭之名也郭云祭之明日尋繹復祭公羊傳云繹者何祭之明日也穀梁傳云繹者祭之旦日之享賓也天子諸侯謂之爲繹少牢饋食大夫之禮也謂之賓尸與祭同日若然是亦與賓尸事不同矣而詩頌絲衣序云繹賓尸者繹祭之禮主爲賓事此尸但天子諸侯禮大異日爲之別爲立名謂之爲繹言其尋繹昨日鄉大夫禮小同日爲之不別立名直指其事謂之賓尸耳此序言繹者是此祭之名賓尸是此祭之事故特詳其文也然又祭之名三代各異

周曰繹春秋經曰壬午猶繹。疏曰郭云壬午猶繹者宣八年經文也

商曰肜書曰高宗肜日。疏曰又云書曰高宗肜日商書篇也孫炎云肜者相尋不絕之意

夏曰復胙未見義所出。疏曰夏曰復胙者郭云未見義所出以夏之典訓無言復胙名者是未見義所出也詩傳及詩箋亦無此一句說者云胙是祭肉也以祭之旦日復陳其祭肉以賓尸也未知然不祭名者以題上事也。以上爾雅

右祭名

小宗伯之職掌建國之神位右社稷左宗廟注疏見地示社稷條及宗廟廟制條**兆五帝於四郊四望四類亦如之**注疏見天神五帝條及地示四望條**兆山川丘陵墳衍各因其方**注疏見地示山川條**辨**

0015_0361-2

祧之昭穆注跡已宗廟也〇肆師掌兆中廟中之禁令

四郊又上五元多宗使人 等神一七慶然故大山其禁令也

凡壇者四面皆塋掘園之若〇 疏凡祭云兆壇塋域也〇春官

典祀掌外祀之兆守皆有域掌其禁令外祀謂所祀於四郊者域兆表之塋域 〇疏曰云塋外然祀之兆守皆有域掌

其禁令者謂遮列不得有人來入域中 故云禁令也又曰云所祀於四郊者域

0015_0362-1

兆表之塋域者此即小宗伯所云兆五 帝於四郊四類四望亦如之兆山川丘

陵已下皆是典祀掌之也言兆域 壕壇外爲溝渠爲表塋域者也

若以時祭祀則帥其屬而脩除徵役于司隸而役之屬其屬胥徒也脩除芟埽之徵 召也役之作使之〇疏曰云以

時祭祀者謂天地山川祭祀皆有時也 又曰鄭知其屬是胥徒者以其典祀身

是下士其下惟有胥徒故知也不言府 史者府史非役者也徵召也以其司隸

王教隸主供役使 故云作使之也

及祭帥其屬而守其

0015_0362-2

屬禁而蹕之鄭司農云遮列禁人不得 令入〇疏曰其屬還是胥

徒胥是遮列蹕是止行人故云 遮列禁人不得令入也〇春官

〇凡以神仕者掌三辰之灋以猶鬼神示之居

辨其名物居可紀慮反下紀具反〇猶 圖也居謂坐也天者羣神之

精日月星辰其著位也以此圖天神人 鬼地祇之坐者謂布祭衆寡與其居句

孝經說郊祀之禮曰燔燎埽地祭牲繭 栗或象天酒旗坐星厨倉具黍稷布席

極敬心也言郊之布席象五帝坐禮祭 宗廟序昭穆亦又有似虛危則祭天圓

0015_0363-1

丘象北極祭地方澤象后妃及社稷之 席皆有明法焉國語曰古者民之精爽

不攜貳者而又能齊肅中正其知能上 下比義其聖能光遠宣朗其明能光照

之其聰能聽徹之如是則神明降之在 男曰覡在女曰巫是之使制神之處位

次主而爲之牲器時服巫既知神如此 又能舌以天法是以聖人用之今之巫

闇其義何明之見鑿法之行正神 或於誣厲前[illegible]皆食遂誣人神令

滅痛矣〇[illegible]闕 力至反〇疏曰序官注云神士者

[illegible]猶巫之後知是巫者此中掌三辰之法 鬼神祇之居[illegible]外傳云在男曰覡

在女曰巫使制神之處位次主之度也疏次之說以此神仕是巫又曰云天皆靈祇之精日月星辰其著位也首鄭云經直見三辰不言天者天體無形人所不觀惟觀三辰故鄭云天者羣神之精日月星辰是其著位者也云以此圖天神人鬼地祇之坐者謂布祭衆寡與其居句者鄭意鬼神祇之居止是布祭於神神有衆寡多少或居方爲之或句曲爲之也引孝經說郊祀者援神契文載問章云周公郊祀后稷以配天云郊祀之禮燔燎埽地已下至敬心之言釋之也言郊之布席已下是鄭君語云郊之布席象五帝坐者案天文有五帝坐星

東方蒼帝靈威仰南方赤帝赤熛怒中央黃帝含樞紐西方白帝白招拒北方黑帝汁光紀各於其面是布神坐也云禮祭宗廟序昭穆者文三年大事於大廟毀廟之主陳於大祖未毀廟之主皆升合食昭南面穆北面是人鬼之席坐也云亦又有似虛危者虛危有墳墓四司又爲宗廟布席象之故云又有似虛危也云則祭天圜丘象北極者北極有三星則中央明者爲大一常居傍兩星爲臣子位焉云祭地方澤象后妃者天有后妃四星天子象天后妃象地是其配合也云及社稷者天有天社之星祭社之位象焉故云及社稷之等之席之

言結五帝已下也孝經說云祭社稷者據祭地或象天酒旗坐星酒旗星名云宮倉具黍稷者厨倉亦星名言厨倉所以具黍稷以祭祀云布席極敬心也者據結語也國語曰以下者欲見巫能制神之處位者心由精爽之意云精爽不貳者言其專一也云上下比義者上謂天神下謂地神能比方尊卑小大之義言聖能通知神意云神明降之者正謂神來降於其身言在男曰覡在女曰巫者男子陽有兩稱名巫名覡女子陰不變直名巫無覡稱言今之已下欲言今世邪巫誑惑卌閭之事故鄭痛之

以冬日至致天神

人鬼以夏日至致地示物鬽以禬國之凶荒民之札喪

鬽眉祕反。天人陽也地物陰也陽氣升而祭鬼神陰氣升而祭地祇物鬽所以順其爲人與物也致人鬼於祖廟致物鬽於單壇蓋用祭天地之明日百物之神曰鬽春秋傳曰螭魅魍魎杜子春云禬除也云謂此禬讀如潰癰之潰。壇音善螭勑知反。言以冬日至夏日至此則大司樂云冬日至於地上之圜丘奏之若樂六變天神皆降夏日至於澤中之方丘奏之地祇皆出是也但其時天之神地之祇皆降仍於祭天之明日更祭

0015_0365-2

此等小神祇故於此別之也又曰鄭云
天人陽也者此解冬日至祭天神人鬼
之息以其陽故十一月一陽生之月當
陽氣升而祭之也云地物陰也者此解
夏日至祭地示之意以其陰故五月以
陰生之日當陰氣升而祭之也云所以
順其爲人與物也者冬順陽而在冬
夏至也云致人鬼於祖廟致物鬼於壇
壇此鄭惟釋人鬼物鬼了吉致天神之
處者文略亦當在於壇壇也云蓋用祭
天地之明日者當冬至夏至之日正祭
天地之神祇事繁不可兼祭此等雖無
正文鄭以意量之故云蓋用祭天地之
明日也云百物之神曰鬽春秋傳曰螭

祭礼十一　二十九

0015_0366-1

鬽魍魎者案三氏宣公三年楚子問鼎
之大小輕重王孫滿對曰夏之方有德
也遠方圖物貢金九牧鑄鼎象物故民
入川澤山林不逢不若螭魅魍魎莫能
逢之服氏注云螭山神獸形魅怪物周
兩木石之怪文十八年注螭山林獸形
或曰如虎而噉虎或曰魅人面獸身口
四足好惑人山林異氣所生爲人害
人衆義與鄭異鄭君則以魅鬽爲
之宗百物之神曰鬽引春秋螭鬽入
之經無魍魎準引之以國語木石之
變魍魎賈服所注是也杜子春云禬除
也後鄭云此禬讀如潰癰之潰者號反
子春之義以其癰潰則膿血除故讀從

0015_0366-2

之云此禬讀從潰言此以對彼大祝云
類造禬禜之禬禬爲會合之義不爲潰
也○春官 ○小祝有寇戎之事則保郊祀于
社 故書祀或作禩鄭司農云謂保守郊祭諸祀及社稷令寇優犯之杜子春
讀禩爲祀書亦或爲祀玄謂保祀互文郊社皆守而祀之彌裁兵○跳見百神
軍旅條 ○都宗人若有寇戎之事則保羣
神之壝 壝唯癸反又欲鬼反○守山川丘陵墳衍之壇域○跳曰此經
所云寇戎從外而入故先保在郊之神位而言是以鄭云守山川丘陵墳衍

祭礼十一　三十

0015_0367-1

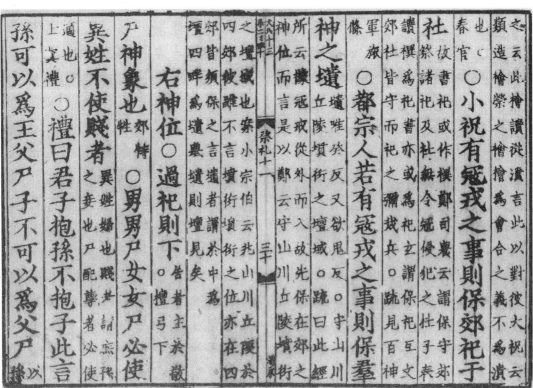

之壇壝也案小宗伯云兆山川丘陵於四郊彼雖不言墳衍墳衍之位亦在四
郊皆須保之言壝者謂於中爲壇四畔爲壝舉壝則壇見矣
右神位○過祀則下 告者主於敬○撢弓下
尸神象也 郊特牲 ○男男尸女女尸必使
異姓不使賤者 異姓婦也賤者謂庶孫之妾也尸配尊者必使
適也○上冥禮 ○禮曰君子抱孫不抱子此言
孫可以爲王父尸子不可以爲父尸 以孫

0015_0367-2

與祖昭穆同○䟽曰抱孫不抱子者此以明昭穆之例凡稱禮曰者皆舊禮語也爲下事難明故引舊禮爲證案此篇之者作記之人引舊禮而言曲禮曰此直言禮曰不言曲者從略可知也抱孫不抱子者謂祭祀之禮必須尸尸必以孫今子孫行並皆幼弱則必抱孫爲尸不得抱子爲尸所以然者作記之者既引其禮又自解云此言孫可以爲王父尸子不可以爲父尸故也曾子問云祭成喪者必有尸尸必以孫孫幼則使人抱之無孫則取於同姓可也是有抱孫之法也言無孫取於同姓可者謂無服內之孫取服外同姓也天子至士皆有

0015_0368-1

尸特牲是士禮少牢是大夫禮並皆有尸又祭統云君執圭瓚祼尸是諸侯有尸也又守祧職云若將祭祀則各以其服授尸是天子有尸也天子以下宗廟之祭皆用同姓之嫡故祭統云祭之道孫爲王父尸所使爲尸者於祭者爲子行父北面而事之注云子行猶子列也祭祖則用孫列皆取於同姓之適孫也天子諸侯之祭朝事延尸於戶外是以有北面事尸之禮也雖取孫列用卿大夫爲之故既醉注云天子以卿鄭箋云諸侯入爲天子卿大夫故云公尸天子既然明諸侯亦爾故大夫士亦用同姓嫡者曾子問云無孫取於同姓可也又

0015_0368-2

鄭注特牲禮大夫士以孫之倫爲尸是也言倫明非己孫皇侃用崔靈恩義以大夫用己孫爲尸恐非也天子祭天地社稷山川四方百物及七祀之屬皆有尸也故鳧鷖並云公尸推此而言諸侯祭社稷境內山川及大夫有采地祭五祀皆有尸也外神之屬不問同姓異姓但卜吉則可爲尸案曾子問祭成人必有尸則祭殤無尸若新喪虞祭之時男女各立尸故士虞禮云男男尸女女尸至祔祭之後正用昆之一尸以其祔祭漸吉故也凡吉祭只用一尸故祭統云設同几是也若祭勝國之社稷則士師爲尸知者士師職文用士師者略之故

0015_0369-1

異義公羊說祭天無尸左氏說晉祀夏郊以董伯爲尸虞夏傳云舜入唐郊以丹朱爲尸是祭天言尸也許慎引魯郊祀曰祝延帝尸從左氏之說也○曲禮上○**孫爲王父尸所使爲尸者於祭者子行也**子行猶子列也祭祖則用孫列皆取於同姓之適孫也天子諸侯之祭朝事延尸於戶外是以有北面事尸之禮○䟽曰孫爲王父尸者謂王父之孫行與王父作尸所使爲尸者於祭者子行也者謂孝子所使令爲尸者於祭者孝子身爲子之行挾也○祭統○**爲人子者祭祀**

0015_0369-2

不爲尸者之處爲其失子道然則尸卜筮無父者○疏曰祭祀不爲尸者尸代尊者之處故人子不爲也○曲禮上

右尸○傳曾子問曰祭必有尸乎言無益無用爲○疏曰曾子之意以祭神神本虛無無形無象何須以生人象之故云祭必有尸乎又曰祭是祭神不祭生人今祭生人無益死者故云無益云無用爲著無用爲此尸一解云無用爲者無用此之爲爲是助語若厭祭亦可乎厭時無尸○疏

祭禮十一　三三

0015_0370-1

曰若如厭祭之時亦應可乎謂祭初尸未入之前祭末尸既起之後並皆無尸直設饌食以厭飫鬼神如此之時其理亦可孔子曰祭成喪者必有尸尸必以孫孫幼則使人抱之無孫則取於同姓可也人以有子孫爲成人子不殤父義由此也○疏曰孔子答祭以成人之喪者必須有尸以成人之喪威儀具備必須有尸以象神之威儀也尸必以孫若其孫幼則使人抱之若無孫則取同姓昭

0015_0372-2

穆孫行適者可也以其成人威儀既備有爲人父之道不可無尸祭殤必厭蓋弗成也厭飫而已不成其爲人○疏曰年若幼在殤人道未備威儀簡略不足可象不須立尸故祭殤必厭蓋弗成也者蓋以不成人故不立尸也今祭成人喪但厭飫而已是將成人與殤同也祭成喪而無尸是殤之也與不成人同孔子曰有陰厭有陽厭言祭殤之禮有於陰厭之者有於陽厭之者○疏曰孔子荅問

祭禮十一　三六

0015_0373-1

巳了更起別端辯祭殤之禮其處有異故記者又言孔子曰其祭殤有於陰厭者謂適殤也有於陽厭者謂庶殤也曾子問曰殤不祔祭何謂陰厭陽厭祔當爲備聲之誤也言殤乃不成人祭之不備禮而云陰厭陽厭乎此失孔子指也祭成人始設奠於奧迎尸之前謂之陰厭尸謖之後改饌於西北隅謂之陽厭殤則不備○疏曰曾子既聞孔子云有陰厭有陽厭不解孔子之旨謂言祭殤始末一祭之中有此兩厭故問云祭成人之時

0015_0371-2

有此二厭殤不祔祭祔備也謂祭殤簡略何謂備有陰厭有陽厭又曰知祔當爲備者案喪服小記云殤與無後者從祖祔食今云殤不祔祭與小記文乖故知祔當爲備備祔聲相近故云聲之誤也云言殤至陰厭約特牲少牢禮文當設饌於西南奧尸未入之前也云尸謖之後改饌於西北隅謂之陽厭者當祭末謖起也謂尸起之後也

孔子曰宗子爲殤而死庶子弗爲後也族人以其倫代之明不序昭穆立之廟其祭之就其祖而

祭礼十一　三五

0015_0372-1

已代之者主其禮○疏曰孔子更爲辯云若宗子爲殤而死以其未成人庶子不得代爲之後又曰以經云庶子既不爲後宗子理不可闕明族人以其倫代之倫謂輩也謂與宗子昭穆同者則代之爲宗子爲殤而死庶子既不得爲後不以父服服之鄭注喪服云若與宗子期親者其長殤大功衰九月中殤大功衰七月下殤小功衰五月有大功之親者成人服之齊衰三月卒哭受以大功衰九月其長殤中殤大功衰五月下殤小功衰三月有小功之親者成人服之齊衰三月卒哭受以小功衰五月其殤與緦麻者同有緦麻之親者成人及殤皆與絶屬者同故喪服記云宗子孤爲殤而死者大功衰小功衰皆三月據與宗子小功以下及無服者長中殤則大功下殤則小功又云親則月算如邦人則鄭注是也此是族人以其倫代之者各以本服服之云明不序昭穆立之廟以宗子殤死無爲人父之道故不序昭穆不得與代之者爲父也云代之者主其禮者以宗子在時族人凡殤死者宗子主其祭祀今宗子殤死明代爲宗子者主其禮

祭礼十一　三六

也此宗子是大宗族人但是宗子兄弟行無服親疏皆得代之其

吉祭特牲尊宗子從成人也凡殤則特豚自卒哭成事之後吉祭○疏曰其卒哭成事之後祭以特牲又曰士祭成人特牲今宗子祭以特牲故云尊宗子從成人之禮也云凡殤則特豚者以凡殤降宗子之殤故用特豚云自卒哭成事之後爲吉祭者檀弓云卒哭曰成事是日也以吉祭易喪祭熊氏云殤與無後者唯祔與除服二祭則止此言吉祭者唯據祔與除服也案云吉祭通四時常

0015_0373-2

祭若如庡言殤與無後者之祭不知何時休止未有聞焉經云吉祭特牲則喪祭之時以其未成人降用特豚也

祭殤不舉

無肵俎無玄酒不告利成肵音其又忌依反○此其無尸及所降也其他如成人○舉肺脊肵俎利成禮之施於尸者○疏曰謂祭此殤時不舉肺以其無尸故不舉肺脊無肵俎者所是尸之所食歸餘之俎以其無尸故無肵俎無玄酒者若祭成人則有玄酒重古之義今祭殤既略故無玄酒也不告利成者謂祭畢

0015_0374-1

今既無所可告故不告利成利猶養也不告供養之禮成也又曰以經云不舉肺無肵俎不告利成此三事本主於尸今以無尸故不爲故云此其無尸也玄酒之設本不爲尸所有祭殤略無玄酒是降也故云及所降也云舉肺脊肵俎利成禮之施於尸若案特牲少牢尸將食舉肺脊又云上佐食設肵俎初載心舌肵者敬也主人獻尸之俎又云無算爵祝東面告利成舉肺脊肵俎利成之禮並施於尸也

是謂陰厭是宗子而殤祭之於奧之禮小宗爲殤其祭禮

0015_0374-2

亦如之○疏曰此宗子殤死祭於祖廟之奧陰闇之處是謂陰厭也又曰鄭既云小宗爲殤祭禮如大宗者以前經云宗子爲殤而死不顯大小故知凡宗子殤祭之禮皆然是以小宗爲殤祭禮亦如之必知此經指小宗者以何休公羊注云小宗無子則絶大宗無子則不絶重適之本上文庶子不爲後謂大宗子在殤而死不得爲後若非殤則得爲後故知是大宗也凡宗子成人而死則得立子孫爲後若立兄弟爲後則不可故成十五年公羊傳譏仲嬰齊是仲孫歸父之

0015_0375-1

弟當云弟孫嬰而去仲嬰齊者爲歸父之後譏其亂昭穆故云仲是也

凡殤與無後者祭於宗子之家

當室之白尊于東房是謂陽厭凡殤謂庶子之適也或昆弟之子或從父昆弟無後者如有昆弟及諸父此則今死者皆宗子大功之內親共祖禰者言祭於宗子之家者爲有異居之道無廟者爲墠祭之親者共其牲物宗子皆主其禮當室之白尊於東房異於宗子之爲殤當室之白謂西北隅得户明者也

明者曰陽凡祖廟在小宗之家小宗祭之亦然宗子之適亦爲凡殤過此以往則不祭也祭適者天子下祭五諸侯下祭三大夫下祭二士以下祭子而止○適丁曆反共其音恭○疏曰凡殤謂非宗子之殤故云凡殤無後者謂庶子之身無子孫爲後此二者皆宗子大功內親祭於宗子之家祖廟之內不敢在成人之處故於當室之明白顯露之處爲之設尊於東房以其明是陽故爲陽厭也又曰謂庶子之適子爲殤而死此庶子之適一句與下文爲揔即是昆弟之子從

父昆弟是也云或昆弟之子者謂宗子親昆弟所生之子是適其昆弟是庶子昆弟所生者是適故云庶子之適云或從父昆弟者亦謂宗子之從父兄弟宗子之父身是適諸父是庶諸父所生之適子亦是庶子之適故云或從父昆弟云無後者如有昆弟及諸父者如而也而有昆弟謂宗子之親庶兄弟與宗子同祖今既無後祭之當於宗子祖廟及諸父謂宗子諸父身並是庶子與宗子同曾祖祭之當於宗子曾祖之廟凡殤有二一昆弟之子祭之當於宗子父廟二是

從父昆弟祭之當於宗子祖廟其無後者亦有二一是昆弟無後祭之當於宗子祖廟二是諸父無後祭之當於宗子曾祖之廟凡殤得祭者以其身是適故也無後者成人無後則祭若在殤而死則不祭以其身是庶故也案小記云庶子不祭殤與無後者殤與無後者從祖祔食注云不祭殤者父之庶不祭無後者祖之庶但此經據死者之身小記注據生者設祭之人宗子昆弟是庶不得自祭適子故云父之庶宗子之諸父自是庶不得祭所生適子適子即是宗子從父

兄弟故云父之庶不祭無後祖之庶者宗子昆弟無後而死其餘兄弟應祭之以兄弟並是祖庶不合立廟故云祖之庶宗子諸父無後其餘諸父親者亦應合祭之以諸父並是庶子不合立祖廟故云祖之庶義與此不異也云此則今死至共祖禰者從父兄弟是宗子大功親昆弟諸父是宗子期親諸父及從兄弟共祖者昆弟及昆弟之子祖禰者鄭必限以大功內親共祖禰者以上文云吉祭特牲唯據士禮適士二廟有祖有禰下士祖禰共廟故鄭限以祖禰同者唯本

0015_0377-2

功之內親也云言祭於宗子之家者爲有異居之道也禮大功以上同居命士以上則父子異宮故云有異居之道云無廟者爲壇祭之者士立二廟若祭諸父當宗子曾祖之廟宗子是士但有二廟無曾祖廟故云無廟者爲壇祭之推此而言大夫立三廟無大祖者其祭諸父得於曾祖廟也其立大祖廟者其祭諸父當於曾祖廟曾祖無廟亦爲壇祭之云親者共其牲物宗子皆主其禮大功雖有同財之義其經營祭事牲牢之屬親者主爲之又牲牢視親者之品命故云

0015_0378-1

親者共其牲物就宗子之家祭其祖禰故云宗子皆主其禮云當室之白尊於東房以宗子之殤祭於室奧今祭凡殤乃於西北隅又特牲云尊於戶東注云室戶東案上文宗子之殤但不舉肺無所俎無玄酒不告利成其餘皆與祭成人同則其尊亦設於室戶東今祭凡殤乃尊於東房故云當室之白與於東房異於宗子之殤也云宗子之適亦爲凡殤者以上經云宗子爲殤而死據宗子身殤不論宗子適子也此明宗子適子父雖是適其子殤死亦爲凡殤以其更無別

0015_0379-1

0015_0378-2

之故祖也凡殤同云過此以往則不祭也者此謂宗子身殤及宗子昆弟之子及從父昆弟并宗子適子等唯此等殤死祭之過此以外皆不祭也云祭適者天子下祭五以下並祭法文彼注云祭適殤於廟之奧謂之陰厭是天子諸侯祭適殤於其廟奧皮主又云王子公子祭其適殤於其黨之廟大夫以下庶子祭其適殤於宗子之家皆當室之白謂之陽厭是王子以下及大夫等祭其適殤皆爲凡殤也彼注又云凡庶殤不祭以其身是庶若其成人無後則祭之則上文無後昆弟及諸父是也○曾子問

○記無祿者稷饋庶人無常牲故以稷爲主稷饋者無尸無尸者厭也大戴天圓○男男尸女女尸必使異姓不使賤者異姓婦也賤者謂庶孫之妾也尸配尊者必使適也○疏曰虞祭哭之時男女別尸故男女別言之也云異姓婦也者以男無異姓之禮故也案經云必使異姓者據與婦爲尸者也不使同姓與婦爲尸者尸須得孫列者孫與祖爲尸孫

0015_0379-2

婦還與父之祖姑爲尸故不得使同姓女爲尸也云賤者謂庶孫之妾也尸配尊者必使適也者男尸先使適孫無適孫乃使庶孫女尸先使適孫妻無適孫妻使適孫妾又無妾乃使庶孫妻即不得使庶孫妾以庶孫之妾是賤之極者若然庶孫妻亦容用之而鄭云必使適也者據經不使賤有適孫妻則先用適而言其實容用庶孫妻法也必非無容用庶孫者以曾子問孔子曰祭成喪者必有尸尸必以孫孫幼使人抱之無孫則取於同姓可也彼不言適是容無適而用

0015_0380-1

庶此經男女別尸據虞祭而言至卒哭已後自禫已前喪中之祭皆男女別尸知者案司几筵云每敦一几鄭注云雖合葬及同時在殯皆異几體實不同祭於廟同几精氣合少牢吉祭云某妃配是男女共尸據末云是月也吉祭猶未配注云是月是禫月也當四時之祭月則祭猶未以某妃配某氏哀未忘也則引少牢吉祭妃配之事爲證明禫月不當四時祭月則不云某妃配配則共尸可知○

尚書大傳曰維十有三祀帝乃稱王

0015_0380-2

而入唐郊丹朱爲尸詳見天神篇郊祀條○

晉平公祀郊董伯爲尸國語晉語詳見百神篇疾病條○周公祀泰山召公爲尸○

齊嘗于大公之廟麻嬰爲尸襄公二十八年春秋左氏傳注疏見宗廟初獻條○裘之裼也

見美也見賢遍反○君子於事以見美爲敬○疏曰裘之裼皆謂裘上加裼衣裼衣上雖加他服猶開露裼衣見裼衣之美以爲

0015_0381-1

敬也服之襲也充美也充猶襲也所敬不主於君則襲○疏曰此謂君之不在臣所加上服掩襲裼衣充猶覆也謂覆蓋裼衣之美以君不在敬心殺故也又曰凡敬有二體一則父也二則君也父是天性至極以質爲敬故子於父母之所不敢袒裼君非血屬以文爲敬故臣於君所則袒若平敵以下則亦襲以其質略故也所襲雖同其意異也聘禮行聘致君命亦襲者彼是聘享相對聘質而享文欲文質相變故裼襲不同也

是故尸襲尸尊

0015_0384-2

○疏曰尸奠尊位無敬於下故襲也執玉龜襲重寶瑞也

○疏曰凡執玉得襲故聘禮執圭璋致聘則襲也若執璧琮行享雖

亦裼此執玉或容非聘享尋常執玉則亦襲也龜是享禮庭實之物

執之亦裼若尋常所執及卜則襲敬其神靈也無事則裼

弗敢充也謂已致龜玉也○疏曰謂行禮已致龜玉之後

則裼不敢充覆其美也亦謂在君之前故裼也若不在君所故無事

則襲前文云者是也○玉藻○君迎牲而不迎

0015_0385-1

尸不迎尸者欲全其尊也尸神象也鬼神之尊在廟中人君之尊

出廟門則伸○疏曰君迎牲不迎尸者尸體既尊君宜自卑若出迎

則尸道未伸則嫌君猶欲自尊之義也○祭統○君之所

以不臣於其臣者二當其爲尸則

弗臣也當其爲師則弗臣也尸上也爲

祭主也○疏曰當其爲尸則弗臣也者若不當其時則臣之案鉤命

決云暫所不臣者五謂師也三老也五更也祭尸也大將軍也此二五

0015_0385-2

者天子諸侯同之此作云尸與師者此經本意據尊師爲重與尸相

似故特言之所以唯舉此二者餘不言也又案鉤命決云天子常所

不臣者三唯二王之後妻之父母夷狄之君不臣二王之後者爲觀

其法度故尊其子孫也不臣妻之父母者親與其妻共事先祖欲其

歡心不臣夷狄之君者此政教所不加謙不臣也諸侯無此禮○學

記○爲君尸者大夫士見之則下

之君知所以爲尸者則自下之尊尸

0015_0386-1

也下下車也國君或時幼少不能盡識羣臣有以告者乃下之○少

式召反○疏曰此臣爲君作尸者已被卜吉君許用者也下謂下車

也古者致齊各於其家散齊亦謂出在路及至祭日之旦俱來入廟

故羣臣傳於路見君之尸皆下車而散之君知所以爲尸者則自下

之者此亦謂散齊時君若在路見尸亦自下車散之不直云君見

尸而云君知者言知則初有不知不知謂君年或幼小不能並識羣

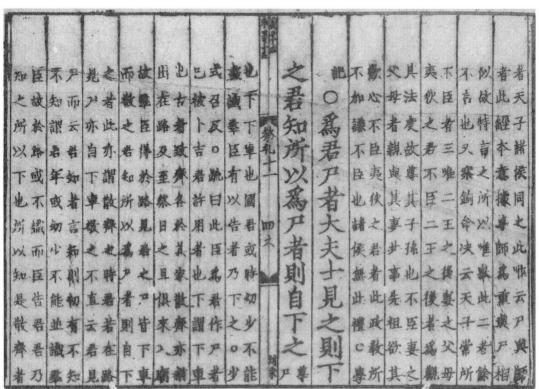

臣故於路或不識而臣告君君乃知之所以下也所以知是散齊者

0015_0387-1　　0015_0386-2

若致齋不復出行若祭日君先入廟後乃尸至也**尸必式**禮之。疏曰尸必式者廟門之外尸尊未伸不敢亢禮不可下車故式爲敬以荅君也式謂俯下頭也古者車箱長四尺四寸而三分前一後二横一木下去車牀三尺三寸謂之爲式又於式上二尺二寸横一木謂之爲較較去車牀五尺五寸於時立乘若平常則馮較故詩云倚重較兮是也又若應爲敬則落手隱下式而頭得俯俛故後云式視馬尾是也鄭注考工記云兵車之式高三尺三寸較兩輢

祭禮十一　四七

上出式者也兵車自較而下凡五天五寸爲尸在廟中尊伸尚荅主人之拜今在路其尊猶屈君下而已式者以其在路尊未伸故未敢亢禮至於廟中禮伸則亢故荅之**乘必以几**尊者慎也○疏曰乘必以几者几案在式之上尊者有所敬事以手據之几上有幂君以羔皮以虎緣之。曲禮上○**孔子曰尸弁冕而出**爲君尸或弁者先祖或有爲大夫士者故服士大夫之服也。疏曰案士虞禮云尸服卒者之上服以君之先祖有爲士

0015_0388-1　　0015_0387-2

者當著爵弁以助君祭故子孫祭之尸得服爵弁者若以助君祭服言之大夫著冕此云大夫者因士連言大夫耳案儀禮特牲尸服玄端少牢又云尸服朝服尸皆服在家自祭之服不服爵弁及冕者大夫士卑屈於人君故尸服父祖自祭之上服人君禮伸故尸服助祭之上服也**卿大夫士皆下之**○見而下車疏曰卿大夫士皆下之者謂尸或出於道路其卿大夫乘車見尸則下車也**尸必式**小俛禮之。疏曰尸當爲式小俛以敬之**必有**

祭禮十一　四八

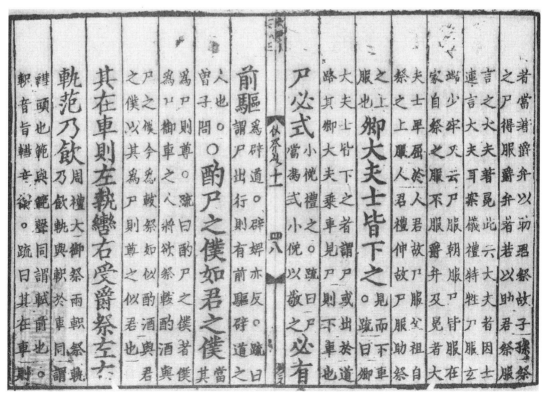

前驅爲辟道。辟婢亦反。疏曰謂尸出行則有前驅辟道之人也。曾子問○**酌尸之僕如君之僕**當其爲尸則尊。疏曰酌尸之僕者僕爲尸御車之人將欲祭較酌酒與尸之僕今爲較祭如似酌酒與君之僕以其爲尸則尊之似君也**其在車則左執轡右受爵祭左右軌范乃飲**周禮大御祭兩軹祭軌乃飲軌與軹於車同謂轊頭也範與軓聲同謂軾前也。軹音旨轊音衛。疏曰其在車則

0015_0388-2

則左執轡右受爵者尸僕受酒法
也其在車謂僕在車中時也僕既
所主尸車故於車執轡而受爵也
下位在左僕立在右故左執轡右
受爵祭酒也君僕亦然祭左右軌
范者軌謂轂末范謂式前僕之爵
將飲則祭之酒於車左右軌及前
范也所以祭者爲其神助已不使
傾危故也乃飲者終備乃自飲也
案周禮大馭祭兩軹祭軌此云祭
左右軌范兩文不同則左右軌與
兩軹是一故云軌與軹於車同謂
轊頭謂車轂小頭也此云范大馭
云軌兩事是一聲同字異故云聲

0015_0389-1

同謂式前之範與此范俱是式前
也但軾前之軌車旁著凡職作範
字雖作範字聲同而字異即詩邶
風濟盈不濡軌亦車旁著凡與此同
是若轂末之軌則車旁著九此經
左右軌是也其車轍亦謂之軌亦
車旁著九則考工記經涂九軌
是與此字同而事異也。少儀 ○
曾子問曰卿大夫將爲尸於公受
宿矣而有齊衰內喪則如之何孔
子曰出舍於公宮以待事禮也 曾子

0015_0389-2

問作出舍於公館注云吉凶不可
同處雜記注云尸重受宿則不得
哭內喪同宮也。疏曰案上文不
爲尸之時未視濯之前受宿之後
父母喪使人告告者反而后哭今
此齊衰內喪亦謂諸父昆弟姑姊
妹小功與前與後祭同但尸尊故出
舍公之宮館以待君之祭事不在
己之異宮耳。雜記
凡以神仕者掌三辰之灋以猶鬼神示
之居辨其名物以冬日至致天神人鬼

0015_0390-1

以夏日至致地示物鬽以禬國之凶荒
民之札喪 詳見本篇神位條 。司巫掌羣巫之
政令。大祝掌六祝之辭以事鬼神示
祈福祥求永貞一曰順祝二曰年祝三
曰吉祝四曰化祝五曰瑞祝六曰筴祝
掌六祈以同鬼神示一曰類二曰造三
曰禬四曰禜五曰攻六曰說作六辭以

0015_0390-2

通上下親疏遠近一曰祠二曰命三曰誥四曰會五曰禱六曰誄辨六號一曰神號二曰鬼號三曰示號四曰牲號五曰齍號六曰幣號辨九祭一曰命祭二曰衍祭三曰炮祭四曰周祭五曰振祭六曰擩祭七曰絶祭八曰繚祭九曰共祭辨九𢷎一曰稽首二曰頓首三曰空

0015_0391-1

首四曰振動五曰吉𢷎六曰凶𢷎七曰奇𢷎八曰褒𢷎九曰肅𢷎以享右祭祀凡大禋祀肆享祭示則執明水火而號祝明水火司烜所共日月之氣以給烝直執之如以六號祝明此圭絜也禋祀祭天神也肆享祭宗廟也故書祇爲祈杜子春云祈當爲祇。烜況彼反祈必夷反。疏曰知明水火司烜所共日月之氣者案司烜氏職云以夫遂取明火於日以鑒取明水於月彼雖不言此水火皆由日月之氣所照得之故以

0015_0391-2

氣者之云以給烝享執之者以六號祝明此圭絜也者經云執明水火而號祝明知六號皆執之明絜也號祝執明水明主人圭絜之德云禋祀祭天神也大宗伯昊天稱禋日月稱實柴司中等稱槱燎通而言之三者之禮皆有義則知禋祀祀天神通星辰已下云享祭宗廟也者案宗伯宗廟之祭六皆稱享則此含六種之享杜子春祈當爲祇宗伯血祭已下是也隋逆牲逆尸令鍾鼓右亦如之隋許規反又思反。隋釁謂薦血也凡血祭曰釁既釁後言逆牲容逆鼎右讀亦當爲脩

0015_0392-1

疏曰鄭云隋釁謂薦血也者賈氏云釁釁宗廟馬氏云血以塗鍾鼓鄭不從而以爲薦血祭祀者下文云既祭令徹則此上下皆是祭祀之事何得於中輒有釁廟塗鼓直稱釁何得兼言隋故爲祭祀薦血解之鄭云凡血祭曰釁者此經文承上禋祀肆享祭祀之下即此血祭之中含上三祀但天地薦血于座前宗廟即血以告殺故言凡血祭曰釁云既隋釁後言逆牲容逆鼎者凡祭祀之法先逆牲後隋釁今隋釁在前逆牲在後者以其鼎在門外薦血後乃有爓熟之塞逆鼎而入故云容鼎知鼎在門外者案中霤禮竈在廟門外之東三人迎

槩事云右讀亦爲侑者亦上九拜之下享右之宥皆爲侑來瞽令臯舞臯讀爲卒嗥呼之嗥來嗥者亦皆呼之入○呼火故反○䟽曰臯讀爲卒嗥呼之嗥者依俗讀云來嗥者皆謂呼之入首經云瞽人撤升堂歌舞謂學手舞人瞽人言來小呼之乃入臯舞令呼亦來入故鄭云來嗥瞽謂呼之入也

相尸禮相息亮反○延其出入詔其坐作○䟽曰凡言相尸者諸事皆相彷以出入坐作解之尸出入者謂祭初延之入二濯訖迎出坐于堂上南面朝踐饋獻訖又延之入室言詔其坐作者郊特牲云詔祝於室坐尸于堂饋獻訖又入室坐言作者凡坐皆有作及與主人答拜皆有坐作之事故云詔其坐

作也既祭令徹䟽曰祭訖尸謖之後大祝命徹祭器即詩云諸宰君婦廢徹不遲是也○春官

○小祝掌小祭祀將事侯禳禱祠之祝號以祈福祥順豐年逆時雨寧風旱彌烖兵遠辠疾遠于萬反○侯之言候也候嘉慶祈福祥之屬禳禳郤凶咎寧風旱之屬順豐年而順爲之祝辭逆迎也彌讀曰敉敉安也○䟽曰掌小祭祀者即是將事侯禳已下禱祠之事是也小

祝祈與將事侯禳已下作目將事侯禳禱祠祈號又與祈福祥順豐年已下爲目祈福祥順豐年逆時雨三者皆是侯寧風旱彌烖兵遠辠疾三者即是禳求福謂之禱報賽謂之祠皆有祝號故總謂之禱祠之祝號祈福祥已下不言一曰二曰者大祝已言訖小祝佐大祝行事故略而不言亦欲見事起無常故不言其次第又曰侯之言候也候嘉慶祈福祥之屬者之屬中兼有順豐年逆時雨嘉善也此三者皆是喜慶之事故設祈禱候迎之云禳禳郤凶咎寧風旱之屬者之屬中兼有彌災兵遠辠疾三者是凶咎之事故設禱祠禳郤之云順豐

年而順爲之祝辭者案管子云倉廩實知禮節衣食足知榮辱意皆欲如此是豐年順民意也故設祈禮以求豐年而順民故云爲之祝辭也云彌讀曰敉敉安也者案洛誥云亦未克敉公功注云敉安也故知此彌讀曰敉敉安也

大祭祀逆齍盛送逆尸沃尸盥贊隋贊徹贊奠盛音成○隋尸之祭也奠奠爵也祭祀奠先徹後反言之者明所佐大祝非一○䟽曰云逆齍盛者祭宗廟饋獻後尸將入室食小祝於廟門外迎饎人之齍盛於廟堂東實之簠簋於神座前送逆尸者爲始祭迎尸而入祭末送

尸所出祭義云樂以迎來哀以送往是也云沃尸盥者尸尊不就洗案特牲饋
牢尸入廟門盥於盤其時小祝沃水云贊隋者案特牲少牢尸始入室拜妥尸
尸隋祭以韭菹擩于醢以祭于豆間小祝其時贊尸以授之云贊徹者大祝云
旣祭命徹諸宰君婦徹時小祝贊之云贊奠者大祝酌酒奠于鉶南則郊特牲
注天子奠斝諸侯奠角小祝其時贊之又曰主人受尸酢時亦有隋祭但此經
贊隋文承逆尸沃尸之下故隋是尸之祭也云奠奠爵也者則特牲祝酌奠于
鉶南是也云祭祀奠先徹後者奠爵在尸食前徹在尸謖後故云奠先徹後云

大三八　小三〓　祭禮十一　五五　陳卯

反言之者經先言徹後言奠反言之者欲見所佐大祝非一故倒文以見義

凡事佐大祝唯大祝所有事○疏曰經云凡事謂有事皆佐大祝
故鄭云唯大祝所有事乃佐之據大祝職不言之者或佐餘官或小祝事之也
云然佐大祝不在職末言之於此見文者欲自此已上有佐大祝者自此已下
至大喪贊渳始大祝設熬以下小祝專行○女祝掌王后之
內祭祀凡內禱祠之事掌以時招梗禬
禳之事以除疾殃注疏見內事條○天子出戶

而巫覡不[illegible]出門而宗祝有事出戶謹出門
巳女曰巫男曰覡有事祓除不祥出謂車駕出國門宗祝主祭祀之官有事
謂祭行神也鄭昭曰宗大宗伯也掌祭祀之禮禮記大祝掌祈福祥也○祈子
正論○宗祝辨乎宗廟之禮故後尸辨猶別也
後尸居後贊禮儀○疏曰宗謂宗人祝謂大祝但辨曉於宗廟詔相之禮故在
尸後也○樂記
右巫祝○傳人而無恒不可以作

大三十　小三十　祭禮十一　五六　陳卯

巫醫恒常也巫所以交鬼神醫所以寄死生故雖賤役而尤
不可以無常○子路○楚昭王問於觀射父
曰昭王楚平王之子昭王熊軫也觀射父楚大夫也周書
所謂重黎實使天地不通者何也
周書謂周穆王之相甫侯所作呂刑也重黎顓頊掌天地之臣也呂
刑曰乃命重黎絶地天通謂少皞之末民神雜揉不可方物顓頊受
之乃命南正重司天以屬神火正黎司地以屬民謂絶地與天通

0015_0396-2

之道也若無然民將能登天乎若盧然不

絕天地民豈能上天乎對曰非此之謂也古

者民神不雜雜會也謂司民司神之官各異民之

精爽不攜貳者而又能齊肅衷正

爽明也攜離也貳二也齊一也肅敬也衷中也其智能上

下比義義宜也其聖能光遠宣朗聖通

也朗明也其明能光照之其聰能聽徹

仪祭礼十一　五十七

0015_0397-1

之徹達也如是則明神降之降下也在

男曰覡在女曰巫巫覡見鬼者周禮男亦曰巫

是使制神之處位次主處居也位祭位也次

主次其尊卑先後也而為之牲器時服牲牲之毛

色小大也器所當用也時服四時服色所宜也而後使先

聖之後之有光烈烈明也而能知山

川之號號名位也高祖之主高祖廟之先也宗

0015_0397-2

廟之事昭穆之世父昭子穆先後之次也春秋躋

僖公謂之逆祀齊敬之勤齊莊也禮節之宜

威儀之則容貌之崇崇飾也忠信之

質質誠也禋絜之服絜祀曰禋而敬恭明

神者以為之祝祝太祝也掌祈福祥使名姓

之後能知四時之生名姓謂舊族若伯夷實棄

之後為堯秩宗生嘉穀非外之屬犧牲之物玉帛

祭礼十一　五十八

0015_0398-1

之類采服之儀彝器之量彝六彝罍俎豆

量大小也次主之度䟽數之度屏攝之位馬氏

云屏者并攝王人之位昭謂屏屏風也攝形如今要扇皆所以分別

尊卑為祭祀之位近漢亦然壇場之所除地曰場上

下之神氏姓之出所自出也而心率舊

典者為之宗宗宗伯也掌祭祀之禮於是乎

有天地神民類物之官謂之五官

0015_0398-2

類物謂別善惡利器用之官各司其序不相亂
也民是以能有忠信神是以能有
明德（明德謂降福祥不爲災孽也）民神異業（業事
也）敬而不瀆故神降之嘉生（嘉生善物
也）民以物享禍災不至求用不匱
及少皞之衰也九黎亂德（少皞黃帝之子
金天氏也九黎黎氏九人也）民神雜糅不可方

大刃十六　小百七十六　祭礼十一　五十九　孫欽

0015_0399-1

物（同位故雜糅方猶別也物名也）夫人作享家爲
巫史（夫人人人也享祀也巫主接神史次位序言人人自爲之）
無有要質（[illegible]質誠[illegible]也）民匱乎祀而不知
其福（言民困匱於祭祀而不[illegible]其福）烝享無度民
神同位民瀆齊盟無有嚴威（齊同也嚴
敬也威畏也）神狎民則不蠲其爲（神狎也則
法也蠲絜也其爲所爲也）嘉生不降無物以享

0015_0399-2

禍災荐臻莫盡其氣（荐重也臻至也氣壽命之
氣）顓頊受之（少皞氏沒顓頊氏作受承也）乃命
南正重司天以屬神（南陽位正長也司主也屬
會也所以會羣神使各有分序不相干亂也周禮則宗伯掌祭祀）
命火正黎司地以屬民（唐尚書云火當爲北
北陰位也周禮則司徒掌土地人民也）使復舊常無
相侵瀆（侵犯也）是謂絕地天通（絕地民與

祭礼十一　六十

0015_0400-1

天神相通之道）其後三苗復九黎之德（其後
高辛氏之季年也三苗九黎之後也高辛氏衰三苗爲亂行其凶德
如九黎之爲也堯與而誅之）堯復育重黎之後
不忘舊者使復典之（育長也堯繼高辛氏平三
苗之亂紹育重黎之後使復典天地之官羲氏和氏是也）以至
于夏商故重黎氏世叙天地而別
其分主者也（叙次也分位也）其在周程伯

張本下象鼻題監生孫欽四字

0015_0400-2

休父其後也當宣王時失其官守而爲司馬氏程國也伯爵也休父名也失官守謂失天地之官而以諸侯爲大司馬詩曰王謂尹氏命程伯休父是也寵神其祖以取威于民曰重實上天黎寔下地寵尊也言休父之後世尊神其祖以威耀其民言重能舉上天黎能抑下地今相遠故不復通也遭世之亂而莫之能禦也亂謂幽平以下也禦止也不

祭禮十一　六一

然夫天地成而不變言天地體成不復改變也何比之有○言不相比近也國語楚語○劉文公合諸侯于召陵文公王官伯也將會衛靈公使祝佗從徒河反從才用反不餘旅從同○辭曰臣展四體以率祝佗大祝子魚○大音泰舊職猶懼不給而煩刑書若又共二共音恭注同○共二徼徼大罪也且夫祝

0015_0401-1

0015_0401-2

社稷之常隸也徼古堯反大音泰扶○隸賤也稷不動祝不出竟官之制也竟音境下同○社稷動謂國遷○疏曰周禮大祝云大師宜于社造于祖設軍社及軍歸獻于社則前祝天子之祝如此則諸侯之祝官亦然也然則彼軍行載社與稷今社稷俱動故知謂國遷也國遷唯在竟內得云祝不出竟者詩稱公劉遷豳大王來岐及春秋紀鄫陳留而遷緣陵及許遷于析之屬並是雖棄本國遠適他土故有出竟之事劉

祭禮十一　六二

以社釁鼓謂軍行而祝社非也君以軍行祓社釁鼓祓音弗徐音廢○師出先有事祓禱於社謂之宜社於是殺牲以血塗鼓鼙爲釁鼓○鼙步西反○疏曰爾雅釋天云起大事動大衆必先有事乎社而後出謂之宜是軍師將出必有祭社之事也周禮女巫掌祓除釁浴則祓亦祭名故知祓社即宜社是也說文云釁血祭也是殺牲以血塗鼓鼙爲釁鼓此皆祝官掌之祝奉以從○從如字又才用反○奉社主也疏曰禮軍行必以廟主社主

0015_0402-1

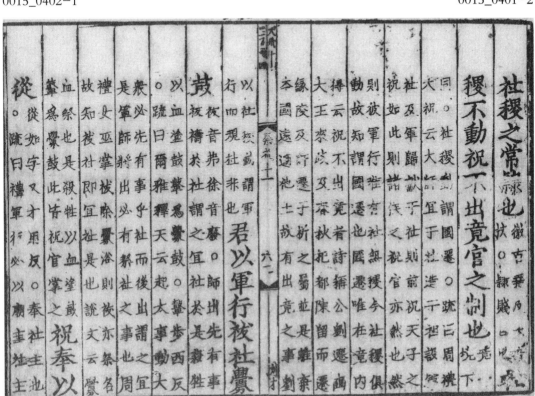

從軍而行尚書甘誓云用命賞于祖弗用命戮于社孔安國云天子親征必載遷廟之祖主及社主行有功則賞祖主前示不專也不用命奔北者則戮之於社主前社主陰陰主殺親祖嚴社之義也是軍行必載社主行故祝官奉主以從

於是乎出竟若嘉好之事〇好呼報反謂朝會君行師從二千五百人卿行旅從五百人臣無事焉疏曰此會因下侵楚衛侯當以軍行而云臣無一者晉本以會召諸侯傳

言將會之赴會之時未知將侵伐也但諸國既集師衆自多故因得行侵耳〇定公四年春秋左氏傳〇凡執技以事上者祝史射御醫卜及百工言技謂此士者凡執技以事上者不貳事不移官欲專其事亦爲不德〇疏曰欲使專一其所有之事非但欲使專事亦爲技藝賤薄不是道之事故不許之出鄉不與士齒也於其鄉中則親親也〇王制

凡祀啓蟄而郊言凡祀通下三句天地宗廟之事也啓蟄雩止建寅之月祀天南郊〇正音征〇疏曰下三句謂雩嘗烝也雩是祭天嘗烝祭宗廟此無祭地而言祭地者因天連言地耳周禮天神曰祀地祇曰祭人鬼曰享對則别爲三名散則揔爲一號禮諸侯不得祭天魯以周公之故得郊祀上帝故雩亦祀帝書傳皆不言魯得祭地蓋不祭地也魯不祭地而注言祭天地者以發凡言例雖因魯史經文然凡之所論揔包天子及諸國則凡公嫁女於天子諸卿皆行及王口小童之例是也此凡祀亦揔包天子及諸國則有祭地

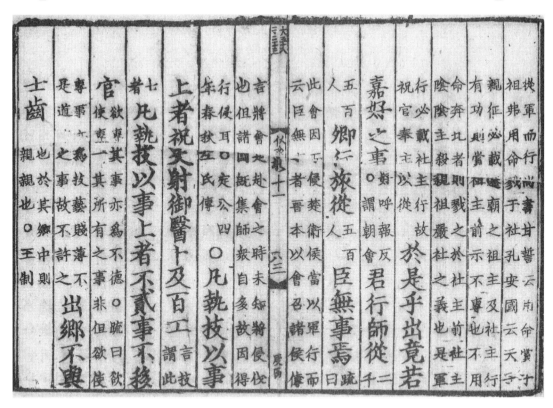

之文故杜連言之釋例云凡祀舉郊雩烝嘗則天神地示人鬼之祭皆通其他羣祀不録可知也礿祠及地示經無其事故不備言亦約文以相包也礿祠之祭過則亦書但無過[illegible]者故經不書耳夏小正曰正月啓蟄其傳曰言始發蟄也故漢氏之始以啓蟄爲正月中雨水爲二月節及大初以後更改氣名以雨水爲正月中驚蟄爲二月節以迄于今踵而不改今歷正月雨水中四月小滿中八月秋分中十月小雪中注皆以此爲建寅建巳建酉建亥之月則啓蟄當雨水龍見當小滿始殺當秋分閉蟄當小雪皆世之歷亦以雨水爲正月中而

0015_0404-2

釋例云歷法正月節立春啓蟄爲中氣者因傳有啓蟄之文故遠取漢初氣名欲令傳與歷合其餘三者不可強同其名雖則不同其法理亦不異故釋例云案歷法有啓蟄驚蟄而無龍見始殺閉蟄此古人所名不同然其法推不得有異傳曰火伏而後蟄者畢此謂十月始蟄也至十一月則遂閉之猶二月之驚蟄既啓之後遂驚而走出始蟄之後又自閉塞也是言遂啓蟄爲正月中閉蟄爲十月中也注以閉蟄爲十月而釋例云十一月遂閉之者以正月半蟄蟲啓户二月初則驚而走出十月半蟄蟲始閉十一月初則遂閉之傳稱四者皆舉中

0015_0405-1

言其至此中氣則止此祭次月初氣是祭限次月中氣乃爲過時既以閉爲建亥之月又言十一月則遂閉之見閉蟄以後冬至以前皆得烝祭也釋例云孟獻子曰啓蟄而郊郊而後耕謂春分也言得啓蟄當卜郊不應春分也春分以前皆得郊則冬至以皆得烝也釋例又曰僖公襄公夏四卜郊但譏其非所宜卜而不譏其四不可郊也以建卯之月猶可郊知建之月猶可烝也正由節郊月薦未涉中氣故耳傳本不舉月爲限而舉言者釋例曰凡十二月而節氣有□四共通三百六十六旹分爲四時

0015_0405-2

氣之以閏月故節未必恒在其月初而節氣亦不得恒在其月之半是以傳舉天宿氣節爲文而不以月爲正也土功作者不必月日故亦言能見而畢務戒事也火見而致用水昏正而栽日至而畢此其天準也是言凡候天時皆不以月爲其節有參差故也若周禮不舉云秋故以月爲正文司馬職曰中夏獻禽以享礿中冬獻禽以享烝言四時之祭不得後仲月非謂孟月不得祭也釋例皆周禮祭宗廟以四仲蓋言其下限也下限至於仲月則上限起於孟月烝是建亥之月則當起建申之月此言始殺而嘗謂建酉之月亦是下限也若仲是

0015_0406-1

下限則周之正月得爲烝祭春秋之例得常不書而八年書正月烝者釋例云經書正月烝得仲月之時也其夏五月後烝此爲過烝若但書夏五月烝則嫌可知其非時故先發正月之烝而繼書五月烝以示非時并明再烝瀆也然仲月雖不過時而月節有前有卻昔僖節前月卻卯爲非禮此秋大雩是建午之月耳而傳言不時明涉其中氣故譏之釋例云龍星之體畢見謂立夏之月得此月則皆可祀過涉次節則以過而書故祭雩書不時此涉周之立秋節也言涉立秋節而稱涉立秋之月中氣節也過涉次節亦譏中節非初節則若始涉

0015_0406-2

穀節則不幾之氣動此傳注以是建寅之月方始郊天周之孟春未得郊也傳
記明堂位曰魯君孟春乘大路載弧韣以祀帝於郊季夏六月以禘禮祀周公
於大廟季夏周之六月即孟春是周之正月矣又雜記云孟獻子曰正月日至
可以有事於上帝七月日至可以有事於祖七月而禘獻子為之也彼記文則
魯於以周之孟春而傳言啓蟄而郊者禮記後人所錄其言或中或否未必然
言皆是正禮襄七年傳孟獻子曰啓蟄而郊禮記左傳俱稱獻子而記言日至
傳言啓蟄一人兩說必有謬者若十月而禘獻子為之時應有七月禘矣烝嘗

祭統十一　六十七

0015_0407-1

過則書禘過亦應書何以獻子之時不書七月禘也是知獻子本無此言不得
云禮記是而左傳非也明堂位言正月郊者蓋春秋之末魯稍僭後見天子冬
至郊天後以正月祀帝記者不察其本遂謂正月為常明堂位後世之書其末
章云魯君臣未嘗相弒也禮樂刑法政俗未嘗相變也春秋之世三君見弒變
而平士有誄俗變多矣尚云無之此言既誣則郊亦難信以此知記言孟春非
正禮也鄭玄注書多用讖緯言天神有六地祇有二天有天皇大帝又有五方
之帝地有崑崙之山神又有神州之神大司樂冬至祭於圜丘者祭天皇大帝

0015_0407-2

北辰之星也月令四時迎氣於四郊祭祭者祭五德之帝大微宮中五帝坐星
也春秋緯文耀鉤云大微宮有五帝坐星蒼帝其名曰靈威仰赤帝赤熛怒[illegible]
黃帝含樞紐白帝白招拒[illegible]黑帝[illegible]汁光紀五德之帝謂[illegible]正郊天
祭其所感之帝焉周[illegible]祭靈威仰也魯無冬至之祀唯[illegible]郊祀耳唯此
玄立此為義而先儒咸不用故王肅作聖證論引群書以證之言郊則圜丘圜
丘即郊天體唯一安得有六天也晉武帝王肅之外孫也泰始之初[illegible]南北郊
祭一地一天用王肅之義杜預身處晉朝其遵王說集解釋例都不言有二天

祭統十一　六十八

0015_0408-1

然則杜意天子冬至所祭魯人啓蟄而郊猶是一天但異時祭耳此注直云祀
天南郊不言靈威仰與賈鄭異也劉炫云夏正郊天后稷配以冬至祭天圜丘
以帝嚳配也

龍見而雩

[illegible]反注同〇龍[illegible]之守著龍[illegible]
之體昏見東方萬物[illegible]待雨而大故祭天遠為百穀祈膏[illegible]音秀遠者
于偽反〇疏曰天官[illegible]蓋龍為[illegible]遠也龍之宿見謂今昏[illegible]音遠也遠
為百穀祈膏雨遠者[illegible]言意深遠也敘之[illegible]多故[illegible]假舉成
歎已而之潤萬物若[illegible]而[illegible]其兩為膏雨雩[illegible]年傳曰[illegible]之[illegible]書兩是

0015_0409-1　0015_0408-2

也溥直言雩而經書大雩者賈逵云言大別山川之雩蓋以諸侯雩山川魯得雩上帝故稱大月令云大雩帝用盛樂是雩帝稱大雩也此龍見而雩定在建巳之月而月令記於神夏章者鄭玄云雩之正當以四月凡周之秋五月之中而旱亦脩雩礼而求雨因著正雩於此月失之矣杜君以爲月令秦法非是周典穎子嚴以龍見即是五月釋例曰月令之書出自呂不韋其意欲爲秦制非古典也穎氏因之以爲龍見五月五月之時龍星已過於見此爲強牽天宿以附會呂不韋之月令非所據既以不安且又自違左氏傳稱秋大雩書不時此

儀祭礼十二　六九

秋即穎氏之五月而忘其不時之文而欲以雩祭是言月令不得與傳合也鄭玄禮注云雩之言吁也言吁嗟哭泣以求雨也郊雩俱是祈穀何錫雩爲吁嗟旱而脩雩言吁嗟可矣四月常雩於時禾旱何當已吁嗟也賈服以雩爲遠故杜從之也

始殺而嘗

建酉之月陰氣始殺嘉穀始熟故爲嘗於宗廟○疏曰嘗者薦於宗廟以嘗新爲名知必待嘉穀熟乃薦之也詩稱八月其穫穫刈嘉穀在於八月知始殺爲建酉之月陰氣始殺也釋例引詩蒹葭蒼蒼白露爲霜以證始殺一曰草也月令孟秋白露降季秋霜始降[illegible]有白露八

0015_0410-1　0015_0409-2

月露結亡月乃成霜時寒有涼氣[illegible]成八月嘉穀熟可薦之物備故以建酉之月薦嘗於宗廟案月令孟秋農乃登穀天子嘗新先薦寢廟則似七月穀熟矣七月當嘗祭而云建酉之月乃嘗祭者以上下準之始殺嘗祭實起於建申之月令云建酉者言其下限然杜獨於嘗祭舉下限者以秋物初熟孝子之祭必待新物故特舉下限而言之哀十三年子服景伯謂吳大宰曰魯將以十月上辛有事於上帝先公季辛而畢彼雖恐吳之辭亦是八月嘗祭之驗也何則於時會吳在夏公至在秋景伯言然之時秋之初也若嘗在建申當言九月不

儀祭礼十二　七十

應遠指十月知十月是嘗祭之常期周之十月是建酉之月也建酉是下限耳若節前月郤孟秋物成亦可以孟秋嘗祭故釋例云周禮四仲月言其下限若建申得嘗何以釋例又云始殺而嘗謂建酉之月蒹葭蒼蒼白露爲霜又以始殺唯建酉之月嘗以賈服始殺唯據孟秋不過建酉之月故釋例破賈服而爲此言也先此則不可十四年八月乙亥嘗乃是建未之月故注云先其時亦過也

閉蟄而烝

建亥之月昆蟲閉戶萬物皆成可薦者衆故烝祭宗廟釋例論之備矣○閉必計反又必結反字林芳結反○疏曰傳稱火伏而後

0015_0410-2

蟄者畢周禮季秋内火則火以季秋入而孟冬伏是蟲以孟冬蟄故知閉蟄是
建亥之月也王制云昆蟲未蟄不以火田鄭玄云昆明也明蟲者得陽而生得
陰而藏陰陽即寒温也祭統注云昆蟲謂温生寒死之蟲也是蟄蟲謂之昆蟲
也月令仲春云蟄蟲咸動啓户始出出言啓户故蟄言閉户爾雅釋詁云烝衆
也知萬物皆成可薦者衆故名此祭爲烝過則書卜日有吉否過次節
則書以識慢也○疏曰祭必當卜有吉否不吉則當改卜次旬故不可期以一
日不過三故限以一月過涉次月之節則書之以識其慢○桓公五年春秋左

大廿九　三三八二　祭礼十一　十二　龍圭

0015_0411-1

氏傳○簭人凡國之大事先簭而後卜簭音
筮○當用卜者先筮之即事有漸也於筮之凶則止不卜○疏曰此大事者即
大卜之八命及大貞大祭祀之事大卜所掌者皆是大事皆先筮而後卜故鄭
云當用卜者先筮之即事漸也者筮輕龜重賤者先即事故卜即事漸也云於
筮之凶則止者曲禮云卜筮不相襲若筮不吉而又卜是卜襲筮故於筮凶則
止不卜案洪範云龜從筮逆又云龜筮共違於人彼有先卜後筮筮不吉又卜
與此經違者彼是箕子所陳用殷法殷質故與此不同○春官○大史

0015_0411-2

大祭祀與執事卜日執事大卜之屬與之若當視墨○疏
曰知執事大卜之屬者大卜掌丨事故知執事是大卜言之屬者兼有卜師及
卜人知當視墨者案占人云君占體大夫占色史占墨卜人占坼彼言史者即
此大史故知當視墨○同上○龜人若有祭事則奉
龜以往旅亦如之奉猶送也送之所當於卜○疏曰此云祭
事不辨外内則外内俱當卜皆奉龜以往所當卜處旅謂祈禱天地及山川○
同上○大卜大祭祀則眡高命龜命龜告龜以所

大五十　三三?四　祭礼十一　十三　龍生

0015_0412-1

卜之事不親作龜者大祭祀輕於大貞也士喪禮曰宗人即席西面坐命大○
疏曰云不親作龜者大祭祀輕於大貞也者大貞之内有立君大封大卜作龜
不命龜此大祭祀不作龜進使命龜作龜是勞事故云大祭祀輕於大貞也引
士喪禮宗人即席西面坐命龜者證天子命龜處所與士禮同○同上○
肆師凡祭祀之卜日宿爲期詔相其禮
眡滌濯亦如之宿先卜祭之日○疏曰言凡終祀之卜日謂天
地宗廟之等將祭前有散齊七日致齊三日十日矣若然卜日吉則齊今云祭

0015_0413-1　　0015_0412-2

祀之卜日宿爲期則是卜前之夕與卜者及諸執事者以明旦爲期也云詔相其禮者謂肆師詔告相助其卜之威儀及齊戒之禮云眡滌濯亦如之者謂祭前之夕視滌濯祭器亦詔相其禮故云亦如之。同上

○夏后氏尚黑以建寅之月爲正物生色黑。正音征又如字。疏曰夏尚黑殷尚白周尚赤此之謂三統故書傳略說云天有三統物有三變故正色有三天有三生三死故土有三王王特一生死又春秋緯元命包及樂緯稽耀嘉云夏以十三月爲正息卦受泰注云物之始其色尚黑以寅爲朔殷以十二月爲正息卦受臨注云物之牙其色尚白以雞鳴爲朔周以十一月爲正息卦受復其色尚赤以夜半爲朔又三正記云正朔三而改文質再而復以此推之自夏以上皆正朔三而改也鄭注尚書三帛高陽氏之後用赤繒高辛氏之後用黑繒其餘諸侯用白繒如鄭此書鄭而推之舜以十一月爲正尚赤堯以十二月爲正尚白故曰其餘諸侯用白繒高辛氏以十二月爲正尚黑故云高辛氏之後用黑繒高陽氏以十一月爲正尚赤故云高陽氏之後用赤繒有少皞以十二月之正尚白黄帝以十三月爲正尚黑神農以十一月爲正尚赤女媧以十二月

大六　四分弋　仪祭禮十二　十三　田

0015_0414-1　　0015_0413-2

爲正尚白伏犧以上未有聞焉易說卦云帝出乎震則伏犧也建寅之月入木之始其三正當從伏犧以下文質正下設者文質法天地文法天質法地周文法地而爲天正殷質法天而爲地正者正朔文質不相須正朔以三而改文質以二而復各自爲義不相須也建子之月爲正者謂之天統以天之陽氣始生爲下物得陽氣微稍動變故爲天統建丑之月爲地統者以其物已吐牙不爲天氣始動物又未出不得爲天之所施唯在地中含養萌牙故爲地統建寅之月爲人統者以其物出於地人功當須修理故謂之人統統者本也謂天地人之本也然王者必以此三月爲正者以其此月物生細微又是歲之始生王者繼天理物含養微細又取其歲初爲正朔之始既天地人之三者所繼不同故各改正朔不相襲也所尚既異符命亦隨所尚而來故禮緯稽命徵云其天命以黑故夏有玄圭天命以赤故周有赤雀銜書天命以白故殷有白狼銜鉤是天之所命亦各隨人所尚符命雖逐所尚不必皆然故天命禹觀河見白面長人洛予命云湯觀於洛沈璧而黑龜與之書黄魚雙躍泰誓言武王伐紂而白魚入於王舟是符命不皆逐正色也鄭康成之義自古以來皆改正朔若孔安

四二ソ　仪祭禮十二　十四　田

0015_0414-2

國則改正朔殷周二代故注尚書湯承堯舜禪代之後革命創制改正易服是
從湯始改正朔也大事用昏昏時以黑此大事謂喪事也。疏曰
知大事是喪事者以其與斂文連故知大事是喪事也殷人尚白
以建丑之月為正物牙色白大事用日中日中時亦白周
人尚赤以建子之月為正物萌色赤。疏曰案上殷尚白之下注云物
牙色白此萌色赤不同者萌是牙之微細故建子云萌建丑云牙若散而言之
萌即牙也故書傳略說云周以至動殷以萌夏以牙此皆據一種之草大觀而

0015_0415-1

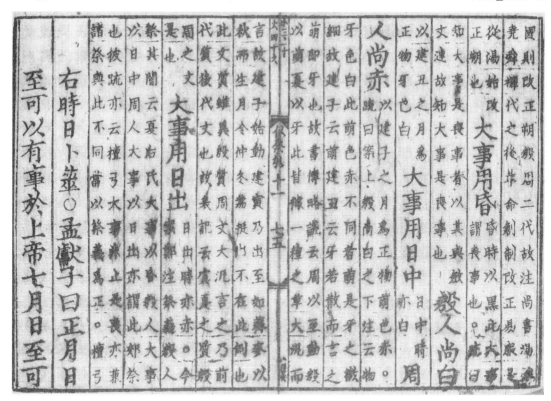

言故建子始動建寅乃出至如舞蓼以秋而生月令仲冬荔挺出不在此例也
此文質雖異殷質周文大汎言之乃前代質後代文也故表記云虞夏之質殷
周之文是也大事用日出日出時亦赤。今案鄭注祭義殷人
祭其闇云夏后氏大事以昏殷人大事以日中周人大事以日出亦謂此郊祭
也彼疏亦云檀弓大事兼上是喪亦兼諸祭與此不同當以祭義為正。檀弓
右時日卜筮○孟獻子曰正月日
至可以有事於上帝七月日至可

0015_0416-1

0015_0415-2

以有事於祖七月而禘獻子為之
也記魯失禮所由也孟獻子魯大夫仲孫蔑也魯以周公之故得
以正月日至之後郊天亦以始祖后稷配之獻子欲尊其祖以郊天
之月對月禘之非也魯之宗廟猶以夏時之孟月禘明堂位曰季夏
六月以禘禮祀周公於大廟。疏曰此一節明魯之郊禘之事獻子
魯大夫仲孫蔑謚曰獻子正月周正月建子之月也日至冬至日也
有事謂南郊祭所出之帝也上帝靈威仰也而周以十一月為正其
月日至至云若天子則圜丘魯以周公之故得郊天所以於此月得
郊所出之帝靈威仰而已故云正月日至可以有事於上帝也此言
是也七月日至可以有事於祖者七月周七月建午之月也日至夏
至日也有事謂禘祭於祖廟故云有事於祖獻子言十一月建子冬
至既祭上帝故建子夏至亦可禘祖以兩月日至相對故欲祭祖廟
與天相對也故云七月日至可以有事於祖也此言非也所以為非
者魯之祭祀宗廟亦循用夏家之法凡大祭月用首時應禘於孟月

0015_0416-2

孟月於夏家是四月於周為六月故明堂仲云季夏六月以禘禮祀周公於大廟是夏之孟月也獻子捨此義欲以此二至相當以天對祖乖失禮意七月而禘獻子為之也者獻子有此之失故記其失所由也又曰云訝曾失禮所由者七月而禘是曾之失禮時習為之非是恒行故春秋獻子之後無之耳禘廟之事又此不云自獻子始是不恒行也云孟獻子曾大夫仲孫蔑也者以左傳稱孟獻子經書仲孫蔑也云曾以周公之故得以正月日至之後郊天亦以始祖后稷

小二十二葉　祭禮十一　七七

0015_0417-1

配之者此是明堂位文故明堂云魯君孟春乘大輅祀帝于郊配以后稷是后稷配之也亦者天二王月郊祭以始祖配天魯以十一月郊祭亦以后稷配天故云亦也云魯之宗廟猶以夏時之孟月爾者以明堂位稱季夏六月以禘禮祀周公於大廟周之季夏即夏之孟月建巳之月又春秋宣八年六月辛巳有事于大廟謂禘祭也是周建巳之月案春秋宣九年獻子盛見經集傳八年於時未有獻子而七月禘者鄭荅趙商云以僖八年正月公會王人于洮六月應禘以

0015_0417-2

在會未還故至七月乃禘君子屢情免之理不合譏而青之者為致之人故書七月禘也獻子既七月而禘非時失禮春秋之例非時祭者皆書於經以示譏獻子以作禘而用七月不書於經而不譏者鄭釋廢疾云宣八年六月有事于大廟禘而云有事者雖為卿佐卒張本而書有事其實當時有用七月而禘因宣公六月而禘得禮故變文言有事春秋因事變文見其得正也如鄭此言則獻子之時禘皆非正因宣公六月禘為不得正故變文云有事以明餘禘之不正也

小三十二　祭禮十一　七八

0015_418-1

故餘禘不載於經非譏於宣公得正之禘也鄭又一解云禮記之言不可合於春秋之例故鄭荅趙商忝禮記之云何必皆在春秋之例是禮記不與春秋合也○雜記下

○子言之昔三代明王皆事天地之神明無非卜筮之用不敢以其私褻事上帝言動

注卜筮也神明謂羣神也○疏曰昔三代明王者謂夏殷周皆事天地之神明者謂祭祀天地及諸神明也無非卜筮之用者言皆須卜

0015_0418-2

筮唯九月大享帝於明堂不用卜也故曲禮下篇云大饗不問卜鄭云莫適卜也以其摠饗五帝不知主何帝而卜之故不卜矣所以必須卜者不敢以其私褻奉事上帝故皆卜之也**是故不犯日月不違卜筮**日月謂冬夏至正月及四時也所不違者日與牲尸也○疏曰冬至謂祭圜丘夏至謂祭方澤正月謂祭感生之帝及四時迎氣用四時之吉日也知冬夏及四時皆卜者案大宰云祀五帝帥執事而卜日鄭注云五帝謂四郊及明堂是四郊

0015_0419-1

有卜也大宰又云祀大神祭大示亦如之大神則冬至祭圜丘大示則夏至祭方澤案公羊穀梁魯郊傳云卜三正則知天子郊用夏正亦卜之故知冬夏至正月及四時皆卜日也然明堂不問卜而注大宰祀五帝卜日云四郊及明堂者廣解五帝所在其實祀明堂不卜也案周禮祀宗廟亦卜日注不言宗廟者以經云事上帝故唯解祭天之時云不違者日與牲尸者案僖三十一年左傳云禮不卜常祀而卜其牲日是有卜牲日也特牲少牢云大夫士筮尸則天子諸侯

0015_0419-2

有卜尸也**卜筮不相襲也**襲因也大事則卜小事則筮○疏曰既大事卜小事筮是二者不相因襲也此大事謂征伐出師及巡守也其實是中事對小事爲大耳小事則筮者若周禮筮人有九筮筮更筮咸之屬是也此與曲禮文同而注異者各隨文勢也**大事有時日**大事有事於大神有常時常日也○疏曰既有常時常日而用卜者亦不敢專也故曲禮篇云日而行事則必踐之又祭統云雖有明知之心必進斷其志是雖有常日猶用卜也

0015_0420-1

小事無時日有筮有事於小神無常時常日有筮臨有事筮之○疏曰此經皆論祭祀之事故解小事云有小事於小神其實周禮小事非唯小祀而已既云小事用筮而大卜云凡小事涖卜者彼謂大事中之小事非此之小事也**外事用剛日內事用柔日**順陰陽也陽爲外陰爲內事之外內別乎四郊○別彼列反○疏曰[illegible]師以爲祭天而用辛雖外用柔[illegible]祭社用甲雖內用剛日殊別於郊之祭以言用剛柔之日[illegible]

0015_0420-2

四郊同其餘他事今謂事之外內別乎四郊者謂四郊之外為外事若甲午祠兵吉日庚午既差我馬之屬是也四郊之內為內事若郊之用辛及宗廟少牢用丁亥之屬是也故言別於四郊外內別謂限別以四郊為限○鄭注曲禮云順其出為陽也出郊為外事春秋傳日甲午祠兵順其居內為陰彼踰云內事郊內之事也乙丁己辛癸五偶為柔也然則郊天是國外之事應用剛日而郊特牲云郊之用辛非剛也又社稷是郊內應用柔日而郊特牲云祀社日用甲非柔

0015_0421-1

也所以然者郊社尊不敢同內外之義故也此言外剛內柔自謂郊社之外他禮則皆隨外內而用之崔靈恩云外事指用兵之事內事指宗廟之祭者以郊用辛社用甲非順其居外內剛柔故也祭社用甲所以召誥用戊者召誥是告祭非常禮也郊之用辛者唯夏正郊天及雩大享明堂耳若圜立自用冬至日五時迎氣各用其初朔之日不皆用辛

不違龜筮子曰牲牷禮樂齊盛是以無害乎鬼神無怨乎百

0015_0421-2

姓牲音全齊音粢○牷猶純也○疏曰子曰牲牷禮樂是以無害乎鬼神無怨乎百姓者以其事上而神明不敢自專皆依卜筮勤合於禮故夫子總更結之牲牷之等禮樂之傳粢盛之實皆不違龜筮是以此筆所用無虧害於鬼神無見怨於百姓以其無非卜筮之用動順於禮故也○表記

凡卜筮日旬之外日遠某日旬之內日近某日旬十日也

○疏曰凡卜筮日者凡先聖王之所以立卜筮者下云所以使民信

0015_0422-1

時日敬鬼神决嫌疑定猶與也卜筮必用蓍龜者案劉向云蓍之言耆龜之言久龜千歲而靈蓍百年而神以其長久故能辨吉凶也說文云蓍蒿屬也生千歲三百莖易以為數天子九尺諸侯七尺大夫五尺士三尺陸璣草木疏云似藾蕭青色科生洪範五行傳曰蓍生百年一本生百莖論衡云七十年生一莖七百年生十莖神靈之物故生遲也史記曰滿百莖者其下必有神龜守之其上常有雲氣覆之淮南子云上有藂蓍下有伏龜卜筮實問於神龜筮能傳神命以

0015_0423-1　　0015_0422-2

告〻故金縢若大工王季文王云
爾之許我乃卜三龜一襲吉是能
傳神命也又鄭注天府云卜筮實
問於鬼神龜筮能出其卦兆之占
耳案白虎通禮三正記天子龜
一尺二寸諸侯一尺大夫八寸士
六寸龜陰也故其數偶筮者策少
卒大夫立筮鄭云大夫蓍長五尺
雖此而言天子九尺諸侯七尺士
三尺蓍陽也故其數奇所以謂之
卜筮者師說云卜覆也以覆審吉
凶筮決也以決定其惑劉氏以為
卜赴也赴來者之心筮問也問筮
者之事赴問互言之案易繫辭云

定天下之吉凶成天下之亹亹者
莫大乎蓍龜又云蓍之德圓而神
卦之德方以知神以知來知以藏
往又說卦云昔者聖人幽贊於神
明而生蓍據此諸文蓍龜知靈相
似無長短也所以傳四年左氏傳
云筮短龜長不如從長者時晉獻
公卜娶驪姬不吉更欲筮之故大
史蘇欲止公之意託云筮短龜
長耳實無優劣也若杜預鄭玄因
筮短龜長之言以為實有長短故
杜預注傳云物生而後有象象而
後有滋滋而後有數龜象筮數故
象長數短是也象所以長者以物

0015_0424-1　　0015_0423-2

初生則有象去初既近且包羅萬
形故為長數知者數是終末去初
既遠推尋事數始能求象故以為
短也又鄭康成注占人云占人亦
占筮言掌占龜者筮短龜長主於
長者是鄭及杜預皆以為龜長筮
短凡卜筮天子諸侯若大事則卜
筮並用皆先筮後卜故筮人云凡
國之大事先筮而後卜即事之漸
大事者則大卜云國大貞卜立君
卜大封大祭祀凡出軍旅喪事及
龜之八命一曰征二曰象三曰與
四曰謀五曰果六曰至七曰雨八
曰瘳此等皆為大事故鄭注占人

云將卜八事皆先以筮筮之是也
若次事則唯卜不筮也故表記云
天子無筮鄭注云謂征伐出師若
巡守天子至尊大事皆用卜也是
天子出行唯卜無筮是也小事無
卜唯筮筮人掌九筮之名一曰筮
更謂遷都邑也二曰筮咸咸猶僉
也謂筮衆心歡不也三曰筮式謂
制作法式也四曰筮目謂事衆筮
其要所當也五曰筮易謂民衆不
說筮所改易也六曰筮比謂與民
和比也七曰筮祠謂筮牲與日也
八曰筮參謂筮御與右也九曰筮
環謂筮可致師不鄭注占人不卜

0015_0424-2

而從筮若龜用先筮是也天子諸侯亦然故書欲□□□□□晉

晉卜納王得黃帝戰阪泉之兆先又筮之得大有之□□□九年晉

卜伐宋亦卜而後筮是大事卜筮並用也但春秋亂世皆先卜後筮

不能如禮其禮既先筮後卜尚書先云龜後者以尊卑言之故先言

龜也鄭注周禮云筮凶則止不卜所以洪範有筮逆龜從者崔靈恩

云先卜筮天子皆用三代蓍龜若三筮並凶則止而不卜鄭云若一

吉一凶雖筮逆猶得卜之也則洪範所云者是也其大夫則大事卜

祭禮十一　八五

0015_0425-1

小事筮大事則葬地及葬日爲事之大則卜故雜記云大夫卜宅與

葬日是也其小事用筮則少牢常祀筮日是也士亦大事卜小事筮

故士喪禮卜葬日以喪葬爲重須定吉凶故用卜也其尋常吉祭比

葬爲輕故筮日也葬既卜日得吉餘事皆吉可知故唯筮葬地不復

用卜也旬之外日遠某日者少牢大夫禮今月下旬筮來月上旬

是旬之外日也主人告筮者吉欲用遠某日故少牢云日用丁巳筮

旬有一日吉乃官戒既云旬有一日是旬外一日此謂大夫禮旬之

0015_0425-2

內曰近某日者案特牲士禮云不諏日注云士賤職褻時至事暇可

以祭則筮其日不如少牢大夫先與有司於廟門諏丁巳之日是士

於旬初即筮旬內之日是旬之內日也主人告筮者云用近某日此

據大夫士故有旬內旬外之日也若天子諸侯其有雜祭或用旬內

或用旬外其辭皆與此同案少牢特牲其辭皆云來日丁亥不云遠

某日近某日者彼文不具也

喪事先遠日吉事先近日

孝子之心喪事葬與練祥也吉事祭祀冠娶之屬也

祭禮十一　八六

0015_0426-1

○冠古亂反○疏曰喪事謂葬與二祥是奪哀之義也非孝子之所

欲但制不獲已故卜先從遠日而起示不宜急微伸孝心也故宜八

年左傳云禮卜葬先遠日辟不懷杜云懷思也辟不思親也此事畢

俱然雖士亦應今月下旬先卜來月下旬不吉卜中旬不吉卜上旬

吉事先近日者吉事謂祭祀冠昏之屬故少牢云若不吉則及遠日

又筮日旬初是先近日也

曰爲日假爾泰龜有常假爾泰筮有常

假古雅反○命龜筮誓龜筮辭

0015_0427-1　　0015_0426-2

吉凶有常大事卜小事筮○疏曰命龜筮辭也卜擇吉日故云曰爲日假爾泰龜有常假爾泰筮有常者假因也爾汝也爾謂指著龜也泰大中之大也欲褒美此龜筮故謂爲大龜大筮也有常者言汝泰龜泰筮決判吉凶分明有常也故云假爾泰龜泰筮有常凡卜筮大夫以上命龜有三命筮有二其一爲事命龜涖卜之官以主人卜事命卜史是一也二卜史既得所卜之命更序述涖卜所陳之辭名曰述命二也卜人即席西面命龜云假爾泰龜有常三也命筮二者一

祭禮十一　八十七

爲事命筮則主人以所爲之事命筮史其一也二則筮史得主人之命遠述之爲述命是二也士則命龜有二命筮有一知士命筮有一者士喪禮云命筮人哀子某爲其父筮宅筮人許諾不述命涖云不述者士禮略是士命筮一也知士命龜二者士喪禮涖卜命曰哀子某卜葬其父無有近悔許諾不述命乃云即席西面坐命龜既云不述命乃云即席西面坐命[illegible]龜既云不述命是士命龜二[illegible][illegible]天美[illegible]筮二者以士云命[illegible]不述命則[illegible][illegible]矣以[illegible]述命也[illegible][illegible][illegible][illegible][illegible][illegible]

0015_0428-1　　0015_0427-2

曰孝孫某來日丁亥用薦歲事于皇祖伯某又云史遂述命曰假爾大筮有常孝孫某來日丁亥云是大夫命筮二但冠即席所命乎述命之上也知大夫命龜三者以士喪禮涖卜爲事命龜又有即席西面命龜云不述命明大夫有述命故知大夫命龜三也又曰此大事者謂小事之中爲大事非周禮大貞太封及八事之等故得用卜而已或云大事卜者擧象大貞大封及八事等雖卜筮並用擧皆用卜故云大事卜但大事則先筮後卜卜筮俱有若小事筮徒有筮而無

祭禮十一　八十八

卜也

卜筮不過三

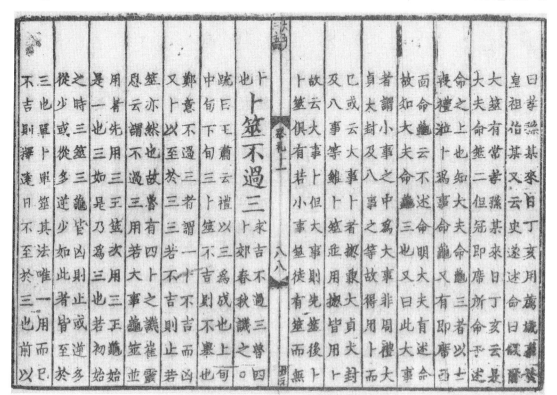

求吉不過三魯四卜郊春秋譏之○疏曰王肅云禮以三爲成也上旬中旬下旬三卜筮不吉則不擧也鄭意不過三者謂一卜不吉而凶又卜以至於三三若不吉則止若筮亦然也故魯有四卜之譏崔靈恩云謂不過三用若大事龜筮並用著先用三王筮次用三王龜始是一也三如是乃爲三也若初始之時三筮三龜皆凶則止或逆多從少或從多逆少如此者皆至於三也單卜單筮其法唯一用而已不吉則擇遠日不至於三也前以

0015_0428-2

用三王之龜筮者有汩在從故謀三也此惟用一故不至二所筮至魯方本三王龜筮也魯四卜郊春秋譏之者卜郊之事或三或四或五襄七年夏四月三卜郊不從乃免牲僖三十一年及襄十一年夏四月四卜郊不從成十年夏四月五卜郊不從三傳之說參差不同若左氏之說魯郊常祀不須卜可郊與否但卜牲與日唯用周之三月爲之不可在四月雖三卜亦爲非禮故僖三十一年左傳云禮不卜常祀是常祀不卜也襄七年左傳云啓蟄而郊郊而後耕今既耕而

祭禮十一　八九

0015_0429-1

卜郊但其不從也是用周之三月不可至四月也若公羊之義所云卜者皆爲卜日故僖三十一年公羊傳云三卜禮也四卜非禮也又成十七年公羊傳云郊用正月上辛何休云魯郊轉卜三正三王之郊一用夏正又定十五年禮三卜之運也何休云運轉也已卜春三正不吉後轉卜夏三月周五月得二吉故五月郊如休之意魯郊轉卜三正假令春正月卜不吉又卜殷正殷正不吉則用夏正郊天者此三正之內有凶不從則得卜夏三月但滿三吉日則得爲郊此公

0015_0429-2

羊及何休之意也穀梁之說春秋卜者皆卜日也哀元年穀梁傳云郊自正月至三月郊之時也我以十二月下辛卜正月上辛卜如不從則以正月下辛卜二月上辛如不從則以二月下辛卜三月上辛如不從則不郊如是穀梁三正正月卜吉則爲四月五月則不可與公羊之說同與何休意異休以四月五月卜滿三吉則可郊也若鄭玄意禮不當卜常祀與左氏同故鄭箴膏肓云當卜祀日月爾不當卜可祀與否鄭又云以魯之郊天惟用周正建子之月從數有災不

祭禮十一　九十

0015_0430-1

吉改卜後月故或用周之二月三月故有啓蟄而郊四月則不可故駁異義引明堂云孟春正月乘大路祀帝於郊又云魯用孟春建子之月則與天子不同明矣魯數失禮牲數有災不吉則改卜後月如鄭之言則與公羊穀梁傳卜三正不同也此云魯四卜郊春秋譏之用公羊穀梁傳三卜正四卜非正也是四卜爲譏三卜得正與左氏意違左氏三卜亦非故也

卜筮不相襲

卜不吉則又筮筮不吉則又卜是瀆龜筴也晉獻公卜取驪姬不吉公曰筮之筮吉

0015_0431-1　　0015_0430-2

○疏曰襲因也前卜不吉則止不得因更筮若前筮不吉則止不得因更卜是不相襲也若相因不止是瀆龜筮則神不告也王云三筮及三卜不相襲三者初各專其心也又曰晉獻公初卜不吉故公云更筮之是因襲也表記云卜筮不相襲鄭云襲因也大事則卜小事則筮然與此注不同者明襲有二義故兩注各舉其一一則大事小事各有所施不得因龜小小事因著筮大事也二則筮不吉不可復卜卜不吉不可復筮也

龜爲卜筴爲筮者先

聖王之所以使民信時日敬鬼神畏灋令也所以使民決嫌疑定猶與也故曰疑而筮之則弗非也日而行事則必踐之

與音預○弗非無非之者日所卜筮之吉日也踐讀曰善聲之誤也筴或爲蓍○疏曰龜爲卜者龜灸也筮後龜覆於筮筴爲筮者筮在龜前爲決也謂蓍爲筴者筴以謀筴爲義言用此物以謀於前事也卜筮者先王之所以使民信時日

0015_0432-1　　0015_0431-2

者解所以須卜筮之義也先聖王伏犧以來聖人爲天子者不直云先王又加聖字者夫王未必聖古來非一聖不必王孔子是也明造制卜筮必須聖位兼并時者四時及一日十二時也日者甲乙之屬聖王制此卜筮使民擇愼而信時日與吉凶也敬鬼神者乃擇吉而祭祀是敬鬼神也畏法令者法與則也令敎訓也君行法令者依卜筮而爲之則民敬而畏之也所以使民決嫌疑者事旣異故更云所以有嫌疑而卜筮決斷之也定猶與也者說文云猶獸名玃屬與亦

是獸名象屬此二獸皆進退多疑人多疑惑者似之故謂之猶與故曰疑而筮之則弗非也者引舊語以結之卜筮所以定是非也若有疑而筮之則人無非之也不言卜者從可知也日而行事則必踐之者踐善也言卜得吉而行事必善也王云卜得可行之日必履而行之踐履也弗非無非之者也○曲禮上

○子路爲季氏宰

宰治邑吏也

季氏祭逮闇而祭日不足繼之以燭

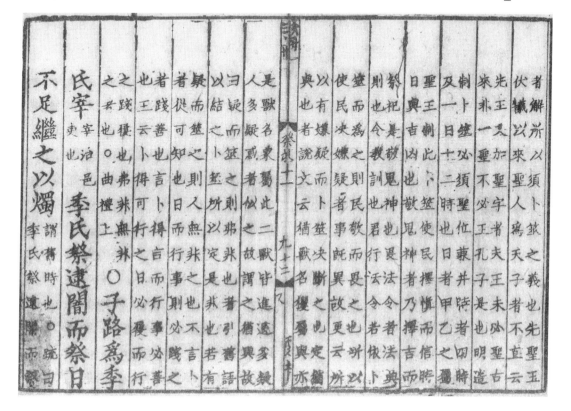

謂舊時也○疏曰季氏祭逮闇而祭

0015_0432-2

0015_0433-1

者逮及也季氏祭於宗廟逮闇日闇而行□□禮日不足繼之以燭者謂祭祀□□終已昏沒故云日不足禮事□□畢故繼日明而以燭也

雖有強力之容肅敬之心皆倦怠矣以矣又也有司跛倚以臨祭其為不敬大矣跛彼義反。偏任為跛依物為倚。○疏曰有司跛倚以臨祭者以其事久有司倦怠故皆偏跛邪倚於物臨於祭祀其為不敬甚大矣

他日祭子路與室事交

大五三　小二五六　祭礼十一　九十二　又

乎戶堂事交乎階質明而始行事晏朝而退與音預朝直遙反又奏遙反。室事祭時堂事儐尸。○疏曰他日祭子路與者謂往舊以來所祭之時行皆如此他日謂別日其後別日而祭子路與在行禮之中室事交乎戶者室事謂正祭之時事尸在室故云室事交乎戶以人將饌至戶內人於戶受饌設於尸前相交聚接在於戶也堂事交乎階者謂正祭之後儐尸之時事尸於堂故云堂事交錄儐謂在下之人送饌至階堂上

0015_0433-2

0015_0434-1

□□□受取於交乎階質明而始□□下朝而退者質正也晏晚也□□□□之時而始行事朝正備□□□而退言敬而能速也

孔[illegible]之曰誰謂由也而不知禮乎□□知禮○疏曰孔子聞之曰誰□□也而不知禮乎者子路好勇時人多不尚其所為故孔子以此明之誰謂由也而不能知禮乎言其知禮也以其禮從宜寧可禮略而敬不可禮煩而怠也。○禮器

天子將祭必先習射於澤澤者所以擇

大八二　小三三八　祭礼十一　九十四

士也已射於澤而后射於射宮射中者得與於祭不中者不得與於祭不得與於祭者有讓削以地得與於祭者有慶益以地進爵絀地是也中丁仲反下同與音預下同絀勑律反。澤宮名也士謂諸侯朝者諸臣及所貢士也皆先令習射於澤以其射宮課中否也諸侯有慶者先進爵有讓者先削地。○朝直遙反令力呈反○疏曰下經貢士云容體合禮其節祭□□□云射中與不中不云

0015_0435-1　　0015_0434-2

交射節者文不具也云天子將祭必[illegible]習射於澤澤所以擇士也者澤是宮[illegible]於此宮中射而澤士故謂此宮爲澤[illegible]所在無文蓋於寬閑之處近水澤而爲之也非唯祭而擇士餘射亦在其中故書傳論主皮射云備之取也於圃中爲力之取也今之取也於澤宮揖讓之取也是主皮之射亦近於澤也選士於澤不射侯也但試武而已故司弓矢云澤共射椹質之弓矢鄭司農引此射義之文以釋之是知於澤中射椹質而已又鄭注云司弓矢云捕椹以爲射正射甲與椹試弓習武也其上皮之射則張皮亦揖讓也有讓削以地有慶益以地者

祭禮十一　九十五

謂諸侯也又曰士謂諸侯朝者諸臣及所貢士也者以其助祭故知是此等之人前經論貢士與祭故知此經之士會貢士也云諸侯有慶者先進爵有讓者先削地者此解經進爵絀地之文以經之上文有讓削以地有慶益以地更無云進爵絀地據有慶者先進爵有讓者先絀地進則爵輕於地故先進爵而後益以地也退則地輕於爵故先削地而後絀爵也○古者天子之制諸侯歲獻貢士於天子天子試之於射宮其容體比於禮其節比於樂而

0015_0436-1　　0015_0435-2

中多者得與於祭其容體不比於禮其節不比於樂而中少者不得與於祭數與於祭而君有慶數不與於祭而君有讓數有慶而益地數有讓而削地比毗志反○歲獻獻國事之書及計偕物也三歲而貢士舊說云大國三人次國二人小國一人○疏曰上經已云不得與於祭者削地得與於祭者益地此又重言者前經論將祭擇士賞罰其士之身此經明諸侯貢士賞罰所貢之君也諸侯歲

祭禮十一　九十六

獻者謂諸侯每歲獻國事之書及獻計偕之物於天子也貢士於天子者諸侯三年一貢士於天子也天子試之於射宮者言天子試此所貢之士於射宮之中而中多者得與於祭者此謂大射也又曰以經云歲獻貢士於天子總歲獻之文只是貢獻於士故云歲獻國事之書云及計偕物也者漢時謂郡國遣文書之使謂之爲計吏其貢獻之功與計吏俱來故謂之計偕物也偕俱也非任獻國事之書又俱獻貢物故云及計偕物知然獻國事之書者小行人云令諸侯春入貢秋獻功注云貢六服所貢[illegible]功考績之功也秋獻之若今計文書

0015_0436-2

斷於九月其禮法也云三歲而貢士者以經貢士之文繫歲獻之下遂每歲貢士故云三歲而貢士也又知三歲者案書傳云古者諸侯之於天子也三年一貢士一適謂之好德再適謂之賢賢三適謂之有功有功者天子賜以衣服弓天再賜以秬鬯三賜以虎賁百人號曰命諸侯不云益地者文不具矣書傳又云貢士一不適謂之過注云謂三年時也再不適謂之敖注云謂六年時也三不適謂之誣注云謂九年時也一黜以爵再黜以地三黜而地畢注云凡十五年鄭以此故知三歲而貢士也

祭禮十一　九十七

0015_0437-1

右擇士

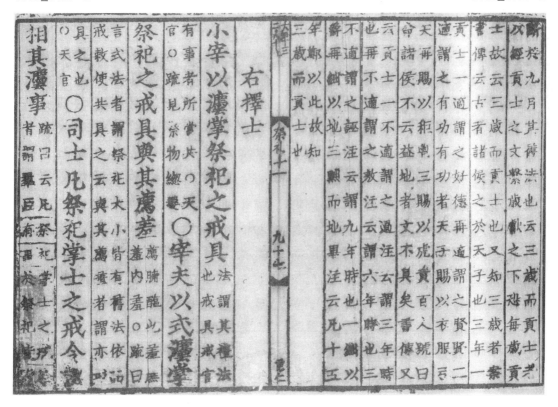

小宰以灋掌祭祀之戒具法謂其禮法也戒具戒官有事者所當共○天官○疏見祭物總要○宰夫以式灋掌祭祀之戒具與其薦羞薦脯醢也羞庶羞內羞○疏曰言式法者謂祭祀大小皆有舊法依詔戒敕使共具之云與其薦羞者謂亦時具之也○天官○司士凡祭祀掌士之戒令詔相其灋事疏曰云凡祭祀掌士之戒令者謂羣臣有事於祭祀者

0015_0437-2

與羣臣戒令也云詔相其法事者謂告語并讚相其行禮之事○夏官大史大祭祀戒及宿之日與羣執事讀禮書而協事協合也合謂習録所當共之事也故書協作叶杜子春云叶協也書亦或爲協或爲汁○叶音協汁音執又音協劉子集反○疏曰戒及宿之日戒謂散齊七日宿謂致齊三日云與執事讀禮而協事者當此二日之時與羣執事預祭之官讀禮書而協事恐事有失錯物有不供故也○春官○遂師凡國祭祀審其誓戒審亦聽也○疏

祭禮十一　九十八

0015_0438-1

曰衆冢宰職云大祭祀掌百官之誓戒大司寇涖誓百官并戒百族此官主審其戒戒遂之民故不同也○地官○條狼氏凡誓執鞭以趨於前且命之誓大夫曰敢不關鞭五百誓師曰三百誓邦之大史曰殺誓小史曰墨大音泰注同○前謂所誓衆之行前也有司讀誓辭則大言其刑以誓所誓也誓者謂出軍及將祭祀時也出軍之誓誓左右及馭則書之甘誓備矣郊特牲說祭祀之誓曰卜之日王立于澤親聽誓命受教諫之義

0015_0438-2

[illegible]乘師也大史小史主禮之事者[illegible]云誓大夫曰敢不關謂不關於

[illegible]謂大夫自受命以出則其餘事[illegible]請○疏曰誓自有大官若月令

[illegible]司徒北面以誓之誓時此條孫氏則[illegible]之大言使衆聞知故云且命之又曰

云謂出軍及將祭祀時也者若且命以上軍旅祭祀同有此事僕右四乘校軍

旅時師與大史小史皆據祭祀時大夫故不嫌亦據祭祀須關君是以鄭引甘

誓據軍旅引郊特牲證祭祀也云甘誓備矣者案甘誓云左不攻于左汝不恭

命右不攻于右汝不恭命馭非其馬之正汝不恭命用命賞于祖弗用命戮于

0015_0439-1

社予則孥戮汝是其備也郊特牲者[illegible]將祭之時故云卜之日王立于澤謂[illegible]

澤宮也澤宮者擇士可與祭者之宮執自聽有司誓命此是受教諫之義也師

知且樂師者以其下有大史小史皆掌禮禮樂相將故知之大師瞽人之長也

云謂大夫自受命以出其餘事莫不復請者此者欲見受命出征閫於之害將

軍職之不須復請除此以外皆須請於君乃得行事所以為先鄭來足之義趣

○此言

右戒具

0015_0439-2

[illegible]即齊宮百官御事各即其齊三日王

乃淳濯饗醴及期饗人薦鬯犧人薦醴

王祼鬯饗醴乃行注疏見備物案盛條○國語周語○

膳夫王齊日三舉○鄭司農云齊必變食齊音齋○疏曰齋

謂散齊致齊舉必變食故加牲體至二大牢齊者不樂故不言以樂侑食也

○玉府王齊則共食玉玉是陽精之純者食之以禦水

氣鄭司農云王齊當食玉屑○疏曰謂王祭祀之前散齊七日致齊三日是時

0015_0440-1

則共王所食玉屑又曰知玉是陽精之純者但玉聲清清則屬陽又案楚語云

王孫圉與趙簡子言曰玉足以庇蔭嘉穀使無水旱之災則寶之珠足以禦火

則寶之服氏云珠水精足以禦火災是則玉是火精可知云食之以禦水氣者

致齊時居於路寢思其笑語思其志意之類恐起動多故須玉以禦水氣也鄭

司農云王齊當食玉屑者其玉屑研之乃可食故云當食玉屑也○天官○

鬯人凡王之齊事共其秬鬯給淬浴○淬士內反

○疏曰鄭知王齊以鬯爲洗浴以其鬯[illegible]知三酒可飲之物大喪以鬯浴尸

0015_0443-2

明此亦給王洗浴使之香美也○春官一齊必有明衣布

齊必沐浴浴竟即著明衣所以明絜其體也以布爲之此下脫前章寢衣一簡

必有寢衣長一身有半齊主於敬不可解衣而寢又不

可著明衣而寢故別有寢衣其半蓋以覆足程子曰此錯簡當在齊必有明衣

布之下愚謂如此則此條與明衣變食既得以類相從而褻裘狐貉亦得以類

相從矣○齊必變食居必遷坐變食謂不

飲酒不茹葷遷坐易常處也○此一節記孔子謹齊之事楊氏曰齊所以交神

0015_0444-1

故致潔變以盡敬右論語鄉黨○玄冠丹組纓諸侯之

齊冠也玄冠綦組纓士之齊冠也言齊時所

服四命以上齊祭異冠○言齊者兼祭祀之時故尚禮云立如齊謂祭祀時

也此齊亦兼祭祀故言齊時所服其祭服則玄冕也云四命以上齊祭異冠

者以諸侯玄冕祭玄冠齊孤則爵弁祭亦玄冠齊是齊祭異冠也必知孤亦玄

冠齊者以諸侯尚玄冠齊明孤亦玄冠齊也其三命以下大夫則朝服以祭士

則玄端以祭皆玄冠也此云玄冠綦組纓士之齊冠是與祭同冠也其天子之

0015_0444-2

士與諸侯之大夫同故禒衣目録云玄祭以朝服謂大夫之士也祭明朝服與

諸侯大夫同然則天子大夫與諸侯孤同亦爵弁祭玄冠齊此是熊氏之說也

皇氏以爲天子大夫與諸侯大夫同任朝服以祭便與鄭注四命以上齊祭異

冠者大爲妨皇氏之說非也其天子之大夫冕祭則玄冠齊絺冕祭則玄冕齊

大夫差之可知也此亦熊氏說此云四命齊祭異冠者謂自祭也若助祭於君

則爵祭同冠故鄭志荅趙商問云以雜記云大夫冕而祭於公弁而祭於己士

弁而祭於公冠而祭於己是爲三命以下齊祭異冠何但四命以上也疏注似

0015_0445-1

若但施於己祭不可遍之也鄭荅云齊祭謂齊時一冠祭時一冠祭時亦一冠

四命乃然大夫冕士弁而祭於君齊時服之祭時服之何以亦異如鄭此言是

助祭齊祭同冠故云何以亦異若士之助祭齊服玄冕服爵弁而齊注云熊氏

云王齊服服衮冕則士之齊服服玄端不服爵弁者熊氏云差士坊王祭不齊

以弁半助王受朝覲齊祭則服玄端蓋或緇冕○爵弁纁裳

[illegible]服而祭也○疏曰[illegible]下[illegible]祭[illegible]四

[illegible]

0015_0446-1　0015_0445-2

□洁反注同絹訓耕反○絹鈕也結
□之□思神靈不在畫也爵韠齊服玄
□○疏曰齊則綪結佩此謂揔包凡應
佩□之人𢽾唯世子綪結佩綪屈也謂
結又綬而又屈上之也而爵韠者謂士
玄端齊故爵韋爲韠也而熊氏皇氏並
謂諸侯以下皆以玄端齊而以爵韋爲
韠同士禮以其齊故不用朱韠素韠也
義載綦也
○玉藻
○司服齊服有玄端素端
注是
冕備物○
綦服條
○君羔幦虎犆
幦音覓徐苦狄
反犆依注音直
下同○幦覆苓也犆讀皆如直道而行
之直直謂緣也此君齊車之飾○疏曰

祭禮十一　百二

苓即式也但車式以苓爲之有竪者有
横者故考工記注云輢式之植者衡者
也此云幦覆苓詩大雅韓奕淺幭毛傳
云幭覆式幭即幦也又周禮巾車作複
但古字耳三者同也知幦是覆苓者少
儀云負良綏申之面拖諸幦是也云植
讀皆如直道而行之直者案論語云三
代之所以直道而行故讀如之云此君
齊車之飾者以大夫及士皆云齊車故
知此君齊車之飾此經或有齊字者誤
也皆有齊字鄭不須此注皇氏云若諸
天子諸侯也詩云淺幭以虎皮爲幭彼
據諸侯與玄衮赤舄𢫬文則亦齊車之
飾此用羔幦者當是異代禮以可詩傳

0015_0447-1　0015_0446-2

□以虎皮□許
□之美□也
大夫齊車鹿幦豹犆朝
士齊車鹿幦豹犆
臣之朝車與齊車
同飾○疏曰據此
□之則君之朝車與齊車異
□退視愚文以見之○玉藻
○齊者
樂不弔
爲齊樂則失正散
其思也○曲禮上
○君子之
齊也非疾也不晝夜居於內
內正寢之
中○
□日平常無事之時或出或入雖晝居
□禁亦有入內雖夜居於內亦有出外
唯致齊與疾無間晝夜相居於內故
云非致齊也非疾也不晝夜居於內

祭禮十一　百四

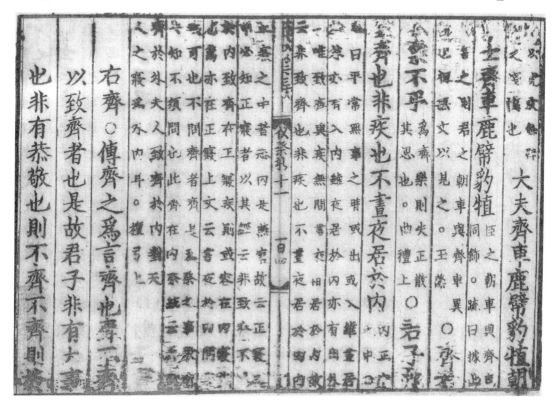

云正寢之中者忘內是燕寢故云正寢
必知正寢者以其經云非致齊不
於內致齊在正寢疾則或寢在內寢
處亦在正寢上文云晝夜於內則閒
□可也不問齊者齊是爲祭之事祭
□知不須問也此齊在內祭統云齊
□於外夫人致齊於內對天
之寢爲外內耳○檀弓上
右齊
○傳齊之爲言齊也齊不齊
以致齊者也是故君子非有大事
也非有恭敬也則不齊不齊則□

0015_0447-2

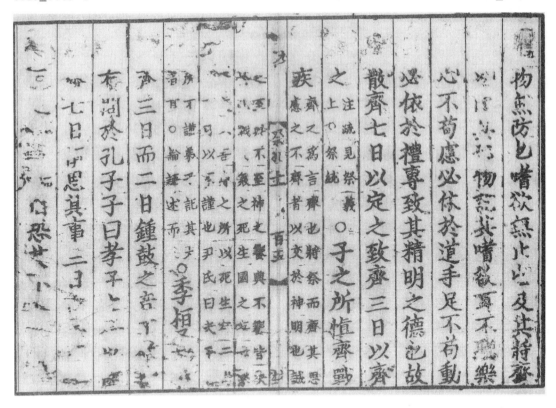

物無防也嗜欲無止也及其將齋也防其邪物訖其嗜欲耳不聽樂心不苟慮必依於道手足不苟動必依於禮專致其精明之德也故散齋七日以定之致齋三日以齊之注疏見祭義上○祭統○子之所慎齋戰疾齋之爲言齊也將祭而齋其思慮之不齊者以交於神明也誠

祭禮十一　百五

0015_0448-1

之至與不至神之饗與不饗皆決於此戰則衆之死生國之存亡繫焉疾又吾身之所以死生存亡者皆不可以不謹也尹氏曰夫子無所不謹弟子記其大者耳○論語述而○季桓[illegible]齊三日而二日鍾鼓之音[illegible]有問於孔子子曰孝子之[illegible][illegible]七日[illegible]思其事二日[illegible][illegible]恐其[illegible]

0015_0448-2

日伐鼓何居焉家語曲禮公西赤問○七日戒三日宿慎之至也戒散齋也宿致齋也將有祭祀之事必先敬慎如此不敢切也○疏曰祭義曰散齋七日致齋三日謂之宿者鄭注儀禮云宿是又戒宿之言肅肅敬之義也云不敢切也者以積漸敬慎不敢福切也○禮器○孟子曰雖有惡人齋戒沐浴則可以祀上帝惡人醜貌者也尹氏曰此章戒人之喪善而勉人以自新也○孟

祭禮十一　百六

0015_0449-1

離婁下○莊子曰不飲酒不茹葷[illegible]祭祀之齋也○荀子曰端衣玄[illegible]絻而乘路志不在於食葷端衣[illegible]裳即[illegible]玄端也絻與冕同鄭云端者取正也士之衣袂皆二尺二寸[illegible]幅是廣袤等也其袪尺二寸[illegible]已上侈之侈之者蓋半而益[illegible]則袂三尺三寸袪尺八寸[illegible]之車亦車之通名舍人注[illegible]路車之大者葷慈[illegible]之蘊也○哀公[illegible]○齋[illegible]

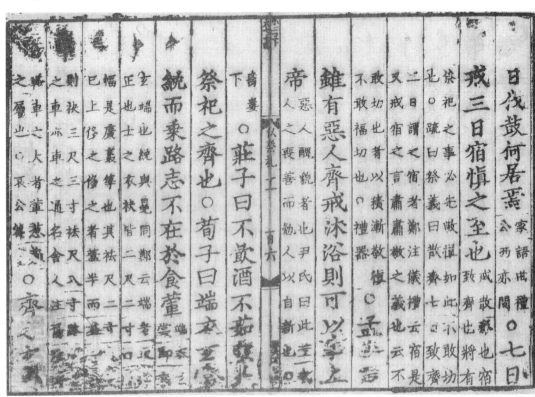

0015_0449-2

以陰幽思也疏曰齊祭致齊玄冠玄衣玄也色鬼神尚幽陰故齊者玄服心思幽陰之理故云陰幽思也郊特牲○昏禮玄冕齊戒鬼神陰陽也玄冕祭服也陰陽謂夫婦也疏曰玄冕謂助祭服也著祭服而齊戒親迎是敬此夫婦之道如事鬼神也○郊特牲古冠布齊則緇之其緌也孔子曰吾未之聞也大古無飾非時人緌也雜記曰大白冠緇布

儀祭禮十一　百七

0015_0450-1

之冠不緌大白即大古白布冠今喪冠也齊則緇之者鬼神尚幽闇也唐虞以上曰大古也○疏曰大古之時其冠唯用白布常所冠也若其齊戒則染之為緇其緌也吾未之聞也者以緇布之冠古禮不合有緌而後世加緌故記者云其今世加緌非禮故引孔子之言云吾未之聞也言未聞緇布冠有緌之事又曰大古無飾緇布冠無緌也云雜記曰大白緇布之冠不緌者孔子云吾未之聞是非歎時人加緌也引雜記文證緇布冠無緌而玉藻云緇布冠繢緌則諸侯

0015_0450-2

有緌者皇氏云此經所論謂大夫士故緇布冠無緌諸侯則有畫飾故有緌也云大白即大古布冠今喪冠也禮運云後世有麻雖絲麻同出尚質故用白布云齊則緇之者鬼神尚幽闇也謂祭前齊時著緇布冠正祭則祭服有虞氏皇而祭是也云唐以上曰大古也者以下云三王皮弁素積三王之前云大古故唐虞以上曰大古與易之大古別也○郊特牲

鄉士大祭祀則各掌其鄉之禁令帥其

儀祭禮十一　百八

0015_0451-1

屬夾道而蹕夾古洽反又古協反○中士以下○疏曰大祭若祭天四時迎氣即於四郊並過六路以是故各掌其鄉之禁令當各帥屬夾道而蹕知屬是中士以下者士身是上士故云中士以下○秋官

野廬氏凡國之大事比脩除道路者比校治道者名若今次金鼓大功○疏曰大事謂若征伐巡守田獵郊祀天地三親行所經並須脩除道路又脩廬舍之民夫使有功校故云比校治道者名云若今次金鼓大功者謂漢時主役之官官名次金鼓主以丈尺賦功今俗亦多

0015_0451-2

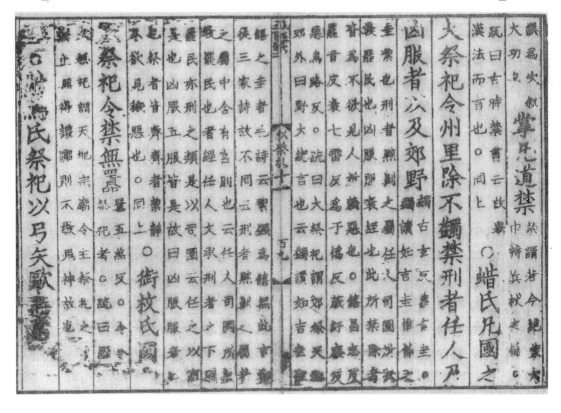

誤爲吹叙大功攵 掌凡道禁 禁請若今絶蒙衣巾特兵杖之屬○疏曰古時禁書云故舉漢法而言也○同上 ○蜡氏凡國之大祭祀令州里除不蠲禁刑者任人及凶服者以及郊野 蠲古圭反書言圭○蠲讀如吉圭惟饎之圭絜也刑者黥劓之屬任人司圜所收教罷民也凶服服衰絰也此所禁除者皆爲不欲見人所穢惡也○饎昌志反罷音皮衰七雷反爲于僞反蔵紆廢反惡烏路反○疏曰大祭祀謂郊祭天地郊外曰野大總言也云蠲讀如吉圭惟

祭禮十一　百九

0015_0452-1

饎之圭者毛詩云吉蠲爲饎無此言鄭從三家詩故不同云刑者黥劓之屬者之屬中含有宮刖也云任人司圜所收教罷民也者經任人文承刑者之下與罷民亦刑之類是以司圜云任之以事是也凶服五服皆是故曰凶服服衰是祭者皆齊齊者絜靜不欲見穢惡也○同上 ○銜枚氏國祭祀令禁無囂 囂五羔反○令祭祀者○疏曰囂祭祀謂天地宗廟令主祭祀之禁止無得讙囂則不敬鬼神故也

○射鳥氏祭祀以弓矢歐烏鳶

0015_0452-2

烏鳶善鈔盜便汙人○夏官

右禁令

雞人大祭祀夜嘑旦以嘂百官 嘑火吳反嘂古弔反○夜夜漏未盡雞鳴時也呼旦以警起百官使夙興○疏曰漏未盡者謂漏未盡三刻已前仍爲夜則呼旦也漏刻之義具挈壺氏 凡國事爲期則告之時 象雞知時也告其有司主事者少牢曰宗人朝服北面曰請祭期主人曰比於子宗人曰旦明行事告時者至此旦明而告之○朝

祭禮十一　百十

0015_0453-1

直遙反比毗志反○疏曰引少牢曰者謂祭前之夕宗人主禮官請主人祭期主人曰比於子者謂次比其日數時節由子子則宗人也宗人卽告期曰旦明行事其實祭期由宗人宗人請主人者敬主人若不敢自由然故讓之也案庭燎詩注王有雞人之官凡國事爲期則告之以時王不正其官而問夜早晚非也案齊詩東方未明序云東方未明刺無節也朝廷興居無節號令不時挈壺氏不能掌其職焉注云挈壺氏掌漏刻者彼不云雞人者案挈壺氏云凡軍事懸壺無告期之事則天子備官挈壺氏掌漏刻之節雞人告期彼齊詩是諸侯

0015_0453-2

官款掌鹽氏裁鷄○春官○中車[illegible]
又雞人　雞人主呼旦唱鈴[illegible]且警衆以使鳴鈴者車[illegible]
相應和之象故書鈴或作軨杜子當爲鈴○鈴胡仆反軨音零又音
一疏曰云雞人主呼旦雞人職文二云升車則馬動馬動則鸞鳴鸞鳴
一應是車有和鸞相應之象人鳴鈴以應雞人○同上　○小宗伯
祭之日告時于王告備于王　時蘼陳之晚早備[illegible]
具○疏曰陳謂祭前陳饌於堂東[illegible]薦之於神坐皆有晚早饌具即堂東[illegible]

祭礼十一　百十一

0015_0454-1

羞陳陳備即告告王祭時已至當行事也○同上
若霽旦爲期
宗伯大祭祀省牲眡滌濯祭之日逆
齍省鑊　省本又作眚同息井反下同眡音視滌亭歷反濯直角反齍音
咨鑊戶郭反○逆齍受饎人之盛以入省鑊視亨腥孰○饎昌志反亨普庚反
○疏曰此云省牲眡滌濯省鑊與大宗伯文同謂佐大宗伯其大等省牲者祭
其不如法其迎齍即大宗伯涖玉齍者是也大宗佐涖之小宗伯迎之是相佐

0015_0454-2

也其告時告備是共專職耳又曰知齍受饎人之盛以入者案少牢饎爨在廟
門之外明天子諸侯饎爨亦在廟門外今言迎齍明於廟門之外迎入向廟
堂東實之於簠簋也云省鑊視亨腥熟者案禮運云腥其俎熟其殽鄭云腥其
俎豚解而腥之熟其殽體解而爓之此謂祭宗廟朝踐饋獻節後下文更有體
其犬豕牛羊謂室中饋熟亦須鑊鄭不言略也　告時于王告備
于王　注疏見上爲期條○春官　○宰夫從大宰而眡
滌濯　疏曰云大宰而眡滌濯者上大宰職已云祀五帝眡滌濯此宰夫又

祭礼十一　百十二

0015_0455-1

從大宰眡之也○天官　○肆師眡滌濯詔相其禮
相息亮反○疏曰謂祭前之夕視滌濯祭器詔告相助其禮　祭之日
表粢盛告絜展器陳告備　粢六穀也在器曰盛陳陳
列也故書表爲剽剽表皆謂徽識也○剽芳遥反或方遥反識式志反又昌志
反○疏曰云粢爲稷者以稷爲五穀之長其揔而言之六穀皆是粢故此經揔
云六穀爲粢故鄭云粢六穀也案食醫和王六食黍稷稻粱麥苽六食即膳夫
云六穀一物故鄭云六穀也云皆徽識也者以剽表字雖不同俱是徽識也識

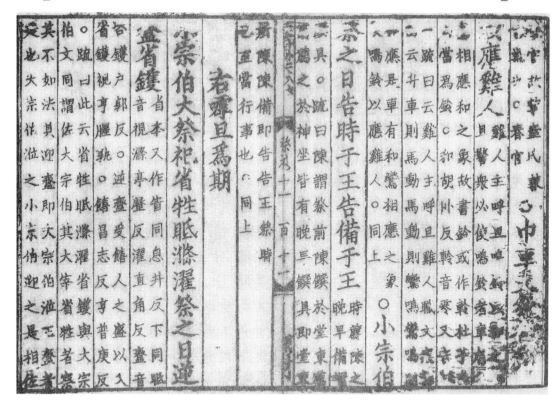

張本下象鼻題監生戴三字

0015_0455-2

於六粢之上皆爲徽識小旌書其黍稷
之名以表之餘餴不表獨此表之者以
其餘器所盛名異覩器則知其實此六
穀者簠盛稻梁簋盛黍稷皆有會蓋覆
之覩器不知其實故特
須表顯之也○春官

右省視

○巾車王之五路一曰玉路錫樊纓十
有再就建大常十有二斿以祀錫音陽樊步干
反斿音留○王在焉曰路玉路以玉飾
諸末錫馬面當盧刻金爲之所謂鏤錫

祭禮十一　百十三

0015_0456-1

也樊讀如鞶帶之鞶謂今馬大帶也鄭
司農云纓謂當胷士喪禮下篇曰馬纓
三就禮家說曰纓當胷以削革爲之三
就三重三匝也玄謂纓今馬鞅玉路之
樊及纓皆以五采罽飾之十二就就成
也大常九旗之畫日月者正幅爲縿斿
則屬焉○鞶步干反重直龍反罽居例
反縿所銜反又所廉反屬音燭○疏曰
云王之五路此言與下爲總目一曰已
下析別言之云以祀者以下諸路皆非
祭祀之事則一名外內大小祭祀皆用
此一路而已又曰言王在焉曰路者謂
若路門路寢路車路馬皆稱路故廣言
之云王在焉曰路路大也王之所在故

張本下象鼻題監生戴三字

0015_0456-2

以大爲名諸侯亦然左氏說以爲行[illegible]
[illegible]路故以路名之若然門寢之等[illegible]
行於路乎云玉路以玉飾諸末者凡言
玉路金路象路者皆是以玉金象爲[illegible]
不可以玉金爲路故知玉金等飾之言
諸末者凡車上之材於末頭皆飾之故
云諸末也云錫馬面當盧刻金爲之者
面上曰錫故知當額盧案韓奕詩鉤膺
鏤錫金稱鏤故知刻金爲之故鄭引詩
云所謂鏤錫也故詩毛傳亦云金鏤其
錫鄭箋云眉上曰錫刻金飾之云樊讀
如鞶帶之鞶者案易訟卦上九云或錫
之鞶帶注云鞶帶佩鞶之帶但易之鞶
謂鞶囊即內則云男鞶革是也此鞶謂

祭禮十一　百十四

0015_0457-1

馬大帶音與同故讀從之是以鄭即云
馬大帶也先鄭云纓謂當胷引士喪禮
[illegible]馬纓以削革爲之貫馬亦云鞶纓
[illegible]飾在纓前十有二匝以毛牛尾金塗
[illegible]二重後鄭皆不從之者以鞶爲馬大
帶明纓是夾馬頸故以今馬鞅解之[illegible]
[illegible]鄭云上路之樊及纓皆以五采罽飾
之者案爾雅釋言云氂罽也郭注云毛
[illegible]所以爲罽如[illegible]罽[illegible]毛爲之[illegible][illegible][illegible]
[illegible]飾之者蓋以今時所以擬之[illegible][illegible][illegible]
[illegible][illegible]苦案典瑞云鎮圭繅五采五[illegible][illegible]
[illegible]王晉就飾用五采雜有於傳[illegible][illegible][illegible]
如月會兒三采[illegible]纓藉五采即[illegible][illegible][illegible]
[illegible]一[illegible]一下爲一就此中與纓[illegible][illegible][illegible]

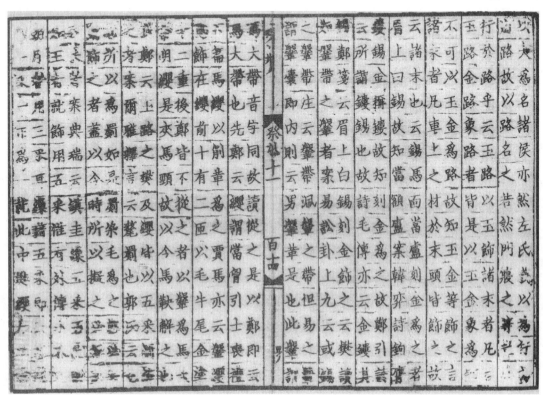

0015_0458-1　　0015_0457-2

屬識數亦米而爲一旒十二斿大常九旗之畫
常云日月爲常是也云正幅爲雅文知斿則屬焉者爾雅云纁帛
九繆旒用物不同旒又有明知別屬可知也○春官○典路
王及后之五路辨其名物與其用說
晉鋭反○用謂將有朝祀之事而野司裳云說謂舍車也春秋傳曰
駕日中而說用謂所宜用○疏曰中車已上王后之五路今此又掌之
以其冬官造得車說以授巾車飾以金象之等其王及后所乘者又入典
儀祭札十一　百十五
路別掌之又曰此經雖不言所用之變與路所掌還依巾車朝祀所用故鄭依
巾車而言也先鄭所引春秋者在左氏傳宣十二年楚與晉戰於邲之事云用
謂所宜用者還是朝祀之等也若有大祭祀則出路贊
駕說出路王當乘之贊駕說贊僕與趣馬也○趣倉口反○疏曰案上
車玉路以祀此云若有大祭祀則出路當陳之鄭云王當乘之唯出玉路也案下文大
喪大賓客亦如之注云亦出路當陳之不言王乘之者以此唯云大祭祀則
路據王所乘之亦當陳之爲華國云當陳之謂陳之以華國亦有當乘者

0015_0459-1　　0015_0458-2

法但大賓客王乘金路也其大喪亦無乘者時路故注爲陳之而說也知贊僕
與趣爲者夏官大馭戎僕齊僕之等及趣馬之官主駕說故知所贊駕說者贊
僕與趣馬也○同上○校人凡大祭祀毛馬而頒
之毛如字劉莫報反○毛馬齊其色也須授當乘之○疏曰凡大祭祀須馬
從王故知毛馬而頒之爲齊其色者案毛詩傳云宗廟齊豪尚純也戎事齊力
尚強也田獵齊足尚疾也爾雅亦云雖據宗廟至於田獵軍旅既尚疾尚力亦
尚色也故下云凡軍事物馬而頒之其尚力也詩云四騵彭彭武王所乘又云
儀祭札十一　一百十六
四鐵孔阜秦襄公以田是齊色不專據宗廟○夏官○司常日月
爲常交龍爲旂通帛爲旜雜帛爲物旜之
然反○通帛謂大赤從周正色無飾雜帛者以帛素飾其側白殷之正色凡旗
之帛皆用絳○疏曰云通帛謂大赤者巾車及明堂位皆明大赤也云從周正
色無飾者以周建子物萌色赤今旌旂通體盡用絳之赤帛是周之正色無
也物之飾也云雜帛者以帛素飾其側白殷之正色者殷以建丑爲正物牙色
白今用帛素飾其側者明以先王正道佐職故兼用白雜之也云旗之帛皆用

0015_0459-2

綪者以周尚赤故也爾雅云纁帛綪也自大常以下首皆有旄羽焉案夏采云乘車建綏復於四郊注綏以旄牛尾爲之綏於檀上王祀四郊乘玉路建太常今以之復去其旒異於生又干旄詩子子干旄孑孑干旌鄭彼注云周禮孤卿建旃大夫建物首皆注旄焉是其旌首皆有旄之明驗也夏官夏采注云夏采夏翟羽色禹貢徐州貢翟之羽有虞氏以爲緌後世或無故染鳥羽象而用之謂之夏采冬官鍾氏染鳥羽是也

王建大常諸侯建旂孤卿建旜大夫士建物自王以下治民者旗畫成物之

0015_0460-1

象王畫日月象天明也諸侯畫交龍一象其升朝一象其下復也孤卿不畫言奉王之政教而已大夫士雜帛言以先王正道佐職也○朝直遙反○疏曰云自王以下治民者旗畫成物之象者謂自王以下至大夫士是也云王畫日月象天明也者聖人與日月齊其明故旌旗畫日月象之案桓二年臧哀伯云三辰旂旗昭其明也三辰日月星則此大常之畫日月者也此直言日月不言星者此舉日月其實兼有星也云諸侯畫交龍一象升朝一象下復也者以衣服不言交龍直云袞龍則衣服直有升龍無降龍以其天子之衣無日月星直有

0015_0460-2

龍龍有升龍降龍則諸侯不得與天子同故直有升龍也至於天子旌旂有日月星辰故諸侯旗旂無日月星故龍有升降也象升朝天子象下復還國也云孤卿不畫者謂不畫異物赤帛而已云奉王之政教而已者以其直有時王政教故云奉王之政教而已云大夫雜帛者謂中央赤旁邊白白是先王殷之正色而在旁故云以先王正道佐職也

凡祭祀各建其旗王祭祀之車則玉路○疏曰鄭云王祭祀之車則玉路者偏據王而言云乘玉路則建大常經云各建其旗則諸侯已下旂物路各有旗案上文諸侯建旗大行人

0015_0461-1

云建常九旒雖言常皆是交龍之旂[illegible]者通故名旂爲常孤卿則旜大夫[illegible]物言各建其[illegible]以祭官○

節服氏掌祭祀[illegible]維王之大常服袞冕者從王[illegible]維之以縷王旌十二[illegible]

[illegible]旁二人持之禮天[illegible]維持之○[illegible]曰云[illegible]王服也者以其[illegible]服氏[illegible]服明節[illegible]所[illegible]與[illegible]也云華蓋[illegible]二旌者也[illegible]云王[illegible]

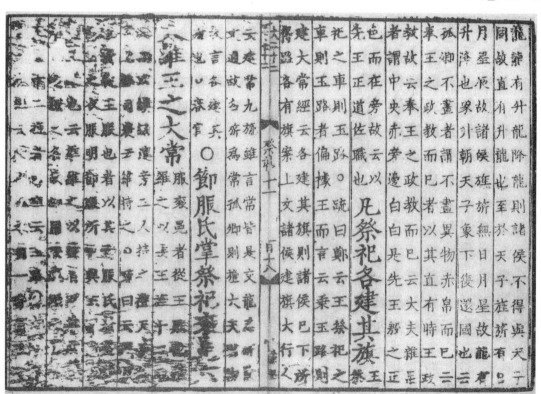

0015_0462-1　　0015_0461-2

三人紼六旒故知兩兩以縷連旁三人特之云豐天子旌曳地者禮緯又引之者若不遺維特之則旒曳地故也諸侯則四人其服事如之疏曰依禮緯含文嘉云天子旌九仞中二旒曳地諸侯七仞九旒齊軫大夫五仞五旒齊轂士三仞三旒齊首彼或異代法故旒不依命數周之諸侯之旌皆交龍爲之上公九旒侯則七旒子男則五旒今總云四人則得兩兩維之但一畔有二人分而維之見威儀耳云其服亦如之者節服氏之服亦與諸侯同諸侯唯二王後與魯得祭夫服衮冕其餘諸侯唯得祭宗廟服玄

小三百四　大三百七　儀祭礼十一　一百九　孫欽

冕節服氏皆與君同服故云其服亦如之○夏官○大馭掌馭玉路以祀及犯軷王自左馭馭下祝登受轡犯軷遂驅之軷蒲末反祝之又反行以曰軷犯之者封土爲山象以菩芻棘柏爲神主既祭之以車轢之而去喻無險難也春秋傳曰跋涉山川自由也王由左馭禁制馬使不行也故書軷作罰杜子春云罰當爲軷軷讀爲別異之別謂祖道轢軷磔犬也詩云載謀載惟取蕭祭脂取羝以軷詩家說曰將出祖道犯軷之祭也聘禮曰乃舍軷飲酒于其側禮家說亦謂

0015_0463-1　　0015_0462-2

道祭○跋蒲末反菩音負一音倍芻初俱反轢音歷難乃旦反別彼列反下同磔陟格反羝丁兮反舍音釋○疏曰此據祭天之時故有犯軷之事云及犯軷者出國門封土爲山象祭軷王在左自馭馭下祝登受取王手之轡犯軷遂驅之而出又曰言行山曰軷者謂水行曰涉山行曰軷云封土爲山象者鄭注月令祀行之禮爲軷壇厚三寸廣五尺此道祭亦宜然云菩芻棘柏爲神主者謂於三者之中但用其一以爲神主則可也云既祭之以車轢之而去喻無險難也者祭天在近郊雖無險難審慎故也出春秋傳曰者案襄二十八年子大叔

小三百八十八　大十六　儀祭礼十一　一百十

云跋涉山川蒙犯霜露以逞君心是其行山曰軷之事也子春讀軷爲別異之別者蓋取軷說行去之意引聘禮大夫道祭者無牲牢酒脯而已又於旁飲酒餞別故云飲酒於其側也及祭酌僕僕左執轡右祭兩軹祭軌乃飲軹音紙軌音犯○故書軹爲斬軌爲範杜子春云文當如此左不當重重非是書亦或如杜子春言又云斬當作軹軹謂兩也其或言軷亦非是又云軌當作軌謂車前軾也或讀斬爲簪笄之笄○斬劉音雞重直龍反轄音衛軌當爲姊美反又音犯○疏曰此云及祭酌僕者即上文

0015_0464-1　0015_0463-2

將犯軷之時當祭左右轂末及軾前乃犯軷而云酌僕者使人酌酒與僕僕即大馭也大馭則左執轡右手祭兩軹并祭軌之軾前三處訖乃飲飲者若祭末飲福酒乃始轢軷而去云又曰云謂酹轢者轢即轂末云軌當爲軹軹謂車軾前也者案少儀祭左右軌范乃飲注云周禮大馭祭兩軹祭軌乃飲軌與軹於車同謂轊頭也範與范聲同謂軾前也若然此云軹少儀作軌軌與車轍之軌同名此云軌少儀云范同是軾前也

凡馭路行以肆夏趨以采薺薺才私反○凡馭路謂五路也肆夏采薺樂章也行謂大寢至

大卅一　小三百六十七　祭禮十一　百三十一

路門趨謂路門至應門。疏曰樂師亦有此法彼下有車亦如之即上文行趨者據步迎賓客法此說馭路亦云行趨者此雖馭路行趨遲疾唯步迎賓客爲法故雖車亦行趨也又曰此大馭惟馭玉路而云諸五路者大馭雖馭玉路以經云凡所會廣則餘四路亦循五路爲法故云五路也若然迎賓客唯乘金路爲四路雖不用迎賓客至於乘車皆自內而出自外而入鑾鑣殺及門故鄭摠大寢爲正也云肆夏采薺樂章也者肆夏在鍾師與九夏同是樂章可知其采薺雖逸詩既與肆夏同歌一曲亦樂章也知行謂大寢至路門趨謂路門至應門

0015_0465-1　0015_0464-2

者爾雅云堂上謂之行門外謂之趨有雖在堂更人之行由堂始以發堂至門皆謂之爲行故云行謂大寢至路門趨謂路門至應門也鄭注樂師云及入應門路門亦如之此注不言亦同於彼也若然應門外亦應有樂節但無文故鄭亦不言也

凡馭路儀以鸞和爲節舒疾之法也鸞在衡和在軾皆以金爲鈴。鈴音零。疏曰鄭知鸞在衡和在軾者鄭見韓詩傳云升車則馬動馬動則鸞鳴鸞鳴則和應乘車先馬動次鸞鳴乃和應鳴鸞近馬首和更近後故知鸞在衡和在軾也且案秦詩云輶車鸞鑣毛云鸞在衡鄭云

大卅四　小三百七十五　祭禮十一　百三十二

鸞在鑣不從毛義者鄭以田車鸞在鑣乘車鸞在衡此云鸞在衡據乘車而言故也云皆以金爲鈴者鼓人掌四金鈴則四金之類故知用金爲之乃可得有聲也。

夏官

旅賁氏掌執戈盾夾王車而趨左八人右八人車止則持輪盾常準反又音允。夾古洽反又協反。夾王車者其下上也[illegible]八人中士爲之帥焉。疏曰[illegible]下士十六人者見序官云旅賁[illegible]中士二人下士十有六人此經左右[illegible]人故知旅賁氏之下士也中士二人官首明爲之帥也

凡

0015_0465-2

[illegible]祀[illegible]而趨[illegible]

齊服玄端○[illegible]車者約上[illegible]

齊服袞冕者[illegible]氏云掌祭[illegible]袞冕云此士之[illegible]玄端者若[illegible]

祭服爵弁故齊服玄端○同上

○齊右掌祭祀前齊

車王乘則持馬行則陪乘

齊側皆反乘劉繩證反○

齊車金路王自整齊之車也前之者已駕王未乘之時陪乘參乘謂車右也齊

右則齊僕同車而有祭祀之事則兼玉路之右然則戎右兼田右與○齊車齊

0015_0466-1

僕並側皆反○疏曰云前之者已駕王未乘之時若曲禮曰僕執策立於馬前

備驚奔謂未乘時此亦未乘之時在馬前備驚奔也云倍乘者王與僕及車右

爲參乘也云齊右與齊僕同車而有祭祀之事則兼玉路之右者齊僕同乘金

路唯可據齊時今此經云祭祀不言齊明是兼祭祀乘玉路時爲右可知也以

其王路右五其右唯有齊右道右戎右三者不見祀右及田右祭祀時亦名齊

田興戰伐俱用兵可以相通故知齊右兼玉路右戎右兼田右也無正文故云

與以疑之也

凡有牲事則前馬

王見牲則拱而式居馬前

0015_0466-2

[illegible]行[illegible]理曰[illegible]宗廟[illegible]齊牛○拱[illegible]反卻音卻○疏曰云[illegible]

九拱則拱而式者凡君子立乘前護下爲若有拱事則式式視馬尾當須端拱

云拱而式也居馬前卻行備驚奔也[illegible]故其王既拱而式是以鄭右居馬前

卻行備驚奔故也引曲禮曰國君下宗廟式齊牛者案彼經云國君式宗廟下

齊牛此所引不同者但宗廟尊宜下將彼經爲誤故鄭改之依正而言也○[illegible]

官

右出路

0015_0467-1

師氏凡祭祀王舉則從

從才用反下同○舉猶行也故

書舉爲與杜子春云當爲與讀王與祭祀之事○與音預○疏曰祭祀則郊廟

及山川社稷凡是也王行之時師氏則從以王所在皆須詔王以美道故也又

曰既訓舉爲行又引子春從故書爲與者亦義得兩通故亦引之在下也

使其屬帥四夷之隸各以其兵服守王之

門外且蹕

兵服旃布弓劍不同也明外中門之外蹕止行人不得迫

王宮也故書隸或作肆鄭司農云讀爲[illegible]疏曰云使其屬者屬即[illegible]官師[illegible]

0015_0468-1　　0015_0467-2

中大夫之下有屬官上士二人并有府史胥徒之等使此人帥四夷之隸若秋
官蠻隸之等各使四夷隸以其本國之兵器及其服以守王之門外以衛王并
使蹕止行人故云且蹕也又曰云兵服旃布及弓劒者東方南方其服布其兵
劒西方北方其服旃其兵弓矢云門外中門之外者案閽人掌中門之禁則中
門內也人不得入明在中門之外○地官○保氏凡祭祀王
舉則從使其屬守王闈闈宮中之巷門○疏曰其屬守
王闈者亦謂在國其師氏守中門外此保氏守王闈門○同上○大僕

祭禮十一　百二五

祭祀正王之服位詔灋儀詔告也○疏曰服祭服也
王之吉服不一隨所祭而衣之位立處也并降行事皆有位處大僕親近王所
之官故須正之并詔告其法度威儀王出入則自左馭而
前驅前驅如今道引也道而居左自馭不參乘辟王也亦有車右焉○自乘
繩證反辟音避劉扶亦反○疏曰云王出入者謂朝覲凡祭祀巡狩征伐皆是
大僕則在車左不敢使人馭自馭而前驅也若使人馭馭在中央身無事君在左
大尊故自馭也知亦有車右者以車右恐車傾危衛非常驂乘事者亦宜有車

0015_0469-1　　0015_0468-2

右勇力者也○夏官○小臣大祭祀沃王盥疏曰云大
祭祀沃王盥者大祭祀天地宗廟皆是王將獻尸先盥手洗爵乃酌獻故小臣
為王沃水盥手也小祭祀掌事如大僕之灋同上
○御僕大祭祀相盥而登相盥者謂奉槃授巾與登
謂王為登牲體於俎特牲饋食禮主人降盥出舉入乃匕載○奉芳勇反為于
偽反○疏曰上小臣云沃此又云盥明是奉槃授巾以其少牢特牲尸盥時有
奉槃授巾之事故云也以無正文故云與以疑之也云登謂為王登牲體於俎

祭禮十一　百二十六

者以其文承祭祀之事故引特牲匕載載即登牲體於俎也○夏官○大
祝辨九𢷬一曰稽首二曰頓首三曰空
首四曰振動五曰吉𢷬六曰凶𢷬七曰
奇𢷬八曰褒𢷬九曰肅𢷬以享右祭祀
𢷬音拜○稽首拜頭至地也頓首拜頭叩地也空首拜頭至手所謂拜手也吉
拜拜而後稽顙謂齊衰不杖以下者言吉者此殷之凶拜周以其拜與頓首相
近故謂之吉拜云凶拜稽顙而後拜謂三年服者杜子春云振讀為振鐸之振

張本下象鼻題監生戴三字

0015_0470-1　　0015_0469-2

動讀爲[illegible]慟之慟奇讀爲奇偶之[illegible]
先屈一膝今雅拜是也[illegible]
佐[illegible]請持節持戟拜身[illegible]
夫[illegible]動讀爲董書亦或爲[illegible]
手[illegible]也奇拜謂一拜也[illegible]
拜[illegible]是也鄭司農云[illegible]
拜[illegible]肅拜但俯下手今時[illegible]
者[illegible]拜古曰爲事故敬爲使者[illegible]
動[illegible]變動之拜書曰王動色變[illegible]一拜
本[illegible]下拜再拜神與尸[illegible]
獻[illegible]獻也右讀爲侑侑勸[illegible]食[illegible]拜○
揖[illegible]至反爲事子[illegible]反[illegible]朝直
適[illegible]○疏曰此九[illegible]之[illegible]是正拜
五者遂事生名還依四種正拜而爲之

祭礼十一　百三十七

也一曰稽首二曰頓首三曰空首此三
者[illegible]因而爲之空首者先以兩手拱至
地[illegible]頭至手是爲空首也以其頭不至
地[illegible]名空首頓首者爲空首之時引頭
至[illegible]首頓地即舉故名頓首一曰稽首
[illegible]稽留之字頭至地多時則爲稽首
[illegible]拜也稽首拜中最重臣拜
[illegible]拜二四頓首者平敵自相拜之[illegible]
[illegible]空首拜者君答臣下拜如[illegible]
答[illegible]年公會齊侯[illegible]
[illegible]公[illegible]拜齊人[illegible]武[illegible]
[illegible]首公如一[illegible]

0015_0471-1　　0015_0470-2

家遍伉儷寡君將君是望敢不稽首鄰
特牲曰大夫之臣不稽首非尊家臣以
避君也如是相禮諸侯于天子臣于君
稽首禮之正然諸相於大夫之臣及凡
自敵者皆當從頓首之拜也如是差之
君拜臣下當從空首拜其有敬事亦稽
首故大誓云周公曰都懋哉予聞古先
哲王之格言以下大子發拜手稽首是
其君于臣稽首事洛誥云周公拜手稽
首服復子明辟成王拜手稽首公不敢
不敬天之休若此即所以尊敬故皆稽
首九曰肅拜者拜中最輕唯軍中有此
肅拜婦人亦以肅拜爲正其餘五者附
此四種正拜者四曰振動附稽首五曰

祭礼十一　百三十八

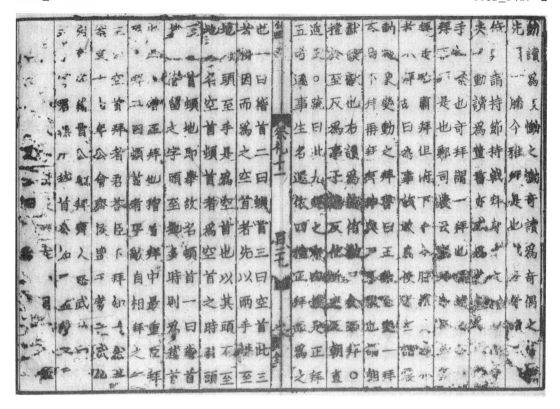

吉拜附頓首六曰凶拜亦附稽首七曰
奇拜附空首八曰褒拜亦附稽首以享
侑祭祀者享獻也謂朝踐饋獻時拜侑
侑食侑勸尸食時而拜此九拜不專爲
祭祀而以祭礼結之者祭祀事重故舉
以言之又曰稽首拜頭至地頓首拜頭
叩地也者二種拜俱頭至地但稽首至
地多時頓首至地則舉故以叩地言之
謂若以首叩物然云空首拜頭至手所
謂拜手也者即尚書拜手稽首云吉拜
拜而後稽顙謂齊衰不杖以下者此謂
齊衰已下喪拜而云古者對凶拜爲輕
此拜先作頓首後作稽顙顙還[illegible]頓首
但觸地無容則謂之稽顙云齊衰不杖

0015_0472-1　　0015_0471-2

□下者以其杖齊衰入凶拜中故稽顙以
□父在爲妻不杖不杖不稽顙明知父沒爲
妻□而稽顙是以知此吉拜謂齊衰不杖
衰已下云言吉者此殺之凶拜者□檀
弓云拜而後稽顙頹乎其順也稽顙而
後拜頎乎其至也三年之喪吾從其至
者鄭注云自期如□可言自期則是齊
衰不杖已下用殺之喪拜故云此殺之
凶拜也云周以其□與頓首相近故謂
之吉拜云者言相近者非謂文相近是拜
體相近以其先作頓首後作稽顙稽顙
還依頓首而爲之是其拜體相近以其
爲一義故言云以疑之云凶拜稽顙而後
拜謂三年服者此雜記云三年之喪即

以喪拜非三年喪以其吉拜又檀弓云
稽顙而後拜頎乎其至孔子云三年之
喪吾從其至者若然上吉拜齊衰不杖
已下則齊衰入此凶拜中鄭不言之者
以雜記云父在爲妻不杖不稽顙父卒
乃稽顙則是適子爲妻有不得稽顙時
故略而不言但適子妻父爲主故適子
父在不稽顙則衆子爲妻父在亦稽顙
不據衆子常稽顙者據雜記成文杜子
春云振讀爲振鐸之振者讀從小宰職
振木鐸于朝之振云動讀爲哀慟之慟
者謂從孔子哭顏回哀慟之慟云奇讀
爲奇耦之奇者謂從郊特牲鼎俎奇籩
□耦之奇已上讀字後鄭皆從之云先

0015_0473-1　　0015_0472-2

亟一膝今雅拜是也或云奇讀曰倚倚
拜謂持節持戟拜身倚之以拜此二者
後鄭皆不從之鄭大夫云動讀爲董書
亦或爲董振之董者此讀從左氏董之
以威是董振之董云以兩手相繫此後
鄭皆不從云奇拜謂一拜也一拜者謂
君一拜臣下答燕禮大射有一拜之時君
於一拜後鄭從之云褒讀爲報報拜謂
再拜是也後鄭亦從鄭司農云褒拜今
之持節拜是也者後鄭不從云肅拜但
俯下手今時揖是也案儀禮鄉飲酒賓
客入門有揖入門之法持手曰揖引手
曰檀云介者不拜故曰爲事故敢肅使
者案成十六年晉楚戰于鄢陵楚子使

工尹襄問郤至以弓郤至見客免胄承
命又云不敢拜命注云介者不拜爲□
君命之辱爲事故敢肅使者三肅使者
而退是軍中有肅拜法案成二年鞌之
戰獲齊侯晉郤至投戟逡巡再拜稽首
軍中得拜者公羊之義將軍不介胄故
得有拜法玄謂振動戰栗變動之拜書
曰王動色變案中候我應云季秋七月
男子赤雀銜丹書入酆至昌戶再拜稽
首受案今文大誓得火鳥之瑞使上附
以周公書報誥於王王動色變雖不見
拜文與文王受赤雀之命同爲稽首拜
也■一拜答臣下拜再拜拜神與尸此
二者增鄭大夫之義知再拜拜神與尸

張本下象鼻題監生蔡育四字

0015_0473-2

案特牲禮祝酌奠莶鉶南主人再拜禋在左也再拜於尸謂獻尸尸拜受主

人拜送尸也天子諸侯亦當然或解一拜答臣下亦據祭祀時以其賓禮君答

拜臣或再拜時故也云享獻也謂朝獻饋獻也者以祭祀二灌之後唯有朝踐

饋獻稱獻故知享獻據朝踐饋獻時也云右讀爲侑侑勸尸食而拜者案特牲

尸食祝侑主人拜少年主人不言拜侑故知侑尸時有拜。春官○小

宰凡祭祀贊玉幣爵之事又從大宰助王也。䟽曰

案大宰職云祀五帝贊玉幣爵今此又云祭祀贊此三者謂小宰執以授大宰

大宰執以授王是相贊助故云又從大宰助王也。天官○射人祭

祭礼十一　百三十一

0015_0474-1

祀相孤卿大夫之灋儀。夏官○司士凡

祭祀掌士之戒令詔相其灋事䟽曰云凡祭祀

掌士之戒令者謂羣臣有事於祭祀皆掌其戒告令也云詔相其法事者謂

告語并擯相其行灋之事。夏官○肆師祭之日相治

小禮誅其慢怠者䟽曰云相治小禮者謂羣臣行事則肆師

相治之云誅其慢怠者謂執事之人有惰慢懈怠者則誅責之凡祭祀

0015_0474-2

[illegible]言。泰[illegible]○大史大祭[illegible]

[illegible]善次位常謂校呼之[illegible]當吾之[illegible]

[illegible]書[illegible]執[illegible]之書若[illegible]者各[illegible]掌位次常者[illegible]

[illegible]常行不[illegible]常也辯事者攷焉不信者[illegible]

冒其職事。䟽曰此謂貽祭之人史掌禮知行事得失所行依法謂之

[illegible]則與人考焉抵冒職事詐欺不信者刑誅之。同上

右臨祭○記凡祭於室中堂上無

祭礼十一　百三十二

0015_0475-1

跣燕則有之䟽悉典反○祭不跣者主敬也燕則有跣

爲歡也天子諸侯祭有坐尸於堂之禮祭所尊在室燕所尊在堂將

燕降說屨乃升堂○爲子僞反說屨吐活反○䟽曰凡祭於室中堂

上無跣者凡祭謂天子至士悉然也跣說屨也下大夫及士陰陽二

厭及燕尸皆於室中上大夫陰厭及祭在室若儐尸則于堂天子諸

侯則有室祭有堂祭禮主敬故凡祭在室中者非唯室中不說屨堂

上亦不敢說屨故云凡祭於室[illegible]堂上無跣燕則有之者有之謂[illegible]

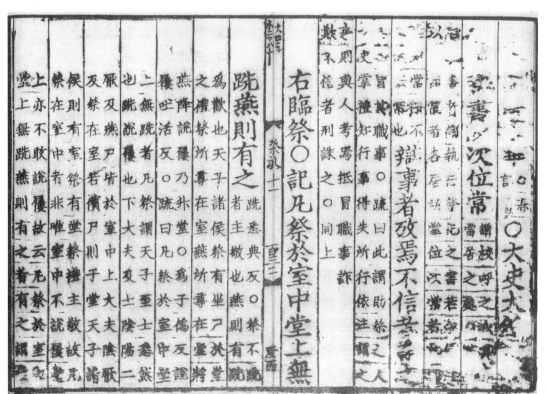

0015_0475-2

上有跣也燕禮主歡故得說屨而升堂坐也燕禮云賓及卿大夫皆說屨升就席注云凡燕坐必說屨屨賤不在堂也禮者尚敬敬多則不親燕安坐相親之心又曰祭不跣者主敬也者跣謂說屨坐而相親祭禮主敬不敢私自相親故云祭不跣者主敬也云天子諸侯祭有坐尸於堂之禮者朝事延尸於户外故坐尸於堂若卿大夫以下祭禮於室無坐尸於堂也云祭所尊在室者以經云凡祭於室中堂上無跣故辨之也此則貴賤通故卿大夫士正祭饋食並在室中而

0015_0476-1

天子諸侯雖朝事延尸於户外非禮之盛節初入室灌及饋食之時事神大禮故云祭所尊在室云燕所尊在堂者於燕禮文無在室唯在堂行禮初時立而致敬故云燕所尊在堂云將燕降說屨乃升堂者燕禮文也○小儀

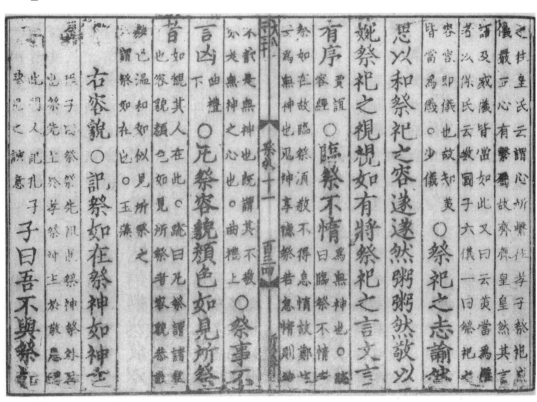

保氏教國子六儀一曰祭祀之容少儀云祭祀之容齊齊皇皇○祭祀之美齊齊皇皇美音儀齊齊皇皇讀如歸往之往美當爲儀字之誤也○疏曰齊齊皇皇者皇讀爲歸往

0015_0476-2

之往皇氏云謂心所繫往孝子祭祀威儀嚴正心有繫屬故齊齊皇皇然其言語及威儀皆當如此又曰云美當爲儀者以保氏云教國子六儀一曰祭祀之容容即儀也故知美皆當爲儀○少儀○祭祀之志諭然思以和祭祀之容遂遂然粥粥然敬以婉祭祀之視視如有將祭祀之言文言有序賈誼容經○臨祭不惰爲無神也○疏曰臨祭不惰者祭如在故臨祭須敬不得息惰故鄭云云爲無神也凡神事臨祭若息惰則神

0015_0477-1

不歆是無神也既謂其不敬亦是無神之心也○曲禮上○祭事不言凶曲禮下○凡祭容貌顔色如見所祭者如覩其人在此○疏曰凡祭謂諸祭也容貌顔色如見所祭者容貌恭敬靜也溫和如似見所祭之謂祭如在也○玉藻

右容貌○訂祭如在祭神如神在程子曰祭祭先祖也祭神祭外神也祭先主於孝祭神主於敬愚謂此門人記孔子祭祀之誠意子曰吾不與祭如

0015_0478-1　　0015_0477-2

不祭與去聲○又記孔子之言以明之言己當祭之時或有故不得與而使他人攝之則不得致其如在之誠故雖已祭而此心歉然如未嘗祭也○范氏曰君子之祭七日戒三日齊必見所祭者誠之至也是故郊則天神格廟則人鬼享皆由己以致之也有其誠則有其神無其誠則無其神可不謹乎吾不與祭如不祭誠為實禮為虛也○論語八佾○仲尼嘗奉薦而進其親也愨其行也趨趨以數趨音促數色角反徐音速○嘗秋祭也親謂身親執事時也愨與趨趨言少威儀也趨讀如促數之言速也○疏曰奉薦而進其親也愨者愨謂質愨貌仲尼奉薦進尸之時其身執事其形貌愨質少威儀其行也趨趨以數者其行步促促速疾少威儀舉足而數也已祭子贛問曰子之言祭濟濟漆漆然今子之祭無濟濟漆漆何也子曰濟濟者容也遠也漆漆者容也自反也

0015_0479-1　　0015_0478-2

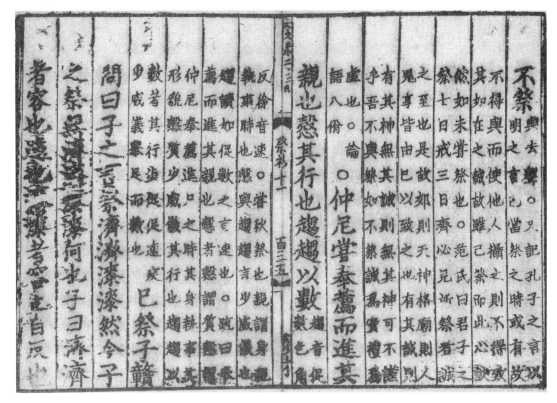

容以遠若容以自反也夫何神明之及交夫何濟濟漆漆之有乎上容也口白反賓客也容以遠同下容也羊凶反儀容也容以自反同○漆漆讀如朋友切切自反猶言自脩整也容以遠言非所以接親親也容以自反言非孝子所以事親也及與也此皆非與神明交之道反饋樂成薦其薦俎序其禮樂備其百官君子致其濟濟漆漆夫何慌惚之有乎樂成音岳又五教反慌況往反一音荒○天子諸侯之祭或殺血腥始至反饋是進孰也薦俎豆與籩也慌惚思念益深之時也言祭事既備使百官助已祭然而見其容而自反是無慌惚之思念夫言豈一端而已夫各有所當也當丁浪反○當猶一端言不可以一槩也禮各有所當行祭宗廟者賓客濟濟漆漆主人愨而趨趨○疏見祭義小祝大祭祀逆尸沃尸盥贊隋隋尸之祭也○

0015_0479-2

疏曰迎尸者爲始祭迎尸祭義[illegible]迎來是也云沃尸盥者尸尊不就[illegible]
特牲少牢尸入廟門盥於盤其時[illegible]沃水云贊隋者案特牲少牢尸始[illegible]
拜妥尸尸隋祭以韭菹擩于醢以祭豆間小祝其時贊尸以授之又曰主人
安尸酢時亦有隋祭但此經贊隋文承迎尸沃尸之下故隋是〻之祭也○春
官○舉斝角詔妥尸妥安坐也尸始入舉奠斝若奠角將
祭之祝則詔主人拜安尸使之坐尸即至尊之坐或時不自安則以拜安之也
天子奠斝諸侯奠角○疏見宗廟及祭義○其有折俎者取

0015_0480-1

祭反之不坐燔亦如之燔音煩○亦爲柄尺之類也燔
炙也鄉射曰賓奠爵于薦西興取肺坐絕祭左手齊之興加于俎坐捝手○齊
才細反挩始鋭反○疏曰折俎謂折骨於俎俎骯有足柄尺之類故就俎取所
祭肺立而取之升席坐祭祭訖反此所祭之牧加之於俎皆立而爲之故云取
祭反之不坐唯祭時坐耳燔亦如之者燔謂燔肉雖非折骨其肉在俎其取及
祭反時皆亦不坐故云燔亦如之尸則坐尸尊也少牢饋食禮曰尸
左執爵右兼取肝肺擩于俎鹽振祭嚌之加于菹豆○食音嗣擩而專反又[illegible]

0015_0480-2

[illegible]反耳諸反○疏曰尸則坐者前云不坐者是賓客耳若爲尸尸尊雖折俎初
取祭反之皆坐也又曰引少牢饋食禮者證尸坐之義前注引鄉射禮云賓奠
爵于薦西興取肺云興則立也此引少牢禮云尸左執爵右兼取肺不云興故
祭尸則坐菹豆盛菹之豆也○少儀○大祝辨九祭一曰
命祭二曰衍祭三曰炮祭四曰周祭五
曰振祭六曰擩祭七曰絕祭八曰繚祭
九曰共祭杜子春云命祭祭有所主命也振祭振讀爲慎禮家讀振

0015_0481-1

爲振旅之振擩祭擩讀爲虞芮之芮鄭司農云衍祭羨之道中如今祭殤無所
主命周祭四面爲坐也炮祭燔柴也爾雅曰祭天曰燔柴擩祭以肝肺菹擩鹽
醢中以祭也繚祭以手從肺本循之至于末乃絕以祭也絕祭不循其本直絕
肺以祭也重肺賤肝故初祭絕肺以祭謂之絕祭至祭之末禮殺之後但擩肝
鹽中振之擬之若祭狀弗祭謂之振祭特牲饋食禮曰取菹擩于醢祭于豆間
[illegible]鄉禮曰取肺坐絕祭鄉飲酒禮曰[illegible]肺左卻手執本坐弗繚右絕末以[illegible]
[illegible]曰取肝擩于鹽振祭玄謂九祭皆[illegible]食者[illegible]祭者玉藻曰君若賜之食

0015_0481-2

而君客之則命之祭然後祭是也術者嘗爲延炮与嘗爲包聲之誤也延祭者曲禮曰客若降等執食興辭於客然後客坐主人延客祭是也包猶兼也兼祭者有司曰宰夫贊者取黑白以授尸受兼祭于豆祭是也周猶徧也徧祭曲禮曰殺之序徧祭之是也振祭擩祭本同不食者擩則祭之將食者既擩必振乃祭也絕祭繚祭亦本同禮多者繚之禮略者絕則祭繚之共鑄授也王祭者宰夫授祭孝經説曰共綏執授○綏曰此九祭先鄭自周祭已上皆是祭界之事振祭已下皆是生人之祭食之禮後鄭不從之者祭示神地祇人鬼大宗

祭禮十一　百三九

0015_0482-1

祐辭之父祝不頒制列且生人祭食不命與祭鬼神同科故皆以爲生人祭食法又曰牲子春云命祭祭有所主命也者先祭祀天子諸侯本主大夫士有祭士其祔曾子問以幣帛皮圭以爲主命當主之奠此子春之意亦當以幣帛之主命祖此經文皆是祭食法不十命諸侯鄭不從之又讀振爲禮是振之振或讀爲慎芮之芮此子是義意故隨鄭皆不從之鄭司農衍祭義之道也如今祭殤無所主命此據生人祭食法而云如今祭殤故鄭亦不從之云周祭四面爲坐也謂祭百神四面各自爲坐炮祭燔柴以

0015_0482-2

是燔燒之義故飛燔柴祭天此皆生一祭食法非祭鬼神故後鄭亦不從之不擩祭以肝肺菹擩鹽中以祭也若特牲少牢墮祭之時皆有以菹擩於以祭主人獻尸賓長以肝從尸以擩鹽中以祭故鄭先云以肝肺菹擩鹽中以祭彼云用肺擩鹽臨中先者進引之耳案彼肝擩鹽中以振祭齊人知手所祖此則是擩祭所舉云以初將擩于鹽即同擩祭之辭於義不可云繚祭以手從肺本循之至于末乃絕以祭也者此據鄉飲酒而言云絕祭不循其本直絕肺以祭也者據鄉射而言云重肺爲肝故初祭絕肺以祭謂之絕祭

祭禮十一　百四十

0015_0483-1

至祭之末禮殺之後但擩肝鹽中振之擩之共祭狀弁祭謂之振祭云重肺貴此繚祭絕祭二者皆據肺而言周貴肺故云重肺云賤肝者司農意上云以肝擩于鹽據特牲少牢尸食後賓長以肝從之據云故初祭絕肺以祭謂之絕祭皆是絕祭体特牲少牢無此絕祭之事於義不可云至祭之末禮殺之後但擩肝鹽中振之據者若祭狀者此還據不乎擩肝祭而云若祭狀弁祭於義不可此祭共食禮曰取菹擩于醢祭于豆實者此據祭而言包引鄉射禮及鄉飲酒禮祭肺之事引少牢禮證有射一祭之事此經所引四文後鄭皆從

0015_0483-2

謂[illegible]其義謂先鄭所引特牲少牢[illegible]禮[illegible]而言祭特牲少牢皆[illegible]

[illegible]言謂九祭皆謂祭食者[illegible]之文[illegible]食先[illegible]步祈祭先造食者[illegible]

命祭引玉藻故注云詩命不祭[illegible]之而君賓客之雖得[illegible]待君命文

[illegible]衍[illegible]祭也云衍字當為延炮[illegible]也者[illegible]與炮於義無所取故破

[illegible]延祭者曲禮曰賓若降等[illegible]辭鄭被注云辭者辭主人之臨己

若欲食於堂下然云有司曰宰夫[illegible]取黑白以授尸者彼注云白黍黑[illegible]

黍又引曲禮曰殽之序徧祭之是[illegible]凡祭者皆盛主人之饌敬所[illegible]

祭礼十一　百四一

0015_0484-1

第倫祭[illegible]食大夫唯魚腊[illegible]以其薄故也其餘皆祭故謂之周[illegible]

振祭擩祭本同者皆擩祖振者先[illegible]振擩者不振言不食者擩則祭之[illegible]

特少牢皆有接祭接祭未食之前以[illegible]丁醢祭于豆間是不食者擩則祭[illegible]

[illegible]食者既擩必振乃祭也者特[illegible]有主人獻尸賓長以肝從尸[illegible]

[illegible]手鹽振祭嚌之加于菹豆[illegible]者擩[illegible]之是將食[illegible]

[illegible]祭[illegible]同者繚之[illegible]亦同云禮[illegible]

[illegible]鄉飲[illegible]大夫行鄉[illegible]所據之法[illegible]

0015_0484-2

引右取肺已下是也云禮略者絕則[illegible]之者此據鄉射州長射則士禮故云禮[illegible]

略者絕則祭之祭法即上先鄭引所[illegible]禮取肺坐絕祭是也云共猶授也王

祭食宰夫授祭者此則膳夫職云王祭食則授是也王謂之膳夫而謂之宰夫

[illegible]據諸侯是宰夫云孝經說曰共綏執授者孝經緯文漢時禁緯故云說云共

綏執授者謂猶綏祭之時共此綏祭以綏尸引之者證共為授之義也○音[illegible]

○君與尸行接武　尊者尚徐蹈半迹○跡曰君與尸行接武

者明貴賤○與尸行步廣狹不同也君天子諸侯也武迹也接武者二足相躡每

祭礼十一　百四二

0015_0485-1

於半未得各自成迹故云接武尊者舒遲故君及尸並步邊狹　大夫

繼武　迹相及也○疏曰大夫繼武者謂大夫與其尸行時繼武者謂兩足

相接繼也大夫漸卑與尸行步稍廣速也　士中武　迹閒容迹○疏

士中武者謂士與其尸行也中猶[illegible]閒容一足地乃躡之也士

[illegible]徐趨[illegible]

[illegible]曰[illegible]

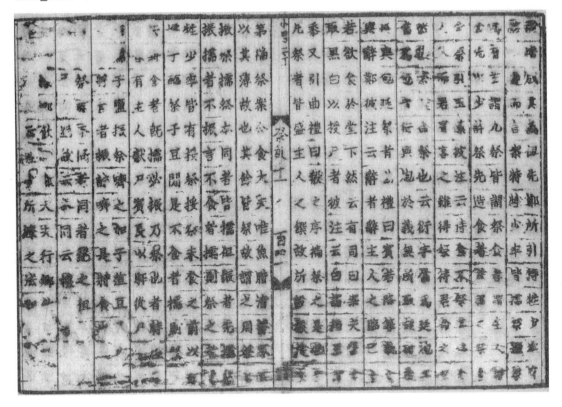

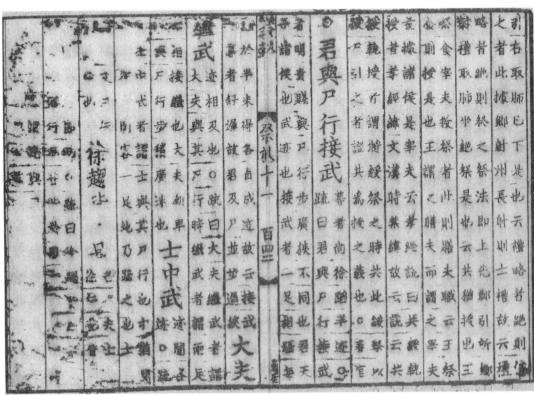

0015_0485-2

右尸出受祭○傳古者尸無事則

立有事而后坐也古謂夏時也○跡曰古者尸無

事則立有事而后坐也者古夏時也夏立尸唯有飲食之事時乃坐

若無事則倚立也由世質故二○郊特牲○三代之禮

一也民共由之或素或青夏造殷

因一也俱趨誠也由用也素尚白青尚黑者也言所尚雖異禮則

相因耳孔子曰殷因於夏禮所損益可知也周因於殷禮所損益可

0015_0486-1

知也變白黑言素青者秦二世時趙高欲作亂或以青為黑以黑為

黃民言從之至今語猶存也○䟽曰三代之禮一也者謂三代所行

之禮雖別一皆趨於至誠故云一也民共由之者由用也非唯君行

禮用誠如一也民亦共用誠如一也或素者前明三代雖異而俱用

誠是同此述其迹異也或素尚白也尚白殷世之禮也或青者尚黑

夏世之禮也然夏先殷後今先云或素者記是周時令欲見周因於

殷殷因於夏禮也夏造者往來之禮雖同而先從夏始故云夏造也

0015_0486-2

殷因者因於夏禮而用之故云殷因也又曰一也俱趨誠也文承上

經禮三百曲禮三千其致一也一謂至誠故知此一亦至誠也云青

尚黑者也者夏以十三月為正於時草之萌牙變白而青也夏正尚

黑故知青謂黑也云秦二世時趙高欲作亂或以青為黑黑為黃民

言從之至今語猶有也者案史記秦二世謂胡亥於時丞相趙高欲

殺二世未知人從已否乃指鹿為馬民畏趙高皆稱鹿為馬是其事

也其以青為黑以黑為黃即鹿馬之類也鄭去胡亥既近相傳知之

0015_0487-1

此作記之人在胡亥之後故云或素或青若王肅之說則異於此故

家語云夏后氏金德而王色尚黑周以木德王色尚黃舜以土德王

色尚青聖證論王肅以為夏同堯皆尚其紫色舜土德王尚白而尚

青者土以生為功東方生物之始故尚青土既尚青水則辟之青而

用白也故殷是水德而尚白王肅之說與檀弓緯候文爭不可用也

周坐尸詔侑武方其禮亦然其道

一也言此亦周所因於殷也武當為無聲之誤也方猶常也告

尸行節勸尸飲食無常若孝子之養也孝子就養無方詔侑或為詔囿。養羊讓反。疏曰告尸行節解經詔也勸尸飲食解經侑也案時牲少牢延尸及詔侑相尸之禮告是祝官則是有司而云無常者熊氏云謂就廟祝之中但是祝官皆得為之不當用一祝也案周禮大祝下大夫二人上士四人小祝中士八人下士十六人是皆得相侑尸也又曰周坐尸者此言周所因於殷也殷人坐尸周因坐之也詔侑武方者亦因殷也詔告也侑勸也方常也子事父母就養無

方故在宗廟之中禮主於尊凡顯助祭者皆得告尸威儀勸尸飲食無常人也其禮亦然者其於周禮侑尸及詔侑無方之禮亦因於殷禮故云亦然也其道一也者其用至誠之道一也**夏立尸而卒祭**夏禮尸有事乃坐。疏曰夏立尸而卒祭者此更本殷周所損益相因也夏祭乃有尸但立猶質言尸是人人不可久坐神坐故尸唯飲食暫坐若不飲食時則尸倚立以至祭竟也**殷坐尸**無事猶坐。疏曰殷坐尸者此殷因夏之有立尸而損其

不坐之禮益為恒坐之法也是殺轉文也言尸本象神神宜安坐不辯有事與無事皆坐也**周旅酬六尸**使之相酬也[illegible]發之尸發爵不受旅。疏曰周旅酬六尸者此用又因殷而益之也旅酬六尸謂祫祭時聚羣廟之主於大祖后稷廟中后稷在室西壁東鄉為發爵之主尊不與子孫為酬酢餘自文武二尸就親廟尸凡六在后稷之東南對為昭穆更相次序以酬也殷但坐尸未有旅酬之禮而周益之也然大祫多主而唯云六尸者先儒與王肅並云毀

廟無尸但有主也**曾子曰周禮其猶醵與**醵其庶反又其約反與音餘。合錢飲酒為醵旅酬相酌似之也王肅明堂之禮仲秋乃命國醵。疏曰曾子曰周禮其猶醵與者曾子引世事證周禮旅酬之儀象也醵斂錢共飲酒也凡口斂錢飲酒必非忘懷之酌得而遠飲必令平徧不使偏頗與周禮次序旅酬相似也其王肅禮作遠注曾子以安六尸旅酬不三獻猶[illegible]

禮器

0015_0490-1　0015_0489-2

郊血大饗腥三獻爓一獻孰爓夕廉反○血腥爓
祭用氣○疏曰所進血腥如禮器中說皇氏云周禮之法郊天以燔柴爲始宗
廟以祼地爲始社稷以血爲始小祀以醞爲始此云大饗腥三獻爓一獻孰
者謂正祭之時薦於尸坐之前也又以神尊貴事宜極敬極敬不褻近故用
氣也用血是貴氣而不重味而宗敬降於天故用腥腥稍近味社又降於宗
廟故用爓爓又稍近味○郊特牲○一獻質謂祭羣小祀也○疏
曰一獻質者謂祭羣小祀最卑但一獻而已其禮質略三獻文謂祭

社稷五祀○疏曰三獻文者謂祭社稷五祀其神稍尊比羣小祀禮儀爲文飾
也五獻察察明也謂祭四望山川也○疏曰五獻察者謂祭四望山
川其神既尊神靈亦爲明察七獻神謂祭先公○疏曰七獻神者謂祭
先公之廟禮又轉尊神靈尊重也大曰鄭知然者案周禮司服職云享先
祭羣小祀故知一獻當祭羣小祀絺冕[illegible]云祭社稷五祀故知三獻祭社稷五祀
祀[illegible]冕五章祀四望山川故知五獻祭四望山川也鷩冕七章享先公故[illegible]
七獻祭先公也案此社稷三獻[illegible]於[illegible]山川而入宗伯職云以血祭社稷[illegible]

0015_0491-1　0015_0490-1

獻又大司樂祭社稷奏[illegible]始以又[illegible]云社稷牛角握五嶽四瀆
[illegible]尺以此言之則社稷尊於四望山川[illegible]獻與衣服卑者熊氏云獻與衣服從
[illegible]之尊卑其餘處尊者以其有功與地[illegible]類故進之在上從國中之神莫貴於
社稷之類直以功見尊其實卑也以是地別神故不爲尊也○以上禮器○
尸飲五尸飲五謂酳尸五獻也大夫士祭三獻而獻賓君洗玉
爵獻卿尸飲七以瑤爵獻大夫尸飲九
以散爵獻士及羣有司皆以齒疏曰尸飲五君

洗玉爵獻卿至皆以齒者謂獻卿大夫士及有司等其爵雖同皆長者在先故
云皆以齒又曰此經備九獻之禮者至三人酳尸故尸飲五也凡祭三獻祼用
鬯尸祭奠而不飲朝踐二獻饋孰二獻及食畢主人酳尸此等皆尸飲之故
云尸飲五於此之時以獻卿獻卿之後又主婦酳尸酳尸畢賓長獻尸是尸飲
七也乃瑤爵獻大夫是正九獻禮畢但初二祼不飲故云尸飲七自此以後賓
長兄弟更爲加爵尸又飲二是并前尸飲九主人乃散爵獻士及羣有司也此
明上公九獻故以酳尸之一獻爲尸飲[illegible]若侯伯七獻朝踐饋食時各一獻

食訖酳尸但尸飲三也子男五獻食訖酳尸尸飲一云大夫士祭三獻而獻賓者欲明諸侯獻賓時節與大夫士獻賓不同知大夫士祭三獻而獻賓者特牲禮文下大夫不賓尸與士同亦三獻而獻賓知者有司徹文具上大夫別行賓尸之禮與此異也○祭統

右獻數

大祝掌六祝之辭以事鬼神示祈福祥求永貞一曰順祝二曰年祝三曰吉祝

四曰化祝五曰瑞祝六曰筴祝六祝之秀反○永長也貞正也求多福歷年得正命也鄭司農云順祝順豐年也年祝求永貞也吉祝祈福祥也化祝弭災兵也瑞祝逆時雨寧風旱也筴祝遠罪疾○遠于萬反○疏曰云掌六祝之辭者此六辭皆是祈禱之事皆有辭說以告神故云六祝之辭云以事鬼神示者此六祝皆所以事人鬼及天神地示云祈福祥求永貞者禱祈者皆所以祈福祥求永貞之事案一日已下其事有六祈福祥即三曰吉祝是也求永貞二曰年祝是也今特取此二事爲揔目者欲見餘四者

亦有此福祥求貞之事故也又曰云求多福歷年得正命也者經祈福祥求永貞祈亦求也今鄭云祈多福即經祈福祥也歷年得正命即經求永貞也歷年之上宜有求鄭不言之者多福之上一求鄭則該此二事故鄭歷年之上略不言求鄭司農云順祝順豐年已下皆鄭小祝而說小祝有順豐年此吉順祝故知當小祝順豐年也云年祝求永貞也者以祈求正是命年之事故知年祝當求永貞也云吉祝祈福祥也者以其小祝有祈福祥之事此上摠目亦有祈福祥福祥是吉慶之事故知吉祝當祈福祥也云化祝弭災兵也者弭安也安去

災兵是化惡從善之事小祝有弭災兵故知化祝當之云瑞祝逆時雨寧風旱也者小祝有逆時雨寧風旱此逆時雨即寧風旱寧風旱即逆時雨對則異理則通此二者似若天之應瑞故揔謂之瑞祝云筴祝遠罪疾者自此已上差次與小祝不同唯有筴祝與小祝遠罪疾相當宜為一也此六祝有求永貞小祝不言之者大祝已見故小祝略不言也此六祝一曰順祝已下差次與小祝次第不同者欲見事起無常故先後有異

作六辭以通上下親疏遠近一曰祠二曰命三曰誥四曰

0015_0493-2

會五曰禱六曰誄鄭司農云祠當爲辭謂辭令也命論語所謂爲命裨諶草創之誥謂康誥盤庚之誥之屬也盤庚將遷于殷誥其世臣卿大夫道其先祖之善功故曰以通上下親疏遠近會謂王官之伯命事於會胥命于蒲主爲其命也禱謂禱於天地社稷宗廟主爲其辭也春秋傳曰鐵之戰衛太子禱曰曾孫蒯聵敢昭告皇祖文王烈祖康叔文祖襄公鄭勝亂從晉午在難不能治亂使鞅討之蒯聵不敢自佚備持矛焉敢告無絕筋無破骨無面夷無作三祖羞大命不敢請佩玉不敢愛若此之屬誄謂積累生時德行以錫

祭禮十二　百五十一

0015_0494-1

之命主爲其辭也春秋傳曰孔子卒哀公誄之曰閔天不淑不慭遺一老俾屏余一人以在位煢煢予在疚嗚呼哀哉尼父無自律此皆有文雅辭令難爲者也故大祝官主作六辭或曰誄論語所謂誄曰禱爾于上下神祇杜子春云誥當爲告書亦或爲告玄謂一曰祠者交接之辭春秋傳曰古者諸侯相見號辭必稱先君以相接辭之辭也會謂會同盟誓之辭禱賀慶言福祚之辭晉趙文子成室晉大夫發焉張老曰美哉輪焉美哉奐焉歌於斯哭於斯聚國族於斯文子曰武也得歌於斯哭於斯聚國族於斯是全要領以從先大夫於九京也

0015_0494-2

北面再拜稽首君子謂之善頌善禱是之辭○謀市林反蒯苦怪反聵五怪反難乃旦反行下孟反閔音旻式巾反慭魚覲反嫚求營反疚九又反父音甫京音原○疏曰此六者唯一曰稱辭自然二曰已下皆不稱辭而六事皆以辭目之者二曰已下雖不稱辭命誥之等亦以言辭爲主故以辭包之云以通上下親疏遠近者此六辭之中皆兼包父祖子孫上則疏而遠下則親而近故云以通上下親疏遠近也又曰先鄭破祠爲辭謂辭令者以其目云六辭故知爲言辭之字不得爲禱祠言爲辭令者則玄謂增成之云交接之辭是也云命謂論

祭禮十二　百五十二

0015_0495-1

語所謂爲命裨諶草創之誥謂康誥盤庚之誥之屬也者盤庚雖不言誥亦是誥臣遷從之事故同爲誥又云盤庚將遷于殷誥其世臣卿大夫道其先祖之善功者即盤庚云乃祖乃父世選爾勞是也此命誥之義後鄭從之云會謂王官之伯命事於會胥命于蒲主爲其命也者後鄭不從之者案公羊傳云胥命者何相命也何言乎相命近正也此其爲近正奈何古者不盟結言而退又見昭四年楚椒舉云商湯有景亳之命周穆王有塗山之會以此觀之胥命于蒲與會有異今先鄭以胥命解會於義不可故不從云禱謂禱於天地社稷宗廟

主為其辭也又引春秋鐵之戰事在哀二年案哀二年衛靈公卒六月乙酉晉
趙鞅納衛大子于戚秋八月齊人輸范氏粟鄭子姚子般送之趙鞅禦之衛大
子為右衛大子禱而為此辭言曾孫者凡祭外神皆稱曾孫言昭告于皇祖
文王皇君也衛得立文王廟故云君在文王烈祖康叔者衛之始封君有功烈
之祖云鄭勝亂從者勝鄭伯名助范氏亂故云亂從云晉午在難者午晉定公
名范氏等作亂與君為難故云在難云備持弓焉者蒯聵與趙鞅為車右車右
執持戈弓故云備持弓焉云無作三祖羞者三祖謂文王康叔襄公戰不克則

以為三祖羞辱先鄭此義後鄭皆不從之者此六辭皆為生人作辭無為死者
之事故不從云誄謂積累生時德行以賜之命而引春秋傳曰者哀公十六年
傳辭此義後鄭從之引論語者為孔子病子路請禱孔子問曰有諸子路對曰
辭生人有疾亦誄列生時德行而為禱與哀公誄孔子意同故引以相續云[illegible]
一曰辭者司農云謂辭令無所指斥言後鄭相事而言引春秋傳曰者案莊四
年公羊傳云古者諸侯必有會聚之事相朝聘之道號辭必稱先君以相接矣
出之辭也彼無相見二字鄭以義增之云會謂會同盟誓之辭會中兼有誓[illegible]

者以其盟時皆云公會某侯某侯盟于某以此出會中含有盟其誓必因征伐
衆春秋征伐皆云公會某侯某侵某既有士卒皆有誓辭故出會中兼有誓也
云禱賀慶言福祚之辭者破先鄭禱鬼神之事云晉趙文子成室者禮記檀弓
文彼文云晉獻文子成室鄭注云獻猶賀也晉君賀文子成室此言晉趙文
子成室引文略趙文子則趙武也晉大夫發焉見文子室成卿大夫皆發禮以
往慶賀之張老者亦晉大夫云美哉輪焉者謂輪囷高大云美哉奐焉者謂奐
爛有文章云歌於斯者斯此也謂作樂饗宴之處云哭於斯謂死於適寢之處

聚國族於斯謂與族人族食宴之處張老言此者譏其奢泰一室兼此數事防
其更為云文子曰武也者武文子名謂武謂歌於斯哭於斯聚國族於斯是全
要領以從先大夫於九京也古者有要斬領斬故要領並言案彼注九京當為
九原晉卿大夫之墓地在九原故言以從先大夫於九原云北面再拜稽首者
平敵相於並列則頓首臣於君作稽首今文子作稽首者時晉君在焉北面向
君拜故作稽首云君子謂之善頌善禱者君子謂知禮之人彼注云善頌謂張
老之言善禱謂文子之言云是之辭者是經禱之辭也此六者皆以辭解之

0015_0498-1　0015_0497-2

辨六號一曰神號二曰鬼號三曰示號
四曰牲號五曰齍號六曰幣號號謂尊其名更
爲美稱焉神號若云皇天上帝鬼號若云皇祖伯某祇號若云后土地祇幣號
若玉云加玉幣云量幣鄭司農云牲號爲犧牲皆有名號曲禮曰牛曰一元大
武豕曰剛鬣羊曰柔毛雞曰翰音粢號謂黍稷皆有名號也曲禮曰黍曰薌合
粱曰香萁稻曰嘉蔬少牢饋食禮曰敢用柔毛剛鬣士虞禮曰敢用絜牲剛鬣
香合○大武如字一音太蔬所魚反一音蘇○疏曰云號謂尊其名更爲美稱

焉者謂若尊天地人之鬼神示不號爲鬼神示而稱皇天后土及牲幣等皆別
爲美號焉云神號若云皇天上帝者月令季夏云以養犧牲以供皇天上帝皇
天謂北辰耀魄寶上帝謂太微五帝云鬼號若云皇祖伯某者謂若儀禮少牢
特牲祝辭稱皇祖伯某云祇號若云后土地祇者左氏傳云君戴皇天而履后
土地祇謂若大司樂云若樂八變地祇皆出云幣號若玉云嘉玉幣云量幣此
皆曲禮文經無玉號鄭兼言玉者祭祀禮神有玉故禮亦有玉號等小行人合
六幣圭以馬璋以皮玉得與幣同號故鄭兼言玉也先鄭云牲號爲犧牲皆有

0015_0502-1　0015_0501-2

名號引曲禮曰牛曰一元大武者鄭欲注元頭也武迹也一頭大迹豕曰剛鬣
者豕肥則鬣鬣剛强羊曰柔毛者羊肥則毛柔潤雞曰翰音者翰長也音鳴也
謂長鳴雞齍號謂黍稷皆有名號引曲禮黍曰薌合者言此黍香合以爲祭云
粱曰香萁者鄭注云萁辭也言此粱香可祭云稻曰嘉蔬者言稻下萊地所生
嘉善也蔬草也言此稻善蔬草可祭云少牢饋食禮云敢用柔毛剛鬣者大夫
少牢祭故號此二牲云士虞禮曰敢用絜牲剛鬣者士祭用特豕故號一牲言
香合者據曲禮黍之號也故彼鄭注云黍也之夫士於黍稷之號合言普淖而

已此言香合蓋記者誤耳此連引之耳無所取證此士虞記文而云禮者記亦
是禮○春官
○君天下曰天子踐阼臨祭祀
內事曰孝王某外事曰嗣王某皆祝辭也唯宗
廟稱孝天地社稷祭之郊內而曰嗣王不敢同內外○疏曰踐履也阼主人階
也天子祭祀升阼階又曰履主階行事故云踐阼也臨祭祀者謂天子臨郊廟
之祭祀也內事曰孝王某者內事宗廟是事親事親宜言孝故升阼階祭廟則
稱辭云孝王某某爲天子名也外事曰嗣王某者外神郊社也天地尊遠不敢

0015_0502-2

圜親云孝故云嗣王孫言此王繼嗣前王而立也又曰天子以四郊爲外圓丘方澤明堂社稷皆在郊內應稱孝而猶同外辭曰嗣王者尊天地雖祭之郊內猶從外辭崔靈恩云天地社稷是外神而祭之郊內不敢外之今案鄭注云而曰嗣王不敢同外內則是唯於嗣王稱有外內不關祭祀之處崔所云天地祭之在內不敢外恐非鄭義注謂不敢同外內者若宗廟之祭從內事之例而祭辭稱孝若凡常山川并岳瀆之神祭之在外稱之例而辭稱嗣是在內從內辭在外從外辭今天地社稷既尊不敢同外內之例雖祭之在內而用外辭天地是

0015_0503-1

尊不敢同外內之常例也。曲禮下○諸侯臨祭祀內事曰孝子某侯某外事曰曾孫某侯某稱國者遠辟天子。疏曰某侯某者若言齊侯衛侯下某是名若伯子男則云曹伯許男某也外事謂社稷山川在封內者也天子外事言嗣王某諸侯不得稱嗣侯但稱曾孫所以然者天子尊謂能繼天德而立也諸侯無德不繼嗣爲侯故不云嗣但是父祖重孫故言曾孫也。曲禮下○祭稱孝子孝孫喪稱哀子哀孫各以其義稱。疏曰祭吉祭也謂自卒哭

0015_0503-2

以後之祭也吉則申孝子心故祝辭云孝也或子或孫隨其人也喪謂自虞以前祭也哀痛未申所以稱哀故士虞禮稱哀子而卒哭乃稱孝子也。雜記上○祭王父曰皇祖考王母曰皇祖妣父曰皇考母曰皇妣夫曰皇辟更設稱號尊神異於人也皇君也考成也言其德行之成也妣之言嬪也嬪於考也辟法也妻所取法也。行下孟反嬪音計反。疏曰王父至皇辟此更爲神設尊號亦廣其義也王父祖父也皇君也考成也此言祖有君德已成之也王母曰皇祖妣者王

0015_0504-1

母祖母也妣嬪也言得嬪匹於祖也父曰皇考母曰皇妣者義如上祖父母也夫曰皇辟者辟法也夫是妻所取法故君故言君法也又曰皇君也者廣也辟法也皆稱諱文也。曲禮下○凡祭宗廟之禮牛曰一元大武豕曰剛鬣豚曰腯肥羊曰柔毛雞曰翰音犬曰羹獻雉曰疏趾兔曰明視脯曰尹祭槀魚曰商祭鮮魚曰脡祭水曰清滌酒曰清酌黍曰薌合粱一

0015_0504-2

薌萁稷曰明粢稻曰嘉蔬韭曰豐本鹽曰鹹鹺玉曰嘉玉幣曰量幣腯徒忽反翰户旦反

鮮音仙脡他頂反薌音香萁音基鹺才何反量音亮又音良○號牲物者異於人用也元頭也武迹也腯亦肥也春秋傳作腯腯充貌也翰猶長也羹獻食人之餘也其正此兩猶量也脡直也[illegible]也嘉善也稻孤蔬之屬也豐茂也大[illegible]曰鹺今河東云幣帛也○疏曰[illegible]論祭廟牲幣告神之法凡祭者謂[illegible]蓋然牛曰一元大武者元頭也武迹也亦若肥則腳大腳大則跡痕大故云

0015_0505-1

元大武也豕曰剛鬣者豕肥則毛鬣剛大也王云剛鬣言肥大也豚曰腯肥者腯即充滿貌也羊曰柔毛者若羊肥則毛細而柔弱故王云柔毛言肥澤也雞曰翰音者翰長也雞肥則其鳴聲長也犬曰羹獻者人將所食羹餘以與犬犬得食之肥肥可以獻祭於鬼神故曰羹獻也雉曰疏趾者趾足也雉肥則兩足開張趾相去疏也音義隱云雉之肥則足疏故王云足開趾也兎曰明視者兎肥則目開而視明也故王云目精明皆肥貌也然自牛至兎凡有八物唯有牛云一頭而豕以下不云數者皆從其所用而言數也則並宜云若干也雞雉爲

0015_0505-2

腯及[illegible]腳下[illegible]也[illegible]截[illegible]止而用之祭一[illegible]云五[illegible]大也脯曰[illegible]作則知肉之所用也[illegible]治[illegible]市脯不食言其不正也[illegible]祭者稾乾也商量也祭用乾魚量[illegible]得中而用之也鮮魚曰脡祭者[illegible]也祭有鮮魚必須鮮者煮熟則脡直若餒則敗碎不直水曰清滌者古祭用水當酒謂之玄酒也而云清滌言其色清故[illegible]也樂記云尚玄酒是也酒曰清酌者酌斟酌也言此酒甚清澈可斟酌當爲三酒未必爲玉齊黍曰薌合者夫[illegible]秋者曰黍秋既熟而相合氣息又香故曰薌合也粱曰薌萁者粱謂白粱黄粱

0015_0506-1

也萁語助也稷曰明粢者稷粟也明白也言此祭祀明白粢也[illegible]注[illegible]師云粢稷也[illegible]也[illegible]稷也注今江東人呼粟爲粢[illegible]豐王四[illegible]百家古本皆粢粱曰[illegible]立八疑十二[illegible]以爲粱[illegible]一[illegible]矣[illegible]兩[illegible]云黍稷非麥詩云米黍[illegible]與稷[illegible]異爲稻食以享以記[illegible]三穀之[illegible]是粢盛之貴黍稷有[illegible]何因[illegible]美[illegible]稻又以粢黍[illegible]曰明粢正與[illegible]二指合又云[illegible]云明[illegible]注云[illegible]曰明[illegible]當時[illegible]今文白[illegible]也皆非[illegible]言云皆[illegible]即粢之[illegible]故注儀禮

0015_0506-2

云非其次王劭既背爾雅之說又不遵鄭玄之言苟信錯書妄生同異改亂經籍深可哀哉又曰元頭也案釋詁文元首首則頭也武迹也釋訓文春秋傳作腯者桓六年左傳云博碩肥腯注也云羹獻食人之餘也者周禮稾人云掌豢祭祀之犬是也尹正也嘉善也釋言文此等諸號若一祭並有則舉其大者牲牢酒齊而言不應諸事皆道故少牢禮稱敢用柔毛剛鬣嘉薦普淖之或唯有犬雞或魚兎及水酒韭鹽祭則各舉其美號故此經備載其名必知經者案士虞禮祝辭云尹祭鄭注云尹祭脯也大夫士祭無云脯者今不言牲號而

0015_0507-1

云尹祭亦記者誤矣如鄭此言則單用脯若稱尹祭以此推之餘亦可知也○

曲禮下

右祝號○記凡祭不諱廟中不諱

謂祝嘏之辭中有先君之名者也凡祭祭羣神廟中上不諱下○疏曰凡祭不諱廟中不諱者嘏之辭中有先君名者也羣注稷山川百神也祝嘏辭中君之名不諱之也廟中上不者若有事於祖則不諱父也有事於父則諱祖○玉藻○后稷

0015_0507-2

之祀易富也其辭恭其欲儉其祿及子孫易以豉反○富之言備也以傳世之祿共儉者之祭易備也○傳丈專反共音恭○疏曰后稷之祀易富也者富備也后稷乃帝嚳之子世有祿仕又祭祀恭儉以世祿之餘共儉薄之祭故易豐備也其祿及子孫者以后稷祭祀其辭恭敬其欲節儉神之降福故祿及子孫詩曰后稷兆祀庶無罪悔以迄于今兆四郊之祭處也迄至也言祀后稷於郊以配

0015_0508-1

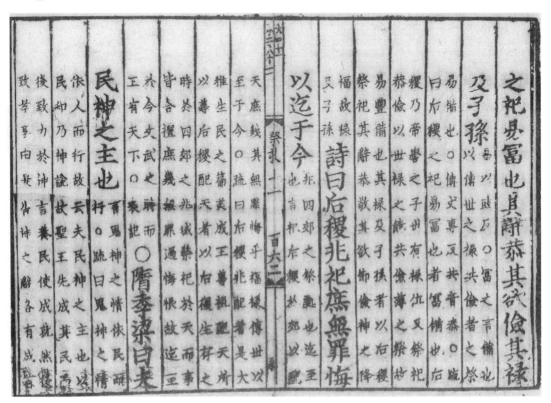

天庶幾其無罪悔乎福祿傳世以至于今○疏曰后稷兆配者是大雅生民之篇美成王尊祖配天所以尊后稷配天者以后稷生存之時於四郊之兆域祭祀於天而事皆合禮庶幾無罪過悔恨故迄至於今文武之時而王有天下○表記○隨季梁曰夫民神之主也言鬼神之情依民而行○疏曰鬼神之情依人而行故云夫民神之主也以民和乃神說故聖王先成其民而後致力於神言養民使成就然後致孝享向是告神之辭各有成

0015_0508-2

姓之意祭之所因有牲食有酒耳聖人文飾辭義爲之名以告神季梁舉其告辭辭其告意故云牲以告神曰博碩肥腯者其謂所祭之牲廣大肥充而已乃言民之畜産盡肥充皆所以得博碩肥腯者由四種之謂故又申說四種之事四謂者第一謂民力普徧安存故致第二畜之碩大滋息民力普存所以致之者由民無勞役養畜以時故六畜碩大蕃多滋息民力普存又致第三不有疾病疥癬所以然者由民力普存身無疲苦故所養六畜飲食以埋埽刷依法故

祭統十一　百六十二

0015_0509-1

皮毛身體無疥癬疾病民力普存又致第四備腯咸有所以然者由民力普存人皆逸樂種種養畜畢此備有也奉盛以告神曰絜粢豐盛者此謂所祭之食絜浄豐多而下乃言民之糧食盡豐多也言豐繁者謂其春夏秋三時農之要節爲政不害於民得使盡力耕耘自事生産故百姓和而年歲豐也奉酒醴以告神曰嘉栗旨酒者此謂所祭之酒栗善味美而已乃言百姓之情上下皆善美也言嘉旨者謂其國内上下盡有又更皆有善德而君民二之心皆民心下和睦

0015_0509-2

洦食腥臊四上下皆善故酒食馨香非言酒食馨香無腥臊穢乃謂民德馨香無讒詭邪惡之所謂馨香總上三者由是三者和誠神心先和民志故務其三時使農無廢業脩其五教使家道協和親其九族使内外無怨然後致其絜敬之祀於神明矣於是民俗大和而神降之福故動則有成戰無不克今民各有心或欲從主或欲叛君不得爲無違上之心而鬼神乏主百姓飢餒無力彫竭不得爲年歲豐也民既不和則神心不說君雖獨豐其何福之有神所不福民所

祭統十一　百六十四

0015_0510-1

不與以此敵大必喪其師君且脩政撫其民人而親兄弟之國以爲外援如是則庶幾可以免於禍難也告牲肥碩言民畜多告粢豐絜言民食多告酒嘉旨不言民酒多而言民德善者酒之與食俱以禾粟爲之於盛已言年豐故於酒變言嘉德者明民和之意

是以聖王先成民而後致力於神故奉牲以告曰博碩肥腯謂民力之普存也博廣也碩大也**謂其畜之碩大蕃滋**

0015_0510-2

也謂其不疾瘯蠡也謂其備腯咸
有也畜許六反下皆同蕃音煩瘯七木反本又作蔟同蠡力
果反說文作瘰云瘯瘰皮肥也○雖告神以博碩肥腯其實皆當兼
此謂民力適完則六畜既大而滋也皮毛無疥癬兼備而無有所闕
疥音界癬息淺反說文云乾瘍○○疏曰劉炫云杜以博碩肥腯揔
牲體而言季梁推此出理嫌其不實故云其實皆當兼此民力普存
謂民力適完則得生養六畜故六畜既大而滋息也博碩言其形狀

0015_0511-1

大蕃滋言其生乳多碩大蕃滋皆復語也瘯蠡畜之小病故以為疥
癬之疾也不疾者猶言不患此病也奉盛以告曰絜
粢豐盛謂其三時不害而民和年
豐也三時春夏秋奉酒醴以告曰嘉栗
旨酒嘉善也栗謹敬也○疏曰嘉善釋詁文也杜訓栗為謹敬
言善敬為酒案詩實穎實栗與田事相連故栗為穗貌此栗與嘉善
旨酒相類故栗為謹敬之心即論語云使民戰栗與此相似劉炫以

0015_0511-2

栗為穗貌而規杜過於理恐非謂其上下皆有嘉
德而無違心也所謂馨香無讒慝
也慝他得反○馨香之遠聞○聞音問又如字故務其
三時脩其五教父義母慈兄友弟恭子孝○疏曰父
母於子並為慈但父主教訓母主撫養撫養在於恩愛故以慈為名
教訓愛而加敬故以義為繼義者宜也教之義方使得其宜弟之於
兄亦宜爲友但兄弟相於乃有長幼尊卑故分出其弟使之爲其言

0015_0512-1

敬其兄而友愛親其九族以致其禋祀禋音
因○禋絜敬也九族謂外祖父外祖母從母子及妻父妻母姑之子
姊妹之子女子之子并己之同族皆外親有服而異族者也○九族
杜釋與孔安國鄭玄不同○疏曰釋詁云禋敬也故以禋為絜敬隱
十一年注云絜齊以享謂之禋意亦與此同也漢世儒者說九族有
二異義今禮戴尚書歐陽說九族乃異姓有屬者父族四五屬之內
為一族父女昆弟適人者與其子為一族己女昆弟適人者與其子

0015_0513-1　0015_0512-2

爲一族己之女子子適人者與其子爲一族母族三母之父姓爲一族母之母姓爲一族母女昆弟適人者與其子爲一族妻族二妻之父姓爲一族妻之母姓爲一族古尚書說九族者從高祖至玄孫凡九皆同姓謹案禮緦麻三月以上恩之所及禮爲妻父母有服明在九族中九族不得但施於同姓鄭駁云玄之聞也婦人歸宗女子雖適人字猶繫姓明不得與父兄爲異族其子則然昏禮請期辭曰唯是三族之不虞欲及今三族未有不億度之事而迎婦也如此所云

三族不當有異姓異姓其族皆緦禮雜記下緦麻之服不禁嫁女取婦是爲異姓不在族中明矣周禮小宗伯掌三族之別名喪服小記說服之義曰親親以三爲五以五爲九以此言之知高祖至玄孫昭然察矣是鄭從古尚書說以九族爲高祖至玄孫也此注所云猶是禮戴歐陽等說以鄭玄駁云女子不得與父兄爲異族故簡去其母唯取其子以服重者爲先耳其意亦不異也不從古學與鄭說者此言親其九族詩刺不親九族以以九族者疏遠恩情已薄故刺其不

0015_0514-1　0015_0513-2

親而美其能親耳高祖至父已之所禀承也子至玄孫已之所生育也人之於此誰或不親而美其能親也詩刺弃其九族豈復上遺父母下棄子孫哉若言棄其九族謂棄其出高祖出曾祖者然則豈亦棄其出曾孫出玄孫者乎又鄭玄爲昏必三十而娶則人年九十始有曾孫其高祖玄孫無相及之理則是族終無九安得九族而親之三族九族族名雖同而三九數異引三族以難九族爲不相值矣若緣三又九則三九不異設使高祖喪玄孫死亦應不得爲昏禮何不

言九族之不虞也以此知九族皆外親有服而異族者也於是乎民和而神降之福桓公六年春秋左氏傳

○楚子木問於趙孟曰范武子之德何如士會賢聞於諸侯故問之○聞音問又如字對曰夫子之家事治言於晉國無隱情其祝史陳信於鬼神無愧辭祝陳馨香德足副之故不愧子木歸以語王王曰尚

矣哉語魚據反○尚上反能歆神人歆享也使神享其祭人懷其德宜其光輔五君以爲盟主也五君謂文襄靈成景○疏曰晉語訾祏對范宣子曰武子佐文襄諸侯無貳心爲卿以輔成景軍無敗政及爲元帥居大傅國無姦民是以受隨范是其光輔五君也服虔云文公爲戎右襄靈爲大夫成公爲卿景公爲大傅○襄公二十七年春秋左氏傳

鬱人大祭祀與量人受舉斝之卒爵而

飲之斝受福之嘏聲之誤也王酳尸尸嘏王此其卒爵也少牢饋食禮主人受嘏詩懷之卒爵執爵以興出宰夫以籩受嗇黍主人嘗之乃還獻祝此鬱人受王之卒爵亦王出房時也必與量人者鬱人贊祼尸量人制從獻之脯燔事相成○繙音煩○疏曰此大祭祀云受嘏謂祭宗廟者也云與量人受舉嘏之卒爵而飲之者謂王酳尸後尸嘏王之節也又曰鄭知斝是受福之嘏非天子奠斝斝爵名者案郊特牲云舉斝角詔妥尸其時無鬱人量人受爵飲之法唯有受嘏時受王卒爵飲之禮故破斝爲受福之嘏也云王酳尸尸嘏王此其

卒爵也者此約少牢特牲禮故鄭即引少牢以爲證也云少牢饋食禮主人受嘏詩懷之卒爵者天子諸侯祭有二灌朝踐饋獻大名二獻之事乃有陰厭迎尸入户尸食訖王酳尸大夫士無饋獻已前之事直有陰厭已後酳尸之事天子諸侯祭禮云故陰厭尸後取少牢特牲續之今獻鬱人量人之節當大夫獻祝及佐食之時云主人受嘏詩懷之者謂陰厭後迎尸入升席坐尸食訖主人酳尸尸酢主人在户東西面受尸酢時尸命祝嘏主人以大福遂以黍稷肺授主人詩承也主人承之納於懷中挂於季指乃拜而飲卒爵也云執爵以興出

宰夫以籩受嗇黍嗇黍即所歛聚黍稷肺授之者也云主人嘗之乃還獻祝此鬱人受王之卒爵亦王出房時也者大夫士有獻祝及佐食無獻鬱人量人法天子有獻鬱人量人之法無獻祝及佐食之事但其節同故引爲證也云及量人者鬱人贊祼尸者即上文贊祼事詔祼將之儀是也云量人制從獻之脯燔者案量人云凡祭祀饗賓制其從獻脯燔之數量是也云事相成者前祼後獻祭事乃成故云事相成也○春官

○量人凡宰祭與鬱人受斝歷而皆飲之量音亮○言宰祭者冢宰佐王祭亦

0015_0517-1　0015_0516-2

容攝祭鄭司農云𦦙讀如嫁娶之嫁[illegible]
器名明堂位曰爵夏后氏以琖殷以[illegible]
周以爵主讀𦦙讀如嘏尸之嘏宰家[illegible]
○疏曰云凡𦦙祭者冢宰攝祭非一[illegible]
云凡也又曰鄭云冢宰佐王祭亦容[illegible]
祭者義得兩含案大宗伯云若王不[illegible]
祭祀則攝位注云王有故代行其祭[illegible]
重掌者此據宗伯亦有故則冢宰攝[illegible]
先鄭云𦦙讀如嫁娶之嫁直取音同[illegible]
明堂位者證𦦙是器名周獻用玉爵[illegible]
用𦦙故後鄭云𦦙讀如嘏尸之嘏讀[illegible]
少牢尸嘏主人郊特牲云嘏者長也[illegible]
也謂使主人受長大之福疏已具於[illegible]
人職但此有歷守者謂鬱人與量人[illegible]

祭礼十二　百七十二

皆飲之也
○受官

右受爵

肆師嘗之日涖卜來歲之芟芟色銜反○芟芟亶
除田也古之始耕者除田種穀嘗者嘗
新穀此芟之功也卜者問後歲宜芟不
詩云載芟載柞其耕澤澤○柞側百反
○疏曰秋祭曰嘗以其物新熟可嘗而
為祭名此正當嘗祭日肆師涖卜來歲
之芟者以其餘事卜則大宗伯涖卜或
大卜涖卜此及下三事皆肆師涖卜也
則陳龜貞龜命龜視高作龜使卜師卜

人之等爲之又曰芟芟草對柞是斫木
引詩者欲見載芟即此經芟也云載柞
者柞是除木於經雖無所常欲見有草
則芟之有木則柞之皆是治田以稼種
故并言之也云其耕澤澤者既
除草木則耕之澤澤和柔也

獮之日涖卜來歲之戒獮思淺反○秋田爲獮
始習兵戒不虞也卜者
問後歲兵冦之備○疏曰謂肆師正當
空獮田之日則卜來歲之戒不虞之事
二曰秋田曰獮大司馬職文云始習兵
戒不虞者鄭解不於春芟夏苗涖卜來
歲之戒必於秋獮之日爲戒者以其春
教振旅夏教芟舍非正習兵秋教治兵

祭礼十二　百七十二　范圭

之日故於是戒不虞也言不虞者虞度
也以兵冦之事來否不可億度當豫戒
備之故鄭云卜者問
後歲兵冦之備也

社之日涖卜來歲之稼社祭土爲取財焉卜者問後歲稼
所宜○疏曰類上文嘗獮是秋則
此社亦是秋祭社之日也言涖卜來歲
之稼者祭社有二時謂春祈秋報報者
報其成熟之功今卜來歲亦如今年
宜稼以不但春稼秋穡不言穡而言稼
者秋穡由於春稼故據稼而言之又曰
稼郊特牲云社祭土而主陰氣也取財
於地取法於天又孝經緯云社者五土
之總神故云社祭土而取財焉○春宮

傅本第一百七十二葉僅存左半今改用張本

0015_0518-1　0015_0517-2

右頒卜

膳夫凡王祭祀則徹王之胙俎膳夫視徹胙俎胙俎最尊也其餘則其屬徹之○疏曰凡王祭祀謂祭宗廟有胙俎者謂若特牲少牢主人受尸酢尸東西面設主人俎於席前王受尸酢禮亦當然又曰云膳夫親徹胙俎胙俎最尊也者以其胙者酢也王與尸相荅酢故遣膳夫親徹云其餘則其屬徹之者以其經膳夫徹王之胙俎明非王胙俎則其屬徹之可知膳夫是上士則其屬中士已下是也○天官

○小祝大祭祀贊徹疏曰云贊徹者大祝云既祭命徹諸宰君婦徹時小祝贊之○春官

○小子祭祀受徹疏曰云受徹者謂祭畢諸宰君婦廢徹之時則此官受之○夏官

○凡祭於公者必自徹其俎臣不敢煩君使也大夫以下或使人歸之祭於公助祭於君也○君使色吏反○疏曰此謂士助君祭也若大夫以上則君使人歸之於俎而禮本並云大夫以下或使人歸之是鄭因君以明臣言大夫以下自祭其廟則使人歸賓俎故曾子問云攝主不歸俎明正主則歸也○曲禮上

0015_0519-1　0015_0518-2

右徹

小祝大祭祀送尸疏曰送尸者謂祭末送尸而出○春官

右送尸

大宗伯以脤膰之禮親兄弟之國脤上忍反膰音煩○脤膰社稷宗廟之肉以賜同姓之國同福祿也兄弟有共先王者魯定公十四年天王使石尚來歸脤○疏曰兄弟之國謂同姓諸侯若魯衛晉鄭之等凡受祭肉者受鬼神之祐助故以脤膰賜之是親之同福祿也鄭總云脤

膰社稷宗廟之肉分而言之則脤是社稷之肉膰是宗廟之肉是以成十三年公及諸侯朝王遂從劉康公成肅公會晉侯伐秦成子受脤于社不敬注云脤宜社之肉也盛以蜃器故曰脤劉子曰國之大事在祀與戎祀有執膰戎有受脤注云膰祭肉又案異義左氏說脤社祭之肉盛之以蜃宗廟之肉名曰膰以此言之則宗廟之肉曰膰社稷之肉曰脤之驗也而公羊穀梁皆云生居俎上曰脤熟居俎上曰膰非鄭義耳劉文脤爲社稷肉膰爲宗廟肉其實宗廟社稷器皆飾用蜃蛤故掌蜃云祭祀共蜃器之蜃注云飾祭器是其祭器皆飾以蜃

傳本第一百七十五葉僅存右半今改用張本

也云兄弟有共先王者謂若魯與周同承先王鄭與周同承厲王如此之輩與周同立廟是共先王也云定公十四年天王使石尚來歸脤者石尚天子之上士故稱名氏言來者自外之辭歸者不反之稱是天子祭社使來歸脤引之證同姓有歸脤之事此文雖主兄弟之國至於二王後及異姓有大功者得與兄弟之國同故僖九年夏王使宰孔賜齊侯胙曰天子有事于文武使孔賜伯舅胙注云胙膰肉周禮以脤膰之禮親弟兄之國不以賜異姓敬齊侯比之賓客又僖公二十四年宋成公如楚還入於鄭鄭伯將享之問禮於皇武子對曰宋

祭禮十一　百七十五

先代之後也於周爲客天子有事膰焉有喪拜焉是二王後及異姓有大功者亦得脤膰之賜是以大行人直言歸脤以交諸侯之福不辨同姓異姓是亦容有非兄弟之國亦得脤膰也○春官

○大行人歸脤以交諸侯之福

交或往或來者也○疏曰云交或往或來者也者欲見臣有祭祀之事亦得歸胙於王故玉藻云臣致膳於君有葷桃茢是也案宗伯云脤膰本施同姓尊二代之後亦得之故僖二十四年宋成公如楚還入鄭鄭[illegible]將享之問禮於皇武子對曰宋先代之後也於周爲客天子有事膰焉有喪拜

0015_0521-1　　0015_0520-2

焉僖九年王使宰孔賜齊侯胙曰天子有事於文武使孔賜伯舅胙注云周禮脤膰之禮親兄弟之國不以賜異姓尊齊侯客之若先代之後是其事也此言脤不言膰文不具○秋官

○都宗人掌都祭祀之禮

凡都祭祀致福于國

都或有山川及因國無主九皇六十四民之祀王子弟則立其祖王之廟其祭祀王皆賜禽焉主其禮者警戒之糾其戒具其來致福則帥而以造祭僕○疏曰知都有山川者見祭法云山川丘陵能興雲雨諸侯在其地則祭無其地則不祭都祀畿內諸侯明亦祭境內山

祭禮十一　百七十六

川也云及因國無主九皇六十四民之祀者案王制云天子諸侯祭因國之在其地而無主後者注云謂所因之國先王先公有功德宜享世祀今絕無後爲之祭主者案史記伏犧已前九皇六十四民並是上古無名號之君絕世無後今宜主祭之也云王子弟則立其祖王之廟者左氏傳莊二十八年云邑有先君之主曰都明天子禮亦然故知都內王子弟有祖王之廟也云其祭祀王皆賜禽焉者見祭僕云王所不與則賜之禽都家亦如之玄謂王所不與同姓有先王之廟是賜禽法云其來致福則帥而造祭僕知者見祭僕云凡祭祀致福

0015_0521-2

者展而受之是造祭僕之事○詳見祭禮揔叙○春官○家宗人掌家祭祀之禮凡祭祀致福大夫采地之所祀與都同若先王之子孫亦有祖廟○疏曰鄭云大夫采地之所祀者則家止謂大夫不通公卿也故載師職云家邑任稍地小都任縣地大都任𤰈地是大夫采地𤰈家在三百里之內卿爲小都在四百里公爲大都在五百里則上都宗人所主是也言所祀與都同者據山川九皇六十四民在其地者云若先王之子孫亦有祖廟者亦如上都宗人但天子與諸侯禮異諸侯之卿大夫同姓邑有

祭禮十一　百二十七

0015_0522-1

先君之主則曰都無曰邑天子之臣同姓大夫雖有先君之主亦曰邑也此不同言凡家祭祀致福于國者舉都而言此家從可知○同上○爲人祭曰致福爲己祭而致膳於君子曰膳祔練曰告此皆致祭祀之餘於君子也攝主言致福由其辭也自祭言膳謙也祔練言告不敢以爲福膳也○疏曰此一節明致福及膳於君子及所膳牲體之數謂爲人攝祭而致歆胙於君子也其致胙將命之辭則曰致福謂致彼祭祀之福於君子也爲己祭而致膳於君子曰膳者若己自祭而致胙於君

0015_0522-2

子則不敢云福而言致膳膳善也言致善味耳祔練曰告者若己祔祥而致胙又不敢云福膳但云告言以祭胙告君子使知己祔祥而已故顔回之喪饋孔子祥肉是也凡饍告於君子主人展之以授使者于阼階之南使色吏反○展省具也南面再拜稽首送反命主人又再拜稽首其禮大牢則以牛左肩臂臑折九箇少牢則以羊左肩七箇犆豕則以豕左肩五箇

祭禮十一　百七十八

0015_0523-1

臂必豉反臑奴報反又奴到反人於反犆大得反○折斷分之也皆用左者右以祭也羊豕不言臂臑因牛序之可知○斷丁管反又大喚反分方云反又扶問反○疏曰凡膳告於君子者結上也膳自祭及告祥也主人展之以授使者于阼階之南南面再拜稽首送者謂初遣使膳告君子之去時也展省視敬君子主人自省視飲食多少備具而阼階南稽首拜送使者反命主人又再拜稽首者使從君子還反則主人亦再拜稽首受命亦當在阼階南南面也曲禮云使者反必下堂而受命是也其禮大牢則以牛左肩臂臑折九箇者明祔膳禮

0015_0524-1　0015_0523-2

數也若得大牢祭肩則用牛膳也罔之人牲體尚右右邊已祭所以獻左也周貴肩故用左肩也九箇者取肩自上斷折之至蹄爲九段以獻之也臂臑謂折俎也少牢則以羊左肩七箇者若得少牢者則膳羊左肩也折爲七箇不云臂臑從上可知也然並用上牲不并備故大牢者唯牛少牢者唯羊也犢豕則以豕左肩五箇者若祭唯特豕亦用豕左肩亦用五箇以爲膳也○少儀○

祭僕凡祭祀致福者展而受之臣有祭事必致祭肉於君所謂歸胙也展謂錄視其牲體數體數者大牢則以牛左肩臂臑折九箇少牢則以羊左肩七箇特牲則以豕左肩五箇○胙才素反後同○疏曰云所謂歸胙者案左氏傳麗姬欲譖申生謂申生曰齊姜祭食使大子祭祭訖歸胙于公姬置藥而饋公是有歸胙之事也云體數者大牢則以牛左肩臂臑折九箇已下並禮記少儀文彼祭祀周人尚右故右胖皆祭故以左胖致人祭言大牢天子大夫已上少牢謂天子之士彼注云羊豕不言臂臑因牛序之可知言肩臂臑折九箇者則一體折爲二段則牲少體不得全自外皆然以人多故也皆用前體者前體貴故先用也○夏官○膳夫凡祭祀

0015_0525-1　0015_0524-2

致福者受而膳之致福謂諸臣祭祀進其餘肉歸胙于王鄭司農云膳夫受之以給王膳○疏曰云注祭祀者言凡則諸臣自祭家廟祭訖致胙肉於王謂之致福膳夫受之以爲王膳故云受而膳之又曰云致福者謂諸臣祭祀進其餘肉歸胙于王者案禮記少儀云膳于君子曰膳案玉藻膳於君葷桃茢彼謂諸侯之臣禮此王之臣亦應云致膳而云致福者凡祭祀主人受福若尹王受福然故云致福知諸臣有致胙法者案春秋左氏傳昭十六年子產云祭有受脤歸脤彼注云受脤謂君祭以肉賜大夫歸脤謂大夫祭歸肉於公也今彼雖據諸侯禮王之臣致胙亦然故云歸胙於王也○天官

右致福○傳定公十四年天王使石尚來歸脤脤祭肉天子祭畢以之賜同姓諸侯親兄弟之國與之共福脤者何也俎實也祭肉也生曰脤熟曰膰其辭石尚士也辭猶書也何以知其士也天子之大夫不名石尚欲書春秋欲著名于春秋諫曰

0015_0526-1　　0015_0525-2

久矣周之不行禮於魯也請行脤

貴復正也疏曰從祀先公前有失正之文於後言貴復正今復正前無失正之文而曰貴復正何解復正之文雖同義須有異天王不行禮於魯失正矣今由石上而歸脤美之故曰貴復正也○

穀梁傳○僖公九年夏會于葵丘王

使宰孔賜齊侯胙胙祭肉尊之比二王後○疏曰傳稱天子祭于曲沃歸胙于公此天子有事于文武賜齊侯以胙知

胙是祭肉也周禮大宗伯以脤膰之禮親兄弟之國鄭玄云脤膰社稷宗廟之肉以賜同姓之國同福禄也脤膰即胙肉也言親兄弟之國則異姓不介賜也僖二十四年傳曰宋先代之後也於周為客天子有事膰焉是言二王之後禮合得之今賜齊侯是尊之比二王後也

曰天子有事于文武有祭事也使孔

賜伯舅胙天子謂異姓諸侯曰伯舅○疏曰曲禮曰五官之長曰伯天子同姓謂之伯父異姓謂之伯舅鄭玄云謂為三公者

0015_0527-1　　0015_0526-2

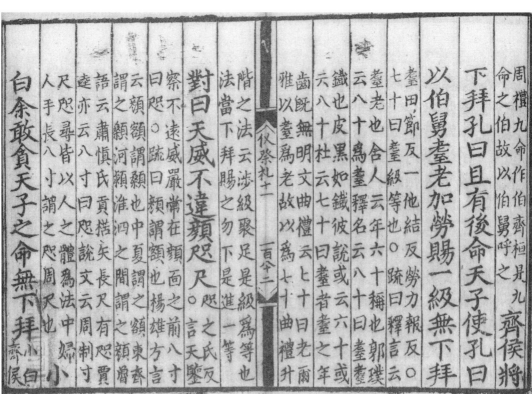

周禮九命作伯齊桓是九命之伯故以伯舅呼之齊侯將

下拜孔曰且有後命天子使孔曰

以伯舅耋老加勞賜一級無下拜

耋田節反一他結反勞力報反○七十曰耋級等也○疏曰釋言云耋老也舍人云年六十稱也郭璞云八十為耋釋名云八十曰耋耋鐵也皮黑如鐵彼說或云六十或六八十杜云七十曰耋者耋之年齒既無明文曲禮云七十曰老爾雅以耋為老故以為七十曲禮升

階之法云涉級聚足是級為等也法當下拜賜之勿下是進一等

對曰天威不違顏咫尺○咫之氏反言天鑒察不遠威嚴常在顏面之前八寸曰咫○疏曰顏謂額也楊雄方言云顏額謂顙也中夏謂之額東齊謂之顙河潁淮泗之間謂之顏魯語云肅慎氏貢楛矢長尺有咫賈逵亦云八寸曰咫說文云周制寸尺咫尋皆以人之體為法中婦人手長八寸謂之咫周尺也

小白余敢貪天子之命無下拜小白齊侯

0015_0527-2

名余身也○疏曰諸自稱余者當稱名之類耳齊侯既稱小白而後言余故解之余身釋詁文舍人曰余卑謙之身也孫炎曰余舒遲之身也郭璞曰今人亦自呼爲身恐隕越于下隕越顛隊也據天王在上故言恐顛隊于下○隊直類反下同以遺天子羞敢不下拜下拜登受遺于季反○拜堂下受胙於堂上○疏曰覲禮天子賜侯氏以車服諸公奉篋服加命書于其上升自西階東面大史氏右侯氏升西面立大史述命侯

0015_0528-1

氏降兩階之間北面再拜稽首升成拜彼侯氏降階再拜是此下拜也升成拜是此登受○春秋左氏傳○宋成公如楚還入於鄭鄭伯將享之問禮於皇武子皇武子鄭卿對曰宋先代之後也於周爲客天子有事膰焉有事祭宗廟也祭肉尊之賜以祭胙有喪拜焉宋弔周喪王特拜謝[illegible]之法皆主人拜[illegible]曰禮[illegible]者不答拜以

0015_0528-2

[illegible]事而[illegible]自[illegible]賓客此[illegible][illegible]及主人敬禮以[illegible]若其臣下公爲主[illegible]不[illegible]先代之後王以敬禮待之故拜其來弔其餘諸侯則否豐厚可也僖公二十四年春秋左氏傳○子産曰孔張君之昆孫子孔之後也昆兄也子孔鄭襄公兄孔張之祖父執政之嗣也子孔嘗執鄭國之政○疏曰襄十年盜殺鄭公子騑公子發公孫輒傳曰子孔當國至十九年鄭殺子孔爲嗣大夫承命

0015_0529-1

以使周於諸侯國人所尊諸侯所知立於朝而祀於家使所更反○卿得自立廟於家○疏曰士以上皆得立廟則孔張雖是大夫亦得立廟而云卿得立廟者以子孔是卿故以卿言之服虔云祀其所自出之君於家以爲大祖案禮記郊特牲曰諸侯不敢祖天子大夫不敢祖諸侯而公廟之設於私家非禮也安得祀所出之君爲大祖乎有祿於國受祿邑有賦於軍軍出卿賦百乘○乘繩證

0015_0529-2

反喪祭有職有所主受脤歸脤脤市軫反○受脤謂君祭以肉賜大夫歸脤謂大夫祭歸肉於公皆社之戎祭也○疏曰周禮掌蜃云祭祀共蜃器之蜃鄭玄云蜃大蛤飾祭器之屬也蜃之器以蜃飾因名焉鄭衆云蜃可以白器令色白是蜃爲器名祭肉盛之脤器以獻遺人因名祭肉爲脤孔張是大夫也而云受脤歸脤故知受脤爲君祭以肉賜大夫歸脤謂大夫祭以肉歸於公也故周禮祭僕凡祭祀致福者展而受之是在下之祭有歸脤之義

0015_0530-1

又傳有成子受脤于社前代諸儒皆以脤爲祭社之肉故云皆社之戎祭也劉炫故違傳證以破先儒以爲脤亦祭廟之肉以規杜氏文無所出其義非也然大夫不得私自出軍自祭私社而得歸脤於公者謂大夫奉君命以戎事攝祭於社故社直言祭歸肉於公亦不謂家祭也其祭在廟已有著位其祭在廟謂助君祭○疏曰謂鄭伯其祭在先君之廟孔張有助祭著位在廟中以有事爲業言其所掌有常也服虔以爲其祭在廟謂孔張先祖配廟

0015_0530-2

食案周禮司勲云凡有功者銘書於王之大常祭於大烝司勲詔之則配廟食者皆是有功之臣子孔作亂而死公孫泄因妖鬼而立不得有配食在廟○昭公十六年春秋左氏傳○孔子爲魯司寇不用從而祭燔肉不至不稅冕而行不知者以爲爲肉也其知者以爲爲無禮也稅音脫爲肉爲無之爲去聲○案史記孔子爲魯司冦攝行相事齊人聞而懼於是以女樂遺

0015_0531-1

曾吾季威子與魯君往觀之怠於政事子路曰夫子可以行矣孔子曰魯今且郊如致膰于大夫則吾猶可以止威子卒受齊女樂郊又不致膰俎于大夫孔子遂行孟子言以爲爲肉者固不足道以爲爲無禮則亦未爲深知孔子者蓋聖人於其父母之國不欲顯其君亙之失又不欲爲無故而苟去故不以女樂去而以膰肉行其見幾明决而用意忠厚固非衆人所能識也○告子下祭於公不宿肉祭肉不出三日出三日不

0015_0532-1　　0015_0531-2

食之矣助祭於公所得胙肉歸即頒賜不俟經宿者不留神惠也家之祭肉則不過三日皆以分賜蓋過三日則肉必敗而人不食之是褻鬼神之餘也但比君所賜胙可少緩耳○朋友之饋雖車馬非祭肉不拜朋友有通財之義故雖車馬之重不拜祭肉則拜者敬其祖考同於已親也○此一節記孔子交朋友之義○論語鄉黨

司巫凡祭事守瘞瘞謂若祭地祇有埋牲玉者也守之者以祭禮未畢若有事然祭禮畢則去之○春官

右守瘞

大宗伯若王不與祭祀則攝位與音預下同○王有故代行其祭事○疏曰攝訓爲代有故者謂王有疾及哀慘皆是也量人云凡宰祭與鬱人受嘏歷而皆飲注云言宰祭者冢宰佐王祭亦容攝祭此宗伯又攝者冢宰貳王治事宗伯主祭事容二官俱攝故兩言之凡大祭祀王后不與則攝而薦豆籩徹薦徹豆籩王后

0015_0533-1　　0015_0532-2

之事○疏曰天地及社稷外神等后夫人不與此言凡大祭祀王后不與謂后應與而不與又云大祭祀明非羣小祀則大祀者唯宗廟而已則攝而薦豆籩徹者鄭云薦徹豆籩王后之事是王后有故宗伯攝爲之凡祭祀皆先薦後徹故退徹文在下也○春官○祭僕掌受命于王以眡祭祀而警戒祭祀有司糾百官之戒具謂王有故不親祭也祭祀有司有事於祭祀者糾謂校錄所當共之牲物○疏曰知此上下是有故使人祭者觀此文勢得知故云受命於王以眡祭祀既祭帥羣有司反命於王以王命勞之明是王合祭有故使人攝之者也既祭帥羣有司而反命以王命勞之誅其不敬者凡祭祀王之所不與則賜之禽都家亦如之鄭司農云王之所不與謂非郊廟尊祭祀則王不與也則賜之禽公卿自祭其先祖則賜之禽也玄謂王所不與同姓有先王之廟○疏曰先鄭云王之所不與謂非郊廟尊祭祀則王不與也後鄭不從者案司服六冕所祭皆王合親爲何有非郊廟不與者乎故不從之先鄭以則賜之禽[illegible]

0015_0533-2

大夫自祭其先亦賜之禽後雖不從若卿大夫自祭其先是其常事何有三皆賜之禽也故以爲同姓有先王廟者若然經邠家謂畿內三等采地則文云縣祀是畿外同姓諸侯曾禰之屬者也○夏官

右不與祭○傳君子之祭也必身親涖之有故則使人可也祭統○孔子曰吾不與祭如不祭與去聲○又記孔子之言以明之言己當祭之時或有故不得與而使他人攝之則不備

0015_0534-1

致其如在之誠故雖已祭而此心缺然如未嘗祭也○范氏曰君子之祭七日戒三日齊必見所祭者誠之至也是故郊則天神格廟則人鬼享皆由己以致之也有其誠則有其神無其誠則無其神可不謹乎吾不與祭如不祭誠爲實禮爲虛也○論語八佾

祭過時不祭○曾子問曰天子嘗禘郊社五祀之祭簠簋既陳天子崩后之喪如之何孔子曰廢既陳謂夙興陳饌牲祭時也天子七祀言

0015_0534-2

五者關中言之○疏曰知既陳謂夙興陳饌牲器時也者以下文云當祭而日食則此簠簋既陳不當祭也既不當祭時明是祭前陳饌牲器也前文云天子崩后之喪與日食大廟火其禮皆同則此簠簋既陳日食大廟火亦同也故下云如牲至未殺則廢是也牲至已殺則行接祭其天子崩后之喪牲入雖已殺不可行接祭以其喪事重故也云天子七祀言五者關中言之者鄭此注以周禮七言之祭法周天子七祀諸侯五祀大夫三祀五居其中言是諸侯之法舉五而言則上兼七下通三欲見天子及大夫其祭皆然故云關中言之關通也謂通

0015_0535-1

取中央而言之經云嘗禘者謂宗廟之祭也郊社謂天地之祭舉天地宗廟則五祀以上之祭皆在其中曾子問曰當祭而日食大廟火其祭也如之何孔子曰接祭而已矣疏曰接祭而已矣者謂牲至之後則接祭之也接捷也捷速也速而祭之如牲至未殺則廢○接祭而已不迎尸也疏曰經云如牲至未殺則廢此云接祭則牲至已殺之後也案郊特牲云既灌然後迎牲則迎尸於奧在未殺牲之前此經一殺牲後云不迎尸者尸迎尸之禮其節有二一是祭

0015_0536-1　　0015_0535-2

初迎尸於奧而行灌禮灌畢而後出迎牲於時延尸於户外殺牲薦血毛行朝踐之禮設腥爛之俎於尸則是一也然後退而合亨更迎尸入坐於奧行饋孰之禮是一也此云不迎尸者直於堂上行朝踐禮畢則止不更迎尸而入此謂宗廟之祭郊社之祭無文不迎尸亦謂此時也熊氏云郊社五祀祭初未迎尸之前已殺牲也以其無灌故也故大宰云祀五帝納亨注云納亨謂祭之時又中霤禮皆爲俎奠於主乃始迎尸是郊五祀殺牲在迎尸之前也則此不迎尸亦得爲祭初不迎尸也○

天子崩未殯五祀之祭不行既殯而祭其祭也尸入三飯不侑酳不酢而已矣自啓至于反哭五祀之祭不行已葬而祭祝畢獻而已

飯扶晚反侑音又酳音胤後同○既葬彌吉畢獻祝而後止郊社亦然唯嘗禘宗廟俟吉也○

疏曰天子諸侯祭禮既亡今儀禮唯有大夫士祭禮以言之案特牲饋食禮祝延尸于奧迎尸而入即延坐三飯告飽祝侑尸尸又飯至於九飯畢若大夫依少牢饋食尸食十一飯而畢鄭注少牢云士九飯大夫十一飯也則其餘有十

0015_0537-1　　0015_0536-2

三飯十五飯也案此說則諸侯十三飯天子十五飯又案特牲禮尸九飯畢主人酌酒酳尸尸飲卒爵酢主人主人受酢飲畢酌獻祝祝飲畢主人又酌獻佐食此是士之祭禮也今約此而說天子五祀之祭也天子崩未殯五祀之祭不行者以初崩哀慼未遑祭祀雖當五祀祭時不得行既殯而祭者但五祀外神不可以已私喪久廢其祭故既殯哀情稍殺而後祭也其祭也尸入三飯不侑酳不酢而已矣者今喪既殯不得純如吉禮理須宜降殺侑勸也故迎尸入奧之後尸三飯告飽則止祝更不勸侑其食使滿常數也又熊氏云三飯不侑酳不酢而已矣謂迎尸入奧之後尸三飯即止祝不勸侑至十五飯於時冢宰攝主酌酒酳〻尸受卒爵不酢攝主故云三飯不侑酳不酢而已者謂唯行此而已不爲在後餘事也自啓至于反哭五祀之祭不行者謂欲葬之時從啓殯以後葬畢反哭以前靈柩既見哀摧更甚故云五祀之祭不行已葬而祭祝畢獻而已已葬而祭者謂已葬反哭殯宮畢而行其祭但既葬彌吉尸入三飯之後祝乃侑尸〻食十五飯攝主酳尸〻飲卒爵而酢攝主攝主飲畢酌而獻祝祝受飲畢則止無獻佐食以下之事所以然者以葬後未甚吉唯行此禮而已而

0015_0537-2

已是詔辭也皇氏云已上出又曰經云風一畢獻止謂祝受獻祭禮遂畢止不獻他食以下云郊社亦然者王制云天地止稷為越紼而行事是與五祀同也趙商問云自啓至反哭五祀之祭不行注云郊社亦然者案王制云唯祭天地社稷為越紼而行事既云葬時郊社之祭不行何得有越紼而行事鄭荅越紼行事喪無事時天地郊社有常日自啓及至反哭自當辟之鄭言無事者謂未殯以前是有事既殯以後未啓以前是無事得行祭禮故有越紼行事鄭云郊社有常日自啓至反哭自當辟之者郊社既有常日自啓反哭當辟此郊社之日

0015_0538-1

郊社尊故辟其日不使相妨五祀既畢若與啓反哭日相逢則五祀辟其日也鄭言天地社稷去殯處遠祭時踰越此紼而往赴之五祀去殯處近暫往則還故不為越紼也云唯嘗禘宗廟俟吉也者謂為嘗禘之禮以祭宗廟俟待於吉故王制云喪三年不祭是也其在喪祭郊社之時其喪所朝夕仍奠知者雜記云國禁哭則止朝夕之奠即位自因也人臣尚爾明天子得也○曾子問○

喪三年不祭唯祭天地社稷為越紼而行事

紼音弗○不敢以卑廢尊越猶躐也紼輴車索○輴勑倫反索悉各

0015_0539-1

0015_0538-2

○疏曰私喪者是其卑天地社稷是其尊今雖遭私喪既殯已後若有天地社稷之祭即行之故云不敢以卑廢尊也越是踐躐之義故云越猶躐也但未葬之前屬紼於輴以備火災今既祭天地社稷須越躐此紼而往祭所故云越紼云紼輴車索者以停住之時指其成體則謂之紼若在塗人挽而行之則謂之引故鄭注雜記云廟中曰紼在塗曰引天地社稷故有越紼之禮之宗及山川之等卑於天地社稷待喪終乃祭故鄭志荅田瓊云天地郊社至尊不可廢故越紼祭之六宗山川之神則否其官中五祀在喪內則亦祭之故曾子問云

君薨五祀之祭不行既殯而祭之自啓至於反哭五祀之祭不行既葬而祭之但祭時須人既少衆官不皆使盡去不須越紼故鄭荅田瓊云五祀宮中之神喪時朝夕出入所祭不為越紼也天地社稷之祭豫卜時日今忽有喪故既殯越紼行事若遭喪之後當天地郊社常祭之日其啓殯至於反哭則避此郊社祭日而為之案禮卒哭而祔練而禘於廟此等為新死者而為之則非常祭也其常祭法必待三年喪畢也其春秋之時未至三年而為言祭者皆非禮也若杜預之意以為既祔以後宗廟得四時嘗祭三年大禘乃同於言故僖公三十

0015_0539-2

三年凡君薨卒哭而祔祔而作主特祀於寢烝嘗禘於廟杜注云新主既特祀於寢則宗廟四時常祀三年禮畢又大禘乃皆同於吉如杜之意與三年不祭也者柰釋例云禮記後儒所作不正與春秋同是杜不盡用禮記也○王制

曾子問曰諸侯之祭社稷俎豆既陳天子崩后之喪君薨夫人之喪如之何孔子曰廢亦謂夙與陳饌牲器時也自薨比至于殯自啓至于反哭奉帥天子○比必利反帥循也

0015_0540-1

所奉循如天子者謂五祀之祭也社稷亦然○疏曰帥循也此釋詁文以經云奉循天子案上天子有祭五祀之文今云奉循如天子諸侯五祀亦如天子故云謂五祀之祭是諸侯五祀如天子五祀也今此諸侯祭社稷其遭喪節制與五祀同故云社稷亦然案天子崩后喪諸侯當奔赴得奉循天子之禮者諸侯哉不自親奔而身在國者或唯據君薨及夫人之喪其嗣子所祭得奉循天子

○曾子問曰大夫之祭鼎俎既陳籩豆既設不得成禮廢者幾孔子曰九請

0015_0540-2

問之曰天子崩后之喪君薨夫人之喪為之大廟火日食三年之喪齊衰大功皆廢外喪自齊以下行也齊衰異門則祭○疏曰不直云大功以上皆廢而無序三年之喪齊衰大功者以曾子問廢者有幾孔子對云廢者有九遂無序九種之事一一備言此大夫祭者謂祭宗廟故下文云所祭於死者無服則祭是據宗廟也又曰今遭異門其齊衰之喪祭也其齊衰之祭也尸入三飯不侑酳不酢而

0015_0541-1

已矣疏曰若遭異門齊衰之喪其祭迎○入室但三飯則止祝更不勸侑使至十一但三飯耳則主人酌酒酳尸尸不酢主人唯此而已大功酢而已矣疏曰大功服輕祭禮稍備尸三飯祝侑至十一飯而止主人酌酒酳尸尸酢主人主人乃獻故云大功酢而已矣小功緦室中之事而已矣室中之事謂賓長獻○長知丈反○疏曰小功與緦麻其服轉輕祭禮轉備其祭尸十一飯訖主人酳尸尸卒爵酢主人主人獻祝及祝食畢次主婦獻尸尸酢主婦主婦又獻祝及佐食賓長獻尸若平常之禮

尸醋賓長獻爵則止不舉待致爵之後乃舉爵今既與衆賓長獻口尸飲畢三獻賓又獻祝及佐食而祭畢止凡口在室之奧祝在室中北廂南面佐食在室中尸西北面但主人主婦及賓獻尸又祝佐食等三人卒則止故云室中之事而已矣若致爵之時主婦在房中南面主人獻賓堂上北面皆不在室中其室中者獻尸祝佐食耳故此注云室中之事謂賓長獻此小功總麻兼內外知者以前文云內喪大功以上廢則知內喪小功以下不廢也案雜記云臣妾死於宮中三月而後祭之此內喪總麻不廢祭者此謂鼎俎既陳臨祭之時故不

廢也若不當祭時有臣妾死於宮中及大夫爲貴妾總庶子爲父後者爲其母總之屬謂不祭**士是所以異者總不祭**然則士不得成禮者十一。疏曰孔子見曾參歷問至大夫必應及士故因廣舉士以語之大夫唯至大功爲九而士又加總小功二等合爲十一此亦謂祭宗廟鼎俎既陳而值喪也大夫祭值總小功不辨內外皆不廢祭而禮則小異耳士值總小功不辨外內一切皆廢祭士輕故爲輕親伸情也**所祭於死者無服則祭**謂若舅舅之子從母昆弟。疏曰所祭謂士祭祖禰而死者已

總祖禰於死者無服無祭既陳則祭也又曰此等於己雖服緦而於祖則無服然此皆母親而子云無服者祇以祖禰爲主母親於己服緦於祖禰無服然此皆母親以父爲主也其從母父雖無服己爲小功能所云亦廢祭也皇氏云以從母於父無服不廢祭也案經云總不祭所祭於死者無服則祭據總爲文似不關小功故鄭以總辭之皇氏橫加小功其義非也。曾子問

○**大夫士將與祭於公既視濯而父母死則猶是與祭也次於異宮既祭釋服**

出公門外哭而歸其他如奔喪之禮如未視濯則使人告告者反而后哭與音預下同○猶亦當爲由次於異宮不可以吉與凶同處也使者反而后哭不敢專己於君命也。使者反○疏曰此一節明大夫士與祭於公而有私喪之禮一則猶是與祭也者既與祭於公祭日前既視濯之後而遭父母之喪則猶是吉禮而與於祭也次於異宮者其時止次異宮不可以吉與凶同處也如未視濯則使人告者謂未視濯之前遭父母之喪既使人告君告者反而后哭者必待告

0015_0543-2　0015_0544-1

君者反而後哭父母也如諸父昆弟姑姊妹之喪則既宿則與祭卒事出公門釋服而后歸其他如奔喪之禮如同宮則次于異宮宿則與祭出門乃解祭服皆爲差縗也○差初責反又初佳反○疏曰既宿則與祭者宿謂祭前三日將致齊之時既受宿戒雖有期喪則與公家之祭如同宮則次于異宮者若諸父昆弟姑姊妹等先是同宮而死則既宿之後出次異宮不可以吉凶雜處故也又曰案前遭父母之喪既視濯而與祭此遭期

祭禮十一　百九十九

喪宿則與祭又前遭父母之喪既祭釋祭服乃出公門此者期喪出門乃解祭服以其期喪差縗於父母故云皆爲差縗○雜記下

右廢祭○傳宣公八年夏六月辛巳有事于大廟仲遂卒于垂大音泰○有事祭也仲遂卒與祭同日略書有事爲繹張本不言公子因上行還閒無異事省文從可知也稱字時君所嘉無義例也垂齊地非魯竟故書地○爲于僞反省所景反竟音境○疏曰有事祭也者釋例

0015_0544-2　0015_0545-1

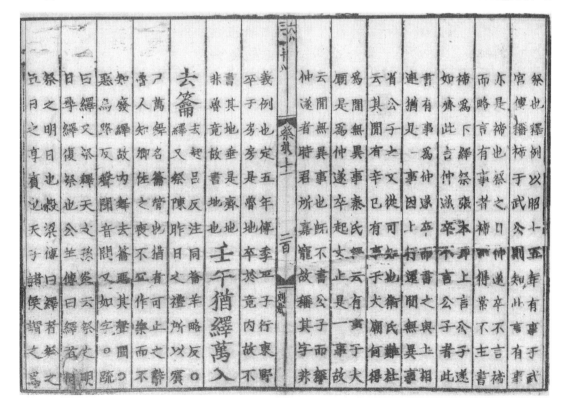

祭也繹例以昭十五年有事于武宮傳稱禘于武公則知此言有事亦是禘也祭之日仲遂卒不言禘而略言有事者禘[illegible]得常不主書禘爲下繹祭張本非上言公子遂如齊此言仲遂卒不言公子者此書有事爲仲遂卒而書之與上相連猶是一事因上行還間無異事省公子之文從可知也衛氏雖杜云其間有辛巳有事于大廟何得爲間無異事秦氏無云有事于大廟是爲仲遂卒起文止是一事故云間無異事也既不書公子而繹仲遂者時君所嘉寵故稱其字非

祭禮十一　二百

義例也定五年傳季平子行東野卒于房房是魯地卒於竟內故不書其地垂是齊地非魯竟故書地也壬午猶繹萬入去籥去起呂反注同籥羊略反○繹又祭陳昨日之禮所以賓尸萬舞名籥管也猶者可止之辭魯人知卿佐之喪不宜作樂而不知廢繹故內舞去籥惡其聲聞○惡烏路反聞音問又如字○疏曰繹又祭釋天文孫炎云祭之明日尋繹復祭也公羊傳曰繹者何祭之明日也穀梁傳曰繹者祭之旦日之享賓也天子諸侯謂之繹

0015_0545-2

繹少牢饋食大夫之禮也謂之賓尸繹詁云繹陳也是陳昨日之禮以賓欲此尸也公羊傳曰萬者何干舞也籥者何籥舞也其言萬入去籥何去其有聲者廢其無聲者知其不可而爲之也猶者何通可以已也是萬爲舞名禮明堂位曰朱干玉戚冕而舞大武干楯也戚斧也此舞者左手執楯右手執斧故謂之武舞言王者以萬人服天下故以萬爲名詩言碩人之舞云左手執籥右手執翟鄭玄云籥如管六孔何休云吹之以節舞也故吹籥而舞謂之文舞魯人知卿佐

祭禮十一　二百一

0015_0546-1

之喪不宜作樂故去其有聲而不知廢繹納舞去籥惡其聲聞也尋杜注意直云萬舞名又注隱五年亦直云萬舞也下問羽數則萬是舞之大名不取公羊萬是干舞之義則執羽吹籥是爲萬舞故杜云納舞去籥惡其聲聞是無干舞籥舞之別名也沈氏云案曾子問嘗禘郊社簠簋既陳天子崩后之喪廢則卿喪不廢正祭繹是又祭爲輕故當廢之

左氏曰有事于大廟襄仲卒而繹非禮也○子由見其故以

0015_0546-2

問孔子曰禮與孔子曰非禮也

卒不繹○穀梁子曰仲遂卒于垂祭于大廟之日而知仲遂卒垂齊地○疏曰注言此者解經仲遂之卒繫祭廟之意也仲遂有罪而亦書日者宣公與遂同罪猶定公不惡意如而書日也或當辛巳自爲祭廟不爲仲遂也案公子翬當桓世無罪則不去公子仲遂非宣惡人而去公子者翬非桓罪人故生存不去公子之號仲遂於宣雖無罪死者人之終若不去公子嫌其

儀祭禮十一　二百二

0015_0547-1

全無罪狀故去之若然何以不去日者旣替其尊號則罪已明故不假去日也傳稱公弟叔仲賢也遂非賢而稱仲者杜預云時君所嘉何休云稱仲者起嬰齊所氏范甯不注理未必然蓋以遂見疏而去公子經不可單稱遂卒遂於後以仲稱氏故稱仲遂卒也然仲遂以罪見疏即見是罪惡之臣而譏宣公不廢繹者宣公與遂同心繹祭之特則納舞去籥而爲之故所以譏也

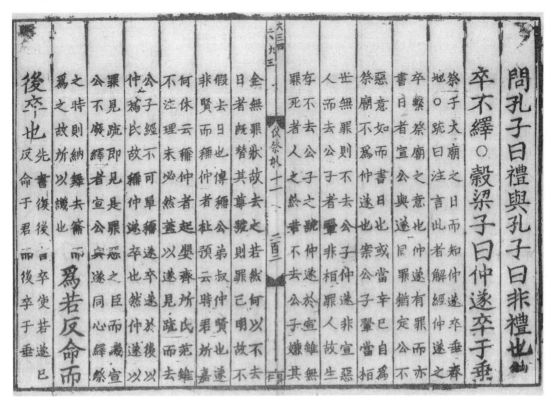

爲若反命而後卒也先書復後言卒使若遂已反命于君而後卒于垂

0015_0548-1　0015_0547-2

此公子也其曰仲何也疏之也成十

六年傳曰大夫不言公子公孫疏之也何爲疏之也

是不卒者也遂與宣公共弑子赤不疏則無

用見其不卒也若書公子則與正卒者同故去公子

以見之則其卒之何也據公子翬不書卒以

譏乎宣也其譏乎宣何也聞大夫

之喪則去樂卒事去籥萬卒祭事言今不然壬

大八一　小九九　仪祭礼十一　二百三

午猶繹猶者可以已之辭也繹者

祭之旦日之享賓也疏曰旦日猶明日也何休

云繹者繼昨日事但不灌地降神耳天子諸侯曰繹大夫曰賓尸士

曰宴尸則天子以卿爲之諸侯則以大夫爲之卿大夫以孫爲之宴

立尸設坐尸周旅酬六尸唯士宴尸與先儒少異則亦意或與何同

也案少牢饋食之禮卿大夫當日賓尸天子諸侯明日賓尸者天子

諸侯禮大故異日爲之卿大夫以下禮小故當日即行其三代之名

0015_0549-1　0015_0548-2

者案爾雅云夏曰復胙殷曰彤周曰繹是也謂之復胙者復前日之

禮也謂之彤者彤是不絕之意也謂之繹者繹陳昨日禮也何休又

云禮大夫死爲廢一時之祭有事於廟而聞之者去樂卒事而聞之

者廢繹今魯不以爲譏非意當亦然也萬入去籥萬舞

名籥管也以其爲之變譏之也內舞去籥惡其

聲聞此爲鄉變於常禮是知其不可而爲之○公羊子

曰萬干舞也干謂楯也能爲人扞難而不使害人故聖

仪祭礼十一　二百四

王貴之以爲武樂萬者其篇名武王以萬人服天下民樂之故名之

云爾○疏曰欲言其樂文無樂名欲言非樂祭祀用之故執不知問

云武王以萬人服天下民樂之故名之云爾者春秋說文昔武王一

會八伯諸侯人數豈止萬而已蓋以萬是揔名故據以言耳籥

者何籥舞也籥所吹以節舞也吹籥而舞文樂之長○

疏曰欲言非樂籥是樂名欲言是樂臨祭見去故執不知問云吹籥

而舞文樂之長者正以萬是武樂入而用之而籥特備其七

0015_0549-2

萬入去籥何據入者不言萬去樂不言名○疏曰去樂不言名者即昭十五年二月癸酉有事于武宮籥入叔弓卒去樂卒事也是去其有聲者不欲令人聞之廢其無聲者廢置也置者不去也鄭人語存其心焉爾存其心焉爾者何知其不可而爲之也明其心猶存於樂知其不可故去其有聲者而爲之○疏曰欲道存心于樂而有去籥之文欲道存心于股肱而繹萬不廢故

0015_0550-1

執不知問猶者何通可以已也禮大夫死爲廢一時之祭有事于廟而聞之者去樂卒事卒事而聞之者廢繹日者起明日也言入者據未來去籥時書凡祭自三年喪已下各以日月廢時祭唯郊社越紼而行事○疏曰欲言是禮者而譏之欲言非禮乃當正祭之明日故執不知問云禮大夫死爲廢一時之祭者正以正祭爲吉事也有事于廟而聞之者即昭十五年二月癸酉有事于武宮籥入叔弓卒去樂卒事傳云其言去樂卒事何禮也君有事于

0015_0550-2

廟聞大夫之喪去樂注云恩痛不忍舉卒事而聞之者即禮弓下篇云仲遂卒于垂壬午猶繹萬入去命仲尼曰非禮也卿卒不繹是也注言入者據未奏去籥時書者欲追所以不言萬作而言萬入之意也凡祭自三年喪已下各以日月廢時祭唯郊社越紼而行事可者即王制曰喪三年不祭唯祭天地社稷爲越紼而行事鄭注云不敢以卑廢尊越猶躐也紼輴車索是也○春秋左氏傳家語公羊穀梁傳通修

○昭公十五年二月癸酉有

0015_0551-1

事於武宮籥入叔弓卒去樂卒事去起呂反○略書有事爲叔弓卒起也武宮魯武公廟成六年復立之○爲于僞反復扶又反○疏曰有事謂有祭事于武公之宮廟也祭必有樂樂有文舞武舞文執羽籥武執干鏚其入廟也必先文而後武當籥始入叔弓暴卒故於是去樂不用而終卒祭事也叔弓之卒當籥入之時故舉籥入也及其去之則諸樂皆去故云去樂鐘鼓管磬悉皆去之非獨去籥舞也祭禮鼎俎既陳籩豆既設然後舞樂

始入緣先祖之心以大臣之卒公聞樂不樂又孝子之心不忍徹己設之饌故去樂卒事又曰閔二年吉禘于莊公僖八年禘于大廟哉旨書禘此傳言禘于武公則亦是禘不書爲禘而言有事者此經所書不論禘祭是非略書有祭事者本爲叔弓卒起也止爲叔弓之卒須當祭之時所書不爲禘也繹例曰三年之禘自國之常常事不書故唯書此數事祭雖得常亦記仲遂叔弓之非常也具言叔弓之卒非常故書之也繹例亦云凡三年喪畢然後禘於是遂以三年爲

節當仍計除喪即吉之月卜日而後行事無復常月也是以經書禘及大事傳唯見莊公之速他無非時之譏也即如例言三年一禘若計襄公之薨則禘當在二年五年八年十一年十四年此年非禘年也若計齊歸之薨則禘當在此三年十六年此年亦非禘年也而云祭雖得常者繹例曰禘于大廟禮之常也各于其宮時之爲也雖非三年大祭而書禘用禘禮也昭二十五年傳曰將禘于襄公亦其義也是言于武宮者時之所爲實非禘年用禘禮此實非常但經之所

書唯譏莊公之速其餘不復譏故不以爲譏即是得常故云然得常叔弓爲非常也武宮者魯武公廟毁已久矣成六年復立之遂即不毁明堂位云魯公之廟文世室也武公之廟武世室也鄭玄云此二廟象周有文武之廟也世室者不毁之名是魯以武公爲不毁之廟故禘于其宮不云大廟亦非常也

左氏曰禘叔弓涖事籥入而卒去樂卒事禮也大臣卒故爲之去樂○爲于僞反

○**穀梁子曰君**

在祭樂之中聞大夫之喪則去樂卒事禮也祭樂者君在廟中祭作樂○疏曰禮則不得而曰有變以聞貢無似有變嫌則樂禮何以言禮也祭祀重禮國之大事一物不具則爲失所譽卿佐之卒而闕先君之樂而不止祭嫌有失禮繹之後言可乎問言禮意

君在祭樂之中大夫有變以聞可乎變謂死喪**大夫國體也**君之卿佐是謂股肱故曰國體**古之人重死君**

命無所不通死若不可復生事莫大焉是以君雖在祭
樂之中大夫死以國可也疏曰命告也大夫與君一體情無疑貳
祭祀雖重以卒告君君當哀其喪而止祭不得以輕廢重故死可以
聞也○公羊子曰其言去樂卒事何
據入者言萬去籥言名不言卒事○疏曰據入者云云也若即宣八
年夏六月辛巳有事于大廟仲遂卒于垂壬午猶繹萬入去籥是也
然則彼乃入者言萬此則入者言籥彼則去籥言名此則漫言去樂

而已彼又不言卒事與此異是故弟子據而難之禮也以加
錄卒事即非禮但當言去樂而已若去籥矣摠言樂者明悉去也
君有事于廟聞大夫之喪去樂退鞠
不忌叅卒事畢竟祭事大夫聞君之喪攝
主而往主謂已主祭者臣聞君之喪攝主不可以不即行故使
兄弟若宗人攝行主事而往不廢祭者古禮也古有分土無分民大
夫不世己父未必爲今君臣也故經曰資於事父以事君而敬同

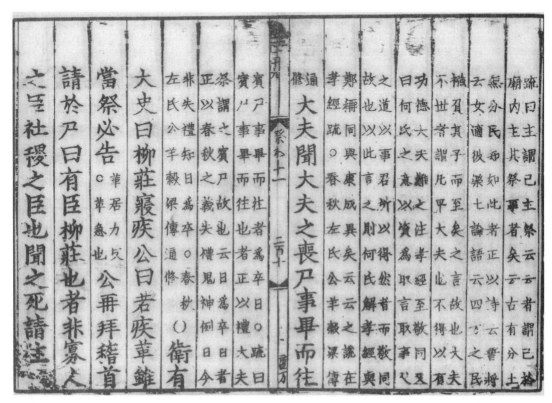

疏曰主謂已主祭云云者謂已於廟內主其祭事者矣云云古有分土
無分民而知此者正以詩云普將云女適彼樂土論語云四方之民
襁負其子而至矣之言故也大夫不世者謂凡平大夫也不得以有
功德大夫雖之注孝經至敬同及曰何氏之意以資爲取言取事父
之道以事君所以得然者而敬同故也以此言之則何氏解孝經與
鄭稱同與康成異矣云云之說在孝經疏○春秋左氏公羊穀梁傳
通修大夫聞大夫之喪尸事畢而往

賓尸事畢而往者爲卒日○疏曰賓尸事畢而往也者正以禮大夫
祭謂之賓尸故也云日爲卒日者正以春秋之義失禮鬼神例日今
非失禮知日爲卒○春秋左氏公羊穀梁傳通修○衛有
大史曰柳莊寢疾公曰若疾革雖
當祭必告革居力反○革急也公再拜稽首
請於尸曰有臣柳莊也者非寡人
之臣社稷之臣也聞之死請往

0015_0555-2

賢者不釋服而往遂以襚之與之邑裘氏與縣潘氏書而納諸栢曰世世萬子孫毋變也縣音玄潘普干反○脫君祭服以襚臣親賢也所以此襚之者以其不用襲也凡襚以斂所以厚賢也裘縣潘邑名○疏曰此一節論君急事臣之事柳莊為衛大史今寢疾其家自告公報之曰若疾急困雖當我祭必須告也其後柳莊果當公祭之時卒而來告公公祭事雖了與尸為禮未畢公再拜稽

祭禮卷十一　二百十一

0015_0556-1

首請於尸曰有臣柳莊也者才能賢異非唯寡人之臣乃是社稷之臣今聞之身死請往赴之又不釋祭服即往與遂以所著祭服脫以襚之又與之采邑曰裘氏及縣潘氏與二邑又書錄其嘗辭而納之揆云世世所受此邑至萬世子無有改變案禮君入廟門全為臣請尸得言寡人者是後人作記者之言也又曰案士喪禮君使人襚不云祭服襚臣今君以祭服襚故云親賢也得以祭服襚之者禮諸侯玄冕祭廟大夫自玄冕而下以其俱是玄冕故得襚也祭服既得

0015_0556-2

以襚臣者以其臣卑不敢用君襚衣而襲之也所以不用襲著襲是近己形體事褻瀆故不敢用君之襚衣也案士喪禮云君襚衣及親者多庶兄弟之襚皆不用襲故士喪禮云庶襚繼陳不用注云不用不用襲也至小斂則得用庶襚故士喪禮小斂凡十有九稱陳衣繼之不必盡用鄭云陳衣庶襚也既云不必盡用明有用者至大斂得用君襚故士喪禮大斂君襚祭服散衣庶襚凡三十稱又云君襚不倒是大斂得用君襚也凡襚以斂者謂庶襚以小斂君襚以大斂也

祭禮十一　二百十二　勇

0015_0557-1

鄭言此者明襚衣不用襲也○禮亏下○公父文伯之母季康子之從祖叔母也祖父昆弟之妻康子往焉闔門與之言闔尤通反○闔門也門寢門也皆不踰閾閾門限也皆二人也敬妾不踰閾而出康子不踰閾而入傳曰婦人送迎不出門見兄弟不踰閾是也祭悼子康子與焉悼子穆伯之父敬姜先舅也與與祭也酢不受徹俎不宴禮祭主人獻賓

賓酢主人不受敬姜不親受也祭畢徹俎又不與康子宴飲

宗不具不繹繹又祭也唐尚書云祭之明日也昭謂天子諸侯曰繹以祭之明日卿大夫曰賓尸與祭同日此言繹者通言之也賈侍中云宗宗臣主祭祀之禮不具謂宗臣不具在則敬姜不與繹也

繹不盡飫則退說云飫宴安私飲也昭謂立曰飫坐曰宴言宗具則與繹繹畢而飲不盡飫禮而退恐有醉飽之失皆所以遠嫌也

仲尼聞之以爲別於男女之禮矣國語魯語

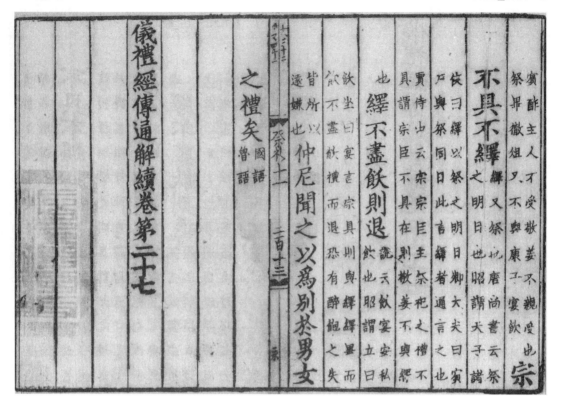

儀禮經傳通解續卷第二十七

0015_0561-2

儀禮經傳通解續卷第二十八

祭物　祭禮十二

肆師之職掌立國祀之禮以佐大宗伯佐助也○疏曰肆師是宗伯之考每事皆佐宗伯此經與下爲目其立國祀之禮則下經所云立大祀已下是也立大祀用玉帛牲牷立次祀用牲幣立小祀用牲牷音全○鄭司農云大祀天地次祀日月星辰小祀司命已下玄謂大祀又有宗廟次祀又有社稷

0015_0562-1

五祀五嶽小祀又有司中風師雨師山川百物○疏曰此則佐宗伯之事案大宗伯有禋祀已下并宗廟六享之事此肆師陳用玉帛牲牷之等又曰司農云大祀天地至司命以下先鄭據大宗伯直據天神大次小而言唯天神中兼言地而已其於地示不言次小人鬼之中又不言大次小故後鄭就足之耳後鄭云大祀又有宗廟者以其先鄭於大祀中無人鬼故後鄭特舉之云次祀又有社稷五祀五嶽者此後鄭特舉社稷已下者以先鄭次祀中不言血祭社稷已下故也云小祀又有司中風師雨師山川百物者此後鄭見先鄭天神小祀中

0015_0562-2

唯云司命以下其言不備故具之山川百物就足先鄭地示小祀耳若然後鄭云大祀又有宗廟更不言宗廟次小祀者在宗廟次祀即先公是也不言之者已於酒正云次祀鷩冕毳冕所祭已具於彼故也又不言宗廟小祀者宗廟小祀其神不明馬君雖云宗廟小祀殤與無後無明文故後鄭亦不言也經言立大祀用玉帛牲牷者天神中非直有升煙玉帛牲亦有禮神者也地示中非直瘞埋中有玉帛牲亦兼有禮神玉帛牲也宗廟中無埋瘞埋直有禮神幣爲與牲又不見有禮神之玉或可以灌圭爲禮神之玉亦通一塗立次祀用牲幣

0015_0563-1

者天神日月星辰地示血祭社稷五祀五岳是也宗廟次祀已下與大祀同亦直有禮神幣帛而已以歲時序其祭祀及其祈珥序第次其先後大小故書祈爲幾杜子春讀幾當爲祈珥當爲餌玄謂祈當爲進機之機珥當爲衈機衈者釁禮之事雜記曰成廟則釁之雍人舉羊升屋自中中屋南面刲羊血流于前乃降門夾室皆用雞其衈皆於屋下割雞門當門夾室中室然則是機謂羊血也小子職曰掌珥于社稷祈于五祀是也亦謂其宮兆始成時也春秋僖十九年夏邾人執鄫子用之傳曰用之者何蓋叩其鼻

0015_0563-2

釁社也○刏苦丰反○疏曰言歲時其祭祀者即上立大祀已下至小祀依歲之四時次序見大小先後也及刏衈謂釁禮之事用毛牲即刏衈用衈牲即曰衈又曰云序第次其先後者不必先大後小天地人之鬼神各有、次小或小而應先或大而應後各自當其特以祭之故云第次其先後也云故言所為幾杜子春讀幾當為祈珥為餌亡皆無義所取故鄭不從之也玄謂祈當為進禨之禨者案禮記玉藻沐畢云進禨鄭以為沐而飲酒曰禨彼禨為禨福之義此直取音讀不取其義云珥當為衈者經言珥是王珥非取血之義故

祭禮十二　三

0015_0564-1

讀從雜記下血傍為之也云雜記曰成廟則釁之雍人舉羊升屋自中者謂升上其屋當屋脊之中央云門夾室皆用雞者謂廟門及兩廂夾室三處皆用雞其衈皆於屋下者謂三處皆不升屋而在屋下殺雞也云割雞門當門夾室中室者中謂當室中央云然則是機謂羊血也者鄭既引雜記之衈欲破經珥及子春餌之意也云小子職曰掌珥于社禨祈于五祀是也者引證血傍為之以證珥義也其祈字猶不從故使之引春官士師曰凡刏衈則奉犬牲毛牲曰刏牲曰衈此刏衈正字與若然刏既是亦讀從進禨者直從故書幾音耳至

0015_0564-2

師別為正解也云春秋傳曰者公羊文引之者謂證衈是取血以釁之事春

○小宗伯掌五禮之禁令與其用等用等牲器尊卑之差鄭司農云五禮吉凶賓軍嘉○疏曰云用等牲器尊卑之差者謂若天子大夫已上大牢士少牢諸侯之大夫少牢士特牲之等其器謂若少牢四敦特牲二敦士二五三俎大夫四豆五俎諸侯六豆七俎天子八豆九俎其餘尊罍爵勺及饗食之等各依尊卑之差先鄭云五禮吉凶賓軍嘉者大宗伯職文

辨吉凶之五服車旗宮室之

祭禮十二　四

0015_0565-1

禁五服王及公卿大夫士之服○疏曰云吉凶之五服者皆據人數而云五也又云車旗宮室之禁者謂若典命云國家宮室車旗衣服禮儀以九以七以五為節言禁令者謂五服及車旗宮室皆不得上僭下逼當各依品命為法又曰皋陶書云五服五章才鄭注云十二也九也七也五也三也又云予欲觀古人之象日月星辰注云此十二章天子備有公自山而下華經云非先王之法服注云先王制五服日月星辰服諸侯服山龍云云皆據章數而言今此注五以為王及公卿大夫士之服不儀盡却五者以其齊服自天子達於士庶

0015_0566-1　　0015_0565-2

一而已不得數服爲五即知古之五器
亦不得數服故皆據人爲五也○同上
○圭璧金璋不粥於市　家語作珪璋璧琮　命服
命車不粥於市宗廟之器不粥於市犧
牲不粥於市　家語作犧牲秬鬯○粥音育○尊物非民所宜有粥
賣也○疏曰皆是尊貴所合蓄之物非民所宜有防民之僭偽也○王制　○
大宰以九式均節財用一曰祭祀之式
式謂用財之節度○疏曰式謂依常多少用財法式也一曰祭祀之式者謂若

大祭次祭用大牢小祭用特牲之類　以九貢致邦國之用
一曰祀貢三曰器貢七曰服貢　鄭司農云祀貢
犧牲包茅之屬器貢宗廟之器服貢祭服玄謂器貢銀鐵石磬丹漆也服貢絺
紵也○疏曰云致邦國之用者謂此貢諸侯邦國歲之常貢則小行人云令春
入貢是也大行人云侯服歲一見其貢祀物彼謂因朝而貢與此別也但諸侯
國所得民稅大國貢半次國三之一小國四之一所貢者市取當國所出美物
則爲貢所云要雖所貢之類是也又曰案司農云祀貢犧牲包茅之屬者案禮

0015_0567-1　　0015_0566-2

記禮器云三牲魚腊四海九州之美物故知祀貢有犧牲也案僖公四年齊責楚包
茅不入王祭不共無以縮酒故知祀貢有包茅云器貢宗廟之器者大行人因
朝而貢者得有成器此歲之常貢不得有成器故後鄭不從也云服貢祭服者
後鄭亦不從以大行人因朝而貢有祭服此歲之常貢不得有成服○天官
○大行人侯服歲壹見其貢祀物男服
三歲壹見其貢器物采服四歲壹見其
貢服物　祀物犧牲之屬器物尊彝之屬服物玄纁絺纊也○纁音曛又

古曠反○疏曰玄謂器物尊彝之屬者案大宰云器貢尊彝之屬者先鄭以爲
宗廟之器後鄭易之以爲器貢銀鐵石磬丹漆不從先鄭此云器物後鄭以爲
尊彝之屬與彼先鄭同者彼是歲之常貢不合有成器故破之此乃因朝而貢
得貢成器故爲尊彝解之知因朝得貢成器者見昭十五年太子壽卒秋八月
穆后崩十二月晉荀躒如周葬穆后籍談爲介以文伯宴尊以魯壺王責之分
器籍談歸以告叔向叔向曰王其不終乎工一歲而有三年之喪二焉於是乎
以喪賓宴又求彝器以此知因朝得貢成器○秋官　○季秋合諸

0015_0568-1　0015_0567-2

侯制百縣爲來歲受朔日與諸侯所稅於民輕重之法貢職之數以遠近土地所宜爲度以給郊廟之事無有所私秦以建亥之月爲歲首於是歲終使諸侯及鄉遂之官受此法焉合諸侯制者定其民家宮室車旗衣服禮儀也諸侯言合制百縣言受朔日互文也貢職謂所入天子凡周之法以正月和之正歲而縣於象魏○縣音玄○疏曰合諸侯制者秦十月爲歲首此月歲之終也當入新歲故合此諸侯之法制又命百縣還來歲受朔日之政令并授諸侯所稅於民輕重之法貢職之數天子有朔日政令諸侯所稅民輕重之法貢職之數皆天子制之百縣此來受與分故云受朔與諸侯所稅於民輕重之法貢職之數皆天子之制言與著兼事之辭以遠近土地所宜爲度者言定稅輕重入貢多少皆以去京遠近之差土地所宜之物爲節度無有所私者言既給郊廟重事百縣等物無得有所偏私不如法制也又曰案史記秦文公獲黑龍自爲水瑞命河爲德水以十月爲歲首云定其國家宮室車旗衣服禮儀者此皆周禮典命文也注云國家國之所居謂城方也

0015_0569-1　0015_0568-2

云互文者諸侯言合制則百縣亦合制百縣言來歲受朔日則諸侯亦來歲受朔日也故云互文諸侯謂畿外國百縣謂鄉遂云貢職謂所入天子者以經云稅於民輕重之法又云貢職之數其文既重故知稅於民者是積貯本國貢職之數者是輸納天子云周之法以正月和之者案大宰職正月之吉始和布治于邦國都鄙云正歲而縣于象魏者亦宰職云正歲縣治象之法于象魏是也○月令

○大府凡頒財以式灋授之財泉穀也○疏曰言凡頒財者大宰云九賦斂財賄九式用之但事相因故二處別言九賦之物也此所頒之財即大宰斂財賄一也云以式法授之者謂以舊法式多少授與九式之知財得爲泉者外府云掌邦布之出入賜予之財用是也知財中一穀者喪大記云納財朝一溢米米即是穀也邦都之賦以待祭祀邦都五百里賦口率出泉也今之算泉民或謂之賦此其舊名與鄉大夫以歲時登其夫家之衆寡辨其可任者國中自七尺以及六十野自六尺以及六十有五皆征之遂師之職亦云以徵其財征皆謂此賦也又曰入其所其家物以當賦泉之數待猶給也此九賦之財給九式者○疏曰邦都之賦者

0015_0569-2

畿國中四百里外五百里中有大都大都采地其賦入主外祭公邑其中民所出泉入王家也云賦口率出泉也者案大府云九貢九賦九功各別又見司會云以九貢致邦國之財用以九賦令田野之財用以九功令民職之財用貢賦入功各別賦爲口泉也是以鄭君引漢法民年二十五巳上至六十出口賦錢人百二十以爲筭故鄭於此注亦云今之筭泉民或謂之賦此其舊名與又引鄉大夫以歲時登其夫家巳下及遂師職者欲見征賦爲一皆是口率出泉破司農爲地稅也云以當賦泉之數者以經云頒財財即是穀物取之以當賦泉

祭禮十二　九

0015_0570-1

之數若灋法人百二十云待猶給也者謂大宰斂得九賦之財大府以九賦之財給九式之用待來則給之故云待猶給非是訓待爲給云此九賦之財給九式者以其此經九事與大宰九式相當此九賦又與大宰九賦一也故云九賦之財給九式也。天官

○小宰以灋掌祭祀之戒具令百官府共其財用治其施舍聽其治訟

法謂其灋法也戒具戒官有事者所當共施舍不給役者。共音恭。疏曰言以法掌祭祀巳下七者皆是上六職百官職事通職者以其衆官共

0015_0570-2

故經云令百官府共其財用也又曰[illegible]禮法謂七者皆有舊法依行若九式曰祭祀之式云戒具戒官有事所當共也者此七事在大宰八法中六曰官法彼在八日官計上者以其彼有數故在上此官法無數故退在六計下也云施舍不給役者上六職注引鄉大夫國中貴者老者疾者服公事者是也

○外府凡祭祀共其財用之幣齎賜予之財用

齎行道之財用也聘禮曰問幾月之齎鄭司農云齎或爲資今禮家定齎作資玄謂齎資同耳其字以齊次爲聲從貝變易古字亦多或○疏曰祭祀財

祭禮十二　十

0015_0571-1

用皆外府供其泉也云幣齎之財用謂王使公卿巳下聘問諸侯之行道所用則曰幣齎云賜予之財用者謂王於羣臣有所恩好賜予之也又曰問幾月之齎者案聘禮記使者既受行出遂見宰問幾月之資注云資行用也古者君臣謀密草創未知所之遠近問行用當知多少而巳是其問幾月之資鄭司農云齎或爲資今禮家定齎作資者齎資義一何得言禮家定作資故後鄭不從齎資兩字直是齊次爲聲從貝變易耳

○冢宰制國用必於歲之杪

杪亡小反。制國用如今度支經用。杪末也。度大各反。疏

0015_0571-2

曰用謂制國之用凡制國用多少必計
地小大又視年之豐耗若地大年豐則
制用多若地小年耗則制用少量入以
故鄭云多不過禮少有所殺
爲出量音亮○出謂所當給爲○疏曰
出謂所當給爲者給謂給百官賓
客及民人也爲謂
造國家器物也祭用數之扐筭今年
一歲經
用之數用其什一○疏曰知用今年一
歲經用者以下文云喪用三年之扐此
直云數之扐故知是一歲之扐也又知
扐爲什一者以扐是分散之名故知是
一歲之扐也又知扐爲什一者以扐是
分散之名故考工記云石有時以泐考

大四十二　小三百三十　祭礼十二　十二

0015_0572-1

工記又云以其圍之阞捎其藪彼注阞
謂三分之一此云什一者以民稅一歲
之什一則國祭所用亦什一也此謂當
年經用之內用其什一非是通計擬三
年儲積之蓄也按鄭喪用三年之扐喪大
云一歲經用之數
事用三歲
之什一喪祭用不足曰暴有餘曰浩
暴猶耗也浩猶饒也○疏曰暴是殘
物彼殘暴則虛耗故云暴猶耗也浩
是多大之義故堯典云浩
浩滔天故云浩猶饒也祭豐年不奢
凶年不儉常用數之
仂○王制○大饗不問卜五緣

0015_0572-2

帝於明堂美適卜也郊特牲曰郊血大
饗腥○適丁歷反○疏曰此大饗揔祭
五帝其神非一若卜其牲日五帝揔卜
而已不得每帝問卜若其一一問卜神
有多種恐吉凶不同故鄭
云莫適卜揔一卜而已不饒富富之
言備
也備而已勿多於禮也○疏曰不饒富
者當之言備也雖曰大饗諸帝配以文
武然禮數有常取備而已不得以其大
饗豐饒其物使之過禮此經直云大饗
鄭知祭五帝於明堂者以其上文云不
問卜又與月令季秋大饗帝同諸帝皆
在不得每帝問卜若其祫之大饗則周
禮宗伯享大鬼皆卜不得云不問卜知

仪祭礼十二　十二

0015_0573-1

非大祫也鄭引郊特牲云郊血大饗腥
者取大饗二字以證此大饗之文其實
彼大饗文在郊下謂祫祭也然此祭五
帝莫適卜而雩總祭五帝得每帝問卜
者以雩祭爲百穀祈雨非一帝之功故
每帝適卜至於大饗之時歲功總畢配
以文武祭報其功不須每帝皆
卜故惟一卜而已○曲禮下○泉府
凡賒者祭祀無過旬日鄭司農云賒貰
也以祭祀故從
官貰買物○疏曰先鄭之意以祭
祀事大故賒與民不取利○地官
右祭用總要○傳孟子曰禮曰諸

張本下象鼻題監生秦淳四字傳本剪去之

0015_0573-2

侯耕助以共粢盛夫人蠶繅以爲衣服犧牲不成粢盛不潔衣服不備不敢以祭惟士無田則亦不祭牲殺器皿衣服不備不敢以祭則不敢以宴盛音成繅素刀反皿武永反○禮曰諸侯爲藉百畝冕而青紘躬秉耒以耕而庶人助以終畝收而藏之御廩以供宗廟之粢盛使世婦蠶于公桑蠶室奉繭以示于君遂獻于夫人夫

大三十七小三冊八　祭禮　十二　十三

0015_0574-1

人副褘受之繅三盆手遂布于三宮世婦使繅以爲黼黻文章而服以祀先王先公又曰士有田則祭無田則薦黍稷曰粢在器曰盛牲殺牲必特殺也皿所以覆器者○滕文公下○穆王將征犬戎穆王周康王之孫昭王之子穆王滿也征正也上討下之稱犬戎西戎之別名在荒服祭公謀父諫曰祭畿內之國周公之後爲王卿士謀父字也傳曰凡蔣邢茅胙祭周公之胤也先王之制邦內甸服邦內謂天子畿

0015_0574-2

內千里之地商頌曰邦畿千里維民所止王制曰千里之內曰甸京邑在其中央故夏書曰五百里甸服則古今同矣甸王田也服服其職業也自商以前幷畿內爲五服武王克殷周公致太平因禹所弼除畿內更制天下爲九服千里之內謂之王畿王畿之外曰侯服侯服之外曰甸服今謀父諫穆王稱先王之制猶以王畿爲甸服者甸古名世俗所習也故襄王謂晉文公曰昔我先王之有天下也規方千里以爲甸服是也周禮亦以蠻服爲要服足以相況矣邦外

大十二小三百卅九　祭禮　十二　十四

0015_0575-1

侯服邦外邦畿之外方五百里之地謂之侯服侯服侯圻也言諸侯之近歲一來見勲侯衛賓服此總言之也侯侯圻也衛衛圻也言自侯圻至衛圻其間凡五圻圻五百里五五二千五百里中國之界也謂之賓服常以服貢賓見於王五圻者侯圻之外曰甸圻甸圻之外曰男圻男圻之外曰采圻采圻之外曰衛圻周書康誥曰侯甸男采衛是也凡此服數諸家之說皆紛錯不同唯賈君近之蠻夷要服蠻蠻圻也夷夷圻也周禮衛圻之外曰蠻

0015_0575-2

圻去王城三千五百里九州之界也夷圻去王城四千里周禮行人
職備圻之外謂之要服此言蠻夷要服則夷圻朝貢或與蠻圻同也
要者要結好信而服從之戎翟荒服戎翟去王城四千五
百里至五千里也四千五百里為鎮圻五千里為蕃圻在九州之外
荒裔之地與戎翟同俗故謂之荒荒忽無常之言也甸服者
祭供日祭也此采地之君其見無數侯服者祀供月
祀也堯舜及周侯服皆歲見賓服者享供時享也享獻

祭禮十二　十五

0015_0576-1

也周禮甸圻二歲而見男圻三歲而見采圻四歲而見衛圻五歲而
見其見也必以所貢助祭於廟孝經所謂四海之內各以其職來祭
要服者貢供歲貢也要服六歲一見荒服者王
王王事天子也周禮九州之外謂之蕃國世一見各以其所貴寶為
贄詩曰自彼氐羌莫敢不來王日祭日祭祭於祖考謂上食也
近漢亦然月祀月祀於曾高時享時享於二祧歲
貢歲貢於壇墠終王終謂世終也朝嗣王及即位而來見

0015_0576-2

先王之訓也有不祭則脩意意志也
謂邦甸之內有違闕不供日祭者先脩意以自責畿內近知王意也
有不祀則脩言言號令也有不享則脩
文文典法也有不貢則脩名名謂尊卑職貢之名
號晉語曰信於名則上下不干有不王則脩德遠人
不服則脩文德以來之序成而有不至則脩
刑序成謂上五者次序已成而有不至則有刑誅於是乎

祭禮十二　十六

0015_0577-1

有刑不祭伐不祀征不享讓不貢
讓譴責也告不王謂以文辭告曉之也遠者事輕也於
是乎有刑罰之辟刑不祭也有攻伐之
兵伐不祀也有征討之備征不享也有威讓
之令讓不貢也有文告之辭告不王也令自
大畢伯仕之終也大畢伯仕犬戎氏之二君終卒
也犬戎氏以其職來王以其職謂其嗣子以

0015_0578-1　0015_0577-2

言賓來王也天子曰予必以不享征之且觀之兵享賓服之禮以責犬戎其無乃蠥

先王之訓而王幾頓乎幾危也頓敗也○國語齊語

○齊桓公伐楚曰爾貢包茅不入王祭不共無以縮酒寡人是徵共音恭縮所六反○包裹束也茅菁茅也束茅而灌之以酒爲縮酒尚書包匭菁茅之爲異未審○菁子丁反匭音軌○疏曰禹貢

祭禮十二　十七

荊州包匭菁茅孔安國云其所包裹而致者匭匣也菁以爲菹茅以縮酒郊特牲云縮酌用茅鄭玄云泲之以茅縮去滓也周禮甸師祭祀共蕭茅鄭興云蕭字或爲莤莤讀爲縮束茅立之祭前沃酒其上酒滲下去若神飲之故謂之縮縮滲也故齊桓公責楚不貢包茅王祭不共無以縮酒杜用彼鄭興之說也孔安國以菁與茅別杜云茅菁茅則以菁茅爲一令荊州貢茅必當異於餘處但更無傳說故云茅之爲異未審也沈氏云大史公封禪書云江淮之間一茅三脊社云

0015_0579-1　0015_0578-2

未審者以三脊之茅比目之魚比翼之鳥皆是靈物不可常貢故杜云未審也○僖公四年春秋左氏傳

內宰中春詔后帥外內命婦始蠶于北郊以爲祭服中音仲○蠶于北郊婦人以純陰爲尊郊必有公桑蠶室焉○疏曰云仲春詔后帥外內命婦始蠶于北郊者內宰以仲春二月詔告也告后帥領外命婦諸臣之妻內命婦三夫人已下始蠶於北郊云以爲祭服者禮記祭義亦云蠶事既畢遂朱綠之玄黃之以爲祭服此亦當染之以爲

祭禮十二　十八

祭服也又曰云蠶于北郊婦人以純陰爲尊者案禮記祭統云天子親耕于南郊鄭以諸侯爲少陽是天子以純陽爲尊則后蠶于北郊純陰爲尊也云郊必有公桑蠶室焉者案月令三月后妃親東鄉躬桑此云二月與彼不同者案馬質云禁原蠶者彼注天文辰爲馬引蠶書曰蠶爲龍精月值大火則浴其種是蠶與馬同氣故此亦仲春始蠶蠶者亦謂浴種至三月臨生蠶之時又浴種乃生之歲設文有異也

歲終則會內人之稍食稽其功事內人主謂九御○疏曰歲終至周之季冬內宰則會計內人

之稍食稍食則月請是也云稽其功事
若稽計也又當計女御絲枲二者之功
事以知多少又曰知内人主是女御者
案典婦功授嬪婦及内人女功之事齎
嬪婦既是九嬪世婦
明内人是九御也

佐后而受獻功者獻功者
九御之

比其小大與其麤良而賞罰之
屬鄭司農云絫而獻功玄謂典婦功曰
及秋獻功○疏曰佐后而受獻功者謂
内宰佐助后而受女御等獻絲枲之功
布帛等云比其小大與其麤良者布帛
之等縷小者則細良縷大者則麤惡今
言麤不云惡言良不云細者互見爲義

大四十三 小三百三十三　儀禮疏十二　十九

也云而賞罰之者良則賞之麤則罰之
以示懲勸也又曰鄭知獻功是九御之
屬者上文云以婦職之法教九御明所
受獻功還是九御之屬可知司農云絫
而獻功謂冬獻功玄引典婦功職秋獻
功不從先鄭者以其内宰佐后受明是
婦官所進還是典婦功女
御等秋獻功也○天官

○季春后妃

齋戒親東鄉躬桑禁婦女毋觀省婦使

以勸蠶事鄉許亮反觀古喚反省所景
反○后妃親採桑示帥先天
下也東鄉者鄉時氣也是明其不常留
養蠶也留養者所卜夫人與世婦婦謂

世婦及諸臣之妻也内宰職曰中春詔
后帥外内命婦始蠶于北郊女外内子
女也夏小正曰妾子始蠶執養宮事毋
觀去容飾也婦使縫線組紃之事○去
起呂反組音祖紃音旬○疏曰若尋常
養蠶或東西南北面無所在今后唯東
面採桑明知不常留養蠶也暫示法而
已留養者所卜夫人與世婦者案祭義
云卜三宮之夫人世婦之吉者使蠶是
常留養蠶也祭義又云夫人褘副而受
之言副褘則據王后言三宮夫人則似
據諸侯不同者祭義所云雜明天子諸
侯之法副褘據王后上公夫人亦副褘
也三宮夫人據諸侯亦得通王之三夫

儀禮疏十二　廿

人也云婦謂世婦及諸臣之妻者釋經
中婦字知不兼三夫人九嬪者以經云
禁婦女無觀則尊者不應在禁限故知
無夫人與嬪也及女御亦當在焉特云
世婦者以祭義云世婦之吉者故特言
之引内宰職蠶于北郊者證躬桑之事
案此經是季春躬桑内宰云仲春者以
仲春既帥命婦躬桑浴種至季春又更
躬桑浴蠶也故熊氏云案馬質注云蠶
爲龍精月直大火則浴其種是二月浴
種也祭義云大昕之朝奉種浴于川注
云大昕季春朔日是三月又浴蠶也皇
氏云二月浴之三月乃躬其義非也云
女外内子女者解經中女字外子女謂

0015_0582-1　　0015_0581-2

云姓姪娣女者內子女者王之同姓子女則周禮之外宗內宗皆以嫁有爵者故內宰云帥外內命婦言內命則未出嫁者不在焉鄭注周禮士妻亦爲命婦則士妻亦在云夏小正曰妾子始蠶執養宮事者引之證明子女養蠶之事皇氏云妾謂外內命婦子謂外內子女執養宮事執操也養長也謂操持養長蠶宮之事云無觀去容飾者以其蠶先蠶又志在採桑養蠶無暇爲飾之事故禁之以示法

蠶事既登分繭稱絲效功以共郊廟之服無有敢惰 共音恭○登成也敖往蠶者蠶畢將課功以勸戒之○疏曰登成釋詁文以分繭稱絲是課効其功故云以勸戒之

○又令

○孟夏蠶事畢后妃獻繭乃收繭稅以桑爲均貴賤長幼如一以給郊廟之服 后妃獻繭者內命婦獻繭於后妃以繭稅者收於外命婦外命婦雖養蠶公桑蠶室而蠶其夫亦當有祭服以助祭收於近郊之稅耳貴賤長幼如一國服爲○疏曰內命婦獻繭于后妃者以其經云后妃獻繭恐后妃獻繭於王故明之也知非后妃獻繭於王者祭義曰世婦卒蠶奉繭以示於君遂以獻於

祭礼　十二

0015_0583-1　　0015_0582-2

夫人是夫人不獻繭也云收繭稅者收於外命婦者內命婦既以獻繭更別云收繭稅故知於外命婦也雖就公桑蠶室而蠶其夫亦有祭服以助祭也皇氏云外命婦既就公家之桑而養蠶則繭當總輸於公所以供皆稅其繭餘得自入者以其夫當有祭服以助于祭故今繭得自入以供造也今謂夫助祭之服當公家所爲故禮再命受服言外命婦雖就公桑蠶室而蠶既是官家之桑繭悉坐入於己所以有稅者以其夫亦當有祭服官家所給故輸繭稅以供造之但稅寡少故云收以近郊稅耳知收以近郊稅者載師云近郊十一公桑在國此近郊故知收以近郊云貴賤長幼如一國服同者案泉府云凡賒者以國服爲之息國服謂國家貢賦服事在上各有等限謂之國服言貴賤長幼出繭稅俱以十一等限齊同故云國服同其受桑則貴賤異也貴者桑多賤者桑少爲音討繭爲稅十一之稅

○季夏命婦官染采黼黻文章必以灋故無或差貸 貸吐二又他得反○婦官染人也采五色○疏曰案周禮婦官有典婦功典枲染人等此據染采故爲染之采五色者鄭注皐陶謨曰采施曰色未用謂之采已用謂之色此對文耳散

祭礼　十二

0016_0237-2

引通黑黃蒼赤莫不質良毋敢詐偽也

善也所用染者當禕真采正善也以給郊廟祭祀之服

月令○典絲凡祭祀共黼畫組就之物以給

衣服是擁及依顯下之屬白與黑謂之黼采色一成曰就○依於豈反○疏曰言凡祭祀者謂祭祀天地宗廟社稷山川之等故言凡以黃之云共黼畫者凡祭服皆畫衣繡裳但裳繡須絲衣畫不須絲而云共絲者大夫已上裳皆先染絲則玄衣亦須絲爲之乃後畫故兼衣畫而言之也組就者謂以組爲是擁之

二十二 祭禮十二 二十三

0016_0238-1

就故組就連言之云之物者謂絲之物色共之又曰云以給衣服者經云共據上而言注云給據旨而言鄭欲見尊卑皆授絲物也言衣物釋經黼畫但周之冕服九章衣五章裳四章龍袞已下直言黼者據美者而言謂若詩云玄袞及黼商書云麻冕黼裳之類云冕旒旁釋經組就謂若弁師云十二就之等云及依者亦釋經黼此據祭祀謂若掌次大旅上帝設皇邸邸即屏風爲黼文云幽巾者亦繹經黼謂若冪人職云王巾皆黼之類云之屬者覆冪有加斧於幬上及綃黼丹朱之類此云白與黑謂之黼繢人職文云采一成曰就者謂若典

0015_0370-2

瑞云五采五就弁師十二就之等皆是采色一成爲就也○天官○司服掌王之吉凶衣服辨其名物與其用事用事祭祀視朝甸凶弔之事衣服各有所用○疏曰此一經與下文爲總目王吉服有九大裘已下是也凶服即下文凶事與弔是也辨其名物者衣服有名則物色有異同也云用事祭祀視朝甸凶弔之事者其事各異云衣服各有所用者謂若祀昊天用大裘之等是也王之吉服祀昊天上帝則服大裘而冕祀五帝亦如之享

祭禮十二

0015_0371-1

先王則袞冕享先公饗射則鷩冕祀四望山川則毳冕祭社稷五祀則希冕祭羣小祀則玄冕六服同冕者首飾尊也先公謂后稷之後大王之前不窋至諸盩饗射饗食賓客與諸侯射也羣小祀林澤墳衍四方百物之屬鄭司農云大裘黑羔裘也袞卷龍衣也鷩裨衣也毳罽衣也玄謂書曰予欲觀古人之象日月星辰山龍華蟲作繢宗彝藻火粉米黼黻希繡此古天子冕服十二章舜欲觀焉華蟲五色之蟲繢人職曰鳥獸蛇雜四時五色之

0015_0586-1　　0015_0585-2

也希讀爲絺或作黹字之誤也王者相變至周而以日月星辰畫於旌旗所謂三辰旂旗昭其明也而冕服九章登龍於山登火於宗彝尊其神明也九章初一曰龍次二曰山次三曰華蟲次四曰火次五曰宗彝皆畫以爲繪次六曰藻次七曰粉米次八曰黼次九曰黻皆希以爲繡則袞之衣五章裳四章凡九也驚畫以雉謂華蟲也其衣三章裳四章凡七也毳畫虎蜼謂宗彝也其衣三章裳二章凡五也希刺粉米無畫也其衣一章裳二章凡三也玄者衣無文裳刺黻而已是以謂玄焉凡冕服皆玄衣纁裳○鷩直列反或音蔽罽居例反黹張

里反刺七亦反劉七賜反○疏曰王之吉服弁下韋弁服皮弁服冠弁服三者亦是今尊其祭服且言六矣云六服服雖不同首同明冕以首爲一身之尊故少變同用冕耳下經五服同名弁亦是首飾尊鄭不言者義可知也皃名雖同其旒數則亦有異但冕名同耳云諸公謂后稷之後大王之前不窋至諸盩者但后稷雖是公不追爲王要是周之始祖感神靈而生文武之功因之而就故特尊之與先王同是以尚書武成云先王建邦啓土尊之亦謂之先王也是以鄭云后稷之後大王之前不數后稷不窋后稷子諸盩大王父二者之間並爲

0015_0587-1　　0015_0586-2

先公矣周本紀云后稷卒子不窋立不窋卒子鞠立鞠卒子公劉立卒子慶節立卒子皇僕立卒子差弗立卒子毀隃立卒子公非立卒子高圉立卒子亞圉立卒子公祖類立卒子古公亶父立古公亶父則大王亶父也公祖類即紺亦曰諸盩也大祫於大祖后稷廟中屈服衮冕王服亦衮冕也案中庸注云先公組紺以上至后稷天保詩注先公謂后稷至諸盩天作詩注云先公謂諸盩至不窋經皆云先公注或言后稷或不言后稷者中庸云周公成文武之德追王大王王季上祀先公以天子之禮后稷既不追王故其先公中有后稷也天保

詩云禴祠烝嘗是四時常祭故云先公中有后稷天作詩是祫之祭禮在后稷廟中不嫌不及后稷故注不言后稷各有所據故注不同也云饗射饗食賓客與諸侯射也者饗食則大行人云上公三饗三食之等是也但饗食在廟故云服鷩冕也與諸侯射者此大射在西郊虞庠中亦服鷩冕也若燕射在寢則朝服若賓射在朝則皮弁服云羣小祀林澤墳衍四方百物者此據地之小祀以血祭社稷爲中祀埋沈已下爲小祀也若天之小祀則司中司命風師雨師與不言者義可知鄭司農云大裘羔裘也者司裘文先鄭注云大裘黑羔裘然則

0015_0587-2

凡祭之皆同冕裘義具於司裘也云袞卷龍衣也者鄭注禮記云卷俗讀其通則曰袞故先鄭袞卷并言之云鷩裨衣也者案禮記曾子問云諸侯裨冕覲禮侯氏裨冕鄭注云裨之言埤也天子大裘為上其餘為裨若然則裨衣自袞以下皆是先鄭獨以鷩為裨衣其言不足矣云毳罽衣也者案爾雅云毛氂謂之罽則續毛為之若今之毛布但此毳則宗彝謂虎蜼而先鄭以為罽衣於義不可故後鄭不從也玄謂書曰至希繡而云此古天子冕服十二章舜欲觀焉者欲明舜時十二章至周無升二章之意也然古人必為日月星辰於衣者取

四百二十　祭禮十二　三十七　劉全

0015_0588-1

其明也山取其人所仰龍取其能變化華蟲取其文理作繢者繢畫也衣是陽陽至輕浮畫亦輕浮故衣繢也宗彝者據周之彝尊有虎彝蜼彝因於前代則虞時有蜼彝虎彝可知若然宗彝是宗廟彝尊非蟲獸之號而言宗彝者以虎蜼畫於宗彝則因號虎蜼為宗彝其實是虎蜼也但虎蜼同在於彝故此亦并為一章也虎取其嚴猛蜼取其有智以其卬鼻長尾大雨則懸於樹以尾塞其鼻是其智也藻水草亦取其有文象衣上華蟲火亦取其明粉米共為一章取其絜亦取養人黼謂白黑為形則斧文近刃白近上黑取斷割焉黻黑與青為

0015_0588-2

形則兩己相背取臣民背惡向善亦取君臣有合離之義去就之理也希繡者孔君以為細葛上為繡鄭君讀希為黹黹紩也謂刺繒為繡次但裳主陰刺亦為是沈深之義故裳刺也云華蟲五色之蟲孔君注以為華象草華蟲雉也義亦通以其草華有五色故引續人鳥獸蛇雜四時五色以章之為證也華蟲名鷩者以其頭似鷩以有兩翼即曰鳥以其體有鱗似蛇則曰蛇以其有五色成章則曰雉故鄭注考工記云蟲之毛鱗有文采者也云希讀為絺或作黹字之誤也者本有此二文不同故云誤當作絺為正也云王者相變至周而以日月星

四百二十　祭禮十二　三十八

0015_0589-1

辰畫於旌旗者若孔君義虞時亦以日月星畫於旌旗與周同鄭意虞時無有日月星畫於旌旗若虞時日月星畫於旌旗則衣無日月星也云所謂三辰旂旗昭其明也者所謂桓公二年哀伯辭彼三辰則此日月星辰旌旗者謂交龍為旂熊虎為旗不畫日月星連引之耳引之者證周世日月星畫於旌旗之意也云而冕服九章者據周法而言既云日月星三章明有九章在也云登龍於山登火於宗彝尊其神明也者鄭知登龍於山者周法皆以蟲獸為章首若不登龍於山則當以山為章首何得猶名袞龍乎明知登龍於山取其神也又知

0015_0589-2

登火於宗彝者宗彝則毳也若不登火
在於宗彝上則毳是六章之首不得以
毳爲五章之首故知登火於宗彝取其
明也云九章初一曰龍至凡五也此無
正文並鄭以意解之以其衣是陽從奇
數裳是陰從耦數云希刺粉米無畫也
者衣是陽應畫今希冕三章在裳者自
然刺繡但粉米不可畫之物今雖在衣
亦刺之不變故得希名故鄭特言粉米
也然則毳冕之粉米亦刺之也云玄者
衣無文裳刺黻而已者以其祭服衣本
是玄今玄冕一章仍以玄爲名明衣上
無畫一章者刺黻於裳而已是以謂玄
焉云凡冕服皆玄衣纁裳者六冕皆然

0015_0590-1

故云凡以該之知玄衣纁裳者見易繫
辭黃帝堯舜垂衣裳蓋取諸乾坤乾爲
天其色玄坤爲地其色黄但土無正位
託於南方火赤色赤與黄即是纁色故
以纁爲名也　公之服自衮冕而下如王之服
侯伯之服自鷩冕而下如公之服子男
之服自毳冕而下如侯伯之服孤之服
自希冕而下如子男之服卿大夫之服
自玄冕而下如孤之服其凶服加以大

0015_0590-2

功小功士之服自皮弁而下如大夫之
服其凶服亦如之其齊服則玄端素端
齊側皆反注士齋同。自公之衮冕至
卿大夫之玄冕皆其朝聘天子及助祭
之服諸侯非二王後其餘皆玄冕而祭
於己雜記曰大夫冕而祭於公弁而祭
於己士弁而祭於公冠而祭於己大夫
爵弁自祭家廟唯孤爾其餘皆玄冠與
士同玄冠自祭其廟者其服朝服玄端
諸侯之自相朝聘皆皮弁服此天子日
視朝之服喪服天子諸侯齊斬而已卿
大夫加之以大功小功士亦如之又加緦

0015_0591-1

焉士齊有素端者亦爲札荒有所禱請
變素服言素端者明異制鄭司農云衣
有襦裳者爲玄端玄謂端者取其正也
士之衣袂皆二尺二寸而屬幅是廣袤
等也其袪尺二寸大夫已上侈之侈之
者蓋半而益一焉半而益一則其袂三
尺三寸袪尺八寸。襦音儒屬音燭廣
古曠反上時掌反。疏曰陳天子吉凶
之服訖自此已下陳諸侯及其臣之服
貴賤不同之事也但上具列天子之服
此文以上公自衮冕以下差次如之上
得兼下下不得僭上也大夫云凶服加
以大功小功者天子諸侯自旁期已下
皆絶而不爲服大夫加以大功小功謂

本服大功小功者其降一等小功降仍有服緦皆其本服之緦則降而無服云
士之服自皮弁而下者七之助祭服爵弁不言爵弁者以其爵弁之服惟有承
天變時及天子哭諸侯乃服之所服非常故列天子吉服不言之今以次轉相
如不得輙於上上加爵弁故以皮弁爲首但皮弁亦其士助君視朔之服也云
其凶服亦如之者亦如大夫有大功小功但士無降服則亦有緦服故鄭增之
也其齊服有玄端者則士冠上士玄裳中士黄裳下士雜裳特牲士之享祭之
服也素端者即上素服爲札荒祈請之服也又曰云自公衮冕至卿大夫之玄

冕皆其朝聘天子及助祭之服者此上公衮已下既非自相朝聘之服又非己
之祭服案曾子問云諸侯裨冕出視朝鄭云爲將廟受謂朝天子時也春夏受
享於廟秋冬一受之於廟其受享受覲皆在廟是受朝之事及助祭在廟理當
裨冕也若卿大夫聘天子受之在廟及助祭亦申冕服可知故鄭君臣朝聘並
言也云諸侯非二王後其餘皆玄冕而祭於已知之者案玉藻云諸侯玄端而
祭注云端當爲冕是諸侯玄冕自祭於已也案玉藻云諸侯祭宗廟之服惟魯
與天子同此注云諸侯非二王後其餘皆玄冕祭於已彼不言二王後此不言

魯者彼此各舉一邊而言其實相兼乃具也魯雖得與天子同惟在周公文王
廟中得用衮冕故明堂位云季夏六月以禘禮祀周公於太廟云天子之禮是
也若餘廟亦玄冕或可依公羊傳云白牲周公騂犅魯公牲羣公不毛魯公
既與羣公別牲而用騂犅則其服宜用鷩冕可也其二王後惟祭受命王得用
衮冕其餘廟亦得用玄冕也云雜記曰大夫冕而祭於公弁而祭於已士弁而
祭於公冠而祭於已大夫爵弁自祭家廟惟孤爾其餘皆玄冠與士同者鄭引
雜記者上已說諸侯祭於已說更明孤已下自祭不得申上服之意也云其餘

皆玄冠與士同者諸侯除孤用爵弁之外卿大夫等皆用玄冠與士同故少牢
是上大夫祭用玄冠朝服特牲是上禮用玄冠玄端是其餘皆玄冠與士同也
其天子大夫四命與諸侯之孤同亦以爵弁自祭天子之士宜與諸侯上大夫
同用朝服也云玄冠自祭其朝者其服朝服玄端者朝服據少牢大夫禮玄端
據特牲士禮而言也云諸侯之自相朝聘皆皮弁服者欲見此經上服惟施於
入天子廟不得入諸侯廟之意必知諸侯自相朝聘用皮弁者見聘禮主君及
賓皆皮弁諸侯相朝其服雖無文聘禮主君待聘者皮弁明待諸侯朝亦皮弁

0015_0593-2

可知且曾子問云諸侯朝天子見而出
視朝爲辨廟受及彼下文諸侯相朝云
朝服而出視朝鄭云爲事故據此上下
而言明自相朝不得與天子同即用皮
弁可知也云此天子曰視朝之服者此
解皮弁非諸侯常服之物惟於朝聘乃
服之意也云喪服天子諸侯齊斬而已
者欲見大夫言大功小功天子諸侯不
言之意也天子諸侯絶期此云齊者
據爲后夫人而吉者絶天子於適孫承
重亦期周之道有適子無適孫若無適
子自然乃適孫者無適孫立適曾孫亦
期及至適玄孫皆然也既爲適孫者服
而適子之婦大功若於適孫已下之婦

祭禮十二　三十三

0015_0594-1

承重者皆小功矣今特言齊者舉后夫
人重者而言云卿大夫以大功小功
者是據正服大功小功若緦則降而無
服故不言云士亦如之又加緦爲者士
不降服明知更加緦也云士齊有素端
者亦爲札荒有所禱請者然上文已云
素服十既轉相知已有素服衆今於經
別云玄端素端爲士設文者以其大夫
已上侈袂同帷裳不得侈袂以端爲之
故經別見端文也若然士之素端亦齊
者見禱請也則上文素服亦是齊服禱
請可知也云變素服言素端者明異制
者鄭解士別見文素意也鄭司農云衣
有襦裳者爲端裳此端據正幅不殺謂

0015_0594-2

裳故後鄭不從也玄謂端者取其正也
者端正也故以正幅解之也云士之衣
袂皆二尺二寸而屬幅是廣袤等也者
云衣袂二尺二寸喪服記文故彼云衣
二尺有二寸注云此謂袂中也言衣者
明與身參齊是玄端之身長二尺二寸
今兩邊袂亦各屬一幅幅長二尺二寸
上下亦廣二尺二寸故云屬幅廣袤等
袤則長也言皆者皆玄端素端二者同
也云其袪尺二寸者據玉藻深衣之袪
尺二寸而言也云大夫已上侈之侈之
者蓋半而益一也焉半而益一則其袂三
尺三寸袪尺八寸者此亦無正文案禮
記雜記云凡弁経服其衰侈袂少牢主

祭禮十二　三十四

0015_0595-1

婦衣綃衣亦云侈袂侈大也鄭以侈爲
大即以意爲半而益一以解之也孔子
大袂單衣亦如此也凡天子冕服有章
者舊說天子九章據大章而言其章別
小章章依命數則皆十二爲節上公亦
九章與天子同無升龍有降龍其八章
章別皆九而已自餘驚冕毳冕以下皆
然必知有小章者若無小章絺冕三章
則孤有四命六命卿大夫玄冕一章卿
大夫中則有二命二命一命天子之卿
六命大夫四命明中有
小章乃可得依命數

凡大祭祀共其衣服而奉之

奉猶送也送之於王所○
疏曰云大祭祀則中無有

0015_0595-2

次小祭祀以其皆是王親祭故舉大而言皆當奉衣服而送之於王王服之以祭祀。春官

〇屨人掌王及后之服屨為赤舄黑舄赤繶黃繶青句素屨葛屨繶於力反

句音劬又姜喻反。屨自明矣必連言服者著服各有屨也複下曰舄襌下曰屨古人言屨以通於複今世言屨以連於襌俗易語反與舄屨有絇有繶有純者飾也鄭司農云赤繶黃繶以赤黃之絲為下緣士喪禮曰夏葛屨冬皮屨皆繶緇純禮家說繶亦謂以采絲礫其下玄謂凡屨舄各象其裳之色士冠禮曰

0015_0596-1

玄端黑屨青句繶純素積白屨緇絇繶純爵弁纁屨黑絇繶純是也王吉服有九舄有三等赤舄為上冕服之舄也詩云王賜韓侯玄衮赤舄則諸侯與王同下有白舄黑舄王后吉服六唯祭服有舄玄舄為上襌衣之舄也下有青舄赤舄鞠衣以下皆屨耳句當作絇聲之誤也絇繶純者同色今云赤繶黃繶青絇雜互言之明舄屨衆多反覆以見之凡舄之飾如繢之次赤繶者王黑舄之飾黃繶者王后玄舄之飾青絇者王白舄之飾言繶必有絇純言絇亦有繶純三者相將王及后之赤舄皆黑飾后之青舄白飾凡屨之飾如繡次也黃屨白飾

0015_0596-2

白屨黑飾黑屨青飾絇謂之拘著舄屨之頭以為行戒繶縫中紃純緣也天子諸侯吉事皆舄其餘唯服冕衣翟著舄耳士爵弁纁屨黑絇繶純尊祭服之屨飾從繢也素屨者非純吉有凶去飾者言葛屨明有用皮時○著丁庶反一知略反與音餘絇音劬有純章允反下同緣悅面反礫音歷衣翟於既反。疏曰云掌王及后之服屨者但首服在上尊又是陽多變是以追師與弁師男子婦人首服各別官掌之屨舄在下卑又是陰少變故男子婦人同官掌之也云為赤舄以下謂掌而營造之故云為也赤舄者男子冕服婦人闕翟之舄也黑舄

0015_0597-1

者天子諸侯玄端服之舄赤繶已下云繶云句者欲言繶絇以表見其舄耳赤繶者是天子諸侯黑舄之飾黃繶者與婦人為玄舄之飾也青句者與王及諸侯為白舄之飾凡屨舄皆有絇繶純三者相將各言其一者欲互見其屨舄故多舉一邊而言也素屨者大祥時所服去飾也葛屨者自赤舄以下夏則用葛為之若冬則用皮為之在素屨下者欲見素屨用葛與皮故也又曰云屨自明矣必連言服者著服各有屨也著屨舄從裳色裳既多種故連言服也云複下曰舄襌下曰屨者下謂底複重底重底者名曰舄襌底者名曰屨也無正文鄭

目驗而知也云古人言屨以通直云屨人不言舄及經舄屨言屨通及舄周公卽古人也故言屨以通於複也云今世言屨禪者謂漢時爲今世但漢時名爲屨并通得下禪之屨故云俗與云與者無正文鄭以意解之以疑之也舄屨有絇有繶有純者言繶是牙底相接之縫綴絛言絇謂屨頭以絛爲鼻純謂以繶經不云純者文略也鄭司農黃繶以赤黃之絲爲下緣者此相接之縫也引士喪禮者證繶云皆繶緇純者葛屨皮屨皆有

纁純用緇則繶絇亦用緇色也屨舄各象其裳之色者屨舄與下[illegible]其色同制舄屨與裳色同冠禮者證舄屨同裳色云玄端黑玄端有上士玄裳中士黃裳下今云黑屨者據裳爲正也云青者屨飾從繢次也云素積白屨服素積以爲裳故白屨也云緇者亦飾從繢次也云爵弁纁屨絇者鄭云喜祭服飾從繢次言舄屨從裳色之義也云王吉服則司服六冕與韋弁皮弁冠弁冕有三等者謂赤舄黑舄白舄舄爲上冕服之舄者此經先言

舄中之上是六冕之舄也引詩者證之詩也玄袞者冕服皆玄上畫以袞龍云赤舄者象纁裳故也者證諸侯得與王同有三等之舄爲上也云下有白舄黑舄者白舄弁皮弁黑舄配冠弁服案司服注以韎韋爲弁又以爲衣裳則韋以韎之赤色韋爲之今以白舄配色不與裳同者鄭志及聘禮注皆云以素爲裳以無正文鄭自言定故得以白舄配之冠弁服則此朝之服是以燕禮記云燕朝服於[illegible]侯與其羣臣日視朝之服也謂緇帶素韠白屨也白屨即與皮弁

白屨同今以黑舄配之不與裳朝服與玄端大同小異皆玄冠而裳有異耳若朝服則素裳白端之裳則玉藻云韠君朱大夫韋是韠從裳色則天子諸侯朱素裳皆不與裳同色者但天子有三等玄端既不得與祭服同與韋弁皮弁同白則黑舄無所上士玄裳爲正而黑舄也大夫裳亦從玄裳黑屨矣云王后吉祭服有舄者以王舄有三后亦王然知后舄亦三等但冕服有六同故以一舄配之后翟三等連衣色各異故三翟以三等之舄配之

0015_0599-2

爲爲上禕衣之舄也下有青舄赤舄者玄舄配禕衣則青舄配揄翟赤舄配闕翟可知云鞠衣以下皆屨耳者六服三翟既以三舄配之且下文命夫命婦唯言屨不言舄故知鞠衣以下皆屨也云句當爲絇知者以此屨舄無取句之義案士冠禮皆云絇故知當爲絇云絇繶純同色者案士冠禮三冠絇繶純各自同色故也云今云赤繶黄繶青絇雜互言之明舄屨衆多反覆以見之者以其男子有三等屨舄婦人六等屨舄若具言其屨舄於文煩故雜互見之明其衆多也云凡舄之飾如繢之次者無正文此約皮弁白屨黑絇繶純白黑比方爲

仪祭礼十二　三十九

0015_0600-1

繡次爵弁纁屨黑絇繶純黑與纁南北相對尊祭服故對方爲繢次也以此而言則知凡舄皆不與屨同而爲繢次可知云赤繶者王黑舄之飾者以其舄飾從繢之次赤是南方火色與北方黑對方無青屨取赤爲繶繶是王黑舄之飾也云黄繶者王后玄舄之飾者以其天玄與地黄相對爲繢次故知是王后玄舄之飾也上公夫人得服禕衣者亦得玄舄也云青絇者王白舄之飾者亦以對方飾之亦得與褖衣黑屨爲飾但據舄尊者而言王亦與諸侯白舄爲飾也云言繶必有絇純言絇亦有繶純三者相對者以士冠禮三冠各有絇繶純故

0015_0600-2

知三者相對但經互見故各偏擧其一耳云王及后之赤舄皆黑飾后之青舄白飾者以舄皆對方以繢次爲飾故義然也云凡屨之飾如繡次也者亦約士冠禮白屨黑絇繶純之等而知也云黄屨白飾白屨黑飾黑屨青飾者此據婦人之屨鞠衣已下之屨故有黄屨黑屨也以屨從繡次爲飾故知義然也云絇謂之拘著於舄屨之頭以爲行戒者鄭注士冠亦云絇之言拘也以爲行戒狀如刀衣鼻在屨頭言拘取自拘持爲行戒者謂使低目不妄顧視也云其餘唯服冕衣翟著舄耳者服冕謂后以下婦人也云素屨者非純吉有凶去飾者下

仪祭礼十二　四十

0015_0601-1

經注散屨與此素屨同是大祥時則大祥除衰杖後身服素縞麻衣而著此素屨故云非純吉言去飾者經素屨不云繶純故知去飾無絇繶純也云言葛屨明有用皮時者士冠禮云夏葛屨冬皮屨此經云葛屨據夏而言若冬明用皮故鄭云有用皮時也

辨外内命夫命婦之命屨功屨散屨

散素但反。命夫之命屨纁屨命婦之命屨黄屨以下功屨次命屨於孤卿大夫則白屨黑屨九嬪内子亦然世婦命婦以黑屨爲功屨女御士妻命屨而已士及士妻謂再命受服者散屨亦謂去飾。疏曰上明王及后

0015_0602-1　0015_0601-2

等尊者爲屨訖此明臣妻及嬪已下二
屨也言外内命夫等肆師職云禁外内
命男女之衰不中法者鄭彼注外命男
六卿以出也内命男朝廷卿大夫士也
其妻爲外命女彼外命男則此外命夫
若然此外命夫其妻爲外命婦鄭雖不
注亦與彼同也内命婦自是九嬪以下
也又曰云命夫之命屨者以其經不云
爲唯云屨大夫以上衣冠則有命爲無
命屨故矣命屨中唯有屨而已士之命
服爵弁則纁屨故云命屨纁屨而已云
命婦之命屨黄屨以下者以其外命婦
孤妻已下内命婦九嬪已下不得服爲
皆自鞠衣以下故云黄屨以下言以下

周禮疏卷十二　四十一　有

者兼有卿大夫妻及二十七世婦皆展
衣白屨士妻與女御皆褖衣黑屨故云
以下以賛之云功屨次命屨於孤卿大
夫則白屨黑屨者案司服孤希冕卿大
夫玄冕皆以赤舄爲命舄以下仍有韋
弁白屨冠弁黑屨故云次命屨命屨據
婦人而言其實孤卿大夫身則功屨次
命舄也云九嬪内子亦然者九嬪與孤
妻内子既以黄屨爲命屨功屨之中有
禮衣白屨褖衣黑屨故云亦然云世婦
以黑屨爲功屨者以其皆以禮衣白屨
爲命屨其功屨唯有褖衣黑屨也云女
御士妻命屨而已者以二者唯有褖衣
黑屨無功屨而已云士及士妻謂再命

0015_0603-1　0015_0602-2

受服者案大宗伯云一命受職再命受
服但公侯伯之士一命子男之士不命
又王之下士皆受職不受服王之中士
再命上士三命已上乃受服受服則并
得此屨故云再命受服者也云散屨亦
謂去飾者據臣言散即上之素皆是無
飾互換而言故云謂去飾者也鄭志趙
商問司服王后之六服之制当不解請
圖之荅曰大裘衮衣鷩衣毳衣絺衣玄
衣此六服皆纁裳赤舄韋弁衣以韎皮
弁衣以布此二弁皆素裳白舄冠弁服
黑衣裳而黑舄冠弁玄端禕衣玄舄首
服副從王見先王揄翟青舄首服副從
王見先公闕翟赤舄首服副從王見羣

周禮疏卷十二　四十二　有

小祀鞠衣黄屨首服編以告桑之服禮
衣白屨首服編以禮見王之服褖衣黑
屨首服次以御於王之服后服六翟三
等三爲玄青赤鞠衣以下三屨黄白黑
婦人質不殊裳屨
舄皆同裳色也

凡四時之祭祀以宜服之

祭祀而有素屨散屨者唯大祥時
○疏曰言以宜服之者謂各以尊
卑所宜之服服之又曰鄭知此經四時
祭祀含有素屨散屨者以此經四時祭
祀揔結上文諸屨故知有此二屨也云
唯大祥時者此據外内命夫爲王斬衰
而言初死者菅屨卒哭與齊衰初死同
疏屨既練與大功初死同繩屨大祥與

0015_0604-1　　0015_0603-2

小功初死同吉屨無絇吉屨無繶純表以上經注云非純吉故云唯大祥時也右二經據誤云散散與素一也○天官○天子玉藻十有二旒前後邃延龍卷以祭卷音衮○祭先王之服也雜采曰藻天子以五采藻爲旒旒十有二前後邃延者言皆出冕前後而垂也天子齊肩延冕上覆也玄表纁裏龍衮畫龍於衣字或作衮○疏曰天子玉藻者藻謂雜采之絲繩以貫於玉以玉飾藻故云玉藻也十有二旒者天子前之與後各有十二旒前後邃延者言十二旒在前後垂而深邃以延覆冕上故云

前後邃延龍卷以祭者卷謂卷曲畫此龍形卷曲於衣以祭宗廟又曰知祭先王之服者以司服云享先王則衮冕故也云天子齊肩者以云天子之旒十有二就每一就貫以玉就間相去一寸則旒長尺二寸故垂而齊肩也言天子齊肩則諸侯以下各有差降則九玉者九寸七玉者七寸以下皆依旒數垂而長短爲差旒垂五采玉依飾射侯之次從上而下初以朱次白次蒼次黃次玄五采玉既貫徧周而復始其三采者先朱次白次蒼二色者先朱後綠皇氏沈氏並爲此說今依用焉後至漢明帝時用曹襃之說皆用白旒珠與古異也云延冕

0015_0605-1　　0015_0604-2

上覆也者用三十升之布染之爲玄覆於冕上出而前後冕謂以板爲之以延覆上故云延冕上覆也但延之與板相著爲一延裝在上故云延冕也故弁師注延冕之覆在上是以名焉與此語異而意同也皇氏以弁師注冕延之覆在上以弁師經有冕文故先云冕延之覆在上此經唯有延文故解文延冕上覆今刪定諸本弁師注皆云延冕之覆在上皇氏所讀本不同者如皇氏所讀弁師冕延之覆在上是解冕不解延今案弁師注意云延冕之覆在上是解延不解冕也皇氏說非也云玄表纁裏者纁是朱之小別故周禮鍾氏云三入爲纁

鄭注士冠禮云朱則四入與是纁朱同類故注弁師朱裏與此不異云字或作衮者案司服作衮字故云或作衮也但禮記之本或作卷字其正經司服及覲禮皆作衮字故鄭注王制云卷俗讀其通則曰衮是也其六冕玉飾上下貴賤之殊並已具王制疏於此略而不言玄端而朝日於東門之外聽朔於南門之外朝直遥反○端當爲冕字之誤也玄衣而冕冕服之下朝日春分之時也東門南門謂國門也天子廟及路寢皆如明堂制明堂在國之陽每月就其時之堂而聽朔焉卒事反宿路寢亦如

0015_0606-1　　0015_0605-2

之聽其朔於明堂門中還處路寢門終月凡聽朔必以特牲告其帝及神配以
文王武王○疏曰知端當爲冕者凡衣服皮弁尊次以諸侯之朝服次以玄端
案下諸侯皮弁聽朔朝服視朝是視朝之服卑於聽朔今天子皮弁視朝若玄
端聽朔則是聽朔之服卑於視朝與諸侯不類且聽朔大視朝小故知端當爲
冕謂玄冕也是冕服之下案宗伯實柴祀日月星辰則日月爲中祀而用玄冕
者以天神尚質案魯語云大采朝日少采朝月孔晁云大采謂衮冕少采謂黼
衣而用玄冕者孔氏之說非也故韋昭云大采謂玄冕也少采夕月則無以言

之云朝日春分之時也者以春分日長故朝之然則夕月在秋分也案書傳略
說云祀上帝於南郊即春迎日於東郊彼謂孟春與此春分朝日別朝事儀云
冕而執鎭圭帥諸侯朝日於東郊此云朝日於東門者東郊在東門之外遥繼
門而言之也

○**諸侯玄端以祭**祭先君也端亦當爲冕字
之誤也諸侯祭宗廟之服唯魯與天子同○疏曰知祭先君者與上天子龍卷
以祭其文相類故知祭先君也云端亦當爲冕者以玄端賤於皮弁下文皮弁
聽朔於大廟不應玄端以祭先君故知亦當爲玄冕云唯魯與天子同者案明

0015_0607-1　　0015_0606-2

堂位云君卷冕立于阼夫人副褘立于房中是也熊氏云此謂祭文王周公之
廟得用天子之禮其祭魯公以下則亦玄冕故公羊云周公白牡魯公騂犅羣
公不毛是魯公以下與周公異也二王之後祭其先王亦是用以上之服二王
之後不得亦始封之君廟則祭微子以下亦玄冕

皮弁以聽朔於大廟皮弁下天子也○疏曰以天子用玄冕諸侯用皮弁故云下天
子也○詳見宗廟聽朔條○玉藻

○**大夫冕而祭於公弁而祭於已士弁而祭於公冠而祭於已**弁爵弁也冠玄冠也祭於公助君祭也大夫爵弁而祭於已唯孤爾○疏

日此一節明大夫士私祭服大夫冕而祭於公者大夫謂孤也冕絺冕也祭於
公謂助君祭也弁而祭於己者弁爵弁也祭於已自祭廟也助祭爲尊故服絺
冕自祭爲卑故服爵弁崔云孤不悉絺冕若王者之後及魯之孤則助祭用絺
若方伯之孤助祭則玄冕以其卑玄冕自祭不可踰也又曰知弁爵弁也者與
士弁連文士弁祭於公爵弁故知大夫弁著亦爵弁也云大夫爵弁而祭於己
者孤爾者以儀禮少牢上大夫自祭用玄冠此亦云弁而祭於己者與少牢異

0015_0607-2

欲知是孤知非御者以少牢禮有御賓尸下大夫不賓尸明卿亦玄冠不爵弁

士弁而親迎然則士弁而祭於己可也

迎魚檄反○緣類欲許之也親迎雖亦己之事攝盛服爾非常也○疏曰士弁而祭於公冠而祭於己者弁謂爵弁也士以爵弁爲上故用助祭也冠玄冠爲卑也自祭不敢同助君之服故用玄冠也士弁而親迎然則士弁而祭於己可也者作記之人雖云士冠而祭於己以己既爵弁親迎親迎輕於祭尚用爵弁則士亦當用爵弁自祭於己廟可也言於禮可用也爵弁是記者緣事類欲許

仪祭礼十二　四七

0015_0608-1

之著爵弁又曰以祭親迎事類相似親迎既弁故自祭欲許其著弁其禮不可故鄭云親迎雖亦己之事攝盛服爾非常著之服所以親迎攝盛服者以親迎詒偶一時之極故許其攝盛服祭祀常所供養故須依其班序○雜記上○

有虞氏皇而祭深衣而養老夏后氏收而祭燕衣而養老殷人冔而祭縞衣而養老周人冕而祭玄衣而養老

冔況甫反縞古老反古報反○皇冕屬也畫羽飾焉凡冕屬其服皆玄上纁下有虞氏十二章

0015_0608-2

周九章夏殷未聞凡養老之服皆其時與羣臣燕之服有虞氏質深衣而已夏而改之尚黑而黑衣裳殷尚白而縞衣裳周則兼用之玄衣素裳其冠則牟追章甫委貌也諸侯以天子之燕服爲朝服燕禮曰燕朝服服是服也王者之後亦以燕服爲之魯季康子朝服以縞僭采之禮也天子皮弁以日視朝也○牟亡侯反追丁雷反○疏曰以皇與下冕相對故爲冕屬案周禮有設皇邸又云有皇舞皆爲鳳凰之字鳳羽五采故云畫羽飾之案上注云虞夏之制天子服有日月星辰此云夏殷未聞者以皋陶謨謂之虞夏書因彼之成文故云虞夏

仪祭礼十二　四八

0015_0609-1

之制其實唯謂虞也云凡養老之服皆其時與羣臣燕之服鄭知然者以經云夏后氏燕衣而養老周人玄衣而養老周人燕用玄衣故知養老燕羣臣之服也云有虞氏質深衣而已者深衣謂白布衣以質用白布而已其冠未聞皇氏云以爲養老首還服皇冠崔氏云以爲與夏同冠未知然否案郊特牲云大古冠布齊則緇之大古則虞氏或用白布冠也云夏而改之尚黑而黑衣裳者以殷人尚白用縞衣夏既尚黑燕衣黑衣也云殷尚白而縞衣裳者縞白色生絹亦名爲素此縞衣謂白布深衣也云周則兼用之玄衣素裳者以經云玄衣而

裳之君衣裳俱玄則與夏不異又儀禮朝服緇布衣素裳緇則玄故爲玄衣素裳上養老云周人脩而兼用之故養老之衣亦脩而兼用之云其冠則牟追章甫委貌也者儀禮朝服首著玄冠玄冠即委貌以此推之則殷之朝服則皆著章甫之冠夏之朝服者牟追云諸侯以天子之燕服爲朝服者以燕禮諸侯燕臣子用朝服明天子之燕亦朝服也引燕禮曰燕朝服者謂朝燕同云服是服也者言燕時服是玄衣素裳之服崔氏云天子燕畿內諸侯以緇衣燕畿外諸侯以玄冠諸侯各以爲朝服事無明文不可依也云王者之後亦以燕服爲之者玉藻云皆季康子朝服以縞若當時無朝服以縞康子不應服之明是宋人所著故康子僭效之宋既朝服以縞杞當朝服以玄云天子皮弁以日視朝也者玉藻文引之者證天子與諸侯朝服之別案詩頍弁注云禮天子諸侯朝服以燕天子之朝服以皮弁服以皮弁服燕不用玄衣者詩所謂燕同姓諸公及異姓甥舅等故用皮弁尚質故也若燕其諸侯則用玄衣明諸侯則朝服以日視朝朝服則玄冕素裳也冠禮記云周弁殷冔夏收鄭云弁名出於槃槃大也言所以自光大也冔名出於幠幠覆也所以自覆飾也收言所以收斂髮也其

冠之異亦未聞冠禮記又云委貌周道也章甫殷道也毋追夏后氏之道也鄭注云委猶安也言所以安正容貌章明也殷質言以表明丈夫也毋發聲也追猶堆也夏后氏質以其形名之其制之異同未聞○王制○**有虞氏服韍夏后氏山殷火周龍章**韍或作黻音弗○韍冕服之韠也舜始作之以尊祭服禹湯至周增以畫文後王彌飾也山取其仁可仰也火取其明也龍取其變化也天子備焉諸侯火而下卿大夫山士韎韋而已○韎莫拜反○疏曰易困卦九二文云朱紱方來利用享祀是韍爲祭服也云天子備焉諸侯火而下卿大夫山士韎韋而已者案士冠禮士韎韐是士無飾推此即尊者飾多此有四等天子至士亦爲四等故知卿大夫加山諸侯加火天子加龍○明堂位○**鄉師正歲稽其鄉器比共吉凶二服**吉服者祭服也凶服者弔服也比長主集爲之此鄉器者旁使相共則民無廢事上下相補則禮行而教成○疏曰正歲稽鄉器者此一句與下爲摠目正歲謂建寅之月稽考也鄉師各自考校當鄉之器服云比共吉凶二服者五家爲比比長一人主集合五家相共吉凶二服又曰云吉

0015_0611-2

服者祭服也者當比內無祭事其於侯祭酺禜祭禜州祭社之等無過用朝服又知凶服是弔服者若素是常服王自共其弔服是暫服可以相共故知是弔服其庶人弔服無過素冠與深衣而已云比長主集爲之者雖王家之內亦當有官首若非比長主集民不自課故知比長主集爲之。地官

右祭服○記古者天子諸侯必有公桑蠶室近川而爲之築宮仞有三尺棘牆而外閉之及大昕之朝

0015_0612-1

君皮弁素積卜三宮之夫人世婦之吉者使入蠶于蠶室奉種浴于川桑于公桑風戾以食之昕許斤反種章勇反戾力計反食音嗣。大昕季春朔日之朝也諸侯夫人三宮半王后也風戾之者及早凉脆采之風戾之使露氣燥乃以食蠶蠶性惡濕。○脆七歲反惡烏路反。疏曰此一節廣明孝子報親養蠶爲祭服祀先王先公之事公桑蠶室者謂官家之桑於處而築養蠶之

0015_0612-2

室近川而爲之者取其浴蠶種便也築宮仞有三尺棘牆而外閉之者築宮謂築養蠶宮牆七尺曰仞言牆之七尺又有三尺高一丈也傳云雉有三尺雉字者誤也棘牆者謂牆上置棘外閉謂扇在戶外閉也大昕之朝爲季春朔日之朝三宮之夫人者諸侯之夫人半王后故三宮世婦之吉者亦諸侯世婦卜取之吉者前雖則總舉天子諸侯此特舉諸侯互言之奉種浴于川者言蠶將生之時而又浴之初於仲春已浴之至此更浴之風戾以食之者戾乾也使早乘桑必帶露而濕蠶性惡濕故乾而食之

0015_0613-1

歲既單矣世婦卒蠶奉繭以示于君遂獻繭于夫人夫人曰此所以爲君服與遂副褘而受之因少牢以禮之單音丹繭古典反與音餘褘音暉。歲單謂三月盡之後也言歲者蠶歲之大功事畢於此也副褘王后之服而云夫人記者容二王之後與禮之禮奉繭之世婦。疏曰歲既單矣者畢盡也三月之末四月之初遂獻繭

0015_0613-2

于夫人者蠶是婦人之事故獻繭于夫人夫人曰此所以爲君服與
者所舉奉與重遂副褘而受之者旣擬于君之祭服故夫人首著副
身著褘衣受此所獻之繭因少牢以禮之接獻繭之世婦古之
獻繭者其率用此與率音類音律又所律反與
音餘。問者之辭及良日夫人繅三盆手
遂布于三宮夫人世婦之吉者使
繅遂朱綠之玄黃之以爲黼黻文

0015_0614-1

章服既成君服以祀先王先公敬
之至也三盆手者三淹也凡繅每淹大摠而手振之以出緒
也。祭義。已上䟽見祭義○王后蠶於北郊
以共純服夫人蠶於北郊以共冕
服純側其反。純服亦冕服也互言之爾純以見繒色冕以著祭
服東郊少陽諸侯象也夫人不蠶於西郊婦人禮少變也。祭統。
䟽見祭義○一命緼韍幽衡再命赤韍

0015_0614-2

幽衡三命赤韍葱衡緼音溫。此玄冕爵弁服之
韠尊祭服異其名耳韍之言亦蔽也緼赤黃之閒色所謂韎也衡佩
玉之衡也幽讀爲黝黑謂之黝青謂之葱周禮公侯伯之卿三命其
大夫再命其士一命子男之卿再命其大夫一命其士不命。韎莫
拜反又音妹黝於糾反。䟽曰以上經云君朱大夫素士爵韋是玄
端服之韠故云此玄冕爵弁服之韠言異於上也此據有孤之國以
卿大夫雖三命再命皆著玄冕若無孤之國則三命再命之卿大夫

0015_0615-1

皆絺冕不得唯玄冕也爵弁則士所服云尊祭服異其名耳者他服
稱韠祭服稱韍是異其名韍韠皆言爲蔽取蔽鄣之義也知祭服稱
韍者案易困卦九二朱紱方來利用享祀是祭祀稱韍也案詩毛傳
天子純朱諸侯黃朱黃朱色淺則亦名赤韍也則大夫赤韍色又淺
耳有虞氏以前直用皮爲之後王漸加飾焉故明堂位云有虞氏服
韍夏后氏山殷火周龍章彼注云天子備焉諸侯火而下卿大夫山
士韎韋而已云緼赤黃之閒色所謂韎也者案此云一命緼韍一命

0015_0615-2　0015_0616-1

謂公侯伯之士士冠禮爵弁韎韐此緼韍則當彼韎韐故云所謂韎韐也毛詩云韎韐茅蒐染齊人謂茅蒐爲韎韐聲也茅蒐則蒨草也以蒨染之其色淺赤則緼爲赤黃之閒色子男大夫但名緼韍不得爲韎韐也以其非士故耳云黑謂之黝青謂之葱者周禮牧人云陰祀用黝牲又孫炎注爾雅云黝青黑葱則青之異色三命則公之卿玄冕侯伯之卿絺冕皆赤韍葱衡○玉藻○**周弁殷冔夏收**冔況甫反林作冔火于反○齋所服而祭也○疏曰言齋又祭時所服也若三命以下齊祭同冠四命以上齊祭則異○鄭特牲○**公父文伯退朝朝其母其母方績文伯曰以歜之家而主猶績**言家有寵不當績也**懼干季孫之怒也**季孫康子**其母曰王后親織玄紞**也位尊又爲大宗**公侯之**說云紞冠之垂前後考服謂紞所以縣瑱當耳者**夫人加之以紘綖**既織紞又加之以紘綖也冕曰

0015_0616-2　0015_0617-1

紘紘纓之無緌者也從下而上不結綖冕上之覆也**卿之内子爲大帶**卿之適妻曰内子大帶緇帶也**命婦成祭服**命婦大夫之妻也祭服玄衣纁裳**列士之妻加之以朝服**列士元士也既成祭服又加之以朝服也朝服天子之士皮弁素積諸侯之士玄端委貌**自庶士以下皆衣其夫**庶士下士也下士庶人**社而賦事烝而獻功**社春分祭社也事烝之屬也冬祭曰烝烝而獻五穀布帛之功也**男女效績愆則有辟古之制也**○績功也辟罪也國語魯語**孟冬命工師效功陳祭器案度程毋或作爲淫巧以蕩上心必功致爲上**霜降而百工休至此物皆成也工師工官之長也效工錄見百工所作器物也主於祭器祭器尊也度謂制大小也程謂器所容也淫巧謂奢偽怪好也蕩謂搖動生其奢淫○長丁丈反**物勒工名以考其誠**勒刻也刻工姓

（版心）祭礼　十二　五五

（版心）祭礼　十二　五六

0015_0618-1　　0015_0617-2

名於其器以察其信知其不功致功有不當必行其罪以窮其情當丁浪反。功不當者取材美而器不堅也。○疏曰於是之時冬閉無事百工造作器物恐為淫巧故命工官之長效實百工所造之物陳列祭器善惡案度程者謂考案此器舊來制度大小及容受程限多少無或作為淫巧者或有也勿得有作過制之巧以搖動在上生奢侈之心必功致為上若言作器不須靡麗華侈必功力密致為上又每物之上刻勒所造工匠之名於後以考其誠信與不若其用材精美而器不堅固則功有不當必行其罪

仪祭礼十二　五十七

以窮其詐偽之情又曰百工造作器物則諸器皆營今經直主於祭器祭器尊云度謂制大小程謂器所容者以經度程文別度是制度大小除制度之外唯有容受多少故以程為器所容也○月令○典瑞大祭祀共其玉器而奉之玉器謂四圭裸圭之屬○疏曰大祭祀兼有天地宗廟故鄭云四圭裸圭云奉之者造作所行禮之處也又曰鄭知玉器謂[illegible]圭裸圭者上已釋禮神曰器經云三[illegible]故知非瑞是禮神者也云之屬者[illegible]內圭[illegible]圭璋[illegible]等[illegible]○春官○司巫祭祀則共匰

0015_0619-1　　0015_0618-2

主及道布及蒩館[illegible]明木主也道布新布三尺也鉏讀為[illegible]館沖所[illegible]書或為蒩館或為租[illegible]館[illegible]管大祝取其主蒩陳之器則退也士[illegible]節互言[illegible]者明共[illegible]以匰共蒩虞禮曰苴刌茅長五寸實于筐饌于西坫上又曰祝盥取苴降洗之升入設于几東席上東縮○蒩慈夜反沮鉋上音緅又音餘下音苴[illegible]音租[illegible]鉏子餘反

仪祭礼十二　五十八

為[illegible]偽反○疏曰[illegible]春所解及讀字唯[illegible]名一事後鄭從之自餘並義無役鄭不從玄謂道布者為神所設[illegible]中霤禮以功布為道布屬於几是[illegible]云蒩[illegible]言藉也祭食有當藉者謂常[illegible]所當之[illegible]會云館所以承蒩謂若今筐也者筐所以盛蒩也云主先匰蒩後館互言之者謂主[illegible]匰器在上者欲見以匰器盛主[illegible]向祭所大祝取得主匰器即退蒩後言館器欲見大祝取得蒩館器退門亦初以館盛蒩李互言之是以鄭云明共主以匰共蒩以筐大祝取其主蒩陳之器則退也二事雙解之引士虞禮曰苴刌茅長五寸實於筐饌

子西坫上者刌切也切之長五寸又東
之西坫者堂西南隅謂之[illegible]陳於此
未用前又曰祝盥升取苴洗之升入
設於几東席上東縮者士虞禮設席於
奧禮神東面右几故設于几東席上東
縮縮縱也據神東面爲正東西設之故
言東縮引之者見苴
是藉祭之物○同上○掌蜃祭祀共蜃
器之蜃飾祭器之蜃也鬯人職曰凡四
方山川用蜃器春秋定十四年
秋天王使石尚來歸蜃蜃之器以蜃飾
因名焉鄭司農云蜃可以白器令色白
○疏曰經直云蜃器之蜃鄭據云祭器
之蜃不辨宗廟及社稷之器則宗廟社

祭禮十二　五九

稷皆用蜃飾之知義然者案此注引
[illegible]云石尚來歸蜃公羊以爲宜社之
肉蜃器而盛肉故名肉爲蜃是社稷
[illegible]蜃也大行人云歸脤以交諸[illegible]
[illegible]剔宗廟社稷之器物謂之[illegible]
[illegible]社稷之器皆蜃灰飾之[illegible]
[illegible]○凌人祭祀共冰鑑
[illegible]凌去[illegible]鑑往[illegible]
[illegible]○疏曰此云祭祀者謂天[illegible]
[illegible]共鑑[illegible]
[illegible]食得傳火故鄭云不○[illegible]
[illegible]鑑○天官[illegible]
掌國之大祭祀共其[illegible]

[illegible]
[illegible]不許致仕者[illegible]
[illegible]八十杖於朝謂[illegible]
[illegible]○鄉師正歲稽其鄉器
吉凶二服閭共祭器鄉共吉凶禮樂
[illegible]音祭服也凶服者弔服也比
[illegible]爲之祭器者簠簋鼎俎之屬[illegible]

祭禮十二　六十

香主集爲之喪器者夷槃素俎楬豆輁
軸之屬族師主集爲之此三者民所以
相共也射器者弓矢楅中之屬黨正主
祭爲之爲州長或時射於此黨也賓器
者尊俎笙瑟之屬州長主集爲之[illegible]
大夫或時賓賢能於此州也吉器若[illegible]
祭器者也凶器若喪器者也禮樂之
器若州黨賓射之器者鄉大夫備集此
四者爲州黨族閭有故而不共[illegible]
器者[illegible]使相共則民無憂事上下相[illegible]
則禮行而教成○楬苦聽反輁九勇反
楅音福又音逼○疏曰正歲稽器者
比一句與下爲總目正歲謂建寅之月
稽考也鄉師各自考技當鄉之器故云

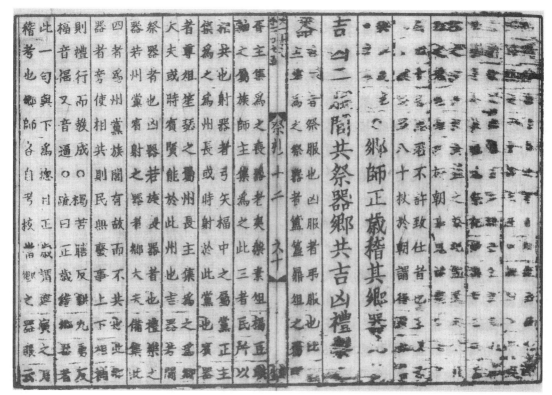

0015_0621-2

比共吉凶二服者五家爲比比長下大主集合五家相共吉凶二服云閭共祭
器者二十五家爲閭閭胥一人主集合祭器使相共云鄉共吉凶禮樂之器者
萬二千五百家爲鄉鄉大夫主集此四器恐州黨已下有故不能自共即須相
共也又曰云吉服者祭服也者當比內無祭事其於族祭酺黨祭禜州祭社之
等無過用朝服又知凶服是弔服者若夫衰裳身常服主人自共其弔服是晉
祿可以相共故知是弔服其總人弔衰宗邊素冠與深衣而已云比長集衆任
皆雖五家之內亦當有官皆若雜説云主集民不自擇故比長主集之官言舉

0015_0622-1

器簠簋者案特牲饋食用□□牢亦同姓者乃用簠今言簠參況舉
喪器夷槃者案喪大記士併瓦盤□乃用夷槃今庶人賓不得併瓦盤□
皆以沐浴長器等謂底又得用夷盤□素俎稿豆者案士喪禮小斂奠有素□
器有觴豆兩簋無滕此不言海□□一略也云觶醴之等者此案既夕記□□
禮臣軹輔以義輗亦以槀謂車軹註得□者亦以況義物以槀亦言夫夫上得□
器盤與輴者案既夕大夫有輴飾不在其以況其義不言輴雖在主人
自與之也故閭師云不樹者無椁況三喪蓋是罰也物所爲知者案載師職云宅

0015_0622-2

宅毛者有里布田不耕者有屋粟□寶云罰之以共吉凶二服及喪器粟不云
喪器文略有祭器可知鄭知必用罰物不用官物爲之者以其不爲官事明不
禮官物可知云射器者弓矢楅中之屬者案鄉射大射皆云執張弓矢禦乘矢拾
在庭中射記命弟子取矢置乎籥以八等置于中中上則鹿中之等是也云之以
者之屬中容有一侯之等云爲州長或時射于此黨也者一州管五黨州長春秋
二時射於序學要在一黨之中□云賓時射於此黨又云賓器者尊俎參豆壺
屬者案鄉飲酒三年貢士之時行飲酒之禮即有酒尊俎賓二人故縣磬笙歌

0015_0623-1

入在於堂下故吉尊俎并言之簠簋者有籩豆之等云爲鄉大夫或時賓賢
能於此州也者一鄉管五州鄉大夫行鄉飲酒之時必在一州之內此州則共
之故云或時賓賢能於此州也云吉器若閭祭器者也凶器若族喪器也者以
其鄉大夫備集此四器恐閭族已有故不得自共故知據閭族黨州□當
共者也故云吉器者閭之祭器者也凶器若族喪器者也云禮樂之器若州黨賓
射之器者州黨言之者以其州黨射器賓器器者皆有禮器樂器故州黨并
言之自射器已下皆爲國行禮所官物所爲不出民物故酒正云乃爲公酒者

0015_0623-2

□之法云謂鄉射飲酒以公事會□□以式法及酒材授之使自賄之□
□得公物明此器等亦皆官物可知□其爲官行禮故也云上下相補者自
□共吉凶二服至州共賓器已上義之相補鄉共吉凶禮樂之器者是上之
□補云禮行而義成者庶民之公財物□於禮儀教化不成今以器服兵之所
禮行而教成也○地官○大夫祭器不假祭器未
成不造燕器造爲也○疏曰皇氏云造謂有地大夫故祭器不假
者無地大夫則當假之故禮運云大夫具祭器不假聲樂皆具非禮也謂無地者

0015_0624-1

夫也○玉制○大夫士去國祭器不踰竟書答
竟○此用君祿所作取以出竟恐辱親也○疏曰此以下明人臣三諫不得云
君之禮祭器不踰竟者既明出禮亡從重物爲始也踰越也此祭器是君祿所
造今既放出故不得自逾越竟也注云此用君祿所作取以出竟恐辱親也
德而出若猶濫用其器是辱親也隱義云嫌見奪故云恐辱親也太上
寓祭器於大夫士寓祭器於士寄也與得用
者言寄□已後還○疏□以大夫寄□一於大夫士寓祭於士華□

0015_0624-2

不將去使皆寄其□□□二者與其得還得用也魯季友奔□國人之傳
曰君子來歸是也又曰寓寄也與得用皆寄喻已後還者此解言寄之□也夫
物不被用若盡故寄於同僚令彼得用不使毀敗異還復用大夫義皆
然也○而禮下○君子雖貧不粥祭器雖寒不
衣祭服爲宮室不斬於丘木爲□□□於□反○
廣敬鬼神也粥賣也丘壟也○曲禮下○君子敬則用祭
器○謂朝聘待賓客崇敬不敢用祭器也○鄭直遷反○疏曰君子敬則用

0015_0625-1

祭者謂事神異於上故更須敬則用器者言懔重其大事心有恭敬則用祭
器言懔重其事也○表記○祭服敝則焚之祭器敝
則埋之龜筴敝則埋之牲死則埋之此皆
大欲人褻之也焚之必已不用埋之不知鬼神之所爲○疏曰若不焚埋之或
用之爲褻慢鬼神之物所以焚之埋之異者服是身著之物故焚之埋器是□類
並爲鬼神之用雖敗不飾鬼神用與不同故埋之埋之猶在焚之則消故焚埋
異也○曲禮上

0015_0626-1　0015_0625-2

若祭器○記凡家造祭器爲先犧賦爲次養器爲後造才早反養羊尚反一如字○大夫稱家謂家始造事犧賦以稅出牲○疏曰此一節總論大夫造祭器衣服并祭器所寄之事各依文解之凡家造爲大夫始造家事也大夫稱家祭器爲先者崇敬祖禰故在先犧賦爲次者諸侯大夫少牢此言犧謂牛即是天子之大夫祭祀賦斂邑民供出牲牢故曰犧賦養器爲後者養器供養人之飲食器也自贍爲私宜後造

祭禮十二　六五

然諸侯言宗廟大夫言祭器諸侯言廄庫居室大夫言犧賦養器者互言也此據有地大夫故得造祭器若無田祿者但爲祭服耳其有地大夫祭器祭服俱造則先造祭服乃造祭器此言祭器爲先者對犧賦養器爲先其實在祭服之後

無田祿者不設祭器有田祿者先爲祭服祭可假祭宜自有○疏曰此明得造祭服不得造○不同也若大夫有田祿乃得造器猶不具唯天子六卿四命以上者得備具若諸

0016_0003-1　0016_0002-2

[illegible]禮運云[illegible]共[illegible]大夫入少牢得造[illegible]也[illegible]祿[illegible]祭服[illegible]服有大小不可假借故[illegible]祭器之品量同官可以共故[illegible]其制同既可暫假故營之在後○[illegible]禮下○大夫具官祭器不假聲樂皆具非禮也臣之奢富儗於國君敗亂之國也孔子謂管仲

祭禮十二　六六

官事不攝焉得儉○焉於虔反○疏曰大夫具官者天子具官者天子六卿諸侯三卿卿大夫若[illegible]者則置官一人用兼攝[illegible]官官各須具足如君也故孔子[illegible]管仲云官事不攝焉得儉[illegible]器不假者凡大夫無地[illegible]得[illegible]祭器有地雖造而不得具足[illegible]假借若不假者[illegible]公孤以上得造故周禮四命[illegible]器[illegible]公之孤始得有祭器者也又云王之下大夫亦四命聲[illegible]皆具也若大夫自有判縣之樂而不得如三桓舞八佾一曰大夫祭不得用樂者故

0016_0003-2

少牢饋食無奏樂之文唯君賜乃有之非禮也者若大夫並爲上事
則爲非禮也○禮運○泰有虞氏之尊也山
罍夏后氏之尊也著殷尊也犧象
周尊也著直略反○泰用瓦著著地無足○跡曰此一經明
曾四代尊也虞尊用瓦名泰也然或用三代或用四代者隨其禮存
者而用之耳無別義也山罍夏后氏之尊也者罍猶雲雷也畫爲山
雲之形也著殷尊也者無足而底著地故謂爲著著也然殷尊無足則

祭禮十二　六七

0016_0004-1

其餘泰罍犧並有足也犧象周尊也者畫沙羽及象骨飾尊也然殷
名著周名犧象而禮器云君西酌犧象亦是周禮也又曰以考工記
云有虞氏尚陶檀弓又云有虞氏瓦棺故知泰亦用瓦也爵夏
后氏以琖殷以斝周以爵斝音嫁又古雅
反○斝畫禾稼也詩曰洗爵奠斝○疏曰此一經明魯有三代爵並
以爵爲形故并標名於其上夏后氏以琖者夏爵名也以玉飾之故
前云爵用玉琖仍雕是也殷以斝者殷亦爵形而畫爲禾稼故名斝

0016_0004-2

斝稼也周以爵者皇氏云周人但用爵形而不畫飾案周禮大宰贊
玉几玉爵然則周爵或以玉爲之或飾之以玉皇氏云周爵無飾失
之矣灌尊夏后氏以雞夷殷以斝周
以黃目其勺夏后氏以龍勺殷以
疏勺周以蒲勺夷讀爲彝周禮春祠夏禴祼用雞彝
鳥彝秋嘗冬烝祼用斝彝黃彝龍龍頭也疏通刻其頭蒲合蒲如鳧
頭也○疏曰此一節明魯有三代灌尊及所用之勺夏后氏以雞夷

祭禮十二　六八

0016_0005-1

者夷即彝彝法也與餘尊爲法故稱彝雞彝者或刻木爲雞形而畫
雞於彝殷以斝者鄭司農云畫爲禾稼周以黃目者以黃金爲目皇
氏云夏后氏以瓦泰之上畫以雞彝殷著尊畫爲稼彝然尊彝別作
事不相依而皇氏以當代之尊爲彝文無所據假因當代尊爲彝則
夏后氏當因山罍不得用虞氏瓦泰皇氏之說其義並非也夏后氏
以龍勺者勺爲龍頭殷以疏勺者疏謂刻鏤通刻勺頭周以蒲勺者
皇氏云蒲謂合蒲當刻勺爲鳧頭其口微開如蒲草本合而末微開

0016_0006-1　　0016_0005-2

也又曰引周禮春祠夏禴以下司尊彝職之文云春祠夏禴祼用雞

彝鳥彝者雞彝盛明水鳥彝盛鬱鬯也秋甞冬烝祼用斝彝黄彝者

義亦然必知一時之祭并用兩彝者以下云朝踐用兩獻尊再獻用

兩象尊犧象不可即爲二時故知兩彝祇當一節皇氏沈氏並云春

用雞彝夏用鳥彝秋用斝彝冬用黄彝春屬雞夏屬鳥秋屬收禾稼

冬屬玄黄色故用其尊皇氏等此言文無所出謂言及於數非實論

也種曰稼斂曰穡秋時不得稱稼月令季秋草木黄落冬即色玄不

大小計二四　仪祭礼　十二　六九

得用黄彝也下追享朝享用虎彝蜼彝追享謂祈禱也朝享謂月祭

也若有所法則四時不同何以獨用虎蜼又崔氏義宗廟祫祭用十

八尊祫在秋禘祭用十六尊禘在夏也是一時皆數兩彝得爲十八

十六若每時用唯有一彝祇十七十五是知皇氏等之説其義非也

有虞氏之兩敦夏后氏之四璉殷

之六瑚周之八簋敦音對又都雷反璉力展反○

皆黍稷器制之異同未聞○疏曰簋是黍稷之器敦與瑚璉共簠簋

0016_0007-1　　0016_0006-2

連文故云黍稷器也案鄭注周禮舍人云方曰簠圓曰簋此云未聞

者謂瑚璉之器與簋異同未聞也鄭注論語云夏曰瑚殷曰璉不同

者皇氏云鄭注論語誤也此言兩敦四璉六瑚八簋者言魯之所得

唯此耳俎有虞氏以梡夏后氏以嶡

殷以椇周以房俎梡苦管反嶡居衛反椇俱甫反

○梡斷木爲四足而已嶡之言蹷也謂中足爲横距之象周禮謂之

距椇之言枳椇也謂曲橈之也房謂足下跗也上下兩間有似於堂

大小計六八　仪祭礼　十二　七十

房魯頌曰籩豆大房○斷丁亂反丁管反蹷俱衛反横古曠反又音

光又華音反枳吉氏反橈音撓跗方于反○疏曰知梡斷木爲四足

者以虞氏尚質未有餘飾故知但有四足而已云謂中足爲横距之

象者以言嶡謂足以横蹷故鄭讀嶡爲蹷謂足横辟不正也今俎足

間有横似有横蹷之象故知足中央爲横距之象言雖有距以距外

物今兩足有横而相距也云周禮謂之距者非周禮正文言周代禮

儀謂此俎之横者爲距故少年禮腸三胃三長皆及俎拒是也云椇

之言枳椇也謂曲橈之也者椇枳
之樹其枝多曲橈故陸璣草木疏
云椇曲來巢殷俎似之故云曲橈
之也云房謂足下跗也上下兩間
有似於堂房者案詩注云其制足
間有橫下有柎似乎堂後有房然
知鄭此言則俎頭各有兩足足下
各為跗足間橫者似堂之壁橫
下一柎似堂之東西頭各有房也
但此制難識不可委知南北諸儒
亦無委曲解之今依鄭
注略為此意未知是否
夏后氏以
楬豆殷玉豆周獻豆 楬苦瞎反苦
八反獻素何

反○楬無異物之飾也獻疏刻之
齊人謂無髮為禿楬○疏曰獻音
娑娑是希疏之義故
為疏刻之○明堂位
○圭璧金璋
不粥於市宗廟之器不粥於市 粥音
育○尊物非民所宜有粥賣也○
疏曰言圭璧金璋皆是尊貴所合
蓄之物非民所宜有防
民之僭偽也○王制
大胥凡祭祀之用樂者以鼓徵學士 擊鼓
以召之文王世子曰大昕鼓徵所以警
眾○疏曰祭祀言凡者則天地宗廟之

祀用樂舞之處以鼓召學士選之
者往舞焉舞師云小祭祀不興舞注
小祭祀王玄冕所祭
則亦不徵學士也
序宮中之事
典庸器掌藏樂器及祭祀則帥其屬而
設筍虡 設筍虡視瞭當以縣樂器焉
子春云筍讀為博選之選
為筍虡者為鍾○從子容反鍾音
作虡○疏曰鄭知此設筍虡視瞭當
縣樂器焉案視瞭職云掌大師之縣
直云設筍虡明是視瞭縣之可知
云筍讀為博選之選者此當俗讀
語者有博選之言故讀從之也○

○大司樂以六律六同五聲八音六舞
大合樂以致鬼神示以和邦國以諧萬
民以安賓客以說遠人以作動物 說音
悅○
六律合陽聲者也六同合陰聲者也此
十二者以銅為管轉而相生黃鍾為首
其長九寸各因而三分之上生者益一
分下生者去一焉國語曰律所以立均
出度也古之神瞽考中聲而量之以制
度律均鍾言以中聲定律以律立鍾之
均大合樂者謂徧作六代之樂以冬日
至作之致天神人鬼以夏日至作之致

0016_0009-2

地示物彫動物羽贏之屬虞書云夔曰
戞擊鳴球搏拊琴瑟以詠祖考來格虞
賓在位羣后德讓下管鼗鼓合止柷敔
笙鏞以閒鳥獸蹌蹌簫韶九成鳳凰來
儀夔又曰於予擊石拊石百獸率舞庶
尹允諧此其於宗廟九奏效應○上生
特掌反去一起吉反虔待洛反拊方甫
反敔魚呂反閒閒廁之閒蹌書作蹌七
羊反○疏曰鄉來說大司樂教國子以
樂自此以下論用樂之事也云以六律
六同者此舉十二管以表其鍾樂器之
中不用管也云大合樂者據薦腥之後
合樂之時用之也此所合樂即下云若
樂六變若樂八變若樂九變之等彼據

四之二十　祭礼十二　七十三

0016_0010-1

祭天下神此據正祭合樂若然合樂在
下神後而禘文退下神樂在後者以下神
用一代樂此用六代六代事重故進之
在上若然下神不亞合樂而隔分樂之
後者以分樂序之皆用一代此三禘下
神亦用一代若不隔分樂恐其相亂且
使一變二變之等與分樂所用樂同故
三禘在下也云以致鬼神示者是據三
禘而言云以和邦國已下亦據三禘之
祭各包此數事故鄭引虞書以證宗廟
又曰云六律合陽聲者此六同合陰聲
也者案大師云掌六律六同以合陰陽
之聲是以據而言焉云此十二者以銅
爲管者案典同先鄭云陽律以竹陰律

0016_0010-2

以銅從鄭云皆以銅爲與此注義同也
云轉而相生已下據律歷志而言子午
已東爲上生子午已西爲下生上生爲
陽陽主息故三分益一下生爲陰陰主
減故三分去一案律歷志黃鍾爲天統
律長九寸林鍾爲地統律長六寸太簇
爲人統律長八寸又云十二管相生皆
八八上生下生盡於中呂陰陽生於黃
鍾始而左旋八八爲位者假令黃鍾生
林鍾是歷八辰自此已下皆然是八八
爲位蓋象八風也國語者案彼景王將
鑄無射問律於伶州鳩鳩對曰律所以
立均出度古之神瞽考中聲而量之以
制度律均鍾百官執義鄭引之者欲取

四之二十　祭礼十二　七十四

0016_0011-1

以六律六同均之以制鍾之大小須應
律同也故鄭云均言以中聲定律以律立
鍾之均也云中聲謂上生下生定律之
長短度律以律計自倍半而立鍾之均
均即是應律長短者也云大合樂者謂
徧作六代之樂者此經六樂即上六舞
故知徧作六代之樂言徧作樂不一時
俱爲待一代訖乃更爲故云徧作也云
以冬至日作之至物彫皆神仕職文案
彼注致人鬼於祖廟致物鬼於墠壇蓋
用祭天地之明日若然此經合樂據三
禘正祭天而引彼天地之小神及人鬼
在明日祭之者但彼明旦所祭小神用
祭無文彼神既多合樂之時當與此三

0016_0012-1　　0016_0011-2

禘一正祭合樂同故[illegible]
彼正祭祭天地六神[illegible]
明日兼祭人鬼[illegible]
饗之屬若鄉人不[illegible]
者以尚書[illegible]
爲歌之等[illegible]
與是舜祭宗廟[illegible]
櫟擊鳴球已下[illegible]
捐以事祭之[illegible]
詠者謂歌詩也[illegible]
之神來至也[illegible]
賓卽二王後是[illegible]
諸侯助祭者以[illegible]
之樂所感也云[illegible]

堂下之樂[illegible]合樂
謂柷柷狀[illegible]所以動
樂敔狀如[illegible]樂之所以
止樂云[illegible]樂謂之笙
笙生也東方[illegible]樂爲笙也
鏞者西方之[illegible]也西方物
聲有成[illegible]頌其成也以
閒者堂上堂下[illegible]而作云鳥獸鎗鎗
者謂飛鳥走獸蹌蹌而舞也云簫韶
九成鳳凰來儀者如舜舞也若樂九變
人鬼可得而禮故致得來儀儀匹謂[illegible]
雄曰鳳雌曰凰來儀止巢而乘匹
[illegible]下[illegible]六變致象物象物有象在天
[illegible]之屬四靈則鳳凰是其一此六[illegible]

0016_0013-1　　0016_0012-2

謂九成者其實六變致之而言九者[illegible]
宗廟九變爲限靈鳥又難致之物故舉
九成而言耳云夔曰於予擊石拊石百
獸率舞者此於下文別而言之故云又
曰夔語舜云磬有大小予擊大石磬拊
小石磬則感百獸相率而舞云庶尹允
諧者庶衆也尹正也允信也言樂之所
感使衆正之官信得其諧和云此其於
宗廟九奏之效應者此經摠言三禘大
祭但天地大祭效驗無文所引尚書唯
有宗廟故指宗廟而言也然尚書云祖
考卽此經致鬼也虞賓卽此經以安賓
客羣后德讓卽此經邦國也鳥獸鳳凰
等卽此經動物也庶尹允諧卽此經以

祭禮十二

諧萬民以說遠人也**乃分樂而序之以祭以享以祀**分謂各用一代之樂○疏曰此與下六諸文爲摠目上摠云六舞今分此六代之舞尊者用前代卑者用後代使尊卑有序故云序若然經所先云祭地後云祀天者欲見不問尊卑事起無常故倒文以見義也**乃奏黃鍾歌大呂舞雲門以祀天神**以黃鍾之鍾大呂之聲爲均者黃鍾陽聲之首大呂爲之合奏之以祀天神尊之也天神爲五帝及日月星辰也王者又各以夏正月祀其所受命之帝於南郊尊之也孝經說曰祭天

0016_0014-1　　0016_0013-2

南郊就陽位是也○正者征○疏曰此黃鍾言奏大呂言歌聲云奏據出聲而言云歌據合曲而論其實歌奏通可知不言歌歌據堂上歌詩合大呂之調謂之歌者春秋左氏傳云晉侯歌鍾二肆取半以賜魏絳魏絳於是乎有金石之樂彼據磬列肆而言是不在歌詩亦謂之歌明不據偏歌毛詩也襄四年晉侯饗穆叔云奏肆夏歌文王大明綿亦此類也又曰云以黃鍾之鍾大呂之聲者以經云奏奏者奏擊以出聲故據鍾而言大呂經云歌歌者發聲出音故據聲而說亦互而通也言為均者案下文云凡六樂者文之以五聲播之以八音鄭

祭禮十二　十七

云六者言其均皆待五聲八音乃成也則是言均者欲作樂先擊此二者之鍾以均諸樂是以鍾師云以鍾鼓奏九夏鄭云先擊鍾次擊鼓論語亦云始作翕如也鄭云始作謂金奏是凡樂皆先奏鍾以均諸樂也必舉此二者以其配合是以鄭云黃鍾陽聲之首大呂為之合也言合者此據十二辰之斗建與日辰相配合皆以陽律為之主陰呂來合之是以大師云掌六律六同以合陰陽之聲注云聲之陰陽各自合黃鍾子之氣也十一月建焉而辰在星紀大呂丑之氣也十二月建焉而辰在玄枵太蔟寅之氣也正月建焉而辰在娵訾應鍾亥

0016_0015-1　　0016_0014-2

之氣也十月建焉而辰在析木已後皆然是其斗與辰合也云奏之以祀天神尊之也者以黃鍾律之首雲門又黃帝樂以尊祭尊故云尊之也云天神謂五帝及日月星辰也者案下云若樂六變天神皆降是昊天則知此天神非天帝也是五帝矣知及日月星者案大宗伯昊天在禋祀中日月星辰在實柴中鄭注云王帝亦用實柴之禮則日月星與五帝同科此下文又不見日月星別用樂之事故知此天神中有日月星辰可知其司中已下在禋燎中則不得入天神中故下文約與四望同樂也云王者又各以夏正月祀其所受命之帝於南

祭禮十二　十八

郊者案易緯乾鑿度云三王之郊一用夏正郊特牲云兆日於南郊就陽位大傳云王者褅其祖之所自出以其祖配之若周郊東方靈威仰之等是王者各以夏正月祀其所受命之帝於南郊特尊之也云孝經說者說即緯也時禁緯故云說引之證與郊特牲義同皆是郊所感帝用樂與祭五帝不異以其所郊天亦是五帝故也

乃奏大蔟歌應鍾舞咸池以祭地示

大音太○大蔟陽聲第二應鍾為之合咸池大咸也地祇所祭於北郊謂神州之神及社稷○疏曰地祇卑於天神故降用大蔟陽聲第

0016_0016-1　0016_0015-2

□及咸池也又曰云太蔟陽聲第二應鍾為之合者以黃鍾之初九下生林鍾之初六林鍾之初六上生大蔟之九二是陽聲之第二也大蔟寅之氣也正月建焉而辰在娵訾應鍾亥之氣也十月建焉而辰在析木是應鍾為之合也云咸池大咸也者此云咸池上文云大咸以為一物故云大咸也云地祇所祭於北郊謂神州之神者以其下文若樂八變者是崑崙大地即知此地祇非大地也是神州之神可知案河圖括地象云崑崙東南萬五千里曰神州是知神州之神知祭於北郊者孝經緯文以其與南郊相對故也知及社稷者以六冕差之社稷雖在小祀若祭祭言之天宗伯云以血祭祭社稷五祀五嶽用血與

祭礼　十二　七九

郊同又在五嶽之上故知用樂亦與神州同謂若日月星與五帝同也

乃奏姑洗歌南呂舞大磬以祀四望姑洗陽聲第三南呂為之合四望五嶽四鎮四竇此言祀者司中司命風師雨師或亦用此樂與○竇本又作瀆音獨與音餘○疏曰四望又卑於神州故降用陽聲第三及用大磬也又曰云姑洗陽聲第三南呂為之合者以其南呂上生姑洗之九三是陽聲第三也姑洗辰之氣也三月建焉而辰在大梁南呂酉之氣也八

0016_0017-1　0016_0016-2

月建焉而辰在壽星是南呂為之合也云四望五嶽四鎮四竇者以大宗伯五嶽在社稷下山川上此文四望亦在社稷下山川上故知四望是五嶽四鎮四竇也云此言祀者司中司命風師雨師或亦用此樂與者以此上下更不見有司中等用樂之法又案大宗伯天神云祀地祇云祭人鬼云享四望是地祇而不云祭而變稱祀明經意本容司中等神故變文見用樂也無正文故云或與以疑之也

乃奏蕤賓歌函鍾舞大夏以祭山川蕤人誰反○蕤賓陽聲第四函鍾為之合函鍾一名林鍾○疏曰云蕤賓陽聲

祭礼　十二　八十

第四者應鍾之六三上生蕤賓之九四是陽聲第四也云函鍾為之合者蕤賓午之氣也五月建焉而辰在鶉首函鍾未之氣也六月建焉而辰在鶉火是函鍾為之合也云函鍾一名林鍾者此周禮言函鍾月令云林鍾故云一名林鍾也

乃奏夷則歌小呂舞大濩以享先妣夷則陽聲第五小呂為之合小呂一名中呂先妣姜嫄也姜嫄履大人跡感神靈而生后稷是周之先母也周立廟自后稷為始祖姜嫄無所妃是以特立廟而祭之謂之閟宮閟神之○中音仲亦如字妃本亦作配○疏曰宗祭法王立七廟

0016_0017-2

考廟王考廟皇考廟顯考廟祖考廟皆月祭之二祧享嘗乃止不見先妣者以其七廟外非常故不言若祭當與二祧同亦享嘗乃止若追享自然及之矣云夷則陽聲第五者以其大呂之六四下生夷則之九五是陽聲之第五也云小呂爲之合者以其小呂巳之氣也四月建焉而辰在實沈夷則申之氣也七月建焉而辰在鶉尾是其合也云小呂一名中呂者此周禮言小呂月令言中呂故云一名中呂也云先妣姜嫄也姜嫄後大人跡感神靈而生后稷者詩云履帝武敏歆毛君義與史記同以爲姜嫄帝嚳妃履帝武敏歆謂履帝嚳車轍馬

祭禮十二　八一

0016_0018-1

跡生后稷后稷爲帝嚳親子鄭君義依命歷序帝嚳傳十世乃至堯后稷爲堯官則姜嫄爲帝嚳後世妃而言履帝武敏歆者帝謂天帝也是以周本紀云姜嫄出野見聖人跡心悅忻然踐之始如有身動而孕居期生子是鄭解聖人跡與毛異也云是周之先母者生民詩序云生民尊祖也后稷生於姜嫄文武之功起於后稷是周之子孫功業由后稷欲尊其祖當先尊其母故云周之先母也云周立廟自后稷爲始祖姜嫄無所妃者凡祭以其妃配周立七廟自后稷已下不得更立后稷父廟故姜嫄無所妃也云是以特立廟而祭之者以其尊

0016_0018-2

敬先母故特立婦人之廟而祭之云謂之閟宮閟神之者案閟宮詩云閟宮有侐實實枚枚毛云在周常閉而無事與此祭先妣義違故後鄭不從是以鄭云特立廟而祭之但婦人稱宮處在幽靜故名廟爲閟宮據其神則曰閟神也若然分樂序之尊者用前代其先妣先祖服袞冕山川百物用玄冕今用先樂山川在先妣上者以其山川外神是自然之神先祖先時曾事之故樂用前代無嫌

乃奏無射歌夾鍾舞大武以享先祖射音亦夾古洽反○無射陽聲之下也夾鍾爲之合夾鍾一名圜鍾先祖謂先王先

祭禮十二　八二

0016_0019-1

公○疏曰云無射陽聲之下也者以其夾鍾之大五生無射之上九是陽聲之下也云夾鍾爲之合者以其夾鍾卯之氣也二月建焉而辰在降婁無射戌之氣也九月建焉而辰在大火亦是其合也云夾鍾一名圜鍾者下文云圜鍾爲宮是一名圜鍾也云先祖謂先王先公者鄭據司服而言但司服以先王先公服異故別言此則先王先公樂同故合說以其俱是先祖故也

凡六樂者文之以五聲播之以八音六者言其均皆待五聲八音乃成也播之言被也故書播爲藩杜子春云藩讀爲播讀如后稷播百

殺之播○疏曰云六者言其均皆待黃鍾為宮自與巳下徵商羽角等為均其絲數五聲各異也或解以為均謂樂器八音之等若然何得先公言其均始云皆待五聲八音乎明言其均者以為六者各據為首與下四聲為均故云皆待五聲八音乃成也云播之言被也者謂若光被四表是取被及之義也子春云播為后稷播百穀之播者讀從詩云其始播百穀是后稷之事也

凡六樂者一變而致羽物及川澤之示再變而致臝物及山林之示三變而致鱗物

及丘陵之示四變而致毛物及墳衍之示五變而致介物及土示六變而致象物及天神

變猶更也樂成則更奏也此謂大蜡索鬼神而致百物六奏樂而禮畢東方之祭則用太蔟姑洗南方之祭則用蕤賓西方之祭則用夷則無射北方之祭則用黃鍾為均焉每奏有所感致和以來之凡動物敏疾者地祇高下之甚者易致羽物既飛又走川澤有孔竅者蛤蟹走遲墳衍孔竅則小矣是其所以舒疾之分土祇原隰及平地之神也象物有象在天所謂四

靈者天地之神四靈之知非德至和則不至禮運云何謂四靈麟鳳龜龍謂之四靈龍以為畜故魚鮪不淰鳳以為畜故鳥不獝麟以為畜故獸不狘龜以為畜故人情不失○易以豉反分扶問反知音智畜許又反鮪于軌反淰音審獝況律反狘休越反○疏曰此一變至六變不同者據難致易致前後而言案司徒五地之物生動植俱有此言動不言植物者據有情可感者而言也曰云變猶更也者燕禮云終尚書云成此云變孔注尚書云九變而致不同者凡樂曲成則終變更也終則更奏各據終始而言是以鄭云樂成則更奏也云

此謂大蜡索鬼神而致百物者案郊特牲云蜡也者索也歲十二月合聚百物而索饗之也鄭云歲十二月周之正數謂建亥之月也五穀成於神有功故報祭之鄭必知此據蜡祭者此經總祭百神與蜡祭合聚萬物之神同故知蜡也云六奏樂而禮畢者下云若樂六變而天神皆降此經亦六變致天神故云六奏樂而禮畢也云東方之祭則用太蔟云云此鄭知四方各別祭用樂不同者以郊特牲云八蜡以記四方又云四方年不順成八蜡不通順成之方其蜡乃通是四方各有八蜡故知四方用樂各別也云每奏有所感致和以來之者總

0016_0022-1　　　　0016_0021-2

釋地祇與動之神來雖有遲疾皆由以樂和感之云凡動物敏疾者地祇高下之甚者易致者言此欲見先致者皆由其神易致故也云羽物既飛又走川澤有孔竅者此經羽物共川澤一變致之是其羽物飛川澤有孔竅故也自樂再變已下差緩云蛤蟹走則遲墳衍孔竅則小矣者以其墳衍在丘陵後介物在毛物後由是走遲竅小故也云是其舒疾之分者謂從此羽物以下介物以上先致者疾之分後致者舒之分故有前後也云土祇原隰及平地之神也者此已下說天地及四靈非直以樂兼有德民和乃致也鄭知土祇中有原隰者案

四〇二十　祭禮　十二　八五　夏生

大司徒有五地山林已下有原隰今此則經上已說川澤山林丘陵及墳衍訖惟不言原隰故此土祇中有原隰可知也又土祇中有平地者案大宰九職云一曰三農主九穀後鄭以三農者原隰及平地以其生九穀故知此土祇中非直有原隰亦有平地之神也若然不言原隰而云土祇者欲見原隰中有社稷故鄭君駁異義云五變而致土祇土祇者五土之揔神謂社是以變原隰言土祇郊特牲云社祭土而主陰氣是社稱土祇故鄭云土神也云象物有象在天所謂四靈者以其天神同變致之象者有形象在天物者與羽鸁等同稱物故

0016_0023-1　　　　0016_0022-2

知有象在天四靈等也云天地之神四靈之知者天則天神地則土祇故云天地之神四靈之知也云非德至和則不至者欲見介物已上皆以樂和感之未必由德此天地四靈非直須樂要有德至和乃致之也云禮運已下者欲見象物則彼四靈也云何謂四靈者記人自問自荅案彼注云淰之言閃言魚鮪不閃閃畏人也猶狘飛走之貌二者皆據魚鮪不淰不可以龜更言魚鮪以龜知人情故變言人情不失也案大司徒山林宜毛物川澤宜鱗物丘陵宜羽物墳衍宜介物原隰宜鸁物此經則以羽物配川澤鸁物配山林鱗物配丘陵毛物

大六小三七九　祭禮　十三　八六　夏生

配墳衍介物配土祇與大司徒文不類者彼以所宜而言此據樂致易致而說故文有錯綜不同也案月令孟冬云祈來年於天宗鄭注云此蜡周禮所謂蜡也天宗日月星鄭以月令祈於天宗謂之蜡則此天神亦是日月星辰非大天神不蜡祭所祭衆神祭畢不可援尊地神惟有土祇是以知無天地大神也又尚書云簫韶九成鳳凰來儀九成乃致象物者鄭以儀爲匹謂止巢而孕乘匹故九變乃致此直據致其神故與大天神同六變也

凡樂圜鍾爲宮黃鍾爲角大蔟爲徵姑洗爲羽靁鼓

靁鼗孤竹之管雲和之琴瑟雲門之舞冬日至於地上之圜丘奏之若樂六變則天神皆降可得而禮矣凡樂函鍾爲宮大蔟爲角姑洗爲徵南呂爲羽靈鼓靈鼗孫竹之管空桑之琴瑟咸池之舞夏日至於澤中之方丘奏之若樂八變則地示皆出可得而禮矣凡樂黃鍾爲

宮大呂爲角大蔟爲徵應鍾爲羽路鼓路鼗陰竹之管龍門之琴瑟九德之歌九磬之舞於宗廟之中奏之若樂九變則人鬼可得而禮矣此三者皆禘大祭也天神則主北辰地祇則主崑崙人鬼則主后稷先奏是樂以致其神禮之以玉而祼焉乃後合樂而祭之大傳曰王者必禘其祖之所自出祭法曰周人禘嚳而郊稷謂此祭天圜丘以嚳配之圜鍾夾鍾也夾鍾生於房心之氣房心爲大辰天帝之明堂

函鍾林鍾也林鍾生於未之氣未坤之位或曰天社在東井輿鬼之外天社地神也黃鍾生於虛危之氣虛危爲宗廟以此三者爲宮用聲類求之天宮夾鍾陰聲其相生從陽數其陽無射無射上生中呂中呂與地宮同位不用也中呂上生黃鍾黃鍾下生林鍾林鍾地宮又不用林鍾上生大蔟大蔟下生南呂南呂與無射同位又不用南呂上生姑洗地宮林鍾林鍾上生大蔟大蔟下生南呂南呂上生姑洗人宮黃鍾黃鍾下生林鍾林鍾地宮又辟之林鍾上生大蔟大蔟下生南呂南呂與天宮之陽同位又辟之南呂上生姑洗姑洗南呂之合

又辟之姑洗下生應鍾應鍾上生蕤賓蕤賓地宮林鍾之陽也又辟之蕤賓上生大呂凡五聲宮之所生濁者爲角清者爲徵羽此樂無商者祭尚柔商堅剛也鄭司農云雷鼓雷鼗皆謂六面有革可擊者也雲和地名也靈鼓靈鼗四面路鼓路鼗兩面九德之歌春秋傳所謂水火金木土穀謂之六府正德利用厚生謂之三事六府三事謂之九功九功之德皆可歌也謂之九歌也玄謂雷鼓雷鼗八面靈鼓靈鼗六面路鼓路鼗四面孤竹竹特生者孫竹竹枝根之末生者陰竹生於山北者雲和空桑龍門皆山名九磬讀當爲大韶字之誤○疏曰

張本下象鼻題監生戴彝四字傅本剪去之

0016_0025-2

此三者皆用一代之樂類上皆是下神
之樂列之在下文者以分樂而序之饗
天地之次神故陳於天地已下之神并
錯祭說乃列陳此三禘恐與上雜亂故
也言六變八變九變者謂在天地及廟
庭而立四表舞人從南表向第二表爲
一成一成則一變從第二至第三爲二
成從第三至北頭第四表爲三成舞人
各轉身南向於北表之北還從第一至
第二爲四成從第二至第三爲五成從
第三至南頭第一表爲六成則天神皆
降若八變者更從南頭北向第二爲七
成又從第二至第三爲八成地祇皆出
若九變者又從第三至北頭第一爲九

祭礼　十二　八十九

0016_0026-1

變人鬼可得而禮焉此約周之大武象
武王伐紂故樂記云且夫武始而北出
再成而滅商三成而南四成而南國是
疆五成而分陝周公左召公右六成復
綴以崇其餘大護已上雖無滅商之事
但舞人須有限約亦應九四表以與舞
人爲曲別也禮天神必於冬至禮地祇
必於夏至之日者以天是陽地是陰冬
至一陽生夏至一陰生是以還於陽生
陰生之日祭之也至於郊天必於建寅
者以其郊所感帝以祈穀實取三陽交
生之日萬物出地之時若然祭神州之
神於北郊與南郊相對雖無文亦應取
三陰交生之月萬物秀實之時也言圜

0016_0026-2

丘者案爾雅土之高者曰丘取自然之
丘圜者象天圜既取丘之自然則未必
要在郊無問東西與南北方皆可地言
澤中方丘者因高以事天故於地上因
下以事地故於澤中取方丘者水鍾曰
澤不可以水中設祭故亦取自然之丘
方象地方故也宗廟不言時節者天地
自相對而言至此宗廟無所對謂祫祭
也但殷人祫於三時周禮惟用孟秋之
月爲之則公羊云大事者何大祫也毀
廟之祖陳于大祖未毀廟之主皆升合
食于大祖是也天用雲門地用咸池宗
廟用大韶者還依上分樂之次序尊者
用前代卑者用後代爲差也宗廟用九

祭礼十二　九十

0016_0027-1

德之歌者以人神象神主以也德爲政
之具故特異天地之神也天地及宗廟
並言皆降皆出皆至者以祭尊可以及
卑故禮記云大報天而主日配以月是
其神多故云皆也天神六變地祇八變
人鬼九變者上文四變已上所致有先
後者動物據飛走遲疾地神有孔竅大
小其土祇及天神有靈智故據至德至
和乃可以致今此三者六變已上則據
靈異而言但靈異大者易感小者難致
故天神六變人鬼九變也又曰云此三
者皆禘大祭也者案爾雅云禘大祭不
辨天神人鬼地祇則皆有禘稱也祭法
云禘黄帝之等皆據祭天於圜丘大傳

0016_0027-2

云王者禘其祖之所自出據夏正郊天
論語禘自既灌據祭宗廟是以鄭云三
者皆禘大祭也云天神則主北辰地祇
則主崑崙人鬼則主后稷者此三者則
大宗伯云祀之享之祭之又大宰云祀
大神祇及大享亦一也三者恒相於故
鄭據此三者之神也云先奏是樂以致
其神者致神則下神也周之禮凡祭祀
皆先作樂下神乃薦獻薦獻訖乃合樂
也云禮之以玉而祼焉乃後合樂而祭
之者云禮之以玉據天地而祼焉據宗
廟以小宰注天地大神至尊不祼又玉
人典瑞宗伯等不見有宗廟禮神之玉
是以知禮之以玉據天地則蒼璧禮天

0016_0028-1

黄琮禮地是也而祼焉據宗廟肆獻祼
是也云大傳曰王者必禘其祖之所自
出者謂王者皆以建寅之月郊所感生
帝還以感生祖配之若周郊以后稷配
之也引之者證郊與圜丘俱是祭天之
禘郊之禘以后稷配圜丘禘以嚳配故
引祭法禘嚳而郊稷爲證云圜鍾夾鍾
也者則上文夾鍾也云夾鍾生於房心
之氣至明堂者案春秋緯文耀鉤及石
氏星經天官之注云房心爲天帝之明
堂布政之所出又昭十七年冬有星孛
於大辰公羊傳云大辰者何大火也大
火爲大辰伐爲大辰北辰亦爲大辰夾
鍾房心之氣爲大辰天之出日之處爲

0016_0028-2

明堂故以圜鍾爲天之宫云函鍾林鍾
也者月令謂之林鍾是也云林鍾主於
未之氣未坤之位者林鍾在未八卦坤
亦在未故云坤之位云或曰天社在東
井輿鬼之外者案星經天社六星輿鬼
之南是其輿鬼外也天社坤位皆是地
神故以林鍾爲地宫也云黄鍾生於虛
危之氣者以其黄鍾在子子上有虛危
故云虛危之氣也云虛危爲宗廟者案
星經虛危主宗廟故爲宗廟之宫也云
以此三者爲宫用聲類求之者若十二
律相生終於六十即以黄鍾爲首終於
南事今此三者爲宫各於本宫上相生
爲角徵羽麤細須品或先生後用或後

0016_0029-1

生先用故云聲類求之也云天宫夾鍾
陰聲其相生從陽數者其夾鍾與無射
配合之物夾鍾是呂陰也無射是律陽
也天是陽故宫後歷八相生還從陽數
也云無射上生中呂中呂與地宫同位
不用也者地宫是林鍾林鍾自與蕤賓
合但中呂與林鍾同在南方位故云同
位以天尊地卑故嫌其同位而不用之
也中呂上生黄鍾黄鍾爲角也黄鍾下
生林鍾林鍾地宫又不用亦嫌不用也
林鍾上生大蔟大蔟爲徵也大蔟下生
南呂南呂與無射同位又不用南呂上生姑
洗姑洗爲羽祭天四聲足矣地宫林鍾
林鍾上生大蔟大蔟爲角大蔟下生南

0016_0029-2

呂南呂爲羽先生後用也南呂上生姑洗姑洗爲徵後生先用四聲足矣人宮
黃鍾黃鍾下生林鍾林鍾爲地宮又避之不取也林鍾上生大蔟大蔟爲徵先
生後爲用也大蔟下生南呂南呂與天宮之陽同位又避之南呂上生姑洗姑
洗南呂之合又避之姑洗下生應鍾應鍾爲羽應鍾上生蕤賓蕤賓地宮之陽
以林鍾是地宮與蕤賓相配合故又避之蕤賓上生大呂大呂爲角以絲多後
生先用也四聲足矣凡言不用者卑之凡言避之者尊之天宮既從陽數故於
本宮之位人地皆不避之至於南呂姑洗合地於天雖有尊卑體敵之義故用

0016_0030-1

姑洗天宮之陽所合但人於天尊卑隔絕故避姑洗天宮之陽所合也鄭必知
有避之及不用之義者以其天人所生有取有不明知之不取者是嫌不用人
鬼不敢者是尊而避之也云凡五聲宮之所生濁者爲角清者爲徵羽者此數
三者宮之所生以其或先生後用謂若卄宮所生姑洗爲徵後生先用南呂爲
羽先生後用人宮所生大呂爲角後生先用大蔟爲徵先生後用以其後生絲
多用角先生絲少用徵故云凡宮之所生濁者爲角清者爲徵羽也云此樂無
商者祭尚柔商堅剛也者此經三者皆不言商以商是西方金故云祭尚柔商

0016_0030-2

堅剛不用若然上文云此六樂者皆之以五聲並據祭祀而立五聲者凡音
之起由人心生單出曰聲雜比曰音泛論樂法以五聲言之其實祭無商聲鄭
司農云雷鼓雷鼗皆六面靈鼓靈鼗皆四面路鼓路鼗皆兩面者以此三者皆
祭祀之鼓路鼗不合與雷鼓等同兩面故後鄭不從也云九德之歌春秋傳云
云此文七年趙宣子曰勸之以九歌九功之德皆可歌也謂之九歌六府三事
謂之九功水火金木土穀謂之六府正德利用厚生謂之三事注云正德人德
利用地德厚生天德此本尚書大禹謨之言賈服與先鄭並不見古文尚書故

0016_0031-1

引春秋也玄謂雷鼓已下八面六面四面者雖無正文以靈鼓路鼓等非祭祀
鼓皆兩面宗廟尊於雷鼓等故知加兩面爲四面祭地尊於宗廟故知更加兩
面爲六面祭天又尊於祭地知更加兩面爲八面是以不從先鄭也云孤竹竹
特生者謂若嶧陽孤桐云孫竹竹枝根之末生者案詩毛傳云枝幹也幹即身
也以其言孫若子孫然知枝根末生者云陰竹生於山北者爾雅云山南曰陽
山北曰陰今言陰竹故知山北者也云雲和空桑龍門皆山名者以其禹鑿龍
門見是山即雲和與空桑亦山可知故不從先鄭雲和地名也云九磬讀當爲

大韶者，上六樂無九韶而有大韶，故破從大韶也。凡樂事大祭祀宿縣，遂以聲展之。叩聽其聲，具陳次之，以知完不。○疏曰：凡樂事言凡，語廣，則不徒大祭祀而已。直言大祭祀者，舉大祭祀而言，其實中祭祀亦宿縣也。但大祭祀中有天神、地祇、人鬼，中小祭祀亦宿縣，至於饗食燕賓客有樂事亦兼之矣。言宿縣者，皆於前宿豫縣之。遂以聲展之者，謂相扣使作聲而展省聽之，知其完否善惡也。王出入則令奏王夏，尸出入則令奏肆夏，牲出入則令奏

昭夏。三夏皆樂章名。○疏曰：云王出入者，據前文大祭祀而言。王出入謂王將祭祀初入廟門，及祭祀訖出廟門，皆令奏王夏也。尸出入謂尸初入廟明及祭祀訖出廟門，皆令奏肆夏。牲出入者，謂二灌後王出迎牲，及爓肉與體其大豕是牲出入，皆令奏昭夏。先言王，次言尸，後言牲者，亦祭祀之次也。又曰：此三夏即下文九夏，皆是詩。詩與樂爲篇章，故云樂章名也。帥國子而舞。當用舞者，帥以往。○疏曰：凡興舞皆使國之子弟爲之，但國子人多，不必特皆用，當遞代而去，故選當用者帥以往爲舞之處也。○同上。○鍾

師凡祭祀奏燕樂。以鍾鼓奏之。○疏曰：知以鍾鼓奏之者，以其鍾師奏九夏用鍾鼓，故知此燕樂亦用鍾鼓奏之可知也。○同上。○鎛師掌金奏之鼓。謂主擊晉鼓以奏其鍾鎛也。然則擊鎛者亦視瞭。○疏曰：鎛師不自擊鎛，使視瞭擊之，但擊金奏之鼓耳。又曰：知金奏之鼓是主擊晉鼓者，鼓人職云以晉鼓鼓金奏，故知之也。金奏謂奏金，金即鍾鎛，鍾鎛以金爲之，故言金。云然則擊鎛者亦視瞭者，案視瞭云樂作擊編鍾，不言鎛，鎛與鍾同類，大小異耳，既擊鍾明亦擊鎛，故云亦視瞭也。凡祭祀鼓其

金奏之樂。疏曰：金奏之樂者，即八音是也，亦以晉鼓鼓之。○同上。○笙師凡祭祀共其鍾笙之樂。鍾笙與鍾聲相應之笙。○疏曰：鄭爲此解者，以其笙師不掌鍾而兼言鍾，故知義然也。○同上。○磬師教縵樂之鍾磬。凡祭祀奏縵樂。杜子春讀縵爲怠慢之慢。玄謂縵讀爲縵錦之縵，謂雜聲之和樂者也。學記曰：不學操縵，不能安弦。○疏曰：子春讀縵爲慢，後鄭不從之。玄謂縵讀爲縵錦之縵者，時有縵錦之言，依俗讀之也。云謂雜聲之和樂者也，謂雜弄調和。引學記

0016_0034-1　0016_0033-2

爲諂案彼鄭汸云繰縵雜弄即今之調辭曲若不學調則不能安意於弦也○同二○

大師大祭祀帥瞽登歌令奏擊拊

瞽拊瞽乃歌也故書拊爲付鄭司農云登歌歌者在堂也付字當爲拊書亦或爲拊樂或當擊或當拊登歌下管貴人聲也玄謂拊形如鼓以韋爲之著之以糠○疏曰謂凡大祭之時大師有此一事言帥瞽登歌者謂下神合樂皆升歌清廟故將作樂時大師帥取瞽人登堂於西階之東北面坐而歌者與瑟以歌詩也令奏擊拊者拊所以導引歌者故先擊拊瞽乃歌也歌者出擊謂之奏故云奏也又曰鄭云擊拊瞽乃歌也者見

祭禮十二　九十七

經云令奏擊拊故知擊拊乃歌也先鄭云樂或當擊或當拊者先鄭之意擊拊謂若尚書云擊石拊石皆是作用之名拊非樂器後鄭不從者此擊拊謂若下文鼓朄及擊應鼙之類彼朄擊是樂器則如此拊亦樂器也玄謂拊形如鼓以韋爲之著之以糠者此破先鄭拊非樂器知義如此者約白虎通引尚書大傳云拊革裝之以糠今書傳無者在三逸中

下管播樂器令奏鼓朄

朄音胤○鼓朄管乃作也特言管者貴人氣也鄭司農云下管吹管者在堂下朄小鼓也先擊小鼓乃擊

0016_0035-1　0016_0034-2

大鼓小鼓爲大鼓先引故曰朄朄讀爲道引之引之謂鼓朄猶言擊朄詩云應朄縣鼓○引之引並音胤○疏曰凡樂歌者在上匏竹在下故云下管播樂器樂器即笙簫及管皆是出聲曰播謂播揚其聲令奏鼓朄者奏即播亦一也欲令奏樂器之時亦先擊朄導之也又曰鄭云鼓朄管乃作也者亦如上注擊拊瞽乃歌云特言管者貴人氣也亦以管簫皆用氣故云貴人氣若然先鄭云登歌下管貴人聲此後鄭云特言管者貴人氣不同者各有所對若以歌者在上對匏竹在下歌用人人聲爲貴故在上若以匏竹在堂下對鍾鼓在庭則匏竹

祭禮十二　九十八

用氣貴於用手故在階間也後鄭云鼓朄猶言擊朄者此上下文拊與鼓皆言擊則此鼓謂出擊亦擊之類也詩云○應朄縣鼓周頌有瞽篇也○同上

小師大祭祀登歌擊拊

亦自有拊擊之佐大師令奏鼙司農云拊者擊石○令力呈反○疏曰鄭知小師亦自擊拊不來大師同擊拊者見大師下管鼓朄此小師下管別言應鼙不同明擊拊亦別可知但小師佐大師耳引先鄭拊爲擊石者先鄭上注已解拊與擊同後鄭不從今引之在下者以無正文引之義異爲一義故也

下管擊應鼓

應鼙也應

0016_0035-2

鼙鼜與朔也小鼓也其所用別未聞○朄以刃反○疏曰鄭知應是應鼙及有朔鼙者案大射建鼓在阼階西南鼓應鼙在其東以是知應是應鼙彼又云一建鼓在西階之西朔鼙在其北是知有朔鼙也知皆小鼓者擊鼓者即事之所先擊小後擊大故大射云應鼙在其案朔鼙在其北鼙者皆在人右鄭彼注云便其先擊小後擊大既便其事是鼙皆小鼓也云其所用別未聞者此上下祭祀之事有應有朄無朔大射有朔有應無朄凡言應者應朔鼙祭祀既有應則有朔但無文不可強也應之故云別則未聞也

徹歌於有司徹而歌雍○

祭禮十二

0016_0036-1

疏曰鄭知徹樂器歌詩者見論語八佾云三家者以雍徹孔子云相維辟公天子穆穆奚取於三家之堂以三家無辟公助祭又無天子之容則諸侯亦不得用唯天子得用之是天子之容則徹器用徹詩故云歌雍也

凡小祭祀小樂事鼓朄如大師鄭司農云朄小鼓名○同上

○**樂師凡國之小事用樂者令奏鐘鼓**疏曰此亦事鄭云小祭祀之事謂王玄冕所祭則小祭祀宗廟皆有鐘鼓鐘師令之若大[illegible]二[illegible]之祭大司樂令奏也此小祭者[illegible]舞[illegible]舞師云不[illegible]祭祀不興舞

0016_0036-2

[illegible]**凡樂成則告備**成謂[illegible]篇部[illegible]鄭告一樂正曰正歌備[illegible]所奏一竟者則終也[illegible]一曲終則為一成則樂[illegible]六則六成餘八變九變[illegible]簫韶九成為樂也又引[illegible]諸侯燕禮大師告于樂[illegible]與君比天子祭禮亦大[illegible]則大師告樂師樂師乃[illegible]此據祭禮事節相當故引爲證也

詔來瞽臯舞[illegible]為鼓臯當為告呼擊鼓者[illegible]將鼓與舞俱來也鼓擊[illegible]

祭禮十二

0016_0037-1

或曰來勑也勑爾鼓率[illegible]誦臯臯雍雍母息母吅[illegible]眡瞭扶瞽者來入也臯之[illegible]當爲嗥者嗥○瞭音了○[illegible]詔瞽來謂詔告眡瞭扶瞽[illegible]作樂也臯舞者謂號呼[illegible]舞又曰先鄭破瞽為鼓[illegible]瞽於義俱但文不從後[illegible]曰來勑已下但瞽人無樂[illegible]至瞽矣工於義不可且[illegible]迎瞽不知何從而出故[illegible]謂詔來瞽者以其瞽入[illegible]令奏舞注云來瞽書告[illegible]舞呼之者以後來之[illegible]

0016_0037-2

興之義與也無異也及徹帥學士而歌徹學士國子也鄭
司農云謂將徹之時自有樂故帥學士而歌徹玄謂徹者歌雍雍在周頌臣工
之什○疏曰此亦文承祭祀之下亦謂祭末徹祭器之時樂師帥學士而歌徹
但學士主舞瞽人主歌今云帥學士而歌徹者此絕讀之然後合義歌徹之時
歌舞俱有謂帥學士使之舞歌者自是瞽人歌雍詩也徹者主等君婦耳又曰
鄭云學士國子也者此學士助下大胥職云掌學士之版以待致諸子故知學
士是國子國子即諸子是也云謂徹者歌雍者見論語云三家者以雍徹孔子

儀祭禮十二　百一　陳丈

0016_0038-1

云相維辟公天子穆穆奚取於三家之堂若然要有辟公助祭并天子之容穆
穆乃可用雍詩徹祭器是大夫及諸侯皆不得用雍故知此云歌徹者歌雍詩
也又云雍在周頌臣工之什者從清廟已下皆周頌但此雍在臣工之什內云
之什者謂聚十篇爲一卷故云之什也令相相息亮反注同○令視瞭
扶工鄭司農云告當相瞽師音言當罷也瞽師盲者皆有相道之者故師冕見
及階曰階也及席曰席也皆工曰某在斯某在斯曰相師之道與○見賢遍反
與音餘○疏曰此令相之文亦承祭祀徹之下者欲見大小祭祀皆有令相

事故於下總結之鄭云令相令視瞭工者見儀禮扶工者皆扶相以其瞽
無目不得工故云令視瞭扶工也先引論語者亦見相是扶工也○同上
○籥師祭祀則鼓羽籥之舞鼓之者爲之節○
疏曰祭祀先作樂下神及合樂之時則使國子舞鼓動以羽籥之舞與樂節相
應使不相奪倫故鄭云鼓之者恒爲之節○同上○司干掌舞
器舞器羽籥之屬○疏曰鄭知司干所掌舞器是羽籥以其文武之舞所執
有異則二者之器皆司干掌之言司干者周尚武故以干爲職首其餘師數而

儀祭禮十二　百一　陳丈

不掌者然干與戈相配而不言戈者下文云祭祀授舞器則所授者授干與羽
籥也掌司戈者亦云祭祀授旅賁及故士戈皆授舞者兵云舞者兵惟謂戈其
干亦於此官授之司兵云祭祀授舞者兵鄭注云授以朱干玉戚謂授大武之
舞與此[illegible]小舞干戈則也祭祀舞者既陳則授舞器
既舞則受之既已也受取藏之○同上○司兵祭祀
授舞者兵授以朱干玉戚之屬○疏曰鄭知此兵是朱干玉戚者祭
統云朱干玉戚以舞大武則文武用朱干玉戚又祭下司戈盾云祭祀授旅賁

0016_0039-2

盾弓與尊於司戈……武朱干玉戚也其司干……

……籥之等非干也。夏官 ○司戈盾掌……

……而頒之分與受用。疏曰分受用者下文祭祀畢……

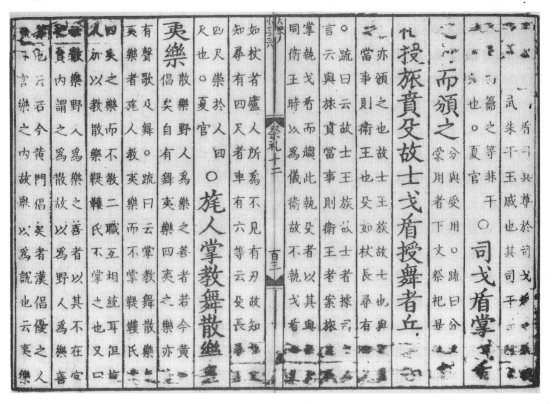

凡授旅賁及故士戈盾授舞者兵……

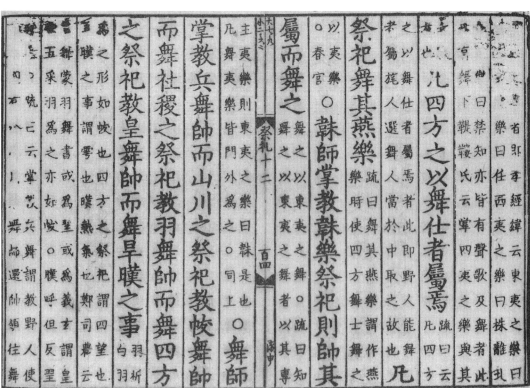

亦頒之也故士王族故士也與……當事則衛王也及如杖長尋有……

○疏曰云故士王族故士者據云……言云與旅賁當事則衛王者案旅……

掌執戈盾而趨此執及者以其與……同衛王時以爲儀衛故不執戈盾……

祭礼十二　百三

0016_0040-1

如杖者盧人所爲不見有刃故知……知尋有四尺者車有六等云及長尋……

四尺崇於人四尺也。夏官 ○旄人掌教舞散樂……

夷樂散樂野人爲樂之善者若今黃……倡矣自有舞夷樂四夷之樂亦……

有聲歌及舞。疏曰云掌教舞散樂……夷樂者旄人教夷樂而不掌鞮鞻氏……

四夷之樂而不教二職互相統耳但皆……亦以教散樂鞮鞻氏不掌之也又曰……

散樂野人爲樂之善者以其不在官……貴內謂之爲散故以爲野人爲樂善……

……倡云若今黃門倡矣者漢倡優之人……下宮樂之內故樂以爲說也云夷樂……

0016_0040-2

……者鄭孝經緯云東夷之樂曰……樂曰任西夷之樂曰株離北……

……曰禁知亦皆有聲歌及舞者此……鞮下鞮鞻氏云掌四夷之樂與其

……也 凡四方之以舞仕者屬焉疏曰云凡四方

之以舞仕者屬焉者此即野人能舞者屬旄人選舞人當於中取之故也 凡

祭祀舞其燕樂疏曰舞其燕樂謂作燕樂時使四方舞士舞之

以夷樂○春官 ○韎師掌教韎樂祭祀則帥其

屬而舞之舞之以東夷之舞○疏曰知舞之以東夷之舞者以其專

祭礼十二　百四

0016_0041-1

主夷樂則東夷之樂曰韎是也凡舞夷樂皆門外爲之○同上 ○舞師

掌教兵舞帥而山川之祭祀教帗舞帥

而舞社稷之祭祀教羽舞帥而舞四方

之祭祀教皇舞帥而舞旱暵之事羽析白羽

……之形如帗也四方之祭祀謂四望也……暵之事謂雩也暵熱氣也鄭司農云

……舞蒙羽舞書或爲翌或爲義玄謂皇……五采羽爲之亦如帗○暵呼但反翌

……○疏曰云掌教兵舞謂教野人使……舞師還帥領往舞

0016_0041-2

山川之祀已下皆據案春官雩[?]官一也舞并有旄舞故言舞旄人舞夷于樂亦官無此二者但旱暵之事不得[?]類之制祭祀之舞亦不得用旱暵之[?]樂師教國子故言二者此教野人之舞[?]旄舞人舞云曰但羽舞用白羽[?]舞五色繒用羽舞異皆有柄其制相類[?]云形如帗也云四方之祭祀謂四望[?]知若若以四方連下物則四方不止四方今單云四方四望五岳四瀆亦布在四方故非四方即四望也云旱暵之事謂雩也者春秋所云雩者皆為旱又祭法云雩禜祭水旱故知旱暵謂雩祭也云暵熱氣也者以其旱時多熱氣又此

周禮疏十二　百五

0016_0042-1

暵字以日為形以漢為聲省故知暵熱氣也鄭司農云皇舞蒙羽舞者先鄭之意蓋見禮記王制有虞氏皇而祭皇是冕為首服故以此皇為鳳皇羽蒙于首故云蒙羽舞自古未見蒙羽于首故後鄭不從之矣云書或為翌或為義者禮本不同故或為翌或為義皆不從之矣玄謂皇析五采羽為之亦如帗若鍾氏染鳥羽象翟鳥鳳皇之羽皆五采此舞者所執亦以威儀為飾言皇是鳳皇之字明其羽亦五采其制亦如帗舞者然帗舞羽舞皇舞形制皆同也**凡野舞則皆教之**野舞謂野人欲學舞者[?]曰案序官舞徒四十人。

0016_0042-2

其數有限云皆教之者數雖四十餘者有能皆教之以待其闕耳**凡小祭祀則　興舞**小祭祀王玄冕所祭者興猶作也○疏曰案上文云祭祀百物之神鼓兵舞帗舞又案司云羣小祀則玄冕是[?]羣小祀林[?]祈四方百物之屬如是則小祭祀有舞帗舞而云不興舞者小祭祀雖[?]是若外神林澤之等則有舞若宮[?]祀之等則無舞此文是也○地官○[?]**氏掌四夷之樂與其聲歌**四夷之樂東方曰韎南方曰任西方曰株離北方曰禁詩云以雅以南是也王

周禮疏十二　百六

0016_0043-1

者必作四夷之樂一天下也言與其聲歌則云樂者主於舞○任音壬○疏曰四夷樂名出於孝經緯鉤命決故彼云東夷之樂曰韎持矛助時生南夷之樂曰任持弓助時養西夷之樂曰株離持鉞助時殺北夷之樂曰禁持楯助時藏皆於四門之外右辟是也宗明堂位亦有東夷之樂曰韎南夷之樂曰任又案虞傳云陽伯之樂舞侏離則東夷之樂亦名株離者東夷樂有二名亦名株離故此云株離舞曲名言象萬物生株離若詩云彼黍離離也物生蕃曰離云[?]若一作四夷之樂一天下也者案白虎通云王者制夷狄樂不制夷狄禮[?]

0016_0043-2

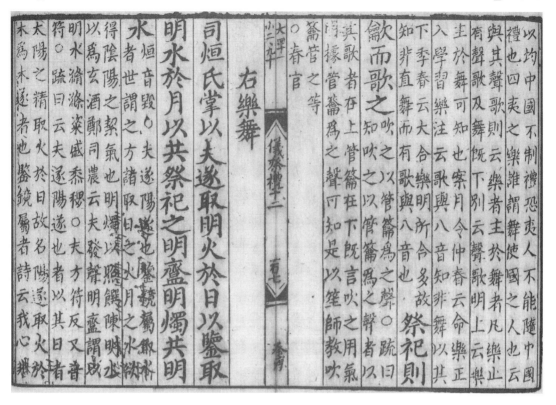

以均中國不制禮恐夷人不能隨中國禮也四夷之樂雖謂舞使國之人也云與其聲歌則云樂者主於舞者凡樂止有聲歌及舞既下別云聲歌明上云樂主於舞可知也案月令仲春云命樂正入學習樂注云歌與八音知非舞以其下季春云大合樂明所合多故知非直舞而有歌與八音也

祭祀則龡而歌之吹之以管籥爲之聲○疏曰知吹之以管籥爲之聲者以其歌者在上管籥在下既言吹之用氣得據管籥爲之聲可知是以笙師教吹籥管之等○春官

0016_0044-1

右樂舞

司烜氏掌以夫遂取明火於日以鑒取明水於月以共祭祀之明齍明燭共明水烜音毁○夫遂陽遂也鑒鏡屬取水者世謂之方諸取日之火月之水欲得陰陽之絜氣也明燭以照饌陳明水以爲玄酒鄭司農云夫發聲明齍謂以明水滫滌粢盛黍稷○夫方符反又音符○疏曰云夫遂陽遂也者以其日者太陽之精取火於日故名陽遂取火於木爲木遂者也鑒鏡屬者詩云我心匪

0016_0044-2

鑒下可以茹彼鑒是鏡可以照物此鑒形制與彼鑒同所以取水也云取水者世謂之方諸言取水謂之方諸則取火者不名方諸別名陽遂也明者絜也日月水火爲明水明火是取日月陰陽之絜氣也云明燭以照饌陳者謂祭日之旦饌陳於堂東未明須燭照之云明水以爲玄酒者鬱鬯五齊以明水配三酒以玄酒配玄酒井水也玄酒與明水別而云明水以爲玄酒者對則異散文通謂之玄酒是以禮運云玄酒在堂亦謂明水爲玄酒也先鄭云明水滫滌粢盛黍稷者滫謂滫瀡滌謂蕩滌俱謂釋米者也○秋官

0016_0045-1

○酒人掌爲五齊三酒祭祀則共奉之以役世婦世婦謂宮卿之官掌女宮之宿戒及祭祀比其具酒人共酒因留與其奚爲世婦役亦官聯○比必履反又毗志反扶利反○疏曰言爲五齊三酒者爲猶作也云祭祀則共奉之者謂酒人共而奉之云以役世婦者屬春官宮卿官也酒人以奚送酒至世婦因爲世婦所役使又曰云世婦謂宮卿之官者所謂春官每宮卿一人故云世婦謂宮卿之官也云掌女宮之宿戒者此亦世婦職文引此者其職云及祭比其具則此酒人等共奉酒以往爲世婦所役言亦官聯者即小

0016_0045-2

鄭云祭祀之職事是也　**凡祭祀共酒以往**　不言奉小祭也

○疏曰上云祭祀共奉之謂大祭次祭此不言奉謂小祭祀王玄冕所祭者也

云共酒以往○天官　○**酒正掌酒之政令以式灋**

授酒材　式法作酒之法式作酒既有米麴之數又有功沽之巧月令曰

乃命大酋秫稻必齊麴蘖必時湛饎必絜水泉必香陶器必良火齊必得鄭司

農云授酒人以其材○沽音古酋將由反秫音述齊才細反一如字蘖魚列反

湛接廉反饎昌志反○疏曰酒正辨四飲則撥之政令亦掌之今直言掌酒之

政令不言撥之政令者但據酒之專者而言其實撥亦掌之云以式法授酒材

祭物十二　百九

0016_0046-1

者式法謂造酒法式謂米麴多少及善惡也酒材即米麴蘖授與酒人使酒人

造酒既言兼掌撥人則撥之法式及聚身亦授之不言者亦舉尊言也云作酒

既有米麴之數者謂此為法式也云又有功沽之巧者功沽謂善惡善惡亦是

法式者也引月令者十一月之令言乃命大酋監之者彼注酒熟曰酋於周酒

則為周人案下注昔酒今之酋久白酒則酋者久遠之稱則是久熟者善故名

酒官為大酋若然彼注為酒人此酒正引之者此酒正以法式及酒材授與酒

0016_0046-2

使造酒故引酒人云秫稻必齊者必齊孰麴蘖必時者久之必得時湛饎

必絜者湛漬饎炊也謂漬米炊釀之時必須絜淨水泉必香謂漬麴漬米之

泉必須香美陶器必良者酒甕陶中所盛釀者必須成孰不渫云火齊必得者

謂釀之時生熟必宜得所也　**凡為公酒者亦如之**　謂鄉

射飲酒以公事作酒者亦以式法及酒材授之使自釀之○疏曰言凡為公酒

者謂為公事而作酒言凡非一謂若鄉飲酒鄉射之等言亦如之者亦以式法

授酒材又曰言鄉射飲酒者謂鄉飲酒鄉射鄉飲酒中有黨正飲酒賓賢

祭物十二　百十

0016_0047-1

能飲酒鄉射飲酒中有州長春秋習射於序又有鄉大夫三年賓賢能役以五

物詢衆庶用州長射禮並是鄉射飲酒若然州長黨正飲酒而謂之鄉者或是

鄉大夫所居州黨或是鄉大夫親來臨禮亦得鄉名故謂之鄉此數事者皆為

國行禮不可橫斂於民故得公酒其百家為族不得公酒族祭酺神之時合錢

辨五齊之名一曰泛齊二曰醴齊三

曰盎齊四曰緹齊五曰沈齊　緹音體泛者成而滓

[illegible]泛然如今宜成醪矣醴猶體也成[illegible]如今恬酒矣盎猶翁也成

0016_0048-1　0016_0047-2

而翁翁然蔥白色如今酇白矣緹者成
而紅赤如今下酒矣沈者成而滓沈如
今造清矣自醴以上尤濁縮酌者盎以
下差清其象類則然古之法式未可盡
聞杜子春讀齊皆爲粢又禮器曰緹酒
之用玄酒之尚玄謂齊者每有祭祀以
度量節作之○醙音刀反翁烏動反於
勇反差初賣反○疏曰言辨五齊之名
者酒正不自造酒使酒人爲之酒正直
辨五齊之名知其清濁而已云一曰泛
齊者泛讀如泛泛楊舟之泛言泛者謂
此齊孰時滓浮在上泛泛然二曰醴齊
者醴體也此齊孰時上下一體汁滓相
將故名醴齊又此醴齊作時恬於餘齊

與酒味稍殊亦入於六飲三曰盎齊已
下其類可知又曰會泛者成而滓浮者
此五齊皆言成者謂酒熟曰成云如今
宜成醪矣者宜成說以爲地名故曹植
酒賦曰宜成醴醪蒼梧縹清若馬融所
云今之宜成會稽稻米清似宜成以爲
酒名故劉杳要雅亦以宜成爲酒名二
者未知孰是今鄭云宜成醪矣亦未知
鄭意酒名地名類下鄼白則爲地名云
如今恬酒矣者但於五齊中爲恬故以
恬酒況之云如今鄼白矣者漢時蕭何
所封南陽地名鄼云如今下酒矣者下
酒謂曹床下酒其色紅赤故以緹名之
案鄭下注五伯緹衣亦赤黑色也云如

0016_0049-1　0016_0048-2

今造清矣者漢時造[illegible]則[illegible]
況沈齊也云自醴已上尤濁縮酌[illegible]
言自醴已上唯有泛齊滓浮則醬
于醴齊汁滓相將者此二者皆以茅泲
之故司尊彝云醴齊縮酌郊特牲云縮
酌用茅明酌也謂以事酒之上清明者
和醴齊以茅泲之使可酌鄭彼注云泛
從醴是二者皆縮酌故云自醴以上尤
濁縮酌也云盎以下差清者案司尊彝
云盎齊涗酌鄭注涗清也謂以清酒泲
之則不用茅以其盎已清故也鄭彼注
又云泛從醴緹沈從盎則亦用清酒泲
之云其象類則然者謂五者皆舉漢法
況之是其象類則然者也云古之法式

未可盡聞者雖舉漢法漢承周後多得
古之法只可略聞故云未可盡聞也杜
子春讀齊皆爲粢云禮器曰緹酒之用
玄酒之尚者子春意見禮運云粢醍在
堂又見禮器云醴酒之用又粢穀爲醍
酒則其餘四齊皆以粢穀爲之故讀齊
皆爲粢玄謂齊者每有祭祀以度量節
作之謂祭有大小齊有多少謂若祫祭
備五齊禘祭備四齊時祭備二齊是以
度量節作之不從子春爲粢者禮運唯
有醍齊稱粢於此五者皆稱齊子春[illegible]
五齊從一粢於義不可故鄭於禮運注
粢當爲齊破一粢從五齊於義可[illegible]
五齊與下三酒及[illegible]官[illegible]所造[illegible]

0016_0049-2

所以異者五齊三酒俱用稻麴蘖又
三酒味厚人所飲者也五齊味薄所以
祭者也是以下經鄭注云祭祀必用五
齊者至敬不尚味而貴多品五齊對三
酒酒與齊異通而言之五齊亦曰酒故
禮坊記云醴酒在室醍酒在堂是也其
皂酒者自用黑黍爲之與此別也

辨三酒之物一曰事酒二曰昔酒三曰清酒

鄭司農云事酒有事而飲也昔酒無
事而飲也清酒祭祀之酒玄謂事酒酌
有事者之酒其酒則今之醳酒也昔酒
今之酋久白酒所謂舊醳者也清酒今
中山冬釀接夏而成○醳音亦音昔○

0016_0050-1

疏曰辨者豫先之名物者財也以三酒
所成有時故豫給財令作之也言一曰
事酒者此三酒並人所飲故下云共王
四飲三酒也但事酒酌有事人飲之故
以事上名酒也二曰昔酒者久釀乃熟
故以昔酒爲名酌無事之人飲之三曰
清酒者此酒更久於昔故以清爲號祭
祀用之此昔酒清酒皆以酒上爲名也
又曰先鄭云有事而飲者謂於祭祀之
時乃至卑賤執事之人祭末並得飲之
昔酒無事而飲者亦於祭末羣臣陪位
不得行事者並得飲之清酒祭祀之酒
者亦於祭祀之時賓長獻尸尸酢賓長
不敢與王之臣共器尊同酌齊故酌清

0016_0050-2

以自酢故云祭祀之酒故司尊彝云皆
有罍諸臣之所酢此三酒皆盛於罍尊
在堂下但此清酒受尸酢故以祭祀言
之玄謂事酒酌有事者之酒者先鄭云
有事而飲據有事時飲之後鄭云酌有
事者之酒謂有事之人但是有事之人
雖不當祭時亦酌酒與之是就足先鄭
義也云其酒則今之醳酒者事酒冬釀
春成以莫之醳酒況之云昔酒今之酋
久白酒者言昔爲久酋亦遠久之義故
以漢之酋久白酒況之但昔酒對事酒
爲清若對清酒則爲白故云酋久白酒
也故晉語云味厚實昔毒酒久則毒也
云所謂舊醳者案禮記郊特牲云猶明

0016_0051-1

清與醆酒于舊醳之酒也彼上注云明
酌者事酒之上也醆酒盎齊涗于舊醳
之酒三酒除事酒清酒則云舊醳是昔
酒可知也對事酒爲新醳昔酒爲舊醳
清酒不得醳名云清酒今中山冬釀接
夏而成者以昔酒爲久冬釀接春明此
清酒久於昔酒自然接夏也中山郡
名故魏都賦云醇酎中山沈酒千日

凡祭祀以灋共五齊三酒以實八尊大祭三貳中祭再貳小祭壹貳皆有酌數唯齊酒不貳皆有器量

酌器所用注尊中
者數量之多少未

0016_0051-2

[illegible]鄭司農云三貳三益副之也
地中祭宗廟小祭五祀齊酒不
者質不敢副益也杜子春云齊酒
謂五齊以祭不益也其三酒人所
益也弟子職曰周旋而貳唯嗛少
謂大祭者王服大裘衮冕所祭
者王服鷩冕毳冕所祭也小祭
希冕玄冕所祭也二貳再貳一
就三酒之尊而益之也禮運曰
室醴醆在戶粢醍在堂澄酒在
是三酒也益之者以飲諸臣若
尊也祭祀必用五齊者至敬不
貴多品○爲于僞反嗛苦簟反
締張里反粢才計反飲於鴆反

祭十二

0016_0052-1

言凡祭祀者謂天地及宗廟
言等云以法共五齊三酒者
大齊有多少各有常法故云
齊三酒云以實八尊者五齊三
三尊故云以實八尊此除明水
五齊加明水三酒加玄酒此八
六尊不言之者舉其正尊而言
祭三貳者大祭謂王服大裘衮
[illegible]也三貳者貳副也就三酒
[illegible]裘副益之云中祭再貳者
[illegible]鷩冕毳冕所祭者也再貳
[illegible]冕再度益之云小祭[illegible]
[illegible]所[illegible]者也云皆有酌
[illegible]益酒尊[illegible]

0016_0052-2

[illegible]皆有[illegible]云數者[illegible]多少
[illegible]者齊酒所祭祀非
[illegible]云皆有器量者器謂
[illegible]量謂皆有多少之量
[illegible]皆有酌器二者所用注
[illegible]中云數量之多少未聞者數
[illegible]是多少之言但未聞升數耳
三三貳三益副之也者先鄭之
於尊中爲副子春後鄭亦與之
祭天地等者先鄭意天地爲大
爲中祭五祀爲小祭其實天地
祭小祭宗廟亦有次小云齊酒
尊者質不敢副益也者以其主
用少故不副益杜子春引弟子

祭十二

0016_0053-1

管子書弟子職篇謂弟子事[illegible]
之時弟子來往周旋而貳者欲
尊之時嗛謂不滿唯酒尊不滿
更益玄謂大祭者王服大裘[illegible]
祀下至玄冕所祭並據司服六
六天地宗廟各有三等故以六
案司服王祀昊天上帝則服大
祀五帝亦如之祀先王則衮冕
[illegible]大裘是天地宗廟皆有大祭一
中祭者王服鷩冕毳冕所祭也者
服先公則鷩冕四望山川則毳冕
與宗廟次祭二北但天之次祀不
服者日月是天之次祀以其大報
日配以月服大裘故春分朝日秋

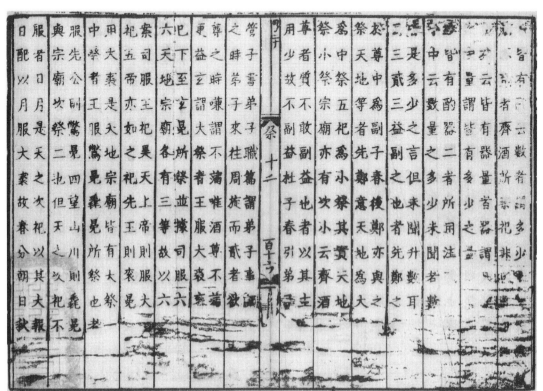

0016_0039-1　0016_0038-2

月兼服玄冕故天之次祀中不見衣服云小祭者王服希冕玄冕所祭也者案司服社稷五祀則希冕羣小祀則玄冕鄭彼注山林川澤之屬鄭雖不言風師雨師等之屬中兼之也唯見天地小祭不見宗廟小祭者馬融以爲宗廟小祭謂祭殤是也祭殤之時或可亦用玄冕若然案禮器云一獻質謂祭羣小祀當玄冕三獻文謂祭社稷五祀當希冕五獻察謂祭四望山川當毳冕七獻神謂祭先公當鷩冕雖不言九獻下云大饗其王事與大饗謂祫祭先王爲九獻當袞冕禮器下文云大饗不足以大旅大旅當大袷據此一獻至九獻以此獻數

祭禮十二　百七

約之故六服差爲三等司服四望山川服毳冕五獻社稷服希冕三獻社稷在山川下案大宗伯以血祭祭社稷五祀五嶽而社稷在五嶽上者五嶽與土地異形者嶽外諸侯服獻則尊於王朝之臣社稷號曰土神似若王朝之臣服獻則卑於五嶽而在五嶽上者似若至人雖微猶叙諸侯之上案王制宗廟之牛角握國語山川之牛角尺社稷尊於五嶽者彼自從國中之神莫貴於社故與宗廟同用握引禮運曰玄酒在室者謂鬱鬯在室中而玄酒即明水也醴醆也故在室醴醆在戶者醴謂醴齊醆謂盎齊並在戶也粢醍在堂并澄當爲齊

張本下象鼻題監生陳浚四字傅本剪去之

0016_0055-1　0016_0054-2

醍在堂也澄酒在下者澄謂沈齊酒謂三酒二者並在堂下也云澄酒是三酒也者案鄭志趙商問禮運注澄是沈齊今此注澄酒是三酒何鄭荅今解可去澄字若然鄭本於此注時直云酒是三酒無澄字有澄字者誤當云酒是三酒云盎之者以飲諸臣者言盎之解經中貳案司尊彝云皆有罍諸臣之所酢是飲諸臣也云若今常滿尊也者言盎之故常滿故以漢法況之云祭祀必用五齊者至敬不尚味而貴多品者鄭意五齊味薄於三酒而數多但鬼神享德不享味故須至極敬而已是以引郊特牲云至敬不尚味而貴多品也○同上

祭禮十二　百十八

○小宗伯辨六彝之名物以待果將六彝雞彝鳥彝斝彝黃彝虎彝蜼彝果讀曰祼○疏曰上二經皆云使共奉之此及下經不云使共奉之而云以待文不同者上二者官卑故云使共奉此及下文並是司尊彝一職之事又是春官當司所主故直云以待也祼言將者將送也謂以圭瓚酌之送與尸及賓故云將六彝之名出司尊彝也云果讀爲祼者諸文皆云祼故讀從之其實祼更讀爲灌辨六尊之名物以待祭祀待者有事則給之鄭司農云六尊獻尊象尊壺尊著尊大尊山

張本下象鼻題監生陳浚四字傅本剪去之

尊。𪗋素何反著直略反大音太[illegible]
曰槩司尊彝唯為祭祀陳六彝六尊[illegible]
依祭禮四時所用唯在外野饗不[illegible]
祀之尊故春秋左氏傳云犧象不出[illegible]
也若然鬱人云掌祼器凡祭祀之[illegible]
事則上六彝亦為祭祀而辨之而不[illegible]
祭祀者彝下以明上
故略而不言。春官

○司尊彝掌六彝[illegible]

六彝之位詔其酌辨其用與其實位陳[illegible]

處酌泲之使可酌各異也用四時[illegible]
所用亦不同實鬱及醴齊之屬。[illegible]
里反。疏曰此經與下文為目直[illegible]
彝六尊。案下𣽤有疊尊不言者文[illegible]

祭礼十二　百十九

又曰云位所陳之處者此下經不[illegible]
尊之處案禮運云玄酒在室醴醆在[illegible]
齊醍在堂彼是禘祭陳四尊此下[illegible]
陳二齊設尊亦依此也云酌泲之[illegible]
酌各異也者此下文鬱齊獻酌醴[illegible]
酌之等是各異也云用四時祭祀[illegible]
亦不同者即下文春祠夏禴已下[illegible]
不同是也云實鬱及醴齊之屬者[illegible]
之中有
三酒也

凡六彝六尊之酌鬱齊獻[illegible]

齊縮酌盎齊涗酌凡酒脩酌獻酌[illegible]反鄭[illegible]

涗舒銳反一音雪脩直歷反。故[illegible]
為摯齊為盎鄭司農云獻讀為儀[illegible]

有威儀多也涗拭勺而酌也脩
酌者以水洗勺而酌也盎讀皆為齊和
之齊杜子春云醆當為縮齊讀為粢
玄謂禮運曰玄酒在室醴醆在户粢醍
在堂澄酒在下以五齊次之則醆酒盎
齊也郊特牲曰縮酌用茅明酌也醆酒
涗于清汁獻涗于醆酒猶明清與醆酒
于舊澤之酒也此言轉相泲成也獻讀
為摩莎之莎齊語聲之誤也煑鬱和
鬯以醆酒摩莎泲之出其香汁也醴齊
尤濁和以明酌泲之以茅縮去滓也盎
齊差清和以清酒泲之而已其餘三齊
泛從醴緹沈從盎凡酒謂三酒也脩讀
如滌濯之滌滌酌以水和而泲之今齊

祭礼十二　百二十　監主陳俊

人命浩酒曰滌明酌取事酒之上也
澤讀曰醳明酌清酒醆酒泲之皆以舊
醳之酒凡此四者祼用鬱齊朝用醴齊
饋用盎齊諸臣自酢用凡酒唯大事于
大廟備五齊三酒。○數音朔和胡卧反
○疏曰云凡六彝之酌與鬱齊為目六
尊之酌與醴齊涗齊為目下有凡酒滌
酌上不言疊者亦是文不具也凡言酌
者皆是泲之使可酌也又曰司農云獻
讀為儀已下後鄭皆不從者此經為
泲酒之法而司農皆不為泲酒法其言
無所據依故皆不從也司農云齊讀皆
為齊和之齊鄭注酒正為度量解之則
齊和義亦通也子春爲粢於義不可

傳本此葉背面公文透墨與印版文字相混今改用張本

0016_0057-2

鄭於酒正已破說玄謂引禮運者欲破
彼醆從此盎也彼云玄酒在室者據配
鬱鬯之尊故在室若配鬱鬯當云明水
而云玄酒者散文通云以五齊次之則
醆酒盎齊也者於此經及酒正言之盎
次醴禮運醆次醴以醆當盎處即一物
明醆酒盎齊也盎齊云酒則酒齊亦通
引郊特牲曰縮酌用茅明酌至醆酒者
彼記人意以經泲酒法難解故釋此經
泲酒之法也此云醴齊縮酌彼記人取
此縮酌二字於彼重解之云此言縮酌
者縮酌當用茅也又云明酌者醴齊濁
還用事酒之清明者和醴齊然後用茅
泲之使可酌故云明酌也云醆酒涚于

四廾　儀祭礼十二　一百三十一　秦溥

0016_0058-1

清者醆酒即盎齊盎齊差清亦不言縮
則不用茅涚謂新亦謂泲之也彼記人
所取此盎齊涚酌解之以盎齊欲泲之
時則以清酒和而泲涚使可酌故直云
涚于清也云汁獻涚于醆酒者記人所
取此經鬱齊獻酌釋之云汁獻者獻讀
摩莎之莎也云涚于醆酒者以鬱鬯尊
不用三酒而用五齊中盎齊差清者和
鬱鬯泲之故云涚于醆酒也云猶明清
與醆酒于舊醳之酒也者此記人復恐
不曉古之泲酒之法故舉當時泲酒之
法以曉人也云明清者明謂事酒清謂
清酒醆謂盎齊三者皆於舊醳之酒中
泲之但云醳酒即事酒也今云舊醳則

0016_0058-2

醳中之舊酒冬釀接春而成故云舊是昔
酒也云此言轉相泲成已下皆鄭重釋
記人之言也云醴酒尤濁和以明酌泲
之者醴齊對盎齊已下三者爲尤濁上
仍有泛齊更濁於醴齊也盎齊差清和
以清酒泲之而已者以不用茅故云泲
之而已云其餘三齊泛從醴緹沈從盎
者以泲三者無文故鄭約同此二齊以
泛齊濁不過與醴齊同緹沈清無過與
盎同故略爲二等泲五齊也云凡酒謂
三酒也者以上文列彝卣罍三等之尊
此見泲鬱與二齊凡酒事相當故凡酒
謂三酒非一故稱凡也云脩讀爲滌濯
之滌者讀從宗伯視滌濯之滌欲解滌

四廾　儀祭礼十二　一百三十二　秦溥

0016_0059-1

爲水之意必知以水者由禮曰水曰清
滌且鬱鬯用五齊五齊用三酒三酒用
水差次然也云明酌酌取事酒之上也
者重解縮酌用茅明酌也云澤讀曰醳
明酌清酒醆酒泲之皆以舊醳之酒者
重解當時之法以曉人者也云凡此四
者裸用鬱齊朝用醴齊饋用盎齊諸臣
自酢用凡酒者此以上列尊及泲酒次
第爲先後祭禮有裸有朝踐饋獻酳尸
次第爲先後推此可知也云唯大事於
大廟備五齊三酒者此據酒正云祭祀
共五齊三酒下有大祭中祭小祭此時
祭用二齊禮運四齊據禘祭明大事祫
祭備五齊三酒可知三酒時祭亦備之

亦於大事言之者連言夾何耳六一年大事於大廟公羊傳大事者何大祫也即此大事是祫可知也○同上○

冪人掌共巾冪 冪音密○共巾可以覆物○疏曰巾者則下經王巾皆黼是也冪者則冪八尊之類是也又曰據經巾冪俱有鄭唯言共巾可以覆物不言冪者但冪唯抵覆物其巾則兼以拭物故特解巾可以覆物者也

祭祀以疏布巾冪八尊 以疏布者天地之神尚質○疏曰祭天無祼唯有五齊三酒實於八尊疏布者大功布爲冪覆此八尊故云疏布冪八尊此據正尊而言若五齊加明水

三酒加玄酒則十六尊皆以疏布冪之也又曰鄭知此經祭祀是天地之神者以其下經畫布冪六彝是宗廟之祭用六彝即知此疏布冪八尊無灌是天地可知又見禮器云大路素而越席疏布冪樿皆據祭天則疏布是祭天地可知舉天地則四望山川社稷林澤皆用疏布皆是尚質之義也

以畫布巾冪六彝 宗廟可以文畫者畫其雲氣與○與音餘○疏曰言彝者雞彝鳥彝斝彝黃彝虎彝蜼彝此六彝皆盛鬱鬯以畫布冪之故云畫布巾六彝此舉六彝對上經八尊無鬱鬯以言宗廟有鬱鬯其實天地亦不祼鬯之

彝[illegible]宗廟亦[illegible]亦用畫[illegible]舉以明義也又因言宗廟可以文者以其用畫布對上疏布爲質故言宗廟可以文云畫者畫其雲氣與者三禮通例所言畫者解畫皆以爲畫雲氣詔畫爲五色之雲俱無正文故言與以疑之○天官○

鬯人掌共秬鬯而飾之 秬鬯不和鬱者飾之謂設巾○疏曰云掌共秬鬯者此直共秬黍之酒無鬱也故注云不和鬱者也鄭知飾之謂設巾者此上下雖無設巾之事案冪人云以疏布巾冪八尊以畫布巾冪六彝凡王巾皆黼凡尊皆有巾冪明秬鬯之酒尊亦設巾可知故知所

飾者設巾也

凡祭祀社壝用大罍 壝唯癸反○壝謂委土爲墠壇所以祭也大罍瓦罍○墠音善又音禪○疏曰壝謂委土爲墠壇所以祭者謂四邊委土爲壝於中除地爲墠墠內作壇謂若三壇同墠之類也此經云社壝謂若封人及大司徒皆云社壝皆直見外壝而言也知大罍是瓦罍者瓬人爲瓦簋據外神明此罍亦用瓦取質略之意也

禜門用瓢齎 禜音詠○禜謂營酇所祭門國門也春秋傳曰日月星辰之神則雪霜風雨之不時於是乎禜之山川之神則水旱癘疫之不時於是乎禜之魯莊一十

0016_0062-1　　0016_0061-2

五年秋大火鼓用牲于門故書瓢作劙鄭司農云讀劙爲瓢杜子春讀齋爲粢瓢謂瓠蠡也粢盛也玄謂齎讀爲齊取甘瓠割去柢以齊爲尊○疏曰鄭知禜謂營鄭者欲見祭神之法非一取營鄭而祭之義故也鄭知門是國門者禮記祭法云天子祭七祀有國門故也春秋傳者昭元年子產辭彼先云山川後云日月此先云日月者鄭君所讀春秋先日月與賈服傳不同故也彼無不時此有之者鄭以義增之非傳文引之者證禜是營鄭而祭之義引莊二十五年傳者證有門之義但彼譏伐鼓用牲其大水祭門是也玄謂齎讀爲齊者以其劑

儀祭禮十二　一百二十五

齊爲尊亦取質略之意故不從子春也

廟用脩凡山川四方用蜃凡祼事用概凡疈事用散

脩音卣羊久反又音由疈孚逼反散素旱反○祼當爲埋字之誤也故書蜃或爲謨杜子春云謨當爲蜃書亦或爲蜃蜃水中蜃也鄭司農云脩檏概散皆器名玄謂廟用脩者謂始禘時自饋食始脩蜃概散皆漆尊也脩讀曰卣卣中尊謂獻象之屬尊者彝爲上罍爲下蜃畫爲蜃形蚌曰合漿尊之象概尊以朱帶者無飾曰散○獻素何反蚌步項反合音合○疏曰鄭破祼爲埋者若祼則用鬱當用彝

0016_0063-1　　0016_0062-2

彝不合在此而用概尊故破從埋[illegible]謂祭山林則山川用蜃者大山川[illegible]云脩謨概散皆器名者先鄭從古[illegible]後鄭亦不從之矣玄謂廟用脩者[illegible]禘時者謂練祭後遷廟時以其[illegible]祭從自始死以來無祭今爲遷廟以[illegible]者未主入廟特爲此祭故云始[illegible]以三年喪畢明年春禘爲終禘[illegible]饋也云自饋食始者天子諸侯之[illegible]薦孰有朝踐饋獻以有饋食進黍[illegible]天子諸侯饋獻已前事直有饋食[illegible]特牲少牢皆云饋食之禮是以今[illegible]中爲吉祭不可與吉時同故[illegible]士禮且祭六宗伯宗廟六享[illegible]

儀祭禮十二　一百二十六

始當在鬱人用彝今不用彝[illegible]尚事故知時用饋食始也若[illegible]遷廟在練時者案文二年穀梁傳[illegible]主壞廟有時日於練焉壞廟[illegible]易檐可也改塗可也爾時太主新入[illegible]禘祭之是以左氏說凡君薨[illegible]詩祀士於寢三時之祭[illegible]禘於廟許慎云左氏說[illegible]既明用禮同義興[illegible]禘三年終禘遺奉[illegible]則[illegible]遷并鄭義也鄭玄脩蜃[illegible]者以繩散凡物無飾曰散[illegible]蠡之等淡外別有飾故知[illegible]彝獻尊者詩與尚書及爾[illegible]

0016_0064-1　　　　　　　　　　　　　　　　　　　　　　　　　　0016_0063-2

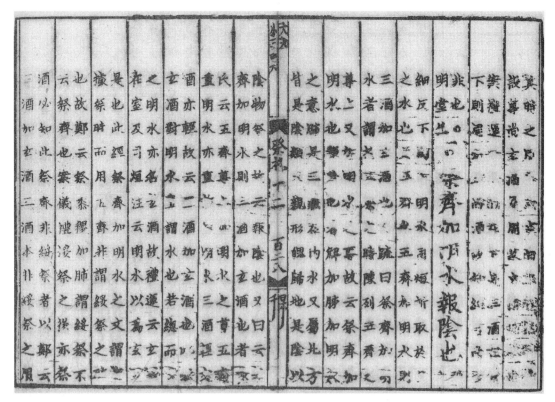

字於尊義無所取故從卣也云卣中尊
謂獻象之屬者案下司尊彝職云春祠
夏礿祼用雞彝鳥彝朝踐用兩獻尊
秋用兩象尊皆有罍諸臣之所酢是尊
若彝爲上罍爲下獻象之屬在其中故
云中尊獻象之屬史云彝爲上罍爲下
者欲推出卣爲中尊之意也云六彝者
秋冬及追享朝享皆彝爲上罍爲下者
尊壺尊之等在其中也云蜃畫爲蜃形
者亦謂漆畫之云蜃曰合漿尊之象者
蚌蛤一名含漿含漿則是容酒之類故
畫爲蜃而尊名也云概尊以朱帶者玄
纁相對既是黑漆爲尊以朱帶落腹故
名概概者橫概之義故知落腹也云散

飾曰散者以對概蜃獻象之等有異飾
之飾此無故曰散云疈事著即大[illegible]
云疈辜祭四方百
物者也。春官
○小祝大祭祀贊奠
奠奠爵也。疏曰云贊奠者大祝[illegible]
奠于鉶南則郊特牲注天子奠斝諸[illegible]
奠角。小祝其時
贊之。同上

右酒齊尊彝○記夏后氏尚明水
殷尚醴周尚酒
此皆其齊之[illegible]
言尚非[illegible]
夏后氏尚質故用水殷[illegible]
用醴周人轉文[illegible]

0016_0065-1　　　　　　　　　　　　　　　　　　　　　　　　　　0016_0064-2

異時之尸[illegible]
設尊尚玄酒[illegible]
義禮運[illegible]
下則[illegible]
非也。
明堂位
○[illegible]祭齊加明水報陰也
細反下[illegible]明水司烜所取於[illegible]
之水也[illegible]五齊亦明水則[illegible]
三酒加玄酒[illegible]疏曰祭齊加明
水者謂[illegible]時陳列五齊之
尊上又加明水[illegible]故云祭齊加
明水也[illegible]加明水
之意歸是三[illegible]內水又屬北方
皆是陰類[illegible]親形魄歸地是陰以

陰物祭之故云報陰也又曰云
齊加明水則三酒加玄酒也者
氏云五齊尊[illegible]明水之尊五齊
重明水亦重[illegible]三酒尊[illegible]
酒亦輕故云二酒加玄酒也以
玄酒對明水[illegible]謂水也若總而[illegible]
之明水亦名玄酒故禮運云玄
在室及司烜注云明水以爲玄[illegible]
是也此經祭齊加明水之文謂
據祭時而用五齊非謂綏祭之[illegible]
也故鄭云祭黍稷加肺謂綏祭不
云祭齊也案儀禮浸祭之後亦祭
酒必知此祭齊非綏祭者以鄭云
三酒加玄酒三酒本非綏祭之用

0016_0066-1　　0016_0065-2

故也明水涚齊貴新[illegible]
齊濁泲之使清謂[illegible]
水皆貴新也周禮[illegible]
絲涚齊或爲汎齊○[illegible]
烏亙反○疏曰明[illegible]
者明水謂以陰鑑取[illegible]
涚猶清也謂泲五齊使清[illegible]
齊所以設明水及涚齊凡涚之
者貴其新絜之義也
也新之者敬也○疏曰凡涚齊之
也者釋涚齊之意言所以涚此
齊者以敬於鬼
神故新絜之也其謂之明水也由

主人之絜著此水也著猶成也言
主人齊絜此
水乃成可得也○齊側皆反○疏
曰其謂之明水也由主人之絜著
此水也者此釋明水之意所以謂
之清明之水者著成也由主人清
絜成就此水乃
成可得而用也○縮酌用茅明酌
也縮所六反○謂泲醴齊以明酌
也周禮曰醴齊縮酌五齊醴尤
濁和之以明酌泲之以茅縮去滓
也明酌者事酒之上也名曰明者
事酒今之醳酒皆新成也春秋傳
曰爾貢包茅不入王祭不共無以

0016_0067-1　　0016_0066-2

縮酒酌猶斟也酒已泲則斟之以
實尊彝昏禮曰酌玄酒三注于尊
凡行酒亦爲酌也○齊才細反去
起呂反共音恭○疏曰此一節記
人總釋周禮司尊彝泲二齊及鬱
鬯之事又曰縮酌用茅明酌也者
縮泲也酌是斟酌謂醴齊既濁泲
而後可斟酌故云縮酌也用茅者
謂泲醴齊之時而用茅也明酌也
者謂事酒之上酒色清和謂之明
酌言欲泲醴齊時先用明酌和此
醴齊然後用茅泲之不云泛齊者
與醴齊同又曰謂泲醴齊以明酌
者言泲醴齊之時以明酌和之引

周禮醴齊縮酌者證此經縮酌是
醴齊也云五齊醴尤濁者以醴比
盎齊醴齊沈齊以次漸清故云尤
濁其實泛齊亦濁也云明酌者事
酒之上也者周禮三[illegible]酒
二曰昔酒三曰清酒三[illegible]
酒尤濁五齊之内醴[illegible]
清於醴齊清酒又清[illegible]
以事酒泲醴齊也明[illegible]
是事酒之上清明者[illegible]
之醳酒皆新成也[illegible]
正是漢之醳酒[illegible]
新作而成故鄭注[illegible]
有事者之酒謂爲[illegible]

0016_0067-2

是和醳醞醸之名即今卒造之酒
也引春秋傳者僖四年左傳文證
比用茅是縮酒也云酒已泲則斟
之以實尊彝者以別器泲之泲訖
取之以實尊彝也言彝者通鬱鬯
而言也引昏禮曰酌玄酒三注于
尊者證實尊稱酌之意云凡行酒
亦爲酌也者言非但實尊爲酌凡
以爵行酒亦爲酌故儀禮鄉飲酒
酒燕禮賓酌與人皆稱爲酌也**醆**
酒涗于清謂泲醆酒以清酒也醆
酒盎齊盎齊差清和之
以清酒泲之而已泲盎齊必和以
清酒者皆久味相得○差初賣反

仪祭礼十二　百卅一　秦淳

0016_0068-1

初佳反○䟽曰醆酒涗于清者醆
酒盎齊也涗泲也謂泲之以清酒
盎齊差清先和以清酒而後泲之
泲謂泲漉也以其差清不用茅其
醍齊沈齊泲之與醆酒同鄭注司
尊彝云泛從醴緹沈從盎此記不
言五齊獨舉醴盎二齊者以司尊
彝涗時祭二齊三酒與鬱故此記
者釋之天子時祭所用尤多故特
言之又曰醆酒盎齊者周禮云盎
齊涗酌此云醆酒涗于清涗文是
同又周禮醴齊之後有盎齊禮運
醴後有醆故知醆謂盎齊也云皆
久味相得者盎齊既清作之必久

0016_0068-2

清酒又冬釀接夏而成**汁獻涗于**
故云皆久味相得也
醆酒謂泲秬鬯以醆酒也獻讀當
爲莎齊語聲之誤也秬鬯者
中有煑鬱和以盎齊摩莎泲之出
其香汁因謂之汁莎不以三酒泲
秬鬯者秬鬯尊也○䟽曰汁獻涗
于醆酒者獻謂摩莎涗謂泲也秬
鬯之宀既有煑鬱又和以盎齊摩
莎泲之出其香汁是汁莎泲之以
醆酒也又曰既以事酒泲醴齊清
酒泲盎齊則泲秬鬯應亦用三酒
今泲秬鬯乃用盎齊故云不以三
酒泲秬鬯者秬鬯尊以其尊故用

仪祭礼十二　百卅二

0016_0069-1

五齊泲之五齊卑故用**猶明清與**
三酒泲之事相宜也
醆酒于舊澤之酒也猶若也澤讀
爲醳舊醳之
酒謂昔酒也泲醴齊以明酌泲醆
酒以清酒泲汁獻以醆酒天子諸
侯之禮也天子諸侯禮廢時人或
聞此而不審知云若今明酌清酒
與醆酒以舊醳之酒泲之矣就其
所知以曉之也泲清酒以舊醳之
酒者爲其味厚腊毒也○爲于僞
反腊音昔○䟽曰猶明清與醆酒
于舊澤之酒也者猶若也明謂明
酌清謂清酒醆酒謂盎齊作記之

張本下象鼻題監生秦淳四字傅本剪去之

0016_069-2

[illegible]明酌及清酒美醴酒[illegible]於舊醳之酒謂以舊醳昔酒[illegible]

[illegible]酌清酒等二者而泲之[illegible]時其事如此古禮廢云迅[illegible]

泲醴齊以明酌泲醆酒以[illegible]汁沙以醆酒之意故記者云[illegible]

醴盎之等猶若今時明清[illegible]於舊醳之酒也就其今日[illegible]

曉古者難知之事又曰天子[illegible]禮廢昔謂祭禮之廢則入日[illegible]

經所云泲酒皆天子諸侯[illegible]其禮廢其事難知故集[illegible]

曉之者泲清酒以舊醳之[illegible]其味厚腊毒也者舊醳之[illegible]

0016_0070-1

酒作雖久成比清酒爲薄[illegible]酒泲此清酒爲其清酒[illegible]

故其味厚久腊毒害故以[illegible]之故國語云高位寔疾顛[illegible]

腊毒鄭之此注解昔時[illegible]泲於舊醳之酒○鄭特牲[illegible]

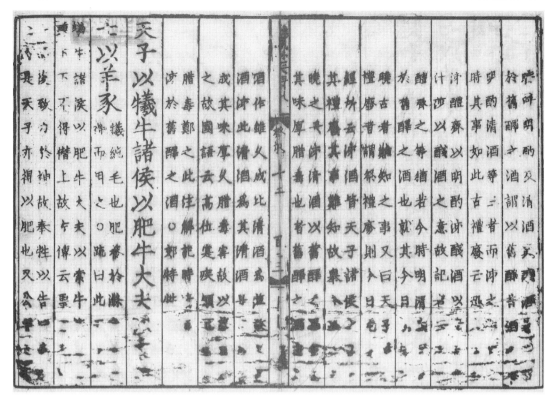

天子以犧牛諸侯以肥牛大夫[illegible]

[illegible]士以羊豕　犧純毛也肥養於滌[illegible]滌而用之○疏曰此[illegible]

[illegible]牛諸侯以肥牛大夫以索牛[illegible][illegible]下下不得僭上故公傳云[illegible]

[illegible]後致力於神故奉牲以告[illegible][illegible]是天子亦得以肥也又公羊[illegible]

0016_0070-2

[illegible]滌三月犧牛牲具擾有災故[illegible][illegible]別[illegible]之是天子諸侯得有索牛之[illegible]

[illegible]羊士以羊豕者天子大夫士[illegible]諸侯大夫即用少牢士則用特牲[illegible]

[illegible]大夫亦得用牛士亦用羊豕[illegible]云[illegible]大夫之禮也少牢卒哭成[illegible]

[illegible]大牢下大夫之禮也雖牲卒哭[illegible]附皆少牢是也據此諸侯不得用[illegible]

其義云天子諸侯必有養獸之官[illegible]儀於祭牲必於是取之諸侯有[illegible]

室者諸侯對卿大夫亦得云犧[illegible]牛則稱肥耳其大夫牲體完全[illegible]

牲之稱故上云大夫犧賦爲次[illegible]色純耳又曰索楚語觀射父云[illegible]

0016_0071-1

羊必在滌三月小者犬豕不過[illegible]者即此大夫索牛士羊豕既不[illegible]

[illegible]當十日以上但不知[illegible]日數耳○曲禮下　○天子社稷[illegible]

太牢諸侯社稷皆少牢大夫士宗[illegible]

祭有田則祭無田則薦　少[illegible]田者既[illegible]

新祭以首時薦以仲月士薦牲[illegible]大夫以上用羔所謂羔豚而祭[illegible]

足詩曰四之日其早獻羔祭韭○[illegible]此節論天子諸侯祭用牲牢及[illegible]

所薦之物各隨文解之知有田既[illegible]爲新者以月令天子祭廟只有薦[illegible]

0016_0071-2

□令四月以彘嘗麥先薦寢廟又士喪禮有薦新如朔奠謂有地之士大斂小斂以特牲而云薦新故知既祭又薦新也云祭以首時薦以仲月者晏子春秋云天子以下至士皆祭以首時故禮記明堂位云季夏六月以禘禮祀周公於大廟周六月是夏四月也又雜記云七月而禘獻子爲之也識其用七月明當□六月是也魯以孟月爲祭魯王禮也□天子亦然大夫士無文從可知也其□禮四仲祭者因田獵而獻禽非正祭□服虔注桓公五年傳云魯祭天以孟□祭宗廟以仲月非鄭義也此薦以仲□謂大夫士也既以首時祭故薦用仲

祭禮十二　百三十五

0016_0072-1

□天子諸侯禮事物熟則薦之不□□季故月令孟夏薦麥孟秋薦黍□□稻是也大夫既薦以仲月而服虔□元年傳祭人君用孟月人臣用仲□同者非鄭義也南師解云祭以首□謂大夫士也若得祭天者祭天以□祭宗廟以仲月其禘祭祫祭其祭用孟月其餘諸侯不得祭天者夫祭□祭皆用孟月既無明據未知孰是得兩通故並存焉案春秋桓八年正□己卯烝夏五月丁丑烝書者左氏見瀆桓十四年八月乙亥嘗書者以御廩□左氏公羊以爲不應嘗僖八年七月□郎以爲公會王人于洮故歸七月乃

0016_0072-2

祫昭十五年二月禘于武宮者鄭禘□志以十一年齊歸薨十五年喪終之□不禘月定公八年冬十月順祀先公□陽虎作亂求福先公特爲此祭故□禘月此等皆不用孟月者以春秋□不能如禮故參差不一難以禮論□士薦牲用特豚者案儀禮特牲是□之士用特牲今無地之士薦宜與□用成牲故用特豚云大夫以上其□以諸侯大夫有地祭者用少牢其□薦者則用羔也言以上則包天子□羔也□則用羔天子諸侯亦用餘牲□用羔故月令以彘嘗麥以犬嘗麻□謂羔豚而祭百官皆足者諸侯□

祭禮十二　百三十六

0016_0073-1

文士薦而云百官者舉大夫以上□士之爲吏以衆言之亦曰百官故□問云天官司裘注云士不大射□祭無所擇此云百官皆足則有臣□問答曰此上下兼說之耳士雖□有屬官佐祭特牲饋食云公有司□皆殺脅百官皆足抑謂此詩引□是豳風七月之篇也云四之日□四月夏之二月其蚤旦之時獻羔□用韭薦於廟引之者證薦用羔之□

人春薦韭夏薦麥秋薦黍冬薦稻韭□卵麥以魚黍以豚稻以鴈

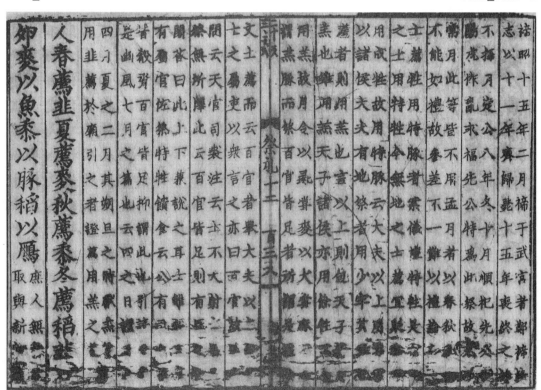

庶人無□□取與新□□

0016_0073-2

宜而已○疏曰言相宜者謂四時之[illegible]
有此牲穀兩物俱有故云相宜非謂[illegible]
味相宜其相宜者若牛宜稌羊宜黍之屬是也
祭天地之牛角[illegible]
繭栗宗廟之牛角握賓客之牛角尺[illegible]
長不出膚○長丁丈反○疏曰公羊[illegible]
曰膚寸而合鄭注投壺禮云四指曰[illegible]
扶則膚也
諸侯無故不殺牛大夫無故不殺[illegible]
羊士無故不殺犬豕庶人無故不[illegible]
故謂祭饗○疏曰案膳夫王日一舉[illegible]
十有二物謂大牢也是周公制禮[illegible]

祭禮十二　百三十七

0016_0074-1

日食大牢則諸侯日食少牢大夫日[illegible]
特牲士日食特豚至後世衰亂玉藻[illegible]
天子日食少牢朔月大牢諸侯食日[illegible]
牲朔月少牢則知大夫食日特豚朔[illegible]
特牲士日食無文朔月特豚故內則[illegible]
見子具視朔食注云天子大牢諸侯[illegible]
牢大夫特豕士特豚是常食有限不[illegible]
踰越故知爾祭也謂諸侯祭以大牢[illegible]
[illegible]侯之大夫以少牢得殺羊[illegible]
[illegible]大夫亦得殺其諸侯及大夫[illegible]
[illegible]賓得用牛也故大行人掌客諸侯[illegible]
[illegible]皆用牛也公食大夫禮大夫食賓禮
[illegible]庶羞不踰牲[illegible]以[illegible]則不[illegible]

0016_0074-2

[illegible]注[illegible]是[illegible]食[illegible]
[illegible]得用牛者祭既用少[illegible]
祭則稌亦不用牛肉以羊肉為羞
燕[illegible]
不踰祭服寢不踰廟王制○夏后氏尚[illegible]
以建寅之月為正物生色黑○正[illegible]
又如字下同○疏曰此一節論三代[illegible]
朔所尚色不同各依文解之又曰夏[illegible]
黑殷尚白周尚赤此之謂三統故書[illegible]
略說云天有三統物有三變故正色[illegible]
三天有三生三死故土有三王王特[illegible]
生死又春秋緯元命包及樂緯稽耀[illegible]
云夏以十三月為正息卦受泰注云[illegible]

祭禮十二　百三十八

0016_0075-1

之始其色尚黑以寅為朔殷以十二[illegible]
為正息卦受臨注云物之牙其色尚[illegible]
以雞唯為朔周以十一月為正息卦[illegible]
復其色尚赤以夜半為朔又三正記云
正朔三而改文質再而復以此推之自
夏以上皆正朔三而改也鄭注尚書三
帛高陽氏之後用赤繒高辛氏之後用
黑繒其餘諸侯用白繒如鄭此意卻而
推之舜以十一月為正尚赤堯以十二
月為正尚白故曰其餘諸侯用白繒高
辛氏以十二月為正尚黑故云高辛氏
之後用黑繒高陽氏以[illegible]
赤故云高陽氏之後用赤繒有少皞以
十二月為正尚白黃帝以十三月為[illegible]

0016_0076-1　　0016_0075-2

高辛神農以十一月爲正尚赤女媧以十二月爲正尚白伏犧以上未有聞焉
初說卦云帝出乎震則伏犧也建寅之月又木之始其三正當從伏犧以下文
質再而復者文質法天地文法天質地周文法地而爲天正殷質法天而
地正者正朔文質不相須正朔以三改文質以二而復各自爲義不相須
建子之月爲正者謂之天統以天之氣始生爲下物得陽氣微稍動變故
天統建丑之月爲地統者以其物已牙不爲天氣始動物又未出不得爲
所施功唯在地中含養萌牙故爲地建寅之月爲人統者以其物出於地

祭禮十二　百三十九

功當須修理故謂之人統統者本也天地人之本也然王者必以此三月
王者以其此月物生微細又是歲之生王者繼天理物含養微細又取其
初爲正朔之始既天地人之三者所不同故各改正朔不相襲也所尚既
符命亦隨所尚而來故禮緯稽命徵其天命以黑故夏有玄圭天命以赤
周有赤雀銜書天命以白故殷有白銜鉤是天之所命亦各隨人所尚
雖逐所尚不必皆然故天命禹觀白而長人洛予命云湯觀於洛沉
黑龜與之書黃魚雙躍泰誓言武王紂而白魚入於王舟是符命不

0016_0077-1　　0016_0076-2

色也鄭康成之義自古以來皆改正朔若孔安國則改正朔殷周二代故注尚
書湯承堯舜禪代之後革命創制改正易服是從湯始改正朔也
牲用
玄
玄黑類也○疏曰案周禮考工記七入爲緇鄭云玄則六入者與是玄黑
類也
殷人尚白
以建丑之月爲正物牙色白
周人尚赤
以建子之月爲正物萌色赤○疏曰案上殷尚白之下注云物牙色白此萌色
赤不同者萌是牙之微細故建子云萌建丑云牙若散而言之萌即牙也故書
傳略說云周以至動殷以萌夏以牙此皆據一種之草大沉而言故建子始動

祭禮十二　百四十

建寅乃出至如薺麥以秋而生月令仲冬荔挺出不在此例也此文質雖異殷
質周文大沉言之乃前代質後代文也故表記云虞夏之質殷周之文是也
牲用騂
騂息營反呼營反○騂赤類○檀弓上
○**季夏命四監大合百縣之秩芻以養犧牲令民無不咸出其力**
四監主山林川澤之官百縣鄉遂之屬地有山林川澤者也秩常也百縣給國養犧牲之芻多少有常民皆當出力爲艾之令
月令四爲田○爲于僞反下爲民同○疏曰案周禮有山虞澤虞林衡川衡之

張本下象鼻題監生陳淩四字傳本剪去之

0016_0077-2

收秩薪柴秩獸出於山林又季冬云乃命四監收秩薪柴薪柴亦出於山林川澤云縣鄉遂之屬地有山林川澤者知百縣非諸侯而云鄉遂之屬以其取芻養牲不可大遠故知是畿內鄉遂仲夏云乃命百縣雩祀百辟卿士者兼外內諸侯此此云鄉遂之屬者不兼公卿大夫之采邑秩常稱古亦云今月令四爲田者今田監大合秩芻義亦通也

以共皇天上帝名山大川四方之神以祠宗廟社稷之靈以爲民祈福

共音恭下同○犧以供祠神靈爲民求福明使民艾芻是不虛

祭禮十二　百四一

0016_0078-1

取也皇天北辰耀魄寶冬至所祭於圜丘也上帝大微五帝○疏曰爲民求福者雖是尋常事神因事神之時爲民祈福云是不虛取者並不爲民祈福浪使民艾芻是在上虛取民力今還祈福與民民皆蒙福是不虛取民力役使之也云上帝大微五帝者案周禮司服云昊天上帝鄭以爲昊天上帝總是一神北極耀魄寶也知此皇天上帝不總是耀魄寶之上帝爲大微者以周禮司服云祀昊天上帝大案帝是祀五帝亦如之既別云五帝故知昊天上帝亦唯一此月令皇天上帝之下更無別五帝之文故分爲二

○季冬乃命……

0016_0078-2

大史次諸侯之列賦之犧牲以共皇天上帝社稷之饗

此所與諸侯共者也列國有大小也賦之犧牲大者出多小者出少饗獻也○疏曰此至之享皆命大史也列次也來歲方祭祀須犧牲犧牲出諸侯之國國有七小故命大史書列之以共賦也諸侯同王南面事王之土故命之出牲以與王共事天地也既漫言諸侯則異姓同姓俱然也賦之犧牲者賦稅出也次之隨國大小而出之也以共皇天者賦牲所共也皇天天皇大帝也上帝者靈威仰五帝也社稷者王之社稷也諸侯乃自有

祭禮十二　百四二

0016_0079-1

社稷而始封亦創王社土與之故賦牲共王社稷也饗獻也出牲以共獻于上帝諸神也

乃命同姓之邦共寢廟之芻豢

此所以共同姓共也芻豢猶犧牲○疏曰芻豢猶犧牲也皇天社稷與天下共之故通賦天下國家也寢廟先王與同姓國共之故則又命同姓國共之也言芻乃是牛羊而又云豢則是犬豕也天地不用犬豕社稷大牢乃有豕而不用犬故然其芻豢而使云天地犧牲以宗廟備六牲也芻豢也

命宰歷卿大夫至于庶民土田之數而賦犧牲

0016_0079-2

共山林名川之祀此所與卿大夫采邑共者也歷猶次也鄉大夫采地亦有大小其非采地以其邑之民多少賦之○疏曰宰小宰也歷亦次也卿大夫謂畿內有采地者歲訟又小宰列次畿內之地大小并至於無邑受田准土田多少之數賦之犧牲以其山林名川之祀不云士者上舉卿大夫下舉庶民則士在其中省文耳注云此所與卿大夫亦人共之則各賦稅之卿大夫出其采地賦稅無采地出其邑之賦稅庶人無邑出其賦稅以與邑宰邑宰以共上是庶人亦出賦也故下云凡在天下九州之民無不咸獻其力是也

0016_0080-1

凡在天下九州之民者無不咸獻其力以共皇天上帝社稷寢廟山林名川之祀民非神之福不生雖有其邦國采地此賦要由民出○疏曰雖有其邦國采地此賦要由民出者有邦國謂諸侯有采地謂卿大夫賦稅所來皆由民出必由民者以經中云天下九州之民不云諸侯卿大夫稱云民故鄭云此也○

月令○仲秋乃命宰祝循行犧牲視全具案芻豢瞻肥瘠察[illegible]色必比類量小大

0016_0080-2

視長短皆中度五者備當上帝其饗行下孟芻初俱反豢音患瘠在亦反中丁仲反○於鳥獸肥充之時宜省羣牲也宰祝大宰大祝主祭祀之官也養牛羊曰芻犬豕曰豢五者謂所視也所案也所瞻也所察也所量也此皆得其正則上帝饗之上帝饗之而無神不饗也○疏曰此月鳥獸肥充因宜省視故命之循行犧牲以下之事也視全具者亦宰祝所視也下皆然王肅云純色曰犧體完曰全案芻豢者食草曰芻食穀曰豢皆案行之也瞻肥瘠者瞻亦視也肥充也瘠瘦也察物色者物色騂黝之別也周

0016_0081-1

禮陽祀用騂陰祀用黝望祀各以其方之色也必比類者已行故事曰比品物相隨曰類五方各異其色是比也大暤配東亦用青是其類也量小大者大謂牛羊豕成牲者小謂羔豚之屬也視長短者謂天地之牛角繭栗宗廟之牛角握之屬也五者備當上帝其饗者上帝天也若事事當法則天神饗之也又曰案周禮大宰[illegible]祀五帝則掌百官之誓戒及執事眡滌濯及納亨贊王牲事故鄭知此視牲由大宰云養牛羊曰芻犬豕曰豢者案充人云祀五帝繫于牢芻之三月是牛羊曰芻案樂記云豢豕爲酒周禮槁人云掌豢祭祀之犬是犬豢

0016_0082-1　　0016_0081-2

曰○侍曾祀不用犧牲用[illegible]

爲禱[illegible]而合[illegible]入[illegible]者[illegible]玉帛而已[illegible]疏曰[illegible]

祭[illegible]不用犧牲[illegible]之[illegible]惟用圭璧[illegible]易[illegible]

[illegible]更之[illegible]一[illegible]壁皮幣之[illegible]云[illegible]不用犧牲者[illegible]一

[illegible]齊[illegible]不用犧牲[illegible]故上[illegible]以大牢祠高禖[illegible]

[illegible]○○犧人宗廟[illegible]者膏[illegible]以[illegible]

[illegible]羊[illegible]者[illegible]致其味也○疏曰[illegible]則云鄭者[illegible]釋者曰膏○

祭禮十二　百四十五

[illegible]○遂人凡國祭[illegible]共野牲共野牲入於牧人以

[illegible]○疏曰云[illegible]野牲入於牧人以[illegible]者謂牛羊[illegible]在六遂者故曰野

[illegible]云掌牧六牲以待祭祀故知○[illegible]亦入牧人以待事也○地官

○遂師[illegible]國祭祀共其野牲上○同○牧人

掌牧六牲而阜蕃其物以共祭祀之牲

[illegible]謂牛馬羊豕犬雞鄭司農云牷[illegible]玄謂牲[illegible]完具○疏曰云牷

六[illegible]阜蕃其物[illegible]阜盛也蕃息也[illegible]言使[illegible]息各有毛物謂[illegible]

0016_0083-1　　0016_0082-2

言各有牛人羊人豕人[illegible]純毛物者以供[illegible]人又[illegible]

芻之三月以祭[illegible]散云以共[illegible]牲也又曰[illegible]所釋六畜[illegible]

豕犬雞故鄭依而釋之[illegible]鄭注云始養之曰畜將用之曰牲[illegible]

云牲亦據將用爲言也司農云牷[illegible]後鄭不從者尚書云犧牷牲[illegible]

純色其純下文毛之者是也故玄[illegible]之云[illegible]體完具也凡陽祀[illegible]

騂牲毛之陰祀用黝牲毛之望祀各以

其方之色牲毛之騂牲赤色毛之取純毛也陰祀祭地北郊

祭禮十二　百四十六

及社稷也望祀五嶽四鎮四瀆也鄭司農云陽祀春夏也黝讀爲幽幽黑也○

謂陽祀祭天於南郊及宗廟○疏曰凡與下陽祀陰祀望祀等爲目[illegible]

以廣之也又曰騂牲知是赤色者[illegible]位周人騂剛[illegible]云用人牲用[illegible]

尚赤而云用騂故知騂是赤[illegible]取純毛也者對下文云尨是雜色[illegible]

經云毛之者皆是取純毛也云[illegible]地北郊及社稷也并陽祀祭[illegible]於[illegible]

及宗廟者但天神與宗廟爲陽此與社稷爲陰案大宗伯云蒼璧禮天黃琮[illegible]

地謂圓丘方澤下云望祀各放其方[illegible]色則是天與崑崙[illegible]用[illegible]用[illegible]

0016_0084-1　　0016_0083-2

之方天帝又名依其方色[illegible]
牲黝牲牲有神天及宗廟[illegible]
見牲色在此陽祀陰祀之[illegible]
特牲云郊之祭也大報天而主[illegible]
南郊就陽位也牲用騂是南[illegible]
檀弓云殷尚白周尚赤是祭宗廟[illegible]
之據此而言則祭天於南郊及宗廟[illegible]
特牲也郊特牲云社祭土而主陰氣[illegible]
社稷陰等[illegible]云祭地于北郊[illegible]
北郊陰位[illegible]則是黝牲[illegible]
[illegible]花[illegible]
[illegible]于北[illegible]
[illegible]四時用[illegible]
方[illegible]陽黃春[illegible]

明不得同[illegible]故不[illegible]
四望[illegible]以其[illegible]
四望五嶽之等之云[illegible]
以其[illegible]是[illegible]方[illegible]
[illegible]
先[illegible]

牲必用牲物[illegible]

凡時祀[illegible]

[illegible]言[illegible]
[illegible]之[illegible]
[illegible]
[illegible]

0016_0085-1　　0016_0084-2

[illegible]
[illegible]
[illegible]
[illegible]

凡外祭毀事用尨可也

[illegible]
[illegible]常爲尨[illegible]不[illegible]
[illegible]
一[illegible]云[illegible]以廣之[illegible]曰[illegible]

[illegible]言[illegible]上文[illegible]神之[illegible]
[illegible]至四[illegible]依時而祭[illegible]
此[illegible]言[illegible]中[illegible]
[illegible]太[illegible]
[illegible]云[illegible]又知[illegible]云[illegible]
[illegible]山川[illegible]
四海[illegible]大[illegible]云大會同[illegible]
天山[illegible]
[illegible]此[illegible]
[illegible]之不必[illegible]
[illegible]者此文
云子[illegible]子春所[illegible]
[illegible]宗[illegible]方[illegible]
[illegible]

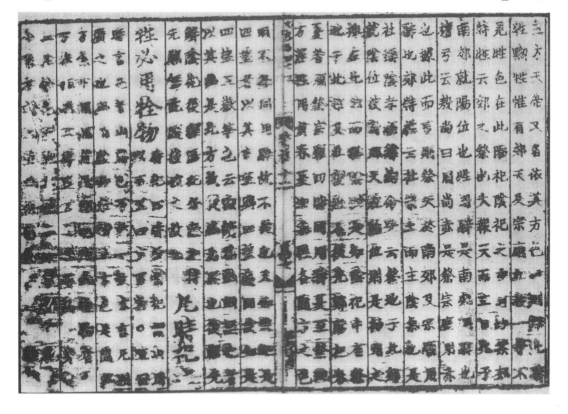

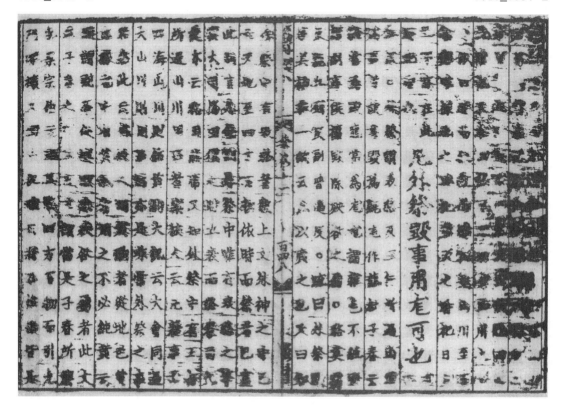

0016_0085-2

禱祈除殃咎非常之祭用尨之類故引以爲證也**凡祭祀共其犧牲以授充人繫之**犧牲毛羽完具也授充人者當殊養之周景王時賓起見雄雞自斷其尾曰雞憚其爲犧○疏曰牧人養牲臨祭前三月授與充人繫養之故云凡祭祀共其犧牲以授充人繫之又曰云犧牲毛羽完具也者云犧牲不云牷則惟東純毛者而鄭云完具者祭祀之牲若直牷未必純犧若犧則兼牷可知故鄭以完具釋犧云授充人者當殊養之者牧人之牲未用祭者揔在一處不殊今將以祭者則殊別繫養之云周景王時者此

仪祭礼十二　百卌九

0016_0086-1

春秋左氏傳昭二十二年王子朝賓起有寵於景王王與賓孟説之欲立之又云賓孟適郊見雄雞自斷其尾問之侍者曰自憚其犧也遽歸告王且曰雞其憚爲人用乎人異於是注犧者以喻人之有純德實宜爲君彼自云自憚其犧不云雞鄭以義增之耳引之者證犧是純色之意**凡牲不繫者共奉之**謂非時而祭祀者○疏曰云不繫者謂若上文凡外祭毀事用尨可也是非時而祭祀者也○地官**○羊人若牧人無牲則受布于司馬使其賈買牲而共之**布泉

0016_0089-1

○夏官**○牛人凡祭祀共其享牛求牛以授職人而芻之**職音特或餘式反之式反注樴同○鄭司農云享牛前祭一日之牛也求牛禱於鬼神祈求福之牛也玄謂享獻也獻神之牛謂所以祭者也求終也終事之牛謂所以繹者也宗廟有繹者孝子求神非一處職讀爲樴樴謂之杙可以繫牛樴人者謂牧人充人與芻牲之芻牛人擇於公牛之中而以授養之○杙餘式反餘則反○疏曰云凡祭祀者祭祀非一故亦言凡以廣之云享牛者謂正祭之牛云求牛者謂繹祭之牛云以授職人而

祭礼十二　百五十

0016_0090-1

芻之者謂授充人繫養者也又曰先鄭云享牛前祭一日之牛也者若此以爲祭前一日夕牲時而言仍是正祭牛則不應以正祭而云前祭一日若不據祭祀以爲齊時所食齊則十日不應惟止一日而已其言無據故授鄭不從也云求牛禱於鬼神祈求福之牛也者宗上文凡牲不繫者共奉之謂非時而祭則不繫之此經授職人繫之明非禱祈非時祭者故後鄭亦不從也玄謂享獻也獻神之牛謂所以祭者也者以其宗伯祭宗廟六者皆云享則享是正祭可知破先鄭爲前祭一日之牛也云求終也終事之牛謂所以繹也者今日正祭于

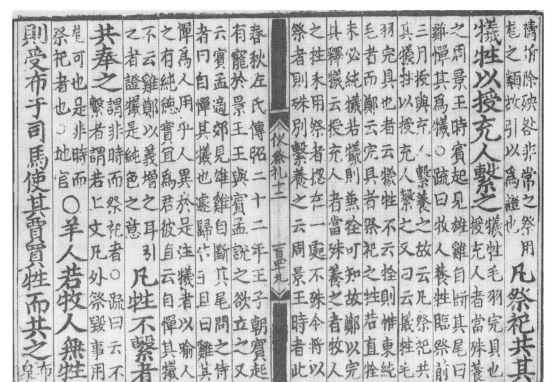

張本下象鼻題監生秦三字傳本剪去之

0016_0090-2

……之……以解求牛爲繹……

……祭于祊尚曰求諸……緣爲求也云職讀爲樴石月

直云職人無所指斥但職樴爲職故讀從樴充人置樴入

文特樴然作樴故以聲在其官也金謂之杙者爾雅釋官文郭注云橛

云職人者謂牧人充人與者與疑辭[illegible]之者凡牲堪祭祀者則牛人選入牧

人臨祭之前牧人乃授充人充人乃繫養之今若即以職人爲充人則備牧人

故連牧人而言之明先至牧人乃至充人經據後而言之耳云牛人擇於公牛

0016_0091-1

之中而以授養之者鄭直言養之者則養者之中選兼有牧人充之也

凡祭祀共其牛牲之互與其盆簝以待事

簝音老劉音討反。鄭司農云互謂福衡之屬盆簝皆器名。盆所以盛血簝受

肉籠也玄謂互若今屠家縣肉格。盛音成縣音玄。疏曰先鄭上文福衡共

爲一物後鄭已不從今以互與福衡共一彌不可玄謂互若今屠家縣肉格其

義可知但祭祀殺訖即有薦爓薦孰何得更以肉縣于互乎然當是始殺解體

未薦之時且縣于互待解訖乃薦之故得有互以縣肉也故詩云或剝或亨或

0016_0091-2

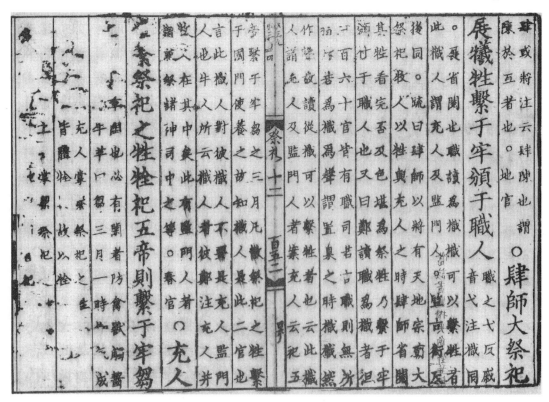

肆或將注云肆陳也謂陳於互者也。地官○肆師大祭祀

展犧牲繫于牢頒于職人職之弋反戚音弋注樴同

。展省閱也職讀爲樴樴可以繫牲者此樴人謂充人及監門人。[illegible]

後同。疏曰肆師以將有天地宗廟大祭祀牧人以牲與充人之時肆師省閱

其牲看完否及色堪爲祭牲乃繫于牢頒付于職人也又曰鄭讀職爲樴者但

三百六十官皆有職司若言職則無所指斥若爲樴爲聲謂置臬之時樴樴然

作聲故讀從樴可以繫牲者也云此樴人謂充人及監門人者案充人云祀五

0016_0092-1

帝繫于牢芻之三月凡散祭祀之牲繫于國門使養之故知樴人是此二官也

言此樴人對彼樴人不單是充人監門人也牛人所云樴人者彼鄭注充人并

皆人在其中矣此有監門人者論兼祭諸神司中之等。春官○充人

掌繫祭祀之牲牷祀五帝則繫于牢芻

[illegible]牢閑也必有閑者防禽獸觸齧[illegible]牛羊曰芻三月一時節氣成

[illegible]充人掌繫祭祀之[illegible]皆體牷故以牷[illegible]

[illegible]士[illegible]掌繫祭祀[illegible]

0016_0092-2

舉五帝而曰其實昊天及地祇與四望
社稷之等外神皆繫之也又曰云牢閑
也者校人養馬謂之閑此養牛羊謂之
爲牢言閑見其閑衛言牢見其牢同所
從言之異其實一物也云必有閑者防
禽獸觸齧者案春秋有郊牛之口傷鼷
鼠食其角自外恐更有禽獸觸齧故鄭
總云焉云養牛羊曰芻者此經云繫于
牢芻之惟據牛羊若犬豕則曰豢又不
繫之矣云三月一時節氣成者釋必以
三月之意案宣三年公羊云帝牲在于
滌三月何休云滌宮名養帝牲三牢之
處也三牢者各主一月取三月一
時足以充天牲是其三月之義也 享先

0016_0093-1

王亦如之
疏曰上經天地外神已別于
上故今以先王亦如之亦繫
于牢芻之
三月也
凡散祭祀之牲繫于國門使
養之
散祭祀謂司中司命山川之屬國
門謂城門司門之官鄭司農云使
養之使守門者養之○疏曰云散祭祀
之牲直言繫于國門使養之不言三月
則或一旬之內而已不必三月也案楚
昭王問于觀射父曰芻豢牲則不必三
月其諸侯祭祀養牲幾何對曰遠不過
三月近不過浹日孔注云遠牛羊豕近
犬雞之屬則諸侯祭祀養牲亦得三月
及旬則天子亦有浹日之義若然此散

0016_0093-2

祭祀亦可浹日而已又曰鄭知散祭祀
謂司中司命山川之屬者見上文賜祀
陰祀望祀皆云毛之社稷四望已入毛
之科內下別云凡時祀用牷物其中無
社稷四望唯有天神司中司命以土地
神山川以下此散祭祀則上時祀之神
也故知散祭祀是司中以下言之屬者
其中兼有林澤百物之等也云国門謂
城門司門之言者司門摠主王城十二
門皆別有下士及府史胥徒今養牲者
是十二門而云司門之言者摠官首而
言之其實非司門自養則先鄭云使守
門者養
之是也
展牲則告牷
鄭司農云展具也
具牲若今時選牲

0016_0094-1

也充人主以牲牷告展牲者也玄謂展
牲若今夕牲也特牲饋食之禮曰宗人
視牲告充舉獸尾告備近之○疏曰先
鄭以爲選牲時後鄭不從者若是選牲
時應在牧人牧人職始付充人今既
在繫養之下乃言展牲則告牷明非初
選牲故不從玄謂展牲若今夕牲也者
此舉漢法以況之又引特牲禮者以其
天子禮云故舉以言焉案彼宗人視牲
告充亦謂祭前之夕夕牲時云舉獸尾
者士用兎腊言獸尾止謂兎也言近之
者彼謂士禮引證天子法故云近之
碩牲則贊
贊助也君牽牲入將致之助
持之也春秋傳曰故奉牲以

張本下象鼻題監生孫欽四字傳本剪去之

0016_0095-1

力之晉弃也是其事也○地官 ○司門祭祀之牛牲繫

焉監門養之 監門門徒○疏曰收入六牲至祭前三月則使充人

繫而養之若天地宗廟則繫於牢芻之三月若其散祭祀之牲則不在牢遣之

監門門徒養之不必三月也 凡歲時之門受其餘

農云受祭門之餘○疏曰凡歲時之門者歲之四時祭門非一故云凡以抽

若月令秋祭門者是祭廟門此門外國門十二者除四時祭外仍有爲求

禱故左氏莊公二十五年秋大○水有用牲于門之事○同上

0016_0094-2

[illegible]曰上[illegible][illegible]此書謂君[illegible]

[illegible]云[illegible]人[illegible]官當[illegible]之

又三[illegible]君牽牲者旦[illegible]牲[illegible]大夫亭從[illegible]又

引[illegible]若比春秋左氏傳[illegible]曰[illegible]侵隨[illegible]師請追之[illegible]止之曰天方

授[illegible]之羸其誘我也旨謂小之能敵大也小道大淫又云今民餒而君逞欲

祝史矯舉以祭臣不知其可也公曰吾牲牷肥腯粢盛豐備何則不信對曰夫

民神之主也是以聖王先成民而後致力於神故奉牲以告曰博碩肥腯[illegible]民

仪祭礼十二 百五五

0016_0096-1

云牷純也物色也伏謂伏犬以王車轢之瘞謂埋祭也爾雅曰祭地曰瘞埋○轢

轢音歷○疏曰先鄭云牷純也毛者尚書微子云犧牷牲用注云犧純也毛牷體

完具彼牷與犧相對是犧爲純毛牷爲體完具此無犧故以全爲純色也云伏謂

伏犬以王車轢之者此謂王將祭而軷道之祭時則犬者所云王者是也名爲

[illegible]之若以犬牲祭軷之故生民詩云取羝以軷[illegible]以聘禮注云用牲犬羊可也云

[illegible]其所兇也云瘞謂埋祭也[illegible]爾雅爲證若然經云用瘞者

[illegible]則牧人云陽祀用[illegible]祀用[illegible]牲之類也 凡幾珥沈辜

0016_0095-2

掌豢祭祀之犬 養犬豕曰豢不於[illegible]言其共至尊雖其潘

戔餘不可褻也○潘芳袁反或作番一魯旦反戔音淺本作殘○疏曰養犬曰

豢此經是也知養豕亦曰豢者見禮樂記云豢豕作酒非以爲禍是養豕曰

豢也云不於饎人言者共至尊雖其潘灡戔餘不可褻也以其饎人所炊者

爲祭祀及共王與后並是至尊故雖是米之潘灡戔餘亦不得褻之與犬故

此言之也○同上 ○犬人掌犬牲凡祭祀共犬

牲用牷物伏瘞亦如之 瘞於例反又烏計反○鄭司農

仪祭礼十二 百五六

0016_0096-2

用駹可也駹云江反○故書駹作龍鄭司農云駹讀爲尨爾雅曰祭山曰庪縣祭川曰浮沈大宗伯職曰以貍沈祭山川林澤以疈辜祭四方百物龍讀爲駹謂不純色也玄謂幾讀爲刉珥當爲衈刉衈者釁禮之事○庪九委反又居綺反縣音玄罷孚逼反○䟽曰幾珥言凡則宗廟社稷壇廟新成者皆釁之故云凡也云沈辜者沈謂沈牲於水辜謂疈磔牲體以祭云用尨者駹謂雜色牲此則牧人云毀事用駹是也云可也者用純爲正用駹亦可也又曰先鄭讀幾爲庪雖引爾雅後鄭不從引大宗伯謂沈辜於義是也云玄謂幾讀爲

大三九　小三三一　祭禮十二　百五十七

0016_0097-1

刉從士師爲正珥讀爲衈從雜記爲正云釁禮之事者據雜記而知也○秋官

○雞人掌共雞牲辨其物物謂毛色也辨之者陽祀用騂陰祀用黝○黝於糾反○䟽曰陽祀用騂陰祀用黝者牧人文彼注云陽祀祭天於南郊及宗廟陰祀祭地於北郊及社稷也鄭舉此二者其望祀各以其方色牲及四時迎氣皆隨其方色亦辨其毛物可知也凡祭祀面禳釁共其雞牲釁釁廟之屬釁廟以羊門夾室皆用雞鄭司農[redacted]面禳四面禳也釁讀爲徽○䟽曰云凡祭祀面禳者祭祀謂宗廟之屬面禳

0016_0097-2

謂祈禱之屬又曰鄭云釁釁廟之屬者言之屬則釁鼓釁甲兵皆在其中釁廟以羊已下雜記文司農云面禳四面禳則候禳禳謂禳去惡祥也云釁讀爲徽者亦謂以徽爲飾治之義也○春官○小宗伯毛六牲辨其名物而頒之于五官使共奉之毛擇毛也鄭司農云六司徒主牛宗伯主雞司馬主馬及羊司冠主犬司空主豕○䟽曰言辨其名物者若六牲皆有名若馬牛羊豕犬雞物色也皆有毛色共宗廟用騂之等云頒之于五官者六卿應言六官而云五者以其天官貳王治事尊而不

大三八　小三三四　祭禮十二　百五十八

0016_0098-1

使奉牲故五官也云使共奉之者謂充人養之至祭日之旦在廟門之前頒與五官使共奉之助王牽入廟即祭義所云卿大夫贊幣而從之彼雖諸侯法可況天子也又曰先鄭云司徒奉牛已下皆案職知之若大司徒有牛人即云奉牛牲宗伯職有雞人即云供雞牲司馬職有羊人掾人掌馬即云共羊牲奉馬牲司寇職有犬人即云奉犬牲是以先鄭依而用焉唯司空職云先鄭如主豕者五行傳聽之不聰則有豕禍是豕屬北方司空冬官故奉豕牲也○大祭祀省牲眡滌濯祭之日逆齍省鑊告

0016_0098-2

時于王告備于王逆齍受饎人之盛以入省鑊視亨腥孰時
薦陳之饌早備謂饌具。饎昌志反亨普庚反○疏曰此云省牲眡滌濯省鑊
與大宗伯文同謂佐大宗伯其大宰省牲者察其不如法其逆齍即大宗伯涖
王齍者是也大宗伯涖之小宗伯迎之是相佐也其告時告備是其專職耳又
曰齍受饎人之盛以入者案少牢饎爨在廟門之外明夫子諸侯饎爨亦在
廟門外今言迎齍明於廟門之外迎入向廟堂東實之於簠簋也云省鑊視亨
腥熟者案禮運云腥其俎熟其殽鄭云腥其俎豚解而腥之熟其殽體解而爓

大二十八小三六六十　仪祭礼十二　百五九　吳

0016_0099-1

之此謂祭宗廟朝踐饋獻節披下文更有體其犬豕牛羊謂室中饋熟亦須爨
鄭不言略也云時薦陳之饌早者陳謂祭前陳饌於堂東薦謂薦之於神坐皆
有饌早云備謂饌具者此饌具即堂東所陳陳備即告告王祭時已至當行事
也。向上。○封人凡祭祀飾其牛牲設其楅
衡置其絼共其水稾絼持忍反。飾謂刷治絜清之也鄭
司農云楅衡所以楅持牛也絼著牛鼻繩所以牽牛者今時謂之雉與古者名
同皆謂夕牲時也杜子春云楅衡所以持牛令不得抵觸人玄謂楅設於角衡

0016_0099-2

設於鼻如椵狀也水稾給殺時洗薦牲也絼字當以豸爲聲○椵音加洗音銑
豸直氏反。○疏曰言凡祭祀謂王之天地宗廟先大次小之祭祀非一故云凡
以廣之云飾其牛牲者祭祀尚絜淨故飾治使淨也設其楅衡者恐牴觸人故
須設楅于角牽時須易制故設衡于鼻置絼當牽行故亦置之于鼻也須洗薦
牲體故共其水稾也又曰司農云楅衡所以楅持牛也者司農意以衡爲持故
云所以楅持牛以楅衡共一物解之與子春同後鄭不從之矣云絼著牛鼻繩
所以牽牛者今時謂之雉與古者名同者若然自漢以前皆謂之絼案禮記少

仪祭礼十二　百六十

0016_0100-1

儀云牛則執紖紖則絼之別名今亦謂之爲紖也云皆謂夕牲時也者但夕牲
在祭前之夕正祭在厥明二時皆有此事明據在前夕牲時而言也杜子春云
楅衡所以持牛令不得抵觸人者子春意楅衡唯設于角與司農義同後鄭亦
不從也玄謂楅設于角者楅者相迫之義故知設於角云衡設於鼻者衡者
橫也謂橫木於鼻今之馳猶然故知設於鼻破先鄭子春之義云如椵狀者漢
時有置于犬之上謂之椵故舉以之爲況椵者也云水稾給殺時洗薦牲也者
實牛將殺不須飼之又充人已飼三月[illegible]得將殺始以水稾飲飼之所以洗牲

0016_0100-2

棗所以薦牲故雙言洗薦牲也云紖字當以芻爲聲者爾雅有足曰蟲無足曰豸但牛紖以麻爲之從絲爲形以芻爲聲故云紖字當以芻爲聲**歌舞**

牲及毛炮之豚謂君牽牲入時隨歌舞之言其肥香以歆神也

毛炮豚也爛去其毛而炮之以備八珍鄭司農云封人主歌舞其牲云博碩肥腯○腯徒忽反○疏曰言歌舞牲者謂君牽牲入時封人隨後歌舞云博碩肥腯也云及毛炮之豚者謂造炮豚之時則爛去其毛以炮之也又曰案禮記祭義云君牽牲穆荅君卿大夫序從是君牽牲入時也云隨歌舞之言其肥香以

周禮疏十二　百六十一

0016_0101-1

歆神也者解封人隨牲後歌舞之時節及使神歆享之意云毛炮豚者爛去毛而炮之者經直云毛炮恐人以并毛炮之案禮記内則有炮豚炮牂皆編萑以苴之塗之以墐塗孰乃擘去之彼雖炮亦不言去毛炮之鄭知去毛者牂豚之毛於牲無用空以汙損牲體故知凡炮者皆去毛也云以備八珍者彼内則八珍之中有炮豚此炮豚與彼同故知此炮豚以備足八珍也鄭司農云封人主歌舞其牲云博碩肥腯者此左氏桓公傳隨季良之辭彼云奉牲以告曰博碩肥腯引之者證封人歌舞腯時有此辭也○毗一官○**羊人掌羊**

0016_0101-2

牲凡祭祀飾羔羔小羊也詩曰四之日其早獻羔祭韭○疏曰凡正祭皆用成牲今言祭祀飾羔則此正祭用羔是以鄭引詩爲證云四之日者謂用建子爲正主建卯四月夏之二月之日公始用冰欲開冰之時先獻羔祭韭而啓冰室乃出冰也○夏官○**司弓矢凡祭祀共射牲之弓矢**射牲示親殺也殺牲非尊者所親唯射爲可國語曰禘郊之事天子必自射其牲○疏曰言凡語實則天地宗廟皆有射牲之事又曰言殺牲非尊者所親唯射爲可者案禮記君親制祭詩云執其鸞刀以啓其

周禮疏十二　百六十二

0016_0102-1

毛則射外兼爲而言唯射者彼亦示行之非正制之耳引國語者欲見有射牲之事彼據祭天而言○同上○**射人祭祀則贊射牲**烝嘗之禮有射豕者國語曰禘郊之事天子必自射其牲今立秋有貙劉云○劉力咮反一如字○疏曰鄭知烝嘗之禮有射豕者據逸烝嘗禮而知云國語曰禘郊之事天子必自射其牲者據祭天之時牲則犢也若然宗廟之祭秋冬則射之春夏否也祭天則四時常射天尊故也是以司弓矢共王射牲之弓矢此射人贊射牲也諸侯已下則不射春語云劉芊擊豕而已云今立秋有貙劉

0016_0102-2

云考漢時苑中有貙貙劉即爾雅貙似貍劉殺也云立秋貙殺物引之者證烝嘗在秋有射牲順時氣之法○同上○大僕贊王牲事牲事殺割匕載之屬○疏曰云牲事殺割者言殺據祭祀之時王親自射牲故司弓矢云共王射牲之弓矢注云射牲示親殺殺牲非尊者所親唯射爲可殺時大僕及射人大宰等皆贊之國語云禘郊之事天子必親自射牲彼據祭天司弓矢云凡祭祀言凡語廣則祭社稷宗廟亦射牲也知有割牲者郊特牲云君肉袒親割敬也注云割解牲體禮器云君親割牲夫人薦酒注云親割謂進牲孰

祭禮十二　百六三

0016_0103-1

體時祭統亦云君執鸞刀羞嚌彼據諸侯明天子亦然云匕載者案易震卦彖云震驚百里不喪匕鬯注云雷發聲百里者諸侯之象人君於祭祀之禮匕牲薦鬯而已其餘不親彼諸侯親匕明天子亦然是以大僕得有贊牲之事少牢不親匕下人君故也特牲親匕者士卑不嫌也○同上○小臣小祭祀掌事如大僕之法同上○司士帥其屬而割牲羞俎豆○割牲制體也羞進也疏曰此割牲兼羞俎豆不言祭祀享食之事則凡有割牲及進俎豆者皆爲之又曰言割牲制體

0016_0103-2

也者若據祭祀則禮運云腥其俎孰其殺體其犬豕牛羊之類鄭彼注云腥其俎謂豚解而腥之爲七體是也孰其殽謂體解而爓之爲二十一體是也體其犬豕牛羊鄭云謂分別骨肉之貴賤以爲衆俎也更破使多孰而薦之若據饗則左氏傳云王饗有體薦燕有折俎是也○同上○外饔掌外祭祀之割亨共其脯脩刑膴陳其鼎俎實之牲體魚腊脩腶脯也鄭司農云刑膴謂夾脊肉或曰膺肉也骨鱐謂骨有肉者玄謂刑鉶羹也膴胖肉大臠所以祭者○疏曰掌外祭祀

祭禮十二　百六四

0016_0104-1

之割亨者謂天地四望山川社稷五祀外神皆掌其割亨云陳其俎鼎實之牲體魚腊者謂若鼎十有二者也云脩鍛脯也者謂加姜桂鍛治之若不加姜桂不鍛治者直謂之脯鄭司農云刑膴謂夾脊肉者刑膴爲二物有明文先鄭以爲刑膴夾脊肉故後鄭不從云或曰膺肉也者無所出後鄭亦不從玄謂刑鉶羹也者案特牲有鉶羹謂鉶器盛豕膮設於薦南故名鉶羹云膴胖肉大臠者以祭者膴魚肉腴有也公食大夫禮云庶羞皆有大謂以臠據肉而言案有司徹云主人亦一魚加膴祭于其上此魚而言也膴又胎爲大故云膴胖肉

0016_0105-1

0016_0104-2

牲所以祭者也○天官○鄉師大祭祀羞牛牲疏曰案大司徒職云奉牛牲此又云羞牛牲者鄉師佐大司徒故此云羞牛牲也○地官○大司徒祀五帝奉牛牲羞其肆肆託歷反司農音四下同○牛能任載地類也奉猶進也鄭司農云羞進也肆陳骨體也玄謂進所肆解骨體士喪禮曰肆解去蹄○云祀五帝者謂五時迎氣於四郊及總享五帝於明堂即大司徒奉牛牲又云羞其肆者羞進也肆解也謂於俎上進所解牲體於神坐前又曰鄭解司徒奉牛之意故云牛能任載地類

也故屬地官司徒鄭司農云羞進也肆陳骨體也者骨體有臂脊脅之屬司農以肆爲四音讀之故云肆陳也謂陳牲體於俎上即體解折節爲二十一體是也故云陳骨體也玄謂進所肆解骨體者後鄭之意以肆爲擿音讀之肆解骨體者爲七體解之故引士喪禮曰肆解去蹄案士喪禮曰特豚四鬄去蹄彼注云四解之殊肩髀彼言殊肩髀與此骨體一也但彼云四鬄此云肆解其字不同者鄭直以義讀之非彼正文此云肆當從鬄也後鄭必不從先鄭爲肆陳骨體爲二十一體者案禮運云腥其俎孰其殽彼注云腥其俎謂豚解而腥之[illegible]

0016_0106-1

0016_0105-2

孰其殽謂體解而爓之祭祀之法先豚解後體解經云奉牛牲謂初牽入時即言羞其肆明先豚解入案國語禘郊之事則有全烝明知不得先有體解若然則禘郊之事先全烝始後豚解也若宗廟之祭則無全烝先豚解次體解禮運所云者是也享先王亦如之疏曰享先王不辨祭之大小彼大宗伯四時及禘祫六者皆稱享云亦如之者亦如上祀五帝奉牛牲羞其肆又不言祭地者祭地之禮與天同○同上○小司徒凡小祭祀奉牛牲羞其肆小祭祀王玄冕所祭○疏曰大司徒云祀

五帝奉牛牲羞其肆今於小祭祀則小司徒奉牛牲羞其肆又曰案司服職云羣小祀則玄冕彼注云小祭祀林澤百物其於天神亦有小神則風師雨師之等小祭祀既用牛則王之祭祀無不用牛者案酒正注以六冕差之絺冕所祭亦入小祀中今鄭不言之者以其社稷五祀於祭饌之事入次祀中故宗伯云血祭社稷五祀五嶽故於此奉牛牲不言絺冕矣○同上○羊人祭祀割羊牲登其首登升也升首報陽也升首于室○疏曰知升首於室者見郊特牲云用牲於庭升首於室注云制祭之後升牲首於北牖

0016_0107-1　　0016_0106-2

十云[illegible]者[illegible]爲陽[illegible]爲[illegible]祭[illegible]時三[illegible]皆[illegible]爲[illegible]其羊人[illegible]升[illegible]故言[illegible]○[illegible]

羞羊肆羊殽肉豆鄭[illegible]云[illegible]也[illegible]肆讀膷全烝也羊[illegible]體解節折[illegible]肉豆者切肉也玄謂[illegible]羊肆者所謂豚解也○疏曰先[illegible]肆[illegible]膷全烝也者既不爲豚解則先鄭讀爲肆陳之肆又爲賜音也先鄭爲膷薦全烝後鄭不從者以此經祭[illegible]用大牢爲宗廟之祭非祭天[illegible]云禘郊之事則有全烝王[illegible]立[illegible]有殽烝是以知宗廟之祭不但全[illegible]故禮運

祭禮十一　百六十

云腥其俎孰其殽[illegible]云腥[illegible]俎豚解而腥之孰其殽體解而爓之[illegible]云退而合[illegible]其次[illegible]牛羊是祭宗[illegible]不[illegible]全[illegible]是以後鄭讀肆從鬄[illegible]所謂[illegible]所謂者所謂士[illegible]豚解之法則[illegible]豚[illegible][illegible]段解之殊[illegible]解[illegible]大夫士祭[illegible]正祭[illegible]有豚[illegible]之祭[illegible]有[illegible]孰故初[illegible]有豚解腥之饋獻則有體解而[illegible]之[illegible]尸乃有熟與大夫士不同也○

司寇大祭祀奉犬牲○奉猶進[illegible]疏[illegible]

0016_0108-1　　0016_0107-2

獨西方金犬既當方之畜故司寇奉進犬牲也○秋官○小司寇小祭祀奉犬牲奉猶進也○疏曰大祭祀自大司寇奉犬牲若小祭祀王方是所祭則小司寇奉進犬牲也○同上○諸子大祭祀正六牲之體正謂朼載之○疏曰案特牲少牢鼎入陳卽有一人鼎中朼出牲體一人在鼎西北面載之於俎既言正六牲之體明是此二事也○夏官○大司馬大祭祀羞牲魚授其祭牲魚魚牲也祭謂尸賓所以祭也鄭司農云大司馬主進魚牲○疏曰大

祭禮十二　百六十八

祭祀謂天地宗廟此大祭據宗廟而言其中小之祭祀亦爲之矣又曰云祭謂尸賓所以祭也者大祭祀授尸祭饌食授賓祭祭者魚之大臠卽少牢下篇云主人主婦尸侑各一魚加膴祭于其上膴謂魚之反覆者公食大夫亦云授賓祭故云祭謂尸賓所以祭若王祭則膳夫云授王祭是也先鄭云大司馬主進魚牲者必使司馬進之者司馬夏官陰氣所起魚水物亦陰類故使司馬進之也○夏官○小司馬小祭祀掌其事如大司馬之法疏曰亦如大司馬羞魚牲授其祭之等也○同上

0016_0109-1　0016_0108-2

人牲○傳娶人爲天□王惡盟

川□鬼神主爲宗廟上鬼神神也目

□□也序五牲之先後貴賤

羊豕犬雞斷所尚也先諸侯之祭牛

大牲天子□牲角握大夫亦□諸侯角尺太牢

大夫索牛也大夫之祭牲羊曰少牢天子

之士亦少牢也士之祭牲特豕曰饋食不

祭物十二　百六十九

特牲其文已□與大夫互相足也無祿者稷饋

庶常牲故以稷爲主稷饋者無尸無□者□

也宗廟曰芻豢牛羊曰芻犬豕曰豢山川曰

犧牲色純曰犧體完曰牷宗廟言□山川言牲互文也

岳瀆以方色角尺其餘用尨可也割列禳瘞割牲以禳也

□□而已有五牲□□郊

□□□□□□焉

0016_0110-1　0016_0109-2

孕任子生易曰婦孕不育○跡曰而社稷大牢者社五土摠神稷是

原陽之神功及於人人賴其功故以大牢報祭其牲則黝色牧人云

陰祀用黝牲注云陰祀祭地北郊及社稷也則神州亦用黝牲也其

崑崙地祇用蒼犢故犬宗伯黃琮禮地牲幣各放其器之色是也其

社稷與神州其樂用大蔟與應鍾故大司樂云乃奏大蔟歌應鍾以

祭地祇注云崑神州之神及社稷其玉神州則用兩圭有邸其社稷

無文崔氏云亦當與神州同用兩圭有邸以四邸亦用兩圭故也其

○祭祀十二　百七十

服社稷則絺冕神州與崑崙服絺明文崔氏云用大裘爲崑崙之神

玉則用黃琮鄭注宗伯琮八方象地其樂則用函鍾爲宮故大司樂

云凡樂函鍾爲宮大蔟爲角姑洗爲徵南呂爲羽夏日至於澤中之

方丘奏之若樂八變則地示皆出可得而禮矣是也其夏至祭方澤

之禮齊酒獻數與圓丘同其神州獻數與夏正郊天同而社稷之祭

尊用大罍三獻文具崔氏義宗於此煩而不錄也又曰婦孕不育

者此易漸卦九三文辭云夫征不復婦孕不育凶漸下艮上巽

0016_0110-2

三上與九五互體爲離離爲火一陰丞之象也又互體爲坎坎爲丈夫坎爲水水流而去是夫征不復也夫既不復則婦人之道顛覆故孕而不育引之者證經孕是懷任之意也○郊特牲○古者

天子諸侯必有養獸之官及歲時

齊戒沐浴而躬朝之犧牷祭牲必

於是取之敬之至也君召牛納而

視之擇其毛而卜之吉然後養之

祭禮十三　百十二

0016_0111-1

君皮弁素積朔月月半君巡牲所

以致力孝之至也朝直遥反○歲時齊戒沐浴而朔朝之謂將祭祀卜牲君朔月月半巡視之君召牛納而視之更本擇牲意○疏曰此一經明孝子親親竭力養牲之事及歲時齊戒沐浴而躬朝之者云歲時謂每歲依時謂朔月月半也躬親也既卜牲吉在牢養之而身親朝之言朝者敬辭也犧牷祭牲必於是取之者犧純色謂天子牲也牷完也謂諸侯牲也犧牷所祭之牲必是養獸之官

0016_0111-2

官受擊取之意獸者畜獸[illegible]也君召牛納而視之者此是[illegible]牲之時君於牧處更令取之來之於門而視之君皮弁素積朔[illegible]月半君巡牲者即前歲時朝之巡行也皮弁諸侯視朔之服朔月月半君服此衣而巡牲所以致力孝之至也者是孝道之至極者云敬之至養牲云孝之至互文也○祭義○上牲損則

祭下牲下牲損則祭不備物以其

罪之爲不樂也說苑貴德○子期祀平

祭禮十三　百十三

0016_0112-1

王子期楚平王之子結也平王王恭王子昭王父也祭以牛

俎於王致牛俎於昭王王問於觀射父曰

祀牲何及王盛俎肉而問牲用所及對曰祀加

於舉加增也舉人君朔望之盛饌天子舉以大

牢祀以會大牢牛羊豕也會會三大牢舉四方之貢諸

侯舉以特牛祀以大牢特一也卿舉

以少牢祀以特牛少牢羊豕大夫舉以

0016_0113-1　　0016_0112-2

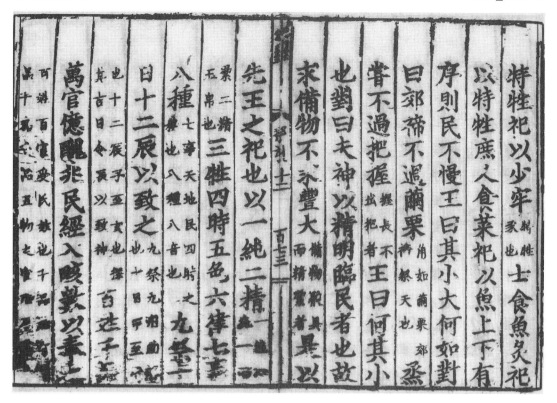

特牲祀以少牢（特牲豕也）士食魚炙祀以特牲庶人食菜祀以魚上下有序則民不慢王曰其小大何如對曰郊禘不過繭栗（角如繭栗郊禘祭天也）烝甞不過把握（握長不盈把者）王曰何其小也對曰夫神以精明臨民者也故求備物不求豐大（備物體具而精實者）是以

先王之祀也以一純二精（一純一心絜二精玉帛也）三牲四時五色六律七事八種（七事天地民四時之務也八種八音也）九祭十日十二辰以致之（九祭九州助祭也十日甲至癸也十二辰子至亥也擇其吉日令辰以致神）百姓千品萬官億醜兆民經入畡數以奉之（百姓百官受氏姓也千[illegible]品[illegible]五物之官陪屬[illegible]）

0016_0114-1　　0016_0113-2

（萬官官有十醜為億醜天子之九畡以食兆民王取經入以食萬官也）明德以昭之（昭昭孝敬也）龢聲以聽之（中和之聲使神聽之）以告徧至則無不受休（至神至也休慶也）毛以示物（物色也）血以告殺（明下因故也）接誠拔取以獻其爲齊敬也（接誠於神也拔毛取血獻其備物也齊潔也詩曰執其鸞刀以啓其毛取其血膋也）敬不可久民力不

堪故齊肅以承之（肅疾也承奉也）王曰芻豢幾何（草食曰芻穀食曰豢）對曰遠不過三月近不過浹日（遠謂三牲近謂雞鶩之屬浹日十日也。國語楚語）

○子謂仲弓曰犂牛之子騂且角雖欲勿用山川其舍諸（犂利之反騂息營反舍上聲。犂雜文騂赤色周人尚赤牲用騂角之周正中犧牲也用用以祭也山川山川之神也言人雖不用神必不舍）

0016_0115-1　　0016_0114-2

也仲弓父惡而行惡故夫子以此譬之言父之惡不能廢其子之善如仲弓之賢自當見用於世也然此論仲弓云爾非與仲弓言也○范氏曰以瞽叟爲父而有舜以鯀爲父而有禹古之聖賢不係於世類尚矣子能改父之過變惡以爲美則可謂孝矣○雍也○公羊子曰魯祭周公何以爲牲據廟異也周公用白牲白牡殷牲也周公死有王禮謙不敢與文武同也不以夏黑牡者嫌改周之文當以夏辟嫌也○疏曰不以夏黑牡者嫌改周之文當以夏辟嫌也者知黑牡爲夏牲者出明堂位文正朔三而改天正十一月者當以十三月爲正故言當以夏矣魯公用騂犅騂犅赤脊周牲也魯公以諸侯不嫌故從周制以脊爲差○疏曰騂犅赤脊周牲也者正以山脊曰岡故知騂犅爲赤脊矣羣公不毛不毛不純色所以降于尊祖○疏曰不毛者不純色所以降于尊祖者正以牲用純色祭祀之禮而言不毛故以降于尊祖解之○文公十有三年傳○天子

祭禮十二　百七十五

0016_0116-1　　0016_0115-2

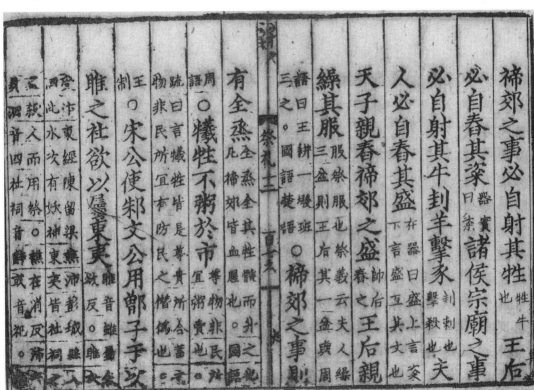

禘郊之事必自射其牲牲牛也王后必自舂其粢器實曰粢諸侯宗廟之事必自射其牛刲羊擊豕刲刺也擊殺也夫人必自舂其盛在器曰盛上言粢下言盛互其文也天子親舂禘郊之盛帥后舂之王后親繅其服服祭服也祭義云夫人繅三盆則王后其一盆與周語曰王耕一墢班三之○國語楚語○禘郊之事則有全烝全烝全其牲體而升之[illegible]凡禘郊皆血腥也○國語周語○犧牲不粥於市尊物非民所宜粥賣也○疏曰言犧牲皆是尊貴所合蓄[illegible]物非民所宜有防民之僭偽也○王制○宋公使邾文公用鄫子于次睢之社欲以屬東夷睢音雖屬之欲反○睢水受汴東經陳留梁譙沛彭城縣入泗此水次有妖神東夷皆社祠之蓋殺人而用祭○譙在消反沛音貝泗音四社祠音辭或音祀○[illegible]

祭禮十二　百七十六

0016_0116-2

吕釋例曰汴水自滎陽受河雎水受汴東經陳留梁國譙郡沛國至彭城縣入泗尸水首從水出謂之受流歸他水謂之入漢書之例爲然言汴從河出睢從汴出也次謂水旁也下云用諸淮昏之鬼則此祀不在祀典故云此水次有妖神妖神而謂之社傳言以屬東夷則此是東夷之神故言東夷皆社祠之劉炫云案昭十年季平子伐莒獻俘始用人於亳社彼亳社書不用人社何以知此社殺人而用祭爭今知不然者彼傳云始用人於亳社故知舊來不用此云使鄫文公用鄫子于次睢之社既不言始明知舊俗用之劉取彼而規杜過

0016_0117-1

非也

司馬子魚曰古者六畜不相爲用

畜許又反注同爲用于僞反下爲人同又如字注放此○司馬子魚公子目夷也六畜不相爲用謂若祭馬先不用馬○疏曰爾雅釋畜馬牛羊豕犬雞謂之六畜周禮謂之六牲養之曰畜用之曰牲其實一物也此云六畜不相爲用昭十一年傳曰五牲不相爲用彼注不云馬而以其餘當之則其俱爲祭祀所用彼此同也周禮校人

0016_0117-2

春祭馬祖鄭玄云馬祖天駟也孝經說曰房爲龍馬六畜之言先祖者唯此一文而已以外牛羊之屬其祖不知爲何神也謂若祭馬祖不用馬略舉一隅據有文者言之耳沈氏云春秋說天駟主牛及畜天雞天狗天豕以馬祀騶之此等各有其祖

小事不用大牲而況敢用人乎祭祀以爲人也民神之主也用人其誰饗之

小事不用大牲者雜記言釁廟羊門夾室皆用雞隱十一年傳鄭

0016_0118-1

鄭伯之詛使卒出豭行出犬雞以詛射潁者是不用大牲也○釋

十九年春秋左氏傳

○魯公索氏

索素落反

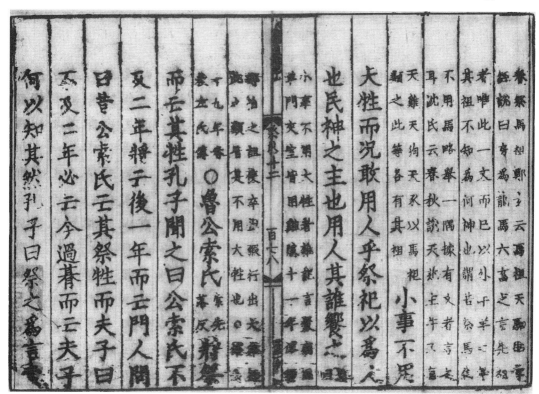

將祭而亡其牲孔子聞之曰公索氏不及二年將亡後一年而亡門人問曰昔公索氏亡其祭牲而夫子曰不及二年必亡今過朞而亡夫子何以知其然孔子曰祭之爲言

0016_0119-1　　0016_0118-1

也索也者盡也乃孝子所以自盡
於其親也將祭而云其牲則其餘
所云者多矣若此而不云者未之
有也家語好生說苑權謀通修
天子諸侯無事則歲三田一爲乾豆二
爲賓客二爲充君之庖乾音干○三田者夏不田蓋夏
時也周禮春曰蒐夏曰苗秋曰獮冬曰狩乾豆謂腊之以爲祭祀豆實也庖今

祭禮廿二　百七十九

之厨也○蒐所求反獮息淺反腊音昔○疏曰此一節論天子以下田獵之事
各隨文解之天子諸侯無事者謂無征伐出行喪凶之事則一歲三時田獵獵
在田中又爲田除害故稱田也一爲乾豆者謂乾之以爲豆實豆實非脯而云
乾者謂作臘及燕先乾其肉故云乾豆是上殺者也二爲賓客中殺者也三爲
充君之庖下殺者也故穀梁桓四年范寗云上殺中心死速乾之以爲豆實次
殺射髀骼死差遲故爲賓客下殺中腸汚泡死最遲故充庖厨又車攻毛傳云
自左膘而射之達於右腢爲上殺射右耳本次之射左髀達於右䯚爲下殺是

0016_0120-1　　0016_0119-2

[illegible]有三等之殺先宗廟次賓客事神物[illegible]之義又曰夏不田蓋夏時也者以夏
夏生養之時夏禹以仁讓得天下又觸其夏名故夏不田鄭之此注取春秋緯
運斗樞之文故以爲夏不田答何休難異於此案穀梁傳桓四年公狩于郎傳
曰春曰田夏曰苗秋曰蒐冬曰狩何休云運斗樞曰夏不田穀梁有夏田於義
爲短鄭玄釋之云四時皆田夏殷之禮詩云之子于苗選徒囂囂夏田明矣孔
子雖有聖德不敢顯然改先王之法以教授於世若其所欲改其陰書於緯藏
之以傳後王穀梁四時田者近孔子故也公羊正當六國之云讖緯見讀而傳

祭禮廿二　百八十

爲三時田作傳有先後雖異乎是以爲穀梁也如鄭此言二家之田不兼[illegible]
陰書於緯四時之田顯然在春秋之經穀梁爲傳之時去孔子既近不見所藏
之緯唯覩春秋見經故以爲四時田也公羊當六國之時去孔子既遠緯書見
行於世公羊既見緯文故以爲三時田又鄭釋廢疾云歲二田謂以三事爲田
即上一曰乾豆之等是深塞何休之言當以此注爲正云周禮春曰蒐以下爾
禮大司馬職文疏注云夏田爲苗擇取不孕任者若治苗去不秀實者秋田爲
獮獮殺也中殺者多也冬田爲狩言守取之無所擇也鄭不釋蒐者蒐擇也[illegible]

0016_0125-2

諸擇取不孚者以義可知故不解也然春秋四時田獵皆曰蒐者以春蒐之禮

行之故也無事而不田曰不敬田不以禮曰

暴天物不敬者簡祭祀略賓客○疏曰田不以禮曰暴天物者若田獵

不以其禮殺傷過多是暴害天之所生之物以禮田者則下文天子不合圍以

下至不覆巢皆是也○王制○大司馬中春教振旅

如戰之陳中音仲下放此陳直覲反下放此○兵者守國之備孔子

曰以不教民戰是謂棄之兵者不可空設因蒐狩而習之凡師出曰治兵

0016_0126-1

入曰振旅皆習戰也四時各教民以其一焉春習振旅兵入收衆專於農

┆┆○疏曰云兵者守國之備者鄭欲解田獵者所以習兵故云兵是守國之守

者引孔子語欲見須田獵以教戰云兵者也事者隱公傳文云不可空設因蒐

狩而習之者蒐狩是田獵之名欲行蒐狩先芟草萊教戰訖乃入防田獵故云

因蒐狩而習之是以書傳文戰鬭不可空習故於蒐狩以閑之閑之者習之是

其習兵因蒐狩也云凡師出曰治兵入曰振旅皆習戰者案莊公八年正月師

次於郎甲午治兵公羊傳曰祠兵者何出曰祠兵注公禮兵不徒使故將出兵

0016_0127-1

0016_0126-2

必祠於近郊陳兵習戰殺牲饗士卒又曰入曰振旅其禮一也皆習戰也左氏

說治兵於廟禮也注云三年而治兵與秋同名兵革將出故曰治兵穀梁傳亦

云出曰治兵習戰也入曰振旅習戰也鄭玄於異義駁不從公羊云祠兵故云

祠兵者公羊字之誤因而作說之亦不從左氏說治兵爲授兵於廟云於周司

馬職曰仲夏教茇舍仲秋教治兵其下皆云如戰之陳仲冬教大閱脩戰法虞

人萊所田之野乃爲之如是治兵之屬皆習戰非授兵於廟入無祠五兵之禮

是以爾雅釋天云出爲治兵尚威武也入爲振旅反尊卑也言反尊卑者出則

0016_0127-1

壯者在前老弱在後入則壯者在後老弱在前是以鄭此云振旅兵入收衆專

於農也云四時各教民以其一焉者春教振旅夏教茇舍秋教治兵至冬大閱

是各教民以一也遂以蒐田火弊獻禽以祭社

春田爲蒐火弊火止也春田主用火因芟萊除陳草皆殺而火止獻猶致也屬

也田止虞人植旌衆皆獻其所獲禽焉詩云言私其豵獻豜于公春田主祭社

者土方施生也○豵子工反施式豉反○疏曰祭下大閱禮遂以狩田云火弊

者謂田止也云獻禽以祭社者此因田獵而祭非月令仲春祭社也云春[illegible][illegible]

0016_0121-1　　0016_0120-2

蒐者蒐搜也春時鳥獸孚乳搜擇取不孕任者故以蒐爲名中夏教茇舍如振旅之陳茇讀如萊沛之沛茇舍草止之也軍有草止之法○沛步末反○疏曰如振旅之陳者四時各教其一故春教振旅夏教茇舍但設經不可文文具設故云如振旅之陳皆轉相如也又曰茇讀如萊沛之沛者案王制云居民山川沮澤注云沮謂萊沛時俗有水草謂之萊沛故讀從之也云茇舍草止之也者以草釋茇以止釋舍故即云軍有草止之法遂以苗田如蒐之法車弊獻禽以享礿夏田爲苗擇取不孕任者若治苗去不秀實者云車弊驅獸之車止也夏田主用車示所取物希皆殺而車止王制曰天子殺則下大綏諸侯殺則下小綏大夫殺則止佐車佐車止則百姓田獵礿宗廟之夏祭也冬夏田主于祭宗廟者陰陽始起象神之在內○去起呂反綏而誰反○疏曰在教戰之處弊蹕名既訖遂入防行苗田之法云如蒐之法者如上蒐時有司表貉誓民令鼓遂圍禁之等云車弊及以享礿二者則與春異以其春時火弊祭社此時車弊享礿也又曰以其春夏爲陽主其生長故春田爲蒐搜取不孕任者夏田爲苗若治苗去不

祭禮十二　百八三

0016_0122-1　　0016_0121-2

秀實者其義但春時主孚乳故以不孕任解之也云車弊驅獸之車止也者夏田主用車示所取物希者春秋左氏傳云彼徒我車懼其侵軼我也是車行遲取獸少故知用車示取物希也引王制曰天子殺則下大綏已下據殺訖而言毛詩傳云天子發抗大綏諸侯發抗小綏者據始殺而言也云大夫殺則止佐車王制注佐車驅逆之車案田僕云掌佐車之設驅逆之車佐車似與驅逆之車別者但王制佐車與田僕驅逆之車爲一其田僕佐車自是田車之貳曰佐佐文雖同其義則異也若然驅逆之車言佐者能逐禽故以佐言之云礿宗廟之夏祭也者大宗伯文云冬夏田主於祭宗廟陰陽始起象神之在內者仲冬一陽生仲夏一陰上是陰陽在內故神象之而行祭也此祭因田獵獻禽爲祭若正祭自在孟月中秋教治兵如振旅之陳疏曰言教治兵者凡兵出曰治兵入曰振旅春以入兵爲名尚農事秋以出兵爲名秋嚴尚威故也云如振旅之陳者如春振旅時坐作進退疾徐疏數之法也遂以獮田如蒐田之法羅弊致禽以祀祊秋田爲獮獮殺也羅弊罔止也秋田主用罔中殺者多也皆殺而罔止祊

祭禮十二　百八四

張本下象鼻題監生陳浚四字傳本剪去之

張本下象鼻題監生陳浚四字傅本剪去之

0016_0122-2

當爲方聲之誤也而田主祭四方報成萬物詩曰以社以方○疏曰上文教戰班旗物訖遂又防行獮田之禮其法如蒐田之法云羅弊致禽以祀祊者秋田主用羅羅止田畢入國過郊之神位乃致禽以祀四方之神又曰云祊當爲方聲之誤也者以祊乃是廟門之外內惟因祭宗廟又明日繹祭乃爲祊祭今旣因秋田而祭當是祭四方之神故云誤也云秋田主祭四方報成萬物者以秋物成四方神之功故報祭之云詩曰以社以方者詩大雅引之證方是四方之神也

中冬教大閱

春辨鼓鐸夏辨號名秋辨旗物至冬大閱簡軍

祭禮十二

0016_0123-1

實凡頒旗物以出軍之旗則如秋以尊卑之常則如冬司常佐司馬時也大閱備軍禮而旌旗不如出軍之時空辟實○辟音避○疏曰以冬時農隙故大簡閱軍實之凡要也又曰云春辨鼓鐸已下欲見春夏秋各教其一至冬大閱之時揔教之故云至冬大閱軍實云凡頒旗物以出軍之旗則如秋以尊卑之常則如冬司常佐司馬時也者以其王與諸侯所建秋冬同又秋云軍吏建旗師都載旜鄉遂載物郊野載旐百官載旟不言旂旌二者以其是出軍之法故不言道車游車所載大閱之時見尊卑之常故司常云孤卿建旜大夫士建物師

0016_0123-2

都建旗州里建旟縣鄙建旐道車載旞游車載旌此爲異也鄭云大閱備軍禮而旌旗不如出軍之時空辟實若大閱雖備禮是教戰非實出軍法是其空也秋教治兵治兵是出軍法故寄出軍之旗於彼是冬之空辟實出軍法者也商問巾車職建大麾以田注田四時田獵商案大司馬職四時皆建大常何鄭荅曰麾夏之正色田雖習戰春夏尚生其時宜入兵夏本不以兵得天下故建其正色以春夏田至秋冬出兵之時乃建太常趙商又問巾車職曰建大白以卽戎注云謂兵車司馬職仲秋辨其物以治兵王建大常注凡頒旗物以出軍

祭禮十二

0016_0124-1

之旗則如秋不知大白以卽戎爲何時荅曰白者殷之正色王卽戎者或命將或遣師不自親將故建先王之正色異於親自將也

遂以狩田

冬田爲狩言守取之無所擇也○疏曰此一節揔論教戰訖入防田獵之事故云遂以狩田也云冬田爲狩言守取之無所擇者對春夏言蒐言苗有所擇又秋名獮中殺者多對此圍守之此又多於獮故得守名也

及所弊鼓皆駴車徒皆譟

駴本亦作駭胡楷反一音亥○鄭司農云及所弊至所弊之處玄謂至所弊之處田所當於止也天子諸侯蒐狩有常至其常處吏

□蚩謀義攻獻毗皆而事也疾一□□□曰試謀謹也書以前師乃黃□□亦謂
章也○鼓音符又苦南反○疏□云及所弊者冬徒弊止之處謂百姓□止又
曰引書曰者書傳文彼說武王伐紂時事徒乃弊致禽饁獸
于郊入獻禽以享烝饁于輒反○徒乃弊徒止也冬田主
用衆物多衆得取也致禽饁獸于郊聚所獲禽因以祭四方神於郊月令季秋
天子既田命主祠祭禽四方是也入又以禽祭宗廟○疏曰云致禽饁獸于郊
書亦謂因田過郊之神位而饁之又曰月令季秋天子既田云云者證獻祭禽

祭礼十三　百八十七　庚丙

于四郊與此饁獸于郊爲一物共貫彼一處以爲是仲秋祭禽以祠祊爲一也
○夏官○服不氏凡祭祀共猛獸謂中膳羞者獸
八冬獻狼春秋傳曰熊蹯不孰○蹯音紹○疏曰上云養猛獸則猛獸皆養之
此言祭祀所共據堪食者故鄭云謂中膳羞中膳羞唯有熊狼故引獸人與春
秋爲證宗內則亦云狼臅膏可食也春秋傳者宣公二年晉靈公之時宰夫胹
熊蹯不孰殺之趙盾諫之時也○同上○囿人祭祀共其
生獸死獸之物地官○獸人掌罟田獸□□

之○罟罔也以罔搏所當田之獸○□音博音付○疏曰云掌罟田獸者罟罔
也謂以罔搏所當田之獸凡祭祀共其死獸生獸凡
獸入于腊人共其完者○疏曰凡此所共者於庖人云凡其死生
鱻薨之物以共王之膳又曰知其完全者下經云凡獸入於腊人是其不完者
故知此是完者○天官○掌畜祭祀共卵鳥其卵可薦
之鳥○疏曰還謂上經鵝鴨之屬其雞亦在焉○夏官○𩵚人凡
祭祀共其魚之鱻薨𩵚音魚○疏曰云凡祭祀共其魚之

祭礼十二　百八十八　庚丙

鱻薨者此所共者共內外饔以其膳夫共王之膳羞即不掌祭祀之事○天官
○鼈人祭祀共蠯蠃蚳以授醢人蠯薄佳反
蠃郎戈反蚳直其反長梨反○蠃螔蝓鄭司農云蠯蛤也杜子春云蠯蜯也蚳
蛾子國語曰蟲舍蚳蝝○螔音夷蝓音蚳又音揄蜯蒲項反蒲杏反蛾牙綺反
含音捨蝝悅全反允絹反○疏曰案醢人有蠯醢蠃醢蚳醢故以此三者授醢
人又曰蠃螔蝓者一物兩名司農云蠯蛤也者杜子春云蠯蜯也者蜯即蛤也
亦一物云蚳蛾子者謂蟻之子取白者以爲醢國語曰蟲舍蚳蝝者亦是國

0016_0129-1　　0016_0128-2

語讓宣公之言謂夏蟲內捨去蚳蝝
此經蚳也蝝謂蝗也與蚳別連引之
○同上○川衡祭祀共川奠川奠籩豆實魚鱐蜃
之屬○鱐所留反蜃上忍反○疏曰
此注皆據醢人及籩人而言案籩人
云朝事之籩有𩞄蕡白黑形鹽膴鮑
鱐醢人云饋食之豆有蜃醢蠯醢蜃
是蛤則魚鱐及蜃皆川中所生之物
引爲證川奠也言之屬者兼有蠯蠃
是川奠故云
之屬○地官○澤虞凡祭祀共澤物
奠澤物之奠亦籩豆之實芹茆蔆芡
屬○芡音儉○疏曰案籩人職加

祭礼十二　百八十九

之實有蔆芡朝事之豆有茆菹加豆
實有芹菹是皆澤中所出故引證澤
之奠也言之屬者兼有深蒲
昌本之等故云之屬○同上○庖人
祭祀之好羞好呼報反○謂四時所
膳食若荊州之䱹魚青
之蟹胥雖非常物進之孝也○䱹側
反○疏曰尋常所共者並在內外饔
言好羞則是非常之物謂美魚之屬
又曰云四時所爲膳食若謂四時之
非常美食云若荊州之䱹魚青州之
胥者鄭見當時有之又見禮記禮器
大饗其王事與三牲魚腊四海九州
美味皆可薦者莫不咸在且禹貢徐

0016_0130-1　　0016_0129-2

貢蠙珠暨魚荊州無魚文是文不
備是知好羞皆是魚也○天官
人凡祭祀共其果蓏享亦如之○享
享納牲謂祭祀宗廟二灌後君迎牲
之於庭時后夫人薦朝事之豆籩
中有果蓏之物故云享亦如之若
然上言祭祀餘祭祀也○地官
師共野果蓏之薦蓏力果反○甸在
郊之外郊外曰野
桃李之屬蓏瓜瓞之屬○瓞大結反○
疏曰鄭言甸在遠郊之外者案載師
邑之田任甸地在二百里中司馬法
里爲遠郊今言甸在遠郊外則是二

祭礼十二　百九十

里中云郊外曰野者釋經野在郊外
云果桃李之屬蓏瓜瓞之屬者案食貨
志臣瓚以爲在樹曰果在地曰蓏不辨
有核無核張晏以有核曰果無核曰蓏
今鄭云果桃李之屬即是有核者也蓏
瓜瓞之屬即是無核者也此從張晏之
義○天官○籩人掌四籩之實籩竹器如豆
者其容實皆
四升○疏曰言四籩謂下經朝事饋食
加籩羞籩是也云之實者謂掌此四籩
籩中所實之物𩞄蕡白黑之等是也
云鄭知籩是竹器者以其字竹下爲之
亦依漢禮器制度而知也云如豆
面徑尺柄尺亦依漢禮知之也云容

實皆四升者據其籩之所[illegible]其所實麷蕡等則曰實故云[illegible]升亦約與豆四升同也

朝事之籩其實麷蕡[illegible]

形鹽膴鮑魚鱐

麷芳弓反蕡芳[illegible]反[illegible]文反蒲隨反膴[illegible]

反○蕡枲實也鄭司農云朝事謂[illegible]未食先進寒具口實之籩熬麥曰麷[illegible]

曰蕡稻曰白黍曰黑築鹽以為虎形謂之形鹽故春秋傳曰鹽虎形玄謂以[illegible]

籩人之職參之朝事謂祭宗廟薦血腥之事形鹽鹽之似虎形者膴膴牒生魚為大

臠鮑者於糒室中糗乾之出於江淮也鱐者析乾之出東海王者備物近者腥之

遠者乾之因其宜也今河間以北煑穜麥賣之名曰逢燕人膾魚方寸切其腴

以啗所貴○枲息里反[illegible][illegible]反糒皮逼反○鱐[illegible]

宗廟二灌之後祝延尸於戶[illegible]此八籩八籩者則麷為熬麥一也蕡為麻

子二也白為熬稻米三也黑為熬黍米四也形鹽鹽似虎形五也膴以魚[illegible]

六[illegible]也鮑以魚於糒室糗乾之七也鱐為乾魚八也又曰云蕡枲實也者[illegible]

[illegible]服云苴絰子要傳云苴麻之有蕡者麻之子實也又案疏衰裳齊[illegible]

[illegible]葛[illegible]云牡麻者枲麻也則枲麻謂[illegible]然枲麻雖實而解黃為[illegible]

[illegible]謂井[illegible]白莫方曰蕡[illegible][illegible]云算[illegible][illegible]數義同也鄭[illegible]

[illegible]事謂清朝未食先進寒具口實[illegible]此矣鄭不揩上下文參祭[illegible]為[illegible]

[illegible]人所食解之故從麥不從[illegible]麥曰麷字從麥知麷為熬麥也云[illegible]

曰蕡者已經訖云稻曰白黍曰黑其[illegible]白云黍曰黑者爾雅[illegible]

[illegible]矣黍二者亦皆熬之乃可食也[illegible]飯之云築鹽以為虎形[illegible]

曰者左氏僖三十年冬王使周公閱來聘饗有昌歜白黑形鹽[illegible]云[illegible]

太之辭曰國君文足昭也武可[illegible]有備物之饗以象其德薦五味羞[illegible]

鹽虎形服云虎形非是築鹽為之[illegible]後鄭不從也玄謂以司尊彝之職參之

朝事謂祭宗廟薦血腥之事者案司尊彝職除二灌有朝踐饋獻為食前二

獻又有朝獻再獻食後酳尸為一節參少牢主人酬尸宰夫羞房中之羞[illegible]

為一摠四節亦據祭宗廟故鄭云[illegible]祭宗廟無血鄭云薦血腥者鄭注論

亦云禘祭之禮自血腥始皆謂毛以[illegible]血以告殺是為告殺時有血與[illegible]

[illegible]腥同鄭彼注言血再彝謂祭[illegible]形鹽鹽之似虎形者以為自然似[illegible]

此破先鄭築鹽為虎一形也云[illegible]為大臠者[illegible]已經訖[illegible]鮑者於糒[illegible]

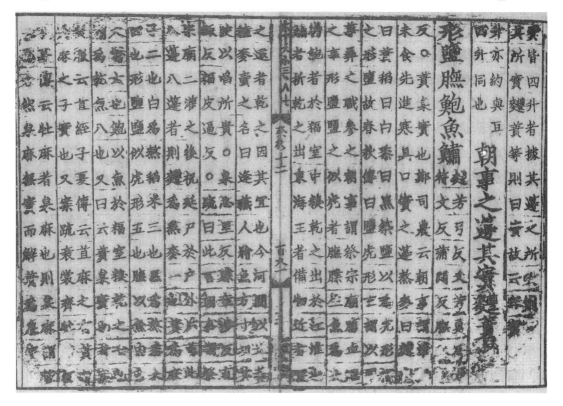

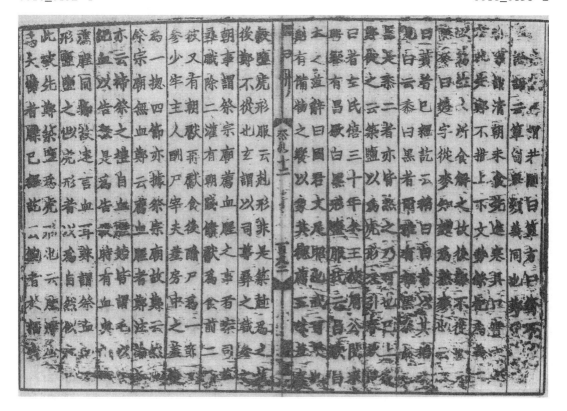

糗乾之出於江淮也者鄭以自驗知之
言楅室者謂楅土爲室云鱐者析乾之
出東海者上云夏行腒鱐鱐已釋訖言
出東海者亦目驗知之云王者備物近
者腥之臊是也遠者乾之鮑及鱐是也
因其宜者近宜濕遠宜乾也若然經鮑
鱐二者魚在於中明二物皆魚云今河
間以北煮種麥賣之名曰逢引漢法證
逢亦是麷蕡之麥云燕人膾魚方寸切
其腴以啗所貴者亦引時事證膴膴亦
是腹腴以擬祭與啗貴者司也**饋食之籩其實棗㮚桃**
乾䕩榛實㮚古栗字䕩音老又力到反榛側巾反及士隣反○饋食薦

孰也今吉禮存者特牲少牢諸侯之大
夫士祭禮也不裸不薦血腥而自薦孰
始是以皆云饋食之禮乾䕩乾梅也有
桃諸梅諸是其乾者榛似栗而小○裸
古亂反○䟽曰此謂朝踐薦腥後堂上
更體其犬豕牛羊亨孰之時后先謂之
儐食之籩也其八籩者其實棗一也栗
二也桃三也乾䕩與乾梅四也榛實五
也其於八籩仍少三案乾䕩既爲乾梅
經中桃是濕桃既有濕桃乾梅明別有
乾桃則注引內則桃諸鄭云是其乾者
既有濕桃明有濕梅可知以乾桃濕梅
二者添王者爲七籩案桃梅既並有乾
濕則棗中亦宜有乾濕復取一添前爲

八也必知此五者之中有八者案儀禮
特牲少牢士二籩二豆大夫四籩四豆
諸侯宜六天子宜八醢人饋食之豆有
八此饋食之籩言六不類又上文朝事
之籩言八下加籩亦八豈此饋食在其
中六乎數事不可故以義參之爲八若
不如此任賢者裁之也又曰云饋食薦
孰也者謂於堂上饋孰之時后薦之云
今吉禮存者吉禮謂祭祀以其天子諸
侯祭祀之禮云故云存者云特牲少牢
諸侯之大夫士祭禮也者以天子大夫
大牢祭今用特牲少牢故知諸侯大夫
士祭禮也云不裸不薦血腥者若天子
諸侯則有室中二裸堂上朝踐薦血腥

之禮大夫則無此二者也云而自薦孰
始是以皆云饋食之禮者天子諸侯大
夫士雖同名饋食仍有少別何者天子
諸侯尸食前仍有饋獻一是饋孰陰厭
陰厭後尸入室食乃獻大夫士則饋孰
與黍稷爲陰厭陰厭前無饋獻以此爲
異耳云乾䕩乾梅也者以經乾䕩上有
桃故知乾䕩乾梅也云有桃諸梅諸者
內則文而鄭引之者證乾䕩中有乾桃
乾梅故云是其乾者云榛似栗而小者
今居山者見食之似栗而小亦目驗知之**加籩之實蔆芡㮚**
脯加籩謂尸既食后亞獻尸所加之籩重言之者以四物爲八籩蔆芡也芡

0016_0134-2

雖頭也栗與饋食同鄭司農云蔆芡䐑
脩○疏曰此加籩當尸食後王酳尸次
亞王酳尸於時薦之四物重言之則八
籩又曰知籩是尸既食后亞獻尸所加
之籩者案春官內宗云掌宗廟之祭祀
薦加豆籩以其內宗所薦明主於后又
見特牲主婦獻尸云宗婦執兩籩於户
外主婦受設於敦南主人獻尸之時不
見有設籩之事故知唯主於后也少牢
主婦不設籩者以其當日賓尸故也其
下大夫不賓尸者亦與士同也云蔆芡
也者屈到嗜芰即蔆角者也云芡雞頭
也者俗有二名今人或謂之鴈頭也先
鄭云蔆芡䐑脩者先鄭意惟饋食重言

祭禮十二　百九五

0016_0135-1

故爲脩替栗得爲一
義故引之在下也
羞籩之實糗餌粉
餈餈疾資反○羞籩謂若少牢主人酬
尸宰夫羞房中之羞于尸侑主人主
婦皆右之者故書餈作茨鄭司農云糗
熬大豆與米也粉豆屑也茨字或作餈
謂乾餌餅之也玄謂此二物皆粉稻米
黍米所爲也合蒸曰餌餅之曰餈糗者
擣粉熬大豆爲餌餈之黏著以粉之耳
餌言糗餈言粉互相足○爲餌于僞反
黏女廉反著直畧反○疏曰此當王酬
尸內饔進之於尸侑等者小云糗餌粉
餈者此爲二籩糗與粉爲一物恐餌餈
黏著籩故分于二籩之下又曰言羞籩

0016_0135-2

謂若少牢主人酬尸宰夫羞房中之羞
于尸侑主人主婦皆右之者天子祭祀
禮亡故取少牢大夫禮解之案有司
徹上大夫當日賓尸正祭不設內羞故
祭賓尸設之此天子之禮賓尸在明日
則祭祀日當設之案少牢下大夫不賓
尸者賓長致爵受酢云宰夫羞房中之
羞司士羞庶羞于尸祝主人主婦內羞
在右庶羞在左天子之禮賓長受酢後
亦當設此內羞庶羞于〻祝及王與后
然鄭不引不賓尸而引賓尸者以其設
內羞之禮同故𥿄引其一但正祭設於
祝賓尸故於侑又賓尸主人酬尸後正
祭賓長受酢後爲異耳云故書餈作茨

祭禮十二　百九六

0016_0136-1

者此宜從食不得從篹故先鄭從餈
經爲正鄭司農云糗熬大豆與米也粉
豆屑也並於義是但於義不足故後鄭
增成之云茨字或作餈者謂故書亦有
作茨下食者云謂乾餌餅之也者餅之
曰餈未正乾之言故後鄭不從玄謂此
二物皆粉稻米黍米所爲者據當時目
驗而知云合蒸曰餌餅之曰餈者謂此
稻米黍米合以爲餌餌既不餅明餅之
曰餈今之餈餻皆解之名出於此云糗
者擣粉熬大豆者此與司農義同司農
不言擣故後鄭增成之云餌言糗餈言
餈互相足者此本一物餌言糗謂熬之
粉之餈言擣之亦糗之凡言互者

0016_0137-1　0016_0136-2

[illegible]兩物相互今一物之上自相互直[illegible]理不足明故言互相足內則法搏黍歠
歠則大豆也歠揔名也凡祭祀共其籩薦羞之實
薦羞皆進也未食未飲曰薦既食既飲曰羞○疏曰祭祀言凡者謂四時禘祫
祭皆共其籩籩則薦羞之實是也又曰云未食未飲曰薦者先薦後獻祭祀也
豫朝踐饋獻時未獻前所薦籩豆朝事饋食之籩是也云既食既飲曰羞者謂
尸食後酳尸訖所進羞即加籩之實是也○同上○醢人掌四
豆之實朝事之豆其實韭菹醓醢昌本

欽定四庫全書　祭物十二　百九十七

麋臡菁菹鹿臡茆菹麇臡韭音久菹莊魚反醓吐感
反本又作醓或一音昌蕃反臡乃兮反又入齊反菁作箐一反又音精茆音卯也
入音柳麋京倫反○醓肉汁也昌本昌蒲根切之四寸爲菹三臡亦醢也作醢
及臡者必先膊乾其肉乃後莝之雜以粱麴及鹽漬以美酒塗置甀中百日則
成矣鄭司農云麋臡麋骭髓醢或曰麋臡醬也有骨爲臡無骨爲醢菁菹韭菹
鄭大夫讀茆爲茅茅菹茅初生或曰茆水草杜子春讀茆爲卯玄謂菁蔓菁也
茆鳧葵也凡菹醢皆以氣味相成其狀未聞○膊普博反莝倉卧反骭戶諫[illegible]

0016_0138-1　0016_0137-2

[illegible]戶幹反蔓音萬又莫干反徐音蠻○疏曰言四豆之實者豆與籩並設節
與四籩同時亦謂朝事饋食加豆羞豆之實是也言朝事之豆者亦謂朝踐節
云其實韭菹醓醢者於豆內韲菹之類菜肉通全物若牒爲菹細切爲韲又不
言菹者皆是韲則昌本之類是也言昌本本根也昌蒲根爲韲者麋臡者以麋
肉爲醢以其并骨爲之則曰臡菁菹鹿臡茆菹麇臡爲八豆並後設之又曰言
醓肉汁者醓者以肉爲之醢汁即是肉汁云昌本昌蒲根者本謂根云切之四
寸爲菹者但菹四寸無正文蓋以一握爲限一握則四寸也即是全物若牒云

欽定四庫全書　祭物十二　百九十八

作醢及臡已下者鄭以當時之法解之案王制云一爲乾豆鄭注云謂腊之以
爲祭祀豆實也腊非豆實亦謂作醢始詩在豆與此先膊乾其肉義合鄭司農
云麋臡麋骭髓醢此義後鄭不從云或曰麋臡醬也有骨爲臡無骨爲醢後鄭
從之又菁菹韭菹者以菁爲韭菁於義不可後鄭不從若爲韭字非則韭菁於
義爲是後鄭不應破之明本作韭不作韭也鄭大夫讀茆爲茅茅菹茅初生者
茅草非人可食之物不堪爲菹或曰茆水草後鄭從之杜子春讀茆爲卯於義
未安玄謂菁蔓菁著破司農爲韭菁云茆鳧葵也者增成子春義云凡菹醢

0016_0138-2

□氣液相成錯雜□經云非配醢□兩兩相配者皆是氣味相成之故

□八一知也云未聞

饋食之豆其實葵菹蠃醢

脾析蠯醢蜃蚳醢豚拍魚醢蠃力禾反脾婢支反

□蒲佳反沈□皆反蠯蒲佳反徐□□反蜃市軫反拍音博○蠃螔蝓蜃大蛤

蚳蛾子鄭司農云脾析牛百葉也蠯蛤也鄭大夫杜子春皆以拍為膊謂脅也

或曰豚拍肩也今河間名豚脅聲如鍛鎛○螔音□又音□蝓音揄又音由蛤

音閤蛾魚綺反膊音博下鍛同○疏曰言饋食之豆者亦與饋食之籩同時而

祭禮十二 百九十九

0016_0139-1

□其實葵菹蠃醢者此八豆之內脾析蜃豚拍三者不言菹皆齏也文曰言蠃

蠃螔蝓蜃大蛤蚳蛾子皆爾雅文鄭司農云脾析牛百葉也者無正文可破故後

鄭從之云蠯蛤也者謂小蛤亦於鼈釋詁鄭大夫杜子春皆以拍為膊謂脅

也者此釋經豚拍謂豚脅也云或曰豚拍肩也者謂豚肩也云今河間名豚脅

聲如鍛鎛者從子春等二人解後鄭從肩解人□從前豚□□無義故云聲如鍛

鎛

□加豆之實芹菹兔醢深蒲醓醢箈菹

鴈醢筍菹魚醢芹音勤徐二音謹□□作遞云桑類高也□□

0016_0139-2

箈爾雅作菭同司農云水中魚衣也一處徒來反沈云北人音丹反又丈之反

未知所出筍息尹反○芹楚葵也鄭司農云深蒲蒲蒻入水深故曰深蒲或曰

深蒲桑耳醓醢肉醬也箈水中魚衣故書鴈或為鶉杜子春云當為鴈玄謂深

蒲蒲始生水中子箈箭萌筍竹萌○蒻音若○疏曰此加豆之實亦與加籩之

實同時設之深蒲醓醢者深蒲謂蒲入水深以為菹醓醢與朝事之豆同箈菹

者筍以箈箭萌為菹也云筍菹者謂竹萌箈菹也又曰芹楚葵出爾雅鄭司農

云深蒲蒲蒻入水深故曰深蒲者史無可據云蒲蒻爾蒲蒻只堪為菹下

祭禮十二 二百

0016_0140-1

□菹於後鄭不從云或曰深蒲桑耳既名為蒲何得更為桑耳故後鄭不從

□云箈水中魚衣者此箈字既竹下之非是水物不得為魚衣故後鄭不

從謂深蒲蒲始生水中子者此後鄭無事而知破先鄭也云箈箭萌者

篠者也箭竹萌者一名篠者也竹謂箭生筍也見今皆為箈

□□□□糝食酏□反○食音嗣下同□鄭司農云□□

□□糝食菜餗蒸玄謂□□糔溲之小切狼臅膏□□

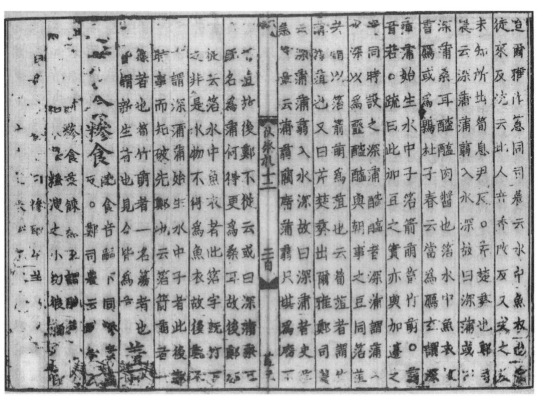

□□□□□□□□□

0016_0140-2

爲酏餈之。○餰音速饘之然反糝素感反
糗劉祖早反徐私紉反溲所柳反[illegible]
𥻆反一音巢。○疏曰此羞豆之實亦與
羞籩之實同時設之言酏食者謂饗與
糝食爲二豆又曰司農云酏食以酒酏
爲餅者酏稀也以酒酏爲餅若今起膠
餅文無所出故後鄭不從云糝食菜餗
蒸者若今煑菜謂之蒸菜也亦文無所
出後鄭亦不從玄謂酏饗也者案雜問
志云內則饗次糝周禮酏次糝又酏在
六飲中不合在豆且內則有饗無酏周
禮有酏無饗明酏饗是一也故破酏從
饗也又引內則曰取稻米舉擩溲之者
案彼上注舉猶皆也擩溲博異語謂取

周禮　祭禮十二　二百一　四

0016_0141-1

稻米皆搜之云小切狼臅膏者鄭彼注
狼臅膏臆中膏也云以與稻米爲饗者
彼鄭云若今膏饗云又曰諸取牛羊豕
之肉三如一者三肉等分云小切之者
謂細切之云與稻米稻米二肉一者謂
米一分肉一分合以爲餌煎之也饗糝
二者皆有肉內則文故不從先鄭然則
上有糗餌彼餌無肉則入籩此餌米肉
俱有米之爲糝即入豆案易鼎卦九四
鼎折足覆公餗其形渥凶鄭注云糝謂
之餗震爲竹竹萌曰筍筍者餗之爲菜
也是八珍之食臣下曠官失君之美道
皆刑之於屋中案上膳夫注八珍取肝
膋不厭糝鄭注易糝又入八珍中者以

0016_0142-1　　　　0016_0141-2

其糝若有菜則入八珍不須肝膋若糝
無菜則入羞豆此文所引是也八珍則
數肝膋故注不同凡祭祀共薦羞之豆實○同上
○醢人掌共五齊七菹凡醢物以共祭
祀之齊菹凡醢醬之物齊子兮反。齊菹醬屬醢人者
皆須醢成味。○疏曰五齊七菹醢物乃是醢人所掌豆實今在此者鄭云齊菹
醬皆須醢成味故與醢人共掌云以共祭祀之齊菹凡醢醬之物者醢人連言
醬者並豆醬亦掌。○同上○鹽人祭祀共其苦鹽散

周禮　祭禮十二　二百二

鹽苦音鹽又工戶反散悉但反下同。○杜子春讀苦爲鹽謂出鹽直用不湅
治者鄭司農云散鹽湅治者玄謂散鹽鬻水爲鹽。○鹽音古湅音練鬻音煑。○
疏曰苦當爲鹽鹽謂出於鹽池今之顆鹽是也散鹽煑水爲之出於東海又曰
杜子春讀苦爲鹽者鹽鹹非苦故破苦爲鹽見今海傍出鹽之處謂之鹽云直
用不湅治者對下經鬻鹽是湅治者也鄭司農云散鹽湅治者不經自有鬻鹽
是湅治故後鄭不從。○同上○宰夫以式法掌祭祀
之戒具與其薦羞薦脯醢也羞庶羞內羞。○疏曰言式法者

0016_0142-2

謂祭祀大小皆有舊法式依而戒敕使共具之云與其薦羞者謂亦戒具之也又曰案儀禮鄉飲酒鄉射燕禮謂單言薦者皆是脯醢故知此薦亦脯醢云羞庶羞內羞者庶羞謂天子八豆諸侯六豆之等內羞謂祭祀食後所加言內者少牢所謂房中之羞糗餌粉餈是也○同上

○腊人凡祭祀共豆脯薦脯膴胖凡腊物豆音羞胖普半反杜音板○脯非豆實豆當為羞聲之誤也鄭司農云膴膺肉鄭大夫云胖讀為判杜子春讀胖為版又云膴胖皆謂夾脊肉又云禮家以胖為半體玄謂公食大夫禮

續卷[illegible] 祭禮十二 二百三

0016_0143-1

曰庶羞皆有大者此據內之所擬祭者意又引有司曰主人亦一魚加膴祭于其上者此據主人擬分若膴與大亦一也內則曰麋鹿田豕麕皆有胖足相參王也大者胾之大臠膴若魚之反覆膴又詁曰大二者同矣則是膴亦膴肉大臠胖宜為脯而腥胖之言片也析肉意也禮固有腥胣爛雖其有為孰之皆先制乃事○夾戒古洽反又古協反食音嗣膴京[illegible]反膴芳服反胣而甚反爛[illegible]糜反旨[illegible]○疏曰知脯非豆實者以[illegible]羞豆[illegible]羞脯則脯是籩實故云[illegible][illegible]寶[illegible]上[illegible]為羞者案籩人[illegible]云[illegible]其[illegible]羞之實鄭云未[illegible]

0016_0143-2

饗曰薦已飲已食曰羞羞薦相對下經言薦脯明上當言羞脯也鄭司農云膺膺肉鄭大夫胖讀為判杜子春讀胖為版又云膴胖皆謂夾脊肉又云禮家以胖為半體者文無所出皆非也玄謂公食大夫禮曰庶羞皆有大者此據內之所擬祭者也又引有司曰主人亦一魚加膴祭於其上者此據主人擬祭者也膴與大亦一也內則曰麋鹿田豕麕皆有胖足相參正者注引有司片公食大夫二者證膴是大臠引內則明胖與膴不同故云足相參正云大者胾之大臠者重解公食大夫云膴者魚之反覆者反覆謂魚生時在腹下今加之於上云

續[illegible] 祭禮十二 二百四

0016_0144-1

膴又詁曰大者爾雅釋詁文云二者同矣者大共膴同是一則膴是語肉夫臠同將祭先也云胖宜為脯而腥謂肉薄不麤者云胖之言片析肉意此解胖是薄義云禮固有腥胣爛雖其有為孰之者祭祀之禮豚解而腥之又有體解而爛之又有薦孰之禮禮堅固有此三者皆當先制為胖言此者證胖與膴不同被諸家之意○同上

○量人凡祭祀制其從獻脯燔之數量鄭司農云從獻者肉殽從酒也玄謂燔從於獻酒之[illegible]也數多少也量長短也○[illegible]音[illegible]反○疏曰云凡者以其天地宗廟饗[illegible]

0016_0145-1　　0016_0144-2

等薦黍稷獻以燔從故總之言也又曰先鄭云從獻者肉殽從酒也後鄭不從者以肉殽從酒禮所不言案特牲少牢云主人獻尸以肝從主婦獻尸以燔從故鄭據此以為從獻以燔詩云載燔載烈毛云傳火曰燔貫之加於火曰烈燔雖不貫亦是炙肉故鄭云炙肉數多少也量長短也者案儀禮脯十脡各長尺二寸是多少長短之數量未聞○夏官○外饔外祭祀共其脯脩刑膴陳其鼎俎實之牲體魚腊注疏見上犧牲條○亨人祭祀共大羹鉶羹大羹肉湆鄭司農云大羹不致五味鉶羹加鹽菜矣○湆去及反○疏曰云祭祀共大羹者大羹肉湆盛於登謂大古之羹不調以鹽菜及五味謂鑊中羹汁一名湆故鄭云大羹肉湆云鉶羹者謂是陪鼎膷臐膮牛用藿羊用苦豕用薇調以五味盛之於鉶器即謂之鉶羹若盛之於豆即謂之庶羞即公食大夫十六豆膷臐膮是也○天官○司士凡祭祀帥其屬羞俎豆注疏見上犧牲條○大司馬大祭祀羞牲魚授其祭注疏見上犧牲條○小司馬小祭祀掌

0016_0146-1　　0016_0145-2

其事如大司馬之法注疏見上犧牲條○小子祭祀贊羞○疏曰贊羞謂若上文大司馬職云祭祀羞魚牲之等此官即贊之○夏官

右庶羞○記庶羞不踰牲祭則以羊不以牛肉爲羞○疏曰案有司徹是少牢之祭云宰夫羞房中之羞注醢食祭食內則云祭牢牛羊豕之肉得用牛者祭既用少牢則祭亦不用牛肉以羊肉爲羞○王制○水草之菹陸產之醢小物備矣三牲之俎八簋之實美物備矣昆蟲之異草木之實陰陽之物備矣水草之菹若茆之屬陸產之醢蚳醢之屬天子之祭八簋昆蟲謂溫生寒死之蟲也內則可食之物有蜩范草木之實菱芡榛栗之屬○蜩音條○疏曰云水草之菹芹茆之屬者案醢人云加豆之實芹菹兔醢朝事之豆韭菹麋臡是有蜩也又有朝事之豆昌本麋臡加豆之實有深蒲醓醢箈菹雁醢筍菹魚

0016_0147-1　0016_0146-2

鮐其呂本深浦洛荀是水草故云之屬云陸產之醢蚳螺之屬者案醢人饋食之豆蜃蚳螺即蚳之類醢人加豆之實有兎醢又有醓醢皆是陸產故云之屬云天子之祭八簋者明堂位云周之八簋又特牲十兩敦少牢四敦則諸侯六故天子八云內則可食之物有蜩范者蜩蟬也范蜂也昆蟲之屬云草木之實菱芡榛栗之屬者案籩人加籩之實有菱芡饋食之籩有棗㮚榛實是草木故云之屬凡

天之所生地之所長苟可薦者莫

不咸在咸皆也○疏曰此一經揔結上文既內自盡外又求助祭之事苟可薦者悉在祭用則上陰陽之物備矣是也○祭統

○餕餘不祭父不祭子夫不祭妻

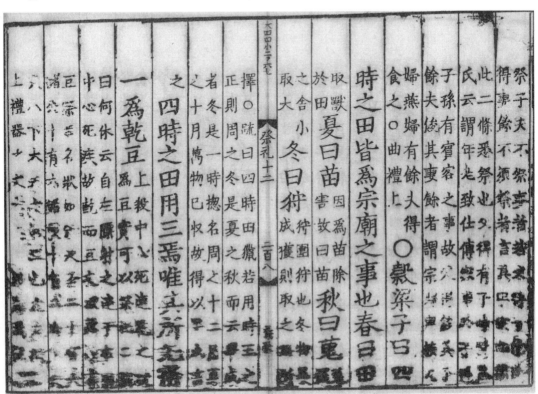

食人之餘曰餕餕而不祭唯此類也食尊者之餘則祭盛之○疏曰餕者食餘之名祭謂祭先也因前有賜餘故明食人之餘不祭者也凡食人之餘及日晚食朝饌之餘皆云餕故玉藻云日中而餕鄭云餕食朝之餘也今此明凡食餘悉祭若不祭者唯此下二條也父不

0016_0148-1　0016_0147-2

祭子夫不祭妻者[illegible]得妻餘不須祭者言其[illegible]此二條悉祭也[illegible]得有[illegible]氏云謂年老致仕傳家事於子[illegible]子孫有賓客之事故父得[illegible]餘夫餕其妻餘者謂宗婦[illegible]婦燕婦有餘夫得食之○曲禮上

○穀梁子曰四時之田皆爲宗廟之事也春曰田

取獸於田夏曰苗因爲苗除害故曰苗秋曰蒐[illegible]之舍小取大冬曰狩狩圍狩也冬物[illegible]成獲則取之[illegible]

擇○疏曰四時田獵若用時王之正則周之冬是夏之秋而云[illegible]者冬是一時揔名周之十二月夏之十月萬物已收故得以[illegible]之

四時之田用三焉唯其所[illegible]

一爲乾豆上殺中心死速[illegible]之爲豆實可以祭[illegible]二曰何休云自左膘射之達于右[illegible]中心死疾故乾而豆之[illegible]豆祭器名狀如鐙[illegible]諸公十有六諸侯十[illegible]六八下大夫[illegible]上禮器文[illegible]

0016_0149-1　0016_0148-2

爲賓客次殺射髀骼死差遲○流曰何休云自左膘射之達於右腢遠心死難故爲次殺毛傳云次殺者射右耳本次之今注云射髀骼則與彼異也髀骼者案儀禮髀骨膝以上者是也三爲充君之庖下殺中腸污泡死最遲先宗廟次賓客後庖廚尊神敬客之義○疏曰何休云自左膘射之達於右腢毛傳云左髀達於右腢爲下殺此云中腸同彼二說並無妨也○桓公四年傳○鳥獸之肉不登於俎俎莊呂反則公

大文五小二三四　祭禮十二　二百九

不射隱公五年春秋左氏傳○傳宣公夏濫於泗淵濫漬也漬罟於泗水之淵以取魚也四在魯城北又曰在南門里革斷其罟而棄之罟網也曰古者大寒降土蟄發降下也寒氣初下謂季冬建丑之月大寒之後也土蟄發謂孟春建寅之月蟄始震也月令孟春蟄蟲始震魚上冰獺祭魚水虞於是乎講罛罶取名魚登川禽而嘗之寢廟行

0016_0150-1　0016_0149-2

諸國人助宣氣也○罛音孤罶音柳水虞漁師也掌川澤之禁令講習也罛漁網也罶笱也名魚大魚也川禽鼈蜃之屬諸之也是時陽氣起魚陟負氷故令國人取之所以助宣氣也月令季冬始漁乃嘗魚先薦寢廟唐云孟春誤矣鳥獸孕水蟲成孕懷子也此謂春時獸虞於是乎禁罝羅猎魚鼈以爲夏槁罝音嗟猎音策○獸虞掌鳥獸之禁令罝兔罟羅鳥罟也禁不得施也猎擉也槁乾也夏不

大文二小二八三五　祭禮十二　二百十

得取故於此時擉刺魚鼈以爲夏儲○擉七角反助生阜也阜長也鳥獸方孕故取魚鼈助生物也鳥獸成水蟲孕水虞於是乎禁罝罜麗設穽鄂罜音獨麗音鹿○罝當爲罜罜麗小網也穽陷也鄂作格所以誤獸也謂立夏鳥獸已成水蟲懷孕之特禁魚鼈之網設取獸之器也以實廟庖畜功用也○畜休又以獸[illegible]宗廟庖廚也卵長魚鼈畜四[illegible]足國財用也且夫山[illegible]

0016_0150-2

槎蘖（槎斫也以株生曰蘖）澤不伐夭（艸木未成曰夭）魚禁鯤鮞（鯤魚子也鮞未成魚也）獸長麑䴠（䴠一老反○鹿子曰麑䴠子曰䴠）鳥翼鷇卵（鷇音寇一音確○翼成也生哺曰鷇未乳曰卵）蟲舍蚳蝝（蚳蟻子也可以為醢蝝蝠蜩也可食含不取也）蕃庶物也古之訓也（蕃息也）今魚方別孕不教魚長又行網罟貪無藝也（別別於雄而懷子也藝極）

0016_0151-1

也○國語曾語○屈到嗜芰（屈到楚卿屈蕩之子夕也芰菱也）有疾召其宗老而屬之（家臣曰老宗老為宗人者）曰祭我必以芰及祥（祥祭也）宗老將薦芰屈建命去之（建屈到之子子木也）宗老曰夫子屬之（夫子屈到也）子木曰不然夫子承楚國之政（承奉也）其法刑在民心而藏在王府上之可

0016_0151-2

以比先王下之可以訓後世雖微楚國諸侯莫不譽（微無也雖使無楚國之稱諸侯猶皆譽之以為善也）其祭典有之曰國君有牛享（諸侯以太牢也）大夫有羊饋（羊饋少牢也）士有豚犬之奠（士以特牲）庶人有魚炙之薦（炙之夜反○庶人祀以魚）籩豆脯醢則上下共之（共之以多少為禮也）不羞珍異不陳

0016_0152-1

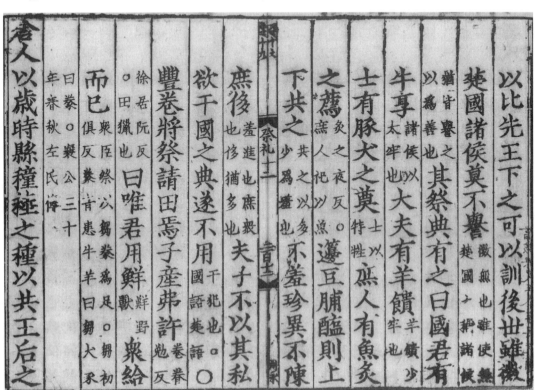

庶侈（羞進也庶衆也侈猶多也）夫子不以其私欲干國之典遂不用（干犯也○國語楚語）○豐卷將祭請田焉子產弗許（卷眷勉反徐居阮反○田獵也）曰唯君用鮮（鮮野獸）衆給而已（衆臣祭以芻豢為足○芻初俱反豢音患牛羊曰芻犬豕曰豢○襄公三十年春秋左氏傳）舍人以歲時縣穜稑之種以共王后之

0016_0152-2

春獻種縣音玄穜直龍反稑音六种音勇反下同○縣之者欲其風氣
承達也鄭司農云春王當耕于藉則后獻其種也后獻其種見內宰職○疏曰
內宰注云先種後熟謂之穜後種先熟謂之稑彼內宰上春后獻穜稑示不敗壞
三助王耕事此云歲時縣者從納禾訖得子即縣之以至春獻之是以先鄭云
春王當耕于藉則后獻其種也○地官○內宰上春詔王
后帥六宮之人而生種稑之種而獻之
于王六宮之人夫人以下分居后之六宮者古者使后宮藏種以其有傳

0016_0153-1

類蕃孳之祥必生而獻之示能育之使不傷敗且以佐王耕事共禘郊也鄭司
農云先種後熟謂之種後種先熟謂之稑王當以耕種于藉田玄謂詩云黍稷
種稑是也夫人以下分居后之六宮者每宮九嬪一人世婦三人女御九人其
餘九嬪三人世婦九人女御二十七人從后唯其所燕息焉從后者五日而沐
浴其次又上十五日而徧云夫人如三公從容論婦禮○疏曰上春者亦謂正
歲以其春事將興故云上春也內宰以上春建寅之月又詔告王后帥領六宮
之人而生種稑之種而獻之于王者一則助王耕事二則示於宮內無傷敗之

0016_0153-2

義也又曰云古者使后宮藏種以[illegible]傳類蕃孳之祥者王妃下二十人[illegible]
多為種類藏種者亦是種類蕃孳故使種藏也云必生而獻之示能[illegible]之
使不傷敗者生此種乃獻之非直[illegible]此種不傷敗示於宮內懷孕者亦不傷也
云且以佐王耕事者王親耕后親蠶皆為祭事今后雖不耕藏種獻之者亦是
佐王耕事云共禘郊也者禘謂祭天郊謂祀天舉尊言之其實山川社稷等皆
用之也鄭司農云先種後熟謂之種後種先熟謂之稑皆分明見有此先種後
熟後種先熟目驗可知也玄謂詩云黍稷種稑是也此增成先鄭義亦以其先

0016_0154-1

鄭直云先種後種不見穀名後鄭意黍稷皆有種稑云夫人以下分居后之六
宮者此已下亦是增成鄭義所分居者唯據九嬪以下三夫人不分居而云三
夫人以下則除三夫人亦得為三夫人以下也云每宮者后六宮故云每此言
與下為目也九嬪一人者九嬪九人六宮各一人則三人在也世婦三人者世
婦二十七人六宮每宮三人則九人在也女御九人者女御八十一人六宮宮
各九人餘二十七人在也其餘謂不分者故云其餘九嬪三人世婦九人女御
二十七人也云從后唯其所燕息焉者不專居一宮須往即亭故云唯其[illegible]

0016_0155-1　0016_0154-2

息爲云從后者五日而沐浴若□侍□者須絜淨故須沐髮浴身體也其次又上十五日而徧云若然所分宮六宮九嬪以下皆三分之一分從后兩分居宮假令月一日一分從后至月五日從后者五日滿則右邊三宮之中舊居宮者來替此從后者從后者又來入右邊三宮從后者至十日又滿則左邊三宮者來替此從后者從后者來在左邊三宮又至十五日則三番摠遍故云十五日而遍云者無正文鄭以意配之故言云以疑之云夫人如三公從容論婦禮者下后六宮夫人有三分居不遍因卽尊之三公坐與王論道二夫人尊卑與三公同三公侍王三夫人亦侍后故取並焉者以證三夫人不分居宮之義也○

天官○孟春擇元辰天子親載耒耜措之于參保介之御間帥三公九卿諸侯大夫躬耕帝籍天子三推三公五推卿諸侯九推元辰蓋郊後吉辰也耒耜之上曲也保介車右也置耒於車右與御者之間明已勸農非農者也人君之車必使勇士衣甲居右而參乘備非常也保德衣也介甲也帝藉爲天神借民力所治之田也○疏曰甲乙丙丁等

0016_0156-1　0016_0155-2

謂之日郊之用辛上云元日子丑寅卯之等謂之爲辰耕用亥日故云元辰天子親載耒耜者謂天子所乘車上親載耕田之耒耜措之於參保介御之間者措置也保介車右御者御車之人車右及御人皆是主參乘於時天子在左御者在中車右在右言置此耒器於參乘保介及御者之間然後帥三公九卿而往南郊躬耕藉田也又曰知用亥者以陰陽式法正月亥爲天倉以其耕事故用天倉也盧植蔡邕並云郊天是陽故用日耕藉是陰故用辰元者善也郊雖用日亦有辰但日爲主耕之用辰亦有日但辰爲主皇氏云正月建寅日月會辰在亥故耕用亥也未知然否云置耒耜於車右與御者之間明已勸農非農者也三既親載耒器置耒應須近王今置耒乃於參御二人之間不近王者明王之心身但是勸□□□□農人故不近耒器也所以車右衣甲者以人君尊重故使勇士衣甲居右備非常也云保猶衣者保卽襁保保謂小被所以衣覆小兒故云保德衣也云帝藉爲天神借民力所治之田者耕藉所□爲帝藉者舉尊言之故祭義云天子□□藉千畝以共齊盛又國語云宣王卽位不藉千畝虢文公諫曰夫民之大事在農上帝之粢盛於是乎出是藉田以□

0016_0157-1　0016_0156-2

帝故云爲天神借民力所治之田也案此立春後始郊郊之後始耕案國語先時九日大史告以耕事注先先立春日也謂先立春之前以耕與此不同者國語告耕在立春之前其實耕時在立春之後故國語下云先時五日王即齋宮注先耕時也是耕前五日王即齋宮而齋是知親耕在立春之後也此言天子三推公五推卿諸侯九推案周語王耕一墢班三之賈逵注班次也案公卿大夫也三之下各三其上也王一墢公三墢卿九墢大夫二十七墢天子三推公五推卿諸侯九推此是貴賤耕墢多少之數也不云士者士賤不與耕也案國

祭禮十二　二百十七

語云庶人終於千畝又周禮甸師[illegible]下士云帥其屬而耕耨王藉鄭注云庶人謂徒三百人

反執爵于大寢三公九卿諸侯大夫皆御命曰勞酒既耕而宴飲以勞羣臣也大寢路寢御侍也○疏曰案國語耕後宰夫陳饗膳夫贊王王歆大牢是耕後設饗而此云既耕而燕飲者饗禮在廟燕禮在寢此云執爵于大寢故知燕也國語云饗者舉用饗之饌具而行燕禮以勞羣臣案上迎春而反賞公卿大夫於路寢門外正朝此耕藉而反勞羣臣在於路寢不同者爵賞公事與燕私之燕在正寢

0016_0158-1　0016_0157-2

燕勞私禮主於歡心故在路寢○月令

○甸師掌帥其屬而耕耨王藉以時入之以共齍盛耨乃豆反○其屬府史胥徒也耨芸芋也王以孟春躬耕帝藉天子三推三公五推卿諸侯九推庶人終於千畝庶人謂徒三百人藉之言借也王一耕之而使庶人芸芋終之齍盛祭祀所用穀也粢稷也穀者稷爲長是以名云在器曰盛○芋音子徐音茲推他回反○疏曰言掌帥其屬者謂除府史有胥三十人徒三百人而耕種耘耨於王之藉田言以時入之謂麥則夏熟禾黍秋熟則十月穫之

祭禮十二　二百十八

送入地官神倉故云以時入之云以共齍盛者六穀曰粢在器曰盛以共祭祀故云以共粢盛又曰云其屬府史胥徒也者叙官知之云耨芸芋也者詩云或芸或芋芸耡芋擁本是也云王以孟春至諸侯九推並是月令文言躬耕帝藉者天子親耕三推是也言帝藉者藉田之穀衆神皆用獨言帝藉者舉尊言之云天子三推者三推而一墢云三公五推者五推而三墢卿諸侯九推者九推而五墢故[illegible]注云王耕一墢班三之云庶人終於[illegible]以[illegible]周語[illegible]人于籍田千畝在南郊[illegible]一[illegible]三推[illegible]有恭敬鬼神之法[illegible]先天下[illegible]時耕終

0016_0158-2

之者庶人也鄭解周言庶人者謂此帝籍從三百人也云粢稷也者爾雅文云穀者稷爲長是以名云者此釋經及爾雅特以粢爲號知稷爲五穀長者案月令中央土云食稷與牛五行土爲尊故知稷爲五穀長及爾雅以稷爲粢通而言之六穀皆是粢故小宗伯云辨六粢之名物是也○天官

○季秋乃命冢宰農事備收備猶盡也舉五穀之要定其租稅之簿藏帝籍之收於神倉祗敬必飭重粢盛之委也帝籍所耕千畝也藏祭祀之穀爲神倉祗亦敬也○疏曰帝籍

0016_0159-1

者供上帝之藉田也神倉者貯祀鬼神之倉也言天子於此月命冢宰藏此帝藉所收禾穀於此神倉之中當須敬而復敬必使飭正又曰委謂委積之物重此粢盛委積之物故內於神倉公羊傳桓十四年御廩災御廩者何粢盛委之所藏皇氏云委謂輸也其義非云帝藉所耕千畝者鄭康成云藉之言借也借民力所治之田也祭義云天子爲藉千畝冕而朱紘躬秉耒祭統云天子親耕於南郊是藉田在南郊也云藏祭祀之穀爲神倉者以其供神之物故曰神倉祗亦敬符經文敬字祗又訓爲敬故云祗亦敬言敬者恒以敬敬爲心不暫息

0016_0162-2

慢也月令

○小宗伯辨六齍之名物與其用使六宮之人共奉之齍讀爲粢六粢謂六穀黍稷稻粱麥苽○疏曰六穀云名物謂六穀各有名其色異故云名物也云與其用者六穀所用若六牲六彝所用不同故須辨之云使六宮之人共奉之者黍稷簠簋是婦人所奉之事故使六宮之人奉之六宮之人謂若世婦職云女宮之宿戒者也又曰讀齍爲粢者爾雅釋草粢稷也粢字從米以次爲聲其齍字從皿以齊爲聲從皿不如從米故讀粢也云六粢黍稷稻粱麥苽者約食醫和王六

0016_0163-1

食云黍稷稻粱麥苽而言○春官

○廩人大祭祀則共其接盛接讀爲壹扱再祭之扱扱以授舂人舂之大祭祀之穀藉田之收藏於神倉者也不以給小用○扱初洽反劉初輒反又差及反劉涉反○疏曰此即廩人兼掌御廩所藏藉田之收以共祭祀之用者也鄭必讀接爲壹扱再祭之扱者此經與舂人舂之當須扱與舂人無取於接義故讀如特牲少牢云藏於神倉者也者據月令而言知不給小用者祭義云天子藉田千畝諸侯藉田百畝以事天地社稷先公敬之至也是不給小用也○地官

○舂

0016_0164-1　　0016_0163-2

人祭祀共其齍盛之米 齍盛謂黍稷粱之屬可盛[…]

爲簠簋實。疏曰器實曰齍則黍稷[…]粱是也在器曰盛則簠簋是也故鄭[…]

言齍盛謂黍稷稻粱之屬中兼有[…]麥苽可盛以爲簠簋之實也。同上 ○

小宗伯大祭祀祭之日逆齍 逆齍受饎人之盛以[…]

入。饎昌志反。疏曰其逆齍即大宗[…]伯涖玉齍者是也大宗伯涖之小宗[…]

迎之是相佐也又曰知齍受饎人之[…]以入者案少牢饎爨在廟門之外也[…]

天子諸侯饎爨亦在廟門外今言迎[…]明於廟門之外迎入向廟堂東實之[…]

祭礼十二　二百二

簠簋也 ○春官 ○小祝大祭祀逆齍盛 疏曰逆[…]

者祭宗廟饋獻後尸將入室食示[…]廟門外迎饎人之齍盛於廟堂東[…]

薦於神座前。同上 ○舍人凡祭祀共簠簋[…]

陳之 方曰簠圓曰簋盛黍稷[…]疏曰祭祀言凡則天地宗[…]

小祭皆有黍稷於簠簋實之[…]凡以廣之也又曰云方曰簠圓[…]

據外而言案孝經云陳其簠簋[…]圓外方受斗二升者直據簠[…]

則內方外圓知皆受斗二升[…]爲簋實一觳豆實三而成[…]

0016_0165-1　　0016_0164-2

豆則斗二升可知但外神用瓦[…]當用木故易損卦云二簋可用[…]

以離巽爲之離爲日日圓巽爲[…]圓簋象是用木明矣云盛黍稷[…]

者案公食大夫簠盛稻粱簋[…]故鄭揔云黍稷稻粱器也。○[…]

肆師祭之日表齍盛告絜 粢六[…]器曰[…]

表爲剽剽表皆謂徽識也。剽芳[…]識式志反又昌志反。疏曰云粢[…]

表齍盛告絜者當祭之日旦其[…]盛於簠簋陳於廟堂東又以徽[…]

旌書其黍稷之名以表之又告絜[…]曰爾雅云粢稷也彼特訓粢爲稷[…]

祭禮十二　二百三

稷爲五穀之長其揔而言之六穀[…]粢故此經揔六穀爲粢故鄭云粢六[…]

也粢食醬和王六食黍稷稻粱麥苽[…]食即膳夫云六穀一物故鄭云六穀[…]

云皆謂徽識也者以剽表字雖不同[…]是徽識也於六粢之上皆爲徽識亦[…]

書其黍稷之名以表之餘饌不表獨[…]表之者以其餘器所盛名異觀器則[…]

其實此六穀者簠盛稻粱簋盛黍稷[…]有會蓋覆之視器不知其實故特須[…]

顯之也 ○春官 ○大宗伯奉玉齍 玉禮神之[…]也始涖之[…]

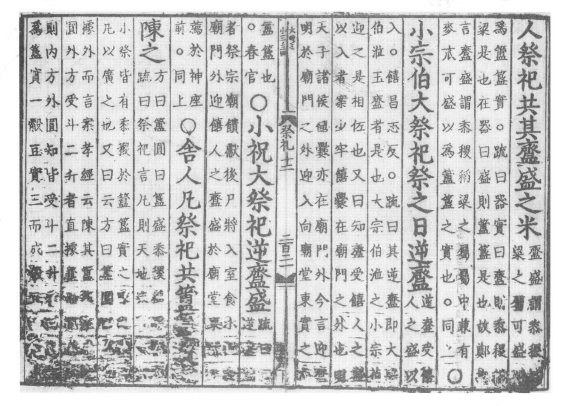

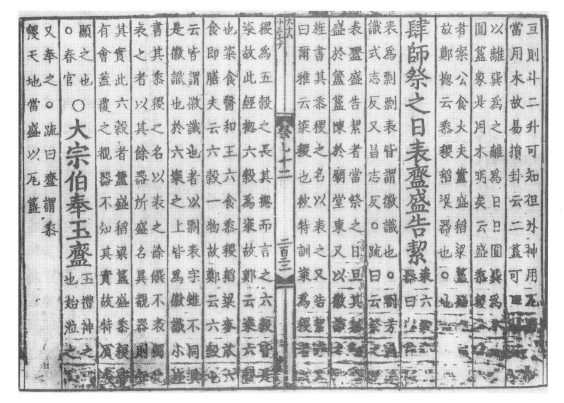

又奉之。疏曰齍謂黍稷天地當盛以瓦簋

0016_0165-2

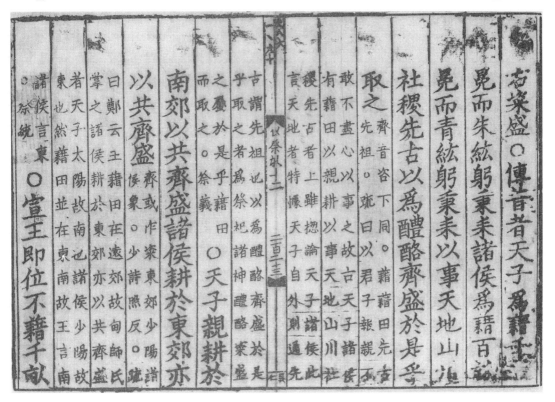

古粢盛○傳昔者天子爲藉千畝冕而朱紘躬秉耒諸侯爲藉百畝冕而青紘躬秉耒以事天地山川社稷先古以爲醴酪齊盛於是乎取之齊音咨下同。藉藉田先古先祖。疏曰以君子躬親不敢不盡心以事之故古天子諸侯有藉田以親耕以事天地山川社稷先古者上雖揔論天子諸侯此言天地者特據天子自外則通先

0016_0166-1

古謂先祖也以爲醴酪齊盛於是乎取之者爲祭祀諸神醴酪粢盛之釁於是乎藉田而取之○祭義○天子親耕於南郊以共齊盛諸侯耕於東郊亦以共齊盛齊或作粢東郊少陽諸侯象○少詩照反○疏曰鄭云王藉田在遠郊故甸師氏掌之諸侯耕於東郊亦以共齊盛者天子太陽故南也諸侯少陽故東也然藉田並在東南故王言南諸侯言東○祭統○宣王即位不藉千畝

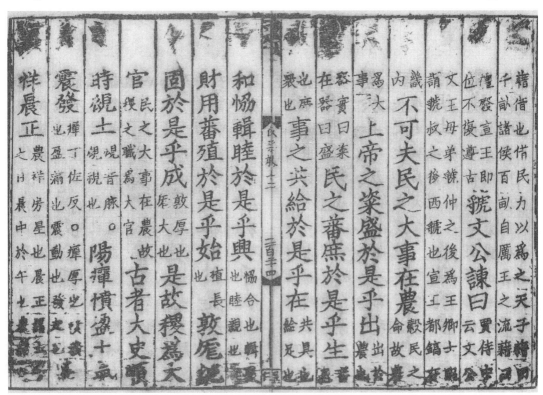

0016_0166-2

藉借也借民力以爲之天子藉田千畝諸侯百畝自厲王之流藉田禮廢宣王即位不復遵古虢文公諫曰賈侍中云文公文王母弟虢仲之後爲王卿士請虢叔之後西虢也宣王都鎬在畿内不可夫民之大事在農穀民之命故爲大事上帝之粢盛於是乎出出於農也粢實曰粢在器曰盛民之蕃庶於是乎生蕃息也庶衆也事之共給於是乎在共具也給足也

0016_0167-1

和協輯睦於是乎興協合也輯也睦親也財用蕃殖於是乎始殖長也敦厖純固於是乎成敦厚也厖大也是故稷爲大官民之大事在農故稷之職爲大官古者大史順時覛土覛音脈○覛視也陽癉憤盈土氣震發癉丁佐反○癉厚也憤積也盈滿也震動也發起也農祥晨正農祥房星也晨正之日晨中於午也

0016_0168-1

0016_0167-2

泯故曰農祥日月底于天廟底至也天廟營室也
孟春之月日月皆在營室土乃脈發脈理也農書曰春土
冒橛陳根可拔耕者急發○橛其月反先時九日先先
立春日也大史告稷曰自今至于初吉
初吉二月朔日也詩云二月初吉陽氣俱烝土膏
其動烝升也膏潤也其動潤澤欲行弗震弗渝脈
其滿眚穀乃不殖震動也渝變也眚災也言陽氣

仪祭礼十二　二百三十五　田

俱升土膏欲動當即發動變寫其氣不然則脈滿氣結更爲災病穀
乃不殖稷以告以大史之言告王王曰史帥
陽官以命我司事史大史陽官春官司事主農事
官也曰距今九日上其俱動距去也王
其祗祓監農不易祗敬也祓齋戒祓除也不易不
易物土之宜○祓音弗王乃使司徒咸戒公
卿百吏庶民百吏百官也庶民向師氏所掌之民王耕

0016_0169-1

0016_0168-2

耕王之籍田者司空除壇于籍司空掌也也命
農大夫咸戒農用農大夫田畯也農用田器也
先時五日先耕時也瞽告有協風至瞽樂
天師知風聲者協和也風氣和時候至也立春日融風王即
齋宮所齋之宮百官御事各即其齋三
日御治也王乃淳濯饗醴淳之純反○淳沃也
濯溉也饗飲也謂王沐浴飲醴酒及期期耕日也鬱人

祭礼十二　二百三十六　是

薦鬯鬱鬱金香草宜以和鬯酒也周禮鬱人掌祼器凡祭祀賓
客和鬱鬯以實彝而陳之共王之齊鬯犧人薦醴犧人
司尊也掌共酒醴者王祼鬯饗醴乃行祼灌也灌
鬯飲醴皆所以自香絜百吏庶民畢從及籍
后稷監之監察也膳夫農正陳籍禮
膳夫上士也掌王之飲食膳羞之饋農正田大夫主敷陳籍禮而
祭其神爲農祈也○爲于僞反大史贊王贊道也王

0016_0169-2

敬從之王耕一墢墢音撥又音伐一墢一耜之墢也王無耦以一耜耕班三之班次也三之下各三其上也王一墢公三卿九大夫二十七庶人終于千畝終盡耕也其后稷省功大史監之司徒省民大師監之畢宰夫陳饗膳宰監之宰夫下大夫也膳宰膳夫也膳夫贊王王歆大牢歆饗也班嘗之公卿大夫也庶人終

0016_0170-1

食殺畢也是日也瞽帥音官以省風土音官樂官也風土以音律省土風風氣和則土氣養廩于籍東南鍾而藏之廩御廩一名神倉東南生長之處鍾聚也謂爲廩以藏王所籍田以奉齍盛○齍音咨盛音成而時布之于農布賦也稷則徧戒百姓紀農協功紀猶綜理也協同也曰陰陽分布震雷出滯陰陽分日夜同也滯蟄蟲也明堂月令曰日夜

0016_0170-2

分雷乃發聲始電蟄蟲咸動啓户始出土不備墾辟在司寇墾發也辟辠也在司寇司寇行其辠乃命其旅曰徇旅衆也徇行也農師一之一之先往也農師上士農正再之農正后稷之佐田畯也故次農師后稷三之后稷農官之君故次農正司空四之司空主道路溝洫故次后稷司徒五之司徒省民故次司空大保六之大師七之大保大師天子三公

0016_0171-1

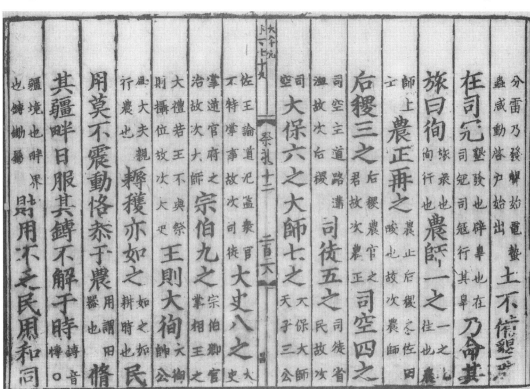

佐王論道汜濫衆官不特掌事故次司徒大史八之大史掌逆官府之治故次大師宗伯九之宗伯卿官掌相王之大禮若王不與祭則攝位故次大史王則大徇大徇帥公卿大夫親行農也耨穫亦如之如之如耕時也民用莫不震動恪恭于農用謂田器也脩其疆畔日服其鎛不解于時鎛音博○疆境也畔界也鎛鋤屬財用不乏民用和同

0016_0171-2

是時也王事唯農是務……
於其官以干農功求利……使干……
三時務農而一時講武三……
也講習也故征則有威守則有財……
乃能媚於神媚說也而和於民矣……
享祀時至而布施優裕也……
今天子欲脩先王之緒而棄其大……

0016_0172-1

仪祭礼十二　二百廿九

功匱神之祀而困民之財……
藉也困民之財取於民也將何以求福用民……
弗聽三十九年戰于千畝王師……
績于姜氏之戎國語周語○父母……
必求仁者之粟以祀之……
終喻貧困猶不取惡人物以事亡親○祭義○……
曰魯祭周公何以爲盛……

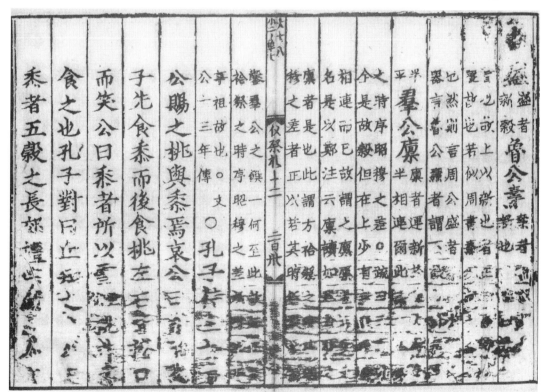

0016_0172-2

……盛者新穀魯公壽祭者壽也……
言之敬上以祭也者正……望也若似周書壽……
也然則言周公盛者器言魯公羞者謂一設……
半平羣公廩廩者運新其半相連爾此……
之特序昭穆之差○疏……今是故穀但在上少……
相連而已故謂之廩廩……名是以鄭注云廩讀如……
廩者是也此謂方祫祭之……穆之差者正以若其時……

0016_0173-1

仪祭礼十二　二百卅

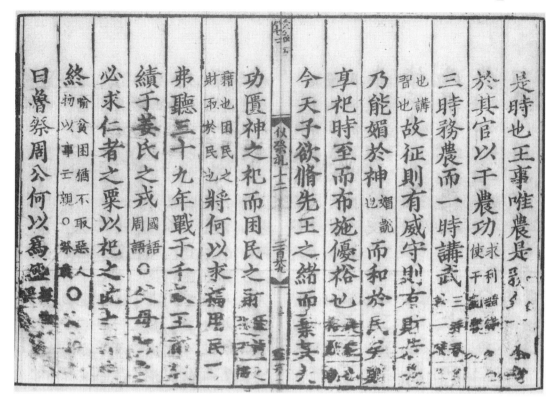

鑿羣公之饌一何至此……祫祭之時序昭穆之差……
事祖故也○文公十三年傳○孔子侍……
公賜之桃與黍焉哀公曰請……
子先食黍而後食桃左右皆掩口
而笑公曰黍者所以雪桃……
食之也孔子對曰丘知之矣……
黍者五穀之長祭禮……

0016_0173-2

盛○果屬有六而桃爲下祭祀不用
不登郊廟丘聞之君子以賤雪貴
不聞以貴雪賤今以五穀之長雪
果之下者是從上雪下臣以爲妨
於教害於義故不敢家語子路初見○米
廩有虞氏之庠庠序亦學也庠之言詳也於以考禮
詳事也魯謂之米廩虞帝上孝今藏粢盛之委焉○疏曰米廩是有

大二 小二八 祭礼十二 二百卅一

0016_0174-1

虞氏之庠也者魯以虞氏之庠爲廩以藏粢盛○明堂位○桓
公十四年秋八月壬申御廩災御廩
公所親耕以奉粢盛之倉也天火曰災例在宣十六年○疏曰傳稱
御廩災乙亥嘗書不害也明嘗之所用是御廩之所藏也禮記祭義
云天子爲藉千畝諸侯百畝躬秉耒以事天地山川社稷先古敬之
至也穀梁傳曰天子親耕以共粢盛王后親蠶以共祭服國非無良
農工女也以爲人之所盡事其祖禰不若以已所自親者也月令季

0016_0174-2

秋乃命冢宰藏帝藉之收於神倉鄭玄云重粢盛之委也帝藉所耕
千畝也藏祭祀之穀故爲神倉以此諸文知御廩藏公所親耕以奉
粢盛之倉也廩即倉之別名周禮廩人爲倉人之長其職曰大祭祀
則共其接盛鄭玄云接讀爲扱扱以授舂人大祭祀之穀藉田之收
藏於神倉者不以給小用是公所親耕之粟擬共祭祀藏於倉廩故
謂之御廩災其屋而不損其穀故曰書不害也乙亥嘗先其
時亦過也既戒曰致齊御廩雖災苟不害嘉穀則祭不應廢故書以

大二 小三五八 祭礼十二 二百卅二

0016_0175-1

示法○先悉薦反又如字齊側皆反○疏曰八月建未未是始殺故
云先其時亦過也周禮大宰祀五帝前期十日帥執事而卜日遂戒
享先生亦如之鄭玄云十日者容散齊七日致齊三日壬申在乙亥
之前三日是致齊之初日也既已戒日致齊御廩雖災苟其不害嘉
穀有穀可以共祭祀則祭不應廢故書以示法也若害穀則當廢不
可苟用他穀故也先時亦過過則當書但書過已有成例故傳指言
不害故沈氏云杜以先時亦過過則當書傳何以專言不害此丘明

之意若非先時有災不害亦書之非御廩有災先時亦書進退明矣也服虔云嘗以壬申被災至乙亥而嘗不以災害爲恐故衛難杜云若救之則息不害嘉穀則傳當有救火之文若如宋災傳舉救火今注言不害明知不以災爲害杜必爲不害嘉穀者秦氏答云傳所以不載救火者傳以指釋經文略其其要所以不載救火至於宋鄭之災彼由簡牘備載詳略不容不可相難也

左氏曰書不害也災其屋救之則息不及穀故曰書不害

○穀梁

子曰御廩之災不志以其微○疏曰云災是大事嘗亦不小而云微者周之八月夏之六月其大月之末容得方熟之節祭未足可書比之災則爲微當合舉重而今並書之者是未易災之餘可志而已見其不微故兼志之如此解則傳云御廩之災不志者謂不當兼志之也今以爲微者直謂御廩災也故徐邈云不足云是也徐又云而嘗可也言可以嘗而上覆與范注違不得取之

此其志何也以爲唯未易災之餘

而嘗可也志不敬也鄭嗣曰[illegible][illegible]未易災之[illegible]而嘗然後可志也用火災之餘以祭宗廟非人子所以盡其心力不敬之大也

天子親耕以共粢盛天子親耕其禮三推黍稷曰粢在器曰盛○疏曰月令天子於孟春之月乃擇元辰天子親載耒耜耕之參保介之御閒帥三公九卿諸侯大夫躬耕帝籍天子三推公五推卿諸侯九推是其文也

王后親蠶以共祭服王后親蠶齋戒躬桑夫人三繅遂班三宮朱綠

玄黃以爲黼黻文章服既成君服以祀之○疏曰王后親蠶齋戒躬桑月令文夫人三繅遂班三宮云祭義文故彼云古者天子諸侯必有公桑蠶室近川而爲之築宮仞有三尺棘牆而外閉之及大昕之朝君皮弁素積卜三宮之夫人世婦之吉者使入蠶于蠶室奉種浴于川桑于公桑風戾以食之鄭注云大昕季春朔日之朝也諸侯夫人三宮半王后也又云及良日夫人繅三盆手遂布于三宮夫人世婦之吉者使繅遂朱綠之玄黃之以爲黼黻文章服既成君服[illegible]

0016_0177-2

祀先王先公敬之至也鄭玄云三盆手者三淹也凡繅每淹大摠而手振之以出緒也是也國非無良農工女也以爲人之所盡事其祖禰不若以己所自親者也凱曰夫治人之道莫急於禮禮有五經莫重於祭祭者非物自外至者也由中出者身致其誠信然後可以交於神明祭之道也○疏曰禮有云云者祭統文鄭玄云五經者吉凶賓軍嘉也莫重於祭謂以吉禮爲首也大宗伯職曰以吉禮事

祭禮十二　二百三十五

0016_0178-1

邦國之鬼神祇何用見其未易災之餘而嘗也曰甸粟而內之三宮三宮米而藏之御廩甸甸師掌田之官也三官三夫人也宗廟之禮君親割夫人親舂○疏曰傳言甸粟知是掌田之官也禮王后六宮諸侯夫人三宮也故知三宮是三夫人宮也禮宗廟之禮君親割夫人親舂者文十三年傳文傳兼甸之事焉者納粟者甸師而夫人親舂是兼之也夫嘗必有兼甸之事焉

0016_0178-2

夫人親舂是兼甸之事壬申御廩災乙亥嘗以爲未易災之餘而嘗也鄭嗣曰壬申乙亥相去四日言用日至少而功多明未足及易而嘗○公羊子曰御廩粢盛委之所藏也黍稷曰粢在器曰盛委積也御者謂御用于宗廟廩者釋治穀名禮天子親耕東田千畝諸侯百畝后夫人親西郊采桑以共粢盛祭服躬行孝道以先天下○疏曰禮天子親耕東田千畝云云皆出祭義之文御廩

祭禮十二　二百三十六

0016_0179-1

災何以書者嫌覆問上粢盛委之所藏故不但言何以書御廩災不如勿嘗而已矣當廢一時祭自責以奉天災也知不以不時者書本不當嘗也○疏曰周之八月非夏之孟秋而反爲嘗故以不時言之

季冬乃命四監收秩薪柴共郊廟及百祀之薪燎共音恭燎力召反○四監主山林川澤之官也大者可析謂之薪小者合束謂之柴薪施炊爨柴以給燎春秋傳曰其父析薪今月令無

0016_0180-1 0016_0179-2

祀之薪燎○疏曰以薪柴出舉故四監爲山林川澤之官
禦柴以給燎者以薪柴並文用上云薪柴下云薪燎故
祭引春秋傳曰其父薪折者左傳辭也其父折薪其子弗克
之者證薪是麤大可折之物云無及百祀之薪燎者謂無此已之
○遂人凡國祭祀令野職野職薪炭
○疏曰云野職薪炭之類者此官妻人斂之故下委人云掌斂野之
又云斂薪芻凡疏材木材凡蓄聚○言之變者舉此諸物也○地官

祭物十二　二百三十七

委人以式灋共祭祀之薪蒸木材委於偽反
○式法故事之多少也薪蒸給炊及燎麤者曰薪細者曰蒸木材給張事○疏
曰云式灋故事之多少也者據此一經皆當皆依舊法式用之故以式法目之
也云薪蒸給炊及燎者以其祭祀所用薪蒸無過炊米與爓燎也知麤者曰薪
細者曰蒸者左氏傳云其父析薪既云析明其大者曰薪其蒸不言析明其
細也云木材給張事者以其祭祀而云木材筆更無用木材之處案掌次云設
大次小次設重案並須木材明據此所用故云給張事○同上
○司門

0016_0181-1 0016_0180-2

氏掌以夫遂取明火於日共祭祀之明
燭烜者毀夫方諸反司烜音毀○云夫遂陽遂也取日之火欲得陽之絜氣
也明燭以照饌鄭司農云夫發聲○疏曰云夫遂陽遂也者以其日者太陽之
精取火於日故名陽遂取火於木故名爲木遂者也云明燭以照饌陳者謂祭
日之旦饌陳於堂豪未明須燭照之凡邦之大事共墳燭
庭燎故書墳爲蕡鄭司農云蕡燭麻燭也玄謂墳大也樹於門外曰大燭
於門內曰庭燎皆所以照衆爲明○疏曰云事謂若大喪紀大賓客則皆設

祭物十二　二百三十八

燭在門外庭燎在人寢之庭又曰先後故書蕡爲麻燭玄以其古者未有
麻燭故不從是以禮記少儀云主人執燭抱燋鄭云未爇曰燋是知未有麻燭
後鄭云樹於門外曰大燭於庭者非人所也燕禮云甸人執大燭於庭不言樹
彼諸侯燕禮不樹於地使人執此注三大燭爲位賓也此言大燭亦爲位
又樹之大地也云於門內曰庭燎門內在庭中故謂之庭燎庭燎與大
一也皆所以照衆爲明是以詩云如何其夜未央庭燎之光君子
也傳云庭燎大燭謂王待諸侯來朝宗如特牲云庭燎之百由齊桓公始

蟲鄭云庭燎之差公蓋五十侯伯子男昏三十大戴禮文具百若天子禮庭燎所作依慕容所爲以葦爲中心以布纏之飴蜜灌之若今蠟燭百者或以百根一處設之或百處設之若人所執者用荆燋爲之執燭抱燋由禮云燭不見跋是也○秋官

○甸師祭祀共蕭茅

鄭大夫云蕭字或爲茜茜讀爲縮束茅立之祭前沃酒其上酒滲下去若神飲之故謂之縮縮浚也故齊桓公責楚不貢包茅王祭不共無以縮酒杜子春讀爲蕭蕭香蒿也玄謂詩所云取蕭祭脂郊特牲云蕭合黍稷臭陽達於墻屋故既薦然後焫蕭合

馨香合馨香者是蕭之謂也茅以共祭之苴亦以縮酒苴以藉祭縮酒泲酒也醴齊縮酌○滲所鴆反苴音租又子餘反泲子禮反齊才細反○疏曰此祭祀共蕭茅者蕭謂香蒿據祭祀宗廟時有之若共茅外内之神俱用故云祭祀共蕭茅也又曰鄭大夫云蕭字或爲茜茜讀爲縮鄭大夫必讀爲縮者欲以蕭茅共爲一事解之云束茅立之祭前者此鄭大夫之意取士虞禮束茅立几東所以藉祭此義蕭茅共爲一則不可若束茅立之祭前義得通又引齊桓公責楚謂左氏僖公四年傳辭彼齊桓使管仲責楚云爾貢包茅不入王祭不共無以縮

酒寡人是徵楚伏其罪云敢不共給也杜子春讀爲蕭於義爲是故從鄭從之云玄謂詩所云取蕭祭脂見用蕭之時有脂又引郊特牲者欲見非直有脂亦有黍稷云臭陽達於墻屋者謂饋獻之後陰厭之節取蕭與脂及黍稷焫燒之取香氣上聞故云既薦然後焫蕭合馨香云茅以共祭之苴者則士虞禮束茅長五寸立於几東謂之苴者是也云亦以縮酒者左氏管仲辭是也云苴以藉祭者亦指士虞禮也云縮酒泲酒也者鄭君解義語云醴齊縮酌者司尊彝職文此官共茅司巫云祭祀共蒩館茅以荅爲蒩兩官共共者謂此甸師共茅與

司巫司巫爲苴以共之此據祭宗廟也[illegible]鄭又云大祭祀共茅蒩者謂據祭天地亦謂甸師氏送茅與鄉師爲苴以共之若然甸師氏直共茅而已不供苴耳○官天

○鄉師大祭祀共茅蒩

蒩子都反一子餘反鉏側魚反鄭將呂反○杜子春云蒩當爲菹以茅爲菹若葵菹也鄭大夫讀蒩爲藉謂祭前藉也易曰藉用白茅無咎玄謂蒩士虞禮所謂苴刌茅長五寸束之者是也祝設于几東席上命佐食取黍稷祭于苴三取膚祭祭如初此所以藉祭既祭蓋束而去之守祧職云既祭藏其隋是與○菹側魚反[illegible]

0016_0183-2

[illegible]恚反又祖恚反與音餘○疏曰[illegible]司徒職云奉牛牲此又云羞牛牲者[illegible]師佐大司徒故此云羞牛牲也云共茅葅者案甸師職云共蕭茅彼直共茅與此鄉師鄉師得茅束而切之長五寸立之祭前以藉祭故云茅葅也又曰杜子春云葅當爲菹以茅爲菹若葅者但茅章不堪食故後鄭不從鄭大夫讀葅爲藉謂祭前藉此後鄭從之又引易曰藉用白茅無咎者大過初六爻辭引之者證葅爲藉之義玄謂葅士虞禮所謂苴刌茅長五寸束之者是也引之者欲見其葅爲祭之藉此增成鄭大夫之義又云祝設于几東至所以承祭辭所以

0016_0184-1

[illegible]祭之意云既祭盡束而去之并引守祧職者欲見此是祭神之餘不可虛棄必當藏之所藏者即守祧職既祭藏其隋是也言隋著謂祭黍稷三及肴祭如初皆隋減以祭之故名爲隋以其無正文故言蓋與以疑也○地官○掌

蜃掌斂共白盛之蜃盛猶成也謂飾牆使白之蜃也今東萊用蛤謂之叉灰云○疏曰言白成謂飾牆使白之蜃也案爾雅云地謂之[illegible]牆謂之堊黝黑也堊白也若然此經[illegible]云白盛主於宗廟堊牆也云今東萊[illegible][illegible]謂之叉灰云者蜃蛤在泥[illegible]蒙人又取以爲灰故以蛤灰[illegible]

0016_0184-2

[illegible]○同上○幕人凡祭祀共其帷幕幄帟綬共之者掌次當以張○疏曰此一經皆供與掌次使張之此云祭祀即掌次云大旅及朝日祀五帝是也此數事皆共帷幕幄帟綬與掌次是以鄭云共之者掌次當以張也○天官○掌次凡祭祀張其旅幕張尸次旅衆也公卿以下即位所祭祀之門外以待事爲之張大幕尸則有幄鄭司農云尸次祭祀之尸所居更衣帳○爲于偃反○疏曰祭祀言尸者天地宗廟外內祭祀皆有羣臣助祭其臣既多不可人人獨設故張旅幕旅

0016_0185-1

衆也謂衆人共幕諸祭皆有尸尸尊故別設尸次又曰鄭云公卿以下即位所祭[illegible]之門外以待事者若宗廟有[illegible][illegible]外若外神於郊則亦有壝宮之[illegible][illegible]並有立位言爲之張大幕者以[illegible]誤知入幕也司農云更衣帳者[illegible][illegible]服至祭則祭所乃更去當[illegible]服也故言更衣○同上[illegible]

右新茅○傳錫狗之未陳也[illegible]

[illegible]以文繡尸祝齋戒[illegible]

[illegible]

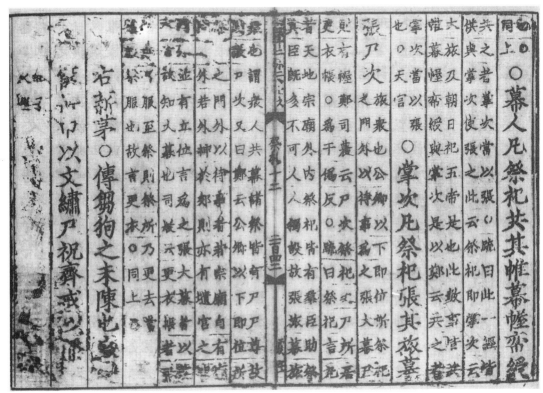

0016_0186-1　0016_0185-2

一穀不升謂之嗛升成也嗛不足貌二穀不升謂之饑三穀不升謂之饉四穀不升謂之康康虛五穀不升謂之大侵侵傷大侵之禮禱而不祀周書曰大荒有禱無祀○疏曰周書者先儒以為刪尚書之餘今據其書與尚書不類未知是與非也○襄公二十四年穀梁傳○凶年則乘駑馬祀以下牲自貶損亦取易供也駑馬六種最下者下牲少牢若特豕特豚也○易以豉反種章勇反○疏曰自

祭禮十一　二百四十三

貶損者言乘駑馬降牲牢是貶損也云駑馬六種最下者案校人云種馬一物戎馬一物齊馬一物道馬一物田馬一物駑馬一物是六種馬中最下也云下牲少牢若特豕特豚也者天子諸侯及天子大夫常祭用大牢若凶年降用少牢諸侯之卿大夫常祭用少牢降用特豕士常祭用特豕降用特豚如此之屬皆下牲也○雜記下○歲凶年穀不登登成也○疏曰此下明凶荒人君貶民自貶退禮也歲凶者謂水旱災害也年穀不登歲既凶荒而年中穀稼不登登成也然年歲通矣亦有異鄭注大史職中數曰歲朔數曰

0016_0187-1　0016_0186-2

年釋者云年是歲有氣之初歲是舉年中之稱故云朔數曰年中數曰歲也祭事不縣縣音玄○縣樂器鍾磬之屬也○疏曰此祭事謂祈禱之祭與穀梁禱而不祀之祭同不縣者樂有縣鍾磬因曰縣也凶年雖祭而不作樂也○曲禮下○閭師凡庶人不畜者祭無牲不耕者祭無盛掌罰其家事也盛黍稷也○疏曰云庶人不畜者祭無牲者案孟子云庶人五母雞二母彘無失其時是以不畜者當罰之故死後祭無牲也庶人用牲之法按王制云非以

以魚黍以豚稻以鴈注云庶人無常牲取以新物相宜而已是也云不耕者祭無盛者黍稷曰盛耕者所以殖黍稷今惰辰自安不殖黍稷故死後祭之無盛也○地官

右殺禮○傳孔子在齊齊大旱春饑景公問於孔子孔子曰如之何孔子曰凶年則乘駑馬力役不興馳道不修馳道君行之道祈以幣玉君所祈請用幣及玉

0016_0187-2

不用牲也祭祀不縣不作樂也祀以下[illegible]
大牢者用少牢此賢君自貶以救民之[illegible]
也家語曲禮子貢問○鄭公孫黑肱有疾
歸邑于公黑肱子張召室老宗人立[illegible]
段子石黑肱子而使黜官薄祭黜官[illegible]多受[illegible]
以特羊殷以少牢足以共祀[illegible]
一羊三年盛祭以羊豕殷盛也[illegible]䟽曰少牢饋食禮者諸侯之大夫[illegible]

祭祀十二　二百四五

0016_0188-1

時祭之禮也是時祭用少牢今公孫黑肱使黜官薄祭故時祭用特
羊殷祭乃少牢諸侯之大夫立[illegible]少牢而禮器云君子大牢而祭謂
之禮匹士大牢而祭謂之攘鄭玄云君子謂大夫以上是大夫之[illegible]
有用大牢時也又雜記云上大夫之虞也少牢卒哭成事附皆[illegible]
據此二文大夫得用大牢者[illegible]之文據天子大夫故也雜記據[illegible]
祭故進用一等士與禮士遣[illegible]牢是也大夫無禘祫而云[illegible]
牢祭者禮記言大夫有善[illegible]

0016_0188-2

劉炫云禮器云君子大牢而祭謂之禮匹士大牢而祭謂之攘鄭玄
云君子謂大夫以上是大夫祭有用大牢時也雜記云大夫之虞也
皆少牢卒哭與祔皆大牢喪祭有大牢明吉祭亦有也此言特羊必
是時祭殷以少牢明是三年一爲大祭猶天子諸侯禘也禮大夫時
祭少牢大祭大牢今黑肱全減之也○襄公二十二年春秋左氏傳
諸侯之宮縣而祭以白牡擊玉磬朱干
設錫冕而舞大武乘大路諸侯之僭禮

祭祀十二

0016_0189-1

也縣音玄錫音陽○言此皆天子之禮也宮縣四面縣也干楯也錫傅其背
如龜也武萬舞也白牡大路殷天子禮也○脅純尹反○疏曰案小胥天子宮
縣案文十三年公羊傳云周公用白牡又明堂位云祀周公於大廟牲用白牡
擊玉磬則皋陶謨云鳴球是也祭統云朱干玉戚冕而舞大武明堂位云魯君
孟春乘大路其祭統明堂位所云皆天子禮樂特賜周公故云皆天子之禮魯
唯文王周公廟而得用之若用於他廟則爲僭也若他國諸侯非二王之後祀
受命之君而用之皆爲僭也云錫傅其背如龜也者詩云鏤錫謂以金飾之則

武亦以金飾也謂用金琢傳寫貢角皆以玉爲飾亦外高故云如爲也云
殷禮然也白牡是殷之正色大路與白□同文故知白牡大路是殷天子之
權也○郊特牲○大夫具官祭器不假聲樂皆
具非禮也是謂亂國臣之奢富擬於國君敗亂之國也孔
子謂管仲官事不攝焉得儉○爲於虔反○疏曰大夫具官者天子六卿諸侯
三卿大夫若有地者則置官一人兼攝羣職不得官官各須具足如君禮
故孔子譏管仲云官事不攝焉得儉若祭器不假者凡大夫無地則不得

祭禮十二　二百四十七

造祭器有地雖造而不得具足並須假者不假者唯公孤以上得備造故周禮
四命受器鄭云此公之孤始得有祭器者也又云王之下大夫亦四命暨祭器
云大夫自有判縣之樂而不得如諸侯八佾一曰大夫祭不得用樂者故
云無奏舞之文唯君賜乃有之雜言若大夫並爲上事則爲非禮
故國若大夫爲此上諸事與君乃是敗亂之國也○禮運○
藏於宗祝巫史非禮也是謂
[illegible]

曰祝謂主人之辭告神嘏謂尸之辭福告於主人皆從古法依舊禮辭說
須以法用之於國今乃棄去不用藏於宗祝巫史之家乃更改易古禮自爲辭
說非禮也而國之君臣祇聞今日祝嘏之辭不知古禮舊說當是君臣幽闇故
云是謂幽國醆斝及尸君非禮也是謂僭君
僭君之禮也醆斝先王之爵也唯魯與王者之後得用之耳其餘諸侯用時王
之器而已○疏曰醆是夏爵斝是殷爵若是夏殷之後祭祀之時得以醆斝及
於尸君其餘諸侯於禮不合今者諸侯等祭祀之時乃以醆斝及於尸君非禮

祭禮十二　二百四十八　刻

也此諸侯乃是僭禮之君又曰案明堂位云夏曰醆殷曰斝是先王之爵也天
子有六代之樂王者之後得用郊天故知唯天子之後得用之其餘諸侯用時
王之器而已此醆斝謂祭祀尸未入之時祝酌奠於鉶南者也故郊特牲云舉
斝角是也若尋常獻尸則用玉爵耳○禮運
右失禮○傳禮非祭男女不交爵
交爵謂相獻酢○疏曰此一節坊男女非因祭祀不得相集會也非
祭男女不交爵者言唯祭之時乃得交爵故特牲饋食禮云主婦獻

0016_0191-2

尸尸酢主婦是交爵也

以此坊民陽侯猶殺

繆侯而竊其夫人　殺音試一如字繆音穆○同姓

也以貪夫人之色至殺君而立其國未聞○跡曰言同姓者則上文

云君不與同姓同車是也云其國未聞者唯有陽侯繆侯是兩君之

謚未聞何國君故云未聞又案王饗諸侯及諸侯自相饗同姓則后

夫人親獻異姓則使人攝獻則繆侯所饗蓋同姓也且王於同姓雖

爲侯伯車服與上公同上公饗再祼后與王俱祼則上公相於亦王

祭禮十二　二百四十九

0016_0192-1

同也其同姓上公則后與夫人親祼獻一拜送也若異姓上公使人攝

祼故宗伯職云大賓客則攝而載祼謂異姓也內宰職云凡賓客之

祼獻瑤爵皆贊注云謂王同姓及二王之後來朝覲王以鬱鬯禮之

后以瑤爵亞獻謂同姓也自陽侯殺繆侯後其后夫人獻禮遂廢並

使人攝也

故大饗廢夫人之禮　大饗饗諸侯享

朝者也夫人之禮使人攝○朝直遙反○跡曰故大饗廢夫人之禮

者以大饗之時夫人與君同饗賓是繆侯及夫人共其饗賓饗

0016_0192-2

繆侯同姓之國見繆侯夫人乃殺繆侯而取其夫人又

國而自立故大饗廢夫人之使夫人得預其禮也以此言之[illegible]

陽侯以前大饗夫人出饗鄰國之君得有男女交爵此云非祭男女

不交爵者謂侯伯子男及卿大夫士祭乃交爵若王於上公及上公

相饗時后與夫人亦男女交爵祼同也故大行人云上公之王

禮再祼而酢○是也○坊記

孔子曰昔臧文仲

安知禮夏父弗綦逆祀而不止燔

祭禮十二　二百五十

0016_0193-1

柴於竈以祀焉夫竈者老婦之祭

謂祭竈報其功老婦主祭也

盛於瓮尊於瓶

非所祭也　家語曲禮子貢問

○孔子曰管

仲鏤簋而朱紘旅樹而反坫山節

而藻棁賢大夫也而難爲上也　鏤音

陋紘音宏棁章悅反○言其僭天子諸侯鏤簋刻爲蟲獸也冠有笄

者爲紘紘在纓處兩端上屬下不結旅樹門屏也反坫反爵之坫也

0016_0193-2

山節薄盧刻之爲山[illegible]之爲藻文○笄音雞[illegible]音[illegible]
溥又皮麥反㳅溥反又[illegible]音盧侏音朱○疏曰此一[illegible]明管
汵失禮之事賢大夫也而難爲上也者當時謂管仲是大夫之賢者
鏤簋者天子諸侯之制而管仲鏤之朱紘者亦天子之紘而管仲朱
之故祭義云天子冕而朱紘諸侯冕而青紘管仲大夫當緇組紘而
與士同今僭天子朱紘旅樹而反坫者是諸侯之禮論語云邦君樹
塞門邦君爲兩君之好有反坫今管仲爲之山節而藻梲者天子之

0016_0194-1

廟飾而管仲亦爲之是皆僭也故云賢大夫是賢者尚爲此僭上之
事是難可爲止者也言他人在管仲之上者皆被僭也故云難爲上
禮器云君子以爲濫濫謂盜竊亦僭上之事也又曰言其僭天子諸
侯若朱紘山節藻梲鏤簋是僭天子旅樹反坫是僭諸侯云鏤簋刻
爲蟲獸也者案梓人云小蟲之屬以爲琱琢是刻蟲獸也禮器注云
簋天子飾以玉此不云者文不具也其旅樹山節之屬已具於禮器
及郊特牲疏故於此不復釋也

晏平仲祀其先人

0016_0194-2

豚肩不揜豆賢大夫也而難爲下也

言其偪士庶人也豚俎實豆徑尺言并豚兩肩不能覆豆喻小
也○疏曰豚肩不揜豆者依禮豚在於俎今云不揜豆者以豆形旣
小尚不揜豆明豚小之甚不謂豚在豆也而難爲下也者平仲賢大
夫猶尚偪下是在平仲之下者恒被平仲而偪也是難可爲下

君子上不僭上下不僭下

雜記下

○嘗

隱公五年考仲子之宮將萬焉

萬舞

0016_0195-1

也○疏曰案公羊傳云萬者何干舞也籥者何籥舞也則萬與羽不
同今傳云將萬焉則羽數於衆仲是萬與羽爲一舞萬羽之異自是
公羊之說今杜直云萬舞也則萬是舞之大名也何休云所以仲子
之廟唯有羽舞無干舞者婦人無武事獨奏文樂也劉炫云公羊傳
曰萬者云云籥者云云羽者爲文萬者爲武武則左執朱干右秉玉
戚文則左執籥右秉翟此傳將萬問羽即似萬武同者以當此時萬
羽但作但舞[illegible]而問羽數非[illegible]即萬也徑直[illegible]羽[illegible]與傳互[illegible]

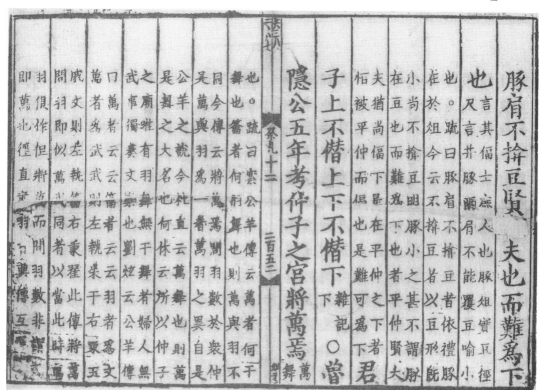

0016_0196-1

0016_0195-2

公問羽數於衆仲問執羽人數對曰天子

用八八八六十四人諸侯用六六六三十六人

疏曰何休說如此服虔以用六爲六八四十八大夫四爲四八三

十二士二爲二八十六杜以舞勢宜方行列既滅即每行人數亦宜

滅故同何說也或以襄十一年鄭人賂晉侯滅樂之半以賜魏絳因

歌鍾二肆遂言女樂二八爲下半樂張本耳非以二八爲二佾若二

八即是二佾鄭人豈以二佾之樂賂晉侯豈以一佾之樂賜魏絳

仪祭礼十二　二百五三

大夫四四四十六人士二二二四人士有功賜用樂

夫舞所以節八音而行八風八音金石

絲竹匏土革木也八風八方之風也以八音之器播八方之風手之

舞之足之蹈之節其制而序其情八方之風謂東方谷風東南清

明風南方凱風西南涼風西方閶闔風西北不周風北方廣莫風東

北方融風○疏曰八音爲金石土革絲木匏竹周禮大師職文也彼

云金鍾鎛也石磬也土塤也革鼓鼗也絲琴瑟也木柷敔也匏笙

0016_0197-1

0016_0196-2

[illegible]

革其風[illegible]竹其風[illegible]

[illegible]音絲其風[illegible]景[illegible]音[illegible]音金其風[illegible]

[illegible]立春調風至春分明庶風至[illegible]夏清明風至夏至景風至[illegible]

[illegible]秋分閶闔風至立冬不周[illegible]涼至廣莫風至[illegible]

[illegible]遠八節而爲之立名耳[illegible]風二八名昭十八年傳曰是[illegible]

風是其調同也沈氏云[illegible]云坎主冬至樂用管艮主立春[illegible]

用塤震主春分樂用鼓巽主[illegible]樂用笙離主夏至樂用絃坤主[illegible]

祭礼十二　二百五四

[illegible]樂用磬兌主秋分樂用[illegible]立冬樂用柷敔此八方之音[illegible]

二說未知孰是故兩存焉[illegible]樂之本節音行風之[illegible]以八音[illegible]

樂官播八方之風使天[illegible]人用足以蹈之節其[illegible]

[illegible]不[illegible]曰無以大康職思[illegible]

明舜歌南風曰南風之[illegible]阜吾民之財兮[illegible]

[illegible]吾人之慍兮[illegible]故自八[illegible]

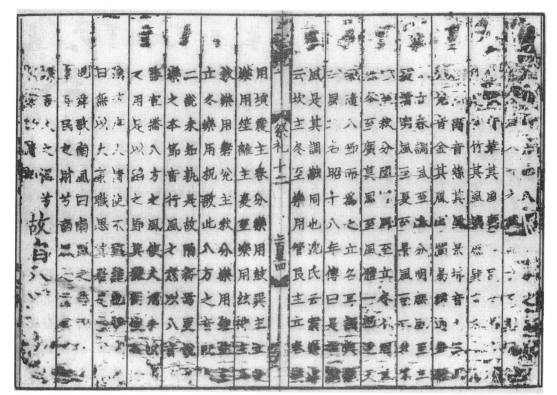

0016_0197-2

㦲物數故以入爲列諸侯則不敢用八公從之於是

初獻六羽始用六佾也佾音逸魯唯文王周公廟得用八而他公遂因仍僭而用之今隱公特立此婦人之廟問衆仲衆仲因明大典故傳亦因言始用六佾其後季氏舞八佾於庭知唯在仲子廟用六○疏曰襄十二年傳曰魯爲諸姬臨於周廟是魯立文王之廟也文王天子自然用八禮記祭統曰昔者周公旦有勳勞於天下成王康王賜之以重祭朱干玉戚以舞大武八佾以

祭禮十二　二百五十五

0016_0198-1

舞大夏此天子之樂也康周公故以賜魯明堂位曰命魯公世世祀周公以天子之禮樂是周公之廟用八也傳曰始用六佾則知以前用八何休云僭齊也下倣上之辭恣之僭倣必有所因故本其僭之所由言由文王周公廟用八佾他公之廟遂因仍僭而用之今隱公詳問衆仲衆仲因明大典公從其言於仲子之廟初獻六羽故傳亦因言始用六佾謂仲子之廟用六佾他公則仍用八也至襄昭之時魯猶皆亦用八故昭二十五年公羊傳稱昭公謂子家駒曰吾何僭

0016_0198-2

哉荅曰朱干玉戚以舞大夏八佾以舞大武皆天子之禮也是昭公之時僭用八也此減從正禮尚書於經者更僭非禮無譏不書自此之後不書僭用八佾知他廟僭而不改故杜自明其譏其後季氏舞八佾於庭知唯在仲子廟用六也○公羊子曰譏

始僭諸公也僭齊也下倣上之辭六羽之爲

僭奈何天子八佾佾者列也八人爲列也八八六十四人法八風諸公六六人爲列六六三十六人法六律

祭禮十二　二百五十六

0016_0199-1

諸侯四四人爲列四四十六人法四時諸公者何

諸侯者何天子三公稱公王者之

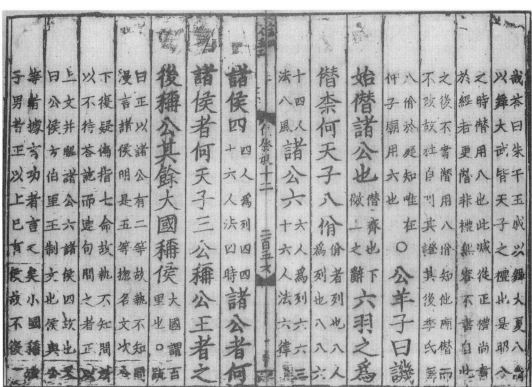

後稱公其餘大國稱侯大國謂百里也○疏曰正以諸公有二等故執不知問漫言諸侯明是五等摠名文次下復疑備指七命故執不知問以不待荅訖而連句問之者正以上文并繼諸公六諸侯四故也曰公侯方伯里王制文也侯與等皆據有功者言之矣小國稱伯子男皆王以上已有侯故不復

0016_0200-1　0016_0199-2

之其實凡平之侯王與侯伯等小國稱伯子男謂伯七十里子男五十里○疏曰小國謂伯七十里子男五十里若王制文彼注云此地殷所因夏爵三等之制也春秋變周之文從殷之質合伯子男立五等之爵增以子男而猶因殷之地以九州之界尚狹也周公攝政致太平斥大九州之界制禮成武王之意公地方五百里侯四百里伯三百里子二百里男一百里諸侯亦以功黜陟之其不合者皆益之地爲百里焉是以周並有爵尊而國小爵卑而

儀祭禮十二　二百三十七

國大者唯天子畿內不增天子三公者何天子之相也相助也○疏曰正以春秋上下無三公之文故執不知問天子之相則何以三據經但有祭公周公○疏曰即桓八年祭公來云云傳九年公會宰周公是也經但有一公而傳言三公故難之自陝而東者周公主之自陝而西者召公主之一相處于內陝者蓋今弘農陝縣是也司馬主司空主

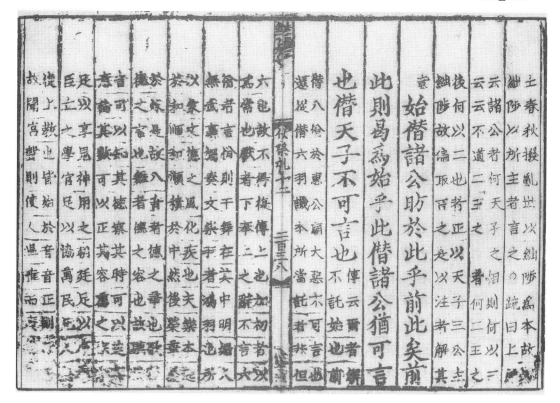

0016_0201-1　0016_0200-2

王春秋撥亂世以絀陟爲本故絀陟以所主者言之○疏曰上云諸公者何天子之相則何以三云云不道二王之者何二王之後何以二也者正以天子三公左絀陟故偏取言之是以注者解其意始僭諸公昉於此乎前此矣前此則曷爲始乎此僭諸公猶可言也僭天子不可言也傳云前者不託始也前僭八佾於惠公廟大惡不可言也還從僭六羽議本所當託者非但

儀祭禮十二　二百三十八

六佾故不得復傳上也加初者以爲僭也獻者下奪上之辭不言六佾者言佾則干舞在其中明婦人無武事獨奏文樂于者羽也以象文德之風化疾也夫樂本起和順積於中然後榮華發於外是故八音者德之華也歌者德之言也舞者德之容也故聽音可以知其德察其詩可以達其意論其數可以正其容薦之宗廟足以享鬼神用之朝廷足以序羣臣立之學宮足以協萬民凡人之從上教也皆始於音音正則行正故聞宮聲則使人溫雅而廣大

0016_0201-2

商聲則使人方正而好義聞則使人惻隱而好仁聞徵聲則人整齊而好禮聞羽聲則使人養而好施所以感蕩血脈通流神存寧正性故樂從中出禮從作也禮樂接於身望其容而民敢慢觀其色而民不敢爭故禮者君子之深教也不可須臾君子須臾離禮則暴慢襲之須離樂則姦邪入之是以古者天諸侯雅樂鐘磬未曾離於庭卿夫御琴瑟未曾離於前所以養義而除淫辟也魯詩傳曰天子曰舉樂諸侯不釋縣大夫士日

0016_0202-1

琴王者治定制作之時取先王之樂禮樂宜於今者用之堯曰大章曰蕭部夏曰大夏殷曰大護周曰大武各取其時民所樂者名之特民樂其道章明也舜時民樂其脩紹堯道也夏時民樂大其三聖相承也殷時民樂大其護己也周時民樂其伐紂也蓋異其號而同異歌而同歸失禮鬼神例日此下日者嫌獨考宮以一事禮書故從言可知○疏曰其記始者即上年傳云無駭者何展無駭也何以不氏貶曷為貶疾始滅也始滅於此乎前此矣前此則曷為始

0016_0202-2

此託始焉爾曷為託始焉爾春秋之始也今傳亦宜云前此則始乎此託始焉爾曷為託始秋之始也而言猶諸公禮何天子不可言僭不得託始者僭八佾於惠公廟者謂自不必要指言前也而宗者欲道於惠公廟特不言由非六之歌是以下得發傳上古已有六樂知謂羽者將王禮曰以舉羽者天所以象文德興化疾故龜詩云左手秉翟者兼用之乎且夫樂本起和順順積於中然後發華英

0016_0203-1

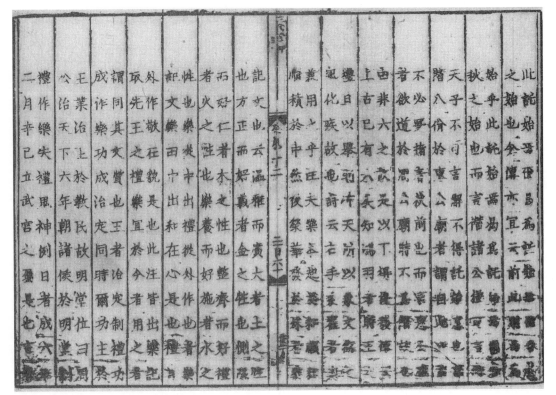

記文也云溫雅而寬大者土之德也方正而好義者金之性也惻隱而好仁者木之性也整齊而好禮者火之性也樂養而好施者水之性也樂從中出禮從外作也者樂由文樂由中出和在心是也禮自外作敬在貌是也此注皆出樂記取先王之禮樂宜於今者用之者謂同其文質也王者治定制禮功成作樂功成治定同時爾功主於王業治主於教民故明堂位曰周公治天下六年朝諸侯於明堂制禮作樂失禮鬼神例日者成六年二月辛巳立武宮之屬是也言

0016_0204-1　0016_0203-2

宮與獻羽買同日若置日於書宮之上則嫌獻羽不蒙之獨自書嘗以非禮書而已故從下亭言知之是非禮辭則獻羽非禮亦可知也書宮得變禮而不置於獻羽上言嫌別日故也知初是非禮者正以初稅畝同文矣○尸子曰舞夏自天子至**諸侯皆用八佾初獻六羽始厲樂矣**言時諸侯僭侈皆用八佾魯於是能自減厲而始用六[illegible]子言其[illegible]子言其始降○左[illegible]手[illegible]梁傳通修○**昭公二十五年將禘於襄公萬者二人其衆萬於季氏**禘祭也萬舞也[illegible]禮公當三十六人[illegible]

[illegible]

0016_0205-1　0016_0204-2

[illegible]**之謂不能慶先君**[illegible]

[illegible]**八佾舞於庭是可忍也孰不**[illegible]**○孔子謂**[illegible]

[illegible]二百六十二[illegible]

[illegible]上而下降殺○[illegible]

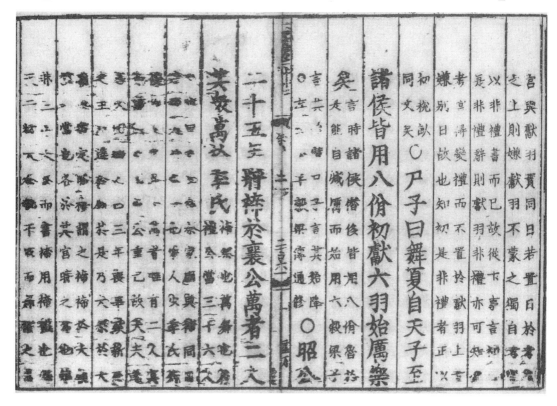

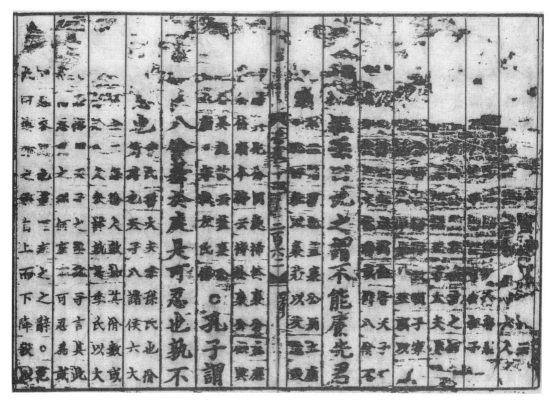

0016_0205-2

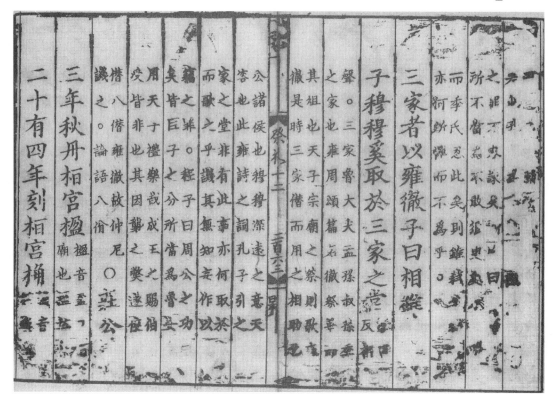

[illegible]
之罪不容誅矣[illegible]曰所不當爲不敢須臾[illegible]
而季氏忍此矣則雖弒[illegible]亦何所憚而不爲乎。[illegible]
三家者以雍徹子曰相維
子穆穆奚取於三家之堂[illegible]反[illegible]
聲。三家魯大夫孟孫叔孫季孫之家也雍周頌篇名徹祭畢而
其俎也天子宗廟之祭則歌雍徹是時三家僭而用之相助也

祭禮十二

0016_0206-1

公諸侯也穆穆深遠之意天容也此雍詩之詞孔子引之
家之堂非有此事亦何取於而歌之乎譏其無知妄作以
竊之罪。程子曰周公之功矣皆臣子之分所當爲魯安
用天子禮樂哉成王之賜伯受皆非也其因襲之弊遂使
僭八佾雍徹故仲尼譏之。論語八佾○莊公
三年秋丹桓宮楹 楹音盈[illegible]廟也[illegible]
二十有四年刻桓宮桷 [illegible]音[illegible]

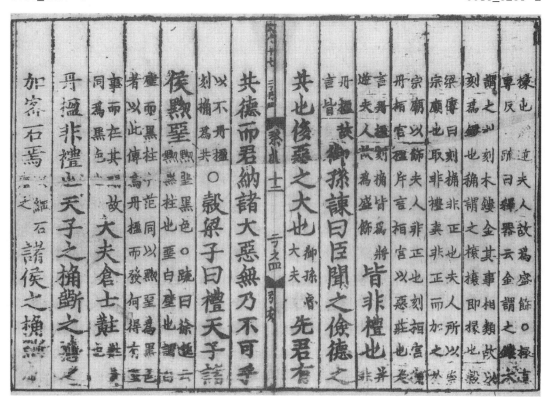

0016_0206-2

椽也逆夫人故爲盛飾。椽直專反疏曰釋器云金謂之鏤[illegible]
謂之刻木鏤金其事相類故以刻爲鏤也桷謂之榱榱即椽也穀
梁傳曰刻桷非正也夫人所以崇宗廟也取非禮與非正而加之於
宗廟以飾夫人非正也刻桓宮丹桓宮楹斥言桓宮以惡莊也左
言丹楹刻桷皆爲將逆夫人故爲盛飾 皆非禮也 并非
丹楹言皆故 御孫諫曰臣聞之儉德之
共也侈惡之大也 御孫魯大夫 先君有

祭禮十二

0016_0207-1

共德而君納諸大惡無乃不可乎
以不丹楹刻桷爲共 ○ 穀梁子曰禮天子諸
侯黝堊 黝堊黑色○疏曰徐邈云黝黑柱也堊白壁也謂白
壁而黑柱丁范同以黝堊爲黑色者以此傳爲丹楹而發何得有堊
事而在其[illegible]故同爲黑色也 大夫倉士黈 黈[illegible]也
丹楹非禮也天子之桷斲之礱之
加密石焉 礱[illegible]之細石 諸侯之桷 [illegible]

0016_0207-2

譏之大夫斵之士斵本刻桷非禮也

也夫人所以崇宗廟也取非禮與

非正而加之於宗廟以飾夫人非

正也非禮謂娶讎女非正謂刻桷丹楹也本非宗廟之宜故曰

加言將親迎欲為夫人飾又非也○疏曰娶讎女刻桷兩事俱宗正

故曰又也取以為又者并譏非禮夫人莊亦通也所以不直言非禮

云又非正有見其有二譏之惡故非禮非正兩舉之也刻桷

0016_0208-1

宮楹丹桓宮楹斥言桓宮以惡莊

也不言新宮而謂之桓宮以桓見殺於齊而飾其宗廟以榮讎國

之女惡莊不子○疏曰新宮宣公之宮以是穆宮不忍斥之故謂之

新宮今惡莊公不子故斥言桓宮以見非正也○春秋左氏穀梁[illegible]

適○入○初平王之東遷也周幽王為犬戎所殺

平王即位故東遷洛邑辛有適伊川見被髮

而祭於野者辛有周大夫伊川周地伊[illegible]曰不

0016_0208-2

及百年此其戎乎其禮先亡矣

而祭有象夷狄○疏曰其中國之禮先亡矣秋秦晉遷

陸渾之戎于伊川渾戶門反一音因反○允姓之

戎居陸渾在秦晉西北誘而徙伊川遂從戎號至今為陸渾縣也

計此去辛有過百年而云不及百年傳舉其事驗不必其年信○疏

曰昭九年傳曰先王居檮杌于四裔故允姓之姦居于瓜州伯父惠

公歸自秦而誘以來是此戎為允姓也彼注云瓜州今敦煌則陸渾

0016_0209-1

是敦煌之地名也徙之伊川復以陸渾為名故至今為陸渾縣十一

年傳稱伊洛之戎同伐京師則伊洛先有戎矣而以今始遷戎為辛

有言驗者蓋今之遷戎始居被髮祭野之處故耳○僖公二十二年

春秋左氏傳○昭公將弒季氏傳言弒者從昭

公之辭○疏曰君討臣下正憲言殺今傳云弒故須解之而言從昭

公之辭者即下文云言欲弒之何如是也季氏謂無道者謂無臣之

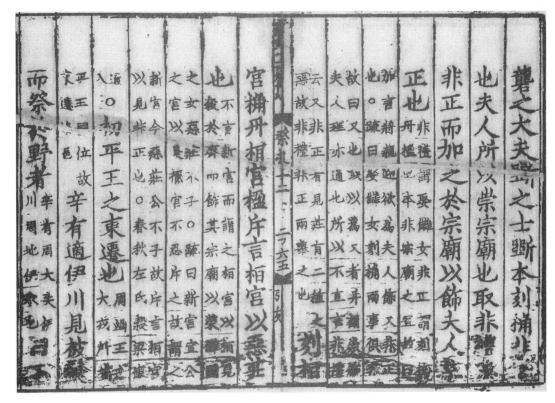

道告子家駒曰季氏為無道僭於

0016_0209-2

公室久矣侯稱室吾欲弑之何如

昭公素畏季氏意者以為如人故言弑○疏曰隱四年傳云與弑

公何氏云弑者殺君之辭綮則臣下犯於君父皆謂之弑今昭公

討臣下而言弑迸於常義故須解之子家駒曰諸侯

僭於天子大夫僭於諸侯久矣昭

公曰吾何僭矣哉失禮成俗不自知也○疏曰案

禮成俗不自知也者正以魯人僭在春秋前至昭已久故不自知

祭禮十二　二百六十七

0016_0210-1

子家駒曰設兩觀禮天子諸侯臺門天子外闕兩

觀諸侯內闕一觀○疏曰禮天子諸侯臺門者在禮器文云天子外

一闕兩觀諸侯內闕一觀者禮說文也乘大路禮天子大路諸

侯路車大夫大車士飾車○疏曰諸禮云天子大路者顧命之文也云

侯路車詩云路車乘馬是也云大夫大車者即詩云大車檻檻是也

云七飾車者即書傳云乘飾二馬車兩馬庶人單馬木車是也舞

大夏大夏夏樂也周所以舞夏者王者始起先制作之樂

0016_0210-2

先王之樂與己……

下天下大同乃……

與周俱文也三……

之中舞先王之樂……

……樂……有……也舞……

……也東夷之樂……

……曰任西夷之樂曰……

……昧○疏曰……東……

……南夷之樂曰任西夷之……

……之樂曰昧者陽氣……

……之物各離其侏也南……

……之時物皆懷任矣草……

……取歛盛陽消盡藏……

……先景昧然是也八佾……

祭禮十二　二百六十八

0016_0211-1

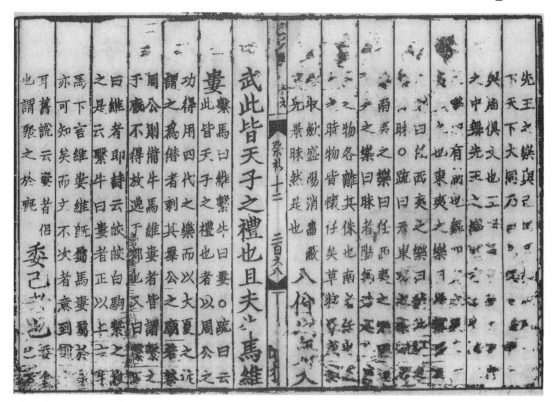

武此皆天子之禮也且夫牛馬維

婁繫馬曰維繫牛曰婁○疏曰云此皆天子之禮也者以周公之

功得用四代之樂而以大夏之……謂之為僭者剌其羣公之廟……

周公則備牛馬維婁者皆謂繫……子廟不得放逸于郊也……白繫……

曰維者即詩云皎皎白駒縶之……之是云繫牛曰婁者正以上云……

馬下言維婁維既屬馬婁屬於……亦可知矣而文不次者意到……

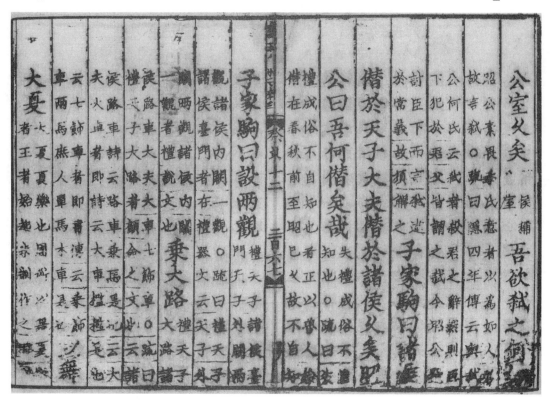

耳舊說云婁者侶……也謂聚之於廐委己者也

而柔焉柔順也○疏曰云牛馬之類德順於委己之人而事

氏作賞有年歲矣民從服之固是其宜也季氏得民衆

久矣季氏專賞罰得民衆之心久矣民順從之猶馬牛之於委食己者

君無多辱焉恐民必不從君命而爲季氏所

反逐君故云爾子家駒上說正法下引時事以諫者欲使昭公先自

正乃正季氏○疏曰子家駒上說正法者即上文朱干玉戚之屬是

也云下引時事者謂馬牛維婁是也昭公不從其言

終弒之而敗焉○果反爲季氏所逐疏曰終弒[illegible]

謂陳兵欲往攻殺之也○昭公二十五年公羊傳[illegible]

儀禮經傳通解續卷第[illegible]

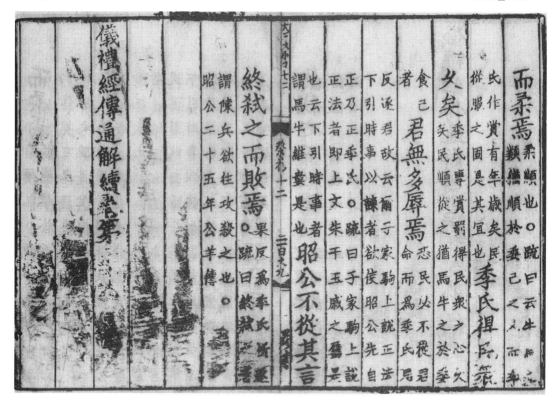

儀禮經傳通解續卷第二十九

祭禮十三

祭義

凡祭有四時春祭曰礿夏祭曰禘秋祭曰嘗冬祭曰烝（謂夏殷時禮也）礿禘陽義也嘗烝陰義也禘者陽之盛也嘗者陰之盛也故曰莫重於禘嘗（夏者尊卑著而秋萬物成○疏曰此一節明祭祀之重禘嘗之義人君若能明於其義可以爲民父母今各隨文解之禘者陽之盛也者以禘祭在夏夏爲炎暑故爲陽盛嘗者陰之盛也者以嘗祭在秋之時陰功成就故爲陰盛冬雖嚴寒以物於秋成故不得以冬烝對夏禘）

古者於禘也發爵賜服順陽義也於嘗也出田邑發秋政順陰義也（言爵命屬陽田邑屬陰○疏曰爵命是生養之事故屬陽田地是土地之事故屬陰）故記曰嘗之日發公室示賞也草艾則墨未發秋政則民弗敢草也（發公室出賞物也草艾謂艾取

草也秋草木成可芟艾給爨亨時則始行小刑也○疏曰以記錄之前先有此謝之文故作記者載此前記之文所以言記曰也此記云嘗祭之日發出公室貨財以示賞也草艾則墨者謂初秋草甚艾給炊爨之時則行小刑之墨未發秋政則民不敢艾草也言夏節雖盡人君未發行秋政則民不敢艾草也又曰案左傳云賞以春夏刑以秋冬此嘗之日發公室示賞者文各有所對以賞對刑則賞屬春夏刑屬秋冬其實四時之間皆有賞故車服屬夏田邑屬秋出田邑之時亦有物也故覲禮秋時賜侯氏車服及篋服也）故曰禘嘗

祭礼十三　二

之義大矣治國之本也不可不知也明其義者君也能其事者臣也不明其義君人不全不能其事爲臣不全（全猶具也）夫義者所以濟志也諸德之發也是故其德盛者其志厚其志厚者其義章其義章者其祭也敬祭敬則竟內之子孫莫敢不敬矣（竟音境○濟成也發謂機發也竟內之子孫萬人爲子孫

張本下象鼻題監生留成四字傳本剪去之

0016_0218-1　0016_0217-2

疏曰言義者所以濟志也者濟成也言禘嘗之義者人君明之所以成就其志諸德之發也者發謂機發也諸衆也言義者是人君衆德之發謂諸衆人之德發在於義是故其德盛者其志厚謂人君道德顯盛則念親志意深厚恭能念親深厚則事親祭祀其義章明顯著若能事親章明顯著則其祭也恭敬以此化下則竟內民之子孫皆敬不恭敬其親矣以化於上故也是故君子之祭也必身親涖之有故則使人可也雖使人也君不失其義者君明其

祭礼十三

義故也涖臨也君不失其義者言君雖不自親祭祭禮無闕於君德不損也○疏曰雖使人也君不失其義者君明其義故也言祭祀之時身雖有故使人攝之雖使人攝由君能恭敬不褻失於爲君之義所以然者由君自明曉於禘嘗之義故也其德薄者其志輕疑於其義而求祭使之必敬也弗可得已祭而不敬何以爲民父母矣疏曰其德薄者其志輕者言人君道淺義薄則其念親志意不能厚重疑於其義至民父母矣者謂志意既輕疑惑

0016_0219-1　0016_0218-2

於祭祀之義皆不能盡心致敬身既危疑而欲求祭使之必敬不可得已是語辭○祭統饗禘有樂而食嘗無樂陰陽之義也凡飲養陽氣也凡食養陰氣也故春禘而秋嘗春饗孤子秋食耆老其義一也而食嘗無樂飲養陽氣也故有樂食養陰氣也故無聲凡聲陽也食音嗣○言義同而或用樂而或不用樂也此禘當爲禴字之誤也王制曰春禴夏禘○疏曰

祭礼十三　四

此一節論饗禘食嘗有樂無樂之異饗禘有樂者饗謂春饗孤子禘謂春祭宗廟也以其在陽時故有樂而食嘗無樂者食謂秋食耆老嘗謂秋祭宗廟以其在陰時故無樂無樂爲陰有樂爲陽故云陰陽之義也凡飲養陽氣也凡食養陰氣也者此覆釋上文饗有樂而食無樂之義以飲饗清虛養陽氣故有樂而食是體質養陰氣故無樂故春禘而秋嘗春饗孤子秋食耆老者此明饗禘在春爲陽食嘗在秋爲陰也其義一也者禘之與嘗俱是追慕饗之與食同是賞功其事無殊故云一也而食嘗無樂者文承秋食耆老之下以秋是陰時故云

張本下象鼻題監生留成四字傳本剪去之

0016_0220-1　0016_0219-2

食嘗無樂重結之也據今實魚[illegible]宜結饗禘有樂不言者從可知也欲[illegible]陽氣也故有樂者要覆釋上文飲養陽氣饗有樂也食養陰氣也故無聲者覆釋上文食養陰氣故無樂也凡聲陽也者釋所以饗有樂食無樂凡聲是陽也陽時為饗故有樂陰時為食故無樂也又曰依禮三代無春禘之文周則春曰祠王制夏殷之禮云春曰禴今云春曰禘故知禘當為禴此經所論謂夏殷禮也熊氏云此夏殷禮秋嘗無樂而下文云殷人先求諸陽則秋嘗亦有樂者謂殷人春夏祭時有樂秋冬則無也舉春見夏舉秋見冬也若周則四時祭皆有

祭禮十三　五

樂故祭統云內祭則大嘗禘升歌清廟下管象是秋嘗有樂也[illegible]王制夏后氏養老以饗禮則夏家養老用燕禮[illegible]無秋食之禮殷人養老以食禮而秋[illegible]不作樂無春饗之禮周人備而[illegible]用則周人養老春夏用饗禮秋冬[illegible]四時皆用樂故文王世子云凡[illegible]必遂養老注云春合舞秋合[illegible]老之禮遂發咏焉登歌清廟[illegible]老亦用樂也皇氏云春是生[illegible]故饗孤子取長養之義秋是[illegible]食耆老取老成之義熊氏[illegible]亦[illegible]耆老秋食者老亦食[illegible]云[illegible]

0016_0221-1　0016_0220-2

不復更破從此可知也鼎俎奇而籩豆偶陰陽之義也籩豆之實水土之品也奇居宜反○水土之品言非人常所食不敢用褻味而貴多品所以交於旦明之義也旦當為神篆字之誤也○疏曰此一節論鼎俎籩豆所法陰陽之事鼎俎奇者以其盛牲體牲體動物動物屬陽故其數奇籩豆偶者其實兼有植物植物屬陰故其數偶故云陰陽之義也籩豆之實水土之品也者謂籩豆所充實之物皆是水土所生品類非人所常食也不敢

大三十九小三百四十　祭禮十三　六

用褻味而貴多品者覆釋籩豆所以用水土品族之意言不敢用褻美食味而貴重眾多品族也何意如此所以交接神明之義也神道與人既異故不敢用人之食味神以多大為功故貴多品鼎俎奇者案聘禮牛一羊二豕三魚四腊五腸胃六膚七鮮魚八鮮腊九也是鼎九其數奇也又有陪鼎膷一也臐二也膮三也亦其數奇也正鼎九鼎別一牢俎亦九也又少牢陳五鼎羊一豕一膚三魚四腊五其腸胃從羊五鼎五俎又膚俎一非是正俎也特牲三鼎牲鼎[illegible][illegible]鼎二腊鼎三亦有三俎肵俎一非[illegible][illegible]不在數是皆鼎俎奇也有司徹陳[illegible]

0016_0221-2

尸者与夕侑主人主婦各一俎其餘云
執者司馬以一俎羞羊肉湆其一俎司
士羞豕肉湆此二者益肉之俎也此云
鼎俎奇者謂一鼎並陳又籩豆偶者案
宰客云上公豆四十侯伯三十二子男
二十四又禮器云天子之豆二十有六
諸公十有六諸侯十有二上大夫八下
大夫六案禮籩與豆同是籩豆偶也鄉
飲酒義六十者三豆七十者四豆八十
者五豆而奇數者彼是年齒相次非正
豆也士喪禮注小斂一豆一籩者降於
大斂又不同於吉故也籩人饋食之籩
棗㮚桃乾藤榛實凡有五物似五籩者
熊氏云乾藤之中有桃諸梅諸則爲六
物實六籩也
○郊特牲

禮記疏　仪祭義十三　七

0016_0222-1

祭不欲數數則煩煩則不敬祭不欲疏
疏則怠怠則忘是故君子合諸天道春
禘秋嘗數色角反下同○忘與不敬[illegible]禮莫大焉合於天道因四時
[illegible]孝子感時念親則以此祭之也[illegible]夏殷禮也周以禘爲殷祭更[illegible]
[illegible]礿○疏曰此一節明孝子[illegible]以四時設祭之事各[illegible]

0016_0222-2

[illegible]於也禘者陽之盛也嘗者陰之盛[illegible]陽氣盛孝子感而思念其親故老子[illegible]
[illegible]合於天道春禘秋嘗者與春秋冬夏同[illegible]案王制云春礿夏禘周禮大[illegible]
[illegible]禴今云春禘故云夏殷禮[illegible]制春曰礿此云春禘爲夏殷禮者[illegible]
[illegible]牲以注禘當爲礿則此春禘亦當爲[illegible]於郊特牲已注而破之故此不言[illegible]
霜露既降君子履之必有悽愴之心非
其寒之謂也春雨露既濡君子履之必
有怵惕之心如將見之愴初亮反怵[illegible]律反惕他歷反

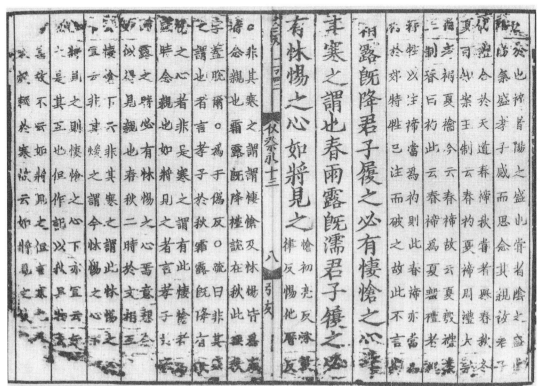

禮記疏　仪祭義十三　八

0016_0223-1

○非其寒之謂謂悽愴及怵惕皆爲感[illegible]念親也霜露既降禮說在秋此[illegible]
[illegible]盖脫爾○爲于僞反○疏曰非其[illegible]之謂也者言孝子於秋霜露既降有[illegible]
[illegible]之心者非是寒之謂有此悽愴者[illegible]時念親也如將見之者言孝子[illegible]
[illegible]露之時必有怵惕之心焉意想[illegible]似得見親也春秋二時於文相互[illegible]
[illegible]悽愴下亦非其寒之謂此怵惕之心[illegible]宜云非其寒之謂今怵惕之心亦[illegible]
[illegible]則之則悽愴之心下亦宜云[illegible]是其互也但作記以秋早[illegible]
[illegible]善故不云如將見之但[illegible]寒故輒於寒言云如將見之[illegible]

0016_0224-1　　0016_0223-2

煖之謂也先秋後春以涼悽愴之甚故先言之樂以迎來哀以

送往故禘有樂而嘗無樂迎來而樂樂親之將來也送去而哀哀其享否不可知也小言之則爲一祭之閒孝子不知鬼神之期推而廣之故其去來於陰陽○放方往反○疏曰云小言之則爲一祭之閒孝子不知鬼神之期者解經樂以迎來哀以送往之二句謂一祭之閒也一祭比於一年其事爲小故云小言之爲一祭之閒既不知鬼神來去期[redacted]故祭初似若來故樂祭末似去故哀[redacted]孝子之心雖春有樂及鍾鼓送尸孝子之心祭末猶

大四十三　小二千三三　儀祭礼十三　九

哀也云推而廣之放其去來於陰陽者解經云故禘有樂而嘗無樂二句也言推此一祭而廣論一年放神之去來似於陰陽二氣但陽主生長春夏陽來似神之來故春夏祭之有樂秋冬陰象神之去故秋冬之祭無樂然周禮四時之祭皆有樂殷則烝嘗之祭亦有樂故那詩云庸鼓有斁萬舞有奕下云顧予烝嘗則殷秋冬亦有樂者熊氏云殷秋冬但有管弦之樂又云烝嘗今無樂其義已具郊特牲

致齊於內散齊於外齊之日思其居處思其笑語思其志意思其所樂

張本下象鼻題監生秦三字傳本剪去之

0016_0225-1　　0016_0224-2

思其所嗜齊三日乃見其所爲齊者齊側皆反後不出者同散悉但反所樂音岳又王教反○致齊思此五者也散齊七日不御不樂不弔耳見所爲齊者思之執也所嗜素所欲食也春秋傳曰屈到嗜芰○屈居勿反○疏曰此一節明祭前齊事之日思其居處者謂祭致齊之日也思其居處以下五事謂孝子思念親存之五事也先思其麤漸思其精故居處在前樂嗜居後齊三日乃見其所爲齊者謂致齊思念其親精意純熟目想之若見其所爲齊之親也又曰楚語云屈到嗜芰有疾召其宗老而屬之曰祭我必以芰

祭礼十三　十

祭之日入室僾然必有見乎其位周還出戶肅然必有聞乎其容聲出戶而聽愾然必有聞乎其歎息之聲僾音愛還音旋愾開代反○周還出戶謂薦設時也無尸者闔戶若食間則有出戶而聽之○疏曰此一經明祭之日孝子想念其親入室僾然必有見乎其位者謂祭之日朝初入廟室時也初入室陰厭時孝子當想象僾僾髣髴見也詩云愛而不見見如見親之在神位也故論語云祭如在周還出戶肅然必有聞乎

張本下象鼻題監生留成四字傳本剪去之

0016_0225-2

容聲者謂薦饌時也孝子薦俎酌獻行步周旋或出戶當此之時必悚息所聞然如親舉動容止之聲出戶而聽然然者謂祭此人爲無尸之時設薦之是孝子出戶而靜聽愾愾然必有聞乎其歎息之聲也又曰出戶謂薦設時者若特牲少牢主婦設豆及佐食設俎之屬是也云無尸者闔戶若食閒則有出戶而聽之者案士虞禮云無尸則禮及薦饌皆如初主人哭出復位祝闔牖戶如食閒注云如尸一食九飯之頃彼謂虞祭無孫行爲尸者則吉祭亦當然也此鄭云闔戶若食閒見如正祭九飯之閒也而皇氏謂尸謖之後陽厭之時

祭禮十三　十二

0016_0226-1

又云無尸謂之陰厭尸未入前其義並非也

是故先王之孝也色不忘乎目聲不絕乎耳心志嗜欲不忘乎心致愛則存致慤則著著存不忘乎心夫安得不敬乎

存著則謂其思念也○疏曰此一經覆說孝子祭時念親之事致愛則存者謂孝子致極愛親之心則若親之存以嗜欲不忘於親故也致慤則著者謂孝子致其端慤敬親之心則若親之顯著以色不忘於目聲不忘於耳故也者存不忘乎心者言念親之存在心

0016_0226-2

見之不忘於心既思念如此何得不敬乎

君子生則敬養死則敬享思終身弗辱也

養羊尚反○享猶祭也饗也

君子有終身之喪忌日之謂也忌日不用非不祥也言夫日志有所至而不敢盡其私也

夫音扶○忌日親亡之日忌者不用舉他事如有時日之禁也祥善也志有所至至於親以此日亡其哀心如喪時○疏曰此一節明孝子終身念親不忘之事忌日不用非不祥也者謂忌日不用舉作他事者非

祭禮十三　十二

0016_0227-1

謂此日不善別有禁忌不舉事也言夫日志有所至而不敢盡其私也者所以不舉者言夫忌日謂孝子志意有所至極思念親不敢盡其私情而營他事故不舉也

唯聖人爲能饗帝孝子爲能饗親

謂祭之能使之饗也帝天也○疏曰此一節明孝子祭祀欲親歆饗之意唯聖人爲能饗帝者以饗帝爲難故聖人能之饗親不身故孝子能之欲饗親與饗帝同故以饗帝比饗親言饗親難也此爲饗親而發故下文云饗者饗親之言

饗者鄉也鄉之然後能饗焉

鄉許亮反

0016_0227-2

齊之乃能使其祭見饗也上饗或爲鄉○相息亮反○疏曰饗者鄉也者言神之所以饗者由孝子之所歸鄉也是以鄉之故然後能使神靈歆饗焉

孝子臨尸而不怍君牽牲夫人奠盎

獻尸夫人薦豆卿大夫相君命婦相夫人齊齊乎其敬也愉愉乎其忠也勿勿諸其欲其饗之也色不和曰怍奠盎設盎齊之奠也此時君牽牲將薦毛血君獻尸而夫人薦豆謂繹日也儐尸主人獻尸主婦自東房薦

0016_0228-1

韭菹醢勿勿猶勉勉也愨愛之貌○盎齊才細反儐音賓○疏曰是故孝子臨尸而不怍者怍謂顏色不和悅以祭祀須饗尸故孝子臨對尸而不得顏色不和君牽牲夫人奠盎者熊氏云此謂繹祭君當牽牲之時夫人奠盎齊之事君獻尸夫人薦豆者謂繹祭故先獻後薦卿大夫相君命婦相齊齊乎其敬也者卿大夫相君命婦相夫人皆齊齊乎其恭敬齊齊謂整齊之貌故王肅云廟中齊齊愉愉乎其忠也者容貌和說之貌忠謂忠心言孝子顏色愉愉然和說盡忠心勿勿諸其欲其饗之也者勿勿猶勉勉也言孝子之心[illegible]貌勉勉然欲得親之歆饗也其皆語

0016_0228-2

[illegible]曰案曲禮云容毋怍謂顏色變[illegible]不和之意云奠盎設盎齊之奠也者說謂繹祭故牽牲之時夫人預設盎齊之奠假令正祭牽牲時夫人設奠盎之尊至君親制祭夫人酌盎齊以獻尸義無妨也皇氏怪出奠盎在牽牲之時於事大早以奠盎爲洗牲勘諸經傳無洗牲以酒之文皇氏文無所據其義非也云謂繹日也者以其先云君獻尸後云夫人薦豆故知繹日也云儐尸主人獻尸主婦自東房薦韭菹醢者此是有司徹文引之者證儐尸之時先獻後薦上大夫儐尸即天子諸侯之繹也

文王之祭也事死者如

0016_0229-1

事生思死者如不欲生忌日必哀稱諱如見親祀之忠也如見親之所愛如欲色然其文王與與書餘○思死者如不欲生言思親之深也如欲色者以時人於色厚假以喻之○疏曰此一節明文王祭思親忠敬之甚思死如不欲生者言文王思念死者意欲隨之而死如似不復欲生稱諱如見親者言文王在廟中上不諱下於祖廟稱親之諱如見親也祀之忠者言文王祭祀之盡忠誠也如見親之所愛如欲色親者解祀之忠敬之事言齊時思念親

0016_0229-2

之平生嗜欲如似眞見親所爲在於目前又思念親之所愛之甚如似凡人貪欲女色然也其文王與者唯文王能如此與是不執定之辭王肅解欲色然如欲見父母之顏色鄭向得比父母於女色焉耶申云孔子曰吾未見好德如好色者如此亦比色於傲張融亦云如好色取其甚也於文無妨詩云明發不寐有懷二人文王之詩也祭之明日明發不寐饗而致之又從而思之祭之日樂與哀半饗之必樂已至必哀

0016_0230-1

樂音洛○明發不寐謂夜而至旦也祭之明日謂繹日也言繹之夜不寐也二人謂父母容尸侑也○䟽曰文王之詩也者此幽王小雅小宛之篇而云文王詩也者記者引詩斷章取義且詩人陳文王之德以刺幽王亦得爲文王之詩也祭之明日明發不寐者謂正祭明日繹祭之時祭旣訖得其夜發夕至明而不寐饗而致之又從而思之者申明發之意旣設繹祭之饗而致於神其夜又從而思之也饗之必樂已至必哀者孝子想神之歆饗故必樂又想及饗已至之後必分離故必哀也又曰知祭之與日謂繹日也者案宣八年六月辛巳有

0016_0230-2

事于大廟仲遂卒于垂壬午猶繹是祭之明日爲繹也云二人謂父母容尸侑也者祭以念親故二人謂父母案有司徹上大夫儐尸別立一人爲侑以助尸似鄉飲酒禮介之副賓也繹祭與儐尸同故知二人容尸與侑也仲尼嘗奉薦而進其親也慤其行也趨趨以數嘗秋祭也親謂身親執事時也慤與趨趨言少威儀也趨讀如促數之言速也○䟽曰此一節記仲尼嘗祭之儀奉薦而進其親也慤者慤謂質慤謂仲尼奉薦進尸之時其身執事其形貌慤質少威儀其行也趨趨以數者其行步

0016_0231-1

促促速疾少威儀舉足而數也巳祭子贛問曰子之言祭濟濟漆漆然今子之祭無濟濟漆漆何也子曰濟濟者容也遠也漆漆者容也自反也容以遠若容以自反也夫何神明之及交夫何濟濟漆漆之有乎贛音貢濟子禮反○漆漆讀如朋友切切自反猶言自脩整也容以遠言非所以接親親也容以自反言非孝子所以事親也及與也此皆非與神明交之道○䟽

0016_0231-2

曰今子之祭無濟濟漆漆何也者子贛先聞夫子説祭事威儀須濟濟漆漆然也今子之爲祭無濟濟漆漆者何也子曰濟濟者容也遠也夫子爲子贛説濟濟之義言濟濟者是容貌自疏遠漆漆者容也自反也謂容貌自反覆而脩整也容以遠若容以自反也者覆結上文言孝子若容貌以疏遠若容貌以自脩整此乃賓客之事夫何神明之及交者及與也言孝子若作賓客之容何得神明之與交言不得與神明交也夫何濟濟漆漆之有乎者更覆結之云夫孝子何得濟濟漆漆之有乎言不得有也其容也遠也王肅以容爲客皇氏用王肅

0016_0232-1

以容有其容之義其義亦通但於文勢不便至注更具詳又曰漆漆讀如朋友切切者以漆漆非形貌之狀漆音近切朋友切切偲偲語子路文也云自反猶言自脩整也者凡脩整也者凡脩整之人必自反覆顧省故云自反猶言自脩整云容以遠言非所以接親親也者凡接親親不事容貌又相附近今既事容貌又相疏遠故云非所以接親親言親親對孝子之辭或容爲客字則是義遠何須云容以遠又容以自反與容以遠相對一字爲容一字爲客未之有也又王肅爲客字破鄭義明鄭義客字也

反饋樂成薦其薦俎

0016_0232-2

[illegible]樂備其百官君子致其濟濟漆[illegible]何慌惚之有乎樂音岳又五教反慌況往反一音荒惚音忽。天子諸侯之祭或從血腥始至反饋是進熟也薦俎豆與俎也慌惚思念益深之時也言祭事既備使百官助己祭然而見其容而自反是無慌惚之思念。疏曰反饋樂成者此天子諸侯之祭血腥而始及至進是設饌進熟合樂成畢定本反饋作反字至注更釋薦俎者謂薦熟之時薦其饋食之豆[illegible]牲體之俎序其禮樂備其百官者進饋之前與神明而交貴其誠敬進饋之後

0016_0233-1

人事之盛故序其禮樂備其百官君子致其濟濟漆漆者言於此之時君子助祭之人致其濟濟漆漆賓客之事夫何慌惚之有乎者此一句覆結前文子贛問云若孝子自濟濟漆漆何得慌惚思念之有乎言無念親之意也又曰天子諸侯之祭或從血腥始者謂以御大夫從饋孰始故云天子諸侯或從血腥始言或者不盡然故三獻爛一獻孰是不從血腥始云至反饋是進孰也者既以血腥爲始至於反饋之時是進孰也但[illegible]與反字於文爲煩定本又爲及字故[illegible]云初祭尸入於室後出在堂門戶[illegible]而設饋故云反饋義當然也[illegible]

0016_0233-2

夫言豈一端而已夫各有所當也〔夫音扶當丁浪反○豈一端言不可以一槩也禮各有所當行祭宗廟者賓客濟濟漆漆主人慤而趨趨○疏曰夫言豈一端而已者夫子荅子貢云一端猶一槩也凡言語豈一槩而已言不可以一槩所屬各異夫各有所當也者謂其言語各有所當若慤而趨當孝子也濟濟漆漆當賓客也〕孝子將祭慮事不可以不豫比時具物不可以不備虛中以治之〔比必利反○比時猶先時也虛中言不兼念餘事○先悉〕

祭礼十三　十九

0016_0234-1

〔薦反○疏曰自此以下至成人之道廣明孝子祭祀之義今各隨文解之將祭慮事不可以不豫者言孝子慮事不可於祭前不豫思慮之比時具物不可以不備者比時謂先時言在祭之先以備具於物至於祭時不可以不備具也虛中以治之者言不可兼念餘事心中實虛唯思此祭而已故云虛中以治之也〕宮室既脩牆屋既設百物既備夫婦齊戒沐浴盛服奉承而進之洞洞乎屬屬乎如弗勝如將失之其孝敬之心至也

張本下象鼻題監生留成四字傅本剪去之

0016_0234-2

與〔屬音燭勝音升與音餘○脩設謂埽除及黝堊○黝於糾反堊烏路反○疏曰洞洞屬屬是嚴敬之貌言孝子之心奉承而進祭之時其心洞洞乎屬屬乎恭敬心甚如舉物之弗勝心所奉持如似將失於物此是孝子心敬之至極也案廣雅洞洞屬屬敬也〕薦其薦俎序其禮樂備其百官奉承而進之〔百官助主人進之○〕於是諭其志意以其慌惚以與神明交庶或饗之庶或饗之孝子之志也〔諭其志意謂使祝祝饗及侑尸〕

祭礼十三　二十

0016_0235-1

〔也或猶有也言想見其彷彿來○祝祝上之六反下之又反又並之六反○疏曰孝子既薦其俎於是使其祝官陳告鬼神曉諭鬼神以志意以其慌惚以與神明交庶或饗之者言孝子以其思念情深慌惚似神明交接庶望神明或來歆饗故云庶幾神明饗之者是孝子之志意也言想見其親彷彿而來也〕孝子之祭也盡其慤而慤焉盡其信而信焉盡其敬而敬焉盡其禮而不過失焉進退必敬如親聽命則或使之也〔言當盡已〕

張本下象鼻題監生留成四字傅本剪去之

0016_0235-2

而已如居父母前將受命而使之○䟽曰盡其慤而慤焉者盡慤謂心盡其慤也而慤焉謂外亦慤焉[redacted]其信與敬皆處內內有其心外著於貌盡其禮而不過失焉者以其禮包衆事非一可極故不得云而盡其禮焉云不過失焉則是禮也進退必敬如親聽命則或使之也者言孝子祭時進之與退必恒恭敬如似親聽父母之命而父母或使之也

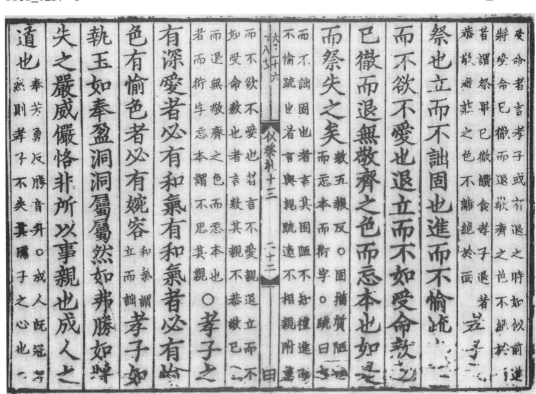

孝子之祭可知也其立之也敬以詘其進之也敬以愉其薦之也敬以欲退而立如將受命已

儀祭禮十三　二十一

0016_0236-1

徹而退敬齊之色不絕於面詘求勿反徐丘勿反

敬齊如字王徐側皆反○詘充詘形容喜貌也進之謂進血腥也愉顏色和貌也薦之謂進孰也欲婉順貌齊謂齊莊○䟽曰此一節明孝子之祭觀其貌而知其心故孝子之祭可知也者以下諸事是也其立之也敬以詘者詘謂充詘形容歡喜之貌言孝子尸前而立形貌恭敬而顏色歡喜其進之也敬以愉者進謂血腥愉謂顏色溫和言孝子薦血腥之時容貌恭敬而顏色溫和其薦之也敬以欲者言孝子薦孰之時容貌恭敬顏色婉順如欲得物然退而立如將

0016_0236-2

受命者言孝子或有退之時如似前進將受命已徹而退敬齊之色不絕於面昔謂祭畢已徹饌食孝子退者若子恭敬齊莊之色不離絕於面

祭也立而不詘固也進而不愉疏也而不欲不愛也退立而不如受命敖也已徹而退無敬齊之色而忘本也如是而祭失之矣敖五報反○固猶質陋也而忘本而術字○疏曰言而不詘固也者言其固陋不知禮進而不愉疏也者言與親疏遠不相親附薦

儀祭禮十三　二十二

0016_0237-1

而不欲不愛也者言不愛親退立而不如受命敖也者言敖其親不恭敬已而退無敬齊之色而忘本也者而術字忘本謂不思其親○

孝子之有深愛者必有和氣有和氣者必有愉色有愉色者必有婉容和氣謂立而詘孝子如執玉如奉盈洞洞屬屬然如弗勝如將失之嚴威儼恪非所以事親也成人之道也奉芳勇反勝音升○成人既冠者然則孝子不失其孺子之心也一

0015_0583-2

疏曰如執玉如奉盈言孝子對神容貌敬慎如執持玉之大寶如奉盈滿之物
嚴威儼恪非所以事親也者嚴謂嚴肅威謂威重儼謂儼正恪謂恭敬言四者
容貌非事親之體事親當和順卑柔也成人之道也者言嚴威儼恪秖是既冠
成人之道也○祭義○孝子將祭祀必有齊莊之
心以慮事以具服物以脩宮室以治
事齊側皆反○謂齊之前後也○疏曰此一節明孝子將祭祀之時顏色容
貌務在齊莊卑詘思念其親存也以慮事者言孝子先齊莊其心以謀慮祭事

儀祭禮十三　二十三

0015_0584-1

以具服物者以備具衣服及祭物以治百事者謂齊前後凡治百衆之事及
祭之日顏色必溫行必恐如懼不及愛
然如懼不及見其所愛者○疏曰行必恐如懼不及愛然者言孝子色必溫
和行必戰恐其形貌如似畏懼不及見親之所愛然止由如是言必心戰貌其奠
之也容貌必溫身必詘如語焉而未之
然語魚據反○奠之謂酌尊酒奠之及酳之屬也如語焉而未之然如有所
以語親而未見荅○疏曰容貌必溫身必詘者言孝子設奠及酳之時容貌溫

0015_0584-2

[illegible]子[illegible]白於親而未[illegible]見[illegible]
宿者皆出其立卑靜以正如將弗見然[illegible]
[illegible]謂賓助祭者事畢出去祀如將[illegible][illegible]親[illegible]事畢而不知親所在思念之[illegible]
既不見出也○疏曰宿者皆出者謂助祭所宿之賓今祭事已畢並皆出去者
子在立卑孝謙然後以正安一意以思念其親如欲將不復見親也出然
及祭之後陶陶遂遂如將復入然陶音遙○
思念既深如親將復入也陶陶遂遂相隨行之貌○疏曰及祭之後陶陶遂遂

大十小二千九九　儀祭禮十三　廿四

0015_0585-1

遂如將復入然者孝子思念親深及至祭後想像親之形貌陶陶遂遂如似親
將復反更入然是故慤善不違身耳目不違心
思慮不違親結諸心形諸色而術省之
孝子之志也思息嗣反○術當為述聲之誤也○疏曰是故慤善
不違身者以孝子思念親深爲是之故行慤純善之故行不違離於身恒慤善
也耳目不違心者言思心思慮不違於親無時歇也結諸心者言思念深結積
在心形諸色者思念其親形見於色而[illegible]省中者術述也省視也言思念其親

傳本第二十四葉有二今用其中無描補者

偱徧循述而省視之反復不忘也此孝子思念親之志也。祭義

○聖主將祭必絜齋精思若親之在方與未登偶偶憧憧專一想親之容貌彷彿此孝子之誠也四方之助祭空而來者滿而反虛而至者實而還皆取灋則焉說苑

○祭之爲言察也察者至也至者人事至也人事至然後祭禮志曰齋之日思其居處思其笑語

思其志意思其所樂思其所嗜齋三日乃見其所爲齋者祭之日入室僾然必有見乎其位周還出戶肅然必有聞乎其容聲出戶而聽愾然必有聞乎其嘆息之聲是之謂至

祭者薦也薦之爲言在也在也者在其道也禮志曰君子生則敬養死則敬饗思終身不忘是之謂在其道。尚書大傳

祭者志意思慕之情也愅詭悒僾而不能無時至焉愅音革悒音邑僾音愛。愅變也詭異也皆謂變異感動之貌悒僾氣不舒憤鬱之貌荀卿云

唈悒也郭云嗚悒短氣也言人感動憤鬱不能無時而至言有時而至也

故人之歡欣和合之時則夫忠臣孝子亦愅詭而有所至矣歡欣之時忠臣孝子則感動而思君親之不得同樂也彼其所至者甚大動也言所至之情甚大感動也案屈然已則其於志意之情者惆然不嗛其於禮節者闕然不具屈竭也屈然空然也惆然悵然也嗛足也言若無祭祀之禮空然而已則忠臣孝子之情悵然不足禮節又闕然不具也

故先王案爲之立文尊尊親親之義至矣文謂祭祀節文故曰祭者志意思慕之情也忠信愛敬之至矣禮節文貌之盛矣苟非聖人莫之能知也聖人明知之士君子安行之官人以爲守百姓以成俗其在君子以爲人道也其在百姓以爲鬼事也以爲人道則安而行之以爲鬼事[illegible]

0016_0241-2　0016_0242-1

畏而奉之故鍾鼓管磬琴瑟竽笙韶夏濩武
汋桓箾簡象是君子之所以爲愅詭其
所喜樂之文也箾音朔賈逵曰舞曲名武汋桓𥬇周頌篇名簡
未詳象周武王伐紂之樂○因說祭遂廣言喜樂哀痛敦惡之意本皆因於感
動而爲之文飾也喜樂不可無文飾故制爲鍾鼓韶夏之屬齊衰苴
杖居廬食粥席薪枕塊是君子之所以爲
愅詭其所哀痛之文也感動其所哀痛而不可無文飾

祭禮十三　廿七

故制爲齊衰苴杖之屬言本皆因於感動也師旅有制刑法
有等莫不稱罪是君子之所以爲愅詭
其所敦惡之文也師旅所以討有罪制謂人數也有等輕重
異也敦厚也厚惡深惡也或曰敦讀爲頓頓困躓也本因感動敦惡故制師旅
刑罰以爲文飾卜筮視日齊戒修塗几筵饋薦
告祝如或饗之視日之吉凶史記周文爲項燕視日修塗謂修
自宮室廟之道塗也几筵謂祝筵几于室中東面也饋獻牲體也薦進黍稷也

告祝謂尸命祝以嘏于主人曰皇尸命工祝承致多福無疆于汝孝孫來女孝
孫使女受祿于天宜稼于田眉壽萬年勿替引之如或歆饗其祀然也物
取而皆祭之如或嘗之物取每物皆取也謂祝命授祭
尸取菹擩于醢祭于豆間祭食取黍稷肺[illegible]尸啐嚌之又取肝擩于鹽振祭
祭嚌之是也如或嘗之謂尸嚌之如神之親嘗然也毋利舉爵
爵云無舉利爵所上文云利爵之不醮也主人有尊如或觴之
謂主人設尊酌以獻尸尸飲之如神飲其觴然賓出主人拜送

禮祭禮十　二十八

反易服即位而哭如或去之此雜說喪祭也易服
易祭服反喪服也賓出祭事畢即位而哭如神之去然也哀夫敬
夫事死如事生事亡如事存狀乎無形
影然而成文狀類也言祭祀不見鬼神有髴乎無形影者然而足
以成尊禮之節文也○荀子禮論
凡治人之道莫急於禮禮有五經莫重

0016_0243-2

於祭禮有五經謂吉禮凶禮賓禮軍禮嘉禮也莫重於祭謂以吉禮爲首也大宗伯職曰以吉禮事邦國之鬼神祇○祇所之反○疏曰此一節總明祭祀於禮中最重唯賢者能盡祭義凡祭爲禮之本禮爲人之本將明祀本故先說治人言治人之道於禮最急禮有五經者經者常也言吉凶賓軍嘉禮所常行故云禮有五經五經之中於祭更急上說人之以禮爲急此說禮爲急者案大宗伯吉禮之別十有二凶禮之別五賓禮之別八軍禮之別五嘉禮之別六五禮之別總三十有六

夫祭者非物自外至者也

0016_0244-1

自中出生於心也心怵而奉之以禮是故唯賢者能盡祭之義怵勑律反○怵感念親之貌也怵或爲述○疏曰夫祭者非物自外至者也自中出生於心也者自猶從也言孝子祭親非假他物從外至於身使己爲之但從孝子身中出生於孝子之心也心怵而奉之以禮者言孝子感時心中怵惕而奉親以祭祀之禮是故唯賢者能盡祭之義者言非賢者不能怵惕怵惕之義唯必賢人故能盡恭敬祭[illegible]

賢者之祭也必受其福非世所謂福也

0016_0244-2

福[illegible]

者之謂備言内盡於己而外順於道也

忠臣以事其君孝子以事其親其本一

也世所謂福者謂受鬼神之祐助也賢者之所謂福者謂受大順之顯名也其本一者言忠孝俱由順出也○疏曰此一節明祭祀受福是百順之理非世所謂福也者言世人謂福謂壽考吉祥祐助於身若賢者受福身外萬事皆順於道理故云非世所謂福也福者備也備者百順之名也無所不順者之謂備

0016_0245-1

此是賢者之福謂内盡其心外順其禮内外俱順於祭具也言内盡於己而外順於道也者釋百順之義也謂心既内盡親又外順此之行事無違於道理也其本一也者言忠臣事君孝子事親上其本皆從順而來故云其本一也

則順於鬼神外則順於君長内則

於親如此之謂備唯賢者能備[illegible]

後能祭是故賢者之祭也致[illegible]

其忠敬奉之以物道之以[illegible]

張本下象鼻題監生留成四字傅本剪去之

0016_0245-2

參之以時明薦之而已矣不求其爲此
孝子之心也長丁丈反下所長同道音導其爲于僞反注爲謂同
一音如字。明猶絜也爲謂福祐爲已之報。疏曰上則順於鬼神者廣大順
也體尊故云上也外則順於君長者謂朝廷也出事公卿故云外也不求其爲
者言孝子但內盡孝敬以奉祭祀不求其鬼神福祥爲已之報案少牢嘏辭云
皇尸命工祝承致多福無疆于女孝孫使女受祿于天宜稼于田則是祭祀有
求此云不求者謂孝子之心無所求也但神自致福故有受祿於天之言若水

儀祭禮十三　三十一

0016_0246-1

旱災蒸禱祭百神則有求也故大祝有六祈之義大司徒有荒政索鬼神之禮
祭者所以追養繼孝也孝者畜也順於
道不逆於倫是之謂畜養羊尚反下同畜許六反下同
。畜謂順於德教。疏曰追養繼孝也者養者是生時養親孝者生時事親親
今既沒設禮祭之追生時之養繼生時之孝孝者畜也者畜謂畜養謂孝子順
於德教不逆於倫理可以畜養其親故釋孝爲畜此據援神契庶人之孝曰畜
五孝不同庶人但取畜養而已不能百事皆順援神契又云天子之孝曰就諸

0016_0246-2

侯曰度大夫曰譽士曰究庶人曰畜分之則五德之日畜皆是畜養但功有小
大耳是故孝子之事親也有三道焉生則
養沒則喪喪畢則祭養則觀其順也喪
則觀其哀也祭則觀其敬而時也盡此
三道者孝子之行也行下孟反。沒終也。疏曰此一節
明孝子事親有三種之道既內自盡又外求助昏禮
是也故國君取夫人之辭曰請君之玉

儀祭禮十三　三十二

0016_0247-1

女與寡人共有敝邑事宗廟社稷此求
助之本也取七住反。言玉女者美言之也君子於玉比德焉夫
祭也者必夫婦親之所以備外內之官
也官備則具備具謂所共衆物。共音恭下文以共皆同。疏
曰此一節以上文孝子事親既能自盡又外求儷偶供粢盛之事水草
之菹陸產之醢小物備矣三牲之俎八
簋之實美物備矣昆蟲之異草木之實

陰陽之物備矣水草之菹芹茆之屬陸産之醢蚳蝝之屬天子之祭八簋昆虫謂湿生寒死之虫也内則可食之物有蜩范草木之實菱芡榛栗之屬○疏曰水草之菹芹茆之屬者案醢人云加豆之實芹菹兎醢朝事之豆茆菹麇臡是芹茆也又有朝事之豆昌本麋臡加豆之實有深蒲醓醢箈菹鴈醢筍菹魚醢其昌本深蒲箈筍是水草故云之屬云陸産之醢蚳蝝之屬者案醢人饋食之豆蜃蚳蝝即蚳之類醢人加豆之實有兎醢又有醓醢皆是陸産故云之屬云天子之祭八簋者明堂位云周之八簋又特牲士兩敦少牢四

祭礼十三　卅三

敦則諸侯六故天子八云内則可食之物有蜩范者蜩蟬声范蜂也昆虫之屬云草木之實菱芡榛栗之屬者案籩人加籩之實有菱芡饋食之籩有棗㮚榛實是草木故云之屬凡天之所生地之所長苟可薦者莫不咸在示盡物也外則盡物内則盡志此祭之心也咸皆也○疏曰苟可薦者悉在祭用故云示盡物也則上陰陽之物備矣外則盡物内則盡志此祭之心也者此是孝子祭親之心是故天子親耕於南郊以共齊

盛王后蠶於北郊以共純服諸侯耕於東郊亦以共齊盛夫人蠶於北郊以共冕服天子諸侯非莫耕也王后夫人非莫蠶也身致其誠信誠信之謂盡盡之謂敬敬盡然後可以事神明此祭之道也齊盛亦作齍與粢同音咨下同純側其反注及下純冕同○純服亦冕服也互言之爾純以見繒色冕以著祭服東郊少陽諸侯象也夫人不蠶於西郊

祭礼十三　卅四

婦人禮少變也齊或作粢○見賢遍反少詩召反○疏曰是故天子親耕於南郊以共齊盛王后蠶於北郊以共純服者此覆結上文也必夫婦親之及盡物盡志之事祭須盡物志故人君夫人各竭力從事於耕蠶也鄭云王籍田在遠郊故甸師氏掌之内宰云中春詔后帥内外命婦始蠶于北郊注云婦人以純陰爲尊故也純服者亦冕服也純以見繒色冕以著祭服諸侯耕於東郊亦以共齊盛者天子大陽故南也諸侯少陽故東也然籍田並在東南故王言南諸侯言東夫人蠶於北郊以共冕服者后大陰故北夫人少陰故合西郊然亦北

兩本均缺第三十四葉今錄傳本補抄

0016_0250-1　　0016_0249-2

者婦人貧少變故與后同也天子諸侯非莫耕也王后夫人非莫蠶也皆莫無也王侯豈貧無穀帛而夫婦自耕蠶乎其有以也身致其誠信誠信之謂盡是所以其欲致誠信故身自親之盡之謂敬敬盡然後可以事神明者祭盡敬則乃是盡也此祭之道結上文也又曰純服亦冕服也者天子云純諸侯言冕冕祭服故知純亦是祭服天子言衣色諸侯亦有衣色是其互也鄭氏之意凡言純者其義有二一絲旁才是古之緇字二是絲旁屯是純字但書文相亂雖是緇字並皆作純鄭氏所注於絲理可知於色不明者即讀爲緇即論語云今

儀祭禮十三　三十五

也純儉及此純服皆讀爲黑色若衣色見絲文不明者讀純以爲絲也及時將祭君子乃齊齊之爲言齊也齊不齊以致齊者也是故君子非有大事也非有恭敬也則不齊不齊則於物無防也嗜欲無止也及其將齊也防其邪物訖其嗜欲耳不聽樂故記曰齊者不樂言不敢散其志也心不苟慮必依於道

張本下象鼻題監生留成四字傅本剪去之

0016_0251-1　　0016_0250-2

手足不苟動必依於禮乃齊側皆反本又作齊下不出者同言齊也齊不齊並如字下齊之同○訖猶止也○疏曰此一節明將祭齊戒之義并明君與夫人皆致齊會於大廟夫婦交親行祭之義及時將祭君子乃齊者謂四時應祭之前未旬時也方將接神先宜齊整身心故齊也齊不齊以致齊者也言齊者齊也所以正此不齊之事謂未齊之時心慮散蕩心所嗜欲有不齊正及其齊也正此不齊之事以致極齊戒之道是故君子之齊也專致其精明之德也故散齊七

儀祭禮十三　卅六

日以定之致齊三日以齊之定之之謂齊齊者精明之至也然後可以交於神明也定者定其志意是故先期旬有一日宮宰宿夫人夫人亦散齊七日致齊三日先悉薦反又如字○宮宰守宮官也宿讀爲肅肅猶戒也戒輕肅重也君致齊於外夫人致齊於內然後會於大廟君純冕立於阼夫人副褘立於東房君

張本下象鼻題監生留成四字傅本剪去之

0016_0251-2

執圭瓚祼尸大宗執璋瓚亞祼及迎牲君執紖卿大夫從士執芻宗婦執盎從夫人薦涗水君執鸞刀羞嚌夫人薦豆此之謂夫婦親之大廟音泰下同祼音灌瓚才旦反祼古亂反紖直忍反又以忍反從才用反下同涗舒銳反徐音歲羞齊本亦作嚌才細反○大廟始祖廟也圭瓚璋瓚祼器也以圭璋爲柄酌鬱鬯曰祼大宗亞祼容夫人有故攝焉紖所以牽牲也周禮作絼芻謂藁也殺牲時用薦之周禮封人

大五十小三百十文 祭礼十三 三十七 邁万

0016_0252-1

祭祀飾牲共其水藁涗盎齊也盎齊涗酌也凡尊有明水因兼云水爾嚌嚌肺祭肺之屬也君以鸞刀割制之天子諸侯之祭禮先有祼尸之事乃後迎牲芻或爲饗○疏曰君致齊於外夫人致齊於內者各謂君之路寢內謂夫人正寢是致齊並皆於正寢其實散齊亦然但此文對會於大廟故云君致齊於外夫人致齊於內耳然後會於大廟者祭日君與夫人俱至大廟之中廟即始祖廟也君純冕立於阼者純亦緇也上文已解故鄭於此略而不論冕皆上玄下纁其服並然故通云緇冕若非二王之後及周公廟即悉用玄冕而祭夫人副禕

0016_0252-2

亦於東房者副及禕后之上服唯魯及王之後夫人得禕之侯伯夫人揄狄子男夫人闕狄而並立東房以俟行事尹除入之後轉就西房故禮器云夫人在房雖不云東西房下云夫人東酌罍尊則知夫人在房謂西房也大宗執璋瓚亞祼者大宗主宗廟禮者以亞祼之禮夫人親爲之此不云夫人而云大宗者記者廣言容夫人有故故大宗伯代夫人行禮執璋瓚亞祼之禮圭瓚璋瓚並是祼器也以圭璋爲柄酌鬱鬯曰祼也君執紖者紖牛鼻繩君自執之入繫於碑卿大夫從者謂卿大夫從驅之及殺與幣告也皆從於君士執芻者芻謂藁

明廿 儀祭禮十三 三十八

0016_0253-1

也以其殺牲用芻藁藉之宗婦執盎從者謂同宗之婦執盎以從夫人夫人薦涗水者涗即盎齊由自濁用清酒以涗涗之涗水是明水宗婦執盎齊從夫人而來奠盎齊於位夫人乃就盎齊之尊酌此涗齊而薦之者因盎齊有涗水連言水耳上云夫人副禕此則上公之祭可有醴齊盎齊但言盎者略言之亦容侯伯子男之祭但有盎齊與醍齊也故執盎從君執鸞刀羞嚌者嚌肝肺也嚌有二時一是朝踐之時取肝以膋貫之入室燎於爐炭出薦之主前二者謂饋熟之時君以鸞刀割制所羞嚌肺[illegible][illegible][illegible]俠綏示奠於俎上尸並嚌之故云

0016_0253-2

羞齊一云羞進也謂君用鸞刀制此嚌
肉以進之故云鸞刀羞嚌大人薦豆者
於君羞嚌之時夫人薦此饋食之豆此
之謂夫婦親之者君親執紖及鸞刀羞
嚌是夫親之也夫人薦涚水及羞豆是
婦親之也故云夫婦親之又曰大宗亞
祼容夫人有故攝焉者解大宗所以亞
祼之義案此下云夫人薦涚水及薦豆
則是夫人親行而云夫人有故者記者
亂陳言大宗亞祼容夫人有故之時下
云夫人薦盎薦豆籩夫人親行其事各
有所明不可一撥云盎齊涚酌也者周
禮司尊彝文案彼注云盎齊差清和以
清酒泲之謂之涚酌鄭引此者解經夫

0016_0254-1

人薦涚是盎齊也云凡尊有明水因兼
云水爾者以經夫人薦涚秖是薦盎不
薦明水今經薦涚之下別更言水此謂
明水也以盎齊加明水故記者因盎而
連言明水爾知盎齊加明水者郊特牲
云祭齊加明水是也云嚌嚌肺祭肺之
屬也者案少牢特牲饋食之時俎有祭
肺及舉肺切之舉肺離而不提心二肺
皆嚌之故云嚌肺祭肺之屬云天子諸
侯之祭禮先有祼尸之事乃後迎牲者
以特牲少牢無此禮今此經祼後有迎
牲之文是天子諸侯之事故鄭明之也

○及入舞君執干戚就舞位君爲東上

0016_0254-2

冕而揔干率其羣臣以樂皇尸是故天子之祭也與天下樂之諸侯之祭也與竟內樂之冕而揔干率其羣臣以樂皇尸此與竟內樂之之義也

樂音洛下同竟音境○君爲東上近主位也皇君也言君尸者尊之○疏曰此一經明祭時天子諸侯親在舞位以樂皇尸也

夫祭有三重焉獻之屬莫重於祼聲莫重於升歌舞莫重於武宿夜

0016_0255-1

此周道也

武宿夜武曲名也周道猶周之禮○疏曰此一經并明祭祀之禮有三種可重之事舞莫重於武宿夜者武宿夜是武曲之名是衆武之中無能重於武宿夜之舞皇氏云師説書傳云武王伐紂至於商郊停止宿夜士卒皆歡樂歌舞以待旦因名焉武宿夜其樂亡也熊氏云此即大武之樂也

凡三道者所以假於外而以增君子之志也故與志進退志輕則亦輕志重則亦重輕其志而求外之重也雖聖人弗

張本下象鼻題監生秦淳四字傅本剪去之

能得也是故君子之祭也必身自盡也所以明重也道之以禮以奉三重而薦諸皇尸此聖人之道也疏曰凡三道者所以假於外而以增君子之志也者言三種所重之道皆假借外物而以增益君子內志祼則假於鬱鬯歌則假於聲音舞則假於干戚皆是假於外物故與志進退者此外物增成君子內志故與志同進同退若內志輕略則此等亦輕略內志殷重此等亦殷重矣○夫祭有餕餕者祭之末也不

儀祭禮十三　四十二

可不知也是故古之人有言曰善終者如始餕其是已是故古之君子曰尸亦餕鬼神之餘也惠術也可以觀政矣餕音俊○術猶法也爲政尚施惠盡美能知能惠詩云維此惠君民人所瞻○施惠始豉反下文注並同能知者智○疏曰此一節明祭末餕餘之禮自求多物思淳廣被之事是故古之人有言曰善終者如始餕其是已者引古人之言證餕爲美也夫靡不有初鮮克有終而祭之有餕即是克有終而禮尤盛故云善終

者如始餕其是已語辭也是故古之君子曰尸亦餕鬼神之餘也者又引古言證餕義也言亦者亦人餕尸之餘乃是人食尸餘而云尸亦餕鬼神餘者若王侯初薦毛血燔燎是薦於鬼神至薦孰時尸乃食之是尸餕鬼神之餘若大夫士陰厭亦是先薦鬼神而後尸乃食亦尸餕鬼神餘故并云尸亦餕鬼神之餘也惠術也可以觀政矣者術猶法也尸餕鬼神之餘是施恩惠之術法言爲政之道貴在施惠可以觀省人君之政教能行恩惠者即其政善不能施恩惠者則其政惡故云可以觀政矣是故尸謖君與卿四人

大五九　三千六

儀祭禮十三　四十三

餕君起大夫六人餕臣餕君之餘也大夫起士八人餕賤餕貴之餘也士起各執其具以出陳于堂下百官進徹之下餕上之餘也謖所六反○進當爲餕聲之誤也百官謂有事於君者[illegible]者也既餕乃徹之而去所謂自卑至[illegible]也或俱爲餕○疏曰臣餕君之[illegible]之者以專於廟中事尸如君則君爲臣[illegible]君食尸餘是臣食君餘與大夫食君[illegible]又故云臣餕君之餘也諸侯之[illegible][illegible]大夫此云大者兼有采地助祭[illegible]

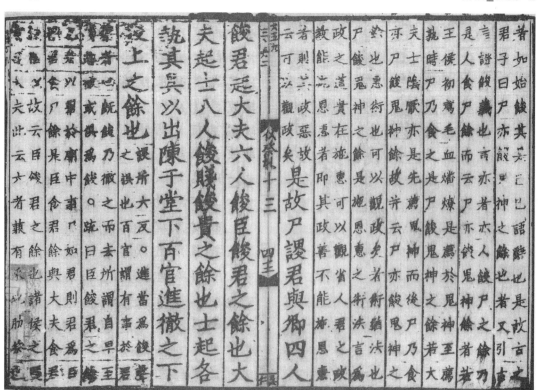

0016_0257-2

下漸徧乃下亦得恩惠也士也各執具以出陳于堂下者士廟中餕訖而
羞所司各執其饌具以出廟戶陳于堂下百官進徹之者進當爲餕謂[illegible]祭事
之百官餕訖各徹其器而乃去之凡餕之道每變以衆
所以別貴賤之等而興施惠之象也是
故以四簋黍見其脩於廟中也廟中者
竟內之象也別彼列反見賢遍反○爲神之惠徧廟中猶國君之
惠徧竟內也○疏曰凡餕之道每變以衆所以別貴賤之等者初君四人次大

儀祭禮十三　四十三

0016_0258-1

夫六人次士八人是變以衆加之以兩是別貴賤之等而與施惠之象也者與
起也其餕之禮初餕貴而少後餕賤而多皆先上而後下施惠之道亦當然皆
先貴後賤故云施惠之象是故以四簋黍見其脩於廟中也者謂餕之時君與
三卿以四簋之黍脩整普徧也所以用四簋多黍稷而餕者欲見其恩惠脩整
徧於廟中諸侯之祭有六簋今云以四簋者以二簋留爲陽厭之祭故云以四簋
黍從簋有黍稷特云黍者見其美舉黍可知也廟中者竟內之象也者以四
[illegible]祭者澤之大者也

0016_0258-2

是故上有大澤則惠必及下顧上先
後耳非上積重而下有凍餒之民也是
故上有大澤則民夫人待于下流知惠
之必將至也由餕見之矣故曰可以觀
政矣音直龍反夫音扶○是神有餘不獨饗之使人餕之恩澤之大者也
國君有蓄積不獨食之亦以施惠於竟內也○疏曰顧上先下後耳者言上有
大澤惠必及下無不周徧但瞻顧之辭尊上者在先卑下者處後耳一云顧故

儀祭禮十三　四十四

0016_0259-1

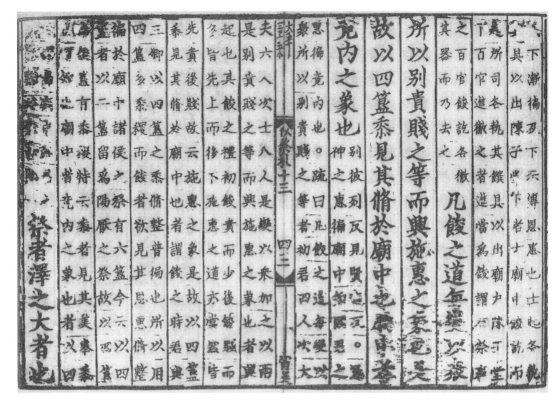

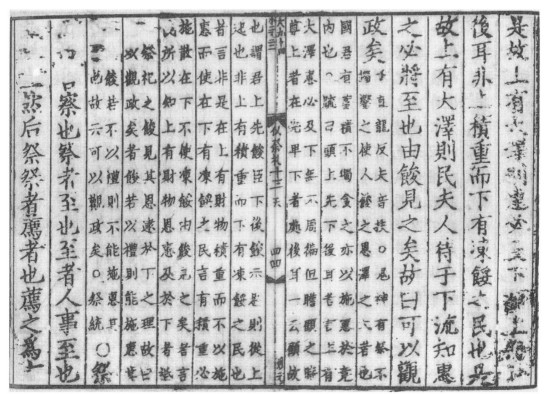

也謂君上先餕臣下後餕亦是則從上起也非上有積重而下有凍餒之民也
者言非是在上有財物積重而不以施惠而使在下有凍餒之民言有積重必
施散在下不使凍餒由餕見之矣者言以所以知上有財物恩惠及於下者從
祭祀之餕見其恩遠於下之理故曰以觀政矣者餕若以禮則能施惠若
[illegible]餕若不以禮則不能施惠其[illegible]政故云可以觀政矣○祭統○祭
[illegible]察也祭者至也至者人事至也
[illegible]然后祭祭者薦者也薦之爲上

0016_0259-2

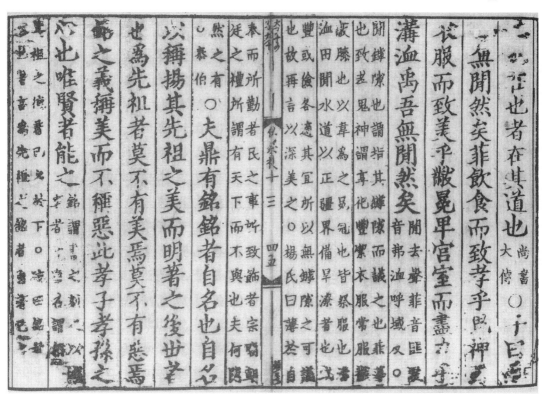

□□□也者在其道也尚書大傳○子曰禹吾無閒然矣菲飲食而致孝乎鬼神惡衣服而致美乎黻冕卑宮室而盡力乎溝洫禹吾無閒然矣閒去聲菲音匪黻音弗洫呼域反○閒罅隙也謂指其罅隙而議之也菲薄也致孝鬼神謂享祀豐絜衣服常服黻蔽膝也以韋爲之冕冠也皆祭服也溝洫田閒水道以正疆界備旱潦者也或豐或儉各適其宜所以無罅隙之可議也故再言以深美之○楊氏曰薄於自

0016_0260-1

奉而所勸者民之事所致飾者宗廟朝廷之禮所謂有天下而不與也夫何閒然之有○泰伯○夫鼎有銘銘者自名也自名以稱揚其先祖之美而明著之後世者也爲先祖者莫不有美焉莫不有惡焉銘之義稱美而不稱惡此孝子孝孫之心也唯賢者能之銘謂書之刻之以□□者也自名謂□□祖之德著己名於下○疏曰銘者□□□言爲先祖之德者自著己名

0016_0260-2

名於下自名以稱揚其先祖之美而明著之後世者也謂自著己名之時先稱揚其先祖之美於上而使昭明顯著於後世銘者論譔其先祖之有德善功烈勳勞慶賞聲名列於天下而酌之祭器自成其名焉以祀其先祖者也顯揚先祖所以崇孝也身比焉順也明示後世教也譔音撰比毗志反下及注同○烈業也王功曰勳事功曰勞酌之祭器言斟酌其美傳著於鍾鼎也身比焉謂自著

0016_0261-1

名於下也順也自著名以稱揚先祖之德孝順之行也教也所以教後世○傳音附徐音賦一音直專反○疏曰銘者論譔其先祖之有德善者論謂論說譔則譔録言子孫爲銘論說撰録其先祖道德善事功業勳勞慶賞聲名列於天下者此先祖美善之事也烈業也謂有功業勳勞有慶賞聲名著於天下者也而酌之祭器者酌斟酌也祭器鍾鼎也若有聲名徧普天下者則斟酌列書著於君之鍾鼎也自成其名焉者先書先祖之德於器上又自成己名於先祖銘下也以祀其先祖者也者祀祖謂預君祫祭也禮功臣既得銘鼎則得預君大

0016_0261-2

祫令先祖被銘題祫是尊其先[illegible]
揚先祖所以崇者也者釋所以
也爲崇於孝道故稱揚先祖也
順也者比次也先稱祖德而已
著名次於下見崇孝順之行也
世教也者爲人子孫能得稱揚
示後世使後世斆慕即是教也
業也王功曰勳事功曰勞周禮
云傳著於鍾鼎也者傳附也言
祖功名附著於鍾鼎或解傳爲
鍾鼎義亦通也云自著名以稱
之德者解經身比焉云孝順之
以解經順也云教者所以教後
稱先祖明元後世所以教後世

仪祭礼十三　四十七

0016_0262-1

祖之善也
故云教也
夫銘者壹稱而上下皆得[illegible]
耳矣是故君子之觀於銘也既美其[illegible]
稱又美其所爲美其所爲美此人爲[illegible]
銘○疏曰夫銘者壹[illegible]
謂造銘唯壹稱先祖之善而上下皆[illegible]
焉耳矣者上謂先揚先祖下謂成已[illegible]
行又垂教來世也既美其所稱又美[illegible]
所爲者釋上下皆得也所稱謂先祖也
所爲謂己身行業也君子有德
之士觀銘必見此二事之美
爲之者
明足以見之仁足以與之知足以利之

0016_0262-2

可謂賢矣賢而勿伐可謂恭矣見賢遍
反注同
知音智注同○明足以見之見其先祖
之美也仁足以與之與其先祖之銘也
非有仁恩君不使與之也知足以利之
利已名得比於先祖○疏曰爲之者謂
爲銘之人也明足以見之者謂已有顯
明之德足以見先祖之美仁足以與之
者謂已有仁恩故君上足以著先祖之
名與之知足以利之者謂已有知謀足
以利益於已得上比先祖也可謂賢矣
者言爲銘之人備此三事所以爲賢賢
而勿伐可謂恭矣者既備三事爲賢
又不自伐是爲恭也故云可謂恭矣
故

仪祭礼十三　四八

0016_0263-1

衛孔悝之鼎銘曰六月丁亥公假于大
廟悝口回反假加百反注同○孔悝衛
大夫也公衛莊公蒯聵也得孔悝之
立已依禮褒之以靜國人自固假至也
至於大廟謂以夏之孟夏禘祭○蒯苦
怪反聵五怪反○疏曰云得孔悝之立
已者案哀二年晉趙鞅納蒯聵于戚至
哀十五年傳云衛孔圉娶蒯聵之姊生
悝孔氏之豎渾良夫通於伯姬伯姬使
良夫往蒯聵蒯聵與良夫入衛舍孔氏
之外圃遂入適伯姬氏伯姬與太子五
人迫孔悝於廟強盟之遂劫以登臺於
是得國是得孔悝之立己也假至也[illegible]

0016_0263-2

詁文云至於大廟謂之夏之孟夏禘祭者以經云六月是周之六月周之六月是夏之孟月禘祭之時以諸侯命臣在於祭日案左傳哀十五年冬蒯聵得國十六年六月衛侯飲孔悝酒而逐之此得六月命之者蓋命後即逐之故與在

六月公曰叔舅乃祖莊叔左右成公成公乃命莊叔隨難于漢陽即宮于宗周奔走無射

左音佐又如字右音又又如字難乃是反射音亦○公曰叔舅者公爲策書尊呼孔悝而命之也乃猶文也莊叔悝七世之祖衛大夫孔達也

0016_0264-1

役祭礼十三　四十九

隨難者謂成公爲晉文公所伐出奔楚命莊叔從焉漢楚之川也即宮於宗周後反得國坐殺弟叔武晉人執而歸之於京師寘之深室也射厭也言莊叔常奔走至勞苦而不厭倦也周既云鎬京衜名王城爲宗周也○女音汝從才用反○疏曰叔舅者孔悝是異姓大夫年幼故稱叔舅乃祖莊叔者乃女也祖莊叔者謂孔悝之七世祖孔達也左右成公者左右助也輔助衛成公成公乃命莊叔隨難于漢陽者難謂成公被晉所伐出奔於楚謂成公命孔達隨出逃難而往漢陽即是楚地在漢水之北即宮于宗周者鄉也宮謂宮室成公後得反

0016_0264-2

國又坐殺弟叔武被晉執之歸于京師寘於深室之中是即宮也奔走無射者言孔達隨難漢陽又即宮於宗周常奔走勞苦無厭倦又曰案世本莊叔達生得閭叔穀穀生成叔烝鉏鉏生頃叔羅羅生昭叔起起生文叔圉圉生悝莊叔是悝七世祖也云成公爲晉文公所伐出奔者案僖二十八年左傳稱衛與楚晉文公敗楚於城濮衛侯懼出居於襄■遂奔楚云坐殺弟叔武晉人執之而歸於京師寘之深室也者亦僖二十八年左傳文晉人歸衛侯入其室弟叔武將沐聞君至喜捉髮走出前驅歂大射而殺之其大夫元咺出奔晉訟衛侯

0016_0265-1

役祭礼十三　五十

衛侯不勝執衛侯歸之于京師寘諸深室是其事也案左傳於時無孔達之事而云之者傳文不具或者蒯聵欲襃美孔悝故假其先祖之功而言之也

啓右獻公獻公乃命成叔纂乃祖服

獻公衛侯衛成公曾孫也亦失國得反言莊叔之功流於後世啓右獻公使得反國也成叔莊叔之孫成子烝鉏也右助也纂繼也服事也獻公反國命成子繼女祖莊叔之事欲其忠如孔達也○疏曰啓右獻公獻公乃命成叔纂乃祖服者啓■也右助也言莊叔餘功流於後世能右助獻公獻公雖復出奔乃得反國其時

張本下象鼻題監生秦三字傳本剪去之

張本下象鼻題監生秦淳四字傳本剪去之

0016_0266-1　0016_0265-2

孔達之孫成叔輒佐獻公故獻公乃命
成叔纂繼女祖孔達舊所服行之事又
曰案衛世家衛成公生穆公穆公生定
公定公生獻公是衛爲成公曾孫云亦
失國得反者案襄十四年左傳稱衛孫
文子甯惠子逐衛侯衛侯出奔齊是亦
失國也稱亦者亦成公也其時亦非成
叔之功假言之也云纂繼也服事也釋
詁文下注率循也亦釋詁文乃考文叔興舊耆欲作
率慶士躬恤衛國其勤公家夙夜不解
民咸曰休哉耆市志反解古賣反○文叔者成叔之曾孫文子圉

禮祭義十三　五十二

即悝父也作起也率循也慶善也七之
言事也言文叔能興行先祖之舊德起
而循其善事○疏曰乃考文叔者孔圉
是孔悝之父故云乃考與舊耆欲者言
父圉能興行先祖衛德耆欲所爲作率
慶士躬恤衛國其勤公家夙夜不懈民
咸曰休哉者作起也率循也慶善也士
事也言孔悝能起發循善事躬優恤
衛國勤勞公家早夜不解怠民皆曰功
德休美哉此是孔悝先祖功業鼎銘之
辭也公曰叔舅子女銘若纂乃考服若乃猶女
也公命悝子女先祖以銘以尊顯之女
繼女父之事欲其忠如文子也成公獻

0016_0267-1　0016_0266-2

公莊公皆失國得反言孔氏世有功語
寵之也○疏曰公曰叔舅子女銘若纂
乃考服此一節明蒯聵與孔悝銘言
也及勑戒之使繼先祖故云纂乃考服
悝拜稽首曰對揚以辟之辟必亦反婢尺反○對
遂也辟明也言遂揚君命以明我先祖
之德也○疏曰此一節明孔悝拜受君
恩言己光揚先祖之德行君之大命著
於彝鼎對揚以辟之者對遂也揚稱揚
也辟明也言己遂稱揚君命以光明我先祖之美勤大命施于
烝彝鼎施猶著也言我將行君之命又刻烝於烝祭之彝鼎彝尊也周

禮祭義十三　五十二

禮大約劑書於宗彝○疏曰勤大命施于烝彝鼎者勤行也施著也烝謂烝祭
言己勤行君之大命著於烝祭之彝尊及鼎也此衛孔悝之鼎
名也言銘之類衆多也略取此一以言之○疏曰記者録其銘故以銘之言
但休哉以上是稱其先祖公曰叔舅以下至彝鼎是自著其名於下是以身比
者比先祖也古之君子論譔其先祖之美而
明著之後世者也以比其身以重其國
家如此如莊公命孔悝之爲也莊公孔悝雖無令德以終其事於禮最

0016_0267-2

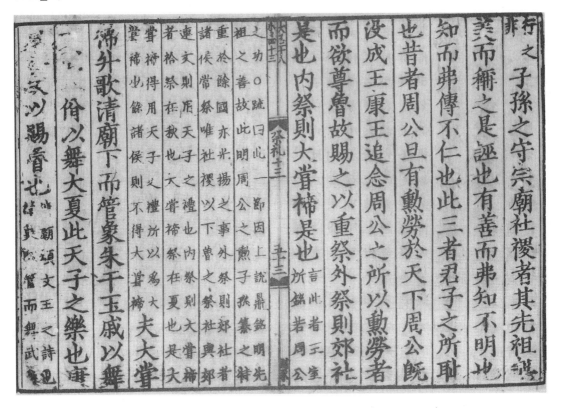

非行之　子孫之守宗廟社稷者其先祖無美而稱之是誣也有善而弗知不明也知而弗傳不仁也此三者君子之所恥也昔者周公旦有勳勞於天下周公既沒成王康王追念周公之所以勳勞者而欲尊魯故賜之以重祭外祭則郊社是也内祭則大嘗禘是也言此者王室所銘若周公

0016_0268-1

之功○疏曰此一節因上說鼎銘明先祖之善故此明周公之勳子孫纂之[illegible]重於餘國亦光揚之事外祭則郊社者諸侯常祭唯社稷以下魯之祭社與郊連文則庶天子之禮也内祭則大嘗禘者祫祭在秋也大嘗禘祭在夏也是大嘗禘得用天子之禮所以為大嘗禘也餘諸侯則不得大嘗禘　夫大嘗禘升歌清廟下而管象朱干玉戚以舞[illegible]佾以舞大夏此天子之樂也康[illegible]以賜魯也[illegible]清廟頌文王之詩[illegible]管而舞武[illegible]

0016_0268-2

文樂也朱干赤盾戚斧也此武象之舞所執也佾猶列也大夏禹樂文舞也執羽籥文武之舞皆八列互言之耳康猶褒大也易晉卦曰康侯用錫馬○疏曰升歌清廟者升堂歌清廟頌文王之詩也下而管象者堂下吹管而舞武象之樂也朱干玉戚以舞大武者朱干赤盾也戚斧也以玉飾其柄此武象之舞所執八佾以舞大夏者大夏禹樂文舞也執羽籥此天子之樂也康周公[illegible]以賜魯也者升歌清廟以下並是天子之樂故以此結之也又曰言文武之舞皆八列互言之耳者以經云八佾以舞大夏舞大武不顯佾數則舞大武亦八

0016_0269-1

佾也大武云朱干玉戚其大夏則[illegible]朱干玉戚當用羽籥而云互文者以[illegible]夏言舞數則大武亦當有舞數大武[illegible]所執舞器則大夏亦有舞器故云互[illegible]是晉卦康侯用錫馬者證康是褒[illegible]義案易晉卦坤下離上日出於地[illegible]晉進也言明進也　子孫纂之至于今不廢所以明周公之德而又以重其國也不廢[illegible]禮樂也重猶尊也○疏曰子孫至國也者言魯是周公子孫繼周公之後至今不廢此禮樂謂作記之時也所以明其公之有德而又以尊重其魯國也[illegible]

0016_0270-1　　0016_0269-2

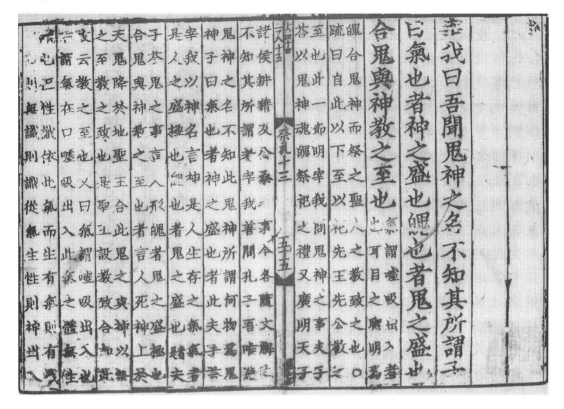

宰我曰吾聞鬼神之名不知其所謂子曰氣也者神之盛也魄也者鬼之盛也合鬼與神教之至也氣謂噓吸出入者也耳目之聰明爲魄合鬼神而祭之聖人之教致之也○疏曰自此以下至以祀先王先公歡之至也此一節明宰我問鬼神之事夫子荅以鬼神魂魄祭祀之禮又廣明天子

祭義十三　五十五

諸侯耕耤及公桑之事今各隨文解之不知其所謂者宰我善聞孔子吾唯從鬼神之名不知此鬼神所謂何物爲鬼神子曰氣也者神之盛也者此夫子荅宰我以神名言神是人生存之氣氣者是人之盛極也魄也者鬼之盛也精夫子荅鬼之事言人形魄者鬼之盛極也合鬼與神教之至也者言人死神上於天鬼降於地聖王合此鬼之與神以祭之至教之致也是聖王設教致合知識文云教之至也又曰氣謂噓吸出入也[illegible]謂氣在口噓吸出入此氣之體無性[illegible]心以性識依此氣而生有氣則有識[illegible]則無識則識從氣生性則神出入

0016_0271-1　　0016_0270-1

也故人之精靈而謂之神云耳之聰明爲魄者魄體也若無耳目形體不得爲聰明故云耳目聰明爲魄云合鬼神而祭之聖人之教致之也者人之死其神與形體分散各別聖人以生存之時神形和合今雖身死聚合鬼神似若生人而祭之是聖人設教與致之令其如此也衆生必死死必歸土此之謂鬼骨肉斃于下陰爲野土陰讀爲依蔭之蔭言人之骨肉蔭於地中爲土壤○疏曰此經明鬼神之事衆生必死者言物之羣衆而生必皆有死死必歸土者言萬物死者皆歸於土此一經

祭禮十三　五十六

因而言物實是本說人也此之謂鬼者鬼歸也此歸土之形故謂之鬼也骨肉斃于下陰爲野土者此覆說歸土之義也言死骨肉斃敗於地下依陰於地爲野澤土壤謂在田野故稱爲野土俗本陰作蔭字也其氣發揚于上爲昭明焄蒿悽愴此百物之精也神之著也焄許云反○焄謂香臭也蒿謂氣烝出貌也上言衆生此言百物明其與人同也不如人貴爾蒿或爲藨○藨表驕反又皮表反○疏曰此一經中明神也此科釋人氣爲神言人生時形體與氣合共爲生其死則形與氣

張本下象鼻題監生留成四字傅本剪去之

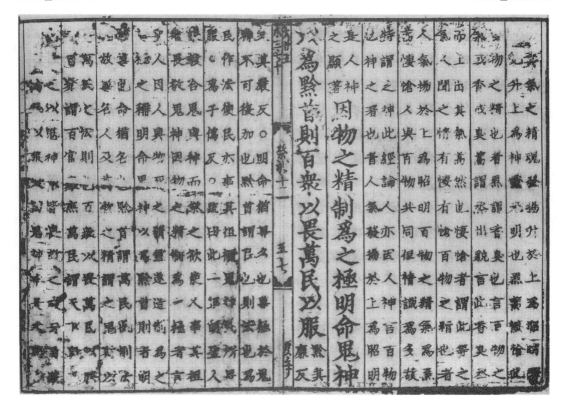

其氣之精魂發揚升於上爲昭明也升上爲神靈光明也焄蒿悽愴也
物之精也者焄謂香臭也言百物之氣或香或臭蒿謂烝出貌言此香臭烝
而上出其氣蒿然也悽愴者謂此等之氣人聞之情有悽有愴百物之精也者
人氣揚於上爲昭明百物之精氣爲羣蓋悽愴人與百物共同但情識爲多故
特謂之神此經論人亦民人神言百物也神之著也者人氣發揚於上爲昭明
是人神之顯著因物之精制爲之極明命鬼神
以爲黔首則百衆以畏萬民以服黔其廉反

祭義十二　五十七

其嚴反○明命猶尊名也尊極於鬼神不可復加也黔首謂民也則法也爲
民作法使民亦事其祖禰鬼神民所畏服○爲于僞反○疏曰此一經明聖人
設教合鬼與神而祭之欲使人事其祖禰長敬鬼神因物之精制爲一極者言
聖人因人與物死之精靈造制爲之極之稱明命鬼神以爲黔首則者明
尊嚴也命猶名也黔首謂萬民[illegible]則法[illegible]故聖名人及其物之精謂之鬼神以
萬民之法則百衆以畏萬民以服百姓謂百官衆萬民謂天下衆
[illegible]之以鬼神[illegible]皆[illegible]之[illegible][illegible]以服[illegible]謂鬼神[illegible]是[illegible]

之魂氣若直爲魂魄其名不尊故尊而之爲鬼神別加畏敬之也云尊極於
神不可復加也者解經制爲之極所以名鬼神畏極者言物中尊極莫過焉
神言以外他名不可復加故聖王尊爲之極名鬼神也云黔首謂民也者黔
謂黑也凡人以黑巾覆頭故謂之黔首案史記云秦命民曰黔首此記作在周
末秦初故稱黔首此孔子言非當秦世以爲黔首錄記之人在後變改之耳陳
家僕隸謂蒼頭以蒼巾爲飾異於民也此經鬼神本爲民神□□□□故不至文
築爲宮室設爲宗祧其實此鬼神亦兼山川五祀百物之靈故禮運云列於鬼

祭義十三　五十八

神此云謂祖廟山川五祀之屬樂記云則有鬼神注云助天地成物者是自
形之魄謂之鬼對則精靈爲魂形體爲魄故昭七年左傳云人生始化曰魄既
生魄陽曰魂是形爲魄氣爲魂若對而言之魄亦性識識與魄無異故昭二十
五年左傳云心之精爽是謂魂魄魂魄去之何以能久又襄二十九年左傳云
天奪伯有魄又對而言之天曰神地曰祇人曰鬼散而言之通曰鬼神
以是爲未足也築爲宮室設爲宗祧
以別親疏遠邇教民反古復始不忘

0016_0274-1　　0016_0273-2

所由生也衆之服自此故聽且速也
[illegible]也言由此服於聖人之教也聽謂[illegible]教令也速疾也○疏曰此一經明聖人之[illegible]
[illegible]見鬼神立宗廟之事聖人以是爲未[illegible][illegible]著謂以是尊名用神爲未足謂未[illegible]
[illegible]是也築爲宮室設爲宗祧以別親疏[illegible]道教民反古復始古謂先祖追而祭
[illegible]是反古也始謂初始父母始生於己[illegible]道祭祀是復始也不忘其所由生也
[illegible]遠報祭是不忘其所由生也衆之[illegible]廟自此者自由也言衆人服從於上
[illegible]反古復始而教之也故聽且速也[illegible]謂順其教令以此之故在下聽[illegible]

[illegible]命日卒也
二端既立報以二禮建設朝
事燔燎羶薌見以蕭光以報氣也此教
衆反始也薦黍稷羞肝肺首心見間以
俠甒加以鬱鬯以報魄也教民相愛上
下用情禮之至也
燔音煩燎力召反又力吊反薌音香見以
[illegible]見間音閒閒廁之間俠古洽反[illegible]甒音武○二端謂氣也魄也更有
[illegible]名云鬼神也二禮謂朝事與薦黍稷[illegible]謂薦血腥時也薦黍稷所謂饋

0016_0275-1　　0016_0274-2

[illegible]也見及見閒皆當爲覸字之誤也[illegible][illegible]忘馨聲之誤也燔燎馨香覸以蕭光[illegible]
[illegible]膟祭脂也光猶氣也有虞氏祭首[illegible][illegible]氏祭心殷祭肝周祭肺覸以俠甒[illegible]
[illegible]之兩甒醴酒也相愛用情謂此以[illegible][illegible]祭之也報氣以氣報魄以實各首[illegible]
類○疏曰此一節論氣魄既殊明設[illegible]之時二禮亦異二端既立者謂氣也[illegible]
也既見已與立尊名云鬼神也報以二禮者謂報此氣魄以二種祭禮報氣謂
朝踐之節也報魄謂饋孰之節也建設朝事燔燎羶薌見以蕭光以報氣者是
明朝踐報氣之義也朝事謂早朝祭事燔燎謂取膟膋燎於爐炭羶謂馨香見

以蕭光謂見覸覸謂雜也光[illegible]也謂[illegible]膟膋兼[illegible]蕭蒿是雜以蕭氣此等三祭
是以報氣也此教衆反始也者言此上之祭氣是古者尚質之義是故教衆之
以反於初始此上反古復始揔包之也薦黍稷羞肝肺首心見間以俠甒加以
鬱鬯以報魄也者薦黍稷者謂饋孰時薦此黍稷羞肝肺首心者羞進也謂羞
黍稷之時進肝之與肺及首之與心殺祭以肝周祭以肺有虞氏以首夏后氏
以心皆謂祭黍稷之特兼此物祭也故郊特牲云祭黍稷加肺謂周法也見閒
以俠甒者見閒讀爲覸亦雜也俠甒謂兩甒醴酒言祭黍稷之時雜以兩甒醴

0016_0276-1　　　　0016_0275-2

酒加以鬱鬯皆謂爲此黍稷加肵之奠
更加之以鬱鬯然後薦黍稷饋孰報魄
之時始云加鬱鬯者言非但薦孰是報
魄言祭初亦加鬱鬯亦是報魄也以明
在地下鬱鬯灌地雖是祭初亦是報魄
不當薦孰之時故云加也以報魄也者
言薦黍以下皆是報祭形魄之義教口
相愛上下用情者言此饋孰之時皆以
飲食實味徧於燕飲是教民相愛上以
恩賜逮下下愛上恩賜故上下用情禮
之至也者至謂至極也謂報氣報魄二
禮備足是禮奉上王禮之至極也又曰
云更有尊名云鬼神也者解經二端既
立氣也魄也是二端更有尊名名鬼神

儀祭禮十三　六十一

是既立謂尊名立也〇禮謂朝事與
薦黍稷也皆以經云朝事以報氣薦孰
稷以報魄此云見及見閒皆當爲覸字
之誤也者經云見以蕭光但有見字在
旁無閒旁無見字此等據意皆是覸字
雜之理故知誤加以閒邊加見爲覸者
所見錯雜之義故閒旁見也云覸當爲
馨以與香連文與取羶義羶馨聲相近
故云聲之誤也云取牲祭脂也者案詩
生民云取蕭祭脂是取蕭與祭牲之時
雜燒之一器之中毋度燔燎朝踐燔膟
膋之時亦有蕭也故郊特牲云取膟膋
升首報陽也注云膟膋腸閒脂也與蕭
合燒之是朝踐燔蕭也郊特牲又云然

0016_0277-1　　　　0016_0276-2

奠然後爇蕭合羶薌是饋孰爇蕭也云
有虞氏祭首至周祭肺皆明堂位文
兩甒醴酒也者以士喪禮既夕等皆以
甒盛醴故知醴酒也此用甒者蓋是天
子追享朝踐用大尊此甒即大尊或可
子男之禮禮器云君尊瓦甒謂子男也
皇氏以爲異代法也云報氣以氣報魄
以實冬首其類者燔燎馨香蕭光之屬
是氣也黍稷肝肺之屬是實物也首本
也報氣以氣是虛還以馨香虛氣報之
報魄以實還以黍稷實物報之
各本其事類故云各首其類也　君子反
古復始不忘其所由生也是以致其敬

祭禮十三　六十二

發其情竭力從事以報其親不敢弗盡
也〇從事謂修薦可以祭者也〇疏曰此
一節申明反古復始竭力報親之事
是以致其敬發其情者以君子反古復
始不忘其所由生是以致恭敬發情性
竭力從事以報其親謂竭盡氣力隨
俗其事以上報其親不敢不極盡也　是
故昔者天子爲藉千畝冕而朱紘躬秉
耒諸侯爲藉百畝冕而青紘躬秉耒以
事天地山川社稷先古以爲醴酪齊盛

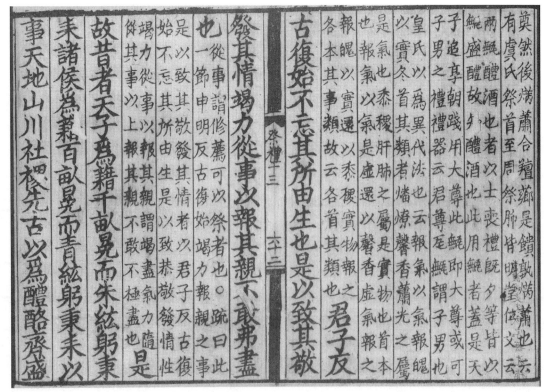

張本下象鼻題監生留成四字傅本剪去之

0016_0278-1　0016_0277-2

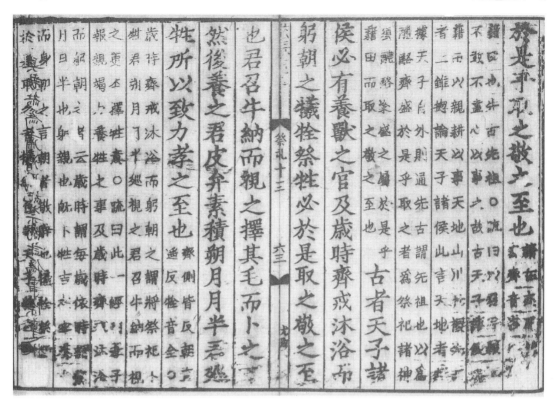

於是乎取之敬之至也藉在亦反[illegible]
藉田也牛古先祖○疏曰以[illegible]不致不盡心以事之故古天子諸[illegible]
藉而以親耕以事天地山川社稷[illegible]者二雖揔論天子諸侯山言天地者[illegible]
據天子自外則通先古謂先祖也以爲醴酪齊盛於是乎取之者爲祭祀諸神
鬯醴酪粢盛之屬於是乎藉田而取之敬之至也古者天子諸
侯必有養獸之官及歲時齊戒沐浴而
躬朝之犧牷祭牲必於是取之敬之至

祭礼十三　六十三

也君召牛納而視之擇其毛而卜之吉
然後養之君皮弁素積朔月月半君巡
牲所以致力孝之至也齋側皆反朝直遥反牷音全○
歲時齊戒沐浴而躬朝之謂將祭祀卜牲君朔月月半巡視之君召牛納而視
之更本擇牲焉○疏曰此一節明天子報親竭力養牲之事及歲時齊戒沐浴
而躬朝之者云歲時謂每歲依時擇牷月日半也身親也既卜牲吉在牢養
而身朝之言朝者敬[illegible]於[illegible]

0016_0279-1　0016_0278-2

也謂諸侯牲也犧牷所祭之牲必於是養獸之官受擇取之養獸者若周禮牧
人也君召牛納而視之者此更本擇牲之時君於牲處更命取牛來納之於內
而視之君皮弁素積朔月月半君巡牲者即前言歲時朝之也巡行也皮弁諸
侯視朔之服朔月月半君服此衣而巡牲所以致力孝之至也者是孝道之至
極耕藉云敬之至養牲云孝之至互文也古者天子諸侯必
有公桑蠶室近川而爲之築宮仞有三
尺棘牆而外閉之及大昕之朝君皮弁

祭禮十三　六十四

素積卜三宮之夫人世婦之吉者使入
蠶于蠶室奉種浴于川桑于公桑風戾
以食之昕許斤反奉芳勇反種章勇反戾力計反食音嗣○大昕季春
朔日之朝也諸侯夫人三宮半王后也風戾之者及早涼脆采之風戾之使露
氣燥乃以食蠶蠶性惡濕○脆七歲反惡烏路反○疏曰公桑蠶室者謂官家
之桑於處而築養蠶之室近川而爲之者取其浴蠶種便也築宮仞有三尺棘
牆而外閉之者築宮謂築養蠶宮牆七尺曰仞言牆之上尺文有三尺高一丈

張本下象鼻題監生留成四字傳本剪去之

張本下象鼻題監生留成四字傅本剪去之

0016_0279-2

也傳云雉有三尺雉字者誤也棘牆者謂牆上置棘外閉謂扇在户外閉也大昕之朝爲季春朔日之朝十三宮之夫人者諸侯夫人半王后故三宮世婦之吉者亦諸侯世婦十取之吉者前雖則摠舉天子諸侯此特舉諸侯互言之奉種浴于川者言蠶將生之時而又浴之初於仲春已浴之至此更浴之風戾以食之者戾乾也凌早采桑必帶露露而濕蠶性惡濕故乾而食之

歲既單矣世婦卒蠶奉繭以示于君遂獻繭于夫人夫人曰此所以爲君服與遂副

祭禮十三　六五

0016_0280-1

褘而受之因少牢以禮之單音丹與音餘褘音暉。歲單謂三月月盡之後也言歲者蠶歲之大功事畢於此也副褘王后之服而云夫人記者容二王之後與褘之禮奉繭之世婦。疏曰歲既單矣者單盡也三月之末四月之初遂獻繭于夫人者蠶是婦人之事故獻繭于夫人夫人曰此所以爲君服與者所與奉處重遂副褘而受之者既擬于君之祭服故夫人首著副身著褘衣受此所獻之繭因少牢以禮之者接獻繭之世婦

古之獻繭者其率用此與率音類又音律又所律反。閒者之

0016_0283-2

義。疏曰率法也夫人曰獻繭之法歟以言如此邪重事之義故問之也

及良日夫人繅三盆手遂布于三宮夫人世婦之吉者使繅遂朱綠之玄黃之以爲黼黻文章服既成君服以祀先王先公敬之至也繅素刀反。三盆手者三淹也凡繅淹大總而手振之以出緒也。疏曰及良日夫人繅者亦日謂吉日宜繅更擇吉利之日日至而後乃夫人自繅三盆手者猶三淹也亦者每淹以手振出其緒故云三盆手

祭禮十三　六六

0016_0284-1

[illegible]布于三宮夫人世婦之吉者使繅者[illegible]夫人親繅三盆以手振出其緒訖送[illegible]與三宮夫人世婦之吉者既據諸侯[illegible]之則夫人唯一人世婦之吉者此雜至天子而言之以天子有三夫人就其[illegible]取吉若諸侯唯世婦之吉者養蠶繅[illegible]又而已唯云一世婦之吉者擇其吉[illegible]一爲主領非唯一人而已以祀先王[illegible]敬之至也者前文解耕藉男子之[illegible]故云以事天地山川社稷兼云先祖[illegible]是婦人之事婦人不與外祭故云[illegible]先公其實養蠶爲衣亦亦[illegible][illegible]又曰宗內司服注云[illegible][illegible]與此六[illegible]宗明堂位魯[illegible]

0016_0284-2

祭齊用禪衣此不言者曾爲特祀袞常法此據常者故不言○祭

君牽牲穆荅君卿大夫序從從才用反○答

謂祭宗廟也穆子姓也荅對也序以次第從也序或爲豫○疏曰前經郊祭之

致敬此一節祭廟牽牲致敬穆荅君者稷謂子姓荅對也言祭廟君牽牲之時

子姓對君共牽牲卿大夫序從者卿大夫佐幣士奉湯依次第而從君也又曰

抑穆是子姓者熊氏云父昭子穆姓生也是昭穆所生謂子孫直言穆者文不

備

既入廟門麗于碑卿大夫袒而毛牛

仪祭礼十三　卷十七

0016_0285-1

尚耳鸞刀以封取膟膋乃退爓祭祭腥

而退敬之至也封苦圭反膟音律膋力彫反爓音燖○麗猶繫

也毛牛尚耳以耳毛爲上也膟膋血與腸間脂也爓祭祭腥祭爓肉腥肉也湯

肉曰爓爓祭祭腥或爲合祭腥泄腥孰也○腥直輒反○疏曰既入廟門麗于

碑者麗繫也君牽牲入廟門繫著中庭碑也王肅云以紖貫碑中君從北待之

也卿大夫袒而毛牛尚耳者將殺牲欲祖取牛毛薦之故云毛牛也以耳毛薦

上故云尚耳耳主聽欲使神聽之鸞[illegible]也封取膟膋者謂用鸞刀封割[illegible]

0016_0285-2

取血及腸間脂血以供薦而膋以[illegible]肝及蕭薦也乃退者謂殺牲竟而取[illegible]

大夫所封血毛膟膋薦之竟而退也祭有三節此一節竟故退爓祭祭腥者謂

謂爓肉而祭腥謂以腥肉而祭言[illegible]膋之後以俎載爓肉腥肉而祭也又曰

案說文及字林云膟血祭膋是牛腸間脂也是膟爲血膋爲腸間脂也云爓祭

祭腥祭爓肉腥肉也者既疊出經文爓祭之事祭腥之語然後解云謂祭爓肉

也腥肉也祭爓肉即經之爓祭也云腥肉即經之祭腥也其祭腥肉爓肉並當

朝踐之節此腥肉則禮運云腥其俎也爓肉即禮運云孰其殽也此先云爓者

仪祭礼十三　卷十八

0016_0286-1

記者便文耳非先後之次云湯肉曰爓者以鬼神異於生雖曰孰殽但湯肉而

已若其小祀則羹肉令孰故郊特牲云一獻孰是爓與孰又別也云爓祭祭腥

或云合祭腥泄腥孰也者謂爓祭祭腥四字禮記他本爲合祭腥泄腥孰六字者

故云或○以上祭義

○夫禮之初始諸飲食其燔

黍捭豚汙尊而抔飲蕢桴而土鼓猶若

可以致其敬於鬼神燔音煩捭卜麥反注作擗又作擘[illegible]

烏華反一音烏抔步侯反蕢音凷苦[illegible]又苦怪反桴依浮○言其物雖簡[illegible]

0016_0286-2

如齋敬之心則可以薦羞於鬼神[illegible]享德不享味也中古未有釜甑釋米[illegible]
内加於燒石之上而食之耳今北狄猶然汙尊鑿地為尊也抔飲手掬之也蕢
讀為凷聲之誤也凷堛也謂摶土為桴也土鼓築土為鼓也○[illegible]側皆反燒如
享又舒照反堛普逼反○疏曰此一節論上代物雖質略以其齊敬可以致祭
神明夫禮之初始諸飲食者從此以下至禮之大成皆是二書所見之事大者
後語之端禮謂吉禮此吉禮元初始諸飲食諸於也始於飲食者欲行吉禮先
以飲食為本但中古之時飲食質略雖有火化其時未有釜甑也其燔黍捭豚

0016_0287-1

者燔黍者以水洩釋黍米加於燒石之上以燔之故云燔黍或捭析豚肉加於
燒石之上而燔之故云捭豚汙尊而抔飲者謂鑿地汙下而盛酒故云汙尊以
手掬之而飲故云抔飲蕢桴者又摶土凷為桴皇氏云桴謂擊鼓之物故云蕢
桴土鼓築土為鼓故云土鼓猶若可以致其敬於鬼神者言上來之物非但可
以事生若如也言猶如此亦可以致其恭敬於鬼神以鬼神享德不享味也又
曰伏犧為上古神農為中古五帝為下古若易歷三古則伏犧為上古文王為
中古孔子為下古故易緯云蒼牙通靈昌之成運孔演命明道經蒼牙則伏犧

0016_0287-2

也昌則文王也孔則孔子也故易繫辭云易之興也其於中古乎謂文王也若
三王對五帝則五帝亦為上古故上冠禮云大古冠布下云三王共皮弁則大
古五帝時大古亦上古也不同者以其文各有所對故上古中古不同也此云
中古者謂神農也知者以明堂位云土鼓葦籥伊耆氏之樂又郊特牲云伊耆
氏始為蜡蜡是報田之祭伊耆氏始為蜡則於時始為田也今此云蕢桴土鼓
故知此謂神農也蕢讀為凷者以經中蕢字乃是草名不可為桴桴與土鼓相
連凷是土之流類故讀為凷凷堛也廣雅文云土鼓築土為鼓者以與汙尊抔

0016_0288-1

飲相連貴尚質素故知築土為鼓周代極文而不爾也故杜注周禮籥章云以
瓦為匡不須築土或以為桴則摶凷也謂摶土為桴術以手擊之而為樂其築
土為鼓先儒未詳蓋築地以當鼓節不云築地鼓者以經稱土鼓故言築土順
經文也經云禮之初始諸飲食謂祭祀之禮故始諸飲食其人情之禮起則遠
矣故昭二十六年左傳云禮之可以為國也久矣與天地並是也及其
死也升屋而號告曰皋某復號戶[illegible]反○[illegible]
[illegible]然後飯腥而苴[illegible]

0016_0288-2

致謂與上古最有火化其爭取違莫哀淨氣也貴或爲粗○濃棄戰反○疏曰言古代質素此言後世漸文謂五帝世下至於三王及其身之死也升上屋之號呼告曰皐某復者謂北面告天曰皐皐引聲之言某謂死者名令其反復魄復魄不復然後浴尸而行含禮於今之呼飯用生稻之米故云飯腥用上古未有火化之法直孰者至欲葬設遣奠之時而用苞裹孰肉以遣送尸法中古脩火化之利也熊氏云升屋而號爲五帝時或爲三王時皇氏云中古也中古未有宮室皇説非也**故天望而地藏也體魄則降**

0016_0289-1

知氣在上知音智○地藏爲葬○疏二天望謂始死望天而招魂也氣謂葬地以體尸也體魄則降知氣在上者覆釋所以天望地藏之意所以地氣者由體魄則降故也所以天望招之於天由知氣在上故也**故死者北首**首手又反○首陰也**生者南鄉**鄉許亮反○鄉陽也○疏曰故死者北首生者南鄉者體魄降於地爲陰故死者北首歸陰之義死者既歸陰則生者南鄉歸陽也**皆從其初**謂今行之然也○疏曰皆從其初者謂今世飯腥苴孰及死者北首望者南鄉之等非是今時始爲此事皆取

0016_0289-2

法於上古中古而來故云皆從其初前文云燔黍捭豚謂中古之時次云及其死也似還論中古之事但中古神農未有宮室上棟下宇乃在五帝以來此及其死也而云升屋則非神農時也故熊氏云及其死也以爲五帝時或爲三王時皇氏以爲及其死也還論中古時飯腥苴孰謂五帝時故云然後其義非也**昔者先王未有宮室冬則居營窟夏則居橧巢**窟苦忽反橧則登反○寒則累土暑則聚薪柴居其上○疏曰昔者室羽皮此一節更論上古之事昔者先王既云未有宮室則據是五帝之

0016_0290-1

前云未有火化之事則唯爲伏犧之前以上文中古神農有火故也冬則居營窟者營累其土而爲窟地高則穴於地地下則窟於地上謂於地上累土而爲窟夏則居橧巢者謂橧聚其薪以爲巢**未有火化**食腥也**食草木之實鳥獸之肉飲其血茹其毛未有麻絲衣其羽皮**茹音汝衣於既反○此上古之時也○疏曰飲其血茹其毛者雖食鳥獸之肉若不能飽者則茹食其毛以助飽也若漢時蘇武以雪雜羊毛而食之是其類也**後聖有作**作起○疏曰伏

0016_0291-1　　0016_0290-2

疏曰此一節論中古神農及五帝並三王之事各隨文解之後聖有作者謂古之後聖人作起**然後脩火之利**孰冶萬物〇疏曰然後脩火之利者謂神農也火利言脩者火利先有用之簡少至神農更脩益使多故云脩知者以世本云燧人出火案鄭六藝論云燧人在伏犧之前凡六紀九十一代廣雅云一紀二十六萬七千年六紀計一百六十萬二千年也孰謂亨煑冶謂陶鑄也**范金**鑄作器用〇疏曰范金者鎔爲形范以鑄金器**合土**合如字徐音閤〇瓦瓴甓及甒大瓴音甓及甒音武大音大〇疏

儀祭禮十三　七十三

曰合土者謂和合其土燒之以作器物檀弓云有虞氏之瓦棺爾雅云瓴甋謂之甓郭注云甎也禮器云君尊瓦甒又明堂位云泰有虞氏之尊此等皆燒土爲之**以爲臺榭宮室牖戶**〇榭器之所藏也〇疏曰以爲臺榭宮室牖戶者榭五帝時也榭器之所藏者案宣十六年成周宣榭火公羊云樂器藏焉爾雅云樂器之所藏是也**以炮**暴燒之也**以燔**燔音煩〇加於火上**以亨**普庚反煑之鑊也〇**以炙**貫之火上**以爲醴酪**醴音禮酪音洛〇酪酢截之也歌歎〇酢倉故反截才再反

0016_0292-1　　0016_0291-2

祖樂反**治其麻絲以爲布帛以養生送死以事鬼神上帝皆從其朔**朔亦初也亦謂今行之然〇疏曰以炮以燔以爲醴酪及治其麻絲以爲布帛之屬亦五帝時也皆從其朔者謂今世所爲范金合土燒炙醴酪之屬非始造之皆倣法中古以來故云皆從其朔**故玄酒在室醴醆在戶粢醍在堂澄酒在下陳其犧牲備其鼎俎列其琴瑟管磬鐘鼓脩其祝嘏以降上神與其先祖以正君臣以篤父子以睦兄弟以齊上下夫婦有所是謂承天之祜**醆側簡反

儀祭禮十三　七十四

粢才細反醍音體嘏古雅反〇此言今禮饌具所因於古及其事義也粢讀爲齊聲之誤也周禮五齊一曰泛齊二曰醴齊三曰盎齊四曰醍齊五曰沈齊字雖異醆與盎澄與沈蓋同物也奠之不同處重古略近也祝祝爲主人饗神辭也嘏祝爲尸致福於主人之辭也祜福也祜之言備也〇粢音咨泛芳劒反祜音戶醍他禮反〇疏曰此一節明祭祀言及古今所法之祭祀之事

0016_0292-2

在室者玄酒謂水也以其色黑謂而大古無酒此水當酒所用故謂之玄酒以今雖有五齊三酒貴重古物故陟設之時在於室內而近北醴醆在户醴謂醴齊醆謂盎齊以其後世所爲賤之陳列雖在室內稍南近户皇氏云醴醆在户内醆在户外義或然也其泛齊所陳當在玄酒南醴齊北雖無文約之可知也以熊氏並云此據禘祭用四齊不用泛齊也粢醍在堂者以卑之故陳列又南近户而在堂澄酒在下者澄謂沈齊也酒謂三酒事酒昔酒清酒之等稍卑之故陳在堂下也陳其犧牲者謂將祭之夕省牲之時及祭日之旦迎

祭礼十三　七十五

0016_0293-1

牲而入麗於碑案特牲禮陳鼎于門外北面獸在鼎南東首犧牲在獸西西上北首其天子諸侯夕省牲之時亦陳於廟門外橫行西上備其鼎俎者以牲煮於鑊鑊在廟門之外鼎隨鑊設各陳於鑊西取牲體以實其鼎而入設於阼階下南北陳之俎設於鼎西以次載於俎也故云備其鼎俎案少牢陳鼎于廟門之外東方北面北上又云鼎入陳于東方當序西面北上俎皆設于鼎西是也列其琴瑟者琴瑟在堂而登歌故書云搏拊琴瑟以詠是也管磬鍾鼓者堂下之樂則書云下管鼗鼓笙鏞以間是也其歌鍾歌磬亦在堂下脩其祝嘏者祝

張本下象鼻題監生留成四字傳本剪去之

0016_0293-2

謂以主人之辭饗神嘏謂祝以尸之辭政福而嘏主人也以降上神與其先祖者上神謂在上精魂之神即先祖也指其炫氣謂之上神指其亡親謂之先祖協句而言之分而爲二耳皇氏熊氏等云上神謂天神也以正君臣者祭統云君在廟門外則疑於君入廟門則全於臣是以正君臣也以篤父子者祭統云尸南面父北面而事之是篤父子也以睦兄弟者祭統云昭與昭齒穆與穆齒特牲云主人洗爵獻長兄弟衆兄弟是以睦兄弟也以齊上下者祭統云尸飲下君洗[illegible]爵獻卿尸飲七以瑤爵獻大夫是也夫婦有所者禮器云君在阼夫

祭礼十三　七十六

0016_0294-1

人在房及特牲夾婦交相致爵是也是謂承天之祜者言行上事得所則承受天之祜福也又曰今禮饌具所因於古者此玄酒在室及下作其祝號并然後退而合子皆是今世祭祀之禮醴醆犧牲之屬是饌其也用古玄酒醴醆是所以因於古故言金禮饌具所因於古也云及其事義者從玄酒以下至其先祖以上是事也以正君臣以下至承天之之祜是義也云粢讀爲齊者案爾雅云粢稷也作酒用黍不用稷故知粢當爲齊聲相近而致誤引周禮五齊者是酒正文也鄭注云泛者成而滓浮泛泛然如今宜成醪矣醴者成而汁滓相將如

張本下象鼻題監生留成四字傳本剪去之

0016_0294-2

[illegible]翁[illegible]然[illegible]白色[illegible]今[illegible]白[illegible]
[illegible]沈者成而滓沈[illegible]與沈[illegible]同[illegible]
之[illegible]不盎此醴醆之[illegible]者[illegible]又[illegible]之下有沈齊此醍[illegible]之下有沈齊在
云盎與盎澄與沈齊同物也今此注[illegible][illegible]沈齊案酒正注澄酒是三酒二[illegible]不
鬯故趙商疑而致問鄭答之云此本[illegible][illegible]轉寫之澄字其如鄭所答是轉寫[illegible]
[illegible]之文浮盎澄字當云酒三酒也[illegible][illegible]禮運注同然案坊記云醴酒在室[illegible]
酒在堂澄酒在下示民不淫也注云[illegible][illegible]食也又以澄為[illegible][illegible]誤而[illegible]

祭禮十三　七十七

0016_0295-1

[illegible]者之云禮運云醴醆[illegible]各異一[illegible][illegible]不言酒此推其意澄為沈齊為三
酒坊記云醴也醆也澄也皆言酒[illegible]注云澄酒清酒也其實沈齊也[illegible]
言坊記所云緣酒五齊亦言酒則澄酒是沈齊也是五者皆清故云澄酒
非為三酒之中清酒是與禮運不異也云與之不同[illegible]舍古略近者[illegible]之[illegible]者
[illegible]或在堂[illegible]在下是不同[illegible]古[illegible]其於室近酒[illegible]於堂[illegible]於下[illegible]食
古略近云祝為主人饗神辭者[illegible]少牢禮云祝[illegible]孝孫某用薦歲事于皇
祖伯某尚饗是祝為主人饗神辭云嘏祝為尸致福於主人之辭者此下云嘏

0016_0295-2

以慈告詩小雅云錫爾純嘏子孫其湛是致福於主人之辭也云祐福也者釋
詁云福之言備郊特牲文言[illegible]慶備具福之道也其用酒之法崔氏云周禮大
祫於大廟則備五齊三酒朝踐王酌泛齊后酌醴齊饋食王酌盎齊后酌醍齊
禘獻王酌泛齊因朝踐之尊再獻后酌醴齊因饋食之尊諸侯為賓則酌沈齊
尸酢王與后皆還用所獻之齊賓長獻尸酢用清酒加爵亦用三酒大祫則用
四齊三酒者醴齊以下悉用之故禮運云玄酒在室醴醆在戶粢醍在堂澄酒
在下用四齊者朝踐王酌醴齊后酌盎齊饋食王酌醍齊后酌沈齊再獻王酌

祭禮十三　七八

0016_0296-1

醍齊再獻后還酌沈齊亦尊相因也諸侯為賓亦酌沈齊用三酒之法如禮[illegible]
[illegible]四時之祭唯一齊三酒觀自祫禘以[illegible]至四時祭皆通用也二齊醴盎也
遂注司尊彝四時祭祀但云醴盎而已二齊者朝踐王酌醴齊后亦酌醴齊[illegible]
[illegible]食王酌盎齊后亦酌盎齊朝獻王[illegible]醴齊再獻后還用盎齊亦尊相因[illegible]
[illegible]侯為賓亦酌盎齊三酒同於[illegible]三[illegible]常同不善者三酒本為王以下[illegible]
[illegible]卑自有常依[illegible]卑之常不得[illegible][illegible]時祭本名所用惟有多少[illegible]
[illegible]許也會及于書之[illegible][illegible]之[illegible]間者[illegible]

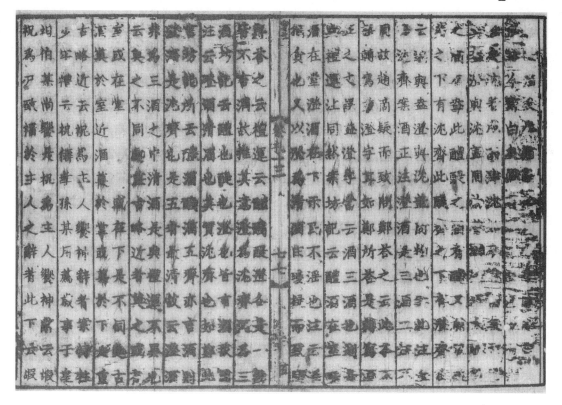

0016_0296-2

酒亦同於王侯伯子男祫禘皆用二齊
醴盎而已三酒則並用用三齊之法朝
踐尸夫人酌醴齊饋食君夫人酌盎齊
朝獻君還酌醴齊再獻夫人還酌盎齊
諸臣爲賓酌盎齊尸酢君夫人用昔酒
酢諸臣用事酒加爵皆清酒特祭之法
用一齊故禮器云君親制祭夫人薦盎
鄭云謂朝事時也又云君親割牲夫人
薦酒鄭云謂進孰時也其行之法朝踐
君制祭則夫人薦盎爲獻進孰時君親
割夫人薦酒朝獻時君酌盎齊以酳尸
再獻時夫人還酌酒以終祭也賓獻皆
酒加爵如禘祫之禮天子諸侯酌奠皆
用齊酒卿大夫之祭酌奠用酒其祫祭

0016_0297-1

之法既備五齊三酒以實八尊祫祭在
秋案司尊彝秋嘗冬烝朝獻用兩著尊
饋獻用兩壺尊則泛齊醴齊各以著尊
盛之盎齊醍齊各以壺尊盛之凡五尊
也又五齊各有明水之尊凡十尊也三
酒三尊各加玄酒凡六尊也通斝彝盛
明水黃彝盛鬱鬯凡有十八尊故崔氏
云大祫祭凡十八尊其明水玄酒陳之
各在五齊三酒之上祭日之旦王服衮
冕而入尸亦衮冕祝在後侑之王不出
迎尸故祭統云君不迎尸所以別嫌也
尸入室乃作樂降神故大司樂云凡樂
圜鍾爲宮九變而致人鬼是也乃灌故
書王入室祼當灌之時衆尸皆同在太

張本下象鼻題監生戴彝四字傅本剪去之

0016_0297-2

廟中依次而灌所灌鬱鬯小宰注云尸
祭之啐之奠之是爲一獻也王乃出迎
牲后從灌二獻也迎牲而入至於庭故
禮器云納牲詔於庭王親執鸞刀啓其
毛而祝以血毛告於室故禮器云血毛
詔於室凡牲則廟各別牢故公羊傳云
周公曰牲魯公騂犅案逸禮云毀廟之
主昭共[redacted]牢穆共一牢於是行朝踐之
事尸出於室太祖之尸坐於戶西南面
其主在右昭在東穆在西相對坐主各
在其右故鄭注祭統云天子諸侯之祭
朝事延尸於戶外是以有北面事尸之
禮祝乃取牲膟膋燎于爐炭入以詔神
於室又出以墮于主前郊特牲云詔祝

0016_0298-1

於室坐尸於堂是也王乃洗肝於鬱鬯
而燔之以制於主前所謂制祭次乃升
牲首於室中置於北墉下后薦朝事之
豆籩乃薦腥於尸主之前謂之朝踐即
此禮運云薦其血毛腥其俎是也王乃
以玉爵酌著尊泛齊以獻尸三獻也后
又以玉爵酌著尊醴齊以亞獻四獻也
乃退而合亨至薦孰之時陳於堂故禮
器云設饌於堂乃後延主入室大祖東
面昭在南面穆在北面徙堂上之饌於
室內坐前祝以斝爵酌奠於饌南故郊
特牲注云天子奠斝諸侯奠角即此之
謂也既奠之後又取腸間脂焫蕭合馨
薌郊特牲注云奠謂薦孰時當此大合

張本下象鼻題志監秦三字傅本剪去之

0016_0299-1　0016_0298-2

樂也自此[illegible]首詩[illegible]之接[illegible]乃迎尸入室
舉此[illegible]舉主人拜以妥爲發郊特牲云
舉斝角拜妥居[illegible]后薦[illegible]之豆籩
主乃以玉爵酌壺尊盎齊以獻尸爲五
獻也后又以玉爵酌壺尊醴齊以獻尸
是六獻也於是尸食十五飯訖王以玉
爵[illegible]朝踐之尊泛齊以酳尸爲七獻也
故[illegible]云變朝踐云朝獻尊相因也朝獻
謂[illegible]酳尸因朝踐之尊也后乃薦加
豆[illegible]酌酢主人主人受嘏王所以獻
諸[illegible]是后以瑤爵因酌饋食壺尊醍
以[illegible]尸爲八獻也鄭注司尊彝云變
齊[illegible]獻者亦尊相因也再獻后酳
尸[illegible]謂[illegible]食時后之獻也於時王可以

受[illegible]也諸侯爲賓者以瑤爵酌壺
[illegible]獻尸爲九獻九獻之後謂之
[illegible]特牲有三加則天子以下加爵
[illegible]依尊卑不祇三加也故特牲三加
爵[illegible]有嗣子舉奠文王世子諸侯謂之
上[illegible]舉奠亦當然崔氏以爲后獻皆用
[illegible]以九獻之外加爵用璧角璧散參
[illegible]云后裸獻則贊瑤爵亦如之鄭
[illegible]瑤爵謂尸卒食王既酳尸后亞獻
[illegible]用瑤爵則后未酳尸以前不用也
文[illegible]注司尊彝云王酳尸用玉爵而再
獻[illegible]用璧角璧散可知此璧角璧散則
瑤爵也崔氏乃云正獻之外諸臣加爵
用璧角璧散其節非也其禘祭所用四

0016_0300-1　0016_0299-2

齊者禘祭在夏醴齊盎齊盎以犧尊[illegible]
齊沈齊盛以象尊王朝踐獻用醴齊[illegible]
盎獻用盎齊王饋獻用醍齊后亞獻用
沈齊尸卒食王酳尸因朝踐醴齊后酳
尸因饋食沈齊諸臣爲賓獻亦用沈齊
禘祭無降神之樂熊氏以爲大祭皆有
三始有降神之樂又未毀廟者皆就其
廟祭之其餘皆如祫祭之禮天子時祭
用二齊者春夏用犧尊盛醍齊用象尊盛
盛沈齊秋冬用著尊盛醴齊用壺尊盛
盎齊是一齊用一尊司尊彝皆云兩者
以[illegible]盛明水故皆云兩若禘祫之祭
其齊既多不得唯兩而已前已備釋也
時祭惟用二齊其諸侯用齊及酒皆視

王[illegible]子如前說其魯及王者之後皆九
獻[illegible]其行之法與天子同侯伯七獻朝踐
[illegible]時君皆不獻於九獻之中減二
爲饋[illegible]七獻也禮器云君親制祭夫人薦
盎君親割牲夫人薦酒是也子男五獻
者亦以薦腥饋孰二君皆不獻酳尸之
時君但[illegible]獻而已九獻之中去其四故
爲五此[illegible]崔氏之說今宗特牲少牢尸
食之後主人主婦及賓備行三獻主婦
獻而得受酢今子男尸食之後但得
二獻夫人不得受酢不如卿大夫理亦
不[illegible]蓋子男饋孰以前君與夫人並無
獻也食[illegible]行三獻通二灌爲五是禮器
所云自[illegible]侯伯七獻之制也一曰尸酢

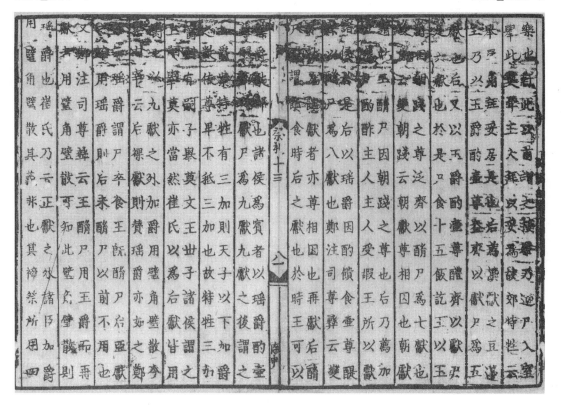

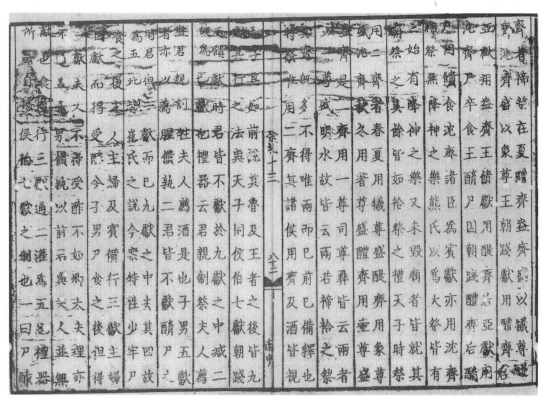

0016_0301-1　　0016_0300-2

[illegible]作其祝號玄酒以祭薦其血毛腥其俎孰其殽與其越席疏布以冪衣其澣帛醴醆以獻薦其燔炙君與夫人交獻以嘉魂魄是謂合莫祝之六反

澣之又反殽本或作肴户交反越音活冪莫歷反衣於既反○此謂薦上古中古之食也周禮祝號有六一曰神號二曰鬼號三曰祇號四曰牲號五曰齍號六曰幣號號者所以尊神顯物也腥其俎謂豚解而腥之及血毛皆所以法於

仪祭礼十三　八十三

大古也孰其殽謂體解而爓之此以下皆所以法於中古也越席翦蒲席也冪覆尊也澣帛練染以為祭服嘉樂也莫虛無也孝經說曰上通無莫○齍音咨大音泰染如豔反又如琰反樂音洛○疏曰此一節明祭祀用上古中古之法也玄酒以祭薦其血毛腥其俎此是用上古也孰其殽以下用中古也作其祝號者謂造其鬼神及牲玉美號之辭史祝稱之以告鬼神故云作其祝號玄酒以祭者謂朝踐之時設此玄酒於五齊之上以致祭鬼神此重古設之其實不用以祭也薦其血毛者亦朝踐時延尸於堂祝以血毛告於室也腥其俎者亦

0016_0302-1　　0016_0301-2

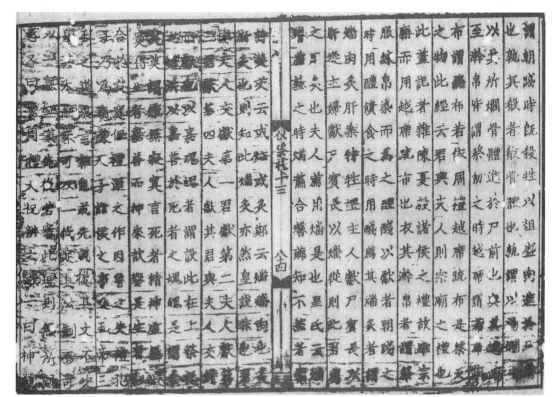

謂朝踐時既殺牲以俎盛肉進於尸[illegible]也孰其殽者殽骨體也孰謂以湯爓之[illegible]以其所爓骨體進於尸前也其薦之[illegible]至澣帛皆謂祭初之時越席謂蒲席[illegible]布謂麤布若依周禮越席疏布是祭天之物此經云君與夫人則宗廟之禮也此蓋記者雜陳夏殷諸侯之禮故與宗廟而用越席疏布也衣其澣帛者謂朝服練帛染而為之醴醆以獻者朝踐之時用醴饋食之時用醆薦其燔炙者謂燔肉炙肝案特牲禮主人獻尸賓長以肝從主婦獻尸賓長以燔從則此君薦[illegible]之炙也夫人薦用燔是也皇氏云燔[illegible]燔炙之時燔薦合馨薌知不然者[illegible]

仪祭礼十三　八十四

[illegible]炙云或燔或炙鄭云燔肉也炙[illegible]燔炙也則知此燔炙亦然皇說非也[illegible]君夫人交獻者一君獻第二夫人獻第三君獻第四夫人獻其君與夫人交[illegible]以嘉魂魄者謂設此在上祭[illegible]以嘉善於死者之魂魄是謂[illegible]合莫者[illegible]無寂寞言死者精神虛無[illegible]善而神來歆饗是[illegible]禮運之作因魯之失禮孔子[illegible]大禮之[illegible]侯之事[illegible]五帝三[illegible]

號若皇天上帝二曰鬼號若皇祖伯某
三曰祇號若后土地祇四曰牲號若
牛曰一元大武羊曰齍號若稷曰明粢
六曰幣號若幣曰量幣是也云號者所以
尊神顯物者其神號鬼號祇號是尊
其神也牲號齍號幣號是顯物也云腥其
俎謂豚解而腥之者案士喪禮小斂之
奠載牲體兩髀兩肩兩胉并脊凡七體
也士虞禮主人不視豚解注云豚解解
前後脛脊脅而已是豚解七體也案特
牲少牢以薦孰為始之時皆體解無豚
解以無朝踐薦腥故也其天子諸侯既
有朝踐薦腥故知腥其俎之特豚解云
孰其殽謂體解而爛之者體解則特牲

少牢所升於俎以進神者是也案特牲
九體肩一臂二臑三肫四胳五正脊六
横脊七長脅八短脅九少牢則十一體
加以脡脊代脅為十一體也是分豚為
體解此孰其殽謂體解訖以湯爛之不
全孰次於腥而薦之堂故祭義曰爛祭
祭腥而退是也此則腥以法上古爛法
中古也云澣帛練染以為祭服者此亦
異代禮也周禮則先染絲乃織成而為
衣故玉藻云一不不織云孝經說曰上
通無莫若孝經緯文言人之精靈所以
上通元氣寂寞引之者證莫為虛無之
止本元字作無謂虛
無寂寞義或然也

然後退而合亨體

其犬豕牛羊實其簠簋籩豆鉶羹祝以
孝告嘏以慈告是謂大祥鉶音刑○此謂薦今世之
食也體其犬豕牛羊謂分別骨肉之貴
賤以為衆俎也祝以孝告嘏以慈告各
首其義也祥善也今世之食於人道為
善也○別彼列反○疏曰此論祭饌之
節從事鬼神及祭末獻賓并祭竟燕飲
饗食賓客兄弟也然後退而合亨者前
明薦爓既未孰今至饋食乃退取爓
肉更合亨之令孰擬更薦尸又以俎唯
載右體其餘不載若及左體體等亦於
鑊中亨煮之故云合亨體其犬豕牛羊

者亨之既孰乃體別骨之貴賤以為衆
俎供尸及待賓客兄弟等體其犬豕牛
羊謂分別骨之貴賤以為衆俎知非尸
前正俎者以此經所陳多是祭末之事
若是尸前正俎當云是謂合莫不得云
是謂大祥既是人之祥善故為祭末饗
燕之衆俎也實其簠簋籩豆鉶羹者此
事尸之特所供殽也簠簋籩豆亦兼饗賓
客及兄弟之等故特牲少牢賓及衆
兄弟之等皆有籩豆及俎是也祝以孝
告嘏以慈告者此論祭祝祝嘏之辭
少牢祝曰孝孫某敢用柔毛剛鬣嘉薦
普淖用薦歲事于皇祖伯某以某妃配
某氏尚饗是祝以孝告少牢又云主人

欲尸祝嘏主人云皇尸命工祝承致多
福無疆于女孝孫來女孝孫使女受祿
于天宜稼于田眉壽萬年勿替引之是
嘏以慈告言祝嘏於時致神之意慈而
告主人是謂大祥者祥善也謂饋食之
時薦今世之食於人道爲善故爲大祥
又曰首猶本也孝子告神以孝爲首祝
告孝子以慈爲首各本祝嘏之義也○舉
曰自天禮之初至皆從其初論中古祭
祀之事及死喪之禮今時所法於前舉
以行者自昔者先王至皆從其朔論昔
者未有宫室火化後聖有作始制宫室
炮燔醴酪之事今世取而行之故云皆
從其朔但今世一祭之中凡有兩節上

三十七　祭礼十三　八十七

節是薦上古中古下節是薦今世之食
自玄酒在室至承天之祐總論今世祭
祀饌具所因於古及其事義總論兩節
祭祀獲福之義自作其祝號至是謂合
莫別論祭之上節薦上古中古之食并
於用之物自然後退而合亨至是謂大
祥論祭之下節薦今世之食此禮
之大成一句總結上所陳之言也此禮
之大成也解子游以禮所成也○禮運○有虞氏之
祭也尚用氣血腥爓祭用氣也尚謂先薦之爓
或爲腥○爓直廉反○疏曰此一節總
論祭祀之事各依文解之有虞氏之祭

也尚用氣者尚謂貴尚其祭祀之時先
薦用氣物也血腥爓祭用氣也此解
用氣之意血謂祭初以血詔神於室腥
謂朝踐薦腥肉於堂爓謂沈肉於湯次
腥亦薦於堂祭義云爓祭祭腥而退是
也今於堂以血腥爓三者而祭是用氣
也以其並未孰故云用氣也又曰言先
薦者對合亨孰爲先也此虞氏尚氣
殷人尚聲周人尚臭皆謂四時常祭也
若其大祭祫周人仍先用樂也故大司
樂云若樂九變則人鬼可得而禮又大
云先奏是樂以致其神而後祼焉推此
言之虞氏大祭亦先作樂也故鄭注大
司樂引虞書云戛擊鳴球搏拊琴瑟以

三十八　祭礼十三　八十八

詠祖考來格簫韶九成鳳皇來儀此宗
廟九奏之效此虞氏大祭與周同祭宗
奏夏殷大祭雖無文或當與周同鬳氏
以爲殷人先求諸陽謂合樂在灌前周
人先求諸陰謂合樂在灌後與降神之
樂別熊氏又云凡大祭並有三始祭天
以樂爲致神始以煙爲歆神始以血爲
陳饌始祭地以樂爲致神始以埋爲歆
神始以血爲陳饌始祭宗廟亦以樂爲
致神始以灌爲歆神始以腥爲陳饌始
義或然也案禮宗廟之祭先薦血後薦
腥而云宗廟腥而爲陳饌爲始者未委
也熊氏云祫禘以下之祭饗嘗三變本義未也殷人尚聲臭味

0016_0306-2

未成滌蕩其聲樂三闋然後出迎牲聲音之號所以詔告於天地之閒也滌音狄又同弔反三如字徐息暫反○滌蕩猶搖動也○疏曰殷人尚聲者帝王革異殷不尚氣而尚聲相先奏樂也不言夏或從虞也臭味未成滌蕩其聲者臭味未成謂未殺牲也滌蕩猶搖動也既尚聲故未殺牲而先搖動樂聲以求神也樂三闋然後出迎牲者闋止也奏樂三徧止乃迎牲入殺之聲音之號所以詔告於天地之閒也者解以先奏樂之義言天地之閒虛豁亦陽也言鬼神在天地

祭礼十三　八十九

0016_0307-1

之閒聲是陽故用樂之音聲號呼告於天地之閒庶神明聞之而來是先求陽之義也周人尚臭灌用鬯臭鬱合鬯臭陰達於淵泉灌以圭璋用玉氣也既灌然後迎牲致陰氣也蕭合黍稷臭陽達於牆屋故既奠然後焫蕭合羶薌焫如悅反合如字徐音閤羶音馨許經反薌音香也○灌謂以圭瓚酌鬯始獻神也已乃迎牲於庭殺之天子諸侯之禮也奠謂薦孰時也特牲饋食所云祝酌奠于鉶南是

0016_0307-2

也蕭薌蒿也染以脂合黍稷燒之詩云取蕭祭脂羶當爲馨聲之誤也奠或爲薦○瓚在旦反鉶音刑○疏曰周人尚臭者周禮變於殷故先求陰尚臭也灌用鬯臭者臭謂鬯氣也未殺牲先酌鬯酒灌地以求神是尚臭也鬱合鬯者鬱鬱金草也鬯謂鬯酒煑鬱金草和之其氣芬芳調鬯也又以擣鬱汁和合鬯酒使香氣滋甚故云鬱合鬯也鄭注鬱人云鬱鬱金香草宜以和鬯盧云言取草芬芳香者與秬黍鬱合釀之成以爲鬯也馬氏說鬱草名如鬱金香矣合爲鬯也庾氏讀句則云臭鬱合鬯臭陰達於淵泉者用鬱鬯灌地是用臭氣求陰達

祭礼十三　九十

0016_0308-1

於淵泉也灌以圭璋用玉氣也者王肅云以圭璋爲瓚之柄也瓚所以斞鬯也玉氣絜潤灌用玉瓚亦求神之內也玉氣亦是尚臭也周言用玉則殷不用圭瓚既灌然後迎牲者先求神後迎牲也致陰氣也者解所以先灌是先求陰也先致氣於陰故云致陰氣也蕭合黍稷者周人後求陽也取蕭草及牲脂膋合黍稷燒之也此謂饋食時也臭陽達於牆屋者謂以蕭合黍稷之臭氣求陽達於牆屋者故既奠然後焫蕭合羶薌者明上焫蕭之時節也既奠謂薦孰時也堂上事尸竟延尸戶內更從孰始也於薦孰時祝先酌酒奠於鉶羹之南訖尸

張本下象鼻題監生秦淳四字傅本剪去之

0016_0308-2

未入於是又取香蒿染以腸間脂合黍稷燒之於宫中此又求諸陽之義也馨
香謂黍稷又曰知此一經所云天子諸侯禮者以儀禮少牢特牲是大夫士之
禮無臭鬱灌鬯之事故也云奠謂薦孰時也特牲饋食禮所云祝酌奠于鉶南
是也者尸未入之前當饋孰之始饋孰有黍稷此云蕭合黍稷既奠然後焫蕭
故知當饋孰之時也云染以脂合黍稷燒之者此云蕭合黍稷是蕭與黍稷合
詩云取蕭祭脂是蕭與脂合也故知有蕭及脂黍稷合馨香也凡祭慎
諸此魂氣歸于天形魄歸于地故祭求

祭礼十三　九十一

0016_0309-1

諸陰陽之義也殷人先求諸陽周人先
求諸陰此其所以先後異也詔祝於室坐尸於堂
謂朝事時也朝事延尸于戶西南面布主席東面取牲膟膋燎于爐炭洗肝于
鬱鬯而燔之入以詔神於室又出以墮于主主人親制其肝所謂制祭也時尸
薦以籩豆至薦孰乃更延主于室之奧尸來升席自北方坐于主北焉○膟音
律膋力彫反燎力妙反又力弔反墮許恚反○疏曰詔祝於室謂朝踐時也詔
告也祝祝也天子諸侯朝事之時坐尸於堂戶西南面坐主在西方東面尸主

0016_0309-2

之前則薦用籩豆也祝乃取牲膟膋燎於爐炭入告神於室又出墮於主當此
時主乃親洗肝於鬱鬯而燔之以制於主前今云詔祝於室是燎於爐炭入告
於室也坐尸於堂者既灌鬯之後尸出堂坐戶西而南面也又曰謂朝事時者
以下云用牲於庭升首於室此云詔祝於室當殺牲之初故知當朝事時也云
朝事延尸于戶西南面布主席東面取牲膟膋燎于爐炭洗肝于鬱鬯而燔之
者此等並於堂上而燔燎之故始云入以詔神明以前在堂也云入以詔神於
室又出以墮于主前者墮祭也謂分減肝膋以祭主前也云主人親制其肝所

祭礼十三　九十二

0016_0310-1

謂制祭也者制割也謂割其肝而不相離案禮器云君親制祭夫人薦盎此云
詔祝於室下云用牲於庭故知制祭當朝踐也云時尸薦以籩豆者即是朝事
籩豆也云至薦孰乃更延主于室之奧者約少牢特牲饋食在奧室也云尸來
升席自北方坐于主北焉者以在奧東面以南為尊主尊故在南主既居南故
尸來升席自北方也尸主各席故朝事延尸於戶外戶南面主席于東面是也
鄭之此注雖參禮記及少牢特牲而言之皆約漢時祭宗廟之禮言也故其事
委曲也用牲於庭謂殺之時升首於室制祭之後升牲

0016_0310-2

書於北墉下尊者尚氣○墉音容○疏曰知在制祭後者熊氏云見下文升首在焫下故知在制祭後又知在北墉下者見下云升首以報陽明是當户北墉可知此升首非謂有虞氏祭以首者故羊人云祭祀割羊牲登其首則三牲之首皆升也

直祭祝于主

謂薦孰時也如特牲少牢饋食之為也直正也祭以孰為正則血腥之屬盡敬心耳○疏曰直祭祝于主者直正也祭以薦孰為正言薦孰正祭之時祝官以祝辭告于主若儀禮少牢敢用柔毛剛鬣用薦歲事于皇祖伯某是也又曰知薦孰時者以上文云詔祝於室次云

祭礼十三

0016_0311-1

用牲於庭升首於室下云索祭祝于祊以文次之知此當薦孰之節也

索祭祝于祊

索求神也廟門曰祊謂之祊者以於繹祭名也○疏曰索祭祝于祊者索求也廣博求神非但在廟又為求祭祝官行祭在於祊也祊謂廟門祭于廟門凡祊有二種一是正祭之時既設祭於廟又求神於廟門之內詩楚茨云祝祭于祊注云祊門內平生待賓客之處與祭同日也二是明日繹祭之時設饌於廟門外西室亦謂之祊郊特牲文云祊之於東方注云祊之禮宜於廟門外之西室是也今此索祭于祊當是正祭日之事與知者禮器云為祊

0016_0311-2

乎然[illegible]稱外此云祊祭明日之繹又注云祊之于東方云祊之禮宜於廟門外之西室此經直云祊不云外又注直云廟門曰祊亦不云外是據正祭日祊也故下云祊之為言倞也相祭之也[illegible]大也血毛告幽全之物是皆據三祭之日明正祊亦正祭日又曰廟門曰爾雅釋宮文云謂之祊者以於繹祭名也者此既正祭日於廟門內求神故總稱云朝而謂之祊者以祊是廟門名日繹祭稱祊雖今日之正祭假以明日繹祭祊名同稱之曰祊也

不知神之所在於彼乎於此乎

室與堂與○與音餘○疏

祭礼十二　九四

0016_0312-1

曰不知神之所在於彼乎於此乎者此解正祭在廟之時或設饌在室或設饌在堂不知神之所在之處為於彼室乎為於此堂乎故兩處設饌也

或諸遠人乎祭于祊尚曰求諸遠者與

遠又餘子萬反○尚庶幾也○疏曰此解索祭為祊之時或諸遠人乎者諸是語辭其稱靈或遠離於人不在廟乎祭于祊尚曰求諸遠者與孝尚是庶幾也言王祭之時祭於廟門祊者庶幾求於遠處者與言於遠處求神也

祊之為言倞也

倞音亮○倞猶索也倞或為諒

肵之為言敬也

肵音

0016_0313-1　0016_0312-2

坼○爲尸有肵俎此訓也○爲于僞反○疏曰案特牲少牢設饌之後尸祭饌
訖祝取牢心舌載于肵俎設于饌北凡每食牲體反置于肵俎是主人敬尸之
俎也**富也者福也**人君嘏辭有富此訓之也或曰福也者備也○
疏曰少牢云皇尸命二祝承致多福無疆于女孝孫使女受祿于天宜稼于田
眉壽萬年勿替引之此是大夫嘏辭也人君則福慶之辭更多故詩楚茨云永
錫爾極時萬時億卜爾百福如幾如式是也**首也者直也**訓所
以升首祭也直或爲犆也○犆徒得反○疏曰經云首者直也直正也言首爲

仪祭礼十三　九十五

一體之正相饗之也相謂詔侑所以立祝詔侑尸者欲尸歆饗此饌**相饗**
之也相息亮反○相謂詔侑也詔侑尸者欲使饗此饌也特牲饋食禮曰
主人拜妥尸尸答拜執奠祝饗○疏曰引特牲者證饗尸時節延尸初入主人
拜妥尸尸答拜訖執此鉶南之奠祝則設辭以饗之欲尸饗此奠也尸遂祭與
卒之**嘏長也大也**主人受祭福曰嘏此訓也○疏曰嘏長也大也
者尸嘏主人欲使長久廣也**尸陳也**尸或詁爲主此尸神象當從主
訓之言陳非也○疏曰此經尸爲陳諸本尸爲主尸是神象當從主主是人所

張本下象鼻題監生戴彝四字傳本剪去之

0016_0314-1　0016_0313-2

主事陳是器物陳列今訓之爲陳故云非也**毛血告幽全之**
物也幽謂血也**告幽全之物者貴純之道也**
純謂中外皆善○疏曰此謂祝初薦血毛於室時也血是告幽之物毛是告全
之物告幽者牲體肉裏美善告全者牲體外色完具所以備此告幽全之物者
貴其牲之純善之道也故鄭云純謂中外皆善言中善則血好外善則毛好也
血祭盛氣也祭肺肝心貴氣主也氣主氣之
所舍也周祭肺殷祭肝夏祭心○疏曰此是堂上制祭後又薦血腥時也祭肺

仪祭礼十三　九十六

肝心貴氣主也此三者並爲氣之宅故祭時先用之是貴於氣之主故也血是
氣之所舍故云盛氣也三者非即氣故云氣之主也**祭黍稷加肺**
祭齊加明水報陰也祭黍稷加肺謂綏祭也明水司烜所
取於月之水也齊五齊也五祭加明水則三酒加玄酒也○疏曰祭黍稷加肺
者謂尸既坐綏祭之時祭黍稷加之以肺言兼肺而祭故云加肺也祭齊加明
水者謂於正祭之時陳列五齊之尊上又加明水之尊故云祭齊加明水也報
陰也者解加肺加明水之意肺是五藏在內水之屬北方皆是陰類又親形魄

張本下象鼻題監生戴彝四字傳本剪去之

0016_0314-2

[illegible]鬼是陰以陰物祭之故云鄭陰也又曰祭黍稷加肺謂綏祭者案特牲禮云
祝命綏祭尸左執觶右取菹㨎于醢祭于豆閒佐食取黍稷肺祭授尸尸祭之
是尸綏祭之時有黍稷肺也少牢亦然墮尸以爲尸綏祭之時無黍稷至主人
綏祭之時乃有黍稷解此祭爲主人綏祭也違背儀禮正文其義非也云五齊
加明水則三酒加玄酒也者崔氏云五齊尊上加明水之尊五齊重明水亦重
設加明水三酒輕玄酒亦輕故云三酒加玄酒也此云玄酒對明水直謂水也
者總而言之明水亦名玄酒故禮運云玄酒在室及司烜注云明水以爲玄酒

續二十九　祭禮十二　九七

0016_0315-1

是也此經祭齊加明水之文謂總據祭齊而用五齊非謂綏祭之時也故鄭云
祭齊設加明謂綏祭不云祭齊也案儀禮綏祭之後亦祭酒亦知此祭齊非綏
祭者以鄭云三酒加玄酒也云酒各非綏祭之用故也**取膟膋燔燎**
升首報陽也膟膋腸閒脂也與蕭合燒之亦有黍稷也○疏曰凡
祭血腥之時已有膟膋燔燎故前文詔祝於室鄭注云取膟膋燎于爐炭洗
肝于鬱鬯而燔之是也至薦孰之時又兼膟膋而燔之故上經云蕭合黍稷故
既奠然後焫蕭合馨香故鄭此注云與蕭合燒之謂饋食時也云亦有黍稷也

0016_0315-2

皆非也者蕭與膟膋兼有黍稷故云亦也**明水涗齊貴新也**
涗始銳反○涗猶清也五齊濁泲之使清謂之涗齊及取明水皆貴新也周禮
㡃氏以涗水漚絲涗齊或爲涗齊○泲子禮反㡃莫剛反漚烏豆反○疏曰
水涗齊貴新也者明水謂以陰鑑取月中之水也涗猶清也謂泲五齊使清故
云涗齊所以設明水及涗齊者貴其所絜之義也**凡涗新之也**新之
者敬也○疏曰凡涗新之也者釋涗齊之意言新以涗此齊若以敬於鬼神故
新絜之也**其謂之明水也由主人之絜著此**

續二十九　祭禮十三　九八

0016_0316-1

水也著猶成也言主人齊絜此水乃成可得也○齊側皆反下齊之同○
疏曰其謂之明水也由主人之絜著此水也者此釋明水之意所以謂之清明
之水者著成也由主人清絜成就此水乃成可得而用也**君再拜稽**
首肉袒親割敬之至也敬之至也服也
拜服也稽首服之甚也肉袒服之盡也
割解牲體○疏曰敬之至也服也者言君所以再拜稽首肉袒者是恭敬之至
乃是服順於親也此經結上再拜稽首肉袒之文下又各釋拜稽首肉袒之義

0016_0316-2

拜服也者拜再作之又拜者是服順於親也稽首服之甚也者釋稽首之文拜既是服而稽首既至於此是服之甚極也肉袒服之盡也者釋肉袒之文言心服內服外貌不盡今肉袒去飾是服之竭盡也祭稱孝孫孝子以其義稱也謂事祖禰稱曾孫某謂國家也謂諸侯事五廟也於曾祖以上稱曾孫而已○疏曰熊氏云祭稱孝孫對祖為言孝子對禰為言以其義稱也者義宜也事祖禰宜行孝道是以義而稱孝謂稱曾孫某謂國家也者國謂諸侯家謂卿大夫既有國家之尊不但祭祖禰

祭義十三　九九

0016_0317-1

而已更祭曾祖以上但自曾祖以上唯稱曾孫而已言已是曾重之孫又曰熊氏云經既稱國家則兼諸侯及大夫今注直云諸侯者注文略也大夫三廟亦事曾孫而特稱曾孫也其諸侯大夫事祖禰之時亦得稱孝子孝孫事曾祖以上雖是內事則嗣於外稱故下曲禮云諸侯內事曰孝子某侯某外事曰曾孫某侯某是也此說不云某侯者略也上士二廟祖禰各一廟中下士一廟祖禰共廟前經注云謂祖禰據上士也祭祀之相主人自致其敬盡其嘉而無讓也相息亮反○相謂詔侑尸也嘉善也

0016_0317-2

疏曰祭祀至讓也者解為相之法也敬謂詔侑尸嘉善也庾氏云賓主之禮相須以揖讓之其祭祀之禮則是主人自致其敬盡其善故詔侑尸者不告尸以讓是其無所與讓也腥肆爓腍祭豈知神之所饗也主人自盡其敬而已矣肆勑歷反腍而審反治肉曰肆腍孰也爓或為膶○膶直轉反○疏曰腥肆爓腍祭者肆剔也腍孰也言祭或進腥體或薦解剔或進湯沈或薦黃熟故云腥肆爓腍祭也豈知神之所饗也主人自盡其敬而已矣者四種之薦豈知神適所饗邪止是主人自

祭義十三　一百

0016_0318-1

盡敬心而求祭之心不一耳舉斝角詔妥尸古者尸無事則立有事而后坐也尸神象也祝將命也妥安坐也尸始入舉奠斝若奠角將祭之祝則詔主人拜安尸使之坐尸即至尊之坐或時不自安則以拜安之也天子奠斝諸侯奠角古謂夏時也○疏曰舉斝角者斝角爵名也天子曰斝諸侯曰角若依此則饋食薦孰之時尸未入祝先奠爵于鉶南尸入即存而舉之如特牲禮陰厭後尸入舉奠爵也但云舉斝角恐非周禮故崔云是周也詔妥尸者詔告也妥安也尸始

0016_0318-2

即席舉奠斝角之時既始即席至尊尸未敢自安而祝嘗告主人拜尸使尸安坐也古者尸無事則立有事而后坐也者古夏時也夏立尸卒有飲食之事時乃坐若無事則倚立也由世質故耳尸神象也者尸是神象故無事則立有事而后坐也祝將命也祝以傳達主人及神之辭令也

縮酌用茅明酌也

縮所六反。謂泲醴齊以明酌也周禮曰醴齊縮酌五齊醴尤濁和之以明酌泲之以茅縮去滓也明酌者事酒之上也名曰明者事酒今之醳酒皆新成也春秋傳曰爾貢包茅不入王祭不共無以縮酒酌猶斟也酒已泲

祭礼十三 百一

0016_0319-1

則斟之以實尊彝昏禮曰酌玄酒三注于尊凡行酒亦爲酌也○齊才細反下同去起呂反醳音亦共音恭○疏曰縮酌用茅明酌也者縮泲也酌是斟酌謂醴齊既濁泲而後可斟酌故云縮酌也用茅者謂泲醴齊之時而用茅也明酌也者謂事酒之上酒色清明謂之明酌言欲泲醴齊時先用明酌和此醴齊然後用茅泲之不云泛齊者與醴齊同又曰謂泲醴齊以明酌者言泲醴齊之時以明酌和之引周禮醴齊縮酌者證此經縮酌是醴齊也云五齊醴尤濁者以醴比盎齊醍齊沈齊以次漸清故云尤濁其實泛齊亦濁也云明酌者事酒之

0016_0319-2

上也者周禮三酒一曰事酒二曰昔酒三曰清酒清酒之中事酒尤濁五齊之中醴齊尤濁醆沈清於醴齊清酒又清於事酒故知以事酒泲醴齊也明謂清明故知是事酒之上清明者也云事酒今之醳酒皆新成也者言古之事酒正是漢之醳酒事酒與醳酒皆是新作而成故鄭注周禮云事酒酌有事者之酒謂爲事而新作者醳是和醳醞釀之名即今卒造之酒也引春秋傳者僖四年左傳文證此用茅是縮酒也云酒已泲則斟之以實尊彝者以別器泲之泲訖取之以實尊彝也言彝者通鬱鬯而言也引昏禮曰酌玄酒三注于尊者證實

祭礼十三 百二

0016_0320-1

尊彝酌之意云凡行酒亦爲酌也者言非但實尊彝爲酌凡以爵行酒亦爲酌故儀禮鄉飲酒燕禮賓主與人皆稱爲酌也

醆酒涚于清

醆側產反。謂泲醆酒以清酒醆沈盎齊盎齊差清和之以清酒泲之而已涚盎齊必和以清酒者皆久味相得。差初賣反又初佳反○疏曰醆酒涚于清者醆酒盎齊也涚泲也謂泲之以清酒盎齊差清先和以清酒而後泲之泲謂泲涚也以其差清不用茅其醍齊沈齊泲之與醆酒同注云同尊彝云泛從醴醍沈從盎此說下言五郊獨舉醴盎二齊者以司尊彝[illegible]祭二齊三酒與鬱故此記者釋之

張本下象鼻題郭監生孫欽五字傅本剪去之

0016_0320-2

醆子時祭所用盎一敎特言之又曰醆濟盎齊者周禮云盎齊涗酌此云醆酒
泲之清涗文是同又周禮醴齊之後有盎齊禮運醴後有醆故知醆謂盎齊也
云皆久味相得若盎齊既清作之少久清酒又冬釀接夏而成故云皆久味相
得也汁獻涗于醆酒獻素何反下同○謂泲秬鬯以醆酒也鬱
讀當爲莎齊語聲之誤也秬鬯者中有煑鬱和以盎齊摩莎泲之出其香汁因
謂之汁莎不以三酒泲秬鬯者秬鬯事也○汁獻涗于醆酒者獻謂摩莎涗謂
泲也秬鬯之中既有煑鬱又和以盎齊摩莎泲之出其香汁是汁莎泲之以醆

儀祭禮十三　百二

0016_0321-1

酒又曰既以事酒泲醴齊清酒泲盎齊則泲秬鬯應亦用三酒今泲秬鬯乃用
盎齊故云不以三酒泲秬鬯者秬鬯尊以其尊故用五齊泲之五齊卑故用三
酒泲之事相宜也猶明清與醆酒于舊澤之酒
也猶若也澤讀爲醳舊醳之酒謂昔酒也泲醴齊以明酌泲醆酒以清酒泲
汁獻以醆酒天子諸侯之禮也天子諸侯禮廢時人或聞此而不審知云若今
明酌清酒與醆酒以舊醳之酒泲之矣亂其所知以曉之也□清□以舊澤之逺
酒者爲其味厚腊毒也○爲于僞反○疏猶明清與醆酒于舊澤之酒者

0016_0321-2

醆齊也明謂明酌清謂清酒醆謂醆酒盎□作記之時呼明酌及清爲舊醆酒等
齊泲於舊醳之酒謂以舊醳之酒泲此明酌清酒等三者而泲之作記之時其
事知此古禮廢亡恐人不知泲醴齊以明酌泲醆酒以清酒泲汁莎以醆酒泲之
盡故記者云泲此醴齊之等猶若今時明清醆酒泲於舊醳之酒也就其今時
所知以曉古者難知之事又曰天子諸侯禮廢者謂祭禮廢則今日見言此經
所云泲酒皆天子諸侯之事以其禮廢其事難知故舉今事以譬曉之云泲酒
酒以舊醳之酒者爲其味厚腊毒者舊醳之酒謂昔酒作雖久成比清酒爲

儀祭禮十三　百四

0016_0322-1

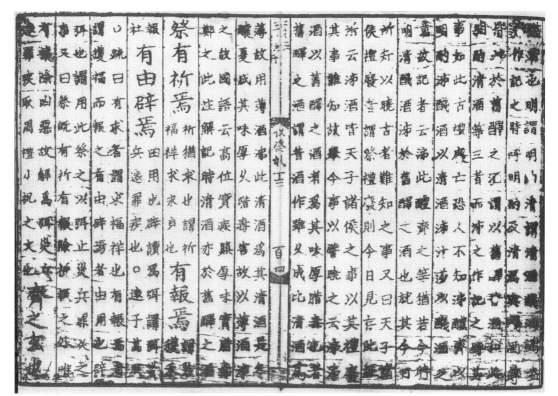

薄故用薄酒泲此清酒爲其清酒是冬釀夏成其味厚久腊毒害故以薄酒泲
之故國語云高位實疾顛厚味實腊毒鄭之此注解記時清酒亦於舊醳之酒
祭有祈焉祈猶求也謂祈福祥求永貞也有報焉謂□獲□
報社有由辟焉由用也辟讀爲弭謂弭災兵遠罪疾也○遠于萬反
疏曰有求者謂求福祥也有報焉者謂獲福而報之有由辟焉者由用也辟
弭也謂用此祭之以弭止災兵遠罪疾之事又曰祭既有祈有報除禳之外唯
有禳除凶惡故解爲弭災兵遠罪疾厭周禮小祝之文也齊之玄

0016_0322-2

以陰幽思也故君子三日齊必見其所祭者齊三日若思其居處思其笑語思其志意思其所樂則見之也○疏曰無齊服所以用玄冠玄衣義也玄陰色鬼神尚幽陰故齊者玄服以表心思幽陰之理故云陰幽思也故君子三日齊必見其所祭者解思陰義也三日謂致齊時也所祭者謂親也為親而祭故云所祭者也鬼神尊陰故三日齊思其親之居處笑語故祭時如見其所祭之親也○郊特牲大廟之內敬矣君親牽牲大夫贊幣而從從才用反下同

0016_0323-1

○納牲於庭時也當用幣告神而殺牲○疏曰此一節論祭宗廟之事大廟之內敬矣者舉大祫之祭故云大廟其實諸廟亦皆敬矣此章所論謂侯伯子男祭廟之禮君親牽牲大夫贊幣而從者此謂祼也既祼君出廟門以迎牲牽牲而入納於庭之時須告神以殺牲大夫則贊佐執幣而從君君乃用幣以告神又曰下云納牲詔於庭此有大夫贊幣故知納牲於庭時用幣以告神君親制祭夫人薦盎親制祭謂朝事進血膋時所制者制肝洗於鬱鬯以祭於室及主○盎烏浪反○疏曰君親制祭夫人薦盎者此謂殺牲

0016_0323-2

已畢進一腥肉時割牲制肝洗於鬱鬯入以祭神於室當此之時夫人薦盎齊以獻之侯伯子男之君朝踐不獻故夫人薦盎又曰親制祭謂朝事進血膋時者案郊特牲云取膟膋燔燎升首報陽也又祭義取膟膋之後又爓祭祭腥則膟膋所用在腥爓之前故知血膋是朝事時也云所制者制肝洗於鬱鬯者約漢禮而知也知祭於室及主者郊特牲云詔祝於室是也君親割牲夫人薦酒親割謂進牲孰體時○疏曰君親割牲夫人薦酒者謂薦孰時君親割牲體於時君亦不獻故夫人薦酒又曰皇氏以為謂薦孰之

0016_0324-1

時進牲之孰體也熊氏禮本牲為腥也謂薦腥體孰體薦腥體謂朝踐薦腥時孰體謂饋食薦孰時案經文君親制祭夫人薦盎君親割牲夫人薦酒薦酒薦盎既不得同時則割牲何得薦腥兼薦孰熊氏之說非也卿大夫從君命婦從夫人洞洞乎其敬也屬屬乎其忠也勿勿乎其欲其饗之也屬之玉反○勿勿猶勉勉也○疏曰卿大夫從君命婦從夫人皆謂制祭割牲之時則卿大夫從君也薦盎酒之時命婦從夫人也洞洞乎其敬也者洞洞質慤之貌言與

夫人卿大夫之等皆容貌洞洞然其爲恭敬也屬屬乎其忠也者屬屬專一之貌其心則屬屬然專一盡其忠誠也勿勿乎其欲饗之也者勿勿猶勉勉也言中心勉勉乎欲望神之歆饗

納牲詔於庭血毛詔於室羹定詔於堂三詔皆不同位蓋道求而未得也

定丁罄反一如字○肉謂之羹道猶言出也○疏曰納牲詔於庭者詔告也謂牲入在庭以幣告神故云詔於庭血毛詔於室者謂殺牲取血及毛入以告神於室羹定詔於堂者羹肉湆也定孰肉也謂煑肉既孰將

欲迎尸主人室乃先以俎盛之告神於堂是薦孰未食之前也三詔皆不同位蓋道求而未之得也者道言也所以三詔皆不同位者蓋言求而未之得也故於三處告之又曰爾雅釋器文

設祭于堂

設祭之饌於堂人君禮然○疏曰設祭于堂者謂薦腥爓之時設此所薦饌在於堂

爲祊乎外

祊百彭反○祊祭明日之繹祭也謂之祊者於廟門之旁因名焉其祭之禮既設祭於室而事尸於堂孝子求神非一處也周禮曰夏后氏世室門堂三之二室三之一詩頌絲衣曰自堂徂基○疏曰爲祊乎外者祊謂明日繹祭在廟

門之旁謂之祊言爲此祊祭在於廟門外之西也又曰此云爲祊乎外稱外故知明日繹祭也郊特牲云索祭祝于祊不云外故鄭彼注不云明日繹祭也云謂之祊者於廟門外之旁因名焉者以釋宮云廟門謂之祊今日繹祭在廟門外之西旁因以廟門爲稱故云因名焉云其祭之禮既設祭於室而事尸於堂者以正祭設饌在室故知繹祭亦設饌在室案有司徹上大夫賓尸坐尸侑於堂酌而獻尸故知人君繹祭亦事尸於堂也但卿大夫賓尸禮略不設祭於堂又不在廟門異於君也云夏后氏世室門堂三之二室三之一者證廟門之旁

有室有堂也又引詩頌絲衣之篇者證繹祭在堂事尸也絲衣之篇論繹祭之時從堂上往於堂下之基故云自堂徂基

故曰於彼乎於此乎

不知神之所在也○疏曰故曰於彼乎於此乎者以其不知神之所在或祭之於堂或祭之於外不知[illegible][illegible]於彼堂乎於彼室乎於此祊乎以[illegible]詩有時故記者引以結之○又曰案郊特牲云不知神之所在於彼乎於此乎故鄭引彼上文爲注以會此文明是[redacted]也

一獻質

謂祭羣小祀也○疏曰此一節明祭諸神獻數之差取義各別一獻質者謂祭羣小祀最卑但一獻而已其禮

0016_0327-1　0016_0326-2

三獻文謂祭社稷五祀○疏曰三獻文者謂祭社稷五祀其神稍
尊比羣小祀禮儀爲文飾也五獻察察明也謂祭四望山川也○疏
曰五獻察者謂祭四望山川其神既尊神靈明察七獻神謂祭先公
○疏曰七獻神者謂祭先公之廟禮轉尊神靈尊重也又曰鄭知然者案
禮司服職玄冕一章祭羣小祀故知一獻當祭羣小祀絺冕三章祭社稷五祀
故知三獻祭社稷五祀也毳冕五章祀四望山川故知五獻祭四望山川也鷩
冕七章享先公故知七獻祭先公也案此社稷三獻卑於四望山川而大宗伯

祭礼十二

職云以血祭祭社稷五嶽又大司樂祭社稷奏大蔟祀四望奏姑洗又禮緯云社
稷牛角握五嶽四瀆角尺以此言之則社稷尊於四望山川而獻與衣服卑者
熊氏云獻與衣服從神之尊卑其餘處尊者以其有功與地同類故進之在上
從國中之神莫貴於社稷之類直以功見尊其實卑也以是地別神故不爲等
也大饗其王事與與音餘○盛其饌與貢謂祫祭先王○疏
曰此一節明天子大饗之事諸侯各貢其方物奉助祭之禮大饗其王事與者
饗謂饗祭先王饗中之大謂祫也其王家之事與與是語辭也諸侯雖有祫祭

0016_0328-1　0016_0327-2

不可致有九州之物唯王者乃然故云其王事與也又曰盛其饌者即三牲魚
腊籩豆是也貢者即內金示和龜爲前列之屬是也謂祫祭先王者以有三牲
魚腊則非祭天以內金布庭實又非饗賓饗賓時無此庭實故也知非朝而貢
物謂之大饗者以朝而貢物不名大饗等經云四海之內各以其職來助祭故
知此大饗是祫祭也以饗中最大故稱大饗三牲魚腊四海
九州之美味也籩豆之薦四時之和氣也
腊音昔○此饌諸侯所獻○疏曰三牲魚腊四海九州之美味也者言此等是

祭礼十三　百十

諸侯所貢故云九州之美味也籩豆之薦四時之和氣也者此亦諸侯所貢實
於籩豆是四時和氣所生故云四時和氣也內金示和也內音
納此所貢也內之庭實先設之金從革性和知荆揚二州貢金三品○疏曰內金
示和也者謂諸侯所貢納金以爲庭實示其柔和也以金能從革故也又曰知
荆揚貢者左傳云庭實旅百奉之以玉帛故知金爲庭實令先設金者發首先
云內金故知先設金云荆揚二州貢金三品者禹貢文鄭又注金銀銅三品者
三色也東帛加璧尊德也貢享所致者君子於玉比

0016_0328-2

德焉○疏曰東帛加璧尊德也以君子之德與玉相似故尊之也又曰知東帛加璧行享之時所執致命者覲禮文也云君子於玉比德焉者謂諸侯執玉來貢欲自勗勵以玉比德又示敬王以玉比王龜爲前列先知也龜知事情者陳於庭在前荆州納錫大龜○疏曰龜爲前列先知也者此謂布庭實之先知也龜能豫知吉凶故云知事情云陳於庭在前者據與所陳衆物最在前仍在馬之後故覲禮匹馬卓上九馬隨之鄭注云初享以馬若皮然後乃陳龜金竹箭之等是也金次之見情也見賢遍反○金

大二十四　小三十七十一　校祭礼十三　百十一

0016_0329-1

炤物金有兩義先入後設○炤音照○疏曰金次之見情也者陳列此金次在龜後所以次在龜後者以金能炤物露見其情又曰金炤物者解經見情金有兩義者一示和二是見情故云兩義云先入後設者此經先云內金示和是先入陳在龜後設丹漆絲纊竹箭與衆共財也纊音曠又古曠[illegible]萬民皆存此物荆州貢丹兖州貢漆絲豫州貢纊楊州貢篠簜○簜大黨反○疏曰丹漆絲纊竹箭與衆共物也者龜金之後布陳丹之與漆也絲也纊也竹也箭也與天下衆人共有此財故諸侯之朝而來貢之陳列在下

0016_0329-2

又曰荆州貢丹兖州貢漆絲豫州貢纊楊州貢篠簜禹貢文也其餘無常貨各以其國之所有則致遠物也其餘謂九州之外夷服鎭服蕃服蕃服之國周禮九州之外謂之蕃國世一見各以其所貴寶爲摯周穆王征犬戎得白狼白鹿近之○蕃本又作藩方煩反○疏曰其餘無常貨各以其國之所有則致遠物也者知以上所陳謂九州之內諸侯此言其餘者謂九州之外其於四海之國無常貢之貨各以其國之當時所有而貢之則招致遠物也又曰其餘謂九州之外夷服鎭服蕃服之國者案周

校祭礼十三　百十二

0016_0330-1

禮大行人陳六服之貢乃云九州之外謂之蕃國各以其所貴寶爲摯其六服之外於九州言之唯有夷鎭蕃三服是九州之外也云周穆王征犬戎得白狼白鹿近之者案周語穆王征犬戎祭公謀父諫不從遂往征之得四白狼四白鹿言近之者彼因征而得非因貢而來故云近之近者謂近其貢寶也其出也肆夏而送之蓋重禮也肆古來反注又作祴○出謂諸侯之賓也禮畢而出作樂以節之肆夏當爲陔夏○疏曰其出也肆夏而送之蓋重禮也者肆夏當爲陔夏其諸侯之賓禮畢而出去則奏陔夏之

張本下象鼻題監生戴彝四字傅本剪去之

0016_0330-2

樂而送之蓋貴重於禮豐禮畢而出㣲
以陔夏而戒之使不失禮又同肆夏當
朞陔夏者案大司樂云王出入奏王夏
尸出入奏肆夏牲出入奏昭夏大饗不
入牲其他皆如祭祀今破爲陔夏者以
大司樂之文大饗諸侯則諸侯出入奏
肆夏此經是助祭之後無筭爵禮畢客
醉而出宜奏陔夏故燕禮大射賓出奏
陔夏明不失
禮也○禮器
○王制曰賜圭瓚然後爲
鬯未賜鬯者資於天子圭瓚秬鬯宗廟
之盛禮故孝道備而賜之秬鬯所以極

仪祭礼十三　百十三

0016_0331-1

著孝道孝道純備故内和外榮玉以象
德金以配情芬香條鬯以通神靈玉飾
其本君子之性金飾其中君子之道君
子有黄中通理之道美之素之德金者
精和之至也玉者美德之至也鬯者芬
香之至也君子有玉瓚秬鬯者以配道
德也其至矣合天下之極美以通其志

0016_0331-2

也其唯玉瓚秬鬯乎白虎
通○天道至教
聖人至德
自下事也○疏曰此一節明
天道用教以示人聖人則放
之以爲德故君立於阼以象日夫人在
西房以象月天道至教者謂天垂日月
以示人以至極而爲之教聖人至
德者聖人法天之至極而爲德
廟堂
之上罍尊在阼犧尊在西廟堂之下縣
鼓在西應鼓在東
犧素河反六經釋文
如字舊說音娑不可
用下犧象同縣音玄○禮樂之器尊西
也小鼓謂之應犧周礼作獻○疏曰廟

仪祭礼十三　百十四

0016_0332-1

堂之上罍尊在阼犧尊在西者罍尊在
阼謂夫人所酌也犧尊在西謂君所酌
也廟堂之下縣鼓在西應鼓在東者縣
鼓謂大鼓也在西方而縣之應鼓謂小
鼓也在東方而縣之熊氏云此諸諸侯
時祭所用之禮故罍尊夫人所酌也若
天子之祭則罍尊在堂下故礼運云澄
酒在下酒謂三酒在堂下司尊彝云皆
有罍諸臣之所酢則君不酌罍也案大
射禮建鼓在阼階西南鼓應鼙在其東
一建鼓在其東南鼓朔鼙在其北一建
鼓在西階之東南面大射禮是諸侯之
汙此亦諸侯之禮所以大鼓及應所縣
不同者熊氏云大射謂射禮也此謂祭

張本下象鼻題監生留成四字傳本剪去之

0016_0333-1　0016_0332-2

禮也是諸侯之法雖同諸侯祭射有畀
祭大射注云應鼙應朔鼙也又云便其
先擊小後擊大也以此言之則朔鼙應
鼙皆在大鼓之旁先擊朔鼙次擊應鼙
乃擊大鼓以其相近故云便也以其稱
朔朔始也故知先擊朔鼙以其稱應故
知應朔鼙也又大射稱建鼓此云縣鼓
大射應鼓既在大鼓之旁此應鼓在東
乃與縣鼓別縣者皆謂祭與射別也又
曰禮樂之器尊西之者鄭據此經而論
犧尊貴於罍尊而犧尊在西縣鼓大於
應鼓而縣鼓在西故云禮樂之器尊西
云犧周禮作獻者案周禮司尊彝兩
犧尊字作兩獻尊鄭云獻讀為犧 **君**

祭礼十三　百十五

在阼夫人在房 人君尊東也天子諸侯
有左右房○疏曰此以
經云君在阼夫人在房故云人君尊東
云天子諸侯有左右房者以卿大夫以
下唯有東房故鄉飲酒鄉射尊於房戶
間賓主夾之無西房也知天子諸侯有
左右房者以士喪禮主婦髽于室在主
人西喪大記君之喪婦人髽帶麻于房
中西當男子之西故彼注亦云則西
房也又顧命云天子有左右房此云夫
人在房又云夫人東酌罍尊是西
房也故云天子諸侯有左右房 **大明**
生於東月生於西此陰陽之分夫婦之

0016_0334-1　0016_0333-2

位也 分扶問反○
大明日也 **君西酌犧象夫人東**
酌罍尊 象日出東方而西行也月出西
方而東行也周禮曰春祠夏禴
祼用[redacted]彝鳥彝皆有舟其朝踐用兩献
尊其再献用兩象尊皆有罍諸臣之所
酢○疏曰君西酌犧象夫人東酌罍尊者
案上云罍尊在阼當阼階堂上而設之
則犧尊在西當西階堂上而陳之故君
於阼階西鄉酌犧尊夫人於西房之前
東嚮酌罍尊又曰引周礼司尊彝者證
罍尊與此經中夫人東酌罍尊不同故
引以明之見其不同之意春祠夏禴祼
用雞彝鳥彝之屬其義具於明堂疏於

祭礼十三　百十六

此略
之 **禮交動乎上樂交應乎下和之至**
也 言交乃和○疏曰樂交應乎下者謂
縣鼓應鼓相應在於堂下和之至也
者謂堂之上下禮樂交相應
會和諧之至極也○禮器 **子曰武王**
周公其達孝矣乎夫孝者善繼人之志
善述人之事者也春秋脩其祖廟陳其
宗器設其裳衣薦其時食 脩謂埽糞也
宗器祭器也
裳衣先祖之遺衣服也設之當以授尸
也時食四時祭也○疏曰夫孝者善繼

張本下象鼻題監生留成四字傅本剪去之

0016_0334-2

人之志者之謂先人若文王有志伐紂武王能繼而承之尚書武成曰予小子其承厥志是善繼人之志也善述人之事也者言文王有文德爲王基而周公制禮以贊述之故洛誥云考朕昭子刑乃單文祖德是善述人之事也此是武王周公達孝之事宗廟之禮所以序昭穆也序爵所以辨貴賤也序事所以辨賢也旅酬下爲上所以逮賤也燕毛所以序齒也昭常遥反朱如字爲去聲○序猶次也爵謂公卿大夫士也事謂薦羞也

小三二十四 四十二 仪祭外十三 百十七

0016_0335-1

以辨賢者以其事別所能也若司徒羞牛宗伯共雞牲矣文王世子曰宗廟之中以爵爲位崇德也宗人授事以官尊賢也旅酬下爲上者謂若特牲饋食之禮賓弟子兄弟之子各舉觶於其長也逮賤者宗廟之中以有事爲榮也燕謂既祭而燕也燕以髮色爲坐祭時尊尊也至燕親親也齒亦年也○別彼列反共音恭觶音至長丁丈反○疏曰宗廟之禮所以序昭穆也者若昭與昭齒穆與穆齒是也序爵所以辨貴賤也者序謂次序爵謂公卿大夫士也謂祭祀之時公卿大夫各以其爵位齒列而助祭祀是辨貴賤也故文王世子云宗廟之

0016_0335-2

中以尊爲位崇德也宗人授事以官尊賢也是也序爵所以辨賢也者事謂薦羞也序謂次序所供祭祀之事若司徒奉牛司馬奉羊宗伯共雞是分別賢能堪任其官也旅酬下爲上所以逮賤也者旅衆也逮及也謂祭末飲酒之時使一人舉觶之後至旅酬之時使卑者二人各舉觶於其長者卑下者先飲是下者爲上賤人在先是恩意先及於賤者故云所以逮賤也按特牲饋食之禮主人洗爵獻長兄弟獻衆兄弟之後衆賓弟子于西階兄弟弟子于東階各舉觶於其長也弟子等皆是下賤而得舉觶是有事於宗廟之中是其榮也又制受

仪祭外十三 百十八 肖昊

0016_0336-1

爵是逮賤也燕毛所以序齒也者言祭末燕時以毛髮爲之序是所以序年齒也故注云燕謂既祭而燕也燕以髮色爲坐祭時尊尊也至燕親親也踐其位行其禮奏其樂敬其所尊愛其所親事死如事生事亡如事存孝之至也踐猶升也其者其先祖也踐或爲纘。疏曰踐其位行其禮者踐升也謂孝子升其先祖之位行祭祀之禮也郊社之禮所以事上帝也宗廟之禮所以祀乎其先也社祭地神不言

0016_0337-1　0016_0336-2

君玉者者文也明乎郊社之禮禘嘗之義治國
其如示諸掌乎示讀姬寘諸河干之寘寘置也物而在掌中易
爲知力者也序爵辨賢尊尊親親治國之要○疏曰治國其如示諸掌乎云云
示讀如寘諸河干之寘寘置也者若論明此序爵辨賢尊親則治理其國其事
爲易猶如置物於掌中也○中庸〇書曰乃女其悉自
學功悉盡也學劾也傳曰當其劾功也
於卜洛邑營成周改正朔立宗廟序祭

大ㄱ五十　小ㄱ四三　祭礼十二　百七九　劉生

祀易犧牲制禮樂一統天下合和四海
而致諸侯皆莫不依紳端冕以奉祭祀
者紳大帶也其下莫不自悉以奉其上者莫
不自悉以奉其祭祀者此之謂也盡其
天下諸侯之志而劾天下諸侯之功也
廟着貌也其以貌言之也宮室中度衣
服中制犧牲中辟辟法也殺者中死割者

0016_0338-1　0016_0337-2

中理擇弁者爲文擇弁或爲振非當言帚掃爨竈者
有容椽栻者有數栻若繫牲者也大廟之中繽
乎其猶模繡也言文章之可覯也模所椽文章之範天下
諸侯之悉來進受命於周公而退見文
武之尸者千七百七十三諸侯八州州二百一
十國畿內九十三國此周所因於殷九州諸侯之數皆莫不磬折
玉音金聲玉色玉古金聲言弘殺之調也然後周公

大ㄱ五十　小ㄱ冊三　祭礼十三　百二十　劉生

與升歌而弦文武與諸侯升歌文王武王之德又以琴瑟播
之諸侯在廟中者伋然淵其志和其情
伋讀曰扱播然變動貌愀然若復見文武之身然
後曰嗟子乎此蓋吾先君文武之風也
夫子成王也及執俎抗鼎執刀執匕者負牆
而歌憤於其情發於中而樂御文卑賤者尚
然況於尊貴者乎故周人追祖文王而宗武王

0016_0339-1　　0016_0338-2

也是故周書自泰誓盡召誥而盛於洛誥成敍其書曰揚文武之德烈奉對天命和恆萬邦四方民是以見之也孔子曰吾於洛誥也見周公之德光明于上下勤施四方旁作穆穆至于海表莫敢不來王莫敢不來享以勤文王之鮮光以揚武王之大訓而天下大治故曰聖之與聖也猶規之相周矩之相襲也尚書大傳

○高宗祭成湯有飛雉升鼎耳而雊耳不聰之異雉鳴○疏曰高宗祭其太祖成湯於肜祭之日有飛雉來升祭之鼎耳而雊雊鳴其至祖己以爲王有失德而致此祥遂以道義訓王勸王修德政安叙其事作高宗肜日高宗之訓二篇○疏曰經言肜日有雊雉不言祭何廟爲何處故何處序言湯升鼎耳序是之禘祫與四時常祭祭之明日皆爲肜祭不知此肜是何祭之肜也洪範五事有貌言視聽思若貌不恭言不從視不

0016_0340-1　　0016_0339-2

明聽不聰思不睿各有妖異興焉雉乃野鳥不應入室今乃入宗廟之內升鼎耳而鳴孔以雉升鼎耳故以爲耳不聰之義也洪範五行傳云視之不明聽則有羽蟲之孽聽之不聰時則有介蟲之孽言之不從時則有毛蟲之孽貌之不恭時則有鱗蟲之孽思之不睿時則有倮蟲之孽先儒多以此爲羽蟲之孽非爲耳不聰也漢書五行志劉歆以爲鼎三足三公象也而以耳行野鳥居鼎耳是小人將居公位敗宗廟之祀也鄭云鼎三公象也又用耳行雉升鼎耳而鳴象視不明天意若云當任三公之謀以爲政劉鄭雖小異其爲羽蟲之孽則同與孔意異詩云雉之朝雊尚求其雌說文云雉鳴雊鳴也雷始動雉乃鳴而雊其頸

祖己訓諸王賢臣也以道訓諫王作高宗肜日

高宗之訓所以訓也亡○疏曰名高宗之訓所以訓高宗也此二篇俱是祖己之言並是訓王之事經云乃訓于王此篇亦是訓也但所訓之事異分爲二篇經此爲發言之端故以肜日爲名下篇諫二之事故名之訓終始互相明也書序命祖己孔壓其名於肜日之下訓爲之傳此高宗之訓亦爲傳不盡然名者蓋以訓王事同因解文便仰傳不爲解也

高宗肜日祭之

明日又祭殷曰肜周曰繹。疏曰釋天
云繹又祭也周曰繹商曰肜孫炎曰祭
之明日尋繹復祭也肜者相尋不絕之
意春秋宣八年六月辛巳有事於大廟
壬午猶繹穀梁傳曰繹者祭之旦日之
享賓也是繹者祭之明日又祭也爾雅
因繹祭而本之上世故先周後商此經
主代先後故與爾雅倒也釋天又云夏
曰復胙郭璞云未見所出或無此一句
殷傳不言夏曰復作於義非所須或本
無此章也儀禮有司徹上大夫既儐尸
與正祭同日鄭康成注詩鳧鷖云祭天
地社稷山川五祀皆有繹祭

高宗肜日越有雊雉

於肜

日有雊雉異。疏曰高宗既祭成湯肜祭
之日於是有雊鳴之雉在於鼎耳此乃
怪異之事賢臣祖己見其事而私自言
曰惟先世至道之王遭遇變異則正其
事而異自消也既作此言乃進言訓王
訓王史錄其事以爲訓王之端也

祖己

曰惟先格王正厥事

言至道之王遭變異正其事而異自
消。疏曰格訓至也至道之王謂用心
至極行合於道遭遇變異改修德教正
其事而異自消太戊拱木武丁雊雉皆
感變而懼殷道以興是其自消之驗也
至道之王當無災異而云遭變消災者
天或有譴告使之至道者必爲道不妄

而致此異且此爲戒之辭不可執文以
害意也此經直云祖己曰不知誰語
鄭云謂其黨王肅云言于王下句始言
乃訓于王此句未是告王之辭私言告
人鄭說是也

乃訓于王曰惟天監下民典厥義

祖己既言遂以道訓諫王言天視下
民以義爲常。疏曰祖己既私言其
事乃以道訓諫於王曰惟天視此下民
常用其義言以義視下觀其爲義以否
其下年與民有長者有不長者言與爲
義者長不義者短短命者非是天欲夭
民民自不修義使中道絕其性命但人
有爲行不順德義有過不服聽罪過而

不改乃致天罰非天欲夭之也天既信
行賞罰之命正其馭民之德欲使有義
者長不義者短王安得
不行義事求長命也

降年有永有不永非天夭民民中絕命

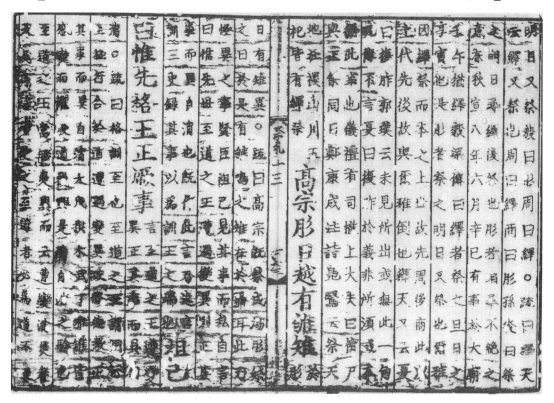

言天之下年與
民有義者長無
義者不義非天欲夭民民自不修義以
致絕命。疏曰經惟言有永有不永
永者義者以上句云惟天監下民典厥
義天既以義爲常知命之長短莫不由
義故云天之下年與民有義者長無義
者不長也民有五常之性謂仁義禮智
信也此獨以義爲言者五常指體則別
理亦相通義者宜也得其事宜五常之

0016_0342-2

名也以適宜爲用故稱義可以揔之也民有貴賤貧富愚智好醜不同多矣獨以夭壽爲言者鄭玄云年命者蠢愚之人尤惕焉故引以諫王也惕貪也洪範五福以壽爲首六極以短折爲先是年壽者最是人之所貪故祖己引此以諫王也

民有不若德不聽罪天既孚命正厥德不順德言無義不服罪不改修天已信命正其德謂有永有不永。疏曰傳亦顧上經故不順德言無義也聽謂聽從故以不聽爲不服罪言既爲罪過而不肯改修也天已信命正其德言天自信命賞有義罰無義此事必信也天

0016_0343-1

自正其德福善禍淫其德必不差也謂民有永有不永天隨其善惡而報之勸王改過修德以求永也**乃曰其如台**祖己恐王未受其言故乃復曰天道其如我所言。疏曰祖己恐其言不入王意又數而戒之嗚呼王者主民當謹敬民事民事無非天所繼嗣以爲常道者也天以其事爲常王當繼天行之祀禮亦有常無得豐厚於近廟其特豐於近廟是失於常道高宗豐於近廟欲王服罪改修也**嗚呼王司敬民罔非天胤典祀無豐于昵**胤嗣昵近也歎以感王入其言王者主民當敬

0016_0343-2

民事民事無非天所嗣常也祭祀有常不當特豐於近廟欲王因異服罪改修之。疏曰胤嗣繼也俱訓爲繼是胤得爲嗣嗣亦繼之義也釋詁云即尼也孫炎曰即猶今也尼者近也郭璞引尸子曰悅尼而來遠是尼爲近也尼與昵音義同烝民不能自治立君以主之是王者主民也既與民爲主當敬慎民事民事無大小無非天所嗣常也言天意欲令繼嗣行之所以爲常道也祭祀有常謂犧牲粢盛樽彝俎豆之數禮有常法不當特豐於近廟謂犧牲禮物多也祖已知高宗豐於近廟欲王因此雊雉之異服罪改修以從禮耳其異不必由豐

0016_0344-1

近而致之也王肅亦云高宗豐於禰故有雊雉升遠祖成湯廟鼎之異。書高宗肜日

○**傳說曰黷于祭祀時謂弗欽禮煩則亂事神則難**祭不欲數數則黷黷則不敬事神禮煩則亂而難行高宗之祀特豐數近廟故說因以戒之。疏曰祭不欲數數則黷黷則不敬禮記祭義文也此一經皆言祭祀之事禮煩亦謂祭祀之煩故傳揔云事神禮煩則亂而難行孔以高宗既日祖己訓諸王祀無豐于尼謂傳說此言爲彼事而發故云高宗之祀特豐數於近廟故說因而戒之。書說命中。

0016_0344-2

曾子曰生事之以禮死葬之以禮祭之以禮可謂孝矣 曾子之言本孔子告樊遲者而曾子常誦之以[illegible]三年[illegible]

[illegible]之[illegible]三事之[illegible]者子生三年然後[illegible]父母之懷[illegible]

○子路曰吾聞諸夫子喪禮與其哀不足而禮有餘也不若禮不足而哀有餘也 疏曰一喪[illegible]主哀祭主敬之事吾聞諸[illegible]手若禮之所闕事於孔子也[illegible]

0016_0345-1

祭禮與其敬不足而禮有餘也不若禮不足而敬有餘也 [illegible]

[illegible]祀之禮[illegible]也宗廟之有[illegible]也[illegible]

0016_0345-2

民有事也修宗廟敬祀事教民追孝也 有事有所尊事也○疏曰示民有事者言所以祭祀有尸宗廟有主者示民有所尊事故也修宗廟敬祀事教民追孝也者言人君修立宗廟恭敬祀事[illegible]

以此坊民民猶忘其親 [illegible]

○尸飲三衆賓飲一示民有上下也 猶尊卑也主人主婦上賓獻尸尸乃[illegible]疏曰尸飲三[illegible]示民有上下也者言尊上者得酒多卑下者得酒少是示民有上下也

0016_0346-1

主人主婦上賓獻尸乃後主人降洗爵獻賓[illegible]儀禮特牲文[illegible]

戒三日齊承一人焉以爲尸過之者趨走以教敬也 齊側皆反○承猶事也○疏曰七日戒者謂散齊也三日齊[illegible]承事一人焉以爲尸者[illegible]

醴酒在室醍酒在堂澄酒在下示民不淫也 [illegible]

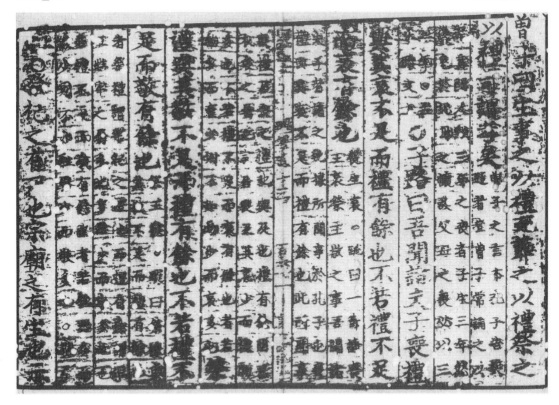

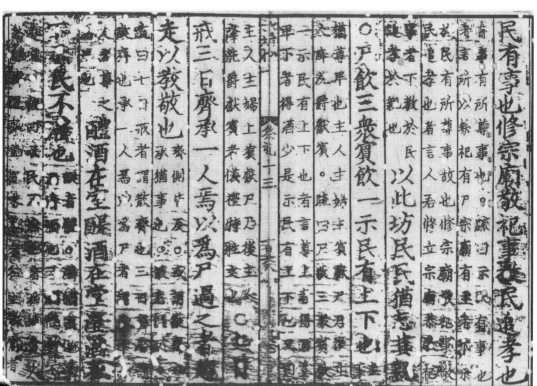

在下貴薄賤厚示民不貪淫於味也又曰澄酒清酒也謂澄齊也以其清於醴齊醍齊故云清酒也以此三齊皆云酒故知澄酒㳅澄齊也禮運云玄酒在室醴醆在戶粢醍在堂澄酒在下彼陳酒事故鄭分釋澄爲沈齊酒爲三酒也以此云示民不淫故知非三酒以三酒未厚美故也禮運云醴醆在戶此云在室不同者在戶之內則是在室也但禮運有玄酒在室之文故云醴醆在戶爾

因其酒肉聚其宗族以教民睦也言祭有酒肉羣昭羣穆皆至而獻酬之成有薦俎○疏曰因其酒肉聚其宗族以教民睦也者謂因其祭祀之酒肉於祭祀之末聚其宗族昭穆相獻酬教民相親睦也

○坊記

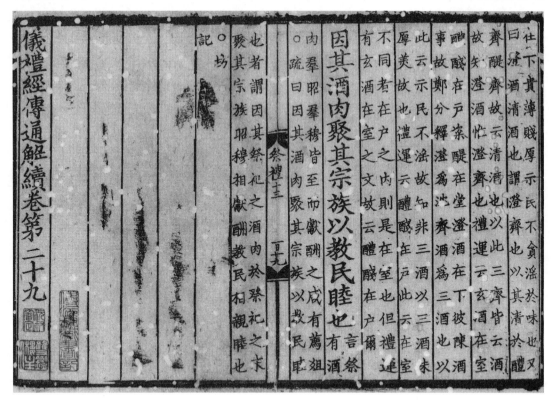

儀禮經傳通解續卷第二十九

序跋補錄

【說明】南康版儀禮經傳通解正續編，除朱熹乞修三禮劄子外，嘉定間修訂、刊行之序跋有六。其中朱在刊行正編識語、楊復校定喪禮後序、張虙刊行續編序，均見本書影印正文。另有楊復校定祭禮後序、陳宓送歸喪祭禮識語、楊復編次祭禮識語，則傅增湘、張鈞衡舊藏二宋本所缺。（適園藏書志云「有楊復、陳宓二跋」，是襲用善本書室藏書志文，非張氏藏本實有二跋。）丁丙舊藏本有此三篇，且附正編卷三十七之後，而殘缺不全，有再造善本影印本可備查。然此三篇爲正德杭郡摘錄本及康熙梁氏重編本輯錄，刊於卷首，久爲學者所知。今據康熙梁氏刊本，校以再造善本影印丁本，彙錄如左。按再造善本影印丁本，此三篇連續編排，通數葉次，版心題「儀禮後跋」，僅存第三葉至第六葉。楊序低一格正書，陳氏識語以行書低二格附後，下接楊氏識語則又正書。見此體式，三篇之性質亦可見，今斟酌内容，新擬標題。

校定祭禮後序（丁本無題，梁本題「原祭禮後序」）

楊復

勉齋黄先生編纂祭禮，用先師朱文公禮書之通例，先正經而後補篇。正經則以特牲饋食、少牢饋食、有司徹為先，所以尊聖經也；而大戴遷廟、釁廟二篇附焉。補篇則以祭法為先，所以明大分也；而天地神祇、宗廟百神以及於時巡、遷國、立君、討罪、會同、行役、類禡、雩禜、祈禳、釁衈之禮次之，而樂舞、器服、祭用無不備焉。夫禮莫重於祭，自天子宗廟而下，其儀文制度，各有精義而不可易；宗廟之祭，自天子諸侯下及於士庶人，其文理密察，各有常經而不可紊。今見於儀禮者，惟特牲、少牢、有司徹三篇僅存。夫特牲，士禮也；少牢、有司徹，大夫禮也。大夫以上並逸其文。若夫事天事地，國家之大典大法，皆湮沒不傳，而先王制作精微之意，不可得而復考，亦可嘆矣。幸而有司之所執掌，聖賢之所問答，諸儒之所記錄，猶散見於周官傳記之書，尚可裒集以見其梗槩，此補篇之所為作也。初，先生集喪禮、祭禮粗有成編，嘉定己卯奉祠閒居，始得訂定喪禮，俾復預檢閱之役。次第將修祭禮，故朝夕議論多及之。嘗有言曰：「祭禮已有七分，惟天神一門為鄭氏讖緯之說所汩，其言最爲不經。今存其說於書者，非取之也，存之於書，使天下後世知其謬，乃所以廢之也。又有不可不正者。夫禘，王者之大祭也。王者既立始祖之廟，又推始祖所自出之帝，祀之於始祖之廟而以始祖配之，其見於禮記大傳、小記，亦已明矣。而鄭氏乃云：禘為祀天於圜丘。郊與圜丘本是一事，以所在言之，則謂之郊；於郊築泰壇，象圜丘之形以祀天，則謂之圜丘。非郊之外別有圜丘也。而鄭氏又云：圜丘比郊為大祭。自鄭氏之說既立，而聖經之意益微，諸儒起而爭之，其說多矣。惟趙伯循之言為尤精當，其說曰：『鄭氏以禘為配祭昊天上帝於圜丘，蓋見祭法所說「禘郊祖宗」，「禘」文在「郊」上，謂為郊之最大者，故為此說。祭法所論「禘郊祖宗」者，謂六廟之外，永世不絕者有四種耳，非關配祭也。禘之所及最遠，故先言之。何關圜丘哉？』是以先師論語問禘章特著趙伯循春秋纂例之說，非專以釋一章之旨，此正禮書筆削大義之所存也。」黄先生此論，特發其端耳。即其所已言，推其所未言者，又可知也。不幸志未遂而先生沒，豈天尼其事而嗇其傳耶？抑斯文未喪，猶有所待而後明耶？正經特牲、少牢、有司徹，先生嘗教學者分章句、附傳記而未備；祭法一篇乃先生晚年手自編定，亦未備。先生既沒，學者不敢妄意增損，謹錄其稿而藏之，且記其語於篇端（按：梁本作「末」，今從丁本），以俟後之君子云。嘉定癸未季夏，門人三山楊復謹書。（按：丁本此序前缺，僅存「蓋見祭法所說」以下。）

送歸喪祭禮識語（丁本無題，行書，附楊復祭禮後序之後。梁本題「原刻喪祭二禮後書」，稍失其實。）

陳宓

右（按：梁本無「右」字，今從丁本），朱文公先生所編禮書已刻於南康，獨喪、祭二門屬勉齋黄先生補而足之。宓假守延平，將刻之郡庠，適南康張侯虙以書來索。蓋延平本無此書，刻此二門則無始；南康已有此書，刻此二門則有終。於是歸其書於南康，俾得為全帙云。嘉定癸未七月初吉，朝奉大夫權知南劍州軍州兼管内勸農事借紫陳宓謹書。

編次祭禮識語（丁本無題，在陳宓識語後。梁本題「原喪祭二禮目録後序」，殊失其實。）

楊復

勉齋先生祭禮，自天神而下，纂集多年，前祭法一篇，晚年始就。暨將修訂，始出特牲、少牢、有司徹禮，指授學者，俾分章句、附傳注，而未遂。後乃因先生指授之意而成之，附傳記一節，惟特牲禮本經自有記，中間已逐條附入；他書可互相發明當附入者，未經先生折衷，不敢妄意增損。先生嘗言「祭禮有七分」，蓋有欲筆削而未及者，此類是也。南康舊刊（按：梁本作「刻」，今從丁本）朱文公先生儀禮經傳通解，尚缺喪、祭二門，待勉齋黄先生成其書。嘉定癸未，南劍陳侯以此書歸於南康而刊之。南康張侯以書來，謂祭禮有門類而未分卷數，先後無辨，則如之何？同志皆曰，張侯之言是也。遂相與商確，倣喪禮題曰「儀禮經傳通解續卷幾」，以别其次第，且述其成書本末如此，以復張侯。後之君子，必有因觀此書以能成先生之志者矣。復謹書。（按：丁本此識語存至「朱文公先生」止，下缺。）

影印宋刊元明遞修本儀禮經傳通解正續編編後記

一、前　言

朱熹在答曾擇之中說：

禮即理也。但謂之理，則疑若未有形迹之可言。制而為禮，則有品節文章之可見矣。（晦庵集，卷六十）

理學給人印象太過抽象，讓人疑惑「未有形迹之可言」，而禮學適可寓無形於有形，這是朱熹個人深切的體悟。可以說朱熹的學術思想以理學為中心，也以禮學為中心，兩者成為他整體學術思想的一體兩面。做為宋代學術最具代表人物之一，雖然朱熹一直是後代學者最有興趣研究的對象，只不過注意力都集中在他義理上的發揮，忽略其在禮學上的成就。衆人所忽略的部分，恰好是其學術中與理學同樣重要的核心，於是長期以來，形成一個偏頗的朱熹形象。

要拼湊出朱熹學術完整的形象，必須補足他的禮學思想，而其禮學體系最完整地呈現，應屬在晚年徵集門人所編撰的儀禮經傳通解。雖然，或許有如後人所詬病，是堆砌資料的資料集，或認為是朱熹未完之作，不足以窺見其禮經之見解。不過，就朱熹本身態度而言非常看重禮學，而編纂禮書，「亦是學者之一事，學者需要窮其源本」（朱子語類，卷六十，人傑錄），則是身為學者的他一生的使命。我們也可以看到他在晚年曾多次迫切表達希望此書完成的心願：

熹目盲，不能親書，所喻編禮如此固佳，然却太移動本文，恐亦未便耳，老病益侵，而友朋相望皆在千百里外，恐此自不能成，為

終身之恨矣。（答應仁仲，晦庵集，卷五四）

只是禮書不能得成，又以氣痞不可憑几，恐此事又成不了底公案也。（答輔漢卿，同上，卷五九）

禮書近方略成綱目，但疏義、雜書中功夫尚多，不知餘年能了此事否？當時若得時亨諸友在近相助，當亦汗青有期也。浙中朋友數人，亦知首尾，亦苦不得相聚。（答嚴時亨，同上，卷六十）

萬一不及見此書之成，諸公千萬勉力，整理得成此書，所係甚大。（答葉賀孫，朱子語類，卷八四）

並對李季章表達，若禮書編成，則「便可塊然兀坐以畢餘生，不復有世間念矣」（答李季章，晦庵集，卷二九）。在他臨終前一天，仍致書給大弟子黃榦，交代禮書的後續工作，並將此重責託付給他，足見他對編成此書的重視與對黃榦的無限期待。

除如前輩學者所言，朱熹編修禮書是為了「考古以通今」[1]、「落實儀法度數」[2]之外，令人好奇的是什麼樣的動力讓他費盡心思想保護此書，臨終前仍念茲在茲？在給黃榦的信中，他曾說：

蓋衰老疾病，旦暮不可保，而罪戾之蹤又未知所稅駕，兼亦弄了多時，人人知有此書，若被此曹切害，胡寫兩句，取去燒了，則前功俱廢，終為千載之恨矣。（答黃直卿，晦庵續集，卷一）

答李季章云：

元來典禮淆訛處，古人都已說了，只是其書衮作一片，不成段落，使人難看，故人不曾看，便為憸人舞文弄法，迷國誤朝。若梳洗得此書頭面出來，令人易看，則此輩無所匿其姦矣。於世亦非小助也。勿廣此說，恐召坑焚之禍。（同上，卷二九）

答滕德章云：

此只是修改舊版，但密為之，勿以語人，使之如不聞者乃佳，若與人商量，必有以偽學相沮難，反致傳播者，此不可不戒也。（同上，

1 錢穆撰：朱子之禮學，朱子新學案（成都：巴蜀書社，一九八七年二月），頁一三二八。
2 戴君仁撰：朱熹儀禮經傳通解與修門人及修書年歲考，臺灣大學文史哲學報（一九六七年十月），第十六期，頁一—二四。

卷四九）

答詹子厚云：

> 此間禮書漸可脱稿，若得二公一來訂之尤佳，然不可語人，恐速煨燼之災也。（同上，卷五六）

慶元元年（一一九五），從寧宗趙擴免去朱熹經筵講官的職位開始，以權臣韓侂胄為首的反道學派即刻攻擊朱熹為「偽學」，毫不留情地對他以及其追隨者展開政治鬥爭，這就是讓朱熹在生命中最後的六年深陷恐懼、動輒得咎的「慶元黨禁」。對朱熹來說，受偽學之謗，時時要面對自己的心血恐將付之一炬的心理威脅，使他益發地小心保護著這部書稿，「完成禮書」，也成了他罷官之後堅強的寄託與信念。

二、編纂禮書

在朱熹與友朋、弟子們的討論中，我們所熟悉的「儀禮經傳通解」一名，都稱之為「禮書」。朱熹生前，見不到將禮書命名為「儀禮經傳通解」的記載，直到朱熹季子朱在刊刻父親所遺禮書，才將他的手定稿命名為「儀禮經傳通解」，未定稿則襲舊名為「集傳集注」。朱熹清楚的在乞修三禮劄子說明編纂的動機：

> 熙寧以來，王安石變亂舊制，廢罷儀禮，而獨存禮記之科，棄經任傳，遺本宗末，其失已甚！而博士諸生又不過誦其虚文以供應舉，至於其間亦有因儀法度數之實而立文者，則咸幽冥而莫知其源。一有大議，率用耳學臆斷而已。（晦庵集，卷一四）

對這樣的國家禮制，朱熹感到憂慮，因此想編修禮書，除「使士知實學」之外，最大的作用，是「可為聖朝制作之助」。清人淩廷勘曾在禮經釋例中說：

> 考論語鄉黨「割不正不食」，邢昺疏謂「折解牲體脊脅臂臑之數，禮有正數，若解割不得其正則不食也」，其說甚明。……至於

論語集注謂「割不正」為「割肉不方正」，不知引少牢疏，而引漢陸續母事，則更非經義矣。（卷九）

似有批評朱熹不以經解經之意。我們卻可以從淩氏此文説明朱熹對經書的立場：他曾表示，儀禮是古禮，需要了解，但並不表示必須完全遵循不知變通。而論語集注則更接近日常道德行為，是實用之學，非專為解經之作。所以朱熹説「可為聖朝制作之助」，是知儀禮經傳通解以儀禮為主，輔以禮記等經典文句，附錄注疏之説可補經傳者，旨在為討論當世禮制時提供全面可靠的經典依據，既非以此書為可施今世的禮典，又非彙編歷代禮制、禮議的大全。

有了編纂禮書的想法，他曾經想要藉官方的力量編書：

向在長沙、臨安皆嘗有意欲藉官司之力為之，亦未及開口而罷。（答應仁仲，晦庵集，卷五四）

在長沙，因「事叢且不為久留計」而作罷；在臨安，原以為受到寧宗重用，積極地規畫具體編書工作進行所需要的人力物力：

欲望聖明特詔有司，許臣就秘書省太常寺關借禮樂諸書，自行招致舊日學徒十餘人，踏逐空閑官屋數間，與之居處，令其編類。雖有官人，亦不繫銜請奉，但乞逐月量支錢米，以給飲食、紙札、油燭之費。其抄寫人即乞下臨安府撥貼司二十餘名，候結局日量支犒賞，別無推恩。則於公家無甚費用，而可以興起費墜，垂之永久。（乞修三禮劄子）

不過，才剛擬好的劄子來不及上奏，即被罷官。

罷官之後，他回到建陽考亭，全心投入講學授徒與編撰書籍中。據幾種朱熹年譜記載，慶元二年丙辰（一一九六）「是歲始修禮書」，時六十七歲。然就今日儀禮經傳通解規模而言，如何能在短短五年之內迅速編纂完成，則啟人疑竇。前人雖亦覺此條記載猶有不妥，多根據朱在儀禮經傳通解識語言「先君早歲即嘗有志於是書」而發議論，以為早有編書的計畫。[1] 黃榦的年譜記云：

1 錢穆先生以為朱子六十二歲（一一九一），臨漳刊四經事起，開始有具體的計畫，「並已切實略下工夫」；白壽彝先生認為此書的「醞釀期要佔了十三四年」，到了慶元年間「正式編集」則毫無可疑；戴君仁先生則以為「是歲始修禮書」只是「重新動手，實則已前以作過這工作了」。戶川芳郎先生引用上山春平先生朱子の禮學的説法，以為淳熙二年（一一七五）朱熹四十六歲時，已有編纂禮書的構想，但這個構想付諸實踐，卻要到他晚年的時候。

明年（按：一一九七）三月乙亥朔，竹林精舍[1]編次儀禮集傳集注書成。條理經傳，寫成定本，文公當之，而分經類傳，則歸功於先生焉。然「集注集傳」乃此書之舊名，自丙辰、丁巳（一一九六—一一九七）以後，累歲刊定，訖于庚申（一二〇〇）猶未脱稿，而先生所分喪、祭二禮猶未在其中也。[2]

楊復祭禮自序亦言：

慶元丙辰，先生六十有七矣，而家、鄉、邦國之禮始成[3]，王朝禮大綱舉而未脱稿。

朱熹雖曾在信中説「禮書亦苦多事，未能就緒」（答呂伯恭，晦庵集，卷三三）、「此書無一綱領，無下手處。頃年欲作一功夫，後覺精力向衰，遂不敢下手」（答呂子約，同上，卷四八），實際上陸陸續續已見成形[4]，除了喪、祭二禮沒有成書，王朝禮未脱稿之外，其餘内容綱領皆已初步完成。也就是説，在慶元二年前後，禮書至少已經完成一半，所以他説「此只是修改舊版」（答滕德章，卷四九）。他在慶元二年之後的工作，主要是讓弟子們將已完成的家、鄉、邦國禮附上注疏，逐一審定，寫成定本，為已有大綱的王朝禮規劃實際内容，並與門人商討喪、祭禮的架構，而非「始修禮書」。

或許覺得早年與弟子共同編纂資治通鑑綱目成效不錯，朱熹晚年編撰的特色，是採取與門人合作的方式，如書集傳、韓文考異等。儀禮經傳通解更是集衆門人之力而完成的一部巨作。[5]當時編書的分工情形，正如黄文肅公年譜所言，「條理經傳，寫成定本」的工作由朱熹自己負責，「分經類傳」由大弟子黄榦負責，其他弟子，則負責將二人擬好的經傳之下「附注疏」。余正甫曾建議朱熹「買書

---

1 竹林精舍修成於紹熙五年（一一九四），王懋竑朱子年譜云：「先生既歸，學者益衆，至是精舍落成，率諸生行釋菜之禮於先聖先師，以告成事。後精舍更名曰『滄洲』。」（卷四）

2 宋鄭元肅録、陳義和編：勉齋先生黄文肅公年譜（北京：書目文獻出版社，北京圖書館古籍珍本叢刊據元刻延祐二年重修本影印），册九〇，葉十六左。

3 黄文肅公年譜引楊復喪禮後序、楊復祭禮自序均不見「學禮」，朱熹在過世前寫給李季章的信中，禮書的内容首次出現了「學禮」，清夏炘跋儀禮經傳通解云：「朱子以禮教人之意，欲其行禮之身自家而鄉而國，而後推之天下，皆有依據，非欲作此書以誇博洽之名，實欲隱寓大學齊治均平之旨也。」（述朱質疑，卷七，葉三，續修四庫全書，第九五二册，據咸豐二年紫山房藏本影印）戸川芳郎先生以為朱熹按照「修身、齊家、治國、平天下」的構想，在慶元六年（一二〇〇）病歿之前，完成了學禮的編纂。其中大學、中庸的内容，僅僅是將大學章句與中庸章句逐録過來而已。參見日戸川芳郎撰：解題，和刻本儀禮經傳通解（東京：汲古書院，一九八〇年四月）。

4 關於儀禮經傳通解内容設計之經過，請參考白壽彝儀禮經傳通解考證一文。

5 請參考戴君仁朱熹儀禮經傳通解與修門人及修書年歲考一文。

以備剪貼」，但他實際操作後，認為「大小、高下既不齊等，不免又寫一番」，提出自己的方案：

不如只就正本籤記起止，直授筆吏寫成之為快也。又修書之式，只可作草卷，疏行大字（欲可添注。），每段空紙一行（以便剪貼。），只似公案摺疊成沓，逐卷各以紙索穿其腰背（史院脩書例如此，取其便於改易也。），此其大略也。（答余正甫，晦庵集，卷六三）

以後的工作大致上是依照朱熹所指示進行。

「附注疏」的工作在編纂禮書中是一項大工程，較為繁瑣，也最容易出錯，所以弟子們附好注疏後，都要由朱熹一一檢查刪節，寫成定本。後來黃榦續修喪、祭禮，仍沿用這種分工的模式。我們可以看到他先命門人完成一部分附注疏的工作，以做為其他弟子的範本：

儀禮文字却好，致道一篇已入注疏，他時諸篇皆當放此。或所附之文有難曉者，亦當附以注疏也。（答趙恭父，晦庵集，卷五九）

欲將冠禮一篇附疏，以為諸篇之式，分與四明、永嘉並子約與劉用之諸人，依式附之，庶幾易了。（答黃直卿，晦庵續集，卷一）

也有追蹤「附注疏」工作進度的記載：

禮書方了得聘禮以前，已送致道，令與四明一二朋友抄節疏義附入，計必轉呈。有未安者，幸早見教，尚及改也。覲禮以後，黃壻携去廬陵，與江右一二朋友成之，尚未送來，計亦就草藁矣。（答應仁仲，晦庵集，卷五四）

禮書入疏者，此間已校定得聘禮以前二十餘篇，今錄其目附去，彼中所編早得為佳，此間者已送福州，令直卿與劉履之兄弟參校，寫成定本，尚未寄來，若有可增益處，自不妨添入也。（答廖子晦，同上，卷四五）

容略看過，卻送去附入音疏，便成全書也。（答吳伯豐，同上，卷五二）

王朝禮已送與子約，令附音疏。

修定之後，可旋寄來看過，仍一面附入音疏，速於歲前了却，亦是一事。

明州書來，亦說前數卷已一面附疏。王朝禮初欲自整頓，今無心力看得，已送子約，託其校定，仍令一面附疏。

禮書附疏須節略為佳，但勿大略。（以上，答黃直卿，續集，卷一）

禮書附疏未到，已與一哥說，不若俟斷手後抄之，今只寫得一截，無疏，尤不濟事也。

禮書未附疏，本未可寫，以見喻再三，恐亟欲見其梗槩，已取家禮四卷并已附疏者一卷納一哥矣。其後更須年歲間方了。（以上，答蔡季通，續集，卷二）

王朝數篇亦頗該備，只喪、祭兩門已令黃婿攜去，依例編纂次第，非久寄來，首尾便畧具矣。但其間微細尚有漏落，傳寫訛舛未能盡正，更須費少功夫。而附入疏義一事，用力尤多，亦一面料理，分付浙中朋友，分手為之。（答余正甫，晦庵集，卷六三）

最後還要找抄手負責謄稿抄寫，但因受「偽學」之謗，許多人害怕與朱熹牽扯上關係，又在沒有任何金錢資助的情況下，工作的進度時常受到影響：

禮書便可下手抄寫，此中卻得用之相助，亦頗有益。（答黃直卿，晦庵續集，卷一）

始者唯恐未有人可分付，如來書所喻二人者，其一初不相熟，其一恐亦未免顧慮道學之累。（答余正甫，晦庵集，卷六三）

禮書已略定，但惜無人錄得。亦有在黃直卿處者，聞吉父在彼，必能傳其梗概。然此間後來又有續修處，及更欲附以釋文、正義，足未得便斷手耳。（答曾景建，同上，卷六一）

禮書此數日來方得下手，已整頓得十餘篇，但無人抄寫為撓。蓋可借人處皆畏僞學之汚染而不肯借，其力可以相助者，又皆在遠而不副近急，不免雇人寫，但資用不饒，無以奉此費耳。（答劉季章，同上，卷五三）

在這樣艱困的環境下，與弟子們同心協力，分工合作，雖離完成已不遙遠，但就像他對蔡季通所說的「前卷已有次第，但收拾未聚，後卷則儘欠功夫，未知能守等得見此定本全編否耶」（答蔡季通，晦庵續集，卷二），最終，朱熹沒來得及看到它刊刻成書就過世了（一二〇〇）。

三、續修禮書

接下來續成的工作，朱熹在臨終前一日，交給了黃榦。

嘉泰二年（一二〇二），黃榦因喪其兄於福州桃枝山，會朋友於城南烏石山寺，借李筠翁住所，先後創書局於神光寺、仁王寺，續修禮書，以成朱熹之志。首先修王朝禮，由黃榦手定，同門劉勵、門人鄭宗亮、潘儆茂、鄭文遹分任其事，但似乎沒有修完。他還曾想重新整理禮書，年譜記云：

> 時有別定禮書目錄，揭之壁閒。文遹以爲先生欲遵文公遺言，悉取家禮以下，別爲次第。此時實與諸君子商確其目。追惟此書終先生之世既不及爲，而目錄手稿具藏，當以編入先師遺言之內。（葉二二左）

不過往後的十多年，黃榦皆「奔走王事，作輟不常」，禮書的編修工作也就停止了。[1]即使如此，黃榦以及朱熹的其他弟子，也從沒忘記要完成此書的責任，黃榦在嘉定九年（一二一六）給李貫之的信中說到：

> 近於鄉閒取得所修祭禮來，幸無去失，併喪禮皆可入禮書類中。然亦尚欠修整，當官固以無暇觀書為恨，閒居又以無筆吏抄寫為撓。因閱故書中，得慶元三年朱先生所書編禮人姓名，為之感慨，益思是書之不可不蚤定也。然亦須朋友二三人來，方可參訂。味道、子洪，皆有志於此者，獨恨道遠難相屈致。榦亦無力遠出，不能攜書以就朋友，觀先師晚年於此極惓惓，殊使人為之不安也。……向來從學之士，今凋零殆盡，閩中則潘謙之、楊志仁、林正卿、林子武、李守約、李公晦；江西則甘吉父、黃去私、張元德；江東則李敬子、胡伯量、蔡元思；浙中則葉味道、潘子善、黃子洪，大約不過此數人而已。（復李貫之兵部，勉齋先生黃文肅公文集，卷十四，葉六左—七右）

從黃榦「大約不過此數人而已」，可推見當初參與修纂禮書的弟子人數不止於此。但一直要到嘉定十一年十一月（一二一八），他主管建寧府武夷山沖佑觀，續編的工作才又展開。

1 這一禮書目錄，不知與陳宓與南康鄭教授劄、與安南張郎中元簡所說的「有節目一紙，納在黃堂書中，再錄一本拜呈」、「外有一紙，具載節目」是否同為一物。

朱熹生前，黃榦即沿襲朱熹編書的方法，會聚朋友共同修纂喪、祭二禮。在這段時間，喪禮稿本基本完成，只待精修為定本。祭禮稿本雖纂集多年，仍有祭法一篇至晚年方脫稿，這就是黃榦跟楊復所說的「用力甚久，規模已定」。[1]黃榦所說的「規模已定」，以今日所見的儀禮經傳通解續 祭禮，各篇、章、節、目之經注疏俱備，所引諸書俱全，只是沒有黃榦的按語。

而朱熹其他弟子中，又以楊復對此事最為用心，胡泳曾記此事：

後來黃直卿屬李敬子招往成禮編，又以昏嫁不得行。昨寓三山，志仁反復所成禮書，具有本末，若未即死，尚幾有以遂此志也。（朱子語類，卷八四）

他在朱熹過世後，到了黃榦門下。十三年（一二二〇）夏天，喪禮終於修訂完成，黃榦讓楊復作喪禮定稿檢查的工作。緊接著黃榦修訂祭禮，並與楊復「朝夕議論」（楊復 祭禮後序）。其中祭法一篇，大約也在此階段編撰；又出示特牲、少牢、有司徹禮，指示學生以分章句、附傳注，終因「素苦痞氣」而未果。十四年辛巳（一二二一）三月，終于所居之正寢，如同朱熹的王朝禮，黃榦再一次讓儀禮經傳通解成為未定稿之作。

黃榦過世之後，陳宓曾寫信給楊復說「祭禮更須入注疏，俟它日抄錄，以廣其傳」、「祭禮聞已入先儒格言，次第成書，黃先生未遂之志，舍學錄孰能當之」（與楊信齋學錄復書，復齋先生龍圖陳文公集，卷一三），說明弟子們並沒有因此而中斷修書的工作。

四、刊於南康軍

韓侂胄死後，讓朱熹身負污名的「偽學」得到平反，他的門生得以開始正常活動。在黃榦奔走王事的十數年之中，朱熹最小的兒子朱在也因承父蔭而開始活躍官場。[2]嘉定十年（一二一七）八月，朱在任知於南康軍，等不到黃榦將王朝禮寫成定本、喪 祭禮完成的情

1 楊復 喪服後序所引黃榦之語云：「先生嘗為復言，祭禮用力甚久，規模已定，每取其書翻閱而推明之，間一二條方欲加意修定而未遂也。」

2 朱在，字叔敬，一字敬之，受業家庭，又從黃榦學。記載朱在一生行事的文獻很少，大約只見他累遷官職的記錄：嘉定十年（一二一七），以大理正任知南康軍；十三年，提舉常平茶鹽司；十四年，右曹郎官；十六年，兩浙轉運副使；寶慶元年（一二二五），司農卿；二年，工部侍郎；紹定三年（一二三〇），寶謨閣待制知平江府；四年，煥章閣待制知袁州。

況下，[1]朱在決定於南康道院[2]先刊刻父親的禮書。其中前二十三卷（家禮、鄉禮、學禮、邦國禮）爲朱熹定本，題稱「儀禮經傳通解」，為本書稱此名之始。後十四卷（王朝禮）爲稿本，題稱舊名「儀禮集傳集注」，且「不敢有所增益，悉從其藁」。至於喪、祭二禮，則「它日書成，亦當相從於此，庶幾此書始末具備」（朱在識語）。有了朱在這句話，我們可以看到之後黃榦所續修的喪、祭禮或楊復再修的祭禮，從外在形式的行款格式到內容的安排、體例上，悉遵此本，說明朱熹門人或再傳弟子對此書「始末具備」的重視。這是儀禮經傳通解文稿完成後，第一次刊刻成書，已經是朱熹死後十七年的事情了。

嘉定十六年癸未（一二二三），張虙知南康，因久慕朱熹之學而欲終其志，以全其書。在士友間聽説黃榦門生陳宓有黃氏已脫稿的喪、祭禮，故去信表示想在南康補刊黃榦二禮，並向他索稿。任延平守的陳宓也有意補刊二禮，但當張虙提出在南康刊刻，他認為「蓋延平本無此書，刻此二門則無始；南康已有此書，刻此二門則有終」（陳宓識語），因此不僅歸其書於南康，更「遺刻者數輩至」，幫助張虙完成喪、祭禮的刻成。[3]與安南張郎中元簡（按：張元簡亦為黃榦弟子）也說過類似的話：「某本刻之延平，正恐其書無始。……楊丈復乃勉齋上足，十餘年補足，專人賫納乞，趁工匠未散，聚手刊成，一失機會，則爲後悔。喪禮十六册改字頗多，然非門下好學不倦，何能校勘若此？」與南康鄭教授劄云：「禮書喪禮門刊刻極佳，且不甚誤，非史君與諸人精勤校定，未易至此，甚善。今納去十六册，有誤字處已改，幸白黃堂速脩正。」又寫信給楊復：「禮書成編，告之先生祠下，祝文典實，讀之愴然。跋語合在後，與圖式共作一册，今以在前非是，因書當告鄭教誤字不能保其無，施刊修可也。」（復齋先生龍圖陳文公集，卷十三）不僅對刻成此書不遺於力，對進展與品質也非常關心。

1 朱熹讓年滿十九歲的朱在拜黃榦為師，兩人又有姻親關係，然勉齋文集中未見與朱在商量討論刊刻儀禮經傳通解的書信，也未見黃榦答覆朱在續修通解的進展。如前文所言，黃榦曾籌設書局修王朝禮，但朱在似乎並不知情。不僅如此，朱熹門人與朱在的互動少，幾不見記載。僅朱子語類中一段：「或問朱敬之有異聞乎？曰：平常只是在外面聽朋友問答，或時裏面亦只說某病痛處。得一日，教看大學，曰：『我平生精力盡在此書，先須通此方可讀書。』」（朱子語類，卷十四，賀孫記）關於朱在的事蹟，只見宋葉紹翁四朝聞見錄一段，不知可信否，姑存之以待考：「考亭之子在，趨媚時好，遂階法從，視其父忤淮者異矣。予嘗與閩士同舟，相與嘆息在之弗紹，且謂在盡根盡骨賣了武夷山。閩士謂士曰：『子之鄉櫜只是賣了一座武夷山，我之鄉櫜却賣了三座山。』三座山，蓋指三山。鄉櫜，謂梁成大也。程源為伊川嫡孫，無慘殊甚，嘗鬻米於臨安新門之草橋，後有教之以干當路者，著為道學正統圖，自考亭之後，勳入當路姓名，遂特授初品因除二令，又以輪對，改合入官，遷寺監丞。伊川、考亭掃地矣。」（卷二，洛學）

2 淳熙中，朱熹知南康軍（江西），因救荒有功，後請于朝，於此修建白鹿洞書院。其後朱在、陳宓、張虙、趙希悦俱知南康軍。「刊於南康道院」，實即南康軍衙署所刊。

3 陳宓更自費要求印書：「祭祀必已畢工，今有七十券，望爲印禮書前後全帙各印四部……某歸期在初冬，此兩人專欲書及送合刻禮書四册，係祭禮緣楊丈用力久，方能緝就，有節目一紙，納在黃堂書中，再錄一本拜呈。」（與南康鄭教授劄）

但當張處收到書稿，發現「祭禮有門類而未分卷數，先後無辨」，黃榦門徒遂相與商榷，並推舉楊復整理。楊復因「先生既沒，學者不敢妄意增損，謹錄其稿而藏之」，因此，他所做的整理工作，實際上除了曾由黃榦生前授意為祭禮正經「附傳記一節」（楊復喪祭二禮目錄後序）；黃榦歿後，將他所交代完成的工作之外，只仿喪禮題「儀禮經傳通解續卷幾」，以別其次第。整理完成，共得二十九卷，其中喪禮十五卷，黃榦撰；喪服圖式一卷，楊復補訂；祭禮十三卷，黃榦撰稿、楊復分訂卷次，這部分，後人稱之為「儀禮經傳通解續」或「續儀禮經傳通解」。

至此，雖然其中仍有朱熹、黃榦之未定稿，但終究這部讓朱熹心繫已久的禮書，正式刊刻成書，文稿被焚毀的恐懼終於不再，在他死後二十三年，化身千萬，流傳後世。這部涵蓋朱熹儀禮經傳通解、集傳集注以及黃榦喪、祭禮的作品，就是今日通行六十六卷的儀禮經傳通解與通解續。

之後，在南康所刊刻的正續編通解書版，被收歸於國子監。

而楊復因為幫忙整理編次，發現黃榦所說的「祭禮已有七分」（楊復祭禮後序），實際上只是將祭禮經傳注等相關內容分置於各章節條目之下，「其經傳異同，註疏抵牾，上下數千百載間，是非淆亂，紛錯甚眾」（楊復祭禮自序）之處，都未曾處理，是故又花了十多年的時間，以黃榦祭禮為藍本，再修一部祭禮，成為一部服膺朱熹禮學，理論體系完整的禮學著作。此間詳情請參見楊復再修儀禮經傳通解續卷祭禮出版說明。（版本目錄學研究，第二輯，二〇一〇年一二月）

寶祐元年癸丑（一二五三），江南東路提點刑獄公事王佖因書版年久未修補，所印之書「字畫漫漶，幾不可讀，識者病之」，且已收歸國子監，因此建議在南康重刊，得到黃榦弟子饒魯的贊同，南康軍知事趙希悅佐其費，南康軍學教授丁抑主其事。自寶祐元年仲春起雕，至二年季夏刻成。值得一提的是，這次重刊全書，祭禮部分因楊復所編撰較黃榦的內容精簡明淨，故改用楊復所撰，這是楊復祭禮唯一一次在文獻上明確記載刊刻的記錄。書刻成後，書版收藏於南康軍白鹿洞書院。

以上，是通解一書從籌備、編纂、續修、再修到刊刻，歷經近半個世紀的整個過程。我們可以瞭解到這部書的完成，單憑朱熹一個人的力量是辦不到的。朱熹生前即深諳此理，召集學生共同為之，在這個過程當中，也將自己的禮學思想傳承給學生，可以說，通解不僅代表的是他個人的、也代表朱門的禮學思想。其中喪、祭二禮於朱熹禮學研究中尤其重要，但前人卻每每將此二禮排除於他的禮學之外，只要明白通解整個編纂的過程，相信也就能夠認同並接受此二禮應視為朱熹禮學一部分的想法。同時，隨著楊復再修祭禮的完成，代表朱熹禮學理論體系的儀禮經傳通解、黄榦通解續與楊復儀禮圖、再修祭禮，於是乎得以完整，再加上朱熹實踐體系的家禮、楊復家禮註，我們可以看到朱熹與門人們想統合禮經、禮制與禮俗的企圖心，這也是今後研究朱子禮學、重新定位宋代禮學一個非常重要的課題。

五、版本流傳

入元，南宋國子監所有的書版不毀於戰事者皆收歸於西湖書院。元元統三年乙亥（一三三五）六月，江浙等處儒學提舉余謙等刊補黄榦喪、祭禮，推測應該就是使用嘉定年間南康所刊書版、後收歸國子監者修補印行。實際修補的情形則不可考。余謙等人並爲二禮編製目錄，續編目錄前有云「喪、祭二禮，元本未有目錄，今集爲一卷，庶易檢閱耳」，此為二禮通數爲二十九卷之始。目錄後有「元統三年六月日刊補完成 後學葉森書/儒司該吏高德懋 樊道佑/所委監工鎮江路 丹徒縣儒學教諭楊文龍/江浙等處儒學提舉司吏目阿里仁美/登仕郎江浙等處儒學副提舉陳旅/承事郎江浙等處儒學提舉余謙」六行的補刊年與銜名。

西湖書院的書版到了明代又收歸於明國子監。丘濬大學衍義補曾提出「儀禮經傳通解等書，刻板在南監者，亦宜時為備補」（卷九十四）的建議。明嘉靖二十三年甲辰（一五四四），南雍志刊成，其中經籍考記錄了南京國子監承接自元西湖書院此書舊版片的情形：

> 儀禮經傳通解二十三卷。好版三百二十面，壞版四百六十面。儀禮經傳通解為朱熹所編，以儀禮十七篇為主，而取記傳凡繫於禮者，附入之為傳。（南廱志 經籍考下篇）

【說明】原版首陳序，次雷序，次梁氏後序，此三序版心葉次皆各自起數。接續有朱熹劉子、朱在識語、楊復喪禮、祭禮等序、陳宓識語等，則通數葉數。陳、雷、梁序皆爲乾隆原版而作，故在宋人序跋之前。覆刻本卻將乾隆三序置於宋人序跋之後，且全部序跋通數葉數，是覆刻本才能有的編排方式。又如左圖書影第五行，原版作「明文王」，梁氏出注云：「附按：文王『文』字似是『武』字之誤。」覆刻本卻直接改正文作「明武王」，致使梁氏注語無的放矢。此亦原版不可能出現的編輯失誤。覆刻本不待對照原版，僅從內容上可以知其非原版，亦頗有趣。

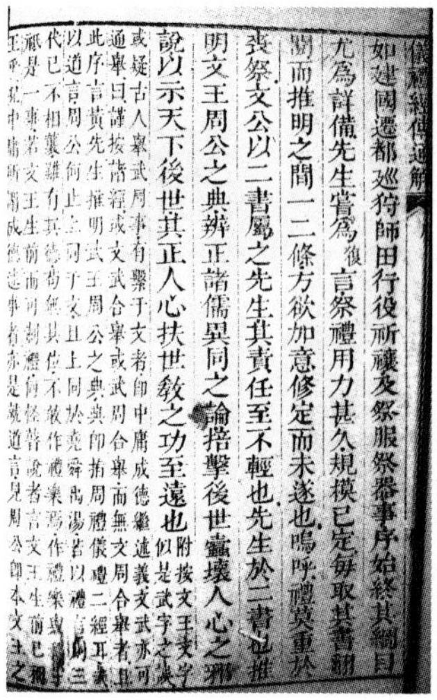
儀禮經傳通解
如建國遷都巡狩師田行役所藏及祭服祭器事序始終其綱目
尤為詳備先生嘗為喪祭二禮用力甚久規模已定每取其書翻
閱而推明之間一二條方欲加意修定而未遂也嗚呼禮莫重於
喪祭文公以二書屬之先生其責任至不輕也先生於二書也推
明文王周公之典辨正諸儒異同之論指摯後世蠹壞人心之邪
說以示天下後世其正人心扶世教之功至遠也附按文王之文字似是武字之誤

乾隆原版

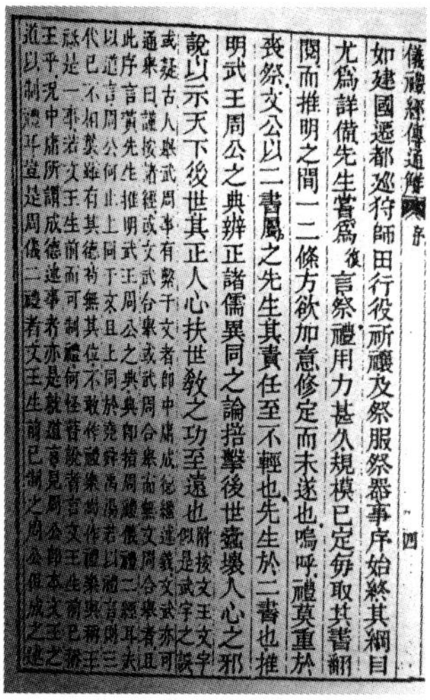
儀禮經傳通解
如建國遷都巡狩師田行役所藏及祭服祭器事序始終其綱目
尤為詳備先生嘗為喪祭二禮用力甚久規模已定每取其書翻
閱而推明之間一二條方欲加意修定而未遂也嗚呼禮莫重於
喪祭文公以二書屬之先生其責任至不輕也先生於二書也推
明武王周公之典辨正諸儒異同之論指摯後世蠹壞人心之邪
說以示天下後世其正人心扶世教之功至遠也附按文王之文字似是武字之誤

存目叢書誤以覆刻本為乾隆原版

說明所餘存的版片大約只及原書的三分之一。之後明國子監即以通解所殘版片為基礎，修補印行。宋嘉定南康刊本經過元代、明代的補版，成為今天我們看到的「三朝本」儀禮經傳通解。正德年間，又有劉瑞因南京國子監所藏通解卷帙浩繁，點畫漫漶，「因命教授陳垐、教諭粘燦、王士和督諸生手錄經傳」，付杭郡刊刻，僅取經傳文字，無通解注疏，仍置宋嘉定十六年張虙、楊復、陳宓跋語於其前。

清代，這些從南宋流傳到明代的國子監通解版片則不知其所終。不過，清初康熙年間，呂留良因推崇朱子學，重刻多種朱子著作，其中亦有通解一書，有牌記云「禦兒呂氏寶誥堂據白鹿洞原本刻印」（按：應指嘉定年間刊本，非寶祐刊本）。乾隆中，又有梁萬方重刊朱子儀禮經傳通解，雖言「重刊」，實際上是加己意以重編，已非通解原貌。

雖然版片早已不知去向，如今世上仍存有多部宋刊元明遞修本通解正續編，即使大部分都是殘本零卷。所幸經過歷代藏書家費盡心力的保護，今天仍然可以看到較完整的本子，其中最重要的有三部：一為南京圖書館藏，丁丙舊藏本（下稱丁本），中華再造善本曾影印出版。一為東京大學東洋文化研究所藏，傅增湘舊藏本（下稱傅本）。一為臺北「國圖」藏，張鈞衡舊藏本（下稱張本）。

從補版的情況來看，三部通解，以丁本刷印的時間最早，見不到版心下方題「監生某某」的明代補版，推測爲元代（或明代前期）的印本，但僅存正編三十七卷中的三

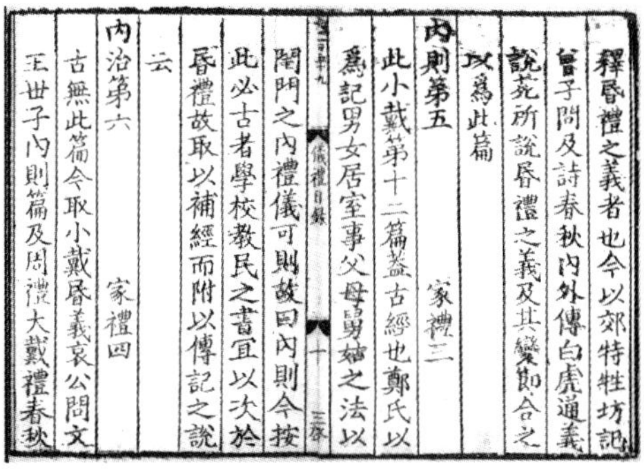

釋昏禮之義者也今以郊特牲坊記
曾子問及詩春秋內外傳白虎通義
說苑所說昏禮之義及其變節合之
以為此篇
內則第五　家禮三
此小戴第十二篇蓋古經也鄭氏以
為記男女居室事父母舅姑之法以
閨門之內禮儀可則故曰內則今接
此必古者學校教民之書宜以次於
昏禮故取以補經而附以傳記之說
云
內治第六　家禮四
古無此篇今取小戴昏義哀公問文
王世子內則篇及周禮大戴禮春秋

【傅本】丁本的錯誤已修正。丁本左半葉三四行原來的內容與傅本相同。

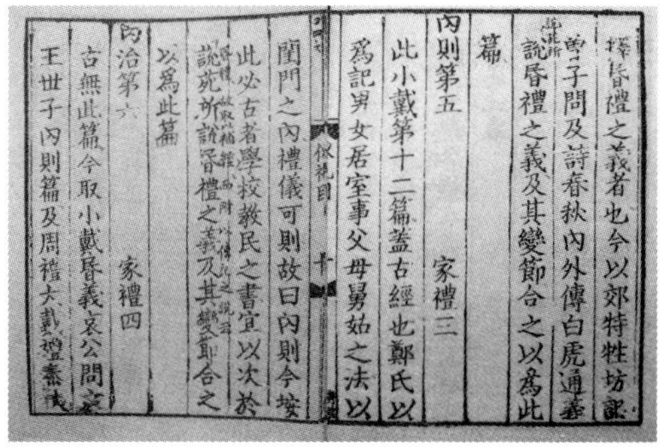

釋昏禮之義者也今以郊特牲坊記
曾子問及詩春秋內外傳白虎通義
說昏禮之義及其變節合之以為此
篇
內則第五　家禮三
此小戴第十二篇蓋古經也鄭氏以
為記男女居室事父母舅姑之法以
閨門之內禮儀可則故曰內則今接
此必古者學校教民之書宜以次於
說苑所說昏禮之義及其變節合之
以為此篇
內治第六　家禮四
古無此篇今取小戴昏義哀公問文
王世子內則篇及周禮大戴禮春秋

【丁本】左右兩半葉內容字數相當，且隔行首字皆為「內」字，恐因此而誤剜。

十二卷（缺第十五卷，卷八、九、十、二十三配抄本），無續卷，其他各卷或多或少皆有缺葉，皆配以抄補。書前有「儀禮目錄」，第十葉下象鼻有宋代原刻工胡桂之名，葉右行三作「說昏禮之義及其變節合之以為此」，「說」字前脫「說苑所」三字。礙於一行十四字的限制，修版刻工原本要剜去葉右第三、第四行，重新鑲補小木條，作「說苑所說昏禮之義及其變節合之／以為此篇」兩行。可是卻因為此葉左右內容字數相當（見上圖），不慎剜去不誤的左半葉三四行，鑲上原本應補在右半葉的內容。不僅未將右半葉的奪字補上，反而造成更大的錯誤。

傅本此處錯誤已修正，刻工為王敞。阿部隆一先生將王敞歸為宋刻工，但從這個例子來看，若排除配補問題，丁本既為元（或明前期）印本，晚於丁本的傅本此葉，不能是宋代補版。又如卷三十七，葉二三右，行四（右小行），丁本作「懼出奔」；傅本補版此三字格擠刻五字，作「衛侯懼出奔」，皆是丁本保留更多原版面貌的例證。丁本書後有楊復所撰祭禮後序，僅存後半，自「蓋見祭法所說禘郊祖宗」句始，至篇終；陳宓識語行書低格寫在楊復祭禮後序後。楊復喪祭二禮目錄後序在陳宓識語後接連刻之，別無標題，僅存前半，至「南康舊刊朱文公先生」止，自「儀禮經傳通解」以下缺。以上三篇為傅本、張本所無。

傅本與張本補版的情況基本一致，總體比較同一版的磨損程度來看，二者刷印的時間先後相當，而傅本略早。傅本有缺葉，無缺卷。張本缺卷第二十七樂記第一、卷二十八王制甲二卷[1]，續卷目錄全缺。此二部可說是目前最完整的宋刊元明遞修的正續編通解。詳細情形請參

1 關於張本詳細的版本調查請參考阿部隆一撰中國訪書志國立中央圖書館藏宋金元版解題，但張本所缺卷，阿部氏誤作「欠第二六樂制樂記第一、第二七王制甲凡二卷」。

考阿部隆一先生為二本所作的解題。值得提出的是，二本皆有「任栢川萬卷／樓書畫之印」、「栢川／道人」的藏書印。因為張本多數卷首都有此二印，共有十五處，而傅本似無此印，我們以為是阿部先生誤將張本的藏印寫入傅本的解題中，之後我們重新檢查傅本，發現在正編目錄首葉儼然有此二印。張本、傅本所鈐蓋的此二印，印色相同，稍微傾斜的角度也相仿，可以確定是同時同人所鈐。考慮到傅本僅一處有此印，可以推測張本舊為「任栢川」收藏，後不知何時有人取其正編目錄首葉配入傅本。若然，張本、傅本此二宋本淵源很深。當初我們只是想用張本補傅本之缺，但隨著我們一葉一葉比對，發現二本雖然大致上相同，卻仍可見其間微妙的差異。我們深深地被這些差異吸引住，最後決定將兩本所有不同版葉悉數並收，將此二宋本匯合為一完璧本。沒想到這兩本本身早已經過混配，可謂冥冥之中，自有定數。

東洋文化研究所另藏有原由江戶時期市橋長昭捐贈給孔廟，後由安田氏家收藏、安田弘捐贈，宋嘉定南康刊、未經後代修補的一卷殘本（下稱市橋本），所存為第十七卷中庸，但缺末葉（第四十五葉）。據安田弘先生捐贈正平本論語等十一種中的儀禮經傳通解介紹：

> 封皮墨書「中庸章句」，其實是儀禮經傳通解的第十七卷，只是該卷內容恰好是中庸而已。這本殘卷是江戶時代市橋長昭捐贈給孔廟的三十種宋元版本之一，有市橋氏識語以及昌平坂學問所的藏印。市橋氏的識語由曾經翻刻正平本論語的市野迷庵所謄寫，今與這批正平本論語一併傳藏，頗有因緣。市橋捐贈三十種的其他二十九種，今收藏在內閣文庫（現在內閣文庫作為行政組織已被取消）等，其重要性不用多說了。東洋文化研究所另外收藏儀禮經傳通解宋版的足本，可以與此第十七卷殘本進行比較，兩本不同版（按：據文章作者口述，撰稿時，只能對比卷首數葉，匆匆斷為不同版，後來始知是同版不同修本），但行格、風格等皆一致。東京大學以昌平坂學問所為濫觴，其中東洋文化研究所收藏宋版足本儀禮經傳通解。今此殘卷連同正平版論語被捐贈給東京大學東洋文化研究所，令人不能不感到很深的因緣，既難得又可喜。（橋本秀美撰，明日の東洋學第十二號，二〇〇四年十月三十日發行）

這三十種宋元版，書後都附有文化五年（一八〇八）二月文廟宋元刻書跋，說明市橋氏收書之難與獻書之由。後來不知何種原因，這批捐贈書，其餘的二十九種到了內閣文庫，此部殘卷則成為安田家的收藏品。安田弘先生繼承了連同此部殘卷的一批古書，在東洋文化研究所的爭取之下，於二〇〇四年捐給了該所圖書館。這部非常難能可貴的宋版宋印殘卷，沒有經過修補，呈現出宋版原來的面貌。經籍訪古志稿本曾著錄此殘卷：

> 儀禮經傳通解卷第十七　一卷　宋槧零本　昌平學藏
>
> 宋朱熹撰，原二十三卷，今存中庸一篇，注與今章句本全同，但首章注為小異，蓋章句未定本也。此本款格寬裕，字殆錢大，每半葉七行，行十五字，界長六寸三分，幅四寸六分，左右雙邊，字畫端勁，頗有歐柳筆意，版心上方草書記大小數字，下方有刻工名氏，鐫手精良，紙墨共佳，信為宋槧中最清絕者。[1]

光緒十一年（一八八五）聚珍排印本與上引內容大致相同，唯篇末「最清絕者」之後有「卷中慎樹等字缺筆，中間有後人補刊」之語，「後人補刊」未作說明，不知據何作此斷語。以往學者對於宋版的印象，多是版面磨損嚴重，每葉字體忽大忽小，市橋本雖然只有一卷，且各葉的刻工不盡相同，但整卷看來，字體風格完全一致，版心上象鼻記字數，下象鼻記刻工名，雙黑對魚尾（【】），兩魚尾中作簡體的「仪礼十七」，整齊劃一，與元修為順魚尾（【【）作「儀禮卷十七」不同。正如森立之所言「鐫手精良，紙墨共佳」，讓我們見識到與印象中不同的宋代刻工技術。

在青銅器斷代的研究上，我們通常需要一個時代確切的標準器做為比較的準則，市橋本作為一個版本的最早面貌，即使只有一卷，已經足夠可以作為「標準本」，幫助我們釐清與瞭解這部書版的演變過程。我們拿市橋本與丁本、傅本第十七卷的刻工比較如下：

1 日森立之撰：經籍訪古志（臺北：廣文書局，一九八一年七月，書目叢編據日本書志學會昭和十年（一九三五）影印稿本影印）。據阿部吉雄東方文化學院東京研究所經部禮類善本述略云：「此零本一冊當即故內野皎亭氏所藏本。官板書目（內野氏編）中附載『江洲西大路藩主（所領一萬八千石）市橋下總守長昭文廟寄藏宋元槧本三十種書目』。其中有中庸集註一冊，即爲此本。」（原載東方學報東京，一九三六年二月，今由刁小龍翻譯，刊於中國文哲研究通訊，第二十卷第二期，二〇一〇年六月。）

葉數	市橋本	丁本	傅本	葉數	市橋本	丁本	傅本
一	刻工漫漶	同市橋本	補版，刻工祥	二四	陳全	同市橋本	同市橋本
二	范（後漫漶）	同市橋本	補版，刻工祥	二五	胡桂	敀	元修，王榮
三	漫漶	補抄	明補，剪去下象鼻，張本刻工作「戴彝」	二六	刻工漫漶，似作「胡□」	元修，刻工為單字，但模糊不清	翁
四	刻工漫漶	同市橋本	同市橋本，刻工王圭	二七	弓万	蕭漢杰	同市橋本
五	弓万	蕭漢杰	蕭漢杰	二八	弓万	蕭杰	同市橋本
六	吳元	補抄	蕭"杰	二九	吳元	袁珍	袁珍
七	刻工漫漶	同市橋本	同市橋本，刻工吳元	三十	吳元	袁珍	袁珍
八	范（後漫漶）	同市橋本	同市橋本，范（後漫漶）	三一	劉伸	丁本為元修，刻工不清，版心題「儀禮卷十七」，葉數在下魚尾下，作「三十一」	同丁本
九	刻工漫漶，似作「翁□」	同市橋本	補版，刻工似作「虞」	三二	劉伸	同上	同丁本
十	翁遂	同市橋本	補版，刻工作「成父」	三三	刻工漫漶	元修，刻工單字「輔」	補版，刻工經描補，似同丁本
十一	刻工漫漶	同市橋本	同市橋本，刻工范宗海	三四	刻工「完」	為元修，刻工單字「輔」	同丁本
十二	王（後漫漶）	同市橋本	同市橋本，刻工王文	三五	王文	元修，刻工單字「亮」	同丁本
十三	刻工漫漶	同市橋本	同市橋本，刻工王文	三六	王文	元修，刻工單字「亮」	同丁本
十四	刻工不清	同市橋本	同市橋本，刻工不清	三七	刻工「正」	元修，刻工名不清，且版面漫漶	同市橋本
十五	胡杲	同市橋本	補版，刻工不清	三八	翁遂	同市橋本	同市橋本
十六	胡杲	同市橋本	補版，刻工似作「吉父」	三九	翁遂	元修，刻工「李成」	同市橋本
十七	刻工漫漶，版心作「仪礼十七」	補版，刻工李成，版心作「儀禮卷十七」	同丁本	四十	無刻工名	元修，刻工「成」	同市橋本
十八	刻工漫漶	補版，刻工李成	同丁本	四一	阮才	同市橋本	蕭漢杰
十九	阮才	同市橋本	同市橋本	四二	阮才	同市橋本	蕭"杰
二十	阮才	同市橋本	同市橋本	四三	范宗海	元修，刻工「袁」	同市橋本
二一	正	同市橋本	同市橋本	四四	范宗海	元修，刻工作「珍」	同市橋本
二二	正	同市橋本	同市橋本	四五	缺葉	刻工作「王文」	補板，版心無字，僅於下象鼻尾有「四十五」三字
二三	陳全	同市橋本	同市橋本				

通解正續編為五千多葉的鉅作，版片數量龐大，歷經宋刊、元明遞修，因此在版本上存在著複雜難理懂的問題，阿部隆一先生在中國訪書志國立中央圖書館藏宋金元版解題、日本國見在宋元版本志經部[1]中將張本、傅本刻工一一辨證，分為「原（宋）刻」、「元修」、「明修」，是認定此書為宋刊元明遞修的第一人。他曾表示：「此版元修的字體也幾乎照原刻覆刻，而且儘管有部分漫漶之處，但大部分磨損程度不那麼明顯，因而判定原版與補版、宋刻與元刻，相當困難。經過仔細觀察，看似宋刻的字體，也存在微妙的差異。但這些差異，是原版與補版的差異，還是寫版樣的巧拙的差異，很難辨別。」[2]這樣猶疑不決的說明，是因為阿部先生鑑定版本仍存在著根據直覺經驗而下判斷的方法，即使他詳盡地為每一部書作記錄，我們仍然看到他先後對張本與傅本鑑定時的轉變：張本的鑑定記錄，元修刻工葛文、吳輔、輔、高謙、謙、子信、肖昊、陳正、正等人，到了傅本都成了宋刻工；而張本中的宋刻工均佐、虞万全、胡慶、沈壽、劉森等人，在傅本中則為元修刻工。張本宋刻工方得時，到了傅本則不見此人。實際上張本、傅本補版情況大致相同，為數不多的同葉不同版，皆在本影印本中並存，讀者可以參閱比對。而阿部先生對張本、傅本刻工的大調動，說明一直以來的版本學家依靠經驗直覺做判斷，容易產生的游移不定的結果。阿部先生「是原版與補版的差異，還是寫版樣的巧拙的差異」的疑惑，如今我們通過與市橋本的比對，可以得到解答。

1 中國訪書志是阿部先生於一九七〇—一九七四年到臺灣故宮博物院、中央圖書館等古籍藏書地的調查報告，於一九七六年十一月由日本汲古書院出版。日本國見在宋元版本志經部則於一九八二年三月發表於斯道文庫論集第十八輯，後收入阿部隆一遺稿集（日本，汲古書院，一九九三年一月）第一卷，宋元版篇。

2 阿部隆一遺稿集宋元版篇日本國見在宋元版本志經部，頁三一七。

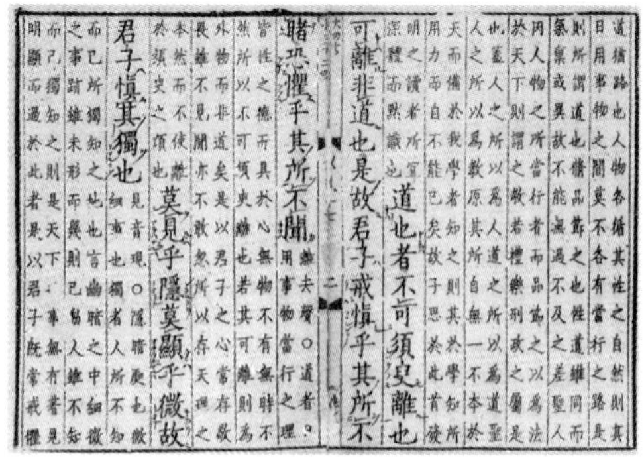

①市橋本（宋刻）卷十七第二葉，刻工范□□

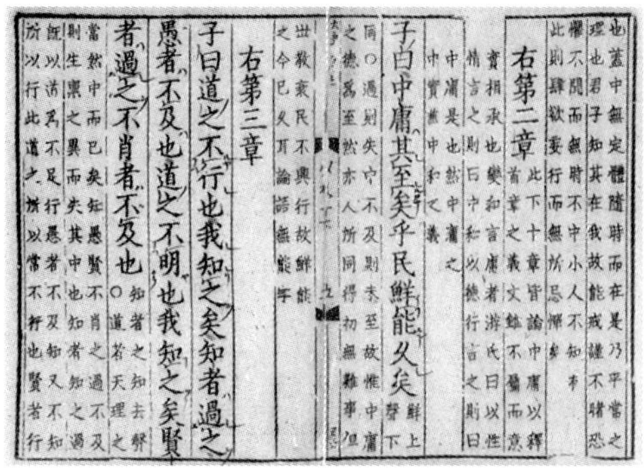

②市橋本（宋刻）卷十七第五葉，刻工弓万

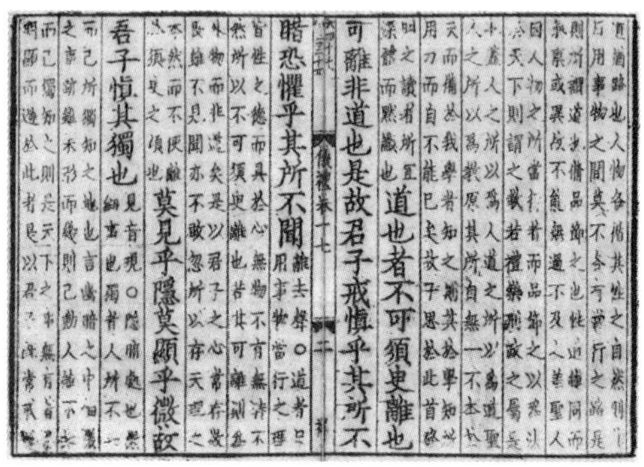

❶傅本（元修）卷十七第二葉，刻工祥

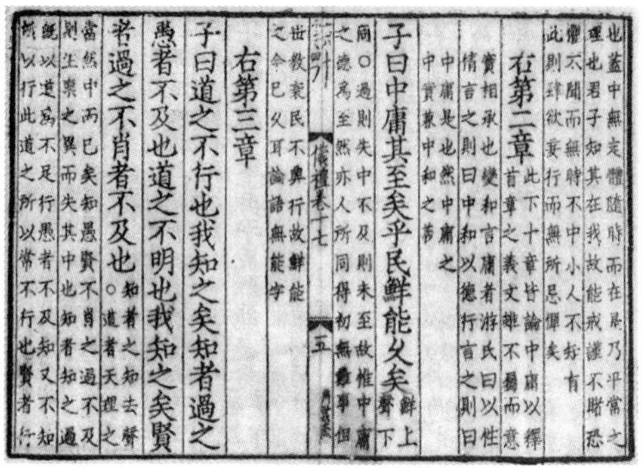

❷傅本（元修）卷十七第五葉，刻工蕭漢杰

上圖版①②為市橋本，❶❷為傅本，①與❶同葉，②與❷同葉。通過排比，很容易比較出①與❶、②與❷的差異。四張圖版的刻工皆不同，但①②的風格一致，❶與❷雖相近，而❶字體較粗，就此四張圖版比較，❷比❶更接近宋刻的①②，但根據阿部先生的判定，❶的「祥」是宋刻工，❷的「蕭漢杰」是元刻工。實際上兩人都應該是元刻工。

若只看傅本，因整部書僅存三分之一的宋刻原版，我們對補版字體會有較深的印象，或許也會產生與阿部先生相同的疑惑。現在，經由與市橋本的比對，字體較小，筆畫收斂、中規中矩的宋刻原版，風格特點已經十分明確，可無疑義；版心下方題作「監生某某」的明補也十分明顯，毫無疑問。但處於兩者之間的補版，如何確定所屬朝代，則值得我們進一步探討。

舉例來說，前頁表中的第十七、十八葉，丁本與傅本為補版，刻工李成在阿部先生宋刊本刻工表中為宋刻工。[1]同時，在元刊本刻工表中，李成也參與刊刻南宋兩淮江東轉運司刊元

1 李成曾參與刊刻的工作有：宋紹熙三年兩浙東路茶鹽司刊宋元遞修禮記正義、宋寧宗理宗間浙刊宋元後至元二年江浙等處儒學余謙修晦庵先生文集、南宋刊元修本儀禮疏，以及南宋前期浙刊南齊書、魏書、周書（眉山七史本）補刻的工作。

丁本刻工	葉數	各葉情況		葉數	傅本刻工
蔡祥	35	首行重複前葉最末一行	（宋版）	35	馬忠
蔡祥	36	後移一行	（宋版）	36	馬忠
補抄	37		上可接蔡祥所刻補版，不能接馬忠所刻原版。	37	明補
補抄	38			38	明補
馬忠	39	（宋版）	後移五行	39	信
馬忠	40	（宋版）	後移五行	40	信
馬忠	41	（宋版）	後移五行	41	信
馬忠	42	（宋版）	後移五行	42	信
補抄	43		後移五行	43	王
補抄	44		後移五行，末行爲空行	44	王啟
劉森	45	後移六行	後移六行	45	劉森
劉森	46	後移六行	後移六行	46	劉森
馬忠	47	宋版，接不上	補版，接得上	47	?

修前三史的工作，李成有没有可能是宋末元初人？此其一。

阿部先生透過書影鑑定丁本是明修本，我們比對的結果，似乎並不存在明補版。丁本中與市橋本刻工不同的版葉，應該可以推測為元補版。再拿丁本與傅本比較，那麼傅本與張本的修版情況，我們大致能夠掌握了。例如正編目錄第九葉，丁本刻工胡杲，傅本刻工王啟；第十葉，丁本刻工胡桂，傅本刻工王啟；第十五葉，丁本刻工蔡廷，傅本刻工采；第十八葉，丁本刻工阮才，傅本刻工劉森；第十九葉，丁本刻工吳元，傅本刻工信；第二十葉，丁本刻工虞全，傅本刻工信。今見市橋本，知原版字體風格、版心格式高度統一，而在市橋本中即有胡杲、胡桂等刻工，則二人所刻爲原版確鑿無疑；王啟等人所刻，不論字體風格、版心格式，與市橋本截然不同，其爲補版，同樣無可疑義。又，丁本雖然包含大量的元補版，而以上諸葉仍保留原版，至傅本出現補版，則傅本這些刻工不能是宋人，應該是元人。然在阿部先生對張本的鑑定中，王啓、采、劉森均歸原刻（宋刻）；對傅本的鑑定中將劉森改歸元修，而王啓與采仍歸宋刻，而且不言有宋末補修，是仍然認爲是原版刻工。

我們再拿卷一出現的刻工來說明：

丁本基本上都是宋刻工馬忠所刻（看來當初第一卷全由馬忠一人承擔），其中參雜少數的補版與補抄。第三五、三六葉的刻工為蔡祥。在第三五葉首行，蔡祥重複刻前一葉的最末行，導致第三五葉實際內容的第一行往後挪成第二行，第三六葉首行的內容原本應該在第三五葉的最末行。第三七、三八為補抄，到了三九葉，又是馬忠所刻。那麼，蔡祥所刻的這兩葉是原刻還是補修？傳本幫我們解答了這個問題。傳本的第三五、三六葉仍是馬忠所刻[1]，並沒有重複前葉末行的內容，説明蔡祥是補版刻工。接著看下面幾葉。傳本三七、三八為明補版，丁本此二葉為補抄，今已無法見到這二葉的宋刻，也見不到元補。三九葉為補版刻工信所刻，這葉的內容，較丁本馬忠所刻的往後移了五行，但與明補的三八葉可以銜接得上，説明明補據以補刻的元補，前面已經多了五行。傳本四十至四四葉內容與丁本馬忠所刻已銜接不上，且每葉都往後移五行。到了四五、四六葉，丁本與傳本終於有了相同的劉森所刻的版片，內容與傳本的補版四七葉接得上，但與丁本原刻（馬忠）四七葉銜接不上，且多出了六行。原因出在四四葉末，恰好是士冠禮結束，傳本補版在這裡空了一行，我們推測宋版沒有空行，士冠禮結束後接著刻冠義，而補版加上前面多出的五行，共較宋版多了六行。傳本這一路下去到卷終葉六一都是補版，有元補，亦有明補。這裡的劉森，再次説明是補版刻工。阿部先生對劉森，先以爲原刻，後改定爲元修；但對王啓、蔡祥兩名，先後都認爲是宋刻。上述情況足以證明王啓、蔡祥是補版刻工，毫無疑義，但如何確定絕對時間是宋末還是元？據尾崎康先生介紹，南宋前期、中期官刊本，往往未經南宋後期補修，而經元補修。筆者認爲，王啟、蔡祥、劉森、采等人儘管不能完全排除南宋末補版的可能性，但作爲元刻工的可能性更大。此其二。

通解續祭禮三，葉五十五為補版，葉右行一，「次上」誤作「以上」、「上賓」誤作「比賓」；行二，「衆賓」誤作「衆寔」；行三，「侑致」誤作「侑盈」、「主人」誤作「王人」；行四，「奠爵」誤作「竝爵」；行七，「不止」誤作「不上」。葉左行一，「兄弟不稱加」誤作「元利不緍如」、「兄弟」誤作「元芽」；行二，「容有」作「客有」。一葉十四行，其中七行有錯字，説明補版校勘的漫不經心，按照常理推測，有可能是明補版，但因沒有刻工姓名，又從字體較大、外放、粗曠的風格推斷，也無法完全排除元補的可能。由元過渡到明，版刻風格不會有太大的差距，確定絕對年代頗有難度。此其三。

以上三點疑義，説明除了宋刻、元修、明修，這部書版還存在著似宋似元、似元似明無法解答的疑惑。不過通過與市橋本、丁本的

---

1 如果丁本已是補版，何以比丁本刷印時間為晚的傳本還能保留原刻？版片有版片的問題，刷印成書本後，也存在著配補、重新裝幀後產生的種種問題，這已經不是我們的能力可以解決的事情了。

比較，我們能夠瞭解阿部先生鑒別原版與補版的失實，準確地從傳本與張本中辨別補版，並將宋刻原版歸納出來。可以說在版本的鑑定上，又前進了一步。

日本汲古書院於一九八〇年根據江戶時期寬文二年（一六六二）刊，五倫書屋印本通解，與天明二年（一七八二）越後新發田藩的藏版，京都吉野屋林權兵衛文泉堂、秋田屋山本平左衛門景雲堂共同刊刻出版的通解續，影印出版和刻本儀禮經傳通解[1]，雖然目前尚不知二刊本之所祖本，但就內容而言，文本似乎相當精良。通解又有民國上海樂善堂本，實際上就是日人岸田吟香將寬文二年的和刻本版片運至上海，削去訓點後印刷[2]，而不是重新刻版印行。

六、影印出版

傳本與張本的版面狀態，互有長短。我們從字跡清晰度、補版、描補等各種狀況做為標準，選擇適合此次影印的底本，舉例分述如下：

（一）傳本、張本補版狀況

甲、補版的時間先後

【卷二二，葉四八】傳本刻工虞全，為宋版；張本題「監生鄧志昂」，為明補。

【卷三二，葉一〇】傳本刻工陳生，為宋版；張本為明補。

【續卷二五，葉一五二】傳本為宋元版；張本下象鼻題孫欽，為明補。

【卷八，葉九八】傳本為宋版，張本為元版。

1 關於和刻本儀禮經傳通解的相關資料，請參考附於該書書後的戶川芳郎先生所撰解題。

2 請參考陳捷先生撰：岸田吟香的樂善堂在中國的圖書出版和販賣活動，中國典籍與文化，頁四六—五九，二〇〇五年三月。文章作「實際上是利用日本寬文九年刊本的版木削去日本人讀漢籍時需要借助的訓點後印刷的」，「寬文九年刊本」應作「寬文二年刊本」。寬文二年刊本後印本有寬文九年題字，是二年刊版之九年以後印本。

【卷三二，葉一九】傅本刻工劉伸，為宋版；張本刻工秀，為元補。

其中後兩例，元已有補版，而傅本（與張本一樣是明印本）仍存有宋版，這種情況很有趣。以上皆說明張本較傅本為晚。但亦有張本為早者，如：續卷三，葉四二，張本刻工范仁為宋元版，傅本為明補。

乙、同一葉卻存在兩個不同的版片

（甲）同本同葉不同朝代的版片：

【卷三五，葉二二】傅本有兩張不同版，一葉在正常位置，一葉被當作該卷的第十二葉。

【續卷四，葉四一】張本有兩張不同版，一為宋元版，刻工定；一為明補，下象鼻題「監生陳俊」，傅本與此葉同。皆先後不同時期版片，卻同時存在。

【續卷一，葉五〇、五一、五八】傅本缺，張本有；【葉九四、一〇五、一四二】傅本漫漶甚於張本。但張本以上數葉紙色與其他葉不同，因此不排除配補的可能性。

（乙）不同本同葉同朝代的版片：

【續卷七，葉十八】傅本、張本均明補，但不同版。傅本下象鼻作戴彝，張本作廖，均監生。不宜認為其一在先，因版片磨損，故又刻為另一版。此種情形推測為幾乎同時刻同一葉，且都使用，並非其一代替另一，但何以如此，則不得知。

【續卷七，葉三三】傅本刻工留成，張本無刻工，版心為大黑口，同為明補，但不同版。

【續卷二二，葉三二】出現一個較複雜特殊的例子：

A 張本

（A）續卷二二（祭禮六）的葉三八被當作續卷六的葉三八，續卷二二的葉三八成缺葉。

（B）於是葉二二被當作葉三八補入（全葉下半部殘缺，看不清楚葉數），葉二二成缺葉。

（C）接著拿「監生秦淳」的葉三二冒充葉二三補入（版心葉數「三」字看起來像「二」），葉三二成缺葉。

（D）又刻了一張一模一樣的葉三二放入真正的葉三二的位置。

B 傅本與張本之（C）、（D）情況相同。

此處二本皆以「監生秦淳」的葉三二當作葉二三，爲此還重複刻出一模一樣的葉三二，故本書將前者放在葉二三的位置，是本書經過全面調整書葉排序之後，唯一保留錯誤排序的例外。傅、張二本的錯葉情況很混亂，尤以傅本爲甚，現在只能舉出此例供讀者參考。

（二）傅本、張本同一版片修補、破損的狀況

【續卷三三，葉三九、四十】此二葉，張本殘缺上部三分之一，傅本未殘，而在葉三九可見細微裂痕。

【續卷二六，葉十右】傅本第一行至第四行（夾行八行）第六字，鑲小木條補修，補時字的位置稍偏右。第五行（左小行）第六字「是」、第六行（右小行）第六字「與」，中間均有裂痕。張本第一至第四行鑲補的木條已脫落，成為空白。第五、第六行的裂痕加大、加粗，並延及左半邊。說明張本在傅本之後。（如下圖）

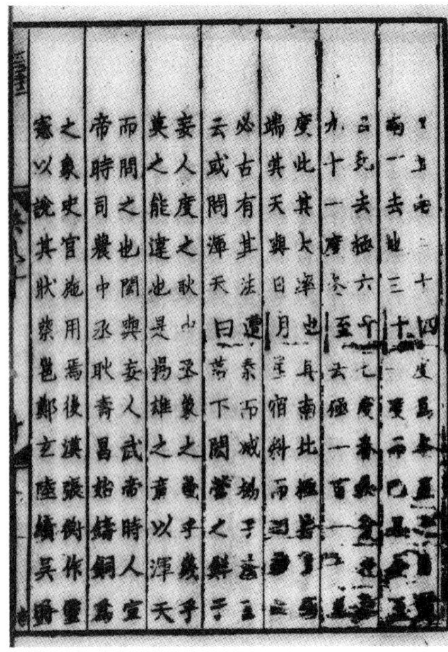

傅本

張本

【卷八，葉九八】傅本刻工元似為宋版，張本刻工仁，似為元版。右半葉第二行，傅本「知所以中莫」五字格，張本擠刻「知所以中不中莫」七字；同行下，傅本「至」，張本補作「至於」，一字格擠刻二字。此傅本存當初上版時原貌，張本則經過校正。同葉左半葉第二行，傅本「○」下空四字，張本作「下文注同○」，當是宋版删四字留空白，元版又補回之。

（三）傅本、張本同版印字漫漶、清晰的程度

【卷二二，葉一三〇】、【續卷一，葉一〇九】、【續卷二四，葉二六、二七】傅本可辨字較張本多。張本較傅本清晰之處，大都因為張本描補。但亦有張本較清晰者：

【卷二二，葉一二二】末兩行漫漶，張本除有描補外，刷印字跡可辨者較傅本多。

【續卷一，葉九四】張本能辨之字較傅本多。這種情況，除了應考慮版面狀態之外，也應考慮印製的精粗，所以不宜據少數例證論斷。

總體衡量，張本字跡較清晰，傅本版框欄線分明，不過大部分都是經由後人描補所致。張本基本不描補框界線，而勤於描補全書字跡模糊的文字筆畫，但描補者隨意揣度，常常描補錯誤，如【卷二，葉四五左，行六（右小行）】「廟，考妣之廟，北方墉下」，兩「廟」字張本皆描補作「廣」[1]；傅本則僅

1 朱子全書校點本儀禮經傳通解以張本為底本，出大量校記，而不分宋版與補版。今核張本，知所出校多數是明代補版或描補的錯誤。

在卷一描補文字筆畫，但每遇版框、界線殘缺處，皆為之描補。正編卷一首題，傅本作「儀禮經傳通解卷第一」，丁本與傅本同，張本第一行則不知何種原因，被剜去鑲補作「儀禮卷第一」，也是傅本早於張本的證據。（見下頁圖版）

傅本凡在板心下象鼻題「監生某某」處輒剪去之，這些「監生某某」，是明補的明證。張本則由於缺正編的第二十七、二十八卷，以至於卷第二十九、三十、三十五至三十七的版心卷次均被截去。這樣可以混淆視聽，使人不容易察覺此書有缺卷。不論是傅本或張本的改動情形，都說明某一任擁有者，或者是書商，想要隱藏此書的本來面貌以提高價值。要衡量此二部書的優劣，確實相當為難。若以內容存真與版面狀態的角度來評價，自然傅本要比張本更具價值。故此次影印，以傅本為底本，逐次比對，遇傅本有缺葉、漫漶不清處，而張本不缺，則以張本配補，掃描影印出版。

據東洋文化研究所的圖書登記簿記載，傅本是在一九三〇年、東方文化學院建立的第二年，六月二十三日登記，從文求堂所購得，支付三千六百日圓。「傅增湘先生逝世六十周年紀念展」東京會場紀事（版本目錄學研究，第二輯，橋本秀美、陳捷撰，二〇一〇年）說明此書是頂級善本，「入藏就是鎮庫之寶」。

讀者可以看到在書葉左右上方皆有編號，是將東洋文化研究所藏微捲轉成掃描檔時的編號（如：0008_0002-2）。不論是張本或傅本，書葉順序顛倒的機率頻繁，有了這些編號，讀者也可以看出原書葉排放的順序。若抽換成張本，則上方無此編號，且於旁註說明之。

雖以傅本作為底本，遇以下情形，則改用張本：

（一）傅本漫漶、破損。

（二）傅本墨筆描字過多。

（三）傅本印墨散開，模糊不清。

（四）傅本刻工名欠清晰。

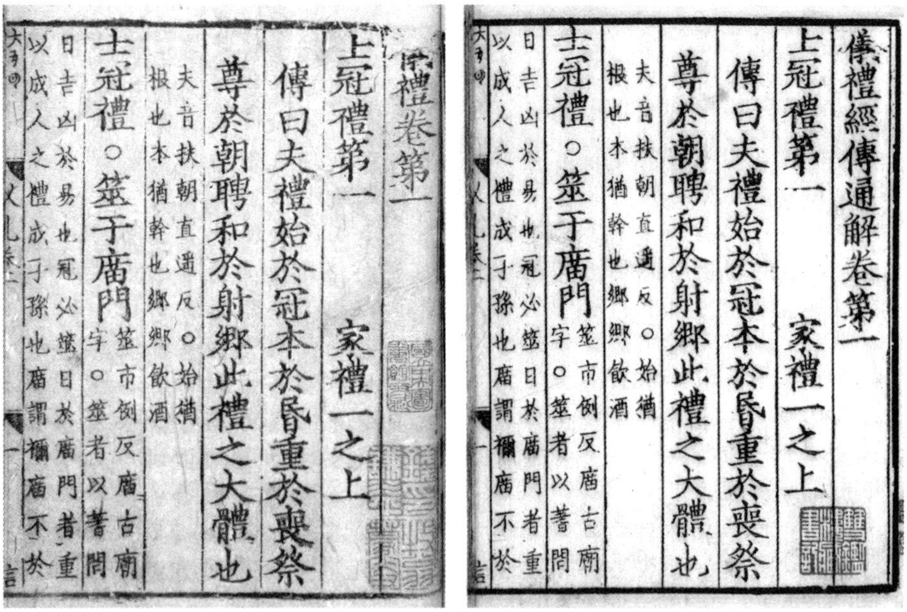

儀禮卷第一　家禮一之上
上冠禮第一
傳曰夫禮始於冠本於昏重於喪祭尊於朝聘和於射鄉此禮之大體也
夫音扶朝直遥反○始猶根也本猶幹也鄉鄉飲酒
士冠禮○筮于廟門 筮市例反廟古廟字○筮者以蓍問日吉凶於易也冠必筮日於廟門者重以成人之禮成子孫也廟謂禰廟不於

儀禮經傳通解卷第一　家禮一之上
上冠禮第一
傳曰夫禮始於冠本於昏重於喪祭尊於朝聘和於射鄉此禮之大體也
夫音扶朝直遥反○始猶根也本猶幹也鄉鄉飲酒
士冠禮○筮于廟門 筮市例反廟古廟字○筮者以蓍問日吉凶於易也冠必筮日於廟門者重以成人之禮成子孫也廟謂禰廟不於

【說明】張本（左）不知何種原因，第一行被剜去，重鑲補作「儀禮卷第一」。

（五）傳本剪去下象鼻以隱藏明補的情況，在本書起始前幾例以張本替換，之後皆僅出旁註說明，不加更換。

（六）傳本書葉背面公文透墨，與印版文字相混，不易辨識。

此外，若二本均缺，或補以傳本抄補，或補以張本抄補。若二本俱無抄補，則付之闕如。丁本若有此葉，則加旁註說明版葉情況。

為了反映不同時期補版的不同情況，本書採用了特殊的編例，凡遇二本中存在同卷同葉不同版，則悉數收錄並列之。由於宋版宋印的市橋本（卷十七，中庸第二九，學禮十二）非常難得，也將此卷與傳本並列：市橋本置於上，傳本置於下，方便讀者對照。

通解一書的價值與朱熹禮學對南宋以後學者的影響，前人多已大略述及。此書在文獻保存上也有很大的功勞，它被明清兩代學者作為校勘儀禮注疏的根據，清人也多以此書輯出尚書大傳散佚的內容。既然作爲校勘、輯佚的依據，不能不有特殊的需求標準，而方便閱讀的排印本無法保證文字來源的可靠性，自然難以滿足我們這方面的要求。因此，我們想到了這樣的出版方式，可以說是出版史上第一次將分藏於不同兩地的同部古籍，依據每葉的情況，同葉不同版兼收並列，同版則選擇版葉最佳者合而為一。這種方式最大的優點，就是能讓我們對一種版本有立體的了解，上文所述就是其中一端。

以前的版本學家鑑定版本，往往依靠自己長久經眼的經驗，從字體、版式風格的變化做為版本鑑定的依據。當然累積經驗很重要，但風格可以模仿，甚至刻意造假。遇到覆刻、補版，依靠這樣抽象的感覺做推測，勢必會得出許多不適當的結論。而他們教導學生，通常也是告訴學生多看就會有感覺。到了趙萬里、長澤規矩也、阿部隆一、尾崎康等近代學者，除了長久的經驗之外，他們更勤於做書本的記錄，每部書的版式、行款、刻工姓名，凡是能夠區別此書與他書的所有不同處，都一一詳實地做成記錄，因此突破了對覆刻、補版鑑定的難關。但在他們的時代，只能一部一部書翻看做筆記，有時候還只能看書影。曾聽尾崎康先生描述，當年與阿部先生一同到臺灣看宋元版，阿部先生的視力很差，屋內的燈光昏暗，看不清楚刻工姓名，不知不覺地拿著古籍往外走，想要看清楚，卻因此被館員責罵。如今，我們拜科技之賜，可以將這些古書全部做高畫質的掃描，不僅可以將看不清楚的刻工、書葉放大至數倍，更重要的是，原本祕藏在不同地方的多套善本書，居然可以在自己的書桌上翻開同一葉進行比對。這樣一來，原版與補版以及不同時期的補版，都可以立刻判定，刻工的先後可以分析得更精確。

本書收錄宋版宋印的一卷市橋本，參考了元修的丁本，再比對了兩部刷印時間差距較小的傅本與張本。面對一部古書，卻可以同時親睹四個同版卻不同時期刷印的本子，這是任何一個古人都無法擁有的條件。阿部先生雖獲得各個古籍藏書地善意的對待，容許他一部一部翻閱宋元版書，做版本的調查，他所能看到的，也只有張本與傅本，丁本只見過書影，市橋本則無緣謀面。而即使是張本與傅本，一在臺北，一在東京，也不能直接比對。我們卻看著這些書版，由完整到磨損，由原版到補版，字體、版式由清晰到漫漶，就好像看著一個人由年輕到老的轉變過程，這是多麼難得的經驗。也唯有透過一葉一葉慢慢地觀察與體會，我們也才能感受到版本強韌的生命力。

這部書的出版，得到日本東京大學東洋文化研究所以及臺北「國圖」的大力支持，提供我們使用這兩部正續編通解的微卷與電子檔。傅本原在東洋文化研究所的網站上可以全書下載，不過因為這個網站架設得較早，當時的技術無法做到高精細度的影像，因此我們申請借出微捲，以高畫質的方式重新掃描。臺北「國圖」則提供我們彩色電子檔，在此一併致上我們由衷的感謝。